Petra Terhoeven
Deutscher Herbst in Europa

Petra Terhoeven

Deutscher Herbst in Europa

Der Linksterrorismus der siebziger Jahre
als transnationales Phänomen

Oldenbourg Verlag München 2014

Gedruckt mit Hilfe der Geschwister Boehringer Ingelheim Stiftung für Geisteswissenschaften in Ingelheim am Rhein

Bibliografische Information der Deutschen Nationalbibliothek
Die Deutsche Nationalbibliothek verzeichnet diese Publikation in der Deutschen Nationalbibliografie; detaillierte bibliografische Daten sind im Internet über http://dnb.dnb.de abrufbar.

Library of Congress Cataloging-in-Publication Data
A CIP catalog record for this book has been applied for at the Library of Congress.

© 2014 Oldenbourg Wissenschaftsverlag GmbH
Rosenheimer Straße 143, 81671 München, Deutschland
www.degruyter.com/oldenbourg
Ein Unternehmen von De Gruyter

Dieses Werk ist urheberrechtlich geschützt. Die dadurch begründeten Rechte, insbesondere die der Übersetzung, des Nachdrucks, des Vortrags, der Entnahme von Abbildungen und Tabellen, der Funksendung, der Mikroverfilmung oder der Vervielfältigung auf anderen Wegen und der Speicherung in Datenverarbeitungsanlagen, bleiben, auch bei nur auszugsweiser Verwertung, vorbehalten. Eine Vervielfältigung dieses Werkes oder von Teilen dieses Werkes ist auch im Einzelfall nur in den Grenzen der gesetzlichen Bestimmungen des Urheberrechtsgesetzes in der jeweils geltenden Fassung zulässig. Sie ist grundsätzlich vergütungspflichtig. Zuwiderhandlungen unterliegen den Strafbestimmungen des Urheberrechts.

Umschlagbilder: Linke Seite: Der Tatort der Entführung Hanns-Martin Schleyers (Foto: dpa); rechte Seite: Der Tatort der Entführung Aldo Moros. Vorsatzbild: Hans Traxler, „Die hässlichen Deutschen ...", Erstveröffentlichung in „Pardon", 1977, abgedruckt mit freundlicher Genehmigung.

Gedruckt in Deutschland

Dieses Papier ist alterungsbeständig nach DIN/ISO 9706.

ISBN 978-3-11-048490-8
eISBN 978-3-486-85558-6

Inhaltsverzeichnis

Dank	11
1. Einleitung	15
2. Der Traum von der Revolution. Deutsch-italienische Begegnungen 1967–1971	61
2.1 Rudi Dutschke und Giangiacomo Feltrinelli – Revolutionäre ohne Revolution	61
2.2 Von den Waffen der Kritik zur Kritik der Waffen: Transalpine Radikalisierung um 1968	92
2.3 Italien als deutsches „Traumland" der Revolution	129
2.4 „Das Konzept Stadtguerilla" und il manifesto	151
3. Feltrinellis Erbe: Italiens gewaltbereite Linke und ihre Kontakte in die Bundesrepublik	169
3.1 Pioniere der Illegalität	172
3.2 „Eine Achse von Hamburg bis Sizilien": Potere Operaio und die Autonomia	186
3.3 „Wir wollen alles": Lotta Continua	213
3.4 Rote Brigaden, RAF und Bewegung 2. Juni nach 1972	222
4. „die richtlinienfunktion stammheims rausarbeiten": Die Transnationalisierungsstrategien der inhaftierten RAF-Kader der ‚ersten Generation'	241
4.1 Die ‚erste Generation' von „antiimperialistischen Kämpfern" zu „politischen Gefangenen"	241
4.2 Das ‚info' als Vehikel der Transnationalisierung	254
4.3 Dramaturgien des Leids auf europäischer Bühne: Die Hungerstreiks als „performative Momente" im In- und Ausland	257
4.3.1 Jean-Paul Sartre in Stuttgart-Stammheim	275
4.4 Zwischen Ohnmacht und Größenwahn: Motive der Transnationalisierung	298
4.5 „das ganze problem sind die paar reisen, die gemacht werden müssen": Die ‚Stammheimer' und die Auslandsarbeit der Anwälte	310
5. „Solidarität mit der RAF" oder „Verteidigung der Verteidiger"? Das Internationale Komitee zur Verteidigung politischer Gefangener in Westeuropa (IVK)	339
5.1 Transnationale Justizkampagnen	364
5.1.1 Prozessbeobachtung und Gefangenenbesuche	364

5.1.2 Das Beschwerdeverfahren Baader/Ensslin/Raspe bei der
      Europäischen Kommission für Menschenrechte 374
5.1.3 Das Vorgehen gegen das Europäische Übereinkommen zur
      Bekämpfung des Terrorismus 385
5.2   Die Internationale Untersuchungskommission zum Tod
      Ulrike Meinhofs 398
5.3   Die IVK-Sektion BRD als Pressebüro und heimliche
      Schaltzentrale der RAF 428

6. ,Deutscher Herbst' in Italien   451
   6.1   Politische Bühne und nationale Handlungsspielräume 451
   6.1.1 Ein Kampf an vielen Fronten:
         Helmut Schmidt und der Linksterrorismus
         als transnationale Herausforderung 451
   6.1.2 Ein Land im Aufruhr: Die 77er-Bewegung und die Flucht
         Herbert Kapplers 467
   6.2   Deutsch-italienische Gegenübertragungen 505
   6.2.1 Ein Flugzeug und drei Tote zu viel. Die italienische ,Regierung
         der nationalen Solidarität' und das deutsche Dilemma . . . 505
   6.2.2 Zerrspiegel unter historischem Vorbehalt: Deutschlandbilder
         in der italienischen Presse 530
   6.3   „Deutschland ist das kranke Herz Europas": Der Protest der
         Neuen Linken 569
   6.3.1 Die Angst vor dem Leviathan: Das „Initiativ- und
         Unterstützungskomitee zur Verteidigung der Bürgerrechte
         und der demokratischen Freiheiten in der Bundesrepublik
         Deutschland" 569
   6.3.2 „Die Endlösung des RAF-Problems":
         Lotta Continua und die ,Todesnacht von Stammheim'
         als negativer Mythos 604
   6.4   Solidarität und Rivalität mit der RAF: Die Roten Brigaden
         und die Ermordung Aldo Moros 620

7. Schlussbetrachtung   651

Abkürzungsverzeichnis   669

Quellen und Literatur   671
   Ungedruckte Quellen 671
   Publizistische Quellen 671
   Gedruckte Quellen, Zeitgenössische Darstellungen und
      Erinnerungsliteratur 672

Internetressourcen 701
Forschungsliteratur 683
Personenregister 705

Für Fee

Dank

Akademische Forschungsprojekte können langwierige Angelegenheiten sein, wenn man das Privileg hat, sie auf einer akademischen Stelle durchzuführen. Viele überaus geduldige Weggefährten haben dazu beigetragen, dass ich das schon 2004 erstmals grob skizzierte Vorhaben trotz der zahllosen Unterbrechungen und Wiederaufnahmen schließlich zu Ende führen konnte.

Mein erster und größter Dank gebührt meinem Mann, meinem langjährigen verlässlichen Gesprächspartner und Mutmacher, der sich bis zum Schluss für die Geschichte des Linksterrorismus interessiert hat – mir zuliebe. Der zweite Dank geht an Christoph Cornelißen, nicht nur für die erste Chance an der Uni Kiel, sondern auch für die gemeinsame Diskussion der frühesten projektbezogenen Überlegungen.

Dass ich alle weiteren Schritte dann schon als Juniorprofessorin in Göttingen unternehmen durfte, war in jeder Hinsicht ein großes Glück, das mir lange unverdient vorkam. Den dortigen Studierenden verdanke ich die Erfahrung, wie bereichernd die universitäre Lehre auch für die eigene Forschung sein kann, den Kolleginnen und Kollegen Geduld und Verständnis für die spezifischen, mit dem Status der Juniorprofessorin verbundenen Probleme. Genannt seien stellvertretend Rebekka Habermas, Arnd Reitemeier und Dirk Schumann. Bei Letzterem möchte ich mich darüber hinaus für das stets harmonische Teamwork in der Göttinger ‚Späten Neuzeit' bedanken, nicht nur, aber auch im Rahmen des gemeinsamen Donnerstagskolloquiums. Alle, denen ich dort über die Jahre zuhören und mit denen ich diskutieren durfte, haben dazu beigetragen, dass ich meine Scheu vorm lauten Denken allmählich verlor. Die Dankbarkeit, die ich nicht nur in dieser Hinsicht für Bernd Weisbrod empfinde, lässt sich nur schwer in angemessene Worte fassen. Seine Unterstützung war schlicht unbezahlbar, besonders auf der Zielgeraden. Zahlreiche Gedankenanstöße und Ideen verdanke ich auch dem kontinuierlichen fachlichen Austausch mit meinem Mitarbeiter Florian Jessensky. Außerhalb des Seminars, aber innerhalb der Universität war Matthias Kreysing stets ein großzügiger und verlässlicher Berater in allen strategischen Fragen.

Nicht nur aufgrund ihrer engagierten Unterstützung, sondern auch wegen ihres Humors und ihrer Gelassenheit denke ich dankbar und gern an meine ehemalige Sekretärin Christa Walter. Auch ihrer Nachfolgerin Irmtraud Peter bin ich für ihre stets freundliche Hilfe sehr verbunden. „Meine Leute" Tobias Gottwald, Doreen Juffa, Thyll Warmbold, Ann-Kathrin Mogge und Tobias Mertke waren unendlich viel wichtiger, als es der Begriff „studentische Hilfskräfte" suggeriert. Die drei Letztgenannten haben überdies bei der Schlussredaktion des vorliegenden Buches wertvolle Dienste geleistet. Das gilt in besonderem Maße auch für Daniele Resta, *grazie tante*! Sybille Schaadt hat mir als Bibliothekarin des Seminars jahrelang alle Buchwünsche buchstäblich von den Augen abgelesen – und manchmal nicht nur die. Felix Bohr habe ich zwar als vielversprechenden Doktoranden verloren, dafür aber einen sehr guten Draht zu einem hervorragenden Journalisten gewonnen; Grund zur Dankbarkeit auch das.

In jeder Phase der Arbeit an diesem Buch habe ich mich auf das Wohlwollen des ehemaligen Direktors des DHI Rom, Michael Matheus, verlassen können. Besonders dankbar bin ich ihm für seine Entscheidung, die Gastdozentur im Jahre 2007/2008 erstmals mit einer Juniorprofessorin zu besetzen, womit er mir die Gelegenheit zur unerlässlichen Archiv- und Literaturrecherche in Italien eröffnete. Einmal mehr stand mir mein Freund und Kollege Lutz Klinkhammer dort mit Rat und Tat zur Seite. Rolf Wörsdörfer danke ich dafür, dass er mich währenddessen an der Universität zuverlässig und engagiert vertreten hat.

So bereichernd die Zeit in Rom auch war – für wissenschaftlich tätige und vielbeschäftigte Eltern und ihre Kinder ist Göttingen ein ideales Umfeld. Mir sind dort Freundschaften zugewachsen, für die ich mich glücklich schätze; namentlich erwähnt seien an dieser Stelle nur Marit Borcherding und Anna Jöster. Andere Vertraute blieben, trotz der knappen Zeit und der gewachsenen räumlichen Entfernung: Allen voran Nathalie Martin-Hübner, Giusi Orlandi und Beatrice Rabaglia. Auch meine Eltern und Geschwister wünschten mir aus der Ferne immer Glück, was mir viel bedeutet. Ein besonderer Dank geht an Urte Weisbrod für ihre freundschaftliche Begleitung durch gute und weniger gute Zeiten, die ich ihr nie vergessen werde.

Von den Mitarbeitern in den Forschungseinrichtungen und Archiven, in denen ich in Deutschland und Italien recherchiert habe, möchte ich vor allem die Angestellten des Hamburger Instituts für Sozialforschung erwähnen und insbesondere dem Leiter der Bibliothek, Reinhard Schwarz, herzlich für seine vielfältige Hilfestellung und wertvollen Recherchetipps danken. Großen Dank schulde ich auch Loredana Magnanti, die mich in nun schon gewohnt großzügiger Weise im Archivio Capitolino bei der Zeitschriftenrecherche unterstützt hat.

Stark profitiert hat diese Arbeit ebenfalls einmal mehr von der Freundschaft und der fachlichen Kompetenz Charlotte Tackes, die nicht nur das vollständige Manuskript Korrektur gelesen hat, sondern mir immer wieder großzügig die traumhafte Casa di Meleto für „workation"-Aufenthalte zur Verfügung gestellt hat. In diesen wunderbaren Wochen ist mehr als ein Kapitel dieses Buchs entstanden. *Grazie mille, anche a Rika, Fabrizio ed i ragazzi!* Herzlichen Dank auch an Claudia und Michael Schumann für das Refugium in der Berliner Kollwitzstraße.

Die siebziger Jahre sind ein widersprüchliches und schwer zu greifendes Jahrzehnt, dessen innere Dynamik zu verstehen mir lange nicht leicht gefallen ist – von den Fallstricken ganz zu schweigen, die sich für die historische Terrorismusforschung durch die immer noch virulenten Deutungs- und Erinnerungskämpfe in Politik und Öffentlichkeit ergeben. Wichtige Einsichten, die auf unterschiedliche Weise in das Manuskript eingeflossen sind, verdanke ich meinen Gesprächspartnern und Zeitzeugen mit ‚Kompassfunktion': Enzo Collotti, Patrizia Dogliani, Peter Kammerer, Gerd Koenen, Wolfgang Kraushaar, Brunello Mantelli, Gian Enrico Rusconi und Peter Schneider.

Last but not least geht ein tief empfundener Dank an Martin Rethmeier für das Vertrauen, das er mir einmal mehr durch die spontane und unbürokratische Aufnahme meines Manuskripts ins Programm des Oldenbourg-Wissenschaftsverlags bewiesen hat. Dort hat Cordula Hubert die Drucklegung engagiert und sachkundig betreut.

Gewidmet ist dieses Buch meiner Tochter, die in diesen Jahren vom Kindergartenkind zum Teenager herangewachsen ist. Fee, erst Du hast die Göttinger Zeit bunt und rund gemacht und tust es noch! Deine Fröhlichkeit und Dein Ernst haben mich mehr als alles andere getragen.

Göttingen, im Juli 2013, Petra Terhoeven

1. Einleitung

Zum Abschluss eines aufsehenerregenden Verfahrens verfügte das Pariser Appellationsgericht am 16. November 1977, dass dem Antrag der bundesdeutschen Justizbehörden auf Auslieferung des seit mehreren Wochen in französischem Gewahrsam befindlichen Stuttgarter Anwalts Klaus Croissant stattzugeben sei.[1] Bei Croissant handelte es sich um den Strafverteidiger, der sich in den Vorjahren wohl am nachdrücklichsten für die Belange der in den deutschen Gefängnissen einsitzenden Mitglieder der selbsternannten Roten Armee Fraktion (RAF) eingesetzt hatte. Im Zuge des Engagements für seine Mandanten war er bald selbst ins Visier polizeilicher Ermittlungen geraten.[2] Im Juli 1977 hatte sich der Anwalt, dessen Name auf seine Herkunft aus einer französischen Hugenottenfamilie verwies, einem gegen ihn ausgestellten, gegen Kaution vorübergehend außer Vollzug gesetzten Haftbefehl wegen Unterstützung einer kriminellen Vereinigung entzogen, indem er über die ‚Grüne Grenze' in das Land seiner Vorfahren geflohen war.

Die Plädoyers der Anwälte aus fünf europäischen Nationen, die Croissant in Paris in seinem Bemühen unterstützt hatten, trotz des deutschen Auslieferungsbegehrens in Frankreich politisches Asyl zu erhalten, fanden in dem Spruch der französischen Richter nur insofern Berücksichtigung, als nur ein Teil der per Haftbefehl formulierten Vorwürfe als strafrechtlich relevant und somit in einem zukünftigen Gerichtsverfahren gegen Croissant als justiziabel erachtet wurde. Das Urteil war, so „Der Spiegel", erst „nach drei quälenden Terminen" zustande gekommen, während in jenen „November-Wochen weite Kreise zweier großer europäischer Völker voll Spannung auf die drei Richter" starrten.[3] Auf der Titelseite hatte das Magazin die „Affäre Croissant" gar zum „Testfall" für die deutsch-französischen Beziehungen erklärt. Dass auch die Bundesregierung der Entscheidung des Cour d'Appel nicht ohne Anspannung entgegengesehen hatte, beweist der Umstand, dass Regierungssprecher Bölling gleich zwei Presseerklärungen vorbereitet hatte, um sowohl auf eine Ablehnung des Auslieferungsersuchens als auch auf dessen Bewilligung vorbereitet zu sein: Ganz gleich, wie das Pariser Verfahren ausging, wollte man unverzüglich und mit der gebotenen Souveränität auf den Richterspruch reagieren können.[4]

Der französische Premierminister Raymond Barre verfügte unmittelbar im

---

[1] Dazu ausführlich: „Unmenschliches Deutschland?", in: Der Spiegel 48/21.11.1977, S. 132–137.
[2] Vgl. dazu aus der Perspektive eines Kritikers der staatlichen Maßnahmen: Frank Rühmann, Anwaltsverfolgung in der Bundesrepublik 1971–1976, Hamburg 1977.
[3] „Unmenschliches Deutschland", S. 132.
[4] Beide Entwürfe in: BA Koblenz, B 145 / 12539.

Anschluss an das Urteil die sofortige Überstellung des deutschen Anwalts an die Justiz seines Heimatlandes – ungeachtet der wütenden Proteste der zahlreichen französischen Croissant-Anhänger, die auf das Recht des Beschuldigten hinwiesen, gegen die Entscheidung des Appellationsgerichts in Revision zu gehen. Das französische Asylrecht, so hieß es in diesen Kreisen, sei mausetot – geopfert dem ‚Modell Deutschland', das im Begriff sei, sich einmal mehr wie ein Spinnennetz über ganz Europa auszubreiten. Wie in der Bundesrepublik bereits zu besichtigen, richte es sich nicht nur gegen die Freiheit, sondern gegen das Leben selbst.[5] Bevor Croissant über die Grenze gebracht wurde, gelang es ihm, seinen französischen Freunden ein handgeschriebenes Papier zu übermitteln, dessen Inhalt ganz mit diesem düsteren Szenario in Einklang stand: Obwohl er, Croissant, die speziellen Haftbedingungen nur zu gut kenne, mit denen man in der BRD die psychische und physische Integrität politischer Gefangener zu zerstören pflege, erkläre er mit Bestimmtheit, dass er seinem Leben unter keinen Umständen selbst ein Ende setzen werde. „Wenn man Nachricht von meinem Tod in einem deutschen Gefängnis erhält, so wird es nie Selbstmord sein. Glaubt den Lügen der Mörder nicht."[6]

Mit dieser Erklärung schrieb sich Croissant rhetorisch in ein Muster ein, das seine ehemaligen Mandanten bereits während der Vorjahre erfolgreich in den politischen Diskurs eingeführt hatten. Die inhaftierten Vordenker der RAF hatten die eigene Kriegserklärung an die Adresse des Staates nachträglich über den Nachweis des mörderischen Charakters des ‚Systems' zu rechtfertigen versucht, wie er in ihrem Leiden in der Haft und schließlich im eigenen Tod Gestalt annahm. Am 9. März 1974 hatte Holger Meins bei seinem Anwalt Klaus Croissant eine Erklärung hinterlegt, die nur einen einzigen Satz enthielt: „Für den Fall, daß ich in Haft vom Leben in den Tod komme, war´s Mord".[7] Nach dem Tod Ulrike Meinhofs am 8. Mai 1976 fiel es der Schwester der Verstorbenen zu, darüber aufzuklären, dass die ehemalige Journalistin sich nicht selbst umgebracht haben könne – sollte sie im Gefängnis sterben, so habe Meinhof ihr gegenüber stets betont, sei sie Opfer eines Verbrechens geworden.[8] Andreas Baader nahm diese Anschuldigungen in einem Schreiben an das Stuttgarter Oberlandesgericht vom 7. Oktober 1977 wieder auf, indem er auch im Namen seiner Mitgefangenen bekräftigte: „Keiner von uns (...) hat die absicht, sich umzubringen. Sollten wir (...) hier ‚tot aufgefunden werden', sind wir in der guten

---

[5] Vgl. Mouvement d´action judiciaire, L´affaire Croissant, Paris 1977, S. 9–12.
[6] Ebd., S. 8.
[7] Zitiert in: Gerd Conradt, Starbuck Holger Meins. Ein Porträt als Zeitbild, Berlin 2001, S. 145.
[8] Vgl. dazu weiter unten S. 401ff.

tradition justizieller und politischer maßnahmen dieses verfahrens getötet worden".⁹

Bekanntlich ließen Meins, Meinhof, Baader, Ensslin und Raspe es nicht bei verbalen Ankündigungen bewenden: Sie nahmen ihren eigenen Tod in der Zelle entweder – wie Meins – bewusst in Kauf oder führten ihn – wie die Übrigen – eigenhändig herbei. Vor allem die sogenannte ‚Todesnacht von Stammheim' vom 18. auf den 19. Oktober 1977 sollte sich mit ihren drei Todesfällen als Schlüsselereignis in der Geschichte des deutschen Linksterrorismus erweisen; der damalige Präsident des deutschen Bundeskriminalamtes Horst Herold sprach in der Rückschau von einer „Katastrophe für den Staat".¹⁰ Wie heute unter anderem dank der Aussagen ehemaliger Mitglieder der RAF-Führungsspitze feststeht, nahmen sich die noch in Stammheim verbliebenen Gründer der Gruppe selbst das Leben, nachdem sie mit Hilfe eines in Raspes Zelle versteckten Transistorradios davon erfahren hatten, dass die mit der RAF sympathisierende Popular Front for the Liberation of Palestine (PFLP) mit dem Versuch gescheitert war, durch die Entführung einer vollbesetzten Lufthansa-Maschine die Freilassung ihrer in Stammheim inhaftierten Genossen zu erzwingen.¹¹ Während sich Baader und Raspe mit auf den Kopf aufgesetzten Pistolenschüssen förmlich selbst hinrichteten, erhängte sich Ensslin mit einem Elektrokabel am Fensterkreuz ihrer Gefängniszelle. Eine vierte Gesinnungsgenossin, Irmgard Möller, wurde mit stumpfen Stichverletzungen in der Herzgegend aufgefunden, die mit dem Messer ihres Anstalts-Essbestecks ausgeführt worden waren. Obwohl Möller, die am Folgetag einer Notoperation unterzogen wurde, bis heute abstreitet, sich ihre Verletzungen selbst zugefügt zu haben,¹² spricht alles dafür, dass die Insassen des Stammheimer Hochsicherheitstraktes bereits seit Längerem beschlossen hatten, ihr Schicksal im Falle eines Misslingens der Befreiungsaktion selbst in die Hand zu nehmen. Die Waffen, die für den von Brigitte Mohnhaupt¹³ als ‚suicide action' bezeichneten Plan notwendig waren, waren zuvor in entsprechend präparierten Aktenordnern stückweise in die Zellen geschmuggelt worden.¹⁴

---

⁹ Zitiert in: Butz Peters, Tödlicher Irrtum. Die Geschichte der RAF, 3. Aufl. Frankfurt a.M. 2007, S. 461.

¹⁰ Zitiert in: Stefan Aust/Helmar Büchel, „Der letzte Akt der Rebellion", in: Der Spiegel 37/10.9.2007, S. 52.

¹¹ Vgl. für das folgende ausführlich Stefan Aust, Der Baader-Meinhof-Komplex, 3. erw. Aufl. Hamburg 2008, S. 768–871 sowie Tobias Wunschik, Baader-Meinhofs Kinder: die zweite Generation der RAF, Opladen 1997, S. 278–282.

¹² Vgl. Oliver Tolmein, „RAF – das war für uns Befreiung": Ein Gespräch mit Irmgard Möller über bewaffneten Kampf, Knast und die Linke, 4. Aufl. Hamburg 2005. Vgl. ausführlich S. 611–615.

¹³ Brigitte Mohnhaupt gilt als die treibende Kraft hinter den RAF-Anschlägen des Jahres 1977 mit ihren sieben Todesopfern, vgl. Wunschik, Baader-Meinhofs Kinder, S. 196f.

¹⁴ Vgl. dazu den lesenswerten Erfahrungsbericht des RAF-Aussteigers Volker Speitel „Wir

Das Wissen darüber wurde in der Gruppe bewusst unterdrückt, um auf diese Weise über die „kommunikative Niederlage" der RAF im ‚Deutschen Herbst' hinwegzutäuschen.[15] „Hätte die RAF den Tod der drei Gründungsmitglieder nicht in einen Justizmord umgedeutet", so der Medienwissenschaftler Andreas Elter, „so wäre dies gleichbedeutend gewesen mit einem Eingeständnis des Scheiterns. Ohne den Stammheim-Mythos hätte die RAF wahrscheinlich nicht weiterexistieren können."[16]

Anders als im Falle der Gruppenmitglieder selbst, besaß die Bereitschaft Klaus Croissants, seinen Mandanten auf ihrem „existentialistischen Todestrip"[17] zu folgen, eindeutige Grenzen.[18] Nach Ablauf der zweieinhalbjährigen Haftstrafe, zu der ihn das Landesgericht Stuttgart im Februar 1979 verurteilte, verließ der Anwalt die Stammheimer Vollzugsanstalt körperlich unversehrt – und nach eigenem Bekunden politisch ungebrochen. Wieder auf freiem Fuß, ließ sich der damals 50-Jährige vom Ostberliner Ministerium für Staatssicherheit anwerben.[19] Bis zum Zusammenbruch der DDR belieferte er gemeinsam mit seiner Lebensgefährtin Brigitte Heinrich das aus seiner

---

wollten alles und gleichzeitig nichts'. Ex-Terrorist Volker Speitel über seine Erfahrungen in der westdeutschen Stadtguerilla I-III", in: Der Spiegel 31/28.7.1980, S. 36–49; 32/4.8.1980, S. 30–39 sowie 33/11.8.1980, S. 30-36, für den an dieser Stelle relevanten Fragenkomplex vor allem 32/1980, S. 37. Neben den genannten Waffen waren auch 6 Stangen Sprengstoff in die Zellen transportiert worden, die erst mehrere Tage nach dem Tod der Gefangenen entdeckt wurden. Die Transporte waren Gegenstand eines Urteils des OLG Stuttgart vom 31.1.1980, durch welches der Strafverteidiger Arndt Müller zu einer Freiheitsstrafe von 4 Jahren und 8 Monaten verurteilt wurde, vgl. Klaus Pflieger, Die Rote Armee Fraktion – Raf – 14.5.1970 bis 20.4.1998, 2. erw. Aufl. Baden-Baden 2007, S. 75. Vgl. auch weiter unten S. 433f.

[15] Dazu hat sich gegenüber der Bundesanwaltschaft neben Peter-Jürgen Boock und Susanne Albrecht auch ihre Genossin Monika Helbing geäußert: „Ich war damals sehr erschrocken über diese Art der Politik (...), bei der bewußt mit Unwahrheiten gearbeitet wurde. (...) Aus meiner Sicht war diese Lüge über die angeblichen Morde von Stammheim allein durch den Selbstzweck begründet, die Politik der RAF fortsetzen zu können und in der Öffentlichkeit glaubwürdig zu machen", zitiert in: Aust, Baader-Meinhof-Komplex (2008), S. 841. Von einer „kommunikativen Niederlage" der RAF im ‚Deutschen Herbst' spricht Martin Steinseifer, Terrorismus als Medienereignis im Herbst 1977: Strategien, Dynamiken, Darstellungen, Deutungen, in: Klaus Weinhauer/Jörg Requate/Heinz-Gerhard Haupt (Hg.), Terrorismus in der Bundesrepublik. Medien, Staat und Subkulturen in den 1970er Jahren, Frankfurt a.M./New York 2006, S. S. 351-381, hier: S. 359.

[16] Andreas Elter, Propaganda der Tat. Die RAF und die Medien, Frankfurt a.M. 2008, S. 182f.

[17] Gerd Koenen, Das rote Jahrzehnt. Unsere kleine deutsche Kulturrevolution 1967–1977, Frankfurt a.M. 2002, S. 397.

[18] Gegenüber seinen Freunden pflegte Croissant zu berichten, die Behörden hätten ihn zum Selbstmord drängen wollen, indem sie ihn nicht nur schikanösen Haftbedingungen ausgesetzt, sondern ihn auch demonstrativ in seiner Zelle mit Rasierklingen versorgt hätten, vgl. Peter Chotjewitz, Mein Freund Claus, Berlin 2007, S. 365.

[19] Vgl. Hubertus Knabe, Die unterwanderte Republik. Stasi im Westen, Berlin 1999, S. 80-87.

Sicht ‚bessere' Deutschland jenseits der Mauer nicht nur mit französischem Rotwein, sondern auch mit Informationen über seine politischen Mitstreiter in der linken Szene Westdeutschlands und vor allem Westberlins – ein Verrat, den ihm die Betroffenen bis zu seinem Tod im Jahre 2002 mehrheitlich nicht mehr verzeihen sollten.[20]

Die hier nur skizzenhaft referierte Episode aus dem November 1977 kann für die vorliegende Untersuchung als paradigmatisch gelten. Sie ist kennzeichnend für die Inszenierung eines internationalen Verfolgungsdiskurses, bei dem sowohl die – mehrheitlich historisch bedingten – antideutschen Ressentiments im westlichen Ausland wie die Selbstviktimisierung der Systemgegner als politische Waffe eingesetzt wurden. Dieser Zusammenhang war als strategische Option schon seit den studentischen Unruhen der sechziger Jahre erkennbar, die sich auf einen internationalistischen und antiimperialistischen Auftrag beriefen. Die Gewalteskalation in den siebziger Jahren und insbesondere der ‚Deutsche Herbst', so die zentrale These dieser Untersuchung, sind ohne diese transnationale Dimension, die in den Handlungsoptionen aller politischen Akteure eingeschrieben war, nicht hinreichend zu verstehen.

Im Einzelnen lässt sich die hier verfolgte Fragestellung an mehreren Aspekten näher erläutern:

Erstens verweist sie ganz generell auf die Tatsache, dass die linksterroristische Herausforderung der Bundesrepublik eine genuin westeuropäische Dimension besaß – ein Umstand, der für die Zeitgenossen selbstverständlich war und häufig reflektiert wurde.[21] Eine Berücksichtigung dieser Dimension, die sowohl eine klandestine, auf die terroristischen Gruppen selbst bezogene, als auch eine öffentliche und im eigentlichen Wortsinn politische Seite hatte, ist in der Forschung bisher weitgehend unterblieben. Auch die jüngere, sozial- und kulturgeschichtlich ausgerichtete Terrorismusforschung, die politische Gewalt auf der Suche nach einem ‚dritten Weg' zwischen strukturgeschichtlichen und biographischen Erklärungsmodellen als destruktiven Kern eines interaktiven Kommunikationsprozesses analysiert hat,[22] hat bisher kaum reflektiert, dass die Botschaften der RAF und vergleichbarer Gruppen keineswegs an den deutschen Landesgrenzen Halt machten, sondern teilweise explizit an Akteure außerhalb des nationalen Kommunikationsraumes gerichtet waren. Daneben

---

[20] Oliver Tolmein, „Beharren. Klaus Croissants Engagement für die DDR bleibt bei seinen politischen Freunden umstritten", in: Der Freitag, 19.4.2002; online unter: http://www.freitag.de/kultur/0217-freundfeind (26.4.2011).

[21] Vgl. den resümierenden Aufsatz des ehemaligen Pressereferenten im Bundeskanzleramt Alf Enseling, Das Ausland zur Extremismus- und Terrorismus-Diskussion in der Bundesrepublik Deutschland, in: Aus Politik und Zeitgeschichte 20 (1978), S. 23–38, mit einer Fülle weiterführender Hinweise auf zeitgenössische Statements und Kommentare.

[22] Vgl. zu diesem Ansatz Klaus Weinhauer/Jörg Requate, Die Herausforderung des Linksterrorismus, in: Dies./Haupt, Terrorismus, S. 9–32.

waren ihre Aktivitäten selbstverständlich Gegenstand der professionellen Berichterstattung von Auslandskorrespondenten und politischen Kommentatoren der europäischen Nachbarländer. Die vorliegende Studie geht daher davon aus, dass alle Akteure, die in der Bundesrepublik in den durch den Terrorismus in Gang gesetzten Kommunikationsprozess involviert waren, sich der Bedeutung dieser ausländischen Interaktionspartner für den Ausgang der Konfrontation bewusst waren und entsprechend auf sie Einfluss zu nehmen versuchten. Gegenstand der vorliegenden Untersuchung sind daher Motive, Formen und Folgen dieser Bemühungen. Die ‚Affäre Croissant' fiel dabei in den sogenannten ‚Deutschen Herbst', der mit der Geiselnahme Hanns Martin Schleyers, der Entführung einer vollbesetzten Lufthansa-Maschine durch palästinensische Gesinnungsgenossen der RAF und schließlich den Selbstmorden von Stammheim nicht nur den Kulminationspunkt der terroristischen Bedrohung in der Bundesrepublik darstellte, sondern auch den Gipfel ausländischer Aufmerksamkeit markierte. Die dramatischen Monate zwischen September und Dezember 1977 können mithin als der Zeitraum betrachtet werden, in dem sich die vorausgegangenen transnationalen Kommunikationsbemühungen der deutschen Akteure bewähren mussten. Tatsächlich hatte die Werbetätigkeit der RAF und ihrer Anwälte im Ausland längst auch die Bundesregierung auf den Plan gerufen, die diese nicht nur zu kontrollieren, sondern seit 1975 auch aktiv durch eigene PR-Maßnahmen zu konterkarieren bemüht war. Es handelte sich um ein durch den Terrorismus generiertes neues Interventionsfeld, das die traditionelle Außenpolitik ergänzen und unliebsame Rückwirkungen etwaiger ausländischer Kritik an den deutschen Anti-Terror-Maßnahmen auf die bundesrepublikanische Öffentlichkeit eindämmen sollte.

Zweitens wirft das Geschehen von Paris ein Schlaglicht auf die in der Forschung bereits häufiger betonte, aber doch in ihrer Tragweite insgesamt unterschätzte Tatsache, dass die effizienteste Kommunikationsstrategie der RAF mitnichten in ihren Taten, sondern in einer propagandistischen Umkehrung des Täter-Opfer-Verhältnisses gelegen hat, die ihre Verbrechen für nicht wenige Beobachter zu relativieren vermochte.[23] Indem der westdeutsche Staat als faschistoide, ihre Gegner erbarmungslos verfolgende Repressionsmaschinerie ins Bild gesetzt wurde, betrieb die Gruppe eine Form der Selbstviktimisierung, die schon aufgrund ihrer beispiellosen Fixierung auf die Gründerpersönlichkeiten innerhalb des internationalen Terrorismus sozialrevolutionärer Prägung ihresgleichen sucht. Die Inhaftierung der ersten RAF-Kader erscheint aus dieser Perspektive als entscheidende Zäsur in der Geschichte des deutschen Linksterrorismus. Dass das Bild vom deutschen Folter- bzw. sogar Mörder-

---

[23] Vgl. Wolfgang Kraushaar, Die RAF und ihre Opfer. Zwischen Selbstheroisierung und Fremdtabuisierung, in: Ders. (Hg.), Die RAF. Entmythologisierung einer terroristischen Organisation, Bonn 2008, S. 356–367.

staat in den Augen nicht weniger In- und Ausländer einiges an Plausibilität beanspruchen konnte, hatte dabei, so die These dieser Arbeit, viel mit den ideologischen und psychischen Dispositionen, aber auch den direkten politischen Interessen zu tun, die die Wahrnehmung vieler ursprünglich ‚unbeteiligter Dritter' (Münkler) vorstrukturierten. Dazu kam die diskursive Allgegenwart der NS-Vergangenheit seit den späten 60er Jahren, die ebenso zur politischen Instrumentalisierung einlud wie sie im In- und Ausland reale Ängste beförderte. Angesichts der Omnipräsenz der NS-Bezüge in der bundesrepublikanischen Öffentlichkeit und der zahlreichen Warnungen vor einem zweiten Weimar kam die Sprach- und Denkfigur des angekündigten Staatsmordes an wehrlosen Häftlingen eben nicht in dem Maße als Fremdkörper daher, wie es eigentlich in einem ‚westernisierten' Staatswesen, dessen sozialliberale Regierung gerade erfolgreich im Amt bestätigt worden war, zu erwarten gewesen wäre. Analog war in Teilen der europäischen Nachbargesellschaften ein demonstrativer Antifaschismus wirksam, der seine Bindekraft auch aus der Abgrenzung von einem angeblich notorisch bedrohlichen, immer gleichen Deutschland bezog. Entsprechend beunruhigten die vorgeblichen ‚Opfer' deutscher ‚Repression' weite Teile der europäischen Öffentlichkeit mehr als die des Terrorismus selbst. In Wirklichkeit waren die widersprüchlichen, kaum auf einen Nenner zu bringenden Reaktionen auf den erstmaligen Einbruch politischer Gewalt in den Alltag der Bundesrepublik weniger auf die langen Schatten des ‚Dritten Reiches' zurückzuführen als auf die verbreitete Unsicherheit im Umgang mit einer neuen politischen und gesellschaftlichen Herausforderung, die die allgemeine Krisenstimmung in den Jahren „nach dem Boom" erheblich verstärkte.[24] Eine analoge, gemessen an der Zahl der Militanten und ihres gesellschaftlichen Rückhalts sogar weit gefährlichere Bedrohung durch sozialrevolutionäre Gruppen erlebte zeitgleich in Europa nur Italien: Anders als in Deutschland war linksextreme Gewalt südlich der Alpen über das ganze Jahrzehnt hindurch eine alltägliche Erscheinung, auch wenn die Geschichte der 70er Jahre auch in Italien nicht in dem Rubrum der ‚bleiernen Zeit' aufgeht.[25] Starben in der Bundesrepublik zwischen 1970 und 1983 infolge linksterroristischer Anschläge 41 Menschen, so waren es in Italien 179, wobei die Opferzahlen in den Jahren 1978 bis 1982 jeweils am höchsten

---

[24] Anselm Doering-Manteuffel/Lutz Raphael, Nach dem Boom. Perspektiven auf die Zeitgeschichte seit 1970, 2. erg. Aufl. Göttingen 2010. Vgl. auch Konrad H. Jarausch (Hg.), Das Ende der Zuversicht? Die siebziger Jahre als Geschichte, Göttingen 2008; zeitgenössisch Kurt Sontheimer, Die verunsicherte Republik. Die Bundesrepublik nach 30 Jahren, München 1979.

[25] Entsprechend argumentieren Giovanni Moro, Anni Settanta, Turin 2007 und Marica Tolomelli, Jenseits von „Spaghetti und Revolvern". Italienische Verhältnisse in den 1970er Jahren, in: Geschichte und Gesellschaft 35 (2009), S. 429–457.

waren.²⁶ Befanden sich 1992 in der Bundesrepublik vierzig Personen aufgrund der Mitgliedschaft in linksterroristischen Organisationen in Haft, waren es zur gleichen Zeit in Italien rund zehnmal so viele, davon sechzig mit dem Urteil lebenslänglich. Im Jahre 1980 belief sich die Zahl der inhaftierten Linksextremisten in Italien sogar auf rund 5000, tausende weitere waren flüchtig.²⁷ Es liegt mithin auf der Hand, dass die italienische Wahrnehmung der Vorgänge in der Bundesrepublik stark durch die Frontstellungen des heimischen Konflikts vorgeprägt war.

Eine wichtige Voraussetzung für das Gelingen der Viktimisierungsstrategie der RAF war *drittens* die Kooperations- und Identifikationsbereitschaft der beteiligten Anwälte mit den Inhaftierten, wie sie allen voran von Klaus Croissant verkörpert wurde. Obwohl er nicht selbst in den Untergrund ging, teilte er die Feindbilder seiner Klienten ebenso wie ihre Neigung zu Selbstdarstellung und Märtyrertum. Auch wenn nicht alle seiner Kollegen so eindeutig den Schulterschluss mit den Gefangenen suchten wie er, hat die ‚erste Generation' der RAF doch zweifellos auch eine Generation stark politisierter Rechtsanwälte auf den Plan gerufen, die den Schwerpunkt ihres Engagements von der klassischen Strafverteidigung vor Gericht auf das Feld der Öffentlichkeitsarbeit verlegt hatten. Indem sie den schwer verdaulichen und ungebrochen gewaltbereiten Polit-Jargon ihrer Mandanten in medientaugliche Botschaften übersetzten und statt ihrer Verbrechen den angeblichen Verfolgungs-Furor des Staates ins Zentrum ihrer zahlreichen öffentlichen Interventionen im In- und Ausland rückten, leisteten die Anwälte einen bislang zu wenig beachteten Beitrag zur Kontinuität des Linksterrorismus über die Verhaftung der ‚ersten Generation' hinaus. Gleichzeitig provozierten sie durch ihr Verständnis politischer Verteidigung Gegenreaktionen des Gesetzgebers, die die in Gang befindliche Liberalisierung der Strafprozess- und der Strafvollzugsordnung bremsten und teilweise umkehrten. Auch die sogenannten Komitees gegen Folter, die die Anwälte ins Leben gerufen hatten, wirkten gezielt in die transnationalen Resonanzräume hinein, die sich seit 1967/68 verstärkt innerhalb Westeuropas gebildet hatten. In diesen Resonanzräumen wurden nationale Identitäten im Namen politischer und generationeller Faktoren relativiert, ohne jedoch völlig aufgehoben zu werden.

Die Flucht und das zeitweilige Untertauchen von Croissant in Frankreich zeigen *viertens* auch, dass transnationale Kommunikation sich nicht allein in legaler PR-Arbeit erschöpfte. Tatsächlich waren öffentliche Mitleidskampagnen

---

²⁶ Vgl. Donatella della Porta, Social Movements, Political Violence and the State, Cambridge/New York 1995, S. 128. Dazu kamen die noch zahlreicheren Opfer des „schwarzen Terrors", der zwischen 1969 und 1984 199 Menschenleben forderte, vgl. Christian Jansen, Italien seit 1945, Göttingen 2007, S. 162–165.
²⁷ Vgl. Isabelle Sommier, La violenza rivoluzionaria. Le esperienze di lotta armata in Francia, Germania, Giappone, Italia e Stati Uniti, Rom 2009, S. 132.

– die sich vor allem der seit den späten 60er Jahren prosperierenden Medien der Gegenöffentlichkeit bedienten – und geheime Netzwerkbildung häufig nur zwei Seiten ein- und derselben Medaille, wie bislang vor allem von RAF-Aussteigern, weniger von der Forschung hervorgehoben worden ist.[28] Bereits vor ihrer Entscheidung für den militanten Untergrund hatten die späteren RAF-Gründer die Erfahrung gemacht, dass die Solidargemeinschaft westeuropäischer Neuer Linker ‚politisch verfolgten' Deutschen nicht nur Interesse, sondern auch praktische Hilfe zukommen ließ. Nicht nur der ideelle Horizont, in dem die RAF und vergleichbare Gruppierungen wurzelten, war transnational, sondern auch der Raum, in dem sich die Mitglieder der Radikalenszene physisch bewegten. Nachdem die Protagonisten nach ihrer Festnahme ab 1971/72 zur Immobilität verurteilt waren, verlangten sie von ihren Strafverteidigern, dieses Defizit zu kompensieren – nicht zuletzt, um der langsam nachwachsenden ‚zweiten Generation' ebenfalls Flucht- und Ruheräume außerhalb der Zugriffsmöglichkeiten der deutschen Fahnder zu eröffnen. Letztes Ziel war dabei immer die Befreiung der inhaftierten Kader. Gerade die Kanzlei Croissant entwickelte sich im Laufe der Jahre zu einer PR-Zentrale, die auch auf europäischer Ebene als Verbindungsglied zwischen legalen Sympathisanten und gewaltbereiten Militanten fungierte.[29] Dazwischen standen Helfer, die den Illegalen logistische Unterstützung zukommen ließen: Wohnungen, Kontakte, gefälschte Ausweispapiere sowie in einigen Fällen auch Waffen. Für die Bundesregierung bedeutete dieses Vorgehen eine besondere Herausforderung, endeten die Befugnisse der Fahnder doch im Allgemeinen an den Landesgrenzen. Und selbst wenn die Flüchtigen am Ort ihres Exils der heimischen Polizei in die Hände fielen, so machten die in Europa gültigen Auslieferungsbestimmungen ihre Überstellung in die Bundesrepublik aufgrund des politischen Hintergrunds ihrer Taten doch stets zu einer höchst diffizilen Angelegenheit – nicht nur, aber auch im Fall Croissant.

Fünftens verweist der erstaunliche Wirbel, den der Stuttgarter Rechtsanwalt in den betreffenden Wochen und Monaten bis hinauf in höchste Regierungskreise zweier Staaten zu entfachen in der Lage war, auf das ungebrochene Potential individueller historischer *agency* innerhalb der modernen Mediengesellschaft. Die vorliegende Untersuchung möchte diesem Befund durch die Entscheidung für eine im Wesentlichen akteurszentrierte Perspektive Rechnung tragen, die früh als ‚Königsweg' der transnationalen Geschichtsbetrachtung ausgemacht worden ist.[30] Ohne die Hartnäckigkeit einzelner,

---

[28] Vgl. vor allem „Wir wollten alles und gleichzeitig nichts"' I-III, passim.
[29] Ebd., bes. II.
[30] Transnationale Geschichte, so Jürgen Osterhammel in einem der ersten Beiträge zur Theoriedebatte, sollte „dann und nur dann interessieren, wenn Trägergruppen und -institutionen namhaft gemacht werden können und es möglich ist, spezifische Transfervorgänge mit angebbaren Bedürfnissen, Interessen und gesellschaftlichen Funktionen zu verbinden sowie ihre Folgen zu untersuchen. Nur dann wird man einen Transfer auch er-

entsprechend disponierter Impulsgeber wären die hier betrachteten transnationalen Kommunikationszusammenhänge und Transfers weder entstanden noch dauerhaft funktionsfähig gewesen. Dies beweist die nachhaltige Störung des Kommunikationsflusses, wenn entscheidende Akteure – etwa durch Tod oder Inhaftierung – als Impulsgeber und Transmitter innerhalb des Netzwerkes ausfielen. Die Betonung der Bedeutung individuellen Handelns bedeutet dabei keinen Rückfall in eine unzulässige Personalisierung oder gar Psychologisierung genuin politischer Prozesse. Sie stellt vielmehr den Versuch dar, politische Verantwortung an historisch identifizierbare Individuen zurückzubinden. Dass die aufgerufenen Persönlichkeiten selbstverständlich nicht unabhängig von ihrem jeweiligen Umfeld agierten, lehrt die Berücksichtigung unterschiedlicher nationaler Kontexte: So blieb etwa Frankreich nicht nur für Klaus Croissant, sondern auch für deutsche Militante in erster Linie ein Rückzugsraum, wo sie Unterstützer und Sympathisanten, kaum aber direkte Gesinnungsgenossen vorfanden, die ähnlichen Aktionsstrategien anhingen wie sie selbst. Dies unterschied die Situation in Frankreich, aber auch in der Schweiz von derjenigen in Italien, wo die Hoffnung, den außerparlamentarischen Protestbewegungen der späten 60er Jahre mit demonstrativen, wenn auch zunächst nicht gegen Personen gerichteten Gewaltakten doch (noch) zum Sieg verhelfen zu können, für einige Akteure ebenso zur fixen Idee geworden war wie in der Bundesrepublik. Hier wie dort hatte der Import entsprechender Aktionsmodelle der anti-kolonialen Befreiungsbewegungen für diese Entwicklung eine entscheidende Rolle gespielt und das Glaubwürdigkeitsdefizit, an dem die post-faschistischen Staaten Italien und Deutschland litten, die Implementierung dieses Gedankenguts im Vergleich mit anderen westeuropäischen Staaten erleichtert. Auch aufgrund der Tatsache, dass ihre terroristische Aktionsstrategie in einem von den Protagonisten teilweise gemeinsam durchlaufenen Radikalisierungsprozess wurzelte, waren und blieben deutsche und italienische Terrororganisationen aufeinander bezogen. Die Formationen selbst, aber auch ihr jeweiliges sympathisierendes Umfeld hatten weitgehend identische Feindbilder – neben den Repräsentanten der heimischen Staats- und Wirtschaftsmacht vor allem die USA. Der Frage, welche Bedeutung diese transnationale Solidarität, aber auch die mehr oder weniger subtilen Formen von Rivalität für den spezifischen Verlauf der jeweiligen Terrorismen besaß, ist bislang weder innerhalb der deutschen noch der italienischen Forschung nachgegangen worden.

Transnationalisierung als kommunikative Strategie. Dass der deutsche Linksterrorismus spätestens seit dem Hungertod von Holger Meins vom No-

---

klären können: warum er stattfand und warum er diese Form annahm und keine andere", vgl. Ders., Transnationale Gesellschaftsgeschichte: Erweiterung oder Alternative, in: Geschichte und Gesellschaft 27 (2001), S. 464–479, hier S. 477.

vember 1974 auch jenseits der deutschen Grenzen ein vielbeachtetes Thema war, ist erstmals durch Jacco Pekelders 2007 erschienene, inzwischen auch ins Deutsche übersetzte Studie zur niederländischen Unterstützerszene der RAF eindrucksvoll deutlich gemacht geworden.[31] Allerdings bleibt der Umstand, dass deutsche Akteure die Entwicklung im Nachbarland gezielt forciert hatten, um sie anschließend politisch instrumentalisieren zu können, in Pekelders Untersuchung unterbelichtet, da sich der Verfasser nahezu ausschließlich auf Material niederländischer Provenienz stützt. Entsprechend erzählt Pekelder auch eine im Wesentlichen niederländische Geschichte, die von der Frage ausgeht, warum die Inhaftierung der drei RAF-Mitglieder Knut Folkerts, Christof Wackernagel und Gert Schneider zwischen dem September bzw. dem November 1977 und ihrer Auslieferung in die Bundesrepublik im Oktober 1978 in den Niederlanden „so viel ausgelöst hat".[32] Die vorliegende Studie geht demgegenüber davon aus, dass es sich bei der Europäisierung der ‚Bühne', auf der sich das „theater of terror" abspielte, um eine von den Gründern der RAF bewusst verfolgte Kommunikationsstrategie handelte – auch wenn selbstverständlich keine simple Kausalbeziehung zwischen den Aktivitäten deutscher Sympathisanten und den Auslandsreaktionen bestand.[33] Eher ist zur Erklärung der höheren Empfänglichkeit vieler auswärtiger Beobachter für die Appelle der Gruppe von einer jeweils unterschiedlich zusammengesetzten Mischung aus älteren Vorurteilen, Ressentiments gegen das sozialdemokratische ‚Modell Deutschland', Desinformation und ideologisch bedingten Wahrnehmungsfiltern auszugehen. Diese Mischung sorgte dafür, dass eine Botschaft, die von ihren Absendern nicht wesentlich ‚anders' für deutsche oder nicht-deutsche Empfänger formuliert wurde, im Ausland zunehmend auf größere Resonanz traf als zu Hause.

Die geradezu ultimativ formulierte ‚Einladung' des französischen Philosophen Jean Paul Sartre in die Justizvollzugsanstalt Stuttgart-Stammheim, die Ulrike Meinhof dank der Vermittlung Daniel Cohn-Bendits und Klaus Croissants kurz vor Holger Meins' Tod an den illustren Empfänger hatte überbringen können, kann wohl als ein erster, bis heute im Kollektivgedächtnis

---

[31] Jacco Pekelder, Sympathie voor de RAF. De Rote Armee Fraktion in Nederland, 1970–1980, Amsterdam 2007; dt. „Ich liebe Ulrike". Die RAF und die Niederlande 1970–1980, Münster 2012. Für eine Zusammenfassung seiner Ergebnisse vgl. Ders., Herbst in Holland. Die RAF in den Niederlanden 1970–1980, in: Ders. u. a. (Hg.), Der „Deutsche Herbst" und die RAF in Politik, Medien und Kunst. Nationale und internationale Perspektiven, Bielefeld 2008, S. 17–35. Vgl. für die hier interessierende Problematik auch den Beitrag von Janneke Martens, „Polizei und Justiz drehen völlig durch." Die Rote Armee Fraktion in den niederländischen Medien, in: ebd., S. 91–108.
[32] Pekelder, Ulrike, S. 27.
[33] Gabriel Weimann/Conrad Winn, The Theater of Terror. Mass Media and International Terrorism, New York 1994.

der Bundesrepublik sehr präsenter Höhepunkt der Bemühungen der RAF gelten, ihre Anliegen über die nationale Öffentlichkeit hinauszutragen. Wolfgang Kraushaar, der diesem Ereignis eine knappe, aber aufschlussreiche Skizze gewidmet hat, betrachtet die Initiative aufgrund der mehrheitlich negativen Reaktionen in der Bundesrepublik als gescheitert.[34] Es ist jedoch zu fragen, ob der ‚Erfolg' solcher Appelle an die europäische Öffentlichkeit anders zu bewerten ist, wenn man die durch sie im In- und Ausland hervorgerufenen Aufmerksamkeit zum Maßstab macht, wie es Martin Schulze Wessel und Jörg Requate vorgeschlagen haben.[35] Die vorliegende Untersuchung orientiert sich an deren Modell einer europäischen Öffentlichkeit als appellativem Ersatzforum, durch das die Marginalisierung relativ machtloser Gruppen im nationalen Kontext im internationalen Rahmen zu kompensieren war. Dieser Ansatz nimmt auch Donatella Della Portas Beobachtung auf, nach der sich die vorgebliche Irrationalität und Aussichtslosigkeit des Agierens terroristischer Gruppen stark relativiert, sobald man es nicht mehr an den offiziell deklarierten Zielen misst, sondern schlicht an den unmittelbaren Bedürfnissen der Gruppenmitglieder selbst.[36] Der Erfolg des Sartre-Besuchs bestand möglicherweise gerade in der damit bewiesenen Fähigkeit der ‚Stammheimer', ein erhebliches Rauschen im Blätterwald der deutschen wie der europäischen Medien zu erzeugen und das Thema Haftbedingungen weiterhin ‚am Kochen' zu halten. Dazu kam die Bestätigung der eigenen Relevanz, die schon der Besuch des Philosophen als solcher für die im eigentlichen Wortsinn ‚ohnmächtigen' Inhaftierten darstellte. Solche über die Erzeugung transnationaler „Medienereignisse"[37] errungenen symbolischen Erfolge halfen der Gruppe, die faktisch erlebten Niederlagen zu kompensieren und den Glauben an die eigene politisch-militärische Mission über die Inhaftierung hinaus zu bewahren. Allen handelnden Akteuren war bewusst, dass derartige Medienereignisse – häufig durch Dekontextualisierungen verzerrt – das Bild der jeweils betroffenen Staaten im Ausland stark prägten. Durch die Schützenhilfe Sartres wäre es der RAF und ihren Anwälten mithin gelungen, das Maß des öffentlichen Drucks auf die Bundesregierung nicht unerheblich zu erhöhen. Wie in dieser Arbeit gezeigt werden soll, standen sämtliche Bemühungen der RAF um ausländische Sympathisanten und Multiplikatoren letztlich im Dienste dieses Ziels.

---

[34] Wolfgang Kraushaar, Sartre in Stammheim. Zur Genese eines deutsch-französischen Missverständnisses, in: Lettre International 80 (2008), S. 50–56.
[35] Jörg Requate/Martin Schulze Wessel, Europäische Öffentlichkeit. Realität und Imagination einer appellativen Instanz, in: Dies. (Hg.), Europäische Öffentlichkeit. Transnationale Kommunikation seit dem 18. Jahrhundert, Frankfurt a.M. 2002, S. 11–42, hier S. 34.
[36] Donatella Della Porta, Il terrorismo di sinistra, Bologna 1990, S. 35f.
[37] Vgl. Friedrich Lenger/Ansgar Nünning (Hg.), Medienereignisse der Moderne, Darmstadt 2008; Frank Bösch (Hg.), Medialisierte Ereignisse: Performanz, Inszenierung und Medien seit dem 18. Jahrhundert, Frankfurt a.M. 2010.

Wie bereits angedeutet, waren trotz der Dominanz nationaler Medienkulturen und Aufmerksamkeitsregime im Laufe der 60er Jahre innerhalb des Kommunikationsraums Europa transnationale Teil- und Gegenöffentlichkeiten entstanden, die in den siebziger Jahren zwar nach wie vor minoritär, aber bereits stabiler und deutlich dichter vernetzt waren als auf dem Höhepunkt der Studentenproteste im Jahr 1968.[38] Mit ihrer Berichterstattung über szenerelevante Ereignisse im Ausland belegt die an den Kommunikationsbedürfnissen des linken Milieus orientierte Presse die internationalen Interessen der Zeitschriftenmacher und -leser, spiegelte und flankierte aber auch deren gewachsene persönliche Mobilität.[39] Die RAF profitierte von der in allen westeuropäischen Ländern lebendigen Gegenöffentlichkeit ebenso wie von der gewachsenen Offenheit des bürgerlich-liberalen Meinungsspektrums für ‚linke' Themen. Die vorliegende Studie fragt in diesem Rahmen danach, auf welche Weise, in welchem Ausmaß und aus welchen Gründen es der terroristischen Gruppe gelang, das eigene Partikularinteresse als ein Anliegen von europäischer Relevanz zu charakterisieren und damit im Ausland Medienpräsenz zu erlangen.

Wer nahm die teils gezielt an bestimmte Empfänger, teils unspezifisch an die Medien gerichteten Kommunikationsangebote auf, welche Motive steckten jeweils hinter diesem Engagement und welche Formen konnte es annehmen? Aus welchen anderen Quellen bezogen ausländische Akteure Informationen, welche Vermittlungsinstanzen galten als vertrauenswürdig? Und nicht zuletzt: Welchen Veränderungen und Umdeutungen war die vermittelte Botschaft unterworfen, wenn sie die Logik des nationalen Kommunikationsraumes verließ?

Schulze Wessel und Requate haben herausgestellt, dass Appelle an die europäische Öffentlichkeit vor allem dann Aussicht auf Resonanz haben, wenn sie mit einem „solidarisierend-moralischen Impuls" vorgetragen werden und mit einer „propagandistisch möglichst klare[n] Verteilung von Tätern und Opfern"

---

[38] Vgl. dazu Michael Schmidtke, 1968 und die Massenmedien – Momente europäischer Öffentlichkeit, in: Requate/Schulze Wessel, Europäische Öffentlichkeit, S. 273–294; Ingrid Gilcher-Holtey, Der Transfer zwischen den Studentenbewegungen von 1968 und die Entstehung einer transnationalen Gegenöffentlichkeit, in: Hartmut Kaelble u. a. (Hg.), Transnationale Öffentlichkeiten und Identitäten im 20. Jahrhundert, Frankfurt/New York 2002, S. 303–325; Martin Klimke, „1968 als transnationales Ereignis", in: Aus Politik und Zeitgeschichte 14–15 (2008), online unter: http://www.bpb.de/publikationen, 4HXZ-HN.html, S. 1–9 (13.10.2011).

[39] Vgl. etwa zu Enzensbergers „Kursbuch" als Beitrag zu einer transnationalen, literarisch-politischen Öffentlichkeit Henning Marmulla, Nationale Zeitschrift, internationale Kommunikation, transnationale Öffentlichkeit, in: Martin Kimke/Joachim Scharloth (Hg.), 1968. Handbuch zur Kultur- und Mediengeschichte der Studentenbewegung, Bonn 2008, S. S. 37–47. Zur Mobilität um 1968 vgl. Richard Ivan Jobs, Travel, Protest and Europe in 1968, in: American Historical Review 114 (2009), S. 376–404.

arbeiten.[40] Daneben weisen sie auf die „Fragilität und Kurzlebigkeit" der europäischen Öffentlichkeit hin, die in Ereignissen entstehe, „aber auch an diese gebunden" bleibe.[41] Um „auf der Skala öffentlicher Resonanz möglichst weit nach oben zu gelangen", so die beiden Autoren, stünden im Wesentlichen drei unterschiedliche Handlungsmuster zur Verfügung: „publizistische Aktivitäten, die Veranstaltung von Kongressen und schließlich die Ausübung von Gewalt".[42]

Die RAF-Gründer, die sich auch nach ihrer Inhaftierung als Köpfe einer kämpfenden Organisation verstanden, deren Aktionen sie zu dirigieren beanspruchten, setzten – wie zu zeigen sein wird – auf alle drei Strategien, um die Ressource Öffentlichkeit für ihre Zwecke nutzbar zu machen. „Setzt die Schweine von außen unter Druck und wir von innen!" lautete der Imperativ, mit dem Ulrike Meinhof die Aufgabenteilung zwischen den einsitzenden Kadern und den auf freiem Fuß befindlichen Anhängern in Anti-Folterkomitees und Roten Hilfen beschrieb.[43] Während erstere vor allem mittels selbstmörderischer Hungerstreiks den eigenen Körper zur Waffe umfunktionierten, sollten letztere dieses ‚Martyrium' öffentlich machen – oder gleich selbst den bewaffneten Kampf aufnehmen, um die Inhaftierten aus der ‚Vernichtungshaft' zu befreien. Den Anwälten kam aufgrund ihrer Mittlerfunktion zwischen innen und außen eine Schlüsselrolle zu. Die vorliegende Studie möchte zeigen, dass die RAF ihre asymmetrische Auseinandersetzung mit dem deutschen Staat sehr bewusst transnational führte, wobei Mitleidskampagnen und Untergrundkampf komplementär aufeinander bezogen waren. Dadurch provozierte sie transnationale Aktivitäten auch der staatlichen Seite, die – ebenfalls mehrgleisig angelegt – neben ‚klassischer' Außen- und Sicherheitspolitik auch PR-Maßnahmen umfassten. Entsprechend war auch die europäische Öffentlichkeit genuiner Teil des Konfliktszenarios: Auch nicht-deutsche Beobachter „schufen Narrative des Terrorismus, die es zu untersuchen gilt".[44] Als transnational gelten an dieser Stelle also „all diejenigen Interaktionen zwischen Individuen, Gruppen, Organisationen und Staaten (...), die über Grenzen hinweg agieren und dabei gewisse über den Nationalstaat hinausgehende Strukturmuster ausbilden".[45]

---

[40] Requate/Schulze Wessel, Europäische Öffentlichkeit, S. 19f.
[41] Ebd., S. 17.
[42] Ebd., S. 30.
[43] Hungerstreikerklärung vom 8. Mai 1973, in: Rote Armee Fraktion. Texte und Materialien zur Geschichte der RAF, Berlin 1997, S. 187–190, hier S. 190.
[44] Auf die Bedeutung solcher Narrative bei der „sozialen Konstruktion des Terrorismus" verweist Klaus Weinhauer, Terrorismus in der Bundesrepublik der Siebzigerjahre. Aspekte einer Sozial- und Kulturgeschichte der Inneren Sicherheit, in: Archiv für Sozialgeschichte 44 (2004), S. 219–242, hier S. 223.
[45] Hartmut Kaelble/Martin Kirsch/Alexander Schmidt-Gernig, Zur Entwicklung transnationaler Öffentlichkeiten und Identitäten im 20. Jahrhundert. Eine Einleitung, in: Dies., Transnationale Öffentlichkeiten, S. 7–33, hier S. 9.

Wie bereits angedeutet, wurde die transnationale Dimension des deutschen Linksterrorismus bislang auch in solchen Arbeiten weitgehend ausgeblendet, die diesen aus kommunikations- bzw. mediengeschichtlicher Perspektive untersucht haben. So hat etwa der Kommunikationswissenschaftler Andreas Elter in seiner Studie zur Medienpolitik der RAF sieben verschiedene Akteursgruppen herauspräpariert, zwischen denen sich terroristische Kommunikation in ihren vielfältigen direkten und indirekten, verbalen und non-verbalen Formen abspielen könne.[46] Keine Erwähnung findet hingegen die transnationale Ebene – vielleicht, weil Elter den grenzübergreifenden Dialog zwischen Akteuren unterschiedlicher Nationalität nicht für eine Kommunikationsform *sui generis* hält oder für die RAF als irrelevant betrachtet. Tatsächlich gilt der deutsche Linksterrorismus der 70er Jahre üblicherweise als Prototyp des ‚nationalen' oder ‚internen' Terrorismus, bei dem die Täter im allgemeinen auf dem Staatsgebiet ihres Herkunftslandes Gewalt gegen dort ansässige Bewohner ausüben, um die nationale Ordnung zu verändern.[47] Demgegenüber hat der Politologe Christopher Daase der RAF eine „Vielzahl unterschiedlicher internationaler Kontakte" bescheinigt, die jedoch „durchweg schwierig und nicht besonders erfolgreich" gewesen seien.[48] Auch hier stellt sich allerdings wiederum die Frage nach der Bedeutung der Kategorie ‚Erfolg' in der jeweils betrachteten historischen Konstellation. Daase unterscheidet zwischen verschiedenen Gegenstandsbereichen, Formen und Akteuren inter- bzw. transnationaler Kooperation. Eine terroristische Gruppe könne in programmatischer, strategischer und organisatorischer Hinsicht mit Akteuren anderer Nationalität zusammenarbeiten, wobei diese Kooperation symbolische, latente oder manifeste Formen annehmen könne.[49] Als Partner kämen Staaten, na-

---

[46] Elter, Propaganda, S. 32–41. Bei den sieben Zielgruppen handelt es sich um 1. die Mitglieder der terroristischen Gruppe, 2. (potentielle) Sympathisanten und Unterstützer, 3. die breite Öffentlichkeit, 4. die Medien, 5. Strafverfolgungsbehörden und Regierung, 6. andere politische Akteure wie die Opposition inner- und außerhalb des Parlaments und 7. andere konkurrierende oder sympathisierende Terrorgruppen. Mit dieser Klassifizierung sind ausländische Akteure selbstverständlich nicht ausgeschlossen – so subsumiert Elter unter 3. die Bevölkerung des jeweiligen Landes oder sogar „der ganzen Welt". Sie werden aber nicht als separate Zielgruppe mit eigener Logik definiert.
[47] Vgl. Ulrich Schneckener, Transnationaler Terrorismus. Charakter und Hintergründe des „neuen" Terrorismus, Frankfurt a.M. 2006, S. 40. Schneckener selbst macht allerdings bereits deutlich, dass sich die RAF im Laufe der Zeit durch Anschläge auf US-Soldaten und deutsche Botschaftsangehörige im Ausland in Richtung eines international operierenden Terrorismus fortentwickelt habe, siehe ebd., S. 41f.
[48] Christopher Daase, Die RAF und der internationale Terrorismus. Zur transnationalen Kooperation klandestiner Organisationen, in: Wolfgang Kraushaar (Hg.), Die RAF und der linke Terrorismus Bd. II, Hamburg 2006, S. 905–931, hier S. 908.
[49] Als „symbolisch" bezeichnet Daase eine Kooperation, die „im Wesentlichen einseitig und auf Selbstdarstellung, Selbstvergewisserung oder darauf gerichtet ist, eine imaginäre Gemeinschaft mit gleichgesinnten Gruppen zu bilden oder zu erhalten." Diese könne in

tionale Befreiungsbewegungen oder andere terroristisch agierende Gruppen in Betracht. Dieses Analyseschema bezieht Daase in der Folge auf die drei ‚Generationen' der RAF. Für die Gründergeneration konstatiert er, dass sie ihre ausgeprägt internationalistische Programmatik in der Praxis „radikal relokalisiert" habe.[50] Die faktisch „relativ geringe internationale Verflechtung" wird auf eine „gewisse ideologische Selbstgenügsamkeit und nur geringe strategische Erfordernisse" der frühen Kader zurückgeführt.[51] Deren im Wesentlichen auf die Gefangenenbefreiung konzentrierten Nachfolger wiederum hätten ihr internationalistisches Selbstbewusstsein auf programmatischer Ebene weitgehend verloren, dafür aber in der Praxis stärker grenzübergreifend agiert – etwa beim Anschlag auf die deutsche Botschaft in Stockholm oder bei der Kooperation mit den Palästinensern bei der Landshut-Entführung. Erst durch die ‚dritte RAF-Generation' sei der Internationalismus der Gründer in Form einer manifesten Kooperation mit verwandten europäischen Gruppierungen praktisch umgesetzt worden. Allerdings habe es sich bei diesem, zeitgenössisch als ‚Euroterrorismus' betitelten Phänomen um ein Symptom der Degeneration gehandelt, das aus der wachsenden Isolation der Gruppe heraus erklärt werden müsse. Lediglich die Kooperation mit der französischen Action Directe habe eine gewisse Substanz besessen.

Hinsichtlich des ‚Euroterrorismus' konnte Daase auf die Forschungsergebnisse Alexander Straßners zurückgreifen, der als erster die strategische Neuausrichtung der RAF durch das Bekenntnis zum Aufbau einer „westeuropäischen Front" im sogenannten ‚Mai-Papier' von 1982 analysiert und auf ihre Praxisrelevanz hin befragt hat.[52] Auch Straßner betont „den gänzlich neuen Charakter" des Internationalismus für die Angehörigen der ‚dritten Generation', die „die ideologische Grundlage für eine Internationalisierung des Terrorismus auf westeuropäischer Grundlage" gelegt und dabei erstmals die „Bildung grenzüberschreitender terroristischer Strukturen" im Sinn gehabt hätten.[53] Die Sympathiewerbung, die die ‚erste Generation' und ihre Unterstützer über die Festnahmen von 1972 hinaus jenseits des deutschen Kommunikationsraumes insbesondere mittels ihrer Anwälte betrieben haben,

---

„latente" Kooperation übergehen, „wenn durch Koordination des Verhaltens grenzüberschreitende Zusammenarbeit entsteht. (...) Dort, wo über Symbolik und pragmatische Zusammenarbeit hinausgegangen und am Aufbau einer gemeinsamen Logistik gearbeitet wird, wo Programmatik und Strategie abgestimmt und gemeinsame Aktionen und Organisationsstrukturen entwickelt werden, entsteht manifeste Kooperation", ebd., S. 910.
[50] Ebd., S. 913.
[51] Ebd., S. 912.
[52] Alexander Straßner, Die dritte Generation der „Roten Armee Fraktion". Entstehung, Struktur, Funktionslogik und Zerfall einer terroristischen Organisation, 2. Aufl. Wiesbaden 2005, bes. S. 299–324.
[53] Ebd., S. 299.

um davon propagandistisch wie praktisch zu profitieren, wird weder von Daase noch von Straßner berücksichtigt. Das gleiche gilt für die Prägung, die die Aktivisten durch den genuin europäischen Charakter der Studentenbewegung erfahren hatten, als deren Zerfalls- oder „Entmischungsprodukt" (Kraushaar) die RAF zu betrachten ist. Diese Feststellung soll den Wert von Daases und Straßners Pionierstudien nicht schmälern, vermag aber doch das Urteil über einen auf nationale Belange verengten Horizont der RAF-Gründer um einiges zu relativieren. Wenn die ‚erste Generation' auch keine transnationalen terroristischen Strukturen im engeren Wortsinn aufzubauen beabsichtigte, so war sie doch, wie zu zeigen ist, während der gesamten 70er Jahre Teil eines gewaltaffinen Netzwerks, das Genossen in mehreren westeuropäischen Staaten miteinander verband. Es deutet vieles darauf hin, dass die Operationen der ‚zweiten RAF-Generation' erheblich davon profitiert haben, dass es in Europa eine grenzübergreifend verbundene Radikalenszene mit lokalen Schwerpunkten in Zürich, Mailand und Paris gab.[54]

Versteht man unter Terrorismus mit Peter Waldmann „planmäßig vorbereitete, schockierende Gewaltanschläge gegen eine politische Ordnung aus dem Untergrund", die „Unsicherheit und Schrecken", aber auch „Sympathie und Unterstützungsbereitschaft" erzeugen sollen,[55] so sind hier diejenigen gesellschaftlichen Segmente gemeint, für die die letztgenannten Reaktionen charakteristisch waren. Sinnvollerweise sollte eine weitere begriffliche Unterscheidung zwischen Unterstützern und Sympathisanten getroffen werden, auch wenn es sich bei solchen Differenzierungen stets um idealtypische Konstruktionen handelt, die in der Praxis selten klar voneinander zu trennen sind. Als ‚Unterstützer' sollen an dieser Stelle solche Personen bezeichnet werden, die den bewaffneten Kampf aktiv beförderten, ohne jedoch bereits Mitglieder einer terroristischen Gruppe zu sein.[56] Als ‚Sympathisanten' werden demgegenüber diejenigen Personen definiert, die sich von den Anhängern des bewaffneten Kampfes aufgrund übereinstimmender Feindbilder und unter expliziter oder impliziter Billigung ihrer terroristischen Aktionsstrategie auf eine Weise angezogen fühlten, die für andere als solche erkennbar war. Diese Definition verweist auf den stark emotional gefärbten Charakter auch der internationalen ‚Sympathisanten'-Beziehung, die vor allem durch die persönliche Identifikation mit den Tätern entstand. Wenn Thorwald Proll,

---

[54] Auf den „enormen Vorteil" eines „Schon- und Freiraum[es]", wo terroristische Organisationen „nicht ständig auf der Hut sein müssen", verweist Peter Waldmann, Determinanten der Entstehung und Entwicklung terroristischer Organisationen, in: Ders. (Hg.), Determinanten des Terrorismus, Weilerswist 2008, S. 11–28, hier S. 26.

[55] Ders., Terrorismus. Provokation der Macht, 2. überarb. Aufl. Hamburg 2005, S. 12.

[56] Maßstab für diesen letzten Punkt sollte sinnvollerweise das Selbstverständnis des Betroffenen sowie die Perspektive der Gruppenmitglieder sein, nicht die Fremdzuschreibung der Fahnder.

Komplize der späteren RAF-Gründer Andreas Baader und Gudrun Ensslin bei ihrer ersten, aufsehenerregenden illegalen Aktion – der Brandstiftung in zwei Frankfurter Kaufhäusern –, betont, für ihn habe Sympathie vor allem Mitleiden und emotionale Betroffenheit bedeutet, so kann diese Aussage durchaus über den Einzelfall hinaus Gültigkeit beanspruchen.[57] Gleichwohl sind auch ideologische Übereinstimmungen in Rechnung zu stellen, aus der prinzipielle Solidarität und nicht selten praktische Hilfsbereitschaft über Grenzen hinaus erwuchsen. So mochten viele Linksradikale des In- wie des westeuropäischen Auslands zwar taktische, nicht aber prinzipielle Kritik an der Gewaltstrategie der RAF üben, weil sie deren politische Ziele im Wesentlichen teilten. „Not everyone who supports a cause will approve of any method of achieving it, but sympathy for ideological objectives will make approval of the method more likely", so Martha Crenshaw. „However, people who disapprove of the cause will almost certainly reject the method".[58]

Aus der hier vorgeschlagenen Sympathisanten-Definition folgt auch, dass derjenige, der aus moralischen, rechtlichen oder politischen Überlegungen heraus den Staat oder dessen Maßnahmen zur Bekämpfung des Terrorismus kritisiert, ausdrücklich kein Sympathisant ist, auch wenn er zeitgenössisch als solcher diffamiert und von gewaltbereiten Gruppen für propagandistische Zwecke vereinnahmt werden konnte.[59] Diese Unterscheidung ist entscheidend, wenn man erklären will, wieso beispielsweise die transnationalen Aktivitäten der Gegner des 1972 von der Brandt-Administration durchgesetzten sogenannten ‚Radikalenerlasses' der Auslandspropaganda der RAF unfreiwillige Schützenhilfe geleistet haben, ohne dass sie deshalb als ‚Sympathisanten' zu bewerten wären.[60] Aber es stellt sich die Frage, inwiefern die ‚repressive' Innenpolitik der Bundesrepublik – zu der die Terrorismusbekämpfung ebenso gezählt wurde wie der Umgang mit linken Systemkritikern – für die westeuropäische Linke in diesen Jahren zunehmend zu einer Projektionsfläche eigener Zukunftsängste werden konnte. In Italien wurde diese Entwicklung gewiss auch

---

[57] Vgl. Thorwald Proll/Daniel Dubbe, Wir kamen vom anderen Stern. Über 1968, Andreas Baader und ein Kaufhaus, Hamburg 2003, S. 92.

[58] Martha Crenshaw, Thoughts on Relating Terrorism to Historical Contexts, in: Dies. (Hg.), Terrorism in Context, Pennsylvania 1995, S. 3–26, hier S. 19.

[59] Vgl. zur zeitgenössischen Begriffsverwendung vor allem Andreas Musolff, Anmerkungen zur Geschichte des Ausdrucks ‚Sympathisant' im Kontext der Terrorismus-Diskussion, in: Sprache und Literatur in Wissenschaft und Unterricht 64 (1989), S. 95–109.

[60] Ein Ergebnis ihres Wirkens war beispielsweise der Einzug der deutschen Vokabel ‚Berufsverbot' in nahezu alle europäischen Nachbarsprachen, vgl. Dominik Rigoll, Die Demokratie der anderen. Der Radikalenerlass von 1972 und die Debatte um die ‚Berufsverbote' – International vergleichende und transfergeschichtliche Aspekte, in: Jörg Calließ (Hg.), Die Geschichte des Erfolgsmodells BRD im internationalen Vergleich, Loccumer Protokolle 24/05, Rehburg-Loccum 2006, S. 173–177. Vgl jetzt auch Ders., Staatsschutz in Westdeutschland. Von der Entnazifizierung zur Extremistenabwehr, Göttingen 2013.

durch die finanz- und währungspolitische Rigidität der Regierung Schmidt und die kompromisslose Ablehnung des sogenannten Eurokommunismus durch den Kanzler weiter befördert.[61]

Die Rolle der Anwälte in „transnationalen Subkulturen der Gewalt". Der Gruppe der Sympathisanten oder gar der Unterstützer zugerechnet wurden in der Bundesrepublik zeitgenössisch vielfach auch die Strafverteidiger der ‚ersten RAF-Generation' – ein Urteil, das für nicht wenige Beteiligte durchaus zutrifft, jedoch zweifellos der Differenzierung bedarf. Die den Zeitgenossen so präsente Schlüsselrolle der sogenannten ‚Terroristenanwälte' ist erstaunlicherweise erst vor kurzem ins Blickfeld der Geschichtswissenschaft gerückt.[62] Die bisher vorliegenden Studien haben vor allem die generelle Problematik einer Position „zwischen den Fronten" in Zeiten ausgeprägten Freund-Feind-Denkens herausgearbeitet.[63] So spricht Jörg Requate über die in Terroristenprozessen involvierten Anwälte als „einem extrem beanspruchten Bindeglied zwischen dem ‚Staat' und den ‚Staatsfeinden'".[64] Die Verteidiger sahen sich nicht nur mit den Anfeindungen eines Teils der Medien und der Politik konfrontiert, die „die Banditen und ihre Anwälte" vielfach in einem Atemzug nannten und zu einer „Diskurseinheit" verschmolzen.[65] Sie agierten auch innerhalb eines Justizwesens, in dem prominente Vertreter aus der Auffassung keinen Hehl machten, dass sie die Übernahme eines Mandats zugunsten eines Terrorismus-Verdächtigen per se „für standeswidrig" hielten, wie es 1972 der spätere Generalbundesanwalt Siegfried Buback formulierte.[66] Solche Entgleisungen mussten die Wahlverteidiger, die die Beschuldigten aus naheliegenden Gründen unter den um 1968 politisierten, meist jüngeren Anwälten aus dem Umfeld

---

[61] Vgl. Aldo Agosti, Le radici e gli sviluppi dell'europeismo. Sinistra italiana e tedesca a confronto, in: Gian Enrico Rusconi/Hans Woller (Hg.), Italia e Germania 1945–2000. La costruzione dell'Europa, Bologna 2005, S. 295–321, hier S. 318.

[62] Stefan Reinecke, Die linken Anwälte. Eine Typologie, in: Kraushaar, RAF und linker Terrorismus Bd. II, S. 948–956; Jörg Requate, „Terroristenanwälte" und Rechtsstaat: Zur Auseinandersetzung um die Rolle der Verteidiger in den Terroristenverfahren der 1970er Jahre, in: Weinhauer u. a., Terrorismus, S. 271–299; Gisela Diewald-Kerkmann, Frauen, Terrorismus und Justiz. Prozesse gegen weibliche Mitglieder der RAF und der Bewegung 2. Juni, Düsseldorf 2009, S. 228–242; Hanno Balz, Von Terroristen, Sympathisanten und dem starken Staat. Die öffentliche Debatte über die RAF in den 70er Jahren, Frankfurt a.M./New York 2008, S. 123–135. Für eine einseitig positive Sicht auf die Anwälte vgl. auch Hellmut Brunn/Thomas Kirn, Rechtsanwälte – Linksanwälte. 1971 bis 1981 – das Rote Jahrzehnt vor Gericht, Frankfurt a.M. 2004.

[63] Diewald-Kerkmann, Frauen, Terrorismus und Justiz, S. 228.

[64] Requate, „Terroristenanwälte", S. 272.

[65] Balz, Terroristen, S. 124.

[66] Zitiert in: Ulrich Greiner, „Klammheimliche Freude", in: zeit-online, 30.3.2007, online unter: http://www.zeit.de/2007/13/RAF-Terror (16.5.2011).

der studentischen Protestbewegung rekrutiert hatten, in ihrem Selbstverständnis weiter bestärken, eher als Antagonisten der bestehenden Rechtsordnung zu agieren denn als deren integraler Bestandteil.[67] Wie sich diese Selbstverortung jedoch ganz praktisch inner- und außerhalb des Gerichtssaales ausgewirkt hat, ist noch unzureichend untersucht. Das Urteil Stefan Reineckes, „die Bilanz der RAF-Anwälte" sei unterm Strich „positiv", da sie durch ihre Art der Verteidigung in Stuttgart-Stammheim dazu beigetragen hätten, „das brüchige Vertrauen in den Rechtsstaat zu befestigen", erscheint angesichts der unbefriedigenden Forschungslage jedenfalls übereilt.[68] Denn zu Recht ist andernorts darauf aufmerksam gemacht worden, dass die Rekrutierung und radikale Politisierung späterer Terroristen ab 1972 primär über die Strafprozesse und die Fokussierung auf die Haftbedingungen ‚politischer' Gefangener erfolgte. Auf beiden Ebenen kam den Strafverteidigern naturgemäß eine Schlüsselrolle zu.[69]

In dieser Studie soll versucht werden, über die Beleuchtung eines Teilbereichs der anwaltlichen Tätigkeit – nämlich ihres Beitrags zur Europäisierung des „theater of terror" – die Strafverteidiger als Akteure schärfer zu konturieren, als dies bislang geschehen ist.[70] Zwar ist in der Forschung darauf hingewiesen worden, dass die meisten der Beteiligten eine klare „Konfrontationsstrategie" verfolgten,[71] „auf eine bis dahin nicht gekannte Weise die Öffentlichkeit" suchten[72] und eine „überbordende", wenn auch „heute mehr als damals maßlos wirkende Polemik" an den Tag legten.[73] Statt diese Beobachtungen jedoch ernst zu nehmen und im Sinne einer aktiven Kommunikationsstrategie zu untersuchen, hat die Terrorismusforschung bisher den Schwerpunkt einseitig darauf gelegt, die Anwälte als Objekte – von Mediendiskursen, von Verdächtigungen des BKA und der Bundesanwaltschaft, von Verleumdungen der Politik, von Pressionen ihrer Mandanten – zu beleuchten. Ohne diese Ebene auszublenden, sollte jedoch auch der Versuch gemacht werden, die Rechtsanwälte als agierende und reagierende Subjekte zu begreifen, an deren zentraler Bedeutung auch für die transnationale Dynamik des Geschehens kein Zweifel bestehen kann.[74]

---

[67] Vgl. dazu den autobiographischen Beitrag von Klaus Eschen, Das Sozialistische Anwaltskollektiv, in: Kraushaar, RAF und linker Terrorismus II, S. 957–972.
[68] Reinecke, Linke Anwälte, S. 955.
[69] Weinhauer, Terrorismus, S. 227.
[70] Die einzige löbliche Ausnahme stellt die hervorragende Biographie Otto Schilys aus der Feder Stefan Reineckes selbst dar, vgl. Ders., Otto Schily. Vom RAF-Anwalt zum Innenminister, Hamburg 2003.
[71] Diewald-Kerkmann, Frauen, Terrorismus und Justiz, S. 236.
[72] Requate, „Terroristenanwälte", S. 279.
[73] Reinecke, Linke Anwälte, S. 952.
[74] So kapituliert etwa Jörg Requate vor dem Problem, indem er darauf verweist, dass „die Frage, ob und in welchem Maße insbesondere die Anwälte Klaus Croissant, Jörg Lang, Eberhard Becker und einige andere den schmalen Grat zwischen legitimer und legaler

In ihre exponierte Position sahen sich die Anwälte aufgrund der politischen Konstellation des Moments ebenso gedrängt, wie sie sie selbst aktiv anstrebten, indem sie den ihnen vorgegebenen Gestaltungsspielraum offensiv nutzten und permanent zu erweitern versuchten. Es ist daher durchaus fraglich, ob diese Handlungslogiken als rein diskursiver Zusammenhang hinreichend zu erklären sind.[75]

In jedem Falle, so wird zu zeigen sein, trugen die publizistischen Aktivitäten der Anwälte erheblich dazu bei, dass sich im Laufe der Jahre der Nimbus der prominenten ‚Märtyrer' Meins, Meinhof, Ensslin und Baader – ‚gefoltert' und schließlich ‚ermordet' in den Haftanstalten der BRD – innerhalb der mehr oder weniger radikalen Segmente der westeuropäischen Linken auf Dauer etablieren konnte.[76] Diese Märtyrologie war möglicherweise das wichtigste symbolische Startkapital der ‚dritten RAF-Generation'. Nicht zufällig war die französische Action Directe nach eigenem Bekunden auch als Reaktion auf den angeblichen Mord an den deutschen Genossen in Stuttgart-Stammheim entstanden, und auch die Roten Brigaden widmeten dem Vorfall – wie zu zeigen sein wird – große Aufmerksamkeit.[77] Diese grenzübergreifend kommunizierenden terroristischen Gruppierungen und ihr unmittelbares Umfeld sind daher als „cross-

---

Verteidigung und der darüber hinausgehenden Unterstützung der propagandistischen Ziele und konkreter Straftaten überschritten haben (...) im Einzelfall nur noch schwer zu rekonstruieren" sei und deshalb „auch nicht im Mittelpunkt stehen" solle, vgl. Ders., „Terroristenanwälte", S. 278. Einige Seiten weiter heißt es, „das Maß an eigener Verantwortung gegen die objektiv höchst prekäre Lage, in der sich die Anwälte befanden, abzuwägen", sei „pauschal ebenso wie für den Einzelfall nur schwer möglich". Den RAF-Gefangenen sei es gelungen, die Anwälte einem „nur schwer nachvollziehbaren Druck" auszusetzen, den die Gegenseite weiter verstärkt habe, ebd., S. 295.

[75] Im Sinne seiner diskurstheoretischen Methode konsequent, aber doch aus historischer Perspektive befremdlich erscheinen manche Passagen in Hanno Balz' „Typologisierung von Linksanwälten". Geht etwa der „Spiegel" im Herbst 1977 davon aus, „ein verhinderter Gewalttäter wie Croissant" verfüge nicht über die „angemessene Voraussetzung, Gewalttäter in Terrorismus-Verfahren zu verteidigen" handelt es sich laut Balz „schlicht um die Maßregelung von nicht-konformen Äußerungen im ‚Terrorismus-Diskurs'". Einschränkend wird immerhin konzediert, dass „Croissants blindwütiger Verbalradikalismus" zu solchen Vorwürfen eingeladen habe. In der Tat, so Balz weiter, hätten die Abgrenzungsversuche des Anwalts nach dem Bekanntwerden von 15 Überläufern aus dem Umfeld seiner Kanzlei in den Untergrund „unüberzeugend" (!) gewirkt und „seinen diskursiven Ausschluss" besiegelt, Balz, Terroristen, S. 132.

[76] Noch im Jahre 2007 begingen die Erben dieser Kreise den 30. Jahrestag des 18.10.1977 unter dem Motto „Kein Vergeben – kein Vergessen/Ne rien oublier – ne rien pardonner" mit einer „Vier-Länder-Veranstaltung mit Videokonferenz" in Berlin, Brüssel, Mailand, Stuttgart und Zürich – kurioserweise in den Hochburgen der historischen Sympathisantenszenen, die sich in den genannten Städten um besonders stark involvierte Anwaltskanzleien gebildet hatten, vgl. das entsprechende Flugblatt unter http://media.de.indymedia.org/images/2007/10/197029.jpg (16.5.2011).

[77] Risoluzione della Direzione strategica, febbraio 1978, in: Lorenzo Ruggiero (Hg.), Dossier

national subcultures of violence" zu bezeichnen.⁷⁸ Eine der Herausforderungen dieser Arbeit wird es sein, das Verhältnis von transnationalen und nationalen Elementen innerhalb der „Subkulturen der Gewalt" näher zu bestimmen, unterschieden sich doch die jeweiligen politischen Kulturen, innerhalb derer sie sich ausgebildet hatten, ganz erheblich voneinander. Vor allem aber sind konkrete Beeinflussungen ideologischer und praktischer Art näher zu untersuchen, denn die Beziehungen zwischen den betrachteten Subkulturen sind keineswegs als Einbahnstraße, sondern vielmehr als ein offener Austauschprozess zu sehen. Wie jüngere Studien zur Transferforschung nachdrücklich unterstrichen haben, „nur selten bleibt bei einem Austausch einer der Partner gänzlich unbeeinflusst und immun gegenüber den Folgen der Interaktion. (…) Die kulturelle Zirkulation führt häufig zu hybriden Mischformen, die nicht die Frage nach Einfluss, sondern das Problem der wechselseitige Übersetzung in den Mittelpunkt rücken."⁷⁹

Transnationale Kommunikation und deutsch-italienische Netzwerke. Vor dem Hintergrund dieser systematischen Überlegungen gilt es vor allem, statt des vergleichsweise engen und normativ aufgeladenen, von Daase vorgeschlagenen Kooperationsbegriffs den sehr viel offeneren Begriff der transnationalen Kommunikation einzusetzen, um die vielfältigen Verflechtungen deutscher Linksterroristen mit dem Ausland zu beschreiben. In Anlehnung an Hans-Jürgen Lüsebrinks Arbeiten zur interkulturellen Kommunikation ist darunter die kommunikative Vernetzung zwischen Angehörigen unterschiedlicher Nationen zu verstehen, die „neben der interpersonalen Interaktion auch die Ebene der mediatisierten (…) Kommunikation in ihren verschiedenen Facetten" mit einschließt.⁸⁰ Durch diese Erweiterung kommen zum einen die westeuropäischen Öffentlichkeiten bzw. besonders die potentiell sympathisierenden Szenen des Auslands mit ihren gegenkulturellen Zeitungen und Zeitschriften als Adressaten der RAF-Propaganda in den Blick.⁸¹ Zum anderen wird mit

---

Brigate rosse 1976–1978. Le BR sanguinarie di Moretti: documenti, comunicati e censure, Mailand 2007 [in der Folge zitiert als: Dossier Brigate Rosse II], S. 220–288, bes. S. 287f.
⁷⁸ Robert Gerwarth/Heinz-Gerhard Haupt, Introduction, in: Internationalising Historical Research on Terrorist Movements in Twentieth-century Europe, European Review of History – Revue européenne d´Histoire 14 (2007), S. 275–281, hier S. 276.
⁷⁹ Christoph Conrad/Sebastian Conrad, Wie vergleicht man Historiographien?, in: Dies. (Hg.), Die Nation schreiben. Geschichtswissenschaft im internationalen Vergleich, Göttingen 2002, S. 1–45, hier S. 18. Vgl. auch Michael Werner, Maßstab und Untersuchungsebene. Zu einem Grundproblem der vergleichenden Kulturtransferforschung, in: Lothar Jordan/Bernd Kortländer (Hg.), Nationale Grenzen und internationaler Austausch. Studien zum Kultur- und Wissenschaftstransfer in Europa, Tübingen 1995, S. 20–33.
⁸⁰ Hans-Jürgen Lüsebrink, Interkulturelle Kommunikation. Interaktion, Fremdwahrnehmung, Kulturtransfer, Stuttgart 2005, S. 8.
⁸¹ Unter Propaganda wird hier das „Ensemble verschiedener Strategien zur politischen Sinn-

dem Kommunikationsbegriff der Komplexität der Beziehungen innerhalb der „cross-national subcultures of violence" Rechnung getragen, ohne gleich nach der Zweckgerichtetheit oder dem ‚Erfolg' der jeweiligen Kontakte zu fragen. Nur aus der Perspektive eines eng gefassten Kooperationsbegriffs kann man zu dem Urteil kommen, die Beziehungen deutscher und italienischer Linksterroristen hätten „auf tönernen Füßen" gestanden und seien eher „dürftig" und durch einen „ideologischen Graben" bestimmt gewesen.[82] Stephan Scheiper behauptet sogar, nach 1972 habe es zwischen deutschen und italienischen Terrorgruppen „keinerlei Verbindung" gegeben.[83] Wichtigster Gewährsmann all derjenigen, die die – üblicherweise allerdings eher behaupteten als erläuterten – ideologischen und strategischen Differenzen zwischen den Brigate Rosse (BR) und der RAF betonen, um daraus auf das Fehlen konsistenter Beziehungen zu schließen, ist der ehemalige führende Rotbrigadist Valerio Morucci, der die beiden Gruppen in einem Interview mit dem „Spiegel" aus dem Jahre 1986 als „feindliche Konkurrenten" bezeichnet hatte.[84] Aber selbst wenn die von Morucci beschriebenen Ressentiments, Neidgefühle und Rivalitäten das Verhältnis zwischen Deutschen und Italienern dominiert haben sollten, belegt das hochinteressante Interview in all seiner Widersprüchlichkeit doch gleichzeitig sehr eindrucksvoll die Annahme der vorliegenden Untersuchung, dass man einander intensiv beobachtete und trotz aller Verständigungsschwierigkeiten sprachlicher und nicht-sprachlicher Art andauernd aufeinander Bezug nahm. Insofern ist den Roten Brigaden und der RAF ein „high degree of cultural

---

stiftung, Meinungs- und Wahrnehmungslenkung" verstanden, mit dem die Gruppe in der Öffentlichkeit agierte, vgl. Ute Daniel/Wolfram Siemann, Historische Dimensionen der Propaganda, in: Dies. (Hg.), Propaganda. Meinungskampf, Verführung und politische Sinnstiftung 1789–1989, Frankfurt a.M. 1994, S. 7–20, hier S. 12. Mit dem Begriff ‚Öffentlichkeit' ist eine durch Kommunikation konstituierte ‚public sphere' gemeint, in der mehrere Teil- bzw. Gegenöffentlichkeiten existieren und miteinander konkurrieren. Aus dieser Perspektive geraten auch die Vermittlungsmechanismen zwischen den verschiedenen Teilöffentlichkeiten und den Massenmedien in den Blick, vgl. Jörg Requate, Medien und Öffentlichkeit als Gegenstände historischer Analyse, in: Geschichte und Gesellschaft 25 (1999), S. 5–32.

[82] So etwa durch Straßner, Dritte Generation, S. 310. Vgl. aber auch Michaela Wunderle, Die Roten Brigaden, in: Kraushaar, RAF und linker Terrorismus II, S. 782–808, hier bes. S. 783; Christian Jansen, Brigate Rosse und Rote Armee Fraktion. ProtagonistInnen, Propaganda und Praxis des Terrorismus der frühen siebziger Jahre, in: Oliver von Mengersen (Hg.), Personen, Soziale Bewegungen, Parteien: Beiträge zur Neuesten Geschichte. Festschrift für Hartmut Soell, Heidelberg 2004, S. 483–500, hier bes. S. 483.

[83] Stephan Scheiper, Innere Sicherheit. Politische Anti-Terror-Konzepte in der Bundesrepublik Deutschland während der 1970er Jahre, Paderborn u.a. 2010, S. 352.

[84] Vgl. „‚Die RAF und wir – feindliche Konkurrenten'. Der gefangene Moro-Entführer Valerio Morucci über das Verhältnis zwischen Roten Brigaden und RAF", in: Der Spiegel 31/28.7.1986, S. 106–114.

transfer" zu attestieren.[85] So wird auch verständlich, wieso Peter Waldmann in seinem Standardwerk der kommunikationswissenschaftlich ausgerichteten Terrorismusforschung „grenzüberschreitende Mode- und Nachahmungseffekte" als die plausibelste „Erklärung der terroristischen Wellen seit den späten 1960er Jahren" ausmachen kann.[86] Damit ist die „dark side of transnational history" in der zweiten Hälfte des 20. Jahrhunderts angesprochen, die im Vergleich zu positiv konnotierten Entwicklungen wie Prozessen der Europäisierung und Westernisierung wissenschaftlich bisher deutlich weniger Beachtung erfahren hat.[87] In der Tat: „The history of European terrorism as a transnational phenomenon in the long twentieth century remains a surprisingly understudied field of historical research".[88] Der wiederholt geäußerte Appell zu einer Entprovinzialisierung der Forschung auch im Falle des deutschen Linksterrorismus hat sich aber bisher fast ausschließlich in hervorragenden Arbeiten mit komparativem Ansatz, weit weniger in beziehungs- oder transfergeschichtlichen Untersuchungen niedergeschlagen.[89] Dieses Defizit ist möglicherweise auch dadurch zu erklären, dass „one of the most under-investigated topics in terrorism studies is what could be termed the ‚radical milieu'"[90]. Das „radikale Milieu" im Umfeld der RAF war ein heterogenes Gemisch aus Angehörigen der undogmatischen Linken und politisch ausgerichteten Aktionsgruppen, das die RAF (potentiell) moralisch und logistisch unterstützte. Es ist jedoch davon auszugehen, dass dieses Milieu in vielfältiger Weise transnational vernetzt war, und zwar ganz besonders mit seinem Pendant in Italien. Wie zu zeigen ist, war das berühmte Wasser, in dem sich nach Mao erfolgreiche Guerilla-Organisationen wie Fische bewegen sollten, durch zahlreiche transnationale Kanäle miteinander verbunden und floss – zumindest zeit- und gebietsweise – nur unwesentlich behindert von Grenzkontrollen und Schlagbäumen ineinander.

Die vorliegende Studie kann mit diesem Instrumentarium die Tatsache ernst nehmen, dass die italienischen Parallelorganisationen der RAF, allen voran die BR, trotz aller Differenzen im Detail die einzigen Gesinnungsgenossen deutscher Linksterroristen darstellten, die diesen Namen im europäischen Kontext wirklich verdienten. Auch wenn die Verbindung zur palästinensischen PFLP

---

[85] Vgl. Gerwarth/Haupt, Internationalising, S. 276.
[86] Waldmann, Terrorismus, S. 175.
[87] Gerwarth/Haupt, Internationalising, S. 277.
[88] Ebd., S. 275.
[89] Vgl. Della Porta, Social Movements; Jeremy Varon, Bringing the War Home. The Weather Underground, The Red Army Faction, and Revolutionary Violence in the Sixties and Seventies, Berkeley 2004; Marica Tolomelli, Terrorismo e società. Il pubblico dibattito in Italia e in Germania negli anni Settanta, Bologna 2006.
[90] Peter Waldmann, The Radical Milieu: The Under-Investigated Relationship between Terrorists and Sympathetic Communities, in: Perspectives on Terrorism 9 (2008), S. 25–27, hier S. 25.

aufgrund ihrer hohen militärisch-operativen Bedeutung die wohl wichtigste internationale Einflussgröße in der Geschichte des deutschen Linksterrorismus war,[91] folgte diese doch aufgrund der tiefen kulturellen und politischen Kluft, die zwischen den Organisationen des Nahen Ostens und Westeuropas bestand, einer prinzipiell anderen Logik als die Beziehung solcher Gruppen, die in der Protestbewegung der späten 60er Jahre ihre gemeinsamen ideologischen und lebensweltlichen Wurzeln hatten. Immerhin stand man beiderseits der Alpen vor dem Problem, in einem demokratischen, pluralistischen Kontext bewaffnete Aktionen rechtfertigen zu müssen, was nur über eine möglichst vollständige Delegitimierung des ‚Systems' gelingen konnte. Dabei sollte entgegen landläufiger Tendenzen nicht übersehen werden, dass keineswegs nur die Deutschen, sondern auch die Italiener die Erfahrung machen mussten, dass ihnen die Arbeiterschaft als klassisches revolutionäres Subjekt in letzter Konsequenz die Gefolgschaft verweigerte, was entsprechende Suchbewegungen auslöste.[92] In diesem Zusammenhang wurde auch in Italien das Feindbild der Vereinigten Staaten, die, wie es hieß, ihren angeblichen Vasallenstaat BRD zur Vernichtung der westeuropäischen Revolutionäre instrumentalisierten, zur Legitimierung politischer Gewalt immer wichtiger – eine Entwicklung, die zum Teil auf den gezielten Export dieses Gedankenguts durch deutsche Kräfte zurückzuführen ist. Man wird also nicht umhin können, den geistigen Kosmos des italienischen radikalen Milieus näher zu betrachten, um solche nationalen und internationalen Freund- und Feindbilder mitsamt ihrer kulturellen Wurzeln jenseits der wie immer zu definierenden Kooperationsbeziehungen in den Blick zu bekommen.[93]

Für die Studentenbewegung sind die vielfältigen, wenn auch häufig flüchtigen transnationalen Kommunikations- und Transferprozesse mittlerweile recht eingehend untersucht worden. An diese Arbeiten lässt sich sowohl chronologisch als auch hinsichtlich der theoretischen und methodischen Vorgaben gewinnbringend anknüpfen.[94] Vor allem aber ist davon auszugehen, dass

---

[91] Dazu umfassend Thomas Skelton Robinson, Im Netz verheddert. Die Beziehungen des bundesdeutschen Linksterrorismus zur Volksfront für die Befreiung Palästinas (1969–1980), in: Kraushaar, RAF und linker Terrorismus II, S. 828–904. Vgl. für die Frühphase jetzt auch Wolfgang Kraushaar, „Wann endlich beginnt bei Euch der Kampf gegen die heilige Kuh Israel?" München 1970: Über die antisemitischen Wurzeln des deutschen Terrorismus, Reinbek b. Hamburg 2013. Mit guten Argumenten kritisch dazu: Gerd Koenen, Mutmaßungen über Fritz, online unter www.zeit.de/2013/10/Wolfgang-Kraushaar-Linke-Antisemitismus-Terrorismus (1.5.2013).
[92] Diese Suchbewegungen unterschieden sich prinzipiell von denjenigen solcher Gruppen, die – wie die baskische ETA oder die irische IRA – nationalistische Anliegen im Zentrum ihrer Agenda aufwiesen, vgl. Waldmann, Terrorismus, S. 99–115.
[93] Barbara Armani, Italia anni settanta. Movimenti, violenza politica e lotta armata tra memoria e rappresentazione storiografica, in: Storica 32 (2005), S. 41–82.
[94] Ebenso wichtig wie persönliche Kontakte zwischen den verschiedenen nationalen Grup-

die um 1968 im transnationalen Kontext gemachten Erfahrungen für die Protagonisten selbst langfristige Konsequenzen materieller wie immaterieller Art zeitigten. Als die Protestbewegung in ihre konstituierenden Bestandteile zerfiel, bewahrten auch und gerade ihre radikalsten Elemente ihr internationales Bewusstsein, aber auch die jenseits der Grenzen geknüpften Kontakte. Transnationale Vernetzung schien den Beteiligten eine Möglichkeit zu sein, die politische Niederlage der Bewegung doch noch aufzuhalten. Wie zu zeigen sein wird, haben sich deutsche und italienische Akteure zudem während der entscheidenden Inkubationszeit des Terrorismus ab 1967 gegenseitig in der Illusion bestärkt, es könne im Kontext der parlamentarisch regierten Staaten Westeuropas einen Raum für legitime anti-systemische Gewalt geben. Die vorliegende Studie geht davon aus, dass in diesem Zusammenhang eine ganz „eigene Logik des Transnationalen" zu ergründen ist, die sich – in den Worten von Michael Werner und Bénédicte Zimmermann – „nicht in der Kombination und Neukonfiguration von Nationalem erschöpft", sondern „neue Räume, neue Aktionsfelder" und „genuin neue Verkehrsformen" erzeugt.[95]

Tatsächlich sind in jüngster Zeit auch einzelne Arbeiten erschienen, die gerade die zahlreichen Verbindungen zwischen deutschen und italienischen Stadtguerilleros betonen.[96] So geht die Sachbuchautorin Regine Igel von einer „dichten Vernetzung des internationalen Linksterrorismus, insbesondere zwischen Roten Brigaden und RAF" aus, wobei sie vor allem die Aktivitäten der jeweiligen ‚zweiten Generation' im Blick hat.[97] Leider nimmt die Autorin jedoch alles andere als eine seriöse beziehungsgeschichtliche Untersuchung

---

pierungen, so das Ergebnis dieser Arbeiten, waren für die Diffusion von Informationen vielfach die Medien, was gleichzeitig zur Dekontextualisierung und Fragmentierung der jeweiligen ‚Botschaften' beitrug. Der transnationale Austausch von Informationen – Bildern, Ideen und Strategien – folgte demnach häufig gerade nicht rational gesteuerten bzw. transparenten Gesetzmäßigkeiten. Zudem wurden die übermittelten Praktiken und Symbole in den Empfängerländern je nach sozialem, kulturellem oder politischem Kontext ‚gefiltert' und umgedeutet, vgl. den nach wie vor methodisch höchst instruktiven Aufsatz von Donatella Della Porta, „1968" – Zwischennationale Diffusion und Transnationale Strukturen. Eine Forschungsagenda, in: Ingrid Gilcher-Holtey (Hg.), 1968. Vom Ereignis zum Gegenstand der Geschichtswissenschaft, Göttingen 1998, S. 131–150.

[95] Michael Werner/Bénédicte Zimmermann, Vergleich, Transfer, Verflechtung. Der Ansatz der Histoire croisée und die Herausforderung des Transnationalen, in: Geschichte und Gesellschaft 28 (2002), S. 605–636, hier S. 630.

[96] Wenn in dieser Untersuchung von „Stadtguerilleros" oder „Stadtguerilla" die Rede ist, so wird damit auf die Selbstbezeichnung der Gruppenmitglieder Bezug genommen, nicht auf die analytische Kategorie „Guerilla" zur Kennzeichnung einer spezifischen Praxis des Untergrundkampfes. Vgl. dazu Wolfgang Kraushaar, Zur Topologie des RAF-Terrorismus, in: Ders., RAF und linker Terrorismus I, S. 13–61, hier S. 33–35 sowie den frühen Beitrag von Herfried Münkler, Guerillakrieg und Terrorismus, in: NPL 25 (1980), S. 299–326.

[97] Regine Igel, Linksterrorismus fremdgesteuert? Die Kooperation von RAF, Roten Brigaden, CIA und KGB, in: Blätter für deutsche und internationale Politik 10 (2007), S. 1221–1235.

der beiden Organisationen im betreffenden Zeitraum vor. Ihr geht es vor allem um die Skandalisierung vorgeblicher Versäumnisse der Geschichtswissenschaft, die bis dato „mit vielen Worten" versucht habe, „die Tätigkeit der Geheimdienste möglichst zu übersehen".[98] Igels Argumentation stützt sich vor allem auf den italienischen Untersuchungsrichter Ferdinando Imposimato, der seine größtenteils unbelegten Thesen mittlerweile in zwei Publikationen zweifelhafter Qualität einem breiten Publikum zugänglich gemacht hat.[99] In ihrem investigativen Überschwang vermischt Igel rein spekulative, teilweise jeder politischen Logik zuwiderlaufende Vermutungen über eine Verstrickung sämtlicher zeitgenössisch tätigen Geheimdienste in die Terrorismus-Problematik mit Details aus den Ergebnissen der letzten in Italien mit dem Thema befassten parlamentarischen Untersuchungskommission. In der Tat hat diese Ende der 90er Jahre vom Senat eingesetzte Kommission auf der Grundlage von Zeugenbefragungen und Justizakten die deutsch-italienischen Extremisten-Netzwerke des ‚roten Jahrzehnts' mit bisher unbekannter Genauigkeit rekonstruieren können.[100] Seriös wissenschaftlich ausgewertet hat den Bericht der Untersuchungskommission bisher nur der Archivar und Historiker Vladimiro Satta, der sich in den letzten Jahren als kenntnisreicher Streiter gegen die in Italien grassierenden Verschwörungstheorien im Entführungsfall Moro profiliert hat.[101] Er zieht aus dem vorgelegten Material den Schluss, Rote Brigaden und RAF hätten eine Verbindung „auf Augenhöhe" unterhalten, die für beide Seiten „eine unbestreitbare, aber nicht vitale" Bedeutung besessen habe.[102]

Auch wenn dieses überzeugende Fazit wohl kaum mehr grundsätzlich revisionsbedürftig sein wird, erscheint es vor dem Hintergrund der kulturgeschichtlichen Neuausrichtung der jüngeren Terrorismusforschung lohnend,

---

[98] Ebd., S. 1234. Der Vorwurf bezieht sich an dieser Stelle konkret auf Herausgeber und Autoren der zweibändigen Veröffentlichung des Hamburger Instituts für Sozialforschung aus dem Jahr 2006, wird im Laufe des Aufsatzes jedoch breit verallgemeinert.

[99] Ferdinando Imposimato, Doveva morire. Chi ha ucciso Aldo Moro. Il giudice dell'inchiesta racconta, Mailand 2008; Ders., Terrorismo internazionale. Verità nascosta, Mailand 2002.

[100] Alfredo Mantica/Vincenzo Fragalà, La dimensione sovranazionale del fenomeno eversivo in Italia, in: Senato della Repubblica (Hg.), Commissione parlamentare d'inchiesta sul terrorismo in Italia e sulle cause della mancata individuazione dei responsabili delle stragi, XIII. legislatura, Doc. XXIII n. 64, Bd. I, Unterbd. V, Teil II, Rom 2000, S. 1–246, für die hier thematisierten Verbindungen vgl. bes. S. 107–172.

[101] Vladimiro Satta, Odissea nel caso Moro. Viaggio controcorrente attraverso la documentazione della Commissione Stragi, Rom 2003; Ders., Il caso Moro e i suoi falsi misteri, Soveria Mannelli 2006.

[102] Ders., I collegamenti internazionali del terrorismo rosso italiano, in: Nuova Storia Contemporanea 6 (2007), S. 23–52, hier S. 27. Hier wie auch im Folgenden sind die Zitate aus dem Italienischen von der Verfasserin ins Deutsche übersetzt worden. Innerhalb der Anmerkungen ist im Allgemeinen die Originalsprache beibehalten worden.

Sattas Perspektive, die ganz auf die Erkenntnisse der Fahndungs- und Justizbehörden setzt, inhaltlich aufzugreifen und methodisch zu erweitern. Durch die Berücksichtigung zusätzlicher Quellen, vor allem aber durch neue Fragehorizonte können neben und jenseits der formal-kriminologischen Ebene weitere Dimensionen dieser transnationalen Allianz in den Blick kommen, die sowohl für das Selbstverständnis der Akteure als auch die Dynamik der in Gang gesetzten Ereignisse nicht unwichtig sein dürften. So geht die Forschung davon aus, dass transnationale Kommunikation grundsätzlich anders verläuft als Kommunikation zwischen Sprechern desselben, durch Sprache, politische Kultur und Geschichte definierten Raumes, da sie sich eben nicht ganz selbstverständlich auf ein gemeinsames Kulturwissen beziehen können. Fremdbilder, das heißt Wahrnehmungsformen des Anderen, bilden einen zentralen Bestandteil transnationaler Kommunikation, wobei diese wiederum mit persönlichen oder kollektiven Selbstbildern verknüpft sind. Daraus folgt, dass sozialrevolutionäre Organisationen unterschiedlicher nationaler Provenienz in der Kommunikation mit- und übereinander immer auch um die Definition der eigenen Identität als revolutionäre Gruppe rangen. Als solche setzten sie sich im Sinne eines ‚wir' und eines ‚ihr' zueinander in Beziehung. Wichtiger als das Trennende, so die hier vertretene These, war jedoch stets die Abgrenzung von einem antagonistisch gedachten ‚sie' – den Vertretern der ‚imperialistischen', ‚USA-hörigen' Staaten, gegen die es an verschiedenen nationalen Fronten, aber doch in gemeinsamem Hass vereint zu kämpfen gelte. Um ihre Gewaltstrategie zu rechtfertigen, wurden dabei, wie zu zeigen sein wird, nicht selten die Unrechtserfahrungen der einzelnen ‚Szenen' addiert, mit internationalen Problemlagen kurzgeschlossen und als gemeinsame Hypothek dem ‚System' angelastet. Über den gesamten Untersuchungszeitraum hinweg war dabei der ‚Märtyrertod' eines ‚Genossen' der stärkste Trigger grenzübergreifender Aufmerksamkeit. Damit wurde der Opferkult der wichtigste Kitt einer transnationalen Solidargemeinschaft, deren positive und negative Bezugspunkte weitgehend identisch waren. Mit solchen Beobachtungen wird die vorrangige Relevanz des nationalen Kontextes keineswegs geleugnet – der deutsche Terrorismus blieb in vielerlei Hinsicht ein sehr deutsches, der italienische ein überaus italienisches Phänomen. Gleichwohl dachten die führenden Köpfe des Linksterrorismus in beiden Ländern stets über den nationalen Horizont hinaus.

Generell wird in dieser Studie davon ausgegangen, dass sich „cross-national sub-cultures of violence" nicht statisch, sondern nur im Sinne eines dynamischen Interaktionsverhältnisses erfassen lassen, innerhalb dessen die Akteure mit durchaus wechselnder Intensität aufeinander bezogen waren, sich einander annäherten und wieder voneinander entfernten. Auch Identität und Zahl der interagierenden Kommunikationspartner waren prinzipiell Schwankungen unterworfen, da sowohl aus der transnationalen Kommunikation als auch aus der gewaltbereiten Szene des Herkunftslandes jederzeit der Ausstieg möglich war.

Staatliche Gegenmaßnahmen und die Angst vor der ‚germanizzazione'. Aber nicht nur die Angehörigen der gewaltaffinen Subkulturen blickten über den nationalen Tellerrand. Wegweisend für künftige Arbeiten auf dem Gebiet der transnationalen Terrorismusforschung dürften die Überlegungen Matthias Dahlkes sein, der erstmals systematisch die Bedeutung der Kategorie Raum innerhalb der Strategien klandestiner Gruppen *und* ihrer Gegenspieler reflektiert sowie die „nicht absolute" Unterscheidung zwischen nationalem und transnationalem Terrorismus zum Thema gemacht hat, die die Gegenseite zu einer zunehmenden „Verschmelzung von Innerer Sicherheit und Außenpolitik" gezwungen habe.[103] In jedem Falle, so Dahlke, komme es darauf an, „nationalen und transnationalen Terrorismus einerseits und die staatlichen Reaktionen darauf andererseits als einen großen, sich wechselseitig beeinflussenden Komplex zu verstehen".[104] Auch die vorliegende Untersuchung betrachtet die zwischen bundesdeutschem Staat und seinen Herausforderern entstehende Dynamik als Ergebnis eines interaktiven Prozesses von *actio* und *reactio*, in dem alle Akteure auch ‚über die europäische Bande' spielten. So stützt und erweitert sie den Befund Stephan Scheipers, der in seiner umfangreichen Analyse der deutschen Terrorismusbekämpfung in den 70er Jahren zum Ergebnis kommt, dass „sich staatliches Handeln im westlichen Kontext von territorialen Kategorien" gelöst habe, das Thema Innere Sicherheit insofern „im transnationalisierten Rechtsstaat" verhandelt worden sei.[105] Bereits früh hatte der Politikwissenschaftler Thomas Wittke auf die Bedeutung „internationale[r] Ansprüche und Erwartungen" im Kontext der Anti-Terrorismus-Maßnahmen der Bundesrepublik aufmerksam gemacht.[106] Trotz dieser Vorarbeiten gilt jedoch, dass die europäische Öffentlichkeit als Bezugsgröße für das Agieren der Bundesregierung in Fragen der Terrorismusbekämpfung nach wie vor nicht in Rechnung gestellt worden ist. Auch die Beiträge eines von Johannes Paulmann herausgegebenen Sammelbandes zur Geschichte der deutschen Selbstdarstellung im Ausland nach 1945 konzentrieren sich auf die unmittelbaren Nachkriegsjahrzehnte, sodass die Entwicklung nach 1968 nur am Rande

---

[103] Vgl. Matthias Dahlke, Der blinde Fleck. Transnationaler und nationaler Terrorismus auf dem Weg zum „Deutschen Herbst", in: Zeitgeschichte online, Thema: Die RAF als Geschichte und Gegenwart, hg. von Jan-Holger Kirsch und Annette Vowinckel, Mai 2007, URL: http://www.zeitgeschichte-online.de/zol/portals/_rainbow/documents/pdf/raf/dahlke_dbf.pdf (13.10.2011); vgl. bes. S. 4.
[104] Ebd., S. 2.
[105] Scheiper, Innere Sicherheit, S. 11, 353.
[106] Thomas Wittke, Terrorismusbekämpfung als rationale politische Entscheidung. Die Fallstudie Bundesrepublik, Frankfurt a.M./Bern 1983, hier S. 133–139.

in den Blick kommt.[107] Gleichwohl liefert dieser Band wertvolle methodische Anregungen für die Erforschung der Thematik, da er den Fokus auf die „reflexive Selbstwahrnehmung" als bisher wenig beachteter „innerer[r] Dimension deutscher Kulturdiplomatie" legt.[108] Damit stellt sich die Außendarstellung als Teil einer umfassenden kulturellen Praxis dar, die in der Bundesrepublik selbst ihren Ausgang nimmt. Zudem unterstreichen alle Beiträge des zitierten Bandes den engen Zusammenhang von westdeutscher Außenrepräsentation und Erinnerung an den Nationalsozialismus. Anders als die CDU/CSU-Opposition, die bei dem Versuch, innenpolitisch mit immer neuen Forderungen auf dem Feld der Terrorismusbekämpfung als *law-and-order*-Partei zu punkten, keinerlei Rücksicht auf etwaige Irritationen in den europäischen Nachbarländern zu nehmen gezwungen war, musste die Bundesregierung das Ausland bei der Vermittlung ihrer Strategien zur Terrorismusbekämpfung stets mit einbeziehen. Da die Besorgnis des Auslandes auf den Seiten der deutschen linksalternativen Presse genüsslich ausgeschlachtet wurde und die deutsche Öffentlichkeit traditionell sehr empfindlich auf Kritik reagierte, waren die Verantwortlichen zusätzlich verwundbar.[109] So ist zu vermuten, dass auch die Auslandskritik zur Ausformung der innerhalb der Forschung konstatierten, gewachsenen „Staatsskepsis" der Bevölkerung nach dem Höhepunkt der linksterroristischen Bedrohung im Herbst 1977 beigetragen hat.[110] Aber auch konkrete Fahndungsinteressen standen dahinter, wenn staatliche Akteure versuchten, die Perzeption des Terrorismus als ‚deutscher Krankheit' aufzubrechen, indem sie sowohl vor den Vereinten Nationen als auch auf bilateraler und europäischer Ebene auf internationale Problemlösungsstrategien hinarbeiteten. Wie zuletzt Pekelders Studie in Erinnerung gerufen hat, nutzten die Mitglieder terroristischer Vereinigungen das europäische Ausland in den 70er Jahren ganz systematisch als Flucht- und Rückzugsraum.[111]

Aus dem bis hierher Gesagten dürfte bereits deutlich geworden sein, dass die Integration der transnationalen Perspektive nicht nur eine Erweiterung in

---

[107] Johannes Paulmann (Hg.), Auswärtige Repräsentationen. Deutsche Kulturdiplomatie nach 1945, Köln u. a. 2005.

[108] Ders., Auswärtige Repräsentationen nach 1945: Zur Geschichte der deutschen Selbstdarstellung im Ausland, in: Ebd., S. 1–32, hier S. 2.

[109] Vgl. zu den Reaktionen auf die Imageverschlechterung der Bundesrepublik im Zusammenhang mit der Terrorismusbekämpfung Karl-Rudolf Korte, Der Standort der Deutschen. Akzentverlagerungen der deutschen Frage in der Bundesrepublik Deutschland seit den siebziger Jahren, Köln 1990, S. 58–65; Balz, Terroristen, S. 308–314. Zur „empfindlichen Aufmerksamkeit" der Deutschen gegenüber ausländischer Kritik vgl. zeitgenössisch Francois Bondy, Warum wollen die Deutschen geliebt werden?, in: Walter Scheel (Hg.), Die andere deutsche Frage: Kultur und Gesellschaft nach 30 Jahren, Stuttgart 1981, S. 46–52, hier S. 47.

[110] Weinhauer, Terrorismus, S. 239.

[111] Pekelder, Ulrike, passim.

räumlicher Hinsicht impliziert, sondern vor allem die Berücksichtigung neuer Akteure meint, die ausdrücklich innerhalb ihrer jeweiligen Rezeptionskulturen gesehen werden müssen. Die Frage, wer in welcher Form und aus welchen Gründen im Ausland auf die Appelle und Nachrichten aus der Bundesrepublik reagierte, ist nur mit Blick auf die spezifischen soziokulturellen, politischen und nicht zuletzt auch emotionalen „Rezeptionsdispositive" (Lüsebrink) zu beantworten, die diese Reaktionen determinierten. Da der Begriff ‚Ausland' einerseits eine potentiell unendliche Zahl denkbarer Interaktionspartner umfasst und andererseits nur möglichst differenzierte ‚Standortbeschreibungen' einen Erkenntnisgewinn versprechen, wird eine Untersuchung zunächst nur an einem besonders exponierten Fall erfolgen können. Wie schon angedeutet, fand die Kernbotschaft der RAF ab 1972, ihre gewaltsame Aktionsstrategie sei letztlich als Notwehr gegen einen Polizeistaat zu verstehen, der seine politischen Gegner in modernen KZs erbarmungslos ihrer Vernichtung zuführe, vor allem in denjenigen westeuropäischen Ländern Widerhall, die während der Besatzungszeit den nationalsozialistischen Staatsterror erfahren und ihr Selbstverständnis in starkem Maße am antifaschistischen Widerstand orientiert hatten – in Frankreich, den Niederlanden und Italien. Auch außerhalb der linksradikalen Nischen hatte die Bevölkerung dieser Länder das Bild vom innerlich geläuterten, gegen rechte Versuchungen ein für alle Mal gefeiten Musterdemokraten verständlicherweise nicht mit der gleichen Geschwindigkeit und Selbstverständlichkeit internalisiert wie die große Mehrheit der Deutschen selbst. Vor dem Hintergrund der deutschen Vergangenheit wurden die gesellschaftlichen und politischen Begleiterscheinungen des Terrorismus „von einem großen Teil der öffentlichen Meinung weit kritischer unter die Lupe genommen als Radikalismus und Terrorismus selbst", wie es etwa der Frankreich-Korrespondent der „Süddeutschen Zeitung" im Oktober 1977 fast resignierend formulierte.[112] Gerade in Frankreich tat die Lobbyarbeit der in Terrorismusverfahren involvierten deutschen Strafverteidiger ein Übriges, die das Zweckbündnis mit Kollegen jenseits der Grenzen rasch als probates Mittel entdeckten, um gegen die gesetzgeberischen Maßnahmen der Bundesregierung zur Disziplinierung der „Linksanwälte" Front zu machen. Klaus Croissant hatte den Ort seines ‚Exils' mithin alles andere als zufällig gewählt.

Auf die größte Aufmerksamkeit außerhalb der Bundesrepublik traf die Sympathiewerbung der RAF gleichwohl in Italien, wo es, wie Filippo Focardi argumentiert, seit der frühen Nachkriegszeit starke Tendenzen gegeben hatte, die eigene faschistische Vergangenheit über die Selbstabgrenzung von den Deutschen zu entsorgen, deren ‚Nationalcharakter' vielfach in den schwärzes-

---

[112] „Stammheim ist näher als Mogadischu. Die Franzosen sehen die Geiselbefreiung nicht ohne die Selbstmorde der Terroristen", in: Süddeutsche Zeitung, 19.10.1977.

ten Farben gezeichnet wurde.[113] Vor diesem Hintergrund, so ist zu vermuten, hatten staatskritische deutsche Stimmen in der Öffentlichkeit per se deutlich größere Chancen auf Gehör als offizielle Verlautbarungen, zumal die Forschung häufig darauf hingewiesen hat, dass Staatsskepsis und Misstrauen auch gegenüber dem eigenen ‚Establishment' im krisengeschüttelten Italien der siebziger Jahre ungleich stärker ausgeprägt waren als nördlich der Alpen.[114] Dazu kam, dass nicht wenige italienische Intellektuelle größere Sympathien für die DDR hegten als für die Bonner Republik, wie unter anderem Magda Martini gezeigt hat.[115] Es ist also zu fragen, inwiefern sich eine fortschreitende Verknüpfung des eigenen Terrorismusdiskurses mit dem deutschen nachweisen lässt, wobei gezielte deutsche Einflussnahme einerseits, genuin italienische Interessen und Dispositionen andererseits in Beziehung zu setzen sind. Hinzu kommt die Eigenlogik der beteiligten Medien, die offenbar zusätzlich zu der durch die Ereignisse selbst ins Werk gesetzten Dynamik eskalierend und katalysierend wirkte. Die politische Entwicklung in der Bundesrepublik geriet

---

[113] Vgl. unter anderem Filippo Focardi, "Bravo italiano" e "cattivo tedesco": riflessioni sulla genesi di due immagini incrociate, in: Storia e Memoria 1 (1996), S. 55–83; Ders., L´ombra del passato. I tedeschi e il nazismo nel giudizio italiano dal 1945 a oggi. Un profilo critico, in: ´900, 3 (2000), S. 67–81. Vgl. auch Antonio Missiroli, Un rapporto ambivalente. Le due Germanie viste dall´Italia: 1945–1989, in: Storia e Memoria, 1 (1996), S. 99–112 sowie Gustavo Corni, Il modello tedesco visto dall'Italia, in: Agostino Giovagnoli/Giorgio Del Zanna (Hg.), Il mondo visto dall'Italia, Mailand 2004, S. 34–54. Die Jahre des Terrorismus werden in den genannten Publikationen lediglich kursorisch behandelt; in der breiten, rein politikgeschichtlich angelegten Studie von Gian Enrico Rusconi sogar gänzlich übersprungen, vgl. Ders., Germania Italia Europa. Dallo stato di potenza alla "potenza civile", Turin 2003. Tatsächlich liegen über die deutsch-italienischen Beziehungen auf Regierungsebene für den Untersuchungszeitraum keine detaillierten Darstellungen vor; erste Ansätze zu einer vergleichenden Betrachtung der jeweiligen Anti-Terrorismus-Politik hat Johannes Hürter vorgelegt, vgl. Ders., Anti-Terrorismus-Politik. Ein deutsch-italienischer Vergleich 1969–1982, in: VfZ 3 (2009), S. 329–348.

[114] Dazu zuletzt Tolomelli, Terrorismo e società.

[115] Magda Martini, La cultura all'ombra del muro. Relazioni culturali tra Italia e DDR (1949–1989), Bologna 2007. Zu Fragen der deutsch-italienischen Wahrnehmung, der Persistenz nationaler Stereotypen auf beiden Seiten der Alpen und zur Hypothek des Zweiten Weltkrieges für die bilateralen Beziehungen liegen wichtige Beiträge aus der Feder Jens Petersens, Eva Sabine Kuntz' und Joachim Starons vor, wobei letztere – ähnlich wie Christian M. Schmitz und Susanne von Bassewitz für Frankreich – sich auf die Analyse von Printmedien beschränken, vgl. Jens Petersen, Italienbilder – Deutschlandbilder. Gesammelte Aufsätze, Köln 1999; Eva Sabine Kuntz, Konstanz und Wandel von Stereotypen. Deutschlandbilder in der italienischen Presse nach dem Zweiten Weltkrieg, Frankfurt 1997; Joachim Staron, Fosse Ardeatine und Marzabotto. Deutsche Kriegsverbrechen und Resistenza: Geschichte und nationale Mythenbildung in Deutschland und Italien (1944–1999), Paderborn u. a. 2000. Für Frankreich vgl. Susanne von Bassewitz, Stereotypen und Massenmedien. Zum Deutschlandbild in französischen Tageszeitungen, Wiesbaden 1990; Christian M. Schmitz, Zwischen Mythos und Aufklärung: Deutschland in der außenpolitischen Berichterstattung der Zeitung ‚Le Monde' 1963 bis 1983, Frankfurt a.M. u. a. 1990.

zunehmend zur Negativfolie, von der sich italienische Akteure nicht nur links von der Mitte unter dem Schlagwort „Evitiamo la germanizzazione" (Vermeiden wir die Germanisierung) abzugrenzen bemüht waren. Vor allem aber griffen die gewaltbereiten Gruppen selbst den deutschen Fall immer wieder propagandistisch auf und nahmen in ihren Kommuniqués und halboffiziellen Presseorganen auf die Gesinnungsgenossen jenseits der Grenzen Bezug.

Aufbau und Methode der Arbeit. Wie soll nun das so umrissene Forschungsprogramm in dieser Arbeit konkret umgesetzt werden? Um die Funktionsmechanismen des deutsch-italienischen Beziehungsnetzwerks der 70er Jahre zu verstehen, gilt es zunächst, dessen Wurzeln in den Anfängen des ‚roten Jahrzehnts' zu untersuchen. Denn um 1967/68 erfuhr der revolutionäre Elan der radikalsten Vertreter der westdeutschen und der italienischen APO einen Schub, der, wie Kapitel 2 verdeutlicht, auch als Ergebnis eines gemeinsamen, transnationalen Radikalisierungsprozesses zu interpretieren ist.

Nicht zufällig waren die bedeutendsten Importeure der lateinamerikanischen Guerillatheorien in den deutschen bzw. den italienischen Kontext gleichzeitig die wichtigsten Protagonisten dieser Entwicklung: Giangiacomo Feltrinelli und Rudi Dutschke. Auf der Grundlage bereits vorliegender wissenschaftlicher Biographien[116] werden die auf den ersten Blick denkbar unterschiedlichen Lebensläufe der beiden Männer parallelisiert und sodann auf die Ursachen und vor allem die Folgen ihrer Bekanntschaft hin befragt. Beide, der 1967 27-jährige Student und der 14 Jahre ältere, millionenschwere Verleger waren von der Idee besessen, den Auftrag ihres Idols Che Guevara zur Schaffung von „zwei, drei, vielen Vietnam" in die Tat umzusetzen, um so die Welt vom imperialistischen Joch des „großen Feind[es] des Menschengeschlechts", den USA, zu befreien.[117] Als die wichtigste Voraussetzung für die Realisierung ihres gemeinsamen Traums von der Revolution erschien ihnen die grenzübergreifende Vernetzung möglichst vieler Gesinnungsgenossen im Zeichen des von Guevara beschworenen „proletarischen Internationalismus"[118] – ein Vorhaben, das im von Dutschke organisierten und von Feltrinelli finanzierten Internationalen Vietnam-Kongress rasch konkrete Gestalt gewann. Die West-Berliner Veranstaltung vom Februar 1968 ist hier vor allem als große Kontakt-

---

[116] Carlo Feltrinelli, Senior Service. Das Leben meines Vaters, München/Wien 2001; Aldo Grandi, Feltrinelli. La dinastia, il rivoluzionario, Mailand 2000; Michaela Karl, Rudi Dutschke. Revolutionär ohne Revolution, Frankfurt a.M. 2003; Ulrich Chaussy, Die drei Leben des Rudi Dutschke: Eine Biographie, Berlin 1993. Für die hier interessierende Thematik vgl. insbesondere auch Wolfgang Kraushaar, Rudi Dutschke und der bewaffnete Kampf, in: Ders., Die RAF und der linke Terrorismus Bd. I, S. 218–247.

[117] Ernesto Che Guevara, Schaffen wir zwei, drei, viele Vietnam! Brief an das Exekutivsekretariat von OSPAAL, Berlin 1967, S. 10–31, hier S. 30f.

[118] Ebd., S. 27f.

börse zu interpretieren, bei der die radikalsten Kräfte der westeuropäischen Länder miteinander auf Tuchfühlung gehen konnten. Gleichzeitig war das Treffen ein Schritt zur weiteren „Revolutionierung der Revolutionäre".[119]

Galt mithin zunächst der West-Berliner SDS als heimliches Zentrum der radikalen Neuen Linken in Westeuropa, änderte sich die Situation nach dem Abflauen der Studentenrevolte in der Bundesrepublik grundlegend. Ab 1969 ergoss sich vielmehr von dort aus ein Strom jugendlicher Revolutionstouristen in das traditionelle Sehnsuchtsland ihrer Landsleute – nach Italien, wo die gesellschaftliche Mobilisierung durch den Schulterschluss von Arbeiter- und Studentenbewegung erst jetzt ihren Höhepunkt erreichte.[120] Auf der Grundlage der verstreuten Hinweise in der einschlägigen Forschungs- und Erinnerungsliteratur versucht die vorliegende Untersuchung erstmals eine – notwendigerweise unvollständige – Antwort auf die Frage zu finden, was diese Italien-Erfahrung für die beteiligten Deutschen bedeutet hat. Im Zentrum des Interesses stehen dabei natürlich diejenigen Personen, die sich nach ihrer Rückkehr in die Bundesrepublik bewaffnet und damit die ‚bleierne Zeit' eingeläutet haben. Mit diesem Vorgehen werden Anregungen aufgenommen, die Gerd Koenen und Aribert Reimann am Rande ihrer biographischen Arbeiten zu Baader, Ensslin und Kunzelmann formuliert haben, ohne ihnen selbst bereits systematisch nachgegangen zu sein.[121] Damit nimmt diese Studie erstmals die Tatsache ernst, dass nahezu alle Angehörigen der ‚ersten Generation' des ‚bewaffneten Kampfes' in der Bundesrepublik kurz vor ihrem Schritt

---

[119] So die Worte Dutschkes auf dem Internationalen Vietnamkongress, vgl. Rudi Dutschke, Die internationalen Bedingungen für den internationalen Emanzipationskampf, in: SDS Westberlin/INFI (Hg.), Der Kampf des vietnamesischen Volkes und die Globalstrategien des Imperialismus. Internationaler Vietnam-Kongreß-Westberlin, Berlin 1968, S. 107–124, hier S. 124.

[120] Auf die vermeintliche Existenz eines eigenständigen südeuropäischen Typs von Arbeiter- und Studentenrevolte verweist Rainer Horn, The Spirit of '68, Oxford 2007.

[121] „Die militanten Subversiven in Berlin", so Reimann, „waren nicht nur theoretisch, sondern auch ganz handfest in die internationale Infrastruktur des bewaffneten Untergrunds eingebunden, etwa wenn Feltrinelli bereits in jenem Februar nicht unerhebliche Mengen Dynamit nach Berlin schmuggelte, deutsche Gäste aus der militanten ‚Szene' West-Berlins in Italien beherbergte und mit Geld und falschen Papieren versorgte oder wenn andere italienische Gruppen wie die ‚Uccelli' die deutschen Guerilla-Pläne inspirierten und förderten. Die Bedeutung dieses ‚Traumlandes der Revolution' für die Radikalisierungsprozesse in Deutschland wird erst in letzter Zeit angemessen beurteilt", vgl. Aribert Reimann, Dieter Kunzelmann. Avantgardist, Protestler, Radikaler, Göttingen 2009, S. 300. Mit dieser Bemerkung bezieht sich der Kunzelmann-Biograph auf Gerd Koenen, der nicht nur Feltrinellis Rolle als „Ideologe, Finanzier und Organisator einer antifaschistischen und antiimperialistischen Internationale" hervorgehoben, sondern auch die Frage nach den Auswirkungen der Italienerfahrung Baaders und Ensslins von 1969 aufgeworfen hat, vgl. Gerd Koenen, Vesper, Ensslin, Baader. Urszenen des Terrorismus, Köln 2003, bes. S. 251ff.

in den Untergrund eine Fahrt in den nicht nur klimatisch ‚heißen' Süden unternommen hatten. Die zu überprüfende These lautet, dass die deutsch-italienischen Begegnungen dieser Phase vorhandene Radikalisierungstendenzen auf beiden Seiten, vor allem aber bei den Deutschen weiter verstärkt haben, indem sie transnationale Wir-, aber auch Konkurrenzgefühle aktivierten. Es ist also zu fragen, inwiefern das Eintauchen in die italienische Szene die Grenzen des Denk- und Sagbaren weiter verschoben hat und damit auch die Hemmschwellen hinsichtlich des potentiell Machbaren weiter sinken ließ.

Dass das Denken der ersten deutschen Stadtguerilleros durch die Bekanntschaft von Menschen und Ideen, aber vielleicht mehr noch durch die aufgeheizte Stimmung des italienischen „Schicksalsjahrs" 1969/70 nachhaltig beeinflusst worden ist, lässt sich heute wohl am besten anhand der von Ulrike Meinhof verfassten RAF-Programmschrift „Das Konzept Stadtguerilla" nachweisen – des ersten und zugleich einzigen Strategiepapiers in der Geschichte der RAF, dessen Argumente innerhalb der deutschen Linken tatsächlich rezipiert und intensiv diskutiert wurden.[122] Eine ausführliche Würdigung des Italienbezugs dieser Schrift, der bisher in der Forschung gänzlich unkommentiert geblieben ist, bildet den Abschluss des zweiten Kapitels. Tatsächlich trat Meinhof mit dem „Konzept Stadtguerilla" in einen Dialog mit deutschen und italienischen Sympathisanten gleichermaßen, da der Text zeitgleich mit seinem Erscheinen in der Bundesrepublik auch auf den Seiten der von Feltrinelli finanzierten und von dem Brigate-Rosse-Gründer Renato Curcio redaktionell betreuten Zeitschrift „Nuova Resistenza" in italienischer Übersetzung erschien.

Wenn in diesem und den folgenden Abschnitten der vorliegenden Untersuchung eine vergleichsweise intensive Auseinandersetzung mit der ideologischen Fundierung terroristischer Praktiken erfolgt, so nicht deshalb, weil diese Studie davon ausgige, dass eine direkte Kausalverbindung zwischen der Adaption radikaler Ideologien und der Aufnahme des ‚bewaffneten Kampfes' bestünde. Dass Terrorismus nicht einfach eine Folge falscher Lektüren ist, hat bereits die Ende der 70er Jahre vom Bundesinnenministerium eingesetzte unabhängige Expertenkommission zur Untersuchung von Ideologien und Strategien deutscher Terrorgruppen überzeugend herausarbeiten können.[123] Auch Donatella Della Porta hat für Italien auf die augenfällige

---

[122] Das Konzept Stadtguerilla, in: Rote Armee Fraktion. Texte und Materialien zur Geschichte der RAF, Berlin 1997, S. 27–48.

[123] Im Jahre 1978 wurde eine Gruppe von Wissenschaftlern damit beauftragt, die möglichen individuellen, gruppenspezifischen, gesellschaftlichen, politischen und geistigen Bedingungen des bundesdeutschen Linksterrorismus zu untersuchen, um auf diese Weise „Wissenslücken über Entstehung und Entwicklung des Terrorismus zu schließen, Vorurteile abzubauen und die öffentliche Diskussion zu versachlichen, um Fehler in der Einschätzung des Terrorismus und in der Reaktion auf ihn zu vermeiden". Das Forschungsprojekt gliederte sich in vier Teilprojekte, wobei das erste eine umfassende

Diskrepanz hingewiesen, die zwischen dem hohen Verbreitungsgrad radikaler Theorien und der Omnipräsenz verbaler Gewalt innerhalb der außerparlamentarischen Linken einerseits und der verglichen damit geringen Zahl terroristischer Attentäter andererseits besteht – ein Sachverhalt, der allen deterministischen Erklärungsmodellen die Grundlage entzieht.[124] Gleichwohl kann kein Zweifel daran bestehen, dass besonders im Falle des hier untersuchten sozialrevolutionären Terrorismus „das Abdriften einer Gruppe in die Illegalität häufig mit dem Aufbau alternativer Sinnwelten verbunden ist, durch die sich die Untergrundkämpfer von der Mehrheitsgesellschaft abgrenzen".[125] Bei der Ausgestaltung solcher Sinnwelten greifen die Beteiligten auf solche Ideologien bzw. auf Versatzstücke derselben zurück, die sie in der politischen Kultur ihres Landes vorfinden. So hat Richard Drake auf den hohen Einfluss der über verschiedene Zeitschriften und Bücher verbreiteten, operaistischen Theorien Antonio Negris auf die italienische radikale Linke und besonders ihre terroristischen Ausläufer hingewiesen: „Über einen langen Zeitraum hinweg", so Drake, standen „Negris Theorien und die Praxis der Roten Brigaden in einem unübersehbaren Analogieverhältnis".[126] Wie im Folgenden deutlich gemacht werden soll, ist die „verhängnisvolle Utopie"[127] der von Negri dominierten außerparlamentarischen Gruppe Potere Operaio (Arbeitermacht) auch außerhalb Italiens nicht ohne Folgen rezipiert worden.

Tatsächlich sollten ideologische Überformungen der Gewalt weder für den italienischen noch für den deutschen Kontext nur als nachgeschobene Schutzbehauptungen gelesen werden. Zunächst sind ideologische und strategische Meinungsverschiedenheiten ursächlich für zahlreiche Fraktionierungen und Grabenkämpfe innerhalb der Subkultur selbst – selbst wenn damit zu rechnen ist, dass sie auch vorgeschoben wurden, um von persönlichen Differenzen oder sonstigen kontingenten Faktoren abzulenken. Auch wenn die offiziell deklarierten Motive und Ziele keineswegs eins zu eins mit der inneren Funktionslogik übereinstimmen, der eine terroristische Gruppe tatsächlich folgt, verraten

---

Analyse der Ideologiekonstruktionen der wichtigsten deutschen Terrorgruppen vornehmen und die Rolle von Ideologien und Theorien für das Handeln der Organisationen klären sollte, vgl. Bundesministerium des Innern (Hg.), Analysen zum Terrorismus. Bd. 1: Ideologien und Strategien, Bd. 2: Lebenslaufanalysen, Bd. 3: Gruppenprozesse, Bd. 4/1: Gewalt und Legitimität, Bd. 4/2 Protest und Reaktion, Opladen 1981–1984. Für das Zitat vgl. das Vorwort des ersten Bandes aus der Feder des Innenministers Gerhart Baum, S. 5–7, hier S. 5.

[124] Vgl. Della Porta, Terrorismo di sinistra, S. 290.
[125] Waldmann, Terrorismus, S. 212. Waldmann spricht in diesem Zusammenhang von einer „Schlüsselrolle der Ideologie".
[126] Richard Drake, Il seme della violenza. Toni Negri apostolo della rivoluzione nella stagione del terrorismo, in: Nuova Storia Contemporanea 6 (2004), S. 57–82, hier S. 81.
[127] Franco Berardi, La nefasta utopia di Potere Operaio. Lavoro, tecnica, movimento nel laboratorio politico del sessantotto italiano, Rom 1998.

die mitgelieferten Begründungen dennoch viel über das Selbstverständnis der Akteure und sind entscheidend für die Formulierung einer spezifischen Gruppenmoral. So haben ideologisch vermittelte Freund-Feind-Dichotomien einen ganz erheblichen Anteil an der heroischen Selbstaufwertung der Täter und ihrer Immunisierung gegenüber den Leiden ihrer Opfer – eine Dichotomisierung, die auch durch die sprachliche Entmenschlichung des Gegners nachvollzogen wird.[128] Da Bekennerschreiben und Strategiepapiere immer auch als propagandistische Botschaften an die Öffentlichkeit bzw. bestimmte Teilöffentlichkeiten gemeint sind, geben sie zudem Aufschluss über die „positiven Bezugsgruppen" der Verfasser. Damit sind diejenigen Bevölkerungsteile gemeint, in deren Namen die jeweilige Organisation zu handeln beansprucht bzw. von denen sie sich Unterstützung erhofft, wobei beide nicht zwingend miteinander identisch sein müssen.[129] Ebenso wenig müssen die Mitglieder terroristischer Formationen selbst der Bezugsgruppe angehören, mit der sie sich identifizieren.[130] Insgesamt spricht viel dafür, dass ideologische Faktoren weniger für die Entstehung als für die Stabilität terroristischer Gruppierungen von Bedeutung waren, da sie dazu beitrugen, die Kosten der Militanz für die einmal Involvierten zu reduzieren.

Wie bereits angedeutet, sind in der Forschung über angeblich inkompatible ideologische Horizonte, divergierende Bezugsgruppen und unvereinbare Herkunftsmilieus unüberbrückbare strategische Differenzen zwischen deutschen und italienischen Linksterroristen konstruiert worden.[131] Kapitel 3 überprüft diese Befunde nicht in Form eines klassischen komparativen Settings, sondern indem die betrachteten Einheiten konsequent auf ihre Interaktion im historischen Prozess und etwaige Transfers befragt werden.[132] Das bedeutet nicht, dass komparative Elemente gänzlich fehlen – ganz im Gegenteil ist die Berücksichtigung von Gemeinsamkeiten und Unterschieden zwischen den in verschiedenen nationalen Kulturen agierenden Kollektivsubjekten zur Erklärung der beobachteten Aneignungs- und Abstoßungsphänomene unerlässlich.[133] „Vergleiche, die gänzlich vom Kontext einer gemeinsamen, von

---

[128] Della Porta, Terrorismo di sinistra, S. 179–190.
[129] Vgl. dazu Stefan Malthaner, Terroristische Bewegungen und ihre Bezugsgruppe. Anvisierte Sympathisanten und tatsächliche Unterstützer, in: Waldmann, Determinanten, S. 85–137, hier S. 86f.
[130] Vgl. ebd., S. 87f.
[131] Vor allem in Jansen, Brigate Rosse und Rote Armee Fraktion, passim.
[132] Vgl. zur Kritik an traditionellem Vergleich und Transfergeschichte Werner/Zimmermann, Vergleich, S. 612.
[133] Inzwischen wird zu Recht der komplementäre Charakter der anfangs häufig in ein Konkurrenzverhältnis gebrachten Ansätze betont, vgl. z. B. Philipp Gassert, Transnationale Geschichte, in: Docupedia-Zeitgeschichte, 16.2.2010, online unter http://docupedia.de/zg/Transnationale_Geschichte (13.10.2011), S. 11.

Austausch und Transfer gekennzeichneten Geschichte absehen, sind für die moderne Epoche zunehmend unplausibel geworden. Aber auch die Untersuchung von Transfers und Interaktionen kommt ohne eine vergleichende Bewertung der unterschiedlichen Wirkungszusammenhänge und sozialen Kontexte nicht aus".[134]

Ging es in Kapitel 2 hauptsächlich darum, den deutschen Blick auf Italien zu rekonstruieren, geht Kapitel 3 daher auch näher auf die italienischen Akteure ein. Unter der Überschrift „Feltrinellis Erbe" wird nach den grenzübergreifenden Beziehungen der wichtigsten Organisationen der extremen Linken seit Beginn der 70er Jahre gefragt, speziell nach dem Charakter ihrer Kontakte in die Bundesrepublik. Auch innerhalb der italienischen Forschungslandschaft handelt es sich dabei um eine allenfalls im Ansatz gestreifte, bislang nicht systematisch verfolgte Fragestellung.[135] Ganz bewusst werden hier auch solche Gruppen mit einbezogen, die sich nicht oder nicht primär terroristischer Praktiken im Sinne der zitierten Waldmannschen Definition bedienten. Damit soll die isolierte Betrachtung der terroristischen Gruppen allein zugunsten einer Berücksichtigung ihres jeweiligen Umfeldes aufgebrochen werden. Unter den überaus zahlreichen italienischen Zirkeln, die in den betreffenden Jahren einer gewaltsamen Veränderung der bestehenden Verhältnisse unter kommunistischen Vorzeichen das Wort redeten, wurden mit Potere Operaio (PO) und Lotta Continua (LC) allerdings nur die bedeutendsten ausgewählt, die nicht von ungefähr auch selbst illegale Strukturen ausbildeten und sich damit auch praktisch den Methoden der BR annäherten. Die beschriebene Erweiterung der Perspektive ist nicht nur deshalb sinnvoll, weil nicht wenige Militante aus beiden Gruppen schließlich selbst die Reihen der BR verstärkten. Noch wichtiger ist der ausgeprägte Internationalismus, der den legalen Gruppen sowohl auf programmatischer als auch auf praktischer Ebene zu Eigen war. Während etwa die *brigatisti* nur in der Heimat oder auf neutralem Terrain mit ihren deutschen Gesinnungsgenossen zusammentrafen, begaben sich Abgesandte der legalen Gruppen PO und LC persönlich in die westdeutschen Großstädte, um dort für autonome Massenkämpfe nach italienischem Vorbild zu agitieren. Die von ihnen frequentierten Milieus wiederum deckten sich weitgehend mit den Adressaten der RAF-Propaganda.

Das Jahr 1972 markierte eine wichtige Zäsur für die Geschichte der deutsch-italienischen Extremisten-Netzwerke. Der Tod Feltrinellis auf der einen, die Inhaftierung der RAF-Gründer auf der anderen Seite veränderte die politische Konstellation auf beiden Seiten der Alpen, ebenso wie im transnationalen Kon-

---

[134] Conrad/Conrad, Historiographien, hier S. 19.
[135] Vgl. allein den Aufsatz Satta, Collegamenti sowie die methodisch nicht unproblematische Arbeit von Stelio Marchese, I collegamenti internazionali del terrorismo italiano, L'Aquila 1989.

text. Kapitel 3 geht über diese Zäsur vor allem deshalb zeitlich hinaus, um die davon weitgehend unberührt gebliebenen Kontakte zu thematisieren, die zwischen Roten Brigaden und der Bewegung 2. Juni (B2J) bestanden. Wie zu zeigen sein wird, besaß die praktische Beratung, die die Italiener den deutschen Konkurrenten der RAF angedeihen ließen, für die Geschichte des Linksterrorismus in der Bundesrepublik außerordentlich weitreichende Folgen. Die in diesem ersten Teil der Arbeit ausgelegten Fäden werden im letzten Kapitel wieder aufgenommen, wenn es um die italienischen Reaktionen auf die Vorgänge des ‚Deutschen Herbstes' geht.

In Kapitel 4 stehen zunächst die Kampagnen im Mittelpunkt, mit denen die im Anschluss an die ‚Mai-Offensive' des Jahres 1972 inhaftierten Vordenker der RAF versuchten, die Aufmerksamkeit in- und ausländischer Beobachter zu erregen. Die auf unterschiedliche Haftanstalten verteilten Führungskader bauten mit Hilfe ihrer Anwälte bekanntlich ein Kommunikationssystem auf, welches sowohl der Information der Gefangenen und ihrer Verständigung untereinander als auch der externen Propaganda diente. Wie zu zeigen sein wird, integrierte dieses kurz als ‚info' bezeichnete System von Anfang an Kommunikationspartner und Presseorgane jenseits der Landesgrenzen – auch, aber nicht nur in Italien. Auch die sogenannten Komitees gegen Folter, die ab 1973 unter der Ägide der Anwälte die von den Häftlingen in unregelmäßigen Abständen durchgeführten Hungerstreiks publik machen sollten, operierten transnational. Das Kapitel dokumentiert die Hintergründe und den Verlauf dieser Aktivitäten, die im Sartre-Besuch ihren ersten Höhepunkt fanden. Ein Schwerpunkt liegt auf den Motiven, die die ‚Stammheimer' mit der gezielt betriebenen Transnationalisierung verfolgten. Im letzten Abschnitt steht die Rolle der Rechtsanwälte im Mittelpunkt, auf deren Kooperationsbereitschaft die Häftlinge unmittelbar angewiesen waren. Dabei wird es nicht nur um das Ausmaß der Steuerung der Verteidiger durch ihre Mandanten gehen, indem die Vorgaben der Häftlinge mit den PR-Aktivitäten der Anwälte verglichen werden. Berührt wird auch die Frage, bis zu welchem Punkt und aus welchen Gründen sich die Advokaten die oftmals zynische Instrumentalisierung ihrer Tätigkeit durch ihre Klienten gefallen ließen und welche Agenda sie selbst jenseits der deutschen Grenzen verfolgten.

Die wichtigste, ebenfalls im Wesentlichen von Anwälten getragene transnationale PR-Struktur der RAF war das sogenannte Internationale Komitee zur Verteidigung politischer Gefangener in Westeuropa (IVK), das sich im Januar 1975 im Zuge der Nachwirkungen des Sartre-Besuchs konstituierte und dessen Aktivitäten Kapitel 5 gewidmet ist. Diesem, von Strafverteidigern aus mehreren europäischen Ländern – anfangs unter Einschluss von US-Kollegen – gebildeten, lockeren Netzwerk ging es nominell um die Wahrung von Rechtsgarantien für Straftäter, die unter dem Vorwurf politisch motivierter Gewaltverbrechen in westeuropäischen Haftanstalten einsaßen. Faktisch entwickelte sich das IVK unter dem Einfluss seiner deutschen, im Büro Croissant beheimateten Sektion, zu einer legalen Interessenvertretung der RAF, was verschiedene Abspaltungen moderaterer Mitglieder in der Bundesrepublik und in Frankreich, aber auch die Ausprägung einer verdeckten Verbindungsstruktur im Untergrund zur Folge hatte. Zu bestimmen sind also die Stationen und Konjunkturen dieses Prozesses sowie das Verhältnis von legalen und illegalen Aktivitäten im Rahmen des IVK.

Da das durch den Terrorismus in Gang gesetzte kommunikative Geschehen in der vorliegenden Studie als ein interaktives Gegeneinander rivalisierender Akteure aufgefasst wird, wird die staatliche Seite als Gegenpart der ‚Stammheimer', ihrer Anwälte, Unterstützer und Sympathisanten in den Kapiteln 4 und 5 mitberücksichtigt. Explizit in den Mittelpunkt gerückt wird die Regierungsperspektive zu Beginn von Kapitel 6, bei dem es um die Zuspitzung der gegenseitigen Projektionen und Übertragungsleistungen im ‚Deutschen Herbst' selber geht. Zu fragen ist zunächst nach den größtenteils inkompatiblen Erwartungen an die deutsche „counterterrorism performance",[136] mit denen sich Helmut Schmidt während des ‚Deutschen Herbstes' durch die doppelte Herausforderung von politischen Grabenkämpfen und terroristischer Aggression bis zur ‚suicide action' konfrontiert sah. Wie eingangs erläutert, wird dieser Zeitraum als diejenige Phase interpretiert, in der die zuvor von den verschiedenen Akteuren ausgelegte propagandistische Saat aufging – oder eben nicht. Südlich der Alpen lösten die Nachrichten aus der Bundesrepublik jedenfalls derart vehemente Reaktionen aus, dass es berechtigt erscheint, von einem eigenen ‚Deutschen Herbst' in Italien zu sprechen.[137] Nicht zufällig verliefen die Grenzen zwischen den unterschiedlichen Reaktionsmustern auf das deutsche Drama dabei größtenteils parallel zu den politischen Frontstellungen des Jahres 1977, in der linksextreme Gewalt vor dem Hintergrund des heraufziehenden ‚Historischen Kompromisses' auch in Italien eine zuvor unbekannte Dimension erreicht hatte. Den strukturellen Problemlagen und kritischen Ereignissen des italienischen *Settantasette* wird daher besondere Aufmerksamkeit eingeräumt, zumal bereits die durch die Flucht des Kriegsverbrechers Herbert Kappler ausgelösten deutsch-italienischen Turbulenzen ein breiteres Publikum auf eine anti-deutsche Stimmung eingestellt hatten.

Welche Deutung der Ereignisse von Köln, Mogadischu und Stuttgart-Stammheim sich in den verschiedenen italienischen Teilöffentlichkeiten durchzusetzen vermochte, hing jedoch vor allem – so die These – von den

---

[136] Zur Erläuterung dieses Konzepts vgl. Beatrice De Graaf, Evaluating Counterterrorism Performance: A Comparative Study, London 2011.
[137] Petra Terhoeven, Deutscher Herbst in Italien. Die italienische Linke und die ‚Todesnacht von Stammheim', in: Dies. (Hg.), Italien, Blicke. Neue Perspektiven der italienischen Geschichte des 19. und 20. Jahrhunderts, Göttingen 2010, S. 185–208.

Rezeptionsdispositiven und Interessen der verschiedenen beteiligten Akteure, den schon in Kapitel 3 beschriebenen, zwischen Deutschen und Italienern gewachsenen transnationalen Kommunikationsstrukturen sowie teilweise auch von der Eigenlogik der Medien ab. Entsprechend ist auch für den letzten Teil dieser Untersuchung eine von den Akteuren her gedachte Systematik gewählt worden, wobei das betrachtete Spektrum von der Regierung Andreotti bis zu den Angehörigen der italienischen „sub-cultures of violence" reicht, die ihre Solidarität mit den deutschen Genossen auf dem Weg der Gewalt ausdrückten. Als bilaterale Kommunikationskanäle sind – wie schon in Kapitel 2 und 3 – sowohl direkte interpersonale Kontakte als auch Massenmedien und sektorale Publikationen zu berücksichtigen, wobei den großen italienischen Tages- und Wochenzeitungen als den wichtigsten Plattformen für die Meinungsäußerungen politischer Kommentatoren diverser Couleur ein besonderer Stellenwert zukommt. Dabei ist beispielhaft auch die von den jeweiligen Auslandskorrespondenten verfolgte Linie der Deutschlandberichterstattung zu reflektieren.

Innerhalb der italienischen außerparlamentarischen Linken lassen sich während des ‚Deutschen Herbstes' eine ganze Reihe publizistischer Initiativen beobachten, die von der generellen Staatsskepsis der allermeisten italienischen Linksintellektuellen ebenso zeugt wie vom ausgeprägten Misstrauen eines breiteren antifaschistischen Lagers gegenüber allem Deutschen. Die auch aufgrund ihrer Langlebigkeit wohl bemerkenswerteste dieser Initiativen stellte die Bildung eines „Initiativ- und Unterstützungskomitees zur Verteidigung der Bürgerrechte und der demokratischen Freiheiten in der Bundesrepublik Deutschland" dar, das sich am 26. Oktober 1977 unter der Federführung des Linkssozialisten und Menschenrechtlers Lelio Basso in Rom konstituierte und in der Folge eine lebhafte publizistische Aktivität entwickelte.[138] Die Geschichte des unter maßgeblicher Beteiligung von in Italien wohnhaften Westdeutschen ins Leben gerufenen Komitees, die hier erstmals untersucht wird, wirft nicht nur die Frage nach der Bedeutung deutscher Multiplikatoren im Ausland für die Eintrübung des Deutschlandbildes während der 70er Jahre auf. Über eine Berücksichtigung der Biographien der involvierten italienischen Akteure – allesamt Exponenten eines dem antifaschistischen Widerstand nahestehenden Milieus – gewinnt die Betrachtung eine historische Tiefenschärfe, ohne die das deutsch-italienische Verhältnis der betreffenden Jahre nicht wirklich verstanden werden kann.

Wie zu zeigen sein wird, standen die beteiligten Intellektuellen der politisch links vom PCI angesiedelten Subkultur, zu deren wichtigstem Sprachrohr in

---

[138] Peter Kammerer, Ein italienisch-deutsches Komitee zur Verteidigung der Bürgerrechte und demokratischen Freiheiten, in: Wolfgang Storch/Claudia Ruschkowski (Hg.), Deutschland – Italien. Aufbruch aus Diktatur und Krieg, Berlin 2013, S. 10f.

den betreffenden Jahren die Tageszeitung „Lotta Continua" avanciert war, für deutsche Verhältnisse erstaunlich nahe. Diese ultralinke Subkultur kann als wichtigster Resonanzboden der Sympathiewerbung für die RAF in Italien gelten. Aufgrund der Tatsache, dass die radikalen Ausläufer des LC-Milieus auch für die Roten Brigaden ein entscheidendes Rekrutierungsfeld darstellten, besitzt die Frage nach der Wirkung des negativen Mythos der ‚Todesnacht von Stammheim' auch für die Geschichte des italienischen Linksterrorismus selbst eine erhebliche Relevanz. Erst in diesem Kontext lässt sich ermessen, welche Lehren die bedeutendste linksterroristische Formation Italiens aus der Eskalation im Verlauf des ‚Deutschen Herbstes' 1977 zog. Der Tod von Andreas Baader, Gudrun Ensslin und Jan-Carl Raspe bedeutete für die *brigatisti*, von denen inzwischen nicht wenige selbst hinter Gefängnismauern einsaßen, eine existentielle Erschütterung, die Solidarität mit den Genossen erzeugte und Rachegefühle gegenüber dem politischen Gegner weckte. Andererseits stellte die Tatsache, dass die RAF mit der Entführung des Arbeitgeber-Präsidenten Schleyer und der Kaperung eines Touristenflugzeugs durch palästinensische Gesinnungsgenossen wochenlang die Schlagzeilen der europäischen Zeitungen beherrscht hatte, auch eine Herausforderung dar, hatten sich doch bisher die Roten Brigaden ganz selbstverständlich als mächtigste Stadtguerilla Westeuropas verstanden.[139]

Insgesamt begreift sich die vorliegende Untersuchung in methodischer Hinsicht als ein Beitrag zu einer kulturgeschichtlich orientierten Aufarbeitung der politischen Geschichte der 70er Jahre. Ganz generell wird Politik dabei als soziales und kommunikatives Handeln verstanden, das medial bedingt und hochgradig symbolisch aufgeladen ist.[140] Gerade im Bereich der transnationalen Geschichte bzw. der interkulturellen Kommunikation muss daher der Tatsache Rechnung getragen werden, dass ‚Wirklichkeit' jenseits ihrer historischen Faktizität auch in komplexen Aushandlungsprozessen ‚hergestellt' wird.[141] Wie dargelegt, stehen an dieser Stelle deshalb die Perspektive und das Selbstverständnis der Akteure innerhalb ihrer jeweiligen kommunikativen Netzwerke im Mittelpunkt. Dieser Ansatz entspricht auch den Erkenntnissen der jüngeren Terrorismusforschung, die wiederholt die Existenz ‚objektiver' Bedingungen für terroristische Aktionsstrategien verneint hat. Stattdessen komme es vielmehr auf die subjektive Deutung dieser Bedingungen durch die Individuen im historischen Kontext an, wobei gerade die Einschätzung der Rolle des Staates, gegen den man vorzugehen gedenke, als „deeply affected by

---

[139] Für beide Aspekte aufschlussreich Morucci, RAF und wir, S. 112.
[140] Vgl. Thomas Mergel, Überlegungen zu einer Kulturgeschichte der Politik, in: Geschichte und Gesellschaft 28 (2002), S. 574–606.
[141] Vgl. Lüsebrink, Interkulturelle Kommunikation, bes. S. 101ff.

the past" zu beurteilen sei.[142] Konkret heißt das, dass terroristische Selbstbeobachtung auch ein Teil der terroristischen Praxis ist: „Like any political decision, the decision to use terrorism is influenced by psychological considerations and internal bargaining, as well as by reasoned or strategic reactions to opportunities and constraints, perceived in the light of the organization's goals."[143] Es war von daher für die RAF naheliegend, von der ‚gefühlten' Wahrnehmung der bundesrepublikanischen Wirklichkeit als ‚faschistoid' auf den demonstrativen Effekt ihrer mörderischen Praxis auf ähnlich konditionierte Gruppen südlich der Alpen zu schließen.[144] Bei der Rechtfertigung ihrer Gewaltstrategie setzte sie in Ermangelung einer für die ‚Massen' nachvollziehbaren Argumentation und einer kommunistischen Widerstandtradition viel stärker als ihre italienischen Gesinnungsgenossen auf die angeblich unmenschliche Vernichtungspraxis des westdeutschen Staates gegenüber seinen Herausforderern. Dass diese Herausforderer eben nicht mehr auf die ‚Waffen der Kritik', sondern die ‚Kritik der Waffen' setzten, drohte darüber in der Wahrnehmung mancher Beobachter fast unterzugehen. Die vorliegende Untersuchung geht davon aus, dass sich sowohl das manichäische Freund-Feind-Denken der RAF-Gründer als auch ihre spezifische Kommunikationsstrategie im transnationalen Kontext entwickelt haben. Denn diese Strategie setzte keineswegs nur auf den Argwohn, mit dem ein großer Teil der bundesdeutschen Nachkriegsgeneration die eigene Gesellschaft und ihre Autoritäten betrachtete, sondern auch auf das Misstrauen des Auslandes gegenüber dem westdeutschen Teilstaat, von dem man immer noch fürchtete, es könnte sich um eine ‚Demokratie ohne Demokraten' handeln.

Im Mittelpunkt der Arbeit steht jedoch die Untersuchung des radikal linken Milieus als wichtigsten transnationalem Resonanzraum der RAF-Propaganda. Hier entscheidet sich die Frage, ob und inwiefern es der RAF gelang, sich mit ihrem „brachialen Versuch der Befreiung von der Last der deutschen Geschichte"[145] als ‚Fraktion' eines großen Ganzen zu inszenieren und damit auch ihrer nationalen Begrenztheit zu entkommen. Inwiefern bestimmte das „emphatische Bekenntnis zum Internationalismus", das Ulrike Meinhof in ihrer Strategieerklärung „Konzept Stadtguerilla" formuliert hatte, das Verhältnis der Gruppe zu ihrer eigenen Nation?[146] Als kommunikative Praxis bezog

---

[142] Crenshaw, Thoughts, S. 13.
[143] Ebd., S. 5.
[144] Eine stärkere Berücksichtigung „gefühlte[r] Aspekte" bei der Wahrnehmung historischer Entwicklungen fordert auch Weinhauer, Terrorismus, S. 233.
[145] Gerd Koenen, „Und in den Herzen Asche", in: Der Spiegel 35/27.8.2001, S. 156–161, hier S. 161.
[146] Vgl. Kraushaar, Topologie, S. 45. Die entsprechende Passage in Meinhofs Text lautet: „Die Rote Armee Fraktion stellt die Verbindung her zwischen legalem und illegalem Kampf, zwischen nationalem und internationalem Kampf, zwischen politischem und

dieses Bekenntnis jedenfalls anti-deutsches Ressentiment, Mitgefühl für ‚David' im Kampf gegen ‚Goliath', sowie kollektive Erfahrungen mit der eigenen Staatsmacht jeweils mit ein.[147] Insofern lassen sich aus dieser Geschichte der Auslandsperzeption des RAF-Terrorismus neue Erkenntnisse nicht nur für die transnationale Öffnung der bundesdeutschen Geschichte der 70er Jahre gewinnen. Aus der Betrachtung des ‚roten' Terrorismus als ein transnationales Phänomen wird zudem aufgrund der Italien betreffenden Doppeldynamik ersichtlich, wie mühsam es angesichts der unterschiedlichen nationalen Kulturen war, aus der Krise des Terrorismus Maßstäbe für eine gemeinsame liberale Kultur Westeuropas zu gewinnen, die die Nachkriegsreflexe hinter sich lassen und zivile Verkehrsformen in der Politik unwiderruflich machen konnte.[148]

Quellen. Für Kapitel 2 und 3 stützt sich die vorliegende Arbeit zunächst auf die retrospektiv erschienenen Erinnerungen und Selbstzeugnisse derjenigen Aktivisten, die die ‚bleiernen Jahre' selbst erlebt (und überlebt) haben – sowohl diejenigen, die selbst zeitweise in politische Gewalt verstrickt waren als auch diejenigen, die entsprechende Entwicklungen in ihrer näheren Umgebung beobachtet haben. Mit Gerd Koenen und Wolfgang Kraushaar sind ehemalige ‚Insider' der linken Bewegung inzwischen längst zu deren anerkanntesten Interpreten avanciert; von ihren schon zitierten wissenschaftlichen Arbeiten hat auch die vorliegende Untersuchung gerade im ersten Teil stark profitiert.[149] Dazu kommen zeitgenössische Publikationen der deutschen und italienischen Protagonisten – Programmschriften, Strategiepapiere, Veröffentlichungen in Zeitungen und Zeitschriften. Zusätzlich ist der schon intensiv ausgewertete Nachlass Rudi Dutschkes im Hamburger Institut für Sozialforschung noch einmal mit Blick auf die hier interessierende Fragestellung gesichtet worden; derjenige Giangiacomo Feltrinellis ist leider nach wie vor für die Forschung nicht zugänglich. Wertvolle Dienste zur Rekonstruktion der materiellen Aspekte der hier interessierenden deutsch-italienischen Netzwerke lieferte der bereits zitierte Bericht der italienischen Senatskommission.

Wie Matthias Dahlke in seiner soeben erschienenen Dissertation zur

---

bewaffnetem Kampf, zwischen der strategischen und der taktischen Bestimmung der internationalen kommunistischen Bewegung", in: Dies., Konzept Stadtguerilla, S. 48.

[147] Vgl. Pekelder, Herbst, S. 20, 35.

[148] Vgl. das Plädoyer für transnationale Fragestellungen in diesem Sinne bei Weinhauer, Terrorismus, S. 223.

[149] Gleiches gilt für Ingo Juchlers quellengesättigte Untersuchung der Rezeption lateinamerikanischer Guerilla-Konzepte innerhalb der deutschen und US-amerikanischen Studentenbewegungen, vgl. Ders., Die Studentenbewegungen in den Vereinigten Staaten und der Bundesrepublik Deutschland der sechziger Jahre. Eine Untersuchung hinsichtlich ihrer Beeinflussung durch Befreiungsbewegungen und -theorien aus der Dritten Welt, Berlin 1995.

Bekämpfung des transnationalen Terrorismus in der Bundesrepublik, den Niederlanden und in Österreich ausführlich dargelegt hat, ist die Bearbeitung einer zeitgeschichtlichen, „sicherheitssensiblen Thematik" beim Gang in staatliche Archive mit außerordentlichen Problemen belastet.[150] Seinen Klagen über die Unzugänglichkeit und (oft verschleierte) Unvollständigkeit von Aktenbeständen, die unbefriedigenden Begründungen für verweigerte Einsichtnahmen sowie die mühsame Gegenwehr der Wissenschaft, sich über Einzelanfragen und Sonderanträge Zugang zu verschaffen, kann sich die Verfasserin weitgehend anschließen.[151] Als umso wertvoller haben sich einmal mehr die umfangreichen Bestände des Hamburger Instituts für Sozialforschung erwiesen. Für Kapitel 4 wurden die Akten der in die Verteidigung der ‚ersten RAF-Generation' eingebundenen Anwaltskanzleien eingesehen, die unter anderem eine Rekonstruktion der Geschichte des IVK ermöglichen, aber auch zu einem großen Teil den über das ‚info' zwischen Verteidigern und Mandanten getauschten Schriftwechsel enthalten. Einschlägig für die hier interessierende Thematik waren vor allem die Bestände der Kanzleien Croissant und Groenewold.

Für eine Annäherung an die staatliche Perspektive sind im Bundesarchiv Koblenz unter anderem Teilbestände der Akten des Bundespresseamtes eingesehen worden. Ergänzt wurde diese Überlieferung durch die reiche Dokumentation des Helmut-Schmidt-Depositums der Friedrich-Ebert-Stiftung in Bonn. Im Politischen Archiv des Auswärtigen Amtes in Berlin wurde für die entsprechenden Jahrgänge der umfangreiche Schriftverkehr zwischen den Bonner Ministerien und den diplomatischen Vertretungen in Rom zum Thema Terrorismus gesichtet, darunter die Botschaftsberichte über die Resonanz des Geschehens in der Bundesrepublik in Italien. In Rom gaben die personenbezogenen Akten des Istituto Gramsci Aufschluss über einige wichtige deutsche und italienische Akteure, während die Fondazione Basso einen Teil der Überlieferung des erwähnten, unter der Beteiligung Lelio Bassos ins Leben gerufenen Menschenrechtskomitees aufbewahrt.

Da die Analyse öffentlicher Kommunikationsprozesse im Mittelpunkt des hier verfolgten Forschungsvorhabens steht, konnten die eingeschränkten Nutzungsmöglichkeiten archivalischer Akten im Sicherheitsbereich – besonders rund um das Geschehen in Stammheim vom 18. Oktober 1977, das einem veritablen bundesrepublikanischen Trauma gleichzukommen scheint – zu einem großen Teil über die Analyse von Presse- und Medienberichten sowie des von allen Beteiligten zahlreich veröffentlichten Schriftguts aufgewogen werden. Ei-

---

[150] Matthias Dahlke, Demokratischer Staat und transnationaler Terrorismus. Drei Wege zur Unnachgiebigkeit in Westeuropa 1972–1975, München 2011.
[151] Dabei sind die Benutzungsbedingungen in den Archiven der Außenministerien sowohl in der Bundesrepublik als auch in Italien besonders zu beklagen.

ne große Hilfe war dabei die im Berliner Archiv des Bundespresseamts befindliche umfangreiche Presseausschnittssammlung aus deutschen (und teilweise französischen und britischen) Tages- und Wochenzeitschriften, die auch detaillierte Inhaltsangaben zahlreicher zeitgenössischer TV-Sendungen politischen Inhalts umfasst. Zudem wurde für die zweite Oktoberhälfte 1977 eine „Brennpunkt"-Folge des Ersten Deutschen Fernsehens zu den Auslandsreaktionen auf die Todesfälle von Stuttgart-Stammheim gesichtet.

Umfassend ausgewertet wurde wie angedeutet jedoch vor allem die linksalternative Presse sowie die in der Szene kursierende, sogenannte ‚graue' Literatur – deutsche, italienische und französische Titel in den Bibliotheken des Hamburger Instituts für Sozialforschung, der römischen Biblioteca Nazionale und des Archivio Capitolino. Dazu kamen überregionale Zeitungen und Zeitschriften des gesamten übrigen politischen Spektrums aus der Bundesrepublik und Italien. Chronologischer Schwerpunkt der Sichtung lag auf dem ‚Deutschen Herbst', berücksichtigt wurde aber auch die Berichterstattung über zeitlich frühere Schlüsselereignisse.

Der deutsche Linksterrorismus, so viel sollte deutlich werden, war auch ein Fall europäischer Innenpolitik. Andererseits wurde zurecht „auf die ungebrochene Persistenz" der „nationalen Kommunikationsräume für die Sichtweise und die Beurteilung international bedeutsamer Vorgänge" hingewiesen – nicht zuletzt aufgrund der Tatsache, dass Aufmerksamkeitsstrukturen und Mediensysteme bis heute in hohem Maße „durchnationalisiert" sind.[152] Hier wird dafür plädiert, den Blick konsequent über die nationalen Grenzen hinaus zu verfolgen – trotz des unbestreitbaren Befunds, dass der erste und wichtigste Kommunikationsraum, auf den die jeweils ausgetauschten Botschaften zielten, die nationale Öffentlichkeit blieb. Nur in dieser transnationalen Dimension können die Entstehung des Terrorismus und die Auseinandersetzung mit ihm auf der politischen Bühne einer im Entstehen begriffenen europäischen Öffentlichkeit angemessen gewürdigt werden.

---

[152] Requate/Schulze Wessel, Europäische Öffentlichkeit, S. 20.

2. Der Traum von der Revolution. Deutsch-italienische Begegnungen 1967–1971

2.1 Rudi Dutschke und Giangiacomo Feltrinelli – Revolutionäre ohne Revolution

Die Rolle, die Rudi Dutschke, „das Idol einer ganzen Generation",[1] während der Inkubationszeit des europäischen Linksterrorismus gespielt hat, ist lange und vor dem Hintergrund der auf ihn abgegebenen Schüsse, an deren Spätfolgen er 1979 im Alter von nur 39 Jahren starb, vielleicht verständlicherweise tabuisiert worden. Seit einigen Jahren jedoch ist die Person des charismatischen Wortführers der deutschen Studentenbewegung innerhalb der vielstimmig geführten Debatte um die Genese sozialrevolutionärer Gewalt in der Bundesrepublik von einer Randposition zunehmend in den Mittelpunkt gerückt – zu Recht, wie die jüngsten Erkenntnisse zu den Akteuren und Mechanismen des „schleichenden Übergangs" der subkulturellen Szenen besonders Westberlins in den bewaffneten Kampf einmal mehr gezeigt haben.[2] Mit Gewinn hat sich die Forschung in letzter Zeit von einer textzentrierten, auf die ideologisch-philologische Exegese von Dutschkes zahlreichen Wort- und Schriftbeiträgen zur Gewaltfrage fokussierten Herangehensweise auf solche Ansätze verlagert, die diese zwar nicht ausklammern, aber doch verstärkt nach den persönlichen Beziehungen und Interaktionen, den „habituellen und emotional-politischen Rahmenbedingungen", ja ganz allgemein den Erfahrungen fragen, die Dutschke und die Personen seines Umfelds geprägt und nicht zuletzt auch getrieben haben.[3] So hat Koenen im Zuge der jüngsten Debatte angemahnt, „die tragenden Gruppen und Protagonisten in ihrer Zeit, ihrem Milieu, ihren oft rasenden und paradoxen Entwicklungsprozessen und menschlichen Widersprüchen zu erfassen, und nicht allein nach ihren papiernen Selbstdeklarationen."[4] Diese Perspektive hat den Vorteil, dass weniger Dutschkes persönliches Verhältnis zum bewaffneten Kampf im Fokus steht als vielmehr der Anteil, der seinen Aktivitäten innerhalb einer breiteren Ereignisdynamik im Vorfeld der ersten

---

[1] Vgl. Rudi Dutschke, Jeder hat sein Leben ganz zu leben. Die Tagebücher 1963–1979, Köln 2003, Klappentext.
[2] Reimann, Kunzelmann, S. 209.
[3] Ebd., S. 21. Vgl. auch Koenen, Jahrzehnt, S. 35–67.
[4] Gerd Koenen, Rudi Dutschke, die „Neue Linke" und die Gewalt, in: Jahrbuch für historische Kommunismusforschung, 20 (2005), S. 324–338, hier S. 328f.

Stadtguerilla-Experimente zukam. Auch wenn es naturgemäß kaum möglich ist, Dutschkes Mitverantwortung für die Radikalisierungsprozesse innerhalb seines näheren und weiteren Umfelds empirisch exakt zu bemessen, dürften die Vorteile einer solchen dynamischen Betrachtungsweise gegenüber einem statischen, rein ideologiekritischen Ansatz auf der Hand liegen. Die Terrorismusforschung hat früh gezeigt, dass nicht die Adaption radikaler Ideologien allein, sondern vor allem die Dynamik komplexer Gruppenprozesse innerhalb des jeweils frequentierten Milieus das Abgleiten entsprechend disponierter Personen in den terroristischen Untergrund befördert.[5] Konstruktiver als die oft gestellte, spekulative Frage danach, welche Richtung der charismatische Berliner Studentenführer ohne den auf ihn verübten Anschlag eingeschlagen hätte, ist mithin die nach der Wirkung, die die öffentliche Austragung seines ganz persönlichen Ringens um eine kohärente Haltung zur Gewalt auf solche Weggefährten hatte, die auf der Suche nach einfachen Lösungen für komplexe politische Probleme oder schlicht nach Auswegen aus persönlichen Lebenskrisen waren.

Erst im Zuge der skizzierten konzeptionellen Neubestimmungen und der allgemeinen Aufwertung transnationaler Fragestellungen sind neuerdings auch die von Rudi Dutschke außerhalb der Bundesrepublik gepflegten Kontakte in den Blick gekommen.[6] Gleichwohl ist noch nicht mit dem nötigen Nachdruck darauf hingewiesen worden, dass es sich bei Dutschke um den aus deutscher Perspektive wohl wichtigsten Impulsgeber eines Kommunikationszusammenhangs europäischer Revolutionswilliger handelte – eines Netzwerks, dem eine eigene, von den Beteiligten selbst nur ungenügend kontrollierbare Radikalisierungsdynamik eingeschrieben war. Auf der Suche nach der ersehnten Massenbasis zur Realisierung seiner utopischen Vorstellungen einer ‚freien' Gesellschaft jenseits von Kapitalismus und Staatssozialismus hatte Dutschke vergleichsweise früh und sehr gezielt auf die Transnationalisierung seiner politischen Aktivitäten hingearbeitet. Vor allem seit der Verbreitung des studentischen Protests in der Bundesrepublik nach dem 2. Juni 1967, die von einem rasant zunehmenden Interesse der Medien an der Bewegung wie an seiner Person begleitet war, suchte er verstärkt nach Verbündeten im benachbarten Ausland, wobei die Verbindungen nach Frankreich, vor allem aber nach Italien rasch einen besonderen Stellenwert erlangten. Dutschke ging es darum, öffentliche Resonanz und Schlagkraft der APO weiter zu erhöhen, aber auch die Position seiner internen Gegner innerhalb des SDS zu schwächen, die er als ‚Bremser' der revolutionären Sache empfand.[7] Höhepunkt seines europäischen

---

[5] Della Porta, Terrorismo di sinistra, S. 122ff.; Fetscher/Münkler/Ludwig, Ideologien, S. 25.
[6] Kraushaar, Dutschke, passim.
[7] Vgl. dazu vor allem die Darstellung von Dutschkes ehemaligem Weggefährten Bernd Rabehl, Die Provokationselite: Aufbruch und Scheitern der subversiven Rebellion in den

Engagements war der Westberliner Vietnam-Kongress vom Februar 1968, der – gemessen an seinem Frankfurter Vorläufer zwei Jahre zuvor – nochmals radikaler, vor allem aber internationaler ausfiel.[8] Neben der öffentlichen besaß Dutschkes Bündnispolitik aber auch eine klandestine Seite, die bis heute erst in Ansätzen bekannt ist und wohl niemals vollständig zu erhellen sein wird. Zwar wird in der deutschen Erinnerungs- und Forschungsliteratur immer wieder von Giangiacomo Feltrinellis Besuch bei den Dutschkes im Vorfeld des Vietnam-Kongresses berichtet, bei dem der vermögende italienische Verleger mit einer Wagenladung voller Dynamitstangen vorfuhr, die anschließend ausgerechnet in einem Kinderwagen deponiert und mit dem wenige Wochen alten Sohn der Dutschkes getarnt wurde.[9] Dass dieser Besuch jedoch nicht als skurrile Anekdote, sondern als Teil einer wohl primär von Feltrinelli forcierten, aber auch von Dutschke aktiv mitgetragenen Strategie gelesen werden kann, die auf die Errichtung eines transnationalen Netzwerks zur Durchführung militanter, wenngleich ausdrücklich nicht gegen Personen gerichteter Aktionen zielte, ist bislang nicht mit wünschenswerter Deutlichkeit herausgearbeitet worden.[10] Tatsächlich handelt es sich um die ersten Anfänge eines langlebigen, weit über Feltrinellis gewaltsamen Tod vom März 1972 hinaus intakten transalpinen Kommunikationszusammenhangs, der einige Zeit später deutsche und italienische Linksterroristen miteinander und beide mit Helfershelfern in der Schweiz und in Frankreich verbinden sollte. Das bedeutet auch, dass das in hohem Maße simultane Auftreten antisystemischer Gewalt in Italien und der Bundesrepublik zumindest teilweise als ein Resultat transnationaler Beziehungen und Beeinflussungen gelesen werden kann, die sowohl materielle als auch immaterielle Aspekte umfassten. Aber auch Frankreich ging in den betreffenden Jahren „nur sehr knapp an der Entwicklung eines eigenen Terrorismus im hier behandelten Sinn" vorbei.[11] Die Relevanz des nationalen Kontexts soll dabei auch für diese ‚prototerroristische' Phase nicht in Abrede gestellt werden: Ganz im Gegenteil standen die Auslandskontakte üblicherweise im Dienst nationaler Problemlagen, die für die Protagonisten höchste Priorität behielten, ohne dass sie sich der Eigendynamik des Transnationalen zu entziehen ver-

---

sechziger Jahren, in: Ders./Siegward Lönnendonker/Jochen Staadt, Die antiautoritäre Revolte. Der Sozialistische Deutsche Studentenbund nach der Trennung von der SPD, Bd. I: 1960–1967, Wiesbaden 2002, S. 400–512; hier bes. S. 494–505.

[8] Zum ersten Vietnamkongress von 1966 vgl. Juchler, Studentenbewegungen, S. 118ff.
[9] Vgl. Gretchen Dutschke, Wir hatten ein barbarisches, schönes Leben, 2. Aufl., Köln 2007, S. 179f. Sowie leicht divergierende Angaben in Chaussy, Drei Leben, S. 208f.
[10] Am deutlichsten diesbezüglich Kraushaar, Dutschke, passim; Koenen, Jahrzehnt, S. 56–65.
[11] Heinz Steinert, Sozialstrukturelle Bedingungen des „linken Terrorismus" der 70er Jahre aufgrund eines Vergleichs der Entwicklungen in der Bundesrepublik Deutschland in Italien, Frankreich und den Niederlanden, in: Ders./Fritz Sack, Protest und Reaktion, Opladen 1982 (Analysen zum Terrorismus Bd. 4/2), S. 387–621, hier S. 403.

mochten. In jedem Fall musste das Wissen um die Existenz Gleichgesinnter jenseits der Grenzen die subjektive Wahrnehmung der Wirklichkeit durch die Protagonisten ganz erheblich verändern – und damit *die* entscheidende Größe zur Erklärung individueller und kollektiver Radikalisierungsprozesse.[12]

Im Folgenden sollen zunächst in Form von kurzen biographischen Skizzen die Gründe herausgearbeitet werden, die Dutschke, DDR-Flüchtling aus Luckenwalde, mit dem 14 Jahre älteren Feltrinelli, Sohn eines der vermögendsten italienischen Unternehmer der ersten Hälfte des 20. Jahrhunderts, zueinander in Kontakt und schließlich in die gemeinsame Militanz geführt haben. Obwohl beide Biographien in vielerlei Hinsicht Ausnahmecharakter besitzen, spiegelt die Entwicklung ihres politischen Denkens und Handelns dennoch allgemeine Tendenzen des beginnenden ‚roten Jahrzehnts' in ihren jeweiligen Ländern – Tendenzen, deren Produkt sie ebenso waren wie sie diese selbst maßgeblich beförderten. In ihren Lebensläufen verdichteten sich Eigenschaften, die für die Akteure der auseinanderfallenden Protestbewegung im Westeuropa jener Jahre nicht im eigentlichen Sinne repräsentativ, aber doch symptomatisch waren: Leiden an der ungerechten Güterverteilung zwischen ‚Erster' und ‚Dritter Welt', Wille zum endgültigen Bruch mit der faschistischen Vergangenheit, die man in der Gegenwart perpetuiert sah, Glaube an die ‚Machbarkeit' von Geschichte, Sehnsucht nach einem anderen, ‚authentischeren' Leben und vor allem revolutionäre Ungeduld – das alles unterfüttert von einem ideologischen Eklektizismus, der ganz im Dienste des Voluntarismus der Beteiligten stand. Hätten Dutschke und Feltrinelli diese Mischung aus „Rebellion und Wahn" nicht mit zahlreichen Zeitgenossen besonders der jungen Generation geteilt, hätten die politischen Aktivitäten, die sie zunächst unabhängig voneinander und schließlich für kurze Zeit gemeinsam entfalteten, kaum Effekte gezeitigt.[13] Obwohl beide entgegen des eigenen Anspruchs „Revolutionäre ohne Revolution" blieben,[14] wären Aufstieg und Zerfall der außerparlamentarischen Opposition in Italien und der Bundesrepublik ohne das Engagement dieser charismatischen Leitfiguren zweifellos erheblich anders verlaufen. „Trotz einiger Unstimmigkeiten in seiner Argumentation waren wir von ihm fasziniert", erinnert sich eine Zuhörerin an den Effekt der Auftritte, während derer Feltrinelli ab der zweiten Jahreshälfte 1967 die Möglichkeit einer Revolution nach kubanischem Muster im italienischen Kontext beschwor. „Er erschien uns fraglos als genial, und er besaß Macht, aber auch einen Funken Wahnsinn. (...) Er war ein warmherziger, höflicher und wirklich großzügiger Mensch".[15] Verblüffend ähnlich klingen die Wendungen, mit denen Koenen den Rudi Dutschke des Westberliner Vietnam-

---

[12] Vgl. Crenshaw, Thoughts, S. 5; 7.
[13] Peter Schneider, Rebellion und Wahn. Mein '68, Köln 2008.
[14] Nach Karl, Dutschke.
[15] Zitiert in: Carlo Feltrinelli, Senior Service, S. 342.

Kongresses charakterisiert hat: Von einer „Mischung aus Unschuld und Unbedingtheit" ist hier die Rede, von einer „freundlich-fanatischen Art", „seine Truppen auf die eventuelle ‚Machtergreifung' einzuschwören – immer vor dem düsteren Hintergrund einer sich täglich verschärfenden globalen Konterrevolution, gegen die akute Notwehr geboten sei".[16] Wie man Feltrinelli als ersten leibhaftigen Vertreter des in den Texten der Neuen Linken immer wieder beschworenen „homo novus" bezeichnet hat,[17] so sind auch die Hinweise auf die hohe persönliche Glaubwürdigkeit und das Charisma Dutschkes in den Erinnerungen ehemaliger Weggefährten Legion.[18]

Vor dem Hintergrund der biographischen Parallelen sollen in einem zweiten Schritt – soweit möglich – die direkten und indirekten Folgen der ersten, von Dutschke gezielt gesuchten Begegnung mit Feltrinelli im September 1967 beleuchtet werden. Die Herbst- und Wintermonate 1967/68 sahen einen zumindest teilweise gemeinsam durchlaufenen Radikalisierungsprozess der beiden Protagonisten, in dessen Verlauf sich diese – so die These – direkt und indirekt deutlich stärker beeinflusst haben, als dies bislang vermutet worden ist. Ihre grenzübergreifenden Aktivitäten glichen dabei zwar immer wieder Suchbewegungen, kamen aber niemals vollständig zum Erliegen. Vieles spricht dafür, dass an der ‚kumulativen Radikalisierung' dieser Monate auch Ulrike Meinhof partizipiert hat, die sich im Frühling 1967 mit Dutschke, im Sommer mit Feltrinelli angefreundet hatte.[19] Die historische Relevanz dieser wechselseitigen Prägung liegt dabei vor allem darin begründet, dass alle drei Genannten

---

[16] Koenen, Jahrzehnt, S. 49.

[17] Die Charakterisierung stammt von dem New Yorker Verleger Kurt Wolff und seiner Frau Helene, zitiert in: Fritz J. Raddatz, Wäre er Gunter Sachs geblieben, in: Der Spiegel 14/27.3.1972, S. 176ff.

[18] Vgl. z. B. das Urteil des iranisch-deutschen Publizisten Bahman Nirumands, für den Rudi Dutschke „ein wunderbarer Mensch" war: „Ich habe in meinem Leben selten einen Menschen kennengelernt, der so scharfsinnig, so intelligent und gleichzeitig weich und einfühlsam war (…). Es herrschte eine völlige Übereinstimmung zwischen seinen Gefühlen, seinen theoretischen Erkenntnissen, seinem Handeln", in: Ders., Leben mit den Deutschen, Reinbek b. Hamburg 1989, S. 111. Die Wirkung des Studentenführers beschränkte sich dabei durchaus nicht auf akademische Kreise. So empfand das spätere Mitglied der Bewegung 2. Juni Michael ‚Bommi' Baumann, der, als er Dutschke kennenlernte, eine Lehre zum Betonbauer absolvierte, dessen Reden als „immer so abstrakt", dass sie „ja kein Mensch verstanden" habe. Über Dutschkes menschliche Qualitäten aber urteilte Baumann: „Der Rudi war anders als die Studenten. (…) Er war ein abgefahrener Typ, verstehst du, auf seinem level echt ein higher Typ gewesen. Das hat ja eigentlich seine ganze Ausstrahlung ausgemacht. Darum war er auch irgendwo der wichtigste Mann, den wir hatten. (…) Er hat eben die Power, da hast du sofort gesehen, der Mann, das ist kein Bücherwurm oder Sprücheklopfer, der steht echt hinter seiner Sache (…), der ist in Ordnung, der Typ, der geht genauso wie du durchs Feuer. Der verkrümelt sich nicht, wenn's Dicke kommt", in: Ders., Wie alles anfing, Frankfurt a.M. 1977, S. 35.

[19] Vgl. Ditfurth, Rudi, S. 61; 92.

eine hohe Prominenz in ihren jeweiligen Heimatländern erreichten und auf die Subkulturen, innerhalb derer sie sich bewegten, einen erheblichen Einfluss ausübten. Besonders durch die Aktivitäten der umtriebigen Netzwerker Dutschke und Feltrinelli erfuhren die Kommunikationsflüsse zwischen den radikalen Milieus in Westeuropa eine entscheidende Verdichtung. Im Zuge dessen wurden die Apologeten der revolutionären Tat am Scheideweg zwischen den Waffen der Kritik und der Kritik der Waffen auch jenseits der jeweiligen Landesgrenzen in den jeweils interessierten Subkulturen bekannt. Hintergrund dieser Prominenz war eine in jenen Jahren entstehende europäische Kollektividentität „based on age and politics" – eine Gemeinschaft, die sowohl über persönliche Interaktion als auch über Medien miteinander kommunizierte.[20]

Dutschke, Feltrinelli und Meinhof waren von der Notwendigkeit einer grundsätzlichen Revision der gegebenen politischen, gesellschaftlichen und ökonomischen Verhältnisse überzeugt – dieses gemeinsame Ziel war der wesentliche Antrieb hinter der gegenseitigen Kontaktaufnahme. Auch eine mit diesem Ziel verbundene, prinzipielle revolutionäre Gewaltbereitschaft kann ab einem bestimmten Zeitpunkt für alle drei vorausgesetzt werden. Davon abgesehen war ihre individuelle Annäherung an die Gewalt allerdings durchaus unterschiedlich weit fortgeschritten, was nicht übersehen werden sollte. Rudi Dutschke schreckte in letzter Konsequenz vor der Anwendung physischer, gegen Menschen gerichteter Gewalt zurück, während Meinhofs Diktum „natürlich darf geschossen werden"[21] – nicht zuletzt als Resultat medialer Skandalisierung – förmlich zum Leitmotiv der RAF avancierte. Damit war eine schon vorher brüchig gewordene Grenze nun auch verbal und programmatisch überschritten worden, was letztlich auch für die ehemalige Journalistin selbst zerstörerische Konsequenzen haben sollte. Feltrinelli wiederum flüchtete sich anders als Dutschke schließlich in eine Existenz als Partisanenführer, der seine Truppen nicht nur gesammelt, sondern sie auch gemäß seiner Möglichkeiten bewaffnet hat; darüber hinaus ist er in einem Fall mit hoher Wahrscheinlichkeit zum Mittäter in einem politisch motivierten Mordfall geworden. Seine eigenen Aktivitäten schlossen Sachbeschädigungen im Stil von Guerilla-Aktionen mit ein, während Dutschke den Sprengstoff, den man ihm für die von ihm selbst prinzipiell befürworteten Coups zur Verfügung gestellt, letztlich wohl niemals gezündet hat. In beiden Fällen gilt es zu bedenken, dass die Unterscheidung zwischen Gewalt gegen Sachen und Gewalt gegen Menschen stets Gefahr lief, sich in der Praxis als das zu erweisen, was sie war – „ein intellektueller Strohhalm, der bei der ersten Belastungsprobe knickte".[22] Hatte Dutschke es als eine „emanzipierende Tat" gepriesen, „die Rotationsmaschinerie von Springer

---

[20] Job, Travel, S. 384.
[21] Peters, Irrtum, S. 196f.
[22] Schneider, Rebellion, S. 206.

in die Luft zu jagen und dabei keine Menschen zu vernichten",[23] so bewies der Sprengstoffanschlag der RAF auf das Hamburger Springer-Hochhaus vom Mai 1972, dass die Aktivitäten einer ,Stadt-Guerilla' nicht ohne ,Kollateralschäden' möglich waren. Wenn die Attentäter in ihrer Erklärung zu dem Vorfall ausdrücklich bedauerten, „daß Arbeiter und Angestellte verletzt worden sind", so galt dies allein dem Umstand, dass derjenige Teil der Bevölkerung betroffen war, in dessen Namen sie ihren Kampf zu führen beanspruchten.[24] Die manichäische Unterscheidung zwischen Ausgebeuteten und Ausbeutern, deren physische Unversehrtheit prinzipiell zur Disposition gestellt wurde, hatten sie im Übrigen ebenso von den Theoretikern des Guerilla-Kampfes übernommen wie die prinzipielle Leugnung der eigenen Verantwortung für das Leid auf dem Weg zur Revolution.[25]

„Der Weg zum Rebellen" lautet die Überschrift des ersten Kapitels in Michaela Karls voluminöser Dutschke-Biografie, und tatsächlich fiel der 1940 als vierter Sohn eines Postbeamten im brandenburgischen Luckenwalde geborene zukünftige Wortführer der Antiautoritären bereits als Schüler durch ein von möglichen negativen Konsequenzen völlig unbeeindrucktes Einstehen für seine Überzeugungen auf.[26] Möglicherweise war es die Prägung durch sein tief religiöses, lutherisches Elternhaus, die ihn die Diskrepanz zwischen der Friedensrhetorik der frühen DDR und dem plötzlichen Schwenk hin zu einer Remilitarisierung des Arbeiter- und Bauernstaats im Lauf der 50er Jahre besonders stark empfinden ließ. Seine beharrliche und wiederholt öffentlich bekräftigte Verweigerung des Dienstes in der Nationalen Volksarmee kosteten ihn zunächst die verdiente Note „gut" auf dem Abiturzeugnis, dann den ersehnten Studienplatz in Sportjournalistik. Um im 50 km entfernten Westberlin studieren zu können, war Dutschke gezwungen, dort zunächst das ,Westabitur' nachzuholen. Im Vorbereitungskurs auf die neuerliche Reifeprüfung freundete er sich mit dem zwei Jahre älteren Bernd Rabehl an, der, wie er in der DDR sozialisiert, in den folgenden Jahren sein wichtigster Vertrauter und politischer Weggefährte bleiben sollte. In diese Zeit fiel der Bau der Berliner Mauer, die das vertraute familiäre und kleinstädtische Umfeld nicht nur für Dutschke mit einem Schlag unerreichbar machte. Im Wintersemester 1961/62 imma-

---

[23] Zitiert nach: Kraushaar, Dutschke, S. 245.
[24] Erklärung vom 20. Mai 1972 zum Sprengstoffanschlag auf das Springer-Hochhaus in Hamburg, in: Rote Armee Fraktion, Texte, S. 147.
[25] „Weil trotz rechtzeitiger und eindringlicher Warnungen das Haus nicht geräumt worden ist, sind dabei 17 Menschen verletzt worden. (…) Springer ging lieber das Risiko ein, daß seine Arbeiter und Angestellten durch Bomben verletzt werden, als das Risiko, ein paar Stunden Arbeitszeit, also Profit zu verlieren. Für die Kapitalisten ist der Profit alles, sind die Menschen, die ihn schaffen, ein Dreck", ebd.
[26] Karl, Dutschke, S. 15. Vgl. für die im Folgenden referierten biographischen Informationen ebd., S. 15–34.

trikulierte sich der frühe ‚Republik-Flüchtling' mit dem Hauptfach Soziologie an der Freien Universität und entwickelte sich sofort zum engagierten Studenten und geradezu fanatischen Leser, wobei es ihm nach eigener Aussage zunächst vor allem darum ging, sich an seiner DDR-Erfahrung „abzuarbeiten". Bezeichnenderweise interessierte er sich dabei kaum für zeitgenössische politische Analysen, sondern stürzte sich auf die kanonischen Texte marxistischer Revolutionstheoretiker, unter anderem Isaac Deutscher, Georg Lukács, Ernst Bloch, Karl Kautsky und selbstverständlich Marx und Engels. Auf seiner Suche nach Handlungsanleitungen für die Gegenwart orientierte er sich allerdings bald an anderen Vorbildern. „Da im West-Berliner Nebel des Wohlstandsschleiers und anderer absurder Besonderheiten vom Niedergang des Kapitalismus für einen FU-Studenten verflucht wenig spürbar war, wandte sich mein politisches Denken (obwohl die SU-Problematik blieb) mehr auf den internationalen Zusammenhang, im einzelnen auf Lateinamerika, Algerien und Vietnam", so Dutschkes späteres Resümee dieser Zeit. „Dem vorausgegangen war eine intensive Studiererei der Frankfurter Schule, im Mittelpunkt Herbert Marcuse."[27] Tatsächlich lag Dutschke, dem ehemalige Weggefährten einen auffälligen Hang zur Askese attestieren, nichts ferner, als sich im Westen den Verlockungen der Konsumgesellschaft hinzugeben. Stattdessen schloss er sich gemeinsam mit Bernd Rabehl Anfang 1964 dem Westberliner Ableger der sogenannten Subversiven Aktion an, einer Münchner Gruppierung „esoterischer Intellektueller",[28] die sich in der Tradition der Situationistischen Internationale in größtmöglicher Antithese zur bürgerlichen Wohlstandsdemokratie definierten. Die Mitglieder der – gleichwohl sehr heterogenen und entsprechend kurzlebigen – Gruppe teilten weitgehend die Gesellschaftsanalysen der Kritischen Theorie, deren utopischer Gehalt allerdings nicht, wie die Geistesgrößen der Frankfurter Schule dies aus ihrer Sicht in Kauf nahmen, „medial absorbiert", sondern „materialiter in Praxis freigesetzt" werden sollte. Ziel war es, „in putschistischer Provokation verdeckte, überlagerte Gewalt- und Verblendungszusammenhänge zu demaskieren und exemplarisch potentielle Handlungsfiguren zu entwerfen".[29] Dabei besaß das politische Handeln für die Ausführenden die Funktion einer direkten, individuellen Katharsis: „Nur durch SUBVERSIVE AKTION" sei es möglich, in dieser „repressiven Epoche (…) die Verwirklichung seiner innersten Triebe und Strebungen finden zu können", hieß es in den ‚Unverbindlichen Richtlinien' der Münchner Sektion

---

[27] Zitiert in: Karl, Dutschke, S. 24.
[28] Wolfgang Kraushaar, Kinder einer abenteuerlichen Dialektik, in: Frank Böckelmann/ Herbert Nagel (Hg.), Subversive Aktion. Der Sinn der Organisation ist ihr Scheitern, Frankfurt 1976, S. 9–32, hier S. 10.
[29] Ebd., S. 11.

aus dem Jahr 1963.[30] In der Praxis bedeutete dies vor allem die Verbreitung möglichst provokanter, sprachlich teilweise sehr origineller Flugblätter, die auf die neuralgischen Punkte der moralischen und politischen Grundstruktur der Bundesrepublik zielten. Dutschke beteiligte sich unter anderem durch Beiträge im theoretischen Organ „Anschlag" an den Diskussionen der Gruppe. Ein für sein politisches Denken besonders aussagekräftiger Artikel erschien im November 1964 unter dem Titel „Proletarischer Internationalismus und Imperialismus". Es handelte sich um eine scharfe Abrechnung mit der sowjetischen Politik der ‚friedlichen Koexistenz', die Gefahr laufe, das in den „Sturmzentren der Weltrevolution" in Lateinamerika, Asien und Afrika vorhandene Potential für eine „Emanzipierung der Menschheit" ungenutzt zu verschleudern, auch wenn die „Existenz der Sowjetunion und der anderen Länder des kommunistischen Lagers für die siegreiche Machtergreifung kommunistisch-sozialistischer Kräfte" nach wie vor „von großer Bedeutung sei". Da jedoch der Imperialismus „ständig die Gefahr eines Krieges in sich" trage, gelte es gerade nicht, mit diesem zu koexistieren, „sondern ihn mit den in unserer Epoche zur Verfügung stehenden Mitteln an seinen schwächsten Stellen zu bekämpfen, um dem Ziel, einer Welt ohne Hunger und Krieg, näher zu kommen." Weder in China noch in der Sowjetunion würden die kommunistischen Parteien derzeit dieser historischen Aufgabe gerecht. Entsprechend gelte es für die übrigen Kräfte, die sich „der Mündigmachung des Menschen und der Aufhebung des Menschen durch den Menschen" verschrieben hätten, „eine theoretische und organisatorische Alternative zu finden".[31]

Das Gespann Dutschke-Rabehl suchte diese Alternative seit Anfang 1965 innerhalb des Sozialistischen Deutschen Studentenbundes (SDS), der nach der Trennung von der sozialdemokratischen Mutterpartei nach wie vor auf der Suche nach seiner eigentlichen politischen Identität war. Den Neuzugängen ging es allerdings von Anfang an nicht um Verbandsarbeit im eigentlichen Sinne, sondern darum, den SDS als „Sprungbrett" und „Resonanzboden" des aktivistischen Politikverständnisses zu instrumentalisieren, das Theorie und Praxis der Subversiven Aktion bestimmt hatte.[32] Darüber hinaus hofften sie auf „die Möglichkeit der Anknüpfung internationaler Beziehungen" – eine Aussicht, die sich für Dutschke zunächst als Mitglied einer SDS-Delegation konkretisierte, die auf Einladung offizieller Stellen Moskau bereiste.[33] Tatsächlich war Dutschke unmittelbar nach seinem Eintritt in den Verband bereits der Sprung

---

[30] Abgedruckt in: Böckelmann/Nagel, Subversive Aktion, S. 102.
[31] Abgedruckt in: Ebd., S. 258–262. Dutschke firmierte unter dem Pseudonym „Adolf Joffe", einem russischen Trotzkisten, den er sehr verehrte; Ko-Autor war Peter Pusch.
[32] Rabehl, Provokationselite, S. 422.
[33] Chaussy, Drei Leben, S. 70; für den enttäuschenden Verlauf dieser Moskau-Reise vgl. ebd., S. 90–94.

in dessen „politischen Beirat" gelungen, der in seiner Funktion etwa einem Parteivorstand entsprach. Idealismus, Missionseifer und Utopiegläubigkeit gingen bei ihm offensichtlich mit einem erstaunlich gut entwickelten Instinkt für die Funktionsmechanismen der Organisation Hand in Hand. Vor allem aber zeichnete sich Dutschke durch eine hohe Sensibilität für die Logik der sich in diesen Jahren rasant verändernden bundesdeutschen Medienlandschaft aus, derer er sich zur Durchsetzung seiner Ambitionen geschickt bediente. Die Aufhänger für seine politischen Aktionen fand er dabei mehr und mehr in den Aporien, Widersprüchen und Verfehlungen, die die Politik der westlichen Regierungen gegenüber den Ländern der sogenannten Dritten Welt bestimmten und deren selbstgerechte Doppelmoral sich, wie sich zeigte, unter den Bedingungen der jungen Mediendemokratie hervorragend skandalisieren ließ. Wie die Recherchen Quinn Slobodians gezeigt haben, kam den Aktivitäten der Studenten aus den betreffenden Ländern selbst ein lange unterschätzter Anteil bei der Sensibilisierung ihrer deutschen Kommilitonen für Unterdrückung und Armut in ihrer Heimat zu.[34] Die erste größere gemeinsame Aktion dieser Art war die Durchführung einer nicht genehmigten Demonstration anlässlich des Berlinbesuchs des kongolesischen Diktators Moise Tschombé, in deren Verlauf der Staatsgast, mutmaßlicher Mörder seines Amtsvorgängers und Kongo-Befreiers Patrice Lumumba, mit Tomaten beworfen wurde.[35] Dutschke, immer bemüht, „die Geschichte der antiautoritären Bewegung schon zu schreiben – und zwar selbst –, während sie entstand", hat den Staatsbesuch als „Beginn unserer Kulturrevolution" bezeichnet.[36] Seine Berliner Gruppe hatte das Ereignis genutzt, „um die bislang am Prinzip der Legalität orientierte Taktik des SDS konsequent zu unterwandern und zum ersten Mal die Regeln des behördlich genehmigten Protests zu brechen", was den Provokateuren große öffentliche Aufmerksamkeit verschaffte.[37] „Genehmigte Demonstrationen müssen in die Illegalität überführt werden. Die Konfrontation mit der Staatsgewalt ist zu suchen und unbedingt erforderlich", lautete Dutschkes aus dieser Erfahrung abgeleitetes strategisches Credo. Dies gelte allerdings nur, wenn die Rahmenbedingungen „günstig" seien: „künstliche Radikalisierung ... aus nichtigen Anlässen" sei „unter allen Umständen abzulehnen".[38]

Als in diesem Sinne „günstig" erwies sich die Gelegenheit in den kommenden Jahren vor allem dann, wenn es um den schmutzigen Krieg der Amerikaner in Vietnam ging. Seit 1965 wurden im „Arbeitskreis Süd-Vietnam" des SDS sys-

---

[34] Quinn Slobodian, Foreign Front. Third World Politics in Sixties West Germany, Durham/London 2012.
[35] Ebd., S. 64–70.
[36] Norbert Frei, 1968. Jugendrevolte und globaler Protest, München 2008, S. 102.
[37] Reimann, Kunzelmann, S. 109.
[38] Zitiert in: Ebd., S. 111.

tematisch Informationen über das Geschehen in Südostasien gesammelt, mit denen die Genossen – darin amerikanischen Vorbildern folgend – durchaus erfolgreich das Gewissen der kritischen linksliberalen Intelligenz zu mobilisieren verstanden, während „das politische Establishment der Bundesrepublik glaubte sich keinerlei Kritik an der amerikanischen Kriegführung in Vietnam leisten zu können".[39] Besonders im stramm anti-kommunistischen West-Berlin mit seiner durch den Springer-Konzern weitestgehend monopolisierten Presselandschaft war die studentische Kritik an der amerikanischen Schutzmacht für viele eine unerträgliche Provokation – eine Situation, die Dutschke und seine Getreuen im Sinne ihrer Eskalationsstrategie zu nutzen gedachten. Am Vorabend der ersten großen Vietnam-Demonstration am 5. Februar 1966, zu der liberale und linke Berliner Studentenverbände aufgerufen hatten, klebte eine kleine Gruppe von „Verschwörern" in der nächtlichen Stadt Plakate, die den „Mord durch Napalmbomben" in Vietnam und die Komplizenschaft der Bonner Demokratie in denkbar harten Worten anprangerten und in der Forderung gipfelten: „AMIS RAUS AUS VIETNAM!".[40] Das Plakat war mit „Internationale Befreiungsfront" unterzeichnet. Auch das Reizwort „REVOLUTION!" fehlte nicht. Die Berliner Presse, die den Text im vollen Wortlaut wiedergab, nachdem die Plakate selbst rasch entfernt worden waren, hatte sofort den SDS als Urheber der Aktion ausgemacht, was die Polarisierung innerhalb der Berliner Sektion massiv verstärkte: Einerseits hatte Dutschke sein Vorgehen nicht innerhalb der Gruppe abgesprochen, andererseits kam eine öffentliche Distanzierung von den Parolen, die man zwar mehrheitlich nicht im Ton, sehr wohl aber ihrer inhaltlichen Substanz nach teilte, nicht in Frage. Ein Ausschlussverfahren gegen die Genossen, denen, wie ein interner Gegner ihnen in den Worten von Marx entgegenhielt, „statt der wirklichen Verhältnisse ... der bloße Wille zum Triebrad der Revolution" werde, scheiterte.[41] Dutschke, der sich durch den gewaltsamen Verlauf der Demonstration am Vortag bestätigt fühlte – Polizeikräfte hatten die mit Eiern ‚bewaffneten' Teilnehmer vor dem Amerika-Haus brutal auseinandergetrieben und auf studentischer Seite erhebliche Empörung hinterlassen – hielt mit Argumenten aus Georg Lukács´ „Legalität und Illegalität" aus dem Jahr 1920 dagegen: Häufig könnten sich die Massen erst während oder sogar nach der Revolution „von der Macht der bestehenden Ordnung emanzipieren". Sie bedürften eines „Anschauungsunterrichts, (...) um einzusehen, welche Gesellschaft ihren Interessen gemäß ist, um sich innerlich von der alten Ordnung der Dinge befreien zu können."[42] Die Tatsache, dass Lukács selbst, wie sich Dutschke bei einem Besuch in Budapest persönlich überzeugen konnte,

---

[39] Frei, 1968, S. 108.
[40] Vgl. für das Folgende Reimann, Kunzelmann, S. 115f.
[41] Zitiert in: Chaussy, Drei Leben, S. 126.
[42] Zitiert in: Ebd., S. 129.

solche Thesen mittlerweile als „Jugendsünden" betrachtete, enttäuschte den 26-Jährigen, ohne ihn jedoch in seinem Glauben an deren ungebrochene Aktualität zu erschüttern. Lukács' Stiefsohn, der Ökonom Franz Jànossy, bestärkte ihn zudem in seiner Überzeugung, dass der Kapitalismus trotz seiner scheinbaren Nachkriegsblüte dem Untergang geweiht und die Verhältnisse entsprechend reif für eine revolutionäre Intervention seien – Gedanken, die kurz darauf durch die Rezession 1966/67 scheinbar bestätigt wurden und in Dutschkes vielzitiertem ‚Organisationsreferat' vom 5. September 1967 wieder auftauchen sollten.[43]

Vor allem aber lagen Dutschke weiterhin die „Sturmzentren der Revolution" aus dem frühen „Anschlag"-Artikel am Herzen. Nachdem ihn die UdSSR-Reise darin bestätigt hatte, dass die Sowjetunion zwar immer noch eine „antikapitalistische" Großmacht und als solche im Kampf gegen den Imperialismus strategisch bedeutsam, andererseits aber Lichtjahre von der sozialen Utopie einer befreiten Gesellschaft im Sinne der Subversiven entfernt war,[44] agitierte er gemeinsam mit Rabehl unter den lateinamerikanischen Kommilitonen ihres Westberliner Umfelds gezielt für die Revolution in deren Heimatländern, „werden doch diese Freunde in recht naher Zukunft, in vielen Fällen sofort mit der Waffe, in die Auseinandersetzung eintreten müssen."[45] Offenbar hatten diese ‚Schulungen' einigen Erfolg, da sich manche der frischgebackenen Marxisten nach ihrer Rückkehr tatsächlich Guerilla-Bewegungen anschlossen – Gaston Salvatores Pläne, seinen Freund Dutschke dazu zu bewegen, gemeinsam mit ihm selbst am Aufbau eines Guerilla-Fokus in Santiago de Chile mitzuwirken, blieben dagegen Revolutionsphantasien.[46] Festzuhalten bleibt, dass Dutschke und Rabehl sehr bewusst in die internationalistisch ausgerichteten Arbeitskreise innerhalb des SDS, allen voran die Projektgruppe ‚Dritte Welt', eingetreten waren, in denen die neuen, im Kontext der Dekolonisierung entstandenen Imperialismustheorien diskutiert wurden, um sie anschließend im studentischen Milieu zu verbreiten. Der wirkmächtigste dieser theoretischen Texte war ganz zweifellos Frantz Fanons „Le damnés de la terre", erstmals 1961 mit einem Vorwort Jean Paul Sartres im Pariser Verlag Maspéro erschienen.[47] Seit Mitte 1965

---

[43] Franz Jànossy, Das Ende der Wirtschaftswunder, Frankfurt a.M. 1968 [ungar. Orig. 1964]. Vgl. Petra Terhoeven, Guerilla-Mentalität im SDS. Rudi Dutschke/Hans-Jürgen Krahl, Organisationsreferat (1967), in: Uffa Jensen u. a. (Hg.), Gewalt und Gesellschaft. Klassiker des modernen Denkens neu gelesen, Göttingen 2011, S. 305–316.

[44] Vgl. zu Dutschkes persönlichem Resümee seiner Russland-Reise: Chaussy, Drei Leben S. 94.

[45] Zitiert in: Reimann, Kunzelmann, S. 114.

[46] Juchler, Studentenbewegungen, S. 239.

[47] Frantz Fanon, Les damnés de la terre, Paros 1961; dt. Übers. Die Verdammten dieser Erde, Frankfurt a.M. 1966. Zur Bedeutung Fanons für die kognitive Orientierung der Neuen Linken vgl. Ingrid Gilcher-Holtey, Die 68er-Bewegung. Deutschland – Westeuropa – USA, 3. Aufl. München 2005, S. 45f. Andreas Eckert, Predigt der Gewalt? Betrachtungen zu Frantz Fanons Klassiker der Dekolonisation, in: Zeithistorische Forschungen/Studies in

war eine deutsche Übersetzung des SDS-Mitglieds Traugott König in Arbeit. König gewährte Dutschke Einblick in das noch unveröffentlichte Manuskript, dessen eindringlichstes Kapitel „Von der Gewalt" auch im 2. Heft von Hans Magnus Enzensbergers „Kursbuch" nachgedruckt wurde. Fanon, ehemaliger Chefarzt des psychiatrischen Krankenhauses in Bida, Algerien, hatte das Buch in Erwartung des eigenen Todes – er starb drei Tage nach der Drucklegung des Werks 36-jährig an Leukämie – und unter dem direkten Eindruck der spätkolonialen französischen Gewaltexzesse des Algerienkrieges verfasst. Entsprechend besitzt es den „gleichsam existentialistischen, mahnenden und gehetzten Ton" eines Vermächtnisses an die „Verdammten dieser Erde", unter denen Fanon, anders als die hier wörtlich zitierte ‚Internationale', nicht mehr das Industrieproletariat Europas, sondern vielmehr die unterdrückte Bevölkerung der Kolonien verstand.[48] Die Subjektwerdung des Kolonisierten war für Fanon, der 1925 auf Martinique „in ein durch und durch kolonialistisches und hierarchisches Milieu hineingeboren" worden war, notwendigerweise verbunden mit einem emanzipatorischen Akt befreiender Gewalt.[49] Nur in kompromissloser Gegnerschaft zur Kultur der Unterdrücker, so der Kern von Fanons Botschaft, könnten die Unterdrückten tatsächlich frei und damit im eigentlichen Sinne zu Menschen werden. Nicht zuletzt dank des Vorworts von Sartre, der die europakritischen Thesen des Buches weiter zuspitzte, wurde das eigentlich untrennbar mit seinem Autor und seinem Entstehungskontext verknüpfte Werk zum Schlüsseldokument der sogenannten Dritte-Welt-Strategie der Neuen Linken.[50] Das hatte nicht nur mit der Enttäuschung der Intellektuellen über die offensichtliche ‚Trägheit' der westlichen Industriearbeiterschaft zu tun, die als revolutionäres Subjekt nun durch die Kolonialvölker abgelöst werden sollte. Gerade in der Bundesrepublik, so der Enzensberger-Biograph Jörg Lau, fühlten sich viele Linksradikale selbst als Kolonisierte: „Sie leben in einem Land, dem diese [westlichen] Werte mit Gewalt und unter hohem Blutzoll aufgezwungen worden sind – von demselben Imperium, das heute Vietnam bombardiert (...). Das antiwestliche, und das heißt vor allem: antiamerikanische Engagement der deutschen Linken speist sich nicht allein aus der internationalen Solidarität mit den Unterdrückten, sondern auch aus unbearbeiteten Gefühlen der nationalen Schande, die sich hier einen unverdächtigen Umweg in die politische Arena

---

Contemporary History, Online-Ausgabe, 3 (2006), H. 1, URL: http://www.zeithistorische-forschungen.de/16126041-Eckert-1-2006.
[48] Eckert, Predigt, S. 1.
[49] Ebd., S. 2. Eckert legt Wert darauf, dass Fanons Buch gleichwohl nicht als simples Pamphlet des „schwarzen Rassismus" und der „Gewaltverherrlichung" zu verstehen sei, wie ihm konservative Kritiker in Europa vorwarfen.
[50] Udo Wolter, Das obskure Objekt der Begierde. Frantz Fanon und die Fallstricke des Subjekts der Befreiung, Münster 2001, S. 11.

suchen."[51] – Damit ist das vieldiskutierte, durchaus ambivalente Verhältnis der deutschen Studentenbewegung zu den USA angesprochen, dessen Schattenseite in den späteren Attentaten der RAF auf US-amerikanische Einrichtungen in radikalisierter Form greifbar werden sollte.[52] Dass Dutschke selbst keineswegs einem simplen Anti-Amerikanismus aufsaß, zeigt sich bereits an seiner Heirat mit der US-Amerikanerin Gretchen Klotz. Ebenso wenig Zweifel kann es jedoch daran geben, dass er die USA nicht nur im globalen Maßstab, sondern auch im heimischen Berlin als Erzfeind und denkbar unwillkommenen Besatzer empfand. Die Amerikaner hatten innerhalb Dutschkes manichäisch antiimperialistischem Denken, wie er es selbst formulierte, „die Rolle des Weltpolizisten übernommen, um jede sozialrevolutionäre Bewegung, die jenseits von existierendem Kapitalismus und Kommunismus ihren lebensnotwendigen Kampf gegen Unterdrückung und Hunger aufnimmt, schon in ihrem Anfang zu vernichten."[53]

Die lichte Gegenwelt des US-Imperialismus war dagegen die exotische Wildnis der Kolonien als Bewährungsfeld der von Fanon so eindringlich beschworenen wahren Gemeinschaft der Freiheitskämpfer. Das Bild der Kolonien als „,das Andere' der kapitalistischen Welt und bürgerlichen Zivilisation"[54] wurde dabei wohl von niemandem so vollkommen verkörpert wie von dem Argentinier Ernesto Che Guevara.

So wie das Interesse der deutschen Linken für die revolutionären Bewegungen der ‚Dritten Welt' „eindeutig von Dutschke" ausging,[55] so war dieser auch maßgeblich am Import der martialischen Appelle beteiligt, die ‚Che' während seiner Aktivitäten als Guerillero an verschiedenen Fronten Afrikas und Lateinamerikas an die Adresse der Weltöffentlichkeit richtete. Unterstützt von seinem Freund Gaston Salvatore sorgte Dutschke für die erste deutsche Übersetzung des berühmt gewordenen Briefes Guevaras vom 16. April 1967, in dem dieser die eingängige Parole „Schaffen wir zwei, drei, viele Vietnam!" geprägt hatte. Erste Auszüge druckte im Juni 1967 die Westberliner Szenepublikation „Ober-

---

[51] Jörg Lau, Hans-Magnus Enzensberger. Ein öffentliches Leben, Berlin 1999, S. 220.
[52] Zum ambivalenten Verhältnis der deutschen Studentenbewegung zu den USA vgl. Christian Schwaabe, Anti-Amerikanismus. Wandlungen eines Feindbildes, München 2003, S. 157–167; Wolfgang Kraushaar, Die transatlantische Protestkultur. Der zivile Ungehorsam als amerikanisches Exempel und als bundesdeutsche Adaption, in: Heinz Bude/Bernd Greiner (Hg.), Westbindungen. Amerika in der Bundesrepublik, Hamburg 1999, S. 257–284. Schwaabe argumentiert zutreffend, dass die kritische Distanzierung von Amerika bei vielen Beteiligten mit einer „Westeuropäisierung" einhergehe, ebd., S. 167. Zur engen Kooperation der Studentenbewegungen auf beiden Seiten des Atlantiks vgl. umfassend Martin Klimke, The Other Alliance. Student Protest in West Germany and the United States in the Global Sixties, Princeton 2010.
[53] Rede zu Vietnam, Juli 1966, zitiert in: Karl, Dutschke, S. 99.
[54] Koenen, Jahrzehnt, S. 47.
[55] Reimann, Kunzelmann, S. 113.

baumblatt"; der vollständige Text erschien kurz darauf als eigenständige Broschüre im Oberbaumverlag, begleitet von einer ausführlichen Einleitung der Übersetzer.[56] Von den Hass- und Gewaltphantasien Guevaras, von denen der Text nur so strotzte, distanzierte man sich halbherzig; vor allem jedoch spielte man ihre Bedeutung im Gesamtkontext herunter. Einerseits liege im Hass durchaus „ein militanter Humanismus" – was auch immer das sein mochte –, andererseits berge er aber, wie man zugab, auch „die Gefahr des Umschlagens (...) in verselbständigten Terror". Die innere Distanz Dutschkes gegenüber einem Mann, der von seinen Gefolgsleuten verlangte, sich in „wirksame, gewaltsame, selektive und kalte Tötungsmaschine[n]", in Kämpfer eines „totale[n] Krieg[es]" zu verwandeln, reichte jedenfalls nicht soweit, diesen nicht zum ideellen Paten seines Erstgeborenen zu machen, der wenige Monate nach Guevaras Tod zur Welt kam: Dass er seinem Sohn den zweiten Vornamen ‚Che' mit auf den Lebensweg gab, sollte nicht als rein rhetorische Geste, sondern als Ausweis einer Identifikation gelesen werden, die durchaus existentielle Züge besaß.[57]

Keinen Zweifel ließ das besagte Vorwort jedenfalls an der „Aktualität der Weltrevolution für jeden von uns, der gegen das System kämpfen möchte (...), wenn die in Unmündigkeit und vollständiger Abhängigkeit gehaltenen Völker der Dritten Welt die Möglichkeit der Befreiung im vietnamesischen Sinne des Wortes voll begreifen." Der Beitrag der „Revolutionäre aus den Metropolen" sei dabei „doppelter Natur": Zum einen bestehe er in der „Mitarbeit an der Herstellung der ‚Globalisierung der revolutionären Opposition' (H. Marcuse) durch direkte Teilnahme am aktuellen Kampf in der Dritten Welt, durch Herstellung der internationalen Vermittlung, die nicht den Parteibürokraten überlassen werden darf" – hier bezog sich Dutschke offenbar

---

[56] Juchler, Studentenbewegungen, S. 235, Anm. 346.
[57] Die gesamte Passage im Wortlaut: „Der Haß als Faktor des Kampfes, der unbeugsame Haß dem Feinde gegenüber, der den Menschen über die natürlichen Grenzen hinaus antreibt, und ihn in eine wirksame, gewaltsame, selektive und kalte Tötungsmaschine verwandelt. Unsere Soldaten müssen so sein; ein Volk ohne Haß kann über einen brutalen Feind nicht siegen. Der Krieg muß dorthin gebracht werden, wohin der Feind ihn bringt: zu seinem Haus, zu seinen Vergnügungsvierteln – der totale Krieg." Zitiert in Reimann, Kunzelmann, S. 218. Dieser Kampfansage stand komplementär ein Bekenntnis zu eigenem Opfermut gegenüber: „An jedem beliebigen Ort, wo uns der Tod überraschen könnte, sei er willkommen, wenn unser Kriegsruf gut aufgenommen würde und eine anderen Hand nach unseren Waffen greifen würde und andere Menschen bereit wären, die Totenlieder mit Maschinengewehrgeknatter und neuen Kriegs- und Siegesrufen anzustimmen", zitiert in Juchler, Studentenbewegungen, S. 238. Offensichtlich erschienen solche Passagen der Herausgeberin einer Anthologie mit „Schlüsseltexten" der „68er" zum 40. Jahrestag der Bewegung als so beunruhigend, dass sie sie schlicht gestrichen hat. Dies hatte im konkreten Fall die absurde Folge, dass die Titelpassage im Text selbst gar nicht mehr auftauchte, vgl. Ernesto Che Guevara, Schaffen wir zwei, drei, viele Vietnam!, in: Angelika Ebbinghaus (Hg.), Die 68er. Schlüsseltexte der globalen Revolte. Unter Mitarbeit von Max Henninger, Wien 2008, S. 80–86.

konkret auf seine ‚Missionierung' der Südamerikaner in Berlin –, zum anderen in der „Entwicklung spezifischer Kampfformen, die dem in den Metropolen erreichten Stand der geschichtlichen Entwicklung entsprechen."[58] Könne die von Guevara beklagte „tragische Einsamkeit des vietnamesischen Volkes" nicht durchbrochen werden, so bestehe die Gefahr, „daß der weltweite Prozeß des Kampfes gegen Unmenschlichkeit und Hunger für Jahrzehnte aufgehalten" werde. Welche „spezifischen Kampfformen" Dutschke für seine Ansprechpartner in den Metropolen für angemessen hielt – die Rede war von „Aktionen gegen die Zentren manipulativer, bürokratischer oder militärischer Beherrschung der Menschen" –, blieb jedoch in der Schwebe. Zwar hieß es im Text, in der Bundesrepublik gehe es anders als in der ‚Dritten Welt' darum, sich mit „unbewaffneten Leibern" der „unmenschlichen Staatsmaschinerie" entgegenzustellen: „Unsere Gewalt", so hieß es wiederum mit Herbert Marcuse, „ist die organisierte Verweigerung".[59] Die eigentümliche Einbettung dieser ‚harmlosen' strategischen Option in eine durch und durch martialische Rhetorik und eine im Grundsatz voluntaristische Ideologie rief jedoch bereits zeitgenössisch Irritationen und außerhalb des ‚subversiven' Lagers erhebliches Befremden hervor. So hatte SDS-Genosse Klaus Meschkat Dutschke bereits im Zusammenhang mit der Plakat-Aktion mit der Frage konfrontiert, warum eine Aktion, „in der ein paar Leute ein paar Plakate recht stümperhaft an ein paar Wände geklebt haben, in der Sprache des Kriegskommunismus" gerechtfertigt werden müsse.[60] Dass es Dutschke nicht allein um „die Reizwerte der Worte", also den Symbolwert von Sprache zum Zwecke der Provokation ging, wie Ingrid Gilcher-Holtey Dutschkes Rhetorik interpretiert hat, geht aus seinen zeitgleich niedergelegten, handschriftlichen Notizen hervor.[61] So hatte Dutschke im Vorfeld der Plakat-Aktion die Vorstellung ventiliert, auch in Westberlin müsse in der „Aufstandsphase der Revolution" ein „urbaner militärischer Apparat" zusammengestellt werden – Kleingruppen von vier bis sechs Kämpfern, die eine regelrechte Doppelexistenz führen sollten.[62] Solchen Überlegungen, die im Jahr 1966 gänzlich phantastisch anmuten mussten, ging die Rezeption der sogenannten Fokustheorie voraus, die Dutschkes Idol Che Guevara schon Anfang der sechziger Jahre als Summa seiner Erfahrungen aus der militärischen Eroberung Kubas in einer Art Handbuch für die Revolutionierung des lateinamerikanischen Subkontinents zusammengefasst hatte. Die

---

[58] Zitiert in Juchler, Studentenbewegungen, S. 239.
[59] Zitiert in Chaussy, Drei Leben, S. 188.
[60] Zitiert in: Ebd., S. 129f.
[61] So Ingrid Gilcher-Holtey, Transformation durch Subversion: Die Neue Linke und die Gewaltfrage, in: Dies./Freia Anders (Hg.), Herausforderungen des staatlichen Gewaltmonopols. Recht und politisch motivierte Gewalt am Ende des 20. Jahrhunderts, Frankfurt a.M. 2006, S. 198–220, hier S. 210.
[62] Kraushaar, Dutschke [2006], S. 233.

zentrale, wenig später auch zahlreiche Europäer elektrisierende Botschaft des Buches bestand darin, dass „die Kräfte des Volkes (...) einen Krieg gegen eine reguläre Armee gewinnen" könnten: „Nicht immer muss man warten, bis alle Bedingungen für eine Revolution gegeben sind, der aufständische Fokus kann solche Bedingungen selbst schaffen."[63]

Die Entwicklungen des Sommers 1967 sollten Dutschke dazu verleiten, die Fokus-Theorie erstmals in aller Öffentlichkeit auf die Bundesrepublik zu beziehen, allerdings in gewohnt ambivalenter Weise. Auf der 22. Ordentlichen Delegiertenkonferenz des SDS vom 4.–8. September in Frankfurt trug er ein gemeinsam mit Hans-Jürgen Krahl, dem geistigen Kopf des einflussreichen Frankfurter SDS, verfasstes Papier mit dem sperrigen Titel ‚Organisationsreferat' vor, das lange im Mittelpunkt der kontroversen Auseinandersetzung um „Rudi Dutschke und den bewaffneten Kampf" gestanden hat und als Schlüsseldokument für das politische Denken Dutschkes gelten kann.[64] Nach dem skandalösen Verlauf der Westberliner Anti-Schah-Demonstration vom 2. Juni und dem gewaltsamen Tod des Studenten Benno Ohnesorg schien sich der studentische Protest in der Bundesrepublik auf dem Weg zu einer veritablen Massenbewegung zu befinden – entsprechend günstig schien Dutschke die Gelegenheit, die im SDS kursierenden, denkbar heterogenen Vorstellungen vom Sozialismus auf die Linie der ‚Antiautoritären' einzuschwören, die auf einer existenziell gedachten Fundamentalopposition gegen das ‚System' beruhte. Tatsächlich konnten sich ihre Anhänger bei den die Konferenz abschließenden Wahlen zum neuen Bundesvorstand gegen die ‚Traditionalisten' rund um den Marburger SDS durchsetzen, welche die am klassischen Parteimodell orientierte Organisationsform beibehalten und den Verband langfristig zur sozialistischen Alternative der Großen Koalition ausbauen wollten.

In ihrem berühmt gewordenen Text leugneten Dutschke und Krahl ganz im Sinne klassisch-marxistischer Faschismustheorien die Existenz eines qualitativen Unterschieds zwischen Faschismus und parlamentarischer Demokratie, da es sich in beiden Fällen um Ausprägungen ein und desselben autoritären, durch und durch gewalthaften Zwangssystems handle.[65] Das Problem der

---

[63] Ernesto „Che" Guevara, La guerra di guerriglia e altri scritti politici e militari, Mailand 1967, hier zitiert nach der deutschen Ausgabe, die ein Jahr nach der italienischen bei Wagenbach erschien, Ders., Guerilla – Theorie und Methode. Sämtliche Schriften zur Guerillamethode, zur revolutionären Strategie und zur Figur des Guerilleros, hg. v. Horst Kurnitzky, West-Berlin 1968, S. 16.

[64] Abgedruckt in: Wolfgang Kraushaar (Hg.), Frankfurter Schule und Studentenbewegung. Von der Flaschenpost zum Molotowcocktail, 1946–1995, Bd. 2, Hamburg 1998, S. 287–290.

[65] Die speziell auf den westdeutschen Fall bezogene Kontinuitätsthese, die den Finger auf die ungenügende Ahndung der NS-Verbrechen und die hohe Kontinuität der Eliten legte, hat in Dutschkes prinzipiell internationalistischer Argumentation stets eine vergleichsweise geringe Rolle gespielt und lässt sich auch im Rahmen des Organisationsreferats allenfalls

Revolutionierung dieses Systems wurde nun allerdings nicht mehr als reine Klassenfrage formuliert – auch deshalb, da der technische Fortschritt, wie die Referenten vorhersagten, langfristig die Arbeitskraft als Ware ersetzen werde. Die Überwindung des Kapitalismus erschien mithin weniger als Sache der Arbeiter denn als Schicksalsfrage der gesamten Menschheit, und der Erfolg hing maßgeblich von der Initiierung möglichst vieler individueller Bewusstseinsprozesse ab. Denn: Der „Integrale Etatismus", den man mit der Begrifflichkeit Horkheimers in der Bundesrepublik konstatieren zu können glaubte, stelle „eine neue Qualität von Leiden der Massen her, die nicht mehr aus sich heraus fähig sind, sich zu empören. Die Selbstorganisation ihrer Interessen, Bedürfnisse, Wünsche ist damit geschichtlich unmöglich geworden. Sie erfassen die soziale Wirklichkeit nur noch durch die von ihnen verinnerlichten Schemata des Herrschaftssystems selbst."[66] In dieser Schlüsselpassage des Textes waren erneut Gedanken aus einer der wirkmächtigsten Inspirationsquellen der internationalen und speziell der deutschen Studentenbewegung verarbeitet – der Schriften Herbert Marcuses, der unmittelbar zuvor an der Berliner FU einen mehrtägigen umjubelten Auftritt absolviert hatte. Marcuse hatte das Bild eines manipulierten, zu authentischen Bedürfnissen und Gefühlen unfähigen Individuums entworfen, das in einer zwar oberflächlich liberalen, tatsächlich aber hochgradig repressiven Gesellschaft lebe.[67] Über das Postulat eines universellen Verblendungszusammenhangs, den nur besonders befähigte Minderheiten zu durchschauen imstande seien, schuf Marcuse hier ein gegen empirische Falsifizierungen hermetisch abgeriegeltes gedankliches System, in dem die Frage nach der Identifikation der Bevölkerung mit der sie umgebenden Regierungsform gar keine maßgebliche Rolle mehr spielte – ebenso wenig wie die Frage nach realen demokratischen Handlungsspielräumen. Vielmehr wurde die Möglichkeit der Artikulation von Dissens in der pluralistischen Gesellschaft als bloßes Mittel der Herrschenden zur Stabilisierung des Status Quo herabgewertet – als eine Form der Liberalität gegenüber einer letztlich ohnmächtigen Opposition, die die Macht nichts koste, als Toleranz mit repressiver Funktion. Effektiver Widerstand, so Marcuses Schlussfolgerung, müsse sich den Spielregeln einer solchen, bloß „formalen" Demokratie mithin prinzipiell entziehen.

---

    in Ansätzen greifen. Anders argumentiert Wolfgang Kraushaar, Antiautoritärer Staat und Antiautoritäre Bewegung. Zum Organisationsreferat von Rudi Dutschke und Hans-Jürgen Krahl auf der 22. Delegiertenkonferenz des SDS in Frankfurt (September 1967), in: 1999. Zeitschrift für Sozialgeschichte des 20. und 21. Jahrhunderts 2 (1987) H. 3, S. 76–104, hier S. 79.

[66] Dutschke/Krahl, Organisationsreferat, S. 289f.
[67] Vgl. vor allem Herbert Marcuse, Repressive Toleranz, in: Ders. u. a., Kritik der reinen Toleranz, Frankfurt a.M. 1966, S. 93–128; Ders., Der eindimensionale Mensch. Studien zur Ideologie der fortgeschrittenen Industriegesellschaft, 2. Aufl., Neuwied 1967.

Vor diesem gedanklichen Hintergrund definierten es Dutschke und Krahl als wesentliche Aufgabe der APO, „durch sichtbar irreguläre Aktionen die abstrakte Gewalt zur sinnlichen Gewißheit werden zu lassen". Der ‚Widerstand' der Avantgarde sollte also explizit die Grenzen der Legalität überschreiten, um auf diese Weise Reaktionen zu provozieren, die von jener Gewalt kündeten, die Dutschke als wesentliches Strukturprinzip kapitalistischer Herrschaft erschien. Nur so könnten die verblendeten Massen ihren Irrtum erkennen und zur Minderheit der Revolutionäre aufschließen. Bei dieser ‚Provokations-These', „derzufolge man das System zwingen mußte, seine Maske der ‚repressiven Toleranz' fallenzulassen, um die nötige Kampfbereitschaft bei sich und den andern zu erzeugen", handelte es sich, wie Koenen mehrfach betont hat, um „die zentrale *idée fixe* (...), die das politische Kernpersonal der 68er-Bewegung mit den terroristischen Gruppen verband."[68] Zeitgenössisch war es zweifellos Jürgen Habermas, der bei aller Sympathie für die rebellierenden Studenten am hellsichtigsten den gefährlichen Zynismus erkannt hat, welcher der Logik des ‚je schlimmer desto besser' inhärent war.[69]

In der Tat redete das Organisationsreferat durch die Transponierung zeitgenössischer Guerilla-Theorien aus dem postkolonialen in den europäischen Kontext einer Eskalationsstrategie das Wort, die zwar nicht als Handlungsanleitung zu terroristischen Praktiken gemeint war, aber von entsprechend disponierten Gesinnungsgenossen unschwer als eine solche interpretiert werden *konnte*. Dabei ist die Signalwirkung, die vom martialischen Charakter symbolträchtiger Reizworte und suggestiver sprachlicher Bilder ausging, nicht zu unterschätzen, gerade weil ihre konkrete Bedeutung im aktuellen politischen Kontext niemals präzise benannt wurde.[70] Zudem musste die Radikalität ihrer öffentlichen Interventionen die Sprecher selbst vor sich hertreiben. Von der Notwendigkeit einer Relativierung der traditionellen Anarchismuskritik war in Frankfurt die Rede, vor allem aber von der „sinnliche[n] Erfahrung der organisierten Einzelkämpfer in der Auseinandersetzung mit der staatlichen Exekutivgewalt" und von der „‚Propaganda der Tat' in den Metropolen", die die „‚Propaganda der Schüsse' (Che) in der ‚Dritten Welt'" vervollständigen müsse: „Der städtische Guerillero ist der Organisator schlechthinniger Irregularität als Destruktion des Systems der repressiven Institutionen". Mit einem markigen

---

[68] Koenen, Jahrzehnt, S. 362.
[69] Vgl. den Redebeitrag von Jürgen Habermas auf dem Kongress „Bedingungen und Organisation des Widerstandes" vom 9.6.1967 in Hannover, in: Kraushaar, Frankfurter Schule 2, S. 254f. sowie Ders., Die Scheinrevolution und ihre Kinder, in: Ders., Protestbewegung und Hochschulreform, Frankfurt a.M. 1969, S. 188–201.
[70] Aribert Reimann glaubt dagegen in seiner insgesamt außerordentlich lesenswerten Kunzelmann-Biographie davon ausgehen zu können, dass die Guerilla-Metapher bei Dutschke und in den frühen Pamphleten der RAF „ganz unterschiedliche inhaltliche Implikationen transportierte", vgl. Ders., Kunzelmann, S. 341, Anm. 300.

Schlusssatz kehrte Dutschke zur eingangs aufgeworfenen Frage der angemessenen Organisationsform des SDS zurück, die sich, wie er bekräftigte, nunmehr „als Problem revolutionärer Existenz" stelle. Es ist kaum verwunderlich, dass der Redebeitrag unter den Zuhörern, wie es die Chronisten der „Delegiertenkonferenz" nüchtern beschrieben haben, „eine starke Polarisierung" zur Folge hatte.[71]

In unserem Zusammenhang ist festzuhalten, dass Dutschkes wortgewaltige und nach dem 2. Juni 1967 in den Medien omnipräsente Agitation, aber auch die entsprechende Überzeugungsarbeit in nicht-öffentlichen Gesprächszirkeln inner- und außerhalb des SDS bei aller Widersprüchlichkeit und Ambivalenz insgesamt einer Dämonisierung der bundesdeutschen Wirklichkeit Vorschub geleistet hat, die sich als durchaus folgenreich erwies. Wichtiger noch ist die Enttabuisierung von Gewalt auch gegen Personen, die Dutschke stets nur aus strategischen, nicht prinzipiellen Erwägungen heraus verworfen wissen wollte. Tatsächlich dürfte es nur vor dem Hintergrund der martialischen Rhetorik und dem revolutionären Gestus der Vorjahre zu erklären sein, die in Teilen des SDS und dabei auch und vor allem von Dutschke gepflegt worden waren, dass nicht wenige Mitglieder der Bewegung das spätere Verdikt Ulrike Meinhofs von der Feigheit und der Inkonsequenz der führenden ‚68er', die nur redeten, statt ihre Überzeugungen in die Tat umzusetzen, für durchaus nachvollziehbar hielten. Die Radikalisierung des Sprechens und Denkens war, wie besonders Ingo Juchler herausgearbeitet hat, in wesentlichen Teilen das Ergebnis der Adaption des südamerikanischen Guerillero-Modells im bundesrepublikanischen Kontext, die wie gesehen maßgeblich auf Dutschke zurückging. Damit hat sein an südamerikanischen Vorbildern orientierter Verbalradikalismus dazu beigetragen, eine ‚Bedingung der Möglichkeit' für die Entstehung des deutschen Linksterrorismus zu schaffen, auch wenn sich Dutschke selbst von dessen Praktiken in den Folgejahren distanzieren sollte.[72] Dass die Radikalität seines Denkens und Schreibens auch ihn selbst an einen Scheideweg führte, kann inzwischen zweifelsfrei nachgewiesen werden. „Städtischer Guerilakampf!?! Wohin geht mein Weg?!" kritzelte Dutschke an den Rand der Notizen, die er während der Delegiertenkonferenz zu Papier brachte.[73]

Wurde Dutschke seiner Ausnahmestellung in der deutschen APO im April 1968 durch das auf ihn verübte Attentat gewaltsam beraubt, begann sich Feltrinelli in dieser Phase vollends mit der Rolle eines „Paten" derjenigen Strömungen der auseinanderfallenden 68er-Bewegung zu identifizieren,[74] die der

---

[71] Siegwart Lönnendonker, Die 22. Delegiertenkonferenz und die Zukunft der Revolte, in: Ders./Rabehl/Staadt, Revolte, S. 372–399, hier S. 383.
[72] Karl, Dutschke, S. 441–452.
[73] HIS-Archiv, RUD 240,06.
[74] Koenen, Vesper, Baader, Ensslin, S. 254.

vielbeschworenen antikapitalistischen und antiimperialistischen Revolution in Westeuropa zur Not auch mit Waffengewalt zum Durchbruch verhelfen wollten – um damit einer autoritären Degenerierung des parlamentarischen Systems zuvorzukommen, wie er selbst es stets formulierte. Der Besuch Rudi Dutschkes, der unmittelbar im Anschluss an den Frankfurter Delegiertenkongress im September '67 nach Mailand aufbrach, bildete auf diesem Weg einen wichtigen Meilenstein.

Die Lebensgeschichte des überaus erfolgreichen, millionenschweren Mailänder Verlegers, die selbst ausgeprägt romanhafte Züge besitzt, ist häufig nacherzählt worden.[75] Giangiacomo Feltrinelli war 1926 in eine der wohlhabendsten Familien seines Landes hineingeboren worden, in der er ebenso privilegiert wie isoliert aufwuchs.[76] Sein Vater gehörte als Präsident des Credito Italiano, des Elektrizitätswerks Edison sowie verschiedener Bau- und Immobilienfirmen Norditaliens zu den einflussreichsten italienischen Unternehmern seiner Zeit und hinterließ der Familie bei seinem frühen Tod im Jahre 1935 laut zeitgenössischer Presseberichte die sagenhafte Summe von umgerechnet 60 Millionen Dollar. Die von Biographen als despotisch bezeichnete Mutter heiratete erneut; beide Ehen werden als unglücklich beschrieben. Giangiacomo und seine um ein Jahr jüngere Schwester wurden von deutschen Kindermädchen und Hauslehrern erzogen, wodurch sie sich früh auf Deutsch auszudrücken lernten; Kontakt zu Gleichaltrigen hatten die Geschwister hingegen kaum. Die wichtigsten Gesprächspartner waren Hausangestellte, über die sie früh mit sozialistischen Ideen in Berührung kamen. Tatsächlich brach Feltrinelli schon als Heranwachsender mit den politischen Neigungen seines monarchistisch gesinnten Elternhauses. Zwar blieb ihm die Teilnahme an der Resistenza, der Widerstandsbewegung gegen deutsche Besatzung und Faschismus, versagt. Gegen den Willen der Familie aber schloss sich der 18-Jährige den italienischen Hilfstruppen an, die die 5. US-Armee unter General Mark W. Clark bei der Befreiung des Landes unterstützen sollten. Durch seine Kameraden weiter politisiert, wurde er zunächst Mitglied der sozialistischen, 1948 dann der kommunistischen Partei (PCI). In diesen Jahren frequentierte der jugendliche Rebell in Mailand zeitweise das Milieu ehemaliger Partisanen, die sich in den Kopf gesetzt hatten, den Kampf gegen Faschisten und *padroni* auch nach dem Zusammenbruch des Regimes fortzusetzen. Im Zusammenhang mit ihren Aktivitäten geriet auch Feltrinelli wiederholt in Konflikt mit der örtlichen Polizei – unter anderem wegen des illegalen Klebens von Plakaten, die, wie

---

[75] Nanni Balestrini, Der Verleger, Hamburg 1992 [ital. Orig. Mailand 1989]; Carlo Feltrinelli, Senior Service; Grandi, Feltrinelli; Jobst C. Knigge, Feltrinelli – Sein Weg in den Terrorismus, Humboldt Universität (open access) Berlin 2010, online unter: http://edoc.hu-berlin.de/oa/reports/reJQkepO3Mzk/PDF/26URNefH6gdUY.pdf.

[76] Vgl. für die folgenden biographischen Informationen Grandi, Feltrinelli, passim.

es hieß, zu „revolutionärer Gewalt" aufriefen.[77] 1956, nach dem sowjetischen Einmarsch in Ungarn, ging Feltrinelli auf Distanz zum PCI.[78] Zum endgültigen Bruch kam es jedoch erst im weiteren Verlauf seiner 1955 in Eigenregie aufgenommenen Verlagstätigkeit: Feltrinelli gelang es, Boris Pasternaks von den sowjetischen Machthabern aufgrund der kritischen Darstellung der Oktoberrevolution unterdrücktes Romanmanuskript „Dr. Schiwago" aus der UdSSR herauszuschmuggeln und im November 1957 der Öffentlichkeit vorzustellen – für die moskautreue PCI-Führung dieser Jahre ein unverzeihlicher Verstoß gegen die Parteidisziplin.[79]

Wie Rudi Dutschke blieb Feltrinelli seinen linken Neigungen jedoch auch nach der Distanzierung von den orthodoxen Kommunisten treu. Bereits seit 1948 sammelte er auf ausgedehnten Reisen durch ganz Europa Schriftgut zur Geschichte der internationalen Arbeiterbewegung und bestückte damit ein privates Archiv in Mailand, das seit 1956 als Dokumentations- und Studienzentrum interessierten Forschern aus aller Welt offenstand.[80] Dank Feltrinellis außergewöhnlichen unternehmerischen Geschicks, einer glücklichen Hand bei der Auswahl der Mitarbeiter sowie der idealen ökonomischen wie kulturellen Rahmenbedingungen der Wirtschaftswunderjahre boomte in den Folgejahren auch der Verlag. Die ersten, bis heute in bester Lage in italienischen Innenstädten angesiedelten verlagseigenen Buchhandlungen revolutionierten dank ihres neuartigen, supermarktähnlichen Präsentationskonzepts den zeitgenössischen Buchmarkt; zu Pasternaks „Dr. Schiwago" gesellte sich mit Giuseppe Tomasi di Lampedusas „Der Leopard" 1958 ein weiterer Welterfolg. Zu Recht gilt Feltrinellis Verlagshaus als wichtigster Motor der Entprovinzialisierung des italienischen Literaturbetriebs der Nachkriegsjahrzehnte – teilweise, wie im Falle von Selbys „Letzte Ausfahrt Brooklyn" oder Millers „Wendekreis des Krebses", wurde der Verleger wegen der Verbreitung ‚unzüchtiger Schriften' vor Gericht belangt. Unter den zahlreichen, international renommierten Autoren, die von Mailand aus dem italienischen Publikum bekannt gemacht wurden, ist die deutsche „Gruppe 47" besonders hervorzuheben.[81] Aber auch die literarische

---

[77] Romano Cantore u. a., Dall´interno della guerriglia, Mailand 1978, zitiert in: Progetto Memoria, Sguardi ritrovati, Rom 1995, S. 29f.

[78] Ebd., S. 30. Zum Verhältnis führender italienischer Intellektueller zum PCI in diesen Jahren vgl. Thomas Kroll, Demokratie und Stalinismus im politischen Glauben der kommunistischen Intellektuellen Italiens während des Kalten Krieges (1945–1956), in: Terhoeven, Italien, Blicke, S. 159–184.

[79] Grandi, Feltrinelli, S. 198–219.

[80] Vgl. Beat Mazenauer, „Das Gedächtnis der Arbeiterbewegung", in: du 724. März 2002, S. 68–74.

[81] Michele Sisto, „I tedeschi di Feltrinelli": die deutsche Literatur der 60er Jahre in Italien, in: Jahrbuch für internationale Germanistik 38 (2006), S. 35–59.

Avantgarde seines Heimatlandes fand ihr intellektuelles Zuhause mehrheitlich unter dem Dach von Feltrinelli Editore.[82]

Der Verleger pflegte in diesen Jahren den luxuriösen Lebensstil, der seiner Herkunft wie seinem geschäftlichen Erfolg entsprach. 1957 hatte Feltrinelli im piemontesischen Villadeati ein schlossartiges Anwesen gekauft und mit großem Aufwand den eigenen Bedürfnissen anpassen lassen; dazu kamen großzügige Stadtwohnungen, Sportwagen und teure Partys. Schon bald jedoch schien der millionenschwere Lebemann den eigenen Privilegien nichts mehr abgewinnen zu können, ja, sich ihrer mehr und mehr zu schämen. Damit zusammen hing eine frühe Begeisterung für die antikolonialen Befreiungsbewegungen. Bereits 1959 fand als eine von mehreren entsprechenden Publikationen eine Sammlung von Texten der algerischen Unabhängigkeitsbewegung den Weg ins Verlagsprogramm.[83] 1961 lancierte Feltrinelli in den großen italienischen Tageszeitungen einen von zahlreichen Intellektuellen unterzeichneten Solidaritätsappell zugunsten des algerischen Freiheitskampfes, gegen „die in Frankreich operierenden faschistischen Kräfte und gegen den Algerienkrieg".[84] In diese Zeit fiel eine längere Afrikareise, die den Verleger mit den politischen und sozialen Problemen mehrerer Länder dieses Kontinents konfrontierte. Bald jedoch wurde ein anderes Aktionsfeld für ihn wichtiger. Unmittelbar im Anschluss an die kubanische Revolution war er in Begleitung seiner dritten Ehefrau Inge Schönthal, die er kurz zuvor auf einer Party des Schriftstellers Harry Rowohlt in Hamburg kennengelernt hatte, 1959 erstmals auf die Karibik-Insel gereist.[85] 1964 kam es zu einem ersten persönlichen Zusammentreffen mit Fidel Castro. Hintergrund war eine offenbar von den Kubanern selbst angeregte Edition der Memoiren des *maximo líder*, die allerdings, trotz der intensiven Bemühungen Feltrinellis und seines Mitarbeiters Valerio Riva, letztendlich nie erscheinen sollten.[86] Stattdessen mutierte das

---

[82] Vgl. die Würdigung der verlegerischen Leistung Feltrinellis durch Fritz J. Raddatz, Gunter Sachs.

[83] Angelo Franza (Hg.), La rivoluzione algerina. Problemi, aspetti e testimonianze della lotta per l'indipendenza, Mailand 1959. Die italienische Übersetzung von Frantz Fanons Schlüsseltext erschien dagegen bei der Turiner Konkurrenz Einaudi, vgl. Frantz Fanon, I dannati della terra. Prefazione di Jean Paul Sartre, Turin 1962.

[84] Grandi, Feltrinelli, S. 242.

[85] Vgl. die Aussage Inge Schönthal-Feltrinellis vom 19.3.1972 vor der Mailänder Staatsanwaltschaft, abgedruckt in: Progetto Memoria, Sguardi, S. 30f.

[86] Riva, der Jahrzehnte später eine umfangreiche Pionierarbeit über die geheimen Finanzströme verfasste, die den PCI über Jahrzehnte hinweg aus Moskau erreichten, gab später an, in Havanna die ersten Lektionen über die Funktionsmechanismen der kommunistischen Macht erhalten zu haben. Seitdem habe er es sich angewöhnt, kommunistische Regime nicht aus der Perspektive der Profiteure, sondern der ihrer Opfer zu betrachten, vgl. Valerio Riva, L'oro da Mosca. I finanziamenti sovietici al PCI dalla Rivoluzione d'ottobre al crollo dell'URSS, Mailand 1999, S. 24.

Vorhaben zusehends zum Vorwand der wiederholten Kuba-Reisen des Verlegers, dessen Aufenthalte auf der Insel, wie ehemalige Kollegen und Bekannte übereinstimmend berichten, mit einer spürbaren Persönlichkeitsveränderung einhergingen.[87] Die kritische Distanz, mit der Feltrinelli Castro bei den ersten Begegnungen nachweislich gegenübergetreten war, scheint nach und nach einer vorbehaltlosen Bewunderung gewichen zu sein.[88] Mehr noch: Durch den Kontakt mit Castro und seinen Mitstreitern drohte Feltrinelli immer stärker der Glaube an die Sinnhaftigkeit des eigenen Tuns abhanden zu kommen. „In Kuba", resümiert seine langjährige ‚rechte Hand' Enrico Filippini, „hat er seine Identität als Verleger verloren: Die Überzeugung, dass man mit Büchern und mit Kultur auf die menschliche Phantasie und damit auch auf die Wirklichkeit Einfluss nehmen könne".[89]

Die politische Radikalisierung, die Feltrinelli in diesen Jahren durchlief, spiegelte sich gleichwohl zuallererst auf den Seiten der von ihm verantworteten Publikationen. So gab er ab August 1967 die italienische Ausgabe der kubanischen Zeitschrift „Tricontinental" heraus, die unter dem Motto „Die Pflicht jedes Revolutionärs ist es, die Revolution zu machen" die Errungenschaften des Castro-Regimes auf Kuba und den Befreiungskampf der südamerikanischen und afrikanischen Guerillas glorifizierte.[90] In der Zeitschrift erschien nicht nur Che Guevaras bereits zitierter Appell „Schaffen wir zwei, drei, viele Vietnam!", sondern auch einige Beiträge aus Feltrinellis eigener Feder, darunter

---

[87] Grandi, Feltrinelli, S. 296–302.
[88] „I have very mixed up feelings about this man", notierte Feltrinelli nach der ersten Begegnung mit Castro. „Ideologisch konfus, beispielsweise in der Frage von Partei und Staat (in der Praxis liegen die Dinge meiner Meinung nach anders, als er sagt). Ich halte ihn für schlecht informiert. Er verwechselt die Haltung polemischer Anklage mit der Realität. Er fragt nie nach Informationen, er scheint mir derart von sich überzeugt zu sein, von dem, was er zufällig mitgekriegt hat und was in seinem Gedächtnis hängengeblieben ist, von Klischeevorstellungen und Gerüchten, dass es vollkommen sinnlos ist, ihm etwas zu sagen, denn er hört gar nicht zu", zitiert in: Carlo Feltrinelli, Senior Service, S. 309. Auch an Castros ablehnender Haltung gegenüber Homosexuellen übte der Italiener wiederholt Kritik: „He, he! Ich sehe dunkle Wolken der Intoleranz aufziehen!!", ebd., S. 319.
[89] Zitiert in: Grandi, Feltrinelli, S. 296.
[90] Die Herausgabe der „Tricontinental" in deutscher Sprache wurde zwar 1968 im Rahmen eines Sommer-Camps auf Kuba durch die dort anwesenden SDS-Mitglieder beschlossen. Die dem Münchner Trikont-Verlag zu diesem Zweck zugesagten Finanzmittel blieben jedoch aus, sodass der Verlag sich mit dem Vertrieb der englischen Ausgabe „in geringer Auflage" begnügen musste. Der Frankfurter März-Verlag suchte das Defizit durch die Publikation einer Auswahl besonders signifikanter, zwischen 1967 und 1970 in „Tricontinental" erschienener Texte auszugleichen. In diesem Band ‚versteckt' wurde auch das im Juni 1969 von Carlos Marighella verfasste „Kleine Handbuch des brasilianischen Stadtguerilla", das im Januar 1970 in der Zeitschrift erschienen war, vgl. Karl Dietrich Wolff (Hg.), Tricontinental. Eine Auswahl 1967–1970, Frankfurt a.M. 1970, S. 209–264. Für die obigen Angaben vgl. S. 319. Zur Bedeutung von Marighellas Text vgl. weiter unten S. 164f.

interessanterweise das erste veröffentlichte Interview mit Yassir Arafat.[91] Ebenfalls seit 1967 verbreitete Feltrinelli unter dem Label „Edizioni della Libreria", Niedrigpreis-Ausgaben ‚militanter' Literatur unterschiedlichster Provenienz.[92] Besonders am Herzen lagen dem Verleger wiederum die „Documenti della rivoluzione nell´America Latina". So druckte er eine schnell vergriffene Neuauflage von Guevaras Grundlegung der Fokus-Theorie, die Anfang der 60er Jahre noch fast unbeachtet in einem italienischen Kleinverlag erschienen war.[93] Für sich genommen, so beschrieb Feltrinelli sein Selbstverständnis in einem Interview aus dieser Zeit, sei ein Verleger nichts als „ein Gefährt, ein ‚Träger für beschriebenes Papier', ein Vehikel für Botschaften". Entscheidend sei es allerdings, „die richtigen Botschaften auszuwählen", „notwendige Schriften", wie diejenigen Che Guevaras, Schriften, die „die Wirklichkeit angemessen wiedergeben. Deshalb muß sich der Verleger in die Wirklichkeit stürzen, in ihr untertauchen, auch auf die Gefahr hin, in ihr unterzugehen." Der Verleger, so endete das Interview, „kann seine Arbeit auch unter der kühnen Voraussetzung angehen, daß sich alles, wirklich alles, ändern muß und ändern wird."[94]

Die Spannung zwischen Feltrinellis Selbstverständnis als Multiplikator der „richtigen Botschaften" und dem Wunsch, sich selbst „in die Wirklichkeit zu stürzen", scheint sich im Laufe des Jahres 1967 kontinuierlich erhöht zu haben. Anlass war offenbar zunächst das Schicksal des Feltrinelli-Autors Régis Debray. In einem vielgelesenen Essay mit dem Titel „Revolucion en la revolucion?", das sich mit der Frage der richtigen Strategie für eine Revolutionierung Südamerikas auseinandersetzte, hatte der junge französische Intellektuelle im Auftrag Fidel Castros die Fokus-Theorie Che Guevaras zum Exportartikel erklärt.[95] Statt den kommunistischen Parteien traditioneller Prägung sprach Debray kleinen, kämpferischen Guerillero-Einheiten nach kubanischem Muster die Führungsrolle auf dem lateinamerikanischen Schauplatz zu, der für die politische Zukunft der ganzen Welt von größter Bedeutung sei.[96] Debray, der

---

[91] Carlo Feltrinelli, Senior Service, S. 293.
[92] Ebd., S. 291.
[93] Nanni Balestrini/Primo Moroni, Die Goldene Horde. Arbeiterautonomie, Jugendrevolte und bewaffneter Kampf in Italien, Berlin 2002 [ital. Mailand 1988], S. 118.
[94] Zitiert in: Carlo Feltrinelli, Senior Service, S. 288–290. Was Feltrinelli mit dieser vielsagenden Abwandlung des berühmten geschichtsphilosophischen Mottos des Tancredi aus dem „Gattopardo", „wenn alles so bleiben soll, wie es ist, dann ist es nötig, dass alles sich verändert", meinte, sollte bald darauf deutlich werden.
[95] Regis Débray, Rivoluzione nella rivoluzione, Mailand 1967. In Deutschland erschien der Text unter dem Dach des Münchener Trikont-Verlages, vgl. Régis Debray, Revolution in der Revolution? Bewaffneter Kampf und politischer Kampf in Lateinamerika, München 1967.
[96] Laut Ingrid Gilcher-Holtey ist die Fokustheorie als „Distinktionsstrategie" zu verstehen, „mit der sich Kuba von den rivalisierenden kommunistischen Mächten, der Sowjetunion und der Volksrepublik China, abgrenzte", vgl. Dies., Transformation, S. 210.

Feltrinelli 1966 persönlich in Mailand aufgesucht hatte,[97] machte den Primat, den er in seinen Schriften der militärischen Aktion gegenüber der politischen Agitation einräumte, auch zu seinem persönlichen Imperativ und folgte Guevara auf seiner Mission nach Bolivien, wo der Argentinier mit Hilfe einer auf Kuba ausgebildeten Guerilla-Truppe die Landbevölkerung zum Aufstand gegen die Militärregierung Ortunos zu bewegen versuchte. Laut Gerd Koenen lautete Debrays Aufgabe, nicht nur die Verbindung des Fokus zu Unterstützern in La Paz zu halten, sondern auch „mit Hilfe von Sartre, Feltrinelli, Russell und anderen Prominenten eine internationale Hilfskampagne für die bolivianische Guerilla zu organisieren".[98] Als der Franzose kurz darauf in die Hände bolivianischer Militärs fiel und vor Gericht gestellt wurde, reisten seine Verleger François Maspéro und Giangiacomo Feltrinelli zur Beobachtung des Prozesses in die bolivianische Hauptstadt. Es kam eine internationale Solidaritätskampagne in Gang, „die ungefähr derjenigen entsprach, die Debray hätte initiieren sollen; nur dass er selbst jetzt ihr Hauptobjekt war".[99] Feltrinelli, den die Kubaner im Vorfeld offenbar nur mühsam davon hatten überzeugen können, dass er der Revolution als Publizist von größerem Nutzen sein könne denn als Guerillero, machte sich bei den Behörden in La Paz rasch verdächtig und geriet ebenfalls in Haft. Dank der Intervention der – von ihm selbst durchaus ungeliebten – italienischen Regierung musste er zwar nur einen Tag und zwei Nächte in einer, wie sich seine Begleiterin erinnert, „kalten und schmutzigen Zelle" verbringen, hatte Bolivien jedoch unverzüglich wieder zu verlassen. Angeblich bot er den Sicherheitskräften, die ihn verhörten, ein Lösegeld in astronomischer Höhe an, falls sie Che Guevaras habhaft werden sollten.[100] Diese kamen jedoch bekanntlich nicht auf den vorgeschlagenen Handel zurück, als ihnen der Argentinier kurze Zeit später tatsächlich in die Hände fiel: Am 9. Oktober 1967 wurde der ‚Comandante' ohne vorherige Gerichtsverhandlung exekutiert; um über einen zweifelsfreien Identitätsnachweis zu verfügen, trennten seine Mörder dem Leichnam später beide Hände ab.[101]

Zurück in Italien veröffentlichte Feltrinelli auf den Seiten der Illustrierten „Tempo" unter der nicht gerade von Bescheidenheit zeugenden Überschrift „Le mie prigioni" (Meine Gefängnisse) einen ebenso ausführlichen wie dramatischen Reisebericht über seine Erlebnisse in bolivianischer Haft.[102] Hatte der Risorgimento-Schriftsteller Silvio de Pellico, auf dessen berühmten Text die

---

[97] Vgl. die Aussage Debrays vor der Mailänder Staatsanwaltschaft vom 29.3.1972, in: Progetto Memoria, Sguardi, S. 34.
[98] Gerd Koenen, Traumpfade der Weltrevolution. Das Guevara-Projekt, Köln 2008, S. 454.
[99] Ebd., S. 477. Débray kam schließlich dank einer Intervention der französischen Regierung frei.
[100] Carlo Feltrinelli, Senior Service, S. 313; für das Eingreifen der Regierung S. 328.
[101] Jorge G. Castaneda, Che Guevara. Biographie, Frankfurt a.M./Leipzig 1997, S. 499f.
[102] Tempo, 5.9.1967, zitiert in: Grandi, Feltrinelli, S. 323–330.

Überschrift Bezug nahm, immerhin 15 Jahre Festungshaft hinter sich gebracht, gipfelte Feltrinellis Beschreibung des eigenen Ungemachs in einer ominösen Schilderung der Umstände seiner Abschiebung: Auf dem Flughafen von La Paz habe ihm ein Unbekannter offenbar US-amerikanischer Nationalität mit den Worten gedroht: „Diesmal, Feltrinelli, sind Sie noch einmal davongekommen, weil Ihre Regierung und Ihre Botschaft interveniert haben. Aber richten Sie Ihren Auftraggebern aus, dass der nächste, den sie schicken..." Statt den Satz zu beenden, habe sein Gegenüber mit der flachen Hand symbolisch ein Durchschneiden der Kehle angedeutet. Giuseppe Del Bo, zum fraglichen Zeitpunkt Leiter des Mailänder Studienzentrums, gibt an, die bolivianische Erfahrung habe seinen Chef völlig verändert, ja traumatisiert: „Bei seiner Rückkehr gab er mir das Gefühl, dass ihn das Erlebnis in ideologischer Hinsicht tief getroffen habe."[103] Mehr als eine ideologische Zäsur bedeutete die Erfahrung für den Millionär faktisch wohl vor allem die praktische, am eigenen Leib spürbar gewordene Bestätigung eines schon zuvor im Wesentlichen gefestigten Weltbildes mit klar zwischen gut und böse verteilten Rollen: Auf der einen Seite der US-Imperialismus mitsamt der von ihm ‚kolonisierten', kapitalistischen Staatenwelt Westeuropas, auf der anderen die jungen, heldenhaften Befreiungsbewegungen, die nach dem Muster des antifaschistischen Widerstands das Joch des Imperialismus abzuschütteln im Begriff waren, um damit den ersten Akt der Weltrevolution einzuläuten. Obschon die freie Marktwirtschaft den Rahmen bildete, innerhalb dessen Feltrinelli nicht nur ein Wirtschaftsimperium hatte errichten, sondern das italienische Kulturleben für internationale Impulse öffnen und in ganz neue intellektuelle Höhen hatte führen können, verachtete der Verleger spätestens seit seiner Affinität zur kubanischen Revolution die auf den Trümmern des Faschismus entstandene italienische Republik ebenso wie ihre Repräsentanten, die er als Marionetten des amerikanischen Kapitals betrachtete.

Anlass zur Hoffnung schienen Feltrinelli allein die Gärungsprozesse zu bieten, die seit 1966 an den italienischen Universitäten zu beobachten waren. Sein Verlag lieferte den später als *sessantottini* bezeichneten jugendlichen Genossen nicht nur die kanonischen Texte, seine Buchhandlungen wurden auch ganz konkret zu Zentren der Revolte, zum Schauplatz von Happenings, Konzerten und politischen Demonstrationen aller Art: „On the walls, an eclectic mix of photos of James Dean, Bogart, Valentino, Toscanini, Marlon Brando, the Rolling Stones, Bob Dylan and Mao Tsetung greeted the customer."[104] Dass der Verleger, der im eigenen Unternehmen einen kompromisslos autoritären Führungsstil an den Tag zu legen pflegte, durchaus eine ‚subversive Ader' besaß, die ihn mit den spontaneistischen Strömungen der Bewegung verband, wird

---

[103] Grandi, Feltrinelli, S. 322.
[104] Horn, Spirit, S. 38.

vielleicht am besten an der von ihm produzierten Autoparkscheibe mit der Aufschrift „Make love, not war" sowie der berühmt gewordenen, in seinen Läden feilgebotenen Farbspraydose deutlich, die den Aufdruck „Male deinen Polizisten gelb" trug.[105] Auch wenn der systematische Bücherklau, den sich die Studenten in den Feltrinelli-Filialen angewöhnt hatten, zum wirtschaftlichen Problem zu werden drohte, hielt ihn dies denn auch nicht davon ab, wie die Studenten öffentlich von einem authentischeren Dasein jenseits materieller Zwänge, von ehrlichen Beziehungen zwischen Männern und Frauen und von einem von seinen ‚falschen Bedürfnissen' befreiten Individuum à la Herbert Marcuse zu träumen, der 1968 bei Feltrinelli die italienische Übersetzung seiner „Kritik der repressiven Gesellschaft" veröffentlichte.[106] Gleichwohl gestaltete sich Feltrinellis Verhältnis zu den jugendlichen Protagonisten des Protests niemals ganz problemlos. Die meisten griffen zwar gern auf seine großzügig gewährte materielle Unterstützung zurück, wenn es darum ging, Projekte und Publikationen zu finanzieren, hegten aber aufgrund seines Alters und vor allem seines Reichtums eine Art natürliches Misstrauen gegen ihn. Obwohl Feltrinelli – wie Dutschke – wiederholt als „puritanisch" beschrieben wurde, als ein Mensch „ohne Bedürfnisse, von Wünschen ganz zu schweigen", trug seine Form der Selbstinszenierung nicht immer dazu bei, die Berührungsängste der Jüngeren abzubauen.[107] So ließ sich der Verleger zum Entsetzen der italienischen Linken im September 1967 durch den bekannten Fotografen Ugo Mulas für die italienische Ausgabe der „Vogue Uomo" im schwarzen Pelzmantel und mit rauchender kubanischer Zigarre ablichten.[108] Es handelte sich um ein Schwarzweißfoto in existentialistischer Pose, das viele Gemeinsamkeiten mit einem Porträt Dutschkes besaß, welches – einige Monate später aufgenommen und veröffentlicht – in der Bundesrepublik für ganz ähnliche Irritationen sorgen sollte. Zum Zeitpunkt des Attentats auf den Westberliner Studentenführer war auf der Titelseite des Wirtschaftsmagazins „Capital" eine Aufnahme des Starfotografen Charles Wilp zu sehen, das Dutschke – ebenfalls in dunklem Mantel – mit einem Exemplar des Marx'schen „Kapitals" unter dem Arm zeigte.[109] Die Vermutung liegt nahe,

---

[105] Fabio Biolcati, „Ikonografie des Aufbruchs", in: du 724. März 2002, S. 36f., hier S. 36.
[106] Herbert Marcuse, Critica della società repressiva, Mailand 1968. In der Folge wechselte Marcuse zum Turiner Einaudi-Verlag. In einem Interview antwortete Feltrinelli auf die Frage, wie er sich die Gesellschaft der Zukunft vorstelle: „Non lo so. È una strada lunga. Si deve arrivare a qualcosa in cui le parole abbiano un senso, la vita sia vita, l'uomo e la donna siano esseri vivi liberi, sciolti da costrizioni, da terrorismi (...) che provocano angoscia (...) con la società autoritaria e le sue tecniche di schiavismo raffinato...", zitiert in: Grandi, Feltrinelli, S. 376.
[107] Ebd., S. 298.
[108] Das Foto wurde im Editorial der Zeitschrift vom Mai/Juni 2008 nochmals abgedruckt, vgl. http://www.myfdb.com/people/5427-giangiacomo-feltrinelli (8.6.2011).
[109] Chaussy, Drei Leben, S. 221f. Zur Kritik der Genossen vgl. Kunzelmann, Widerstand, S. 93. Laut Kunzelmann seien die K1-Mitglieder die einzigen gewesen, „die dieses Titel-

dass Dutschkes Einwilligung zu dem umstrittenen Shooting durch das Beispiel des italienischen Genossen zumindest erleichtert worden war. Ob die Interpretation der Pressesprecherin von Feltrinelli Editore, das „Vogue"-Titelbild sei vor allem als „Ablenkungsmanöver" gemeint gewesen, während der Porträtierte „etwas ganz anderes im Sinn hatte", möglicherweise auch für Dutschke Plausibilität beanspruchen könnte, muss spekulativ bleiben.[110]

Die Aussagen der zahlreichen italienischen Kontaktpersonen Feltrinellis, die sein Biograph Aldo Grandi interviewt hat, ergeben insgesamt ein widersprüchliches Bild zwischen Faszination und Abstoßung: Offenbar vermochte der Verleger bei seinen Zeitgenossen Respekt und ehrliches Wohlwollen, aber auch großes Befremden und Irritationen auszulösen. Naturgemäß vermochte keiner der Interviewten von Feltrinellis Gang in den Untergrund und den Umständen seines Todes, aber auch der eigenen Rolle in jenen Jahren zu abstrahieren, was aus quellenkritischer Perspektive stets mitberücksichtigt werden sollte. In unserem Zusammenhang ist entscheidend, dass Feltrinelli spätestens ab 1967 ein intensives *net-working* in Gang setzte, im Zuge dessen er zu fast allen radikaleren Gruppierungen der APO seines Landes Kontakte auf- und ausbaute. Nicht selten sicherte er durch seine großzügige finanzielle Förderung erst den Aufstieg und das Überleben der einzelnen Gruppen, die sich meist um gleichnamige Presseorgane scharten. Auch wenn es bekanntlich nicht zur Bildung jener schlagkräftigen, illegalen Struktur entschlossener Revolutionäre kommen sollte, die Feltrinelli vorschwebte, erwies sich die Tatsache, dass er zahlreiche Gleichgesinnte miteinander in Verbindung brachte, als durchaus folgenreich – auch deshalb, da der Verleger auch der ‚Außenpolitik' eine wichtige Rolle zugedacht hatte.[111]

Denn mindestens ebenso sehr wie sozialromantische Sehnsüchte waren es düstere Alpträume, die den seit jeher unsteten und rastlosen Verleger mehr und mehr beherrschten. Der Militärputsch in Griechenland vom April 1967 hatte in Feltrinelli die Überzeugung reifen lassen, die Demokratien in Westeuropa – allen voran Italien selbst – befänden sich nur einen Fußbreit von autoritären bzw. faschistischen Szenarien entfernt. Zu Recht hat Carlo Feltrinelli darauf aufmerksam gemacht, dass die diesbezüglichen Sorgen seines Vaters nicht nur von vielen Zeitgenossen geteilt wurden, sondern reale Anknüpfungspunkte

---

blatt verteidigten, gleichzeitig jedoch Rudi kritisierten, daß er nicht, wie wir, die Medien benutze, sondern sich von ihnen benutzen lasse".

[110] Zitiert in: Carlo Feltrinelli, Senior Service, S. 350. Nanni Balestrini, Freund und politischer Weggefährte Feltrinellis, bezeichnet die „Vogue"-Fotos als Ausdruck von dessen fortdauerndem Wunsch, „als Dressman für sündhaft teure Pelze (...) den Bourgeois zu imponieren". Vgl. ders., Verleger, S. 86.

[111] Feltrinellis Sohn Carlo zieht es trotz der eindeutigen Beweislage vor, den Umstand als Frage zu formulieren: „Ist es Wahrheit oder Lüge, daß es eine ‚Außenpolitik' gab?", in: Ders., Senior Service, S. 411.

besaßen und entsprechend nicht vorschnell als psychopathologisches Phänomen abgetan werden können.[112] Tatsächlich deckte die Wochenzeitschrift „L'Espresso" nur zehn Tage nach dem griechischen Obristenputsch die drei Jahre alten Staatsstreichpläne des Carabinieri-Oberbefehlshabers General Giovanni De Lorenzo auf, die als ‚Piano Solo' in die Geschichtsbücher eingegangen sind.[113] De Lorenzo hatte im Sommer 1964 während einer ersten Krise des ein Jahr zuvor geschmiedeten, regierenden Mitte-Links-Bündnisses einen Plan erarbeitet, nach dem die Carabinieri – und nur sie allein (solo) – Personen, die „eine Gefahr für die Öffentliche Sicherheit darstellten", verhaften sowie Präfekturen, Radio- und Fernsehanstalten, Telefonzentralen und Parteibüros unter ihre Kontrolle bringen sollten. Damit wies der Plan zahlreiche Analogien zu dem Muster auf, dem Papadopoulos zur Installierung seiner Militärregierung in Griechenland folgte. Zeitgleich kam heraus, dass der Geheimdienst Sifar seit den 50er Jahren über mehr als 150.000 Personen des politischen, wirtschaftlichen und kulturellen Lebens systematisch Informationen gesammelt und in einer Kartei gespeichert hatte.[114] Im Dezember 1970 sollte es zu einem weiteren, aus ungeklärten Gründen abgebrochenen Putschversuch der neofaschistischen Rechten unter der Führung des Kriegsverbrechers Junio Borghese kommen, der wiederum erst einige Monate später bekannt wurde, als sich Borghese und sein Helfershelfer, der berüchtigte Rechtsterrorist Stefano Delle Chiaie, bereits ins franquistische Spanien abgesetzt hatten.[115]

---

[112] Ebd., S. 374.

[113] Vgl. Paul Ginsborg, Storia d´Italia dal dopoguerra a oggi. Società e politica 1943–1988, Turin 1989, S. 373–378; Guido Crainz, Il paese mancato. Dal miracolo economico agli anni ottanta, 2. Aufl., Rom 2003, S. 99–103.

[114] Eine parlamentarische Untersuchungskommission konnte im Jahr 1969 nicht einvernehmlich klären, ob der ‚Piano Solo' als präventiver Erstschlag gedacht gewesen war oder lediglich im hypothetischen Falle eines Putschversuchs der Linken umgesetzt werden sollte. Zum Zeitpunkt des Geschehens jedenfalls hatten die Putschgerüchte eine stark disziplinierende Wirkung auf die sozialistische Partei Pietro Nennis gehabt, die angesichts der drohenden Gefahr ihre politischen Bedenken gegenüber einem Wiedereintritt in die Regierung hintanstellte. De Lorenzo selbst, der 1965 zum Generalstabschef des Heeres aufgestiegen war, verlor zwar 1967 aufgrund der Enthüllungen sein Amt, ließ sich in der Folge jedoch für die Monarchisten ins Parlament wählen, wo er sich dem neofaschistischen MSI anschloss; weitere Sanktionen gegen ihn wurden nicht ergriffen. Ginsborg, Storia d´Italia, S. 376f.; Crainz, Paese, S. 106.

[115] Vgl. Christian Jansen, Italien seit 1945, Göttingen 2007, S. 164. Delle Chiaie hatte 1962 eine rechtsterroristische Organisation gegründet, deren Praktiken an die frühen faschistischen Squadren erinnerten. In der zweiten Hälfte der 70er und 80er Jahre verdingte er sich als Helfershelfer der südamerikanischen Diktatoren in Chile, Argentinien und Bolivien, vgl. ebd.

Auch wenn es mithin nicht den geringsten Grund gibt, die politische Lage im krisengeschüttelten Italien jener Jahre schönzureden, deutet vieles darauf hin, dass Feltrinellis schließlich bis zum Verfolgungswahn gesteigerte Ängste vor dem rechten Umsturz – Weggefährten sprechen von einer „Obsession" – letztlich vor allem das Produkt seiner eigenen revolutionären Ungeduld waren, wobei diese wiederum aus dem Gefühl fundamentaler Fremdheit gegenüber der eigenen Lebenswirklichkeit erwuchs.[116] Dem Verleger ging es offensichtlich in der Hauptsache darum, über einen aktiven Part in der ersehnten Revolution endlich das Stigma des Reichen abzuschütteln und sich „bis zur Unkenntlichkeit der Arbeiterklasse anzuverwandeln".[117] In seinem Engagement, das mehr und mehr auf Kosten des Verlages ging – 1968 sollten die altgedienten Mitarbeiter Valerio Riva und Enrico Filippini das Haus unter Protest verlassen[118] – gingen politische und persönliche Motive mithin eine schwer entwirrbare Mischung ein. In jedem Fall scheint ihm schon *vor* dem verheerenden, von neofaschistischen Kreisen verübten Bombenanschlag auf der Mailänder Piazza Fontana vom Dezember 1969, der im allgemeinen als Beginn der ‚Strategie der Spannung' und damit auch als entscheidende Zäsur im Verhältnis der außerparlamentarischen Linken zur italienischen Republik gesehen wird, jeder politische Skandal dieser Jahre zur Ausschmückung seines privaten Bedrohungsszenarios und zur Delegitimierung des kapitalistischen Staates westlichen Typus recht gewesen zu sein.[119] Dass ihm die parlamentarische Demokratie nicht per se als schützenswertes Gut erschien, machte er jedenfalls in zahlreichen Rede- und Schriftbeiträgen immer wieder deutlich, die faktisch weniger zur Wachsamkeit und zum Schutz der Demokratie vor einem autoritären Angriff beitrugen als vielmehr dazu, den qualitativen Unterschied zwischen Autokratie und Parlamentarismus zu verwischen. Ganz ähnlich wie

---

[116] So gibt beispielsweise Oresto Scalzone, später führendes Mitglied der militanten Organisation Potere Operaio an, mit Feltrinelli wiederholt über dessen „Faschismus- und Umsturzobsession" gestritten zu haben, zitiert in: Progetto Memoria, Sguardi, S. 35.

[117] So hat ein ehemaliger Kamerad aus den von Feltrinelli 1969 ins Leben gerufenen Gruppi d´Azione Partigiana (GAP) Feltrinellis Leben im Untergrund folgendermaßen geschildert: „Osvaldo [Feltrinellis Pseudonym in der Illegalität] faceva di tutto per dimostrare agli altri di essere più proletario di loro, o almeno quanto loro. Sembra che non si lavasse per intere settimane (…) per annerire le mani, rendersele callose, per ridurre il suo volto e le sue mani stesse così al livello degli operai che lavorano nelle fabbriche. Anche il suo modo di vestire, di atteggiarsi, di comportarsi in pubblico era un modo di (…) rendersi il più possibile confondibile con la classe operaia", zitiert in: Ebd. S. 27f.

[118] Grandi, Feltrinelli, S. 296.

[119] Zum Attentat auf der Piazza Fontana und ihren unmittelbaren Folgen vgl. Crainz, Paese, S. 362–377. Zur Piazza Fontana als „Gründungsmythos" der militanten Linken vgl. Luigi Manconi, Terroristi italiani, Mailand 2008, S. 27–44; Giorgio Boatti, Piazza Fontana. 12 dicembre 1969: il giorno dell'innocenza perduta, 2. aktualis. Aufl., Turin 2009, sowie weiter unten S. 180f.

Dutschke schien er die „sinnliche Erfahrung der organisierten Einzelkämpfer in der Auseinandersetzung mit der staatlichen Exekutivgewalt" förmlich herbeizusehnen, die der Bevölkerung über die Natur des Regimes endgültig die Augen öffnen würde. Die parlamentarischen Institutionen fungierten laut Feltrinelli allein als „Transmissionsriemen" des Willens der Oligarchen, über den faktisch die Ausbeutung der unterdrückten Klassen auf Dauer gestellt werde. Auch die politischen Parteien beförderten nur „die Lüge, dass sich die Volkssouveränität über das allgemeine Wahlrecht und den Parlamentarismus" auszudrücken vermöge: Unter keinen Umständen sei es vorstellbar, dass eine „proletarische Demokratie" das Gesicht des „parlamentarischen Kapitalismus" trage.[120]

2.2 Von den Waffen der Kritik zur Kritik der Waffen: Transalpine Radikalisierung um 1968

Der zitierte „Tempo"-Artikel über die Erlebnisse von La Paz, auf die der Verleger ebenso stolz zu sein schien wie sie ihn existenziell erschüttert hatten, war erst drei Tage alt, als am 11. September 1967 Besuch aus der Bundesrepublik an die Pforten des Istituto Feltrinelli klopfte – Rudi Dutschke, begleitet von seiner Frau Gretchen Klotz. Über die genauen Hintergründe dieses Besuches lässt sich bis heute nur spekulieren.[121] Dass sich Dutschke, wie von Dutschke-Klotz später suggeriert, nur aus dem Grund nach Mailand begeben habe, um in den Beständen von Feltrinellis Forschungszentrum für seine Doktorarbeit zu recherchieren, erscheint wenig glaubhaft.[122] Die Monate nach dem 2. Juni 1967, der eine ungeahnte, von den bald darauf beginnenden Semesterferien so gut wie unbeeinträchtigt gebliebene Mobilisierungswelle der westdeutschen Studentenschaft eingeläutet hatte, waren für Dutschke eine Phase hektischer Betriebsamkeit.[123] Es ist wenig plausibel, dass er sich jetzt trotz seiner zahlreichen, vielbeachteten öffentlichen Auftritte die Zeit für eine vergleichsweise aufwendige Forschungsreise ins Ausland genommen hätte, zumal die für den Mailandbesuch angesetzten zwei Tage für einen Studienaufenthalt reichlich

---

[120] Giangiacomo Feltrinelli, Contro l'imperialismo e la coalizione delle destre: proposte per una piattaforma politica della sinistra italiana, Mailand o.D., S. 23, 67.
[121] Im Grunde müsse, so die Formulierung Wolfgang Kraushaars, „hinter das mehrtägige Treffen mit dem berühmten Verleger (…) ein großes Fragezeichen gesetzt werden", Ders., Dutschke, S. 226.
[122] Dutschke-Klotz, Dutschke, S. 153.
[123] Siegward Lönnendonker, Der 2. Juni 1967, in: Ders./Rabehl/Staadt, Revolte, S. 331–371, hier vor allem S. 338–371.

2.2 Von den Waffen der Kritik zur Kritik der Waffen   93

kurz erscheinen.[124] Ebenso wenig kann die Behauptung überzeugen, die Dutschkes hätten von Feltrinelli zu diesem Zeitpunkt kaum mehr gewusst, als „daß er viel Geld geerbt hatte und daß diese Bibliothek ihm gehörte" – dies mochte, wenn überhaupt, für Dutschke-Klotz, kaum aber für ihren Mann zutreffen.[125] Ganz im Gegenteil hat Dutschke mit hoher Wahrscheinlichkeit sehr gezielt das Gespräch mit einem Mann gesucht, der innerhalb der deutschen Linken alles andere als ein Unbekannter war: Schon seit mehreren Jahren machte Feltrinelli mit seiner charakteristischen Mischung aus Politik und Bohème alljährlich auf der Frankfurter Buchmesse von sich reden.[126] Auch Dutschkes Tätigkeit in den ‚Dritte-Welt'-Arbeitskreisen und seine Kontakte zur Verlagskooperative Trikont, die 1967 aus dem Kölner SDS hervorgegangen und dann nach München gezogen war, legen nahe, dass er bereits zuvor auf den Mailänder aufmerksam geworden war.[127] Mit dem Vertrieb lateinamerikanischer, später auch operaistisch orientierter Schriften versuchte Trikont, für die Studentenbewegung und ihre Epigonen eine vergleichbare Rolle zu spielen wie Feltrinelli Editore in Italien, wenn auch mit bedeutend geringeren finanziellen Mitteln.[128] In jedem Fall spricht einiges dafür, dass Dutschkes Reisepläne in Zusammenhang mit den auf der Frankfurter Delegierten-Konferenz von Dutschke beworbenen und schließlich abgesegneten Projektideen der Antiautoritären standen, die dem SDS auch finanziell einiges abverlangten – allen voran die „Enteignet-Springer"-Kampagne.[129] Unter Umständen hatte auch Ulrike Meinhof Dutschke zur Kontaktaufnahme mit dem vermögenden

---

[124] Auch unmittelbar nach seiner Rückkehr hätte Dutschke eigentlich an einer „Fernsehshow über die Frage Reform u. Revolution" teilnehmen sollen, traf jedoch zu spät ein: „Aufklärung hin und Geld weg", kommentierte er resigniert im Tagebuch, vgl. Dutschke, Leben, S. 62.
[125] Dutschke-Klotz, Dutschke, S. 153.
[126] Vgl. die Erinnerungen Klaus Wagenbachs, der Feltrinelli Ende der fünfziger Jahre auf der Frankfurter Buchmesse kennenlernte: „Da kam er als strahlender Held der neuen Welt, als Homo Novus im Glanz dieses unglaublichen Erfolges von Pasternak und Lampedusa und brachte ein Stück internationales Flair in dieses vermuffte Deutschland", in: Sabine Vogel, Generöser Pauker und egalitärer Patriarch, in: du 724. März 2002, S. 54f., hier S. 55.
[127] Vgl. zum Trikont-Verlag Klaus Körner, Der Trikont Verlag und das ‚Archiv 451', in: Aus dem Antiquariat 2 (2004), S. 101–107. Das Verlagsprogramm, das als erste Eigenproduktionen Texte zur Guerilla von Guevara und Castro sowie Debrays „Revolution in der Revolution" aufführte, wirkt über weite Strecken wie eine exakte Kopie desjenigen Feltrinellis.
[128] Wirtschaftliche Grundlage des Trikont-Verlages war offenbar eine Vereinbarung mit einem chinesischen Pressevertriebsunternehmen, die u. a. den Vertrieb der ‚Mao-Bibel' vorsah, vgl. ebd., S. 101. Die Vermutung, dass auch Feltrinelli den Verlag gesponsert haben könnte, liegt zumindest nahe.
[129] Zu den Hintergründen der vom SDS und dem engeren Kreis um Dutschke initiierten Aktivitäten gegen den Springer-Konzern vgl. Jochen Staadt u. a., Feind-Bild Springer. Ein Verlag und seine Gegner, Göttingen 2009, S. 125–136; 143–147.

Mailänder Verleger geraten, den sie selbst kurz zuvor als Mitstreiter für die eigene Sache kennengelernt hatte. Auf Vermittlung von Inge Schönthal waren Meinhof und ihr Ehemann Klaus Rainer Röhl im Sommer 1967 auf ihrer letzten gemeinsamen Urlaubsreise für einige Tage in Villadeati Feltrinellis Gäste gewesen.[130] Die „konkret"-Journalistin wiederum war erste Anlaufstation für das Ehepaar Dutschke-Klotz nach seinem Mailand-Aufenthalt – spätestens jetzt werden Dutschke und Meinhof sich ausführlich über ihren italienischen Gastgeber ausgetauscht haben.[131]

Aus den leider nur stichwortartigen Gesprächsnotizen in Dutschkes Tagebuch geht jedenfalls hervor, dass man sich in Mailand – in dieser Reihenfolge – über Feltrinellis Bolivienaufenthalt, Debrays Revolutionsessay sowie finanzielle und publizistische Unterstützungsmöglichkeiten für SDS-Projekte unterhalten hat; explizit genannt werden „Anti-Springer-Aktionen".[132] Vergleicht man die Entwicklung von Feltrinellis und Dutschkes politischem Denken bis zu diesem Punkt, so liegt die Schlussfolgerung nahe, dass das Gespräch der beiden nach Herkunft und Sozialisation denkbar unterschiedlichen Männer in hohem Maße einvernehmlich verlaufen sein muss. Sie hatten aus parallelen Lektüreerfahrungen ähnliche politische Schlüsse gezogen, teilten die gleichen Vor- und die gleichen Feindbilder, erhofften eine nachhaltige Schwächung der USA durch den Sieg der antikolonialen Befreiungsbewegungen und waren der Auffassung, letztere aktiv in den Metropolen unterstützen zu können und zu müssen. Beide richteten ihre Aufmerksamkeit dabei primär auf Kuba und Lateinamerika, wobei der weniger wohlhabende Dutschke eigene Reisen durch die engen Kontakte zu den südamerikanischen Migranten in West-Berlin zu kompensieren suchte. Beide hatten persönliche, wenn auch unterschiedliche Erfahrungen mit dem Kommunismus sowjetischer Prägung gemacht und lehnten dessen dogmatische Erstarrung ab, waren aber aus pragmatischen Gründen nicht prinzipiell dagegen, punktuell mit den östlichen Regimen zusammenzuarbeiten, um den ersehnten Sturz des Kapitalismus zu erwirken.[133]

---

[130] Vgl. Jutta Ditfurth, Rudi und Ulrike. Geschichte einer Freundschaft, München 2008, S. 92; Klaus Rainer Röhl, Fünf Finger sind keine Faust, Köln 1974, S. 289f.
[131] Dutschke, Leben, S. 63.
[132] Ebd., S. 62. Erst an 7. Stelle folgt die Notiz, „Dissertations-Materialien im Institut vervollständigt". Gretchens Schilderung des Aufenthalts hat aufgrund der Fokussierung auf Details anekdotischen Charakters wie eine wilde Stadtrundfahrt im Sportwagen und die luxuriöse Ausstattung der den Dutschkes in Mailand überlassenen Wohnung die Aufmerksamkeit von der politischen Bedeutung der Begegnung abgelenkt, Dutschke-Klotz, Dutschke, S. 153f.
[133] Vgl. zur Haltung Dutschkes gegenüber DDR und UdSSR Karl, Dutschke, S. 104–109; 150–152; zu Feltrinellis Glaube an die Unersetzbarkeit der UdSSR im antiimperialistischen Kampf vgl. Satta, Collegamenti, S. 24.

Weder den Deutschen noch den um 14 Jahre älteren Italiener wird diese programmatische Nähe völlig überrascht haben. Unterm Strich hatte das politische Zukunftspotential, das diese Nähe barg, aber wohl doch den Charakter einer Entdeckung. Als die wohl wichtigsten Importeure des Gedankenguts Che Guevaras in ihre jeweiligen Heimatländer hatten Dutschke und Feltrinelli einander gesucht und gefunden. Dutschkes Besuch legte denn auch die Grundlage einer Zusammenarbeit, die alles andere als zufällig war, sondern als programmatische Verbindung betrachtet werden muss, die von beiden Seiten erwünscht war und im Wesentlichen auf identischen Zielvorstellungen beruhte. Blieb der Deutsche allerdings, wie es Michaela Karl ausgedrückt hat, in der heiklen Frage der Gewalt „bis zum Schluß ein Theoretiker, während andere seine Theorien in die Tat umsetzten, weil sie glaubten, in [seinen] Worten ... die Zustimmung zur Gewaltanwendung zu hören", arbeitete Feltrinelli in den nächsten Jahren ganz praktisch daran, eine Art „italienischer Fidel Castro" zu werden, der zunächst Italien und schließlich ganz Westeuropa nach kubanischem Muster zu revolutionieren gedachte.[134] Dennoch standen Dutschke und Feltrinelli einander auch in strategischen Fragen näher, als dies aus der Rückschau scheinen mag. Ihre Vorstellungen vom politisch Machbaren und Sinnvollen waren zudem alles andere als statische Größen, sondern befanden sich gerade 1967 – dem Jahr mit seinen zahlreichen, von beiden Protagonisten als Schlüsselerfahrungen erlebten Ereignissen – ständig im Fluss. In dieser Hinsicht begegneten sie einander an einem neuralgischen Punkt ihrer jeweiligen politischen Biographie. Die Entdeckung eines als einflussreich eingeschätzten Partners jenseits der Grenzen eröffnete jedem von ihnen neue Perspektiven und Handlungsoptionen. Beide hofften darauf, den neuen Kontakt zur Durchsetzung der eigenen Revolutionsstrategie nutzen zu können, die sich gleichzeitig weiter konkretisierte.

Die bei beiden Protagonisten in diesen Monaten zu beobachtende, praktische Konsequenzen miteinschließende Radikalisierung mag auch dadurch mitbedingt gewesen sein, dass das düstere Bild der politischen Situation im Nachbarland, das aus den Erzählungen des jeweils anderen erwuchs, das Gefühl akuten Handlungsbedarfs verstärkte. So fällt auf, dass Dutschke in diesen Monaten Feltrinellis Staatsstreichszenario in sein politisches und rhetorisches Repertoire übernahm. In einem Interview mit Giorgio Backhaus – einem italienischen Übersetzer, der zahlreiche Texte der Frankfurter Schule ins Italienische übertrug und 1968 für eine Anthologie von Anti-Springer-Texten in Italien verantwortlich zeichnete – bekräftigte er im März 1968:

---

[134] Karl, Dutschke, S. 132; Giorgio Bocca, Il terrorismo italiano 1970–1978, Mailand 1978, S. 29.

The coup d'état prepared in Italy in 1964 and the Greek military putsch both seem to me to be possible tendencies – in the long run it should be said – for the FRG and other countries as well. (…) For us revolutionaries in the FRG it is relatively likely that contradictions in the apparatus, contradictions between the different fractions in the apparatus, may be so profound that in the near future a military putsch will be possible for the counter-revolution.[135]

Auf der anderen Seite bezog Feltrinelli als Reflex der Gespräche mit Dutschke und Meinhof nun auch die Bundesrepublik in die Reihe der Staaten mit ein, wo – Stichwort Notstandsgesetze – eine autoritäre Wende oder ein Staatsstreich nach griechischem Muster unmittelbar bevorstehen könne.[136] Zu seinen erklärten Gegnern trat neben den amerikanischen Imperialismus nun auch der „deutsche Sub-Imperialismus".[137]

Dazu kamen zweifellos der Schock und die Wut über die kurz nach der ersten Begegnung der beiden Männer eintreffende Nachricht vom Tode ihres Helden Che Guevara. Obwohl dieser Schlag die Revolutionshoffnungen seiner Anhänger weltweit eigentlich hätte dämpfen müssen, erreichte der Kult um den gutaussehenden Argentinier ganz im Gegenteil erst jetzt seinen Höhepunkt. „Gerade sein Opfertod", erklärte der Soziologe Sven G. Papcke schon zeitgenössisch dieses Phänomen, „wurde jetzt als Entlarvung aller bürgerlichen Lebensrollen empfunden". ‚Che' annullierte in der Interpretation der Neuen Linken „gleichnishaft die raison d'etre bürgerlicher Weltanschauung: Sicherheit, Familie, Wohlstand usw. (…) Er opferte sich, als andere lamentierten."[138] Feltrinelli, auf den diese psychologisierende Deutung wohl selbst am besten passte, hatte an der ikonographischen Ausgestaltung und Verbreitung dieses Kults ganz erheblichen Anteil. Er machte sich sofort daran, die Fotografie des jesusgleich hingestreckten Leichnams, das nun die Weltöffentlichkeit erreichte und potentiell mehr als jedes andere vom Scheitern der Fokus-Theorie in Bolivien kündete, möglichst wirkungsvoll visuell zu überschreiben. Er ließ eine Porträtaufnahme des Toten aus dem Jahre 1960, die ihm der Fotograf Alberto Kordas bei seinem letzten Kuba-Aufenthalt überlassen hatte, auf Posterformat vergrößern, mit dem Schriftzug „Che lebt!" (*Che è vivo!*) sowie dem Vermerk „Copyright © Libreria Feltrinelli 1967" versehen und in seinen Buchhandlun-

---

[135] Zitiert in: Karl, Dutschke, S. 127. Auch in Dutschkes handschriftlichen Aufzeichnungen finden sich seit der zweiten Jahreshälfte 1967 zahlreiche Spuren für eine intensive Beschäftigung mit dem Griechenlandproblem. So spricht er von der Notwendigkeit einer „Interna. Brigade für Griechenland", HIS-Archiv, Rud 250,02, Aufzeichnungen vom 16.1.1968.

[136] Giangiacomo Feltrinelli, Persiste la minaccia di un colpo di stato in Italia, Mailand 1968, S. 19.

[137] Progetto Memoria, Sguardi, S. 35.

[138] Sven G. Papcke, Che Guevara und die Neue Linke in der Bundesrepublik. Chronik einer psychopolitischen Jüngerschaft, in: Heinz Rudolf Sonntag (Hg.), Che Guevara und die Revolution, Frankfurt a.M. 1968, S. 99–124, hier S. 106.

2.2 Von den Waffen der Kritik zur Kritik der Waffen   97

gen aushängen, von wo aus sie sich in atemberaubender Geschwindigkeit in Mailand und schließlich weltweit verbreitete.[139] Auch der Feltrinelli-Stand auf der Frankfurter Buchmesse war 1967 mit dem Poster dekoriert; der Verleger selbst trug begleitend dazu – sichtbares Zeichen der neuen Verbundenheit mit dem West-Berliner SDS – eine „Enteignet-Springer"-Plakette am Revers.[140] Als die Messeleitung dem Voltaire-Verlag, der die Plaketten verkaufte, mit der Schließung des Standes drohte, kündigte Feltrinelli an, in diesem Fall aus Protest auch den eigenen Stand abbauen zu wollen, woraufhin Voltaire unbehelligt blieb.[141] Spätestens in Frankfurt dürfte Feltrinelli mithin Bernward Vesper und möglicherweise auch Gudrun Ensslin kennengelernt haben, die ihren (Noch-)Verlobten bei der Herausgabe der sich in diesen Monaten stark radikalisierenden „Voltaire Flugschriften" unterstützte.[142] In Berlin sei das Guevara-Poster, so Bernd Rabehl, im Herbst 1967 „bei irgendeiner Vietnam-Demonstration" aufgetaucht: Ihm sei „Che Guevara zuerst ins Gesicht gesprungen, im wahrsten Sinne des Wortes, aber auch in die Worte gefallen."[143] Bei der von Rabehl erinnerten Kundgebung handelte es sich um die international koordinierte Demonstration vom 21. Oktober 1967, die der SDS in einen direkten inhaltlichen Zusammenhang mit den Nachrichten aus Bolivien gestellt hatte.[144]

---

[139] Trisha Ziff, Guerillero Heroico, in: Dies. (Hg.), Che Guevara: Revolutionary & Icon, London 2006, S. 15–22. Auch auf der Frankfurter Buchmesse im Oktober 1967 war Feltrinellis Stand mit dem Poster dekoriert. – Ziff zitiert den Sohn des Verlegers mit der Behauptung, dieser habe die Fotografie bereits unmittelbar nach seiner Rückkehr aus Bolivien als Poster verbreitet, um auf die Gefährdung Guevaras aufmerksam zu machen und sein Leben zu schützen, siehe ebd., S. 17. Erstmals war das Bild im europäischen Kontext noch zu Lebzeiten Guevaras im Juli 1967 in der französischen Zeitschrift „Paris Match" aufgetaucht, aber erst durch Feltrinellis Coup kam der Prozess in Gang, an dessen Ende das Porträt zur angeblich am häufigsten reproduzierten Fotografie der Geschichte aufsteigen sollte. Vgl. auch Grandi, Feltrinelli, S. 302 sowie Stephan Lahrem, Che. Eine globale Protestikone des 20. Jahrhunderts, in: Gerhard Paul (Hg.), Das Jahrhundert der Bilder. 1949 bis heute, Göttingen 2008, S. 234–241.

[140] „Heiß gekocht", in: Der Spiegel 44/23.10.1967, S. 197.

[141] Vgl. Ute Schneider, Literarische und politische Gegenöffentlichkeit. Die Frankfurter Buchmesse in den Jahren 1967 bis 1969, in: Stephan Füssel (Hg.), 50 Jahre Frankfurt Buchmesse 1949–1999, Frankfurt a.M. 1999, S. 89–114, hier S. 96. Zur Entwicklung des Voltaire-Verlages und der Rolle Vespers vgl. Andreas Roth, Der Voltaire-Verlag und die Edition Voltaire, in: Stephan Füssel (Hg.), Die Politisierung des Buchmarkts. 1968 als Branchenereignis, Wiesbaden 2007, S. 11–90; die Seiten 71–90 enthalten eine umfassende Übersicht über die Publikationen des 1965 gegründeten und dreimal konkursgegangenen Verlages.

[142] Susanne Bressan/Martin Jander, Gudrun Ensslin, in: Kraushaar, RAF und linker Terrorismus I, S. 398–429, hier S. 406.

[143] Zitiert in: http://ultimateheroswelt.blog.de/2007/10/10/9_oktober_1967_che_guevara_erschossen~3115572/ (16.9.2011).

[144] „Der weltweite Konflikt hat begonnen. Die Ermordung einzelner Revolutionäre in der

Ob Feltrinelli, wie der leer ausgegangene Kordas ihm unterstellt hat, an dem Foto Millionen verdient hat, sei dahingestellt – der Verkaufserlös von Guevaras „Bolivianischem Tagebuch", auf dessen Umschlag das Porträt ebenfalls abgebildet war, war jedenfalls den lateinamerikanischen Befreiungsbewegungen zugedacht. Das Tagebuch war eine Art Vermächtnis des Toten, das Feltrinelli aus den Händen Castros erhalten, persönlich ins Italienische übersetzt und im Frühjahr 1968 in die Buchhandlungen gebracht hatte, wo es allein in den ersten zehn Tagen nach Erscheinen mehr als 20.000 Käufer fand.[145] Mit der Fotografie hatte er der internationalen Protestbewegung eine Ikone geschenkt, die nicht nur Identität transportierte, sondern auch Radikalität einforderte und eine erhebliche Mobilisierungskraft entfaltete. Hatte das Bild von Guevaras Leiche im Waschraum von Vallegrande Millionen junger Menschen ihres Idols beraubt, gab ihnen Feltrinelli, indem er die Aufnahme zur „Hälfte eines ikonographischen Dyptichons" machte, einen „lebenden Che zurück".[146] „Das Bild von dunkelhäutigen Guerilleros inmitten von tropischer Vegetation", so das Urteil Eric Hobsbawms, der selbst im Januar 1968 am Kulturkongress in Havanna teilnahm, „hatte einen wesentlichen, vielleicht sogar den entscheidenden Anteil an der Radikalisierung der Ersten Welt in den sechziger Jahren."[147]

Tatsächlich beschworen die anti-imperialistisch gesinnten Vorreiter der Protestbewegung in Europa nach Guevaras Tod ihre enge Verbundenheit mit den Guerilleros in Südamerika und Vietnam noch eindringlicher als zuvor – auch deshalb, weil man die CIA als für den Mord im bolivianischen Dschungel verantwortlich betrachtete.[148] Nicht mehr im kleinen Kreis Gleichgesinnter, son-

---

Dritten Welt kann den Befreiungskampf nicht aufhalten, sondern nur verstärken. Soll unser Protest gegen die zunehmende Brutalisierung des US-Imperialismus nicht zum bekenntnishaften Ritual erstarren, muss die von Che Guevara geforderte internationale Solidarität für uns am 21. Oktober (Vietnamdemonstration) konkrete Wirklichkeit werden", so ein Flugblatt vom 10. Oktober 1967, HIS-Archiv, RUD 240,09. Außer in Westberlin gingen die Studenten auch in Washington, Amsterdam, London, Oslo, Paris, Rom und Tokio gegen den Vietnam-Krieg auf die Straße, vgl. Juchler, Studentenbewegungen, S. 249, Anm. 386. Vgl. für die Berliner Kundgebung und das Mitführen der Che-Porträts im Demonstrationszug auch Ulrich Enzensberger, Die Jahre der Kommune I, München 2006, S. 218.

[145] Fast zeitgleich erschien das Buch wiederum bei Maspéro in Frankreich, Trikont in der Bundesrepublik sowie weiteren Verlagen in Nord-, Süd- und Mittelamerika, vgl. Körner, Trikont Verlag, S. 102.

[146] Castaneda, Che Guevara, S. 242.

[147] Eric Hobsbawm, Das Zeitalter der Extreme, Weltgeschichte des 20. Jahrhunderts, München 1998 [engl. 1994], S. 550. Für den Havanna-Aufenthalt Hobsbawms vgl. Kraushaar, Dutschke, S. 238.

[148] Dazu trug offenbar maßgeblich die Berichterstattung der Journalistin Michèle Ray bei, vgl. Juchler, Studentenbewegungen, S. 202. Ray wurde im Juni 1970 von der Gruppe um Mahler und Meinhof nach Westberlin eingeladen, um der Französin ihr Konzept des bewaffneten Kampfes zu erläutern. Ray gab das Tonbandprotokoll des Gesprächs an den

2.2 Von den Waffen der Kritik zur Kritik der Waffen   99

dern vor der versammelten deutschen Fernsehnation antwortete Dutschke in einem im November aufgezeichneten ARD-Interview mit Günter Gaus auf die Frage, ob er für seine revolutionären Ziele notfalls auch mit Waffengewalt eintreten würde:

> Klare Antwort: Wäre ich in Lateinamerika, würde ich mit der Waffe in der Hand kämpfen. Ich bin nicht in Lateinamerika, ich bin in der Bundesrepublik. Wir kämpfen dafür, daß es nie dazu kommt, daß Waffen in die Hand genommen werden müssen. Aber das liegt nicht bei uns. (...) Wenn 1969 der Austritt aus der NATO nicht vollzogen wird, wenn wir reinkommen in den Prozeß der internationalen Auseinandersetzung – es ist sicher, daß wir dann Waffen benutzen werden, wenn bundesrepublikanische Truppen in Vietnam oder Bolivien oder anderswo kämpfen – daß wir dann im eigenen Lande auch kämpfen werden.[149]

Ganz gleich, für wie wahrscheinlich man das von ihm beschriebene Szenario in der konkreten historischen Situation auch halten mochte – allein die Tatsache, dass Dutschke die Anwendung politisch motivierter, physischer Gewalt auch im bundesrepublikanischen Kontext unter bestimmten Bedingungen nicht nur rechtfertigte, sondern als „sicher" voraussagte, kam einem Tabubruch gleich.[150] Die Verantwortung für eine mögliche gewaltsame Entladung der politischen Spannungen schob er dabei einmal mehr allein der Gegenseite zu. Im Verborgenen ventilierte er allerdings gleichzeitig eigene Pläne fürs kommende Jahr, um in der Bundesrepublik mit tatkräftiger Unterstützung durch Gleichgesinnte aus dem Ausland die allgemeine Eskalation weiter voranzutreiben. „Übergang zur militanten Phase der Anti-Springer-Phase. Internationale Beteiligung von vielen Gruppen!! (400–1500 Ausländer!!)", notierte er in einem Strategiepapier vom 5. November 1967. Da der SDS „nicht den Ernst einer Organisation" besitze, plädierte er für eine „revolu[tionäre] Kernorganisation (illegale Organis[ation] als Teil der Gesamtorganisation)".[151]

Auch Feltrinelli entfaltete im Herbst 1967 eine intensive Vortrags- und Reisetätigkeit im Zeichen der aktiven Solidarität mit Kuba und Vietnam.[152] In Italien war die Unantastbarkeit des staatlichen Gewaltmonopols zu keinem Zeitpunkt der Nachkriegsgeschichte so unhinterfragt geblieben wie in

---

„Spiegel" weiter – wie Meinhof später behauptete, ohne vorherige Autorisierung durch die Gruppe, vgl. „Baader/Meinhof. Bis irgendwohin", in: Der Spiegel 25/15.06.1970, S. 71–75.

[149] Zitiert in: Freie Universität Berlin 1948–1973. Hochschule im Umbruch, Teil V: 1967–1969. Gewalt und Gegengewalt, Berlin 1983, S. 440–443, hier S. 442. Sendetermin des Interviews war der 3.12.1967.

[150] Auch in einem am 19.4.1968 gesendeten Fernsehfilm des WDR wiederholte Dutschke seine Ankündigung, dass sich, sollten bundesrepublikanische Truppen in anderen Teilen der Welt „zur Niederschlagung sozialrevolutionärer Aufstände" eingesetzt werden, „das Problem des Partisanenkampfes, der Guerillataktik auch für uns" stelle: „Das ist als Perspektive wenig erfreulich: ist aber auch nicht zu verdrängen", zitiert in: Karl, Dutschke, S. 131.

[151] Notizen vom 5.11.67, HIS-Archiv, RUD 240,06.

[152] Vgl. für das Folgende Carlo Feltrinelli, Senior Service, S. 363–345.

der Bundesrepublik. Auf der Suche nach Anknüpfungspunkten für seine als Verteidigungsstrategie daherkommenden Revolutionshoffnungen lotete der Verleger auf eine ohne Übertreibung als systematisch zu bezeichnende Weise alle vorhandenen potentiellen Brandherde aus – im verarmten und rebellischen Süden des Landes, im bäuerlichen, nach Unabhängigkeit strebenden Südtirol, in nostalgischen Partisanenzirkeln der traditionell ‚roten' Regionen Nord- und Mittelitaliens, bei den separatistisch gesinnten Kreisen Sardiniens, bei den intellektuellen Vordenkern der Neuen Linken in Pisa, Trient, Triest, Padua und Rom, bei den zornigen Studenten der Hauptstadt und schließlich auch bei den zahlreichen Diskriminierungen ausgesetzten ‚Gastarbeitern' in deutschen Fabriken, unter denen zahlreiche Landsleute waren – eine aus operaistischem Gedankengut geborene Idee, die auch Dutschke schließlich adaptieren sollte.[153] Unter den sardischen Migranten in Köln und Ulm gewann Feltrinelli rasch Vertraute, von denen einige ihn etwas später auf seinem Weg in die Illegalität begleiten würden.[154] An Antonio Negri, Philosophieprofessor in Padua und wichtiger Exponent des Operaismus – jener neuen, auf die Subjektivität des Arbeiters zentrierten, genuin italienischen Spielart des Marxismus – schrieb Feltrinelli in diesen Monaten, es gehe ihm nicht darum, die disparate Linke zu einer Einheit zusammenzuzwingen, sondern sie lediglich zum gemeinsamen Handeln gegen den drohenden Faschismus zu bewegen.[155] Negri, der wenig später zum Gründer der radikalen Gruppe Potere Operaio und nach deren Auflösung zum Vordenker der Autonomenbewegung avancieren sollte, beabsichtigte zwar nicht, sich von Feltrinelli in seine konzeptionellen Überlegungen hineinreden zu lassen, rühmte sich später aber des Umstandes, von dem Verleger immer „alles bekommen zu haben, was er wollte" – sprich Geld für die Realisierung seiner politischen Pläne und Strategien, die ebenso hochfliegend waren wie die des Mailänder Verlegers.[156]

Letzterer hielt am 13. November 1967 einen Vortrag auf dem römischen

---

[153] Auf dem Internationalen Vietnam-Kongress von Berlin im Februar 1968 betonte Dutschke: „Ein wirkliches Kettenglied (...) sind noch immer besonders die ausländischen Arbeiter in der Bundesrepublik, die unter unmenschlichen Bedingungen Mehrwert produzieren. Diese disponible Reservearmee des westdeutschen Kapitalismus ist darum subversiv, weil sie die lebendige internationale, materialistische Basis der Revolution für Europa konkret in den je einzelnen Ländern, d. h. hier in der Bundesrepublik vermittelt. (...) Wir haben zu diesen Arbeitern zu gehen, zu lernen von ihnen, erklären, zu organisieren und uns als bürgerliche Intellektuelle endlich zu negieren, den Weg und den Dialog zu den Massen konkret zu finden." Hier zitiert nach: Bericht des Innensenators über die Internationale Vietnam-Konferenz am 17. Februar 1968 in West-Berlin, in: HIS-Archiv, RUD 250,03. Zum Operaismus vgl. ausführlich weiter unten S. 186ff.

[154] Grandi, Feltrinelli, S. 396.

[155] Carlo Feltrinelli, Senior Service, S. 340.

[156] „Mi diede sempre tutto quello che volevo", so Negri gegenüber Feltrinellis Biograph Aldo Grandi; Ders., Feltrinelli, S. 396.

Aventin, der, wie die Sicherheitspolizei besorgt konstatierte, „in den Kreisen der sogenannten Linken Roms (...) großes Aufsehen" erregte. Der Tod Che Guevaras, betonte der Redner, sei zwar ein schwerer Verlust, werde unterm Strich aber den Kämpfen neuen Auftrieb geben. Statt sich in Theoriediskussionen zu verstricken, gelte es nun, aus dem kubanischen Beispiel zu lernen und sich an einer Koordinierung der „revolutionären Minderheiten" zu beteiligen: Die ‚politische Guerilla' besitze auch für die Länder des fortgeschrittenen Kapitalismus Vorbildcharakter, vor allem dort, wo es ein autoritäres Regime zu verhindern gelte.[157] Über diese Pläne sprach Feltrinelli bei seinem Rom-Besuch auch mit Vertretern der operaistischen Zeitschriften „Quaderni Rossi" und „Classe Operaia" sowie des Blattes „La Sinistra", das als Organ einer trotzkistischen Abspaltung des PCI mehr schlecht als recht ums Überleben kämpfte. Dank der finanziellen Unterstützung Feltrinellis erschien „La Sinistra" nun in wöchentlichem statt wie bisher in monatlichem Rhythmus. In der Folge spiegelte das Blatt die fortschreitende Radikalisierung des neuen Geldgebers ebenso wie dessen Kontakte in den Norden. Schon im September 1967 enthielt die Zeitschrift erstmals eine Anzeige, die auf eine als Broschüre vertriebene Bastelanleitung für Molotowcocktails hinwies.[158] Am 16. März 1968 sollte auf Seite 1 unter der Überschrift „così in piazza" (so auf die Straße) mit der minutiös beschrifteten, großformatigen Zeichnung einer Brandflasche für diese, wie es hieß, „Königin der gewaltsamen Selbstverteidigung" (autodifesa violenta) geworben werden.[159] In derselben Nummer wurde anerkennend auf den Film „Herstellung eines Molotowcocktails" der „Berliner Studenten des SDS" verwiesen, dessen Schlusseinstellung „nicht umsonst" das Hamburger Springer-Hochhaus zeige – die Gegenwehr, die „Dutschkes junge Revolutionäre" gegen das „Bombardement der Lügen" aus dem Springer-Verlag betreiben, sei auch im Land der „Crespi, Agnelli, Pesenti und Perrone" eine diskussionswürdige „Arbeitshypothese im Kampf gegen den Autoritarismus im Informationswesen". Bei dem angesprochenen Film handelte es sich um den Lehrfilm des Filmstudenten und späteren RAF-Mitglieds Holger Meins, der am 1. Februar 1968 im Vorfeld des sogenannten „Springer-Tribunals" in der FU Berlin vorgeführt worden war.[160] Meins hatte die visuelle Anleitung zur Herstellung eines Brandsatzes nicht nur mit Aufnahmen zahlreicher, die Benzinflaschen weiterreichender Hände verknüpft; Eingeweihte vermochten

---

[157] Carlo Feltrinelli, Senior Service, S. 339.
[158] La Sinistra, 17.9.1967.
[159] La Sinistra, 16.3.1968, Contro la violenza, violenza. Le armi per l'autodifesa, S. 9.
[160] Vgl. Gerd Conradt, Starbuck Holger Meins. Ein Porträt als Zeitbild, Berlin 2001, S. 72ff. Peter Schneider, der ebenso wie Meins intensiv an der Vorbereitung des ‚Springer-Tribunals' mitarbeitete, hat die Vorführung des Films in der Rückschau als „das Ende des ‚legalen Arms' der Springer-Kampagne" bezeichnet, Ders., Wer springt durch den Feuerring?, in: Ebd., S. 74–78, hier S. 74.

in einem an zentraler Stelle eingeblendeten Buch auch Debrays Revolutions-Essay zu erkennen. Für den Transfer des subversiven Streifens nach Italien sorgte Meins etwas später persönlich: In Begleitung einiger anderer Berliner Filmstudenten, unter ihnen auch das spätere Mitglied der Bewegung 2. Juni, Philipp Werner Sauber, machte er sich in den ersten Junitagen 1968 in einem alten VW-Bus zum Filmfestival in Pesaro auf, die Filmrolle „versteckt im Bus unter der Matratze".[161] Unterwegs hatten die Deutschen, die „stets für aus Berlin erwartete wichtige Studentenvertreter gehalten wurden", unter anderem auf die Gastfreundschaft des Komponisten Luigi Nono in Venedig zählen können.[162] Ein zeitgenössischer Filmkritiker interpretierte Meins' Film als eindeutigen „Aufruf zu politischem Handeln": Indem er „ein dialektisches Beziehungssystem" formuliere und dessen Konsequenzen dem Betrachter „als Erkenntnisse" übertrage, betreibe er unmittelbar Agitation; keinesfalls lasse sich das Werk als Satire deuten.[163] Tatsächlich hatten sich, wie sich Dutschke-Klotz erinnert, nach der Vorführung des Films in Berlin „mehrere Fokusgruppen" zusammengefunden, um nicht mit Molotow-Cocktails, aber doch mit Steinwürfen Filialen der „Berliner Morgenpost" zu attackieren; ihr Mann selbst habe gemeinsam mit dem ‚roten' Komponisten Hans Werner Henze an einer solchen Aktion teilgenommen.[164] In der vorausgegangenen Ausgabe von „La Sinistra" war ein ausführlicher Beitrag zum politischen Denken Rudi Dutschkes erschienen – Ergebnis eines langen Interviews, das der Aktivist Massimo Gorla am Tag nach dem Vietnamkongress im Republikanischen Club mit dem so betitelten „Führer der ‚Roten' von Berlin" geführt hatte.[165] Unter der Überschrift „Unsere Kampffront ist das Herz des Imperialismus" entwickelte Dutschke abermals seine Vision einer antiautoritären Kulturrevolution, die unabhängig von traditionellen Parteihierarchien und marxistisch-leninistischen Dogmen ihren subversiven Marsch durch die staatlichen Institutionen antreten müsse. Statt von den Fabriken müsse diese Kulturrevolution in der Bundesrepublik notwendigerweise von den Universitäten ausgehen. Das Fehlen einer kommunistischen Partei im deutschen Kontext gab Dutschke als strategischen Vorteil aus. In Italien, so Dutschke, gäben sich noch zu viele Genossen der reformistischen Illusion hin, sich von innen heraus des PCI bemächtigen zu können, statt sich auf die wahrhaft revolutionären, sprich

---

[161] Ulrike Edschmid, Das Verschwinden des Philip S., Berlin 2013, S. 39.
[162] Ebd., S. 40.
[163] Christian Deutschmann, Herstellung eines Molotowcocktails [1968], zitiert in: Conradt, Starbuck Holger Meins, S. 74–77.
[164] Dutschke-Klotz, Leben, S. 175.
[165] „Intervista in esclusiva alla Sinistra di Rudi Dutschke: Il nostro fronte di lotta è il cuore dell'imperialismo", in: La Sinistra, 8.3.1968, S. 8–10. Zur Biographie Massimo Gorlas s. den Nachruf v. Luigi Vinci, „In Ricordo di Massimo Gorla", in: Liberazione, 26.1.2004, online unter http://bellaciao.org/it/article.php3?id_article=1747 (16.9.2011).

antiautoritären Kräfte zu konzentrieren, die – frei nach Rosa Luxemburg – die „Organisation als Resultat, nicht als Ausgangspunkt des politischen Kampfes" betrachteten. In diesem Zusammenhang ist interessant, dass Dutschke gegenüber den Italienern von der Notwendigkeit einer Doppelstrategie sprach: Neben der skizzierten Kulturrevolution, die auf eine Bewusstseinsveränderung der Massen zielte, müsse man systematisch auf die Bildung „subversiver Basiszellen" hinarbeiten, die in allen Ländern des US-amerikanischen Einflussbereichs (nicht näher charakterisierte) Aktionen gegen NATO-Einrichtungen durchführen sollten, um auf diese Weise die „imperialistische Infrastruktur" direkt zu treffen.[166] Eine Übersicht über in Frage kommende Einrichtungen des US-Militärs und seiner „Komplizen" in Italien konnten die Leser den hinteren Seiten der Zeitschrift entnehmen; neben FIAT und Alfa Romeo wurden diverse Rüstungsunternehmen auf italienischem Boden genannt.[167]

Neben seinem Werben um eine intellektuelle bzw. studentische Klientel im In- und Ausland bemühte sich Feltrinelli darum, seine früheren Kontakte mit ehemaligen Partisanen wiederzubeleben. Eine enge politische Freundschaft entwickelte sich besonders zu dem für seine Leistungen im antifaschistischen Widerstand hochdekorierten Genueser Giovanbattista Lazagna, der offenbar ebenfalls die Zeit für gekommen hielt, gegen die auftrumpfende Rechte wieder zur Waffe zu greifen.[168] Lazagna war die Seele eines informellen Treffpunktes, der sich in Novi Ligure für frühere, den alten Zeiten nachtrauernde Widerstandskämpfer gebildet hatte und der bald auch von jüngeren Radikalen frequentiert wurde. Neben Feltrinelli besuchten aber auch gestandene politische Persönlichkeiten die Zusammenkünfte, darunter der PSIUP-Gründer Lelio Basso, der die Erzählungen des Verlegers über Kuba und Lateinamerika mit Berichten über seine Reisen nach Vietnam ergänzte, dem zweiten Hoffnungsträger in den Revolutionsträumen radikaler Linker weltweit.[169] Im Mittelpunkt der anschließenden Diskussionen stand die Frage, wie man die durch den ‚Verrat' des PCI kompromittierte Linke Italiens wieder auf die Straße der Revolution führen könne – ein Vorhaben, für das Feltrinelli auch unter den Unzufriedenen innerhalb des PCI weiterhin warb. Sein wichtigster diesbezüglicher Ansprechpartner war der frühere Parteisekretär Pietro Secchia, dessen Memoiren aus dem antifaschistischen Widerstand als nur eines von

---

[166] Die Existenz einer solchen „Doppelstrategie" Dutschkes bestätigt auch Peter Schneider, Rebellion, S. 246.
[167] „Possibili obiettivi in Italia – Le basi NATO – I complici", in: La Sinistra, 8.3.1968, S. 13. Die Zeitschrift brachte in diesen Wochen ein über 3 Hefte verteiltes Dossier zu den „Techniken der Piazza", vom „zivilen Ungehorsam" bis zur „gewaltsamen Selbstverteidigung".
[168] Vgl. Antifascismo e partito armato. Intervista con G. B. Lazagna, in: Ders./Aldo Natoli/Luigi Saraceni, Antifascismo e partito armato, Genua 1979, S. 11–39; für die Beziehungen zu Feltrinelli bes. S. 17–27.
[169] Carlo Feltrinelli, Senior Service, S. 337.

zahlreichen, jetzt in rascher Folge veröffentlichten Beispielen von Resistenza-Literatur in dem Mailänder Verlag erschienen.[170] Secchia, der wohl prominenteste parteiinterne Gegner der graduellen Öffnung des PCI gegenüber der bürgerlichen Mitte, stand nicht nur den *movimenti* aufgeschlossen gegenüber, sondern teilte mit Feltrinelli auch die Begeisterung für die antikolonialen Befreiungsbewegungen.[171]

Besonders vielversprechend erschien dem Mailänder Verleger die Suche nach potentiellen ‚revolutionären Subjekten', die den Guerilleros des lateinamerikanischen und fernöstlichen Dschungels in Europa nacheifern könnten, offenbar auf Sardinien zu sein. Zu seinen dortigen Kontakten gehörte der PCI-Dissident Eliseo Spiga, der ihn im Dezember 1967 zu einem Vortrag über die Situation auf Kuba nach Cagliari einlud und später unter einem Pseudonym ein separatistisches Pamphlet in den ‚Edizioni della Libreria' veröffentlichte.[172] Angesichts der auf der Mittelmeerinsel aktiven Separatistenbewegung und des organisierten Banditentums, aber auch der provozierenden US-amerikanischen Militärpräsenz stellte der Verleger zur Verblüffung der meisten Anwesenden seinen Vortrag unter die Leitfrage „Ist Sardinien das Kuba des Mittelmeeres?". Der sardische Banditenführer Graziano Mesina gab später an, Feltrinelli habe ihn seit 1967 mit Waffen und Geld dazu bewegen wollen, gegen militärische NATO-Einrichtungen seiner Heimat – Häfen, Kasernen, Flughäfen – gerichtete Sabotageaktionen durchzuführen.[173]

Es kann kaum als Zufall gelten, dass analoge Pläne zeitgleich auch nördlich der Alpen ventiliert wurden. Bereits 1983 hat Ulrich Chaussy darauf hingewiesen, dass Dutschke im November 1967 im Verlauf einer Rede in Bremen seine Zuhörer dazu aufforderte, „den Hafen zu untersuchen, da höchstwahrscheinlich auch Bremen zu den europäischen Häfen gehöre, in denen Güter nach Vietnam umgeschlagen würden". Nur zwei Möglichkeiten gebe es, diesen Nachschub „punktuell und demonstrativ" zu verhindern – die Blockade des Hafens oder die Sprengung eines Schiffes.[174] Aus einem Interview, das Dutschke gut zehn Jahre nach diesen Äußerungen mit Feltrinellis ehemaligem Mitarbeiter

---

[170] Pietro Secchia, La guerriglia in Italia. Documenti della resistenza militare italiana, Mailand 1969.

[171] Ferdinando Dubla, Secchia, Il PCI e il '68, Datanews 1998. Secchia soll lange Zeit für den geheimen bewaffneten Arm des PCI verantwortlich gewesen sein. Feltrinelli kannte den PCI-Funktionär bereits seit 1945, vgl. Progetto Memoria, Sguardi, S. 39.

[172] Grandi, Feltrinelli, S. 350f.; Giuliano Cabitza, Sardegna: Rivolta contro la colonizzazione, Mailand 1968.

[173] Grandi, Feltrinelli, S. 362f.

[174] Vgl. den Bericht im Tagesspiegel, 29.11.1967, zitiert in Chaussy, Drei Leben, S. 208. In dem Zeitungsbericht heißt es weiter: „Nach seiner [Dutschkes] Meinung wäre es eine ‚ungeheure Hilfe' für den Vietcong in Vietnam, wenn auch unter den Hafenarbeitern Hilfsgruppen gebildet werden könnten. Das gelte für Bremen ebenso wie für Hamburg", zitiert ebd., S. 361, Anm. 179.

Valerio Riva und dem früheren SDS-Genossen Claudio Pozzoli geführt hat, geht unzweifelhaft hervor, dass das eingangs erwähnte, von Feltrinelli im Februar '68 nach Berlin transportierte Dynamit mit diesem in aller Öffentlichkeit beworbenen Plan in Verbindung stand – also keineswegs, wie häufig suggeriert, einem exzentrischen Alleingang des Italieners entsprungen war.[175] Hat Gaston Salvatore, der Dutschke in jenen Monaten kaum von der Seite wich, auch stets betont, dass man Feltrinelli nicht um die Lieferung der explosiven Fracht gebeten habe,[176] beschrieb Dutschke selbst den Sachverhalt anders: „Wenn man so etwas tun will, dann braucht man natürlich Sprengstoff. Und der war nicht da, und den hat er uns beschafft. Es ging darum, wenn der Angriff des Westimperialismus in Vietnam sich weiter steigerte und wir keine andere Möglichkeit mehr sahen, daß bestimmte amerikanische Schiffe, die mit Kriegsmaterial direkt nach Vietnam fuhren – daß wir sie halt auch sprengen werden. Im Hintergrund stand dabei nicht die Ideologie der Roten-Armee-Fraktion, sondern, wie es damals formuliert wurde, Gewalt gegen Sachen, aber nicht Gewalt gegen Personen. Um Aufklärung und Aktion durchzuführen, als symbolischen Akt, ohne dabei im geringsten Gewalt gegen Menschen anzuwenden. Ob es ein Mythos war, eine Illusion, das sei dahingestellt. Aber davon gingen wir aus."[177] Laut Dutschke hatte der entscheidende Kontakt zu Feltrinelli bereits *vor* dem Vietnamkongress stattgefunden, „sonst hätte er es ja gar nicht mitgebracht, sowas bringt man ja nicht so schnell und kriegt man ja nicht so schnell. (…) Es muß also im Januar gewesen sein, da wurde das schon geplant, sonst wäre ja gar keine Möglichkeit gewesen für ihn, daß er es so schnell uns bringen kann."[178] Tatsächlich spiegelt Gretchen Dutschkes Schilderung der Dynamit-Episode allein *ihr* überraschtes Entsetzen – keineswegs das ihres Mannes, der allein darum bemüht war, seine Frau aus der Angelegenheit herauszuhalten. Klar von der „ganzen Sache" distanziert hatte sich laut Dutschke-Klotz allein Bernd Rabehl – Dutschke, Salvatore und Semler hätten dagegen gemeinsam mit Feltrinelli „überlegt, was sie mit dem Dynamit anstellen konnten."[179] Laut Gilcher-Holtey wurde der Sprengstoff schließlich „in der Spree versenkt", während Dutschke-Klotz von einem Transport der explosiven Fracht nach Westdeutschland ausgeht, wo die Diskussion über die adäquate Verwendung noch einige Zeit fortgesetzt wor-

---

[175] Gretchens Erzählung legt nahe, dass es Feltrinelli gewesen sei, der die besagten Sabotageakte gegen die Schiffe vorgeschlagen habe. „Überlegt wurde außerdem, Eisenbahngleise zu sprengen, um Truppentransporte zu behindern, oder Überlandleitungen, die für militärische Zwecke genutzt wurden, zu zerstören", Dutschke-Klotz, Dutschke, S. 180.
[176] Zuletzt in seiner Rolle als Zeitzeuge im TV-Dokudrama ‚Dutschke' von Stefan Krohmer, Deutschland 2009.
[177] Zitiert in: Chaussy, Drei Leben, S. 132.
[178] Zitiert in: Ebd., S. 368, Anm. 180.
[179] Dutschke-Klotz, Leben, S. 180.

den sei.[180] In jedem Fall steht fest, dass Dutschke auch nach Feltrinellis Berlin-Besuch weiterhin öffentlich für Offensivaktionen gegen die US-Schiffe geworben hat, so auf einem Auftritt in Amsterdam unmittelbar im Anschluss an den Vietnam-Kongress: „Wir [müssen uns] gegen die schreckliche Kriegsmaschine wenden. D. h. gegen die NATO-Basen. Die NATO ist ein Instrument, um die europäische Revolution zu unterdrücken. Wir können nicht die Opposition gegen die NATO als eine passive Beobachtung sehen oder als einen Protest, sondern wir müssen handeln, z. B. mit Angriffen gegen NATO-Schiffe."[181] Die aggressive Rede in Amsterdam sollte später den Anlass für die Ausweisung der Dutschkes aus dem britischen Exil darstellen. Aufgrund eines weiteren Auftritts in Den Haag am 21. Februar, in dessen Verlauf Dutschke auf „fanatische Weise" direkte Aktionen gepredigt habe, wie ein beobachtender Sicherheitsbeamter festhielt, geriet er zudem ins Visier des niederländischen Verfassungsschutzes. Man verdächtigte den Deutschen, für eine Serie von Bombenanschlägen vor den Botschaften Griechenlands, Portugals und Spaniens in der niederländischen Hauptstadt verantwortlich zu sein; ein Verdacht, der sich jedoch offenbar nicht erhärtete.[182]

Tatsächlich scheint auch der Gedanke, mit Feltrinellis Dynamit amerikanische Schiffe anzugreifen, nach reiflicher Überlegung wieder verworfen worden zu sein. Dutschke-Klotz hat dafür die etwas missverständliche Begründung angeführt, dass „es nicht hundertprozentig sicherzustellen" gewesen sei, „daß Menschenleben nicht gefährdet wurden" – tatsächlich wäre eine solche Gefährdung wohl von vornherein überhaupt nicht zu vermeiden gewesen.[183] Trotz der verbliebenen Skrupel wollte der Kreis um Dutschke denn auch nicht bei martialischen Appellen stehenbleiben. Möglicherweise war man nach dem ‚Fanal' des vorausgegangenen Vietnam-Kongresses auch ein Stück weit zu Gefangenen der eigenen Rolle geworden. So schildern Malte J. Rauch und Samuel H. Schirmbeck, Mitglieder eines an der Sorbonne für Studierende aus der Bundesrepublik gegründeten „deutschen SDS" das Image, das die deutschen Genossen sich auf der Veranstaltung bei den anwesenden Ausländern erworben hatten: „Das Bild, das sich jetzt vom SDS in Frankreich zu entwickeln begann, war das einer revolutionären Organisation, die zum ersten Mal nach dem Krieg in Westeuropa über den verbalen Protest hinaus Aktionsmethoden entwickelte, die von der bürgerlichen Gesellschaft als Bedrohung ernst genommen wurden".[184]

---

[180] Gilcher-Holtey, Transformation, S. 216; Dutschke-Klotz, Leben, S. 180.
[181] Zitiert in: Ebd., S. 188.
[182] Kraushaar, Dutschke, S. 224.
[183] Dutschke-Klotz, Leben, S. 180.
[184] Zitiert in: Tilman P. Fichter/Siegward Lönnendonker, Kleine Geschichte des SDS. Der Sozialistische Deutsche Studentenbund von Helmut Schmidt bis Rudi Dutschke, Bonn 2008, S. 191.

2.2 Von den Waffen der Kritik zur Kritik der Waffen 107

Tatsächlich fasste Dutschke in der Folge den Plan, in Saarbrücken einen Mast des US-amerikanischen Soldatensenders AFN in die Luft zu sprengen, wie Dutschkes enger Freund Bahman Nirumand Ende der 80er Jahre offengelegt hat. „Ein in Saarbrücken ansässiger Freund und Genosse wurde gebeten, die nötigen Vorbereitungen zu treffen, wir sollten aus Berlin den Sprengstoff mitbringen. Das war für uns kein Problem. Peter Urbach, S-Bahn-Peter genannt (der sich später als eingeschleuster Spitzel des Verfassungsschutzes entpuppte), besorgte uns eine kleine Bombe".[185] Tatsächlich scheint nicht nur Feltrinelli, der Nirumand in der Schweiz eine Spende von 120.000 Franken (!) hatte zukommen lassen,[186] sondern auch die in Köln ansässige Behörde ein Interesse daran gehabt zu haben, die prominentesten Vertreter der deutschen Protestbewegung weiter in die Militanz zu treiben. Das hier deutlich werdende problematische Amtsverständnis einiger sogenannter Verfassungsschützer ändert gleichwohl nichts an der Tatsache, dass Dutschke mit der geplanten Aktion den späteren Aktivitäten seines „engen [italienischen] Kampfgefährten" (Kraushaar) gefährlich nahe kam. Nicht prinzipielle Bedenken der Protagonisten, sondern „technische Schwierigkeiten" auf dem Weg von Berlin nach Saarbrücken waren es, die das Unternehmen schließlich vereitelten – wenn Nirumand auch zu verstehen gibt, „daß wir alle über diese Panne froh waren, was selbstverständlich keiner von uns zugegeben hätte".[187] Zwei Jahre später sollten technische Schwierigkeiten Giangiacomo Feltrinelli das Leben kosten, während er am Fuße eines Hochspannungsmastes vor dem Toren Mailands einen Sprengsatz montierte. Der zu diesem Zeitpunkt bereits seit mindestens zwei Jahren zum Berufsrevolutionär mutierte Verleger hatte die lombardische Metropole von der Stromversorgung abschneiden wollen, um ein Zeichen des Protests gegen den Tod eines Demonstranten zu setzen, der dort kurz zuvor durch Polizeikugeln ums Leben gekommen war.[188] „An G. Feltrinelli denken", vermerkte Dutschke noch im März 1977 unter dem Stichwort „die überfälligen Arbeiten durchführen" in seinem Tagebuch – der 5. Todestag des Verlegers lag zu diesem Zeitpunkt wenige Tage zurück.[189]

Es muss spekulativ bleiben, ob die Frage der Legitimität solch potentiell lebensgefährlicher Praktiken schon bei Dutschkes und Feltrinellis erster Mailänder Begegnung vom 11.–13. September angeklungen ist – gänzlich ausgeschlossen ist es nicht. In jedem Fall werden die beiden Männer einander sofort in der Überzeugung bestärkt haben, die Zukunft der außerparlamenta-

---

[185] Nirumand, Leben, S. 112.
[186] Schneider, Rebellion, S. 258.
[187] Ebd., S. 113; vgl. auch Reimann, Kunzelmann, S. 185.
[188] So die Darstellung seines engen Freundes Oreste Scalzone, in: Progetto Memoria, Sguardi, S. 35.
[189] Dutschke, Leben, S. 282.

rischen Opposition liege in illegalen Aktionen, die sich – in welcher konkreten Form auch immer – letztlich am Kampf der antikolonialen Guerilla gegen den US-Imperialismus orientieren müssten. So sprach Dutschke im Rahmen einer auf Einladung des „Kursbuch"-Machers Hans Magnus Enzensbergers im Oktober 1967 zustande gekommenen Diskussionsrunde zu den revolutionären Zukunftsperspektiven Westberlins, an der neben dem Gastgeber auch Bernd Rabehl und Christian Semler teilnahmen, erstmals explizit von der „Zwangslage" des heutigen Pazifisten, entweder die Möglichkeit des Friedens zu leugnen oder „den Schritt zu tun zum Widerstand, zur Desertion, zur illegalen Arbeit, zur Sabotage von Militärzentren. Die Aggression, die sich sonst tagtäglich in den Straßen, in den Ghettos, in der Kriminalität, im Kampf in Vietnam ausdrückt, wäre nun zu lenken auf die Objekte, die die Aggression verursachen und die sie tragen, nämlich auf die militärischen und bürokratischen Zentren."[190] Es liegt nahe, dieses erste laute, wenngleich zu diesem Zeitpunkt noch nicht öffentlich vorgetragene Nachdenken über die „Sabotage von Militärzentren" – die die RAF 1972 im Rahmen ihrer Mai-Offensive schließlich *ohne* Rücksicht auf die Gefährdung von Menschenleben in die Tat umsetzen würde – in eine Verbindung mit den unmittelbar vorausgegangenen Gesprächen mit Feltrinelli zu bringen, der wie gesehen zeitgleich für eine entsprechende Strategie in Italien zu werben begann.

Im Januar 1968 nahm Feltrinelli am Internationalen Kulturkongress von Havanna teil, zu dem 470 Schriftsteller und Künstler aus 70 Ländern anreisten – nicht umsonst ist die „tropisch-utopische Revolutionsinsel" Kuba als „unverwüstlicher Intellektuellentraum" bezeichnet worden.[191] Ursprünglich hatte auch Dutschke – auf Anregung des Mailänder Verlegers? – in der Karibik anwesend sein wollen. Nachdem er schon im Oktober 1967 in der SDS-Projektgruppe „3. Welt/Metropolen" „politische Reisen nach Cuba" als Ausdruck „konkreter Solidarität" mit den Befreiungsbewegungen befürwortet hatte, notierte er einen Monat später, die Einladung zu einer „Januarreise nach Kuba (…) annehmen" zu wollen – gefolgt von doppelten Ausrufezeichen.[192] Tatsächlich vor Ort war schließlich aber nur der mit Dutschke eng befreundete Hans Magnus Enzensberger, der sein „Kursbuch" zweimal für Beiträge Fidels geöff-

---

[190] Ein als Räterepublik organisiertes, ‚befreites' Berlin, so die einigermaßen phantastisch anmutende Zukunftsvision der Sprecher, sollte zur Drehscheibe einer bevorstehenden europäischen Revolution werden. Veröffentlicht wurde das Gesprächsprotokoll erst später – in: Kursbuch 14, August 1968, S. 146ff., hier zitiert nach: Lönnendonker, Delegiertenkonferenz, S. 394.
[191] Koenen, Traumpfade, Klappentext. Vgl. auch Ingo Juchler, Trikontinentale und Studentenbewegung. Antiimperialismus als Schibboleth, in: Kraushaar, RAF und linker Terrorismus I, S. 205–217.
[192] Vgl. Dutschkes Notizen vom 5.11.1976, in: HIS-Archiv, RUD 240,06. In Bezug auf Kuba hieß es auch „Komitee f. d. spezielle militante Ebene bilden!".

net hatte.[193] Während sich Enzensberger nach einem weiteren Kuba-Aufenthalt jedoch kategorisch von der Politik des Castro-Regimes distanzierte und Ende 1969 eine Bilanz der kubanischen Revolution veröffentlichte, die deutlich machen sollte, „wieweit das marxistische Denken in Kuba auf den Hund gekommen" war, war es für Feltrinelli für eine kritische Bestandsaufnahme der kubanischen Verhältnisse offenbar längst zu spät.[194] Sein Begleiter auf dem Kulturkongress, Enrico Filippini, berichtete von der Reise: „Ich überraschte ihn einmal in seinem Zimmer, neben seinem Bett auf dem Boden auf ein paar Blättern Zeitungspapier schlafend. (...) Seine Rede hielt er in einem Spanisch, das nur für einen Italiener zu verstehen war. (...) Er wollte den Kubanern signalisieren, dass seine Funktion als europäischer Verleger beendet war, dass er sich nur noch als ‚anti-imperialistischer Kämpfer' betrachtete."[195]

Wolfgang Kraushaar hat bereits darauf aufmerksam gemacht, dass die Überlegungen, die Feltrinelli noch während des Havanna-Aufenthaltes zu Papier brachte, „denen Dutschkes so sehr [ähneln], dass man meinen könnte, er habe von ihm abgeschrieben".[196] Unter dem Titel „Guerilla und revolutionäre Politik" hieß es, im Gegensatz zu einer revisionistischen und reformistischen Politik verlange eine revolutionäre Strategie „den systematischen und progressiven Einsatz der Gegengewalt. Die politische Guerilla muß sich als grundlegendes strategisches Element im gegenwärtigen Kampf des italienischen Proletariats entfalten".[197] An diesem Papier wird wieder einmal deutlich, dass sich hinter Feltrinellis vermeintlicher Defensivhaltung, mit der er versuchte, möglichst viele Mitstreiter von der Notwendigkeit der ‚Selbstverteidigung' zu überzeugen, in Wahrheit eine eindeutige Offensivstrategie verbarg, da dem Verleger Angriff offensichtlich als die beste Verteidigung erschien. Auch Filippini bestätigt, schon in Havanna begriffen zu haben, dass Feltrinellis „revolutionäre Ungeduld die Oberhand behalten" habe. „Er hat versucht, die Resistenza zu organisieren, die er als Junge verpasst hatte."[198]

Es kann kein Zweifel daran bestehen, dass Feltrinelli in diesem Zusammenhang die Aufstellung „Internationaler Brigaden" vorschwebte – ein Begriff, der ab Oktober 1967 auch in Dutschkes Aufzeichnungen auftaucht.[199] Offenbar teilten beide den Glauben daran, dem international organisierten Gegner, wie

---

[193] Im Laufe des Sommers sollte schließlich eine Delegation von 39 SDS-Mitgliedern, darunter Bernd Rabehl, die Kuba-Reise tatsächlich antreten, nicht aber der an den Folgen des Attentats laborierende Dutschke. Die Unternehmung löste in der Bundesrepublik aufgeregte Spekulationen aus, vgl. dazu Kraushaar, Rudi Dutschke, S. 239–241.
[194] Vgl. dazu Lau, Enzensberger, S. 255ff., für das Zitat S. 259.
[195] Zitiert in: Carlo Feltrinelli, Senior Service, S. 331.
[196] Kraushaar, Dutschke, S. 238.
[197] Zitiert in: Ebd.
[198] Zitiert in: Grandi, S. 300.
[199] Kraushaar, Dutschke, S. 237.

er vor allem in der NATO greifbar und, wie die Protagonisten fälschlicherweise wähnten, auch *an*greifbar wurde, auf möglichst breiter Front entgegentreten zu müssen.

Dutschkes langjähriger Weggefährte, der Soziologe Bernd Rabehl, hat sich bislang am ausführlichsten zu der intensiven Zusammenarbeit geäußert, die sich ab dem Herbst 1967 zwischen Rudi Dutschke und seinen Getreuen auf der einen sowie Giangiacomo Feltrinelli auf der anderen Seite entspann. Die in den fraglichen Monaten vor dem Hintergrund wachsender politischer Differenzen innerhalb des SDS offen ausbrechende Rivalität zwischen Rabehl auf der einen, Dutschke und Gaston Salvatore auf der anderen Seite wird seine Schilderung zwar nicht unbeeinflusst gelassen haben, insgesamt erscheint sie durch persönliche Motive aber weniger kontaminiert zu sein als die Version der Ereignisse, die der Dutschke kritiklos ergebene Gaston Salvatore präsentiert hat. Letzterer scheint an den hier beschriebenen Radikalisierungsprozessen im Übrigen alles andere als unbeteiligt gewesen zu sein: Laut Dutschke leistete Salvatore im betreffenden Zeitraum eine „für uns, für mich elementar wichtige Arbeit (...), eine internationalistisch treibende, die mit mir eine identische Dialektik hatte".[200] Auch wenn davon auszugehen ist, dass es beiden Zeitzeugen auch darum ging, diesen Teil der eigenen Biographie für sich selbst zu retten und die eigene Rolle möglichst positiv einzufärben, erscheinen die Ausführungen Rabehls trotz einiger Unstimmigkeiten insgesamt fundiert zu sein, zumal sie mit Quellenfunden aus dem Nachlass Dutschkes, Informationen italienischer Provenienz sowie den Schilderungen Gretchen Dutschke-Klotz' nahezu vollständig kompatibel sind: „Fast fieberhaft", so Dutschke-Klotz, habe „Rudi und sein Kreis" in diesen Monaten überlegt, „welche praktischen illegalen Schritte sie unternehmen sollten. Es gab Verbindungen mit Gruppen in Frankreich und vor allem in Italien, die ähnlich dachten".[201] Massimo Negarville, ehemaliges Mitglied der aus der italienischen 68er-Bewegung hervorgegangenen Gruppe Lotta Continua, der die Organisation 1972 aufgrund ihrer starken Militarisierungstendenzen verließ, erinnert sich an einen Abend im Herbst 1967, den man mit einem deutschen Studentenführer verbracht habe, der in Turin zu Besuch gewesen sei. „Euer Problem ist, dass hier nichts läuft", habe der Deutsche plötzlich gesagt. „Lasst uns was machen, drei oder vier Molotows, wir müssen den Zeitungen was über uns zu schreiben geben'. Uns blieb der Mund offen. An

---

[200] Die Annäherung an politische Positionen der extremen Rechten, die Rabehl in jüngster Zeit vollzogen hat, macht seine zwischen persönlicher Erinnerung und wissenschaftlicher Analyse schwankende Darstellung der SDS-Geschichte ebenfalls nicht *per se* unglaubwürdig, auch wenn in Rechnung zu stellen ist, dass er – wie in Bezug auf Horst Mahler von Kraushaar angemerkt – Dutschkes Antiamerikanismus und fehlenden Pazifismus für die politische Rechte vereinnahmen will, vgl. ebd., S. 227.
[201] Dutschke-Klotz, Leben, S. 178.

diesem Abend fand die Idee der exemplarischen Aktion Eingang in die Turiner Bewegung. Und sie blieb Teil des Gepäcks von Lotta Continua".[202]

Laut Rabehl betrieb Dutschke in diesen Monaten eine forcierte Internationalisierungsstrategie, über die die im Organisationsreferat umrissene politische Linie dem widerstrebenden SDS ebenso aufgezwungen werden sollte, wie er durch sie umgangen und letztlich entmachtet werden sollte. In diesem Zusammenhang, so Rabehl, sei die Verbindung zu Giangiacomo Feltrinelli „besonders wichtig" gewesen, „weil er nicht nur Geld zur Verfügung stellte, sondern auch Beziehungen zu militanten Gruppen in Italien und Frankreich unterhielt."[203] Es ist schwer zu entscheiden, ob bereits der Mailand-Besuch vom September nur als erste Station einer Tournee „als deutscher Politstar durch Europa" geplant war,[204] auf der Dutschke Verbündete für seine Aktionsstrategie zu finden hoffte oder ob die Perspektive einer europäischen Aktionseinheit im Kampf gegen den amerikanischen Imperialismus erst nach oder vielleicht sogar während des Gesprächs mit Feltrinelli entwickelt wurde. Zweifellos dachte Dutschke schon seit der zweiten Hälfte der sechziger Jahre „europäisch".[205] Andererseits rückten erst die ökonomischen Ressourcen des Verlegers die Möglichkeit einer Realisierung der hochfliegenden Pläne in greifbare Nähe. Fest steht, dass Dutschke in diesen Monaten mit Prag und Budapest auch bevorzugte Aufenthaltsorte Feltrinellis berührt hat; eine geplante Reise nach Paris konnte aufgrund des Attentats nicht mehr stattfinden. Inwieweit seine Reisen von Feltrinelli finanziell gefördert wurden oder Dutschke von seinen vielfältigen Kontakten profitierte, ist unklar. In jedem Falle wurde die Vorstellung einer neuen Internationale der potentiell sozialrevolutionären Kräfte Europas von nun an zur zentralen *Idée fixe*, die das Handeln beider Protagonisten in hohem Maße bestimmt hat.

Im Herbst und Winter 1967/68 liefen zunächst „alle Zuspitzungen", so Rabehl, „auf den Vietnamkongreß zu."[206] Nur einen Tag nach seiner Rückkehr aus Italien hatte Dutschke in seinem Tagebuch die Notiz „theoreti[sche] Vorbesprechung f[ür] Tagung in Berlin" vermerkt.[207] Aller Wahrscheinlichkeit nach handelte es sich um den ersten Hinweis auf den Internationalen Vietnam-Kongress, der, zum größten Teil finanziert von Giangiacomo Feltrinelli, am 17./18. Februar 1968 im Audimax der TU in West-Berlin zur wohl eindrucksvollsten transnationalen Demonstration linker Solidarität gegen den Vietnamkrieg

---

[202] Zitiert in: Aldo Cazzullo, I ragazzi che volevano fare la rivoluzione. 1968–1978. Storia critica di Lotta continua, Mailand 1998, S. 191.
[203] Rabehl, Provokationselite, S. 495.
[204] Koenen, Jahrzehnt, S. 56.
[205] Rabehl, Provokationselite, S. 480.
[206] Ebd., S. 494.
[207] Dutschke, Leben, S. 62.

geraten sollte. Hatten die Pläne auf manchen Beobachter zunächst wie „ein verzweifelter Rückgriff auf die alte SDS-Verbandspolitik aus der Mottenkiste, eine internationalistisch aufgeplusterte Version der traditionellen studentischen Kongreßpolitik vor 1967" gewirkt, veränderte die erfolgreiche Tet-Offensive des Vietcong Anfang 1968 die Lage: Der SDS erwartete 10.000 Besucher aus Westeuropa, den Ostblockländern, Kuba und Vietnam, darunter Jean-Paul Sartre, Ernst Bloch, Peter Weiss, Ernest Mandel, Michelangelo Antonioni und Lelio Basso:[208] „By early 1968, Germany seemed to be the place where student activism was the most promising, the most radical, and the most effective."[209]

Laut Rabehl verfolgte Dutschke „mit der Planung und Durchführung dieses Kongresses seine ‚Linie' der Radikalisierung". Das Treffen sei „zusammen mit wenigen Getreuen bewußt außerhalb des SDS" organisiert worden, um diesen in der Folge in die Eskalation zwingen und die Vertreter eines traditionellen Sozialismus endgültig ausbooten zu können.[210] Die Diskussion um die „Perspektiven eines legalen und illegalen Kampfes" sollte nicht mehr im SDS oder im Republikanischen Club geführt werden, um „ohne diese Organisationen eine neue Kampffront zu bilden". Die ausländischen Teilnehmer habe Dutschke persönlich nach dem Kriterium ihrer revolutionären Orientierung ausgewählt: „Sozialdemokratische, reformistische und kommunistische Parteigänger und Organisationen erhielten ebenso wie kirchliche, liberale oder christliche Organisationen keine Einladung". Eine Ausnahme wurde dagegen gegenüber SED/SEW und FDJ gemacht, deren Vertreter offensichtlich ‚trotz allem' „als potentielle Mitgestalter einer ‚Freien Stadt Berlin'" betrachtet wurden: In Interviews verlieh Dutschke der Hoffnung Ausdruck, im Zuge der umfassenden kulturrevolutionären Erneuerung, die ihm vorschwebte, auch die östlichen Regime aus ihrer Erstarrung lösen zu können.[211] Auch die seit längerem gepflegten Kontakte zum linken Flügel der Berliner Sozialdemokratie um Harry Ristock ließ Dutschke nicht abreißen und verfuhr damit ähnlich wie Feltrinelli gegenüber den seinen Ideen gegenüber aufgeschlosseneren Genossen des PCI.[212]

---

[208] Enzensberger, Jahre, S. 242; 244.
[209] Jobs, Travel, S. 383.
[210] Vgl. für das Folgende Rabehl, Provokationselite, S. 494f.
[211] Ebd., S. 506. Vgl. zu den Kontakten zwischen der Gruppe um Dutschke und der SED im Vorfeld des Vietnam-Kongresses auch Bernd Rabehl, Feindblick. Der SDS im Fadenkreuz des ‚Kalten Krieges', Berlin 2000, S. 55–62. Die anvisierte Kooperation mit dem SED-Regime stellte den wohl wichtigsten Grund für den Bruch Rabehls mit Dutschke dar, vgl. ebd., S. 498 sowie Dutschke, Leben, S. 188.
[212] Ebd. – Ristock lief aufgrund des Plakats „Gegen den Krieg der Amerikaner in Vietnam – Ich bin Sozialdemokrat", das er während der Großdemonstration zum Abschluss des Kongresses trug, kurzfristig Gefahr, aus seiner Partei ausgeschlossen zu werden, vgl. Michael Ludwig Müller, Berlin 1968. Die andere Perspektive, Berlin 2008, S. 207f. Die Aufzeichnungen Müllers sind als Augenzeugenbericht über das Kongress-Geschehen aus der Sicht eines befremdeten Beobachters lesenswert.

Im Kern sollte der Kongress jedoch „die Radikalen aller Länder sammeln und Ausgangspunkt einer revolutionären Organisation werden".[213] Ein – neben dem SDS – von belgischen, italienischen, französischen, britischen und holländischen Gruppen unterzeichneter Aufruf definierte den Kampf gegen das atlantische Bündnis und die NATO, die Intensivierung des Klassenkampfes, der sich das Problem der Eroberung der Macht stellen müsse, die Bekämpfung der sozialdemokratischen Ideologie, die dem Imperialismus in die Hände arbeite und die Arbeiterbewegung neutralisiere, als die wesentlichen inhaltlichen Ziele des Kongresses.[214] Welchen positiven Vorbildern man nachzueifern gedachte, wurde auf Agitationsveranstaltungen deutlich, auf denen in der Woche vor der Konferenz allabendlich Filme über Vietnam und Kuba vorgeführt wurden, die größtenteils aus der kubanischen Botschaft in Ostberlin stammten.[215] Tatsächlich bezeichnete Dutschke die Veranstaltung auf einer vorbereitenden Pressekonferenz als Geburtsstunde einer europaweit vernetzten Neuen Linken, die sich im aktiven Kampf gegen den Vietnam-Krieg konstituieren sollte – ein Kampf, der sich gegen die US-amerikanische Militärpräsenz in Europa richten und die Komplizenschaft der Herrschenden ebenso aufdecken wie die Moral der amerikanischen Truppe unterminieren sollte. Zu welch dramatischen Zuspitzungen diese Taktik auch ohne den Einsatz von Brandsätzen führen konnte, sollte sich bereits in den Tagen des Kongresses selbst zeigen, wo die Veranstalter trotz des Verbots durch den Senat eine Großdemonstration vor den US-amerikanischen Kasernen in Lichterfelde geplant hatten. Laut Rabehl hatten „vor allem Repräsentanten aus Italien um Feltrinelli und um die französische Ligue Communiste großes Interesse an einer militanten Demonstration gezeigt, die europaweit Signale setzen und die US-Streitkräfte direkt treffen sollte".[216] Auch Gretchen Dutschke-Klotz erinnert sich, dass „die ausländischen Gruppen, die sich am Kongreß beteiligten (...) weit radikaler als die Deutschen waren": „Die Franzosen und Italiener wollten gut ausgerüstet nach West-Berlin kommen, mit Helmen, Schlagstöcken und Fahrradketten" und „auf jeden Fall zu den McNair-Kasernen marschieren".[217] Tatsächlich war

---

[213] Rabehl, Provokationselite, S. 496.
[214] HIS-Archiv, RUD 250,03. Aufruf zur Internationalen Vietnamkonferenz – Westberlin, Februar 1968.
[215] Rabehl, Feindblick, S. 129.
[216] Ders., Provokationselite, S. 501. Bei der französischen Gruppe handelte es sich um die 1966 aus einer Spaltung der ‚Union d'etudiants comunistes' hervorgegangene trotzkistische ‚Jeunesse communiste révolutionnaire', die erst im Juni 1968 den von Rabehl genannten Namen annehmen sollte. Hintergrund war die Auflösung der militanten Gruppe per Regierungsdekret nach dem Pariser Mai. Unter verändertem Namen operierte die Gruppe mehrere Jahre weiter, wobei sich vor allem der klandestine Ordnungsdienst zunehmend militarisierte, vgl. Sommier, Violenza rivoluzionaria., S. 52; 75. Zur Strategie der Gruppe vgl. Alain Krivine, Questions sur la révolution, Paris 1973.
[217] Dutschke-Klotz, Leben, S. 183.

es Alain Krivine, der Vertreter der „Jeunesse communiste révolutionnaire", der in seinem Redebeitrag auf dem Kongress wiederholt auf die potentielle Signalwirkung der Kundgebung verwies, „die in allen Hauptstädten der Welt dazu führen würde, die Anwesenheit amerikanischer Truppen unmöglich zu machen."[218] In Anbetracht der Tatsache, dass der Berliner Senat – offenbar auf Drängen der Amerikaner, deren Sicherheitsinteressen direkt betroffen waren – entschlossenes Durchgreifen der Sicherheitskräfte angekündigt hatte, handelte es sich um ein riskantes Spiel mit dem Feuer, das, wie wiederum Rabehl unterstreicht, bei der Mehrheit der SDS-Führung den Eindruck hervorrief, dass „Dutschke und sein Kreis künstlich eine ‚revolutionäre Situation' in West-Berlin schüren wollten, um den SDS in dieser Zuspitzung zu spalten und gleichzeitig den Kampf in die Illegalität abzudrängen".[219] Glücklicherweise blieb eine gewaltsame Konfrontation dank der Umsicht kompromissbereiter Vermittler auf beiden Seiten sowie eines salomonischen Urteils des Berliner Verwaltungsgerichts aus, welches das Demonstrationsverbot mit der Auflage einer veränderten Streckenführung aufhob. Gleichwohl hatte die Gefahr einer gewaltsamen Zuspitzung der Ereignisse die internationale Prominenz mit Ausnahme von Peter Weiss inzwischen dazu bewogen, ihre Teilnahme abzusagen.[220] Zu den – im konkreten Fall – zur Mäßigung aufrufenden Stimmen hatte auch Horst Mahler gehört. „Wir schwören der Gewalt nicht ab und ich bin der letzte, der Gewaltlosigkeit in der Geschichte das Wort redet", so der spätere RAF-Gründer auf dem Westberliner Kongress. Die politischen Erfolge der Veranstaltung werde man aber nur dann einlösen, wenn die geplante Demonstration „diszipliniert, mit einem ordentlichen Abschluß, ohne Wasserspiele" stattfinde.[221]

Tatsächlich wurde im Audimax der TU Berlin, in dem sowohl die Mitglieder der Kommune I als auch Andreas Baader und Gudrun Ensslin anwesend waren,[222] unter einer riesigen Fahne des Vietcong die Revolution zwar wortreich beschworen, nicht aber ernsthaft betrieben. Die Offenheit allerdings, mit der sich einige Teilnehmer zur Anwendung von Gewalt als Mittel zur Verwirklichung ihrer Ziele bekannten, war zumindest für den bundesrepublikanischen Kontext bemerkenswert. „Lassen wir dem Erwachen der Verdammten das Erwachen der Verdummten dieser Erde folgen", rief etwa der Dutschke-Vertraute Nirumand den Zuhörern zu. „Halten wir darum nicht länger die pseudorevo-

---

[218] Redebeitrag Alain Crivines, Vertreter der trotzkistischen ‚Jeunesse communiste révolutionnaire', zitiert in: Bericht des Innensenators über die „Internationale Vietnam-Konferenz" am 17. Februar ´68 in West-Berlin, in: HIS-Archiv, RUD 250,03, S. 6.
[219] Rabehl, Provokationselite, S. 501.
[220] Enzensberger, Jahre, S. 248.
[221] Redebeitrag Horst Mahler, zitiert in: Bericht des Innensenators, S. 17.
[222] Peters, Irrtum, S. 75.

lutionäre Praxis der stimmungsvollen Kongresse und Aufrufe für ausreichend. Erinnern wir uns, daß die Waffe der Kritik die Kritik der Waffen nicht ersetzen kann."[223] Folgerichtig beschränkte sich die Veranstaltung – jedenfalls für einen kleinen Kreis Eingeweihter rund um Dutschke und Feltrinelli – denn auch nicht auf ein medienwirksames Happening von Möchtegern-Guerilleros, die sich im revolutionären Gestus gefielen. Denn neben der öffentlichen besaß der Kongress auch eine klandestine Dimension, die durch das suggestive Bild der in Hosea Chés Kinderwagen versteckten Dynamitstangen zwar an Plastizität gewinnt, deren Bedeutung durch die Anekdote unterm Strich aber mehr vernebelt als erhellt wird.

Gegenüber der Dutschke-Biographin Michaela Karl berichtete Bernd Rabehl von „inoffizielle[n] Zusammenkünfte[n] im Rahmen des Kongresses, in denen die Diskussionen um Illegalität und Gewalt in der Opposition konkretisiert worden seien. In der TU Berlin und privat seien, auch mit Beteiligung Feltrinellis, Gespräche über den Aufbau von Partisaneneinheiten in Europa, die sich aus ETA, IRA, Roten Brigaden und deutschen Revolutionstrupps zusammensetzen und Teil einer internationalen Formation werden sollten, geführt worden."[224] An den geheimen Treffen in der Wohnung von Peter Neitzke hätten, so Rabehl, außer ihm selbst auch Christian Semler, Gaston Salvatore, Jürgen Horlemann und andere teilgenommen.[225] Zwar habe es in jenen Februartagen keine Toten gegeben, „der Gedanke des illegalen Widerstands und des Partisanenkrieges in Westeuropa" sei jedoch bei diesem Anlass geboren worden.[226]

Zweifellos sind solche Interpretationen ihrerseits interpretations- und korrekturbedürftig – die Gründung der Roten Brigaden etwa erfolgte erst gut

---

[223] Redebeitrag Nirumand, zitiert in: Bericht des Innensenators, S. 11.
[224] Karl, Dutschke, S. 132.
[225] Rabehl, Provokationselite, S. 495. Im Rahmen seiner schriftlichen Ausführungen hat Rabehl die Treffen nicht mehr direkt in den Zusammenhang des Vietnam-Kongresses gestellt, was mit seiner wenig überzeugenden These zusammenhängen mag, Dutschke habe schon mit seinem Redebeitrag auf der Veranstaltung deutlich gemacht, sich von seiner Radikalisierungsstrategie abgewendet und illegalen Praktiken abgeschworen zu haben. Argumente für diese angebliche Kehrtwende Dutschkes bleibt Rabehl allerdings schuldig. Einer solchen widersprechen in jedem Fall die heute bekannten Tatsachen über Dutschkes Aktivitäten nach dem Kongress. Es spricht viel dafür, dass es Dutschke seinem Ko-Autor beim ‚Organisationsreferat', Hans-Jürgen Krahl, auf der Berliner Veranstaltung überließ, die gemeinsamen Pläne öffentlich zu bewerben: Krahl projektierte eine große, durch die anwesenden westeuropäischen Organisationen gemeinsam getragene „Kampagne zur Wehrkraftzersetzung der NATO-Armeen in Westeuropa", die in Aktionen „gegen den Transport amerikanischen Kriegsmaterials für den Krieg in Vietnam" und „gegen die Rüstungsindustrie in Westeuropa" Gestalt gewinnen sollte – eine Idee, die auch in der gemeinsamen Schlusserklärung des Kongresses wieder aufgenommen worden war. Redebeitrag Krahl, zitiert in: Bericht des Innensenators, S. 11.
[226] Rabehl, Feindblick, S. 135.

eineinhalb Jahre *nach* den hier beschriebenen Zusammenkünften. Auch Beobachter des Verfassungsschutzes glaubten allerdings, „Spezialisten für den Aufbau illegaler Sabotagetrupps", darunter „zukünftige Untergrundkämpfer aus Italien" auf dem Kongress ausgemacht zu haben, „die erste Projekte über die illegale Arbeit vorstellten".[227] Tatsächlich hatte nicht nur Bahman Nirumand, sondern auch eine Vertreterin der kleinen, von Lelio Basso angeführten radikalen Partei PSIUP den sofortigen Übergang zur „bewaffneten Kritik" gefordert, wobei sie für sich in Anspruch nahm, auch im Namen der Jugend zu sprechen, „die an der sozialwissenschaftlichen Fakultät und den Oberschulen Trients" kämpfe.[228] Auch Mauro Rostagno, wenig später Mitbegründer von Lotta Continua, ergriff in Westberlin das Wort. Einige Monate später sollte Peter Schneider in der oberitalienischen Stadt mit ihrer ambitionierten, erst wenige Jahre zuvor gegründeten Universität nicht nur Rostagno wiederbegegnen, sondern auch den späteren BR-Gründer Renato Curcio kennenlernen, mit dem er eine Zeitlang die Wohnung teilte.[229] Die Formel „Piter Sneider, amico di Rudi Dutschke", mit der Schneider in die Trientiner Szene eingeführt wurde, erzeugte überall „ein ehrfürchtiges Murmeln".[230] Der Name SDS-Berlin, so bestätigt auch Szene-Mitglied Günter Langer, wirkte „überall in Europa wie ein Dietrich".[231]

Langfristig folgenreicher als die in Rabehls Schilderungen erkennbar werdenden und auch von Reimann betonten Ansätze zur Militarisierung der Berliner Protestbewegung hinter den Kulissen des Kongresses war denn wohl auch dessen Funktion als Kontaktbörse der europäischen Radikalenszene.[232] Zusammenkünfte wie dieser, so Martin Klimke, schufen „in eindrucksvoller Weise einen neuen transnationalen Kommunikationsraum, in dem die Vertreter der nationalen Protestbewegungen wie selbstverständlich agierten und sich austauschten".[233] Insgesamt nahmen die auf drei- bis sechstausend

---

[227] Ebd.
[228] Redebeitrag PSIUP – Italienische sozialistische Partei der proletarischen Einheit, in: SDS/INFI, Kampf, S. 101–106, hier S. 105.
[229] Schneider, Rebellion, S. 323–325. Vorher hatte Schneider einige Wochen in Rom verbracht, von wo ihn ein Trientiner Student abholte, damit er dort etwas über „die sagenhaften militanten Demonstrationen in Berlin" erzähle, ebd. S. 307. „Nichts hat mich in den Wochen mit Renato Curcio darauf vorbereitet, daß er kaum zwei Jahre später eine bewaffneten Gruppe namens ‚Brigate Rosse' gründen würde", so Schneider in der Rückschau. Zur Bedeutung der Trientiner Hochschulgründung für die italienische Neue Linke vgl. Horn, Spirit, S. 74–83.
[230] Schneider, Rebellion, S. 309.
[231] Günter Langer, Der Berliner „Blues" – Tupamaros und umherschweifende Haschrebellen zwischen Wahnsinn und Verstand, in: Eckhard Siepmann u. a. (Red.), Che, Schah, Shit. Die sechziger Jahre zwischen Cocktail und Molotow, Berlin 1984, S. 195–203, hier S. 199.
[232] Reimann, Kunzelmann, S. 185.
[233] Klimke, 1968 transnational, S. 4.

Personen geschätzten Teilnehmer mit ihren – nach Veranstalterangaben – 44 Delegationen aus 14 Ländern aus Berlin die sinnlich erfahrene Gewissheit mit, auch jenseits der jeweiligen Landesgrenzen mit zahlreichen Gleichgesinnten rechnen zu können – ein Gefühl, das durch den Abdruck der zahlreichen Solidaritätsadressen aus aller Herren Länder in der bald darauf erscheinenden Publikation der Kongressakten auf Dauer gestellt wurde und sich über den Kreis der unmittelbaren Teilnehmer hinaus verbreitete.[234] Daneben blieben den Anwesenden eingängige Parolen im Ohr, die nicht umsonst zu den in der Folge wohl am häufigsten zitierten Äußerungen Rudi Dutschkes avancieren sollten: „Genossen! Wir haben nicht mehr viel Zeit. In Vietnam werden auch wir tagtäglich zerschlagen und das ist nicht ein Bild und ist keine Phrase. (…) Wir haben eine historisch offene Möglichkeit. Es hängt primär von unserem Willen ab, wie diese Periode der Geschichte enden wird."[235]

Dutschke hatte in seinem Beitrag, der wohl bewusst die Guerilla-Terminologie des ‚Organisationsreferats' vermied, vor allem die Notwendigkeit betont, im Kampf gegen die NATO als „organisierte Zentrale des Imperialismus in Mittel- und Westeuropa zur Verhinderung der Emanzipation der produzierenden Massen (…) die ‚nationalen' Kampagnen zu internationalisieren". Dazu sei, so Dutschke weiter, „der Aufbau eines eigenen revolutionären Informationsnetzes" mit „taktischen Zentralen" in den verschiedenen Ländern unerlässlich: „Ein praktischer Schritt in diese Richtung wäre der Aufbau einer Dokumentationszentrale, und zwar über den Missbrauch der Wissenschaften zu Kriegs- und Unterdrückungszwecken im Kapitalismus." Die dort geleistete Aufklärungsarbeit sollte wiederum dazu beitragen, „antiimperialistische Aktionen vorzubereiten." Seine Begründung finde „dieser praktische Internationalismus (…) im internationalen Charakter des Kapitals und seiner Herrschaft."[236]

Als wichtigster Geldgeber dieses neuen Dokumentations- und Aktionszentrums, das kurze Zeit später unter dem Namen „Internationales Nachrichten- und Forschungsinstitut" (INFI) aus der Taufe gehoben wurde, sprang einmal mehr Feltrinelli in die Bresche. Laut Rabehl ging dieses „Zentrum der Revolte in der Revolte (…), das die internationalen Verbindungen knüpfte und aufrechterhielt"[237], sogar originär auf eine Idee des Mailänders zurück, die Dutschke auf dem Kongress lediglich öffentlich gemacht habe. Der Verleger habe den Aufbau von „Gegenöffentlichkeit" zur „Entlarvung" der Herrschenden als notwendiges Korrelat von europaweit koordinierten, illegalen „Sabotageeinheiten" und „Partisanentrupps nach dem Vorbild des

---

[234] SDS/INFI, Kampf, S. 163–175.
[235] Dutschke, Bedingungen, S. 123.
[236] Ebd., S. 116.
[237] Rabehl, Provokationselite, S. 496.

italienischen Widerstands gegen den Faschismus und die deutsche Besatzung 1944/45" gesehen, die er selbst aufzustellen gedachte.[238]

Wenn man Gretchen Dutschke-Klotz glauben darf, sollte das INFI als linke Kommunikationszentrale mit Verbindungsbüros im Ausland ihren Mann vor allem unabhängiger vom Aufenthaltsort Berlin machen, wo er (und vor allem sie) sich im Fadenkreuz der sich zuspitzenden Auseinandersetzungen offenbar zunehmend unsicher fühlte.[239] In der Folge firmierte das Institut, das offenbar weitgehend mit der sogenannten Wielandkommune in Berlin-Charlottenburg zusammenfiel, nicht nur als Herausgeber der Beiträge des Vietnam-Kongresses selbst. Mitglieder des INFI stellten unter der Leitung von Dutschke auch einschlägige Texte von Debray und Fidel Castro zusammen, die mit einer wiederum von Dutschke verfassten Einleitung im Trikont-Verlag erschienen.[240] Ebenso verantwortete eine „Black-Power-Gruppe im INFI" die Voltaire-Flugschrift „Großstadtguerilla", die zwei Texte des Schwarzenführers Robert F. Williams enthielt, der als einer der ersten den bewaffneten Widerstand der Afro-Amerikaner gegen die Rassendiskriminierung proklamiert hatte.[241] Michael („Bommi') Baumann bezeichnete den Text später neben

---

[238] Ders., Feindblick, S. 142.
[239] Das INFI wurde als „Dokumentationszentrale gegen den Mißbrauch der Wissenschaft zu Zwecken der imperialistischen Kriegführung" auch in der Schlusserklärung des Kongresses angekündigt, INFI/SDS, Kampf, S. 159f. Vgl. auch Dutschke-Klotz, Leben, S. 187. Die Dutschkes planten für die nähere Zukunft einen USA-Aufenthalt, zu dem es dann aus den bekannten Gründen nicht mehr kommen sollte.
[240] Régis Debray/Fidel Castro/K.S. Karol/Gisela Mandel, Der lange Marsch. Wege der Revolution in Lateinamerika, München 1968. Die Einleitung griff die Themen und Begriffe des ‚Organisationsreferats' wieder auf – Organisation als Resultat eines „praktischen Lernprozesses und nicht als seine Voraussetzung" (S. 9), die Notwendigkeit eines „zweiten und dritten Vietnams" zur Unterstützung des Befreiungskampfes der ‚3. Welt' und damit zum Sieg über die Konterrevolution (S. 15), das große Ziel einer „befreienden Verweigerungs- und Sabotage-Guerilla in den verschiedenen Sphären der Gesellschaft" (S. 19). Auch wenn der Text insgesamt eher auf die Langwierigkeit des bevorstehenden „Marsches durch die Institutionen" (S. 20) und die Unerlässlichkeit beständiger Vermittlungsbemühungen zur Herstellung der ersehnten Massenbasis verwies – und entsprechend keinesfalls als theoretische Herleitung späterer RAF-Praktiken herhalten kann –, kamen die Autoren auch diesmal nicht ohne das vielstrapazierte Marxzitat „Die Waffe der Kritik kann die Kritik der Waffen nicht ersetzen" aus. „Allein der permanente Kampf, der den Imperialismus überall angreift und ihn sich ausbluten läßt, vermag die sozialistische Revolution und durch sie eine antiautoritäre sozialistische Weltgesellschaft zu verwirklichen. Es lebe die sozialistische Weltrevolution, die sich in ihr befreienden Gesellschaften und die sich in Freiheit setzenden neuen Menschen" (S. 24), so das Schlusswort des Textes.
[241] Robertf. Williams/Robert B. Rigg, Großstadtguerilla, Berlin 1969 (=Voltaire Flugschrift 24). Williams, der auf der Flucht vor dem FBI zunächst nach Kuba und dann nach Peking emigriert war, plädierte in dem abgedruckten Beitrag für die Bildung einer „präzis geplanten Großstadtguerilla", als deren „gefährlichste Angriffswaffe" sich „Brandstif-

Debrays, Maos und Guevaras Schriften als wichtige Inspirationsquelle der eigenen Aktivitäten in der Illegalität.[242] Tatsächlich waren mit Baumann und Georg von Rauch im INFI Militante aktiv, die sich wenig später dem Zentralrat umherschweifender Haschrebellen anschlossen, aus dem wiederum die Tupamaros Westberlin hervorgehen sollten – diejenige Gruppe, die sich über den Umweg Italien schließlich als erste einer militärischen Ausbildung im Libanon unterziehen und in den Untergrund gehen sollte.[243] Laut Baumann wurde im INFI im Februar 1969 auch ein schließlich misslungener Anschlag auf die Wagenkolonne Richard Nixons geplant.[244]

Neben dem INFI finanzierte Feltrinelli ab Januar 1969 auch die Postille „Rote Pressekonferenz" (RPK), ein „sozialistisches Informationsorgan", das den Resten des Berliner SDS ein Forum zur Diskussion möglicher neuer Organisationsmodelle mit explizit internationalistischer Stoßrichtung bot. Nicht wenige Beteiligte orientierten sich bei ihren Überlegungen an italienischen Vorbildern der Stadtteil- und Betriebsarbeit und kehrten aus ihren Italienurlauben „begeistert mit einem Organisationskonzept im Gepäck zurück".[245] In der Folge geriet die RPK unter den Einfluss sogenannter Roter Zellen,[246] von denen wiederum einige mit der militanten italienischen Organisation Potere Operaio in Verbindung standen.[247] Wie lange Gelder von Feltrinelli in das Projekt flossen, ist unbekannt.

Auch und besonders in der Finanzierung von INFI und RPK wurde deutlich, dass sich Feltrinelli seit dem Vietnam-Kongress zunehmend mit der Rolle des „großen Animateurs" identifizierte,[248] dem aufgrund seines im Vergleich zum Durchschnitt der Protestgeneration höheren Alters und seiner finanziellen Möglichkeiten eine besondere Verantwortung für die Zukunft der Bewegung zukam – eine Zukunft, die sich aus seiner Sicht offenbar nur noch militärisch sichern ließ. Immer wieder kam er in den Schriften der nächsten Monate auf die Bedeutung der Veranstaltung von Westberlin als potentieller Initialzündung eines europaweiten anti-imperialistischen Aufstandes zurück. Durch die Entscheidung zum „aktiven Widerstand gegen die imperialistische Aggression und gegen die kapitalistischen Strukturen" habe der Kongress einer „euro-

---

terdivisionen" formieren sollten, ebd., S. 14. – Für die Voltaire-Flugschriften zeichnete bekanntlich Bernward Vesper, der Verlobte Gudrun Ensslins, verantwortlich.
[242] Baumann, Wie alles anfing, S. 46.
[243] Ebd., S. 47.
[244] Ebd.
[245] Vgl. Andreas Kühn, Stalins Enkel, Maos Söhne. Die Lebenswelt der K-Gruppen in der Bundesrepublik der 70er Jahre, Frankfurt/New York 2005, S. 28.
[246] Ebd., S. 30.
[247] Zur Bedeutung von Potere Operaio im italienischen und transnationalen Kontext vgl. weiter unten S. 186–213.
[248] Koenen, Vesper, Ensslin, Baader, S. 254.

päischen marxistisch-leninistischen Jugendavantgarde" den Weg zur Aktion gewiesen.[249] Die Phase des Protests gegen den US-amerikanischen Imperialismus könne nun als abgeschlossen gelten – nun folge der aktive Widerstand, formulierte der Verleger auf den Seiten von „La Sinistra" unter der Überschrift „In Italien wie in Vietnam".[250] Tatsächlich war Feltrinelli, dessen hervorgehobene Rolle beim Zustandekommen des Kongresses durch das Privileg gewürdigt worden war, die Veranstaltung offiziell eröffnen zu dürfen,[251] in Berlin einem Publikum bekanntgeworden, dessen radikalste Vertreter sich schon bald nach Möglichkeiten umsehen würden, ihre Militanz nicht nur durch symbolische Gesten, sondern in konkreten Aktionen auszudrücken. In den kommenden Jahren entwickelte sich der Verleger zu einer festen Anlaufstelle für alle Möchtegern-Revolutionäre des Kontinents, die sich zwar nicht seinem Kommando unterstellen, seine Beziehungen und sein Vermögen jedoch nur zu gern zur Realisierung der eigenen Vorstellungen von Militanz nutzen wollten. Feltrinelli scheinen die Kontakte in die Bundesrepublik jedenfalls besonders wichtig gewesen zu sein, vielleicht auch, da die Antiautoritären um Rudi Dutschke seine zentrale Analyse einschließlich des Hauptfeindbildes USA teilten, während die Studentenbewegung in Italien insgesamt weniger guevaristisch als operaistisch argumentierte. Unschöne Szenen wie eine Kundgebung in der römischen Sapienza vom Mai 1968, wo dem Verleger „Geschrei, Spott" und vor allem die unvermeidliche Forderung nach „Knete" entgegenschlug, sollen den Verleger gerade vor dem Hintergrund der vorausgegangenen freundlichen Aufnahme in Berlin besonders geschmerzt haben.[252] So verfasste etwa Bernward Vesper, mit dem Feltrinelli im Anschluss an die Berliner Kundgebung zum 1. Mai 1968 „bis in den Morgen über Verlagspläne" geredet hatte und schließlich „durch die schon morgendliche Stadt" gegangen war, in einem Brief an seine ehemalige Verlobte Gudrun Ensslin „eine lange Eloge auf Feltrinelli, der sich (als Erbe einer der reichsten Familien Italiens) seiner zwiespältigen Klassenlage völlig bewusst sei, bescheiden auf dem Boden sitze, Brot esse und warmes Bier trinke". Schließlich habe ihn der Italiener nach Mailand eingeladen – „wer weiß für wann".[253] Wenn Rudi Dutschke später im privaten Gespräch die Überzeugung äußerte, Feltrinelli sei ein „anarchistischer Liberaler" geworden, „als er seine große Hoffnung, die Linke in West-Berlin niedergehen sah", trifft das zweifellos nur einen Teil der Wahrheit, spiegelt aber möglicherweise doch die besondere

---

[249] Feltrinelli, Persiste, S. 19.
[250] La Sinistra, 2.3.1968, Un intervento di Giangiacomo Feltrinelli: In Italia come in Vietnam.
[251] Vgl. den Beitrag Feltrinellis in: SDS/INFI, Kampf, S. 13. In bewegten Bildern ist Feltrinellis Auftritt nebst seines fehlerlosen und nahezu akzentfreien Vortrags dokumentiert unter http://www.youtube.com/watch?v=RXvrafJrMiQ (13.10.2011).
[252] Carlo Feltrinelli, Senior Service, S. 357.
[253] Zitiert nach Koenen, Vesper, Ensslin, Baader, S. 154.

Affinität Feltrinellis zu diesem Kreis.²⁵⁴ Eine vielbeachtete Sammlung mit Texten von Bergmann, Dutschke, Lefèvre und Rabehl, die bei Rowohlt unter dem Titel „Rebellion der Studenten oder die neue Opposition" erschienen war, wurde sofort ins Italienische übersetzt und bei Feltrinelli ediert.²⁵⁵ Auch Bahman Nirumands „Persien – Modell eines Entwicklungslands oder Die Diktatur der Freien Welt" erschien in der beliebten Taschenbuchreihe ‚Feltrinelli Universale Economica'.²⁵⁶ Umgekehrt trat Feltrinelli bei Rowohlt als Herausgeber einschlägiger Schriften rund um die Lateinamerikafrage hervor, die im August 1968 mit einem kurzen Postskriptum des Italieners erschienen; offenbar verhieß der Name ‚Feltrinelli' nunmehr auch in der Bundesrepublik Verkaufserfolge.²⁵⁷

Ein weiteres publizistisches Projekt des italienischen Verlegers, ein Sammelband mit „Aufsätze[n] von Revolutionären aus verschiedenen Ländern zur Frage, wie die Bewegung organisiert werden könne", zu dem aus dem SDS neben Dutschke und Nirumand auch Christian Semler Beiträge hatte liefern sollen, kam aufgrund des Attentats auf Dutschke schließlich nicht mehr zustande.²⁵⁸ Die Schüsse auf dem Berliner Kurfürstendamm bildeten für Feltrinelli, wie er in dem kleinen Band „Cosa significa l'attentato a Rudi Dutschke?" (Was bedeutet das Attentat auf Rudi Dutschke?) darlegte, einen weiteren Baustein in seiner Überzeugung, dass die Demokratien Westeuropas ohne organisierte Gegenwehr auf eine autoritäre Wende zusteuerten.²⁵⁹ Im Schaufenster der Buchhandlung in der Mailänder Via Manzoni verkündete ein improvisiertes,

---

²⁵⁴ Dutschke, Leben, S. 200. Auch in der Bundesrepublik scheint jedoch schließlich das Befremden angesichts des fortschreitenden Realitätsverlustes des Verlegers im Laufe der Zeit deutlich zugenommen zu haben, vgl. etwa die Schilderung einer nächtlichen Begegnung mit Feltrinelli von Wolfgang Neuss, in: Ders./Gaston Salvatore, Ein faltenreiches Kind, Frankfurt a.M. 1974, S. 435–438.

²⁵⁵ Uwe Bergmann u. a., La ribellione degli studenti ovvero La nuova opposizione, Mailand 1968.

²⁵⁶ Bahman Nirumand, La Persia, modello di un paese in via di sviluppo ovvero La dittatura del mondo libero, Mailand 1968.

²⁵⁷ Die abgedruckten Texte waren dabei um einiges radikaler als das eher nichtssagende Nachwort, Giangiacomo Feltrinelli (Hg.), Lateinamerika – ein zweites Vietnam? Texte von Douglas Bravo, Fidel Castro, Régis Debray, Ernesto Che Guevara u. a., Reinbek b. Hamburg 1968; für das Nachwort des Herausgebers vgl. S. 383.

²⁵⁸ Dutschke-Klotz, Leben, S. 216. In Dutschkes Nachlass befinden sich einige Schreiben aus der Londoner Zeit an Feltrinelli und seine Lebensgefährtin Sibylle Melega, in denen ein spürbar angegriffener Dutschke um Vorschuss für die in Vorbereitung befindlichen Texte bittet. Der Ton unter den Genossen ist freundschaftlich, wobei diese Vertraulichkeit auch Melega einschließt. „Laß dich nicht kaputtkriegen", mahnt Dutschke Melega, „wir brauchen die gesunde und sich liebende Einheitsfront zwischen Sy. und G.G. – letzterer ist allerdings ein autoritärer Sozialist, der die *antiautoritäre* Sy. braucht... oder nicht?", Schreiben vom 19.12.68, HIS-Archiv, RUD 152,08.

²⁵⁹ Cosa significa l'attentato a Rudi Dutschke?, Mailand 1968.

von Feltrinelli selbst mit der Hand beschriftetes Plakat: „Am 11. April ist in Berlin auf Rudi Dutschke geschossen worden – Der Faschismus wird nicht durchkommen!"[260] Während eines Treffens maoistisch orientierter Gruppen in Mailand, auf der mögliche Protestaktionen diskutiert wurden, machte einer der Anwesenden den Vorschlag, mit öffentlichen Kundgebungen doch besser zu warten, bis Dutschke gestorben sei: „Gg zerreißt den Sprecher in der Luft, erzählt man".[261] Nicht in menschlicher, aber in politischer Hinsicht kohärenter war die Reaktion der Weggefährten Dutschkes in der Kommune 1: Als die Nachricht eintraf, brachen sie in schallendes Gelächter aus. Kunzelmann soll einem Gast später erzählt haben, „wie wahnsinnig sie sich gefreut hätten, als das bekannt wurde, weil sie wußten, jetzt geht´s los!"[262] „Ostern 68 fand ich, war unsere große Chance, weil es von allen gleich erlebt wurde, weil es eben gerade die Person Rudi´s war", so auch Michael Baumann. Die Frustration allerdings, dass aus der Empörung über das Attentat „nichts geworden ist, weil einfach die Konsequenz gefehlt hat" führte bei ihm und anderen zu der Überzeugung, „daß man da schon konkreter werden muß auf dem Sektor, um in der Richtung was zu machen."[263] Tatsächlich mündete der Anschlag auf das Leben Dutschkes zwar während der Ostertage in die gewalttätigsten Unruhen in der Geschichte der Bundesrepublik, nicht aber in einen Sieg der Bewegung, die ihre wichtigste Integrationsfigur verloren hatte. Laut Michaela Karl habe das Attentat nicht nur Dutschke selbst, „sondern auch viele Genossen traumatisiert. Der Weg zur Gewalt war auch über den 11. April 1968 gegangen".[264] „Nach dem Bachmann-Attentat", so formulierte es Dutschke-Klotz, „hatten Rudi und viele andere den Glauben verloren an eine demokratische Wandlung in Deutschland".[265]

Entgegen dieser Deutung der Osterunruhen als Rubikon der Protestbewegung oder gar einer Stilisierung der militanten Anhänger Dutschkes zu enttäuschten Demokraten hat Reimann zu Recht betont, dass die Straßenkämpfe des Frühjahrs 1968 nur zum Vorschein brachten, „was spätestens seit dem Vietnam-Kongreß von Feltrinelli, Dutschke und anderen als praktische Möglichkeit der politisch motivierten Gewalt ins Spiel gebracht worden war". Schon vor dem Attentat sei der internationale Verbalradikalismus à la Guevara und Fanon verstärkt auf depravierte Randgruppenangehörige getroffen, „die unter zunehmendem Drogenkonsum mit der Kommunen-Subkultur West-

---

[260] Carlo Feltrinelli, Senior Service, S. 354.
[261] Ebd., S. 355.
[262] Zit. nach: Reimann, Kunzelmann, S. 190.
[263] Baumann, Wie alles anfing, S. 40–42.
[264] Karl, Dutschke, S. 258.
[265] Dutschke-Klotz, Leben, S. 237.

2.2 Von den Waffen der Kritik zur Kritik der Waffen

Berlins zu einem radikal-subversiven Untergrund fermentierten".[266] Trotz dieses zutreffenden Befundes kann insgesamt kein Zweifel daran bestehen, dass sich die Solidargemeinschaft der radikalen Linken Westeuropas in jenen Jahren vor allem als Opfergemeinschaft konstituierte – und dass in diesem Zusammenhang das Schicksal des charismatischen Berliner Studentenführers von großer Bedeutung war.

Tatsächlich empfand man die Schüsse auf Dutschke auch im Ausland als Fanal. Sie führten zu den ersten Kundgebungen auf den Straßen von Amsterdam, London, Paris, Rom und Mailand,[267] bei denen es den ‚68ern' um ein Opfer aus den eigenen Reihen ging – nicht um Vietnam oder Lateinamerika.[268] Weitere Solidaritätsdemonstrationen, die meist vor der deutschen Botschaft endeten, gab es in Reaktion auf die deutschen Osterunruhen wenige Tage nach dem Attentat; in Paris, wo sich an der Sorbonne für dort studierende deutsche Studenten eine Gruppe „SDS Paris" gebildet hatte, bildeten die Aktionen das Vorspiel zu den Barrikadennächten des Mai.[269] Was das Geschehen in Mailand anging, so wurde Feltrinelli beschuldigt, Organisator einer nicht genehmigten Demonstration vom 12. April vor dem deutschen Konsulat in der Via Solferino gewesen zu sein, bei der in der Redaktion des nahen „Corriere della Sera", den man als italienisches Pendant der Springer-Presse betrachtete, aber auch im Gebäude der Deutschen Schule in der Via Legnano einige Fensterscheiben eingeworfen worden waren. Das Verfahren endete mit einem Freispruch – Feltrinellis Aussage, es habe sich um eine spontane Solidaritätskundgebung gehandelt, an der er als Dutschkes Freund und Verleger teilgenommen habe, konnte vor Gericht nicht widerlegt werden.[270] Wie erwähnt war der Italiener auch am 1. Mai 1968 in Berlin vor Ort, wo die traditionelle Demonstration zum Tag der Arbeit ganz im Zeichen des vorausgegangenen Attentats stand. Seine Verbundenheit mit Dutschke bekräftigte Feltrinelli bald darauf erneut, als er

---

[266] Reimann, Kunzelmann, S. 210.
[267] Schmidtke, „1968", S. 289. Gilcher-Holtey deutet das Ausmaß der internationalen Solidarität als Folge des Vietnam-Kongresses, wo viele ausländische Teilnehmer Dutschke kennengelernt hatten. Die Anteilnahme habe dabei „nicht nur dem Repräsentanten des SDS, sondern auch der Person" gegolten, „dessen Darstellungen der Strategie des subversiv-provokativen Handelns so viele beeindruckt hatten", in: Gilcher-Holtey, Transfer, S. 314.
[268] Die nächste vergleichbare Protestaktion betraf Daniel Cohn-Bendit, der nach einer Auslandsreise von den französischen Behörden an der Wiedereinreise nach Frankreich gehindert werden sollte, vgl. Jobs, Travel, S. 391.
[269] Vgl. für den französischen Fall die Darstellung der beiden Mitglieder des „SDS Paris" Malte J. Rauch/Samuel H. Schirmbeck, Französische Reaktionen auf die Osterunruhen, in: Heinz Grossmann/Oskar Negt (Hg.), Die Auferstehung der Gewalt. Springerblockade und politische Reaktion in der Bundesrepublik, Frankfurt a.M. 1968, S. 130–137; Fichter/Lönnendonker, Geschichte des SDS, S. 190f.
[270] Grandi, Feltrinelli, S. 375.

dem Freund, offenbar als Reaktion auf ein entsprechendes Hilfegesuch, 5.000 DM überwies, wahrscheinlich, um die Kosten der aufwendigen medizinischen Therapien und des Lese-, Schreib- und Sprechtrainings zu finanzieren, denen sich Dutschke nach dem Mordanschlag unterziehen musste. Daneben bot der Italiener dem Rekonvaleszenten an, sich in seinem Jagdhaus in Kärnten von den Folgen des Attentats zu erholen.[271] In dem Schreiben, das er im Juli 1968 an den Deutschen richtete, ging es allerdings auch um Politik: Um von der gegenwärtigen, präevolutionären Phase zur Revolution übergehen zu können, bedürfe es, so Feltrinelli, „subjektive[r] revolutionärer bedingungen", eines politischen Programms, welches den Forderungen der Arbeiter in den Fabriken und auf dem Land entspreche, und einer revolutionären Organisation, die sowohl den bewaffneten Kampf zu führen als auch dessen politische Lenkung zu übernehmen in der Lage sei. Die soeben verebbte revolutionäre Welle des Pariser Mai, so der Italiener, sei an den subjektiven Bedingungen gescheitert, worunter er die fehlende Bereitschaft der Protagonisten verstand, „mit der kritik [sic] der Waffen an die Sache ran zu gehen". Um eine Chance auf Erfolg zu haben, dürfe diese Kritik allerdings „nicht improvisiert sein", denn die Zeiten der Französischen Revolution seien „endgültig vorüber". Entsprechend arbeite er an diesem Übergang – „von der Waffe der Kritik zu der Kritik der Waffen". „International: ja – aber wenn die einen bereit sind, koennen sie nicht auf die anderen warten. Da muss die internationale solidaritaet [sic] eingreifen!"

Während Feltrinelli weiter an den materiellen Voraussetzungen für ein Gelingen der Revolution arbeitete, bezog der geschwächte Dutschke zunächst in dem südlich von Rom gelegenen Anwesen Hans Werner Henzes Quartier – eine „wie vom Himmel gefallene Interimszeit in luxuriösem Ambiente, Kost und Logis inbegriffen".[272] Aufgrund der wachsenden Zudringlichkeit deutscher und italienischer Journalisten, die ihn in Henzes Domizil ausfindig gemacht hatten, kam Dutschke jedoch auf Feltrinellis Angebot zurück und suchte Zuflucht in dessen Mailänder Stadtwohnung, wo sich das Paparazzi-Problem allerdings schon bald in verschärfter Form stellte. Während seines Italienaufenthaltes schrieb er das Vorwort zu einer Auswahledition der mehr als 3000 Briefe, die ihn nach dem Attentat erreicht hatten.[273] Unter dem Titel „Lettere a Rudi Dutschke" erschien das Buch zeitgleich mit der deutschen Ausgabe bei Feltrinelli Editore.[274] „Nirgendwo", so Dutschkes Biograph Ulrich Chaussy, „bekennt sich Dutschke in einer Schrift so scharf zur Anwendung von Gewalt als politischem Mittel wie in diesem Vorwort. Es scheint, als hätten

---

[271] HIS-Archiv, RUD 152,08, Brief vom 4.7.1968.
[272] Jens Rosteck, Hans Werner Henze, Rosen und Revolution. Die Biographie, S. 316.
[273] Rudi Dutschke, Ein Pamphlet, Vorwort zu: Briefe an Rudi D., hg. von Stefan Reisner, Frankfurt a.M./Berlin 1968, S. I–XII.
[274] Lettere a Rudi Dutschke, prefazione di Rudi Dutschke, Mailand 1969.

2.2 Von den Waffen der Kritik zur Kritik der Waffen

die Schüsse auf ihn jene Skrupel weggewischt, die er noch im März '68 hatte, als er die mit Feltrinelli geplante Schiffssprengung abblies."[275] Zwar verwarf Dutschke einmal mehr Gewaltaktionen gegen deutsche Politiker als konterrevolutionär – „das System wird sich sicherlich so etwas mal wünschen, um uns härter, für Jahre, vollständig niederschlagen zu können"[276] –, andererseits kritisierte er vehement das verspätete Eintreffen der Molotow-Cocktails beim Sturm auf das Springer-Verlagsgebäude während der Ostertage. Noch schärfer waren seine Äußerungen hinsichtlich des Problems, was zu tun sei, wenn die verhassten Diktatoren, die „Unterdrücker und ihre Helfershelfer" aus der ‚Dritten Welt' plötzlich in der ‚Ersten' auftauchten. „Daß die revolutionären Kräfte der Metropolen die einzigartige Chance der Erschießung des persischen ‚Herrschers', als er uns und andere besuchte, nicht ausnutzten, ist ein Zeichen für die Niveau-Losigkeit unseres bisherigen Kampfes. Ein ganzes Volk hätte sich nicht nur gefreut, sondern der revolutionäre Kampf gegen Armee und Führungscliquen hätten sich wesentlich verschärft."[277]

Es ist nicht überliefert, wie Dutschke knapp zweieinhalb Jahre später über den Mord an dem bolivianischen Generalkonsul Roberto Quintanilla Pereira dachte, der am 1. April 1971 in seinem Hamburger Amtssitz von der Deutsch-Bolivianerin Monika Ertl erschossen wurde. Die Tatwaffe war Ertl von Giangiacomo Feltrinelli zur Verfügung gestellt worden, der das Attentat aller Wahrscheinlichkeit nach in Zusammenarbeit mit der bolivianischen ‚Nationalen Befreiungsarmee' E.L.N. geplant und auch Ertls Europareise finanziert hatte.[278] Zumindest in der Theorie entsprach der Anschlag damit den Vorgaben Dutschkes ziemlich genau, handelte es sich doch um eine gezielte Strafaktion gegen den Mann, der als ehemaliger Geheimdienstchef Boliviens als Hauptverantwortlicher für die Ergreifung und Ermordung Che Guevaras galt. Auf der weltweit verbreiteten Fotografie des toten Argentiniers im Waschhaus posierte

---

[275] Chaussy, Drei Leben, S. 268.
[276] Dutschke, Pamphlet, S. IXf.
[277] Ebd., S. X. Vor der einschneidenden Erfahrung des Attentats auf die eigene Person hatte Dutschke sich in dieser Frage noch deutlich zurückhaltender geäußert. So kommentierte er den Deutschlandbesuch Rezah Pahlevis in einem Beitrag für den im April 1968 ausgelieferten Band „Die Rebellion der Studenten": „Da im Juni 1967 die Kampforganisationen der persischen Bauern noch nicht stark genug waren, um aus einem erfolgreichen Attentat den Anfang der sozialrevolutionären direkten Umwälzung werden zu lassen, mußte jegliches Attentat von der Linken unterbleiben, wäre nichts als ein in letzter Konsequenz konterrevolutionäres Unternehmen gewesen", vgl. Rudi Dutschke, Vom Antisemitismus zum Antikommunismus, in: Uwe Bergmann u. a., Rebellion der Studenten oder Die neue Opposition, Hamburg 1986, S. 58–85, hier S. 80.
[278] Wolfgang Kraushaar, Aus der Protestchronik, in: Mittelweg 36 5 (2002), S. 92–95. Vgl. auch die trotz ihrer reißerischen Sprache gut recherchierte Darstellung von Jürgen Schreiber, Sie starb wie Che Guevara, Die Geschichte der Monika Ertl, Düsseldorf 2009; für die Rolle Feltrinellis innerhalb des Geschehens bes. S. 245–256.

Quintanilla, der enge Kontakte zu in Südamerika untergetauchten NS-Verbrechern hielt, in Uniform hinter dessen Leichnam. Den Angaben von Sibilla Melega zufolge war Quintanilla auch in La Paz bei Feltrinellis Verhaftung und Abschiebung zugegen gewesen.[279]

Während Feltrinelli im konkreten Fall mithin das Tabu der physischen Gewalt gegen Menschen überschritt, zog sich Dutschke in den Jahren nach dem auf ihn verübten Mordanschlag wieder auf die ‚Waffen der Kritik' zurück. Vor dem Hintergrund der Rolle, die er in den Jahren 1967/68 innerhalb der Bewegung gespielt hatte, ist es allerdings alles andere als ein Zufall, dass er in seinem vorübergehenden Londoner Exil zu „einer regelrechten Anlaufstelle für Berliner Genossen" wurde, „die unbedingt weiter an der Gewaltschraube drehen wollten".[280] Offenbar teilten Michael Baumann, Horst Mahler und Ulrike Meinhof die Hoffnung, den Verfasser des Organisationsreferats für ihr eigenes, diesmal wortwörtlich gemeintes Stadtguerilla-Konzept gewinnen zu können.[281] Erich Fried und andere suggerierten nach Dutschkes Tod im Dezember 1979, ohne das auf ihn verübte Attentat habe dieser Ulrike Meinhof von ihrem Gang in den Untergrund abhalten können. Ob es zu irgendeinem Zeitpunkt einen solchen Versuch Dutschkes – laut Jutta Ditfurth Meinhofs „liebster politischer Freund" und „brüderlicher Vertrauter" – gegeben hat, ist unbekannt.[282] Fritz Teufel jedenfalls äußerte sich dahingehend, ein unversehrter Dutschke wäre ganz im Gegenteil „vielleicht selbst diesen Weg gegangen" und hätte „dem bewaffneten Kampf in den Metropolen, ebenso wie Ulrike, entscheidende Impulse geben können".[283] Tatsächlich sind aus der Zeit bei Feltrinelli Briefe an die ehemaligen SDS-Genossen übermittelt, in denen Dutschke dazu aufforderte, „clandestine Vierer- oder höchstens Sechsergruppen" aufzubauen, die „mit den Lohnabhängigen tätig sein, von ihnen lernen, ihnen anderes beibringen" sollten. Wenn er wieder „körperlich voll in Ordnung" sei, werde er sich den entsprechenden „Fokussen" selbst anschließen.[284] Dies klang zwar nicht wie eine Vorwegnahme des Aktionsprogramms der RAF, hatte dafür aber einiges mit der Strategie gemeinsam, die Curcio ab September 1969 mit der Gründung des Collettivo Politico Metropolitano (CPM) in den Fabriken Mailands verfolgte, aus dem zunächst die Gruppe Sinistra Proletaria und schließlich die Roten Brigaden hervorgingen.

Laut Koenen gehören Dutschkes Ausführungen immer noch in den „Kontext der Bildung einer internationalen revolutionären Organisation, deren

---

[279] Grandi, Feltrinelli, S. 317.
[280] Kraushaar, Dutschke, S. 226 ff.
[281] Dutschke-Klotz, Dutschke, S. 238–240.
[282] Jutta Ditfurth, Ulrike Meinhof. Die Biographie, Berlin 2009, S. 218.
[283] Vgl. für beide Positionen Kraushaar, Dutschke, S. 221.
[284] Zitiert in: Dutschke-Klotz, Leben, S. 210.

provisorischer Nukleus das Berliner INFI sein sollte".[285] Was die mögliche Praxis dieser Organisation betrifft, geht er jedoch davon aus, dass Dutschke für den Schritt in den „leeren Existenzialismus und blinden Aktionismus" des terroristischen Untergrundes – anders als von Teufel suggeriert – letztlich die Bereitschaft zur „lebensgeschichtlichen Entbindung" gefehlt habe.[286] Diese „glückliche Inkonsequenz" wurde jedoch nicht von allen Personen seines direkten und indirekten Einflussbereichs geteilt.

Verhängnisvoll konsequent jedenfalls folgte Giangiacomo Feltrinelli dem Weg in den revolutionären Voluntarismus, der ihm – von einem bestimmten Zeitpunkt an – als die einzig kohärente Option erschien, seine Existenz mit seinen politischen Überzeugungen in Einklang zu bringen. Ein Ventil für ihre politischen und persönlichen Frustrationen suchte aber auch Ulrike Meinhof, die während der Vietnam-Konferenz „mal neben Giangiacomo Feltrinelli, mal neben Rudi" gesessen hatte.[287] Die konkret-Kolumnistin Meinhof und der Mailänder Millionär „waren sich von Anfang an sympathisch".[288] Klaus Rainer Röhl hat die beiden gar als „echte Wahlverwandte" bezeichnet. Der Italiener sei von seiner damaligen Frau unmittelbar „begeistert" gewesen und habe „lange Gespräche mit ihr über den Revisionismus" geführt, „den er für den Hauptfeind der Revolution hielt".[289] Es ist erstaunlich, wie sehr sich die Faktoren gleichen, die in der Literatur angeboten werden, um den Weg Meinhofs und Feltrinellis in die politische Gewalt zu erklären: Der Zwiespalt zwischen

---

[285] Koenen, Jahrzehnt, S. 131.
[286] Ebd., S. 338. Diese Deutung wird etwa durch Peter Schneider bestätigt, der die Tatsache, dass er selbst trotz des „Fehlens guter Argumente, nicht mitzumachen", nicht in die bewaffnete Militanz abgerutscht sei, in einem Interview des Jahres 2001 wie folgt erklärt hat: „Der Antrag jenes Bekannten hatte etwas Verführerisches, und das einzige triftige Argument, das ich ihm entgegenzusetzen hatte, bestand aus einer Assoziation. Ich stellte mir vor, ich würde, falls ich diesem Bekannten auf seinem Weg folgte, nie mehr mit einem Glas Weißwein auf dem Tisch am Deckstrand von Ostia in der Mittagshitze sitzen und aufs Meer schauen können, ohne fürchten zu müssen, dass der Schatten, den irgendein Unbekannter hinter mir auf die Terrasse warf, zu meinem Verfolger gehörte. Warum sollte ich freiwillig, noch dazu ohne jeden ‚Auftrag durch die Massen', einen so endgültigen Verzicht leisten? Von allen politischen Erwägungen war es diese flüchtige, hedonistische Skizze, die mich immun machte. Da ihr keinerlei politische Beweiskraft zuzusprechen war, behielt ich sie für mich", in: Schneider, Feuerring, S. 76. Auch Ulrike Meinhof hatte im Süden eine glückliche Zeit verlebt: Noch Jahre später erinnerte sich Röhl an ihr „Io sono felice" aus Ronchi bei Viareggio, wo das Paar seine Hochzeitsreise verbrachte. Die politischen und privaten Erfahrungen der folgenden Jahre sollten für Meinhof allerdings – anders als im Falle Schneiders, aber analog zu Feltrinelli – in die Bereitschaft zu besagter „lebensgeschichtlicher Entbindung" münden, vgl. Röhl, Finger, S. 395.
[287] Ditfurth, Rudi, S. 128.
[288] Alois Prinz, Lieber wütend als traurig. Die Lebensgeschichte der Ulrike Marie Meinhof, Frankfurt a.M. 2005, S. 144.
[289] Röhl, Finger, S. 290.

den eigenen politischen Überzeugungen und dem bürgerlichen, zunehmend als dekadent empfundenen Lebensstil; das schwindende Vertrauen in die Möglichkeit, allein mit der Kraft des Wortes die Verhältnisse zu verändern; zunehmender intellektueller Selbsthass und die Sehnsucht nach ‚proletarischer' Authentizität; der Wunsch nach Geborgenheit und Anerkennung in einer auf absolute Ideale eingeschworenen Gruppe, geboren aus frühen Verlusterfahrungen, gescheiterten Beziehungen und substantieller Einsamkeit. Lediglich Koenen hat bislang darauf aufmerksam gemacht, dass es hier einen Zusammenhang geben könnte: „Sicher haben die vielfältigen Kontakte mit Dutschke, Nirumand oder Feltrinelli im Jahr des Aufruhrs 1967 eine Rolle bei der neuerlichen Radikalisierung Ulrike Meinhofs gespielt".[290] Im Zuge der Zuspitzung der politischen Situation während des italienischen „Heißen Herbstes" 1969 ließ Feltrinelli, der schon zuvor die Leitung des Verlages faktisch in die Hände von Inge Schönthal gelegt hatte, schließlich seine bürgerliche Existenz vollends hinter sich und ging in den Untergrund – ein knappes halbes Jahr vor Ulrike Meinhofs berühmtem Sprung aus dem Fenster des Deutschen Zentralinstituts für soziale Fragen in Berlin, der im allgemeinen mit der Geburt der Roten Armee Fraktion gleichgesetzt wird. Wiederum um dieselbe Zeitspanne ging Feltrinellis Tod am Hochspannungsmast der Verhaftung Meinhofs voraus. Beide trennten sich mit dem Schritt in die Illegalität auch von ihren Kindern, womit sie nicht nur diesen, sondern offenbar auch sich selbst Gewalt antaten: Die berührenden Briefe, die Meinhof aus der Kölner Haft an ihre Töchter, Feltrinelli aus dem Untergrund an seinen Sohn schrieb, legen davon beredtes Zeugnis ab.[291] Nachrichten, die zeitgenössisch darauf hinwiesen, dass die beiden „Wahlverwandten" auch im Untergrund noch Kontakt hatten, wurden von den Behörden dementiert, ohne dass sie deshalb als widerlegt gelten können.[292] Auch die Nachgeschichte ihres Todes, der in beiden Fällen von eigener Hand herbeigeführt worden war, besitzt mehr Gemeinsamkeiten als nur die Person des Grabredners Klaus Wagenbach. Wider besseres Wissen sollten ehemalige Weggefährten den Unfall im ersten, den Selbstmord im zweiten Fall zum Staatsmord stilisieren und politisch zu instrumentalisieren versuchen,

---

[290] Koenen, Jahrzehnt, S. 385.
[291] Beispiele in: Carlo Feltrinelli, Senior Service, S. 396; 403f.; 413; 426; Ditfurth, Meinhof, S. 361f. Anders als Carlo Feltrinelli, der sich mit großer Sympathie an seinen Vater erinnert und sogar dessen Behauptung, den bewaffneten Kampf in letzter Konsequenz für seinen Sohn aufgenommen zu haben, mit kaum verborgener Rührung referiert, hat sich Bettina Röhl – ebenfalls Verfasserin einer Biographie ihrer Mutter – denkbar entschieden von ihrer Mutter distanziert, vgl. Carlo Feltrinelli, Senior Service, S. 449; Bettina Röhl, So macht Kommunismus Spaß! Ulrike Meinhof, Klaus Rainer Röhl und die Akte Konkret, Hamburg 2006.
[292] „Kontakte zwischen Baader-Meinhof und Feltrinelli dementiert", Frankfurter Rundschau, 3.12.1974.

eine Operation, die auch jenseits der jeweiligen Landesgrenzen nicht ohne Wirkung blieb.

2.3 Italien als deutsches „Traumland" der Revolution

Teils parallel verlaufende, teils miteinander verknüpfte und sich gegenseitig verstärkende deutsch-italienische Radikalisierungsprozesse lassen sich nicht nur an Dutschke, Feltrinelli und Meinhof, sondern auch an zahlreichen anderen Personen ihres näheren und weiteren Umfelds festmachen, was die Plausibilität des hier verfolgten Ansatzes nachdrücklich unterstreicht.

So hatte es nach eigener Aussage aufgrund der „furchtbaren Nachricht von dem Attentat auf Rudi Dutschke" die Mitglieder der römischen Anarchistengruppe Gli Uccellini (Die Vögelchen) erstmals nach Berlin gezogen, wo sie rasch in den Bannkreis der Kommune 1 gerieten.[293] Nur wenige Wochen zuvor, am 1. März 1968, war die Gruppe an der gewalttätig eskalierten Besetzung der römischen Architekturfakultät beteiligt gewesen, dem „Schlüsselereignis" der italienischen Studentenbewegung, das in der Folge als „Übergang von einer defensiven in eine offensive Phase" gedeutet wurde.[294] Die Uccellini, von denen die meisten ursprünglich selbst Architektur studiert hatten, hatten ihren Namen in Anlehnung an Pasolinis 1966 produzierten Film „Uccellacci e Uccellini" (Große und kleine Vögel) gewählt und galten als „anarchisch, absolut respektlos, provokant, etwas hippy".[295] Ulrike Edschmid, die die Gruppe in Begleitung Philipp Werner Saubers im Sommer 1968 erlebte, beschreibt sie als „verspielte Boten kleiner Utopien mit subversiven Aktionen gegen Kirche und Staat, leichtfüßige Helden, die, als Priester verkleidet und mit Schafen im Gefolge, unbehelligt eine Polizeikette durchschritten haben und zu Ostern, erzählt man sich, unablässig pfeifend und zwitschernd einen Kirchturm hinaufgestiegen seien, bis die Polizei sie herunterholte."[296] In Rom hatten sie mit einer Reihe von *Teach-Ins* an der Sapienza, vor allem aber mit *Go-Ins* in die Stadtwohnungen vermögender Intellektueller von sich reden gemacht. „Wir

---

[293] Vgl. die – knapp 30 Jahre nach den Ereignissen verfassten – Berichte von Paolo Ramundo, Von Rom zum Stuttgarter Platz, und Giuseppe De Siati, Il Nonno in Ebrach, in: Dieter Kunzelmann, Leisten Sie keinen Widerstand! Bilder aus meinem Leben, Berlin 1998, S. 93f.;115–118. Die Gruppe taucht in der Literatur auch unter dem Namen ‚Uccelli' auf.

[294] Vgl. für die sogenannte Battaglia di Valle Giulia: Jan Kurz, Die Universität auf der Piazza. Entstehung und Zerfall der Studentenbewegung in Italien 1966–1968, Köln 2001, S. 216–243, hier S. 224, 231.

[295] Cazzullo, Ragazzi, S. 106.

[296] Edschmid, Verschwinden, S. 41.

machten nichts kaputt, aber kamen mit etwa 50 Leuten, guckten in den Kühlschrank, kochten etwas zu essen, legten Platten auf, machten den Fernseher an und redeten mit dem Personal und mit den Kindern. Die Sympathischeren begriffen, dass es ein Happening war, andere warfen uns mit Gewalt hinaus oder riefen die Polizei. Mit den libertärsten unter ihnen freundeten wir uns an, zum Beispiel mit Pasolini, der uns zum Essen einlud, ins Haus seiner Mutter mitnahm und uns Geld für unsere Initiativen überließ", so der ehemalige *uccellino* Paolo Liguori, der wenig später zum Kopf der römischen Sektion von Lotta Continua werden sollte.[297]

Im Frühsommer 1969 luden die Berliner – „wahrscheinlich unsere Filmer-Freunde Gerd Conradt oder Holger Meins", wie sich einer der Uccellini zu erinnern glaubt – die Genossen aus dem Süden zu einem weiteren Deutschlandbesuch ein. Statt nach Berlin sollte es diesmal in die bayrische Provinz gehen, wo man in Ebrach bei Bamberg vor den Toren des dortigen Jugendgefängnisses „Rabatz machen" wollte. Kommen sollten Leute, „die Knasterfahrung vor oder hinter sich haben".[298] Tatsächlich spiegelte das „Knast-Camp" von Ebrach den Umstand wider, dass immer mehr Mitglieder der radikalen Subkulturen deutscher Großstädte aufgrund ihrer wachsenden Militanz in Haft saßen oder Freiheitsstrafen zu erwarten hatten. Den Italienern gegenüber betonte man, dass die Anwesenheit von Ausländern für das Gelingen der unter das Motto „Justizopfer aller Länder vereinigt Euch!" gestellten Veranstaltung von besonderer Bedeutung sei.[299]

In der Folge machte sich „eine kleine vierköpfige Delegation" der Uccellini in einem Ford-Transit auf den Weg nach Ebrach, wo den Römern unter den etwa 150 Teilnehmern des Camps neben ihren „alten Bekannten" Fritz Teufel und Dieter Kunzelmann auch „die junge, schöne, später sehr mutige" Irmgard Möller auffiel.[300] „Es war schon sonderbar", resümiert Ulrich Enzensberger das Geschehen, „wer sich alles auf dieser Wiese am Waldrand traf. Es war, ohne daß es den Beteiligten bewußt war, ein gemeinsamer Abschied von der APO. Mit Dieter [Kunzelmann], Ina [Siepmann] und Fritz [Teufel], Georg von Rauch und Weisbecker waren die späteren ‚Tupamaros Westberlin' und ‚Tupamaros München' präsent. Aus Frankfurt waren für einige Stunden Baader

---

[297] Ebd. Seit den 90er Jahren ist Liguori in verschiedenen leitenden Funktionen für Berlusconis Medienimperium Mediaset tätig. – Die Uccelli hatten nicht nur Kontakte nach West-Berlin, sondern seit dem Internationalen Anarchistenkongress von Carrara im Sommer 1968 auch zu Daniel Cohn-Bendit, der zum Wintersemester in Frankfurt sein Studium aufnahm, vgl. Roberto Zani (Hg.), Alla Prova del '68. L'anarchismo internazionale al Congresso di Carrara, Mailand 2008.
[298] Vgl. De Siati, Nonno, S. 115 sowie das dort abgedruckte Flugblatt der Veranstalter.
[299] Ebd.
[300] Ebd., S. 117. Die Charakterisierung Möllers bezieht sich offensichtlich auf ihre Rolle als einzige Überlebende der ‚Todesnacht von Stammheim'.

und Ensslin herübergekommen. Mit Fritz und seinen Münchner Freunden, mit Irmgard Möller, Brigitte Mohnhaupt, Rolf Heißler und Rolf Pohle saßen nicht wenige zukünftige Mitglieder der ‚Bewegung 2. Juni' und der RAF mit im Gras. Und eine ganze Reihe von Leuten fanden sich später in verschiedenen spontaneistischen und marxistisch-leninistischen Grüppchen als Wortführer wieder."[301] Wie Dieter Claessens und Karen de Ahna betonen, erhielt das „Gipfeltreffen" der verschiedenen, auf konkrete Aktionen zur Artikulierung ihres revolutionären Bewusstseins sinnenden Gruppierungen aus allen Teilen der Bundesrepublik „trotz objektiver Ereignislosigkeit (...) für die weitere Entwicklung der ‚revolutionären Bewegungen' eine hervorragende Bedeutung, die sich aus dem Anschlußgeschehen ergibt".[302] In diesem Zusammenhang deutet einiges darauf hin, „daß es die italienischen Gäste waren, die im Sommer 1969 den letzten entscheidenden Anstoß zur Militarisierung der verstreuten radikalen Reste der deutschen Protestbewegung gaben".[303] Während die Deutschen nach ihrem charismatischen Führer Dutschke auch ihre wichtigsten Themen verloren hatten – in Südostasien war die Vietnamisierung des Krieges in Gang; in der Bundesrepublik hatten die im Mai 1968 verabschiedeten Notstandsgesetze bislang keine spürbaren Folgen gezeitigt – spitzten sich in Italien die gesellschaftlichen Konflikte trotz des parallel dazu verlaufenden Niedergangs der Studentenbewegung weiter zu.

Wie sich in Ebrach herausstellte, ging es den Uccellini darum, unter den versammelten Teilnehmern des Camps „internationale Brigadisten" für eine geplante Expedition nach Sizilien anzuwerben.[304] Gemeinsam mit den Bewohnern der Barackenlager, die dort auf dem Gebiet der im Vorjahr durch ein Erdbeben zerstörten Kleinstadt Gibellina entstanden waren, wollte man anschließend wie einst Garibaldi gen Rom marschieren – eine Idee, die man offenbar gemeinsam mit dem berühmten, damals bereits über 80-jährigen Lyriker Giuseppe Ungaretti ersonnen hatte, der den Plan auch finanziell zu unterstützen gedachte.[305] Nach anfänglichen Schwierigkeiten, den Anwesenden in Ebrach Sinn und Zweck der Unternehmung begreiflich zu machen, habe es zeitweise so ausgesehen, wie der ehemalige *uccellino* Giuseppe De Siati angibt, „als ob das ganze Knast-Camp nach Sizilien aufbrechen wollte." Schließlich hätten ihn

---

[301] Enzensberger, Jahre, S. 339.
[302] Dieter Claessens/Karin de Ahna, Das Milieu der Westberliner ‚scene' und die ‚Bewegung 2. Juni', in: Wanda von Baeyer-Katte u. a., Gruppenprozesse, Analysen zum Terrorismus hg. v. Bundesinnenministerium, Bd. 3, Opladen 1982, S. 20–181, hier S. 120f.
[303] Reimann, Kunzelmann, S. 229.
[304] Enzensberger, Jahre, S. 341.
[305] Zu dem Erdbeben und seinen Auswirkungen vgl. „Sarg unterm Bett", in: Der Spiegel 4/22.1.1968, S. 86; zur ‚Spedicione dei Mille' und der Rolle Ungarettis vgl. Massimo Pasquini, Caro Lucrezio, Rom 1992, S. 12f.

und seine Freunde dann etwa zwanzig Personen über den Brenner begleitet.[306] Bei diesen Italienfahrern handelte es sich um die Kerngruppe der sogenannten „Umherschweifenden Haschrebellen" um Kunzelmann, die in Westberlin inzwischen „einen militanten Anarchismus ‚mit dem Joint in der Hand'" propagierten und vielfach auch schon praktizierten.[307]

Die zwanzig deutschen Begleiter der Uccellini brachen im Juli 1969 „nicht nur geographisch zu neuen Ufern" auf.[308] Die Italienreise, so Claessen/de Ahna, „erscheint wie eine Informationstournée, die der Bestandsaufnahme der gegebenen Situation – Anzahl der Genossen, deren Standpunkt, Einsatzbereitschaft und -fähigkeit etc. – dienen soll, um eine Orientierungsgrundlage für ein weiteren Vorgehen, dessen Möglichkeiten und Notwendigkeiten, zu erstellen."[309] Nach ihrer Ankunft „im Traumland aller sich militarisierenden Bewegungselemente in Deutschland"[310] ging die deutsch-italienische Gruppe zunächst daran, bei bekannten Intellektuellen und Künstlern Mailands und Roms um finanzielle Unterstützung für die geplante Neuauflage des ‚Marsches der Tausend' zu werben. „Egal, in welche Stadt wir zwischen Mailand und Napoli kamen, die Uccelli trafen überall Freunde und Bekannte und hatten schon vor uns manche deutsche Politkarawane betreut", so Kunzelmann. „Trotzdem wurden wir überall sehr herzlich aufgenommen und an Prominente weitergereicht".[311] Laut Kunzelmanns Begleiter Albert Fichter habe man in Mailand zunächst bei dem Balletttänzer und bekennenden Anarchisten Pietro Valpreda gewohnt, der ihnen weitere Kontaktadressen in Rom genannt habe.[312] Valpreda sollte später für das tatsächlich in neofaschistischen Kreisen ersonnene Attentat auf die Landwirtschaftsbank an der Mailänder Piazza Fontana vom 18. Dezember 1969 verantwortlich gemacht werden; die Solidaritätskampagne, die sich zu seinen Gunsten entwickelte, erreichte auch die Bundesrepublik.[313] Zu den italienischen Sympathisanten, die zur Finanzierung des Sizilien-Projekts entweder Geld oder Kunstwerke spendeten, gehörten neben dem bereits erwähnten Ungaretti unter anderem der Bildhauer Enrico Castellani, der Maler Renato Guttuso, der Filmregisseur Marco Ferreri, der Schriftsteller Carlo Levi – und selbstverständlich der Verleger Giangiacomo Feltrinelli.[314] Ein Flugticket, das einmal mehr der ‚rote Komponist' Hans Werner Henze bezahlte, wurde

---

[306] De Siati, Nonno, S. 118.
[307] Reimann, Kunzelmann, S. 223.
[308] Wolfgang Kraushaar, Die Bombe im jüdischen Gemeindehaus, Hamburg 2005, S. 115.
[309] Claessen/de Ahna, Kommune-Bewegung, S. 121.
[310] Koenen, Vesper, Baader, Ensslin, S. 262.
[311] Kunzelmann, Widerstand, S. 117.
[312] Zitiert in: Kraushaar, Bombe, S. 243.
[313] Vgl. Sozialistisches Büro Offenbach (Hg.), Klassenkampf und Repression in Italien am Beispiel Valpreda, Offenbach 1973.
[314] Enzensberger, Jahre, S. 343.

2.3 Italien als deutsches „Traumland" der Revolution 133

benutzt, um ein bei Ebrach liegengebliebenes Auto und zwei falsche Pässe aus Deutschland zu holen – Kunzelmann beabsichtigte nicht, die in Berlin gegen ihn anhängige Haftstrafe wegen tätlicher Übergriffe auf Polizeibeamte anzutreten. Später sollte er seine Festnahme nach der Rückkehr nach Deutschland als „glückliche Fügung des Schicksals" bezeichnen, da sie ihn davor bewahrt habe, in Aktionen abzugleiten, „denen Menschen zum Opfer fielen".[315] Im Sommer 1969 jedenfalls standen die Zeichen eindeutig auf Militarisierung. Nach zwei missglückten Versuchen der Italiener, in Anzio ein Schiff für die Sizilienexpedition zu organisieren, kündigte Kunzelmann den Uccellini die Gefolgschaft und beschloss, der „Entmündigung, Sprach-, Orientierungs- und Mittellosigkeit", der er und seine Freunde sich offenbar mehr und mehr ausgeliefert fühlten, durch einen entscheidenden, weiteren Schritt in Richtung Untergrundkampf ein Ende zu machen.[316] „In einer endlosen Nachtdiskussion in einer eleganten Wohnung zu Roma wurde die Idee geboren, statt zu den Erdbebenopfern nach Sizilien zur Al Fatah nach Palästina zu fahren", so Kunzelmann. „Von den zirka fünfzehn Leuten, die an dieser Diskussion teilnahmen, entschieden sich fünf dafür"[317] – neben dem Kommunarden selbst Lena Conradt, Albert Fichter, Georg von Rauch und Ina Siepmann.[318] Nach Berlin meldete Kunzelmann, dass die El Fatah ausländische Besucher „1. für den Kampf dort 2. die Terrorakte im Ausland + 3. in Organisationsfragen" ausbilde; für ihn selbst sei der „2. Punkt einer der wichtigsten".[319] Tatsächlich bestätigte Kunzelmann 1994 in einem Interview mit Ingo Juchler, schon in Mailand in Kontakt mit italienischen Palästina-Solidaritätsgruppen gekommen zu sein, die beispielsweise über die Entsendung von Medizinstudenten in die palästinensischen Flüchtlingslager auf jordanischem Boden konkrete humanitäre Hilfe zu leisten pflegten. In der Folge habe man sich Schriften der palästinensischen Befreiungsbewegung übersetzen lassen und mit den Italienern intensive Diskussionen über die Lage der Palästinenser geführt.[320] Bevor die Truppe im September nach Jordanien aufbrach, besorgte man sich bei Feltrinelli „das erforderliche Reisegeld" – laut Albert Fichter 10.000 Dollar – und „vom Bundesvorstand des SDS in Frankfurt und italienischen Solidari-

---

[315] Kunzelmann, Widerstand, S. 129.
[316] Ebd., S. 344.
[317] Es handelte sich um Kunzelmann, Georg von Rauch, Ina Siepmann, Roswitha ‚Lena' Conradt und Albert Fichter. Unmittelbar vor der Fünfer-Gruppe hatten sich bereits 20 SDS-Mitglieder aus Frankfurt und Berlin „zum Studium des palästinensischen Revolutionsmodells" nach Jordanien aufgemacht, wo sie sich ebenfalls im Schießen übten, vgl. Koenen, Jahrzehnt, S. 179.
[318] Wolfgang Kraushaar, Die Tupamaros Westberlin, in: Ders., RAF und linker Terrorismus I, S. 512–530, hier S. 518.
[319] Zitiert in: Enzensberger, Jahre, S. 345.
[320] Juchler, Studentenbewegungen, S. 369.

tätsgruppen revolutionäre Empfehlungsschreiben".[321] Tatsächlich ließen sich seit 1968 Radikale aus aller Welt in jordanischen und libanesischen Lagern militärisch ausbilden, wobei die propalästinensischen Sympathien der Neuen Linken des Westens laut Koenen weniger der Sache selbst dienten als vielmehr „Funktion und Ausdruck ihrer *allgemeinen* Radikalisierung" waren.[322] Die wichtige Rolle italienischer Mittlerfiguren und -gruppen bei der Etablierung der Kooperationsbeziehungen zwischen deutschen und palästinensischen Terrorgruppen sollte in diesem Zusammenhang jedenfalls nicht übersehen werden, wobei Feltrinelli einmal mehr eine Schlüsselrolle zukam.[323]

Anders als Kunzelmann und seine Entourage hatten Fritz Teufel und Irmgard Möller die Uccellini nach Sizilien begleitet und „in tagelangen Fußmärschen" das Barackenlager von Gibellina erreicht.[324] Die geplante Rekrutierung einer Revolutionsarmee gelang nicht. Das teilweise „von Linken verschiedener Couleur, Kommunisten, Sozialisten und Hippies" bewohnte Lager jedoch wurde jenseits der Alpen so bekannt, dass Ulrike Meinhof nach ihrem Schritt in die Illegalität ihre Töchter dort unterbringen ließ, bevor die damals 7-jährigen Zwillinge in einem palästinensischen Waisenhaus oder aber – in diesem Punkt divergieren die Aussagen – bei Meinhofs Schwester Wienke Zitzlaff eine endgültige Bleibe finden sollten.[325] Teufel und Möller jedenfalls gründeten nach ihrer Rückkehr in den Norden im Herbst 1969 gemeinsam mit anderen späteren

---

[321] Kunzelmann, Widerstand, S. 120; Fichter zitiert in: Kraushaar, Bombe, S. 243.
[322] Koenen, Jahrzehnt, S. 179. Trotz des internationalen Charakters des Phänomens bleibt die Tatsache, dass sich westdeutsche Linksradikale, die nach dem Abflauen des Vietnamkonflikts auf der Suche nach einem „neuen Überbau" (Baumann) ihrer Militanz waren, ohne erkennbare Skrupel gegen das Land wandten, das zum Zufluchtsort der Shoah-Überlebenden geworden war, in besonderem Maße erklärungsbedürftig. Ihre extremste Ausprägung fand dieser Antizionismus mit antisemitischen Untertönen nach der Rückkehr der Gruppe um Kunzelmann in dessen fingiertem „Brief aus Amman" und dem gescheiterten Anschlag auf das Westberliner jüdische Gemeindezentrum vom 9. November 1969. Deutungsangebote liefern neben Kraushaar, Bombe, auch Reimann, Kunzelmann, S. 241–254 sowie Koenen, Jahrzehnt, S. 407–414; Enzensberger, Jahre, S. 368–370.
[323] Für Feltrinellis Beziehungen zur PFLP vgl. Andrea Jarach, Terrorismo internazionale: gruppi, collegamenti, lotta antiterroristica, Florenz 1979, S. 54; 92. Für die RAF allgemein Thomas Skeleton-Robinson, Im Netz verheddert. Die Beziehungen des bundesdeutschen Linksterrorismus zur Volksfront für die Befreiung Palästinas (1969–1980), in: Kraushaar, RAF und linker Terrorismus II, S. 828–904. Skeleton-Robinson weist zu Recht darauf hin, dass „viele zentrale Probleme" in diesem Zusammenhang „noch ungeklärt" seien, ebd., S. 828. Vgl. jetzt auch Kraushaar, München 1970.
[324] Enzensberger, Jahre, S. 345.
[325] Für die erste Version vgl. Aust, Baader-Meinhof-Komplex, S. 134. Aust bezieht sich auf Berichte Peter Homanns, der sich in Jordanien mit der Gruppe um Meinhof überwarf. Die zweite Version vertritt Ditfurth, Meinhof, S. 260; 272–74 (für das Zitat S. 273). Ditfurths Gewährsleute sind offenbar Wienke Zitzlaff sowie die drei Frauen, die die Kinder nach Sizilien begleitet haben, darunter das spätere RAF-Mitglied Monika Berberich.

Kernkadern der RAF und der B2J die Münchner Parallelorganisation zu Kunzelmanns Tupamaros Westberlin, wobei zwischen beiden Gruppierungen „enge persönliche und ideologische Verflechtungen" bestanden.[326] Die Tupamaros München (TM), denen sich auch die spätere Schlüsselfigur der RAF Brigitte Mohnhaupt anschloss, machten in der bayrischen Landeshauptstadt mit einer Serie von Brandanschlägen von sich reden, die Teufel eine Freiheitsstrafe von zwei Jahren einbrachten.[327] Wie das TM-Mitglied Möller berichtet, habe sie mit den Uccellini „viel über Ansatzpunkte für einen revolutionären Kampf diskutiert". Die Italiener hätten für die Agitation ausländischer Arbeiter in der Bundesrepublik plädiert. „Uns hat das aber nicht so überzeugt, denn anders als in Italien fanden in der Bundesrepublik keine Kämpfe in den Fabriken statt, an die man hätte anknüpfen können, und wir fanden es falsch zu versuchen, militante Auseinandersetzungen von außen dort hineinzutragen." Das, so Möller, „kam uns aufgesetzt vor."[328] Zwar hat auch Möller in der Folge im Rahmen einer zweimonatigen Tätigkeit im Agfa-Werk einen „Einstieg ins Proletariat" versucht, dort aber nach eigener Aussage nur das, „was wir schon in der Auseinandersetzung mit den Ucellis [sic] angenommen haben", bestätigt gefunden. „Mir persönlich war schnell klar, daß das nicht meine Perspektive für den politischen Kampf war".[329]

Laut Dieter Kunzelmann war das Jahr 1969 für die Mitglieder der ‚Szene' vor allem das Jahr des Reisens – des Reisens „in sich selbst, zu Gurus nach Indien, nach Italien, wo die Klassenkämpfe und das pralle Leben tobten, zu den nationalen Befreiungsbewegungen in Süd- und Mittelamerika oder nach Palästina". Von den angegebenen Zielen war die Apenninische Halbinsel zweifellos derjenige Ort, der auf dieser „Suche nach Selbstverwirklichung" gemessen am Aufwand wohl die intensivsten Erfahrungen versprach.[330] Tatsächlich lassen sich für das fragliche Jahr weitere Reisen späterer deutscher Stadtguerilleros in den Süden nachweisen, der 1969 trotz des Beginns der kühleren Jahreszeit in politischer Hinsicht ‚heiß' blieb. Einer dieser Italien-Trips – mit von der Partie waren wiederum Mitglieder der Wielandkommune und einige SDSler – wird von Günter Langer wie folgt beschrieben: „Man fuhr in zwei Autos und traf sich in Trento bei einem deutschen Schriftsteller, der sich da einen schönen Lenz machte [gemeint ist Peter Schneider, der in Trient an seinem Erfolgsroman „Lenz" arbeitete, P.T.]. Fast alle Türen öffneten sich von selbst, die Gruppe

---

[326] Michael Sturm, Tupamaros München: „Bewaffneter Kampf", Subkultur und Polizei 1969–1971, in: Weinhaupt/Requate/Haupt, Terrorismus, S. 99–133, hier S. 106.
[327] Vgl. ebd. sowie Ralf Reinders/Ronald Fritsch, Die Bewegung 2. Juni. Gespräche über Haschrebellen, Lorenz-Entführung, Knast, Berlin 1995, S. 38; Kraushaar, München 1970.
[328] Tolmein, RAF, S. 23.
[329] Ebd., S. 24.
[330] Kunzelmann, Widerstand, S. 107.

wurde tatsächlich in ganz Norditalien herumgereicht: zur linkssozialistischen PSIUP in Vicenza, zu den Altanarchisten in Carrara, zum schwerreichen Linksverleger Feltrinelli (...), zu den Maoisten des Renato Curcio in Mailand und anderen."[331]

Über den eigentlichen Zweck der Fahrt gehen die Aussagen auseinander. Langer gibt an, Ziel der Reise sei „die Herstellung von Kontakten und Unterstützung für griechische Genossen" gewesen, die den in ihrem Heimatland entstehenden Guerillagruppen „politisch und materiell unter die Arme greifen wollten". Der in Vicenza zu der Gruppe gestoßene V-Mann Peter Urbach dagegen, über dessen wahre Identität man vor Ort dank der Aufmerksamkeit italienischer Genossen offenbar endgültig Klarheit gewann, hat gegenüber seinen Auftraggebern behauptet, das Unternehmen habe der Waffenbeschaffung gedient. „Mahler selber konnte nicht mit. Der Genosse Semler war auch verhindert, er gab uns jedoch ein Beglaubigungsschreiben für den italienischen Verleger Feltrinelli mit. Geld brauchten wir nicht. Es hieß, wir könnten in dessen großem Gästehaus in Mailand übernachten. Wir wollten mit drei Wagen fahren, um wegen der erhofften Menge von Waffen genügend Transportraum zur Verfügung zu haben. Ich bekam eine Liste, auf der die verschiedenen Adressen in München, Mailand und Vicenza sowie die entsprechenden Telefonnummern verzeichnet waren. Auch eine Anschrift in Venedig war genannt".[332] In Italien sei man dann, so Urbach, auf Michael Baumann, Georg von Rauch und viele andere gestoßen; von Rauch sei gemeinsam mit Günter Langer im VW von Langers Vater über die Grenze gefahren. Die angeblich geplante Waffenübergabe brachte der V-Mann in der Folge offenbar selbst zum Scheitern: Schon ab der italienischen Grenze waren die Wagen dank der Zusammenarbeit deutscher und italienischer Fahnder ständig von der Polizei beschattet worden.[333] Trotz dieses Fehlschlags blieb Feltrinellis Italien für den entstehenden deutschen Untergrund das Land, in dem man sich leichteren Zugang zu Waffen erhoffen konnte als dies in der Bundesrepublik der Fall war, zumal der Verleger ab dem Jahreswechsel 1969/70 mit dem systematischen Ankauf von Waffen und der Anlage entsprechender Depots begann. Wie schwierig die Situation in dieser Hinsicht dagegen in Berlin war, beweist der Umstand, dass die ‚Hilfe' Urbachs mangels Alternativen selbst dann noch gesucht und angenommen wurde, als das Risiko des Umgangs mit ‚S-Bahn-Peter' längst evident war.[334]

---

[331] Langer, ‚Blues', S. 199. Vgl. zu Schneiders Italienerfahrungen auch Ders., Lenz. Eine Erzählung, Berlin 1973.
[332] Zitiert in: Der Baader-Meinhof-Report. Dokumente – Analysen – Zusammenhänge. Aus den Akten des Bundeskriminalamtes, der „Sonderkommission Bonn" und dem Bundesamt für Verfassungsschutz, Mainz 1972, S. 29.
[333] Ebd.
[334] So ging etwa Andreas Baaders Verhaftung am 4. April 1970 auf das Konto des V-Manns, der der Mahler-Gruppe das Märchen aufgetischt hatte, auf einem Berliner Friedhof funk-

2.3 Italien als deutsches „Traumland" der Revolution

Die laut Langer „fast schon zur Legende gewordene Italienreise" dauerte nach den Angaben Urbachs vom 23. Juli bis zum 10. August 1969.[335] Damit wäre der vom Verfassungsschutz beobachtete Tross den Ebrach-Fahrern mit geringer Verzögerung nachgereist, ohne genau die gleiche Route zu wählen. Zu dieser Deutung passen auch die Erinnerungen Kunzelmanns, gemäß derer sich während des Trips eine „richtige deutsche Kolonie mit ungefaehr dreissig Leuten" gebildet habe; zu Berlinern und Frankfurtern seien Mitglieder der Münchner und der Hamburger Szenen gestoßen.[336] Auch Bernward Vesper machte sich unabhängig von der Kunzelmann-Truppe von Ebrach aus nach Italien auf. Schon 1968 hatte er gemeinsam mit Ulrike Meinhof auf Henzes römischem Landgut vorgesprochen, um den rekonvaleszenten Dutschke für ein „konkret"-Interview bzw. für neue Buchprojekte seines Voltaire-Verlages zu gewinnen.[337] Diesmal war Lena Conradt seine Begleiterin, die, so Koenen, „aus den Jahren ihrer Ehe mit Gerd Conradt in Rom noch ein Quartier hatte und über die einige der Verbindungen des entstehenden deutschen und italienischen Untergrunds 1969/70 gelaufen sein dürften. Später wird auch sie eine Zeit lang zum Umfeld der RAF gehören."[338]

Was die Protagonisten der späteren RAF selbst anging, so standen im November 1969 auch Gudrun Ensslin und Andreas Baader– wie Dieter Kunzelmann wenige Monate zuvor – vor der Alternative, entweder eine Haftstrafe anzutreten oder der Bundesrepublik den Rücken zu kehren. Das Paar, das sich in West-Berlin im Umfeld der Kommune 1 kennen- und lieben gelernt hatte, hatte am 2. April 1968 – also sechs Wochen nach dem Vietnam-Kongress und eine Woche vor den Schüssen auf Dutschke – den Appell eines satirisch-makabren Flugblatts der Kommunarden in die Tat umgesetzt und, so Ensslin vor Gericht, „aus Protest gegen die Gleichgültigkeit, mit der die Menschen dem Völkermord in Vietnam zusehen" in zwei Frankfurter Kaufhäusern nächtliche Brände gelegt, die erheblichen Sachschaden verursachten.[339] Im Oktober 1968 wurden die Verantwortlichen, zu denen neben Ensslin und Baader auch Thorwald Proll und Horst Söhnlein gehörten, nach einem in den Medien stark

---

tionsfähige Pistolen aus Wehrmachtsbeständen vergraben zu haben, Koenen, Vesper, Ensslin, Baader, S. 273. Besondere Bedeutung sollte schließlich die Schweiz erlangen, wo sich in den nächsten Jahren gleich mehrere anarchistische Gruppen darin überboten, italienischen und deutschen Linksterroristen die Hardware für ihren Krieg gegen den Staat zur Verfügung zu stellen, wobei man sich meist aus Armeebeständen bediente.

[335] Vgl. Baader-Meinhof-Report, S. 136.
[336] Zitiert in: Reimann, Kunzelmann, S. 233. Laut Kraushaar handelte es sich jeweils um Mitglieder verschiedener Kommunen, die in ihren jeweiligen Städten zum Kern der linksradikalen Szenen gehörten, vgl. Ders., Bombe, S. 107.
[337] Dutschke, Leben, S. 78f.
[338] Koenen, Vesper, Ensslin, Baader, S. 263.
[339] Ensslins Aussage vor Gericht zitiert nach Proll/Dubbe, Stern, S. 32.

beachteten Prozess zu drei Jahren Gefängnis verurteilt. Auch Ulrike Meinhof hatte während der Verhandlung zu den Brandstiftern Kontakt aufgenommen und öffentlich wohlwollend zu der Frankfurter Aktion Stellung bezogen. Dank des Einsatzes der Anwälte Otto Schily, Horst Mahler, Klaus Eschen und Ernst Heinitz, die Anträge auf eine Revision des Urteils gestellt hatten, kam das Quartett im Juni des Folgejahres zunächst wieder auf freien Fuß.[340] In der Folge engagierten sich Baader, Ensslin und Proll im Rahmen einer von linken Frankfurter Pädagogikstudenten angestoßenen Initiative zur Reform der Heimpädagogik, dem sogenannten Staffelberg-Projekt.[341] Ungefähr 70 Jugendliche – etwa die Hälfte der Bewohner des Erziehungsheims Staffelberg – verließen im Zuge der Initiative ihre Einrichtung und zogen bei Studenten aus den Frankfurter Basisgruppen ein. Es entstand ein Netzwerk politischer Kommunen und Wohnkollektive, innerhalb derer das Paar Baader-Ensslin bald eine Führungsrolle übernahm.[342] Während ein Teil der studentischen Mitarbeiter des Projekts seine Aufgabe darin sah, den Jugendlichen Arbeitsstellen zu besorgen und somit die ‚Abspaltung' der Fürsorgezöglinge vom ‚Jungproletariat' aufzuheben, bewertete die Gruppe um Baader diese Abspaltung als „eine eigene, positive Rebellion gegen diese Gesellschaft, also etwas prinzipiell Klassenkämpferisches; sie hebt dieses (antiautoritäre) Verhalten der Jugendlichen gegenüber dem anderer ‚angepaßter' Jugendlicher lobend hervor", so Peter Brosch, Vertreter der erstgenannten Richtung und bald darauf Autor einer vielgelesenen Veröffentlichung über die Frankfurter ‚Heimkampagne'.[343] „Die Jugendlichen", so kritisiert Brosch, „erleben insbesondere bei den Intellektuellen, die sich am Projekt beteiligen, daß kaum einer von ihnen arbeitet oder ernsthaft studiert und daß trotzdem immer Geld da ist. (...) So passen sich die Jugendlichen mit der Zeit an ihre neue Umgebung an; sie imitieren, versuchen es zumindest, die intellektuelle Lebensweise, ohne daß ihnen ernsthaft klargemacht wird, daß sie das nie erreichen werden. (...) Keiner der Intellektuellen wagt es, den Jungens zu sagen, daß sie arbeiten müssen. (...) Sie wenden Tricks aller möglichen Art an, von irgendwelchen ‚Scheiß-Liberalen' Geld fürs Projekt und für ihren Lebensunterhalt zu beschaffen."[344] Tatsächlich geriet die von Baader und Ensslin propagierte „Randgruppenstrategie", die den Gedanken Marcuses aufnahm, nur von denjenigen Schichten könne eine soziale Sprengkraft ausgehen, die nicht in das System aus Fabrikdisziplin und Belohnung

---

[340] Christopher Tenfelde, Die Rote Armee Fraktion und die Strafjustiz. Anti-Terror-Gesetze und ihre Umsetzung am Beispiel des Stammheim Prozesses, Osnabrück 2009, S. 158f.
[341] Peters, Irrtum, S. 123–130.
[342] Koenen, Vesper, Ensslin, Baader, S. 233.
[343] Peter Brosch, Fürsorgeerziehung, Heimterror und Gegenwehr, Frankfurt a.M. 1971, S. 108.
[344] Ebd., S. 125f.

durch Konsum eingebunden waren, zunehmend in die Kritik: Es stellte sich heraus, dass die ‚befreiten' Jugendlichen zusehends lebensuntüchtiger wurden und immer mehr in die Abhängigkeit ihrer neuen ‚Betreuer' gerieten. Diejenigen SDSler, die in diesen Monaten nach dem Beispiel ihrer französischen und italienischen Kommilitonen das Proletariat als potentiell revolutionäres Subjekt wiederentdeckten, setzten der „revolutionären Antipädagogik" die Parole „Baader ans Band!" entgegen[345] – ein Appell, den der Angesprochene, dem eine ehemalige Frankfurter Mitarbeiterin eine „Ausstrahlung wie ein Gangsterboss" attestiert, allerdings souverän ignorierte.[346] Während sich die ehemaligen Heimzöglinge weniger politisierten als vielmehr zunehmend Gefahr liefen, in Kriminalität und Drogen zu versinken, radikalisierten sich ihre neuen Erzieher weiter.[347]

Als der Bundesgerichtshof am 10. November 1969 die Revisionsanträge der Brandstifter verwarf, war denn auch nur Horst Söhnlein dazu bereit, seine Strafe anzutreten. Die drei anderen entschieden sich für eine Flucht nach Paris, wo sie zeitweise in der leer stehenden Wohnung des immer noch in Bolivien inhaftierten Régis Debray auf der Île de la Cité Quartier bezogen.[348] Wer ihnen das ebenso politisch prestigereiche wie luxuriöse Domizil vermittelt hatte, ist nicht bekannt – möglicherweise hatte man Debrays Verleger Maspéro kontaktiert, den Bernward Vesper, wie er Ensslin berichtet hatte, im Vorjahr kennengelernt hatte.[349] Laut Proll hatte Ensslin, die „immer alles organisiert" habe, auch diese „Sache vorbereitet"; möglicherweise kam sie auf die Beziehungen ihres früheren Verlobten zurück. Über die Wochen in Paris und den Charakter der Kontakte der Flüchtigen zur Szene der französischen Hauptstadt, wo die Linke nach dem schlagenden Wahlsieg de Gaulles und Pompidous einigermaßen ernüchtert ihre letzten Revolutionshoffnungen zu Grabe tragen musste, liefert Proll nur spärliche Informationen. Die Solidarität der französischen Genossen griff jedoch offenbar einigermaßen reibungslos. „Du kamst durch irgendjemanden über die Grenze, dann kamst du zu dem und dem Kreis, der hat dir das und das besorgt. (…) Dir wurde eben geholfen."[350] Keinen Zweifel lässt Proll daran, dass das Trio kein vorübergehendes Versteckspiel, sondern „die Illegalität" plante – entsprechend blieb auch der Versuch einer Delegation der ‚Staffelber-

---

[345] Koenen, Vesper, Ensslin, Baader, S. 234–236.
[346] Zitiert in: Karin Wieland, Andreas Baader, in: Kraushaar, RAF und linker Terrorismus I, S. 332–349, hier S. 340.
[347] Eine Ausnahme war der ehemalige Staffelberger Peter-Jürgen Boock, der in jenen Monaten eine Bindung an Baader aufbaute, die ihn später aktiv an den blutigen Befreiungsversuchen der ‚Stammheimer' von 1977 partizipieren ließ, vgl. Peters, Irrtum, S. 126.
[348] Ebd., S. 134.
[349] Auszüge der entsprechenden, an Ensslin gerichteten Postkarte vom Juli 1968 werden zitiert in: Koenen, Vesper, Ensslin, Baader, S. 166.
[350] Proll/Dubbe, Stern, S. 67.

ger', die Flüchtigen zur Rückkehr zu bewegen, ohne Erfolg. Anstelle Thorwald Prolls, der vorläufig in Paris blieb, war es schließlich seine Schwester Astrid, die mit einem Mercedes, falschen Pässen, Büchern und Geld in der französischen Hauptstadt vorfuhr und auf der Weiterreise des Paares zur neuen Dritten im Bunde wurde. „Von Schweden bis Algerien", erinnert sich Astrid Proll, wurden alle Ziele „in Erwägung gezogen, aber es mußte ein Ort sein, an dem gekämpft wurde".[351] Damit sprach alles für Italien, wo, so Koenen, „materielle Ressourcen und gesicherte Adressen winkten – und noch etwas Entspannung vielleicht".[352]

Über Zürich, wo sich das Trio einige Tage aufhielt,[353] erreichten die Brandstifter schließlich Mailand, wo sie Giangiacomo Feltrinelli angeblich schon „im Kampfanzug" erwartete.[354] Am Tag vor ihrer Ankunft, dem 12. Dezember 1969, war auf der Piazza Fontana in der Mailänder Innenstadt eine Bombe detoniert, die siebzehn Menschen das Leben gekostet und 86 weitere zum Teil schwer verletzt hatte. Statt auf die Reihen der tatsächlich verantwortlichen Neofaschisten konzentrierte sich die Fahndung der Carabinieri in erster Linie auf die Zirkel der Anarchisten. Als einen der ersten Verdächtigen inhaftierte die Polizei ausgerechnet den Balletttänzer Valpreda, bei denen die Kunzelmann-Gruppe im Sommer Unterschlupf gefunden hatte und dessen Adresse und Telefonnummer mit an Sicherheit grenzender Wahrscheinlichkeit auch die Brandstifter im Gepäck gehabt haben dürften. Ebenfalls festgenommen wurde der Eisenbahner Giuseppe Pinelli, der drei Tage später unter mysteriösen Umständen während eines Verhörs aus dem Fenster des Mailänder Polizeipräsidiums zu Tode stürzte.[355] „Wenn man sich hier aus dem Fenster stürzt, wäre man irgendwie sicher, daß man dort unten aufgefangen würde", hatte Ulrike Meinhof ein Jahr zuvor am offenen Fenster einer römischen Pension zu Peter Schneider gesagt.[356] Wie auch immer man diesen Satz im Detail interpretieren mag: Der Eindruck vieler deutscher Linker, der italienische Staat gehe mit

---

[351] Ulrike Edschmid, Frau mit Waffe, Berlin 1996, S. 108. Edschmids „biographische Erzählung" über das Leben Astrid Prolls beruht auf „langen, vielen Wochen dauernden Gesprächen" mit der Protagonistin, vgl. ebd., Vorbemerkung, o.S.
[352] Koenen, Vesper, Ensslin, Baader, S. 265.
[353] Laut Koenen, ebd., unterstützte sie in Zürich unter anderem der linke Buchhändler Theo Pinkus, der später auch der Anarchistin Petra Krause über Monate hinweg Hilfe zukommen lassen sollte. Zur Rolle Krauses innerhalb der europäischen Gewaltkulturen vgl. weiter unten S. 202f., 438–444.
[354] Enzensberger, Jahre, S. 372.
[355] Für einen ersten zeitgenössischen Rekonstruktionsversuch des Geschehens vgl. Camilla Cederna, Pinelli. Una finestra sulla strage, Mailand 2004 [ed. orig. Mailand 1971].
[356] Schneider, Rebellion, S. 304. Laut Schneider habe sich ihm dieser Satz „ins Gedächtnis gebrannt". Nachdem er ihn zunächst auf die eigene Situation bezogen habe, sei er ihm nach der Baader-Befreiung und Meinhofs berühmtem Sprung aus dem Fenster des Deutschen Zentralinstituts für soziale Fragen wieder eingefallen: „Und ich dachte, daß sie ihn zu sich selbst gesagt hatte."

seinen Kritikern humaner um als der deutsche, war ein Trugschluss, der der politischen Wirklichkeit dieser Jahre nicht standhielt. Und auch das soziale Netzwerk politisch Gleichgesinnter vermochte nicht alle Existenzen dauerhaft vor dem Abgleiten in den Kreislauf aus Gewalt, Drogen, Gefängnis und allgemeiner Perspektivlosigkeit zu bewahren, der das Leben vieler italienischer Militanter in den kommenden Jahren bestimmen sollte.

Was die Ankunft Baaders, Ensslins und Prolls in Italien angeht, so verwundert es angesichts des hohen Verfolgungsdrucks in Mailand nicht, dass das Trio die Stadt geradezu fluchtartig wieder verließ – Guido Panvini spricht von 310 Razzien gegen die extreme Linke allein in den ersten Tagen nach dem Attentat.[357] Zwar wurden die drei Deutschen noch nicht polizeilich gesucht, empfanden den eigenen Status aber wohl nicht ganz zu Unrecht als prekär, zumal auch der Name des großen Gönners Feltrinelli auf der Liste der Fahnder ganz oben stand. Wenige Tage später tauchten die Flüchtigen bei Ulrich Enzensberger auf, dessen eigene Odyssee durch Italien in Rom ein vorläufiges Ende gefunden hatte. „Andreas sprach kaum Englisch, Gudrun nur Englisch und Französisch. Mein Italienisch war gefragt, so bettelhaft es war", erinnert sich Enzensberger. „Eigenartig, wie ernst wir überall genommen wurden. (…) Eine lange Reihe von Künstlern, Schriftstellern und Politikern wurde besucht, im Grunde das Umfeld der Uccelli. Die Sympathie, die den Brandstiftern entgegen schlug, war enorm."[358]

Im Zuge diverser „Weihnachtsessen und sonstige[r] Geselligkeiten" wurden das Paar und seine Begleiter aber nicht nur in der italienischen Szene, sondern auch in der deutschen Kolonie der Hauptstadt herumgereicht. Luise Rinser, die schon das Urteil gegen die Kaufhausbrandstifter in Form eines offenen Briefes scharf kritisiert hatte, war von der jungen Ensslin so beeindruckt, dass sie an deren Vater schrieb, seine Tochter habe in ihr „eine Freundin fürs Leben gefunden".[359] Die Gastfreundschaft von Hans Werner Henze nutzte Baader für eine Aufstockung seiner Garderobe mit edlen Seidenhemden. Auch dem ehemaligen Anwalt und Schriftsteller Peter Chotjewitz, einer „Kneipenbekanntschaft von Andreas Baader aus vergangenen Berliner Tagen", stattete man in der römischen Wohnung, die dieser zwei Jahre zuvor bezogen hatte, einen längeren Besuch ab.[360] Monate später sollte Andreas Baader in Berlin mit einem auf Chotjewitz' Namen ausgestellten Pass aufgegriffen werden.[361]

Vor der Rückkehr in die Heimat jedoch folgten die Kaufhausbrandstifter der

---

[357] Guido Panvini, Ordine nero, guerriglia rossa. La violenza politica nell´Italia degli anni Sessanta e Settanta (1966–1975), Turin 2009, S. 80.
[358] Enzensberger, Jahre, S. 372.
[359] Peters, Irrtum, S. 134.
[360] Ebd., S. 135.
[361] „Kommen Sie raus, Ihre Chance ist null", in: Der Spiegel 24/5.6.1972, S. 9–32, hier S. 27.

offenbar inzwischen obligatorischen ‚Grand Tour'-Route der deutschen Linken und suchte das sizilianische Gibellina auf. Astrid Proll hat eine Strandszene aus diesen Tagen beschrieben, bei der Baader „von dem Großen, dem Illegalen, dem Militanten" gesprochen und sie mit einer „Vision" der vor ihnen liegenden Zukunft konfrontiert habe, die ihr selbst zwar zunehmend „Alpträume" bereitete, der sie sich aber dennoch nicht zu verweigern vermochte.[362]

Zurück in Rom wurde das Trio selbst zur Anlaufstelle deutscher Italienfahrer. Horst Mahler, Mitbegründer des kurz zuvor gemeinsam mit Hans-Christian Ströbele und Klaus Eschen ins Leben gerufenen Sozialistischen Anwaltskollektivs, begab sich im Herbst 1969 zunächst in die britische, dann in die italienische Hauptstadt. Beide Reisen dienten der Rekrutierung von Mitstreitern in einer bewaffneten Formation, die, so die Planung, künftig Kunzelmanns Tupamaros in Westberlin Konkurrenz machen sollte. Lose an Mahlers Projekt gebunden waren zu diesem Zeitpunkt bereits Jan-Carl Raspe, Wolfgang Grashof, Petra Schelm, Monika Berberich und Ulrike Meinhof.[363] Während der Anwalt von dem in London kontaktierten Rudi Dutschke „nicht unfreundlich, aber im Dissens" geschieden war,[364] signalisierte das Gespann Baader/Ensslin während der nächtelangen Diskussionen in Rom Interesse an seinen Plänen.[365] Anders als Astrid Proll, die offenbar einigermaßen überstürzt wieder nach Norden aufbrach, verließen die übrigen Italien aber erst, als ihr Gnadengesuch durch den hessischen Justizminister im Februar 1970 endgültig abgelehnt worden war.[366] Vier Monate, nachdem sie die Bundesrepublik gen Frankreich verlassen hatten, erreichten sie nach einem Zwischenstopp in Ensslins Stuttgarter Elternhaus wieder das vertraute Terrain von Westberlin. Auf ihrer Reise war den Kaufhausbrandstiftern auch der Verfassungsschutz stets auf den Fersen geblieben, der über ihre dortigen Kontakte, wie ein entsprechender Aktenvermerk der Staatsanwaltschaft Wiesbaden beweist, im Wesentlichen korrekt informiert war.[367]

---

[362] Edschmid, Frau, S. 111.
[363] Koenen, Vesper, Ensslin, Baader, S. 268.
[364] Mahler zitiert nach Peters, Irrtum, S. 136.
[365] Edschmid, Frau, S. 112.
[366] Horst Mahler ließ seinem Kollegen Chotjewitz folgenden Brief zukommen: „Lieber Genosse Chotjewitz, ich hoffe, daß Dich unsere telegraphische Nachricht von der Ablehnung des Gnadengesuchs erreicht hat und dass Du diese Nachricht an Andreas und Gudrun weitergeben konntest", zitiert in: Peters, Irrtum, S. 138f.
[367] So vermerkte Staatsanwalt Henschel am 19.2.1970: „Ich wurde am 16.02. von einem Herrn K. des Landesamtes für Verfassungsschutz in Hessen über folgendes informiert: […] Er teilte mir mit, dass nach den vorliegenden Informationen, die allerdings nicht gerichtsverwertbar seien, Ensslin und Baader sich in einem Haus in der Nähe von Neapel aufhalten würden, das eine gewisse Astrid – hierbei könnte es sich um die Schwester des Beschuldigten Proll handeln – gemietet haben will. Rechtsanwalt Mahler stehe mit den Beschuldigten Ensslin und Baader in Verbindung und beabsichtige, sich mit ihnen in Neapel zu treffen.

Dass ihnen der Schritt in die Militanz, den sie mit der Kaufhausbrandstiftung unternommen hatten, ganz selbstverständlich Türen öffnete, dass er Bewunderung und Respekt hervorrief, die durch das vergleichsweise harte Urteil des Frankfurter Landgerichts noch verstärkt worden waren – das war wohl die wichtigste Erfahrung, die Ensslin und Baader von ihren Auslandsaufenthalten mitbrachten und die sie in ihrem blinden Aktionismus zweifellos weiter bestärkte. Sie bestätigte sich, als sie unmittelbar nach ihrer Rückkehr in der Wohnung der prominenten „konkret"-Kolumnistin Ulrike Meinhof in der Kufsteiner Straße um Unterschlupf nachsuchten.[368] In einer Zeit, in der die radikale Linke überall in Westeuropa aufgeregt über die verschiedenen Optionen diskutierte, ob und wie der Funke der Revolution neu entfacht bzw. zu einem Flächenbrand ausgeweitet werden könne, schien die Brandstiftung von Frankfurt, wie es Meinhof in „konkret" formuliert hatte, in der Tat ein „progressives Moment" zu besitzen.

Ganz besonders in Italien, wo anders als in Frankreich erst 1969 der Höhepunkt der gesellschaftlichen Mobilisierung erreicht worden war, hatten Baader und Ensslin während ihres Aufenthalts von Seiten bekannter italienischer und deutscher Intellektueller ein Interesse erfahren, das ihnen bis dato unbekannt gewesen war und das ihnen ungeheuer geschmeichelt haben muss. Das Bewusstsein, im Ausland auf Fürsprecher und prominente Sympathisanten bauen zu können, war eine Schlüsselerfahrung, die – so die These – auch im Untergrund und während der späteren Haft nicht verblasste und die die Kommunikationsstrategien der inhaftierten RAF-Gründer stark prägte, wobei sie die entsprechenden Kampagnen naturgemäß größtenteils an ihre Anwälte delegieren mussten.

Aber nicht nur die neuartigen Machtgefühle, die das Paar dem ihm vorauseilenden Ruhm verdankte, auch die Unruhe in Italien selbst wird die Brandstifter – wie zuvor bereits die Umherschweifenden Haschrebellen – weiter radikalisiert haben. In Italien gab es solidarische Genossen, die die eigenen, noch einigermaßen vagen Vorstellungen von Militanz mindestens so entschlossen und kompromisslos formulierten wie man selbst – dieses Wissen erhöhte den Glauben an die eigene, vermeintlich geschichtsverändernde Kraft auch auf deutscher Seite. Aus den transnationalen Netzwerken, die sich jetzt etablierten, erwuchsen einerseits grenzübergreifende Resonanzräume gegenkultureller Öffentlichkeitsarbeit, andererseits dauerhafte klandestine Strukturen ge-

---

Dabei soll angeblich die weitere Verhaltensweise besprochen werden und evtl. eine Wiederaufnahme des Verfahrens erörtert werden. Als Verbindungsperson soll ein gewisser Schottkewitz [sic], der in Rom wohnen soll, fungieren", in: Hessisches Hauptstaatsarchiv Wiesbaden, Abt. 461, Nr. 34702. Den Hinweis auf diese Akte verdanke ich Florian Jessensky.

[368] Peters, Irrtum, S. 143.

genseitiger Hilfeleistung. Wie sich schon bei Kunzelmanns Jordanien-Reise gezeigt hatte, waren diese Strukturen potentiell offen für interessierte Dritte – allen voran für die Palästinenser, aber auch für Schweizer und Franzosen, die mehrheitlich zwar nicht gewaltsam gegen den eigenen Staat vorgehen mochten, dafür aber umso bereitwilliger deutsche und italienische Genossen unterstützten, um sich der eigenen Militanz zu versichern.

Es spricht einiges dafür, dass sich auch Ulrike Meinhof, Andreas Baader und Gudrun Ensslin auf dieses bereits erprobte Netzwerk verließen, als sie sich im Juni 1970 auf den Spuren Kunzelmanns zur militärischen Ausbildung in ein Lager der El-Fatah nahe der jordanischen Hauptstadt Amman begaben, auch wenn die Forschung die in diese Richtung deutenden Indizien bislang nicht ernst genommen hat. Während Horst Mahler am 8. Juni in Begleitung von acht Mitreisenden, aber erwiesenermaßen ohne die Genannten, in Berlin-Schönefeld einen Interflug nach Beirut bestieg, um sich von dort aus nach Syrien und schließlich in die jordanische Wüste abzusetzen, entschieden sich Meinhof, Baader und Ensslin für die beschwerlichere, aber weniger riskante Alternative, mit dem Auto in den Nahen Osten zu fahren.[369] In Zürich wurden die Deutschen in einer Kommune der Autonomen Linken untergebracht, aus deren Kreis sich wenig später eine regelrechte RAF-Unterstützungsgruppe bilden sollte.[370] Erst nach einem Zwischenhalt in Mailand bei Feltrinelli – mithin

---

[369] Diese Version der Dinge präsentiert der sogenannte Baader-Meinhof-Report – ein anonymes Pamphlet, das nach der Verhaftung der führenden RAF-Mitglieder im Sommer 1972 zur Diskreditierung der Terrorismus-Bekämpfung der Bundesregierung veröffentlicht wurde, um entsprechenden Einfluss auf die bevorstehenden Bundestagswahlen zu nehmen. Trotz der eindeutigen politischen Schlagseite und des teilweise schwer erträglichen, hämischen und sensationsheischenden Tons der Darstellung zeigt sich der auf vertraulichen Akten des BKA, der so genannten „Sonderkommission Bonn" und des Verfassungsschutzes beruhende Text als im Detail sehr gut informiert, was nicht zuletzt für die Tatsache spricht, dass die Fahnder, unter anderem über die Einschleusung von V-Leuten, recht genau über die Aktivitäten der frühen RAF Bescheid wussten. Zu den Hintergründen und zur zeitgenössischen Aufnahme des Werks vgl. Eduard Neumaier, „Bombe aus dem Hinterhalt. Politische Pornographie aus der Feder eines SPD-Abgeordneten?", in: Die Zeit 32/11.8.1972, S. 2. Für die hier relevanten Informationen vgl. Baader-Meinhof-Report, S. 42f. Der Abbildungsteil des Bandes enthält eine Fotografie der Quittung des Ostberliner Reisebüros über die von Mahler gebuchte Reise einschließlich der Namen aller Teilnehmer (aber ohne Baader, Ensslin und Meinhof), ebd., o.S. Aust geht von einem späteren Beirut-Flug Baaders und seiner Begleiterinnen aus, leider wie üblich ohne Angabe der zugrundegelegten Quellen, Ders., Baader-Meinhof-Komplex, S. 123. Peters hält es lediglich für erwiesen, dass „Andreas Baader im Juni ebenfalls in dem El-Fatah-Ausbildungslager in Jordanien war" und verzichtet auf Spekulationen über den Reiseweg, Ders., Irrtum, S. 758f., Anm. 37.

[370] In den Zürcher Kommunen fanden unter anderem Horst Mahler und Petra Schelm Unterschlupf. Die Kontakte zu Baader gestalteten sich offenbar besonders eng. Auch wenn Versuche des heimlichen RAF-Chefs scheiterten, unter den Zürcher Autonomen regelrecht neue Mitglieder anzuwerben, gelang es ihm immerhin, entsprechende Kontakte der

auf demselben Weg, auf dem Baader, Ensslin und Proll im Dezember 1969 aus Paris über die Schweiz nach Italien geflohen waren – hätte ihr weiterer Reiseweg sie demnach über Jugoslawien, Bulgarien, die Türkei, den Libanon und Syrien an ihr endgültiges Ziel geführt, wo sie wieder mit der Gruppe um Mahler zusammentrafen. Plausibilität gewinnt diese durch Quellen des BKA und Zeugenaussagen der Schweizer Helfer gestützte These nicht nur vor dem Hintergrund der Tatsache, dass es angesichts des inzwischen von allen Beteiligten vollzogenen Schritts in den Untergrund für Feltrinelli, Meinhof und ihre Begleiter zweifellos Bedarf an gegenseitigem Austausch gab. Es war kaum anzunehmen, dass der Verleger ausgerechnet der von ihm geschätzten Meinhof die höchstwillkommene Unterstützung verweigern würde, die er dem ehemaligen Kommunarden Kunzelmann gewährt hatte.

Auch eine bisher kryptisch erscheinende Passage innerhalb des stark autobiographisch geprägten Romanessays „Die Reise", die Ensslins Verlobter Bernward Vesper im August 1970 in Mailand zu Papier brachte, könnte unter der Prämisse entschlüsselt werden, dass der Autor die Kaufhausbrandstifter und die Journalistin auf ihrem Weg über die Alpen begleitet hat. Vesper hatte auch nach dem Beginn der Liebesbeziehung zwischen Ensslin und Baader niemals völlig mit seiner ehemaligen Partnerin gebrochen und war sowohl mit Meinhof als auch mit Feltrinelli befreundet, wobei er letzteren, wie gesehen, sehr bewundert hat. Möglicherweise schien jetzt der Moment gekommen zu sein, auf die in Berlin ausgesprochene Mailand-Einladung des Verlegers zurückzukommen.[371] In seinen Aufzeichnungen beschreibt der Autor eine gemeinsam mit Baader unternommene Fahrt, die von den Ufern des Zürichsees bis in die lombardische Hauptstadt führt, wo die Deutschen in die dortige Radikalenszene eintauchen und einen Eindruck von den scharfen Klassengegensätzen innerhalb der italienischen Gesellschaft bekommen, bevor sich ihre Wege trennen.[372] Koenen, der das Buch als ein „Zeitdokument ersten Ranges" gedeutet und mit Archivquellen aus Vespers Nachlass zusammengelesen hat, kommt zu dem Schluss, es handele sich bei der Deskription der mit dem Rivalen angetretenen Alpenüberquerung wahrscheinlich um eine „pseudologisch-phantastische Anverwandlung", „ein tragisch anmutendes Konfabulieren", dessen „Energie und Emphase sich ganz wesentlich aus der Identifizierung des verlassenen Autors B.[ernward] mit dem

---

Schweizer zur Bewegung 2. Juni erfolgreich zu hintertreiben, die über den gebürtigen Züricher Philipp Werner Sauber liefen, vgl. Dominique Wisler, Drei Gruppen der Neuen Linken auf der Suche nach der Revolution, Zürich 1996, S. 95.

[371] Vgl. weiter oben S. 120f.
[372] Bernward Vesper, Die Reise. Romanessay, Frankfurt a.M. 1977, hier S. 270f.: „Mit Andreas am Zürich-See entlang, high wie die Teufel von einem wunderbaren, glasklaren Gras, über Chur zum San Bernardino, die alte Paßstraße ist wenig befahren. (...) Auf Seitenstraßen über die Grenze. (...) Milano dann knallhart: oben und unten, die Unternehmer und die Arbeiterklasse. Die Widersprüche sind hier deutlicher entwickelt".

Aggressor A.[ndreas] speiste". Eine gemeinsame Italienfahrt jedenfalls sei „im Kalender der Gruppe nirgends unterzubringen".[373] Die vermeintlichen Terminschwierigkeiten lösen sich jedoch auf, wenn man die Alpenüberquerung nicht als eine weitere Reise neben der Jordanien-Unternehmung, sondern als deren erste Etappe interpretiert. Was Bernward Vesper selbst anging, der sich im Mai 1971 das Leben nahm, ist es laut Koenen unklar, ob er „in die entstehende RAF ausschließlich phantastisch und nicht doch auch praktisch hineinverflochten war".[374] In jedem Fall spiegeln seine Reflexionen über das Traumland der Revolution zweifellos in vielerlei Hinsicht auch das Italien-Bild der RAF-Gründer selbst und sind darüber hinaus eine erstrangige Quelle zum Verständnis dessen, was die junge außerparlamentarische Linke jener Jahre an und in Italien faszinierte.

Im Dunst der Industriestädte brechen die Widersprüche rein auf. Klassenkampf in den Fabriken, den Wohnquartieren, Parolen an allen Mauern, die militante Linke konzentriert hier alle ihre Kräfte. (...) Man nimmt uns auf, erklärt uns die Geschichte der Linken in den letzten Jahren, die alte Erfahrung der Korruption der klassischen Arbeiterorganisationen, PCI und kommunistische Gewerkschaften, die an dem großen deal zwischen Moskau und Washington nur eine Station sind, ohne Eigenleben, ohne Willen, zusammen mit der Basis die Revolution voranzutreiben. Die Revolution, ja, in Italien ist´s keine verschwommene Bewegung, es geht um die Macht in den Fabriken, um alles oder nichts. (...) Sinistra proletaria, lotta continua, das sind die militanten Gruppen. Ihre Taktik: auf jeden Schlag der Unternehmer mit einer direkten Aktion antworten. (...) Als Faschisten eine Fabrik in Trento attackieren, werden zwei von ihnen geschnappt und durch die Straßen geführt, zwei Stunden lang, die aufgebrachte Masse hängt ihnen ein Schild um *Arbeiterverräter*. [Auch die Kinder haben] früh begriffen, worum es geht. Keine Antiautoritäre Bewegung, kein Generationenkonflikt, wie er uns zeichnet. Kinder – Erwachsene: derselbe Kampf![375]

Was Vesper an dieser Stelle mit seltener Plastizität beschrieb, war das Gefühl der *rivoluzione dietro l´angolo*, der Revolution hinter der nächsten Ecke, das sich während des sogenannten ‚Heißen Herbstes' mit seinen ausgedehnten Streiks innerhalb der *movimenti*, der vielgestaltigen Bewegung, verbreitet hatte. Dieses Gefühl übertrug sich offenbar auch auf ihre ausländischen Gäste, denen man stolz von den eigenen Aktivitäten zur Unterstützung dieses Prozesses berichtete. „Er kam glühend vor Begeisterung von einer Reise aus Italien wieder", berichtet eine ehemalige Mitbewohnerin von Holger Meins über die politische Sozialisation des späteren RAF-Mitglieds. „Er hat eine ganze Nacht erzählt von den politischen Bewegungen – dass da der revolutionäre Funke auf die Arbeiter in den Betrieben übergesprungen sei."[376] Auch für das spätere Mitglied der B2J, den Schweizer Philipp Werner Sauber wurde das Rom des Jahres 1970 nicht

---

[373] Koenen, Vesper, Ensslin, Baader, S. 283; 276.
[374] Ebd., S. 278.
[375] Vesper, Reise, S. 279–282, passim.
[376] Margret Blessmann, Er kam glühend vor Begeisterung von einer Reise aus Italien wieder, in: Conradt, Starbuck Holger Meins, S. 118f., hier S. 119. Die Italienfahrt wird von der Er-

nur „zum Ort der Verheißung",[377] sondern auch der politischen Radikalisierung. Ein Jahr später sollte er in Mailand den Kontakt zu den Roten Brigaden suchen, Renato Curcio und Mara Cagol kennenlernen – „ein Paar, das eine führende Rolle spielt und ihn beeindruckt" – und sich aktiv an den Sabotageakten in den Fabriken der Stadt beteiligen, mit denen die Gruppe zunächst auf sich aufmerksam machte.[378] Cagol sollte 1975 – im selben Jahr wie Sauber selbst – bei einer Schießerei mit der Polizei ums Leben kommen.[379]

Mit und ohne Unterstützung der Gewerkschaften hatte sich die italienische Arbeiterbewegung 1969/70 zwar nicht die Kontrolle über die Produktionsmittel, aber doch Lohnerhöhungen erstritten, die sie „vom untersten Ende der europäischen Lohnskala auf das Niveau der europäischen Nachbarn jenseits der Alpen" katapultierten. Spätestens mit dem im Mai 1970 erlassenen Arbeiterstatut, das den Arbeitern „einen Sprung von fast frühkapitalistischer Abhängigkeit vom ‚padrone' zu weitestgehendem Kündigungsschutz [und zur] Sicherung gewerkschaftlicher und politischer Handlungsfreiheit im Betrieb" einbrachte, konnte die vermeintlich revolutionäre Situation allerdings als entschärft gelten.[380] Gleichwohl hingen die Gruppen links des PCI noch sehr lange der Illusion an, mit entsprechenden Interventionen – über deren mehr oder weniger gewaltsamen Charakter man erbittert stritt – die Kämpfe perpetuieren und den ersehnten Umsturz herbeiführen zu können; eine Fehlwahrnehmung, zu der die Vielzahl der auch in den Folgejahren aufflammenden Konflikte und das nach wie vor betont aggressive Auftreten zahlreicher Belegschaften ebenso stark beitrugen wie die traditionelle Staatsferne großer Teile der italienischen Bevölkerung insgesamt.[381]

Dazu kam – wie ebenfalls Vespers „Reise" zu entnehmen ist – die direkte Konfrontation mit den militanten Vertretern des entgegengesetzten politischen Spektrums. Wie entscheidend diese nahezu alltägliche physische Gewalt zur Eskalation des Konflikts beigetragen hat, hat zuletzt der junge Historiker Guido Panvini gezeigt.[382] Während es den ‚offenen Faschismus' in der Bun-

---

zählerin dezidiert mit der Frage nach den Gründen für Meins´ politische Radikalisierung und sein Abgleiten in den Terrorismus verbunden.
[377] Edschmid, Verschwinden, S. 43.
[378] Ebd., S. 116f.
[379] Clementi, Storia delle Brigate Rosse, S. 128–130.
[380] Friederike Hausmann, Kleine Geschichte Italiens von 1943 bis zur Ära nach Berlusconi, aktualis. Neuauflage, Berlin 2006, S. 82f.
[381] Zum weitverbreiteten Glauben an die Revolution innerhalb der jüngeren Generationen im Italien der 60er und 70er Jahre vgl. Angelo Ventrone, Dal Palazzo d´inverno ai quartieri liberati. La trasformazione dell´idea di rivoluzione, in: Ders. (Hg.), I dannati della rivoluzione, Violenza politica e storia d'Italia negli anni Sessanta e Settanta, Macerata 2010, S. 79–99.
[382] Panvini, Ordine nero, passim. Vgl. auch „Trento: rifacciamo il 30 luglio", in: Lotta Continua, 29.1.1971.

desrepublik erst noch ‚hervorzukitzeln' galt, trat er den Italienern in Gestalt einer aggressiven neofaschistischen Szene ganz konkret gegenüber – einer Szene, deren legaler Arm unter dem Signum Movimento Sociale Italiano (MSI) prominent im Parlament vertreten war.[383] Nicht zufällig waren die ersten Toten, die auf das Konto der Brigate Rosse gingen, zwei Mitglieder des MSI, die nach einem Überfall der BR auf ein Parteibüro in Padua am 16. Juni 1974 mit einem Schuss in den Nacken regelrecht hingerichtet wurden.[384] Es handelte sich um den vorläufigen Höhepunkt einer langen, von beiden Seiten mit wachsender Gewaltbereitschaft geführten Auseinandersetzung, wobei die Gewaltbereitschaft der Rechten in der ersten Hälfte des Jahrzehnts die ihrer linken Kontrahenten um ein vielfaches überstieg: Von insgesamt 4384 politisch motivierten Gewalttaten zwischen 1969 und 1975 waren in 83% der Fälle Neofaschisten die Täter.[385] Die in Vespers Roman beschriebene Szene direkter Konfrontation der beiden politischen Lager hatte sich in Trient am 30. Juli 1970 in der Firma IGNIS tatsächlich zugetragen.[386] Bei der oft fotografisch festgehaltenen Stigmatisierung vermeintlicher Faschisten durch Schilder, auf denen Beleidigungen oder aggressive politische Parolen zu lesen waren, handelte es sich um eine Form der öffentlichen Abrechnung mit dem politischen Gegner, die von der außerparlamentarischen Linken nicht nur publizistisch gefeiert, sondern in der Folge auch mehrmals wiederholt wurde.[387] Ab 1972 machten schließlich die Roten Brigaden – im Sommer 1970 noch unter dem von Vesper zitierten Namen Sinistra proletaria aktiv – die entsprechende Praxis zu ihrem Markenzeichen und radikalisierten sie durch die Verbindung mit sogenannten Blitzentführungen der als ‚schuldig' etikettierten Opfer.[388]

Vespers „Reise" zeigt, wie sehr sich auch deutsche Beobachter von der Atmosphäre gespannter Erwartung anstecken ließen, in der sich Revolu-

---

[383] In der Bundesrepublik spielte die Konfrontation mit der NPD und vergleichbaren neonazistischen Gruppen nie eine auch nur annähernd vergleichbare Rolle für die Geschichte der Protestbewegung, die stattdessen im Staatshandeln Kontinuitäten zur NS-Vergangenheit zu sehen glaubte, vgl. Donatella Della Porta, Politische Gewalt und Terrorismus: Eine vergleichende und soziologische Perspektive, in: Weinhauer/Requate/Haupt, Terrorismus, S. 24–58, hier bes. S. 40–42.

[384] Der Vorfall wurde später als ‚Arbeitsunfall' verharmlost, da die Morde nicht vorab geplant worden waren, Panvini, Ordine nero, S. 285.

[385] Carlo Schaerf u. a. (Hg.), Venti anni di violenza politica in Italia 1969–1988: Cronologia ed analisi statistica, Rom 1992, S. 15f.

[386] Falls Vesper das Geschehen selbst beobachtet haben sollte, würde dies bedeuten, dass er mit seinen Begleitern auch in Trient Station gemacht haben muss. Dies ist vor dem Hintergrund der bestehenden Kontakte nicht unwahrscheinlich, aber nicht zu belegen.

[387] Panvini, Ordine nero, Abb. 6 u. 8; o. S.

[388] Petra Terhoeven, Opferbilder – Täterbilder. Die Fotografie als Medium linksterroristischer Selbstermächtigung in Deutschland und Italien während der 70er Jahre, in: GWU 7/8 (2007), S. 380–399, hier S. 383–388.

tionsphantasien mit der Furcht vor einem möglichen Zurückschlagen der Gegenseite mischten.[389] Um ihrer spezifischen Perspektive auf das Geschehen in Italien näher zu kommen, sind vor allem zwei als Zitate kenntlich gemachte Einschübe in den Text beachtenswert. „Es ist sinnlos, überall im Lande ein paar Sympathisanten zu haben; zwischen Apennin und Alpen fällt die Entscheidung", lautet das erste, keinem Sprecher klar zuzuordnende Zitat, das entweder die Geringschätzung eines italienischen Genossen für die Revolutionshoffnungen der Deutschen zum Ausdruck bringt oder aber – als Befund eines deutschen Sprechers – den Neid der Nordeuropäer angesichts des offensichtlichen Mobilisierungsgefälles zwischen ihrer Heimat und dem ‚heißen' Süden transportiert.[390] Allerdings musste eine solche Diagnose auch zu ihrer Widerlegung reizen. Hatte es nicht auch in der Bundesrepublik neuerdings spontane Streiks gegeben?[391] Wie bereits angedeutet, spricht wenig dafür, dass die Konfrontation mit der Lage in Italien die deutschen Polit-Touristen zu einer nüchterneren Einschätzung der eigenen politischen Möglichkeiten gebracht hätte, auch wenn sie die Unterschiede zwischen den Ländern wahrnahmen. Ganz im Gegenteil steigerte das Erlebnis Italien das Ausmaß revolutionärer Ungeduld und ließ die Frage, wie – frei nach Marx – auch nördlich der Alpen die „versteinerten Verhältnisse zum Tanzen zu bringen" seien, immer dringlicher werden. Dabei kreisen die Überlegungen der akademisch gebildeten SDSler, zu denen auch Vesper gehörte, naturgemäß vor allem um ihre eigene Rolle als geistige Führer der potentiell ‚revolutionären Kräfte'. „Für die Aktionen brauchen die Arbeiter die Intellektuellen", zitierte Vesper einen italienischen Genossen. „Ganz konkrete Aufgaben: herausfinden, wo, wann, unter welchen Umständen. Mehr bleibt nicht, aber das ist wichtig. Servire il popolo [Dem Volk dienen]." Diesem aus seiner Sicht vorbildlichen Pragmatismus à la Mao – vielleicht aus dem Munde seines bewunderten Freundes Feltrinelli? – stellte Vesper das Gegenbild einer „masochistisch verkrampfte[n] Klassenflucht" seiner Landsleute gegenüber. „Ich erinnerte mich an die Genossen von der

---

[389] Koenen, Vesper, Ensslin, Baader, S. 311.
[390] Dieser Neid konnte, wie Peter Schneider wenig später kritisch anmerkte, durchaus in Überheblichkeit umschlagen: „Unverantwortlicher Leichtsinn der italienischen Linken, hörte ich gewisse Genossen dazu sagen, mit so einer kämpferischen Arbeiterklasse so dilettantisch umzugehen! Wären wir dort, konnte man sich dazudenken, wir würden schon eine Linie in die italienische Revolution bringen". Statt „alle Stufen der politischen Emanzipation im Kopf zu überspringen" und „die Revolution als philosophischen Traum zu gebären", so Schneider, sollten die Deutschen lieber „von den neuen Lebens- und Kampfformen lernen, die in politisch fortgeschritteneren Ländern das Fundament der theoretischen Bedürfnisse bilden", Peter Schneider, Können wir aus den italienischen Klassenkämpfen lernen? in: Ders. (Hg.), Kursbuch 26, Dezember 1971, Die Klassenkämpfe in Italien, S. 1–3.
[391] Vgl. zur ‚proletarischen Wende' der Studentenbewegung infolge der Streikwellen zwischen 1969 und 1973 weiter unten S. 193f.

Proletaria Sinistra [sic], an Mailand, an das, was wir dort gelernt hatten. Und verdammt, darüber sollte jetzt also der Schleier des Schweigens gebreitet werden, nur, weil ich unter der Gewalt eines Gewitters, allein gelassen in meine alten Ängste zurückfiel? No, Signore, ecco!"[392] Das „wir" als Subjekt des auf Mailand bezogenen Satzes wie auch der Hinweis auf die eigene Verlassenheit liefern mit hoher Wahrscheinlichkeit weitere Puzzlestücke zur Rekonstruktion der Situation des Ich-Erzählers/Verfassers nach dem Aufbruch seiner Reisegefährten zum vereinbarten Treffen mit der Mahler-Gruppe in Jordanien. Dass Vesper auch selbst, wie er einem Freund noch aus Italien schrieb, von einer Reise in den „mezzo oriente" bzw. den „deep south east" träumte, die er nach der Fertigstellung seines Buches anzutreten gedachte, spricht einmal mehr für die These einer gemeinsam mit den Kaufhausbrandstiftern angetretenen Unternehmung, bei der sich an einem bestimmten Punkt die Wege der Reisenden trennten.[393]

Die in Vespers Manuskript nur geringfügig literarisch verklausulierte Frage, ob die politischen Rezepte der Italiener möglicherweise auf die Bundesrepublik übertragbar seien, sprich, ob und wie man „aus den italienischen Klassenkämpfen lernen" könne, wie etwas später die Leitfrage eines von Peter Schneider herausgegebenen Kursbuchs lautete, wurde in den folgenden Monaten und Jahren in zahlreichen Diskussionen und Publikationen der deutschen Linken immer wieder aufgeworfen.[394] Ulrike Meinhof sollte im „Konzept Stadtguerilla", der ersten ausführlicheren Legitimationsschrift der RAF, eine Antwort ganz eigener Art formulieren. Die Forschung hat bisher nicht zur Kenntnis genommen, dass der Text im April 1971 nicht nur beim Westberliner Verlag Wagenbach veröffentlicht (und sofort beschlagnahmt) wurde, sondern zeitgleich auch in italienischer Übersetzung erschien. Publikationsort war die erste Nummer eines von Feltrinelli finanzierten und von Curcios Roten Brigaden initiierten Zeitschriftprojekts namens „Nuova Resistenza", in der die Programmschrift der RAF neben Faksimiles der frühen BR-Flugblätter und Mitschriften der Sendungen von Feltrinellis GAP-Piratenradios abgedruckt wurde.[395] Der auf den folgenden Seiten näher erläuterte evidente Italienbezug des „Konzepts Stadtguerilla" ist somit auch der Tatsache geschuldet, dass Meinhof auch für ein italienisches Publikum schrieb. Daneben ist er ein weiteres klares Indiz dafür, dass sich die Verfasserin auch nach ihrem Untertauchen im Mai 1970 noch einmal südlich der Alpen aufgehalten hat. Zu den Intellektuellen

---

[392] Vesper, Reise, S. 275.
[393] Brief vom 2.8.1970, zitiert in: Koenen, Vesper, Ensslin, Baader, S. 294.
[394] Vgl. Schneider, Klassenkämpfe.
[395] Renato Curcio spricht irreführend von einem Interview, das man mit den deutschen Genossen geführt habe, vgl. Ders., Mit offenem Blick. Ein Gespräch zur Geschichte der Roten Brigaden in Italien von Mario Sciajola, Berlin 1997, S. 13.

der manifesto-Gruppe, deren politische Thesen im Text mehrfach direkt zitiert werden, stand Feltrinelli zur fraglichen Zeit in direkter Verbindung[396] – dass er ihnen die prominente deutsche Journalistin persönlich vorgestellt haben könnte, erscheint vor diesem Hintergrund als höchst realistische Möglichkeit.

2.4 „Das Konzept Stadtguerilla" und il manifesto

Schon auf den Seiten von Vespers „Reise" war zwischen den Zeilen immer wieder deutlich geworden, dass die italienischen Bekanntschaften neben potentiellen Genossen auch potentielle Rivalen waren. Die deutschen Militanten, die in der Bundesrepublik auf der Suche nach Rechtfertigungen für gewaltsame Aktionsstrategien waren, mussten sich mit italienischen Theorien und Handlungsentwürfen schon allein deshalb auseinandersetzen, da diese über zahllose persönliche wie mediale Kanäle in die deutsche Szene hinüberschwappten. „Ähnlich wie zur Zeit des Höhepunktes der ‚antiautoritären Phase' 1967–69 Genossen aus Frankreich, Italien, England etc. bei den SDS-Zentren und Republikanischen Clubs in Berlin, Frankfurt oder München auftauchten, machen seitdem Dutzende, wenn nicht gar Hunderte von Genossen jährlich Informationsreisen nach Italien, werden Pamphlete, Broschüren, Artikel, kaum daß sie dort erschienen sind, ins Deutsche übersetzt und, in der Regel ohne Kenntnis des spezifischen Diskussionskontextes und des konkreten (meist sehr beschränkten) Stellenwertes, zu dogmatisch rezipierten Theorien oder neuen Revolutionsstrategien der Arbeiterklasse verwandelt", beschrieb Ekkehart Krippendorf, seit 1969 Professor für Internationale Beziehungen an der John-Hopkins-University in Bologna, Anfang der 70er Jahre die Situation.[397] Tatsächlich machten Modelle kleinschrittiger Betriebsarbeit zur Herstellung einer vorrevolutionären Situation der bewaffneten „Randgruppenstrategie", wie sie der Mahler-Meinhof-Gruppe um 1970 noch reichlich vage vorschwebte, zunehmend Konkurrenz – etwa in Frankfurt, wo in die Bundesrepublik übergesiedelte Mitglieder der italienischen Gruppe Lotta Continua engstens mit dem Revolutionären Kampf kooperierten, aber auch in Hamburg, wo Vergleichbares für Karl Heinz Roths Proletarische Front und Potere Operaio galt.[398] Für größere Volksnähe *all'italiana* standen zumindest dem Anspruch nach auch die Tupamaros Westberlin, die sich allen Vereinnahmungsbemühungen der

---

[396] Grandi, Feltrinelli, passim.
[397] Gisela Wenzel/Ekkehart Krippendorff, Vorbemerkungen, in: Sozialistisches Büro, Klassenkämpfe, S. 5–7, hier S. 5.
[398] Für die von den Italienern jeweils verfolgten Aktionsstrategien und die Hintergründe ihrer Kooperation mit den Deutschen vgl. Kapitel 3.

Gruppe um Mahler und Meinhof widersetzten, um dem „Avantgarde-Denken" der RAF unter dem Namen Bewegung 2. Juni etwas Eigenes entgegenzusetzen.[399] So verübten Ralf Reinders und Ronald Fritzsch im August 1970 einen Anschlag auf ein Westberliner Unternehmen, das Massenentlassungen plante; andernorts versuchte man mit bewaffneten Aktionen Streikbewegungen zu unterstützen.[400] Aus dem Wettbewerb der Gruppen und Konzepte ergab sich der Imperativ, zu handeln, ehe die anderen es taten.

Wie präsent Italien in den Debatten der außerparlamentarischen deutschen Linken war, lässt sich allen voran am „Konzept Stadtguerilla" nachweisen, der ersten ausführlichen theoretischen Äußerung der RAF aus dem April 1971, in der es der Gruppe nach eigenem Bekunden darum ging, den Genossen zu erklären, „was wir uns dabei denken".[401] Das im Wesentlichen von Ulrike Meinhof verfasste Dokument gibt gleich drei der im September 1970 veröffentlichten „200 Thesen für den Kommunismus" der italienischen manifesto-Gruppe wieder – ebenso prominent im Text platziert wie drei ausführliche Mao-Zitate und genau wie diese im Sinne unumstößlicher Wahrheiten affirmativ in die eigene Argumentation eingebaut. Ganz offensichtlich war es der Verfasserin wichtig, zur Rechtfertigung der These, „daß es richtig, möglich und gerechtfertigt ist, hier und jetzt Stadtguerilla zu machen", auch Gewährsleute aus dem europäischen Raum aufzurufen, die zudem ganz selbstverständlich als „Genossen" tituliert wurden. Die erste und wichtigste Funktion der italienischen ‚O-Töne' lag jenseits aller inhaltlichen Detailfragen in der symbolischen Wirkung, die in diesem Sinne von ihnen ausging: Die RAF schien keineswegs ein aussichtsloses und isoliertes, sondern ein genuin europäisches Projekt zu verfolgen, das als solches wiederum im Dienste der Weltrevolution stand.

Es mag verwundern, dass zur Verteidigung dieses Projekts weder auf Feltrinellis GAP noch auf die Brigate Rosse Bezug genommen wurde, die die im „Konzept Stadtguerilla" entfaltete, voluntaristische Aktionsstrategie nach südamerikanischem Modell südlich der Alpen faktisch bereits praktizierten. Stattdessen zitierte man eine Gruppe intellektueller PCI-Dissidenten, die im November 1969 wegen Fraktionsbildung (*frazionismo*) aus ihrer Partei ausgeschlossen worden waren und bislang lediglich durch die Radikalität von sich reden gemacht hatten, mit der sie von ihrer gleichnamigen publizistischen Plattform „il manifesto" aus Kritik an der Alten Linken zu üben pflegten.[402] Weder *gappisti* noch *brigatisti* hatten jedoch bis zu diesem Zeitpunkt ausführliche theoretische Begründungen ihrer militanten Praxis vorgelegt und konnten zudem aufgrund ihres lokal eng begrenzten Aktionsradius in der

---

[399] Für die Anfänge der Gruppe vgl. Wunschik, Bewegung 2. Juni, S. 548; für das Zitat S. 539.
[400] Vgl. Ebd., S. 546; Rollnik/Dubbe, Keine Angst vor niemand, S. 23.
[401] Konzept Stadtguerilla, S. 27.
[402] Vgl. Horn, Spirit, S. 142–144.

Bundesrepublik kaum als zitierfähige Autoritäten herhalten. So hielten es die Herausgeber einer in der Bundesrepublik veröffentlichten Sammlung von manifesto-Texten zum Münchner Olympia-Attentat noch im Herbst 1972 für notwendig, den Lesern in einer Fußnote zu erläutern, dass es sich bei den im Haupttext erwähnten Brigate Rosse um eine italienische Gruppe handle, „deren Programm streckenweise dem der RAF ähnelt."[403]

In der Öffentlichkeit Verbindungen zu Feltrinellis oder Curcios Gruppe herzustellen, verbot sich für die RAF aber möglicherweise auch angesichts tatsächlich bestehender Kontakte und des Risikos, das für beide Seiten entstehen mochte, falls die Fahnder entsprechenden Hinweisen nachgingen: Unter Berufung auf ein „amtliches Schreiben" spricht Jürgen Schreiber, Autor einer populärwissenschaftlichen Darstellung des Mordes am bolivianischen Generalkonsul Quintanilla, von mehrmaligen Versuchen Feltrinellis zur Kontaktaufnahme mit der Baader-Meinhof-Gruppe unter Hamburger und Westberliner Telefonanschlüssen.[404] Auf der anderen Seite besaß der Name ‚il manifesto' in der deutschen APO einen guten Klang, war der Ausschluss der prominenten Linksabweichler aus der Kommunistischen Partei Italiens doch auch in der Bundesrepublik wahrgenommen und diskutiert worden.[405] Damit eng zusammen hing die wohl wichtigste Voraussetzung für die Adaption der „Thesen für den Kommunismus" im deutschen Kontext: Der Westberliner Merve-Verlag hatte das Material Anfang 1971 übersetzen lassen und deutschen Lesern in der Reihe „Internationale marxistische Diskussion" zugänglich gemacht. Es handelte sich um eine Plattform, die sich vor allem auf Texte der französischen und italienischen Neuen Linken spezialisiert hatte.[406] Merve verstand sich selbst als „sozialistisches Kollektiv", das den „liquidatorischen und bürgerlichen Tendenzen" der in „neo-stalinistische und parlamentarisch-revisionistische Parteien" auseinanderfallenden deutschen Studentenbewegung entgegenwirken wolle, wie es im Vorwort zur deutschen Ausgabe der manifesto-Thesen hieß – „und zwar gerade durch die Publikation italienischer und französischer Texte, weil in dieser Phase des nationalen Kampfes die Bestimmung der revolutionären Strategie und Praxis nicht ohne die Einbeziehung der

---

[403] Il manifesto, Terrorismus der Starken und der Schwachen, Berlin 1972, S. 37.
[404] Vgl. Schreiber, Che Guevara, S. 247. Die erwähnte, von Feltrinelli mitvorbereitete Tötung Quintanillas erfolgte am 1. April 1971, mithin in unmittelbarer zeitlicher Nähe zur Veröffentlichung des RAF-Textes.
[405] Dies gilt auch für die Massenmedien: Vgl. „Häutung am Flügel", in: Der Spiegel, 52/21.12.1970, S. 75.
[406] Il manifesto, Notwendigkeit des Kommunismus. Die Plattform von il manifesto, Berlin 1971. Der Merve-Verlag sollte auch in Zukunft die wichtigste Plattform der „il manifesto"-Gruppe in der Bundesrepublik bleiben. Bis 1976 erschienen acht Publikationen der italienischen Gruppe in deutscher Übersetzung, davon allein 5 im Jahr 1972. Für das Verlagsprogramm vgl. www.merve.de.

Erfahrungen geleistet werden kann, in denen sich entwickelte Klassenkämpfe wiederspiegeln [sic]." Schließlich sei in der Bundesrepublik „die Rebellion 66–69 quasi traumatisch vom Fehlen der Klassenaktion gekennzeichnet" gewesen.[407]

Mit dieser Bemerkung hatten die nicht namentlich genannten deutschen Verfasser des Vorworts das entscheidende Problem angesprochen, mit dem sich die RAF auf der Suche nach einer schlüssigen Rechtfertigung ihrer Gewaltstrategie stets konfrontiert sah – der Tatsache nämlich, dass sich in Westdeutschland mit der Arbeiterschaft das klassische Subjekt jeder marxistisch-leninistisch argumentierenden Revolutionstheorie allen Mobilisierungsbemühungen nahezu geschlossen verweigerte.[408] Auch die Publikation des „Konzepts Stadtguerilla" ist als ein Bestandteil dieser Suche nach politischer Glaubwürdigkeit zu sehen, die sich vor dem Hintergrund des durch die Protestbewegung eröffneten, transnationalen Kommunikationsraums notwendigerweise im transnationalen Kontext vollzog. Sie stellt den ersten umfassenden Versuch der RAF dar, die eigene Position auch in Abgrenzung vom europäischen Ausland zu formulieren, und plausibel zu machen, warum gerade in der Bundesrepublik eine militärische Aktionsstrategie auf dem Weg zu einer kommunistischen Revolution ohne Alternative sei.

Gleichwohl setzte sich das Papier letztlich nur vordergründig mit dem Problem des fehlenden revolutionären Subjekts auseinander, um ihm in letzter Konsequenz doch wieder argumentativ auszuweichen und mit dem Verweis auf den „Primat der Praxis" die Flucht nach vorn anzutreten. „Wir sagen nicht, daß die Organisierung illegaler bewaffneter Widerstandsgruppen legale proletarische Organisationen ersetzen könnte und Einzelaktionen Klassenkämpfe, und nicht, daß der bewaffnete Kampf die politische Arbeit im Betrieb und im Stadtteil ersetzen könnte", so das Papier. „Wir behaupten nur, daß das eine die Voraussetzung für den Erfolg und den Fortschritt des anderen ist."[409] Eine überzeugende Begründung für diese Behauptung blieb das Pamphlet dagegen schuldig. Bei der Verschleierung dieser argumentativen Lücke kam den „manifesto-Thesen für den Kommunismus" eine wichtige Funktion zu.

In der knappen „Erklärung zur Befreiung Andreas Baaders" vom 5. Juni 1970 hatte die RAF noch vergleichsweise unbekümmert die Auffassung vertreten, Angehörige des Subproletariats ohne Aussicht auf gesellschaftliche Integration – darunter etwa die Insassen jugendlicher Erziehungsheime und Fabrikarbei-

---

[407] Merve-Kollektiv, Zur deutschen Ausgabe, in: Manifesto, Notwendigkeit, S. 6–8, hier S. 7.
[408] Zu den Hintergründen des unterschiedlichen Verlaufs der deutschen und italienischen Studentenbewegung mit Blick auf die Beziehungen zur Arbeiterschaft vgl. Marica Tolomelli, „Repressiv getrennt" oder „organisch verbündet". Studenten und Arbeiter 1968 in der Bundesrepublik und in Italien, Opladen 2001.
[409] Konzept Stadtguerilla, S. 32.

terinnen mit vielen Kindern – zählten zu den „potentiell revolutionären Teilen des Volkes", mit denen das Gewaltmonopol des Staates erfolgreich herausgefordert werden könne. Hintergrund waren die Erfahrungen, die nicht nur Baader und Ensslin, sondern in der Zwischenzeit auch Meinhof während ihrer Ausflüge in die Heim- und Jugendarbeit gesammelt hatten.[410] „Die kapieren das, wenn ihr´s ihnen erklärt", hatte es apodiktisch an die Adresse der „Genossen von 883" gelautet, „daß die Baader-Befreiungs-Aktion keine vereinzelte Aktion ist, nie war, nur die erste dieser Art in der BRD".[411]

Ein knappes Jahr später hatte diese Zuversicht spürbar abgenommen, ohne dass die Gruppe jedoch deshalb ihren Schritt in die Illegalität in Frage stellte – im Gegenteil. „Das Konzept Stadtguerilla der Roten Armee Fraktion", so hieß es nun in entwaffnender Offenheit, „basiert nicht auf einer optimistischen Einschätzung der Situation in der Bundesrepublik und Westberlin."[412] „Die Genossen von ‚il manifesto'" hätten recht, wenn sie bei einer Aufstellung der derzeitigen Krisensymptome des entwickelten Kapitalismus im Westen die Bundesrepublik nach Frankreich und Italien „an letzter Stelle" aufzählten und das, was die Situation dort kennzeichne, „nur vage als Unzufriedenheit" bezeichneten.[413] „Anders als in Italien und Frankreich" sei in Deutschland „der Funke der Studentenbewegung (...) nicht zum Steppenbrand entfalteter Klassenkämpfe geworden".[414]

Wurde die unterschiedliche Ausgangslage in den verschiedenen Ländern

---

[410] Vgl. Mario Krebs, Ulrike Meinhof. Ein Leben im Widerspruch, Reinbek b. Hamburg 1988, S. 184-194.

[411] Die Rote Armee aufbauen, S. 24; 26. Die „Agit 883" gilt in den Jahren 1969 bis 1972 als die bedeutendste Publikation der undogmatischen radikalen Linken in Westberlin, vgl. Knud Andresen (Hg.), agit 883. Bewegung, Revolte, Underground in Westberlin 1969–1972, Hamburg 2006; Wolfgang Kraushaar, Die Tupamaros Westberlin, in: Ders., RAF und linker Terrorismus I, S. 512-530, hier S. 516f.

[412] Konzept Stadtguerilla, S. 33.

[413] Die gesamte im Text zitierte Passage lautet: „Die Krise entsteht nicht so sehr durch den Stillstand der Entwicklungsmechanismen als vielmehr durch die Entwicklung selbst. Da sie einzig das Anwachsen von Profit zum Ziel hat, speist diese Entwicklung mehr und mehr den Parasitismus und die Vergeudung, benachteiligt sie ganze soziale Schichten, produziert sie wachsende Bedürfnisse, die sie nicht befriedigen kann und beschleunigt sie den Zerfall des gesellschaftlichen Lebens. Nur ein monströser Apparat kann die provozierten Spannungen und Revolten durch Meinungsmanipulation und offene Repression kontrollieren. Die Rebellion der Studenten und der Negerbewegung in Afrika, die Krise, in die die politische Einheit der amerikanischen Gesellschaft geraten ist, die Ausdehnung der studentischen Kämpfe in Europa, der heftige Wiederbeginn und die neuen Inhalte des Arbeiter- und Massenkampfes bis hin zur Explosion des ‚Mai' in Frankreich, zur tumultuarischen Gesellschaftskrise in Italien und zum Wiederaufkommen von Unzufriedenheit in Deutschland, kennzeichnen die Situation", Manifesto, Notwendigkeit, zitiert in: Ebd., S. 31f.

[414] Konzept Stadtguerilla, S. 36.

Europas auf diese Weise zumindest thematisiert, so wurde auf eine ehrliche Auseinandersetzung mit den kritischen Einwänden, die sich aus diesem Befund ergeben mochten, gleichwohl verzichtet. Stattdessen wurden länderspezifische Unterschiede in der Folge durch die Berufung auf eine anti-imperialistische Argumentation schlicht für irrelevant erklärt. „Wenn die These der chinesischen Kommunisten richtig ist, daß der Sieg über den amerikanischen Imperialismus dadurch möglich geworden ist, daß an allen Ecken und Enden der Welt der Kampf gegen ihn geführt wird, so daß dadurch die Kräfte des Imperialismus zersplittert werden und durch ihre Zersplitterung schlagbar werden – wenn das richtig ist, dann gibt es keinen Grund, irgendein Land oder irgendeine Region aus dem anti-imperialistischen Kampf deswegen auszuschließen oder auszuklammern, weil die Kräfte der Revolution dort besonders schwach, weil die Kräfte der Reaktion dort besonders stark sind."[415] Zur Untermauerung dieses Arguments konnte Meinhof eine weitere manifesto-These aufbieten, die von der „Erkenntnis des einheitlichen Charakters des kapitalistischen Herrschaftssystems" ausging. Gerade diese Einheitlichkeit sei es, die eine Trennung der „Revolution ‚in den Hochburgen' von der ‚in den rückständigen Gebieten'" verbiete. Ohne eine Revolution im Westen, so lautete die zitierte Passage weiter, könne „nicht mit Sicherheit verhindert werden, daß der Imperialismus durch seine Logik der Gewalt dazu fortgerissen wird, seinen Ausweg in einem katastrophischen Krieg zu suchen, oder daß die Supermächte der Welt ein erdrückendes Joch aufzwingen."[416] Mit einem Pessimismus, der an Feltrinellis und Dutschkes düstere Untergangsszenarien erinnerte, wurde hier die angebliche Gewalthaftigkeit des Systems angesprochen, die seine Bekämpfung – wiederum ganz unabhängig von nationalen Besonderheiten oder den jeweiligen Siegchancen der Revolution – politisch und moralisch zu gebieten schien. Die griffige Formulierung dieser Schlussfolgerung überließ Ulrike Meinhof als Auftakt zum sechsten und letzten Paragraphen des „Konzepts Stadtguerilla" wiederum il manifesto: „Die Revolution im Westen, die Herausforderung der kapitalistischen Macht in den Hochburgen ist das Gebot der Stunde. Sie ist von entscheidender Bedeutung." Sich angesichts der sich zuspitzenden Krise „provinzialistisch abzukapseln oder den Kampf auf später zu verschieben", bedeute, „in den Strudel des umfassenden Niedergangs hineingerissen" zu werden.[417]

Indem hier – analog zu den ihres originären Kontextes entkleideten Mao-Zitaten – aus dem umfangreichen manifesto-Konvolut nur solche Textteile ausgewählt wurden, die die Argumente der RAF für die Aufnahme einer voluntaristischen Aktionsstrategie in Westeuropa eins zu eins zu paraphrasieren

---

[415] Ebd., S. 40.
[416] Manifesto, Notwendigkeit, zitiert in: Ebd. S. 34.
[417] Ebd., S. 44.

schienen, wurde dem mit der italienischen Szene nicht weiter vertraute Leser eine völlige Übereinstimmung zwischen dem ideologischen und strategischen Profil beider Gruppen suggeriert. Der revolutionären Ungeduld der Baader-Meinhof-Gruppe sollte auf diese Weise die Weihe eines Distinktionsmerkmals einer internationalen Avantgarde verliehen werden. Der Leser musste den Eindruck bekommen, die politische Argumentation der RAF werde von den progressivsten Kräften südlich der Alpen geteilt, die sich einerseits der spezifisch deutschen Probleme durchaus bewusst zu sein, andererseits aber genau wie die RAF nicht davon auszugehen schienen, dass diese prinzipiell dem Kampf für eine Revolution ‚hier und jetzt' widersprächen: Die Krise des entwickelten Spätkapitalismus lasse ebenso wie die Gefahren, die von ihm ausgingen, überall in den kapitalistischen „Hochburgen" die Zeit für eine revolutionäre Intervention reif erscheinen.

Tatsächlich handelte es sich bei diesem gezielt hergestellten Eindruck allenfalls um die halbe Wahrheit. Denn manifesto und RAF stimmten zwar in ihrer Analyse der weltpolitischen Lage und vor allem in ihrer negativen Beurteilung der westlichen Demokratien weitgehend überein – die praktischen Konsequenzen, die beide Gruppierungen daraus zogen, differierten jedoch ganz erheblich. Keineswegs beanspruchten die PCI-Dissidenten, jenseits des italienischen Kontexts über angemessene Problemlösungsstrategien zu verfügen, und ebenso wenig verlief für sie der Weg zur ersehnten Revolution über eine bewaffnete ‚Propaganda der Tat'. Zwar fügte sich der apodiktische Duktus der „Thesen" ohne erkennbare Brüche in die Revolutionsrhetorik des „Konzepts Stadtguerilla" ein und musste für deutsche Ohren vor dem Hintergrund des offiziellen Anti-Kommunismus als maximale Provokation daherkommen. In seinem Herkunftsland aber stand das manifesto-Programm keineswegs am äußersten Rand des linken Spektrums. Seine durchaus auch südlich der Alpen vorhandene Sprengkraft bezog es weit weniger aus der Radikalität der vorgebrachten Forderungen als aus der Identität ihrer Verfasser, waren Rossana Rossanda und ihre Mitstreiter doch noch kurz zuvor zu den besten Köpfen der kommunistischen Partei gezählt worden, mit der sie nun in aufsehenerregender Weise abrechneten. Vor dem Hintergrund der Unruhe in der Studenten- und Arbeiterschaft, nicht zuletzt aber auch aufgrund der Niederschlagung des Prager Frühlings durch sowjetische Truppen hatten die beteiligten Intellektuellen die Politik der Alten Linken in Westeuropa zunehmend in Frage gestellt und schließlich grundsätzlich verworfen. Abgelehnt wurde jetzt nicht mehr nur das ‚revisionistische', sprich sozialdemokratische Politikmodell, sondern auch die ‚Volksfront'-Strategie der großen kommunistischen Parteien, die darauf setzten, über eine Handlungseinheit mit den Sozialisten nach und nach parlamentarische Mehrheiten und schließlich die Macht zu erobern. Dem PCI warf man konkret vor, dass er, anstatt die politischen Chancen aus dem Aufkommen der neuen sozialen Bewegungen zu nutzen, angesichts dieser

Herausforderung „sorgfältig, aber entschlossen den Rückwärtsgang" eingelegt habe. Damit sei bewiesen, dass seine „Integration in den Machtbereich" so weit fortgeschritten sei, dass „es heute undenkbar" sei, ihn „für eine revolutionäre Politik ‚zurückgewinnen' zu wollen".[418] Inakzeptabel sei zudem das Festhalten an Moskau, auf das sich die Partei trotz ihrer Kritik am Einmarsch in die Tschechoslowakei nach wie vor offiziell bezog.[419] Die UdSSR, so il manifesto, habe ihre revolutionäre Vorreiterfunktion objektiv längst verwirkt und sei an der „Einverleibung des Ostens in die Sphäre des imperialistischen Weltmarktes", wie es in Anspielung auf Willy Brandts Neue Ostpolitik hieß, nunmehr selbst aktiv beteiligt; in den Ländern der ‚Dritten Welt' wirke sie faktisch an der Etablierung „der politischen Gleichschaltung" mit.[420] Il manifesto selbst orientierte sich stattdessen an der chinesischen Kulturrevolution, die, wie es in den „200 Thesen" hieß, „die einzige Alternative zur Krise der sowjetischen Strategie" und „den organischen Bezugspunkt der revolutionären Kräfte auf globaler Ebene" darstelle.[421]

Vor diesem Hintergrund hatte man die „200 Thesen", die mit einer Auflage von 60 000 Exemplaren in Umlauf gebracht worden waren, als Vademecum desjenigen Teils der italienischen Linken konzipiert, der sich selbst prinzipiell außerhalb des bestehenden politischen Systems positionierte. Als eine Art neuer kommunistischer Katechismus sollten sie den entscheidenden Anstoß zu einer Vereinheitlichung aller revolutionswilligen Kräfte liefern, die zum Ziel hatte, „in den nächsten Jahren die sozialdemokratische Hegemonie über die Majorität der Klasse in Italien völlig zu zerschlagen."[422] Langfristig erhoffte man sich die „Abschaffung der parlamentarischen Demokratie" zugunsten eines „wirklich neuen (...) Staatstyps", dessen Macht „in allen entscheidenden Sektoren der Gesellschaft" auf Räte gegründet sei.[423] Da das Funktionieren des Systems während der unvermeidlich bevorstehenden „Übergangsgesellschaft" allerdings nur aus einer Dialektik zwischen den Räten und einer Partei garantiert werden könne, müsse zunächst eine neue Partei her – eine Einheitspartei mit Massencharakter, die man sich militant, proletarisch und demokratisch zugleich vorstellte.[424]

Die konkreten Handlungsoptionen, die il manifesto seinen potentiellen Mit-

---

[418] Manifesto, Notwendigkeit, S. 98f.
[419] Zur strukturellen und besonders finanziellen Abhängigkeit des PCI von Moskau vgl. Riva, Oro, passim.
[420] Manifesto, Notwendigkeit, S. 29.
[421] Die chinesische Revolution beziehe „ihre Stärke nicht nur aus ihrem antiimperialistischen Radikalismus und ihrer revolutionären Konsequenz, sondern aus der Dynamik, die sich in ihrer eigenen politisch-sozialen Entwicklung ausdrückt", ebd., S. 30f.
[422] Ebd., S. 11.
[423] Ebd., S. 56.
[424] Ebd.

streitern auf dem Weg zur neuen Partei und schließlich zur Gesellschaft der Zukunft ans Herz legte, waren allerdings gemessen an den selbstformulierten Zielen vergleichsweise wenig originell und noch nicht einmal besonders radikal. Als sinnvolles, schon jetzt offenstehendes Terrain politischer Aktivitäten wurden naturgemäß vor allem die italienischen Arbeiterkämpfe hervorgehoben, die es in Richtung einer größeren „Autonomie und Zunahme der gewählten Arbeiter-Organe" zu lenken gelte, um eine „Restauration der Macht der Unternehmer" zu verhindern. Weitere wichtige Interventionsfelder seien der Bildungssektor, das Gebiet der sozialen Leistungen – darunter Wohnungssektor und Gesundheitswesen – sowie „der antiimperialistische Kampf". Das Wesentliche sei, „daß diese fälligen Aufgaben und Initiativen mit vereinter Kraft in Angriff genommen und von dem verbindlichen Ziel, dem Aufbau einer neuen organisierten politischen Bewegung, getragen" würden.[425]

Anders als im Strategiepapier der RAF suggeriert, gingen die manifesto-Intellektuellen im Übrigen keineswegs davon aus, dass die Voraussetzungen für den revolutionären Wandel im kapitalistischen Europa überall gleich günstig seien – ganz im Gegenteil sprach man Italien als dem „am stärksten politisierte[n] Land des Westens" eine potentielle Vorreiterrolle zu: „Die italienische Gesellschaft ist heute die einzige im kapitalistischen Bereich, wo die neuen revolutionären Avantgarden relativ stark sind, bei gleichzeitigem Fortbestehen sozialer Spannungen in den sozialistischen und katholischen Massen."[426] Entsprechend sei es „vernünftig davon auszugehen, daß eine Entwicklung des antikapitalistischen Kampfes in Italien als ein schneller Multiplikator auf andere Länder wirken würde, daß er einen umfassenderen Prozeß initiieren würde und sich damit der Gefahr der Isolierung in einem konservativen und stabilisierten Europa entziehen könnte."[427]

In jedem Falle hatte die Revolutionsstrategie der langen Dauer, die die 200 Thesen entfalteten, mit der Parole „Den bewaffneten Kampf unterstützen!", in der das „Konzept Stadtguerilla" gipfelte, wenig bis überhaupt nichts zu tun. Von der Rolle der Gewalt im revolutionären Prozess war bei il manifesto bemerkenswert wenig die Rede. Die Räte, so hieß es zwar unmissverständlich, würden „nicht als Gegenmacht im Innern der kapitalistischen Gesellschaft linear und schrittweise zunehmen", sondern „sich in Phasen des gewaltsamen Zusammenstoßes entwickeln". Die Krise, die letztlich zur Überwindung des herrschenden Systems führen werde, sei „notwendigerweise gewaltsam, auch wenn sie nicht zwangsläufig, durch die Kraft der Bewegung selbst, die Form eines Bürgerkriegs" annehmen müsse.[428] Ob die notwendige Konsequenz

---

[425] Ebd., S. 13.
[426] Ebd., S. 91f.
[427] Ebd., S. 35.
[428] Ebd., S. 50f.

daraus – in Vorbereitung auf den vorauszusehenden Zusammenstoß mit der Staatsmacht – jedoch in der Militarisierung der *movimenti* liege, wie sie unter anderem Feltrinelli unerlässlich schien, darüber schweigen sich die PCI-Dissidenten bezeichnenderweise aus.

Dass sie die Praxis der RAF für übereilt und überdies für mangelhaft begründet hielten, ließ sich allerdings sehr eindeutig einem Interview entnehmen, dass das Berliner Merve-Kollektiv aus Anlass des Erscheinens des manifesto-Programms in Deutschland mit Rossana Rossanda geführt und im Anschluss an die Thesen abgedruckt hatte. Obwohl Rossandas Kritik nur verklausuliert vorgetragen wurde und von einer unbestreitbaren Sympathie gegenüber den Möchtegern-Revolutionären getragen war, machte sie aus ihrer Skepsis doch keinen Hehl. „Was uns bei vielen revolutionären Gruppen in Westeuropa gravierend erscheint", so Rossanda gegenüber dem deutschen Interviewer, „ist die Tatsache, daß die Diskussion oft ebenso schroff wie abstrakt ist; und daß diese Gruppen selten auf der Basis einer umfassenden und überzeugenden Analyse ihrer Gesellschaft arbeiten." Auf diese Weise könnten zwar durchaus „große Augenblicke von Militanz, Ergebenheit und Opferbereitschaft" entstehen, nicht aber eine revolutionäre Strategie. „Mit unserer Plattform haben wir dieses Problem gestellt: für die anderen Länder können wir es nicht lösen. Wir können nur den anderen revolutionären Gruppen vorschlagen, einen analogen Weg zu beschreiten und uns die Resultate auf analytischer, strategischer und theoretischer Ebene zum Zweck einer ertragreichen Auseinandersetzung bekannt zu geben."[429] Ulrike Meinhof die das Merve-Heft zweifellos bis zum Ende gelesen hatte, musste sich also der Tatsache bewusst sein, dass sich ihr „Primat der Praxis" keineswegs auf il manifesto berufen konnte. Vor allem aber musste sie davon ausgehen, dass zumindest der informiertere Teil derjenigen, die sie selbst mit ihrer Propaganda erreichen wollte, dies ebenfalls wusste.

Bezieht man diese Vorgeschichte mit ein, lässt sich das „Konzept Stadtguerilla" über weite Strecken als eine verdeckt geführte Auseinandersetzung mit den manifesto-Positionen interpretieren, die die ideologischen und politischen Gemeinsamkeiten mit den Italienern ebenso akzentuierte wie den Punkt, an dem die Geister sich notwendigerweise scheiden mussten.

An dieser Stelle soll eine solche erweiterte Interpretation des „Konzepts Stadtguerilla" vorgeschlagen werden, die der Tatsache Rechnung trägt, dass sich die prominente Referenz auf il manifesto nicht allein darin erschöpfte, dass hier fremdes Gedankengut zu Zwecken missbraucht wurde, die von seinen Urhebern nicht intendiert waren; eine Praxis, die früh als typisches Charakteristikum der RAF-Texte erkannt wurde.[430] Zweifellos handelte es sich bei der Indienstnahme der manifesto-Thesen auch um einen solchen

---

[429] Drei Fragen an Rossana Rossanda, in: ebd., S. 104–109, hier S. 109.
[430] Fetscher/Münkler/Ludwig, Ideologien, passim.

Fall einer unlauteren Instrumentalisierung – aber eben nicht nur. Als Subtext enthielt das „Konzept Stadtguerilla" auch eine durchaus ernstgemeinte Auseinandersetzung mit der Frage, warum die Strategie, die die Intellektuellen der manifesto-Gruppe eingeschlagen hatten, möglicherweise in Italien, nicht aber in der Bundesrepublik eine Option war. Zu recht ist hervorgehoben worden, dass es sich dabei um eine intellektuelle Operation handelte, mit der die Verfasserin zuvor dezisionistisch bereits festgelegte Positionen lediglich nachträglich rechtfertigen und rationalisieren wollte[431] – nicht zuletzt, so könnte man ergänzen, vor sich selbst. Meinhof ging es um die Definition einer eigenen, neuen revolutionären Identität in Abgrenzung von der Passivität der bürgerlichen Intellektuellen, zu denen sie ein Jahr zuvor noch selbst gehört hatte.

In jedem Fall hatte sie den faktischen Dissens zur Position der Italiener rhetorisch sehr geschickt so verschleiert, dass er nur Eingeweihten als solcher bewusst werden konnte. Ihre Antwort auf die „200 Thesen" richtete sich dabei sowohl an die Adresse derer, die sie ausgearbeitet hatten, als auch und in erster Linie an all diejenigen, die ihre Position auch in der Bundesrepublik vertraten – die also, wie die überwältigende Mehrheit der deutschen Linken, die politische Arbeit gegenüber einer wie auch immer gearteten militärischen Intervention favorisierten.

Wenn man will, kann man das „Konzept Stadtguerilla" damit als den von Rossana Rossanda eingeforderten Versuch einer „umfassenden und überzeugenden" Gesellschaftsanalyse betrachten, die die RAF nun deutschen wie italienischen Genossen „zum Zweck einer ertragreichen Auseinandersetzung" vorlegte. Diese Deutung erscheint auch deshalb legitim, weil – wie angedeutet – davon auszugehen ist, dass Ulrike Meinhof, Andreas Baader und Gudrun Ensslin während ihrer Italien-Aufenthalte zwischen 1967 und 1970 mit Exponenten der manifesto-Gruppe in Berührung gekommen waren. Die Mitglieder der deutschen Italiengemeinde – Hans Werner Henze, Luise Rinser und andere –, in der die Kaufhaus-Brandstifter ab dem Dezember 1969 herumgereicht worden waren, unterhielten enge Kontakte mit den von ihren Gegnern als ‚Salon-Revolutionäre' verspotteten Kommunisten ihres Gastlandes, deren kurz zuvor erfolgter Ausschluss aus dem PCI unter Intellektuellen Tagesgespräch war. Dazu kam, dass sich Ulrike Meinhof aufgrund ihrer eigenen Vergangenheit in der illegalen KPD den PCI-Dissidenten auch ganz persönlich nahe fühlen und sie sich von der Kritik der Italiener zu einer ernsthaften Gegenrede herausgefordert fühlen konnte. Es ist somit nicht auszuschließen, dass die Integration der drei genannten „Thesen" in die Programmschrift der RAF auch als verdeckter Appell an die zahlreichen Elemente zu sehen ist, die die

---

[431] Für eine zusammenfassende Darstellung des Arguments vgl. ebd., S. 179–183.

beiden Gruppen miteinander verbanden. Davon, dass den „Genossen von Il Manifesto" die entsprechende Ausgabe der „Nuova Resistenza" zugespielt werden würde, konnte Meinhof ausgehen. Vielleicht implizierte dieser Appell unausgesprochen auch die Hoffnung, Rossanda und ihre Mitstreiter würden dem einsamen Weg, den die RAF eingeschlagen hatte, ihre Solidarität trotz aller Meinungsverschiedenheiten nicht versagen. Wie die folgenden Jahre zeigen sollten, erwies sich diese Hoffnung als wohlbegründet.

Tatsächlich gab es trotz der angedeuteten Unterschiede zwischen den Gründungsmitgliedern der RAF und dem italienischen Intellektuellen-Zirkel weitreichende politische Gemeinsamkeiten, die sich teilweise als direkte inhaltliche und sogar semantische Übernahmen der manifesto-Thesen im „Konzept Stadtguerilla" nachverfolgen lassen – auch über die als solche kenntlich gemachten direkten Zitate hinaus. Diese Gemeinsamkeiten lassen sich unter den Stichworten Reformismuskritik, Maoismus, Internationalismus und dem dezidierten Festhalten am Erbe der Studentenbewegung zusammenfassen.

Wenn es den Studenten gelänge, ihren korporativen Horizont zu überwinden, „die spezifischen Strukturen des Kapitalismus (die Stadt, die Schule, das Gesundheitswesen, das Justizwesen, die Organisation der Fabrik, die Massenmedien) in eine Krise zu stürzen und sich dadurch mit allen von diesen Strukturen unterdrückten materiellen Interessen zu verbinden", könne daraus, so das Credo von il manifesto, „die objektive Grundlage einer neuen treibenden Kraft der sozialistischen Revolution" erwachsen.[432] Gleichwohl sei diese Revolution potentiell gefährdet und bedürfe der entschlossenen Initiative. Der relative Misserfolg, den die rebellierenden Arbeiter und Studenten bislang in Italien zu verzeichnen hätten, erkläre sich „nicht aus dem noch unreifen Charakter eines antikapitalistischen Kampfes, sondern aus dem Fehlen einer Gesamtstrategie und einer politischen Führungskraft, einem subjektiven Vakuum, das es zu füllen gilt (…). Es ist nicht nur möglich, einen antikapitalistischen Kampf zu führen, sondern auch, in diesem Kampf eine wirkliche Mehrheit zu bilden, die fähig ist zu siegen."[433]

Auch die RAF hielt den „Sieg im Volkskrieg" auf die von il manifesto geschilderte Art und Weise prinzipiell für „möglich", ging aber anders als die Italiener davon aus, dass die Tragfähigkeit dieser Möglichkeit nicht über eine politische Intervention, sondern „nur praktisch", also gewaltsam zu ermitteln sei. Zur Begründung dafür skizzierte das „Konzept Stadtguerilla" wortreich die desolate Lage der deutschen revolutionären Kräfte in einer angeblich repressiven und von der Springerpresse beherrschten Gesellschaft. Nicht die objektive Befindlichkeit des Proletariats oder gar die bewusste, positive Identifikation der Bevölkerung mit der parlamentarischen Demokratie verhinderten dem-

---

[432] Manifesto, Notwendigkeit, S. 74f.
[433] Ebd., S. 77.

nach das Gelingen der Revolution – ihr Scheitern wurde ausschließlich zum Vermittlungsproblem erklärt. Die Studentenbewegung „konnte die Ziele und Inhalte des antiimperialistischen Kampfes benennen – selbst nicht das revolutionäre Subjekt, konnte sie deren organisatorische Vermittlung nicht leisten."[434] Hatte il manifesto es als „eine entscheidende Tatsache" herausgestellt, dass Italien das einzige Land sei, „wo sich die Studentenbewegung einer Arbeiterklasse gegenübersah, die nicht nur Protagonist großer Kämpfe, sondern auch fähig war, diesen Kämpfen solche Inhalte und Formen zu verleihen, daß sie mit denen der Studenten interagieren konnten", hatte es die Existenz eines Systems „sensibler kultureller und politischer Kräfte" hervorgehoben, das „gezwungen war, mindestens einen Dialog zu akzeptieren",[435] so hielt Ulrike Meinhof dieser Lagebeschreibung das düstere Bild einer Gesellschaft entgegen, wo die Möglichkeit eines solchen vermittelnden Dialogs nicht im Ansatz gegeben war. „Es gibt keine Öffentlichkeit, die ein anderes Ziel hätte, als die Interessen des Kapitals auf die eine oder andere Art wahrzunehmen, und es gibt noch keine sozialistische Öffentlichkeit, die über sich selbst, ihre Zirkel, ihren Handvertrieb, ihre Abonnenten hinausreichte."[436] Implizit wurde hier wohl auf die florierende linke Presselandschaft in Italien angespielt, innerhalb derer auch die Zeitung „il manifesto" sich mühelos einen Platz hatte erobern können.

Die manifesto-Intellektuellen hatten die Veröffentlichung der Thesen gegen den Vorwurf, „Anmaßung" und „intellektualistisches Laster" zu sein, das sich über die Massenbewegung erhebe, mit dem expliziten Hinweis auf die Notwendigkeit geistiger Vermittlung „von Gegenwart und Vergangenheit" verteidigt: „Wir gehen von einer Tradition und einem langen Kampf – dem der italienischen kommunistischen Linken – aus (...), von einer langen Geschichte, von der eilig sich loszusagen nicht richtig wäre".[437] Dem stellte das „Konzept Stadtguerilla" die Befürchtung entgegen, „daß es ohne revolutionäre Initiative in einem Land, dessen Potential an Gewalt so groß, dessen revolutionäre Traditionen so kaputt und schwach sind wie in der Bundesrepublik, auch dann keine revolutionäre Orientierung geben wird, wenn die Bedingungen für den revolutionären Kampf günstiger sein werden als sie es jetzt schon sind aufgrund der politischen und ökonomischen Entwicklung des Spätkapitalismus selbst." Und, quasi als direkte Replik auf die „200 Thesen", wurde ausgeführt: „Wir bezweifeln, ob es unter den gegenwärtigen Bedingungen in der Bundesrepublik und Westberlin überhaupt schon möglich ist, eine die Arbeiterklasse vereinigende Strategie zu entwickeln, eine Organisation zu schaffen, die gleichzeitig Ausdruck und Initiator des notwendigen Vereinheit-

---

[434] Konzept Stadtguerilla, S. 36.
[435] Manifesto, Notwendigkeit, S. 74.
[436] Konzept Stadtguerilla, S. 43.
[437] Manifesto, Notwendigkeit, S. 10.

lichungsprozesses sein kann. Wir bezweifeln, daß sich das Bündnis zwischen der sozialistischen Intelligenz und dem Proletariat durch programmatische Erklärungen ‚schweißen', durch ihren Anspruch auf proletarische Organisationen erzwingen läßt."[438] „Revolutionäre Übergangsforderungen" seien nichts als „ökonomischer Dreck". Stattdessen gelte es, aus den „richtigen Zielen" und den „richtigen Parolen" der Studentenbewegung eine angemessene Praxis zu entwickeln. „Praxislos ist die Lektüre des ‚Kapital' nur bürgerliches Studium. Praxislos sind programmatische Erklärungen nur Geschwätz. Praxislos ist proletarischer Internationalismus nur Angeberei. Theoretisch den Standpunkt des Proletariats einnehmen, heißt ihn praktisch einnehmen."[439]

Welche Praxis der RAF dabei konkret vorschwebte, wurde mit einem Verweis auf Carlos Marighellas „Handbuch des Stadtguerillero" angedeutet, das bezeichnenderweise Feltrinelli auf den Seiten der italienischen „Tricontinental" schon im Januar 1970 erstmals Interessierten außerhalb Lateinamerikas zugänglich gemacht hatte.[440] Mit dem Text des brasilianischen Autors erfuhr das bisher eindeutig negativ konnotierte Konzept ‚Terrorismus' eine ganz neue Aufwertung, indem er als Handlungsstrategie beschrieben wurde, die ihren Träger nobilitierte, statt ihn zu diskreditieren. Gleichzeitig wurde den militanten Gruppierungen des Alten Kontinents eine maßgeschneiderte Anleitung für die Gestaltung des städtischen Guerillakampfes an die Hand gegeben. Dessen Voraussetzung sei, so wusste nun auch Meinhof, „die Organisierung eines illegalen Apparates": „Wohnungen, Waffen, Munition, Autos, Papiere." Sein Ziel sei es, „den staatlichen Herrschaftsapparat an einzelnen Punkten zu destruieren, stellenweise außer Kraft zu setzen, den Mythos von der Allgegenwart des Systems und seiner Unverletzbarkeit zu zerstören."[441] Wie in seinem Ursprungsland Lateinamerika könne das „Konzept Stadtguerilla" auch in der Bundesrepublik nur eines sein: „die revolutionäre Interventionsmethode von insgesamt schwachen revolutionären Kräften."[442]

Den Bezug auf die damit angesprochene, schon von Dutschke aufgegriffene Fokus-Theorie Che Guevaras, also die Überzeugung, dass eine Gruppe kampfeswilliger Guerilleros die Bedingungen zur Revolution selbst schaffen könne, sucht man bei den letztlich doch den Traditionen der Alten Linken verhafteten manifesto-Gruppe vergebens – anders als bei den GAP und den Roten Briga-

---

[438] Konzept Stadtguerilla, S. 37.
[439] Ebd., S. 40.
[440] Schon zuvor erschien eine halbklandestine Veröffentlichung, für die wahrscheinlich ebenfalls Feltrinelli verantwortlich war, vgl. Pietro Calogero u. a., Terrore rosso. Dall'autonomia al partito armato, Rom/Bari 2010, S. 175. In Frankreich wurde die Verbreitung von „Tricontinental" verboten und Verleger Maspéro 1969 zu einer Geldstrafe verurteilt, vgl. Pascal Fouché, L'édition française depuis 1945, Paris 1998, S. 754.
[441] Konzept Stadtguerilla, S. 42.
[442] Ebd., S. 41.

den, wie noch zu zeigen sein wird. Den von Meinhof beschworenen Mythos des omnipräsenten und allmächtigen Staates wollte innerhalb der italienischen *movimenti* allerdings kaum jemand zerstören – weil es ihn schlicht nicht gab. Entsprechend geringer ausgeprägt war in Italien der letztlich suizidale Impetus des heroischen Kämpfers wider aller Vernunft, der den deutschen Linksterrorismus im Kern ausmachte und der auch das geheime geistige Zentrum des „Konzepts Stadtguerilla" bildete. Mit der bereits zitierten, schon zeitgenössisch geprägten Beobachtung, die RAF befinde sich letztlich auf einem „Todestrip",[443] korrespondiert auch der Umstand, dass das „Konzept Stadtguerilla" anders als die Thesen der manifesto-Gruppe mit keinem einzigen Wort darauf einging, welche Gesellschaft denn eigentlich an die Stelle des *status quo* gesetzt werden sollte – der Kampf geriet damit unausgesprochen zum Selbstzweck.

„Hätten wir in Italien gelebt, hätten wir natürlich lieber das Konzept der Brigaden gemacht, das haben wir schon in den frühen Texten gesagt", so Stefan Wisniewski, einer der Schleyer-Entführer, in einem zwanzig Jahre nach dem ‚Deutschen Herbst' geführten Interview.[444] Diese Behauptung, die klar auf das „Konzept Stadtguerilla" gemünzt ist, ist im Nachhinein selbstverständlich nicht zu widerlegen. Sie geht aber am Kern von Meinhofs „moralisch unterbautem Voluntarismus" vorbei, der letztlich nicht an realen politischen und sozialen Gegebenheiten anknüpfte, sondern sich gegen eine Widerlegung der eigenen Prämissen durch die Realität erfolgreich immunisiert hatte.[445] Im Übrigen sollten auch im Falle des italienischen Linksterrorismus die an die Arbeiterklasse geknüpften Revolutionshoffnungen schließlich durch ein hohes Maß an selbstreferentiellem Nihilismus überlagert werden.

Bei Meinhof wurde die inhaltliche Leere gegenüber ihren Kritikern, die auf widrige politische Bedingungen verwiesen und eine Realitätsprüfung der gewählten Strategien anmahnten, nur mühsam und mit unverhohlener Aggressivität durch den Verweis auf die eigene Todesbereitschaft kaschiert, wobei sie sich auf einen weiteren europäischen Gewährsmann berufen konnte – Régis Debray. „‚Siegen heißt, prinzipiell akzeptieren, daß das Leben nicht das höchste Gut des Revolutionärs ist'", zitierte Ulrike Meinhof den prominenten Franzo-

---

[443] „Gerade weil unsere Solidarität den Genossen im Untergrund gehört, weil wir uns mit ihnen so eng verbunden fühlen, fordern wir sie von hier aus auf, Schluß zu machen mit diesem Todestrip, runterzukommen von ihrer bewaffneten ‚Selbstisolation', die Bomben wegzulegen und die Steine, mit einem Widerstand, der ein anderes Leben meint, wiederaufzunehmen", so Joschka Fischer in seiner bekannten Römerbergrede vom Mai 1976, zitiert in: Oskar Negt, Achtundsechzig. Politische Intellektuelle und die Macht, Göttingen 1995, S. 266.
[444] Das 1997 in der „taz" abgedruckte Interview erschien später als selbstständige Publikation unter dem Titel „Wir waren so unheimlich konsequent…". Ein Gespräch zur Geschichte der RAF mit Stefan Wisniewski, Berlin 2003, hier S. 23.
[445] Fetscher/Münkler/Ludwig, Ideologien und Strategien, bes. S. 56.

sen, der wie sie selbst dazu bereit gewesen war, den Komfort seiner bürgerlichen Wohnung gegen die Unwägbarkeiten der ‚revolutionären' Praxis einzutauschen – was Ensslin und Baader während ihrer Flucht in Paris ganz praktisch zugutegekommen war.[446] „Die Pflicht eines Revolutionärs ist, immer zu kämpfen, trotzdem zu kämpfen, bis zum Tod zu kämpfen" wurde schließlich sogar auch das Pathos des französischen Sozialrevolutionärs Blanqui bemüht – denn „den persönlichen Heroismus" der Anarchisten hielt man in der RAF „für ganz und gar nicht verächtlich".[447]

Damit war die von Rossana Rossanda nicht ohne Respekt angesprochene „Militanz, Ergebenheit und Opferbereitschaft" thematisiert, die von Meinhof im Sinne eines existentialistischen Wahrheitsbeweises der von der RAF verfochtenen Thesen vehement verteidigt wurde. Von der aggressiven Polemik gegenüber Andersdenkenden, von der ihr Text in diesem Zusammenhang durchdrungen war, mussten sich weniger die Italiener als vielmehr die deutschen Genossen betroffen fühlen. Die Verachtung, die Meinhof für die ‚Theorielastigkeit' und ‚Feigheit' der deutschen Linken übrig hatte – den „intellektuellen Schwätzern, den Hosenscheißern, den Alles-besser-Wissern", wie sie sie nach der Baader-Befreiung tituliert hatte – entsprang dabei letztlich dem intellektuellen Selbsthass, der zu Recht als der Kern von Ulrike Meinhofs Militanz beschrieben worden ist.[448] Was die manifesto-Genossen anging, so blieb es zeitgenössisch anderen überlassen, die Diskrepanz zwischen theoretischer Analyse und praktischer Lebensführung aufzuspießen, die sich gerade im Fall der Führungspersönlichkeiten unübersehbar auftat. So kommentierte die Schweizer „Weltwoche" unter Anspielung auf den großbürgerlichen Hintergrund Rossana Rossandas mit beißendem Spott, die *Signora* trage „echte Perlen um den Hals und die erträumte Revolution im Hirn. Sie erinnert an jene Spielart des italienischen Salon-Kommunismus, der von poveren Dienstboten Drinks servieren läßt und zum Geklapper der Eiswürfel über schwielige Arbeiterhände theoretisiert."[449] Unerträglich war dieser Gegensatz allen voran Giangiacomo Feltrinelli geworden, der, wie es seine Potere Operaio-Genossen nach seinem Tod formulierten, mit der Doppelmoral weiter Teile seiner Klasse gebrochen und für diesen Verrat als entarteter Sohn der Bourgeoisie gehasst und bespuckt worden sei.[450]

In jedem Falle blieben die bürgerlichen Mitglieder der manifesto-Gruppe

---

[446] Konzept Stadtguerilla, S. 39.
[447] Ebd., S. 43; 31.
[448] Zitiert in: „Die Rote Armee aufbauen. Erklärung zur Befreiung Andreas Baaders vom 5. Juni 1970", in: Rote Armee Fraktion, Texte, S. 24–26; hier S. 24; zu Ulrike Meinhof vgl. Koenen, Jahrzehnt, S. 377.
[449] Zitiert in: Spiegel, Häutung am Flügel, S. 75.
[450] „Un rivoluzionario è caduto", in: Potere Operaio, 26.3.1972.

– anders als viele andere Italiener gerade der jüngeren Generation, deren Ideen zwar ähnlich radikal, deren gesellschaftliche Position aber weniger günstig war – vor der Versuchung gefeit, ihren Träumen von der Revolution gewaltsam zum Durchbruch verhelfen zu wollen. 1972 nahm die Gruppe mit einer eigenen Liste an den Wahlen zur italienischen Abgeordnetenkammer teil, wo sie ganze 0,7 % der Stimmen errang – für die Abstimmungen zum Senat rangen sich die ehemaligen Parteimitglieder gar zu einer Wahlempfehlung für den PCI durch.[451]

Obwohl il manifesto also faktisch zu der vielgeschmähten parlamentarischen Transformationsstrategie zurückkehrte, verfolgte die Gruppe die Entwicklung der militanten Szene in Europa und damit auch das Schicksal der RAF in den folgenden Jahren weiter mit größter Aufmerksamkeit. Ihre seit dem Frühjahr 1971 täglich erscheinende Zeitung, die die offizielle PCI-Presse aufgrund ihrer ungleich größeren geistigen Freiheiten sehr bald an Beliebtheit übertraf, wurde zu einem der wichtigsten Träger einer Berichterstattung, die trotz der geschilderten strategischen Differenzen prinzipiell mit den bewaffneten Formationen in Westeuropa sympathisierte und niemals aufhörte, sie als nur (fehlgeleitete) Mitglieder der eigenen revolutionären Familie zu betrachten. Diese Haltung kam wohl selten so prägnant zum Ausdruck wie in Rossana Rossandas berühmt gewordenem Artikel „L'album di famiglia", in dem sich das ehemalige Mitglied des PCI-Zentralkomitees ausgerechnet in die Hochspannung nach der Entführung Aldo Moros durch die Brigate Rosse hinein gegen die „Doppelmoral" ihrer früheren Partei wandte, die dieses Verwandtschaftsverhältnis kategorisch bestritt.[452] Dass in diesem „Familienalbum" auch die Porträts der deutschen ‚Möchte-gern-Revolutionäre' ihren Platz hatten, hat bislang trotz des prominenten Platzes, den „il manifesto" ihnen über die gesamte 70er Jahre hinweg zuwies, keine Beachtung gefunden.

Die Gründe für die fortdauernde Sympathie gegenüber den entfernten, in heroischer Einsamkeit kämpfenden deutschen Verwandten sind wohl vor allem darin zu suchen, dass das Bild von den bundesdeutschen Verhältnissen, das die RAF im „Konzept Stadtguerilla" und in allen späteren Propaganda-Erzeugnissen, die sie selbst oder ihre Sympathisanten nach Italien kommunizierten, in seinen wesentlichen Punkten geglaubt und geteilt wurde, auch weil es innenpolitisch im Kampf gegen eine vermeintliche *germanizzazione* Italiens zu instrumentalisieren war. Aus dem Respekt vor der Entscheidung, sich einer semi-faschistischen, allem Anschein nach perfekt funktionierenden Militärmaschine entgegenzustellen, speiste sich ein Großteil des Nimbus, dessen sich der

---

[451] Giorgio Galli, Piombo rosso. La storia completa della lotta armata in Italia dal 1970 a oggi, Mailand 2004, S. 30f.
[452] Rossana Rossanda, „L'album di famiglia", in: il manifesto, 2.4.1978.

deutsche Linksterrorismus während der 70er Jahre unter nicht wenigen italienischen Intellektuellen sicher sein konnte.[453]

---

[453] Vgl. weiter unten Kap. 6, bes. S. 574ff.

3. Feltrinellis Erbe: Italiens gewaltbereite Linke und ihre Kontakte in die Bundesrepublik

Obwohl Geschichte und Gegenwart Italiens für die zeitgenössische Linke mehr und bessere Anknüpfungspunkte für eine Neuauflage der Revolution zu bieten schienen als etwa die der Bundesrepublik, besaßen auch dort alle wichtigen Gruppierungen des *lungo sessantotto* einen internationalen Horizont, der in einigen Fällen in eine regelrechte ‚Außenpolitik' münden konnte. Das auf Seiten der Deutschen an Italien vorhandene Interesse war insofern keineswegs einseitig, sondern wurde südlich der Alpen erwidert, oft verbunden mit einem klaren politischen Sendungsbewusstsein. Hintergrund war neben einer gewachsenen Sensibilität für die internationale Verflechtung ökonomischer und politischer Prozesse eine veränderte Medienlandschaft, eine erhöhte persönliche Mobilität und die Hoffnung auf externe Impulse für eine Situation, die bei aller oberflächlichen Dynamik auch in Italien keine politischen Veränderungen zeitigte, die den Hoffnungen der radikalen Systemgegner entsprochen hätten.[1]

Nicht zufällig waren Bezugnahmen auf internationale Kontexte auch und besonders für diejenigen Diskursformationen charakteristisch, in denen ab 1969 mit unterschiedlichen politischen Begründungen einem ‚rationalen' und ‚legitimen' Einsatz von Gewalt das Wort geredet wurde, wobei sich europäische und außereuropäische Referenzen die Waage hielten.[2] Diese internationalen Bezüge ergänzten genuin italienische Traditionen und Mythen – neben dem Operaismus vor allem die Vorstellung von der verratenen, da an der Vollendung der Revolution gehinderten Resistenza – zu einem ideologischen Synkretismus ganz eigener Art, der als Wahrnehmungsfilter und Handlungsstimulans zugleich fungierte. Die Untersuchungskommission, die im Auftrag des italienischen Senats den internationalen Verbindungen der gewaltbereiten Szene jener Jahre nachgegangen ist, schreibt einmal mehr Feltrinelli für das Zustandekommen und die spezifische Gestalt dieser, wie sich zeigen sollte, dauerhaft explosiven Mischung eine Schlüsselrolle zu. Der Verleger beförderte nicht nur die Zirkulation von Schriften und Ideen, sondern hauchte diesen auch durch die Vernetzung aller wichtigen europäischen und außereuropäischen Akteure das nötige Leben ein. Dadurch habe er, so die Autoren des

---

[1] In der zweiten Hälfte der siebziger Jahre verlieh der Eindruck einer sich unter deutscher Führung grenzübergreifend vernetzenden, insgesamt drückender werdenden Repression dem italienischen Interesse am Schicksal der Linken in der Bundesrepublik einen wesentlich defensiveren Charakter, vgl. vor allem Kap. 6 dieser Studie.

[2] Armani, Italia, S. 63.

Ergebnisberichts, „Bewusstsein und Verhalten der historischen Führer der Subversion in Italien" radikal verändert.[3]

Auf den folgenden Seiten geht es um die direkten und indirekten Folgen von Feltrinellis Aktivitäten für den politischen Horizont und den Aktionsradius der sich in Italien mit dem Zerfall der Studentenbewegung ab 1969 formierenden militanten Gruppen, wobei ihre Beziehungen zu deutschen Akteuren im Mittelpunkt stehen. Obwohl der Verleger aufgrund seines frühen Todes keinen Einfluss mehr auf die Hochphase des ‚bewaffneten Kampfes' zu nehmen vermochte, blieb die Prägung, die er in seinen letzten Lebensjahren nicht nur den von ihm selbst gegründeten Gruppi di Azione Partigiana (GAP), sondern auch der kleinen Genueser Gruppe 22. Oktober und nicht zuletzt den frühen Brigate Rosse aufdrückte, lange wirksam. Dasselbe gilt für diejenigen Gruppierungen der italienischen Neuen Linken, die zwar als Organisationen im Bereich der Legalität verblieben, illegale Handlungsstrategien aber deckten und – noch wichtiger – in ihren militarisierten Ordnungsdiensten auch aktiv praktizierten, wie vor allem Potere Operaio und Lotta Continua. Wie Donatella Della Porta gezeigt hat, waren viele der späteren Mitglieder terroristischer Vereinigungen zunächst in einer dieser Gruppen politisch sozialisiert worden.[4] Schon aus diesem Grund kann eine Beschränkung auf das Verhältnis der deutschen Linksterroristen allein zu den Brigate Rosse, wie sie für die Forschung bislang charakteristisch war, der Komplexität deutsch-italienischer Extremisten-Netzwerke nur ungenügend gerecht werden.

Auch wenn die Fruchtbarkeit des jeweiligen politischen und psychosozialen Bodens naturgemäß die wichtigste Bedingung dafür war, dass Feltrinellis stets mit viel Geld gedüngte Saat aufgehen konnte, kann der Beitrag des Verlegers bei der Etablierung der später als „terror network" bezeichneten transnationalen Struktur kaum überschätzt werden.[5] Allerdings ist davon auszugehen, dass Feltrinelli diesen Prozess keineswegs vollständig kontrollierte, sondern immer wieder auch von anderen politischen Kräften getrieben und instrumentalisiert worden ist – vor allem von den Operaisten um Toni Negri. Vieles deutet überdies darauf hin, dass östliche wie westliche Geheimdienste über die Aktivitäten des Verlegers zumindest teilweise im Bilde waren.[6] Sollte sich dieser Eindruck bestätigen, hätte auch die abwartende Haltung der verschiedenen Sicherheitsdienste zu Feltrinellis dauerhaften ‚Erfolgen' wesentlich beigetragen.[7]

---

[3] Mantica/Fragalà, Dimensione, S. 49.
[4] Della Porta, Terrorismo di sinistra, S. 106ff.; 130.
[5] Claire Sterling, The Terror Network. The Secret War of International Terrorism, New York 1981.
[6] Zahlreiche Hinweise in: Carlo Feltrinelli, Senior Service, passim. Für die östlichen Dienste vgl. auch Antonio Selvatici, Chi spiava i terroristi. KGB, Stasi – BR, RAF, Bologna 2009, bes. S. 85–102.
[7] Die Detailfülle, mit der Feltrinellis Aktivitäten in der zitierten Darstellung der amerika-

Wenn die im Folgenden zueinander in Beziehung gesetzten deutschen und italienischen Gruppen als „Parallelorganisationen" bezeichnet werden, so ist damit nicht gemeint, dass sich die jeweiligen Formationen in allen denkbaren Vergleichsparametern – Größe, Einfluss, Mitgliederstruktur, politische Praxis etc. – eins zu eins entsprochen hätten. Entscheidendes Kriterium ist vielmehr die Existenz eines besonders intensiven transnationalen Kommunikationsflusses zwischen den Organisationen, sei es über persönliche, sei es über mediale Kanäle. Der Dialog wurde dabei naturgemäß durch ideologische und strategische Gemeinsamkeiten, aber nicht zuletzt auch durch lebensweltliche Nähe begünstigt. Andererseits stellte Kommunikation – im Sinne eines umfassenden Austauschs von Informationen und Argumenten, Deutungsmustern und Praktiken – solche gemeinsamen kognitiven Orientierungen teilweise auch erst her. So versuchten die Italiener, die mit ihren politischen Strategien nach 1969 in vielerlei Hinsicht mehr zu bewegen schienen als ihre Genossen in der Bundesrepublik, ihre theoretischen und praktischen Lösungen für das ‚Problem Kapitalismus' ins Ausland zu exportieren, wofür sich der schillernde Kosmos der Gruppen und Grüppchen, in die die Protestbewegung in der Bundesrepublik während dieser Jahre zerfiel, in durchaus unterschiedlichem Maße empfänglich zeigte.[8] Hinsichtlich der Frage einer Übertragbarkeit italienischer Erfahrungen auf den deutschen Kontext waren die Meinungen auf deutscher Seite naturgemäß geteilt. Unabhängig von der Berechtigung der jeweils erhobenen Einwände verhinderte es manchmal auch das eigene Geltungsbewusstsein, entsprechende Lernprozesse zuzulassen und erst recht, sie zuzugeben. Gerade die Gruppen, die terroristische Strategien adaptiert hatten, waren auf die Wahrung ihrer revolutionären Identität bedacht und hüteten ihre propagandistischen Erfolge entsprechend eifersüchtig. Dieser Umstand macht es nicht immer möglich, entsprechende Einflüsse in den Quellen lückenlos nachzuweisen.

In unserem Zusammenhang kommt es zunächst darauf an, dass auch das Milieu, um welches die terroristischen Vereinigungen in beiden Ländern hauptsächlich warben, auf dessen Komplizenschaft sie angewiesen waren und aus

---

nischen Journalistin Sterling beschrieben wurden, kann als ein veritabler Beleg für den hervorragenden Kenntnisstand zumindest der US-amerikanischen Dienste gewertet werden. Sterlings Buch gilt als Produkt gezielter Informationskampagnen der CIA, vgl. Oliver Schröm, Im Schatten des Schakals. Carlos und die Wegbereiter des internationalen Terrorismus, Berlin 2002, S. 223f. Auch wenn die Hauptthese von Sterlings Buch, dass die UdSSR bzw. der KGB als unsichtbare, lenkende Hand hinter dem internationalen Terrorismus stecke, als Produkt der Feindbilder des Kalten Kriegs gelten kann, wurden viele Detailinformationen des Buches durch jüngere Forschungsarbeiten bestätigt.

[8] Für einen Überblick über die diversen aus der Studentenbewegung hervorgegangenen Gruppen und Organisationen vgl. Gerd Langguth, Die Protestbewegung in der Bundesrepublik Deutschland 1968–1976, Köln 1976.

dem sie ihren Nachwuchs rekrutierten, transnational miteinander vernetzt war. So entstand ein Resonanzraum, in dem die Propaganda des Wortes und der Tat, die die Gruppen betrieben, grenzübergreifend Widerhall finden konnte. Nur vor diesem Hintergrund können die italienischen Reaktionen auf die Ereignisse des ‚Deutschen Herbstes' angemessen beschrieben und beurteilt werden. Daneben gilt auch für die im Folgenden betrachtete, genuin als terroristisch zu beschreibende Phase die These, dass der transnationalen Dimension eine radikalisierende Eigendynamik innewohnte, die als solche zur Kenntnis genommen werden muss. Dabei war der Transfer radikaler Ideologien – wie etwa des italienischen *Operaismo* – in der Summe wahrscheinlich weniger wichtig als der Export bestimmter Praktiken und nicht zuletzt die Bereitstellung logistischer Hilfen, die die Handlungsoptionen der Gruppen signifikant erweiterten. Vor allem aber sind die durch die Präsenz ‚fremder' Akteure hervorgerufenen komplexen Gruppenprozesse mitsamt ihrer Folgen für die betrachtete Subkultur in Rechnung zu stellen. Deutsche und italienische Linksradikale begegneten einander sowohl mit Solidarität als auch mit Konkurrenzgefühlen, mit einer Mischung aus Vertraut- und Fremdheit. Welches dieser beiden Elemente die Oberhand gewann, war nicht zuletzt von situativen Faktoren – darunter auch persönlicher Sympathie und Antipathie der jeweils involvierten Personen – und dem Ausmaß des jeweiligen Außendrucks abhängig.

3.1 Pioniere der Illegalität

Im Juli 1969 hatte Feltrinelli in einem berühmt gewordenen Text die Radikalität seiner Rhetorik abermals gesteigert und die Annahme, es könne einen Weg zum Sozialismus ohne die ‚Kritik der Waffen' geben, endgültig für obsolet erklärt.[9] Als im Dezember die Frankfurter Kaufhausbrandstifter bei ihm eintrafen, hatte er seine zivile Existenz praktisch bereits hinter sich gelassen, um sich gemeinsam mit dem Anwalt Giovanni Lazagna und dem in Köln rekrutierten Sarden Giuseppe Saba ganz der Aufstellung und Bewaffnung der Gruppi d'Azione Partigiana (GAP) zu widmen. In der Zeit zwischen 1943 und '45 hatten bewaffnete Widerstandsgruppen mit dem gleichen Namenskürzel, die Gruppi d'Azione Patriottica, in den Städten Mittel- und Norditaliens mit spektakulären Attentaten auf Angehörige der deutschen Besatzungsmacht auf sich aufmerksam gemacht. Die Erinnerungen an diese Jahre, die der ehemalige *gappista* Giovanni Pesce bei Feltrinelli veröffentlicht hatte, avancierten nicht zufällig zur Lieblingslektüre vieler junger Militanter der neuen Generation.[10] Statt zu Patrioten wollte Feltri-

---

[9] „Estate 1969", zitiert in: Galli, Piombo rosso, S. 8.
[10] Vgl. Giovanni Pesce, Senza tregua. La guerra dei GAP, Mailand 1967.

nelli seine Männer allerdings zu neuen, durchaus internationalistisch gesinnten Partisanen erziehen, weshalb er zwar das geschichtsträchtige Kürzel übernahm, dessen Bedeutung aber in einem wesentlichen Detail abwandelte.[11] Neben einer in Genua von jungen PCI-Mitgliedern unter Beteiligung von Angehörigen der lokalen Kriminellenszene ins Leben gerufenen Organisation, die sich nach dem Datum ihrer Gründung 22. Oktober nannte, waren Feltrinellis GAP die ersten, die sich im Italien jener Jahre dem systematischen Einsatz bewaffneter Gewalt verschrieben hatten, um auf diese Weise die Massen zur revolutionären Aktion „gegen die Ausbeutung und Unterdrückung der Arbeiter durch den italienischen Kapitalismus und den internationalen Imperialismus" zu animieren.[12]

Gegenüber den Frankfurter Kaufhausbrandstiftern dürfte Feltrinelli mit dieser Entscheidung nicht hinter dem Berg gehalten haben, zumal die Tupamaros Westberlin zu diesem Zeitpunkt bereits damit begonnen hatten, die gemeinsam ventilierten Ideen auf ihre Weise in die Praxis umzusetzen. Allein im November und Dezember 1969 verübten die TW ein Dutzend, wenn auch teilweise misslungene Sprengstoffanschläge – einen davon auf das Begegnungszentrum der jüdischen Gemeinde Westberlins.[13] Die glücklicherweise nicht funktionsfähige Bombe, die ausgerechnet am 9. November, also am 31. Jahrestag der Pogromnacht von 1938, hätte detonieren sollen, hatte einmal mehr der Verfassungsschutz geliefert. Wie schon im Sommer waren die TW aber auch wieder von Feltrinelli unterstützt worden, der ihnen die nötigen finanziellen Mittel zur Herstellung mobiler Sendeanlagen zur Verfügung stellte, mit denen man sich in laufende Radio- und Fernsehsendungen einschalten konnte.[14] Eine Woche nach dem missglückten Anschlag auf das jüdische Gemeindehaus rief die Truppe um Kunzelmann aus Anlass einer Vietnam-Demonstration in einer illegalen Sendung dazu auf, „den Kampf gegen das entmenschte System des Spätkapitalismus mit der Waffe in der Hand" aufzunehmen: „Schafft auch hier die Bedingungen für den revolutionären Volkskrieg!"[15] Südlich der Alpen wurde diese Form der Medienpiraterie bald zum Markenzeichen von Feltrinellis GAP, der Idee und Know-How etwas später auch an Potere Operaio und die Roten Brigaden weitergab.[16] Ursprünglich stammte beides von einem SDS-Genossen Rudi Dutschkes[17] – einem Thüringer Studenten der Nachrichtentechnik, der

---

[11] In voller Länge lautete der Name der Gruppe Gruppi d'Azione Partigiana – Esercito Popolare di Liberazione (GAP-EPL).
[12] Zitat aus einem GAP-Flugblatt, abgedruckt in: Potere Operaio, 17.4.–1.5.1971.
[13] Vgl. Kraushaar, Bombe, passim.
[14] Koenen, Vesper, Ensslin, Baader, S. 262.
[15] Ebd., S. 272.
[16] Curcio, Blick, S. 51.
[17] Chaussy, Drei Leben, S. 206f. Es handelte sich um den DDR-Flüchtling Wolfgang Mayer, der Dutschke bei den Protesten gegen die Große Koalition Ende 1966 kennengelernt

den Mailänder Verleger mit den nötigen Gerätschaften versorgte und ihn in ihrem Gebrauch unterwies. Ab September 1969 erhielt der technisch versierte Deutsche regelmäßige Zahlungen von einem Geheimkonto, das Feltrinelli unter dem Tarnnamen ‚Robinson Crusoe' bei einer Schweizer Bank eröffnet hatte und für die finanziellen Transaktionen nutzte, die es in den Folgejahren im Zusammenhang mit seinen klandestinen Aktivitäten inner- und außerhalb Italiens zu tätigen galt.[18] Der programmatische Schritt entschlossener Kleingruppen in die Gewalt, die man als einen demonstrativen Akt zur ‚Erziehung' der Massen verstand, erfolgte mithin in Italien und der Bundesrepublik nicht nur zur gleichen Zeit, die Verfechter und Träger dieses Programms standen auch in enger Verbindung und gewährten einander praktische Hilfeleistung.

Ab dem Frühjahr 1970 verübten denn auch die GAP erste Brandanschläge, um der Propaganda des Wortes den aus ihrer Sicht nötigen Nachdruck zu verleihen. Dabei arbeiteten sie teilweise mit dem Genueser 22. Oktober zusammen, etwa bei einem Anschlag auf das US-Konsulat der ligurischen Hafenstadt.[19] Am 26. März 1971 erschoss ein führendes Mitglied dieser Gruppe, der 32-jährige Maoist Mario Rossi, im Verlauf eines Raubüberfalls einen Geldboten.[20] Verantwortlich für die Verurteilung des Todesschützen zu lebenslanger Haft war Staatsanwalt Mario Sossi, der drei Jahre später, als sowohl der 22. Oktober als auch die GAP in den Roten Brigaden aufgegangen waren, Opfer der ersten mehrwöchigen Personenentführung der BR werden sollte.[21] Die Rotbrigadisten, deren historischer Kern sich aus Absolventen der neugegründeten Universität Trient, Angehörigen der betrieblichen Basisgruppen einiger Mailänder Großfirmen sowie Mitgliedern der PCI-Jugend aus Reggio Emilia zusammensetzte, machten seit 1970 zunächst durch politisch motivierte

hatte. Für die Beziehungen Mayers zu Feltrinelli vgl. Grandi, Feltrinelli, S. 399. Rolf Reinders, ehemaliges Mitglied der ‚Bewegung 2. Juni', bezeichnet Mayer als „Totalanarchisten" mit guten Verbindungen nach Italien, „zu Leuten, die in Genua operierten. Das war noch vor der Zeit der Roten Brigaden. Die hatten einige Pistolen und Kleinkalibergewehre rangeschleppt", vgl. Ders./Ronald Fritzsch, Die Bewegung 2. Juni. Gespräche über Haschrebellen, Lorenzentführung, Knast, Berlin 1995, S. 37f.
[18] Grandi, Feltrinelli, S. 399.
[19] Clementi, Storia delle Brigate Rosse, S. 21. – Die Amerika-Häuser in Westberlin, München und Hamburg waren auch in der Bundesrepublik beliebte Ziele von Protestkundgebungen und schließlich auch von Brandsätzen, Vgl. z. B. „Gewalt – Wann und wie" in: Der Spiegel 7/10.2.1969, S. 23–34. Einen entsprechenden Anschlag verübten die Tupamaros München am 16. Januar 1971.
[20] Bekannter als die Tat selbst wurden Amateurfotos des Geschehens, die zeigen, wie sich der Täter auf dem Rücksitz einer Vespa durch einen Schuss auf das am Boden liegende Opfer von dessen Zugriff befreit und sich mit seinem Komplizen vom Tatort entfernt; online unter http://www.vittimeterrorismo.it/memorie/schede/floris.htm. Rossi sollte den Tod eines „Arbeiters" später bedauern, nicht aber seine eigene Beteiligung an der „proletarischen Enteignung", vgl. Carlo Feltrinelli, Senior Service, S. 418.
[21] Vgl. weiter unten S. 184f., 233–237.

Sachbeschädigungen im Umfeld der Mailänder Fabriken auf sich aufmerksam, bevor sie sich ab März 1972 durch die schon erwähnten ‚Blitzentführungen' hervortaten. Die letztgenannte, von den lateinamerikanischen Tupamaros adaptierte Praxis führte zu einem erhöhten Fahndungsdruck, was ein endgültiges Abtauchen der Mitglieder in den Untergrund zur Folge hatte. „Aus der Klandestinität heraus zu operieren", so ein BR-Dokument aus dieser Zeit, „ist ein entscheidender taktischer Vorteil gegenüber dem Klassenfeind, dessen menschliche Vertreter und technische Strukturen ganz im Gegenteil vollkommen exponiert sind".[22] Der Schritt der Brigadisten in die Illegalität hatte wiederum starken Einfluss auf die Positionierungen aller übrigen Gruppen.

Wie weiter oben bereits angedeutet, hatte sich Feltrinelli früh darum bemüht, auch die wichtigsten Köpfe der auseinanderfallenden Studentenbewegung von seiner Linie der Internationalisierung und Militarisierung zu überzeugen. Schon im Frühjahr 1968 kam es laut dem Trient-Absolventen Renato Curcio zu einer durch den Verleger in den Räumlichkeiten des Mailänder Istituto Feltrinelli organisierten Zusammenkunft, zu dem neben ihm selbst „noch vier oder fünf Jugendliche aus der Mailänder Bewegung, ein paar deutsche Genossen, zwei Franzosen von der Gauche Prolétarienne und ein Portugiese" geladen gewesen seien.[23] Ab 1970 traf der ehemalige Student der Soziologie, den die Mailänder Arbeiterkämpfe in die lombardische Metropole gezogen hatten, nahezu wöchentlich (!) mit dem nunmehr abgetauchten Verleger zusammen, wobei dieser ihm persönlich das bereits erwähnte „Handbuch des Stadtguerillero" sowie mehrere Broschüren zur Taktik der Tupamaros übermittelte. Seine regelmäßigen Reisen nach Kuba und Lateinamerika behielt Feltrinelli auch in der Illegalität bei, wobei er seine Destinationen für gewöhnlich von Prag aus anflog. Die Bemerkungen, die das BR-Gründungsmitglied Curcio in diesem Zusammenhang hinsichtlich der politischen Vorbilder und Inspirationsquellen seiner Gruppe machte, widerlegen die unter deutschen Historikern häufig anzutreffende Tendenz, die Roten Brigaden primär in der Tradition des *antifascismo combattente* und der militanten Arbeiterbewegung zu verorten und damit von deutschen Akteuren so weit wie möglich abzugrenzen.[24] Laut Curcio habe sich seine Truppe „weniger von den Partisanenaktionen und der traditionellen Arbeiterbewegung, auch nicht der revolutionären, inspirieren lassen, wie immer wieder behauptet wird. Wir schauten vielmehr auf die Black Panthers, die Tupamaros, nach Kuba und auf Che Guevaras Fokus in Bolivien, auf das Brasilien von Marighella. Daher weckten die Erzählungen von Feltrinelli, der durch die ganze Welt reiste und direkte Beziehungen zu Führern verschiedener Guerillas unterhielt, zweifellos großes Interesse und übten eine

---
[22] Zitiert in: Clementi, Storia delle Brigate Rosse, S. 51.
[23] Curcio, Blick, S. 49.
[24] So vor allem Jansen, Brigate Rosse und Rote Armee Fraktion. S. 491f.

nicht zu unterschätzende Faszination auf uns aus."[25] Bestätigt werden Curcios retrospektiv getätigte Äußerungen durch einen Blick auf die zeitgenössischen Quellen: Auf den Seiten der „Nuova Resistenza" erschien neben dem „Konzept Stadtguerilla" der RAF eine programmatische Erklärung der Curcio-Truppe zum eigenen Widerstandsbegriff:

> „Neue Resistenza" bedeutet keine nostalgische und unpolitische Wiederauflage des alten Widerstandsthemas, hat also nichts mit dem defensiven Geist zu tun, aus dem heraus manche die negativen Seiten der „Demokratie" bekämpfen, ohne die Kritik an den Strukturen des kapitalistischen Staates selbst einzubeziehen. „Neue Resistenza" ist für uns ganz im Gegenteil eine gänzlich junge, offensive Parole innerhalb des weltweiten, imperialistischen Krieges, in dem die bewaffnete Konterrevolution dem revolutionären Kampf der Proletarier und unterdrückten Völker gegenübersteht. Dieser Widerstand orientiert sich am revolutionären China und seinem Präsidenten MAO. Dieser Widerstand wird von Vietnam und den revolutionären Völkern Indochinas geführt. Es ist der Widerstand des palästinensischen und lateinamerikanischen Volkes, der Widerstand in den imperialistischen Metropolen, in den schwarzen Ghettos und den Städten der Weißen. Diesen revolutionären Elan, geschlossen und weltweit, meinen wir mit der Parole „Neue Resistenza", denn geschlossen und weltweit ist auch die imperialistische Repression.[26]

Der in der italienischen Gesellschaft breit verankerte Resistenza-Mythos war mithin durchaus Teil des ideologischen Rüstzeugs der BR – nicht umsonst war die Erstausgabe der „Nuova Resistenza" auf den 25. April datiert, also den Tag, an dem traditionsgemäß der Befreiung von der deutschen Besatzung gedacht wurde.[27] Gleichzeitig aber erfuhr der Widerstandsmythos eine folgenreiche Neubearbeitung, indem er aus seinem Ursprungskontext herausgeführt und mit antiimperialistischen Elementen angereichert wurde.[28] Diese Operation legte nicht nur den Keim zu einer fortschreitenden Radikalisierung, sondern öffnete den Horizont des BR-Terrorismus auch für ideologisch affine westeuropäische Gruppierungen.

Tatsächlich machten die BR, die sich nach einigen Spaltungen und verschiedenen taktischen Neuausrichtungen im Oktober 1970 zu ihren ersten namentlich gezeichneten Aktionen bekannten, den fünfzackigen Stern der Tupamaros

---

[25] Curcio, Blick, S. 48.
[26] Zitiert in: Soccorso Rosso, Brigate Rosse. Che cosa hanno fatto, che cosa hanno detto, che cosa se ne è detto. Mailand 1976, S. 91.
[27] Lutz Klinkhammer, Der Resistenza-Mythos und Italiens faschistische Vergangenheit, in: Holger Afflerbach/Christoph Cornelißen (Hg.), Sieger und Besiegte. Materielle und ideelle Neuorientierungen nach 1945, Tübingen 1997, S. 119–139; Zum Bedeutungswandel des *Venticinque aprile* in der italienischen Nachkriegsgeschichte vgl. Ina Brandt, Memoria, Politica, Polemica. Der 25. April in der italienischen Erinnerungskultur, in: Terhoeven, Italien, S. 235–256.
[28] Auch damit knüpften die *brigatisti* an eine wichtige Traditionslinie nicht nur der Studentenbewegung, sondern der politischen Kultur des Landes insgesamt an: den Antiamerikanismus, vgl. dazu Piero Craveri/Gaetano Quagliariello (Hg.), L'antiamericanismo in Italia e in Europa nel secondo dopoguerra, Catanzaro 2004.

zu ihrem offiziellen Logo und folgten damit dem Beispiel der Gruppe um Mahler, Baader und Meinhof in der Bundesrepublik. Nicht zufällig verfolgte damit auch in Italien diejenige linksrevolutionäre Gruppe am aggressivsten ihre Ziele, die sich auf das Vorbild der Südamerikaner bezog und sich selbst in globale Zusammenhänge einordnete, auch wenn der wichtigste Adressat ihrer Aktionen immer das Industrieproletariat bleiben sollte. Curcios Angaben zufolge gab es noch eine weitere, bewusst gesuchte Gemeinsamkeit der „italienischen Tupamaros" mit den Deutschen. Auf der Suche nach einem passenden Namen für die neue Formation habe seine Frau und Kampfgenossin Margherita Cagol für das Adjektiv ‚rot' plädiert, um damit an „die erste Stadtguerillaaktion in Europa" zu erinnern, „die Befreiung von Andreas Baader durch die Genossen der RAF, der Roten Armee Fraktion".[29] Auch wenn es sich bei den Ereignissen, die sich am 14. Mai 1970 im Deutschen Zentralinstitut für Soziale Fragen in Berlin zutrugen, zweifellos nur um einen von sehr vielen, durch die Farbe ‚rot' potentiell aufgerufenen Kontexten handelte, ist Cagols transnationale Solidaritätsbekundung ein weiteres starkes Indiz dafür, dass sich die zukünftigen Stadtguerilleros beider Länder zum fraglichen Zeitpunkt bereits mehr als nur flüchtig kannten. Zudem zeigt es, wie aufmerksam Militante auch in Italien den europäischen Kontext beobachteten und in ihre politischen Überlegungen einbezogen.

BR-Gründungsmitglied Alberto Franceschini hat in seinen Memoiren die meisten Details über die frühen Beziehungen der *brigatisti* zur deutschen RAF mitgeteilt.[30] Auch der Mann aus Reggio Emilia spricht von mehreren Besuchen der „deutschen Genossen" ab 1970 – dem Jahr, in dem er selbst zu Curcios Mailänder Kreis stieß. Die Treffen hätten in Wohnungen ‚legaler' Unterstützer stattgefunden, die man über die Identität der fremden deutschen Besucher im Unklaren gelassen habe. Zusätzlich zu den *face-to-face*-Kontakten habe man schriftlich mit der RAF kommuniziert, wobei die Verbindung über ein geheimes Postfach aufrechterhalten worden sei. „Das Material, das wir in unserem Postfach fanden, Broschüren, Bücher, Zeitungen, las ich sehr aufmerksam", so Franceschini. „Unsere Beziehung bestand in erster Linie im Austausch von Dokumenten und Erfahrungen." Die Deutschen hätten zudem einige Waffen von den Italienern erhalten und sich mit technischem Gerät – etwa einem Werkzeug zum Aufbrechen von Autos sämtlicher Marken – revanchiert. „Aber darum ging es uns eigentlich nicht: wenn wir uns mit ihnen trafen, fühlten wir uns ein wenig europäisch, international."[31]

Nachdem Feltrinelli mit großer Wahrscheinlichkeit die treibende Kraft hinter den ersten Begegnungen gewesen war, organisierte er im Herbst 1970 in Paris ein weiteres Treffen, auf dem sich Mitglieder der RAF und der BR nicht

---

[29] Curcio, Blick, S. 11.
[30] Alberto Franceschini, „Das Herz des Staates treffen", Wien/Zürich 1990, S. 62f.
[31] Ebd., S. 63.

nur untereinander, sondern auch mit den Genossen der französischen Gauche Proletarienne (GP) austauschen konnten. Bei der GP handelte es sich um eine maoistische Organisation, die aus dem ‚Pariser Mai' hervorgegangen war. Aufgrund ihrer radikalen Agitation in den großen Fabriken des Landes war die Gruppe Anfang 1970 verboten worden, was einige Solidaritätsaktionen prominenter Intellektueller – darunter Jean Paul Sartres – zugunsten der Gruppe und ihrer Zeitschrift „La Cause du Peuple" provoziert hatte. Was die Möglichkeit eines koordinierten Vorgehens von GP, RAF und BR anging, so habe sich allerdings schon bei der ersten trilateralen Zusammenkunft für Italien und die Bundesrepublik ein anderer Weg als für Frankreich abgezeichnet, wie sich ein französischer Teilnehmer erinnert. „Es war uns unmöglich, Curcio und Baader zu erklären, dass im Land der Grande Révolution, in dem die Erinnerung an die *terreur* noch lebendig war, es sich niemand leisten konnte, kleinere Imitationen davon zu machen. Bei uns hätten die Leute dieses Zündeln auf einem Pulverfass niemals hingenommen."[32] Tatsächlich entfaltete die erste und einzige an den Praktiken der südamerikanischen Stadtguerilla orientierte Aktion des GP-Ordnungsdienstes Nouvelle Résistance Populaire, die zwei Tage während Entführung des Chefs der Renault-Niederlassung Boulogne-Billancourt, Robert Nogrette, keinerlei im Sinne der Verantwortlichen ‚positive' Wirkung auf die französische Szene. In ihrer großen Mehrheit distanzierten sich die Wortführer der Linken von einer Entgrenzung der Gewalt, wie sie mit der Aktion vom 8. März 1972 vorgezeichnet zu sein schien.[33] Von Teilen der italienischen APO dagegen war die Entführung des Mailänder SIT-Siemens-Mitarbeiters Macchiarini durch die Roten Brigaden ausdrücklich begrüßt worden: Während der PCI von „faschistischen Provokationen" sprach und il manifesto das Geschehen schlicht ignorierte, hielt das Organ der operaistisch orientierten Gruppe Lotta Continua die Aktion für „kohärent mit dem nunmehr festen Willen der Volksmassen, den Klassenkampf auch gewaltsam und jenseits der Legalität zu führen".[34] Mehr noch – nach den Ereignissen von Billancourt titelte das Blatt: „Entführungen bei Siemens und Renault – die revolutionäre Gerechtigkeit fängt an, Angst zu verbreiten – es lebe die revolutionäre Gerechtigkeit!"[35] Potere Operaio zog gar mit zwei ähnlich gelagerten Entführungen in Padua im November des Jahres nach.[36] Die Vermutung, dass sich auch die Franzosen, die im engen Kontakt mit der italienischen Szene standen,

[32] Zitiert in: Bocca, Terrorismo, S. 19.
[33] Vgl. Marcelle Padovani/Franz-Olivier Giesbert, A qui profite l'affaire Nogrette?, in: Nouvelle Observateur, 13.3.1972, S. 27.
[34] Zitiert in: Galli, Piombo rosso, S. 25.
[35] Zitiert in: Soccorso Rosso, Brigate Rosse, S. 116.
[36] Am 17. November 1972 zwangen zwei PO-Mitglieder den *missino* Marco Fioroni nach vorausgegangenem ‚Volksprozess' die Straßen des Universitätsviertels mit einem Schild mit der Aufschrift „Ich bin ein faschistisches Schwein" entlangzulaufen. Kurz zuvor hatten

bei der Verschleppung Nogrettes an der nur fünf Tage zurückliegenden BR-Aktion orientiert hatten, um sich für die Erschießung des GP-Mitglieds Pierre Overney durch den Werkschutz von Billancourt zu ‚rächen', liegt jedenfalls nahe. Wenn sich auch in Frankreich erst am Ende des Jahrzehnts mit der Action Directe eine Stadtguerilla nach italienischem oder deutschem Vorbild entwickelte, so behielt Paris doch seine wichtige Funktion als Fluchtraum und Kommunikationszentrum der militanten europäischen Linken – nicht zuletzt aufgrund der restriktiven Auslieferungspraxis der französischen Regierung, die später unter dem Namen Mitterrand-Doktrin bekannt werden sollte.[37] „Die gesamte Geschichte der BR" sei, so Franceschini, „von einem bestimmten Moment an entscheidend von den Beziehungen zu einer Stadt geprägt gewesen – Paris".[38]

Die wichtige, bisher in der Forschung stark unterschätzte Bedeutung, die der Vermittlungstätigkeit Feltrinellis für den transnationalen Austausch in dieser Phase zukam, geht aus allen zur Verfügung stehenden Quellen klar hervor. So bekannten die *brigatisti* später sehr freimütig, dass sie in Sachen Außenkontakten gänzlich von der Unterstützung des Mailänder Verlegers abhängig gewesen waren. „Wir waren uns unserer Unfähigkeit, internationale Beziehungen zu knüpfen, vollkommen bewusst. Und ebenso klar war uns, dass der Moment kommen würde, an dem wir dringend auf sie angewiesen sein würden", so Franceschini.[39] *De facto* habe man Feltrinelli die Zuständigkeit für die Außenpolitik der Gruppe übertragen, was zur Folge gehabt habe, dass die BR durch seinen Tod in dieser Hinsicht zu „blinden Kätzchen" geworden seien: „Wir fühlten uns, als säßen wir in einer verschlossenen Schachtel, aus der wir verzweifelt herauszukommen versuchten."[40] Zu Gefühlen der Ohnmacht und Isolation trug im Sommer 1972 aber nicht nur das grausame Ende des umtriebigen Verlegers bei. Curcio erinnert auch an die polizeiliche Zerschlagung der Nouvelle Résistance Populaire in Frankreich sowie an die Inhaftierung von Andreas Baader, Ulrike Meinhof und der anderen Mitglieder der RAF-Spitze. „Eine realistische Einschätzung der Situation drängte uns anzuerkennen, daß

---

sie den Politologen Ernesto Simonetto entführt und ‚vor Gericht' gestellt, der erst durch Eintreffen der Polizei befreit wurde, in: Calogero, Terrore rosso, S. 13.
[37] Zur Mitterrand-Doktrin und ihren Folgen für die französisch-italienischen Beziehungen am Beispiel des von 1990 bis 2002 in Frankreich ansässigen ehemaligen Terroristen Cesare Battisti vgl. Federica Rossi, Lectures du passé et mobilisations au présent: Le cas de l'„Affaire Battisti", in: Gius Gargiulo/Otmar Seul (Hg.), Terrorismes: L'Italie et L'Allemagne è l'épreuve des „années de plomb" (1970–1980): réalités et représentations du terrorisme, Paris 2008, S. 223–254.
[38] Giovanni Fasanella/Alberto Franceschini, Che cosa sono le BR. Le radici, la nascita, la storia, il presente, Mailand 2004, S. 9.
[39] Fasanella/Franceschini, Che cosa sono le BR, S. 96f.
[40] Ebd., S. 121.

die Praxis des bewaffneten Kampfes in Europa mehr oder weniger gescheitert war."⁴¹ Anderslautende Signale habe es dagegen innerhalb Italiens selbst gegeben – „sehr positive Reaktionen auf das Attentat gegen Kommissar Calabresi" und „dringende Mahnungen" aus den Fabriken, „jetzt nicht locker zu lassen".

Was Curcio nach eigener Aussage neue Hoffnung machte, war die aufgeheizte Stimmung nach der Ermordung des Mailänder Polizeichefs, der am 17. Mai 1972 vor dem Eingang seines Wohnhauses von bis heute nicht zweifelsfrei identifizierten Tätern niedergeschossen worden war. Bei Calabresi handelte es sich um den Mann, den die Linke stets als den Verantwortlichen für den tödlichen Fenstersturz des Eisenbahners Pinelli betrachtet hatte. Dem Attentat vorausgegangen war eine massive gegen Calabresi gerichtete Bezichtigungskampagne auf den Seiten der bedeutendsten, zu diesem Zeitpunkt bereits täglich erscheinenden Szenepublikation „Lotta Continua".⁴² Adriano Sofri, der charismatischste und einflussreichste unter den LC-Führern, der seit dem Ende der 80er Jahre auf der Grundlage dubioser Zeugenaussagen als Auftraggeber des Calabresi-Mords inhaftiert ist,⁴³ hat sich in mehreren Interviews der vergangenen Jahre zwar als im materiellen Sinne unschuldig, moralisch jedoch mitverantwortlich für Calabresis Tod bezeichnet. Die gezielte Pressekampagne gegen den Kommissar nennt Sofri selbstkritisch „eine Art Steinigung – eine gewohnheitsmäßige und bürokratische Aktivität des Steinigens."⁴⁴ Auch er, Sofri, habe zu denen gehört, die Calabresi damit gedroht hätten, „geselbstmordet zu werden", um damit den Justizmord zu rächen, der in Wahrheit hinter dem angeblichen „Selbstmord" Giuseppe Pinellis zu stecken schien.⁴⁵

An der verbalen Hinrichtung Calabresis beteiligte sich auch ein Deutscher – Peter Chotjewitz, der die Vorfälle, die sich im Dezember 1969 angeblich innerhalb des Mailänder Kommissariats abgespielt hatten, Anfang Mai 1972 auf den Seiten der Literaturzeitschrift „kürbiskern" in einer Form schilderte, die einschließlich all ihrer grausamen Details zwar allein auf der Imagination des Schriftstellers beruhte, für die Leser aber wie ein durch die Beweislage umfassend bestätigter Tatsachenbericht daherkam.⁴⁶ In gewisser Hinsicht handelte

---

⁴¹ Curcio, Blick, S. 67f.
⁴² Vgl. Cazzullo, Ragazzi, S. 90–96.
⁴³ Carlo Ginzburg, Il giudice e lo storico: Considerazioni in margine al processo Sofri, Turin 1991.
⁴⁴ Zitiert in: Luigi Manconi, Terroristi italiani, Mailand 2008, S. 32f.
⁴⁵ So der Tenor eines weiteren Interviews aus dem Jahre 2009, in: Sofri: „Dissi ‚Calabresi sarai suicidato'. Sono innocente. Ma corresponsabile", Corriere della Sera, 8.1.2009; online unter http://www.corriere.it/cronache/09_gennaio_08/sofri_libro_77a23c7c-dd8e-11dd-9758-00144f02aabc.shtml (21.9.20110).
⁴⁶ Peter O. Chotjewitz, Reden ist tödlich, Schweigen auch, in: kürbiskern 3/72, S. 372–379. Einige Schlüsselsätze des Textes lauten: „Calabresi ahnte nicht, was in Pinelli vorging. Er war ärgerlich. Er holte aus. Pinellis Kopf flog wieder nach hinten. Es war eine der wenigen Befriedigungen, die dieser Beruf bot. Ein mieser Beruf: Unschuldige schuldig zu machen, um

es sich um eine verdichtete Version des berühmten, zwischen 1970 und 1973 in verschiedenen Fassungen niedergeschriebenen Theaterstückes „Zufälliger Tod eines Anarchisten" von Dario Fo, das Chotjewitz – nicht zufällig während des ‚Deutschen Herbstes' 1977 – ins Deutsche übersetzen sollte.[47] Heute gilt es als so gut wie sicher, dass Calabresi – anders als von Chotjewitz suggeriert – zum Zeitpunkt des tödlichen Fenstersturzes nicht im Raum des Verhörs anwesend war.[48] Eine gerichtliche Untersuchung seiner Mitverantwortung an dem beunruhigenden Geschehen wurde durch seinen gewaltsam herbeigeführten Tod verhindert.[49] In jedem Falle stellte die Überzeugung, Pinelli sei von staatlichen Stellen umgebracht worden, um damit die wahren Urheber des Massakers auf der Piazza Fontana zu schützen, auf der Linken eine der wichtigsten, langfristig wirksamen ‚Lehren' des ‚Schicksalsjahres' 1969 dar.[50] Keine Demonstration kam in den Folgejahren ohne Erinnerung an Pinellis Tod und das Absingen der ihm gewidmeten „Pinelli-Ballade" aus.[51] Im Jahre 1977, als die Nachrichten über die Todesnacht von Stammheim die italienische Öffentlichkeit erreichten, schien es für viele Linke keines Beweises mehr zu bedürfen, dass die verstorbenen Häftlinge einmal mehr „geselbstmordet" worden waren.[52]

Tatsächlich führte der keineswegs zu Unrecht entstandene Eindruck, dass offizielle Stellen weder daran interessiert waren, die wahren Urheber des Massakers auf der Piazza Fontana ausfindig zu machen noch die Todesumstände Pinellis aufzuklären, da in beiden Fällen auch das Versagen fehlgeleiteter Staatsdiener im Zusammenhang mit der „Strategie der Spannung" ans Licht zu kommen drohte, bei nicht wenigen Beobachtern zu einer völligen Delegitimierung der italienischen Republik als „stato delle stragi", als Staat der

---

    Schuldige unschuldig zu machen. (...) Calabresi gab den Polizeibeamten ein Zeichen und öffnete das Fenster. Gemeinsam wuchteten sie den schweren Mann über die Fensterbank."

[47] Vgl. Dario Fo, Zufälliger Tod eines Anarchisten. Aus dem Italienischen von Peter O. Chotjewitz, Frankfurt a.M. (November) 1977. Anders als Fo nahm Chotjewitz im „kürbiskern" keine Verfremdung von Namen und Schauplätzen vor.

[48] Adriano Sofri, La notte che Pinelli, Torino 2009, S. 85.

[49] Zum Zeitpunkt seines Todes war gegen Calabresi ein durch die Familie Pinellis angestoßenes Strafverfahren anhängig; vgl. Crainz, Paese, S. 394f. 1975 wurde der Fall mit der Konstatierung eines „malore attivo" als Todesursache des verhörten Pinelli zu den Akten gelegt, vgl. ebd. sowie ausführlich Aldo Giannuli/Nicola Schiavulli, Storie di intrighi e di processi. Dalla strage di Piazza Fontana al caso Sofri, Rom 1991. – Zu den Folgen des Mordes an Calabresi für dessen Familie vgl. dagegen das aus der Perspektive des Sohnes verfasste Erinnerungsbuch von Mario Calabresi, Spingendo la notte più in là. Storia della mia famiglia e di altre vittime del terrorismo, Mailand 2007; dt.: Der blaue Cinquecento. Geschichte meiner Familie im Schatten des Terrorismus, München 2008.

[50] Carlo Feltrinelli, Senior Service, S. 390.

[51] Luigi Bobbio, Lotta continua: Storia di una organizzazione rivoluzionaria, Mailand 1979, S. 55.

[52] Terhoeven, Deutscher Herbst, passim, bes. S. 192; 195. Vgl. auch Kap. 6.

Massaker.⁵³ In diesem Klima fiel es nicht wenigen Zeitgenossen schwer, sich von den Vorverurteilungen *à la* Lotta Continua, die einen Akt der Selbstjustiz vorbereiteten und moralisch rechtfertigten, in eindeutiger Weise zu distanzieren.⁵⁴ Die Apologeten des Terrorismus leiteten aus diesem tatsächlichen oder vermeintlichen Staatsversagen jedenfalls die moralische Berechtigung ihrer Gewaltstrategie ab. Auf den Leichen der 16 Arbeiter auf der Piazza Fontana sei ein neuer faschistischer Unrechtsstaat entstanden, argumentierten die Brigate Rosse in ihrem für das Selbstverständnis der Gruppe aufschlussreichen Dokument „Ein perfides Schicksal" vom November 1971. Neofaschistisch seien nicht nur die Gewalttaten der Rechten, sondern auch die arbeitgeberfreundliche Wirtschaftspolitik, große Teile der Justiz und Polizei sowie die Zustände in den großen Betrieben.⁵⁵ Luigi Manconi, ehemaliges LC-Mitglied und Autor verschiedener Studien zum italienischen Linksterrorismus, hat die These formuliert, dass die im gesamten Untersuchungszeitraum zu konstatierende, fast obsessive Fixierung der Brigate Rosse, ihr Handeln in Kategorien des ‚Rechts' und der ‚Gerechtigkeit' zu legitimieren, möglicherweise in der Urerfahrung der Unzuverlässigkeit des italienischen Rechtsstaats im Zusammenhang mit dem Anschlag auf der Piazza Fontana wurzeln. Indem man im Namen des Volkes ‚Schuldige' gefangen nahm, Volksprozesse in Volksgefängnissen inszenierte, Verhöre abhielt und Urteile fällte, etablierte man ausdrücklich eine vermeintlich ‚gerechtere' Gegenmacht zum bürgerlichen Staat, kopierte aber paradoxerweise dessen Herrschaftsinstrumente. Dies erwies sich als umso problematischer, als dass die Frage nach dem Willen der Proletarier, in deren Namen man vorgab zu handeln, im Laufe der Jahre immer weniger gestellt wurde, genauso wenig wie die nach dem Maße der persönlichen ‚Schuld' der Funktionsträger, derer man habhaft werden konnte.⁵⁶ Die skizzierte Entwicklung war allerdings, wie stets in Rechnung zu stellen ist, in den radikalsten Segmenten der Bewegung von vornherein angelegt: „Hätte ich auch ohne die Piazza Fontana meinen ersten Stein geworfen?", fragt sich Sofri heute. „Ich glaube schon – oder besser gesagt, wir hatten ihn wahrscheinlich längst geworfen."⁵⁷ Bestätigt wird diese (selbst-)kritische Sichtweise eines der Protagonisten der Bewegung durch zeitgenössische Quellen wie die Stellungnahme von Pote-

---

⁵³ Crainz, Paese, S. 394f. Vgl. auch: La strage di stato. Controinchiesta, Rom 1970.
⁵⁴ In kleinerem Maßstab besaß das Ausbleiben einer Verurteilung des Ohnesorg-Todesschützen Kurras eine vergleichbare Wirkung, was beispielsweise in der Namensgebung der Bewegung 2. Juni zum Tragen kommt.
⁵⁵ Un destino perfido, in: Dossier Brigate Rosse 1969–1975. La lotta armata nei documenti e nei comunicati delle prime BR [im Folgenden Dossier Brigate Rosse I], hg. v. Lorenzo Ruggiero, Mailand 2007, S. 131–135.
⁵⁶ Luigi Manconi, The political ideology of the Red Brigades, in: Raimondo Catanzaro (Hg.), The Red Brigades and Left-Wing Terrorism in Italy, London 1991, S. 115–143.
⁵⁷ Zitiert in: Manconi, Terroristi, S. 33.

re Operaio. Für die Bewertung des Vorfalls hielt die Gruppe keineswegs etwaige Defizite des Rechtsstaates, sondern allein den Umstand für entscheidend, „dass kein Arbeiter den Leichnam Calabresis beweint hat – ganz im Gegenteil".[58]

Vor dem Hintergrund der beschriebenen Szenerie begaben sich Renato Curcio und Mara Cagol im Herbst 1972 zunächst nach Turin. Nachdem ihre durch Fahndungserfolge der Polizei ebenfalls stark geschwächte Gruppe sechs Monate lang statt mit politischen Aktionen mit „proletarischen Enteignungen", sprich Banküberfällen beschäftigt gewesen war, ging es nun um die Bildung einer zweiten ‚Kolonne', die sich in die bevorstehenden Tarifauseinandersetzungen innerhalb des FIAT-Werks Mirafiori einschalten sollte. Den detailliertesten Überblick über die Aktivitäten des neuen Turiner BR-Ablegers in den folgenden beiden Jahren liefert bemerkenswerterweise eine deutsche Publikation des Trikont-Verlages, der sich wie gesehen schon im Zusammenhang mit den INFI-Produktionen in den Dienst des deutsch-italienischen Gedankenaustauschs gestellt hatte.[59] Als vierten Band in der Reihe „Schriften zum Klassenkampf" brachte die Münchner Verlagskooperative eine Chronik der Ereignisse bei FIAT heraus, die durch ins Deutsche übertragene Flugblätter der BR ergänzt, mit suggestiven Fotografien bebildert und von einem „italienischen Genossen" eingeleitet wurde, der, wie es hieß, „mit den Problemen der Verbindung von revolutionären Gruppen und Arbeiterkampf, der Rolle von Militanz, des Problems von Massen/Avantgarden vertraut" sei.[60] Ob es sich bei diesem anonymen Genossen möglicherweise um Nanni Balestrini handelte, einen engen Freund und Verlagsmitarbeiter Feltrinellis, der später mit der bereits zitierten „Goldenen Horde" eine vielbeachtete und auch in Deutsche übersetzte Geschichte der italienischen *movimenti* aus der Insider-Perspektive veröffentlichte, muss Spekulation bleiben.[61]

Schon im Vorjahr jedenfalls hatte Trikont unter dem Titel „Wir wollen alles! Roman der Fiatkämpfe" eine von Balestrini verfasste und von Peter Chotjewitz ins Deutsche übersetzte literarische Variante des Themas herausgebracht.[62] Balestrinis Schilderung des ‚Heißen Herbstes' aus der Perspektive eines beteiligten jungen Arbeiters griff im Titel die bereits im Zusammenhang der Turiner Arbeiter- und Studentenunruhen von 1962 geprägte Parole „Cosa vogliamo? Vogliamo tutto!" wieder auf, die keinen Zweifel daran ließ, dass die Bewegung

---

[58] Potere Operaio, 25.5.1972.
[59] FIAT-Arbeiter produzieren die Krise / Gegenmacht als Kampfform, München 1974.
[60] Ebd., S. 7.
[61] Balestrini, Goldene Horde.
[62] Nanni Balestrini, Wir wollen alles! Roman der FIAT-Kämpfe, München 1971 [ital. Orig.: Mailand (Feltrinelli) 1970]. Aufgrund seiner deutschen Mutter hatte der Autor besondere Beziehungen zum deutschen Sprach- und Kulturraum. – Ebenfalls bei Trikont war schon erschienen: Wolfgang Rieland (Hg.), FIAT-Streiks. Massenkampf und Organisationsfrage, München 1970.

keine Kompromisse aushandeln, sondern „aufs Ganze" gehen wollte.⁶³ Im Falle der Chronik zeichnete für Übersetzung und „Aufschlüsselung" des Materials für deutsche Leser das frühere Kölner SDS-Mitglied Gisela Erler verantwortlich. Ob Erler auch das Vorwort verfasst hat, in dem unter der Überschrift „Rote Brigaden und RAF, zwei Wege der Militanz" mögliche „Alternativen zur Reformperspektive" auch für die Bundesrepublik diskutiert wurden, ist nicht bekannt;⁶⁴ gewichtige Indizien sprechen – wie weiter unten erläutert werden soll – für einen anderen Verfasser: den Mediziner und späteren Historiker Karl Heinz Roth. Gänzlich unverblümt jedenfalls legte das Vorwort den deutschen Revolutionswilligen ans Herz, „die Geschichte der Militanz zu studieren, die in Italien in den letzten Jahren wuchs".⁶⁵ Erfolgreicher als die RAF, die mit ihren Aktionen letztlich auf „Volksaufklärung" gesetzt habe statt „bei einem wirklichen Bedürfnis der Massen" einzuhaken, hätten italienische Avantgarden ausgehend von den Arbeiter-Parolen „Wir wollen alles" und „Wir wollen nicht arbeiten" mit der „Ausdehnung von Gegenmacht" begonnen, um auf diese Weise die kapitalistischen Herrschaftsformen aufzuweichen und ihre Träger zu verunsichern.⁶⁶ Was das konkret bedeutete, konnten die Leser den ausführlichen Schilderungen des Buches selbst entnehmen.

Tatsächlich hatte das Jahr 1973 mit seiner Zäsur der Ölkrise – die von der radikalen Linken Westeuropas als Symptom für den bevorstehenden Zusammenbruch des Kapitalismus bewertet wurde – neben zahllosen Sachbeschädigungen und verschiedenen Übergriffen auf Personen drei weitere Entführungsfälle der Roten Brigaden gesehen, die sich gegen einen Exponenten der rechten Gewerkschaft CISNAL und je einen Repräsentanten der Firmen FIAT und Alfa Romeo richteten. Im Zusammenhang mit der Wirtschaftskrise waren auch die Arbeitskämpfe in den großen Unternehmen mit neuer Vehemenz aufgebrochen, in die sich die BR in bewusster Mimesis einzuschalten versuchten. Erstes Opfer war der Gewerkschafter Bruno Labate, den man einen Tag nach seiner Verschleppung im Februar 1973 kahlgeschoren und halbnackt an die Fabriktore des Mirafiori-Werks kettete, von wo er – angeblich zur Freude der zahlreich zuschauenden Arbeiter – erst eine gute Stunde später befreit wurde.⁶⁷ Auszüge eines ‚Verhörs', das die BR mit ihrer Geisel geführt hatten, wurden kurz darauf in Form einer gedruckten Broschüre unter den An-

---

⁶³ Tolomelli, Repressiv getrennt, S. 279.
⁶⁴ FIAT-Arbeiter, S. 7.
⁶⁵ Ebd., S. 133. Aufgrund eines technischen Versehens war das Vorwort nicht am Anfang, sondern am Ende der Publikation abgedruckt worden.
⁶⁶ Ebd., S. 129.
⁶⁷ Beim Scheren des Opfers handelte es sich um eine dezidierte Bezugnahme auf die im gesamten besetzten Europa verbreitete Praxis der ‚Bestrafung' solcher Frauen, denen man vorwarf, Liebesverhältnisse zu deutschen Besatzungssoldaten unterhalten zu haben. Entsprechend ging es den BR darum, Labate durch eine weiblich konnotierte Strafe zusätzlich

gehörigen der Belegschaft verteilt. Labate, so der Tenor, habe gegenüber seinen Entführern die Zusammenarbeit der Konzernleitung mit dem neofaschistischen MSI enthüllt, welches dem Unternehmen ‚vertrauenswürdiges' Personal zur Denunziation der ‚roten' Kollegen vermittelt habe.[68] Einer der Männer, die von Labate in diesem Zusammenhang namentlich genannt worden waren, war der FIAT-Personalchef Ettore Amerio. Dieser wiederum wurde im Dezember 1973 über einen Zeitraum von nun schon acht Tagen verschleppt und vor ein sogenanntes ‚Volkstribunal' gestellt; eines der Fotos, das die BR auch in diesem Fall von ihrem Opfer gemacht hatten, zierte das als Collage gestaltete Titelbild der Trikont-Publikation.

Zum Zeitpunkt der Endredaktion der Veröffentlichung im Frühjahr 1974 befand sich wiederum eine Geisel in der Gewalt der BR. Statt eines missliebigen Managers handelte es sich diesmal um einen hochrangigen Vertreter der Justiz, den Staatsanwalt und „Linkenhasser" Mario Sossi.[69] Gemäß der Empfehlungen Carlos Marighellas, der Entführungen als probates Mittel bezeichnet hatte, „um gefangengenommene revolutionäre Genossen auszutauschen oder zu befreien",[70] wollten die BR ihr Opfer diesmal gegen acht Inhaftierte aus den eigenen Reihen austauschen, darunter den von Sossi selbst zu lebenslänglicher Haft verurteilten Genueser Rossi. Anschließend sollten die Freigepressten nach Kuba, Algerien oder Nordkorea ausgeflogen werden. „Eine Machtprobe mit den Staatsorganen insgesamt", so der Kommentar von Trikont.[71] Tatsächlich hatten Curcio und Cagol nach dem erfolgreichen Tarifabschluss in der Metallindustrie, der anders als erhofft durch die Amerio-Entführung nicht hatte verhindert werden können,[72] die bisher verfolgte Linie einer ausschließlichen Fokussie-

---

zu demütigen, vgl. Terhoeven, Opferbilder – Täterbilder, S. 385. Vgl. zur Darstellung des Geschehens bei FIAT-Mirafiori FIAT-Arbeiter, S. 101.

[68] Ebd., S. 102.
[69] Ebd., S. 135.
[70] Hier zitiert nach Wolff, Tricontinental, S. 247.
[71] FIAT-Arbeiter, S. 136.
[72] Die Amerio-Entführung war einerseits als Antwort auf die Ölkrise, andererseits auf die Möglichkeit des ‚Historischen Kompromisses' gedacht, sprich die Abkehr des PCI von seiner grundsätzlichen Systemgegnerschaft, die Enrico Berlinguer als Reaktion auf den Militärputsch in Chile im September 1973 verkündet hatte. In diesem Zusammenhang erklärten die BR: „Siamo convinti che è necessario proseguire sulla strada dalle lotte operaie degli ultimi cinque anni e cioè: operare nel senso di approfondire la crisi di regime; trasformare questa crisi in primi momenti di potere proletario armato, di lotta armata per il comunismo. Compromesso storico o potere proletario armato – questa è la scelta che i compagni oggi devono fare. (...) Una divisione si impone al seno al movimento operaio, ma è da questa divisione che nasce l'unità del fronte rivoluzionario che noi ricerchiamo", zitiert in: Clementi, Storia delle Brigate Rosse, S. 61. Laut Clementi benennt das Flugblatt die Grundlinien der BR-Strategie der nächsten Jahre: Die Zurückweisung jeder Form des Kompromisses mit dem System zugunsten einer Bewaffnung der Arbeiterschaft, die in Opposition zum PCI die übrigen Massen für die Idee der Revolution begeistern müsse.

rung ihres „Gegenterrors" auf die Arbeiterkämpfe verlassen. Die relative Abkehr von der Zentralität der Fabrik, die anschaulich in der neuen, von Curcio geprägten Parole „portare l'attacco al cuore dello stato" (den Angriff auf das Herz des Staates führen) zum Ausdruck kam, sollte zu einer dramatischen Verschärfung der Auseinandersetzungen führen, die 1978 in der Moro-Entführung gipfelte.

Parallel trug die Neuausrichtung auf die „Konterrevolution", die die BR nun zum Programm erhob, zu einer graduellen Erosion des sympathisierenden Milieus bei. Interessanterweise wurde die letztgenannte Entwicklung auf den Seiten der Trikont-Publikation zumindest als potentiell gegebenes Risiko vorausgesehen. Zwar solle die Sossi-Entführung keinesfalls „Anlaß zu moralischen Diskussionen werden", so der unbekannte deutsche Kommentator.[73] Auch das Argument, solche Aktionen nutzten in der Konsequenz allein der Rechten, sei nicht mehr als „ein schlechter und unlauterer Scherz", welcher der Linken die politische Auseinandersetzung ebenso erspare, „wie es vor zwei Jahren hier bei der Baader-Meinhof-Gruppe der Fall war". Allerdings bestehe gerade aufgrund der exponierten Rolle Sossis im Konflikt der italienischen APO mit dem Staat die Gefahr, „daß die Massen hier letztlich nur die Dynamik der Selbstverteidigung wittern, das Lamentieren der Avantgarden darüber, daß man sie angreift". Möglicherweise sei man mit der Verschleppung des Staatsanwalts zu sehr vom „Unmittelbaren abgewichen", von dem, was die Menschen „als Kernproblem anerkennen".[74]

Mit dieser Mischung aus Solidarität und Manöverkritik gegenüber Roten Brigaden und RAF gaben sich die Herausgeber als Anhänger des Operaismus zu erkennen, der – in Italien entstanden – im Lauf der nächsten Jahre zum wohl wichtigsten theoretischen Bezugspunkt auch der deutschen undogmatischen Linken werden sollte.[75]

3.2 „Eine Achse von Hamburg bis Sizilien": Potere Operaio und die Autonomia

Als „zentrale Schaltstelle des Operaismus" in Italien galt zwischen 1969 und 1973 die von Antonio Negri, Oreste Scalzone und Franco Piperno gegründete

---

[73] FIAT-Arbeiter, S. 136f.
[74] Zum weiteren Verlauf der Sossi-Entführung vgl. weiter unten S. 233–237.
[75] Ingrid Bierbrauer, Operaismus. Politisches Denken im Wandel, Hamburg 1987, S. 205. Bei dieser leider unveröffentlichten Diplomarbeit handelt es sich um eine hervorragende Einführung in operaistisches Denken im Sinne einer werkimmanenten „Analyse der ‚Selbstinterpretation' einer antikapitalistischen Bewegung", ebd., S. 2.

Organisation Potere Operaio (Arbeitermacht).[76] Aldo Grandi, Autor mehrerer Veröffentlichungen zur Geschichte von PO, hat die trotz ihres Namens im Wesentlichen aus Mitgliedern bürgerlicher Herkunft zusammengesetzten Gruppe als das „wohl kämpferischste, intellektuellste, elitärste, sektiererischste, extremste und am stärksten ideologisierte" Zerfallsprodukt der italienischen Studentenbewegung bezeichnet.[77] Das in den betreffenden Jahren an zahlreichen Hauswänden in italienischen Städten zu lesende PO-Motto „Die Demokratie ist das Messer im Rücken des Arbeiters" legt von dieser Radikalität beredtes Zeugnis ab: Von allen auf Repräsentation, Reform und Parlamentarismus ausgerichteten Spielarten der Politik grenzte sich die einige tausend Mitglieder starke Organisation aufs schärfste ab.[78] Stattdessen vertrat man eine Revolutionstheorie, deren Grundideen seit 1961 im Umfeld der Zeitschriften „Quaderni Rossi" (Rote Hefte) und „Classe Operaia" (Arbeiterklasse) erarbeitet worden waren. In einem frühen Akt der Emanzipation von ihren jeweiligen Mutterparteien hatten führende Mitglieder der sozialistischen und der kommunistischen Partei – allen voran die Römer Raniero Panzieri und Mario Tronti – auf den Seiten dieser ebenso elitären wie radikalen und politisch ambitionierten Publikationen die Rolle der Arbeiter als entscheidendem Subjekt innerhalb des revolutionären Prozesses neu akzentuiert. Die Arbeiterschaft müsse sich ihrer eigenen Macht bewusst werden und sich unabhängig von Parteien und Gewerkschaften als autonome, revolutionäre Kraft konstituieren. Dazu müsse sie vor allem das enorme Potential erkennen, welches der Verweigerung der Arbeitskraft zur Schwächung und schließlich zur Abschaffung des Kapitalismus inhärent sei.[79] Anders als der Marxismus traditioneller Prägung, der davon ausging, das Proletariat beziehe seine Schlagkraft vor allem aus dem Wunsch, die eigene Arbeitsleistung vom Joch des *padrone* zu befreien, wandte sich der Operaismus gegen jedweden in der Vergangenheit

---

[76] Martin Birkner/Robert Foltin, (Post-)Operaismus. Von der Arbeiterautonomie zur Multitude. Geschichte und Gegenwart, Theorie und Praxis, Stuttgart 2006, S. 21.
[77] Aldo Grandi, Insurrezione armata, Mailand 2005, S. 10.
[78] Birkner/Foltin, (Post-)Operaismus, S. 29. Weitere vielzitierte Parolen lauteten: „Il potere operaio nasce dalla canna dei fucili", „Proletari bisogna ribellarsi bisogna organizzarsi bisogna armarsi", „Violenza non è né buona né cattiva violenza È", „La scelta della lotta armata è la scelta della vittoria", „Lo stato borghese si abbatte e non si cambia"(„Die Macht der Arbeiter kommt aus dem Gewehrlauf", „Proletarier, wir müssen rebellieren, wir müssen uns organisieren, wir müssen uns bewaffnen", „Gewalt ist nicht gut oder schlecht, Gewalt IST", „Die Entscheidung für den bewaffneten Kampf ist die Entscheidung für den Sieg", „Den bürgerlichen Staat ändert man nicht, man zerstört ihn"), Potere Operaio, 1971–1973, passim.
[79] Sandro Mezzadra, Operaismo, in: Roberto Esposito/Carlo Galli (Hg.), Enciclopedia del pensiero politico. Autori, concetti, dottrine, Roma/Bari 2000, S. 53–72; Guido Borio u. a. (Hg.), Gli operaisti. Autobiografie di cattivi maestri, Rom 2008; Giuseppe Trotta u. a. (Hg.), L'operaismo degli anni Sessanta. Da „Quaderni Rossi" a „Classe Operaia", Rom 2008.

betriebenen sozialistischen Arbeitskult. Der primäre revolutionäre Impuls sei vielmehr gerade im Wunsch des Arbeiters nach der Befreiung von der Arbeit zu suchen. Den Autoren der Frankfurter Schule komme dabei der Verdienst zu, die Bedeutung des subjektiven Faktors herausgearbeitet zu haben, entgangen sei den Frankfurtern allerdings die zentrale Bedeutung des Arbeiterantagonismus für die historische Entwicklung. Der Schlüssel zum Verständnis des Operaismus liegt mithin in der Betonung der „revolutionären Subjektivität" nicht des Individuums, sondern der ‚Klasse'.[80] Konsequenterweise gingen die *operaisti* anders als die *terzomondisti* im Gefolge Feltrinellis davon aus, dass die entscheidenden Schlachten auf dem Weg zur kommunistischen Weltrevolution nicht in Asien, Afrika oder Lateinamerika auszufechten seien, sondern dort, wo der Kapitalismus am stärksten sei: in den industriellen Hochburgen der entwickelten westlichen Welt. Dieses Axiom machte sie für all diejenigen attraktiv, die eben dort auf der Suche nach einer theoretischen Fundierung ihrer eigenen revolutionären Ungeduld waren.

Unter dem Einfluss von Toni Negri richteten sich die Hoffnungen dieser Klientel primär auf den neuen Typus des gering qualifizierten „operaio massa". Dieser „Massenarbeiter", üblicherweise aus dem italienischen Mezzogiorno in den industrialisierten Norden Italiens oder – seit dem deutsch-italienischen Anwerbeabkommen 1955 – in die Bundesrepublik eingewandert, bringe statt gewerkschaftlicher Bindungen unverfälschtes südländisches Temperament in die Auseinandersetzungen mit ein. Im Vollbesitz seiner natürlichen Fähigkeiten, sich über die unmenschlichen Zustände an den Fließbändern der Großbetriebe zu empören, versprach er somit, das vornehmste Subjekt zukünftiger Klassenkämpfe zu werden. Der traditionelle Kult der Arbeit tendierte damit im Operaismus dazu, durch einen Kult des Arbeiters ersetzt zu werden: Gerade in den vielgelesenen Schriften Mario Trontis wurde ein fast schwärmerisches Bild einer neuen „razza rude" (rauhen Rasse) entworfen, deren revolutionäres Potential von der intellektuellen Avantgarde der Neuen Linken lediglich in die richtige Richtung zu lenken sei.[81] Charakteristisch für Potere Operaio, das sich dezidiert als „partito d'insurrezione", also als „Partei des Aufstandes" verstand, war in diesem Zusammenhang der enge Bezug auf den Leninismus und die Sympathie mit der chinesischen Kulturrevolution, sprich die Betonung der Rolle einer militanten Kaderpartei.[82]

Tatsächlich schien die Dynamik der Arbeiterkämpfe in den Fabrikhallen von FIAT und in Porto Marghera, aber auch in vielen anderen Betrieben des Landes seit Ende der 60er Jahre den Operaisten mit ihrer dezidiert antigewerk-

---

[80] Bierbrauer, Operaismus, S. 46.
[81] Mario Tronti, Arbeiter und Kapital, Frankfurt a.M. 1974. Vgl. auch Bierbrauer, Operaismus, S. 74ff.
[82] Birkner/Foltin, (Post-)Operaismus, S. 22.

schaftlichen Stoßrichtung zunächst recht zu geben. Über die Frage jedoch, wie die Strategie der ‚Aufstandspartei' praktisch auszugestalten war, als die zwischenzeitlich nahezu entmachteten Gewerkschaften das Ruder wieder mehr und mehr in die Hand bekamen, entspannen sich bald endlose, nie letztgültig entschiedene Debatten, die im Juni 1973 zur Spaltung der Gruppe führten. Piperno und Scalzone plädierten für die Aufrechterhaltung der zentralistischen Organisationsstrukturen, während Negri für eine Auflösung und Neugründung der Partei „innerhalb der Bewegung" eintrat. Während die Erstgenannten bald aufgaben, setzte sich Negri mit der Verkündung der Autonomia Operaia Organizzata an die Spitze der neuen Autonomenbewegung. Zum Sprachrohr der Autonomia wurden die in Mailand beheimateten Zeitschriften „Controinformazione" auf der einen, „Rosso" auf der anderen Seite.[83] „Controinformazione" wurde in den frühen 80er Jahren als „Informationsorgan" der Roten Brigaden Gegenstand eines Mammutprozesses vor dem Turiner Appellationsgericht.[84] In der Redaktion arbeitete auch Susanne Mordhorst mit, die die Kontakte des Blattes in die Bundesrepublik hinein sicherte und später mit dem Stuttgarter Büro Klaus Croissants in enger Verbindung stand.[85]

Die Selbstauflösung von Potere Operaio im Jahre 1973 hatte mehrheitlich desorientierte Mitglieder hinterlassen, die nicht recht wussten, wie mit der mehrjährigen PO-Erfahrung umzugehen war, während derer man sich stets an der Schwelle einer Revolution gewähnt hatte, die letztlich nicht eingetreten war. Toni Negri antwortete auf dieses für viele durchaus existentielle Vakuum mit der Theorie des „operaio sociale", die davon ausging, dass es tendenziell keine privilegierten Orte des Klassenkampfes mehr gebe, sondern alle in der Gesellschaft vertretenen, kollektiven Akteure – Frauen, Studenten, Marginalisierte, Proletarier, Strafgefangene – potentiell zu revolutionären Subjekten werden könnten. Damit eröffneten sich nicht nur neue Tätigkeitsfelder für die politische Agitation, auch der Staat als zentrale Institution kapitalistischer Reproduktion kam jetzt als Zielscheibe des kollektiv geführten Kampfes in den Blick, da er der Autonomie des „operaio sociale" und damit auch dessen „proletarischer Selbstaufwertung" direkt und unmittelbar entgegenstehe.[86] Aufgrund solcher Ideen, von ihrem Schöpfer und seinen Gefolgsleuten stets in hochaggressiver Terminologie vorgetragen, gilt Negri für viele als intellektuel-

---

[83] Tommaso De Lorenzis u. a., Avete pagato caro non avete pagato tutto. La rivista „Rosso" (1973–1979), Rom 2008.
[84] Mantica/Fragalà, Dimensione, S. 133.
[85] Vgl. dazu weiter unten S. 395f.
[86] Geronimo, Feuer und Flamme. Zur Geschichte der Autonomen, Berlin/Amsterdam 1990, S. 43. Es handelte sich um eine zunehmend existentialistisch gefärbte Gewaltlegitimation, die Gewalt als subjektive Katharsis propagierte. Die Revolution wurde somit eine Frage der individuellen Befreiung möglichst vieler Subjekte, die gegen den verhassten Zwangsstaat die Waffen erheben sollten.

ler Wegbereiter des von den Brigate Rosse ab 1974 proklamierten „Angriffs auf das Herz des Staates". Anfang 1974 wurden in einer konspirativen Wohnung der BR Negris „Thesen über die Krise" gefunden – ein Text, den die Fahnder zunächst irrtümlich für ein Elaborat der *brigatisti* hielten. In These 9 hieß es: „Die Zeit ist gekommen, die Auseinandersetzungen über den mehr oder weniger stark ausgeprägten Massencharakter des bewaffneten Kampfes aufzugeben. Nur, wenn der bewaffnete Kampf sich konsolidiert und sich weiter ausbreitet, kann der Kampf der Masse das System wirksam treffen."[87]

Aber Potere Operaio wurde nicht nur aufgrund seiner radikalen Theorien für viele zum Durchlauferhitzer auf dem Weg zum ‚bewaffneten Kampf'. Bereits früh hatte die Führungsspitze um Negri in alter Geheimbundtradition eine Doppelung der Organisationsstruktur in eine legale, „sichtbare" Partei und einen illegalen, „unsichtbaren" Arm vorangetrieben. Hatte im Januar 1971 auf einem Kongress in Mailand noch der organisatorische Zusammenschluss von PO mit der manifesto-Gruppe auf der Tagesordnung gestanden, für die sich vor allem Feltrinelli stark gemacht hatte, scheiterte die Vereinigung der Organisationen, die auf lokaler Ebene in vielen Städten erfolgreich zusammengearbeitet hatten, an der letztlich unüberbrückbaren Haltung in der Gewaltfrage.[88] Während il manifesto auf ein Vorgehen im Rahmen der Legalität setzte, wurde auf dem III. PO-Nationalkongress, der im September 1971 in Rom stattfand, hinter verschlossenen Türen die Gründung eines klandestinen, bewaffneten Ablegers unter dem Namen Lavoro Illegale (Illegale Arbeit, LI) beschlossen.[89] Über die Existenz dieses von Valerio Morucci, einem der späteren Entführer Aldo Moros, geleiteten Zweigs der Organisation wussten offiziell nur die daran beteiligten Militanten selbst Bescheid; gleichwohl verkündete PO offen, dass es „für die einzig glaubwürdige Version einer Partei die bewaffnete Partei" hielt.[90] Renato Curcio jedenfalls sah die Position der Roten Brigaden „ziemlich nahe an der von Potere Operaio" – lediglich „in der Art, wie man sich den ‚bewaffneten Arm' vorstellte", hätten sich die beiden Gruppen unterschieden: „Während PO eine Art Zweigleisigkeit vertrat, also eine politische Organisation und ein militärischer Kern, die voneinander getrennt sind, vertraten wir die politisch-militärische Einheit und gingen davon aus, daß die zwei Elemente untrennbar verbunden und wechselseitig wirken müßten."[91] Die strategischen Differenzen hinderten die Organisation nicht daran, seit ihrer Gründung intensiv zusammenzuarbeiten. Wie man heute weiß, waren die weiter oben geschilderten Aktionen innerhalb des Mirafiori-Werks – Brandstiftungen,

---

[87] Zitiert in: Calogero, Terrore rosso, S. 18.
[88] Mantica/Fragalà, Dimensione, S. 129, Carlo Feltrinelli, Senior Service, S. 340.
[89] Calogero, Terrore rosso, S. 9f.
[90] „L'unica proposta credibile di partito è quella del partito armato", zitiert in: Ebd.
[91] Curcio, Blick, S. 53.

Sabotageaktionen, ‚Prügelstrafen' für missliebige Vorarbeiter und schließlich Entführungen – Ergebnis der Kooperation der neu eingetroffenen BR-Aktivisten mit den bereits vor Ort etablierten PO-Kadern. Die Zusammenarbeit von BR und PO bei Mirafiori, so der Staatsanwalt Pietro Calogero, könne als ein Fall koordinierter, kumulativer Kämpfe „wie aus dem Lehrbuch" gelten, in der sich bewaffnete Gewalt der Avantgarden (BR) und der Massen (PO) geradezu perfekt ergänzten.[92]

Was das Verhältnis der Organisation zu Feltrinelli anging, so hatte die PO-Leitung – anders als die stets um ihre politische Unabhängigkeit besorgten Roten Brigaden[93] – keinerlei Skrupel, sich zur Realisierung der eigenen Pläne auch der Finanzmittel des vermögenden Verlegers zu bedienen, zumal man auch mit den *gappisti* zeit- und gebietsweise so eng zusammenarbeitete, dass manch ein Militanter nicht mehr wusste, ob er "nun eigentlich Mitglied des LI, der GAP oder irgendetwas dazwischen" war.[94] Der Mailänder, so Franco Piperno, sei unter anderem als Mäzen der Wochenzeitschrift „Potere Operaio" hervorgetreten, was wahrscheinlich eine Untertreibung der tatsächlich erfolgten Hilfen sein dürfte. „Er kaufte einige tausend Stück und verteilte sie dann in den verlagseigenen Buchhandlungen. Die nicht verkauften Exemplare wurden uns niemals in Rechnung gestellt."[95] Wie eine posthume Gegenleistung erscheint es, dass die Macher von „Potere Operaio" nach dem blutigen Ende Feltrinellis am Hochspannungsmast von Segrate vor der gesamten italienischen Öffentlichkeit enthüllten, dass der Mailänder Millionär in seinen letzten Lebensjahren Drahtzieher der GAP gewesen und mithin „als Revolutionär gefallen" war.[96] Die Roten Brigaden, die wie viele andere zeitgenössische Beobachter vermuteten, dass der Verleger in Wirklichkeit einem als Unfall getarnten Attentat zum Opfer gefallen war, suchten auch im Umfeld von PO nach der eigentlichen Wahrheit – um sie dann doch für sich zu behalten, nachdem die These vom Mordanschlag durch die Zeugenaussagen der beiden Begleiter Feltrinellis in Segrate entkräftet war.[97] Erst 1979 schlossen angeklagte Rotbrigadisten während eines Gerichtsverfahrens Fremdverschulden im

---

[92] Calogero, Terrore rosso, S. 17.
[93] So jedenfalls die Darstellung des BR-Führungspersonals, vgl. Franceschini, Mara, S. 43. Erst nach dem Tod des Verlegers, so BR-Aussteiger Michele Galati, bekamen die BR das Geld, während PO die Waffen übernahm, Calogero, Terrore rosso, S. 16.
[94] So erinnert sich der ehemalige PO-Aktivist Francesco Bellosi, zitiert in: Grandi, Insurrezione, S. 34. Franco Piperno spricht von den Beziehungen zwischen GAP und PO als einer „instabilen Allianz zwischen politischen Subjekten", Ders., L'onore del compagno Osvaldo, in: Gli autonomi, Bd. III, S. 121–124, hier S. 123
[95] Ebd.
[96] „Un rivoluzionario è caduto", Potere Operaio, 26.3.1972.
[97] Aldo Giannuli, Bombe all'inchiostro, Mailand 2008, S. 177. Giannuli kommentiert zutreffend: „Negare la versione ufficiale era stato il prodotto di una scelta politica, e non di un lavoro di investigazione."

Todesfall Feltrinelli definitiv aus.[98] Zuvor war die Legende vom Staatsmord an Feltrinelli auch nördlich der Alpen zur Diskreditierung der westlichen Nachkriegsdemokratien instrumentalisiert worden – etwa vom Kommunistischen Bund, für den Italien schon seit dem Anschlag auf der Piazza Fontana „als das wesentliche Exempel seiner Faschisierungsthese" fungierte:[99] „Unter den bürgerlich-demokratischen Ländern" galt Italien als dasjenige, „in dem ein neuer Faschismus am nächsten ist", da dort „die kapitalistische Strategie der Bomben, der Provokation und Bespitzelung, des geplanten politischen Mordes und Einsatzes faschistischer Kommandos" am klarsten hervortrete.[100] Tatsächlich können heute keine ernsthaften Zweifel mehr daran bestehen, dass die tödlichen Verletzungen des Verlegers durch eine von ihm selbst zu verantwortende technische Panne verursacht worden sind. Wie angedeutet lässt sich mit ungleich mehr Berechtigung die Frage stellen, warum die verschiedenen auf den Verleger angesetzten Geheimdienste diesen, wie es Giorgio Galli formuliert hat, „zwar nicht umgebracht, aber bis nach Segrate haben kommen lassen".[101]

Dass Feltrinelli um 1970/71 große Hoffnungen darauf setzte, unter den Mitgliedern von PO potentielle Mitstreiter für sein revolutionäres Projekt rekrutieren zu können, ist vor dem Hintergrund der Aktivitäten der Gruppe jedenfalls wenig verwunderlich, auch wenn die Führung weder die Affinität zur historischen Resistenza noch die Angst vor dem Staatsstreich mit dem Verleger teilte. Die in unserem Zusammenhang wichtigste Gemeinsamkeit zwischen den durchaus ungleichen Charakteren Feltrinelli und Negri bestand in ihrem Interesse an ausländischen Bündnispartnern, denn auch der Philosoph war nicht nur fest von der Rechtmäßigkeit eines bedingungslosen „Kampfes gegen den Staat" als einzigem Mittel revolutionärer Politik überzeugt,[102] sondern auch von der Notwendigkeit einer Internationalisierung

---

[98] Während des Prozesses GAP-Feltrinelli-Brigate Rosse verlasen die Beschuldigten ein Kommuniqué folgenden Wortlauts: „Il compagno Osvaldo [Feltrinellis Deckname, P.T.] era un rivoluzionario caduto combattendo. Egli si era impegnato in un'operazione di sabotaggio dei tralicci dell'alta tensione che doveva provocare un black-out in una vasta zona di Milano (...). Fu un errore tecnico da lui stesso commesso, e cioè la scelta e utilizzo di orologi a bassa affidabilità trasformati in timer, sottovalutando gli inconvenienti di sicurezza, a determinare l'incidente mortale e il conseguente fallimento di tutta l'operazione", zitiert in: Clementi, Storia delle Brigate Rosse, S. 41.

[99] Michael Steffen, Geschichten vom Trüffelschwein – Politik und Organisation des Kommunistischen Bundes 1971 bis 1991, Marburg 2002, S. 128.

[100] Vgl. etwa die KB-Publikation Von Pinelli zu Feltrinelli. Politischer Mord in Italien, Hamburg 1972 sowie den Werbetext zu dieser Broschüre, zitiert in: Steffen, Geschichten vom Trüffelschwein, S. 128.

[101] Galli, Piombo rosso, S. 29.

[102] So ein PO-Flugblatt aus dem Dezember 1971, zitiert in: Aldo Grandi, La generazione degli anni perduti: storie di Potere operaio, Turin 2003, S. 5.

dieses Kampfes. Priorität gegenüber den Beziehungen zu den antikolonialen Befreiungsbewegungen genoss dabei für Negri die Arbeit an einer Vernetzung der westeuropäischen Gruppierungen, die unter ähnlichen Voraussetzungen wie die Italiener in den Hochburgen des Kapitalismus operierten – ganz zu schweigen von ihrer geographischen Nähe. Da das „cervello capitalista" (Kapitalistenhirn) auf Internationalisierung setze, gelte es, so das Credo von Potere Operaio im Frühjahr 1971, nach und nach „eine größere Homogenisierung von politischen Aktionen, Strategien, Zielen und Kampfesformen" gleichgesinnter Gruppen auf europäischer Ebene zu erarbeiten. An eine Phase des Meinungsaustausches müssten sich nunmehr konkrete „Kampfesinitiativen" anschließen, die „gemeinsam zu leiten und durchzuführen" seien.[103]

Als besonders vielversprechend erschienen Negri in diesem Zusammenhang die Beziehungen zur Bundesrepublik, wohl auch aufgrund eines längeren Deutschlandaufenthalts zu Beginn seiner akademischen Karriere. Die erste Veröffentlichung des Professors, die er im Jahre 1959 bei Feltrinelli Editore publiziert hatte, war eine Abhandlung zum deutschen Historismus von Dilthey bis Meinecke gewesen.[104] Negris Interesse an einem Export seiner nunmehr dezidiert politisch daherkommenden Ideen in den deutschen Sprach- und Kulturraum, mit der er „einen deutschen heißen Herbst" herbeizuführen hoffte,[105] fiel in der Bundesrepublik „in das Spannungsfeld zwischen Auflösung der APO und Konstituierung der K-Gruppen".[106] Begünstigt wurde die Aufnahme des operaistischen Gedankenguts durch die – jedenfalls gemessen an den Jahrzehnten zuvor – relativ ausgedehnten Ausstände und wilden Streiks, die es auch in der Bundesrepublik während und nach dem Herbst 1969 gegeben hatte und die in der Streikbewegung vom Sommer 1973 kulminierten.[107] Generell hatten der ‚Pariser Mai' 1968 und der italienische ‚Heiße Herbst' einen Bewusstseinswandel der deutschen Antiautoritären im Sinne einer

---

[103] Potere Operaio, November 1971, „L'operaio massa in Europa referente del partito dell'insurrezione".

[104] Antonio Negri, Saggi sullo storicismo tedesco: Dilthey e Meinecke, Mailand 1959.

[105] Potere operaio, November 1971: „In primo luogo, occorre preparare fin da ora la risonanza europea dal punto di vista rivoluzionaria, di un possibile autunno caldo tedesco che inserisca quest'ultimo decisivo anello nella catena d'attacco operaio".

[106] Bierbrauer, Operaismus, S. 151. Zu dieser „Übergangsphase" und den daraus erwachsenen Gruppen im Detail Langguth, Protestbewegung, S. 94ff.

[107] Vgl. zu den bundesrepublikanischen Streiks Peter Birke, Der Eigen-Sinn der Arbeitskämpfe. Wilde Streiks und Gewerkschaften in der Bundesrepublik vor und nach 1969, in: Berndt Gehrke/Gerd-Rainer Horn (Hg.), 1968 und die Arbeiter. Studien zum „proletarischen Mai" in Europa, Hamburg 2007, S. 53–75. Zu den Streiks von 1973 aus operaistischer Perspektive vgl. Eckart Hildebrandt/Werner Olle, Ihr Kampf ist unser Kampf. Ursachen, Verlauf und Perspektiven der Ausländerstreiks 1973 in der BRD, Offenbach 1975.

„proletarischen Wende" eingeleitet.[108] Tatsächlich wurden im Lauf der 70er Jahre so gut wie alle wichtigen operaistischen Schriften ins Deutsche übersetzt, wobei sich neben dem Trikont- wiederum der Westberliner Merve-Verlag als Vermittlungsinstanz hervortat. Für viele Deutsche, urteilt der unter dem Pseudonym ‚Geronimo' publizierende Insider der Hamburger und Berliner Autonomenbewegung, „war die Hinwendung zu den Theorien des Operaismus so etwas wie ein Befreiungserlebnis von den dogmatischen Versionen der Marxismusrezeption".[109] Die diversen Fraktionen der Antiautoritären griffen die Theoreme der Italiener jedenfalls begierig auf und begannen, „die Möglichkeit der praktischen und politischen Intervention in Betrieben und Stadtteilen zu diskutieren und teilweise zu praktizieren."[110] Der tiefere Grund für den Erfolg des Operaismus, stellt Ingrid Bierbrauer hellsichtig fest, lag dabei weniger in seiner analytischen Schärfe als in der „Stärke der Bewegung, auf die er sich bezog."[111] Gleichwohl entwickelte sich die Anhängerschaft des Operaismus in der Bundesrepublik aus naheliegenden Gründen niemals zu einer so breiten Bewegung wie in Italien, hingen Attraktivität und Erfolg des Ansatzes doch in hohem Maße vom Niveau der gesellschaftlichen Auseinandersetzungen ab, die er ins Zentrum seiner Überlegungen stellte. Es scheint dabei kein Zufall zu sein, dass sich diejenigen Subkulturen, die das entsprechende Gedankengut nördlich der Alpen am intensivsten rezipierten, auch durch eine besondere Nähe zum bewaffneten Kampf auszeichneten, war die wichtigste Prämisse der Operaisten doch das Festhalten an der Möglichkeit und Notwendigkeit revolutionärer Intervention. Richard Drake, der sich mit der Rolle von Negris Gewaltphilosophie in der Geschichte des italienischen Linksterrorismus auseinandergesetzt hat, hält für den wichtigsten Grund seines ‚Erfolgs' „seine außerordentliche Fähigkeit, die traditionelle Botschaft von der Revolution auf eine Weise zu vermitteln, dass sie für tausende von Jugendlichen wieder lebendig wurde. (…) Negri hat der Masse derjenigen, die zur Gewalt gegen den Staat tendierten, eine umfassende Rechtfertigung ihres Weltbildes geliefert."[112] Gleichzeitig warnt Drake vor einer Dämonisierung des charismatischen Intellektuellen, der 1967 mit nur 34 Jahren den Lehrstuhl für Politische Wissenschaften an der Universität Padua besetzt hatte. Die eigentliche Herausforderung bestehe

---

[108] Steffen, Geschichten vom Trüffelschwein, S. 128.
[109] Geronimo, Feuer und Flamme, S. 53.
[110] Ebd., S. 51.
[111] Bierbrauer, Operaismus, S. 205.
[112] Drake, seme della violenza, S. 81. Drake spart in seinem Aufsatz die Frage nach den Praktiken des bewaffneten PO-Armes Lavoro Illegale vollständig aus und konzentriert sich auf die Frage nach der Wirkung der öffentlichen Propaganda-Tätigkeit des Politikprofessors. Aus Drakes Sicht entsprach die Praxis der Roten Brigaden über einen langen Zeitraum hinweg den theoretischen Vorgaben Negris.

in der Frage, warum sich so viele Italiener für Negris Botschaft empfänglich erwiesen hätten.[113]

Wie bisher nicht beachtet wurde, scheint einer der frühesten und wichtigsten deutschen Kontaktpersonen Negris der 1942 in Wertheim geborene Karl Heinz Roth gewesen zu sein. Roth, der ursprünglich wie Ulrike Meinhof der illegalen KPD nahegestanden hatte,[114] fungierte zunächst in Köln als SDS-Vorsitzender und Betriebssanitäter bei Ford, bevor er 1967 nach Hamburg ging, wo er sich nach dem Zerfall des dortigen SDS im Auslandsreferat des ASTA engagierte. Einem Haftbefehl wegen eines Delikts im Zusammenhang mit der 1.-Mai-Demonstration 1968 entzog er sich „demonstrativ".[115] Kurz darauf leitete der untergetauchte SDS-Funktionär ein so genanntes „Notstands-Happening" in der Hamburger Universitäts-Mensa, bei dem 40 Genossen in Phantasieuniformen Professoren und Studenten im Rahmen einer „Notstandsübung" eines fiktiven „Universitäts-Schutzkorps" der Bundeswehr zwangsrekrutierten.[116] Etwas später profitierte Roth von der Amnestiegesetzgebung der neuen Brandt-Regierung. Am 31. Januar 1970 ging aus dem ASTA-Internationalismus-Referat der Hamburger Trikont hervor – die norddeutsche Schwester der gleichnamigen Münchner Verlagskooperative. Im gleichen Jahr publizierte Roth im Voltaire-Verlag eine in zwei Auflagen erschienene Abhandlung über das „Wechselspiel von Kapital und Wissenschaft" in der Bundesrepublik.[117] 1971 erschien bei „konkret" eine Schrift, die die „Ostpolitik der sozialliberalen Koalition ‚von links' verteufelte":[118] „Im typischen Propagandaton der SED wurde die Entspannungspolitik in einen direkten Zusammenhang mit der ‚Ostpolitik' in der ersten Hälfte des 20. Jahrhunderts gestellt, vom Kaiserreich bis zum Naziregime".[119] In der zweiten Hälfte der 90er Jahre stand Roth aufgrund einer angeblich 1986 am Hamburger Institut für Sozialforschung aufgenommenen IM-Tätigkeit vor Gericht; seine Rolle in den deutsch-deutschen Beziehungen der späten 60er Jahre liegt bis heute „im dunkeln".[120] Wenig

---

[113] Ebd, S. 81f.
[114] Knabe, Unterwanderte Republik, S. 232.
[115] So die Herausgeber der Roth 1993 gewidmeten Festschrift, Karsten Linne/Thomas Wohlleben, Für Karl Heinz Roth, in: Dies. (Hg.), Patient Geschichte. Für Karl Heinz Roth, Frankfurt a.M. 1992, S. 11–19; hier S. 2f.
[116] Fichter/Lönnendonker, Geschichte des SDS, S. 191.
[117] Karl Heinz Roth/Eckard Kanzow, Unwissen als Ohnmacht. Zum Wechselspiel von Kapital und Wissenschaft, Berlin 1970, 2. Aufl. 1971. Die Arbeit, so der Verlagsprospekt, wolle „einen Überblick über die Prozesse geben, die im Zusammenhang mit der Einverleibung von Wissenschaft und Bildung in den Mechanismus der Selbstverwertung des Kapitals zustande gekommen sind", zitiert in: Roth, Voltaire-Verlag, S. 82.
[118] Karl Heinz Roth u.a., Invasionsziel DDR. Psychologische Kampfführung. Vom Kalten Krieg zur Neuen Ostpolitik, Hamburg 1971; Knabe, Unterwanderte Republik, S. 232.
[119] Ebd., S. 377.
[120] Ebd., S. 232. Hinsichtlich der Stasi-Vorwürfe fand Roth, so Knabe, „einen milden Richter:

helfen diesbezüglich auch die biographischen Informationen in den beiden Festschriften weiter, die Roth im Jahre 1993 aus Anlass seines 50. Geburtstages zugedacht worden sind – im einen Fall zur Würdigung seiner wissenschaftlichen, im anderen seiner politischen Leistungen.[121] Unstrittig ist, dass der ehemalige SDS-Notstandsreferent nach seinem medizinischen Staatsexamen in der zweiten Jahreshälfte 1970 „erste ärztliche Erfahrungen bei einer palästinensischen Hilfsorganisation in Jordanien und im Libanon" gesammelt hat.[122] Roth selbst hat später von einem „Palästina-Trauma" gesprochen, das ihn ein für allemal gelehrt habe, „die Finger von einer engeren Assoziation mit den Befreiungsbewegungen zu lassen". Dies sei ein „wesentlicher Punkt in den Auseinandersetzungen mit der entstehenden RAF gewesen".[123] Stattdessen habe er sich gleich nach seiner Rückkehr aus Jordanien dem italienischen Operaismus zugewandt – wobei die „ziemlich intensiven Diskussionskontakte" in Mailand „rein zufällig" entstanden seien.[124] Es spricht einiges dafür, dass Roth seine Gesprächspartner Sergio Bologna und Toni Negri im Umfeld der Mailänder Palästina-Komitees kennengelernt hat, zu denen auch Potere Operaio gute Beziehungen unterhielt; ob wieder einmal auch Feltrinelli seine Finger im Spiel hatte, ist unbekannt.[125] Von seiner Seite, so Roth, habe „ein direktes, praktisches Interesse" an den Operaisten bestanden: „warum schaffen die es und wir nicht."[126] In der Folge näherten sich die von Roth in der Bundesrepublik in dieser Phase frequentierten politischen Gruppen zwischen 1970/71 dezidiert operaistischen Positionen an, was keiner Aufgabe, aber doch einer Relativierung ihrer ‚Dritte-Welt'-Orientierung gleichkam. Am 23. Januar 1971 wurde der vormalige Trikont Hamburg in Proletarische Front (PF) umbenannt und, so Roth, die „ganze praktische Arbeit auf die Agitation und Mobilisierung ausländischer Arbeiter umgestellt". Nach eigener Angabe begleitete Roth die

---

Mangels aussagekräftiger Unterlagen über die Tätigkeit des IM ‚Zeus' wurde das Verfahren 1997 wegen geringer Schuld und gegen Zahlung einer Geldstrafe eingestellt", ebd., S. 233.

[121] Linne/Wohlleben, Patient Geschichte; Frombeloff, Carl-Maria (Hg.), ... und es begann die Zeit der Autonomie. Politische Texte von Karl Heinz Roth, Hamburg 1993. Im zweiten Fall handelt es sich um das Werk einer autonomen Bremer Studentengruppe, das für unseren Zusammenhang vor allem aufgrund der zahlreichen wiederabgedruckten Texte aus der Feder des Geehrten sowie eines mit diesem am 15.6.1993 geführten Interviews interessant ist.
[122] Linne/Wohlleben, Karl Heinz Roth, S. 13.
[123] Gespräch mit Karl Heinz Roth, in: Frombeloff, Zeit der Autonomie, S. 295–324, hier S. 296.
[124] Ebd., S. 295.
[125] PO Mailand unterhielt gute Kontakte zu Palästinensern; so waren auch Oreste Strano und mehrere andere Mitglieder in Jordanien militärisch ausgebildet worden, Calogero, Terrore rosso, S. 22.
[126] Gespräch mit Karl Heinz Roth, S. 295.

neuen Genossen auf ihren Reisen in die verschiedenen Hochburgen des Arbeiterprotests in Europa, so auch ins Renault-Werk von Billancourt. Tatsächlich habe am Anfang seiner Operaismus-Rezeption, so Roth, weniger ein intellektuelles Erlebnis als vielmehr „eine ganz gewaltige praktische Erfahrung" gestanden. Sogar Italienisch habe man erst lernen müssen – „die Theorie haben wir immer nur nachgeliefert".[127]

Die Proletarische Front stellte in den Folgejahren gemeinsam mit der Münchner Arbeitersache den wichtigsten Außenposten von Potere Operaio in der Bundesrepublik dar, während der Frankfurter Revolutionäre Kampf (RK) um Joschka Fischer und Daniel Cohn-Bendit sich stärker durch Lotta Continua beeinflussen ließ. Gemeinsames „Kampfblatt" beider Strömungen deutschsprachiger Operaisten war ab März 1973 die im Trikont-Verlag herausgegebene Zeitschrift „Wir wollen alles" (WWA), ab 1975 das Nachfolgeorgan „Autonomie – Materialien gegen die Fabrikgesellschaft".[128] An dem überregionalen Diskussionsforum WWA, das anfangs auch in griechischer und italienischer Sprache erschien, war auch die Schweizer Gruppe Klassenkampf beteiligt, deren geistiger Kopf Gianluigi Galli ein ehemaliger Schüler Negris war.[129]

Bemerkenswerterweise hatten Delegierte aller oben genannten Gruppen bereits im September 1971 an dem erwähnten römischen Nationalkongress von Potere Operaio teilgenommen: Anwesend waren außer den Münchnern und den Hamburgern um Roth Mitglieder einer Hannoveraner Roten Zelle[130] und der französischen Gruppe Materiaux pour l'Intervention; dazu kamen einige Abgesandte der IRA.[131] Aus der Schweiz waren neben dem Klassenkampf diverse Organisationen mit anarchistischem Hintergrund vertreten; Gruppen, die in der Folge für die Logistik des sozialrevolutionären Terrorismus in Italien und der Bundesrepublik eine bedeutsame Rolle spielen sollten.[132]

Wie man heute weiß, wurde auf dem römischen Kongress analog zur Doppelstruktur von PO in Italien auch auf internationaler Ebene die Etablierung eines öffentlichen und eines klandestinen Apparats beschlossen. Ersterer sollte legale Unterstützertätigkeiten vor allem für Inhaftierte entfalten, letzterer polizeilich gesuchte Militante gleich welcher Nationalität mit konspirativen

---

[127] Ebd.
[128] Vgl. Bierbrauer, Operaismus, S. 154f.
[129] Vgl. zur später so genannten ‚Gruppe Galli' Wisler, Drei Gruppen, S. 47.
[130] Zu den Roten Zellen als „den wichtigsten Übergangsorganisationen" zwischen der Auflösung des SDS und der Entstehung der K-Gruppen vgl. Langguth, Protestbewegung, S. 94–97.
[131] In den Jahren 1971/72 begaben sich PO-Kader auf die Suche nach Kooperationsmöglichkeiten mit der IRA auch nach Irland; das Interesse, das von Franco Piperno ausging, führte aber zu keiner konkreten Form der Zusammenarbeit, Grandi, Generazione, S. 267–271.
[132] Mantica/Fragalà, Dimensione, S. 108.

Wohnungen, falschen Pässen und nicht zuletzt auch mit Waffen ausstatten.[133] Aus dieser Perspektive hatte die Veranstaltung einiges mit dem Vietnamkongress von 1968 gemeinsam, wo als Ergebnis klandestiner Beratungen hinter verschlossenen Türen ebenfalls eine ‚Doppelstrategie' aus publizistischen und illegalen Aktivitäten ins Auge gefasst worden war. Aus naheliegenden Gründen konnte Feltrinelli bei diesem Neuanlauf nicht so öffentlichkeitswirksam in Erscheinung treten wie in Berlin – vieles spricht jedoch dafür, dass der inkognito anwesende Verleger einmal mehr der wichtigste Mann hinter den Kulissen der Veranstaltung war.

Auf einem internationalen Folgetreffen in Florenz wurde einen Monat später denn auch die Gründung eines „international organisierten politischen Leitungsinstruments" beschlossen – ein „Internationales Koordinierungssekretariat", das als eine Art Neuauflage des INFI im Geiste des Operaismus daran arbeiten sollte, „die Gewalt der Arbeitsverweigerung in allen großen europäischen Fabriken mit dem unmittelbar auf den Aufstand zielenden Angriff im Süden Europas" zu vereinen.[134]

Tatsächlich war es maßgeblich Feltrinelli zu verdanken, dass diese Pläne keine reinen Phantasiegespinste blieben – auch wenn er die Sehnsucht nach praktischer Aktion, die ihn von Negri trennte, schon ein halbes Jahr nach diesen Ereignissen mit dem Leben bezahlen musste. „Wichtiger als das Geld, das er uns überlassen hat, war das Erbe aus Waffen, Stützpunkten und hilfswilligen Leuten", so Toni Negris langjähriger „rechter Arm" Carlo Fioroni, der nach der Auflösung von PO in die Rote Brigaden eintrat und später einer der ersten und bekanntesten *pentiti* wurde.[135] Bei den *pentiti*, den ‚Reuigen', handelt es sich um geständige Mitglieder terroristischer Vereinigungen, die bereit waren, gegen ihre ehemaligen Genossen auszusagen, um in den Genuss großzügiger Kronzeugenregelungen zu gelangen – ein Verfahren, das im Februar 1980 als Gesetz verabschiedet wurde.[136] Fioroni, der bereits Mitglied der GAP gewesen und eng mit Feltrinelli befreundet war, hat gegenüber der Staatsanwaltschaft ausgesagt, nach den Ereignissen von Segrate von Negri mit der Aufgabe betraut worden zu sein, in der Schweiz ein „politisch-militärisches Verbindungs- und

---

[133] Satta, Collegamenti, S. 26.
[134] Mantica/Fragalà, Dimensione, S. 108; 112.
[135] Ebd., S. 30, Calogero, Terrore rosso, S. 7. Vgl. auch „Wie ein Vogel", in: Der Spiegel 5/28.1.1980, S. 130f.
[136] Die Regelung, die nicht nur in Terroristen- sondern auch in Mafia-Prozessen Anwendung fand und findet, traf aufgrund ihres problematischen Verhältnisses zu den Grundprinzipien des Rechtswesens immer wieder auf berechtigte Kritik, erwies sich aber bei der Bekämpfung des Linksterrorismus als überaus erfolgreich, vgl. Guido Salvini, La legge sui terroristi pentiti. Un primo bilancio, Mailand 1983; Antonella Benazza, L'emergenza nel conflitto fra libertà e sicurezza, Turin 2004; vgl. auch Tobias Hof, Staat und Terrorismus in Italien 1969–1982, München 2011, S. 255; 288–297.

Koordinierungszentrum" zwischen den bewaffneten Kräften in Deutschland und Italien aufzubauen. Schon in Mailand habe ihn der Philosophieprofessor mit mehreren Mitgliedern der Bewegung 2. Juni bekanntgemacht.[137] Tatsächlich verfolgte Potere Operaio den schon von Feltrinelli entwickelten Plan, die Alpenrepublik und vor allem die linke Hochburg Zürich in eine Drehscheibe des zukünftigen bewaffneten Aufstandes in Europa zu verwandeln, nach dessen Tod weiter.[138] Dabei konnte man nicht nur auf diverse Schweizer Geheimkonten und Immobilien, sondern auch auf die Kontakte zurückgreifen, die der Mailänder zu Exponenten der radikalen Schweizer Linken geknüpft hatte, unter anderem zum so genannten Movimento Giovanile Progressista (MGP) im Tessin, das von Feltrinelli unter anderem mit den einschlägigen revolutionären Schriften seines Verlagshauses beliefert worden war.[139] Unter dem Einfluss von Potere Operaio benannte sich der radikalere Flügel des MGP 1971 in Lotta di classe (Klassenkampf) um und begab sich nach Basel und Zürich, um sich dort auf die Agitation in größeren Industriebetrieben zu konzentrieren. Ab 1972 wurde die Züricher Gruppe zum Sitz des Internationalen Koordinierungssekretariates von PO.[140] Im Rahmen eines Arbeitstreffens vom 7.–8. Oktober 1972 kam man dort zusammen, um die Situation in der Bundesrepublik zu analysieren. Geplant wurde die Gründung zweier weiterer Koordinierungszentren für Nord- und Süddeutschland in Hannover und Frankfurt.[141] Insgesamt bestand das Ziel in der Herstellung einer „imaginären Achse zwischen Hamburg und Sizilien".[142]

Über die Situation der potentiell ‚revolutionären Kräfte' in der Bundesrepublik hielt die Zeitschrift „Potere Operaio" ihre Leser bereits seit einiger Zeit auf dem Laufenden. Offenbar als Beitrag zur Strategie-Diskussion hatte man im Mai 1972 ein Foto der unmittelbar zuvor durch eine Bombe der RAF beschädigten Heidelberger NATO-Basis abgedruckt und seine Leser darüber informiert, dass die deutsche Stadtguerilla nach zweijähriger logistischer Vorbereitung nunmehr „zum Angriff übergegangen" sei. Die RAF gehe davon aus, so der Artikel ohne weitere Kommentierung, dass in der Bundesrepublik die Revolution nicht aus Fabrikkämpfen erwachse, sondern von „Kommandoaktionen" und „Widerstandszentren" ausgehen müsse. In der Juni-Ausgabe des Blattes wurde die Publikation der jüngsten theoretischen Schriften der Gruppe angekündigt, zu der es allerdings nicht mehr kommen sollte.[143] Die

---

[137] Mantica/Fragalà, Dimensione, S. 32.
[138] Ebd., S. 109; Calogero, Terrore rosso, S. 14.
[139] Wisler, Drei Gruppen, S. 32.
[140] Ebd., S. 44.
[141] Mantica/Fragalà, Dimensione, S. 111.
[142] Ebd., S. 93.
[143] Potere Operaio, 20.5.–20.6.1971, Speciale: lotta armata in Europa.

bald darauf erfolgte Inhaftierung Meinhofs und der übrigen Führungsfiguren wurde nunmehr als das „Ende eines isolierten Abenteuers" kommentiert. Der RAF komme zwar das Verdienst zu, „mutig das Problem der angemessenen Kampfesform gegen die Kontroll- und Repressionsinstrumente des kapitalistischen Staats aufgeworfen zu haben", eine Einbettung ihrer Aktionen „in die reale Klassenkampfdimension" sei ihr jedoch nicht gelungen. Diese Form der Distanzierung, die allein an Fragen der revolutionären Taktik festgemacht wurde, sollte typisch für die PO-nahen Kräfte auch in der Bundesrepublik bleiben. So äußerten sich einige Hamburger „Genossen aus verschiedenen Bereichen" kritisch zu einem (misslungenen) Sprengstoff-Anschlag der RAF auf das Privathaus des Hamburger FDP-Justizsenators Ulrich Klug am 4. Oktober 1974, wobei sie dezidiert auf das italienische Vorbild Bezug nahmen. „Wenn auch bei uns die Massenkämpfe weniger weit sind als in Italien, so sollte man doch untersuchen, wie hier die militanten Aktionen mit ihnen verbunden werden können. (...) Wir halten deswegen das Beispiel der Roten Brigaden für wichtig, deren Aktionen im engen Zusammenhang mit den Kämpfen der Arbeiter standen." Konkret als beispielhaft zitiert wurde die öffentliche Demütigung Bruno Labates im Turiner FIAT-Werk: „Hat es hier jemals vergleichbare Aktionen oder nur den Versuch gegeben?"[144] Stattdessen habe sich die RAF einem „relativ abstrakten Anti-Imperialismus" verschrieben, der zu einer Isolierung der Gruppe und damit zu Handlungen geführt habe, „die das reine Überleben der Organisationen absichern sollten". Auch hinsichtlich der Kampfmethoden schlossen sich die Verfasser „den Genossen der Roten Brigaden an, die Explosivbomben generell für abenteuerlich halten." Tatsächlich war der Einsatz von Sprengstoff in Italien anders als in der Bundesrepublik ein Alleinstellungsmerkmal der neofaschistischen Gruppierungen – die militante Linke grenzte sich von diesem ‚blinden Töten' bewusst durch Praktiken ab, die sie als gezieltes Zuschlagen gegen wahrhaft ‚Schuldige' verstand. In unserem Falle ist entscheidend, dass der geschilderte Dissens in taktischen Fragen nicht prinzipiell verhinderte, dass auch die RAF von der grenzübergreifenden „Achse" profitieren konnte, die die Negri-Gruppe zumindest in Ansätzen zu realisieren vermochte.

Wie angedeutet, hatte an der Herstellung und Festigung dieser Achse zunächst vor allem Negris Vertrauter Carlo Fioroni arbeiten sollen. Negri, so Fioroni, habe ihm gegenüber davon gesprochen, dass er „wenigstens für ein Jahr in Deutschland bleiben und die Deutschen politisch auf Vordermann bringen" solle.[145] Statt seiner habe sich aber schließlich Giovanni („Gianni") Zamboni um die Beziehungen in die Bundesrepublik gekümmert, „da er perfekt Deutsch

---

[144] Zitiert in: „Holger, der Kampf geht weiter!" Dokumente und Beiträge zum Konzept Stadtguerilla, Gaiganz/Oberfranken 1975, S. 183.
[145] Mantica/Fragalà, Dimensione, S. 113.

sprach und in Deutschland jede Menge Leute kannte."¹⁴⁶ Bei Zamboni handelte es sich um einen in Hamburg gebürtigen Italiener, der bereits 1968 gemeinsam mit Karl Heinz Roth ein Bändchen mit Texten zu „Theorie und Praxis der Revolution" herausgegeben hatte.¹⁴⁷ Ein Jahr später erschien seine von Fritz Fischer betreute geschichtswissenschaftliche Dissertation über Mussolinis Expansionspolitik auf dem Balkan.¹⁴⁸ Zur Zeit seiner Bekanntschaft mit Fioroni war der Historiker wissenschaftlicher Assistent des Trentiner Geschichtsprofessors Enzo Collotti.¹⁴⁹

Zurück in der Bundesrepublik ließ sich Zamboni allem Anschein nach nicht mehr in Hamburg, sondern in Frankfurt nieder. Verschiedene Hinweise sprechen dafür, dass er in der Mainmetropole unter nur geringfügig verändertem Namen eine Buchhandlung und einen Kleinverlag betrieb.¹⁵⁰ Gleichzeitig firmierte er als Redaktionsmitglied des erwähnten BR-Organs „Controinformazione", das Anfang 1974 mit einer außerordentlich professionell gemachten, 117 großformatige Seiten starken Beilage seine Berichterstattung über die Bundesrepublik und den dortigen „sozialdemokratischen Terror" startete.¹⁵¹ Laut Fioronis Aussage habe sich Zamboni häufiger abfällig über „Rohheit" und politische Primitivität des ihm persönlich bekannten Andreas Baader geäußert. Ebenso kritisch habe er die Beziehungen der RAF in die DDR beurteilt, die ihm im Detail vertraut gewesen seien.¹⁵² Diese Vorbehalte änderten nichts an der außerordentlich RAF-freundlichen Berichterstattung des in der italienischen Szene vielgelesenen Blattes, wobei gerade nicht strategische oder taktische Fragen, sondern vielmehr die generelle Berechtigung des Kampfes gegen das westdeutsche, in den düstersten Farben geschilderte System die Essenz der hier vermittelten Botschaft ausmachte.

---

¹⁴⁶ Ebd., S. 166.
¹⁴⁷ Karl Heinz Roth/Giovanni Zamboni (Hg.), Theorie und Praxis der Revolution, Hamburg 1968. Fioroni selbst kannte Zamboni seit 1973, vgl. Mantica/Fragalà, Dimensione, S. 132.
¹⁴⁸ Giovanni Zamboni, Mussolinis Expansionspolitik auf dem Balkan. Italiens Albanienpolitik vom I. bis zum II. Tiranapakt im Rahmen des italienisch-jugoslawischen Interessenkonflikts und der italienischen imperialen Bestrebungen in Südosteuropa, Hamburg 1970.
¹⁴⁹ Im Jahre 1984 wurde Zamboni vom Corte di Assise in Rom wegen „associazione sovversiva e banda armata" zu 14 Jahren Haft verurteilt. Zu diesem Zeitpunkt war der Historiker allerdings auf der Flucht, angeblich in Frankreich, vgl. Mantica/Fragalà, Dimensione, S. 165.
¹⁵⁰ Ebd., S. 136. Dass es sich bei Giovanni Zamboni und dem Buchhändler Giuseppe Zambon um ein und dieselbe Person handelt, wird durch eine Kombination der entsprechenden Hinweise in Mantica/Fragalà, Dimensione, und Calogero, Terrore rosso, zwar nicht zweifelsfrei nachweisbar, aber wahrscheinlich. Bei Calogero werden die in Mantica/Fragalà Zamboni angelasteten Tatbestände größtenteils einem „Giuseppe Zambon" zugeschrieben.
¹⁵¹ Controinformazione n. 1–2, 1974, inserto. Zu Zamboni vgl. auch Giannuli, Bombe, S. 333.
¹⁵² Mantica/Fragalà, Dimensione, S. 168.

Viel spricht dafür, dass sich Zamboni unter verändertem Namen in den Jahren 1973/74 mit der geheimnisumwitterten, in den betreffenden Jahren in Zürich aktiven Deutsch-Jüdin Petra Krause ein gemeinsames Postfach in Frankfurt teilte.[153] Krause, der vom italienischen Geheimdienst enge Kontakte zu Feltrinelli nachgesagt wurden,[154] galt als Schlüsselfigur für die Versorgung der damals in Europa aktiven terroristischen Gruppen mit Waffen, die innerhalb der Schweiz mit vergleichsweise geringem Aufwand aus den Armeebeständen entwendet werden konnten.[155] Für ihre Aktivitäten innerhalb dieses besonders für deutsche und italienische Gruppen wichtigen logistischen Netzwerks wurde Zamboni 1984 in Abwesenheit zu 14, Krause zu sechseinhalb Jahren Haft verurteilt.[156] Mit großer Wahrscheinlichkeit lässt sich über die beschriebene Verbindung die Tatsache erklären, dass ein Teil der aus Maschinengewehren, Raketenwerfern und Handgranaten bestehenden Beute, die Valerio Morucci im November 1972 in seiner Funktion als Leiter des Lavoro Illegale in einem Waffenarsenal im Schweizerischen Ponte Brolla ausgehoben hatte, in Hamburger und Frankfurter RAF-Verstecken wiedergefunden wurde. Laut Informationen der italienischen Fahnder waren die Waffen zuvor zwischen Potere Operaio, der RAF, den BR und den als „Brigate Rosse des Südens" bekannten Nuclei Armati Proletari (NAP) aufgeteilt worden.[157] Die Schweiz, und dabei vor allem ihre größte Stadt Zürich, entwickelte sich in der ersten Hälfte der 70er Jahre zu einem „günstigen Hotel" vor allem für italienische – polizeilich gesuchte wie nicht gesuchte – Linksextremisten, aber auch, so Dominique Wisler, „für die deutschen Terroristen, die mit den revolutionären Organisationen Italiens in Verbindung stehen, [zu] eine[r] praktische[n] Zwischenstation auf dem Weg von Deutschland nach Italien".[158] Erst ab 1974/75 machte ein Ende der „passiven Toleranz", die die Schweizer Behörden bis zu diesem Zeitpunkt im Umgang mit deutschen und italienischen Terrorismus-Verdächtigen geübt hatten, das Zufluchtsnetz weniger komfortabel.[159]

Über die Rolle, die die von Roth dominierte Proletarische Front innerhalb

---

[153] Ebd., S. 136, hier unter dem Namen „Zambon" aufgeführt. Zu Petra Krause vgl. unten S. 438–444.
[154] Mantica/Fragalà, Dimensione, S. 177.
[155] Allein im Zeitraum zwischen März 1972 und November 1974 gab es 12 Einbrüche in Schweizer Militärdepots, bei denen hunderte von Handgranaten, Landminen und Panzerfäusten entwendet wurden, vgl. den Bericht der *Commissione stragi* zitiert in: Salvatici, Chi spiava i terroristi, S. 63. Zur leichten Zugänglichkeit der zum damaligen Zeitpunkt häufig unbewachten Munitionsdepots, der der Schweiz den Vorwurf des Europaparlaments einbrachte, ein „Waffenselbstbedienungsladen" zu sein, vgl. Wisler, Drei Gruppen, S. 54.
[156] Mantica/Fragalà, Dimensione, S. 165; S. 181.
[157] Calogero, Terrore rosso, S. 14f.
[158] Wisler, Drei Gruppen, S. 93.
[159] Ebd., S. 57.

des semiklandestinen, europäischen PO-Netzwerks spielte, ist nur wenig bekannt. Für das RAF-Mitglied Margrit Schiller war die PF jedenfalls nach ihrer Entlassung aus der Haft im Februar 1973 die erste Anlaufstelle auf der Suche nach Genossen, die den Kampf der RAF wiederaufzunehmen bereit waren. Neben Roth sprach Schiller auch mit den Frankfurter RK-Aktivisten Cohn-Bendit und Fischer, schloss sich schließlich aber keiner der Gruppen an, sondern sammelte auf eigene Faust sieben Mitstreiter, die im Juni 1973 gemeinsam mit ihr abtauchten, darunter den Heidelberger RAF-Verteidiger Eberhard Becker.[160] „Wir waren", so Roth in der Rückschau über die Proletarische Front, „eine halb konspirativ arbeitende Gruppe mit einem aktionistischen ‚drive'. Wir hatten die Hoffnung, einen qualitativen Sprung durchzusetzen, weil alle sagten (in Italien und Frankreich): Wenn ihr das nicht schafft, passiert nichts".[161] „Mit allen Strukturen" habe man auf eine Aufstandsbewegung hingearbeitet, die von einem Massenstreik der in den deutschen Unternehmen beschäftigten ausländischen Arbeiter ausgehen sollte. Das Problem der Gruppe sei allerdings ihr „unglaublicher Kaderrigorismus" und ihre lebensweltliche Distanz zur Welt der Fabriken gewesen, innerhalb derer man agitieren wollte. Auch die PO-Leute, „die hochgeschickt wurden", seien nur zum Teil Arbeiter gewesen; letztlich habe es sich um „Berufsrevolutionäre" gehandelt.[162]

Vor dem Hintergrund ihrer offenbar nur sehr rudimentären Erfolge in der Betriebsarbeit nahm die Roth-Gruppe im April 1973 an einer Hausbesetzung in Hamburg-Hohenfelde teil, mit der man „bestimmte politische Vorstellungen, die monatelang in kleinen Gruppen diskutiert worden waren, endlich praktisch werden" lassen wollte.[163] Zuvor hatten die Proletarische Front und ihr Münchner Pendant Arbeitersache in ihren Publikationen exakt wie ihre italienischen Vorbilder für die „Totalisierung der Kämpfe", also die Einbeziehung des „gesamten proletarischen Lebenszusammenhang[s]" in die Bemühungen der ‚Aufstandspartei' geworben. In Hausbesetzungen und Mietstreiks liege, so PF, „der Angelpunkt für den Kampf gegen das Kapital außerhalb der Fabriken".[164] Aber nicht nur die vorausgegangenen Präzedenzfälle in Italien, sondern auch und vor allem der Frankfurter Häuserkampf, der im Herbst 1971 mit den Auseinandersetzungen um das besetzte Haus im Kettenhofweg 51 auf einen ersten Höhepunkt zusteuerte, scheint die Gruppe animiert zu haben, nun ebenfalls die direkte physische Konfrontation mit der Gegenseite zu suchen. Möglicherweise fühlte man sich von der Militanz der Frankfurter,

---

[160] Peters, Irrtum, S. 357f.
[161] Gespräch mit Karl Heinz Roth, S. 299.
[162] Ebd., S. 298.
[163] Margareth Kukuck, Student und Klassenkampf. Studentenbewegung in der BRD seit 1967, Hamburg 1974, S. 230f.
[164] Zitiert ebd.

die ebenfalls ein Ergebnis deutsch-italienischer Zusammenarbeit war, auch unter Druck gesetzt. Die von Lotta Continua und dem Revolutionären Kampf getragenen Frankfurter Ereignisse schienen ein Beispiel dafür geliefert zu haben, „daß sich eine Mobilisierung von größeren Teilen der Bevölkerung durchaus mit radikalen und kompromißlosen Formen des politischen Kampfes verbinden" lasse: „Die Vorbereitung auf eine nach allen Erfahrungen zu erwartende Konfrontation mit dem staatlichen Repressionsapparat spielte deshalb bei der Vorbereitung der Besetzung und im Auftreten ihrer Akteure (Helm, Gesichtstücher, Schlagstöcke) eine große Rolle."[165] Mit der polizeilichen Zerschlagung der Besetzung scheiterte aber auch die PF als Organisation; man habe sich, so der lakonische Kommentar ‚Geronimos', am „Militanzproblem" aufgerieben.[166] Mit Karl-Heinz Dellwo und Bernhard Rößner gehörten zwei Teilnehmer an der Hamburger Hausbesetzung schließlich zu dem RAF-Kommando, das im Februar 1975 das Stockholmer Botschaftsgebäude besetzte, um die in Stammheim inhaftierten Kader freizupressen; im Laufe der Aktion wurden zwei Botschaftsangehörige und zwei der Attentäter getötet.[167] Roth selbst haderte vor allem deshalb im Nachhinein mit der Hamburger Aktion, da sie seine PF zu einem Zeitpunkt außer Gefecht gesetzt hatte, als ihre große Stunde gekommen schien – der Ausbruch der wilden, vor allem von ausländischen Arbeiternehmern getragenen Streiks in den deutschen Fabriken im Sommer 1973. Roths Reaktion auf diese „unglaubliche Niederlage im August '73"[168] war – bezeichnend für die PO-typische Doppelstrategie – zum einen die gemeinsam mit Angelika Ebbinghaus verfaßte Darstellung „Die ‚andere Arbeiterbewegung'", die mit einem Zitat aus einem Strategiepapier der Brigate Rosse endet,[169] zum anderen die Aufnahme illegaler Aktivitäten im Rahmen einer

---

[165] Michael Grüttner, Wem die Stadt gehört: Stadtplanung und Stadtentwicklung in Hamburg, Hamburg 1976, S. 73 f.
[166] Geronimo, Feuer und Flamme, S. 63.
[167] Ebd. Zu Stockholm vgl. Peters, Irrtum, S. 361–370.
[168] Gespräch mit Karl Heinz Roth, S. 300.
[169] Karl Heinz Roth, Die „andere" Arbeiterbewegung, München 4. Aufl. 1977. Das Zitat stammte aus dem ‚Selbstinterview' der BR aus dem Jahre 1973 und ist in mancher Hinsicht als Roths eigenes politisches Credo zum fraglichen Zeitpunkt zu bewerten: „Wir glauben, daß die bewaffnete Aktion nur das kulminierende Moment einer breitgestreuten politischen Arbeit sein kann, über die sich die proletarische Avantgarde organisiert, die Widerstandsbewegung in direkter Beziehung zu ihren realen, unmittelbaren Bedürfnissen", ebd., S. 267. In dieser ersten Phase des Kampfes, beendete Roth selbst den Satz, würden diese Bedürfnisse „vom multinational zusammengesetzten Arbeiter der Massenproduktion artikuliert, so, wie er seit August auf die historische Bühne getreten" sei. „An kaum einer anderen Stelle in den Schriften der westdeutschen ‚Autonomie-Theoretiker'", so der Kommentar Ingrid Bierbrauers, werde so deutlich, „wie sehr sie auf eine Bestätigung ihres aus Italien übernommenen Ansatzes gewartet hatten", vgl. Dies., Operaismus, S. 190.

„Betriebsguerilla", die statt der norddeutschen Werften nun Industriebetriebe in Nordrhein-Westfalen in den Blick nahm.[170] Vorausgegangen waren laut Roths eigener Aussage Auseinandersetzungen mit den deutsch-italienischen Gruppen in Frankfurt, die Anfang 1973 das Scheitern der bisherigen Strategie verkündet hatten und die PF „eines falschen optimistischen Triumphalismus bezichtigten".[171] Tatsächlich hatte der Frankfurter Revolutionäre Kampf selbstkritisch eine Fehleinschätzung des Radikalismus und der Autonomie der deutschen Arbeiterklasse konstatiert, die in der „italienischen Illusion" wurzele.[172] Auch die Münchner Arbeitersache hielt fest, dass der „theoretische wie personelle Zustrom aus Italien ungeheuer befruchtend" gewirkt, „aber auch zu gefährlich euphorisch verkürzten Einschätzungen" geführt habe. „Allgemein bleibt hier festzustellen, daß trotz vielfältiger Warnungen vor kritikloser Übertragung italienischer Erfahrungen auf die Situation in Deutschland diese Übertragung natürlich doch vorgenommen wurde."[173]

Für Roth war die Zeit für solche Einsichten offensichtlich noch nicht gekommen. Laut einer originellen Formulierung Sebastian Scheerers führte er in der Folge „ein längeres Experiment" durch, „welches die Möglichkeit eines Lebens im Untergrund zum Gegenstand hatte".[174] Tobias Wunschik führt den Mediziner gar als Mitglied der Bewegung 2. Juni, der sich 1973 gemeinsam mit dem Schweizer Philipp Werner Sauber und Fritz Teufel von der Gruppe getrennt habe, um unter falscher Identität die erwähnte Betriebsguerilla aufzubauen.[175] War das Vorbild für diese Aktivitäten möglicherweise der „partito di Mirafiori", also die Kooperation von BR-Kolonne und PO-Kadern im Turiner FIAT-Werk? Und war Roth mithin der Autor des anonymen Vorworts der Trikont-Publikation aus dem Jahre 1974, die exakt für diese Linie warb? Von dem weiter oben bereits erwähnten Philipp Werner Sauber, dem ehemaligen Kommilitonen und Mitbewohner von Holger Meins, ist bekannt, dass er die B2J davon überzeugen wollte, aus Westberlin in die Bundesrepublik zu gehen und dort „in Orientierung an die ‚Roten Brigaden' und ‚Gauche Proletarienne' militante Zellen in den Großbetrieben" aufzubauen.[176] Von den Problemen, denen sich die Betreffenden in der Praxis dann allerdings stellen mussten, berichtete Fritz Teufel, der

---

[170] Gespräch mit Karl Heinz Roth, S. 300.
[171] Ebd., S. 298.
[172] Zitiert in: Kukuck, Student und Klassenkampf, S. 237.
[173] Zitiert in: ebd.
[174] Sebastian Scheerer, Deutschland: Die ausgebürgerte Linke, in: Henner Hess, Angriff auf das Herz des Staates, Bd. I, Frankfurt a.M. 1988, S. 193–429, hier S. 285.
[175] Wunschik, Bewegung 2. Juni, S. 549. Sauber konzentrierte sich in der betreffenden Zeit offenbar auf Köln, wo er unter falschem Namen bei „Klöckner-Humboldt-Deutz" anheuerte, Reinders/Fritzsch, Bewegung, S. 112.
[176] Inge Viett, Nie war ich furchtloser, Hamburg 1996, S. 112.

wie Sauber und Roth „anonym als Arbeiter unter Arbeitern die Welt und die Gesinnung der deutschen Proletarier studieren" wollte, seinen Genossen:

> Gespräche gibt's höchstens in der Pause. Als kurze trockene Sätze. In der Halle ist es viel zu laut. Wir müssen schreien. Aber sie wollen die RAF an die Wand stellen, wenn sie was zu sagen hätten. Kurzer Prozeß! Sagen die Arbeiter. Verhungern lassen im Knast! Die meisten sind für faschistische Lösungen. Sie haben keine Ahnung, worum es uns geht, wollen es auch nicht wissen. Sie haben von nichts mehr eine Idee. Außer von der Kohle.[177]

Eine vergleichbare Distanz zwischen den Apologeten der Revolution und der Arbeiterschaft sollte schon wenige Jahre später auch in italienischen Fabriken zu verzeichnen sein.[178]

Anderen Angaben zufolge hat sich Roth in diesen Jahren nicht als Betriebsguerillero, sondern lediglich als Arzt betätigt, der die Mitglieder des bewaffneten Untergrunds medizinisch versorgte – auch dies eine Form der klandestinen Unterstützung der ‚revolutionären Bewegung', die im Rahmen des von PO geplanten transalpinen Netzwerkes vorgesehen war.[179] Sicher ist, dass der Mediziner im Mai 1975 in Köln-Gremberg bei einem Schusswechsel mit der Polizei, bei dem Sauber und ein Polizeibeamter ums Leben kamen, lebensgefährlich verletzt wurde.[180] Die Tatsache, dass auch Roth während dieser Konfrontation eine Waffe bei sich trug, erklärte er selbst damit, dass er aufgrund seiner Patientenbesuche in Ausländervierteln Morddrohungen der türkischen Terrorgruppe ‚Graue Wölfe' erhalten habe.[181] Was auch immer auf dem nächtlichen Parkplatz genau passiert sein mochte – dank der exzellenten Verbindungen Roths bildete sein Schicksal von der Schussverletzung bis zur Haftentlassung 1977 in der linken Presse Italiens von „il manifesto" bis „lotta continua" einen niemals versiegenden Quell der Empörung über die ‚Repression' in Westdeutschland.[182] Bei einem Auftritt auf dem sogenannten

---

[177] Ebd., S. 13; 122.
[178] Vgl. weiter unten S. 618–620, 659.
[179] Birkner/Foltin, (Post-)Operaismus, S. 67.
[180] Wunschik, Bewegung 2. Juni, S. 549f.
[181] Vgl. Heinrich Hannover, Die Republik vor Gericht 1975–1995. Erinnerungen eines unbequemen Rechtsanwalts, Berlin 1999, S. 59. Nach Abschluss des Verfahrens gaben Roth und seine Strafverteidiger einen Band heraus, in dem sie den ‚Justizskandal' aus ihrer Perspektive Revue passieren ließen, vgl. Dethloff, Mordprozeß.
[182] Maria Grazia Meriggi, Herausgeberin eines Bandes mit Beiträgen zu Roths Interpretation der „anderen" Arbeiterbewegung, sprach im Vorwort von der vor der Drucklegung erfolgten, überfälligen Freilassung Roths aus den „sozialdemokratischen Kerkern in Folge des Zusammenbruchs der monströsen Verschwörung" gegen seine Person, vgl. Dies., Roth e il metodo di ricerca per una storia di classe, in: Dies., Il caso Karl Heinz Roth. Discussione sull'„altro" movimento operaio, Mailand 1978, S. 7–21, hier S. 11. Weitere Beiträger des Bandes waren Toni Negri, Massimo Cacciari, Sergio Bologna, Vittorio Foa, Thomas Schmid u. a. Die italienische Übersetzung der "anderen Arbeiterbewegung" war 1976 bei Feltrinelli erschienen, s. Karl Heinz Roth, L'altro movimento operaio. Storia della repres-

„Anti-Repressions-Kongress" in Bologna im September 1977 ergriff Roth nach eigener Aussage in dem Bewusstsein das Wort, „daß ich es wesentlich euch verdanke, wieder in Freiheit an euren Diskussionen teilnehmen zu dürfen. Hätte es nicht im Zusammenhang des Prozesses (...) eine breite und entschiedene Kampagne gegeben, dann wäre ich mit Sicherheit weiter in Gefangenschaft."[183] Während sich Teufel nach der Schießerei von Köln wieder der B2J anschloss, ging Roth nach seiner Genesung in der Haft seinen historischen Interessen nach: Schon 1971 hatte er in Hamburg ein Zweitstudium der Geschichtswissenschaften aufgenommen.[184] Auch nachdem er von dem Vorwurf des versuchten Mordes an den Kölner Polizisten freigesprochen worden war, kehrte er nicht in seinen ursprünglichen Beruf zurück, sondern publizierte verschiedene historische Arbeiten, unter anderem zur Geschichte der Medizin im Nationalsozialismus.[185] Von der Idee einer wie auch immer gearteten Existenz im Untergrund scheint er sich nach der Kölner Schießerei zumindest für die eigene Person endgültig verabschiedet zu haben. Für das B2J-Mitglied Michael Baumann, im Dezember 1971 Augenzeuge der Tötung Georg von Rauchs, hatte diese in mancher Hinsicht analoge Erfahrung jedenfalls den Ausschlag für die Entscheidung gegeben, die „Knarre wegzuschmeißen", wie er es selbst in seinem bei Trikont erschienenen Erfahrungsbericht formulierte.[186]

---

sione capitalistica in Germania dal 1880 ad oggi, Mailand 1976. Vgl. auch den Beitrag Roths in: Alessandro Serafini (Hg.), L'operaio multinazionale in Europa, Mailand 1974, S. 109–148.

[183] Vgl. Karl Heinz Roth, Bologna-Rede, in: Frombeloff, Zeit der Autonomie, S. 119–127, hier S. 119.

[184] Die Herausgeber der Festschrift von 1993 manövrieren sich an den Klippen in der Biographie des Geehrten bezeichnenderweise vorbei: „Schon seit 1969/70 hatte Karl Heinz Roth scharfe Kritik an den sektiererischen Gründungen kommunistischer Organisationen geübt, die die zerfallende APO beerben wollten. In der Gruppe Trikont, der Proletarischen Front, dem Buchladen Manifest und anderen Gruppen befaßte man sich mit Problemen der ‚Dritten Welt' und den dort agierenden Befreiungsbewegungen, nahm intensiv die Kämpfe der italienischen Arbeiterklasse Anfang der siebziger Jahre wahr, knüpfte internationale Kontakte und bezog immer mehr historische Analysen in politische Argumentationen mit ein". In der Nacht zum 9. Mai 1975 „wurde Karl Heinz Roth bei einer Routinekontrolle von der Polizei niedergeschossen, ebenso ein Polizeibeamter. Der schwerverletzte Roth wurde inhaftiert, infolge unzureichender ärztlicher Versorgung schwankte sein Zustand lange Zeit zwischen Leben und Tod. An Vorverurteilungen fehlte es nicht. (...) Erst nach zwei Jahren Haft und einer öffentlichen Unterstützungsaktion wurde Roth im Prozeß freigesprochen", Linne/Wohlleben, Karl Heinz Roth, S. 13f.

[185] Für ein Schriftenverzeichnis Roths vgl. Linne/Wohlleben, Patient Geschichte, S. 357–370.

[186] Baumann, Wie alles anfing, S. 132. Wie die ehemalige Verlagsmitarbeiterin Christine Dombrowsky berichtet, habe man nach dem Eintreffen der von Baumann besprochenen Tonbänder einen Abend lang mit einer Abordnung der Westberliner RAF-Unterstützerszene über den Text diskutiert. Kurz nach Mitternacht habe einer der Angereisten einen Revolver auf den Tisch gelegt und die Debatte für beendet erklärt: „Wenn ihr das Buch rausbringt, knallen wir euch ab!", Körner, Trikont-Verlag, S. 103. Zur Geschichte

Anders als Baumann, dessen Absage an den Terrorismus im Form eines dichten Erfahrungsberichts paradoxerweise kurz nach der Auslieferung der ersten Exemplare von der Staatsanwaltschaft als Verstoß gegen den §88a des Strafgesetzbuchs beschlagnahmt wurde und erst 1979 offiziell wieder erscheinen durfte, mochte sich Roth nicht prinzipiell vom bewaffneten Kampf distanzieren. Stattdessen polemisierte er in einem gemeinsam mit Fritz Teufel – unter dem Namensattribut „die Unbeugsamen von der Spree" – verfassten Bändchen gegen die sogenannte „Entsolidarisierungslinke"; der Erlös des 1979 publizierten Werks kam den Angeklagten des zeitgleich in Westberlin laufenden B2J-Verfahrens zugute.[187] Inhalt des Büchleins waren auch Roths Überlegungen zur „historischen Bedeutung der RAF": Trotz des „tragischen Irrtums", dem die RAF mit ihrer Distanzierung von der Massenbewegung aufgesessen sei, bleibe „der Bruch mit der opportunistischen Theorie des Abwartens und der kleinen Demokratisierungsschritte in einem Land des nazifizierten Machtstaats eine ungeheure Leistung, die historisch bahnbrechend gewesen" sei.[188] Die blutigen Anfänge der ‚ersten RAF-Generation' aus dem Jahre 1972 bezeichnete Roth als den „heroischen Mai".[189] Ende der siebziger Jahre untersuchte der Arzt und Historiker als Mitglied einer ‚unabhängigen' internationalen Untersuchungskommission zum Tode der ‚Stammheimer' die Frage, ob – wie er es „zehn Jahre später" formulierte – „der deutsche Diktaturherbst eine durch das Zentrum der Macht geplante Mordaktion abschirmte". Auch wenn „der kollektive Selbstmord historische Wahrheit werden sollte", sah Roth die Verantwortung des Krisenstabs deshalb nicht geschmälert. „Der definitive Nachweis einer Mordaktion aber würde unser politisches Leben schlagartig verändern. Wir müßten eine Antwort auf die Tatsache finden, daß die im Herzen des Regimes verankerte Auschwitz-Generation 1977 wieder da gelandet war, wo 22 Jahre zuvor ein wie auch immer deformierter Schlußstrich gezogen wurde."[190] So-

---

des Verbots vgl. Jürgen Arnold/Peter Schult, Ein Buch wird verboten. Bommi Baumann Dokumentation, München (Trikont) 1979.

[187] Karl Heinz Roth/Fritz Teufel, Klaut sie! (Selbst)kritische Beiträge zur Krise der Linken und der Guerilla, Tübingen 1979, S. 72; Klappentext.

[188] Karl Heinz Roth, Die historische Bedeutung der RAF, in: Ders./Teufel, Klaut sie!, S. 70–89, hier S. 81.

[189] Vgl. ebd., S. 76.

[190] Karl Heinz Roth, Zehn Jahre später, in: Linke Liste (Hg.), Die Mythen knacken. Materialien wider ein Tabu, Frankfurt 1988, wiederabgedruckt in: Frombeloff, Zeit der Autonomie, S. 137–139, hier S. 137. Die von Roth angemahnte Verantwortung des Krisenstabs zielte auf vermutete illegale Abhörpraktiken und den Verdacht, dass die Waffen „unter den Augen der Sicherheitsbehörden in den Isoliertrakt gelangt" seien, ebd. Damit wäre die ‚Untersuchungskommission' auf ähnliche Unregelmäßigkeiten bzw. Verdachtsmomente gestoßen wie später Stefan Aust, vgl. Ders., Baader-Meinhof-Komplex (2008), S. 860–869. Die daraus jeweils gezogenen politischen Schlussfolgerungen unterscheiden sich gleichwohl ganz erheblich. Zur Geschichte dieser Ermittlungsgruppe, die von Gudrun Esslins

wohl dieser Text von 1988 wie derjenige von 1979 wurden in Roths ‚politischer' Festschrift in den 90er Jahren wieder abgedruckt.[191]

Ein halbes Jahr vor ihrem Tod hatten die ‚Stammheimer' wütend gegen Roths von prinzipieller Sympathie getragene, taktische Kritik an der RAF polemisiert, die dieser seit seiner Haftentlassung Anfang 1977 bei verschiedenen Gelegenheiten öffentlich artikulierte. Der Historiker wurde als Projektionsfigur der Linken bezeichnet, „die in und mit ihm hoffen, doch noch um den krieg – gewalt – rumzukommen". Tatsächlich betreibe Roth Verrat, „wie es borniert anwälte und gefangene, die im knast kaputt gemacht und umgedreht werden, drauf haben". Dabei handle es sich um „die schmutzigste form der denunziation, tückisch – weil er nicht offen gegen uns auftritt, aber wissen kann, was der verstohlene verrat ist: propaganda gegen bewaffneten kampf und die gruppen, die ihn führen".[192] Einer der Vertrauensanwälte wurde aufgefordert, auf einem „Anti-Repressions-Seminar" des Internationalen Studentenverbandes, das im Juni 1977 in Bochum stattfand, „roth und was er repräsentiert zu thematisieren. (...) es geht nicht darum zu hetzen, nie, sondern darum, die verheerung die so eine figur anrichtet an ihrer realität darzustellen wozu ein internationales forum der richtige ort sein dürfte. das ergebnis eurer anstrengung [angesprochen sind die Anwälte, P.T.] muss sein, die roth-linie rausgedrückt zu haben".

Auch mit seinem „jahrelangen Freund und politischen Weggefährten" Negri sollte sich Roth noch einmal öffentlich auseinandersetzen.[193] Anlass für seinen im Sommer 1983 in der „taz" publizierten Offenen Brief war der zweifellos echt empfundene Ärger über die Verteidigungsstrategie, mit der sich Negri, nunmehr Hauptangeklagter eines der aufsehenerregendsten Strafprozesse in der Geschichte der italienischen Republik, gegen den Vorwurf der Staatsanwaltschaft zu wehren suchte, der eigentliche Drahtzieher des italienischen Linksterrorismus der 70er Jahre zu sein.[194] Zwar könne niemand Negri das

---

Schwester Christiane ins Leben gerufen worden war, vgl. Tolmein, „RAF – das war für uns Befreiung", S. 122–125.
[191] Frombeloff, Zeit der Autonomie, S. 137–139; S. 141–158.
[192] HIS-Archiv, RA 02 / 059,010; ‚info' vom 31.5.77.
[193] Karl Heinz Roth, Offener Brief an Toni Negri, in: taz, 14.7.1983.
[194] In einer spektakulären Verhaftungsaktion wurde Toni Negri am 7. April 1979 gemeinsam mit weiteren 21 ehemals führenden PO-Mitgliedern festgenommen. Der Vorwurf, mit denen die teilweise sehr prominenten Angeklagten konfrontiert wurden, besaß denkbar umfassenden Charakter: „Als Organisatoren und Promotoren einer politisch-militärischen Vereinigung namens Potere Operaio und anderen analogen Organisationen verschiedener Etikettierung unter dem Dach der Autonomia Operaia Organizzata" sei es ihnen darum gegangen, „die ökonomische, politische und soziale Ordnung des Staates umzuwälzen sowie einen Bürgerkrieg und einen bewaffneten Aufstand gegen die Staatsgewalt zu provozieren". Dieser bewaffnete Aufstand sei über zwei dialektisch miteinander verbundene Gewaltstrategien betrieben worden – die sogenannte Illegalität der Masse (Schlägereien, Hausbesetzungen, Sabotageaktionen, Straßensperren, ‚proletarische

Recht absprechen, sich von den Anfang der 70er Jahre vertretenen Positionen zu distanzieren – auch wenn er, Roth, einen solchen Wandel für falsch „und angesichts der weiter zunehmenden sozialen und politischen Destabilisierung in Italien und Europa für besonders indiskutabel" halte. Etwas ganz anderes sei es aber, diese Linie auf die Vergangenheit zu übertragen und damit „der militanten Basis" rückwirkend die Solidarität zu entziehen und in die Verzweiflung zu stürzen. Roth selbst empfand diese Umdeutung – ganz sicher auch vor dem Hintergrund seiner eigenen Biographie – als „unglaublich" und empfahl dem Professor, sich „Gedanken darüber [zu] machen, wie Du mit denen umgehst, die seinerzeit Deine Parolen und Konzepte für bare Münze genommen und ihr persönliches Leben danach ausgerichtet haben." Er selbst, Roth, habe in den vergangenen Tagen noch einmal in den alten Ausgaben von „Potere Operaio" und „Rosso" geblättert und „keinen einzigen Beleg" für Negris jüngste Behauptung gefunden, dass die Autonomia stets „innerhalb des ‚pluralistischen Parteienspektrums' agiert" habe: „Stattdessen viel über die Notwendigkeit, erst die ‚Partei für den Aufstand' (PO), dann die ‚bewaffneten Massenbewegung' (autonomia organizzata) aufzubauen." Die Art und Weise, mit der Negri die derzeit in Italien noch aktiven bewaffneten Gruppen zum „inneren Erzfeind" aufbaue, erschien Roth als makaberes Ergebnis einer „unheimlich egozentrische[n] Attitüde". Das eigene Leben, „die eigenen Ansätze für den Kern des italienischen Sozialprozesses zu halten", sei schon immer „einer der Hauptfehler gewesen, an denen die Avantgarden der Sozialrevolte in Italien gelitten" hätten.[195] Letztlich entsprach diese Kritik an der Entfernung des bewaffneten Kampfes von den proletarischen Massen der Tendenz nach bereits dem Trikont-Kommentar zur Sossi-Entführung – in diesem Sinne wäre Roth sich mithin tatsächlich selbst treu geblieben. Offenbar hatte Negris de facto-Relativierung der Fabrik Roth als einem überzeugten Anhänger des ‚klassischen' Operaismus niemals wirklich eingeleuchtet; ebenso wenig wie die prinzipielle Distanzierung von terroristischen Organisationen, die der oft und wohl zutreffend als Nihilist charakterisierte Negri Anfang der 80er Jahre zu seiner politischen Linie machte, ohne deshalb allerdings seine eigene Rolle für

---

Enteignungen' usw.) auf der einen, den bewaffneten Kampf auf der anderen Seite, der sich in Attentaten terroristischen Charakters, Morden und generell in Anschlägen gegen Personen konkretisiert habe. Zunächst lautete die von Staatsanwalt Pietro Calogero aus Padua formulierte Anklage für die bekanntesten Köpfe sogar Organisation und Leitung der Roten Brigaden, vgl. Grandi, Insurrezione, S. 6. Kritisch gegenüber den Vertretern der Staatsanwaltschaft Giorgio Bocca, Il caso 7 aprile: Toni Negri e la grande inquisizione, Mailand 1980.

[195] Karl Heinz Roth, Offener Brief (Teil 2), taz, 15.7.1983. Am Schluss des Textes gab Roth seiner Hoffnung Ausdruck, dass es Negri gelingen möge, „ein selbstkritisches Verhältnis zu den vergangenen düsteren Jahren aufzubauen". Er beendete den Brief mit der Parole „Freiheit für alle Gefangenen!".

die Eskalation der Gewalt kritisch aufzuarbeiten oder seine Verachtung für die parlamentarischen Demokratien des Westens zu verringern.[196]

Das in der Trikont-Publikation beklagte „Lamentieren der Guerilla, wenn sie selbst angegriffen wird" ist früh zur Essenz der Aktionen des deutschen Linksterrorismus geworden – jedenfalls in seiner von der RAF praktizierten Form. Diese hochgradige Selbstreferenzialität hat in der vielzitierten Rede des Roth-Gefährten Teufel von der „Befreit-die-Guerilja-Guerilja" wohl ihren prägnantesten Ausdruck gefunden. Die Roten Brigaden und ihre zahlreichen Konkurrenzorganisationen setzten zwar niemals in demselben Maße wie ihre Gesinnungsgenossen in der Bundesrepublik auf die Selbstviktimisierung der eigenen Kämpfer – von einer „Erdung durch Arbeiternähe" hatte man sich durch den von Negri theoretisierten „Angriff auf das Herz des Staates" aber ebenfalls unumkehrbar entfernt.[197]

Am 12. Juni 1984 wurden Negri und seine Mitangeklagten zu insgesamt vielen Jahrhunderten Haft verurteilt; Strafen, die im Laufe verschiedener Revisionen erheblich reduziert wurden. Im Falle Negris betrug das Urteil letztendlich etwas mehr als 16 Jahre Gefängnis. Zwar konnte keinem der am 7. April 1979 Verhafteten die Mitgliedschaft in den Brigate Rosse nachgewiesen werden, ebenso wenig wie die Existenz eines koordinierten Umsturzplanes im engeren Sinne.[198] Das bedeutete freilich nicht, dass Negri nicht den Willen besessen hätte, die verschiedenen Fäden der militanten Systemkritik in Italien miteinander zu verknüpfen, wie Calogero und andere vor Kurzem in einem im renommierten Laterza-Verlag erschienenen Buch auf der Grundlage einer Fülle von Quellen dargelegt haben.[199] Von heute aus gesehen scheint Negris Projekt vor allem an den unüberbrückbaren strategischen Differenzen und der erbitterten Konkurrenz der zahlreichen linksradikalen Gruppierungen untereinander gescheitert zu sein – und an der Weigerung der Brigate Rosse, sich der strategischen Leitung eines Toni Negri und der Linie seiner Autonomia Operaia Organizzata zu unterwerfen. Zahlreiche Kontakte führender *brigatisti* mit Negri und die Beeinflussung ihrer Theorieproduktion durch die

---

[196] Vgl. etwa die von Negri gegenüber den „Spiegel"-Redakteuren vertretenen Positionen in: „Ich bin kein faschistisches Monstrum", in: Der Spiegel 34/22.8.1983, S. 102–107.

[197] Vgl. Carolin Holzmeier/Natalie Mayer, Erdung durch Arbeiternähe? Die *Roten Brigaden* Italiens, in: Straßner, Sozialrevolutionärer Terrorismus, S. 275–303.

[198] Alessandro Naccarato, Violenze, eversione e terrorismo del partito armato a Padova. Le sentenze contro Potere Operaio, Autonomia Operaia Organizzata e Collettivi Politici Veneti, Padua 2008. Vgl. dazu auch Alessandro Portelli, Oral Testimony, the Law and the Making of History: The 'April 7' Murder Trial, in: History Workshop 20/1985, S. 5–35. Portellis Aufsatz enthält eine scharfe Kritik an Calogeros Verhandlungsführung und Urteilsfindung, besonders am Umgang mit den Zeugenaussagen der Kronzeugen Fioroni, Peci u. a.

[199] Calogero, Terrore rosso, passim.

politischen Schriften des Professors, die man in den konspirativen Wohnungen der Organisation fand, sind jedenfalls erwiesen.[200] 25 Jahre nach den Verhaftungen des 7. April meldete sich Oreste Scalzone mit folgendem Kommentar aus dem französischen Exil zu Wort: „[Staatsanwalt] Calogero und die anderen sind klar zu weit gegangen und haben inhaltliche und handwerkliche Fehler gemacht. Das angebliche Komplott, die geheime *Cupola* des Terrorismus mit Toni Negri in der Rolle des Großen Alten, der hinter den Kulissen die Fäden zwischen den verschiedenen Organisationen zieht, war nichts weiter als ein verschwörungstheoretischen Phantom. Aber dass wir die sozialen Unruhen, die es gab, zu organisieren versuchten, dass wir die theoretische Begründung für einen bewaffneten Kampf geliefert haben, der Entführungen und Gewalt gegen Personen miteinschloss, das entsprach alles den Tatsachen – auch wenn er praktisch anders geführt werden sollte als es die Brigate Rosse taten."[201] Verglichen mit vielen Praktikern des bewaffneten Kampfes kam der ‚Schreibtischtäter' Negri jedenfalls recht glimpflich davon: Aus der Haft heraus für die radikale Partei ins Parlament gewählt, nutzte er die deshalb gewährte temporäre Haftverschonung für eine Flucht nach Frankreich, wo er – vor der Auslieferung geschützt durch die Mitterrand-Doktrin – eine Lehrtätigkeit in Paris aufnahm. Zwischen 1997 und 2003 saß er in Italien seine Reststrafe ab; wobei er die Haft zur Niederlegung seiner gemeinsam mit dem US-amerikanischen Literaturtheoretiker Michael Hardt verfassten Hauptwerke „Empire" und

---

[200] Ebd. Als die einflussreichsten Publikationen Negris sind in diesem Zusammenhang neben den nicht namentlich gezeichneten Beiträgen seiner Zeitungen „Potere Operaio" und „Rosso" (die auch die BR-Kommuniqués veröffentlichten) zu nennen: Toni Negri, Crisi dello stato – piano comunismo e organizzazione rivoluzionaria, Florenz 1972 [dt. Berlin (Merve) 1973]; Ders., Proletari e stato: per una discussione su autonomia operaia e compromesso storico, Mailand 1976 [dt. München (Trikont) 1977]; Ders., La fabbrica della strategia: 33 lezioni su Lenin, Padua 1976; Ders. Il dominio e il sabotaggio: sul metodo marxista della trasformazione sociale, Mailand 1978 [dt. München (Trikont) 1979]. Die deutsche Ausgabe des letztgenannten Werkes unter dem knappen Titel „Sabotage" enthielt ein Nachwort des späteren Chefredakteurs der „Welt" Thomas Schmid, in dem dieser die Abkehr eines großen Teils der außerparlamentarischen Linken in Italien von einer Strategie der Kompromisslosigkeit und Militanz beklagt. Hintergrund sei die „Kriminalisierung revolutionären Denkens" auch und vor allem durch die kommunistische Partei. Es gehe um das Überleben der „operaistische[n], autonomistischen Theorie und Praxis, um eine Theorie und Praxis der direkten Klassenkonfrontation. Eine Tradition, der wir viel (nicht alles) zu verdanken haben" in: ebd., 177–182, hier S. 182. Negri plädierte in dem berühmt gewordenen Werk für die totale Gegnerschaft gegen den kapitalistischen Staat, eine Haltung, die sich in Guerilla-Aktivität, Sabotage, Streiks, abweichendem Verhalten, Kriminalität und Verweigerung äußern könne. „Es reicht mit der bürgerlichen und reformistischen Scheinheiligkeit gegen die Gewalt! (…) Sprechen wir mit Klarheit von unserer proletarischen Gewalt als von einem notwendigen zentralen Ingrediens des kommunistischen Programms", S. 102f.

[201] Zitiert in: Grandi, Insurrezione, S. 7.

„Multitude" nutzte.²⁰² Trotz seiner hasserfüllten antikapitalistischen Polemik, die die „*borghesia rossa*" der kommunistischen Partei stets einschloss, hatte Negri übrigens stets großzügige *Palazzi* in den besten Wohnlagen Mailands und Paduas bewohnt.²⁰³ Enrico Berlinguer, unter dessen Vorsitz der PCI in den 70er Jahren auf einen zunehmend reformistischen Kurs steuerte und der revolutionären Gewalt ein für allemal abschwor, beschimpfte der Professor mit den Worten, der Unterschied zwischen ihm und einem wahren Marxisten sei „der gleiche wie zwischen einer Wasserpistole und einer P38".²⁰⁴

3.3 „Wir wollen alles": Lotta Continua

„Während PO die Revolution theoretisierte, hat Lotta Continua sie in die Tat umzusetzen versucht" – so jedenfalls das Selbstverständnis ehemaliger Mitglieder von LC, der wichtigsten Konkurrentin von Potere Operaio auf dem Gebiet der autonomen Arbeiterkämpfe.²⁰⁵ In Wirklichkeit besaßen die Gruppen deutlich mehr Gemeinsamkeiten als Trennendes.²⁰⁶ Der Kitt, der beide Formationen zusammenhielt, waren der gleiche Traum von der Revolution, die gleichen kanonischen Texte, die gleichen Feindbilder: Faschisten, *padroni*, die DC, der Staat insgesamt sowie seit ihrem ‚Verrat' an der Revolution auch die Kommunistische Partei. Auch in der Praxis wirkten die Ordnungsdienste der beiden Organisationen nicht selten zusammen, wenn es darum ging, Straßenkämpfe, Hausbesetzungen oder wilde Streiks eskalieren zu lassen.²⁰⁷ Lotta continua hatte sich im Sommer 1969 als Sammelbecken der radikaleren Kräfte des *movimento studentesco* gegründet, wobei die entscheidenden Impulse aus den Universitäten Trient, Pisa, Turin und Padua kamen. „Das Problem ist nicht, sich an die Spitze der Massen zu stellen, sondern die Spitze der Masse

---

[202] Michael Hardt/Antonio Negri, Empire, Cambridge/Mass. 2000; Dies., Multitude. War and Democracy in the Age of Empire, New York 2004.
[203] Drake, Seme della violenza, S. 80.
[204] Zitiert in: Ebd., S. 66. Zur Entwicklung des PCI unter Berlinguer vgl. auch weiter unten S. 480–482.
[205] Cazzullo, Ragazzi, S. 192.
[206] Fabrizio Fiume, I dibattiti ideologici della nuova sinistra in Italia. Lotta Continua e Potere Operaio all'inizio degli anni Settanta, in: Christoph Cornelißen/Brunello Mantelli/Petra Terhoeven (Hg.), Il decennio rosso. Contestazione sociale e violenza politica in Germania e in Italia negli anni Sessanta e Settanta, Bologna 2012, S. 185–202.
[207] Calogero, Terrore rosso, S. 11. – Überhaupt war die Fluktuation der Mitglieder innerhalb der verschiedenen legalen bzw. semilegalen Gruppen der Szene so hoch, dass ideologische und strategische Unterschiede zwischen ihnen keinesfalls absolut zu setzen sind. Die meisten Organisationen verfügten zudem über mehrere *anime*, sprich verstanden es, verschiedene politische Strömungen zu integrieren.

zu *sein*. Wir müssen begreifen, dass wir nicht *für* das Proletariat die Macht ergreifen können, sondern dass das Proletariat die Macht ergreift. Der Neue Mensch wird nicht erst dann geboren, wenn der Sieg über den Kapitalismus die Bedingungen dafür geschaffen haben wird, sondern *heute*, im Kampf gegen den Kapitalismus", formulierte Adriano Sofri das Programm der Organisation.[208] Höher als in PO war unter LC-Mitgliedern der Anteil von Arbeitern, die einen nicht unbeträchtlichen Teil der Basis stellten. In dieser (temporären) Vermischung des studentisch-akademischen Milieus mit der Welt der Fabrik lag die Besonderheit des LC-Experiments, was für den Habitus der Mitglieder prägend blieb. Außerdem erschien die Gruppe von Anfang an weniger auf die Fabrik fixiert und offener für andere gesellschaftliche Subjekte als die Negri-Anhänger – besonders stark war LC als weitaus mitgliederstärkste operaistische Gruppe auch in den oberen Klassen der Schulen. In jedem Falle trug auch Lotta Continua, daran lassen weder ihre externen Interpreten noch ehemalige Mitglieder Zweifel aufkommen, ihren aggressiven Namen, der im berühmten Logo der Organisation in Form einer geballten Faust gedruckt wurde, zu Recht. Der Kampf als Lebensform, als „stato d'anima" (Seelenzustand), wie es eine Ehemalige formuliert, war die eigentliche Essenz auch dieser Gruppe jenseits der revolutionären Utopie.[209] Dass der Weg zur Revolution über die Gewalt führe, war auch in diesem Ambiente völlig unumstritten. Der bereits zitierte Adriano Sofri spricht in einem Interview von 1994 von einem regelrechten Kult der Gewalt, dem viele Mitglieder verfallen gewesen seien – einem Kult der „rebellischen und befreienden Gewalt (...), einer Idee von der Gewalt als entscheidendem Schritt zum neuen Menschen, eine emanzipatorische Gewalt".[210] In diesem Sinne „befreiende" Wirkungen konnte die Gewalt aber

---

[208] Zitiert in: Cazzullo, Ragazzi, S. 48. Dieses Aktionsprogramm bedeutete Sofris Bruch mit seinem bisherigen Vertrauten Luciano Della Mea, einem ehemaligen Partisan der Giustizia e Libertà-Formationen, der nun die Gruppe Lega dei comunisti gründete, die sich auf das Vorbild des deutschen SDS berief; ebd. In der Bundesrepublik wurde Della Mea als kritischer Kommentator einer Sofri-Rede bekannt, die im Berliner Merve-Verlag erschien, vgl. Adriano Sofri/Luciano Della Mea, Zur Strategie und Organisation von ,Lotta Continua', Berlin 1971. In Italien gab Della Mea einen Band mit den RAF-Texten „Über den bewaffneten Kampf in Westeuropa" und dem „Konzept Stadtguerilla" heraus, die er aufgrund ihrer „politischen Armut" durchaus kritisch beurteilte, aufgrund ihrer „technischen Effizienz" jedoch bewunderte. Im Anhang des Bandes, der bei dem Veroneser Verleger Bertani – einem engen Freund Feltrinellis – erschien, wurden mehrere kritische Kommentare aus deutschen Zeitungen zur RAF in italienischer Übersetzung abgedruckt, um das Maß der „Verleumdung" deutlich zu machen, dem die RAF in der Bundesrepublik ausgesetzt sei, vgl. RAF/Gruppe Baader-Meinhof/Horst Mahler, „formare l'armata rossa – i tupamaros d'europa?", hg. v. Luciano Della Mea, Verona 1972. Für die Zitate aus dem Vorwort s. S. 23.
[209] Cazzullo, Ragazzi, S. 190.
[210] Zitiert in: Manconi, Terroristi italiani, S. 32f.

nur entfalten, wenn sie, so das Credo, „spontan" und „anonym" aus dem Volk selbst hervorging. Entsprechend zelebrierten die zahlreichen Lieder, die unter anderem der LC-„Haussänger" Pino Masi einspielte, eine beinahe archaisch anmutende, proletarische Massengewalt. Den Militanten, die sie vor ihren ‚Einsätzen' wieder und wieder sangen, flößten sie ein Gefühl von Macht und Überlegenheit ein.[211]

Vor diesem Hintergrund kommentierten die Wortführer von LC den Tod Giangiacomo Feltrinellis differenzierter als ihre Rivalen von PO: „Wäre ein militanter Revolutionär nur durch die Festigkeit seiner Überzeugungen, seiner Intentionen, seines Willens definiert, so wäre Feltrinelli tatsächlich als militanter Revolutionär gestorben. Aber es gibt noch etwas anderes, etwas wichtigeres, und das ist das Band zwischen den einzelnen Individuen, das Band zwischen den Männern und Frauen, die für die Revolution kämpfen." Erst dieses Band mache den Revolutionär zum Werkzeug eines Bedürfnisses der Massen – und genau das habe „Feltrinelli und den anderen gefehlt, die eine ähnliche Wahl getroffen haben wie er." Der mutige Verleger, so resümierte das Blatt, sei zwar als „Opfer der Bourgeoisie" zu betrachten, keinesfalls aber als „Revolutionär im Sinne eines proletarischen Kampfes für den Kommunismus".[212] Dass es in der Vergangenheit unter LC-Genossen allerdings ebenfalls übliche Praxis gewesen war, zur Finanzierung ihrer politischen Arbeit bei Feltrinelli anzuklopfen, wurde an dieser Stelle geflissentlich verschwiegen.

Wer wollte, konnte den LC-Nachruf auf den Verleger nicht nur als Distanzierung von dessen GAP-Abenteuer, sondern auch als Absage an die Rotbrigadisten lesen, die in der Gruppe offiziell als „compagni che sbagliano" galten – als „Genossen, die irren". In den Vorjahren allerdings waren die LC-Aktionen im Umfeld der großen Turiner und Mailänder Fabriken denjenigen der BR zeitweise zum Verwechseln ähnlich gewesen, und wie gesehen fand auch die wenige Wochen nach Feltrinellis Tod durchgeführte Macchiarini-Entführung den ungeteilten Beifall der von Sofri geleiteten Gruppe. Anders als die BR verzichtete LC jedoch stets – so auch im Falle des Mordes an Kommissar Calabresi, der mit großer Wahrscheinlichkeit auf das Konto von LC-Mitgliedern ging – auf die Formulierung von Bekennerschreiben, sollte die Gewalt doch als Ausdruck einer anonymen *violenza popolare* erscheinen, die sich aufgrund der sozialen und politischen Verhältnisse spontan steigern und in die Revolution

---

[211] „Le canzoni, anche quelle che inneggiavano alla violenza, le cantavamo in coro tante volte di fila proprio per darci forza, per ripeterci 'Siamo qui, non siamo soggetti a nessuno, non ci possono fare niente'. Ci sentivamo in grado non solo di reggere il confronto con la polizia, ma anche di resistere alle provocazioni", so das ehemalige LC-Mitglied Anna Totolo, in: Cazzullo, Ragazzi, S. 195. Für die hochaggressiven Texte der LC-Lieder vgl. ebd., S. X, S. 155–158; Pino Masi, Le canzoni di Lotta Continua, o.D., O.J., s. bes. die Stücke „La violenza", „L'ora del fucile", „L'Inno di Lotta Continua", „La ballata di Pinelli".
[212] Zitiert in: Cazzullo, Ragazzi, S. 205.

umschlagen müsse. Gewaltanwendung legitimierte sich damit durch das Vorhandensein bestimmter politischer Voraussetzungen, nicht durch den Willen des einzelnen.[213] Entsprechend musste derjenige, der den individuellen Terror gegen Personen wollte, wie er später von den BR und dem radikalsten Flügel der Autonomia praktiziert wurde, zuvor mit der Organisation brechen. Diesen Schritt taten allerdings – ähnlich wie im Falle des bewaffneten PO-Armes Lavoro Illegale – nicht wenige Mitglieder des sich zunehmend verselbständigenden LC-Ordnungsdienstes, wobei üblicherweise nicht die Roten Brigaden, sondern ihre ‚kleine Schwester' Prima Linea und die auf die Kämpfe in den Gefängnissen konzentrierten NAP zum Auffangbecken der ehemaligen LC-Militanten wurden.[214] Die Rechtfertigung des Calabresi-Mords war der extremste Ausdruck der im Frühjahr 1972 mit dem Kongress von Rimini kulminierenden Militarisierung der Organisation, der Beobachter schließlich vorwarfen, nunmehr „statt Adorno nur noch Marighella" zu lesen.[215] „In a competitive social movement sector, when the most extreme groups adopt organized violent stands", so kommentiert Sidney Tarrow, „it is difficult for any group to come out against violence."[216] Auch wenn die „militaristische" Phase der Organisation 1974/75 vorbei war, kam diese Wende für viele Mitglieder zu spät, die die Kultur der Gewalt zu stark internalisiert hatten, um den Weg der Institutionalisierung mitzugehen.[217]

Was das Verhältnis von Lotta Continua zu Feltrinelli angeht, so spricht Adriano Sofri aus der Rückschau wenig verwunderlich von einer „abgrundtiefen Distanz" zwischen den Seinen und dem umtriebigen Verleger, der statt auf eine Mobilisierung der Massen ganz auf die Bildung kleiner Widerstandseinheiten gesetzt habe.[218] Zum ersten Mal sei er Feltrinelli 1968 in Pisa begegnet. „Er kam gerade aus Deutschland, wo er an einer Demonstration teilgenommen hatte, und wir diskutierten über die deutsche Studentenbewegung und den SDS. (…) Neidisch waren wir nicht auf sein Geld, sondern auf seine Mobilität und seine internationalen Kontakte."[219]

Tatsächlich wurde Lotta Continua ab 1970 ebenfalls im Ausland aktiv – und zwar in einem Bereich, den auch Feltrinelli auf der Suche nach Bundesgenossen bereits ausgelotet hatte. Getreu der operaistischen Ideologie, für die die Arbeitsmigranten „die revolutionäre Avantgarde aller europäischen Proletarier" darstellten,[220] versuchten die LC-Angehörigen, die Erfahrungen der militan-

---

[213] Fiume, Dibattiti, passim.
[214] Tarrow, Democracy and Disorder, S. 285.
[215] Cazzullo, Ragazzi, S. 194.
[216] Tarrow, Democracy and Disorder, S. 284.
[217] Bobbio, Lotta continua, S. 106.
[218] Grandi, Feltrinelli, S. 394f.
[219] Ebd., S. 393.
[220] Cazzullo, Ragazzi, S. 151.

ten autonomen Arbeiterbewegung in Italien auch in das Land der konzertierten Aktion und der Flächentarifverträge zu exportieren.[221] Während PO seine Kader nach Deutschland schickte, um die dortigen Genossen – in Wesentlichen Studenten und Intellektuelle – zunächst theoretisch zu schulen, ging es LC allein um die praktische Agitation unter den ‚Gastarbeitern'. Der erste LC-Delegierte, der auf den Spuren der so genannten „Nomaden der Revolution" in den Norden ging, war ein Mann namens Checco Zotti.[222] Zotti war in Trient für den von Bernward Vesper beschriebenen ‚Pranger' im Ignis-Werk verantwortlich gewesen und floh vor strafrechtlichen Konsequenzen in die Bundesrepublik, wo er in Frankfurt die Kontakte zu den Deutschen wiederzubeleben versuchte, die er in Trient kennengelernt hatte. Bereits seit dem Sieg der Dutschke-Fraktion auf der Delegiertenkonferenz vom September 1967 hatte es im SDS Frankfurt eine sogenannte Betriebsprojektgruppe gegeben, die sich nun, im September 1970, „mit einem veränderten Anspruch aufgeladen" unter dem Namen „Revolutionärer Kampf" (RK) neugründete.[223] Ab November wurde nach italienischem Vorbild in den nahegelegenen Opelwerken von Rüsselsheim für die Revolution agitiert.[224] Dass das auf der Betriebszeitung abgebildete Logo eine geballte Faust darstellte, war dabei vor dem Hintergrund der LC-Aktivitäten in der Stadt wohl alles andere als ein Zufall, zumal auch die abgedruckten Texte, wie Koenen bemerkt, „schon ziemlich LOTTA-mäßig" klangen.[225] Dieselbe Faust – ein Werk des Graphikers Hansjörg Langenfass – prangte übrigens auch auf vielen Umschlägen der umfangreichen Trikont-Reihe ‚Schriften zum Klassenkampf'.[226] Nicht nur in Frankfurt, sondern auch in Köln, München und Leverkusen hatten die Revolutionswilligen von LC in der Zwischenzeit die Unterkünfte für ausländische Migranten bezogen und sich in einem zunächst gebrochenen, schließlich

---

[221] Lotta Continua war aber auch in der Schweiz aktiv, wo sich der MGP in einen LC- und einen PO-Flügel spaltete; Wisler, Drei Gruppen, S. 43.

[222] Cazzullo, Ragazzi, S. 152f. Begleitet wurde Zotti von Franca Fossati, die später eine führende Rolle in der italienischen Frauenbewegung spielen sollte, sowie zwei Schweizern, was wiederum die Bedeutung der Schweiz als Bindeglied zwischen deutscher und italienischer Linker unterstreicht, ebd., S. 260.

[223] Wolfgang Kraushaar, Fischer in Frankfurt: Karriere eines Außenseiters, Hamburg 2001, S. 50.

[224] Koenen, Jahrzehnt, S. 320f. Laut Christian Schmidt wurden „einzelne Aktionen der Italiener (…) bis ins absurde Detail kopiert", vgl. Ders., „Wir sind die Wahnsinnigen…", Joschka Fischer und seine Frankfurter Gang, München 1999, S. 57.

[225] Das Logo des RK ist abgebildet in: Kraushaar, Fischer, S. 51. – Beispielhaft zitiert Koenen aus der OPEL-Betriebszeitung ‚Revolutionärer Kampf' (1.4.1971): „Wir wollen, daß dieser Laden nicht mehr läuft! Nur so kann unser Programm wirklich werden; eine Gesellschaft, die die unsere ist, ohne die jetzige Unterdrückung, ohne die Scheißarbeit, ohne alles, was jetzt nur besteht, um uns auszubeuten. Genau das bedeutet: WIR WOLLEN ALLES!" in: Ders., Jahrzehnt, S. 321.

[226] Körner, Trikont-Verlag. S. 102.

immer flüssiger werdenden Deutsch in die Diskussionen auf den Betriebsversammlungen eingeschaltet, wo sie sich darum bemühten, mit einem Transfer der Praktiken des ‚Heißen Herbstes' auch die politische Temperatur bundesdeutscher Fabrikhallen zu erhöhen.[227]

Nicht nur aufgrund seiner Zweisprachigkeit spielte der Südtiroler Alexander Langer, späteres Gründungsmitglied der italienischen ‚Grünen' und Abgeordneter im Europaparlament, dabei eine besonders wichtige Rolle. Mit seiner ausführlichen Berichterstattung über die in der Tat düstere und xenophobe Seite der Bundesrepublik, die er in den Wohnbaracken der ‚Gastarbeiter' kennenlernte, sollte er das Deutschlandbild der außerparlamentarischen italienischen Linken in den nächsten Jahren von den Seiten der „Lotta Continua" aus stark prägen, bevor er nach seiner Rückkehr nach Italien selbst das Amt des Chefredakteurs der Zeitung übernahm.[228]

Die jungen LC-Aktivisten beschränkten ihre Tätigkeit aber nicht auf das Milieu ihrer an den Fließbändern der Fabriken tätigen italienischen Landsleute. Viele wohnten auch in deutschen Studentenwohnheimen und WGs, wo sie besonders dem entstehenden Sponti-Milieu in Frankfurt neben revolutionären Melodien und Liedtexten auch die entscheidenden politischen Themen und Parolen lieferten.[229] Das Motto „Nehmen wir uns die Stadt", das aus den italienischen Miet- und Häuserkämpfen in Rom, Bologna, Mailand und Turin direkt in die Bundesrepublik exportiert wurde,[230] wurde rasch zum Schlachtruf des Revolutionären Kampfes, der am 19. September 1970 seine erste Hausbesetzung durchführte.[231] Auch die folgenden RK-Aktionen gegen Preiserhöhungen bei

---

[227] Cazzullo, Ragazzi, S. 151ff. Vgl. auch Serhat Karakayali, Lotta Continua in Frankfurt, Türken-Terror in Köln. Migrantische Kämpfe in der Geschichte der Bundesrepublik, in: grundrisse 14/2005; online unter http://www.grundrisse.net/grundrisse14/14serhat_karakayali.htm (24.9.2011).

[228] Zu Langer vgl. Fabio Levi, In viaggio con Alex. La vita e gli incontri di Alexander Langer (1946–1995), Mailand 2007, bes. S. 50–71; Zur Berichterstattung der Zeitung „Lotta Continua" vgl. weiter unten S. 607ff.

[229] An den 1990 verstorbenen Checco Zotti erinnerte Daniel Cohn-Bendit auf den Seiten des ‚Pflasterstrand' folgendermaßen: „Mit den Liedern von Lotta Continua auf den Lippen, verzauberte er mehr als eine/n GenossIn durch seine selbstverständliche Art, mit den Migranten zu arbeiten und zu leben. Die in dieser Hinsicht doch schwerfälligen Antiautoritären westgermanischer Prägung lernten viel und veränderten mit ihm wohltuend ihre Lebensauffassungen", zitiert in: Schmidt, Wir sind die Wahnsinnigen, S. 58.

[230] Zur Rolle Lotta Continuas in den italienischen Häuserkämpfen vgl. Cazzullo, Ragazzi, S. 85–154, Tarrow, Democracy and Disorder, S. 278ff.

[231] Kraushaar, Fischer, S. 41. Innerhalb des bereits zitierten Kursbuchs vom Dezember 1971 sollte Peter Schneider ein Dossier zur Hausbesetzerbewegung in Norditalien veröffentlichen, S. 109–134. Lotta Continua begründete die Parole mit einer denkbar umfassenden Absage an die ‚Verhältnisse': „In questa società schifosa che distrugge la voglia di vivere, l'intelligenza delle masse, la natura – In questa società schifosa che vive dello sfruttamento di milione e milioni di uomini, donne, bambini e vecchi da parte di un pugno di padroni

den Verkehrsbetrieben und im Supermarkt – Teil des Versuchs, „sich die Stadt als urbanes Experimentierfeld anzueignen"[232] – besaßen direkte italienische Vorbilder. Den Unterschied der von Lotta Continua beeinflussten Subkultur zur Proletarischen Front beschreibt Karl Heinz Roth wie folgt: „Wir hatten Kaderstrukturen, während der Lotta-Ansatz stark aus dem kulturellen Kontext kam. Z. B. die Essener ‚Lotta'-Gruppen, die haben gelebt… Wenn wir zu denen gegangen sind, die haben immer nur gefeiert, während wir die norddeutschen Asketen waren, die nicht feiern konnten."[233] Zwar setzte auch die PF auf die Verbindung ihrer Theoriediskussionen mit praktischer Intervention, scheint aber wie angedeutet mit konkreten Basisaktivitäten deutlich mehr Probleme gehabt zu haben als die ‚Lotta'-Genossen. „Obwohl beide Gruppierungen sich am italienischen Operaismus orientierten, insbesondere an Trontis ‚Arbeiter und Kapital', bestanden erhebliche Differenzen in der weiteren Ausformung ihrer Politik", so auch Ingrid Bierbrauer. „Während die Hamburger als ausgesprochene Theoriegruppe galten", seien die Frankfurter in ihrer theoretischen Orientierung „nicht eindeutig" und insgesamt weniger „‚wissenschaftlich' interessiert" gewesen.[234] Dafür lernten die deutschen Revolutionstheoretiker von LC, wie Alltag und Klassenkampf zusammengeführt werden konnte, wie zeitgenössische Kommentare beweisen: „Zum Beispiel, daß Politik heißt, den Lebenszusammenhang einbeziehen; daß man mit den Arbeiter leben, feiern, singen und nicht nur diskutieren kann. (…) In vielen Fragen war damit die LC für uns das entscheidende vorwärtsstrebende Moment."[235]

Was die Nähe der deutschen Stadtguerilla-Gruppen zum spontaneistischen Milieu der Main-Metropole angeht, wo im Sommer 1972 Baader, Meins und Raspe festgenommen wurden und in der Butz Peters immerhin sieben konspirative Wohnungen der RAF gezählt hat, so ist es beim derzeitigen Stand der Forschung kaum möglich, gesicherte Aussagen zu treffen.[236] Wohl zu Recht hat Koenen darauf hingewiesen, dass sich die „eigentlich gefährlichen Entwicklungen" in Frankfurt und anderswo „in den nur halb oder gar nicht

---

bastardi – In queste città trasformate in galere […] tutto ciò che esiste, l'intera società, la ricchezza delle nazioni, l'abbiamo costruito noi, è il prodotto del nostro lavoro sfruttato, della nostra miseria. È TUTTO NOSTRO. PRENDIAMO TUTTO, PRENDIAMO LA SOCIETÀ; PRENDIAMOCI LA CITTÀ – prendiamoci le case, le scuole, i trasporti, gli asili", in: „Prendiamoci la città", in: LC, 11.12.1970.
[232] Wolfgang Kraushaar, Die Frankfurter Sponti-Szene. Eine Subkultur als politische Versuchsanordnung, in: Archiv für Sozialgeschichte 44/2004, S. 105–121, hier: S. 119.
[233] Zitiert in: Birkner/Foltin, (Post-)operaismus, S. 67.
[234] Bierbrauer, Operaismus, S. 155.
[235] So Mitglieder der Münchner Arbeitersache, zitiert in: Karakayali, Lotta Continua, S. 4.
[236] Peters, Tödlicher Irrtum, S. 245. Auch Kraushaar spricht davon, dass Frankfurt nach der Schwerpunktverlagerung der RAF-Aktivitäten von Westberlin in die Bundesrepublik „wegen einer breiteren Unterstützerszene (…) eine Schlüsselrolle" eingenommen habe, Kraushaar, Tupamaros, S. 513.

eingebundenen Randzonen der Sponti-Kernszene" abspielten – etwa in der Roten Hilfe oder den späteren Anti-Folterkomitees.[237] Allerdings kann wenig Zweifel daran bestehen, dass die Übergänge zwischen den genannten Gruppen fließend waren, wobei der transnationale Charakter der Szene sich offenbar einmal mehr eskalationsfördernd ausgewirkt hat. Ausgerechnet bei einem von der Roten Hilfe organisierten *teach-in* in der Frankfurter Universität am 31. Mai 1972, auf dem das linksradikale Lager seine Haltung zur vorausgegangenen „Mai-Offensive" der RAF diskutieren wollte,[238] intervenierte Lotta Continua mit einem Beitrag zum Thema „Wer war Luigi Calabresi?"[239] In der Rede wies der Sprecher darauf hin, dass der politische Mord „sicher nicht die entscheidende Waffe zur Emanzipation der Massen" sei – Priorität besitze nach wie vor der „proletarische Massenkampf". Dennoch wolle man sich nicht von der Erschießung Calabresis als „einem Akt, in dem die Ausgebeuteten ihren Willen erkennen, Gerechtigkeit zu üben", abwenden. Denn auch „die Säuberung" sei „eine taktische Entscheidung einer revolutionären Bewegung, die sich zwar noch nicht unmittelbar der Frage der Machtergreifung und der Zerstörung des bürgerlichen internationalen Staatsapparats stellen" könne, glücklicherweise aber doch „die intellektualistische und frustrierende Berufung auf die Stunde X" zu überwinden im Begriff sei. Zuvor war auf Tonband eine recht genau auf die Frankfurter Zielgruppe ausgerichtete Erklärung Ulrike Meinhofs eingespielt worden, in der den Genossen einmal mehr vorgeworfen wurde, sich „aus Angst, selbst in die Schußlinie zu kommen" hinter den „Massen zu verschanzen". Angesichts von „Fließband- und Akkordhetze in den Betrieben (…), Kurzarbeit, Entlassungen, Streiks, zwei Millionen ausländischer Arbeiter (…), Bürgerinitiativen, Hausbesetzungen" könne es innerhalb eines Systems, „das die Städte aus Profitgier" verwüstet, keinen triftigen Grund geben, „das Problem des bewaffneten Kampfes und Widerstandes immer noch aufzuschieben".[240] Der Szene-Kenner Koenen geht davon aus, dass die Tonbandeinspielung womöglich weitreichende Konsequenzen gehabt hätte, wenn Meinhof und die übrigen nicht wenige Tage später gefasst worden und das Experiment Stadtguerilla – wie es beileibe nicht nur Curcio zu diesem Zeitpunkt erschien – einem raschen Ende zugeführt worden wäre.[241]

Unterm Strich scheint das von LC beeinflusste Milieu in der Bundesrepublik

---

[237] Koenen, Rotes Jahrzehnt, S. 347. Zu den Verstrickungen einiger Schlüsselfiguren des Frankfurter Milieus in den Terrorismus vgl. auch den faktenreichen Aufsatz von Wolfgang Kraushaar, Im Schatten der RAF. Zur Entstehungsgeschichte der Revolutionären Zellen, in: Ders., RAF und linker Terrorismus I, S. 583–601.
[238] Vgl. zur ‚Mai-Offensive' weiter unten S. 243–246.
[239] Zitiert in: Schmidt, „Wir sind die Wahnsinnigen…", S. 54–56.
[240] Vgl. Tonbandprotokoll vom Teach-In der Roten Hilfe, Frankfurt, Erklärung vom 31. Mai1972, in: Rote Armee Fraktion, Texte, S. 148–150, hier S. 149.
[241] Koenen, Jahrzehnt, S. 336. Aber „auch so", fährt Koenen fort, „blieb ihre wie ein verletzter

jedoch weit weniger anfällig für das Abgleiten in den Terrorismus gewesen zu sein als das Umfeld von PO, das dezidert „mit illegalen Strukturen operiert[e]", wie es Roth ausgedrückt hat.[242] In diesem Sinne galten die Verfechter des bewaffneten Kampfes auch im deutschen Sponti-Milieu als „Genossen, die irren" – ebenso anfällig wie LC war man jedoch aufgrund des gemeinsamen Feindbildes ‚Staat' für die Mitleidskampagnen, mit denen nach der Inhaftierung der ersten RAF-Generation um Sympathisanten geworben wurde.[243] Durch ihre größere ‚Erdung' scheinen sich Gruppen wie der RK allerdings ihre Fähigkeit zur Selbstkorrektur und insgesamt eine höhere Frustrationstoleranz bewahrt zu haben als andere. Der Kontakt zu den ganz bewusst den ‚Massen' und seinen Bedürfnissen zugewandten Italienern mag die Kritikbereitschaft gegenüber der streng hierarchischen ML-Kaderorganisation RAF weiter verstärkt haben – ganz ähnliche Vorbehalte äußerte ‚Lotta' in Italien gegenüber den Brigate Rosse. „Die RK-Mitglieder", so Wolfgang Kraushaar, „verstanden sich zwar als Marxisten, waren jedoch jeder Kanonisierung einer revolutionären Theorie von Anfang an abhold".[244] Nicht zufällig sollte in diesem Milieu der kreative Ableger der italienischen 77er-Bewegung – die *indiani metropolitani* – einen neuen Schub italienisch-deutscher Transferprozesse in Gang setzen.[245]

Die RAF dagegen pflegte sich von denjenigen deutschen Gesinnungsgenossen, die sich dezidert volksnah gaben – wie etwa der Bewegung 2. Juni, die sich als „anarchistische[s] Korrelativ zur RAF"[246] verstand, oder den Revolutionären Zellen (RZ), die sich selbst als „populäre Guerilla" zu bezeichnen pflegten – kategorisch abzugrenzen. So erschien etwa dem zu diesem Zeitpunkt bereits inhaftierten Andreas Baader Anfang 1973 das strategische Konzept der oft als „Feierabendterroristen" titulierten RZ[247] keiner weiteren Auseinandersetzung wert: „Die Gruppen, die im Stadtteil oder im Betrieb arbeiten, haben nirgends argent. Niveau und das Maß an Verbindlichkeit, mit einer Guerillagruppe zus.zuarbeiten".[248]

Vogel zitternde Stimme in der Erinnerung vieler haften. (…) Ulrike wurde zur Ikone und Märtyrerfigur der Linken schlechthin, und gerade der ‚undogmatischen'".

242 Gespräch mit Karl Heinz Roth, S. 300.
243 Das gilt auch für den Kommunistischen Bund, mit dem Lotta Continua ebenfalls „zeitweilig eng zusammenarbeitete, vgl. Steffen, Trüffelschwein, S. 128.
244 Kraushaar, Frankfurter Sponti-Szene, S. 108.
245 Indianer und P38. Italien: ein neues 68 mit anderen Waffen, München 1978. Als Herausgeber wird im Impressum nicht ohne Witz „der Zufall unterschiedlicher Spannungen" angegeben.
246 Proll/Dubbe, Stern, S. 101.
247 Vgl. Johannes Wörle, Erdung durch Netzwerkstruktur? *Revolutionäre Zellen* in Deutschland, in: Alexander Straßner (Hg.), Der sozialrevolutionäre Terrorismus. Theorie, Ideologie, Fallbeispiele, Zukunftsszenarien, Wiesbaden 2008, S. 257–273, hier S. 257; 259.
248 Zitiert in: Fetscher/Münkler/Ludwig, Ideologien und Strategien, S. 69.

3.4 Rote Brigaden, RAF und Bewegung 2. Juni nach 1972

Arroganz, Abgehobenheit, Unfähigkeit zur Selbstkritik – so lassen sich die Vorwürfe auch derjenigen deutschen RAF-Kritiker zusammenfassen, die für die Anliegen der Gruppe prinzipiell aufgeschlossen waren.[249] Ganz ähnliche Formulierungen fanden auch führende Rotbrigadisten, wenn es rückblickend darum ging, ihr Verhältnis zu den Männern und Frauen der langlebigsten deutschen Stadtguerilla zu beschreiben. „1972 brachen wir unsere Beziehungen zu dieser Organisation ab", so Alberto Franceschini. „Wir hatten uns nicht mit ihnen verständigen können, sie sprachen nur von weit entfernten, globalen Problemen: vom Imperialismus, von der Dritten Welt. Den Genossen von der ‚Bewegung 2. Juni' fühlten wir uns näher. Sie lebten so wie wir, diskutierten über Hausbesetzungen, über die Kämpfe der türkischen Gastarbeiter."[250] Dem Bruch mit der RAF vorausgegangen sei, so Franceschini, der dreiwöchige Besuch einer jungen Frau, die kurz nach ihrer Rückkehr in einer Berliner Wohnung verhaftet worden sei. „Sie war blond und mager, und damals war sie nach Italien gekommen, um sich ein kleines Muttermal auf der Wange entfernen zu lassen. Sie sagte, die Polizei würde sie daran sofort wiedererkennen (...). Wir vermittelten ihr einen Arzt und nutzten die Gelegenheit, mehr über die deutsche Situation zu erfahren. Aber das war nicht einfach: sie war sich ihrer Ideen zu sicher, sie stellte sie überhaupt nicht in Frage. (...) So ging das immer, endlose Diskussionen. Und eines Tages beschimpfte ich sie als ‚Scheißstudentin, die die Politik nie verstehen wird'. Als ich die Meldung ihrer Verhaftung in der Zeitung sah, hätte ich mich gerne bei ihr entschuldigt." Es spricht einiges dafür, dass es sich bei der streitlustigen Besucherin um Brigitte Mohnhaupt handelte, die am 9. Juni 1972 – zwei Tage nach Gudrun Ensslin und sechs Tage vor Ulrike Meinhof – in Berlin festgenommen wurde.[251]

Franceschinis bisher nicht beachtete Ausführungen sind aus einer Reihe von Gründen interessant. Erstens unterstreichen sie die auch in der Forschung oft betonten ideologischen Differenzen zwischen den Rotbrigadisten und den Mitgliedern der Roten Armee Fraktion, die eine Kooperation der beiden Gruppen im engeren Sinne zumindest während der 70er Jahre verhinderten. Zweitens legt Franceschini jedoch nahe, dass die beiderseitigen Beziehungen stärker als durch diese Unterschiede durch die Form des Auftretens der deutschen Genossen getrübt worden seien – wobei er einen Bruch zwischen dem historischen Kern und den nachwachsenden RAF-‚Generationen' andeutet. Drittens

---

[249] Waldmann, Terrorismus, S. 102.
[250] Franceschini, Herz, S. 63.
[251] Chronologie bei Peters, Irrtum, S. 835.

zeigt das Zitat einmal mehr, dass man sich trotz der politischen und persönlichen Probleme intensiv miteinander beschäftigte, wobei offenbar vor allem die Schläge der Repression verantwortlich für Gefühle der Nähe und der Solidarität waren. Und viertens verweist Franceschini auf eine größere Affinität der Roten Brigaden zur Bewegung 2. Juni.

Franceschinis Äußerungen sollten aber nicht nur als Quelle für die weitere Entwicklung der Beziehungen zwischen deutschen und italienischen Linksterroristen auf der Grundlage der von Feltrinelli etablierten Kontakte gelesen werden. In erster Linie sind sie Ausdruck des Selbstbildes der Roten Brigaden als Speerspitze einer breiten Volksbewegung, das in Abgrenzung von einer gesellschaftlich isolierten, in abstrakten Denkkonstruktionen verfangenen RAF umso mehr an Tiefenschärfe gewinnt. Wie gesehen, war aber auch die BR-Ideologie von Anfang an eine synkretistische Mischung aus einheimischen und ‚importierten' Elementen, denn auch in Italien war die Konstatierung einer revolutionären Situation weniger einer profunden Gesellschaftsanalyse entsprungen als der voluntaristischen Setzung der beteiligten Akteure, die nach theoretischen Begründungen einer davon weitgehend unabhängig verlaufenden Praxis suchten. In diesem Sinne war und blieb auch der Internationalismus selbstverständlicher Bestandteil der kognitiven Orientierung der Gruppe, wie etwa ein auf den Seiten von „Potere Operaio" im März 1973 abgedrucktes Selbstinterview beweist. Aufgrund der „supranationalen Strukturen des Kapitals selbst", heißt es da, sei die „europäische Dimension der revolutionären Initiative" von höchster Wichtigkeit. „An ihr zu arbeiten bedeutet in erster Linie, den Klassenkrieg im eigenen Land weiterzuentwickeln, aber auch, bereit zur Unterstützung aller konkreten Initiativen und Kämpfe zu sein, die die internationale revolutionäre und kommunistische Bewegung von uns verlangt."[252] Vor diesem Hintergrund erscheint ein aktiver ‚Abbruch' der Beziehungen zur RAF wenig wahrscheinlich; eher ist von einer durch den Tod Feltrinellis und vor allem die Fahndungserfolge der deutschen Polizei verursachten, vorübergehenden Beeinträchtigung der Verbindung auszugehen. Bei der Reorganisation der im Sommer 1972 so gut wie zerschlagenen Roten Armee Fraktion wird im Übrigen dem PO-Unterstützungsnetzwerk, auf das auch die Roten Brigaden zugreifen konnten, eine nicht im Detail bestimmbare, vermutlich aber nicht unerhebliche Rolle zugefallen sein.

In unserem Zusammenhang ist zunächst entscheidend, dass sich die politische Linie der wichtigsten deutschen und italienischen Metropolenguerillas im Laufe der 70er Jahre faktisch aneinander annäherte. Wie bereits angedeutet, war schon der Sossi-Entführung das unausgesprochene Scheitern der ursprünglichen BR-Strategie vorausgegangen, die Klassenkämpfe mit solchen

---

[252] Potere Operaio, 23.3.1973, abgedruckt in: Soccorso Rosso, BR, S. 144–149; hier S. 149.

Aktionen zu verschärfen, die die Arbeiter innerhalb ihrer eigenen Lebenswelt ‚abholten'. Auch wenn es in Italien, wie Marica Tolomelli für die Studentenbewegung herausgearbeitet hat, aufgrund zahlreicher Faktoren zwischen den Vordenkern der Revolution und dem anvisierten revolutionären Subjekt keine so großen Verständigungsprobleme gab wie in der Bundesrepublik,[253] entwickelten sich doch auch südlich der Alpen die Logik der bewaffneten Gruppen auf der einen und die der Basis auf der anderen Seite spätestens ab 1974 immer mehr auseinander. Hatten die Roten Brigaden in ihren Bekennerschreiben anfangs die drastische Alltagssprache der einfachen Arbeiter nachzuahmen versucht und auch in ihren Programmschriften vergleichsweise wenig theoretische Klimmzüge gemacht, wurden die Strategiepapiere im Laufe der Zeit umfangreicher und die darin entfalteten gedanklichen Konstrukte komplizierter. Bezeichnenderweise wurde nach der Sossi-Entführung innerhalb der Organisation eine „strategische Leitung" installiert, die „als höchste Autorität der BR" die politische Linie der inzwischen größer und unübersichtlicher gewordenen Gruppe festlegen sollte.[254]

Erstes greifbares Produkt des neuen *think tanks* war ein längeres Strategiepapier vom April 1975, in dem erstmals vom sogenannten SIM die Rede war – dem „Stato Imperialista delle Multinazionali".[255] Hinter dem ominösen Kürzel stand die Idee, dass der Staat in den westlichen Industrienationen nur noch als Herrschaftsinstrument des international organisierten Kapitals zu betrachten und entsprechend bedingungslos zu bekämpfen sei, wobei Italien das schwächste, die Bundesrepublik das stärkste Kettenglied darstelle. Es handelte sich um eine modernisierte Form der Leninschen Agententheorie, die – vorbereitet in den Texten von Mahler und Meinhof – im Sommer 1975 auch in den Überlegungen Andreas Baaders auftauchte.[256] In der so genannten „Erklärung zur Sache" vom Januar 1976, der wichtigsten Programmschrift, die die ‚Stammheimer' während ihres Stuttgarter Gerichtsverfahrens niedergelegt haben, wurde die Agententheorie zu einer „gigantischen Verschwörung der Chefs der multinationalen Konzerne unter Beihilfe der CIA gegen die Völker der Welt, vor allem aber ge-

---

[253] „Letztendlich sprachen sowohl die Studenten als auch die Arbeiter, wenngleich mit erheblichen Nuancierungen, eine gemeinsame Sprache: Die revolutionäre Sprache des Klassenkampfes", Tolomelli, Repressiv getrennt, S. 312.

[254] Vgl. das interne Papier „Alcune questioni per la discussione sull'Organizzazione", abgedruckt in: Dossier Brigate Rosse I, S. 300–306, hier S. 305.

[255] Vgl. die Risoluzione della direzione strategica vom April 1975, die im Oktober 1975 in Auszügen in „L'Espresso" und „Gente" erschien. Hier zitiert nach Dossier Brigate Rosse I, S. 349–366, hier S. 353.

[256] „der kapitalistische nationalstaat ist politische agentur des monopolisierungsprozesses und der hegemonie des us-kapitals – in den bereichen, die vom internationalen konzentrationsprozess des kapitals direkt erfasst sind gegen die interessen der nationalen bourgeoisie", Erklärung vom 16. Juli 1975, zitiert in: Fetscher/Münkler/Ludwig, Ideologien und Strategien, S. 130.

3.4 Rote Brigaden, RAF und Bewegung 2. Juni nach 1972

gen das deutsche Volk" aufgebauscht.[257] Gleichzeitig wimmelte der Text von Invektiven gegen die „verbrecherische Politik" des „Bonner Regimes".[258] Sehr ähnlich klangen ab 1975 die Ausführungen der BR, die in der Democrazia Cristiana die italienische Dependance des SIM erkannt zu haben glaubten – der „größten multinationalen Zentrale des Verbrechens, die die Menschheit jemals kennengelernt hat", wie es in der ersten Erklärung zur Moro-Entführung vom 16. März 1978 heißen sollte.[259] Vom ‚Volksprozess' gegen Aldo Moro als dem angeblichen italienischen Kopf des SIM erhoffte man sich weitere Aufschlüsse über Identität und Strategien der international agierenden Feinde des Proletariats. Auf der Grundlage des vorliegenden Materials ist es schwierig zu bestimmen, wer von wem abgeschrieben hat; als belegt gelten kann jedoch die Tatsache, dass sich die Vordenker beider Gruppen mit der Theorieproduktion der jeweils anderen ebenso auseinandergesetzt haben wie mit der begleitenden Praxis.[260]

Dass das Interesse an den deutschen Parallelorganisationen innerhalb der BR nach Feltrinellis Tod alles andere als versiegt war, lässt sich besonders eindrucksvoll anhand der glühenden Verteidigungsschrift zugunsten der RAF aus der Feder Renato Curcios vom Dezember 1974 belegen.[261] Wenn man Franceschinis Äußerungen ernst nimmt, kann man den in Form eines Offenen Briefes – ohne expliziten Empfänger – formulierten Text auch als einen Appell an die andere Seite interpretieren, die eingetretene Funkstille zwischen den Gruppen angesichts der zahlreichen Gemeinsamkeiten möglichst rasch zu beenden. Ein positives Signal in dieser Richtung hatte kurz zuvor schon Ulrike Meinhof gesetzt, als sie die RAF in einer öffentlichen Erklärung zum Prozess in Berlin-Moabit, wo sie aufgrund der gewaltsamen Befreiung Andreas Baaders vor Gericht stand, in einem gemeinsamen ideologischen und handlungspraktischen Kontext mit den italienischen Brigate Rosse verortete: Gemeinsame Aufgabe beider Formationen sei es, „im hinterland des imperialismus die guerilla, den bewaffneten kampf, den volkskrieg [zu] entfesseln".[262]

Als ausführliche schriftliche Auseinandersetzung eines führenden Mitglieds einer linksterroristischen Vereinigung mit Ideologie und Strategie einer im Nachbarland aktiven, affinen Formation stellt Curcios Papier jedenfalls eine Besonderheit innerhalb der Geschichte des Linksterrorismus dar. Be-

---

[257] So der Kommentar in: Ebd.
[258] Erklärung vom 13. Januar 1976, in: RAF, Texte, S. 198–265, passim.
[259] Sequestro Moro, Comunicato BR n. 1 vom 18.3.1978, in: Dossier Brigate Rosse II, S. 293–297, hier S. 295.
[260] Die inhaftierten RAF-Mitglieder beschäftigten sich mit nahezu allen zeitgenössisch kursierenden Revolutionstheorien, auch den Texten der Roten Brigaden. Zur Entführung Aldo Moros aus transnationaler Perspektive vgl. S. 625ff.
[261] In Auszügen abgedruckt in: Dossier Brigate Rosse I, S. 321f.; 341–343.
[262] Zitiert in: Fetscher/Münkler/Ludwig, Ideologien und Strategien, hier: S. 225.

zeichnenderweise entstand der Text während der Haftzeit des Verfassers im piemontesischen Casale Monferrato, mithin in einer Situation, in der der BR-Chefideologe nicht nur erstmals sehr viel Zeit für eine intensive Beschäftigung mit der Lage in der Bundesrepublik hatte, sondern sich den mittlerweile in Stuttgart-Stammheim auf ihren Prozess wartenden, ihm persönlich bekannten Genossen naturgemäß auch besonders nahe fühlte.

Auch der Zeitpunkt der Niederschrift nach dem Hungertod von Holger Meins – in Curcios Worten der „kalt berechneten[n] ermordung des genossen holger meins durch die meuchelmörder schmidt, maihofer und vogel"[263] – dürfte in diesem Sinne alles andere als eine zufällige Koinzidenz sein. In der Bundesrepublik wurde das Schriftstück in deutscher Übersetzung als „Brief von Renato Curcio, Gefangener aus der Brigate Rosso [sic], Italien, zum Hungerstreik der Gefangenen aus der RAF und zur Strategie des bewaffneten Kampfes in Westeuropa" vom Hamburger Anti-Folter-Komitee veröffentlicht; in Curcios Heimat erschien es auf den Seiten des PO-Blattes „Rosso" und in dem auflagenstarken italienischen „konkret"-Pendant „ABC". Ob es zusätzlich zu den genannten politischen Umständen einen unmittelbaren äußeren Anstoß für den Offenen Brief gegeben hat, etwa in Form einer konkreten Bitte aus der Bundesrepublik, ist nicht bekannt. Sicher ist allein, dass Curcio über die jüngsten Entwicklungen im Norden im Detail informiert war. So dürfte ihm unter anderem die erwähnte Deutschlandbeilage der Zeitschrift „Controinformazione" vorgelegen haben, die ihn – druckfrisch – mit einer Vielzahl von Argumenten zur Verteidigung der „in technologischen tigerkäfigen isoliert[en]" deutschen Genossen versorgte, die Curcio dankbar aufgriff.[264] Als Adressaten des Briefes scheint der Verfasser wohl ebenso sehr italienische wie deutsche Leser im Blick gehabt zu haben – für beide Zielgruppen jedenfalls enthielt das Schriftstück spezifische Botschaften, die für die jeweils andere nicht vollständig zu entschlüsseln waren. Kein Zweifel kann jedenfalls daran bestehen, dass Curcio mit der Parteinahme für die RAF auch und vielleicht in erster Linie die eigene Sache verteidigte. Dies lässt sich etwa an Curcios Kritik an der Deutschlandberichterstattung auch der „lesbaren", sprich szeneinternen italienischen Presse ablesen, in der es „einen mehr oder weniger expliziten generalnenner" gebe.

---

[263] Renato Curcio, Brief aus dem Gefängnis von Casale Monferrato, in: ABC n. 9, März 1975, S. 8–12; Rosso n. 15, März–April 1975, o.S., hier zitiert in der deutschen Übersetzung aus der Broschüre „Durststreik" des Komitees gegen Folter an politischen Gefangenen in der BRD Hamburg, S. 9. In: HIS-Archiv, Graue Literatur RAF.

[264] Als unmittelbar vor Redaktionsschluss eingetroffene Nachricht wurde am Ende der Beilage von der „Ermordung" des Holger Meins berichtet, die mit dem Satz kommentiert wurde: „Ancora una volta i nazisti dell'imperialismo potranno dire di avere eseguito degli ordini". Controinformazione 1–2/1974, Inserto RFT, S. 116, „La morte di Holger Meins". Für das Zitat Curcios vgl. Ders., Brief, S. 10.

es handelt sich um die folgende these: die raf hat eine unmögliche und isolierte anstrengung im herzen des europäischen kapitalismus unternommen. ihre anstrengung war der zusammenstoß zwischen wenigen und isolierten extremisten und dem staat. die scheinbare objektivität dieser argumentation verbirgt ihre substantielle fehlerhaftigkeit. wer sie unterstützt ohne mit böswilligkeit belastet zu sein, muß zugeben, eine wirklich relevante frage nicht verstanden zu haben. Und das ist die sache, daß eine revolutionäre ‚massenlinie' sich nur um einen revolutionären krieg entwickelt, und ein revolutionärer krieg ist kein ‚natürliches' spontanes produkt des zusammenstoßes der klassen, sondern ein plan, und die bewußte intervention einer kämpfenden partei in der geschichte. und d. h. einer bewaffneten avantgarde. wenn man kritik an den operationen der raf in den jahren 1970–72 vortragen kann, dann sind es meiner ansicht nach keine an der strategie, und wenn taktische fehler begangen wurden, dann beweist das nicht die defaitistische these der ‚unmöglichen revolte'. es ist die revolutionäre organisierte aktion, die die voraussetzungen und bedingungen eines revolutionären krieges schafft und entwickelt. die stadtguerilla ist die erste phase dieses krieges, eine unerläßliche phase um die sog. ‚subjektiven bedingungen' zum reifen zu bringen und d. h. um das ‚notwendige bewußtsein' des europäischen proletariats zu erweitern, das mit dem ideologischen gift des reformismus und revisionismus getränkt ist.[265]

Indem Curcio hier einmal mehr das Fundament seiner Revolutionstheorie von den objektiven auf die subjektiven Voraussetzungen verlagerte, konnten auch offenkundige Fehleinschätzungen der ‚objektiven Bedingungen' in der Vergangenheit kein entscheidendes Argument gegen die Fortsetzung des bewaffneten Kampfes darstellen. Letztlich erteilte der BR-Gründer mit diesen Worten allen Ausstiegsszenarien selbst bei ausbleibender Massenunterstützung eine Absage und unterwarf sich vollständig Ulrike Meinhofs ‚Primat der Praxis', auch wenn der Anspruch, im Namen des unterdrückten Proletariats zu handeln, selbstverständlich aufrechterhalten wurde.[266] Die „politische und militärische initiative der raf", so verteidigte Curcio die deutschen Genossen gegen ihre Kritiker, sei keineswegs „‚etwas anderes' als klassenkampf", sondern ganz im Gegenteil dessen höchste Form. Er gehe jedenfalls nicht davon aus, „daß die taktische wahl der raf, in der ersten phase ihrer guerilla (…) auf dem teilterrain der konterrevolution" zu agieren, „die weigerung bedeutet, sich der arbeiterfrage zu stellen". Im Übrigen müsse die deutsche Situation angesichts des unterentwickelten Bewusstseins des westdeutschen Industrieproletariats notwendigerweise anders bewertet werden als die italienische oder französische.

Kritische Nachfragen hielt Curcio allein hinsichtlich der Taktik der Gruppe für zulässig. So habe die RAF „die auseinandersetzung verfrüht und gleichzeitig auf zuvielen [sic] ebenen (us-imperialismus, justiz, polizei, springer etc.) begonnen, was nicht einer effektiven logistischen und militärischen kapazität der organisation" entsprochen habe. Außerdem seien die Deutschen voreilig davon ausgegangen, dass die Bedürfnisse der eigenen Organisation mit denen der

---

[265] Ebd., S. 12.
[266] Vgl. dazu die Überlegungen zum Avantgardebewusstsein der RAF in Fetscher/Münkler/Ludwig, Ideologien und Strategien, S. 67.

revolutionären Bewegung zusammenfielen, der man ganz offensichtlich „zwei schritt zuweit voraus" gewesen sei. Diese Bemerkungen liefen natürlich auf eine Verteidigung der BR-Linie hinaus: Konzentration auf eine einzige Arena der Auseinandersetzung – die Fabrik – und nur langsame Steigerung des Gewaltniveaus. Trotz der Manöverkritik, die innerhalb des langen Textes beinahe unterging, war Curcios Gesamturteil eindeutig:

> die schlacht, die innerhalb und außerhalb der deutschen gefängnisse von der RAF geschlagen wird, ist nicht nur heroisch, sondern von außerordentlicher bedeutung für die revolutionären kräfte ganz europas. es ist unsere pflicht, sie mit allen mitteln zu unterstützen. von ihrem ausgang hängt die stärkung und schwächung des revolutionären kriegs in europa ab. es ist notwendig, daß wir uns damit vertraut machen, daß berlin oder stuttgart näher an rom oder mailand liegen als frascati oder vigevano.[267]

Dass Curcios Botschaft bei den ‚Stammheimern' ankam, beweist eine Replik auf den ‚Brief' des Italieners, die am 6. Februar 1975 über das ‚info' verteilt wurde.[268] Als Verfasserin des Kommentars kommt laut den Angaben der Ermittlungsbehörden neben Ulrike Meinhof vor allem Carmen Roll in Frage, die sich in der Haft zur ‚Expertin' für die Brigate Rosse fortgebildet hatte. Bezeichnenderweise nahm der Text vor allem auf die kritischen Anmerkungen Curcios Bezug, die – wenig erstaunlich – in ihrer Gänze zurückgewiesen wurden. „die kritik an uns ist produkt ihrer eigenen praxis [= der Brigate Rosse, P.T.], durch ihre *eigene erfahrung* aber schon widerlegt", so das Papier. Die BR-Aktionen „amerio, autos verbrennen, sossi etc." seien allesamt „aktionen defensiven charakters" gewesen, die mit Gewalt ökonomische Reformen durchsetzen wollten. Dagegen ziele die „bew.[affnete] anti-imperialistische aktion" auf die „zerstörung imp.[erialistischer] organe" und letztlich auf die „zerschlagung des imperialismus" – einen Unterschied, den Curcio nicht sehe. Ziel müsse es dagegen sein, „offensive + defensive aktionen" miteinander zu „verknüpfen", indem beispielsweise Maßnahmen „zum schutz der politischen gef.[angenen] gegen folter" ergriffen würden, „die der guerilla dienen, nämlich das überleben ihrer kader sichern, damit sie ihre aufgabe: angriffe auf strat.[egische] ziele erfüllen kann."

Als exemplarisch in dieser Hinsicht nannte die Verfasserin den Anschlag auf den BGH-Richter Buddenberg, mit dem die RAF 1972 gegen die Haftbedingungen der inhaftierten Kader hatte ‚protestieren' wollen.[269] Hinsichtlich Curcios Kritik am ‚Vorpreschen' der RAF ohne Rücksicht auf das Tempo der Bewegung

---

[267] Curcio, Brief, S. 14.
[268] Zitiert in: HIS-Archiv, Gr, M / 021,005: BKA Auswertungsbericht Beweismaterial aus der Zellendurchsuchung am 24.3.1975 bei den Angeschuldigten Baader, Meinhof, Raspe und Ensslin in der JVA Stuttgart-Stammheim, 5.5.1975, S. 13.
[269] Vgl. zum Abschlag auf Buddenberg weiter unten S. 242ff.; zur Amerio-Entführung S. 185; zu Sossi S. 233–237.

3.4 Rote Brigaden, RAF und Bewegung 2. Juni nach 1972

insgesamt wurde angemerkt, „eine aufgabe der guerilla" sei es ja gerade, „die polarisierung in den linken gruppen" zu schaffen, „die sie selbst als desorganisierung erleben + erleiden".

Vor dem Hintergrund der Arroganz, die aus dem RAF-internen Papier spricht, wundert es nicht, dass die Roten Brigaden auch nach Curcios Offenem Brief vergeblich auf ähnlich eindeutige Solidaritätsbekundungen warteten, wie sie selbst sie an die Adresse der Deutschen formuliert hatten. Immerhin ließen sich die Stammheimer in der bereits erwähnten „Erklärung zur Sache" dazu herab, Curcios Ehefrau Mara Cagol, die im Juni 1975 bei einem Schusswechsel mit den Carabinieri ums Leben gekommen war,[270] in einem Atemzug mit den eigenen Toten Holger Meins und Siegfried Hausner zu erwähnen – als Beweis für die angeblich fortschreitende internationale Ausbreitung der „counterinsurgency-Methoden des westdeutschen Staatsschutzapparates", die unter anderem vorsähen, „daß Guerillas nach ihrer Gefangennahme ermordet werden". Die demonstrative Beschränkung auf den Vornamen ‚Mara' in der Aufzählung deutete dabei auf den durchaus vertraulichen Charakter der deutsch-italienischen Beziehungen hin, der hier allerdings einmal mehr im Tod greifbar wurde – dem Moment also, in dem Konkurrenzneid und politische Differenzen im gemeinsamen Hass auf den Feind regelmäßig bedeutungslos wurden.[271]

Vor dem geschilderten Hintergrund, aber vor allem auch mit Blick auf die weiter unten thematisierten Reaktionen der Italiener auf die Toten vom 18. Oktober 1977 sind Alberto Franceschinis einleitend zitierte Bemerkungen mithin zu relativieren. Gleichwohl spricht einiges für die von ihm hervorgehobene Tatsache, dass sich die Beziehungen der Roten Brigaden zu den Mitgliedern der Bewegung 2. Juni über weite Strecken enger gestalteten als die zur RAF. Auch zur Erhärtung dieser These kann Curcios Offener Brief herangezogen werden. Nicht umsonst hatte der Verfasser als ideelle Bezugsorte der Roten Brigaden in Deutschland neben Stuttgart auch Westberlin als das ureigenste Terrain der B2J erwähnt, auch wenn die Genossen um Till Meyer, Inge Viett, Ronald Fritzsch und Ralf Reinders nicht eigens genannt wurden.[272] Während BR und RAF sich wohl vor allem auf ideologischer Ebene miteinander beschäftigten, ging es bei

---

[270] Vgl. Comunicato per la morte di Mara Cagol vom 5.6.1975, veröffentlicht im Corriere della Sera vom 7.6.1975, abgedruckt in: Dossier Brigate Rosse I, S. 374f. Zu den Todesumständen Mara Cagols vgl. Galli, Piombo rosso, S. 65–75; Clementi, Storia delle Brigate Rosse, S. 127–130.

[271] Erklärung zur Sache, S. 261. Im Sommer 1986 sollte das RAF-Kommando, das einen Sprengstoffanschlag auf den Wagen des Siemens-Managers Karl-Heinz Beckurts verübte, bei dem dieser und sein Fahrer ums Leben kamen, nach Mara Cagol benannt werden, vgl. Straßner, Dritte Generation, S. 151.

[272] Zur Geschichte der Bewegung 2. Juni vgl. Wunschik, Bewegung 2. Juni; Lutz Korndörfer, Terroristische Alternative in der BRD: Die Bewegung 2. Juni, in: Straßner, Sozialrevolutio-

den Begegnungen der *brigatisti* mit den ehemaligen Tupamaros nahezu ausschließlich um die revolutionäre Praxis. Das war kein Zufall, hatte die B2J doch kaum theoretische Ambitionen, sondern interessierte sich allein für die „Vermittelbarkeit" der eigenen militanten Aktionen.[273] Die Gruppe veröffentlichte nur ein einziges, vergleichsweise knappes Strategiepapier, in dem man sich im Kern auf eben diesen revolutionären Pragmatismus berief („Im Zeitalter des entwickelten Imperialismus bedurfte es keiner neuen Analysen"). Darüber hinaus kündigten die Verfasser in ebenso großsprecherischer wie unverbindlicher Form die Zusammenarbeit „mit allen sozialistischen Guerilla-Gruppen der Welt" an, darunter auch den Roten Brigaden.[274]

Was die Organisationsstruktur der sich selbst nicht umsonst als ‚Bewegung' deklarierenden Gruppe anging, so grenzte man sich wie die BR von der etwa durch PO propagierten Zweiteilung von politischer Organisation und militärischem Arm ab: „Wir betrachten beide Linien als untrennbar verbunden. Sie sind zwei Seiten derselben Sache." Die Nähe zu operaistischen Ideen kam gleichwohl in denjenigen Passagen zum Ausdruck, in denen „die *direkte* Unterstützung von Massenkämpfen" und „die Propagierung von Kampfmethoden nationaler und internationaler Lohnabhängigenmassen" zum Programm erhoben wurden[275] – nicht umsonst kehrten Fritz Teufel und einige andere der B2J zeitweise zugunsten der geschilderten Betriebsguerilla-Experimente den Rücken.

In jedem Falle führten das Bekenntnis der Gruppe zu einer „überzeugende[n] revolutionäre[n] Praxis" und ihr prinzipielles Interesse, „sich den Massen verständlich zu machen",[276] zur Adaption entsprechender ‚Lektionen' der Roten Brigaden, die – anders als es beispielsweise Andreas Elter beobachtet zu haben glaubt[277] – in den ersten Jahren ihres Bestehens geradezu perfekte Strategien im Umgang mit den Medien, aber auch ihrem Sympathisantenmilieu entwi-

---

närer Terrorismus, S. 237–256. Die Verbindungen nach Italien finden bei Wunschik nur am Rande, bei Korndörfer gar keine Erwähnung.
[273] „Unsere ‚strategischen Konzepte' reduzierten sich im Grunde genommen auf die Vermittelbarkeit der jeweiligen exemplarischen Aktionen selbst", so Gerald Klöpper, Widerstand gegen die Staatsgewalt. Erfahrungen aus der Bewegung „2. Juni", in: Michael Sontheimer/Otto Kallscheuer, Einschüsse. Besichtigung eines Frontverlaufs 10 Jahre nach dem Deutschen Herbst, Berlin 1987, S. 58–77, hier S. 64.
[274] Bewegung 2. Juni – Programm, Juni 1972, abgedruckt in: Der Blues. Gesammelte Texte der Bewegung 2. Juni, S. 10–13, hier S. 10; 13.
[275] Ebd., S. 11.
[276] Ebd., S. 10.
[277] Die BR machten laut Elter „vor allem durch spektakuläre Einzelaktionen auf sich aufmerksam und nicht unbedingt durch eine ausgefeilte Kommunikationsstrategie", Ders., Propaganda, S. 264.

ckelt hatten.²⁷⁸ Ein wenig von der Bewunderung der ehemaligen TW für die Italiener klingt in den Erinnerungen Till Meyers noch an, wenn er ausführt: Die Kolonnen der Roten Brigaden „verübten in einem Jahr mehr Anschläge, Attentate oder Entführungen gegen die Herrschenden in Politik und Wirtschaft als die RAF und der 2. Juni in der gesamten Zeit ihres Bestehens. (...) Ihre Wirkung war in diesen Jahren beachtlich".²⁷⁹

Nicht nur aus ihrem Respekt für die Schlagkraft der italienischen Genossen, auch aus ihren Neigungen zu den angenehmen Seiten des mediterranen Lebens machten die ‚Populisten' unter den deutschen Linksterroristen retrospektiv keinen Hehl. So wurde, wie wiederum Till Meyer berichtet, mehrmals „ein Treffen mit den ‚Roten Brigaden' mit ein paar Tagen Urlaub am Meer" verbunden – Ergebnis waren „sorglose Tage voller Liebe, Sonne und Glücklichsein. Berlin, der Untergrund, der Druck, die ewige Gefahr, in der wir uns bewegten, fielen in diesen Tagen erstmals seit Jahren völlig von mir ab".²⁸⁰ Auch Inge Viett, die nach der für die Gruppe höchst lukrativen Entführung des Wiener Industriellen Palmers gemeinsam mit „sechs, sieben" anderen Genossen nach Mailand ging, um dort einen logistischen Stützpunkt aufzubauen, hat von dieser Erfahrung in geradezu schwärmerischem Ton berichtet: „Es lebte sich gut als Illegale in Italien. Viel angenehmer als unter den spießigen, staatshörigen Deutschen. Wir waren nun mal eine Spaßguerilla und lebten nicht in Bergen und Wäldern. So verschmähten wir auch nicht die Bequemlichkeit und Kultur städtischer Vorzüge, wie gute Restaurants und große komfortable Wohnungen, wenn es sich günstig ergab." Auch die Carabinieri, „mit denen eigentlich nicht zu spaßen" gewesen sei, hätten sich „mit einem charmanten Wort, einem blitzenden Lachen" von der Kontrolle ablenken lassen. Ihr Lebensgefühl in dieser Zeit beschreibt Viett wie folgt: „Wir sind ausgelassen, albern herum, sind in bester Laune. Italien gefällt uns, die Wohnung gefällt uns, wir gefallen uns, und der Kampf geht sowieso voran".²⁸¹

Auch wenn solche Schilderungen zweifellos auch Teil der Selbststilisierung einer Truppe sind, die sich selbst bei durchaus entwickelter mörderischer Praxis gern als die ‚menschlichere Alternative' zur RAF darzustellen versucht hat, spricht einiges dafür, dass die Mitglieder der B2J den Italienern insgesamt offener und weniger verkrampft gegenübertraten als die ‚protestantischere' RAF. „Guerilla ist keine Religion, sondern die Kampfform gerade der Massen", hatten sich die ehemaligen Haschrebellen auf die Fahnen geschrieben.²⁸² Demgegen-

---

[278] Alex P. Schmid/Janny de Graaf, Violence as Communication: Insurgent Terrorism and the Western News Media, London 1982, S. 45–56.
[279] Till Meyer, Staatsfeind. Erinnerungen, Hamburg 1996, S. 271.
[280] Ebd., S. 293.
[281] Viett, Nie war ich furchtloser, S. 177.
[282] Reinders/Fritzsch, Bewegung, S. 120.

über hat die Moro-Entführerin Anna Laura Braghetti ihre Eindrücke von den Genossen der ‚zweiten RAF-Generation' mit dem Satz „Ich habe sie nie lachen gesehen" zusammengefasst: „Einige kamen aus streng religiösen Familien und Schulen, wie sie uns sagten, und tatsächlich hatten sie eine Rigidität, die uns völlig fremd war. Sie brannten von einer Art düsteren inneren Feuers".[283]

In Wirklichkeit zeichneten Rigidität, Absolutheitsanspruch und streng hierarchische Binnenstrukturen die Brigate Rosse in nicht weniger starkem Maße aus als die RAF. Dass zumindest Renato Curcio sich öffentlich immer nur zu den Genossen um Baader und Co., nicht aber den ehemaligen Umherschweifenden Haschrebellen aus dem Umfeld Kunzelmanns bekennen mochte, war möglicherweise der Preis, den die B2J für ihr Mehr an Hedonismus und Pragmatismus bezahlen musste. So wird in Curcios Offenem Brief die Ermordung des Berliner Kammergerichtspräsidenten Günter von Drenkmann durch die Gruppe ganz selbstverständlich als „wichtige etappe des rekonstruktionsprozesses der raf" bezeichnet, ohne die eigentlich für das Attentat Verantwortlichen auch nur zu erwähnen.[284] Gleichzeitig gab er den Tätern, die zu Hause aufgrund der Brutalität der Aktion, der Willkürlichkeit des ausgewählten Opfers und nicht zuletzt der Härte der durch den Mord provozierten polizeilichen Reaktionen auch innerhalb der Linken massiv unter Beschuss standen,[285] in einer Ausführlichkeit Schützenhilfe, die stutzig machen muss. Minutiös werden für den organisatorischen, den militärischen und den politischen Bereich nacheinander die Vorteile der „erfolgreichen wiederaufnahme offensiver operationen" erläutert.[286] Die „exekution" Drenkmanns drücke keineswegs eine „wütende und verzweifelte zuckung aus, sondern einen klaren und kalkulierten angriff auf das ‚herz des staates'. (...) die wahl des ziels, die perfekte kenntnis der biographie und der gewohnheiten des richters, der mechanismus der aktion selbst bekräftigen eine operative kapazität, die sich nicht improvisieren läßt." Nicht zuletzt habe die Aktion „das signal für eine gewaltsame massenkampagne gegeben, die in allen großen städten der brd tausende dazu gebracht hat, in direkter auseinandersetzung gegen den gigantischen repressionsapparat zu kämpfen. darüberhinaus hat sie auf internationaler ebene die aufmerksamkeit wieder auf den kampf gerichtet, den die raf führt und auf die tatsache, daß auch in deutschland eine guerilla existiert."

Tatsächlich muss Curcio über die Hintergründe des Geschehens vom 10. No-

---

[283] Anna Laura Braghetti, Il prigioniero, Mailand 1998, S. 107.
[284] Curcio, Brief, S. 11.
[285] Vgl. zur Kritik der Linken an der Ermordung von Drenkmanns Belinda Davis, Jenseits von Terror und Rückzug: Die Suche nach politischem Spielraum und Strategien im Westdeutschland der siebziger Jahre, in: Weinhauer/Requate/Haupt, Terrorismus, S. 154–186, hier S. 167; 170.
[286] Curcio, Brief, S. 11.

vember 1974 deutlich besser informiert gewesen sein, als dies aus diesen Zeilen wie auch aus den späteren schriftlichen Äußerungen der Beteiligten ersichtlich wird. Wie zu Recht schon bald nach dem Anschlag vermutet wurde, handelte es sich bei dem tödlichen Angriff auf den Sozialdemokraten Drenkmann nicht um einen gezielt geplanten Mordanschlag, sondern um einen gescheiterten Entführungsversuch. Für die Unterbringung der Geisel war schon seit August 1974 ein ‚Volksgefängnis' bereitgehalten worden,[287] welches die Verantwortlichen, wie zuvor die BR vor der (schließlich vereitelten) Entführung des DC-Abgeordneten Massimo De Carolis, durch ein fiktives Ladenlokal getarnt und, wie die Italiener im Falle des verschleppten Ettore Amerio, zur Schallisolierung mit dicken Styroporplatten ausgekleidet hatten.[288] Unbeirrt von der dramatischen Wende, die das Geschehen in Drenkmanns Privatwohnung genommen hatte, informierten die Attentäter kurze Zeit später ganz im Stile der italienischen Genossen mit einem Flugblatt über den politischen Zusammenhang des Anschlags – wobei sogar der geringe Anteil an „Arbeiterkindern an unseren Universitäten" zur Rechtfertigung des Mordes herhalten musste – sowie über Lebensstationen und vermeintliche ‚Schuld' des Opfers.[289] Curcio lobte mithin in den zitierten Passagen seines Briefes in verdeckter Form die direkte Orientierung der Bewegung 2. Juni an der Praxis der Brigate Rosse und ermunterte die Genossen, sich durch den nicht geplanten Todesfall nicht aus dem Konzept bringen zu lassen – immerhin handelte es sich um die erste politisch motivierte Ermordung eines Repräsentanten der Staatsmacht in der Geschichte der Bundesrepublik. Für die Gesamtbeurteilung der Aktion war es laut Curcio vollkommen unerheblich, ob möglicherweise ursprünglich eine Entführung beabsichtigt gewesen sei: Nach der „ermordung von holger meins" habe die „vergeltung gegen den gerichtspräsidenten von berlin (...) nichts skandalöses".[290] Solche zynischen Ansichten mussten dem inhaftierten BR-Gründer auch deshalb leicht von den Lippen gehen, da es in der Zwischenzeit auch bei einer BR-Aktion ‚versehentliche' Opfer ‚roten Bleis' gegeben hatte.

Tatsächlich war das Bewusstsein, ein Menschenleben auf dem Gewissen zu haben, auch für die Mitglieder der selbsternannten deutschen ‚Spaßguerilla' kein Grund, von ihrem Verständnis des ‚Dienstes am Volk' abzurücken. Vielleicht war die Kritik der gemäßigteren Szenemitglieder, der Sache der Linken einen Bärendienst erwiesen zu haben, da die Empörung über das langsame Sterben des Holger Meins durch den Tod von Drenkmanns in den Hintergrund geraten sei, weniger ein Anstoß zum Umdenken als vielmehr ein Ansporn, seine Sache beim nächsten Mal ‚besser' zu machen. Exakt in diese Richtung je-

---

[287] Korndörfer, Terroristische Alternative, S. 250.
[288] Franceschini, Herz, S. 67.
[289] Abgedruckt in: Blues, S. 196–198.
[290] Curcio, Brief, S. 11.

denfalls wies die Intervention von Renato Curcio. Ursprünglich war mit der Geiselnahme Drenkmanns eine Freipressung inhaftierter ‚politischer Gefangener' intendiert gewesen, wie es den Brigate Rosse im Frühjahr '74 um ein Haar gelungen war. Die Anlehnung der Bewegung 2. Juni an die von den Italienern erprobte Praxis war so weit gegangen, dass man mit dem ranghöchsten Justizbeamten, dessen man in Westberlin habhaft werden konnte, sogar die Person des Opfers als funktionales Äquivalent des höchsten Genueser Richters Sossi ausgewählt hatte, auch wenn von Drenkmann anders als sein italienischer Kollege niemals zuvor etwas mit Terroristenverfahren zu tun gehabt hatte.

Gut zwei Monate nach dem missglückten Coup gelang es der B2J, die ‚Scharte von Drenkmann' auszuwetzen. Ein dreiköpfiges Kommando brachte am 27. Februar 1975 den Kandidaten der oppositionellen CDU für die bevorstehenden Bürgermeisterwahlen in Westberlin, Peter Lorenz, in seine Gewalt.[291] Die Tatsache, dass man im November schon die Bereitschaft unter Beweis gestellt hatte, im Namen der revolutionären Sache ein wehrloses, zum ‚Volksfeind' erklärtes Opfer kaltblütig zu erschießen, wurde von der Gruppe ausdrücklich dazu genutzt, um den nun vorgebrachten Forderungen nach der Freilassung von sechs inhaftierten Genossen Nachdruck zu verleihen.[292] Während die italienischen Entscheidungsträger den *brigatisti* im Vorjahr mehrheitlich nicht zugetraut hatten, dass sie ihren Gefangenen tatsächlich töten würden, mussten deutsche Politiker mithin von einer unmittelbaren Lebensgefahr für Lorenz ausgehen. Dazu kam die besondere Dynamik, die das Wahlkampfgeschehen in die Situation brachte: Durch ein unnachgiebiges Verhalten gegenüber den Entführern mussten sich die im Bund und in Westberlin regierenden Sozialdemokraten dem Verdacht aussetzen, im Namen der Staatsraison einen politischen Gegner über die Klinge springen zu lassen. Entsprechend kamen die Vertreter der zahlreichen beteiligten Institutionen auf Bundes- und Landesebene nach langwierigen Verhandlungen überein, die Forderungen der Geiselnehmer zu erfüllen – ganz im Gegensatz zu den italienischen Regierungsvertretern, die sogar damit gedroht hatten, die Haftanstalten, in denen die betreffenden Gefangenen einsaßen, von Polizeibeamten umstellen zu lassen, falls die Genueser Justiz ihren zugunsten Sossis ergangenen Haftverschonungsbeschluss für die Inhaftierten in die Tat umsetzen sollte.[293]

Um Länder zu finden, die zu einer Aufnahme der Freigepressten bereit wa-

---

[291] Vgl. Klaus Stern, Die „Bewegung 2. Juni" und die Lorenz-Entführung. Unveröffentl. Diplomarbeit, Kassel 1998; Matthias Dahlke, „Nur eingeschränkte Krisenbereitschaft". Die staatliche Reaktion auf die Entführung des CDU-Politikers Peter Lorenz 1975, in: VfZ 4/2007, S. 641–678.

[292] Dahlke, Eingeschränkte Krisenbereitschaft, S. 653. Es handelte sich um Verena Becker, Gabriele Kröcher-Tiedemann, Horst Mahler, Rolf Pohle, Ina Siepmann und Rolf Heißler, ebd., S. 652.

[293] Clementi, Storia delle Brigate Rosse, S. 84.

ren, fand sich der deutsche Regierungsapparat schließlich sogar in der Situation wieder, „für die Terroristen" denken zu müssen.[294] Anders in Italien, wo der Plan der Brigate Rosse schließlich nicht nur am Widerstand von Generalstaatsanwalt Francesco Coco scheiterte, der mit Rückendeckung der Politik die Entscheidung des Genueser Magistrats blockierte, sondern auch daran, dass weder Nordkorea, noch Algerien, noch Kuba die Verantwortung für eine Aufnahme der ehemaligen Mitglieder des 22. Oktober übernehmen wollten.[295] In Rom hatten anders als in Bonn und Berlin nicht Politiker, sondern Mittelsmänner der Rotbrigadisten selbst die entsprechenden Sondierungen durchführen müssen.[296] Nach zunächst positiven Signalen aus der kubanischen Botschaft im Vatikanstaat wurde die Zustimmung des Castro-Regimes, den acht ‚irregulären' italienischen Genossen Asyl gewähren zu wollen, durch eine Intervention des PCI schließlich endgültig zu Fall gebracht.[297]

Obwohl ihr ursprüngliches Ziel damit also nicht erreicht worden war, setzten die Entführer Sossi schließlich mit verklebten Augen und etwas Kleingeld in der Tasche auf einer nächtlichen Parkbank wieder auf freien Fuß. Auch aufgrund der Tatsache, dass der Richter während seiner fünfwöchigen Leidenszeit ‚kollaboriert' und im ‚Verhör' pikante Details über Unregelmäßigkeiten im Genueser Justizapparat ausgeplaudert hatte, erhofften sich die *brigatisti* durch die Schonung ihrer wehrlosen Geisel größere politische Vorteile als durch die Vollstreckung der zuvor verhängten ‚Todesstrafe'.[298] Eines ersten gezielten Mordanschlags auf das Leben eines Justizbeamten sollte sich die Gruppe erst 1976 unter der Leitung des stets auf eine härtere Gangart drängenden Mario Moretti schuldig machen. Das Opfer des Anschlags war Francesco Coco – der Mann also, der maßgeblich daran beteiligt gewesen war, dass den Italienern der Triumph vorenthalten geblieben war, den die Genossen der B2J etwas später hatten feiern können.[299]

Trotz der ausgebliebenen Gefangenenbefreiung hatten aber auch die an der Sossi-Entführung beteiligten *brigatisti* die Verschleppung des Richters als Erfolg abgebucht.[300] Das Medienecho der mehrwöchigen Aktion, während derer

---

[294] Dahlke, Eingeschränkte Krisenbereitschaft, S. 658.
[295] Galli, Piombo rosso, S. 55.
[296] Ebd., S. 58.
[297] Clementi, Storia delle Brigate Rosse, S. 85.
[298] Lediglich Moretti soll für eine Tötung der Geisel plädiert haben. In jedem Fall beeinflusste der Verlauf der Sossi-Entführung das Verhalten im Fall Moro, da die Entführer keinesfalls noch einmal ohne Gegenleistung ihren Gefangenen freilassen wollten, Clementi, Storia delle Brigate Rosse, S. 85. Vgl. unten S. 620ff.
[299] Zusammen mit Coco wurden die beiden Carabinieri erschossen, die seinen Begleitschutz bildeten, wobei der eine am Steuer seines in einiger Entfernung geparkten Wagens getroffen wurde, vgl. Clementi, Storia delle Brigate Rosse, S. 150–158.
[300] Curcio, Blick, S. 82.

sich sogar der Papst öffentlich an die „Männer der brigate rosse" gewendet hatte, war beispiellos gewesen – nicht nur in Italien, sondern auch darüber hinaus.[301] Zum Hochgefühl der Geiselnehmer trugen auch die Aussagen Sossis nach der Freilassung bei, der ihnen hervorragende logistisch-operative Fähigkeiten und nicht zuletzt große numerische Stärke bestätigte.[302] Nicht zuletzt auch war es den Rotbrigadisten gelungen, eine Hassfigur der Linken auf einem der inzwischen bereits berühmten Entführtenfotos vor dem Logo der eigenen Organisation abzubilden – seit Langem kursierte in der Szene der Spruch „Sossi fascista – sei il primo della lista" („Sossi Faschist – bist der erste auf der List'").[303] Auch ein Spottlied auf den Genueser Richter ließ nicht lange auf sich warten und erlaubte den Brigadisten wie ihren Sympathisanten, die Machtgefühle, die aus dem Bewusstsein resultierten, dass Sossi sein Überleben nur der Milde seiner Entführer zu verdanken hatte, über den Moment hinaus auszukosten.[304] Tatsächlich verschaffte die Aktion den BR in der Folge einigen Zulauf – allerdings um den Preis eines stark erhöhten Fahndungsdrucks, dem wenige Monate später, wie erwähnt, auch Renato Curcio und Alberto Franceschini ins Netz gingen.

Den Verhaftungen vorausgegangen war allerdings wie angedeutet ein durchaus folgenreicher deutsch-italienischer Erfahrungsaustausch. „Wir erklärten ihnen [den Genossen von der B2J, P.T.] unsere Vorgehensweise und sie kopierten sie bei der Entführung des CDU-Bürgermeisters von Berlin, Peter Lorenz", so Franceschini.[305] Dass nur die deutschen Nachahmer, nicht aber ihre italieni-

---

[301] Vgl. etwa den Artikel „Sossi rein, Rossi raus", in: Der Spiegel 22/27.5.1974, S. 93f.
[302] „Sono organizzatissimi e devono essere molti, migliaia (…), sono documentatissimi", zitiert in: Galli, Piombo rosso, S. 56.
[303] Vgl. Terhoeven, Opferbilder – Täterbilder, S. 387.
[304] „Era il 18 aprile, le otto suonate / Passarono all'azione le Rosse Brigate / A catturare Sossi il giudice fascista / Che per i comunisti era il primo della lista. / Aveva condannato compagni proletari / della 22 ottobre, rivoluzionari. / Ora cari borghesi se rivolete Sossi / Tirate fuori subito il compagno Rossi. / Della 22 ottobre vogliamo i comunisti / che sono stati i primi, i primi brigatisti. / Forza Brigate Rosse, in alto il fucile / che ogni giorno sia un 18 aprile." (Es war der 18. April, es hatte gerade 8 geschlagen. Die Roten Brigaden schritten zur Tat, um den faschistischen Richter Sossi zu schnappen, der für die Kommunisten der erste auf der Liste war. Er hatte Genossen vom ‚22. Oktober' verurteilt, Revolutionäre, Proletarier. So, liebe Bürger, wenn ihr Sossi wiederhaben wollt, dann rückt sofort den Genossen Rossi 'raus. Wir wollen die Kommunisten vom ‚22. Oktober', die die ersten Brigadisten waren. Los, Rote Brigaden, hoch das Gewehr, auf dass jeder Tag zum18. April werde!). Das Lied, das zur Melodie eines bekannten Resistenza-Stückes gesungen wurde, wird zitiert in: Prospero Gallinari, Un contadino nella metropoli. Ricordi di un militante delle Brigate Rosse, Mailand 2008, S. 98. Zur Bedeutung des militanten Liedes in den Jahren des Terrorismus allgemein vgl. Stefano Pivato, Bella Ciao. Canto e politica nella storia d'Italia, Rom/Bari 2005, S. 294–307: „Musica leggera in anni di piombo".
[305] Franceschini, Herz, S. 64.

schen Vorbilder das mit der Aktion eigentlich bezweckte operative Ziel erreicht hatten, verschweigt er.

Tatsächlich gelang es den Deutschen, von einer Vielzahl von Faktoren begünstigt, die Lektion der Italiener in geradezu perfekter Manier umzusetzen – nicht nur, was die Logistik der diesmal minutiös durchgeplanten Aktion, sondern vor allem, was das propagandistische Begleitprogramm anging. Das Foto, das die Kidnapper von Lorenz anfertigten, zeigte den üblicherweise stets gepflegten, auf ein makelloses Äußeres bedachten Politiker allen Insignien der Macht entkleidet und „mit 'nem Schildchen auf der Brust" – ohne Brille, ohne Anzug und mit deutlichen Spuren vorausgegangener Gewaltanwendung im Gesicht.[306] Verstärkt wurde die Wirkung dieser Bildpolitik *all'italiana* durch den Kontrast zu dem zum Zeitpunkt des Anschlags auf den Berliner Straßen allgegenwärtigen Wahlplakat, das einen überlebensgroßen, siegesgewiss lächelnden Lorenz nebst dem Slogan „Mehr Tatkraft schafft mehr Sicherheit" zeigte.[307] Auch den Modus der Freilassung der Geisel übernahmen die Entführer von ihren italienischen Lehrmeistern. Wichtiger für die Verankerung des Lorenz-Coups im kollektiven Gedächtnis der Bewegung waren jedoch das in Folge unzählige Male in der linksradikalen Presse wieder abgedruckte Trophäenfoto sowie das „Lorenz-Lied", mit dem die 2.-Juni-Leute ihren Erfolg wie zuvor die Italiener in die Szene hineintrugen.[308] Wie beim Präzedenzfall Sossi gab aber wohl vor allem der Umstand, dass es weder Tote noch Schwerverletzte gegeben hatte, den Ausschlag dafür, dass man den Entführern ihren Coup im Sinne eines Erfolgs von ‚David gegen Goliath' unterm Strich positiv anrechnete.[309] Den Anteil, den ihre italienischen Berater an diesem Teilsieg gehabt hatten, haben die Verantwortlichen bis heute nicht aufdecken wollen. In ihren Memoiren und rückblickenden Interviews beziehen sich die Kidnapper lieber auf das heroischere Vorbild ihrer ursprünglichen Namensgeber, die Tupamaros, als auf diejenigen, die das lateinamerikanische Modell bereits mehrfach mit Erfolg auf den europäischen Kontext übertragen hatten.[310]

---

[306] Terhoeven, Opferbilder – Täterbilder, S. 389. Für das Zitat aus dem „Lorenz-Lied", vgl. weiter unten Anmerkung 308.

[307] Der „Spiegel" ließ sich die Gelegenheit nicht entgehen, beide Bilder, Wahlkampfplakat und Terroristenfoto, nebeneinander abzudrucken, zumal Lorenz ausgerechnet das Thema Innere Sicherheit in den Mittelpunkt seines Wahlkampfes gestellt hatte, vgl. Der Spiegel 10/3.3.1975, S. 19.

[308] „Da sitzt er nun im Keller – mit 'nem Schildchen auf der Brust / die Bewegung 2. Juni sendet einen schönen Gruß (...). / Mehr Tatkraft schafft mehr Sicherheit: die Praxis hat's gezeigt / Die Bonzen sind verletzbar – sieben Gefangene sind befreit!"

[309] Reinders und Fritzsch sprachen später von einem „Meilenstein in der Geschichte der linksradikalen Militanten in der BRD", in: Dies., Bewegung, S. 61.

[310] „Konkret wurde es dann zu Weihnachten 1974. (...) Dann haben wir uns hingesetzt und nochmals das Buch ,Wir, die Tupamaros' gelesen, besonders diese eine Entführungsgeschichte", Ebd., S. 70. Vgl. Wir, die Tupamaros. Berlin 1974 (Antiimperialistischer Kampf

Lediglich Till Meyer hat die Lorenz-Entführung in seinen Lebenserinnerungen zumindest in einen engen Zusammenhang mit vorausgegangenen Italienfahrten von Mitgliedern des 2. Juni gebracht. „Zwei Genossen", so schreibt Meyer, „brachen zur Kontaktaufnahme mit der Mailänder Kolonne der ‚Brigate Rosse' nach Italien auf. Was sie nach ein paar Tagen wieder mitbrachten, war gut zu gebrauchen". Statt der „Stielhandgranaten und zwei Pistolen", die der Deutsche als den angeblich so positiven Ertrag der Tour angibt, handelt es sich bei dem Import *made in Italy* mit großer Wahrscheinlichkeit um das Know-how der politischen Personenentführung. Nur wenige Sätze später, nach dem Hinweis auf durch die B2J geraubte und den Italienern gelieferte Waffen, die neben der erschossenen Mara Cagol wieder aufgetaucht seien, nimmt Meyer den Erzählfluss mit Berichten über die ersten Vorbereitungen zur Lorenz-Entführung wieder auf.[311] Diesen versteckten Hinweisen steht auf der anderen Seite Meyers Behauptung gegenüber, die Lorenz-Entführung nebst ihrer logistischen Details höchstpersönlich ausgeheckt zu haben, um sich den Nachruhm der Entführung auf Dauer zu sichern.[312] Als Zeichen enger Verbundenheit ist es dennoch zu sehen, wenn er, während er im Frühjahr 1978 im Zuge des Lorenz-Drenkmann-Prozesses in Berlin vor Gericht stand, in einem Zwischenruf „die Genossen" grüßte, „die Aldo Moro in einem Volksgefängnis haben".[313] Wenige Wochen später verkündete der in Turin angeklagte *brigatista* Pietro Bertolazzi, der gewalttätige Protest dreier BR-Angeklagter sei eine Parallelaktion zu der am gleichen Tage erfolgten Befreiung Meyers aus Moabit gewesen.[314]

Als verstecktes Indiz für den deutsch-italienischen Erfahrungsaustausch im Zusammenhang mit der Lorenz-Entführung können auch Passagen in den bereits zitierten BR-Strategiepapieren vom Mai '75 interpretiert werden. Rein rhetorisch wurde hier nach „Unterschieden zwischen CDU und DC" gefragt und lauthals verkündet, Strauß und Fanfani seien Repräsentanten ein und derselben verbrecherischen Clique.[315] Der Verweis auf die gemeinsamen Fein-

---

– Materialien & Diskussion 8); für die Entführung Ulyses Pereira Reverbels im Juli 1968, auf die sich Reinders und Fritzsch beziehen, vgl. S. 44–61.
[311] Meyer, Staatsfeind, S. 321.
[312] „Nach der Übertragung des Fußball-WM-Spiels BRD gegen DDR, die Atze und Tuss zusammen mit Ella und mir bei uns guckten, erzählte ich den beiden das erste Mal von meiner Idee: Eine Entführung sollten wir machen. Ein Volksgefängnis aufzubauen sei der erste Schritt dafür. Und ich legte ihnen meine lang gehegten Gedanken dar, wie das beschaffen sein müßte: ein unauffälliger Laden mit Wohnung dran, der Laden unterkellert mit direktem Zugang vom Laden zum Keller (…) Dort könnte man dann das Gefängnis einbauen. Der Laden sollte als Boutique oder Trödelladen getarnt sein", ebd. S. 302.
[313] Vgl. „Der Tagesspiegel", 12.4.1978: „In Moabit begann der Prozeß um die Lorenz-Entführung".
[314] Vgl. FAZ, 1.6.1978: „Italienischer ‚Rotbrigadist' verweist auf Aktion in Berlin".
[315] „Che differenza c'è tra la CDU e la DC? Strauss non è diverso da Fanfani! Per questo l'internazionalismo proletario è la nostra prima bandiera di lotta; l'area continentale è lo

3.4 Rote Brigaden, RAF und Bewegung 2. Juni nach 1972

de diente hier zur Beschwörung eines gesamteuropäischen „revolutionären Bürgerkriegs", der zwar jeweils auf nationalem Terrain, aber doch im gleichen Geiste und mit dem gleichen Ziel ausgefochten wurde.[316]

Das Ausmaß, in dem sich die Bewegung 2. Juni in praktischer Hinsicht an den Brigate Rosse orientierten, blieb auch in den Folgejahren unverändert hoch. So zogen die Deutschen auch die Beinschüsse, mit denen die BR missliebige Politiker und Journalisten ‚einzuschüchtern' pflegten, zur ‚Bestrafung' des Chefkommentatoren des SFB und der „Berliner Zeitung" in Betracht. Ein erstes deutsches Opfer der *gambizzazioni* gab es allerdings erst im Mai 1978 mit dem Pflichtverteidiger von Ronald Fritzsch.[317] Zuvor hatte die B2J schon wie die Italiener mit zwei erfolgreichen Gefangenenbefreiungen von sich reden gemacht[318] und – hinsichtlich des Erfahrungstransfers noch wichtiger – wie die Rotbrigadisten ganz erheblich von einer Personenentführung profitiert, die nicht politischen, sondern materiellen Zwecken diente. Wie knapp ein Jahr zuvor die Roten Brigaden mit dem *kidnapping* des ligurischen Werftbesitzers Pietro Costa,[319] so machte sich auch die Bewegung 2. Juni mit

---

scenario d'insieme entro il quale vanno studiate le leggi della condotta della guerra; il territorio nazionale è il teatro operativo della nostra guerriglia; i poli di classe industriali e metropolitani i punti di forza e di irradiamento della guerra civile rivoluzionaria", Risoluzione della direzione strategica, April 1975, in: Dossier Brigate Rosse I, S. 349–366, hier S. 352.

[316] Ob auch die abenteuerlichen, offenbar gemeinsam mit den RZ und der palästinensischen PFLP ventilierten Pläne der Bewegung 2. Juni, den Papst zu entführen und mit dieser Geisel sämtliche Inhaftierte aus B2J und RAF aus den Gefängnissen freizupressen, mit den italienischen *compagni* abgesprochen waren, ist nicht bekannt. Immerhin haben die Deutschen den polnischen Papst im April 1976 einen Monat lang ausspioniert, vgl. Schröm, Schatten, S. 138; Skelton-Robinson, Netz, S. 878. Laut Informationen der italienischen Geheimdienste hegten die BR Anfang der 80er Jahre – wenige Monate vor dem Attentat Alì Agcas auf Karol Wojtyla – den gleichen Plan, vgl. http://ricerca.repubblica.it/repubblica/archivio/repubblica/2010/01/27/le-brigate-rosse-volevano-rapire-papa-wojtyla.html (25.9.2011).

[317] Vgl. Meyer, Staatsfeind, S. 291, vgl. auch Hans J. Horchem, „Rückhalt der RAF sind 200 ‚Kriminelle ohne Tat'", in: „Die Welt", 20.6.1981.

[318] Inge Viett gelang zweimal – im August 1973 und im Juli 1976 – mit Hilfe ihrer Genossen der Ausbruch aus der Frauenhaftanstalt Lehrter Straße in Westberlin, beim zweiten Mal in Begleitung von drei mitgefangenen Gruppenmitgliedern. Auch Till Meyer, erstmals im November 1973 aus der Haft geflohen, wurde im Mai 1978 aus der JVA Moabit befreit, Korndörfer, Terroristische Alternative, S. 254; Wunschik, Bewegung 2. Juni, S. 549; S. 553.

[319] Pietro Costa wurde am 12. Januar 1977 von einem sechsköpfigen BR-Kommando entführt und für 81 Tage in einem Zelt mit Fußfesseln festgehalten. Um die Fahndungsbehörden nicht in Alarmbereitschaft zu versetzen, reklamierten die BR erst nach Erhalt der 1,5 Milliarden Lire Lösegeld die Urheberschaft für die Aktion, vgl. Clementi, Storia delle Brigate Rosse, S. 166.

der Verschleppung des österreichischen Millionärs Walter Palmers von der riskanten Geldbeschaffung durch Banküberfälle vorerst unabhängig.[320]

Trotz – oder wegen – solcher Etappensiege zwang die RAF die verbliebenen Genossen aus der deutschen Schwesterorganisation, die sie im Jahre 1980 in die eigenen Reihen aufnahm, die strategischen Entscheidungen der Vergangenheit in einer öffentlichen Erklärung zur Auflösung der B2J als Populismus und unreflektiertes „Draufloskämpfen" zu verwerfen.[321] In gewisser Hinsicht hatte Curcio, der allein die RAF als ernstzunehmenden Gesprächspartner öffentlich anerkannt hatte, mithin Recht behalten, indem er auf die straffer organisierte Gruppe gesetzt hatte, die sich letztlich als deutlich langlebiger erwies. Vor allem mit der Lorenz-Entführung hatte die Bewegung 2. Juni die RAF seinerzeit allerdings ganz erheblich unter Zugzwang gesetzt,[322] was zunächst in der desaströsen Stockholmer Botschaftsbesetzung und schließlich in der ‚Offensive '77' deutlich wurde.

An dieser Stelle ist zunächst festzuhalten, dass mit dem Drenkmann-Mord und der Lorenz-Entführung zwei eng miteinander verzahnte Schlüsselereignisse des Terrorismus in der Bundesrepublik Ergebnis eines bislang nicht als solchen erkannten deutsch-italienischen Lernprozesses waren. Wie zuvor bereits die Sossi-Entführung in Italien, so beeinflussten diese frontalen terroristischen Angriffe auf das Gewaltmonopol des Staates den weiteren Gang der Dinge ganz erheblich – sowohl, was die auf Seiten der terroristischen Gruppierungen in Gang gesetzte Eskalationsspirale als auch, was die staatliche Antwort auf diese Herausforderung betraf. Für den von den Roten Brigaden und ihren deutschen Parallelorganisationen theoretisch begründeten und praktisch vollzogenen ‚Angriff auf das Herz des Staates' war damit seine transnationale Dimension geradezu konstitutiv.

---

[320] Der B2J brachte der Menschenraub im November 1977 4,3 Millionen Mark ein, vgl. Wunschik, Bewegung 2. Juni, S. 553.
[321] Zitiert in: Ebd., S. 554.
[322] Vgl. dazu die Erinnerungen Volker Speitels: „Der Druck auf uns wurde hauptsächlich durch die Lorenz-Aktion ausgelöst und durch die hämischen Kommentare der Gefangenen uns gegenüber, daß wir nicht etwas Ähnliches auf die Beine gebracht hatten. Alle aus unserer Gruppe drängten in den Diskussionen auf ‚Handeln', die Lorenz-Aktion würde zeigen, daß es möglich ist", in: Ders., Wir wollten alles II, S. 30.

4. „die richtlinienfunktion stammheims rausarbeiten": Die Transnationalisierungsstrategien der inhaftierten RAF-Kader der ‚ersten Generation'

4.1 Die ‚erste Generation' von „antiimperialistischen Kämpfern" zu „politischen Gefangenen"

Ziemlich genau zwei Jahre, nachdem Ulrike Meinhof unter dem Motto „Die Rote Armee aufbauen" die deutsche Linke erstmals dazu aufgefordert hatte, die „Bullenherrschaft" des Establishments mit Waffengewalt zu bekämpfen,[1] konnte sich die Öffentlichkeit im Mai 1972 erstmals ein konkretes Bild davon machen, wie das „Konzept Stadtguerilla" in der Bundesrepublik praktisch umgesetzt werden sollte. Zurück von ihrer militärischen Grundausbildung im Libanon, hatte sich die selbsternannte Rote Armee Fraktion um das Führungsquartett Meinhof, Baader, Ensslin und Mahler im Laufe des Jahres 1971 zunächst mit Autodiebstählen und Banküberfällen logistischen Handlungsspielraum verschafft. Parallel dazu hatten einzelne Mitglieder der Gruppe durch blutige Zusammenstöße mit der Polizei von sich reden gemacht, die auf beiden Seiten jeweils drei Menschenleben forderten. Im Frühjahr 1972 fühlte sich die RAF schließlich dazu bereit, „dem Volk" in Form gezielter bewaffneter Aktionen gegen die „Ausbeuter" zu „dienen", wie sie es formulierte.[2] Ideologischer Kern des gleichnamigen Strategiepapiers, das im April verbreitet wurde, war die alte, von der Studentenbewegung vorgedachte Idee der „Verbindung von nationalem und internationalem Klassenkampf", „um im Bewußtsein der Menschen die Zusammenhänge imperialistischer Herrschaft herzustellen".[3] Zu diesem Zweck wurden im Zuge der sogenannten ‚Mai-Offensive' innerhalb von knapp zwei Wochen bei sechs Anschlägen elf Bomben gezündet. Bei den Angriffen auf das Frankfurter Hauptquartier des V. US-Korps, auf die Polizeidirektion Augsburg, auf das Münchner LKA, auf den BGH-Richter Wolfgang Buddenberg, auf das Hamburger Springer-Hochhaus und das

---

[1] Die Rote Armee aufbauen. Erklärung zur Befreiung Andreas Baaders vom 5. Juni 1970, in: Rote Armee Fraktion, Texte, S. 24–26, hier S. 24.
[2] Dem Volk dienen. Stadtguerilla und Klassenkampf, in: Ebd., S. 112–244, hier S. 142.
[3] Ebd., S. 116.

Heidelberger Hauptquartier der US-Streitkräfte in Europa kamen insgesamt vier Menschen ums Leben, 74 weitere wurden teilweise schwer verletzt.[4] Die Anschläge auf die US-amerikanischen Ziele ließen sich als eine radikalisierte Form des 68er-Protests gegen den Vietnam-Krieg interpretieren, wobei das Motto „Schafft zwei, drei, viele Vietnam" jetzt allerdings anders als zu Zeiten der APO ganz selbstverständlich auch zur Rechtfertigung der Tötung von Menschen herangezogen wurde.[5] Auch mit den Hamburger Bomben nahm man unter dem bewährten Schlachtruf „Enteignet Springer" ein ‚klassisches' Hass-Objekt der Studentenbewegung ins Visier, wobei statt der Molotow-Cocktails nun Rohrbomben mit erheblichem Zerstörungspotential eingesetzt wurden. Begleitend zu dem Anschlag wurden die bekannten Forderungen an den Verleger nach Einstellung der „antikommunistische[n] Hetze gegen die Neue Linke, gegen solidarische Aktionen der Arbeiterklasse (…), gegen die Befreiungsbewegungen in der Dritten Welt" veröffentlicht.[6] Einer auf den ersten Blick anderen Logik folgten die Angriffe auf die bayrischen Polizeidienststellen und besonders der gezielte Mordversuch von Karlsruhe. Im ersten Fall handelte es sich um einen Racheakt für die „Ermordung" des RAF-Angehörigen Thomas Weisbecker durch ein, wie es in der entsprechenden Erklärung vom 16.5.1972 hieß, „Exekutionskommando aus Münchener Kripo und Augsburger Polizei", das Weisbecker „bewußt nicht gefangen genommen, sondern erschossen" habe.[7] Im zweiten Fall sollte der für die Verfahren nach § 129 StGB zuständige Ermittlungsrichter Buddenberg als Repräsentant der faschistischen „Klassenjustiz" für die strengen Haftbedingungen bezahlen, denen die inhaftierten Mitglieder der ‚Baader-Meinhof-Gruppe' zum Teil unterworfen waren. Unter dem Beifahrersitz des Volkswagens, mit dem Gerta Buddenberg ihren Mann üblicherweise zur Arbeit fuhr, war ein Sprengsatz angebracht worden. Da der Jurist am fraglichen Morgen jedoch zu Fuß ins Büro gegangen war, erlitt durch die Detonation allein seine Frau schwere Verletzungen, als sie das Fahrzeug später in Bewegung setzen wollte. In dem von der RAF nach dem Anschlag verbreiteten Bekennerschreiben hieß es, „Buddenberg, das Schwein" sei verantwortlich für die „strenge Isolation", mit der Untersuchungshäftlinge „in politischen Verfahren" derzeit psychisch und physisch „fertiggemacht" würden. „Einzelhaft, Einzelhofgang, Redeverbot mit Mitgefangenen, permanente Verlegungen, Arreststrafen, Beobachtungszelle,

---

[4] Vgl. Peters, Irrtum, S. 285–293.
[5] Kommando Petra Schelm, Erklärung zum Anschlag auf das Hauptquartier der US-Army in Frankfurt/Main vom 14. Mai 1972, in: Rote Armee Fraktion, Texte, S. 145.
[6] Kommando 2. Juni, Erklärung zum Sprengstoffanschlag auf das Springer-Hochhaus in Hamburg vom 20. Mai 1972, in: Ebd., S. 147.
[7] Kommando Thomas Weisbecker, Erklärung zu den Anschlägen in Augsburg und München vom 16. Mai 1972, in: Ebd., S. 145f., hier S. 145.

Briefzensur, Unterschlagung von Briefen, Büchern, Zeitschriften, (...) grelle Zellenbeleuchtung nachts, häufiges Wecken und Durchsuchen, Fesselung beim Hofgang, körperliche Mißhandlungen" gingen auf seine direkten Anordnungen zurück: „Das ist der bereits institutionalisierte Faschismus in der Justiz. Das ist der Anfang von Folter." Und weiter: „Wir werden sooft und solange Sprengstoffanschläge gegen Richter und Staatsanwälte durchführen, bis sie aufgehört haben, gegen die politischen Gefangenen Rechtsbrüche zu begehen. (...) Andere Mittel, um sie dazu zu zwingen, haben wir nicht."[8]

Mit den Taten von Augsburg, München und Karlsruhe wurde das Schicksal der Gruppenmitglieder mithin selbst in den Mittelpunkt des bewaffneten Kampfes gerückt. Auch wenn sich diese Selbstreferentialität im Laufe der folgenden Jahre weiter steigern und in eine weitgehende „Inversion von terroristischem Akteur und revolutionärem Subjekt"[9] münden sollte, kann zu diesem Zeitpunkt von einer vollständigen Entpolitisierung der Gruppenlogik noch nicht die Rede sein. Die polizeiliche Verfolgung der in Freiheit befindlichen RAF-Angehörigen und die – vermeintliche oder tatsächliche – Misshandlung der inhaftierten Mitglieder wurden vielmehr als entlarvende Abwehrreaktionen des faschistischen Klassenstaates gegen die Herausforderung durch die antiimperialistischen Kämpfer gedeutet – Reaktionen, welche die Rechtmäßigkeit des eigenen Handelns nachträglich noch einmal bestätigten. Damit gehörten die Attentate in den gleichen ideologischen Kontext von „nationalem und internationalem Klassenkampf" wie die übrigen Aktionen. Die Fahndungsbehörden, so hieß es in der Erklärung des „Kommandos Thomas Weisbecker", hätten zur Kenntnis zu nehmen, „daß ihre Anstrengungen, die sozialen Probleme des Landes faschistisch zu ‚lösen' – durch die Aufrüstung der Polizei, durch die Militarisierung der Klassenkämpfe, durch rücksichtslosen und hinterhältigen Schußwaffengebrauch – auf Widerstand stoßen" würden. „Dem ‚kurzen Prozeß' der Faschisten setzen wir den schrittweisen Aufbau der revolutionären Guerilla entgegen, den langen und langwierigen Prozeß des Befreiungskampfes vom Faschismus, von kapitalistischer Ausbeutung und Unterdrückung des Volkes."[10]

War es mithin auch durchaus Teil des RAF-Kalküls, dass der Staat mit Härte auf die Aktionen der Stadtguerilla reagierte, erwies sich die ‚Mai-Offensive' trotzdem als klassischer Pyrrhus-Sieg. Nicht nur blieben die erhofften positiven Reaktionen von Seiten der Linken weitestgehend aus. Die Anschlagserie war für Innenminister Hans-Dietrich Genscher auch Anlass, die laut eigenen Angaben „personell und technisch aufwendigste Polizeiaktion in der Geschichte der

---

[8] Kommando Manfred Grashof, Erklärung zum Anschlag auf den BGH-Richter Buddenberg in Karlsruhe vom 20. Mai 1972, in: Ebd., S. 146.
[9] Fetscher/Münkler/Ludwig, Ideologien und Strategien, S. 134.
[10] Kommando Thomas Weisbecker, Erklärung, S. 145.

Bundesrepublik" in die Wege zu leiten, in deren Verlauf fast alle noch in Freiheit befindlichen Mitglieder der ersten RAF-‚Generation' binnen kurzem gefasst werden konnten.[11] Unter den Verhafteten befanden sich auch Ulrike Meinhof, Andreas Baader, Holger Meins und Gudrun Ensslin; Horst Mahler war den Westberliner Sicherheitsbehörden schon ein gutes Jahr zuvor ins Netz gegangen. Zu den Erfolgen der Polizei hatten auch Hinweise aus der Bevölkerung beigetragen, der für ihre Mithilfe präzedenzlos hohe Geldprämien in Aussicht gestellt worden waren.[12] Die in der Erklärung zum Attentat von Heidelberg formulierte Überzeugung, „die Menschen in der Bundesrepublik" würden die Fahnder nicht unterstützen, „weil sie mit den Verbrechen des amerikanischen Imperialismus und ihrer Billigung durch die herrschende Klasse hier nichts zu tun haben wollen", hatte sich mithin einmal mehr als falsch erwiesen.[13] Umso verräterischer war „der tief nationale Ton"[14] der Erklärung hinsichtlich des geistigen Horizonts der RAF-Kader selbst. Die Verfasser prophezeiten, mit ihren Bomben auf US-Ziele deshalb auf die Zustimmung der Deutschen rechnen zu können, „weil sie Auschwitz, Dresden und Hamburg nicht vergessen" hätten, „weil sie wüßten, daß gegen die Massenmörder von Vietnam Bombenanschläge gerechtfertigt" seien.[15] Mithin waren die Anschläge keineswegs allein als Protest gegen den Krieg in Südostasien gemeint, sondern auch als späte Rache für die alliierten Bombardements deutscher Städte während des Zweiten Weltkriegs. Die Verbrechen von Auschwitz wurden nicht nur bedenkenlos mit „Dresden" und „Vietnam" in eine Reihe gestellt, sondern in einem interpretatorischen Kunstgriff auch aus der Verantwortung der ‚ganz normalen' Deutschen gelöst – „die Leute haben ja wirklich nicht gewußt, was in den Konzentrationslagern vorging", erläuterte Ulrike Meinhof diese Form der kollektiven Exkulpierung etwas später vor Gericht.[16]

Im Sommer 1972 jedenfalls schien das fragwürdige Experiment der Metropolenguerilla in der Bundesrepublik aus der Sicht der allermeisten Zeitgenossen – darunter, wie gesehen, auch Renato Curcio – endgültig gescheitert zu sein. In Wirklichkeit sollten sich die spektakulären Fahndungserfolge dieser Monate lediglich als eine, wenn auch bedeutsame, Zäsur in der Ge-

---

[11] Zitiert in: „Die Guerilla kämpft aus dem Hinterhalt", in: Der Spiegel 23/29.5.1972, S. 24–34, hier S. 26.
[12] Vgl. ebd., S. 26f.
[13] Kommando 15. Juli, Erklärung zum Bombenanschlag auf das Hauptquartier der US-Army in Europa in Heidelberg vom 25. Mai 1972, in: Rote Armee Fraktion, Texte, S. 147f., hier S. 148.
[14] Koenen, Jahrzehnt, S. 370.
[15] Kommando 15. Juli, Erklärung, S. 148.
[16] Zitiert in: Dorothea Hauser, Deutschland, Italien, Japan. Die ehemaligen Achsenmächte und der Terrorismus der 1970er Jahre, in: Kraushaar, RAF und linker Terrorismus II, S. 1272–1298, hier S. 1293.

schichte des deutschen Linksterrorismus erweisen. Mit der Inhaftierung seiner charismatischen Vordenker war eine gänzlich veränderte Situation entstanden, die ihre Brisanz vor allem daraus bezog, dass die zu ‚Staatsfeinden Nummer 1' hochstilisierten Frauen und Männer nun diesem Staat einerseits auf Gedeih und Verderb ausgeliefert waren, andererseits aber nicht daran dachten, ihren Kampf gegen das verhasste System aufzugeben. Horst Mahler schilderte die Situation in der Rückschau so: „Wir haben uns genau vorgestellt, wie es sein würde und wußten: das Leben und auch der Kampf ist im Gefängnis nicht zu Ende. Wir haben auch die *Kampfaufträge* definiert, die in der Gefangenschaft zu übernehmen sein würden: für Ulrike Meinhof und mich ging er dahin, noch einmal die Grundlagen der revolutionären Theorie nachzuvollziehen, zu studieren. Die so gewonnenen Einsichten sollten in geeigneter Form an die *draußen* kämpfenden Genossen weitergegeben werden."[17] Tatsächlich hatte der ehemalige Rechtsanwalt schon zu Beginn des Jahres 1972 dem „Spiegel" gegenüber nochmals bekräftigt, dass er eine revolutionäre Situation in der Bundesrepublik nach wie vor für „latent vorhanden" hielt.[18] Offensichtlich beeinflusst von operaistischen Ideen begründete Mahler dies unter anderem mit der Anwesenheit „von drei Millionen ausländische[r] Proletarier in frühkapitalistischen Lebensverhältnissen" in westdeutschen Fabriken. Zur offenen Revolution zuspitzen werde sich die Lage dann, wenn die Massen lernten, ihre Bedürfnisse mit eigener Kraft durchzusetzen, wenn „die Arbeiter in den Fabriken die kapitalistische Arbeitsorganisation und Akkordhetze sabotieren, wie es heute schon in großem Maßstab in Italien geschieht". Falls man das Geschehen allerdings nur abwartend beobachte, so Mahler, werde „die massenhafte und gleichzeitige Erhebung der Lohnabhängigen nicht stattfinden".[19] Klassisch operaistische Positionen vertrat Mahler aber vor allem in seiner Ende des Jahres veröffentlichten „Erklärung zum Prozeßbeginn", wobei er ganz im Sinne der Argumentation von Potere Operaio sogar die Möglichkeit genuin transnationaler Aktionen ins Auge fasste: „Durch die Einbeziehung der ausländischen Arbeiter, die schon längst bei allen spontanen Klassenkampfaktionen in vorderster Linie stehen, wird eine organische Verbindung zum bewaffneten Widerstand in ihren Heimatländern hergestellt und die Basis und die Aktionsmöglichkeiten für grenzüberschreitende Kommandos ständig erweitert."[20] Später sollte sich Mahler von solchen Ideen, die zeitgleich – wie gesehen – auch Karl Heinz Roth umtrieben, wieder entfernen und nur noch

---

[17] Franz Schönhuber/Horst Mahler, Schluß mit deutschem Selbsthaß. Plädoyers für ein anderes Deutschland, Berg 2001, S. 121.
[18] „Schwindsucht, Schüttelfrost, Eiterbeulen.' Untersuchungshäftling Horst Mahler über RAF, Randgruppen und Revolution", in: Der Spiegel 8/14.2.1972, S. 54–60, hier S. 54.
[19] Ebd.
[20] Zitiert in: Fetscher/Münkler/Ludwig, Ideologien und Strategien, S. 51.

den internationalen Befreiungsbewegungen revolutionäres Potential zubilligen. Da dies in letzter Konsequenz bewaffnete Aktionen in der Bundesrepublik sinnlos machen musste, wurde der Mann, auf dessen Initiative die Gründung der RAF maßgeblich zurückging, schließlich aus der Gruppe ausgeschlossen.[21]

Behielten Mahlers Schriften – allen voran seine ausführlichste Strategieerklärung „Über den bewaffneten Kampf in Westeuropa" – bei aller Deutlichkeit in der Sache den abgeklärten Charakter von letztlich dem traditionellen Marxismus-Leninismus verpflichteten, theoretischen Explikationen (einschließlich eines umfangreichen Anmerkungsapparats), hatte Ulrike Meinhof anlässlich der brutalen Geiselnahme, die Anfang September 1972 die Olympischen Spiele in München überschattete, eine hasserfüllte Kampfschrift verfasst, die jegliche Kritik am Vorgehen der RAF zum Anlass wütender Gegenangriffe nahm.[22] „In ihrem Tonfall", so Kraushaar, „hallt etwas von der Propaganda totalitärer Staaten nach", er zeugt aber wohl auch von der psychischen Bedrängnis einer Frau, die – sämtlicher positiver Perspektiven beraubt – im Gefängnis zu diesem Zeitpunkt noch ungewöhnlich harten Haftbedingungen unterworfen war.[23] Mit der wütenden Verteidigung der von einem palästinensischen Überfallkommando initiierten Aktion, bei dem elf israelische Sportler, ein deutscher Polizeibeamter und fünf arabische Terroristen ums Leben kamen,[24] blendete Meinhof nicht nur, wie so viele Vertreter der radikalen Linken, die besondere deutsche Verantwortung gegenüber Israel als dem Staat der Holocaust-Überlebenden aus. Vielmehr wurde der bereits in der Rechtfertigung des Heidelberger Anschlags angeklungene Versuch, das ‚deutsche Volk' von der Last seiner Geschichte zu befreien, noch einmal zugespitzt. Denn ausgerechnet die NS-Vergangenheit musste dazu herhalten, um die erneute Ermordung jüdischer Zivilisten auf deutschem Boden zu rechtfertigen. „Israel", so Meinhof in einer besonders problematischen Passage, habe „seine Sportler verheizt wie die Nazis die Juden".[25] Die ideologische Grundlage des Papiers war ein militanter Antiimperialismus als verbindendem Glied zwischen der RAF und dem Kampf der Palästinenser. Nach dem „Massaker" der deutschen Sicherheitskräfte in Fürstenfeldbrück hätten auch die arabischen Völker „massenhaft begriffen, wen sie mit Westdeutschland vor sich haben: imperialistische Ausrottungsstrategen".[26]

---

[21] Vgl. ebd., S. 52.
[22] Horst Mahler, Über den bewaffneten Kampf in Westeuropa, in: Rote Armee Fraktion, Texte, S. 49–111; Ulrike Meinhof, Die Aktion des „Schwarzen September" in München. Die Strategie des antiimperialistischen Kampfes, in: Ebd., S. 151–177.
[23] Kraushaar, Antizionismus, S. 690.
[24] Matthias Dahlke, Der Anschlag auf Olympia '72. Die politischen Reaktionen auf den internationalen Terrorismus in Deutschland, München 2006.
[25] Meinhof, Aktion des „Schwarzen September", S. 173.
[26] Ebd., S. 175.

Im Ton verbindlicher, in der Sache jedoch kaum anders wurde das Olympia-Attentat bemerkenswerterweise von den Intellektuellen der italienischen manifesto-Gruppe beurteilt. „Auf die Gefahr hin, erneut großes Geschrei hervorzurufen", so einer von zahlreichen Kommentaren dieses Tenors in der gleichnamigen Zeitung, „verantwortlich ist Israel, verantwortlich ist die westdeutsche Regierung, verantwortlich ist das IOC."[27] Es sei „widerlich", wie in den übrigen Medien – einschließlich der PCI-Presse – „die Wahrheit des Münchner Geschehens auf den Kopf gestellt" werde, „und zwar nicht bloß, um die deutschen und israelischen Schlächter freizusprechen, sondern um ein allgemeines Repressionsklima zu schaffen".[28] Die Frage der Legitimität terroristischer Praktiken „unter verzweifelt schwierigen politischen Bedingungen" machte il manifesto, wie man in einer gewundenen Stellungnahme zu den massenhaft in der Redaktion eingegangenen, teils Ablehnung, teils Zustimmung signalisierenden Leserbriefen klarstellte, letztlich von taktischen Erwägungen abhängig. Gleichwohl beeilte man sich mit der Versicherung, mit dieser Position keineswegs „auf den Weg einer Rechtfertigung der Baader-Meinhof-Gruppe oder der Roten Brigaden" geraten zu wollen, „deren Verzweiflung vorwiegend subjektiver Art" sei.[29]

Wieder einmal war es der Westberliner Merve-Verlag, der die von Rossana Rossanda und ihren intellektuellen Weggefährten vertretene Haltung in der Bewertung des Olympia-Attentats für so bedenkenswert hielt, dass er die gesammelten „manifesto"-Artikel zum Thema übersetzte und als eigenen Band in der Reihe „Internationale Marxistische Diskussion" auf den deutschen Markt brachte. Eine eigene Stellungnahme in Form eines Vor- oder Nachworts fehlte, dafür zierten die holzschnittartigen Porträts der in München erschossenen Feddayin den Einband der Publikation.

Die inhaftierte RAF-Spitze reagierte auf die Distanzierung potenzieller Kampfgefährten vom eigenen Kurs wieder einmal überaus allergisch – ganz ähnlich wie bereits im Falle von Karl Heinz Roth. „Wie sogar diejenigen, die schon ziemlich Spitze von revolutionärem Bewußtsein in den Metropolen sind, die manifesto-Typen, aus dem Widerspruch die Lunte rausziehen", empörte sich Gudrun Ensslin in einem Zellenzirkular. „Man muß das heftig angreifen!"[30]

Für die weitere Dynamik des Geschehens in der Bundesrepublik war jedoch die Bedeutung der zitierten Schriften „antiimperialistischen" und „antifaschistischen" Charakters eher gering, wenn man sie mit der Wirkung der Texte und

---

[27] „Die Verzweifelten, die Zyniker und die Heuchler", in: „il manifesto", 7.9.1972, hier zitiert nach: il manifesto, Terrorismus der Starken und der Schwachen, Berlin 1972, S. 4.
[28] „Zwei unbestreitbare Feststellungen", in: il manifesto, 9.9.1972, hier zitiert nach: Ebd., S. 22.
[29] „Kommentar der ‚manifesto'-Redaktion zu den Leserbriefen", ebd., S. 37.
[30] HIS-Archiv, SO 09 / 004,002 (sog. Klaus-Bericht), S. 24.

Appelle vergleicht, die ausschließlich um die Situation der inhaftierten RAF-Mitglieder selbst kreisen. Zur bis heute wahrscheinlich meistzitierten schriftlichen Hinterlassenschaft Ulrike Meinhofs avancierte eine – wie inzwischen vermutet wird – nachträglich entstandene Beschreibung ihrer Empfindungen in einer schallisolierten Einzelzelle des sogenannten ‚Toten Trakts' der Justizvollzugsanstalt Köln-Ossendorf.[31] Diese Entwicklung war zum einen den fehlenden praktischen Möglichkeiten der RAF geschuldet, in dieser Phase im Sinne der jeweils ausgebreiteten internationalistischen Revolutionstheorien weitere bewaffnete Schläge zu führen: Die wenigen noch in Freiheit befindlichen Kampfeswilligen sahen sich durch die Verhaftungen des Sommers nicht nur ihrer geistigen Führer, sondern auch des mittlerweile erworbenen logistischen Know-hows beraubt. Zum anderen war die Entwicklung eine direkte Folge der starken Resonanz, auf die die diskursive Umkehrung des Täter-Opfer-Verhältnisses innerhalb der von der RAF anvisierten Zielgruppe traf, die sich, wie im Folgenden zu zeigen sein wird, keineswegs allein in der Bundesrepublik befand. Dass ein anderer Teil der Bevölkerung – darin bestärkt von den Medien der Springerpresse und nicht wenigen Politikern vor allem des Oppositionslagers – parallel gegenüber der RAF und ihren ‚Sympathisanten' ein gänzlich überzogenes Strafbedürfnis an den Tag legte, sollte diese diskursive Viktimisierung erheblich erleichtern.[32] Denn die verbreitete ‚Straflust' der Bevölkerung korrespondierte mit ebenso überzogenen Einschätzungen der linksterroristischen Bedrohung durch die verantwortlichen Fahndungs- und Vollzugsbehörden. Von diesem aus heutiger Sicht übertriebenen Sicherheitsdenken ließen sich letztere gerade in den ersten Jahren bei der Gestaltung der Haftbedingungen leiten. Dass Politik und Justiz die Gefahr, die von der *de facto* geringen Zahl der Militanten im Untergrund ausging, überschätzten, lag andererseits in der Natur des terroristischen Angriffs selbst: „Terrorism is a conspirational style of violence calculated to alter the attitudes and behaviour of multiple audiences. It targets the few in a way that claims the attention of many. Thus a lack of proportion between resources deployed and effects generated, between the material power of actors and the fear their actions generate, is typical."[33]

Bei aller berechtigten Kritik an einzelnen Bestimmungen des Strafvollzugs ist in unserem Zusammenhang entscheidend, dass der Kampf der Führungskader gegen die Haftbedingungen nicht in erster Linie auf eine humane Behand-

---

[31] „Brief einer Gefangenen", in: Der Kampf gegen die Vernichtungshaft, hg. von den Komitees gegen Folter an Politischen Gefangenen in der BRD, o.O., 1974, S. 201f. Vgl. Gerd Koenen, Camera silens. Das Phantasma der „Vernichtungshaft", in: Kraushaar, RAF und linker Terrorismus II, S. 994–1010, hier S. 1005, Anm. 40.
[32] Diewald-Kerkmann, Frauen, Terrorismus und Justiz, S. 158ff.
[33] Crenshaw, Thoughts, S. 4.

lung, sondern auf die Mobilisierung ihrer in Freiheit befindlichen Anhänger im Sinne ihrer terroristischen Aktionsstrategie abzielte – wie sie es selbst bei ihrem Attentat auf Wolfgang Buddenberg im Mai 1972 exemplarisch vorgeführt hatten.

Schon in ihrer Verteidigung der ‚Mai-Offensive' gegenüber der Kritik der legalen Linken hatte Meinhof – noch in Freiheit – die Geisteshaltung der Genossen beklagt, die „lieber erst wieder auf die Straße gehen, wenn wieder einer von uns ermordet worden ist, das ließe sich dann spontan und leicht vermitteln." Die Frage der Vermittlung stelle sich diesen Genossen „wie Springer-Journalisten die Schlagzeile von ‚Bild', als Problem der Verkäuflichkeit und der Konkurrenz". So sei man zwar bereit, „die Verbrechen des Imperialismus zu beklagen, nicht aber, ihm Knüppel zwischen die Beine zu werfen und sie zu verhindern."[34] Aber auch wenn die Verkürzung ihrer Botschaft auf eine Opfererzählung dem politischen Kalkül Ulrike Meinhofs und der übrigen Führungskader nicht zur Gänze entsprach, so avancierte die Herstellung von Mitleidseffekten gleichwohl zur relativ gesehen erfolgreichsten Kommunikationsstrategie in der Geschichte der RAF – national wie international. Trotz der zitierten Kritik unterwarf die Gruppe sich damit letztlich ebenfalls den Funktionsmechanismen der Medien, die allerdings, wie betont werden muss, nicht unabhängig von der sie umgebenden politischen Kultur zu sehen sind. Besonders ergiebig ist in dieser Hinsicht ein Vergleich mit den inhaftierten Rotbrigadisten. Es wurde schon angedeutet, dass festgenommene BR-Mitglieder – ganz ähnlich übrigens wie in der Bundesrepublik Angehörige der Bewegung 2. Juni – ursprünglich nicht zu einer Dramatisierung ihrer Situation hinter Gittern neigten.[35] Vor dem Hintergrund der chronisch unterfinanzierten, extrem überbelegten und oft in Hand lokaler Mafia-Banden befindlichen Vollzugsanstalten ist nicht davon auszugehen, dass es sich in italienischen Gefängniszellen komfortabler ‚saß' als in Deutschland – immer wieder gibt es in den Erzählungen ehemaliger Terroristen Hinweise auf desolate sanitäre Bedingungen und die Allgegenwart physischer Gewalt, die sowohl vom Wachpersonal als auch von Mithäftlingen ausgehen konnte.[36] Die Tatsache, dass es

---

[34] Vgl. Tonbandprotokoll, S. 149.
[35] Zwar eröffneten die BR im Sommer 1974 eine sogenannte *Fronte carceri* (Gefängnisfront), nachdem im Zuge der Verhaftungswelle nach der Sossi-Entführung zahlreiche Mitglieder inhaftiert worden waren, vgl. Galli, Piombo rosso, S. 69. Diese zielte jedoch ähnlich wie die in Neapel entstandene Gruppe Nuclei Armati Proletari (NAP) primär auf eine Politisierung der Gefängnisinsassen selbst. Am ehesten mit den Aktivitäten der deutschen Anti-Folter-Komitees vergleichbar war das Engagement der Theatermacherin Franca Rame innerhalb des Soccorso Rosso.
[36] Vgl. Michael von Tangen Page, Prisons, Peace and Terrorism. Penal Policy in the Reduction of Political Violence in Northern Ireland, Italy and the Basque Country, 1968–1997, London 1998, S. 88–118; Hof, Staat und Terrorismus, S. 195–208.

in Italien lange Zeit keine Sonderbedingungen für inhaftierte Mitglieder terroristischer Vereinigungen gab, entzog Kampagnen gegen ‚Isolationsfolter' im Stile deutscher Sympathisanten zwar den Boden – gleichwohl erklärt sich das Fehlen analoger Strategien auch aus dem unterschiedlichen Selbstverständnis der Gefangenen einschließlich ihrer eigenen Einschätzung der jeweils gegebenen politischen Spielräume. Alberto Franceschini, der erstmals im Jahr 1983 in Form eines Hungerstreiks gegen die Haftbedingungen im sardischen Nuoro protestierte, erinnert sich: „Mit diesem Hungerstreik gelang es uns – zum ersten Mal – eine wirkliche Verbindung mit der Bevölkerung herzustellen: Hunderte Unbekannter schickten uns Solidaritätstelegramme. Jetzt endlich war die ‚Beziehung zu den Massen' hergestellt, die wir im bewaffneten Kampf vergeblich gesucht hatten."[37] Franceschinis Worte sind auch, aber wohl nicht ausschließlich als Ausdruck verspäteter Selbsterkenntnis zu lesen – sie spiegeln auch die veränderten Rezeptionsbedingungen für die ‚Öffentlichkeitsarbeit' terroristischer Gruppierungen, nachdem das ‚Rote Jahrzehnt' auch in Italien endgültig zu Ende gegangen war.[38]

In der Bundesrepublik, wo die Spielräume für eine dezidierte Gewaltstrategie von vornherein bedeutend enger gewesen waren, hatte das Engagement der Anwälte, die 1972 die Verteidigung der prominentesten Untersuchungshäftlinge der Republik übernahmen, zu der halb unfreiwillig, halb bewusst vollzogenen Schwerpunktverlagerung innerhalb der Gruppenkommunikation wesentlich beigetragen.[39]

Indem die Verteidiger – unterstützt durch Externe wie den niederländischen Psychiater Sjef Teuns[40] – die Negativerfahrungen ihrer Mandanten im Umgang mit Polizeikräften und Vollzugsbeamten mit viel Gespür für die Aufmerksamkeitsökonomie der zeitgenössischen Medienlandschaft öffentlich skandalisierten, geriet das Ausmaß, in dem diese Erfahrungen Ergebnis des im Kollektiv gefassten und immer wieder erneuerten Beschlusses waren, sich durch die Inhaftierung nicht in ihrem Kampfeswillen beirren zu lassen, mehr und mehr in den Hintergrund. Gerd Koenen hat das Dilemma, dem die Justiz- und Vollzugsbehörden in dieser Situation ausgesetzt waren, folgendermaßen beschrieben: „Sie mussten im Eilverfahren Haftbedingungen für Gefangene entwickeln, die sich als im Krieg mit der Republik und der offiziellen Gesellschaft erklärten; Gefangene überdies, die ihre versprengten Anhänger im Untergrund auf das ausschließliche Ziel bewaffneter Befreiungsaktionen festlegten, an denen sie nach Möglichkeit aktiv mitwirkten, wie bereits in den ersten beiden Haftjahren durch abgefangene oder in konspirativen Wohnungen gefundene Kassiber

---

[37] Franceschini, Herz, S. 177.
[38] Vgl. zur wachsenden Selbstreferenzialität der BR seit 1977 S. 641ff.
[39] Vgl. Elter, Propaganda der Tat, S. 137ff.
[40] Zu Teuns vgl. Pekelder, Ulrike, S. 79–86.

4.1 Die ‚erste Generation' zu „politischen Gefangenen" 251

mit detaillierten Materialanforderungen, Lageplänen, Szenarien für Geiselnahmen usw. festgestellt wurde."⁴¹ Hätte es der ungeschriebene Verhaltenskodex politischer Häftlinge aller Länder eigentlich geboten, „nach Verbündeten unter dem Personal zu suchen und das Haftregime moralisch von innen aufzuweichen", lehnten die RAF-Gefangenen jede Form der „Kollaboration" strikt ab: „kein wort zu den pigs, in welcher verkleidung sie auch immer ankommen, vor allem ärzte [...], nichts, nur feindschaft und verachtung [...] sich unversöhnlich, unerbittlich bis zum ÄUSSERSTEN VERTEIDIGEN mit der methode MENSCH".⁴² Das hatte mit dem Selbstverständnis gefangener Revolutionäre, als die sich die Italiener empfanden, wenig zu tun.

Nach der Verhaftung der RAF-Führungsriege, die durch die Verantwortlichen in Fahndungsbehörden und Politik mit selbstgefälligem Triumphgestus medial inszeniert wurde,⁴³ wurden die einzelnen Gruppenmitglieder in ausgewählten, quer über die Republik verteilten Justizvollzugsanstalten untergebracht.⁴⁴ Wie es den gesetzlichen Bestimmungen für Untersuchungshäftlinge entsprach, wurden sie nicht in den normalen Betrieb der Haftanstalt integriert, sondern in Einzelzellen untergebracht – eine Maßnahme, die als solche erst durch die beispiellos lange Dauer der U-Haft ihren Ausnahmecharakter erhalten sollte. Zusätzlich allerdings waren diejenigen Beschuldigten, die eine Anklage nach § 129 StGB zu erwarten hatten, verschärften Sicherheitsvorkehrungen unterworfen, die in ihrer individuellen Gestaltung je nach Bundesland und Haftanstalt variierten.⁴⁵ Besonders problematisch waren die Haftbedingungen wie angedeutet im Untersuchungsgefängnis Köln-Ossendorf, wo Ulrike Meinhof und Astrid Proll monatelang in einem abgelegenen Teil der Anstalt isoliert wurden und einer Totalüberwachung einschließlich nächtlicher Dauerbeleuchtung ihrer Zellen ausgesetzt waren.⁴⁶ Proll musste aufgrund der gesundheitlichen Probleme, an denen sie als Folge der verschärften Einzelhaft dauerhaft litt, schließlich für haftunfähig erklärt werden. Auch Ulrike Meinhof wurde mehrfach ärztlich attestiert, durch die Unterbringung im ‚Toten Trakt'

---

⁴¹ Koenen, Camera silens, S. 1004.
⁴² Kassiber von Holger Meins, zitiert in: Conradt, Starbuck, S. 147.
⁴³ Elter, Propaganda der Tat, S. 129–132.
⁴⁴ Vgl. zum Thema Haftbedingungen Leith Passmore, The Art of Hunger: Self-Starvation in the Red Army Faction, in: German History 27 (2009), S. 32–59; Martin Jander, Isolation. Zu den Haftbedingungen der RAF-Gefangenen, in: Kraushaar, RAF und linker Terrorismus II, S. 973–993; Diewald-Kerkmann, Frauen, Terrorismus und Justiz, S. 179ff.
⁴⁵ Es ist nicht auszuschließen, dass es darüber hinaus in Einzelfällen auch zu körperlichen Übergriffen und Misshandlungen gekommen ist. So hat etwa Wilhelm Meins von einem Besuch am Krankenbett seines Sohnes Holger nach dessen Festnahme berichtet, bei dem dessen Körper „voller Blutergüsse und Schlagstellen war, von oben bis übers Becken hinweg. Ich sagte: ‚Um Gottes Willen, was haben sie mit dir gemacht?'", zitiert in: Conradt, Starbuck, S. 17f.
⁴⁶ Am ausführlichsten Diewald-Kerkmann, Frauen, Terrorismus und Justiz, S. 180–186.

an die Grenzen ihrer psychischen Belastbarkeit gelangt zu sein. Durch die Härte dieses Vorgehens, die auch durch die – prinzipiell nicht unberechtigte – Furcht vor Befreiungsversuchen oder einer Politisierung der Mitgefangenen nicht zur Gänze zu plausibilisieren ist, machten sich die Behörden in hohem Maße angreifbar. An dem Misstrauen, das durch die fragwürdigen Anordnungen zur „Sicherheitsverwahrung" der RAF-Gefangenen in diesen Jahren auf der politischen Linken gesät wurde,[47] vermochte auch die schrittweise Verbesserung der Haftbedingungen ab 1973/74 wenig zu verändern. Ob die Lockerungen dabei auf die durch die Anwälte vorangetriebenen öffentlichen Proteste, das Einschreiten der Ärzte oder den Willen der Verantwortlichen zurückzuführen waren, die Verhandlungsfähigkeit der Beschuldigten in den bevorstehenden Prozessen sicherzustellen, muss bei dem derzeitigen Stand der Forschung offen bleiben. Das gleiche gilt für die Frage, inwieweit das hinsichtlich der öffentlichen Diskussion über die Haftbedingungen überdeutlich werdende „tiefe Misstrauen der bundesdeutschen Nachkriegsgesellschaft in sich selbst, oder vielmehr: des einen Teils in den anderen", nicht strukturell bedingt und somit vom konkreten Handeln einzelner staatlicher Akteure weitgehend unabhängig war.[48] War es in Italien lange Zeit der Traum von der Revolution, der die Linke zusammenhielt, präsentierte sie sich in der Bundesrepublik spätestens seit dem 2. Juni 1967 primär als Antirepressionsinstanz.

Was die konkreten Haftbedingungen der RAF-Häftlinge angeht, so profitierten diejenigen unter ihnen, die ab 1974 in der hochmodernen JVA Stuttgart-Stammheim ihren vor Ort geplanten Prozess erwarteten, von Hafterleichterungen, die faktisch auf eine beispiellose Privilegierung hinausliefen. Als vielleicht größter Erfolg ihrer Propagandatätigkeit kann die Tatsache gelten, dass paradoxerweise ausgerechnet Stammheim im In- und besonders im Ausland zum Synonym einer typisch deutschen, perfekten Vernichtungsmaschinerie avancierte. Kurt Groenewold, einer der exponiertesten und besonders in der Auslandsarbeit engagierten Anwälte, hat 2010 von der Verantwortung der Verteidiger für das verzerrte Bild der Haftbedingungen in der Öffentlichkeit weit über 1974 hinaus dadurch abzulenken versucht, indem er bewusst ausweichend formulierte: „Es mag sein, dass unter dem Druck der nationalen und internationalen Öffentlichkeit 1975 und während der Hauptverhandlung bessere Bedingungen

---

[47] Veröffentlicht wurden die Bestimmungen unter anderem im Kursbuch 32, Folter in der BRD. Zur Situation der Politischen Gefangenen, August 1973. Die Verteidiger Klaus Eschen, Jörg Lang, Jürgen Laubscher und Johannes Riemann hatten eine kommentierte „Dokumentation zur Lage der Politischen Gefangenen" zusammengestellt, in denen ausführlich aus den entsprechenden Akten zitiert wurde, vgl. ebd., S. 11–117. In der Folge wurde das „Kursbuch" in mehrere europäische Sprachen übersetzt, darunter ins Italienische und Französische.

[48] Koenen, Camera silens, S. 1010.

für die Kommunikation geschaffen wurden. Keine Feststellung, die die Jahre 1972 bis 1974 betrifft, wird dadurch widerlegt."[49]

Wie Butz Peters betont hat, wurden mit der Unterbringung der RAF-Häftlinge Baader, Meinhof, Ensslin und Raspe im 7. Stock zum einzigen Mal in der Geschichte der Bundesrepublik „zwei eiserne Grundsätze des Untersuchungshaftrechts gebrochen (...) Zum einen, dass Angeklagte in derselben Sache bis zur Gerichtsverhandlung keinen Kontakt miteinander haben dürfen, damit sie sich nicht absprechen können. Und außerdem, dass Männer und Frauen strikt voneinander getrennt werden."[50]

Mögen die Gefangenen aus der RAF gerade in der Frühzeit ihrer Inhaftierung auch spezifischen Belastungen ausgesetzt gewesen sein – dank ihrer Anwälte und einer für ihre Belange durchaus sensiblen (Teil-)Öffentlichkeit besaßen sie ungleich bessere Möglichkeiten, ihr Leiden an der Haft publik zu machen und Zumutungen abzustellen, als weniger prominente Gefängnisinsassen.[51] Davon, dass sie ihre Lage subjektiv als unerträglich empfanden, ist auszugehen, zumal die Untersuchungshaft mit ihrer bisherigen Lebenssituation im Untergrund, die durch ständige Mobilität geprägt war, in denkbar hohem Maße kontrastierte. Der Schock, sich von den Titelseiten der deutschen Presse nun in Einzelzellen abgeschoben und offenbar zur Bedeutungslosigkeit verdammt zu sehen, wurde durch den ungebrochenen Anspruch, als Teil einer internationalen Avantgarde einen Kampf von weltgeschichtlicher Bedeutung zu führen, weiter verstärkt. Die Schriftstücke, die in den folgenden Jahren in den Zellen entstanden, zeugen jedenfalls einerseits von dem unbedingten

---

[49] Kurt Groenewold, Der RAF-Prozess. Öffentlichkeit und Justiz aus der Sicht der Strafverteidiger, in: Volker Friedrich Drecktrah (Hg.), Die RAF und die Justiz. Nachwirkungen des „Deutschen Herbstes", München 2010, S. 105–138, hier S. 128.

[50] Peters, Irrtum, S. 326. Dass auch die Kleingruppenisolation bestimmte psychische Probleme hervorrufen kann, wie sie etwa die ärztlichen Gutachter im Laufe des Stammheimer Verfahrens diagnostizierten (vgl. weiter unten S. 378f.), soll damit nicht bestritten werden – ob die Belastungen jedoch notwendigerweise größer sind als diejenigen, denen Häftlinge auch im normalen Strafvollzug ausgesetzt sind, erscheint fraglich. Insgesamt scheint die psychische Gesamtkonstitution des Gefangenen für das subjektive Empfinden der Haftbedingungen eine große Rolle gespielt zu haben. „Wer sich den Gedanken einhämmert, mittels der Vorenthaltung von sinnlichen Reizen und menschlicher Kommunikation langsam umgebracht zu werden, der wird tatsächlich daran sterben – vielleicht, indem er Hand an sich legt", formulierte Horst Mahler später diesen Gedanken, zitiert in: Aust, Baader-Meinhof-Komplex (2008), S. 405.

[51] Diesen Umstand hob in seiner Kritik nach dem Ausscheiden aus der Gruppe auch Horst Mahler hervor, für den der Hungerstreik „auf einer Lüge aufgebaut" sei. Er lüge, „wenn er von ‚Folter' spricht: Kein pG [politischer Gefangener, P.T.] kommt so leicht in den Bunker (mit Todesrisiko) oder wird so leicht zusammengeschlagen, wie die ‚Normalen' (Anwälte, aufmerksame Öffentlichkeit). (...) Kein ‚Normaler' hat die Möglichkeit, sich seitenweise, wie die Knastgenossen, in der gesamten Presse darzustellen (Spiegel, Prozeßberichte etc.)", zitiert in: Diewald-Kerkmann, Frauen, Terrorismus und Justiz, S. 208.

Willen, diesen Kampf außerhalb der Gefängnismauern fortzusetzen. Andererseits – und mit diesem Wunsch eng verbunden – dokumentieren sie ein unablässiges Ringen um die eigene Identität, die es für den einzelnen nach dem Selbstverständnis der Gruppe nur noch im politischen Kollektiv geben durfte.[52] Da eine solche kollektive Identität naturgemäß nur in der Kommunikation hergestellt bzw. aufrechterhalten werden konnte, war es existentiell, die Isolation der Gefangenen untereinander aufzuheben, aber eben auch die Barrieren zwischen ihren Zellen und der Außenwelt zu überwinden. Zur Kompensation ihrer politischen Ohnmacht waren die inhaftierten RAF-Angehörigen auf die Ressource Öffentlichkeit angewiesen, und diese Öffentlichkeit – darauf kommt es an dieser Stelle an – dachten sie von Anfang an international. Auch wenn sie sich dabei ihrer Verteidiger bedienten, hatte dieses Projekt mit ‚klassischer‘ Strafverteidigung wenig zu tun.

4.2 Das ‚info‘ als Vehikel der Transnationalisierung

Um die Misslichkeit ihrer Lage aufzubrechen, entwickelten die Gefangenen unter Ausnutzung der gesetzlichen Sonderstellung der Verteidigerpost, die zumindest theoretisch von der ansonsten in der Untersuchungshaft üblichen Kontrolle des Briefverkehrs der Häftlinge durch die Vollzugsbehörden ausgenommen war, im Laufe des Jahres 1973 ein kurz als ‚info‘ bezeichnetes Kommunikationssystem, das sowohl der Verständigung untereinander als auch der Koordination der Öffentlichkeitsarbeit diente. Die Initiative ging dabei von Andreas Baader aus, der erstmals im März 1973 die involvierten Verteidiger dazu aufforderte, endlich „ein info-system aufzubauen", das mittelfristig die bisherige Kommunikation in Form von unregelmäßigen anwaltlichen Rundbriefen ersetzen sollte.[53] Hintergrund war offenbar die Unzufriedenheit der Häftlinge mit der mangelnden Publizität ihres Mitte Februar beendeten, mehrwöchigen kollektiven Hungerstreiks. Es war Hans-Christian Ströbele, der die entsprechenden Beschwerden aus den Zellen in einem Rundbrief für alle zusammenfasste: „Einheitlich wird an den Anwälten kritisiert, daß sie 3 Wochen nichts wesentliches getan haben, um den Hungerstreik öffentlich zu machen, schlechte Kommunikation und Koordination". Um Abhilfe zu schaffen, solle eine „ständige Kommunikation in Form eines kurzen Rundschreibens mit

---

[52] Vgl. Olaf Gätje, Das „info"-System der RAF von 1973 bis 1977 in sprachwissenschaftlicher Perspektive, in: Kraushaar, RAF und linker Terrorismus I, S. 714–733.

[53] Das ‚info‘ arbeitete gemäß eines 3-stufigen, streng hierarchisierten internen Verteilungsprinzips und wurde dadurch nicht zuletzt als Disziplinierungsinstrument nach innen wirksam, vgl. ebd., Zitat S. 719.

entsprechenden Anlagen geschaffen werden".[54] In den nächsten Monaten gingen die Pläne der Gefangenen jedoch über den hier angedachten ‚Newsletter' noch erheblich hinaus, wie wiederum Ströbele bekanntgab: Gedacht sei an „ein großes neues Projekt, das Arbeit für alle für Monate und Jahre bringt: Info-Zentrale in HH und Erstellung von Analysen und konkrete Gruppenschulung."[55] In dieser „Info-Zentrale", die der Hamburger Anwalt Kurt Groenewold zu finanzieren und in den Räumlichkeiten seiner Kanzlei unterzubringen bereit war, wie er gegenüber Gudrun Ensslin erklärt hatte, sollte unter anderem eine umfassende Sichtung der Presse erfolgen. Über einen Ausschnitt-Service sollten die Häftlinge – über den ihnen von den jeweiligen Anstaltsleitungen zugestandenen Bezug eigener Bücher und Printmedien hinaus – schnell und effektiv mit allen für sie relevanten Zeitungsberichten versorgt werden. Wichtiger noch als die Auswertung der allgemeinen Presse von der „FAZ" bis hin zu „Quick" seien dabei, so Andreas Baader, „die publikationen der organisationen, die kämpfen, ausland, basispublikationen hier".[56] Gudrun Ensslin verlangte ausdrücklich einen „vollständigen, zweckdienlichen presseschlüssel, alle überreg., nat. + internat., alle nat. + internat. Presseagenturen, gesamte linke presse, von den demokratisten-sozialisten bis zu anarchos, scene – nat. + internat., antiimp. gruppen + individuen".[57] Ihr ging es explizit auch um „Kontakte, (und ein) Informationsmodus zu ausländischen Büros Liberation, Manifesto, Propagandabüros von Fatah, IRA, Türkei, Frelimo etc."[58]

Von der ursprünglichen Idee, das Hamburger Büro allein mit der soeben wieder aus der Haft entlassenen Margrit Schiller zu besetzen – „vorausgesetzt, daß schiller die aufgabe als das begreift, was sie ist: verbindlich für ziemlich lange, irre viel arbeit, energie, identifizierung, disziplin, fantasie" – rückte man denn auch schon bald zugunsten einer Verteilung der vielfältigen Verpflichtungen auf mehrere Schultern ab. Groenewold, der gemeinsam mit Ströbele die praktische Organisation der ‚Info-Zentrale' übernahm, erkundigte sich, „wer welche Zeitungen liest, wer ausländische Zeitungen liest und ausländische Periodika durchsieht und zum Teil übersetzen kann". Erforderlich sei „eine Aufstellung der bezogenen Periodika (deutsch und ausländisch) sowie der benutzbaren Sprachkenntnisse".[59] Ende Juni informierte Ströbele, „als Mann der Tat" habe Müller – gemeint ist der spätere RAF-Aussteiger und ‚Kronzeuge' Gerhard Müller – damit begonnen, aus vier deutschen Tageszeitungen

---

[54] Vgl. Auswertungsbericht vom 18.4.1974 über das am 16.7. bzw. 18.7.1973 in den Zellen von 8 RAF-Gefangenen gefundene Beweismaterial, in: HIS-Archiv, Klaus-Bericht, S. 62.
[55] Zitiert in: Ebd., S. 63.
[56] Ebd., S. 67.
[57] HIS-Archiv, En G 011,011. Bei der Frelimo handelte es sich um die Mosambikanische Befreiungsfront, die 1975 die Unabhängigkeit des Landes von Portugal erreichte.
[58] HIS-Archiv, Klaus-Bericht, S. 63.
[59] Ebd., S. 66.

„systematisch und sortiert Zeitungsausschnitte zu sammeln", auch zu den Themen „international-Revolution/Konterrevolution, BRD-Imperialismus". Gefragt seien jetzt ein oder zwei weitere Personen, die „die anderen Zeitungen einschließlich der Auslandspresse übernehmen. (…) Wer macht mit?"[60] Bei seiner Vernehmung durch die Bundesanwaltschaft im Jahr 1976 schilderte Müller, der zu diesem Zeitpunkt der RAF bereits den Rücken gekehrt hatte, wie sich die hier angedachte Aufgabenteilung in der Folgezeit weiter konkretisierte: Irmgard Möller habe die „Libération", Gudrun Ensslin „Le Monde", Brigitte Mohnhaupt die englischen Zeitungen studiert; Carmen Roll habe „damals extra italienisch gelernt".[61] „Ein spezielles Aufgabengebiet" sei auch das Auffinden und Übersetzen von Texten anderer terroristischer Gruppen gewesen; Brigitte Mohnhaupt habe die Schriften der IRA, Irmgard Möller die der Tupamaros bearbeitet; „Carmen Roll befaßte sich mit Ausarbeitungen der italienischen ‚Roten Brigade'[sic]".[62]

Die hier zitierten Dokumente belegen auf nachdrückliche Weise, dass die internationale Orientierung der RAF-Führung mit ihrer Inhaftierung keinesfalls abbrach. Im Gegenteil ging ihr gedanklicher Horizont auch hinter Gittern von Anfang an ganz selbstverständlich über die Bundesrepublik hinaus. Einerseits waren Baader und seine Mitstreiter dabei an Informationen über relevante Vorgänge jenseits der Landesgrenzen interessiert – vor allem an solchen, die sich propagandistisch gegen die Bundesregierung einsetzen ließen. Andererseits ging es ihnen jedoch darum, nicht nur die deutsche Öffentlichkeit, sondern auch das Ausland über die ‚Verhältnisse' in der Bundesrepublik und vor allem über ihr damit verbundenes eigenes Schicksal ‚aufzuklären'. Ein nicht unwichtiger Nebeneffekt dieser Propagandatätigkeit bestand in der Information über und der Kontaktaufnahme zu ausländischen Gesinnungs- und potentiellen Kampfgenossen. Jan-Carl Raspe begrüßte am ‚info' „als interessante Tendenz (…) die Internationalisierung, also Koord.[inierung] mit den Gen.[ossen] in F[rankreich] u. I[talien]".[63]

---

[60] Ebd.
[61] Vernehmung Müllers durch die Bundesanwaltschaft vom 20.4.1976, in: HIS-Archiv, SO 01 / 11,003, S. 104. Die Pädagogikstudentin Carmen Roll, früheres Mitglied des Heidelberger SPK, war im März 1972 nach 9 Monaten in der Illegalität verhaftet worden. Im Juli 1973 wurde sie als „zentrale Figur" der Baader-Meinhof-Gruppe zu einer Freiheitsstrafe von vier Jahren verurteilt, vgl. Diewald-Kerkmann, Frauen, Terrorismus und Justiz, S. 80f. Nach ihrer Entlassung ging Roll nach Italien, wo sie als Krankenschwester in dem von Franco Basaglia gegründeten Therapiezentrum für psychisch Kranke in Triest tätig wurde. Zu Basaglias Psychiatrie-Reformprojekt vgl. Malte König, Franco Basaglia und das Gesetz 180. Die Auflösung der psychiatrischen Anstalten in Italien 1978, in: Terhoeven, Italien, Blicke, S. 209–234.
[62] Vernehmung Müllers durch die Bundesanwaltschaft vom 20.4.1976, in: HIS-Archiv, SO 01 / 11,003, S. 105.
[63] HIS-Archiv, Klaus-Bericht, S. 68.

Tatsächlich barg das in der Hamburger Kanzlei untergebrachte Büro in seiner Funktion als Informationsinstanz den „keim zu einer nachrichtenagentur", wie es Ensslin formulierte. Ein von Groenewold zusammengestellter Presseverteiler aus dem August 1974 führte neben zahlreichen deutschen Namen und Adressen 17 Nachrichtendienste und Presseagenturen auf der ganzen Welt sowie 76 (!) europäische Presseorgane auf, die mit Informationsmaterial aus der Zentrale beliefert werden sollten; ein besonderer Schwerpunkt lag auf linksradikalen italienischen Blättern.[64] Auch wenn das Papier offenbar reinen Vorschlagscharakter besaß, so ist die Breite des anvisierten Spektrums doch bemerkenswert. Ganz offensichtlich setzte die RAF alles daran, das eigene Image auch außerhalb der deutschen Landesgrenzen so minutiös wie möglich zu steuern.

4.3 Dramaturgien des Leids auf europäischer Bühne: Die Hungerstreiks als „performative Momente" im In- und Ausland

„Als ich hier reinkam, hatte ich nur einen Gedanken im Kopf", notierte Jan-Carl Raspe in seiner Zelle: „Widerstand leisten, wo es geht, um nicht kaputtgemacht werden zu können (…) Dieser eine Gedanke wurde zu einer Frage ziemlich bald: wie um alles in der Welt. Und daran bin ich völlig verrückt geworden, daran, diese Frage nicht beantworten zu können". Horst Mahler, bereits seit Oktober 1970 inhaftiert, beantwortete das Problem für sich mit einer Absage an den „passiv-masochistische[n] Widerstand", der ihm, so wörtlich, „gewaltig" stinke: „Wir können schreien, singen, gegen die Tür treten, mit Tassen und Schüsseln schmeißen, beim Pol.-Inspektor den Schreibtisch umschmeißen und vieles mehr. Wir riskieren, daß sie uns dabei auch zusammenschlagen. Das nehmen wir in Kauf."[65]

Wie bereits angedeutet, lag es in der Logik der von der RAF schon vor der Inhaftierung aufgenommenen Dämonisierung der bundesrepublikanischen Wirklichkeit als Neuauflage des ‚Dritten Reiches', dass sich die Mehrzahl ihrer Mitglieder in der Haft nicht an Mahlers trotzig-aktivistischem Widerstandsmodell orientierte, sondern sich – anders als beispielsweise die Mitglieder der Roten Brigaden – als Opfer einer unerbittlichen staatlichen Vernichtungsmaschinerie inszenierte. Statt Mahlers Masochismus-Kritik behielt einmal mehr der politische Instinkt Andreas Baaders die Oberhand, der

---

[64] HIS-Archiv, RA 02 / 039,010.
[65] Beide zitiert in Aust, Baader-Meinhof-Komplex (1998), S. 271. Anfangs hatte sich Mahler allerdings ebenfalls an den Hungerstreik-Initiativen beteiligt.

– möglicherweise inspiriert durch die IRA[66] – den Hungerstreik gegen eine vorgeblich unmenschliche Behandlung in den Mittelpunkt des gemeinsamen Widerstandskonzepts stellte. Baaders Ende 1972 als Zeuge im Mahler-Prozess abgegebene Erklärung, keine Nahrung mehr zu sich nehmen zu wollen, bis sich die Haftbedingungen geändert hätten, gab den Startschuss zum ersten von insgesamt zehn kollektiven Hungerstreiks in der Geschichte der RAF, von denen fünf in die Lebzeiten der ‚ersten Generation' fielen.[67] Bei den Streiks handelte sich explizit um „‚Aufhänger', um Medienvertreter zu einer Berichterstattung über die Haftbedingungen zu veranlassen",[68] um „Mittel der Außenkommunikation", mit dem die RAF auch solche Bevölkerungsgruppen als Multiplikatoren ihrer Botschaft einzubinden hoffte, „von denen sie wußte, daß diese – völlig unabhängig von ihrer Haltung zur RAF – die Einhaltung rechtsstaatlicher Prinzipien im Umgang mit den Inhaftierten einforderten."[69] „Konfrontieren wir die Schweine mit ihren eigenen Gesetzen – reiben wir ihnen den Widerspruch unter die Nase, zwischen dem, was sie sagen – Menschenschutz – und dem, was sie machen: Vernichtung", hieß es in einer zu Beginn des zweiten Hungerstreiks veröffentlichten Erklärung vom 8. Mai 1973.[70] Dass die Interpretation der „Vernichtung" durch die RAF allerdings eine sehr eigenwillige war, zeigt ein weiterer Passus: „Je liberaler die Schweinerei gehandhabt wird – unaufdringlich – locker – nett – hinterhältig – glitschig – gemein – kurz: je psychologischer – desto effektiver, tiefer die Vernichtung der Gefangenen."[71] In der Tat besaßen die konkreten Haftbedingungen für den taktischen Einsatz der Hungerstreiks nie die entscheidende Bedeutung, die eine gutgläubige Sympathisantenszene in ihnen zu sehen bereit war. Die Nahrungsverweigerung war ein taktisches Mittel zum „Sieg im Volkskrieg", das von der „Gewalt der Straße" flankiert werden sollte.[72] „Die Gewalt bleibt das Tabu, sie verschanzen sich hinter dem Tod wie die Pfaffen", kritisierte Baader den friedlichen Protest gegen die angebliche ‚Isolationsfolter', und Ensslin vermisste in den Dokumentationen der Roten Hilfe eingängige Slogans wie „lieber einen Richter umlegen als ein Richter sein".[73] Spätestens mit einer von Ulrike Meinhof zu Beginn des dritten Hungerstreiks vorgetragenen Erklärung vom September 1974, die völlig wirklichkeitsfremde Forderungen nach freier Selbstorganisation, tarifgerechten Gehältern und Pensionen, Rente und Kran-

---

[66] Passmore, Art of Hunger, S. 43f.
[67] Für die Daten vgl. Wunschik, Baader-Meinhofs Kinder, S. 170, Anm. 933.
[68] Jander, Isolation, S. 979.
[69] Elter, Propaganda, S. 141.
[70] Hungerstreikerklärung vom 8. Mai 1973, in: Rote Armee Fraktion, Texte, S. 187–190, hier S. 189.
[71] Ebd., S. 188.
[72] Ebd., S. 189, 190.
[73] Beides zitiert in: Aust, Baader-Meinhof-Komplex (1998), S. 280f.

kenversicherung, unbewachtem Besuch, Versammlungsfreiheit, freie Arztwahl sowie Abschaffung von Postkontrolle und Geschlechtertrennung für alle Strafgefangenen beinhaltete, musste jeder unvoreingenommene Beobachter den Verdacht gewinnen, dass es bei der Dramatisierung und Skandalisierung der Haftbedingungen und der willentlichen Schwächung des eigenen Körpers durch Hungern nicht um das Erreichen konkreter Ziele ging, sondern um die Diffamierung des Staates an sich.[74] Dieser Eindruck verstärkte sich, als die ersten Presseartikel über die von der RAF als ‚Isolationsfolter' definierte Haftsituation in der JVA Stuttgart-Stammheim erschienen, so eine ausführliche Reportage des „Spiegel" vom Dezember 1974:

> Die Zellen von Baader und Genossen sind cremefarben gestrichen, neben Bett und Schrank stehen Schreibtische und Bücherregale, Radio und Schreibmaschine, und Landkarten hängen an den Wänden. Zeitschriften und Zeitungen werden nach Wahl geliefert, Hunderte von Büchern stehen zur Verfügung, Lenins Werke ebenso wie wissenschaftliche Ausarbeitungen über Aufgabe und Arbeitsweise des Bundeskriminalamts. Baader und Raspe, weil sie über schlechte Augen klagen, verfügen über Leselampen. Gudrun Ensslins Zelle mißt 20.08 Quadratmeter. Und weil sie eine so große Bibliothek unterhält, 500 Bände, bekam sie eine Bücherzelle obendrein. Abends gehen bei allen (...) die Lichter aus, winters um zehn, sommers um elf. Tag für Tag treffen sich in Stuttgart-Stammheim zum sogenannten Umschluß, bis zu vier Stunden, Gudrun Ensslin, Carmen Roll und Ulrike Meinhof sowie Jan-Carl Raspe und Andreas Baader in einer ihrer Zellen. Beinahe täglich kommen die Anwälte. Bei Baader waren sie seit dem 7. November rund vierzig Mal, gleich fünfzig Stunden lang; bei Gudrun Ensslin seit dem 1. Oktober rund 45 Mal, gleich 55 Stunden. Gelegentlich – wenn auch nicht so oft, wie sie dürften – kommen die Verwandten.[75]

Das Nachrichtenmagazin wies darauf hin, dass die Häftlinge „vor Monaten und Jahren schärfer isoliert" und „womöglich in Einzelfällen drangsaliert" worden seien; inzwischen aber gälten für sie „fast durchweg" dieselben Vorschriften wie für andere Untersuchungsgefangene.[76] In der Tat hatte der „Spiegel" in den vorausgegangenen Monaten häufiger über die Problematik der Einzelhaft berichtet – nur drei Ausgaben zuvor war das Blatt Plattform eines ausführlichen Artikels von Otto Schily zur „Unmenschlichkeit" der „Isolierhaft" gewesen.[77] Vor dem Hintergrund der verbesserten Lage wandte sich der ehemalige Bundespräsident Gustav Heinemann persönlich an Ulrike Meinhof, die der gelernte Rechtsan-

---

[74] Vgl. Provisorisches Kampfprogramm für den Kampf um die politischen Rechte der gefangenen Arbeiter, in: Rote Armee Fraktion, Texte, S. 190.

[75] „An der Brüstung", in: Der Spiegel 50/9.12.1974, S. 27–29, hier S. 27. Vgl. dazu auch den aufschlussreichen Bericht eines ehemaligen Stammheimer Vollzugsbeamten: Kurt Oesterle, Stammheim. Der Vollzugsbeamte Horst Bubeck und die RAF-Häftlinge, 2. Aufl. München 2005. Zu Fragen der Quellenkritik vgl. Gerd Koenen, Stammheim revisited. Horst Bubecks Bericht – Einblicke und offene Fragen, in: Kommune. Forum für Politik, Ökonomie, Kultur, 6/2003; online unter http://www.gerd-koenen.de/pdf/Stammheim_revisited_Kommune_1103.pdf (9.10.2011).

[76] „An der Brüstung", S. 27.

[77] „Verwesung bei lebendigem Leibe", in: Der Spiegel 47/18.11.1974, S. 41–47.

walt 1961 in einem Beleidigungsverfahren verteidigt hatte: „Die Beschwerden gegen die Haftbedingungen, die Sie mit Ihrem Hungerstreik verbunden haben, sind – jedenfalls heute – zum großen Teil gegenstandslos. Etwaige Reste werden geprüft. Es besteht von daher kein Grund mehr, den lebensgefährlichen Hungerstreik auch nur noch einen Tag fortzusetzen."[78] In ihrer Antwort stritt Ulrike Meinhof eine grundlegende Veränderung der Haftbedingungen ebenso ab wie die Unterstellung einer wie auch immer gearteten Motivation des Hungerstreiks außerhalb der von der RAF offiziell deklarierten. Beides, so Meinhof sei „nicht der fall. wir haben inzwischen – unter berücksichtigung der sicherheitsargumente des vollzugs – einen kompromißvorschlag gemacht: konzentration aller politischen gefangenen in einer anstalt bei vollständiger aufhebung der isolation zueinander."[79] Zu einer so weitgehenden Konzession aber mochten sich die Verantwortlichen auch in den folgenden Jahren nicht durchringen, wozu auch prinzipielle Erwägungen beigetragen haben mögen.[80] Stattdessen ging man in Stammheim zu der im „Spiegel" auch gemessen an heutigen Erkenntnissen durchaus korrekt geschilderten Form der Gruppenisolation über, die weitere Hungerstreiks jedoch nicht zu verhindern vermochte.[81] Angebote, die Einzelhaft durch die Teilnahme am Hofgang gemeinsam mit anderen, nicht ‚politischen' Häftlingen abzumildern, lehnten die Gefangenen wiederholt als „Spitzelangebote" ab.[82] Groenewold kommentierte in der Rückschau, es sei „wahr, dass die Beschuldigten meinten, auch andere Ziele [neben besseren Haftbedingungen, P.T.] mit den Hungerstreiks erreichen zu können, nämlich durch die Aufmerksamkeit, die sie auf sich als Gruppe lenkten." Für die Verteidiger sei dies jedoch „nicht erheblich" gewesen.[83]

In seiner luziden Analyse der Hungerstreiks der ‚ersten RAF-Generation' hat Leith Passmore die Aktionen als „performative moments" gedeutet, die gruppenintern eine präzise Funktion zur Herstellung psychischer Abhängigkeitsverhältnisse und der Aufrechterhaltung einer mörderischen Gruppendisziplin besessen hätten. Vor allem Baader und Ensslin nutzten die Hungerstreiks zur Durchsetzung ihres uneingeschränkten Führungsanspruches – wer nicht konsequent genug hungerte, wurde mit Sanktionen, etwa dem Ausschluss aus dem ‚info'-System, bestraft. Nach außen hin nutzte die RAF, so Passmore, die Nahrungsverweigerung „to maintain pre-existing rhetorical stands: anti-fascism and anti-imperialism. Hunger allowed RAF prisoners

---

[78] Zitiert in: Peters, Irrtum, S. 319.
[79] Zitiert in: Diewald-Kerkmann, Frauen, Terrorismus und Justiz, S. 190.
[80] Vgl. Hans-Michael Empell, Die Menschenrechte der politischen Gefangenen in der Bundesrepublik Deutschland: Völkerrechtliche Beiträge zum Kampf gegen die Isolationshaft, Köln 1995.
[81] Diewald-Kerkmann, Frauen, Terrorismus und Justiz, S. 188.
[82] Ebd., S. 287. Vgl. auch HIS-Archiv, Ba, A / 020,003, S. 14.
[83] Groenewold, RAF-Prozess, S. 130.

to inscribe their own bodies in its conception of a belated Nazi resistance and anti-colonialist struggle."[84]

Horst Mahler, der der „Ohnmachtsstrategie" der forcierten Nahrungsverweigerung stets reserviert gegenüber stand, sollte 1978 nach der Distanzierung von seinen ehemaligen Genossen von der „elenden Hungerei" sprechen, die „nicht nur eine höchst wichtige Waffe des gewaltfreien Widerstands für lange Zeit stumpf" gemacht, sondern auch „die körperliche Gesundheit der Inhaftierten in gefährlicher Weise untergraben" habe. Die durch das Hungern hervorgerufenen körperlichen Leiden habe man „in Folgen der ‚Isolationshaft' umgelogen". Die Streiks seien als „Peitsche gegen die Linken" eingesetzt worden, „um sie für die Interessen der Guerilla auf Trab zu bringen." Abgesehen von den ersten Monaten der Häftlinge Meinhof und Proll im ‚Toten Trakt' sei der Foltervorwurf eine „Propagandalüge, darauf berechnet, die Linke in der Bundesrepublik moralisch zu erpressen und Faschismus vorzutäuschen, um die brutalisierten Kampfformen der RAF zu legitimieren".[85]

Zur wohl effizientesten organisatorischen Struktur, über die potentielle Unterstützer und zukünftige Mitkämpfer „auf Trab" gebracht wurden, avancierten bald die sogenannten Anti-Folterkomitees, die neben und eng verbunden mit dem ‚info' für die Entwicklung eines kohärenten Images der RAF in der Öffentlichkeit eine kaum zu überschätzende Bedeutung hatten. Den Hungerstreiks kam dabei – völlig losgelöst von der Auseinandersetzung um die realen Haftbedingungen – eine Schlüsselfunktion zu. „Hungerstreik kein Selbstzweck (...) der Hungerstreik war sozusagen der erste Knopfdruck, um die der Lage entsprechende Lösung in Gang zu setzen – die Komitees", so ein Zellenzirkular Gudrun Ensslins.[86] Die Initiative zur Bildung der Komitees ging in der ersten Jahreshälfte 1973 von den Gefangenen Mahler, Ensslin und Baader aus, die auch in dieser Hinsicht, ähnlich wie im Falle des ‚info', eng mit den Strafverteidigern zusammenarbeiteten. „Das was in den Gefängnissen passiert muss ans Licht", forderte ein von Rechtsanwalt Eberhard Becker formulierter Vorentwurf für einen entsprechenden Gründungsappell. „Teach-Ins, Veranstaltungen und schriftliche Veröffentlichungen erfordern Arbeit, die wie die Verteidiger im Moment organisiert sind, durch sie nicht durchgeführt werden können. Daher schlage ich vor, (...) ein Komitee ‚gegen Folter an Häftlingen' zu gründen."[87] Bei einem Koordinationstreffen von etwa 20 RAF-Anwälten

---

[84] Passmore, Art of Hunger, S. 58.
[85] „Der Foltervorwurf – eine Propagandalüge", in: Der Spiegel 50/11.12.1978, S. 64–65, hier S. 65.
[86] Zellenzirkular vom 30.6.1973, zitiert in: Ulf Stuberger (Hg.), In der Strafsache gegen Andreas Baader, Ulrike Meinhof, Jan-Carl Raspe, Gudrun Ensslin u. a.: Dokumente aus dem Prozeß, Frankfurt a.M. 1977, S. 109.
[87] Zitiert in: HIS-Archiv, Klaus-Bericht, S. 96.

– darunter Heinrich Hannover, Klaus Eschen, Hans-Christian Ströbele, Kurt Groenewold, Klaus Croissant, Jörg Lang und Otto Schily – vom 7. April 1973 in Hannover war man sich darin einig, „daß juristische Mittel alleine zur Beseitigung dieser Folter nicht hinreichend" seien. Per Mehrheitsbeschluss wurde entschieden, lokale Protest-Komitees ins Leben zu rufen, die sich am 29. April 1973 bei einem zentralen Treffen in Frankfurt offiziell konstituieren sollten.[88] Auf der Veranstaltung trat unter anderem der niederländische Psychiater Sjef Teuns auf, der einige Jahre in Hamburg studiert und dort die von Johann M. Burchard initiierten und dem KZ-Überlebenden Jan Gross weitergeführten Forschungen zu den Folgen „sensorischer Deprivation" kennengelernt hatte.[89] Teuns konstruierte in Frankfurt einen abenteuerlichen, durch nichts belegten Zusammenhang zwischen den Hamburger Experimenten und der Einzelhaft der RAF-Gefangenen. Die Hamburger Wissenschaftler erprobten demnach im Auftrag der imperialistischen Bourgeoisie eine perfide Methode der „sauberen Folter", die an den inhaftierten Kadern exekutiert werden sollte, um diese psychisch zu zerstören – eine frei erfundene Behauptung, die später „einen mächtigen Resonanzboden in der weiten europäischen Öffentlichkeit" finden sollte.[90] In einem ersten Schritt entstanden in 23 westdeutschen Städten „Komitees gegen Folter an politischen Gefangenen in der BRD". Im ersten Jahr ihres Bestehens vermochten die Gruppen zwar nur rund 450 Aktive anzuziehen, unter denen zudem die Anwälte und Familienangehörigen der Häftlinge die Engagiertesten waren. Dennoch aber stellten die Komitees im gleichen Zeitraum die beachtliche Zahl von 75 Veranstaltungen auf die Beine.[91] Die Gruppen, deren wichtigste Zielsetzungen intern mit ‚Information der Öffentlichkeit', ‚Mobilisierung von Liberalen' und ‚Spendenwerbung' beschrieben wurden, produzierten Broschüren und Hefte, veranstalteten Demonstrationen und Protestmärsche, gaben Pressekonferenzen, absolvierten TV- und Radioauftritte, initiierten Spendenkampagnen und organisierten *teach-ins*.[92] „The printing of unedited RAF texts as well as frequent cross-publications of texts and images, produced a common vocabulary of phrases, slogans, photos and cartoons, which created a surprisingly homogenous message in the publications mentioned."[93] Die Generallinie der durchgeführten Kampagnen wurde direkt von der RAF-Spitze bestimmt, die die Komitees auch mit den entsprechenden Basistexten versorgte. So schlug Gudrun Ensslin Anfang Juni 1973 gruppenintern vor, ein „Propagandapaket" zusammenzupacken, „material für

---

[88] Ebd.
[89] Koenen, Camera Silens, S. 1003f.
[90] Ebd., S. 1004.
[91] Peters, Irrtum, S. 314.
[92] Passmore, Art of Hunger, S. 40–42.
[93] Ebd., S. 41.

die rh/komitees etc, um sie zu ‚befähigen' die kampagne zu schüren, auf den richtigen weg zu bringen...etc."[94] Die Materialien dieses Propagandapakets, darunter auch die zitierten Thesen Sjef Teuns', erschienen unter dem Titel „Folter in der BRD" im August 1973 als Sondernummer des wirkmächtigen Kursbuches – laut Ensslin damit „zwar spät, aber so eben auch richtig in den leeren sommer, könnte sowas wie information ohne aktion leisten, also agitation."[95] „Kursbuch"-Mitherausgeber Hans Magnus Enzensberger hat die Ausgabe in der Rückschau als „eine der schlimmsten Sachen" bezeichnet, „die mir heute noch *unangenehm* sind".[96]

Die Erstellung der Anti-Folterdokumentation war Teil einer groß angelegten, in der ersten Jahreshälfte 1973 entwickelten Justizkampagne, in die das Ausland von Anfang an mit einbezogen wurde. So träumte Gudrun Ensslin für 1974 von der Durchführung eines „Internationalen/sozialistischen Kongresses gegen Folter in Natoländern" in Stockholm oder Reykjavik – „zur kongreßvorbereitung gehört unsere folterdokumentation". Ziel: „politisierung der liberalen".[97] Für die Fahnder bewiesen die entsprechenden Planungen „wieder das organisatorische Geschick der Beschuldigten Ensslin", die „nicht nur den Zweck und den Ablauf der Veranstaltung" skizziert, sondern auch „die Referenten und die Themen" vorgegeben habe.[98] Als ersten Schritt zur Realisierung der hochfliegenden Pläne sollten die Anwälte in Frankreich eine Pressekonferenz abhalten, die, so Ensslin, „sowas wie den abschluß der bisherigen kampagne" bilden sollte: „zeitpunkt: etwa 10. juli 1973. vorbereitung dieser konferenz (verantwortlich delegiert) durch kg [Kurt Groenewold, P.T.] und plottnitz. mit unterstützung durch maren sell."[99]

Tatsächlich fand am 29. Juni 1973 in den Pariser Räumlichkeiten der linksgerichteten Nachrichtenagentur apl eine Pressekonferenz statt, an der zehn deutsche RAF-Anwälte teilnahmen: Groenewold, von Plottnitz, Golzem, Riedel, Reinhard, Jacobi, Croissant und das Ehepaar Marieluise und Eberhard Becker. Groenewold und von Plottnitz hatten eine Presseerklärung in

---

[94] HIS-Archiv, Klaus-Bericht, S. 96, 111.
[95] Ebd., S. 115.
[96] Enzensberger hielt sich zum Zeitpunkt der Veröffentlichung nicht in Deutschland auf, kann also höchstens indirekt für die Publikation mitverantwortlich gemacht werden, vgl. Wolfgang Kraushaar/Jan Philipp Reemtsma, „Sie hatten nie eine politische Forderung...". Ein Gespräch mit dem Schriftsteller Hans Magnus Enzensberger über die Hintergründe der RAF, in: Kraushaar, RAF und linker Terrorismus II, S. 1392–1411, hier S. 1399.
[97] HIS-Archiv, Klaus-Bericht, S. 114.
[98] Ebd., S. 109. Leider liegt das Schriftmaterial der ‚Stammheimer' zur Planung des Kongresses selbst nicht vor.
[99] Ebd., S. 113. Die Abkürzung ‚kg' steht für Kurt Groenewold; bei Maren Sell handelte es sich um eine französische Romanautorin, die 1970 als Autorin eines regierungskritischen Beitrags über die Bundesrepublik in der von François Maspéro geführten Zeitschrift „Partisans" hervorgetreten war.

französischer Sprache vorbereitet, die wahrscheinlich mit Ensslin abgestimmt worden war.[100] Bei der Veranstaltung handelte es sich um die erste einer langen Reihe von Pressekonferenzen, auf denen sich ein nicht-deutsches Publikum in den folgenden Jahren über die Lage der „antifaschistischen Kämpfer" in westdeutschen Untersuchungsgefängnissen, über „Wasserentzug" und „Isolationsfolter" ‚informieren' konnte. Als Höhepunkt der Premiere in Paris wurde eine Solidaritätserklärung des Existenzphilosophen Jean Paul Sartre zugunsten der „politischen Gefangenen in der BRD" verlesen.[101] Der Franzose hatte sich schon einige Monate zuvor als potentieller Unterstützer der Kampagne empfohlen, als er im Rahmen eines Interviews mit dem „Spiegel" die RAF als „interessant" bezeichnet und anerkennend angemerkt hatte, „daß die Energie, der Geist der Initiative und der Sinn für Revolution bei ihr reell waren".[102]

Nach der Pariser Veranstaltung kam es zu einem Zusammentreffen einiger Mitglieder der SPK-Nachfolgeorganisation IZRU mit anderen ‚Patienten' und Ärzten aus Frankreich, England und Spanien in Paris-Fresnes sowie einer Demonstration gegen die Haftbedingungen vor der deutschen Botschaft.[103] Außerdem nahmen sieben deutsche RAF-Anwälte – unter anderem von Plottnitz, Golzem, Croissant und Becker – an einem Treffen des Mouvement d´Action Judiciaire teil und informierten die französischen Kollegen der 1968 gegründeten linken Anwaltsvereinigung über die „Isolationsfolter" an „politischen Gefangenen" in der Bundesrepublik sowie „Arbeitsform und Probleme linker Anwälte in der BRD".[104] Bemerkenswerterweise war die zeitliche Planung des Hungerstreiks in Deutschland auf die Veranstaltung in der Seine-Metropole abgestimmt gewesen: „Wir, das heißt die Anwälte und die Berliner Hungernden, gehen davon aus, daß am Freitag allg. beendet wird, wenn in Paris die Pressekonferenz stattgefunden hat."[105]

---

[100] In Paris war diese von Groenewold und von Plottnitz vorbereitet worden, HIS-Archiv, Klaus-Bericht, S. 114.

[101] „Harte Geschichte", in: Der Spiegel 29/16.7.1973, S. 60.

[102] „Volksfront nicht besser als Gaullisten", in: Der Spiegel 7/12.2.1973, S. 84–98, hier S. 91.

[103] HIS-Archiv, Klaus-Bericht, S. 2f. Das sogenannte Informationszentrum Rote Volksuniversität (IZRU) war aus dem im Juli 1971 zerschlagenen Heidelberger Sozialistischen Patientenkollektiv (SPK) hervorgegangen. Einige Mitglieder des SPK, so etwa Klaus Jünschke, Margrit Schiller und Carmen Roll, schlossen sich der RAF an, andere betrieben unter dem Dach der IZRU publizistische Aktivitäten, die sich vor allem dem Kampf gegen die „Justiz als Teil des neuen Faschismus" sowie die „Isolationsfolter" gegen RAF-Gefangene widmeten, vgl. Langguth, Protestbewegung, S. 255–260; Cornelia Brink, Psychiatrie und Politik: Zum Sozialistischen Patientenkollektiv in Heidelberg, in: Weinhauer/Requate/Haupt, Terrorismus, S. 134–153.

[104] Vgl. Bericht über das Treffen mit französischen linken Anwälten in Melun am 30.6./1.7.1973 von Rupert von Plottnitz und Wolf Dieter Reinhard vom 10.7.1973, in: HIS-Archiv, RA 2 / 061,003.

[105] Zitiert in: Passmore, Art of Hunger, S. 32.

Auch der dritte und, wie sich herausstellen sollte, mit einer Dauer von 145 Tagen härteste Hungerstreik in der Geschichte der RAF vom 13. September 1974 bis zum Februar 1975 wurde gemäß dem Willen der Führungsgruppe auf internationaler Bühne inszeniert. Besonders gut wird diese Strategie in dem im Oktober 1974 auf Anregung Andreas Baaders in Angriff genommenen Plan deutlich, den greisen Sartre mit Blick auf die zu erwartende größere Medienwirkung in der Bundesrepublik diesmal nicht auf französischem Boden zu Solidaritätserklärungen mit der RAF zu animieren, sondern ihn gleich zu einem Besuch in das Stuttgarter Untersuchungsgefängnis zu bitten.[106] Hintergrund war die immer wieder geäußerte Überzeugung, es könne nur noch eine Frage der Zeit sein, bis der Staatsschutz die „Vernichtung" Andreas Baaders ins Werk setzen werde, da er als das eigentliche ‚Kraftzentrum' der RAF galt. Bei der Beschwörung dieser Gefahr handelte es sich nicht zuletzt um ein taktisches Manöver, um die in Freiheit befindlichen Genossen mit neuer Dringlichkeit auf die Notwendigkeit einer baldigen Befreiung der inhaftierten Kader hinzuweisen.[107] „Ohne BAADER keine RAF! Deshalb Mord an BAADER!" lautete die Parole, die man dem BKA durchaus auch in solchen Papieren unterstellte, die allein im inneren Zirkel der Gruppe kursierten.[108]

Tatsächlich kam es im Herbst 1974 zum Tod eines Häftlings, hatte man doch im Rahmen des dritten Hungerstreiks bewusst einkalkuliert, dass – so die häufig zitierte Formulierung aus einem Zellenzirkular Andreas Baaders – „typen dabei kaputtgehen".[109] Statt Baader selbst aber bezahlte der in der JVA Wittlich untergebrachte Holger Meins diese zynische Strategie mit dem Leben. Zum Zeitpunkt seines Todes hatte der 33-Jährige, der aufgrund seines seit Wochen bedenklichen Gesundheitszustandes nicht mehr wie geplant nach Stuttgart-Stammheim hatte verlegt werden können, nur noch ein Gewicht von 39 Kilogramm. Als Reaktion auf das bedrückende Geschehen wurden in der Öffentlichkeit vermehrt Vorwürfe gegenüber dem medizinischem Personal und der Leitung der Wittlicher Haftanstalt laut, die ihrer Verantwortung gegenüber dem in Lebensgefahr befindlichen Patienten nicht angemessen nachgekommen seien.[110] In der Tat hatten die Anstaltsärzte offenbar zu spät mit der gebotenen Zwangsernährung begonnen, bzw. das für einen Mann

---

[106] Laut Gerhard Müller hatte Andreas Baader selbst die Idee entwickelt und im Herbst 1974 über das ‚info' verbreitet; Vernehmung Müllers durch die Bundesanwaltschaft vom 20.4.1976, in: HIS-Archiv, SO 01/11,003, S. 108.
[107] Vgl. Wunschik, Baader-Meinhofs-Kinder, S. 168f.
[108] So die Aussage des RAF-Aussteigers Gerhard Müller (Großschreibung im Original). Vernehmung Müllers durch die Bundesanwaltschaft vom 20.4.1976, in: HIS-Archiv, SO 01/11,003, S. 108.
[109] Hier zitiert nach: Aust, Baader-Meinhof-Komplex (1998), S. 296.
[110] „Es werden Typen dabei kaputtgehen", in: Der Spiegel 47/18.11.1974, S. 28–34.

wie Meins gebotene Volumen der Kalorienzufuhr fahrlässig unterschritten.[111] Otto Schily sprach von Holger Meins' Leidensweg als einer „Hinrichung auf Raten" und einer „Verwesung bei lebendigem Leib".[112] Als der Justizminister daraufhin gegen vier Anwälte Strafantrag wegen verleumderischer Behauptung stellte, antworteten die Verteidiger im Namen der Angehörigen mit einer bei der Staatsanwaltschaft Trier eingereichten Strafanzeige wegen „Verdacht eines vollendeten Mordes begangen am 9.11.74 zum Nachteil von Holger Meins", wobei sich die Anzeige nicht nur gegen das leitende Personal der JVA Wittlich richtete, sondern unter anderem den Leiter der Staatsschutzabteilung des BKA sowie den Generalbundesanwalt persönlich miteinschloss.[113]

Die in erschütternden Selbstzeugnissen mehrfach schriftlich bekundete und schließlich performativ bezeugte Bereitschaft Holger Meins', zum ersten Märtyrer der seit 1973 hinter Gittern eröffneten „inneren Front" zu werden, bescherte der RAF tatsächlich den im Sinne ihrer Doppelstrategie erhofften Mobilisierungsschub. Wie weiter oben bereits angesprochen, erschossen Mitglieder der Bewegung 2. Juni nur einen Tag nach Meins' Tod den Präsidenten des Westberliner Kammergerichts Günter von Drenkmann, einen liberal gesinnten Sozialdemokraten, der zu keinem Zeitpunkt mit Terroristenprozessen oder der Frage der Haftbedingungen in Berührung gekommen war. „Wer Gewalt sät, wird Gewalt ernten", lautete gleichwohl das Resümee des kurz darauf veröffentlichten Bekennerschreibens.[114] Auch die RAF zollte der fehlgeleiteten ‚Rache' für Meins uneingeschränkt Beifall. „Wir weinen dem toten Drenkmann keine Träne nach. Wir freuen uns über eine solche Hinrichtung. Diese Aktion war notwendig, weil sie jedem Justiz- und Bullenschwein klargemacht hat, daß auch er – und zwar heute schon – zur Verantwortung gezogen werden kann. Sie war nützlich, weil der Tod von Holger Meins nicht nur bejammert worden ist. Sie war beispielhaft, weil sie dem dauernden Gerede über die Übermacht des Staatsapparates, das nur Resignation auslösen kann, ein Ende bereitet hat."[115] Wie gesehen wurde diese Sicht der Dinge auch von Renato Curcio geteilt: Was zähle, sei allein „die erfolgreiche wiederaufnahme offensiver operationen."[116] Rudi Dutschke dagegen sprach vor drei- bis viertausend Zuhörern, die nach dem Tod von Holger Meins im Audimax der Westberliner TU zusammengekommen waren, von der „Ermordung des sozialdemokratischen, antifaschistischen Kammerpräsidenten als von einer brutalen Wahnsinnsaktion" und brachte sogar die These auf, „daß möglicherweise Rechte am Werk

---

[111] „Es kann immer zu Kipp-Reaktionen kommen", in: Ebd., S. 36–41.
[112] „Verwesung bei lebendigem Leibe", in: Ebd., S. 41f.
[113] Vgl. Pressekonferenz der RA´s Mainz 21.11.74, in: HIS-Archiv, RA 02 / 039,010.
[114] Abgedruckt in: Blues, S. 196–198.
[115] Zitiert in: Kraushaar, Sartre, S. 50.
[116] Curcio, Brief, S. 11; vgl. ausführlich weiter oben, S. 232f.

gewesen seien." Otto Schily ging an gleicher Stelle lediglich auf den „Sicherheitsfanatismus" der deutschen Behörden ein und bezeichnete ihn als „Altar", auf dem „Holger Meins geopfert" worden sei. „Schily rief erregt: ‚Das ist wohl die Wiedereinführung der Todesstrafe, die sich da bei Herrn Kohl abzeichnet'" und „schloß mit der Feststellung, daß wir nicht in der linken Ecke bleiben sondern dafür sorgen sollten, daß da wieder ein breites Feld ist, auf dem wir unsere Initiativen entfalten können."[117]

Das ‚Jammern' über die eigenen Toten, so könnte man zugespitzt formulieren, war nicht Sache der ‚Stammheimer' und der übrigen, in Freiheit befindlichen RAF-Mitglieder – dies überließ man in einer Art zynischer Aufgabenteilung den Anwälten, die es im Sinne einer wirksamen Strafverteidigung wiederum vermieden, die Verbrechen ihrer Mandanten beim Namen zu nennen. In einem Papier des Hamburger Anti-Folter-Komitees wurde die Rolle der ‚liberalen' Kräfte innerhalb der Auseinandersetzung mit dem Staat wie folgt definiert:

Zweck der Agitation von Liberalen ist, die zu öffentlichen Erklärungen, z. B. Gutachten, Strafanzeigen, zu veranlassen. So üben wir Druck auf die Justiz etc. aus. Dieser Druck kommt nicht schon dadurch zustande, daß es Liberale sind, die sich äußern. sondern erst dadurch daß sie dies öffentlich tun. (…) Die ‚Liberalenagitation' ist also eine Agitation der liberalen Öffentlichkeit durch Liberale, mittelbar durch uns, weil die Liberalen dies nicht von allein machen. Wir betreiben also Massenagitation, nämlich Agitation des Teils der Massen, der die liberale Öffentlichkeit ist.[118]

Dass das dahinterstehende Motiv keineswegs ein humanitäres war, wurde intern mithin klar formuliert: „Die Liberalen wollen den Rechtsstaat wieder herstellen, wir wollen den Imperialismus abschaffen".[119]

Wie Jörg Requate und Martin Schulze Wessel ausgeführt haben, besteht eine wichtige Voraussetzung für ein erfolgreiches Spiel „über die europäische Bande" in einer „möglichst klare[n] Verteilung von Tätern und Opfern" – und entsprechend eindeutig waren die Kategorien von ‚gut' und ‚böse' denn auch im konkreten Fall verteilt.[120] Damit diese Botschaft nicht allzu grobschlächtig wirkte, war die Frage der Vermittlung naturgemäß entscheidend. „Organisiert die Pressearbeit! Interviews der ‚moralischen Autoritäten' mit ausländischen Presseorganen sind besonders wichtig", so etwa die Forderung von Horst Mahler an die Adresse der Anwälte. „Ran an Gollwitzer, an Bischof Scharf, an Bloch. Tretet sie. Was macht Böll?"[121] - „Wir müssen einfach solange hungern, bis die

---

[117] Für den Bericht über die Veranstaltung in der TU und die Wortmeldungen Dutschkes und Schilys vgl. Info-Bug 33, 18.11.1974, TU-Kongress, S. 2–4.
[118] Zitiert in: Alfred Klaus, Aktivitäten und Verhalten inhaftierter Terroristen, hg. v. Bundesministerium des Innern, Bonn 1983, S. 82f.
[119] Ebd.
[120] Requate/Schulze Wessel, Europäische Öffentlichkeit, S. 20.
[121] Zitiert in: HIS-Archiv, Klaus-Bericht, S. 87.

kampagne steht" so Gudrun Ensslin. „Hängt jetzt in allen astas, buchhandlungen, studentengemeinden, sonstwo – unsere h-str. Erklärung in DIN A 1? wann hängt sie? ist sie übersetzt? engl./franz./it[al].? ist die verschickt?"[122]

Dass der Tod des Holger Meins auf der Linken trotz ihrer mehrheitlich ablehnenden Haltung gegenüber bewaffneten Aktionen größere Betroffenheit auslöste als derjenige Drenkmanns war möglicherweise auch der Tatsache geschuldet, dass der ‚Opfertod' des ehemaligen Studenten der Filmwissenschaft in einer Fotografie festgehalten wurde, die hinsichtlich ihrer Schockwirkung wohl alle übrigen visuellen Hinterlassenschaften des deutschen Linksterrorismus übertrifft. Im Namen der Familie des verstorbenen Meins hatte Kurt Groenewold eine zweite Obduktion des Toten in der Hamburger Gerichtsmedizin erwirkt, bei der eine drastische Schwarz-weiß-Aufnahme des ausgemergelten Leichnams entstand (Abb. 1).[123]

Mit diesem verstörenden Bild wurde in der Folge eine Politik betrieben, die als Paradebeispiel für die von Leith Passmore beschriebene künstliche Selbsteinschreibung der RAF in die Nachgeschichte des ‚Dritten Reichs' gelten kann. Ihre Wirkung ergab sich aus einem Zusammenspiel von sprachlichen und visuellen Elementen mit hoher Symbolkraft. Schon in der ersten Hungerstreikerklärung vom Mai 1973 hatte Ulrike Meinhof „Knast und Vernichtungslager als vorletzte und letzte Maßnahme gegen jede Art von Widerstand" auf die gleiche Stufe gestellt: „Unsere Isolation jetzt und das Konzentrationslager demnächst (...) kommt raus auf: Vernichtungslager – Reformtreblinka – Reformbuchenwald – die ‚Endlösung'. So sieht's aus."[124] Das Foto des toten Meins wurde nun herangezogen, um die Parallelisierung von zeitgenössischer Untersuchungshaft und nationalsozialistischer Vernichtungspraxis – in die sich Meinhof im ‚Toten Trakt' offenbar auch ganz persönlich hineingesteigert hatte – visuell zu untermauern.[125] Nicht die Behörden, wie es eine zeitgenössische Fehldeutung der Linken wollte, veröffentlichten das erschreckende Bild – ein Teil der Anwälte lancierte es zum Zwecke einer geschichtsvergessenen Analogiebildung zwischen dem Schicksal ihrer Mandanten und den Opfern der Shoah. Um in den Köpfen der Betrachter die erwünschte NS-Assoziation herzustellen, wurde das Foto des toten Meins den „Ikonen der Vernichtung"

---

[122] Zitiert in: Ebd., S. 109.
[123] „Justizministerium appelliert an Verteidiger", in: FAZ, 15.11.1974.
[124] Hungerstreikerklärung vom 8. Mai 1973, in: Rote Armee Fraktion, Texte, S. 189.
[125] Dass es sich bei den wiederholt hergestellten Bezügen zu den nationalsozialistischen Vernichtungslagern nicht nur um eine für die Öffentlichkeit bestimmte Kommunikationsstrategie handelte, zeigen entsprechende Passagen in internen Kassibern, hier aus der Feder Ulrike Meinhofs: „der politische begriff für toten trakt, köln, sage ich ganz klar: ist das gas. meine auschwitzphantasien dadrin waren, kann ich nur sagen, realistisch", zitiert in: Pieter Bakker Schut (Hg.), das info. briefe von gefangenen aus der raf aus der diskussion 1973–1977, Hamburg 1987, S. 21.

Abbildung 1: Obduktionsfoto des Leichnams von Holger Meins.

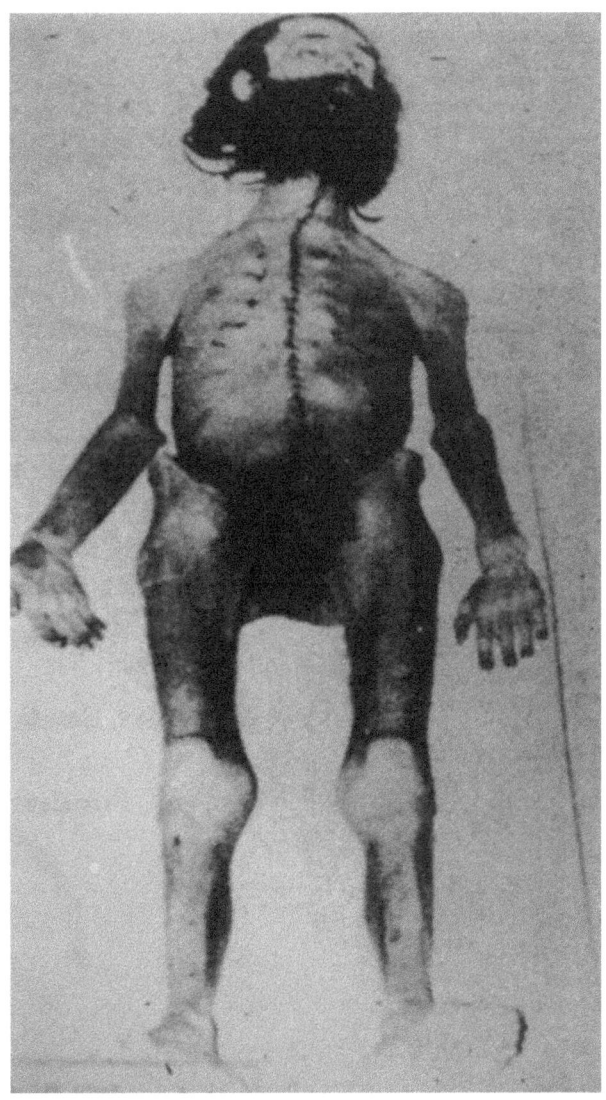

(Cornelia Brink) nicht selten direkt gegenüber gestellt. Besonders makaber wirken heute die weit überlebensgroßen Reproduktionen der Fotografien von Meins und eines Auschwitz-Überlebenden, die 1977 auf einer Sympathisanten-Demonstration mitgeführt wurden.[126] Aber auch schon 1974 hatte die Fotografie des unbekleideten Leichnams von Meins „wie eine Monstranz" die teilweise gewalttätig eskalierenden Protestmärsche begleitet, die sich nach dem 9. November in vielen Städten der Bundesrepublik in Marsch setzten.[127]

Tatsächlich belegen die Aussagen zahlreicher ehemaliger Mitglieder der

---

[126] Fotografie in: Der Spiegel, 35/27.8.2001, S. 157.
[127] Kraushaar, Sartre, S. 50.

terroristischen Szene, dass das schockierende Bild nicht nur die erwünschten Assoziationen und Mitleidseffekte hervorrief, sondern eine direkte Mobilisierungsfunktion erfüllte. „In Buchenwald, Auschwitz, Ravensbrück, Sachsenhausen und den anderen KZs sahen die Toten so aus", versuchte Inge Viett die „ungeheure Wut" über den Tod von Meins zu erklären, die zur Ermordung Drenkmanns geführt habe.[128] Auch Hans-Joachim Klein, ehemaliges Mitglied der Revolutionären Zellen, gab nach seinem Ausstieg aus der Terrorszene zu Protokoll, lange eines der Obduktionsfotos bei sich getragen zu haben, „um den Haß nicht abflauen zu lassen".[129] In Klaus Croissants Stuttgarter Kanzlei hing etwas später ein Poster hinter dem Schreibtisch, auf dem das wohl eindringlichste Bilddokument der (selbst)zerstörerischen RAF-Ideologie unmittelbar neben weiteren Fotos ‚verfolgter' und getöteter Genossen aus der Bundesrepublik, Spanien, Italien und der Schweiz zu sehen war; zu erkennen ist etwa Mara Cagol, die 1975 bei einem Schusswechsel mit der Polizei ums Leben gekommen war. Direkt daneben hing – wohl ebenfalls zur ‚Motivation' der Mitarbeiter gedacht – ein Plakat mit der Aufschrift „ulrike meinhof ermordet".[130]

Dass viele Betrachter das Meins-Foto als „Trophäe" und „gezielten Machtbeweis"[131] des ‚Staatsschutzes' missdeuteten, musste den Verteidigern nicht ungelegen kommen – im Gegenteil. Noch im Jahr 2010 hat Groenewold unter Verdrehung der Tatsachen das Foto in eine Reihe von Bildern eingeordnet, die, veröffentlicht von den Behörden, die „Beschuldigten im Zustand der Demütigung" zeigen: „Zur Öffentlichkeitsarbeit gehörte auch, dass Fotos, die den verhungerten Holger Meins nach der Obduktion zeigten, der Presse zugespielt wurden. Fotos sind für die Presse immer ein Geschenk und die Medien sind be-

---

[128] Vgl. Viett, Nie war ich furchtloser, S. 125. Auch Birgit Hogefeld gab noch 1995 an, das Bild des toten Holger Meins nicht vergessen zu können, „weil dieser ausgemergelte Mensch so viel Ähnlichkeit mit KZ-Häftlingen, mit den Toten von Auschwitz hat", Birgit Hogefeld, Zur Geschichte der RAF, in: Carlchristian Braunmühl u. a. (Beitr.), Versuche, die Geschichte der RAF zu verstehen. Das Beispiel Birgit Hogefeld, Gießen 3. Aufl. 1997, S. 19–57, hier S. 40.

[129] Hans-Joachim Klein, Interview mit der „Libération" vom 3.10.–7./8.10.1978, in dt. Übersetzung abgedruckt in: Ders., Rückkehr in die Menschlichkeit. Appell eines ausgestiegenen Terroristen, Reinbek b. Hamburg 1979, S. 271–304, hier S. 281.

[130] Vgl. Der Spiegel 43/19.10.1992, S. 152.

[131] Diesem Missverständnis sitzt auf Harun Farocki, Das Vorbild jeder stilisierten Jugendunsicherheit muss James Dean sein, in: Conradt, Starbuck, S. 178–181, hier S. 178. Vgl. bereits die düsteren Drohungen im Frankfurter Szene-Magazin „Pflasterstrand": „Der letzte Fehler in der Medienpolitik war das Bild des toten H.M. auf dem Seziertisch zu veröffentlichen. Der Tod von U.M. [Ulrike Meinhof] blieb nicht nur im photographischen Dunkel", in: „Unsere Erinnerungen", 17.–13.11.1977.

reit, dafür einiges zu tun im Sinne einer günstigen Berichterstattung für BKA und Bundesanwaltschaft".[132]

Tatsächlich instrumentalisierten Groenewold und Croissant das Bild für die eigene Medienpolitik – jedenfalls im Ausland. Anders als ursprünglich vorgesehen, hatten sie bei der gemeinsamen Pressekonferenz der Anwälte vom 21. Dezember in Stuttgart auf die offizielle Präsentation des Fotos verzichtet, wie die Streichung des entsprechenden Passus aus dem Redemanuskript beweist.[133] Offenbar hielt man es für unklug, selbst für die Veröffentlichung eines eigentlich unpublizierbaren Fotos gerade zu stehen; vielleicht hatte aber auch der Einspruch von mit mehr Skrupeln behafteten Kollegen den Einsatz des Bildes zu PR-Zwecken verhindert. Einem Schweizer Journalisten überreichte Groenewold das Foto dagegen mit den Worten: „Das ist doch ein Bild wie aus dem KZ. Und wenn ich jetzt von Sonderbehandlung spreche, dann ist das schon ein Wort, das in den Zusammenhang paßt".[134]

Und anders als in Stuttgart gipfelte eine von Klaus Croissant in Paris verlesene Presseerklärung in der nunmehr nur rhetorischen, da praktisch bereits beantworteten Frage, ob man zum Schutz der übrigen Inhaftierten „das Bild des toten Gefangenen publizieren soll. Dieses Photo macht deutlicher als alle Worte, wozu die höchsten Justizinstanzen, der Generalbundesanwalt und der Staatssicherheitsdienst der BRD fähig sind."[135] Die öffentliche Präsentation des Schock-Fotos – die Reaktionen des Pariser Publikums auf Croissants Herumzeigen des Bildes müssen der Phantasie des Lesers überlassen bleiben – wurde hier in einem interpretatorischen Kunstgriff als Notmaßnahme dargestellt, zu der man allein durch die Sorge um das Leben der noch im Hungerstreik befindlichen RAF-Kader gezwungen sei. Bei der Pressekonferenz, bei der die Agenturen Agence France Press und Associated Press sowie Vertreter der Redaktionen von „Sunday Times", „Politique Hebdo", „Témoignage Chrétien", „Quotidien de Paris" und „Libération" anwesend waren, wurde im Übrigen die Behauptung aufgestellt, Meins sei nach einem Plan der Sicherheitsabteilung beim BKA gezielt ermordet worden, indem die Überführung nach Stammheim, „wo eine

---

[132] Groenewold, RAF-Prozeß, hier S. 133f.
[133] Der Satz „Um diese tödliche Alternative zu verhindern [gemeint ist der Tod weiterer Gefangener im Hungerstreik, P.T.] haben sich die Verteidiger entschlossen, die Fotografie des Toten für die Veröffentlichung freizugeben" wurde mitsamt des folgenden, sich auf das Bild beziehenden Passus aus dem Redemanuskript gestrichen. Presseerklärung 21.12.1974, in: HIS-Archiv, RA 02 / 039, 011, unterzeichnet mit „die Verteidiger der Gefangenen aus der RAF".
[134] Vgl. Jost Nolte, „Begegnung mit einem ‚linken Juristen': ‚Ich bin Anwalt und kein Politiker'", in: Die Weltwoche, 22.11.1974.
[135] Presseerklärung Paris 20.1.1975, in: HIS-Archiv, RA 01 / 009,001. Die Verwendung des Begriffs ‚Staatssicherheit' für das Wiesbadener BKA kann in Anbetracht der späteren Stasi-Tätigkeit Croissants als besondere Pointe bewertet werden.

künstliche Ernährung nach den Regeln der ärztlichen Kunst garantiert gewesen wäre", bewusst verzögert worden sei.[136]

In unserem Zusammenhang ist entscheidend, dass das Obduktionsfoto des Holger Meins dank der Öffentlichkeitsarbeit einiger Anwälte zur transnationalen Ikone der militanten Linken in Europa wurde und auch jenseits der deutschen Grenzen seine mobilisierende Wirkung entfalten konnte. Eine später zur linksterroristischen Action Directe gestoßene Französin gab an, durch das in den Stationen der Pariser Métro plakatierte Bild (!) den entscheidenden Impuls auf dem Weg in die Militanz erhalten zu haben.[137] Bezeichnenderweise tauchten unter den Gründen, mit denen die Anfang 1978 erstmals hervorgetretene Action Directe die eigene Gewaltstrategie zu rechtfertigen pflegte, stets auch die angeblichen Justizmorde an Baader, Ensslin und Raspe im Hochsicherheitstrakt von Stuttgart-Stammheim am 18. Oktober 1977 auf, mit Hilfe derer die mit Meins eingeleitete Opfererzählung weiter fortgeschrieben wurde.[138] Noch 1983, mithin fast ein Jahrzehnt nach dem Geschehen, kam auch Alberto Franceschini während seines Hungerstreiks in Nuoro beim Blick auf den eigenen Körper „Holger Meins in den Sinn: ich sehe das Bild vor mir, er im Leichenschauhaus mit einer klaffenden Öffnung von der Autopsie. Ich will nicht sterben!"[139]

In jedem Falle bedeutete das bildlich fixierte ‚Martyrium' des Holger Meins im Winter 1974/75 einen Schub für die zu diesem Zeitpunkt zwar bereits vorbereitete, in der Praxis jedoch noch unvollkommen vollzogene Transnationalisierung des Themas „Folter in der BRD". Italienische Sympathisanten reagierten mit Sprengstoffanschlägen auf deutsche Einrichtungen in Italien, unter anderem auf das deutsche Konsulat in Florenz – ein erster Vorgeschmack der ungleich heftigeren Reaktionen auf den Selbstmord der Stammheimer Gefangenen rund drei Jahre später.[140]

Der Umstand, dass es in der Zwischenzeit einen Toten gegeben hatte, verschaffte zweifellos auch den Reisen der Vertreter der Anti-Folterkomitees größere Aufmerksamkeit, die im Zuge der Vorbereitungen des gegen Baader, Ensslin, Meinhof und Raspe eingeleiteten Mammutverfahrens vor dem Oberlandesgericht Stuttgart die Niederlande, Frankreich und Anfang 1975

---

[136] Ebd. Damit wurden die Mordvorwürfe, die die Anwälte sofort nach Meins' Tod in Form gerichtlicher Klagen gegen die zuständigen Behörden zum Ausdruck gebracht hatten, rhetorisch weiter zugespitzt.
[137] „Bericht über Paris", in: HIS-Archiv, RA 01 / 009,001. Für die Angaben der Französin vgl. Anne Sveva, Zwischen Engagement und Distanz, in: Ilse Bindseil (Hg.), Frauen I – Von Theorie bis Anarchie, Freiburg 1990, o. S.
[138] Vgl. Action Directe, Kontinuität eines kommunistischen Projekts: Texte, o.O. 1984, S. 3.
[139] Franceschini, Herz, S. 174.
[140] „‚Kommando Holger Meins' legt Feuer", in: SZ, 20.11.1974. Vgl. weiter unten S. 519–523.

auch Italien besuchten, um in der dortigen breitgefächerten linken Szene um Aufmerksamkeit für ihr Anliegen zu werben.¹⁴¹

Wie ein Komitee-Mitglied den daheimgebliebenen Genossen berichtete, war schon am Silvestertag im Rahmen einer vom Mailänder Movimento Studentesco organisierten Veranstaltung für die politischen Gefangenen und Flüchtlinge aus Chile – einer „große[n] öffentliche[n] Sache auf dem Domplatz, Zentrum von Mailand, die den ganzen Abend und die halbe Nacht dauerte" – „wohl zum ersten mal in einer breiteren Öffentlichkeit was über die politischen Gefangenen in der BRD gesagt worden".¹⁴² Der Redner hielt es für unverantwortlich, vor dem Hintergrund der Ereignisse in Chile die Augen vor der Repression in Europa zu verschließen. „Der europäische Imperialismus und Faschismus", so hieß es, „sei ein ebenbürtiger Partner des chilenischen Faschismus". So sei in der BRD gerade der Genosse Holger Meins an den Folgen eines Hungerstreiks gegen die „raffinierten Foltermethoden" der „neuen deutschen Nazis" verstorben: „In jener BRD; die uns oft als Beispiel für ein modernes sozialdemokratisches Regime verkauft wird, ein Regime, das heute einen großen Teil des Schicksals von Europa in der Hand hält, mit vollem Einverständnis der amerikanischen Kapitalisten, dieses Regime, das versucht, sein Modell auch auf Italien zu übertragen, wo es bei den mehr oder weniger offenen Faschisten viel Sympathie findet." Auch in Italien, so schloss der Redner, müssten nun „konkrete und dringende Initiativen ins Leben gerufen werden, um das Leben der Genossen in den deutschen Gefängnissen zu retten". Dabei gehe es „nicht nur um einfachen Humanismus und mitleidige Solidarität", sondern um „einen politischen Kampf von allergrößter Wichtigkeit". Das Schicksal Chiles drohe auch Europa, auch Italien, wenn man die europäischen Faschisten nicht aufhalte, vor allem die „neuen deutschen Nazis, die wichtigste Stütze des imperialistischen Faschismus in der ganzen Welt". Der Redebeitrag ist vor allem deshalb bemerkenswert, da er die verbreitete Furcht der Italiener vor einer autoritären Wende nach chilenischem Vorbild direkt für die Mobilisierung der in der Bundesrepublik inhaftierten RAF-Kader zu instrumentalisieren versuchte. Dabei schürte er diffuse Ängste vor einer erneuten Machtübernahme der „neuen deutschen Nazis" in Europa – diesmal in US-amerikanischem Auftrag. Auf diese Weise wurde der Grundstein für die These von der fortschreitenden ‚*germanizzazione*' der italienischen Verhältnisse gelegt, die im Laufe der 70er Jahre innerhalb der italienischen Linken immer größeren Anklang finden sollte.

Tatsächlich fiel die geschilderte Polemik gegen die Bundesrepublik in Teilen

---

¹⁴¹ HIS-Archiv, RA 01 / 009,001. In den Niederlanden, wo vor allem der Fall des niederländischen RAF-Mitglieds Ronald Augustin die Gemüter bewegte, waren die Komitees schon seit dem Frühjahr 1974 unterwegs. An den ‚Informations'-Ständen pflegten die Aktivisten mit dem Abspielen von NS-Liedern (!) auf sich aufmerksam zu machen, ebd.
¹⁴² HIS-Archiv, RA 01 / 009,001, HS – Italien.

der politischen Kultur Italiens auf durchaus fruchtbaren Boden. So unterzeichneten weit über einhundert prominente Intellektuelle – darunter die Schriftsteller Nanni Balestrini und Alberto Moravia, die Publizisten Giorgio Bocca und Camilla Cederna – eine am 5. Februar 1975 im deutschen Konsulat in Mailand eingereichte, an den Bundeskanzler sowie den deutschen Außen-, Innen- und Justizminister gerichtete Protestresolution, in denen im Jargon der deutschen Anti-Folterkomitees gegen die „Ermordung des Gefangenen Holger Meins" protestiert wurde. Die Haftbedingungen der RAF-Gefangenen seien „nichts anderes als eine über eine Haftzeit von 3 bis 5 Jahren hingezogene Todesstrafe, programmiert mit den Mitteln der totalen Isolation und der sensorischen Deprivation".[143] Die deutschen Stadtguerilleros, die bis zum Sommer 1977 immerhin 14 Menschen ermordeten und mindestens 75 zum Teil schwer verletzten,[144] drohten in diesem Milieu offenbar zusehends zu heldenhaften Widerstandskämpfern zu mutieren, denen nach ihrer Inhaftierung in deutschen Kerkern nur noch der Hungerstreik als letztes Mittel geblieben war, um sich gegen eine unmenschliche Behandlung zu wehren.

Einen wichtigen Baustein zur Verbreitung dieser These bildeten auch in Italien die Beiträge des ‚Folter'-Kursbuchs, das im Frühjahr 1975 in italienischer Übersetzung erschien – angereichert mit suggestiven Fotos des bundesdeutschen ‚Polizeistaats', darunter auch dem Foto des Leichnams von Meins. Als Herausgeber trat ein Mailänder Unterstützerkomitee auf, welches das Material nach eigenen Angaben von deutschen Verteidigern erhalten hatte. Bei der ‚sensorischen Deprivation', der die RAF-Häftlinge ausgesetzt seien, handle es sich, so das Editorial, um ein Folterverfahren, „auf das Dr. Mengele neidisch wäre, der Folterarzt von Auschwitz". Es bilde das Modell, nach dem „die Reaktion" auch in den europäischen Nachbarstaaten in Zukunft gegen die Klassen- und besonders die Arbeiterkämpfe vorzugehen gedenke.[145]

Dies war die Kernbotschaft auch der Flugblätter und Informationsbro-

---

[143] HIS-Archiv, Me, U / 020,005. Weiter hieß es: „Die Ermordung von Holger Meins und der Mordversuch an den anderen Mitgliedern der RAF enthüllen ein neues faschistischen System, [das sich] elektronischer Methoden und der Psychiatrie bedient, um jeden Widerstand im Keim zu ersticken. Wir halten es für unsere Pflicht, diese Folterpraktiken zu entlarven und anzugreifen, die sich in nichts von denen unterscheiden, die gegenwärtig in Brasilien oder in Spanien angewendet werden. Die Einschränkung der Verteidigungsrechte, die kürzlich von der Bundesregierung gebilligt wurde, und die – unter anderem – erlauben, Verteidiger, die der politischen Unterstützung der Gefangenen verdächtig sind, von der Verteidigung auszuschließen – auch das sind Merkmale faschistischer Diktaturen. (…) Wir unterstützen deshalb die Gründung eines internationalen Verteidigungskomitees und fordern die Bundesregierung auf, die Isolationshaft sofort aufzuheben und den Gefangenen die normalen Haftbedingungen zu gewähren, wie es einem, zivielisierten [sic] Volk wie den deutschen ansteht".

[144] Vgl. die Aufstellung in Peters, Irrtum, S. 833–837.

[145] 1975: Tortura in RFT. L´imperialismo contro i detenuti politici, Mailand 1975, S. 10f.

schüren, die die deutschen Anti-Folter-Komitees zu den Hintergründen der Hungerstreiks an die Teilnehmer der zahlreichen Demonstrationen auf italienischen Straßen und Plätzen verteilten. Zudem steuerten sie die verschiedenen lokal organisierten Roten Hilfen sowie die Redaktionen der wichtigsten in diesen Jahren entstandenen linksalternativen bis linksextremistischen Zeitschriften und Tageszeitungen an – von „Lotta Continua" über „il manifesto" zu „Rosso" und „Controinformazione".[146] Die Blätter, die in der Folge regelmäßig mit Informationsmaterial beliefert wurden und zahlreichen Gastbeiträgen deutscher Genossen ein Forum boten, erwiesen sich als willige Multiplikatoren der Botschaft einer sich angeblich faschisierenden Bundesrepublik. Die „Sympathie für die RAF", die dabei immer wieder in unterschiedlicher Ausprägung spürbar wurde, war allerdings nicht nur Ergebnis antideutscher Ressentiments. Wie Jacco Pekelder zu Recht betont hat, sollte sie auch als „Ausdruck des gesamteuropäischen (radikal) linken Weltbilds der 1970er Jahre" gelesen werden.[147]

4.3.1 Jean-Paul Sartre in Stuttgart-Stammheim

Während sich die beschriebenen PR-Aktivitäten im Ausland weitestgehend unter Ausschluss der bundesdeutschen Öffentlichkeit abspielten – allein die „Süddeutsche Zeitung" brachte eine knappe, auf einer ap-Meldung beruhende Notiz über die Pariser Pressekonferenz vom 25. Januar 1975 –, galt das Gegenteil für den Besuch des Philosophen Jean-Paul Sartre in Stammheim gut sechs Wochen zuvor. Es handelte sich um ein veritables Medienereignis, „ein trostloser Höhepunkt der Anti-Folter-Kampagne",[148] mit dem die transnationale Dimension des RAF-Problems in der deutschen Öffentlichkeit erstmals vor aller Augen manifest wurde. Das einstündige Gespräch des greisen Existentialisten mit Andreas Baader, den Günter Wallraff einmal als „Großhubraumfetischist mit übersteigertem Selbstdarstellung- und Imponiergehabe"[149] charakterisiert hat, kann als ein erster, bis heute im Kollektivgedächtnis der Bundesrepublik präsenter Höhepunkt der Bemühungen der RAF gelten, ihre Anliegen über die nationale Öffentlichkeit hinauszutragen. Das Aufsehen, das das Ereignis auslöste – in der konservativen Presse sprach man von einem veritablen „Baader-Meinhof-Festival des Deutschen Fernsehens (...) mit

---

[146] Vgl. zu diesen Blättern Aldo Giannuli, Bombe a inchiostro, Mailand 2008; Umberto Eco/Patrizia Violi, La controinformazione, in: Valerio Castronovo/Nicola Tranfaglia (Hg.), La stampa italiana del neocapitalismo, Rom/Bari 1976, S. 132–135.
[147] Pekelder, Herbst, S. 20, 35.
[148] Reinecke, Schily, S. 164.
[149] Zitiert in: Hans Egon Holthusen, Sartre in Stammheim. Zwei Themen aus den Jahren der großen Turbulenz, Stuttgart 1982, S. 169.

mehr als einem halben Dutzend Sendungen zum Thema" –, war nicht nur der Prominenz der Beteiligten geschuldet.[150] Es hatte zweifellos auch mit der symbolträchtigen Tatsache zu tun, dass der Franzose das Geschehen im Nachbarland nicht nur von außen kommentierte, sondern tatsächlich physisch die Grenze überschritt, um vor Ort ‚nach dem Rechten zu sehen', wie es zahlreiche Pressefotografien von den unterschiedlichen Stationen des Deutschland-Aufenthalts des Philosophen allen vor Augen führten. Für die Mehrzahl der deutschen Kommentatoren jedenfalls hatte sich Sartre nicht nur schmählich von der RAF missbrauchen lassen, sondern sich auch in skandalöser Weise in die inneren Angelegenheiten der Bundesrepublik eingemischt.

Hintergründe und Ablauf des Geschehens vom 4. Dezember 1974 sind dank der Recherchen Wolfgang Kraushaars inzwischen in ihren Grundzügen bekannt.[151] Nachdem das Bundesamt für Verfassungsschutz unlängst das von einem Beamten des LKA Baden-Württemberg angefertigte Gesprächsprotokoll des Treffens für die interessierte Öffentlichkeit freigegeben hat, muss nun auch über den Inhalt der Unterredung nicht weiter spekuliert werden.[152]

Wahrscheinlich auf eine Anregung Andreas Baaders hin hatte Ulrike Meinhof am 21. Oktober 1974 im Namen aller im Hungerstreik befindlichen Häftlinge aus der RAF einen Brief an Sartre verfasst, der im Ton weniger einer Einladung denn einer Vorladung gleichkam.[153] „Sartre", hieß es dort respektlos im typischen RAF-Jargon, der der Schreiberin offenbar auch gegenüber einer verehrten Autorität der internationalen Neuen Linken angezeigt schien,

wir wissen, daß du krank bist und wir wissen natürlich auch, daß es viele leute gibt, die andauernd was von dir wollen, obwohl du krank bist. Aber wir sind der meinung, daß das, was wir von dir wollen, an dringlichkeit alles andere übertrifft. Wir – das sind die 40 gefangenen aus der RAF in westdeutschen und westberliner gefängnissen, befinden uns seit dem 13. september im hungerstreik. Wir kämpfen mit diesem hungerstreik gegen unsere vernichtung in den gefängnissen durch sonderbehandlung, durch isolation. Wir sind entschlossen, mit diesem hungerstreik die institution isolation des imperialistischen vollzugs, mit der der staatsschutz gefangene revolutionäre zerstört, zu zerbrechen. – das ist die lage aus der heraus wir dir schreiben.[154]

Neben der bemerkenswerten Überschätzung der eigenen Rolle, die aus diesen

---

[150] Enno von Loewenstern, „Das Anarchisten-Festival auf der Mattscheibe", in: Die Welt, 7.12.1974.
[151] Kraushaar, Sartre.
[152] Die Freigabe des Dokuments geht auf einen Antrags des „Spiegels" zurück, vgl. Felix Bohr/Klaus Wiegräfe, „Der Alte und das Arschloch", in: Der Spiegel 6/4.2.2013, S. 44f. Ich danke Felix Bohr für die freundliche Überlassung des vollständigen, zehn Seiten umfassenden Aktenvermerks vom 2. Januar 1975 [im Folgenden zitiert als LKA BW, Aktenvermerk].
[153] Dies entspricht der Aussage Gerhard Müllers, Vernehmung Müllers durch die Bundesanwaltschaft vom 20.4.1976, in: HIS-Archiv, SO 01/11,003, S. 107; Wolfgang Kraushaar geht von einer Initiative Croissants aus, vgl. Ders., Sartre, S. 50f.
[154] HIS-Archiv, Me, U / 015.001.

4.3 Dramaturgien des Leids auf europäischer Bühne 277

Worten spricht, fällt einmal mehr der gezielte Einsatz einschlägigen NS-Vokabulars – „Vernichtung", „Sonderbehandlung" – auf, mit dem die gefangenen „Revolutionäre" die eigene Situation im Nachfolgestaat des ‚Dritten Reiches' offenbar auch und gerade gegenüber einem Protagonisten des historischen Antifaschismus angemessen schildern zu können glaubten. Die Vernichtungsphantasien, in die sich die Gefangenen inzwischen hineingesteigert hatten, kreisen dabei vor allem um die unbestrittene männliche Führungsfigur der Gruppe, Andreas Baader.

> was wir von dir wollen ist, daß du im zusammenhang mit diesem hungerstreik, also jetzt – ein interview mit andreas baader machst. – erstens weil die bullen (…) beabsichtigen, unsern hungerstreik dazu zu benutzen, andreas zu ermorden (…). psychologisch – propagandistisch ist der mord an andreas lang vorbereitet. – es ist aber klar, daß wenn jetzt im zusammenhang mit dem hungerstreik in den zeitungen steht: sartre hat einen besuchsantrag für andreas gestellt, um mit ihm ein interview zu machen, ein stück schutz mehr (…) hergestellt ist, es für die bullen ein stück schwieriger wird, den mord zu verschleiern, runterzuspielen, das heißt aber: durchzuführen.[155]

Der geplante Besuch sollte jedoch nicht nur über die Herstellung einer ‚schützenden' Öffentlichkeit den „mord an andreas" verhindern helfen, sondern der RAF ausdrücklich auch ein Forum zur Vermittlung politischer Inhalte verschaffen – Inhalte, die in Meinhofs Schreiben nicht näher ausgeführt wurden, die jedoch unmissverständlich auf eine Rechtfertigung des bewaffneten Kampfes hinausliefen:

> zweitens: wenn du das interview gemacht hast (…), wird es eine politische funktion für die entwicklung der metropolenguerilla, des bewaffneten, antiimperialistischen kampfes *hier*, der militärisch-politischen offensive und initiative in den zentren des imperialismus haben; … das interview gehört zu dem, was wir aus der äußeren defensive selbst machen können. es ist dazu nicht notwendig, daß du uns in allem zustimmst. was wir wollen, ist, daß du uns den schutz deines namens gibst und deine fähigkeit als marxist, philosoph, journalist, moralist für das interview einsetzt, um uns die möglichkeit zu geben, dadurch bestimmte politische inhalte für die praxis des antiimperialistischen bewaffneten kampfes zu transportieren. und sieh, daß zumindest den besuchsantrag sofort zu stellen notwendig ist. daß es eilt.[156]

Dass Sartres Name und geistige Autorität zur Legitimation der bekannten Praxis der RAF instrumentalisiert werden sollten, teilte man dem Franzosen mithin ganz offen mit, was diesem jedoch keine Probleme bereitete: Berührungsängste gegenüber linken ‚Revolutionären' waren dem ehemaligen Paten der „Cause du peuple", der sich selbst seit den späten sechziger Jahren maoistischen Positionen angenähert hatte, nie zu eigen gewesen. Croissant, der dem Philosophen dank der Vermittlung Daniel Cohn-Bendits den von Gudrun Ensslin geringfügig überarbeiteten und anschließend ins Französische über-

---

[155] HIS-Archiv RA 01 / 009,001, „Gespräch mit Sartre 3.11.74 in seiner Wohnung 12.30/13.30".
[156] Ebd.

setzten Brief Ulrike Meinhofs persönlich überbringen durfte, fuhr nach seinem Besuch bei der französischen Intellektuellen-Legende jedenfalls sehr optimistisch wieder in die Bundesrepublik zurück. Laut Croissants Aufzeichnungen über das einstündige Gespräch in Sartres Privatwohnung, bei dem der Anwalt von zwei Mitarbeitern der „Libération"-Redaktion begleitet wurde, habe der Philosoph

> schnell begriffen und dann den beiden Libération-Leuten den Besuchsantrag diktiert. (…) Falls der Antrag genehmigt wird, soll ich ihn anrufen, er wird das Datum mit mir festlegen. Falls Cohn-Bendit als Dolmetscher nicht durchgehen sollte, soll ich den Dolmetscher machen. Auf meine Bedenken, daß mein französisch [sic] nicht reiche und ein anderer Anwalt besser spreche, bestand er darauf, ich solle doch, er kenne mich jetzt. Der Kontakt mit ihm war sehr gut. Ich bin überzeugt, daß dieses Interview gut wird. Er wird – und umgekehrt – mit Andreas das richtige Gespräch führen.[157]

Wolfgang Kraushaar hat darauf hingewiesen, dass es ein Missverständnis wäre, in Sartre schlicht einen „Verführten" der RAF zu sehen, der einer böswilligen Irreführung zum Opfer gefallen sei. „Auch er bekannte sich zur Notwendigkeit einer Revolution, war ein Befürworter revolutionärer Gewalt und hielt (…) terroristische Aktionen unter bestimmten Voraussetzungen für gerechtfertigt."[158] In einem Mitte 1974 in der Frankfurter Studentenzeitung „diskus" wiederabgedruckten Interview habe Sartre, wie Kraushaar betont, auf die Frage, ob er für Konterrevolutionäre die Todesstrafe befürworte, eine sehr eindeutige Antwort gegeben: „Ja. Nach der Revolution in einem Land, wo die Bourgeoisie gestürzt wurde, verdienen Bourgeois, die den Aufruhr schüren oder die konspirieren, die Todesstrafe." Eine Revolution müsse nun einmal eine gewisse Anzahl von Menschen loswerden, und er sehe dafür keine andere Lösung, als sie zu töten, denn aus einem Gefängnis könne man „immer wieder herauskommen".[159]

Tatsächlich ging Sartre in dem rein politisch, nicht humanitär begründeten Besuchsantrag, den Croissant nach eigenem Bekunden nach seiner Rückkehr in Stuttgart Richter Prinzing „auf den Tisch" knallte,[160] mit keinem Wort auf die Problematik der Haftbedingungen ein. Stattdessen ersuchte er darum, Baader einige Fragen stellen zu dürfen, „die für das Verständnis der Welt der 70er Jahre wesentlich sind: Die Konzeption der revolutionären Aktion, die sie tragende Ideologie und die wichtigsten Wirkungen, die von ihr zu erwarten sind."[161]

Auf Seiten der deutschen Behörden vermochte man für Sartres Wunsch nach einem Gedankenaustausch mit Baader zunächst wenig Verständnis aufzubringen. Der baden-württembergische Ministerpräsident Filbinger bezeichnete

---

[157] Ebd.
[158] Kraushaar, Sartre, S. 55f.
[159] Zitiert in: Ebd. S. 52.
[160] HIS-Archiv RA 01 / 009,001.
[161] Zitiert in: Kraushaar, Sartre, S. 52.

die Besuchspläne als „Instinktlosigkeit" gegenüber den Opfern der RAF-Gewalt und gegenüber der deutschen Bevölkerung, die „die verbrecherischen Aktivitäten der Baader-Meinhof-Bande mit großem Abscheu" ablehne.[162] Auch Generalbundesanwalt Siegfried Buback sprach sich unter direkter Bezugnahme auf das im „diskus" publizierte Interview in einem Schreiben an das Stuttgarter Oberlandesgericht vom 18. November 1974 „mit Entschiedenheit" dagegen aus, Sartres Ansinnen entgegenzukommen. In seinen Augen sollte der Franzose „für die kriminellen Ziele der Baader-Meinhof-Gruppe eingespannt und seine ‚philosophische Autorität' für den Kampf der RAF gegen die rechtsstaatliche Ordnung schamlos mißbraucht werden", was als „Unterstützung einer kriminellen Vereinigung im Sinne des §129 StGB" zu bewerten und deshalb strafbar sei. Zudem sei bei der Skrupellosigkeit der Bande zu befürchten, dass der Philosoph als Geisel genommen werden könnte. „Dass Sartre als Gesinnungsgenosse präsentiert wird, steht einer Geiselnahme nicht entgegen. Der bewußt in Kauf genommene Hungertod von Holger Meins zeigt deutlich, daß die führenden Mitglieder der RAF nicht davor zurückschrecken, auch Gesinnungsgenossen zu opfern, sofern sie sich davon für ihre verbrecherischen Ziele Erfolg versprechen."[163] Im Rahmen einer Pressekonferenz der Anwälte am 21. November in Mainz – das Wort ergriffen von Plottnitz, Groenewold, Schily, der unvermeidliche Croissant sowie ein Vertrauensarzt, der den Gesundheitszustand einiger Häftlinge kurz zuvor untersucht hatte – blieb es Daniel Cohn-Bendit überlassen, die Intervention Bubacks zu skandalisieren. Die Äußerungen des Generalbundesanwalts empfinde er nicht nur persönlich als „empörend", sie seien auch in Frankreich empört aufgenommen worden. Solle Buback doch „Herrn Sartre anreisen lassen und dann soll er doch Herrn Sartre den Prozeß machen. Soll er es doch wagen eine Anklage zu machen und dann wird man ja sehen, unter welcher Weltöffentlichkeit die Bundesstaatsanwaltschaft sich dann legitimieren müßte."[164]

Tatsächlich scheint die Sorge über mögliche negativen Reaktionen der von Cohn-Bendit aufgerufenen „Weltöffentlichkeit" eine nicht unerhebliche Rolle dafür gespielt zu haben, dass das Stuttgarter Oberlandesgericht Sartres Besuchsantrag trotz der Intervention des obersten Strafverfolgers der Republik schließlich genehmigte – womit es gleichzeitig einen bemerkenswerten Nachweis für die Unabhängigkeit der einzelnen juristischen Instanzen in der Bundesrepublik lieferte. Tatsächlich empfahl etwas später die Rechtsabteilung des Auswärtigen Amtes in einem Konzeptpapier zur Öffentlichkeitsarbeit im Ausland, die Besuchserlaubnis für Sartre zur Abwehr des „Isolationsfolter"-

---

[162] Zitiert in: „Sartre spricht von physischer Folter", in: SZ, 5.12.1974.
[163] HIS-Archiv, RA 02 / 007,008.
[164] HIS-Archiv, RA 02 / 039,010.

Vorwurfs zu nutzen.¹⁶⁵ Eine Ablehnung des Gesuchs, so hatte der Strafsenat seine Entscheidung begründet, ließe keine geringere Agitation erwarten, sondern böte interessierten Kreisen sogar eine Handhabe, das Besuchsverbot als scheinbaren Beweis „für die bekannten unwahren Behauptungen über eine angebliche Isolationshaft zu mißbrauchen." Sollte die publizistische Auswertung des Besuches die vom Generalbundesanwalt befürchteten Formen annehmen, „so könnte dem von kompetenter Seite durch die Darstellung der Tatsachen begegnet werden." Auch ein Sicherheitsrisiko vermochte man hier aufgrund des Alters des Besuchers sowie des „selbstverschuldeten Gesundheitszustandes Baaders" nicht zu erkennen.¹⁶⁶ Einen Vorgeschmack auf die mögliche Resonanz einer Unterbindung des Besuchs hatte zu diesem Zeitpunkt bereits Sartres eigene Reaktion geboten, der Bubacks Stellungnahme in einem Antwortschreiben an die Behörden als „beleidigend und bösartig" bezeichnet hatte. Dass seine Anliegen der ‚Unterstützung einer kriminellen Vereinigung' gleichgesetzt werden könnten, werfe „ein beunruhigendes Licht auf die Institutionen der Bundesrepublik Deutschland."¹⁶⁷ Umgekehrt gab es aus der Opposition heraus den Versuch, den umstrittenen Besuch politisch auszuschlachten, indem man die Regierung einmal mehr der verhängnisvollen Toleranz gegenüber linken Gewalttätern zieh. So forderte der CSU-Politiker Hermann Höcherl den Innenminister offen dazu auf, Sartre die Einreise zu verweigern. Nun könne Maihofer beweisen, „wie ernst ihm der Kampf gegen die Sympathisanten des anarchistischen Verbrechertums in der Praxis ist". Dass ein anderer Staat mit vergleichbarer Rechtsordnung einem derartigen Zusammentreffen zustimmen würde, sei unvorstellbar.¹⁶⁸

Dass Jean-Paul Sartre selbst keinen Grund sah, das negative Bild anzuzweifeln, dass ihm Croissant von den Zuständen jenseits des Rheins vermittelt hatte, wurde in einem Interview deutlich, dass Alice Schwarzer im Auftrag des „Spiegel" mit dem Franzosen führte, um seinen Motiven für den geplanten Besuch in Stammheim auf die Spur zu kommen. Bereits in dem zwei Tage *vor* dem Ortstermin in der JVA publizierten Gespräch meldete Sartre unmissverständlich die Absicht an, „ein bißchen mehr über die Lebensbedingungen von Baader und seinen Genossen bekanntgeben zu können und die Öffentlichkeit über die schreckliche Situation dieser Leute in der Isolierhaft zu informieren."¹⁶⁹ Zwar

---

¹⁶⁵ BA Koblenz, B 145 / 9294, Aufzeichnung der Rechtsabteilung des AA vom 11. April 1975: „Dass (…) sogar noch Personen wie der französische Philosoph Sartre Besuchserlaubnis erhalten haben, dürfte für sich sprechen."
¹⁶⁶ „Sartre darf mit Baader sprechen. Entscheidung gegen Empfehlung des Generalbundesanwalts", in: FAZ, 26.11.1974.
¹⁶⁷ Abgedruckt in: I.D. 58, 24.11.1974, S. 15f. „Antwort Sartres auf die Ablehnung".
¹⁶⁸ Frankfurter Rundschau, „CSU will Einreiseverbot für Sartre", 4.12.1974 (bpa).
¹⁶⁹ „Schreckliche Situation. Interview mit Sartre über seinen Besuch bei Baader", in: Der Spiegel, 49/2.12.1974, S. 166–169, hier S. 166.

handle es sich bei dem, „was da so anonym und indirekt" mit den Gefangenen geschehe, nicht um „klassische Folter", im Ergebnis laufe es aber „auf dasselbe raus". Gleichzeitig ließ der Interviewte keinen Zweifel an der politischen Distanz, die ihn trotz – oder wegen – seiner eigenen Hoffnungen auf eine erfolgreiche Revolutionierung des bürgerlichen Staats von den inhaftierten RAF-Mitgliedern trennte. Baader gehöre zwar aufgrund seiner linken Prinzipien zur internationalen Linken – nur deshalb besuche er ihn. Andererseits seien die Handlungen der RAF aber „vielleicht nicht unbedingt" als links zu bezeichnen: „Ich bin nicht mit diesen Aktionen einverstanden. (…) In Frankreich zum Beispiel wären sie sinnlos! Ich kenne die deutsche Situation nicht so gut, aber sie wird ähnlich sein." Zwar sei er, Sartre, nicht prinzipiell gegen den bewaffneten Kampf, denn „der Sturz der bürgerlichen Mächte, die den Menschen entmenschlichen", werde notwendigerweise „gewalttätig sein". Eine Revolution setze allerdings zunächst eine Veränderung des Denkens voraus. „Was nun die Aktionen der RAF angeht, möchte ich zunächst mit den Leuten selbst diskutieren, bevor ich mir eine Meinung bilde."[170] Von Schwarzer auf den Tod von Drenkmanns angesprochen, bezeichnete der Philosoph die Tat explizit als „ein Verbrechen". Er könne verstehen, „wenn ein wichtiger Richter, der mit der Affäre befaßt ist, als Geisel genommen würde. Aber das – nein."[171] Ähnlich äußerte sich Sartre im Rahmen eines Interviews mit dem ARD-Magazin „Panorama": Zwar handle es sich bei den RAF-Aktionen prinzipiell um „Gegengewalt" zum Kapitalismus, aber in Form einer „Putschstrategie, die nicht von den proletarischen Massen in der Bundesrepublik getragen wird". Zwar empfinde er „Sympathie" für die Gruppe, betonte aber ausdrücklich, „Baader von seiner Haltung abbringen" zu wollen.[172]

Der Tag des umstrittenen Ortstermins selbst bot vor dem Hintergrund dieser Vorgeschichte keinerlei Überraschungen. Als Sartre in Begleitung seines persönlichen Sekretärs Benny Lévy und des „Libération"-Redakteurs Jean-Marcel Bougeaureau in Stuttgart-Echterdingen aus dem Flugzeug stieg, erwartete ihn ein Heer von Journalisten und Kameraleuten. In einem PKW, der von dem damals noch gänzlich unbekannten späteren RZ-Mitglied Hans-Joachim Klein gesteuert wurde, gelangten die von Croissant und Cohn-Bendit begleiteten Franzosen zum Hochsicherheitstrakt der JVA Stuttgart-Stammheim. Laut Bericht des LKA begleitete der Anwalt den Philosophen bis unmittelbar an den Eingang des Besucherraums, wo Baader ihn bereits erwartete. Unmittelbar zuvor war Hans-Christian Ströbele bei ihm gewesen, der darauf bestanden hatte, den Inhaftierten noch vor dem prominenten Besucher aus dem Ausland

---

[170] Ebd., S. 168.
[171] Ebd., S. 166.
[172] Zitiert in: Frankfurter Rundschau, CSU will Einreiseverbot für Sartre, 4.12.1974.

zu sehen. „Dies wurde ihm gestattet".[173] Welcher Art die Nachricht war, die Ströbele seinem Mandanten unbedingt noch mit auf den Weg geben wollte, ist unbekannt.

Was die durch einen vom Gericht gestellten Dolmetscher übersetzte Unterredung seines Schützlings mit Sartre anging, so verlief diese unterm Strich wenig ergiebig, wie die nun vorliegenden Aufzeichnungen bestätigen. Den Erinnerungen Cohn-Bendits zufolge machte Sartre später im Auto seinem Herzen mit dem spontanen Ausbruch „Ein Arschloch, dieser Baader!" Luft.[174] Obwohl sich der Franzose seinem Gegenüber sofort als „Sympathisant" vorstellte, eröffnete Baader das Gespräch gleich mit einem verärgerten Hinweis auf die unmittelbar zuvor erschienene „Spiegel"-Veröffentlichung: „Wir dachten, es käme ein Freund. Nach der Verwertung Ihres Interviews glaube ich, es komme ein Richter".[175] Sofort ging Baader auch daran, die von Sartre gegenüber Schwarzer angesprochene prinzipielle Vergleichbarkeit der Verhältnisse in Frankreich und in der Bundesrepublik zu widerlegen, da in Deutschland „der Ausnahmestaat in Vorbereitung" sei und das „US-Kapital" unmittelbar die Politik durchsetze.[176] Dennoch, so Baader, könne man sich auch für Frankreich „vorstellen, daß man bewaffnete Gruppen mit der italienischen Waffe aufbauen könnte", während in Deutschland die Tradition der Arbeiterbewegung durch den Faschismus zerstört sei.[177] An dieser Stelle nahm Baader explizit auf das operaistische Modell Bezug, dass – wie gesehen – Teile der deutschen Linken im Gegensatz zur RAF auch im deutschen Kontext für praktikabel hielten. „Ich glaube nicht, daß der Terrorismus für Frankreich gut wäre", konterte Sartre.[178] Anstatt den Deutschen, wie dieser selbst immer wieder explizit verlangte, nach weiteren Details seines aktionistischen Programms zu befragen, entzog sich der Franzose der Rolle des passiven Interviewers und insistierte mehrfach in wechselnden Formulierungen auf dem Umstand, dass „das Volk" mit den Aktionen der RAF „nicht einverstanden" gewesen und diese in der Bundesrepublik „keinen Widerhall" gefunden hätten.[179] „Diese Aktionen sind wohl für Brasilien zu rechtfertigen, aber nicht für Deutschland."[180]

Baader, so notierte der anwesende LKA-Beamte, habe sich „während und nach dem Gespräch deprimiert und enttäuscht" darüber gezeigt, „daß Sartre die Handlungen der Baader-Meinhof-Gruppe nicht rückhaltlos billigte". Zu Beginn des Treffens habe er „Satz für Satz" aus einem mitgebrachten Konzeptpapier

---

[173] Vgl. LKA BW, Aktenvermerk, S. 2.
[174] Zitiert in: Kraushaar, Sartre, S. 53.
[175] LKA BW, Aktenvermerk, S. 3.
[176] Ebd., S. 4.
[177] Ebd., S. 8.
[178] Ebd.
[179] Ebd., S. 5f.
[180] Ebd., S. 6.

abgelesen und bei Rückfragen den gleichen Satz wiederholt. Die von Sartre vorgebrachten Bitten um Erläuterung hätten ihm „sichtlich Schwierigkeiten" verursacht.[181]

Tatsächlich hielt auch Baader selbst für die übrigen Mitglieder der Gruppe schriftlich fest, wie konsterniert er über die Begegnung mit dem französischen Philosophen gewesen sei. Über die Haftbedingungen habe er nicht gesprochen, wohl aber darauf hingewiesen, dass drei Mitgefangene „praktisch im sterben" lägen, „um nicht in der isolation vernichtet zu werden. (...) die situation war völlig irre; ich weiß nicht was er überhaupt verstanden hat. (...) ich würde aber sagen was mich betrifft – war das ganze so präzise und gezielt und bewußt wie möglich – was ihn angeht hatte ich den eindruck von *alter*".[182]

Wolfgang Kraushaar glaubt, aus dieser gegenseitigen Irritation und den durchweg negativen, ja hämischen Reaktionen in der deutschen Presse – vom „Spiegel" bis zur „Welt" – ein „Scheitern des mit dem Sartre-Besuch verknüpften Vorhabens", ja, „einen propagandistischen Fehlschlag" konstatieren zu können.[183] Diese Bewertung bedarf jedoch einer Relativierung, ja möglicherweise einer Umdeutung, wenn man als Beurteilungskriterium weniger den eigentlichen Erfolg in der Sache – der im vorliegenden Fall sowieso schwierig zu definieren gewesen wäre –, als vielmehr die mit der Aktion hervorgerufene Publicity heranzieht. Zudem muss die Resonanz des Geschehens im linken politischen Spektrum mitberücksichtigt werden, die sich von der des medialen *mainstreams* der Bundesrepublik naturgemäß erheblich unterschied.[184] So hatte man auf der äußersten Linken bereits die Ablehnung des Besuchsantrags durch den Generalbundesanwalt, dessen Wortlaut vermutlich durch die Anwälte an die Medien der ‚Gegenöffentlichkeit' weitergegeben worden war, gebührend skandalisiert, ohne dass dessen faktische Folgenlosigkeit positiv aufgenommen worden wäre.[185]

Am wichtigsten aber erwies sich der Umstand, dass Sartre trotz der spontanen Antipathie, die er für seinen ‚Gastgeber' empfand, die ihm von Croissant ursprünglich zugedachte Rolle weiter mitspielte – in der Bundesrepublik ebenso wie später in Frankreich. Im Anschluss an sein Gespräch mit Baader nahm der Franzose an einer Pressekonferenz in einem nahe dem Stuttgarter Hauptbahnhof gelegenen Hotel teil, die von Croissant mit düsteren Nachrichten über den Gesundheitszustand der RAF-Häftlinge am 84. Tag ihres Hungerstreiks eröffnet wurde (Abb. 2).

---

[181] Ebd., S. 10f.
[182] Zitiert in: Kraushaar, Sartre, S. 54.
[183] Ebd., S. 54f.
[184] Vgl. z. B. „Protokoll der Sartre-Pressekonferenz", in: ID-Informationsdienst für unterdrückte und unterbliebene Nachrichten, 8.12.1974.
[185] ID 58, 24.11.1974, S. 15f.: „Warum Sartre A. Baader nicht besuchen darf".

Abbildung 2: Klaus Croissant, Jean-Paul Sartre und Daniel Cohn-Bendit bei der Pressekonferenz am 4. Dezember 1974 im Stuttgarter Hotel ‚Zeppelin' (Foto dpa).

Vor 150 Vertretern der internationalen Presse nahm Sartre in der Folge zur Frage der Haftbedingungen Stellung; seine Ausführungen wurden von Daniel Cohn-Bendit ins Deutsche übersetzt. Dabei, so jedenfalls der Bericht des Korrespondenten der französischen „Le Monde", habe sich Sartre ganz bewusst auf die Angaben beschränkt, die ihm Baader selbst gemacht habe – ganz genau, wie es auf der Linie der Verteidiger gelegen habe. „Pour les avocats du groupe, il s'agissait de faire entendre la voix des détenus par la bouche de l'ecrivain."[186]

Baader, so Sartre, habe sehr schwach und mager gewirkt und ein eingefallenes Gesicht besessen, „comme torturé par plus de deux mois et demi de grève de la faim". Die Verhältnisse im Gefängnis seien unerträglich. „Selon la Convention des droits de l'homme, un prisonnier reste un homme qui a les mêmes qualités qu'un homme libre. Mais le gouvernement et les autorités pénitentiaires ouest-allemands ont une singulière manière de considérer les prisonniers politiques." Baader und die anderen lebten in einer weißen Zelle; in dieser Zel-

---

[186] Daniel Vernet, „M. Jean-Paul Sartre dénonce les ‚conditions de vie intolérables' des détenus politiques", in: Le Monde, 6.12.1974. Der Artikel wurde über das ‚info' an alle Anwälte und RAF-Inhaftierte verteilt.

le hörten sie nichts, außer dreimal am Tag die Schritte der Wächter, die ihnen das Essen bringen. In Baaders Zelle werde um 23 Uhr das Licht ausgeschaltet, bei den anderen bleibe es 24 Stunden am Tag hell. Es handle sich nicht um eine Folter wie bei den Nazis, sondern eine andere Folter, die psychische Störungen herbeiführen solle. Dies könne die Häftlinge daran hindern, im bevorstehenden Prozess ihre Position zu vertreten, da sie in den Wahnsinn oder gar in den Tod getrieben werden könnten. Was die politische Konzeption der RAF angehe, so glaubten Baader und Meinhof, so Sartres Bericht, an die Notwendigkeit von spektakulären gewaltsamen Aktionen „pour réveiller un prolétariat allemand en retard d'une dizaine d'années sur le prolétariat étranger à cause du nazisme". Kritisiert wurde diese Haltung nicht. Stattdessen rief Sartre zum Abschluss seiner Ausführungen dazu auf, ein internationales Komitee zum Schutz der politischen Gefangenen in der Bundesrepublik zu gründen – ein Appell, den er am Abend im deutschen Fernsehen wiederholte. An diesem Komitee sollten sich auch deutsche Intellektuelle beteiligen, „die moralisch über jeden Zweifel erhaben" sein müssten – er denke dabei etwa an Schriftsteller wie Heinrich Böll.[187] Der Aufruf bildete die Initialzündung zur Bildung des sogenannten Internationalen Komitees zur Verteidigung politischer Gefangener in West-Europa (IVK), das sich zur wichtigsten Träger-Organisation der transnationalen Öffentlichkeitsarbeit der RAF-Anwälte entwickeln sollte.[188]

Auf die Frage eines der an der Pressekonferenz teilnehmenden Journalisten, ob das Gespräch auf die Ermordung des Richters von Drenkmann gekommen sei, verneinte Sartre – dazu habe die Zeit nicht mehr gereicht. Auf Nachfrage ergänzte er, dass diese Tat bei ihm zwar großes Unbehagen hervorgerufen habe, man aber gleichwohl bedenken müsse, dass der Tod einer ihrer Genossen, den sie sehr geliebt hätten, die „Attentäter zu einer Antwort gezwungen habe. Es handle sich um „un acte explicable, mais politiquement pas juste." – Der ebenfalls anwesende Hans-Christian Ströbele nutzte die beispiellose Medienaufmerksamkeit, um angesichts des für das Frühjahr 1975 bevorstehenden Verfahrens gegen die ‚Stammheimer' einen Aufruf „an die Öffentlichkeit" zu richten, „vor allem an die anwesenden Vertreter der internationalen Medien, der ausländischen Presse, die Forderung nach einem rechtsstaatlichen Prozeß

---

[187] „Sartre ruft Böll zur Solidarität auf", in: FAZ, 5.12.1974 (bpa). Auf die Frage, ob er einem solchen Internationalen Komitee beitreten würde, antwortete Böll im Westdeutschen Fernsehen: „Ich würde einem internationalen Komitee beitreten unter bestimmten Voraussetzungen und zwar unter der Voraussetzung, die festgestellt werden muß, daß der Strafvollzug in der Bundesrepublik natürlich nicht schlimmer, nicht schrecklicher, nicht schlechter ist als in irgendeinem Land der westlichen Welt. Das wollen wir festhalten, wenn wir an Nordirland denken, an bestimmte Dinge im amerikanischen, im französischen, im italienischen Strafvollzug", zitiert in: „Moralist gilt hier noch als Schimpfwort", FR, 8.12.1974 (bpa).
[188] Vgl. dazu ausführlich Kap. 5.

entsprechend dem Artikel 6 der Europäischen Konvention zum Schutze der Menschenrechte und Grundfreiheiten zu unterstützen".[189] Damit war ein expliziter Appell an die europäische Öffentlichkeit formuliert, das Stammheimer Verfahren nicht als deutsche, sondern als eine genuin europäische Angelegenheit zu betrachten.

Aufgrund der exponierten Position der Verteidiger kann es kaum verwundern, dass sie in den Reaktionen der deutschen Presse auf den Besuch des französischen Philosophen eine zentrale Rolle einnahmen. Matthias Walden empörte sich in der „Welt", der deutsche Rechtsstaat sei unter Sekundierung von „als Showmastern auftretenden Linksanwälten am Nasenring herumgeführt worden."[190] Jürgen Busche gab in der FAZ der Vermutung Ausdruck, dass Sartre, der Baader ja nicht in dessen Zelle, sondern in einem Besuchsraum gegenübergesessen hatte, seine Informationen vorab von den Anwälten bezogen hatte, mithin von diesen „präpariert" worden sei.[191] Das inzwischen vorliegende Gesprächsprotokoll bestätigt diese Sichtweise voll und ganz: Sartre erkundigte sich zwar am Ende der Unterredung nach dem Ziel des Hungerstreiks, wurde von Baader aber lediglich mit dem knappen Verweis auf „die gefährliche, tödliche Isolation" der Häftlinge abgespeist und ansonsten auf die Verteidiger verwiesen: „Herr Sartre möchte sich über die einzelnen Beschlüsse des Gerichts und dergleichen bei den Rechtsanwälten informieren." Der Franzose versprach ohne weitere Nachfragen, die Haftbedingungen in Frankreich selbst „publik machen und Gruppen bilden" zu wollen. „Das ist viel", entgegnete Baader.[192] Tatsächlich hatte der Philosoph „weder die Zelle das Andreas Baader noch eine andere Zelle von innen gesehen", wie auch der LKA-Beamte ausdrücklich betonte.

Dass sich die Aufregung der deutschen Presse über die allgemein als Anmaßung empfundene Visite so stark auf die Anwälte konzentrierte, hatte zweifellos auch damit zu tun, dass letztere im Gegensatz zu den Häftlingen, die hinter den hermetisch abgeriegelten Gefängnismauern allen Blicken entzogen waren, in der Öffentlichkeit in hohem Maße sichtbar waren. Der Hass, der ihnen nun vielfach als Gruppe entgegenschlug, mag auch die Vertreter einer gemäßigteren Position in dem Glauben bestärkt haben, es sei eine Frage der charakterlichen Stärke, an der einmal übernommenen Rolle festzuhalten. Schily, der an der Sartre-Inszenierung übrigens nicht teilgenommen hatte, verwies in diesen Wochen

---

[189] Zitiert in: Komitee gegen Folter an politischen Gefangenen in der BRD, Dokumentation zum Hungerstreik I, Hamburg 1975, S. 39f. Gemeint ist der im Frühjahr 1975 beginnende Stammheimer Strafprozess gegen Baader, Ensslin, Meinhof und Raspe.

[190] Matthias Walden, „Der deutsche Rechtsstaat – am Nasenring herumgeführt", in: Welt am Sonntag, 8.12.1974 (bpa).

[191] Jürgen Busche, „Sartre erzählt aus der Zelle. Der Auftritt des französischen Philosophen in Stuttgart", in: FAZ, 6.12.1974 (bpa).

[192] LKA BW, Aktenvermerk, S. 9f.

mehrfach darauf, dass die dunkle Seite der öffentlichen „Diffamierungskampagne" gegen die Anwälte in einer „Vielzahl von Morddrohungen" telefonischer und schriftlicher Art bestehe, die er Tag und Nacht über sich ergehen lassen müsse.[193] Das baden-württembergische Justizministerium beeilte sich seinerseits, einmal mehr den diffamierenden Vorwurf der „Vernichtungshaft" zurückzuweisen und erteilte detailliert darüber Auskunft, wie viele Anwaltsbesuche der Untersuchungshäftling Baader in den Wochen vor der Begegnung mit Sartre empfangen habe und wie lange diese insgesamt gedauert hätten.[194]

Auch wenn der Tenor der Berichterstattung über den Sartre-Besuch mithin weder der RAF noch ihren anwaltlichen Vertretern gefallen konnte – im Sinne der Devise ‚any news are good news' musste die öffentliche Aufregung dem ersten und wichtigsten Ziel der Gruppe entgegenkommen: Zu verhindern, dass die Häftlinge in Vergessenheit gerieten. So sah es auch der „Spiegel", der den beteiligten Anwälten für ihre „Anarcho-Klientel (…) hinter Gefängnismauern" einen „Bombenerfolg" attestierte.[195] Als im Herbst 1976 die deutsche Botschaft in Athen anregte, griechische Medienvertreter nach Stammheim zu schicken, damit sie sich vor Ort von der Lage der RAF-Häftlinge ein Bild machen und die verzerrte Wahrnehmung der Haftbedingungen in der griechischen Öffentlichkeit korrigieren könnten, lehnten die Verantwortlichen das Ansinnen mit der Begründung ab, die Erfahrungen mit dem Sartre-Besuch hätten erwiesen, „daß eher mit negativen Auswirkungen solcher Besuche zu rechnen ist."[196] Auch Volker Speitel, damals einer der zahlreichen RAF-Unterstützer im Umfeld der Kanzlei Croissant, beurteilte die Initiative später eindeutig positiv: Es sei „voll gelungen, die Öffentlichkeit über unser Anliegen und über die Forderungen der Gefangenen zu informieren."[197] Dass man etwa die konservativen Medien von der Berechtigung der eigenen Anliegen überzeugen konnte, war von vornherein nicht zu erwarten gewesen und war auch nicht der Sinn einer Aktion, die primär auf Polarisierung zielte: Das vordergründige Ziel, eine Lockerung der Haftbedingungen einschließlich einer Verbesserung der Kommunikationsmöglichkeiten der RAF-Mitglieder untereinander, war ja faktisch zumindest in Stammheim schon zuvor erreicht gewesen. Die engere Sympathisantenszene ging im Übrigen sowieso davon aus, dass der ‚Feind-Propaganda', zu der man neben der Veröffentlichungen des Springer-Verlags natürlich erst recht die offiziellen Verlautbarungen der Behörden zählte, kein Wort zu glauben war. Mit

---

[193] HIS-Archiv, RA 02 / 039,010, Pressekonferenz der RA´s Mainz 21.11.74.
[194] Zitiert in: Kraushaar, Sartre, S. 54.
[195] „An der Brüstung", in: Der Spiegel 50/9.12.1974, S. 27–29, hier S. 29.
[196] BA Koblenz, B 145 / 09288, Schreiben vom 13.10.1976. Die Initiative hing mit der Aufregung um die Auslieferung Rolf Pohles aus Griechenland in die Bundesrepublik zusammen, vgl. weiter unten S. 390f.
[197] Vgl. Speitel, Wir wollten alles I, S. 41.

Blick auf ihre breiteren, liberalen Zielgruppen wirklich geschadet haben dürfte der RAF wohl allein die bereits zitierte Stammheim-Reportage im „Spiegel". Bei einer Pressekonferenz, die knapp eine Woche nach Sartres Deutschlandreise in Paris stattfand, wurde Croissant – wohl von den anwesenden deutschen Medienvertretern – prompt auf den Artikel angesprochen. Croissants Reaktion: „Ich habe die Journalisten darüber aufgeklärt, daß der Spiegel sich in seinen Veröffentlichungen über die Haftbedingungen der politischen Gefangenen als Werkzeug der Staatsschutzabteilung des Bundeskriminalamtes betätigt, da ihm die Staatsschutzpolizei seit Jahre vertrauliche Informationen zuspielt. Den gesamten Bericht habe ich als unseriöses journalistisches Machwerk bezeichnet und diese Behauptung an Hand der tatsächlichen Haftbedingungen der Gefangenen im einzelnen belegt."[198] Welche Angst die ‚Stammheimer' im Übrigen davor hatten, dass die Stuttgarter Haftsituation einer breiteren Öffentlichkeit bekannt werden und sie damit ihr wichtigstes Agitationsthema verlieren könnten, zeigt ein an das offenbar als besonders vertrauenswürdig geltende Advokaten-Quartett Groenewold, Croissant, Ströbele und Becker gerichtetes Papier Andreas Baaders. „die anwälte müssen, falls posser den jetzt belegten trakt als dementi im fernsehen und der presse vorführt eine grosse pressekonferenz mit allen anwälten organisieren." Auf der Konferenz müsse es um die „konstruktion der anklage", um ‚isolation' sowie die „gezielte bemühung um eine dramaturgie der berichterstattung" gehen, die die Urteile vorbereite und die Verteidigung behindere. „der begriff um den es geht ist *vernichtungsstrategie*." Sofort müsse eine Pressemitteilung her, die darauf hinweise, „dass die verlegung von gudrun und ulrike verschleppt wird, der trakt jetzt belegt worden ist um posser im fernsehen noch zu rechtfertigen. besser ist, wenn sie kein analphabet schreibt und sie endlich mal präzise formuliert ist."[199] Zu Baaders Glück verzichteten die Verantwortlichen darauf, Kamerateams nach Stammheim zu schicken – wohl aus Angst vor dem Unverständnis einer Öffentlichkeit, die mehrheitlich ein hartes Vorgehen gegen die inhaftierten RAF-Mitglieder forderte. Schmidt hatte sich nach dem Tod von Holger Meins mit dem Hinweis darauf, die RAF-Mitglieder müssten sich schon mit den Unbequemlichkeiten eines Gefängnisses abfinden lernen, bei den entsprechenden Wählerschichten als Mann des harten Durchgreifens zu profilieren versucht. Unter den auch durch solche Auftritte in der linken Teilöffentlichkeit beförderten Vorstellungen von der Härte des Strafvollzugs in Stammheim litten vor allem die, die es besser wussten, wie der Vollzugsbeamte Bubeck, für den der Sartre-Besuch „ein tiefer Einschnitt" war.[200]

Für die Stammheimer Gefangenen war die verbesserte Lage – einschließ-

---

[198] HIS-Archiv, En, G / 010,006, „Bericht zur Pressekonferenz in Paris am 10.12.1974, Croi.
[199] HIS-Archiv, RA 01 / 009,004, ohne Datum, aber 1974/75.
[200] Zitiert in: Oesterle, Stammheim, S. 134.

lich des inzwischen ermöglichten ‚Umschlusses' – jedenfalls kein Grund, ihre Öffentlichkeitsarbeit umzustellen. Ganz im Gegenteil wurde der „trakt" in der Kommunikation mit der Außenwelt mehr und mehr zum feststehenden Begriff, der letztlich „folter" meinte. Ulrike Meinhof verlangte von den Anwälten umgehende Reaktionen auf die im Februar 1975 in der Öffentlichkeit verbreiteten Meldungen, die Gefangenen dürften einen Teil ihrer Freizeit gemeinsam verbringen. In Wirklichkeit, so sollten die Verteidiger in ihrer Presseerklärung richtigstellen, habe man sie und ihre Mithäftlinge „in die stille abteilung verlegt – ein vom übrigen gefängnis vollständig isolierter, außer uns vollständig leerer trakt- und sagt das: daß die wirkung von geräuschisolation, von stille, totenstille (aufgrund der leere des trakts) dieselbe ist, wie von e-schocks. (...) sagt, daß ich jetzt schon zum dritten mal drin bin und gudrun ensslin jetzt auch, in dieser vernichtungsanlage." Offenbar rechnete Meinhof selbst bei den Anwälten mit einigen Zweifeln: „verdammt – da ihr wahrscheinlich schwierigkeiten habt, zu verstehn, was wir über den trakt sagen: was wir drüber sagen, sind informationen. wir haben selbst auch erst gedacht, daß es, wenn man zu zweit drin ist, soo dick nicht mehr kommen würde. aber das war eben ein irrtum. natürlich gibt´s einen unterschied, ob allein oder zu zweit, wie´s einen gibt zwischen 800 und 1000 e-schocks. deswegen wollen/MÜSSEN wir hier raus – damit´s nicht 1000 werden."[201]

Zur Plausibilisierung des Foltervorwurfs wurde in diesen Monaten ein weiterer Versuch unternommen, einen international renommierten Prominenten für die eigenen Zwecke einzuspannen – auch dies ein Indiz dafür, dass die Gefangenen den Sartre-Besuch bei aller Enttäuschung über die Grenzen der transnationalen Solidarität eben nicht als Fehlschlag verbuchten. Diesmal handelte es sich um den deutsch-amerikanischen Sozialpsychologen Erich Fromm, von dem man sich ein wissenschaftliches Gutachten über die zerstörerischen Folgen der „isolationshaft" erhoffte. Mithilfe dieses Gutachtens wollte man bei der Tagung der Menschenrechtskommission der Vereinten Nationen, die vom 3. Februar bis zum 7. März 1975 in Genf stattfand, auf die „haftbedingungen gefangener guerillas in der brd" aufmerksam machen. Auch dieser Coup war ursprünglich von Andreas Baader ersonnen worden. „fromm ist/wär spitze, wenn man ihn dahinbringt, dass er´s bringt – multiplikator internat. öffentlichkeit – ein zugpferd, *wenn* es mal eingespannt *ist*." Um das „Zugpferd" zu ködern, entwickelte Ulrike Meinhof für denjenigen Anwalt, der Fromm in seinem Wohnort Locarno aufsuchen würde, eine Linie der Gesprächsführung, die, wie die Verfasserin offenbar überzeugt war, Fromms Kapitalismus- und Konsumkritik eins zu eins in Argumente zugunsten der Justizkampagne der Inhaftierten umzumünzen vermochte. „kannst davon ausgehen, dass dem

---

[201] Brief Ulrikes aus dem Trakt, ohne Datum (aber Ende Februar 1975), HIS-Archiv, RA 02 / 062,010.

typen klar ist, im kopp/theoretisch/schreibtisch, dass (...) voraussetzung für die befreiung der produktivkräfte (...) in produktivkräfte für den *menschen* die revolution ist. also: sei da nicht defensiv. sollte er angesichts des ‚gegenstands' gefangene *guerillas* etwa auf mißstandssülze verfallen, dann: einfach auf das niveau seiner schreibe verweisen. ist 'n bürgerlicher intellektueller – sein niveau: integrität. (...) mach dir klar – der typ ist die figur die wir brauchen".

Zu dem erhofften persönlichen Treffen Fromms mit den Anwälten sollte es allerdings gar nicht erst kommen, obwohl Croissant seinem schriftlichen Gesprächsgesuch auf das Geheiß Meinhofs ein umfangreiches Paket mit ‚Informationsmaterial' – unter anderem das unvermeidliche „Kursbuch 32" – beigelegt hatte. Fromm antwortete mit einem ebenso ausführlichen wie unmissverständlichen Schreiben, in dem er zunächst seiner Verwunderung darüber Ausdruck verlieh, dass die Gefangenen von ihm Hilfe erwarteten, obwohl sie seine Schriften zu kennen vorgaben. „I would rather have thought that my political attitude is considered by them as negative as theirs is to me. To be quite clear, I am radically opposed to their political strategy and tactics which I consider politically and humanly extremely harmful." Im Übrigen teile er nicht die Sicht der Gefangenen, dass Einzelhaft per se mit Folter gleichzusetzen sei und zu schweren Persönlichkeitsveränderungen führen müsse. Schließlich gebe es zahlreiche Beispiele von Häftlingen, die – obwohl isoliert – keine besonderen Schäden davongetragen hätten. „I do not doubt that for individual prisoners, for various subjective psychological reasons, isolation can be harmful, and that is why I am against it in principle. But that is still a far cry from saying that it is torture. In view of the fact that torture has become today a widely used instrument of terror by most governments, I believe one should use this concept of torture where it really applies."[202] Fromms Weigerung, sich von den Inhaftierten moralisch erpressen zu lassen, machte mithin eine Instrumentalisierung seiner Person und seines Denkens, wie sie im Falle Sartres gelungen war, von vornherein unmöglich.

Kraushaars Interpretation, der Sartre-Besuch sei misslungen, ist auch mit Blick auf die Reaktionen im Ausland zu relativieren. Wie gesehen hatte der „Le Monde"-Korrespondent Daniel Vernet einen ziemlich umfangreichen Artikel zum Thema publiziert, mit dessen Tenor die Initiatoren der Aktion durchaus zufrieden sein konnten. Jean-Marcel Bougeaureau, einer der Begleiter Sartres, bekannte 1980 in einem Interview mit Daniel Cohn-Bendits Frankfurter Stadtmagazin „Pflasterstrand", wie sehr er Deutschland an jenem 4. Dezember 1974 verabscheut habe. „Ich haßte die gesamte Presse und selbst den Spiegel. (...) Ich empfand Abscheu gegen dieses Land, das Sartre zum Apologeten der RAF machte, um seinem Schwarz-Weiß-Denken Genüge zu tun."[203]

---

[202] HIS-Archiv, RA 02 / 034,002.
[203] Zitiert in: Kraushaar, Sartre, S. 55.

Auch sein Landsmann Alfred Grosser, linker Sympathien gänzlich unverdächtig, fühlte sich vom nationalen Schulterschluss der Deutschen gegen den französischen Besucher – bei aller berechtigten Kritik an der „Ungereimtheit" von Sartres Stuttgarter Reise – abgestoßen. „Die Widersprüche aufdecken, der Leichtgläubigkeit entgegentreten: einverstanden. Aber diesen Mann verunglimpfen und verachten wollen, das, was er sagt, nicht beachten wollen: nein. (…) Wenn man auch Sartres Schilderungen unserer Gesellschaft für unzutreffend hält – müßte man sich nicht darüber klarwerden, warum sie in den Augen mancher Heranwachsenden genau so aussieht, wie er sie beschreibt? (…) Und noch eines: Wollen wir Europa oder nicht? Wenn ja, dann gibt es keine Taktlosigkeiten in der Kritik von ‚Ausländern', dann sind wir alle ‚Inländer' der Gemeinschaft, wo es gilt, sich um die politische, die gesellschaftliche und die geistige Entwicklung Sorgen zu machen".[204]

Die wohl schärfste Kritik aus deutscher Feder an Sartre überhaupt wurde durch den konservativen Kulturkritiker und Schriftsteller Hans Egon Holthusen formuliert, der dem inzwischen verstorbenen Philosophen in einer verspäteten Nachlese zu dessen Besuch in Stammheim vorwarf, durch „ein halluzinatorisches Scheinbild der Bundesrepublik" über die Grenze gelockt worden zu sein – „eine Darstellung der Lage, in der sich das Bonner Staatswesen als ein ‚imperialistisches' Ungeheuer präsentierte, als ginge es noch immer um Hitlers Großdeutsches Reich".[205] Für Holthusen war Sartre „der altgewordene Protagonist der antifaschistischen Generation, der auf die alten Muster des Verstehens unerschütterlich eingeschworen war und sie nun hier auf eine Situation anwenden wollte, die ihm völlig fremd war." Sah er nicht, so fragte Holthusen, „daß da jenseits des Rheins etwas entstanden war, das sowohl den Faschismus als auch die Revolution ‚historisch' hinter sich hatte, ein neuartiger Zustand namens Konsum- oder Wohlstandsgesellschaft bzw. Wohlfahrtsstaat: ein postfinales Germanien, das man hat deuten wollen als ein mehr oder weniger intelligent funktionierendes, aber ideenloses ‚Posthistoire'? Er sah es nicht. Er beharrte auf seiner falschen Analogie."[206] Die Distanzierung von den Methoden der RAF, die Sartre trotz aller sonstigen Ambivalenzen klar zum Ausdruck gebracht hatte, nahm Holthusen allerdings ebenso wenig zur Kenntnis wie die Tatsache, dass Sartre dem französischen Staatswesen kaum weniger kritisch gegenüberstand als dem deutschen – so hatte der Franzose etwa durchaus eingeräumt, „daß es ihm in Frankreich wohl nicht möglich gewesen wäre, einen solchen Gefangenen zu besuchen".[207]

---

[204] Alfred Grosser, „Eine Stimme für Sartre", in: Die Zeit, 13.12.1974 (bpa).
[205] Holthusen, Sartre, S. 173.
[206] Ebd., S. 175.
[207] Zitiert in: „Sartre kritisiert Haftbedingungen für Baader-Meinhof-Häftlinge", in: Der Tagesspiegel, 5.12.1974 (bpa).

Fünfzehn Jahre zuvor war es Holthausen noch selbst gewesen, der für seine eigene Form individueller Vergangenheits-‚Bewältigung' herbe Kritik hatte einstecken müssen. Der langjährige Präsident der Bayerischen Akademie der Schönen Künste hatte 1966 auf den Seiten des „Merkur" in jovialem Ton von seinem frühen Eintritt in die SS berichtet, als handle es sich um eine lässliche, im Grunde nicht weiter problematische Jugendsünde.[208] Der Österreicher Shoah-Überlebende Jean Améry, der die Neue Linke immer wieder für ihre anti-zionistischen Tendenzen tadelte, verfasste daraufhin einen offenen Brief an den als „Generationskamerad" angesprochenen Verfasser, der in dem Satz gipfelte „Sie gingen zur SS, freiwillig. Ich kam anderswohin, ganz unfreiwillig".[209] Im November 1974 sorgte der ehemalige Widerstandskämpfer Améry, nunmehr in Brüssel wohnhaft, schon einige Wochen vor Sartres spektakulärem Besuch für Aufregung, als er die hungerstreikende Ulrike Meinhof während eines Auftritts in Werner Höfers „Internationalem Frühschoppen" dazu aufforderte, „nicht aufzugeben".[210] Als Peter Chotjewitz Améry später noch einmal für die Belange der ‚Stammheimer' anwerben wollte, sagte dieser jedoch ab und distanzierte sich von seiner damaligen Intervention, „da der Fall komplizierter lag, als ich meinte".[211]

Nicht kompliziert, sondern im Gegenteil völlig klar schien der Fall dagegen für die Mitglieder des Comité de soutien aux prisonniers de la Fraction Armée Rouge zu liegen, einen seit Anfang 1974 existierenden Pariser Ableger der deutschen Anti-Folter-Komitees, der dem Heidelberger Sozialistischen Patientenkollektiv nahestand.[212] Bisher habe das Comité, so ein interner Bericht

---

[208] „Mit Seufzen, mit Kopfschütteln sieht man ihn [gemeint ist der Autor selbst, P.T.] einen Kurs einschlagen, der ihn ins Unrecht setzen wird. (…) Fragt sich vielleicht auch schon: Unrecht – vor wem? In welchem Sinne? Da er doch nicht bereit war, irgend jemandem etwas zu leide zu tun? (…) Was ist ihm, außer seiner Eitelkeit, vorzuwerfen? Leichtsinn? Dummheit? Mangel an Widerstandskraft? Er hat es vorzugsweise als ‚Fahrlässigkeit' bezeichnet, was er sich vorzuwerfen habe", zitiert in: Hans Egon Holthusen, Freiwillig zur SS, Merkur 20 (1966), S. 921–939 (Teil I); 1036–1049 (Teil II), hier S. 934, 939.

[209] Jean Améry, Werke, Bd. 7: Aufsätze zur Politik und Zeitgeschichte hg. v. Stephan Steiner, Stuttgart 2005, S. 47–52, hier S. 48. Zu Amérys Kritik an der Neuen Linken vgl. die Beiträge unter „Antizionismus als neuer Antisemitismus/Israel", in: Ebd., S. 131–206.

[210] Michael Hamerla, „Scharfe Kritik der CDU an Höfer", in: Rheinische Post, 19.11.1974 (bpa).

[211] „Dass ich mich keiner schriftstellerisch-moralischen Verantwortung entziehe, werden Sie mir glauben. Ich habe mich ja seinerzeit in Höfers ‚Frühschoppen' mit den Worten ‚Nicht aufgeben' (von denen ich heute auch nicht mehr weiß, ob ich sie wiederholen würde, da der Fall komplizierter lag, als ich meinte) hervorgewagt ohne jegliche Rücksicht auf etwaige juristische oder berufliche Folgen. Ich bin es also gewohnt, voll einzustehen für das, woran ich glaube", Schreiben Amérys an Peter O. Chotjewitz vom 13.9.1976, in: Ders., Ausgewählte Briefe 1945–1978, Stuttgart 2007, S. 299f. Vgl. weiter unten S. 414f.

[212] Vgl. beispielsweise das Papier „Faire de la maladie une arme" des französischen Unterstützerkomitees, HIS-Archiv, RA 02 / 036,005.

aus dem Umfeld der Kanzleien Groenewold/Croissant vom Januar 1975, nur in Form von „2-3 kontinuierlich arbeitenden Leuten" ein eher bescheidenes Dasein gefristet, es könne sich aber dank des durch die Deutschland-Reise Sartres erfolgten Mobilisierungsschubes für die Zukunft auf „eine ganze Reihe" von Interessierten berufen, die anfingen, „diese Arbeit mitzutragen."[213] Das für die Öffentlichkeitsarbeit erforderliche ‚Informationsmaterial' stand zu diesem Zeitpunkt bereits größtenteils zur Verfügung. Im März 1974 war eine Ausgabe der von Sartre gegründeten und herausgegebenen Zeitschrift „Les Temps Modernes" dem Thema „Torture et Lavage de Cerveau en RAF" gewidmet gewesen; außerdem hatte das Comité, das in den Räumlichkeiten der Redaktion in der Rue de Condé seinen Sitz hatte, schon „zahlreiche Veröffentlichungen in linken Zeitungen" lanciert. Croissant, der bei seiner Paris-Reise im Vorfeld des Besuchs hatte feststellen müssen, „daß der Informationsstand von LIBERATION miserabel" sei, regte für die Zukunft zusätzlich eine französische Übersetzung des „Kursbuchs 32" an, die das Hamburger Anti-Folter-Komitee unter Federführung Groenewolds wenige Monate später im Nachbarland auf den Markt brachte.[214]

Jean-Paul Sartre kümmerte sich im Übrigen auch ganz persönlich darum, dass seine Botschaft von der alarmierenden Entwicklung in der Bundesrepublik nicht nur das deutsche, sondern auch das französische Publikum erreichte. Croissant fasste für das ‚info' seine Eindrücke von einer Pressekonferenz in Paris am 10. Dezember 1974 zusammen, zu der ihn – laut Croissants eigenen Angaben – der Philosoph selbst eingeladen habe.[215] Die Konferenz, auf der zahlreiche Journalisten – darunter Vertreter von „L´Express" und „Le Monde" – anwesend gewesen seien, sei von Sartre persönlich eröffnet worden, der die Haftbedingungen in Stammheim bei dieser Gelegenheit nochmals ausdrücklich als Folter bezeichnet habe. Der französische Rechtsanwalt Leclerc habe sodann für „die linke französische Juristenvereinigung" – gemeint war wohl das Mouvement d´Action Judiciaire – eine internationale Untersuchungskommission über die Haftbedingungen in der Bundesrepublik und den sofortigen Stopp der repressiven Gesetze gegen die Verteidigung gefordert. Leclercs Appell, so Croissant, liege inzwischen im Rahmen einer Dokumentation mit dem Titel „Nouveau Fascisme – Nouvelle Résistance en RFA – Documents sur les tortures et les luttes des prisonniers de la Fraction Armée Rouge" auch gedruckt

---

[213] Bericht aus Paris, HIS-Archiv, RA 01 / 009,001.
[214] HIS Archiv RA, 01 / 009,001, Aufzeichnungen Croissants vom Gespräch mit Sartre in seiner Wohnung 12.30/13.30. Tatsächlich erschien die französische Ausgabe des Kursbuchs 1975 unter der Federführung des Hamburger Anti-Folterkomitees, in dem Kurt Groenewold die entscheidende Rolle spielte, Comité contre la torture des prisonniers politiques en République fédérale allemande, À propos du procès Baader-Meinhof, Fraction armée rouge: la torture dans les prisons en R.F.A., Paris 1975.
[215] „Bericht zur Pressekonferenz in Paris am 10.12.1974", Croi, HIS-Archiv, En, G / 010,006.

vor, allerdings „wegen der miserablen Kostensituation" leider „bisher nur in einer Auflage von 1000 Stück".[216] Auf der Pressekonferenz seien auch zwei junge Franzosen aufgetreten, die am Vortag an einer dreistündigen Besetzung der Direktionsräume des Pariser Goethe-Instituts durch eine Gruppe namens Marge teilgenommen hätten. Das zu diesem Anlass angefertigte Flugblatt hätten sie vor der versammelten Presse erneut verlesen. Unter der fettgedruckten Überschrift „1933–1974 – Hat sich irgendetwas verändert?" erklärten die Verfasser ihre „absolute Solidarität" mit den politischen Gefangenen in der Bundesrepublik – trotz „gewisser politischer Differenzen mit den Kameraden der Baader-Meinhof-Gruppe". Unter der allgemeinen Gleichgültigkeit einer komplizenhaften Öffentlichkeit, so das Flugblatt, sei Holger Meins zum Opfer „neuer Folterer" geworden, die „an frühere" erinnerten. Wenn man solche faschistischen Methoden nicht energisch genug entgegentrete, bildeten sie nur ein Vorspiel dessen, was bald auch in Frankreich zu erwarten sei.[217]

An Croissants eigenem Redebeitrag in Paris fällt vor allem die ausgeprägte Nähe zur Argumentation seiner Mandanten auf – sowohl was das Vokabular, als auch, was die Dämonisierung der Bundesrepublik und die Dominanz politischer Verschwörungstheorien im Sinne des Anti-Imperialismus Baader'scher Lesart anging.[218] So bezeichnete Croissant die Gefangenen unter Bezugnahme auf die Thesen Sjef Teuns´ umstandslos als Opfer einer Haftform, „die die wissenschaftlichen Erkenntnisse der Folterforschung benützt, wie sie in den Vereinigten Staaten im Auftrag der Counter Insurgency entwickelt wurde". Der dabei praktizierte „jahrelange Kommunikationsentzug" sei ein „bewährtes Gehirnwäscheprogramm" und im Ergebnis „schlimmer als KZ-Haft". Die Verantwortlichen, so Croissant weiter, behaupteten dagegen „mit einer geradezu peinlichen Hartnäckigkeit, daß es Isolierhaft in der BRD überhaupt nicht gebe". Die Öffentlichkeit werde damit gezielt über die wahren Ziele der von den Inhaftierten durchgeführten Hungerstreiks im Unklaren gehalten, um ein Klima zu schaffen, „in dem der Tod weiterer Gefangener aus der RAF unwidersprochen

---

[216] Bericht aus Paris, HIS-Archiv, RA 01 / 009,001. Das Büchlein selbst, das sowohl „anklagen" wie „den Kampf der RAF vorstellen" wollte, enthielt eine Zusammenstellung verschiedener, auch in Deutschland von den Anti-Folter-Komitees verbreiteter Dokumente, darunter Ulrike Meinhofs Brief aus dem ‚Toten Trakt', ein Bericht über die Praxis der Zwangsernährung, eine Chronik des Todes von Holger Meins aus der Feder Klaus Croissants, Holger Meins' letzten Brief, die Erklärung der Angeklagten zum Prozess anlässlich der Baader-Befreiung sowie die Erklärung zum jüngsten Hungerstreik. Dazu kamen Artikel aus „Le Monde" und „Le Monde diplomatique" zur „Isolationshaft" sowie einige weitere Stellungnahmen französischer Provenienz, darunter ein Spendenappell Sartres zur Finanzierung der Aktivitäten des Unterstützungskomitees selbst, in: BA Koblenz B 145 11444.

[217] HIS-Archiv, RA 01 / 009,001; vgl. auch „Pariser Goethe-Institut besetzt", in: SZ, 10.12.1974 (bpa).

[218] „Bericht zur Pressekonferenz in Paris am 10.12.1974", Croi, HIS-Archiv, En, G / 010,006.

und ohne große politische Störungen hingenommen" werde. Die Institutionen der Bundesrepublik seien „auf ihrem Marsch in den neuen Faschismus, den Wegbegleiter imperialistischer Machtstrukturen, innerhalb der europäischen Industrienationen am weitesten fortgeschritten". Sichtbarstes Zeichen dafür seien die Bemühungen der Behörden, das bevorstehende Stuttgarter Verfahren auf dem Wege der Vernichtung der Gefangenen und der Kriminalisierung ihrer Anwälte zu einem „gespenstischen Prozeß" zu machen, „bei dem das Gericht sich keinem Angeklagten und keinem Verteidiger gegenübersieht (...), eine makabre Konstruktion, die nur in offen faschistischen Staaten und Diktaturen vorstellbar" sei.[219]

Auch Beobachter des BKA waren auf der Pressekonferenz anwesend. Über Croissants Auftritt berichteten sie ihrem Dienstherrn, dass der Anwalt die Bundesrepublik „beleidigt und verleumdet" habe. Er verfolge damit die Absicht, „die internationale Öffentlichkeit gegen die mit den RAF-Prozessen befaßten Justizbehörden zu mobilisieren, und zwar unter Ausnutzung noch bestehender Ressentiments aus der Zeit der nationalsozialistischen Gewaltherrschaft."[220]

Im Januar 1975 nutzten Croissant, Groenewold, von Plottnitz, der Münsteraner Soziologe und Ethnologe Christian Sigrist[221] sowie zwei Mitglieder des Hamburger Anti-Folterkomitees einen weiteren Parisaufenthalt dazu, um näheren Kontakt zu den Gruppen zu suchen, die sie im Dezember kennengelernt hatten; zudem hoffte man, potentielle weitere Interessenten ausfindig zu machen. Einer der Mitreisenden hielt die während des Aufenthalts gemachten Erfahrungen schriftlich fest.[222] Die Gruppe Marge, so sein Bericht, betreibe

---

[219] HIS-Archiv, En, G / 010,006, Beitrag CROI PK Paris.
[220] BKA-Auswertungsbericht Beweismaterial aus der Zellendurchsuchung am 24.3.1975 bei den Angeschuldigten Baader, Meinhof, Raspe und Ensslin in der JVA Stammheim, 5.5.1975, HIS-Archiv, Gr, M / 021,005.
[221] Sigrist hatte zum „Kursbuch 32" einen Text beigetragen, in dem auf die – angeblich – positive Rezeption der RAF in der antiportugiesischen Befreiungsbewegung verwiesen wird, die in den Attentaten auf die US-amerikanischen Militärstützpunkte in Westdeutschland einen „effektiven antiimperialistische[n] Widerstand" erkannt habe. Zudem bezeichnet der Autor die Haftbedingungen der RAF-Mitglieder in deutschen Haftanstalten als eine Variante „spezifisch imperialistischer Repressionsformen", die er für den kolonialen Kontext folgendermaßen beschreibt: „In einem Konzentrationslager auf einer der Kapverdischen Inseln werden Gefangene monatelang völlig isoliert. Sie dürfen weder Briefe noch Bücher erhalten. In die Zellen, die zum Teil unter Meerwasser gesetzt werden, dringt kein menschlicher Laut. Einzelne Gefangene werden monatelang in Zisternen gefangen gehalten. Gefangene, die nach zweijähriger Isolationshaft entlassen wurden, waren aufgrund der schweren psychischen Schäden zu keiner Form politischen Widerstands mehr fähig". Christian Sigrist, Imperialismus: Provokation und Repression. Beitrag zur öffentlichen Diskussionsveranstaltung des Komitees zur Aufklärung über Gefängnisse/Initiative gegen Folter am 11. Mai 1973 in Frankfurt/Main, in: Kursbuch 32/Folter in der BRD, S. 137–141, hier S. 137; 140.
[222] HIS-Archiv, Gr, M / 021,005.

„Gefangenenarbeit in breitem Rahmen", „gegen das Gefängnissystem und die Justiz allgemein als Instrument der Unterdrückung der Menschen". Vor Ort habe man ein von Marge an der Universität Vincennes durchgeführtes *teach-in* vor etwa 100 Anwesenden miterlebt, wo „durch unser Auftreten der Hungerstreik der Gefangenen aus der RAF Hauptthema wurde und die Diskussion vor allem zur Notwendigkeit von Aktionen geführt wurde". Unterstützung habe die deutsche Position unter anderem durch den Gauche-Prolétarienne-Führer Alain Geismar erfahren. Des Weiteren bestünden nunmehr Kontakte zu einer Gruppe, die die Häftlinge der GARI – Groupe d'action révolutionnaire internationaliste – unterstütze, von denen sieben in strenger Einzelhaft befindliche Personen gerade in den Hungerstreik getreten seien, „um den Status des politischen Gefangenen zu erhalten". Die GARI habe diverse militante Aktionen in Frankreich zur Unterstützung der politischen Gefangenen in Spanien durchgeführt, darunter die Entführung des Direktors der spanischen Bank de Bilbao in Paris. – Zwar sei der anvisierte Kontakt zu einer Unterstützergruppe für politische Gefangene in Lateinamerika noch nicht zustande gekommen. Dafür aber habe man „mit einem Genossen des Palästina-Komitees" einen umfassenden Informationsaustausch vereinbart, „so daß wir wesentliche Schriften palestinensischer [sic] Gruppen erhalten sollen und nach dort (Beirut) unser Material geht und veröffentlicht wird." – Außerdem erwähnte der Bericht eine Gruppe „von ca. 10 Germanisten", die sich vorgenommen habe, „die deutsche Presse zum Thema RAF auszuwerten, zu analysieren und zu publizieren", eine erste kleine Dokumentation sei bereits herausgekommen. Mit dieser Gruppe habe man eine Diskussion geführt mit dem Ergebnis, dass eine „praktische Aktion (Intervention bei einer Theateraufführung des Forum-Theaters Berlin in Paris)" ins Auge gefasst worden sei. Darüber hinaus gebe es einen Kontakt zu dem Pariser Soziologieprofessor Pierre Halbwachs, einem „Mann der Résistance" und Mitgründer der französischen Roten Hilfe. Halbwachs plane „eine Aktion ehemaliger KZ-Häftlinge aus Frankreich, Holland, Italien und der BRD in ihrer Sträflingskleidung vor dem BGH oder in Stuttgart" – ob er allerdings „genügend Leute zusammenkriege", sei „noch fraglich".

Der zitierte Bericht belegt auf eine sehr anschauliche Weise, wie gezielt die Kanzleien Croissant und Groenewold darum bemüht waren, die RAF über ihre Auslandskontakte ganz konkret in einen anti-imperialistischen und anti-faschistischen Kontext einzuschreiben und sich auf diese Art und Weise einmal mehr „moralische Reputation zu erschleichen".[223] Innerhalb der hier betrachteten, eng umrissenen Teilöffentlichkeiten scheinen diese Bemühungen offenbar von einigem Erfolg gekrönt gewesen zu sein, woran die Gallionsfigur Jean-Paul Sartre offenbar einigen Anteil hatte. Auch in Frankreich, so deutete sich an,

---

[223] Wunschik, Baader-Meinhofs Kinder, S. 47.

wurde der Blick auf die deutsche Gegenwart dabei vor allem durch die Bilder der Vergangenheit gefiltert.

Angesichts der nicht geringen Hürden, aus einem im nationalen Kontext lediglich Minderheiten bewegenden Thema ein Sujet von europäischer Relevanz zu machen, kann die Aufmerksamkeit, die der Hungerstreik der inhaftierten RAF-Mitglieder schon zu diesem Zeitpunkt außerhalb der Bundesrepublik erhielt, als ein beachtlicher PR-Erfolg bewertet werden, an den die Anwälte mit Beginn des im Frühjahr 1975 beginnenden Stammheimer Verfahrens anknüpfen konnten. Ab dem Winter 1974/75 gelang es ihnen verstärkt, auch Kontakte zu den Massenmedien des Auslands herzustellen und die eigene Stimme auch außerhalb der linken Subkulturen zu verbreiten.[224] Als die ‚Stammheimer' Anfang Januar 1975 in einem von Croissant lancierten „Spiegel"-Interview mit dem Hinweis auf die verschwindend kleine deutsche Sympathisantenszene konfrontiert wurden, konterten sie selbstbewusst mit der Betonung der „Internationalisierung der Solidarität" und der „sensibleren internationalen Öffentlichkeit gegenüber dem immer offeneren Auftreten des westdeutschen Imperialismus".[225] An dieser Entwicklung, die offenbar auch die Gegenseite für nicht ganz aus der Luft gegriffen hielt, hatte der Sartre-Besuch nicht unerheblichen Anteil besessen. Der in Karlsruhe für die Nachrichtenagentur ddp tätige Journalist Hellmuth Rieber berichtete jedenfalls vom Ärger der Ermittler, Ministerialbeamten und Staatsschutzjuristen über die „Ungeschicklichkeit" Theodor Prinzings, gegen den Rat Siegfried Bubacks den Sartre-Besuch bei Andreas Baader zugelassen zu haben. „Der Vorwurf gipfelt darin, daß seit jenem Zeitpunkt es den Verteidigern Klaus Croissant (Stuttgart) und Kurt Groenewold (Hamburg) bei deren Reisen nach den USA, Frankreich, Italien und Holland in zunehmendem Maße gelungen sei, ausländische Anwälte als Berater und Helfer zu gewinnen."[226] Diese Einschätzung sollte sich als völlig zutreffend erweisen. Sie hatte aber auch damit zu tun, dass es den deutschen Anwälten nach der gesetzlichen Beschneidung der Verteidigerrechte vom 1. Januar 1975 und den bald darauf erfolgten ersten Ausschlüssen erfolgreich gelang, die eigenen Probleme bei den europäischen Kollegen zum Thema zu machen.

---

[224] Vgl. z. B. das Interview Groenewolds für das italienische Wochenblatt Panorama vom 1.5.1975, „Per non tornare ai lager".

[225] „Wir werden in den Durststreik treten". SPIEGEL-Fragen an Andreas Baader, Ulrike Meinhof, Gudrun Ensslin und Jan-Carl Raspe, in: Der Spiegel 4/20.1.1975, S. 52–57, hier S. 56.

[226] Hellmuth Rieber, „Die Prozesse", in: Frankfurter Rundschau, 4.1.1975. Presseausschnittsammlung Groenewold, RA 02 / 035,012.

4.4 Zwischen Ohnmacht und Größenwahn: Motive der Transnationalisierung

Die Gründe dafür, dass es der inhaftierten RAF-Spitze so wichtig war, auch Zielgruppen jenseits der Landesgrenzen mit ihrer politischen Botschaft anzusprechen, sind weder in ihrem weiter oben erläuterten internationalistischen Selbstverständnis allein zu suchen noch waren sie schlicht das Ergebnis einer utilitaristischen Kosten-Nutzen-Kalkulation. In den aus der Haftzeit überlieferten Selbstzeugnissen sind ideologische und strategische Erwägungen hinsichtlich der Auslandsarbeit so eng miteinander verflochten, dass es kaum möglich oder auch nur sinnvoll erscheint, sie analytisch scharf voneinander zu trennen. Wie bereits angedeutet, ist neben ‚rationalen' Motiven zusätzlich ein – besonders bei Andreas Baader stark ausgeprägter – Hang zur Selbstüberschätzung in Rechnung zu stellen, der die Protagonisten wie selbstverständlich davon ausgehen ließ, alle Welt müsse sich für ihr Schicksal interessieren. Einerseits handelte es sich dabei um eine Konsequenz der großen Aufmerksamkeit von Medien und Politik, die zumindest die prominenteren Gruppenmitglieder seit längerem gewohnt waren, andererseits war es wohl die direkte Kehrseite der Ohnmacht, die die Gefangenen als ehemalige ‚Stars' der linksradikalen Szene in der Haft empfinden mussten. Auch wenn der Glaube an die ungebrochene Kontinuität des eigenen politischen Einflusses insgesamt einem wirklichkeitsfernen Wunschdenken entsprang, trafen die aus den Zellen gesteuerten Kampagnen allerdings tatsächlich auf so viel Resonanz, dass sie dem Narzissmus der Protagonisten bis zuletzt Nahrung zu geben vermochten. Da die Aufmerksamkeit der europäischen Nachbarn dabei im Laufe der Zeit eher zu-, die der eigenen Landsleute dagegen eher abnahm, richtete sich die Gruppe – bzw. die Aktivität ihrer Anwälte – zumindest der Tendenz nach immer stärker auf die Wirkung im Ausland hin aus. Gleichwohl widerspricht das von Anfang an enge Ineinandergreifen von nationaler und internationaler Öffentlichkeitsarbeit der Vorstellung, die europäische Bühne sei nichts weiter als ein „Ersatzforum" gewesen, das – möglicherweise von einem bestimmten Moment an – die Marginalisierung der Gruppe auf nationalem Terrain kompensieren sollte. Zutreffend bleibt aber auch in diesem Falle, was Jörg Requate und Martin Schulze Wessel mit Blick auf das Verhältnis von Identität und grenzüberschreitender Kommunikation festgehalten haben: Die Selbstdefinition transnational agierender Gruppen stellt sich als ein ständiger Aushandlungsprozess dar, der auf der Wechselwirkung von Appellen und der jeweiligen Reaktion darauf basiert.[227] Die erstrangige Bedeutung des nationalen Schauplatzes soll damit nicht grundsätzlich in Frage gestellt werden: die Internationalisierung war

---

[227] Requate/Schulze Wessel, Europäische Öffentlichkeit, passim.

4.4 Zwischen Ohnmacht und Größenwahn: Motive der Transnationalisierung 299

und blieb für die RAF in erster Linie ein Mittel zum Zweck, um auf nationale Akteure Einfluss nehmen zu können.

Dennoch waren alle RAF-Gefangenen von Anfang an davon überzeugt, ein politisches Anliegen „von europäischer Relevanz" zu vertreten und eine für die Gesellschaften auch der Nachbarstaaten existentiell bedeutsame Wahrheit zu verkünden, die nur sie allein zu sehen vermochten. Daraus leiteten sie eine Verantwortung „gegenüber der legalen und so auch internationalen öffentlichkeit" ab, „die struktur der reaktion, der konterrevolutionären mobilisierung als counterinsurgency, wie sie in der bundesrepublik der sozialdemokratie aus ihrer funktion für das us-kapital nur möglich ist: als demobilisierung sichtbar zu machen". Den Haftbedingungen und den Gerichtsverfahren, ganz besonders dem bevorstehenden Mammutprozess in Stammheim, kam dabei nach ihrem eigenen Verständnis eine „richtlinienfunktion" zu.[228] Für die „aussenpolitik der sozialdemokratie" sei es, so Baader in einem Text für das ‚info', „eine existenzfrage", in Stammheim „den ruhigen normalzustand entschlossen zu behaupten". Falls es der Regierung nicht gelinge, den tatsächlich bestehenden „nackten faschismus" effektiv zu verschleiern, werde, so Baaders Prognose, die „wut auf den westdeutschen imperialismus mit dem alten antifaschismus" verschmelzen, „auch wenn seine strategie ganz anders ist als die des alten, eben teil der us-strategie und nicht mehr selbständig deutsch usw.". Hier lag für Baader die Chance des Prozesses, denn im Sinne der RAF „umgedreht" könne das Verfahren zum „operator revolutionärer politik" werden – „wobei die transmission internationale öffentlichkeit ist".[229]

Die Gruppe hielt also an der ‚klassischen' Strategie der Demaskierung des Systems durch die Provokation überzogener bzw. ‚faschistischer' Reaktionen fest. Bestandteil dieser Strategie musste es dabei sein, jedwede staatliche Reaktion per se als ‚überzogen' und ‚faschistisch' zu deklarieren. In den Gefängniszellen und den für den Prozess errichteten Mehrzweckhalle von Stuttgart-Stammheim sollte die Bundesrepublik vor aller Augen als repressiver Staat entlarvt werden. ‚Stammheim' – verstanden als Chiffre für die Perpetuierung des Faschismus im neuen Gewand – sollte auf diese Weise zum Ausgangspunkt und Instrument der ersehnten Revolution werden, die zumindest als Chimäre immer noch in den Texten präsent war. Dabei setzte die RAF ausdrücklich auf die entsprechende Sensibilität eines internationalen Publikums, um durch die Generierung einer weiteren, außenpolitischen ‚Front' den Druck auf die Bundesregierung zu erhöhen und nicht zuletzt den ‚Krieg' selbst möglichst zu internationalisieren. Jan-Carl Raspe triumphierte nach den Fernsehbildern

---

[228] HIS-Archiv, RA 02 / 048,003, „ein paar grundsätzliche bestimmungen zur prozeßstrategie und den anwälten", ohne Datum. Vermutlich handelte es sich um ein Gemeinschaftswerk der ‚Stammheimer'.
[229] HIS-Archiv, RA 01 / 009,007, Andreas Baader, 29.10. [1975].

der Parlamentsdebatten vom Frühjahr 1975: „hab schmidt gesehen – schon irre: seine erregung vor allem zu den kampagnen/international usw. – eben weil das in den ländern, die den alten faschismus erlebt haben, sofort daran durchschlägt: die entwicklungen jetzt etc."[230] Als mögliche Triebfedern internationaler Anteilnahme identifizierte Andreas Baader interessanterweise – in einem gemeinsam mit Ulrike Meinhof im Frühjahr 1976, mithin vergleichsweise spät und schon auf der Grundlage gewisser Erfahrungen entstandenen Text – eine Mischung aus zeitgenössischen Ängsten und politischen Feindschaften der Vergangenheit. Dabei sollten Antiamerikanismus und Antigermanismus bei den europäischen Nachbarn eine – im Sinne der RAF – ideale Verbindung eingehen: Die „entlarvung der sozialdemokratie durch den angriff kleiner bewaffneter gruppen" werde es dieser unmöglich machen, „westeuropa als militärischen machtblock für die strategie des us-kapitals zu organisieren, weil der faschismus hier *sichtbar* gemacht *notwendig* alles, was es an politischem ressentiment im ausland gegen die bundesrepublik gibt – alter antifaschismus und in allen gruppen im spektrum von der äussersten linken bis in die sozialdemokratien und in die nationalen regierungen an ressentiments gegen den deutschen imperialismus, sein hegemoniestreben gibt – gegen die bundesrepublik mobilisert. und zwar auf der linie: hauptfeind usa."[231] Das Modell ‚Stammheim' sollte mithin als Exportmodell der US-amerikanischen Kolonie Bundesrepublik hingestellt werden, um im Ausland die Gegenwehr oppositioneller Kräfte zu provozieren.

Sichtbarster Ausdruck dieser Strategie im Stammheimer Verfahren war wohl die Einbeziehung des Vietnamkrieges in die Beweisanträge der Verteidigung, um dadurch „den prozeß auf die politischen füße zu bringen".[232] Indem sie die Bundesregierung der Kollaboration bezichtigte, konstruierte die RAF ein Widerstandsrecht gegen die Kriegsführung in Vietnam auch auf deutschem Boden. Entsprechend war es ebenso provokant wie konsequent, wenn die Verteidiger die Anhörung der Zeugen Richard Nixon und Melvin Laird,[233] aber auch die Helmut Schmidts, Willy Brandts und Kurt Georg Kiesingers beantragten.[234] Genauso wenig wie diese traten schließlich weitere vier US-amerikanische Zeugen der Verteidigung vor dem Stammheimer Gericht auf: Es

---

[230] HIS-Archiv, RA 02 / 014, 012.
[231] HIS-Archiv, Jü, K / 021,007.
[232] Zitiert in: Aust, Baader-Meinhof-Komplex (1998), S. 385.
[233] Konkret beantragt wurde neben der Vorladung des früheren US-Präsidenten und seines Verteidigungsministers auch die des früheren Oberbefehlshabers der US-Streitkräfte in Vietnam, General Creighton Abrams; vgl. den Antrag Otto Schilys vom 28.4.1976 (Vortrag 4.5.1976) in: Stuberger, Strafsache, S. 243–250. Heldmann unterstützte den Antrag durch eine schriftliche Stellungnahme zum Beweiswert der Vernehmung der amerikanischen Zeugen, die als „prozeßentscheidend" bewertet wurde, vgl. ebd., S. 251–255.
[234] Aust, Baader-Meinhof-Komplex (2008), S. 524.

4.4 Zwischen Ohnmacht und Größenwahn: Motive der Transnationalisierung 301

handelte sich um Winslow Peck, K. Barton Osborne, Gary P. Thomas und Philip Agee – ehemalige Mitarbeiter amerikanischer Militär- und Geheimdienststellen, die bereit waren, am 28. Juni 1976 in Stammheim über die schmutzige Kriegführung der Amerikaner in Vietnam sowie unlautere Praktiken der CIA und ihre Verbindungen in die Bundesrepublik auszusagen. Den Kontakt zu den früheren Agenten hatte die Verteidigung über den amerikanischen Anwalt Christopher Coates hergestellt, einen Spezialisten für die Verteidigung in Militärgerichtsprozessen, der als Mitglied des Lawyers Military Defence Comitees (LMDC) in Heidelberg ansässig war.[235] Die Zeugen hatten wenige Tage zuvor eine Pressekonferenz in Frankfurt gegeben, deren Botschaft Winslow Peck wie folgt zusammenfasste: „Die wahren Terroristen, das war meine Regierung und nicht die Rote Armee Fraktion." Die Verfolgung der RAF sei „ein beschämender Versuch der Bonner Regierung, Opposition in Deutschland zu unterdrücken (...) und den massiven Terrorismus der US-Regierung in den letzten 30 Jahren zu rechtfertigen".[236] Die Zeugen wurden vom Gericht mit der Begründung abgelehnt, der Vietnam-Krieg sei nicht Gegenstand des laufenden Verfahrens.

Die Beharrlichkeit, mit der die Gruppe die politische ‚Aufklärung' im Ausland betrieb, erklärt sich zumindest teilweise auch durch die Tatsache, dass man sich in direkter Konfrontation mit der Öffentlichkeitsarbeit der Gegenseite wähnte – einer, wie man nicht müde wurde zu betonen, „psychologischen kriegführung", der ebenfalls die Tendenz zur Internationalisierung innewohne: „Das ist eben die frage: *wer* die öffentlichkeit, die stammheim hat, für sich benutzt: sie oder wir, die baw [Bundesanwaltschaft, P.T.] für die durchsetzung ihrer vernichtungsstrategie gegen die stadtguerilla auf dem terrain der justiz oder wir für die durchsetzung politischer verteidigung, wie sie nur möglich ist aus dem internationalen zusammenhang in dem die stadtguerilla kämpft", so ein Strategiepapier aus dem Vorfeld des Stammheimer Verfahrens.[237] Ein Jahr später war aus dem Feindbild Bundesanwaltschaft in dem bereits zitierten, von Meinhof und Baader erstellten Text „zu einem anderen prozess" eine ausgewachsene internationale Verschwörungstheorie geworden: Unter US-amerikanischer Regie habe sich die gesamte Infrastruktur der Bundesrepublik – „schulen, medien, sämtliche ämter" – in eine „riesige nachrichtenkrake" verwandelt, „ein prozess, der alle beamten und angestellten zur berichterstattung an den verfassungs-

---

[235] Aktennotiz vom 14.2.1976, RA 02 / 052,001, ohne Verfasser. Coates hatte in diesem Zusammenhang einen Besuchsantrag bei Gudrun Ensslin gestellt, den er allerdings auf eine Intervention des Direktors des LMDC hin zurückzog. Das Risiko, die politische Arbeit des Comitee aufgrund eines Besuchs bei Ensslin zu kompromittieren, erschien den Verantwortlichen zu groß, vgl. Schreiben Coates an Croissant vom 30.3.1976, HIS-Archiv, RA 02 / 054,001.
[236] „statements der vom gericht abgelehnten zeugen auf einer pressekonferenz in frankfurt am 23.6.76", in: HIS-Archiv, RA 02 / 036,002.
[237] HIS-Archiv, RA 02 / 048,003.

schutz zwingt". Dabei sei von einer „internationale[n] verflechtung der repressionsmaschinen" auszugehen, der öffentlichen Kontrolle „total entzogen", einer „transnationale[n] machtstruktur letztlich unter dem kommando des pentagon, eine[r] militärmaschine, die zugleich ihr eigener propagandaapparat als apparat der totalen manipulation durch psychologische kriegführung ist." Leider habe die deutsche Linke, so das Papier weiter, davon bislang rein gar nichts begriffen, obschon das BKA „die gesamte *legale* linke in *einer* aktion in die stadien abtransportieren" könne. In der Folge entwickelten die Verfasser die Theorie eines neuen, international organisierten Faschismus „als unmittelbarer ausdruck des kapitals". Für die RAF gelte es deutlich zu machen, so die Autoren, „dass aus der determination der reaktion als *international* organisierter und projektierter prozess revolutionäre strategie internationalistisch sein muss". Die zeitgemäße Version des klassischen „proletarier aller länder vereinigt euch" sei die „internationale metropolenguerilla".[238] Auch wenn die Gruppe damit wohl noch keine konkreten gemeinsamen Aktionen mit ausländischen Genossen im Sinn hatte, ging es sehr wohl um gegenseitige Unterstützung und die Bildung klandestiner Netzwerke über die Grenzen hinweg – so auch die Einschätzung der Fahnder.

Tatsächlich entwickelten auch staatliche Stellen bald Überlegungen zu einer prozessbegleitenden Öffentlichkeitsarbeit im Ausland, wobei sie auf die Existenz „kleine[r], aber lautstarke[r] Gruppen" jenseits der deutschen Grenzen verwiesen, „die mit der kriminellen Baader-Meinhof-Vereinigung sympathisieren." Es müsse damit gerechnet werden, „dass solche Gruppen die Hauptverhandlung zum Anlass nehmen, um die Bundesrepublik Deutschland und insbesondere die deutsche Justiz anzugreifen und u. U. auch gewalttätige Aktionen gegen deutsche Einrichtungen durchzuführen."[239] Aufgabe der interministeriellen „Arbeitsgruppe Presse- und Öffentlichkeitsarbeit der Bundesregierung", die gut zehn Tage vor Beginn des Stammheimer Verfahrens auf Betreiben des Justizministeriums ins Leben gerufen wurde, war jedoch weniger die Prävention materieller Gefahren.[240] Im Mittelpunkt ihrer auf das Ausland gerichteten Aktivitäten, die die über die gesamte Prozessdauer tätige Arbeitsgruppe de facto ausschließlich beschäftigt hielten, stand vielmehr das Anliegen, „der ausländischen Öffentlichkeit das Funktionieren eines freiheitlichen Rechtsstaates bei der Abwehr der gegen seine Prinzipien und seine Existenz gerichteten Anschläge zu verdeutlichen."[241] Damit war eine

---

[238] HIS-Archiv, Jü, K / 021, 007.
[239] BA Koblenz B 145 / 9294, Aufzeichnung der Rechtsabteilung des Auswärtigen Amtes vom 11.4.1975.
[240] BA Koblenz B 145 / 8757, Besprechungsniederschrift vom 30.1.1975 im Auftrag des Justizministers [Hans-Jochen Vogel].
[241] BA Koblenz B 145 / 9294, „PÖA aus Anlaß des Baader-Meinhof-Prozesses", Ergebnisprotokoll der ersten Sitzung vom 9.5.1975, 12.5.1975.

Zielvorgabe formuliert, die derjenigen der ‚Stammheimer' geradezu spiegelbildlich entgegengesetzt war. Tatsächlich ist die Etablierung der Arbeitsgruppe, in der die Abteilungsleiter der jeweiligen Referate für Öffentlichkeitsarbeit des Justiz-, des Außen- und des Innenministeriums unter Federführung des Bundespresseamts zusammenarbeiteten, kaum anders denn als Reaktion auf die transnationalen Aktivitäten zu interpretieren, die die RAF-Spitze vor allem mit Hilfe ihrer Anwälte seit 1973 ins Werk gesetzt hatte. Sogar die Form entsprach in wesentlichen Punkten der von den ‚Stammheimern' bereits etablierten und kontinuierlich weiterentwickelten Praxis. So bestand auch für die Bundesregierung der erste Schritt zur Durchkreuzung der, wie es hieß, „mit Beginn des Prozesses in Stuttgart zu erwartenden Kampagnen einseitiger Berichterstattung im In- und Ausland" in der „sorgfältige[n] Beobachtung der ausländischen Reaktionen" – eine Aufgabe, mit der in diesem Fall naturgemäß die Mitarbeiter der diplomatischen Vertretungen betraut wurden. Vom ersten Tag des Stammheimer Verfahrens an waren diese gehalten, ihren Bonner Dienstherrn von der Berichterstattung ihres jeweiligen Gastlandes zum Prozessverlauf und zur RAF-Problematik insgesamt in Kenntnis zu setzen sowie über „mögliche Kampagnen, Demonstrationen u.ä. ausländischer Vereinigungen oder Interessentenkreise" zu informieren. Dabei übernahm die interministerielle Arbeitsgruppe unter Vorsitz von Ministerialrat Pätzold die Rolle einer Schaltzentrale mit Koordinierungsfunktion.[242]

Neben der Beobachtung der Auslandsmeinung waren gezielte Bemühungen um die Auslandskorrespondenten der wichtigsten westeuropäischen Medien vorgesehen. Von den insgesamt 81 im Stammheimer Gerichtssaal zur Verfügung stehenden Presseplätzen hatte das Stuttgarter Oberlandesgericht immerhin 34 für ausländische Berichterstatter reserviert, deren möglichst optimale Betreuung immer mehr als unabdingbare Voraussetzung für eine erfolgreiche prozessbegleitende PR-Arbeit erkannt wurde.[243] Zur wichtigsten Kontaktperson der Bonner Arbeitsgruppe avancierte dabei der Pressereferent des OLG, Klaus Kehl, der sich nicht nur mit Erfolg um eine unbürokratische Platzvergabe auch für Journalisten ohne vorherige Akkreditierung bemühte, sondern auch die Wogen angesichts der anfangs als überzogen empfundenen Durchsuchungspraxis vorm Betreten des Gerichtssaales offenbar rasch zu

---

[242] BA Koblenz B 145 / 9294, Schreiben Dohms (AA) an die diplomatischen und konsularischen Vertretungen der Bundesrepublik Deutschland vom 7.5.1975.
[243] BA Koblenz B 145 / 9294, Weiterleitung der Akkreditierungslisten des OLG Stuttgart durch das Bundesjustizministerium vom 15. Mai 1975 an die Arbeitsgruppe. Über die Bildung von entsprechenden Pools konnten die entsprechenden Plätze von insgesamt 78 Berichterstattern in Anspruch genommen werden, darunter 14 Franzosen und Belgier, 9 Niederländer, 8 Italiener, 14 Skandinavier, 11 Briten und 9 US-Amerikaner, 6 Österreicher, 4 Schweizer, ein Australier und ein Israeli, ebd.

glätten vermochte.²⁴⁴ Im Ergebnis, lobte Pätzold die Bemühungen Kehls im Juli 1975, sei „die Stimmung bei der ‚Truppe' jetzt besser als am Anfang des Prozesses".²⁴⁵

Zu dieser Stimmungsaufhellung hatten möglicherweise auch die „Hintergrundgespräche" mit ausländischen Medienvertretern beigetragen, zu denen sich Justizminister Vogel am 9. und am 18. Juni für jeweils vier Stunden Zeit genommen hatte. Bei „Bier und Schnittchen" informierte Vogel auf diesen Treffen „formlos" zum „Komplex ‚Terrorismus' und den hierzu von der Bundesregierung vorgeschlagenen Gesetzen". Die Gespräche seien, so das intern formulierte Urteil Pätzolds, „nach einer kurzen Anlaufzeit entspannt und freundlich" verlaufen; die Korrespondenten seien „sehr zufrieden" gewesen und hätten „nicht den Eindruck gewonnen (...), indoktriniert worden zu sein".²⁴⁶ Wie eine Mitteilung der Botschaft Rom belegt, war dies jedoch nicht bei allen Geladenen der Fall: Der Bonner Korrespondent der Turiner Tageszeitung „La Stampa", Tito Sansa, habe in einem Artikel vom 23. Juli die „im BM-Verfahren begangenen Rechtsverstöße" als „beispiellos" bezeichnet und sich darüber mokiert, „dass Bundesjustizminister Vogel sich über die Empörung der ausländischen Journalisten wundere und sie durch gruppenweise Einladungen zu Essen davon zu überzeugen suche, dass alles in Ordnung sei".²⁴⁷ Generell, so hieß es, fühlten sich die italienischen Korrespondenten in Bonn nicht wohl; „sie hätten das Gefühl, mit ‚Gastarbeitern' verwechselt zu werden."²⁴⁸ In der Folge bemühten sich Regierungsstellen ganz gezielt um eine Verbesserung der Kontakte zu dieser offenbar besonders schwierigen Klientel: Nicht nur Regierungssprecher Bölling richtete ein exklusives Essen für die Italiener aus, auch die Pressereferenten des Auswärtigen Amtes und des Bundespresseamts luden „einzelne italienische Journalisten zusammen mit angesehenen britischen oder französischen Korrespondenten" gemeinsam zu Tisch, „um das Bild zu relativieren, welches die italienischen Journalisten offenbar haben".²⁴⁹

Die Arbeitsgruppe selbst beschäftigte sich in der Hauptsache mit der Bereitstellung von Informationsmaterial, das den Auslandsvertretungen „die Entgegnung auf kritische Äußerungen, einseitige Berichterstattung und Kom-

---

²⁴⁴ BA Koblenz B 145 / 9294, Schreiben Westhelle (BMJ) und Kehl (OLG) vom 4.6. bzw. 13.6.1975.
²⁴⁵ BA Koblenz, B 145 / 9294, Schreiben Pätzold an Kehl vom 3.7.1975.
²⁴⁶ BA Koblenz B 145 / 9294, Schreiben Hans-Jochen Vogel an den Chef des Bundeskanzleramts Manfred Schüler vom 16.6.1975; Schreiben Pätzold (BPA) an Presse-Referenten der beteiligten Ministerien vom 19.6.1975; Schreiben Pätzold (BPA) an Staatssekretär Gehlhoff (AA), 19.6.1975.
²⁴⁷ PAAA Zwischenarchiv B 5 106.479, Fernschreiben vom 24.7.1975.
²⁴⁸ So der Bericht des Botschaftsrats von Bredow am 19. August 1975 in Bonn, BA Koblenz B 145 / 9296.
²⁴⁹ BA Koblenz, B 145 / 9300, Schreiben Engels an die Botschaft Rom vom 12.3.1976.

4.4 Zwischen Ohnmacht und Größenwahn: Motive der Transnationalisierung 305

mentierung in Hinblick auf gezielte Kampagnen am Ort" erleichtern sollte.[250] Intern lief dieses regierungsamtliche ‚info' unter dem Namen „Baader-Meinhof-ABC". Nachdem in den ersten Wochen und Monaten knappe *fact sheets* dem Informationsbedarf der Botschaften und der interessierten ausländischen Korrespondenten hatten Genüge leisten mussten, konnte den Auslandsvertretungen im September 1975 ein knapp 60 Seiten starker Leitfaden übersandt werden.[251] Das Ausgangsmaterial war dabei von den beteiligten Ministerien zusammengestellt und von der dem Auswärtigen Amt unterstellten Tochterorganisation ‚Inter Nationes' für den Verwendungszweck bearbeitet, in die gängigen europäischen und internationalen Verkehrssprachen übersetzt und zur endgültigen Freigabe wieder dem Justizministerium zugeleitet worden.[252] Welche Dringlichkeit man der Thematik einräumte, wurde auch an der Anberaumung einer „Informationstagung" deutlich, zu der die Pressereferenten der westeuropäischen Botschaften im August nach Bonn geladen wurden. Sinn des Treffens war es, mehr über die Stimmung in den Gastländern zu erfahren, die Aktivitäten der Arbeitsgruppe zu bewerben und weitere Maßnahmen zu diskutieren. Zur Eröffnung der Tagung wurden zur Stimmung in Westeuropa mit Blick auf das Stammheimer Verfahren folgende resümierende Betrachtungen angestellt:

Presseecho vor und unmittelbar nach Prozessbeginn sehr rege und in einigen Ländern teilweise oder überwiegend kritisch bis negativ. Danach gewisses Abflauen der Berichterstattung und Einpendeln der Urteile. In letzter Zeit zunehmende Übernahme der sehr kritischen deutschen Kommentare und Ausweitung der Diskussion auf Gebiete wie Radikalenerlass u.ä. Kritik gipfelt letztlich in Zweifeln an unserer gesamten Rechtsstaatlichkeit. Urteil und Vorurteil scheinen bei manchen Berichten untrennbar verbunden. Furcht vor einer ‚Renaissance des vieux démons' (so in einem Bericht von „Le Monde" vom 12.7. über einen Vortrag Schilys vor der Liga der Menschenrechte in Paris).[253]

Was das schriftliche Informationsmaterial anging, so konnte die als Lose-Blatt-Sammlung konzipierte Mappe laufend aktualisiert sowie ggf. den spezifischen Rezeptionsbedingungen des jeweiligen Gastlandes angepasst werden.[254] Die bedeutendste Erweiterung erfuhr der Leitfaden im Sommer 1976 nach dem Selbstmord Ulrike Meinhofs, der gerade in den „Problemländern", als die

---

[250] BA Koblenz B 145 / 9294, Schreiben Dohms (AA) an die diplomatischen und konsularischen Vertretungen der Bundesrepublik Deutschland vom 7.5.1975.
[251] BA Koblenz B 145 / 9294, Schreiben Engels (AA) an alle diplomatischen und berufskonsularischen Vertretungen der Bundesrepublik Deutschland vom 19.9.1975.
[252] BA Koblenz B 145 / 9294, Schreiben Pätzold (BPA) an Westhelle (BMJ) vom 30.5.1975.
[253] BA Koblenz B 145 / 9296, Ergebnisprotokoll über die Informationstagung der Pressereferenten am Dienstag, dem 19. August 1975 im BMJ, 22.8.1975. Anwesend waren die Pressereferenten der Botschaften London, Bern, Paris, Wien, Kopenhagen, Brüssel, Den Haag, Rom, Stockholm, Oslo und Helsinki.
[254] BA Koblenz B 145 / 9295, IN-Redaktion, Antworten zu Fragen ausländischer Journalisten, 1. Ausgabe, August 1975.

Italien, Frankreich und die Niederlande intern bezeichnet wurden, ein aus Regierungssicht äußerst negatives Presseecho erhielt und – wie schon der Tod von Holger Meins – vereinzelte Anschläge auf deutsche Einrichtungen provozierte.[255] Welchen Effekt das *Briefing* der Botschaftsmitarbeiter mit Hilfe des „Baader-Meinhof-ABCs" in der Summe tatsächlich entfalten konnte, ist schwerlich messbar – selbstverständlich hingen Erfolg oder Misserfolg der Regierungs-PR im Ausland von einer Vielzahl von Faktoren ab, die der Reichweite der Bonner Verantwortlichen größtenteils entzogen sein mussten. Der Frage- und Antwortkatalog, der auf der Grundlage der Erfahrungen von Pressekonferenzen mit ausländischen Medienvertretern sowie der Auswertung der aus den verschiedenen diplomatischen Vertretungen eingehenden Presseberichte erstellt worden war, scheint jedoch unterm Strich bei den damit Bedachten auf positive Resonanz gestoßen zu sein. Tatsächlich ist davon auszugehen, dass die Argumentationshilfen zum Umgang mit den Fragen und Vorwürfen, mit denen sich das Personal zumindest der westeuropäischen Botschaften im Zusammenhang mit dem Linksterrorismus und seiner Bekämpfung immer wieder konfrontiert sah, vor Ort durchaus begrüßt wurden, hatten sich die Verfasser doch auch an ‚heiklen' Themen – wie beispielsweise dem Vorwurf der unterschiedlichen Behandlung der NS-Verbrechen und der Anschläge der RAF vor Gericht – nicht vorbeigedrückt.[256]

Insgesamt zeichnete sich der Katalog durch die Vorgabe bewusst eindeutig formulierter, ‚einfacher' und oft beschönigender Antworten auf komplexe Fragen aus, die das neue Selbstbewusstsein der Schmidt-Genscher-Administration spiegelten, andererseits aber auch spürbar durch das Bemühen gekennzeichnet waren, jeden Eindruck von Selbstgerechtigkeit oder Besserwisserei tunlichst zu vermeiden. „Die Bundesrepublik Deutschland will (...) anderen Ländern keine Lehren erteilen. Jedes Land hat sich mit dem Problem des Terrors so auseinanderzusetzen, wie es seiner Rechtsordnung entspricht", stellte das Kompendium klar.[257] Mochte sich das „ABC" offenbar zumindest innerhalb bestimmter Grenzen als praxistauglich erweisen, so konnte gleichzeitig doch kein Zweifel daran bestehen, dass die thematische Agenda eindeutig von der Gegenseite bestimmt worden war. „Erinnern die Schlagworte Isolationshaft, psychische Folter und Hungerstreik nicht an die KZ-Lager?" – „Werden nicht

---

[255] Vgl. die breite Dokumentation in BA Koblenz B 145 / 9297 sowie weiter unten S. 427f.
[256] Diesbezüglich wurde kategorisch festgestellt, es treffe nicht zu, wenn behauptet werde, „die deutsche Justiz sei bei der Aufklärung von Nazi-Verbrechen zu großzügig oder gar nachlässig gewesen" – die „Ausgangspositionen für die Verfolgung von Naziverbrechern und Terroristen" seien jedoch „gänzlich verschieden": Die Fahndung nach letzteren müsse „in der Öffentlichkeit viel mehr Aufsehen erregen als eine ebenso intensive Suche in Archiven nach Spuren von NS-Verbrechen", IN-Redaktion, Antworten zu Fragen, S. A8, 2.
[257] IN-Redaktion, Antworten zu Fragen, S. A6, 1.

durch die Gesetze, die ad-hoc geschaffen werden, Diktaturen vorbereitet?" – „Warum schließt die deutsche Justiz gerade jene Verteidiger aus, die über die brutalen Haftbedingungen der Angeklagten berichtet haben?" lauteten einige der Fragen, die der Leitfaden aufnahm.[258] Letztlich beweist schon die bloße Existenz dieses mit vergleichsweise hohem Aufwand ins Werk gesetzten Versuchs zur Etablierung offizieller Sprachregelungen zum Stammheimer Geschehen, wie sehr man sich angesichts der neuen Form der offensiven, auf größtmögliche Medienwirkung zielende Prozessführung der Angeklagten und ihrer Verteidiger in die Defensive gedrängt fühlte: Man konnte durchaus den Eindruck gewinnen, die inhaftierte RAF-Führungsriege treibe die Regierung auf dem Feld der Öffentlichkeitsarbeit vor sich her. „Sie sind es, die den Schauprozess wollen", wurde dieser Sachverhalt in der Informationsmappe kurz und bündig formuliert.[259] Generell standen die Verantwortlichen vor dem Dilemma, nicht nur „jeden Anschein der Prozessbeeinflussung vermeiden" zu müssen, sondern auch der Gefahr zu entgehen, „die von den Angeklagten und ihren Anwälten behauptete politische Dimension ungewollt zu bestätigen", wie es für den PR-Bereich ‚Inland' formuliert wurde: Entsprechend könne die Informationspolitik „in das sich entwickelnde Meinungsbild (…) hauptsächlich trendverstärkend und trendkorrigierend eingreifen."[260] Wenn die Arbeitsgruppe ihre Aufmerksamkeit in den kommenden Jahren ganz der Auslands-PR widmete, mochte dies möglicherweise von der Überzeugung getragen sein, dass dieses Risiko in den Nachbarstaaten niedriger war und entsprechend offensiver vorgegangen werden könne. Erst Anfang 1978 wurde die Trennung der Inlands- von der Auslands-PR beim Stammheim-Prozess als „Fehler" erkannt und über eine gänzliche Neukonzeption des Feldes nachgedacht.[261] Hintergrund war ganz offensichtlich die Erfahrung der immer

---

[258] Ebd., S. A9, 1; B1, 1; B2, 1.
[259] IN-Redaktion, Antworten zu Fragen, S. A1, 1.
[260] BA Koblenz B 145 / 9294, Schreiben Beck (BPA) ans Referat für Presse- und Öffentlichkeitsarbeit des Justizministeriums vom 12.5.1975. Mit der Frage des politischen Charakters des Prozesses wurde im Rahmen des „ABC"s durchaus offensiv umgegangen: „Der Prozess hat selbstverständlich politische Dimensionen, die Täter selbst haben mit ihren Taten politische Wirkungen erzielt. (…) Daraus kann jedoch nicht der Schluß gezogen werden, daß es sich bei der Verhandlung vor dem Gericht um einen ‚politischen Prozess' handelt. (…) Es wird dabei von Seiten der Angeklagten der Eindruck gefördert, als würden sie für etwas bestraft, was doch in einer freiheitlichen Ordnung nicht strafwürdig, sondern völlig legitim sei. (…) Nichts von alledem trifft auf die Taten der sog. RAF zu. Deshalb ist der Prozess ein normaler Kriminalprozess, bei dem die politischen Motive der Angeklagten keine entscheidende Rolle spielen", IN-Redaktion, Antworten zu Fragen, S. A2, 2.
[261] BA Koblenz B 145 / 9302, Protokoll der Sitzung der Arbeitsgruppe vom 25.1.1978. In der Zwischenzeit war ein beim Bundesinnenministerium angesiedelter „Arbeitsstab Öffentlichkeitsarbeit Terrorismus" ins Leben gerufen worden, der mit der Arbeitsgruppe

engeren Verzahnung der europäischen Öffentlichkeiten, wie sie im ‚Deutschen Herbst' unübersehbar geworden war.

Der hohe Stellenwert, den die RAF den Auslandsaktivitäten beimaß, war jedenfalls schon in einem lange vor Prozessbeginn über das ‚info' verbreiteten und 1975 auch im „Spiegel" abgedruckten Text Ulrike Meinhofs überdeutlich geworden, der unter der Überschrift „der tägliche fahrplan" eine Art Befehlskatalog an die Adresse der Unterstützer draußen enthielt. „in welchem ausländischen land wird noch nicht die demo usw. gegen die brd-botschaft, generalkonsulat, göthehäuser usw gegen die brd-konzerntöchter vorbereitet? welche ausländ. zeitung hat noch nicht die presseerklärung? für die internationale presse eine internat. protestresolution gegen die bundesregierung organisieren. jede revolutionäre organisation laufend mit allen presseerklärungen versorgen". Dass alle PR dabei nach wie vor im Dienst einer terroristischen Aktionsstrategie stand, zeigte die Fortsetzung des „Fahrplanes", nach dem alle legalen Aktivitäten nur dann einen Sinn hätten, „wenn *täglich* militante aktionen zur eroberung der gewalt zum ausdruck bringen, dass es hier den funken leben noch gibt ohne den alles ... leere tote formen sind weil nur gewalt hilft wo gewalt herrscht und liebe zum menschen nur möglich ist in der todbringenden hasserfüllten attacke auf den imperialismus-faschismus." [262]

Jenseits der Projektion einer militanten, internationalen Solidargemeinschaft der Kampfeswilligen in den Metropolen des Westens ging es den ‚Stammheimern' jedoch zunächst um die möglichst weite Verbreitung ihres eigenen Feindbildes von der faschistischen bzw. sich faschisierenden Bundesrepublik in der europäischen Öffentlichkeit. Je stärker sich diese Sicht durchsetzte, umso größere Aufmerksamkeit musste auch den selbsternannten Kämpfern gegen das Böse sicher sein, die jetzt den nach 1933 versäumten Widerstand nachzuholen und – konsequenterweise – in neu angelegten Konzentrationslagern ihrer Vernichtung entgegenzusehen schienen. Als moderne Märtyrer des Antifaschismus mussten sich die Insassen der westdeutschen Hochsicherheitsgefängnisse auch in ihrem Selbstbild enorm aufgewertet fühlen. Tatsächlich sah man sich durch die außenpolitische Entwicklung im Zuge des Stammheimer Verfahrens offenbar in seiner Strategie bestätigt. „wenn la stampa schreibt: ‚die brd ist ein staat, der ununterbrochen das grundgesetz bricht' und so die ganze auslandspresse, und die brd in der welt als zentrum

---

kooperieren solle, „da im Bereich des Terrorismus die Öffentlichkeitsarbeit im Inland und Ausland nicht unterschiedlich gehandhabt werden kann. (...) Beim Stammheim-Prozess gemachte Fehler sollen vermieden werden."

[262] Das mit dem Datum 21.10.1974 versehene Dokument ist eine Anlage des Auswertungsberichts Beweismaterial aus der Zellendurchsuchung am 24.3.1975 bei den Angeschuldigten Baader, Meinhof, Raspe und Ensslin in der JVA Stuttgart-Stammheim, 5.5.1975, in: HIS-Archiv, Gr, M / 021,005. Auch in: „Täglich militante Aktionen", in: Der Spiegel 23/2.6.1975, S. 29.

4.4 Zwischen Ohnmacht und Größenwahn: Motive der Transnationalisierung 309

der us-konterrevolution in westeuropa begriffen wird, ist das eine funktion der tatsache, dass sie auch innenpolitisch als reaktionär, als zentrum von counterinsurgency dasteht. der prozess der innerstaatlichen aufrüstung zum polizeistaat ist durch uns sichtbar geworden und hat diese bestimmte scharfe gestalt – radikalenerlass, computerisierung der gesamten linke, erfassung und kontrolle all ihrer beziehungen und bewegungen bis hin zu den ausnahmegesetzen und ihrem bruch beim ausschluss der anwälte und jetzt ausschluss von uns", so Ulrike Meinhof im Oktober 1975.[263]

Dieses Selbstbewusstsein trug man durchaus auch öffentlich zur Schau, so etwa in einem Interview mit der französischen Tageszeitung „Le Monde diplomatique": „was wüßte man in europa über die reaktionäre rolle der sozialdemokratie und die repression in der brd, wenn es seit 70 nicht gruppen gäbe, die begriffen haben, dass die einzige möglichkeit proletarischer opposition und aufklärung in der bundesrepublik bewaffneter widerstand ist?"[264] Noch deutlicher formulierte es Jan-Carl Raspe ein Jahr später, als die ‚Offensive '77' der Genossen ‚draußen' bereits in vollem Gange war. Als es im August 1977 im 7. Stock der JVA Stammheim zu körperlichen Zusammenstößen der Häftlinge mit dem Gefängnispersonal kam, interpretierte Raspe diese „Repressionen" als Ergebnis der Tatsache, dass der „staatsschutz" „in der zange" sei „zwischen der kontinuität des widerstands und der zunehmenden akzeptanz im ausland" einerseits und „der zunehmenden außenpolitischen isolierung der brd" andererseits, „ein prozess der wesentlich über den widerstand der raf, auch in den gefängnissen, lief" und vor dessen Hintergrund man „in stammheim jetzt zur endlösung kommen" wolle.[265]

In dieser rhetorischen Vorwegnahme des eigenen Todes, der in RAF-typischer Weise mit dem NS-Begriff ‚Endlösung' belegt wurde, spiegelt sich zwischen den Zeilen aber auch die mit den Jahren angehäufte, unbändige Frustration über den letztlich unauflösbaren Widerspruch, auf dem Feld der Öffentlichkeitsarbeit nur als Opfer ‚siegen' zu können: Phantasien von Zerstörung und aggressiver Selbstermächtigung mischten sich, wie im folgenden näher auszuführen sein wird, mit wirklichen und imaginierten Leidens- und Opfererfahrungen. Dass die ‚Stammheimer' schließlich dazu bereit waren, für ihren größten *publicity*-Erfolg in Europa – die Suggestion eines Mordes der westdeutschen Staatsschützer an wehrlosen Gefangenen – mit dem Preis ihres eigenen Lebens zu bezahlen, erscheint aus der perversen Logik dieses „Weltdramas", „in dem sich heroische Identifikation und authentisches Mit-

---

[263] Zitiert in: Bakker Schut, Info, S. 232–234, hier S. 233f.
[264] Interview vom Juli 1976, hier zitiert nach: Klassenkrieg in der BRD. Interview aus Stammheim, o.O. 1976, S. 26.
[265] HIS-Archiv, RA 01/011, 006, 8.8.1977.

leiden mit den ‚Verdammten dieser Erde' mit narzißtischer Anmaßung und aggressiver Enthemmung" vermischten, nur folgerichtig.[266]

4.5 „das ganze problem sind die paar reisen, die gemacht werden müssen": Die ‚Stammheimer' und die Auslandsarbeit der Anwälte

Am 10. Oktober 1977 – der ‚Deutsche Herbst' steuerte gerade auf seinen Höhepunkt zu – veröffentlichte der „Spiegel" im Rahmen einer fünfteiligen Artikelserie, die gegen die zunehmende Sympathisantenhetze in der bundesdeutschen Öffentlichkeit gerichtet war, eine Titelgeschichte zum Thema „Terroristenanwälte".[267] Trotz der einigermaßen reißerischen Aufmachung handelte es sich um einen insgesamt gut recherchierten Beitrag, der angesichts der Komplexität der Materie um Differenzierung warb, ohne deshalb vor dezidierten Urteilen zurückzuscheuen. Für die wie üblich nicht namentlich genannten „Spiegel"-Redakteure hatten die RAF-Verteidiger in der Entwicklung der vorausgegangenen Jahre eine Schlüsselrolle gespielt, die sie im Ergebnis als höchst problematisch bewerteten. Die „Geschichte des Terrorismus in Westdeutschland ist auch die Geschichte der Terroristenanwälte", hieß es, „ihrer fortwährenden Gratwanderung zwischen Recht und Unrecht, bei der schon mancher abstürzte. Ihretwegen, weil etliche in Verdacht gerieten, für einsitzende Terroristen zu kassibern, sann der Gesetzgeber auf rigorose Einschränkung angestammter Verteidigerrechte. Ihretwegen wurden, mit noch kaum absehbaren Folgen, Grundregeln der demokratischen Gewaltenteilung umgewichtet – zugunsten der Exekutive." Interessanterweise war der Artikel mit auszugsweise wiedergegebenen Stellungnahmen in sein Thema eingestiegen, die Schily und Croissant gegenüber französischen bzw. US-amerikanischen Medien abgegeben hatten. Der Kommentar der Journalisten: „Vom Terrorismus reden sie nicht gern, die Baader-Meinhof-Anwälte, die auf ihre Weise im Ausland das Bild von der Bundesrepublik mitprägen, das dann als Zerrbild aufscheint."[268]

In der Tat: Seit der Inhaftierung der Vordenker des „Konzepts Stadtguerilla" hatte sich der Schwerpunkt der Auseinandersetzung zwischen westdeutschem Staat und seinen Herausforderern weiter verlagert – nicht nur in den Gerichtssaal, sondern auch in die nationale und zunehmend auch die interna-

---

[266] Koenen, Jahrzehnt, S. 390.
[267] „Mord beginnt beim bösen Wort", in: Der Spiegel 42/10.10.1977, S. 28–57. Auf dem Titelbild war ein Foto Klaus Croissants vor den Schattenriss eines überdimensionalen Revolvers montiert worden.
[268] Ebd., S. 28.

tionale Öffentlichkeit. Den Strafverteidigern kam auf dieser Bühne ein hohes Maß an Sichtbarkeit zu, wie die Vielzahl zeitgenössischer Kommentare und Interventionen beweist. In der Forschung sind die Anwälte wie gesehen dagegen erst vor kurzem ins Blickfeld gerückt. In welchem Maße sie bei ihren Auftritten Eigeninitiative entwickelten, die Vorgaben der Inhaftierten umsetzten oder diese den jeweiligen Gegebenheiten anpassten, ist bislang nur ungenügend untersucht worden, was an dieser Stelle für die Auslandspropaganda nachgeholt werden soll. Dabei ist auch die von Gerd Koenen aufgeworfene Frage mitzubedenken, wo die tieferen Gründe dafür lagen, dass die Anwälte sich die „zynische Funktionalisierung ihrer (manchmal aufopfernden) Tätigkeit und die eklatante Unverschämtheit ihrer Klienten über Jahre hinaus gefallen ließen."[269] Eine Antwort kann ohne die Berücksichtigung der staatlichen Reaktionen auf die Form der politischen Verteidigung, wie sie die RAF-Anwälte praktizierten, nicht auskommen, auch weil sich das Thema seinerseits zu einem starken Motor der Europäisierung entwickeln sollte.

Den staatlichen Stellen war sehr früh bewusst, wie wichtig für die Aufrechterhaltung der politischen Identität der RAF die Gewährleistung interner und externer Kommunikationsmöglichkeiten war. Entsprechend fokussierten sie ihre Aufmerksamkeit sehr bald auf die Personen und Strukturen, die beides garantierten: auf die Anwälte und die von ihnen aufrechterhaltenen kommunikativen Netzwerke, vor allem auf das ‚info'.[270] So sollten, wie Olaf Gätje überzeugend argumentiert hat, mit dem am 20. Dezember 1974 vom Bundestag verabschiedeten, von Kritikern als „lex RAF" bezeichneten Gesetzespaket vor allem wesentliche Voraussetzungen für die Funktionsfähigkeit des ‚info' ausgehebelt werden; daneben ging es um die Sicherstellung eines geordneten und zügigen Ablaufs des Stammheimer Verfahrens. Beiden Zielen diente die Abschaffung der Blockverteidigung, also der Betreuung mehrerer Angeklagten durch ein und denselben Anwalt. Außerdem wurde mit dem § 138a StGB eine Rechtsgrundlage für den Ausschluss eines Verteidigers geschaffen, „wenn er dringend oder in einem die Eröffnung des Hauptverfahrens rechtfertigenden Grade verdächtig ist, an der Tat, die den Gegenstand der Untersuchung bildet, beteiligt zu sein" oder „wenn er den Verkehr mit dem nicht auf freiem Fuß befindlichen Beschuldigten dazu missbraucht, die Sicherheit des Vollzugs erheblich zu gefährden".[271] Mit dem Verbot der Mehrfachverteidigung, das zum 1. Januar 1975 in Kraft trat, sowie dem im Mai vollzogenen Ausschluss Kurt Groenewolds vom Stammheimer Hauptverfahren brach die direkte Verbindung der Stammheimer Angeklagten mit der Hamburger Kanzlei und damit auch dem ‚info' ab. Zuvor hatte Groenewold nicht nur sämtliche ‚Stamm-

---

[269] Koenen, Jahrzehnt, S. 403.
[270] Vgl. zu diesem Komplex Gätje, „Info"-System, S. 720ff.
[271] Zitiert in: Peters, Irrtum, S. 333.

heimer' verteidigt, sondern fünf weitere wichtige RAF-Mandate innegehabt, sodass er über die Verteidigerpost nahezu unbeschränkt mit allen entscheidenden Akteuren hatte korrespondieren können. Nachdem Groenewold im Juni 1975 zusätzlich mit einem vorläufigen Berufsverbot belegt worden war, erfolgte die Versendung des ‚info'-Materials dezentral über die in den entsprechenden Verfahren involvierten Anwälte, wobei die Stuttgarter Kanzlei Klaus Croissants teilweise die Funktion der ehemaligen Hamburger Schaltstelle übernahm. Mit dem am 24. Juni 1976 verabschiedeten „Anti-Terroristen-Gesetz" suchte der Gesetzgeber einen noch präziseren Schlag gegen das ‚info' zu führen, indem die Unantastbarkeit der Verteidigerpost für Straftaten nach dem neuen § 129a StGB – „Bildung einer terroristischen Vereinigung" – aufgehoben und die entsprechende Korrespondenz richterlicher Kontrolle zugänglich gemacht wurde.[272] Nach Inkrafttreten dieser Regelung konnten brisante ‚info'-Materialien nur noch während der – zum Ärger der CDU/CSU-Opposition – nach wie vor unbewachten Anwaltsbesuche persönlich mit den Angeklagten getauscht werden.

Die öffentliche Akzeptanz der gravierenden, von namhaften Juristen vielfach kritisierten und auch im Bundestag nicht unumstritten gebliebenen gesetzgeberischen Maßnahmen[273] wurde in der Bundesrepublik unter anderem durch die Tatsache befördert, dass einige Anwälte, wie es der „Spiegel" formuliert hatte, in der Zwischenzeit „abgestürzt" waren und sich – teilweise bedingt durch den direkten Einfluss der Inhaftierten, teilweise als Ergebnis eigenständiger Radikalisierungsprozesse – nunmehr „politisch mit den Mandanten im gleichen Lager" wähnten.[274] Bei einigen, so Jörg Lang, Siegfried Haag und Eberhard Becker, zog der ideologische Seitenwechsel auch den Gang in den Untergrund nach sich, wie es Horst Mahler, „der Staranwalt der 68er-Bewegung", 1970 vorgemacht hatte.[275] Haag, einer der 15 Wahlverteidiger, die 1972 ein Mandat für Andreas Baader übernommen hatten, tat sich, radikalisiert durch den Tod von Holger Meins, ab Anfang 1975 durch die aktive Rekrutierung neuer Kampfeswilliger hervor, die er schließlich gemeinsam mit Roland Mayer in der sogenannten „Haag/Mayer-Bande" organisierte. Im Mai 1975 geriet Haag erstmals ins Visier der Fahnder: Ein in Zürich gefasster Unterstützer hatte ausgesagt, Haag habe das RAF-Kommando ‚Holger Meins' vor der Stockholmer Botschaftsbesetzung mit in der Schweiz besorgten Waffen beliefert. Aus Mangel an Beweisen wurde der Anwalt einen Tag später wieder freigelassen, woraufhin er abtauchte. Nach der Aussage Peter-Jürgen Boocks war er bis zu seiner endgültigen Festnahme

---

[272] Gätje, „info"-System, S. 721.
[273] Vgl. Diewald-Kerkmann, Frauen, Terrorismus und Justiz, S. 158ff. sowie aus rechtswissenschaftlicher Perspektive Tenfelde, Rote-Armee-Fraktion und Strafjustiz.
[274] Requate, „Terroristenanwälte", S. 279.
[275] Reinecke, Linke Anwälte, S. 951.

im November 1976 der eigentliche *leader* der noch auf freiem Fuß befindlichen RAF-Mitglieder, der auch die Gunst der in Stammheim inhaftierten Führung besaß.[276]

Solche spektakulären Seitenwechsel konnten kaum ohne Auswirkungen auf das öffentliche Bild auch derjenigen Anwälte bleiben, die als Advokaten an der Seite ihrer Mandanten verblieben. Zur negativen Stigmatisierung dieser Verteidiger trugen aber auch die Behörden selbst bei. Von Anfang an gehörte es zu den Aufgaben der Sonderkommission Baader-Meinhof im BKA, im Rahmen „einer allgemeinen Bekämpfungsstrategie" auch eine gezielte Medienpolitik zu initiieren. Intendiert waren die „Kriminalisierung der Motive der Bande" sowie die „Zulieferung von Material an die Bundesregierung zum Zwecke einer wirksamen Öffentlichkeitsarbeit", wie es ein internes Papier vom Oktober 1971 formulierte.[277] Da es den Anwälten als Interessensvertretern ihrer Mandanten darum gehen musste, deren Anspruch auf politische Identität aufrechtzuerhalten,[278] ist es nur folgerichtig, dass sie im Zuge des von der Generalbundesanwaltschaft als „offensive[r] Information der Öffentlichkeit" beschönigten Vorgehens selbst nur allzu leicht ins Visier der Verfolger gerieten. So scheint es von Seiten des BKA zu einer Reihe gezielter Indiskretionen gekommen zu sein, bei denen inoffizielle Informationen zu Vorermittlungen gegen linke Anwälte unter anderem an die „Bild"-Zeitung weitergegeben wurden.[279] Insgesamt ist von einer beidseitigen, sich mit jedem tatsächlichen oder vermeintlichen Regelverstoß der Gegenseite vertiefenden „Vertrauenskrise" (Diewald-Kerkmann) auszugehen, die das Verhältnis zwischen den betroffenen Verteidigern und den Vertretern des Staates zusehends zerrüttete – ein Befund, der im Einzelfall weiterer Differenzierung bedarf.

Von den im Untersuchungszeitraum öffentlich besonders stark exponierten

---

[276] Wolfgang Kraushaar, Verena Becker und der Verfassungsschutz, Hamburg 2010, S. 71. Haag wurde 1979 zu einer Freiheitsstrafe von 15 Jahren verurteilt, jedoch bereits 1987 vorzeitig auf freien Fuß gesetzt, ebd.
[277] Zitiert in: Balz, Terroristen, S. 124.
[278] „Es ist selbstverständlich, dass es das Ziel des Verteidigers ist, für seinen Mandanten das Optimale herauszuholen – sei es ein mildes Urteil oder einen Freispruch. Aber das kann nicht um jeden Preis geschehen, nicht um den Preis der politischen Identität der Angeklagten", so Otto Schily im Jahre 1974. Damit habe der spätere Innenminister, so Reinecke, „die Geschäftsgrundlage in Stammheim" anerkannt, Ders., ‚Linke Anwälte', S. 952. „Schon bei einem Versuch von Mandanten, mich auf Terrorlinie zu pressen, würde ich das Mandat niederlegen", so Schily weiter. Auch Kurt Groenewold wies eine Identifikation mit den Zielen seiner Mandanten zurück. „Aber", so Groenewold weiter, „der Verteidiger ist auch nicht ihr Zensor." Die Mandanten hätten den Anwälten eine bestimmte Vorstellung davon vermittelt, „wie sie ihren ihrer Meinung nach politischen Prozeß führen sollten" – entsprechend habe er seine Aufgabe verstanden, zitiert in: Diewald-Kerkmann, Frauen, Terrorismus und Justiz, S. 240.
[279] Balz, Terroristen, S. 124.

Anwälten – Klaus Croissant, Kurt Groenewold, Hans-Christian Ströbele, Hans Heinz Heldmann, Otto Schily sowie später Arndt Müller und Armin Newerla – blieb allein der spätere Innenminister mit seinem Tun konsequent diesseits der Grenze des gesetzlich Zulässigen. Aufgrund ihrer Beteiligung am ‚info' sollten später unter anderem gegen Groenewold und Ströbele Haftstrafen ausgesprochen werden, die das Gericht allerdings mit der Begründung zur Bewährung aussetzte, die Angeklagten hätten sich bei ihrem Tun „auf juristischem Neuland bewegt" und sich darüber hinaus in einer „schwierige[n] psychische[n] Situation" befunden.[280] Tatsächlich hatte vor dem Inkrafttreten der ‚lex RAF' nicht schon die Weitergabe von Informationen innerhalb der ‚info'-Struktur per se als strafwürdige Unterstützung einer kriminellen Vereinigung gegolten, sondern lediglich der Transfer solcher Schriftstücke, die nicht unmittelbar der Verteidigung dienten; eine Diktion, die naturgemäß unterschiedlich interpretiert werden konnte. Kein Zweifel konnte jedenfalls an der Schlüsselrolle der Verteidiger innerhalb des ‚info'-Systems bestehen. „Die Roten Anwälte sind dazu unentbehrlich, ohne ihre gebündelten und sortierten Informationen geht es nicht", fasste Gudrun Ensslin die Situation zusammen.[281] Im Sommer 1977 schließlich griffen die ‚Stammheimer' nicht nur zu Zwecken der Informationsbeschaffung und -verbreitung, sondern bekanntlich auch zur Bereitstellung von Waffen und Sprengstoff auf die Infrastruktur der Kanzlei Croissant und die bereitwillige Unterstützung der Anwälte Müller und Newerla zurück.[282] Schon im Laufe des Jahres 1976 war das Stuttgarter Büro „ganz wesentlich" zur Unterstützung der „Haag-Meyer-Bande" genutzt worden.[283]

Wie bereits angedeutet, waren denn auch die im ‚Deutschen Herbst' im „Spiegel" geäußerten Vorwürfe beileibe nicht die ersten kritischen Kommentare, derer sich die Verteidiger in der deutschen Presse ausgesetzt sahen. „Die Anwälte sind mitschuldig", hatte es etwa in der „Hamburger Morgenpost" nach dem Tod von Holger Meins geheißen.

Sie nennen sich Anwälte, und das heißt in unserem Sprachgebrauch Helfer, Berater, Sachwalter der Interessen von Personen, die juristischen und persönlichen Rat und Unterstützung brauchen. – Was die Herren Schily, Croissant, Groenewold und Co. in diesen Tagen der Öffentlichkeit vorspielen und leider im Fernsehen unkommentiert vorführen dürfen, ist eine makabre Persiflage auf dieses Rollenbild. Mit ausgestrecktem Advokatenfinger zeigen sie auf die ‚Behörden-Willkür', für sich selbst lehnen sie jede Mitschuld am Tod ihres Mandanten Holger Meins ab. […] Kein BM-Anwalt hat je den Versuch gemacht, seinen Mandanten den lebensgefährlichen Hungerstreik auszureden. Der Verdacht liegt sogar nahe, daß manche ihn

---

[280] Reinecke, Linke Anwälte, S. 952; Requate, „Terroristenanwälte", S. 282; ausführlich Kurt Groenewold, Angeklagt als Verteidiger. Prozeßerklärung und andere Texte, Hamburg 1978.
[281] Zitiert in: HIS-Archiv, Klaus-Bericht, S. 86.
[282] Peters, Irrtum, S. 453ff.
[283] Aust, Baader-Meinhof-Komplex (2008), S. 583.

unterstützt haben. Da muß die Frage erlaubt sein, ob die Männer in der ungeliebten Robe über die Leichen ihrer Mandanten Politik machen wollen.[284]

Auch die „BILD"-Zeitung zitierte den für das Stammheimer Gerichtsverfahren gegen Meinhof, Baader, Ensslin und Raspe designierten Richter Theodor Prinzing mit den Worten: „Die Anwälte sollen nicht so herumschreien. Sie haben Meins im Hungerstreik bestärkt."[285] Es ist unschwer vorstellbar, dass sich die Verteidiger durch solch schwerwiegende und im Ton rüden Vorwürfe persönlich angegriffen fühlten, denn selbstverständlich konnte sich kein Außenstehender ein Urteil darüber erlauben, was sich während der Anwaltsbesuche in den Zellen faktisch abgespielt hatte und abspielte. Genau diesen Umstand griff Otto Schily denn auch wiederholt in der Öffentlichkeit auf, so auf einer Pressekonferenz in Mainz vom 22.11.1974:

Woher wissen diese Herren, was wir unseren Mandanten geraten haben? War einer bei einem einzigen Gespräch, das ich mit einem Mandanten geführt habe, zugegen? Wollen uns diese Herren tatsächlich auffordern, unser Anwaltsgeheimnis zu brechen? (…) Es werden hier einfach Behauptungen in die Welt gesetzt, die in keiner Weise zu belegen sind. Ich darf hier in aller Form erklären, ich habe meinen anwaltlichen Verpflichtungen in vollem Umfang genüge getan. (…) Aber zu meinen anwaltlichen Verpflichtungen gehört es auch, die Entscheidung, die ein Mandant souverän trifft, über das, was er tut oder läßt, zu respektieren und auch die Begründung für seine Entscheidung in der Öffentlichkeit zu vertreten, wenn sie berechtigt ist.[286]

Die Forderungen nach „Aufhebung der Isolation" und der „Gleichstellung mit allen anderen Gefangenen" aber, betonte Schily, seien „im Rahmen der rechtsstaatlichen Garantien mehr als berechtigt" – dass es seinen Mandanten allerdings um mehr und anderes als das ging, verschwieg er.[287]

Auch Klaus Croissant polemisierte wenig später auf der bereits erwähnten Pressekonferenz in der französischen Hauptstadt gegen „die Verantwortlichen von der Exekutive und Justiz bis hin zur Regierung". Diese hätten den Tod von Meins „mit einer Diffamierungskampagne gegen die Gefangenen und ihre Verteidiger" beantwortet, in der die Gefangenen hingestellt würden „wie Marionetten, die den Hungerstreik auf Anordnung ihrer Anwälte hin durchführten, und nicht als Kampf gegen die mörderischen Haftbedingungen."[288]

Vertraten die Anwälte mithin nur wie andere engagierte Verteidiger die berechtigten Forderungen ihrer Mandanten „im Rahmen rechtstaatlicher Garantien"? Oder machten sie vielmehr „über den Leichen ihrer Mandanten Politik"?

---

[284] Hamburger Morgenpost, 12.11.1974, zitiert in: Requate, „Terroristenanwälte", S. 274.
[285] Bild-Zeitung, 11.11.1974, zitiert in: Balz, Terroristen, S. 143.
[286] HIS-Archiv, RA 02 / 039,010.
[287] Ebd.
[288] HIS-Archiv, RA 01 / 009,001. Presseerklärung Paris 20.1.1975.

Waren sie es, die in Wirklichkeit die Fäden in der Hand hielten, mit Hilfe derer die Bewegungen der Inhaftierten – marionettengleich – zu dirigieren waren?

Eine Antwort auf diese Fragen muss von der Beobachtung ausgehen, dass die in jeder Hinsicht ungewöhnlichen Angeklagten, mit denen die RAF-Anwälte konfrontiert waren, von Anfang an darum bemüht waren, das Abhängigkeitsverhältnis, das faktisch zwischen ihnen und ihren Verteidigern bestand, in sein Gegenteil zu verkehren und ihren jeweiligen Rechtsbeistand zum Befehlsempfänger zu degradieren. Dass sie selbst gegenüber ihren Anwälten wiederholt betonten, „als marionette" könne sich „nur einer fühlen, der selbst eine ist", stützt diesen Befund eher, statt ihn zu widerlegen.[289] Tatsächlich übten sie einen ganz erheblichen politischen wie psychologischen Druck auf die Verteidiger aus, dem sich diese je nach Persönlichkeitsstruktur mehr oder weniger erfolgreich entziehen konnten bzw. wollten. So schildert beispielsweise Klaus Eschen die Gespräche mit den Inhaftierten in der Rückschau als „äußerst schwierig". Nicht selten hätten die Mandanten Forderungen an ihre Verteidiger gehabt, „die diese beim besten Willen nicht erfüllen konnten, ohne sich strafbar zu machen. Die Weigerung führte zu endlosen politischen Diskussionen über die Funktion der Rechtsanwälte im revolutionären Kampf, über unsere Identität als ‚Linke' oder als ‚bürgerliche Opportunisten'. Natürlich bewegte uns auch das schlechte Gewissen gegenüber unseren Mandanten, die wir leiden und in der Isolation langsam körperlich und seelisch verfallen sahen".[290] Tatsächlich bekam das Verhältnis der Anwälte zu ihren Klienten durch den Umstand, dass diese im Sinne des selbstgewählten Mottos ‚Sieg oder Tod' dazu entschlossen waren, in ihrem Kampf gegen den Staat auch die eigene körperliche Unversehrtheit in die Waagschale zu werfen, eine existentielle Dimension, die die subjektive Zwangslage der Verteidiger auch in der Rückschau als real erscheinen lässt.

Im Rahmen der auf die Demaskierung angeblicher Vernichtungsabsichten der Behörden abzielenden Strategie war den Verteidigern von den Gefangenen eine klar definierte Aufgabe zugedacht. Die demokratische Öffentlichkeit im Strafprozess wurde zur „sache der anwälte" erklärt. Deren Funktion sei, so Gudrun Ensslin, „die verschärfung des nebenwiderspruchs, das ist sozialistische politik. prozess, komitees, kampagne, kongreß etc. sind vehikel dieser politik."[291] Den Gefangenen ging es also darum, die Verteidiger mit den ihnen inner- und außerhalb des Gerichtssaales zur Verfügung stehenden Instrumentarien möglichst eng in ihre eigene Eskalationsstrategie einzubinden. Die Anwälte sollten dafür sorgen, dass die Vertreter des Gerichts als Faschisten und die Angeklagten als Widerstandskämpfer erschienen – und zwar wesentlich über die Schaffung „internationaler öffentlichkeit". Dabei griffen bei einer erfolg-

---

[289] HIS-Archiv, RA 02 / 048,003.
[290] Zitiert in: Requate, „Terroristenanwälte", S. 283.
[291] Zitiert in: Diewald-Kerkmann, Frauen, Terrorismus und Justiz, S. 238f.

4.5 „das ganze problem sind die paar reisen, die gemacht werden müssen"   317

reichen Auslandsarbeit „zwei seiten" ineinander: „die prozeßberichterstattung ausländischer journalisten und die, die wir organisieren, also internationales verteidigerkomitee, internationale rh [Rote Hilfe, P.T.], pressekonferenzen im ausland". Während die erste Ebene nur sehr indirekt beeinflußt werden konnte, lag die zweite in der Hand eines ‚wir', das – zumindest in diesem Papier – ganz selbstverständlich Anwälte *und* Gefangene einschloss.

Auf den folgenden Seiten soll es darum gehen, wie sich die ‚Stammheimer' die Operationalisierung dieser Überlegungen vorstellten und wie sie ihre Verteidiger auf die beschriebene Aktionseinheit einzuschwören versuchten. Der letztgenannte Aspekt steht in engem Zusammenhang mit der Frage danach, wie die RAF generell ihr Verhältnis zu den Männern (und wenigen Frauen) definierte, die ihren bürgerlichen Berufen und Lebensentwürfen (noch) nicht abgeschworen hatten und damit letztlich Teil des „Schweinesystems" waren, das sie selbst bekämpfte.

Die zahlreichen Grundsatzdiskussionen, die die Gefangenen teils mit den Verteidigern, teils über sie führten, waren immer von der Unzufriedenheit mit dem konkreten Agieren der Anwälte einerseits, vom Wissen um die Unverzichtbarkeit ihres Einsatzes andererseits geprägt. Dieses Problem verschärfte sich vor dem Hintergrund der Tatsache, dass mit Croissant, Ströbele und Groenewold diejenigen Verteidiger, die sich zwischen 1972 und 1974 am engagiertesten für „die verschärfung des nebenwiderspruchs" eingesetzt hatten, nicht mehr selbst in Stammheim verteidigen durften. Die verbliebenen bzw. neu hinzugekommenen Anwälte empfanden die ‚Stammheimer' offenbar als ihren Aufgaben nur in Grenzen gewachsen. So beklagte Andreas Baader, der sich in der Kommunikation mit den Anwälten ganz besonders exponierte, immer wieder die Schwierigkeit, die „routinierten Strafverteidiger, die wir brauchen" und diejenigen, die zwar den notwendigen „kampagnencharakter" politischer Verteidigung begriffen hätten, denen aber die Routine fehle, „auf eine linie zu bringen" – notwendig sei in jedem Fall eine „dramaturgie aus der zelle". Generell handle es sich bei den in Stuttgart noch zugelassenen Anwälten um eine „affenhorde", in der „jeder für sich mit der justiz alles, mit unserer politik aber nichts zu tun hat". Die Gefahr bestehe, dass diese Verteidiger in Stammheim „unseren angriff zu tode quatschen. (…) die politik der angeklagten zu verteidigen (…) ist von keinem der anwälte – wie ich das bis jetzt sehe – zu erwarten. werden wir alles selbst machen müssen, alles sehr lästig".[292]

Eine „dramaturgie aus der zelle" sollte, wenn es nach den Angeklagten ging, nicht nur das Geschehen vor Gericht bestimmen, sondern auch die übrigen „vehikel" anwaltlicher Tätigkeit, die Ensslin knapp mit „komitees, kampagne, kongreß" umrissen hatte und für die im Wesentlichen auch nach ihrem Aus-

---

[292] HIS-Archiv, RA 01 / 009,004.

schluss von der Stuttgarter Hauptverhandlung primär Croissant, Groenewold und Ströbele zuständig blieben. In den unablässigen Bemühungen der RAF-Spitze, das Trio zur Aktion zu treiben, nahm die Auslandsarbeit einen hohen Stellenwert ein. Vor allem gegenüber Klaus Croissant, der offenbar am wenigsten allergisch auf einen offenen Befehlston reagierte und unter der ständigen Angst litt, bei den ‚Stammheimern' in Ungnade zu fallen, arbeiteten diese dabei immer wieder mit Drohungen und dem Hinweis auf die prinzipielle Subalternität des Verteidigers gegenüber dem ‚politischen Gefangenen'. Vor einem Interview mit der US-amerikanischen NBC beschwor Gudrun Ensslin den „Alten", wie Croissant im Gruppenjargon genannt wurde, eindringlich, sich der besonderen Situation gewachsen zu zeigen. Die an ihn gestellten Fragen, so Ensslin, richteten sich „nicht an den anwalt, sondern an die verbindung, die sie in dir verfolgen. (…) du bist unser anwalt, das sagen wir ganz offen: noch".[293] Auch die inhaltliche Gestaltung eines schriftlich geführten Interviews mit der französischen Zeitschrift „Libération", die als Multiplikator der RAF-Botschaften in der französischen linken Szene für zentral gehalten wurde, hatte Croissant minutiös mit den ‚Stammheimern' abzustimmen. Im Sinne der oben formulierten Erkenntnis, ihre Politik letztlich nur selbst angemessen verteidigen zu können, sollten in Stammheim „12, nee: 16 anwälte" das Recht der Angeklagten auf eine „erklärung zur sache" wenn nötig „erschreien".[294] Croissants Aufgabe war es, die politische „Erklärung", die in einem zweitägigen Marathon schließlich im Januar 1976 vor dem Stuttgarter Gericht verlesen wurde, in Frankreich zu lancieren. „kl.[aus], mußt dich unbedingt darum kümmern – damit dort *wirklich* die autorisierten texte erscheinen, auch wenn's dadurch 'ne verzögerung gibt: *unbedingt*", so Andreas Baaders handschriftlicher Kommentar zur Ankündigung einer Pressekonferenz in Paris, auf der die französische Ausgabe des Textes vorgestellt werden sollte.[295] Mit dem Bedürfnis, die eigene Stimme ‚unverfälscht' auch im Ausland zu Gehör zu bringen, korrespondierte die Notwendigkeit einer ‚Überwachung' der Berichterstattung: Immer wieder musste Croissant sich etwa an die Redaktion der von Gudrun Ensslin abonnierten „Le Monde" wenden, um angebliche Falschmeldungen zu korrigieren und eine Berichterstattung anzumahnen, die „dem Niveau des Blattes" entspreche.[296] Entsprechende Interventionen des

---

[293] HIS-Archiv, En, G / 011,011.
[294] HIS-Archiv, RA 02 / 035,013. Für den Text des schließlich am 13. Januar 1976 verlesenen Papiers vgl. Auszüge aus der „Erklärung zur Sache", in: Rote Armee Fraktion, Texte, S. 198–265.
[295] HIS-Archiv, RA 02 / 033,004, Oktober 1975.
[296] Kritisiert wurde von Croissant beispielsweise ein Artikel über das Attentat auf den Generalbundesanwalt Siegfried Buback. Dem Beitrag fehle eine „réflexion historique", die es dem Leser erlaube, Ursachen und Folgen des Attentats richtig einzuschätzen. Zudem gehe der Verfasser unkritisch vom Selbstmord Ulrike Meinhofs aus, ohne die Ergebnisse

4.5 „das ganze problem sind die paar reisen, die gemacht werden müssen" 319

Stuttgarter Anwalts waren auch für die Redaktionen der deutschen Presse nichts Ungewöhnliches. Tatsächlich finden sich in den Quellen zahlreiche Hinweise auf das hier deutlich werdende Steuerungsbedürfnis der Gefangenen, die nicht nur die von den Anwälten durchzuführenden Aktionen selbst festlegen, sondern auch die jeweils damit zu betrauenden Personen auswählen bzw. solche ausschließen wollten, denen sie nicht (mehr) zutrauten, ihre Sache angemessen zu vertreten. So suchte man eine Italien-Reise Armin Golzems aufgrund der Befürchtung zu verhindern, die dort von ihm vertretene Linie könne „eine politik gegen uns sein".[297]

Auch wenn die ‚Stammheimer' ihre Anwälte immer wieder zu der Lektüre ihrer Strategiepapiere verpflichteten bzw. sich über die mangelnde Beachtung ihrer theoretischen Richtlinien beschwerten, setzten sie bei der Umsetzung ihrer Regieanweisungen auf die Eigeninitiative der Vielgescholtenen, denen man in jedem Fall die Verantwortung für etwaige Misserfolge zuschob. In einer Entgegnung an Ströbele, der offensichtlich Kritik am vagen und stereotypen Charakter der Vorgaben für die Auslandsarbeit geäußert und auf deren mangelnde Praxistauglichkeit hingewiesen hatte, betonte Baader:

> wir haben gesagt: veranstaltungen im ausland, wo die anwälte am beispiel des verfahrens den neuen faschismus, seine institutionelle strategie, die sozialdemokratie als funktion des us-kapitals, die westdeutsche innenpolitik als counterinsurgency angreifen. das ist ne linie mit nem bestimmten inhalt, den wir nicht vorschreiben, sondern sich einer erarbeiten muss. (…) uno & co – es fehle eine vorstellung: wie; es geht darum, sich eine zu erarbeiten, du affe. (…) von ‚nur allgemein faschismus entlarven' war nie die rede, sondern immer konkret: in den maßnahmen der justiz, baw, politischen polizei. und mit antifaschismus war immer konkret gemeint: schutz des lebens usw der gefangenen.

Der Brief endete mit dem bemerkenswerten Satz: „du bist ne alte sozialdemokratische ratte, in deinem hirn herrscht diffusion. nur erwarte mal nicht, daß wir uns damit abfinden werden."[298]

---

einer – von Croissant selbst geleiteten – Internationalen Untersuchungskommission abzuwarten, vgl. dazu weiter unten S. 400ff. Das Schreiben vom 21.4.1977 endete mit der Bitte, seine Intervention als Leserbrief abzudrucken, „en donnant à la lettre un francais impeccable", HIS-Archiv, RA 02 / 054,005. Auch die Redaktion der Londoner „Evening News", die in einem Artikel Bombenanschläge in Moskau mit entsprechenden Aktionen der RAF verglichen hatte, bekam am 17.1.1977 Post von Croissant. „The RAF is an anti-imperialistic and anti-fascistic resistance organization which arose from the protest-movement against the Vietnam war and is leading armed struggle against US-imperialism and the role of the German Federal Republic as subcentre for american strategy. Its leading members are at this moment objects of a show trial". Das Schreiben, dem umfangreiches Presse- und Informationsmaterial beigelegt war, endete mit dem Appell: „We hope you will give attention to this information and correct you" [sic], in: HIS-Archiv, RA / 02 036,002.
[297] HIS-Archiv, RA 02 / 035, 013; Brief an Kurt Groenewold, ohne Verf., Ende 1975.
[298] HIS-Archiv, RA 02 / 048,003.

In der Tat: Die Inhaftierten fanden sich nicht mit der aus ihrer Sicht gering ausgeprägten Bereitschaft ihrer Advokaten zu strategischem Denken – oder was sie selbst dafür hielten – ab. Dabei setzten sie allerdings keineswegs nur auf persönliche Beleidigungen. Weit wichtiger – und von der Forschung bislang weitgehend übersehen – waren genuin politische Argumente, mit denen die Verteidiger zu natürlichen Verbündeten ihrer Mandanten aufgebaut werden sollten. In diesem Zusammenhang spielte die beschriebene gesetzliche Einschränkung der Verteidigerrechte eine maßgebliche Rolle, die von den Gefangenen – genauso wie etwa die ‚Isolationsfolter', der sie sich selbst ausgesetzt fühlten – als Waffe der Gegenseite in dem in Gang befindlichen ‚Krieg' interpretiert wurde. Durch die Umkehrung der tatsächlichen Ursache-Wirkung-Relation sollte der von ihnen selbst geführte ‚Erstschlag' einmal mehr nachträglich gerechtfertigt werden.[299] Nicht ganz zu Unrecht deuteten die Inhaftierten die Maßnahmen des Gesetzgebers dabei letztlich als Manöver gegen sich selbst, versäumten es aber ebenso wenig, die Anwälte auf ihr genuines Eigeninteresse hinzuweisen. „den anwälten müßte nur klar sein, dass sie natürlich auch was für sich tun – gegen die vernichtung des instituts der wahlverteidigung in politischen prozessen, wenn sie diese sache hochziehen" – bei der „sache" handelte es sich um die Einbindung ausländischer Rechtsexperten in das Stammheimer Verfahren.[300] Immer wieder appellierte man an das politische Selbstverständnis der Verteidiger, die man – so behauptete man zumindest – eben nicht als reine Handlanger verstanden wissen wollte:

wir brauchen anwälte, die mit uns zusammen kämpfen. keine marionetten, keine idioten. keine geldsäcke. sondern anwälte, die das wollen: die politik verstehen und kämpfen. (…) reputation für die anwälte, *macht* gibt es nur vermittels internationaler öffentlichkeit und nicht vermittels der stpo direkt. (…) der punkt ist: ihr findet eben entweder eure identität im internationalen charakter der auseinandersetzung, und da dann als anwälte des rechts, des völkerrechts, des rechts auch von partisanen wie menschen behandelt zu werden, also ihr findet eure position im internationalen zusammenhang von antiimp. antifaschismus (…) oder das wird alles nichts. (…) es ist eben kein normales strafverfahren – es ist krieg.[301]

Das Verhältnis der Inhaftierten zu ihren Verteidigern in diesem „Krieg", so der Verfasser weiter, bestimme sich „nach den kriterien proletarischer bündnispo-

---

[299] „also anders als mit dem begriff k r i e g ist eben der verteidigerausschluss, die berufsverbote, die verhaftungen von anwälten, die folter, also überhaupt die ganze schweinerei daunten nicht zu verstehen", HIS-Archiv, RA 01 / 009, 007 Andreas Baader, 29.10. [1975].
[300] HIS-Archiv, RA 01 / 009,005, vgl. dazu ausführlich Kap. 5.
[301] RA 01 / 009, 007 Andreas Baader, 29.10. (1975?). Dokument kommt „via zusammenschluß gudrun / arndt müller von andreas ins gemeinsame büro", wie Heldmann mitgeteilt wird, ebd. Entlarvend für das Denken und Fühlen der ‚Stammheimer' ist auch folgender Passus: Das eigentliche Problem sei, dass „ein konstituens des kriegs, also dieses kriegs ist, nicht wie ein krieg auszusehen. (…) wirklich rauskriegen, was wirklich läuft, kann man sowieso nur, indem man sich an den auseinandersetzungen beteiligt, also in diesem krieg *praktisch* partei ist", ebd.

litik": aus dem Interesse der Gefangenen, „gegen die vernichtungsstrategie der bundesanwaltschaft geschützt zu werden", aber auch demjenigen der Anwälte, „politische verteidiger zu bleiben – bzw. auch nach stammheim noch sein zu können." Denn auch auf der Ebene der „Anwaltsverfolgung", so argumentierten die Inhaftierten, drohe das ‚Modell Deutschland' in Europa Schule zu machen. Als mit Sergio Spazzali im November 1975 ein BR-naher Anwalt, der mit dem IVK assoziiert war, erstmals wegen des Verdachtes auf „Mitgliedschaft in einer bewaffneten Vereinigung" verhaftet wurde, bezeichneten die ‚Stammheimer' dies gegenüber den Anwälten als Beleg für das „projekt der sozialdemokratie, die repressiven staatsapparate der andern westeuropäischen staaten in counterinsurgency-apparate umzufunktionieren – siehe die verhaftung von spazzali in italien, aus denselben gründen wie ihr: er ist der typ, der für die maßnahmen der politischen polizei und justiz in italien gegenöffentlichkeit hergestellt hat".[302]

Es sollte sich zeigen, dass der letztgenannte Aspekt gerade aufgrund der Tatsache, dass er auf erhebliches Interesse solcher ausländischer Strafverteidiger stieß, die im eigenen Land in politische Verfahren eingebunden waren, in der Folge ein erhebliches Eigengewicht erhielt. So spielte im Winter 1974/75 bei der Gründung des bereits erwähnten IVK nicht nur das Engagement Kurt Groenewolds und Klaus Croissants, sondern auch das des Franzosen Jean-Jacques De Félice eine bedeutende Rolle. De Félice war seit den 50er Jahren „among the most dedicated" unter den Verteidigern der in Frankreich inhaftierten algerischen FLN-Kämpfer gewesen und galt als „a convinced advocat of de-colonization. (...) He paid regular visits to the notorious prison at Fresnes on the outskirts of Paris where many Muslims were detained and travelled frequently to Algeria to talk to men condemned to death."[303] Seit den 60er Jahren war der praktizierende Protestant De Félice Mitglied der Ligue des droits de l´homme, deren langjähriger Vizepräsident er 1983 werden sollte. In späteren Jahren tat er sich als Rechtsbeistand italienischer Rotbrigadisten hervor, die in Frankreich politisches Asyl gesucht hatten.[304]

Seit Anfang 1975 bemühte sich der Franzose mit Hilfe der deutschen Kollegen um ein Mandat zugunsten Gudrun Ensslins und erhielt im Dezember 1976 nach zähem Ringen die Genehmigung zu einem Besuch in der Stuttgarter Haftanstalt. Die Aufzeichnungen, die Ensslin nach der Begegnung mit De Félice über das Gespräch festhielt, sind auch für das Verhältnis der ‚Stammheimer'

---

[302] HIS-Archiv, RA 02 / 048,003.
[303] Geoffrey Adams, The Call of Conscience. French Protestant Responses to the Algerian War 1954–1962, Toronto 1998, S. 214.
[304] Vgl. den Nachruf auf De Félice von Pascal Robert-Diard, „Jean-Jacques De Félice, avocat et militant des droits de l´homme, est mort", in: Le Monde, 28.7.2008, online unter http://www.lemonde.fr/imprimer/article/2008/07/28/1078062.html (11.10.2011).

zu ihren deutschen Anwälten von Interesse. „was ich von dem typ zu sehen bekomme", so Ensslin, „ist ein selbstbewusster bürger, nicht zermatschter bürger, weil er seit 20 jahren und ohne dabei diskriminierung und verfolgung erlebt zu haben politische gefangene verteidigt und das will er auch weiter machen, dazu will er das ivk. dieser quatsch von ihm + überhaupt den ausländischen anwälten was anderes als die sicherung ‚ihrer reproduktion' zu erwarten; sie sind politiker, nicht kämpfer, was anwälte wenn nur in der brd und in lateinamerika, der 3. welt werden."[305] Nur in der Bundesrepublik und den autoritären Staaten der ‚Zweiten' und ‚Dritten Welt', nicht aber in einem Land wie Frankreich herrschten also die offen repressiven Bedingungen, die einen Juristen im besten Falle zum „Kämpfer" disponierten und ihn im schlechtesten „zermatschten".

Zur „zermatschten" bzw. „gekauften figur" entwickelte sich in den Augen der Stammheimer schließlich auch Kurt Groenewold.[306] Der Druck der Verfolgungsbehörden und die Aussicht auf ein dauerhaftes Berufsverbot führten dazu, dass er sich ab der zweiten Jahreshälfte 1975 aus politischen Prozessen zurückzog, worüber es zum irreversiblen Bruch mit den Gefangenen kam. Sein Horizont, so hieß es in einem gemeinsamen Papier der ‚Stammheimer' aus dem Frühjahr 1976, sei „im prozeß seiner domestizierung durch buback so reduziert", daß er sich inzwischen „nur noch um die finanziellen transaktionen seines krautladens besorgt" zeige.[307] Hintergrund waren die Bemühungen Groenewolds, sich mit anderen in politischen Verfahren involvierten Anwälten organisatorisch zusammenzuschließen, um gemeinsame Abwehrstrategien gegen das gegen sie gerichtete Vorgehen der Strafverfolgungsbehörden zu entwickeln.[308] Eine erste Zusammenkunft aller Interessierten, zu der Groenewold gemeinsam mit Rupert von Plottnitz, Henning Spangenberg und anderen für den 21. März 1976 nach Frankfurt eingeladen hatte, wurde von den ‚Stammheimern' als „liquidatorentreffen" diffamiert, da es aufgrund seiner Schwerpunktsetzung auf den Interessen der Verteidiger mit einer Distanzierung von den Gefangenen und ihren derzeitigen Anwälten einhergehe.[309] Ulrike Meinhof bemühte sich in einem bemerkenswerten Schreiben, den offenbar widerstrebenden Croissant dazu zu bewegen, diese Position auf der Versammlung offensiv zu vertreten:

---

[305] HIS-Archiv, RA 02 / 054,004, 6.12. [1975].
[306] Für die entsprechende Charakterisierung Groenewolds vgl. ebd.
[307] „wir sagen: liquidatorentreffen", die gefangenen aus der raf, stammheim, 19.3.76, HIS-Archiv, RA 02 / 041,003.
[308] Vgl. Groenewolds eigene, fünfzehn Jahre später entstandene Schilderung des Geschehens, Ders., Über das Organisieren anwaltlicher Interessenvertretung (1970–1980), in: Margarete Fabricius-Brand u. a. (Hg.), Rechtspolitik mit „aufrechtem Gang". Werner Holtfort zum 70. Geburtstag, Baden-Baden 1990, S. 60–67.
[309] „wir sagen: liquidatorentreffen", HIS-Archiv, RA 02 / 041,003.

das geht nicht – alter – du *musst* zu diesem treffen nach frankfurt, obwohl es dir stinkt, du keine lust hast, die konfrontation fürchtest. (…) du mußt da eine fraktion bilden, um den ganzen haufen zu zerschlagen – darum geht es – mit dem vorsatz mußt du da hin… der irrsinn ist, dass diese ratten sich da treffen, aufgrund der legitimation durch die gefangenen, die sie mal *hatten*. groenewoldt [sic]. der alle seine kontakte daher hat, dass er mal ausgewiesen durch uns, den streik, den kampf der gefangenen reisen konnte – und auf derselben verflossenen legitimation reiten alle andern – jetzt gegen uns. (…) vergegenwärtige dir den kampf und den prozeß und dann zerfetz diesen schweinehaufen da – was du *kannst*. du willst doch bloß nicht, weil es dir unbequem ist, da sagen wir eben: du musst.[310]

Tatsächlich gelang es Croissant, in Frankfurt gegen den Widerstand der Veranstalter eine Resolution durchzusetzen, die die versammelten Juristen hinsichtlich des Stammheimer Verfahrens auf das Ziel einschwor, der „Verschleierung und Unterdrückung der politisch-militärischen Dimension des Konflikts und seines internationalen Zusammenhangs (…) durch Gegeninformation im In- und Ausland öffentlich" entgegenzuwirken und „die Verteidigung im Stammheimer RAF-Prozeß auf dieser Grundlage durch Aufklärung und finanziell" zu unterstützen.[311] Groenewold, der das Zerwürfnis mit Croissant und den ‚Stammheimern' offenbar nicht auf die Spitze treiben wollte, hatte sich enthalten, engagierte sich in der Folge aber weiter auf Seiten derjenigen, die – wie Golzem und von Plottnitz – mit ‚nein' gestimmt hatten.[312] Bemerkenswerterweise verfuhr er dabei exakt nach dem Muster, das er zuvor im Rahmen der eigentlichen RAF-Verteidigung praktiziert hatte: Die Verbindung zwischen den involvierten Anwälten lief über ein offenbar reibungslos funktionierendes, in- und ausländische Informationen und Partner einschließendes ‚info', wobei auf die Pflege der Kontakte im Ausland besonders Wert

---

[310] HIS-Archiv, RA 02 / 041, 003, 17.3.[1976].
[311] HIS-Archiv, RA 02 / 041, 003. Resolution, auf der Anwaltsversammlung in Frankfurt a.M. am Sonntag, dem 21.3.1976 verabschiedet mit: 42 Jastimmen, 19 Neinstimmen und 13 Enthaltungen.
[312] Zum Programm der ‚moderaten' Anwälte vgl. Groenewolds „Vorschlag für die Organisierung der Juristen (Treffen 8. Mai 1976)", Hamburg 3. Mai 1976, in: HIS-Archiv RA 02 / 041,003. Hinsichtlich der Auslandsbeziehungen heißt es in dem Papier: „Das Ziel der Anwälte in der BRD sollte die Herstellung des Bewußtseins im In- und Auslands sein, daß die Einschränkung der politischen Rechte, die Verhinderung der politischen Verteidigung, die Ausdehnung des politischen Strafrechts ein weiteres Element der Disziplinierung und Herrschaftssicherung neben den Berufsverboten aufgrund des Radikalenerlasses ist." Konkret hieß es: „In verschiedene europäische Staaten sollten Delegationen geschickt werden, die dort Kontakt aufnehmen. Zum Jahresende sollte ein Tribunal organisiert werden. Das sollte möglichst im Ausland stattfinden. Thema sollte die Einschränkung der politischen Rechte in der BRD sein." - Auf dem Treffen vom 8. Mai kam es zur endgültigen Spaltung der beiden politischen Linien und sogar zu tätlichen Angriffen eines Anwalts des ‚radikalen' Lagers auf Armin Golzem. Die anwesenden ausländischen Anwälte Bakker Schut, Capelli und Rambert neigten offenbar ebenfalls zu der ‚radikalen' Linie, vgl. Aktennotiz vom 8. Mai 76 (wahrscheinlich aus der Feder Armin Newerlas), in: HIS-Archiv, RA 02 / 041,003.

gelegt wurde.³¹³ Aus einer Vielzahl von Dokumenten geht hervor, dass sich der Hamburger zwischen 1973 und 1975 im Auftrag seiner Klienten intensiv um die Auslandsbeziehungen gekümmert und, wie von Meinhof zu Recht angemerkt, eine Vielzahl von Reisen unternommen hatte; ein Engagement, das auch den Fahndern nicht verborgen geblieben war.³¹⁴ Im Frühjahr 1976 warfen die in Croissants Stuttgarter Kanzlei tätigen Mitarbeiter als die wichtigste legale Interessenvertretung der ‚Stammheimer' Groenewold schließlich vor, die „auslandskontakte, die er im zusammenhang mit ner politik für die gefangenen gemacht hat", zu monopolisieren: „rückt die adressen nicht raus, wir müssen sie ihm dann schließlich klauen und fotokopiert wieder zurücksenden; spricht mit den gefangenen und uns nicht ab, was er im ausland sagt, *informiert nicht.*"³¹⁵

Die Tatsache, dass Groenewold in diesen Monaten dazu übergegangen war, seine Energien statt in die Verteidigung der Gefangenen vorrangig in die Verteidigung seiner selbst zu investieren, bereitete den ‚Stammheimern' auch deshalb Probleme, da zeitgleich die Bewegungsfreiheit des treuen Croissant erheblich eingeschränkt wurde. Die Fahndungsbehörden, in deren Auftrag die Polizei ihn zweimal festnahm, mussten ihn zwar ebenso häufig wieder freilassen, da ihm keine ‚harten' Straftatbestände nachzuweisen waren und Groenewold mit einer Kaution von immerhin 80.000 DM für den Kollegen bürgte. Allerdings behielten die Behörden seinen Reisepass ein – offiziell aufgrund der bestehenden Fluchtgefahr, tatsächlich wohl auch, um den Auslandsaktivitäten des umtriebigen Stuttgarters einen Riegel vorzuschieben. Croissant selbst interpretierte die Maßnahme als eine gezielte Behinderung seiner Tätigkeit in der Internationalen Untersuchungskommission zum Tod

---

313 Brunn/Kirn, Rechtsanwälte S. 343.
314 Vgl. dazu das folgende Kapitel 5 zur Gründung des IVK, an dessen Präambel Groenewold federführend mitarbeitete. Letzteres, so das BKA, „unterstreicht sein Engagement bei der internationalen Öffentlichkeitsarbeit für die Interessen der RAF", in: HIS-Archiv, Gr, M / 021,005: BKA, Auswertungsbericht Beweismaterial aus der Zellendurchsuchung am 24.3.1975 bei den Angeschuldigten Baader, Meinhof, Raspe und Ensslin in der JVA Stuttgart-Stammheim, 5.5.1975. Die ‚Stammheimer' selbst beschrieben Groenewolds Tätigkeit wie folgt: „groenewold hat im prozeß der entwicklung einer verteidigungslinie für die prozesse, das hieß: zusammenarbeit zwischen anwälten und gefangenen – internationale öffentlichkeit gegen counterinsurgency in der bundesrepublik – vermittlung des kampfes der gefangenen gegen folter in die öffentlichkeit, national und international eine wichtige rolle gespielt. (…) über sein büro lief das info, er hat einen teil der öffentlichkeitsarbeit der anwälte getragen und er hat internationale kontakte gemacht, an denen sich im ausland widerstand gegen den prozeß der faschisierung in der bundesrepublik und so gegen die hegemonisierung westeuropas durch die spd als funktion des us-kapitals kristallisieren, also entwickeln konnte", ebd.
315 Büro stgt, 29.4.76 ralf [Baptist Friedrich], HIS-Archiv, RA 02 / 041,003.

Ulrike Meinhofs.³¹⁶ Tatsächlich hatten die Fahnder, wie weiter unten in einem gesonderten Abschnitt thematisiert werden soll, gezielte Hinweise darauf, dass Croissant sich mittlerweile nicht nur als hocheffizienter „PR-Manager" der RAF (Elter) betätigte, sondern seinen Beruf in zunehmendem Maße als Tarnung für die Aufrechterhaltung und Verbreiterung illegaler Netzwerke nationaler wie transnationaler Art nutzte. Anders als bei den allermeisten übrigen Anwälten kann denn auch zweifelsfrei davon ausgegangen werden, dass Croissant die Entscheidung für den bewaffneten Untergrund, die seine Mandanten vollzogen hatten, nicht nur respektierte, sondern ausdrücklich guthieß und nach Kräften zu befördern gewillt war. Konsequenz seiner Überzeugungsarbeit war unter anderem, dass über ein Dutzend Mitarbeiter seiner Stuttgarter Kanzlei in den Untergrund abtauchten und sich dem bewaffneten Kampf anschlossen. Dass sich der ursprünglich als bürgerlicher Scheidungsanwalt angetretene Croissant im Jahre 1981 nach Absitzen einer zweieinhalbjährigen Haftstrafe wegen Unterstützung einer terroristischen Vereinigung gemeinsam mit seiner Lebensgefährtin Brigitte Heinrich vom Ostberliner Ministerium für Staatssicherheit als IM anwerben ließ, während seine Kollegen in der Bundesrepublik teilweise bemerkenswert steile Karrieren machten, stellt aus dieser Perspektive eine durchaus folgerichtige Entwicklung dar. Entsprechende Zitate belegen, dass er es für sich selbst als Schwäche interpretierte, anders als „stärkere Typen" nicht zum Umgang mit der Waffe disponiert zu sein.³¹⁷ In der Konsequenz bedienten sich die tatsächlichen „Kämpfer" des „Alten" im Sinne eines juristisch gebildeten Laufburschen und behandelten ihn generell mit herablassender Verachtung.

In inhaltlicher Hinsicht bestand das wohl wichtigste offizielle Etappenziel, das die Inhaftierten mit einer Forcierung der Auslandspropaganda verfolgten, in der Anerkennung als Kriegsgefangene im Sinne der Genfer Konvention. Auf Pressekonferenzen „erst hier, dann in paris, dann holland und rom und stockholm wenn es möglich ist in derselben besetzung" sollte der „inhalt der politik der gefangenen" erklärt und „die anwendung der genfer konvention" gefordert werden: „verdammt, macht es endlich klar. und ihr müsst außerdem über die prominenz, die ihr kennt, die unterschriften von multiplikatoren sammeln", so ein von Baader an die Anwälte gerichtetes Schriftstück.³¹⁸ Dabei ließ man intern keinen Zweifel am rein taktischen Charakter der Operation: „wir scheißen natürlich auf den status. es ist der operator, internationale öffentlichkeit für unseren kampf gegen die vernichtungshaft zu mobilisieren und allerdings um die völkerrechtliche anerkennung der sozialrevolutionären bewegungen als krieg-

---

³¹⁶ Vgl. dazu ausführlich S. 400ff.
³¹⁷ Gisela Friedrichsen, „Sicherungsverwahrung für die BRD", in: Der Spiegel 10/8.3.1993, S. 101–104.
³¹⁸ Zitiert in: Klaus, Aktivitäten, S. 96.

führender partei". "schwierigkeiten mit diesem projekt" könne man „überhaupt nur dann haben wenn man entweder ein schwein oder blind ist". Ziel der Kampagne seien letztlich „die internationalen gremien, amnesty, uno genf, (…) dh gremien, die das internationale kräfteverhältnis abbilden, in dem wir in der bundesrepublik aus einer minoritären position kämpfen" – was auch immer mit dieser Formulierung genau gemeint war.

Kein Zweifel kann jedenfalls daran bestehen, dass den ‚Stammheimern' kein Rahmen zu groß, keine Plattform zu hoch gegriffen erschien, um die eigenen Anliegen dort zu vertreten. So verlangte Baader von den Anwälten, auf der KSZE-Folgekonferenz, die im Juni 1977 in Belgrad zusammentrat, auf die begehrte Anerkennung der hinter Gittern befindlichen RAF-Mitglieder als Kriegsgefangene hinzuwirken – und zwar über die Vermittlung französischer Intellektueller. Offenbar träumte man davon, aus dem Kriegsgefangenen-Status die Völkerrechtswidrigkeit der eigenen Inhaftierung ableiten und in der Folge gar die eigene Freilassung erwirken zu können:

ich hoffe, dass klar ist: diese addresse/petition an die konferenz in belgrad sollt auf keinen fall ihr (…) abschicken, sondern (…) ne liste von soundsoviel französischen prominenten, einschließlich sartre. der alte [= Croissant, P.T.] könnte und soll es nur formulieren und organisieren. (…) nochmal und kurz zu kampagne forderung der freilassung: ihr inhalt/zweck ist: information a) faschismus in der brd (die geschichte und das projekt dieses staates; die besonderen beziehungen usa-brd; cy [=counter-insurgency]), b) widerstandsbewegung in we [=Westeuropa] gegen die amerikanisch-deutsche hegemonie. (…) scheisse, es hätte unbedingt schon laufen müssen, also bring es sofort auf den weg: ne petition oder wie man das nennt… natürlich geht es auch nur so: es ist keine forderung von uns, sondern von den anwälten, diese ebene, intellektuelle u.s.w. (…) ich werde das – freilassung – auch schily auseinandersetzen, nicht mal zum ersten mal, und er wird nur dran rummeckern u.s.w. wozu ich ihm sagen werde: gut, dann machen es eben andere.[319]

Tatsächlich hatte schon der Darmstädter Juraprofessor Axel Azzola, der seit dem 3. Dezember 1975 als Verteidiger Ulrike Meinhofs fungierte, am 20. Januar 1976 vor Gericht den Antrag formuliert, die RAF müsse von deutschen Staat als Kriegsgegner, ihre inhaftierten Mitglieder mithin als Kriegsgefangene anerkannt werden.[320] Damit wären die Stammheimer Angeklagten der deutschen Rechtsordnung prinzipiell nicht mehr unterworfen gewesen – ein Ziel, für welches Azzola, begleitet durch eine ganze Reihe von Angehörigen inhaftierter RAF-Mitglieder, im Frühjahr 1977 schließlich auch in Genf, dem Sitz der Vereinten Nationen, werben sollte.[321] Schily und Heldmann schlossen sich

---

[319] HIS-Archiv, RA 02 / 018,002. Was schließlich herauskam, war ein an die in Belgrad vertretenen Ostblockstaaten gerichteter Appell einiger Anwälte und Familienangehöriger der RAF-Gefangenen, die angeblichen Menschenrechtsverletzungen in westdeutschen Haftanstalten auf der Konferenz zum Thema zu machen – aber auch dieser Aufruf scheint im Sande verlaufen zu sein, vgl. ebd.
[320] Der Antrag ist abgedruckt in Stuberger, Strafsache, S. 255–263.
[321] Azzola gab im April 1977 in Genf in den Räumlichkeiten der Schweizer Liga für Men-

4.5 „das ganze problem sind die paar reisen, die gemacht werden müssen" 327

dem Antrag ihres Kollegen – für Stefan Reinecke eine „juristische Nobilitierung der elitären, zerstörerischen Selbstausgrenzung der RAF" – anders als in Stammheim sonst üblich nicht an, sondern behandelten die Frage dilatorisch; laut dem FAZ-Redakteur Jürgen Busche hielt Schily den Plan schlicht „für Unfug".[322] Die ‚Stammheimer' dagegen pflegten sachliche Einwände oder Zweifel an der Machbarkeit konkreter Projekte aus dem Mund der Anwälte schlicht nicht gelten zu lassen. „was ihr verlangt, ist, dass wir euch lieben und schmeicheln und für die ängste von bürgern verständnis haben. das ist nur langweilig", wurde Ströbeles Manöverkritik von Baader abgekanzelt. Der inoffizielle Führer der RAF verbat es sich schlicht, mit dem Argument „angeödet" zu werden, „dass ‚die journalisten' den kampf nicht verstehen". Tatsächlich seien doch bereits nach viermonatiger Dauer des Stammheimer Verfahrens „in der ganzen ausländischen presse die ss-stiefel als karikaturen zu dem prozeß" aufgetaucht: „also genau die richtige vermittlung: für den kampf der anwälte gegen die staatsschutzschweine. und wie wir gehört haben donnernder applaus für schily in amsterdam als er zum kampf gegen den faschismus ausgerufen hat."[323]

Die in den beiden zitierten Passagen aufscheinende, gegensätzliche Beurteilung Otto Schilys spiegelt einmal mehr das grundsätzliche Dilemma der Gefangenen, sich mit Anwälten arrangieren zu müssen, die, wenn sie auch ihre Gesellschaftskritik in einem gewissen, individuell unterschiedlich ausgeprägten Maße teilten, so doch ihre Gewaltstrategie mit überwältigender Mehrheit ablehnten. Im Falle Schilys war das Dilemma durch die Schärfe des Gegensatzes zwischen erwiesener Kompetenz und ebenso offenkundiger Distanz zur Weltsicht der Gefangenen besonders manifest. So sind die negativen Urteile über den brillanten Juristen und eloquenten Redner in den Zellenzirkularen

---

schenrechte eine durch den Schweizer Anwalt Denis Payot vermittelte Pressekonferenz zum Thema. Parallel verschafften sich Familienmitglieder der Inhaftierten – unter anderem Verwandte Gudrun Ensslins, Adelheid Schultz´, Siegfried Haags, Ronald Augustins, Rolf Pohles u. a. – Zugang zum Sitz der UNO und entrollten dort ein Transparent mit der ins Französische übersetzten Aufschrift „Genfer Konvention für alle politischen Gefangenen – ihre Angehörigen aus der BRD". – Ein Mitglied eines Komitees gegen Folter, das für das ‚info' von der Genf-Reise berichtete, sah den Auftritt Azzolas eher kritisch: „Ich fand Azzolas ‚Vorlesung' nicht so gut. (…) Auf ner ziemlich abstrakten Ebene, als ob wir in einer Vorlesung für Jura-Studenten wären und nicht in einer PK [Pressekonferenz]. Er sprach also erstmal über den Zusammenhang Guerilla-Kriegsrecht, dann ging er konkreter auf den HS [Hungerstreik] ein, sehr kurz auf die Isolationshaft ohne zu merken, daß die Leute hier keine Ahnung haben, wie das konkret aussieht, ließ auch die sensorische Deprivation draußen, auch den Mord an Ulrike und diese ganzen Sachen (…), die wirkliche Brutalität der Maßnahmen wurde gar nicht vermittelt", vgl. Genf 2.5.77, in: HIS-Archiv, RA 02 / 017,009.

[322] Zitiert in: Reinecke, Schily, S. 183. Vgl. zu Azzolas Prozessstrategie auch Ditfurth, Meinhof, S. 426f.
[323] HIS-Archiv, RA 01 / 009, 007, Andreas Baader, 29.10. [1975].

Legion. Kennzeichnend für den Berliner Anwalt, so hieß es etwa in einem kurz vor Beginn des Stuttgarter Verfahrens offenbar kollektiv erstellten Grundsatzpapier der ‚Stammheimer', sei die „schizophrenie eines bürgers, der den klassencharakter der auseinandersetzung nicht begreift bzw. emotional den transformationsprozeß des bürgerlichen verfassungsstaates in den imperialistischen staatsschutzstaat nicht tickt, obwohl er ihn täglich erfährt". Falls Schily im bevorstehenden Prozess „auch nur einen deut seiner kollaborationsmentalität" zeige, bedeute das den „eklat". Denn die „vermittlung" sei „nebensache", wenn es darum gehe, „den operator der baw in der verteidigung der gefangenen aus der raf auszuschalten. das ist eine prinzipienfrage revolutionärer politik. d. h. wir machen es ungern, aber es wird so laufen, wenn....".[324]

Im Falle Schilys blieben derartige Ankündigungen jedoch stets leere Drohungen – anders als bei weniger bekannten und befähigten Kollegen, deren mangelnde Kooperationsbereitschaft die ‚Stammheimer' ohne viel Federlesens mit dem Entzug des Mandats zu ahnden pflegten. Denn die Frage der „Vermittlung" konnte für Baader und Co. eben gerade keine Nebensache sein, worüber sie sich selbst trotz gegenläufiger Beteuerungen nur allzu bewusst waren. Otto Schily war und blieb aufgrund seines hohen Ansehens und seiner vielfältigen Kontakte, nicht zuletzt zu Vertretern der Medien, für die Gefangenen schlicht unverzichtbar – von seiner juristischen Fachkompetenz und seiner langjährigen Erfahrung in politischen Verfahren ganz zu schweigen. „Gerade der eloquente, im bürgerlichen Lager hoch geschätzte" Schily hat für seinen Biographen Stefan Reinecke mithin nicht unerheblich dazu beigetragen, „die Opfer-Phantasmen der RAF, die sich selbst als NS-Opfer begriffen, mit einem Anschein von Vernunft und Plausibilität zu versehen."[325] Während die Invektiven eines Klaus Croissant für viele Beobachter schon lange nicht mehr ernst zu nehmen waren, besaß Kritik aus dem Munde Otto Schilys einen ganz anderen Stellenwert. Für die Auslandsarbeit war es zudem von entscheidender Bedeutung, dass auch solche Anwälte sich an Veranstaltungen und sonstigen publizistischen Initiativen beteiligten, die noch persönlich in Stammheim verteidigten: Wie in internen Dokumenten immer wieder betont wurde, war und blieb der Stuttgarter Prozess jenseits der Landesgrenzen der wichtigste Aufhänger jeglicher Berichterstattung.

Für eine Persönlichkeit wie Schily war dabei wohl gerade der Gegenwind der Behörden mit der stärkste Ansporn, das Mandat aufrechtzuerhalten, welches ihm die Bundesanwaltschaft, als deren „operator" ihn die RAF-Spitze diffamierte, trotz vielfältiger Bemühungen niemals dauerhaft zu entziehen vermochte.[326] „Ich nehme den Fehdehandschuh gern auf", hatte Schily auf

---

[324] HIS-Archiv, RA 02 / 048,003.
[325] Reinecke, Linke Anwälte, S. 952.
[326] Am Anfang der Auseinandersetzung standen Ermittlungen des BGH gegen Schily auf-

4.5 „das ganze problem sind die paar reisen, die gemacht werden müssen" 329

der Pressekonferenz nach dem Tod Holger Meins entschlossen bekräftigt – in einer Situation also, in der sich die Auseinandersetzung zwischen Verteidigern und staatlichen Akteuren auf allen Ebenen zuzuspitzen begann. Nicht zuletzt der damit ausgedrückten Bereitschaft zur Konfrontation verdankte es die RAF, dass sie von der intellektuellen und rhetorischen Brillanz des späteren Innenministers bis zum Schluss profitieren konnte. In den damaligen Jahren trug wohl auch der tragische Fall der Studentin Katharina Hammerschmidt dazu bei, dass Schilys Verantwortungsgefühl gegenüber seinen Mandanten im gleichen Maße zunahm wie sein Misstrauen gegenüber den Behörden. Hammerschmidt, die früh unter dem Verdacht der Mitgliedschaft in der RAF steckbrieflich gesucht worden war, hatte sich 1971 nach Frankreich abgesetzt, von wo sie jedoch vor dem Hintergrund der im Folgejahr eskalierenden terroristischen Gewalt zurückkehrte, um sich der deutschen Polizei zu stellen. Schily hatte Hammerschmidt nicht nur eingehend juristisch beraten, sondern sie im Juni 1972 auch persönlich an der deutsch-französischen Grenze in Empfang genommen. In der Untersuchungshaft an einem zu spät erkannten Krebs erkrankt, starb seine Mandantin auf den Tag genau drei Jahre später im Alter von nur 33 Jahren. Vorausgegangen waren schwerwiegende Versäumnisse des medizinischen Personals der zuständigen Haftanstalt sowie der verantwortlichen Aufsichtsbehörden. Schilys Strafantrag wegen Unterlassung angemessener ärztlicher Versorgung in der Untersuchungshaft wurde von der Berliner Staatsanwaltschaft gleichwohl mit einem glatten Freispruch aller Beteiligten sowie einer Verleumdungsklage gegen den Urheber des Antrags beantwortet.[327] „Ich habe mir nur einen Vorwurf zu machen – dass ich meiner Mandantin geraten habe, sich zu stellen. Das würde ich nicht noch einmal tun", so Schily im Jahr 1976. „Ich habe die Gnadenlosigkeit unterschätzt, mit der die Behörden politischen Gefangenen begegnen."[328] Der Vorfall, den Schily bis heute als Schlüsselerlebnis bezeichnet, wurde bemerkenswerterweise auch von den ‚Stammheimern' aufgegriffen, um auf Schily moralischen Druck auszuüben. „wir erinnern nochmal daran, daß es herrn schily nicht paßt, daß elisabeth von dyck in croissants büro arbeitet – er hätte es also lieber, wenn die tante in ossendorf säße. sein wunschdenken geht dahin, die tante dem staatsschutz möglichst bald wieder zuzuführen, wie er es mit katharina hammerschmidt ja gemacht hat".[329]

Wie bereits angedeutet, hatten die ‚Stammheimer' im Übrigen wenig kon-

---

grund der sogenannten „Kassiber-Affäre": Schily sollte angeblich ein Zellenzirkular seiner Mandantin Ensslin aus dem Gefängnis geschmuggelt und der damals noch in Freiheit befindlichen Ulrike Meinhof übermittelt haben, vgl. Reinecke, Schily, S. 135–141.
[327] Vgl. Hans Schüler, „Anklage gegen den Ankläger", in: DIE ZEIT 39/17.9.1976. Schließlich sollte Schily alle gegen ihn angestrengten Prozesse gewinnen, Reinecke, Schily, S. 198.
[328] Zitiert in: Ebd., S. 154.
[329] HIS-Archiv, RA 02 / 048,003. Bei von Dyck handelte es sich um eine ehemalige Ange-

kreten Anlass, mit den Auftritten Schilys unzufrieden zu sein – jedenfalls, wenn man die von Baader persönlich gelobte Amsterdamer Rede vom 3. Oktober 1975 zum Maßstab nimmt, die in der Folge als prägnantes Beispiel anwaltlicher Auslandspropaganda im Interesse der RAF ausführlich analysiert werden soll. Schily trat in Amsterdam als siebter von insgesamt acht Rednern bei einer Veranstaltung zum Thema „Rechtsstaat oder Staatsterror?" auf. Vor ihm ergriffen zunächst verschiedene Vertreter der niederländischen Linken das Wort, darunter das Senatsmitglied Han Wielek, der als jüdischer Flüchtling aus NS-Deutschland nach Holland gekommen war und nun vor neuerlichen Faschisierungstendenzen im Nachbarland warnte, die für ihn vor allem von der CDU/CSU ausgingen. Im Anschluss referierte der britische Neurologe Tim Shallice über „Folter als institutionelles Instrument der Counterinsurgency in Nordirland" sowie die deutsche Rechtsanwältin Renate Bartsch über die Problematik der „Berufsverbote". Die Veranstaltung war in Hörfunk und Fernsehen angekündigt und in allen größeren Städten plakatiert gewesen; ein Beobachter, der das Geschehen für das ‚info' zusammenfasste und kommentierte, sprach von einem trotz einschlägiger Konkurrenzveranstaltungen mit ungefähr 500 Leuten „übervollen" Saal und einer insgesamt „guten" Resonanz, „vor allem im Radio".[330] Schily, dessen Vortrag unter dem Titel „Prozess in einer in Beton gegossenen Vorverurteilung" angekündigt war, wies zunächst auf das persönliche Risiko hin, welches er mit seiner Anwesenheit eingehe, sei es doch in der BRD „bereits eine Gewohnheit" geworden, dass „Anwälte, die an Veranstaltungen teilnehmen, die sich mit der Verletzung von Menschenrechten zu Lasten ihrer Mandanten beschäftigen (…) sogar ins Gefängnis kommen. Dem Kollegen Dr. Croissant und den anderen ist es so ergangen."[331] Das Verfahren in Stammheim, in dem er verteidige, sei Teil einer breit angelegten „psychologischen Kriegführung", an der sich „alle Politiker aller Schattierung" beteiligten. Schon der Schauplatz des Verfahrens sei kein normales Gerichtsgebäude, sondern eine Festung in einer militärischen Sperrzone, „von militärischen Einheiten des Bundesgrenzschutzes besetzt und kontrolliert", mit „Panzerfahrzeugen und Stacheldrahtabsperrung". Zur Illustration seiner Worte verwies Schily auf

---

hörige des Heidelberger SPK, gegen die 1975 ein Haftbefehl wegen Waffenschmuggels erlassen, zunächst allerdings wieder ausgesetzt worden war.

[330] HIS-Archiv, RA 02 / 052, 002. „veranstaltung amsterdam 3.10. – ‚rechtsstaat und staatlicher terror'; ein weiterer Beobachter gab den Titel mit „rechtsstaat oder staatsterror" an, was wohl als wahrscheinlicher vorausgesetzt werden kann; ebd.

[331] Der Text – es handelte sich offenbar um die Niederschrift einer Tonbandaufzeichnung der Rede zur Information der übrigen Anwälte – enthält einige orthographische Fehler bzw. Unkorrektheiten, die hier zugunsten des besseren Verständnisses korrigiert worden sind. Offensichtlich handelt es sich um die verschriftlichte Version eines wohl frei oder ohne festes Manuskript vorgetragenen Beitrags. Für Zweifel an der Authentizität des Textes gibt es gleichwohl keinerlei Anlass. HIS-Archiv, RA 02 / 033,004.

ein offensichtlich im Saal ausgehängtes Plakat mit einer Fotografie der Stammheimer Anstalt. In der Folge schilderte er ausführlich die Entmenschlichung der dort Angeklagten in Presse und Politik, wobei er Aussagen von Schmidt und Kohl zitierte. Diese Dämonisierung provoziere ein gesellschaftliches Gesamtklima, in dem ein faires Verfahren nicht mehr möglich sei. Anders als im Fall von NS-Prozessen gegen Beklagte, die sich „der viehischen Ermordung" jüdischer Frauen und Kinder mit Handgranaten schuldig gemacht und dafür lediglich milde Freiheitsstrafen „von zwei oder drei Jahren" erhalten hätten, „da sie den Zielen des Staates gemäß und nicht gegen sie" gehandelt hätten, dürfe in Stammheim der politische Hintergrund der verhandelten Straftaten kein Thema sein. Stattdessen erschienen die Beschuldigten als hochgefährliche Kriminelle, für die in den Medien ungestraft zur Lynchjustiz aufgerufen werde. Da die Justiz mit ihrem normalen rechtstaatlichen Apparat die gesetzten Ziele nicht habe erreichen können, habe es eine Reihe von überhastet verkündeten Sondergesetzen gegeben, in deren Zentrum die Anwälte stünden. Letztere seien nicht nur mit zahlreichen Strafverfahren überzogen worden, sondern auch Opfer einer intensiven Medienkampagne geworden, ja es sei „sozusagen eine neue Sportart der reaktionären Presse geworden, die Verteidiger hier an den Pranger zu stellen", wobei sich vor allem Journalisten mit NS-Vergangenheit hervorgetan hätten. Schließlich ging Schily auf die aktuellen Entwicklungen des Stuttgarter Prozesses ein, wo nach langem Ringen um die Frage der Verhandlungsfähigkeit der Angeklagten nun endlich objektive Gutachten kompetenter Mediziner vorlägen, die den Inhaftierten einen „katastrophalen körperlichen und psychischen" Zustand bestätigten. Anders aber als in NS-Verfahren, wo „schon ein paar Depressionen" ausreichten, „damit jemand nach Hause gehen konnte", werde der Stammheimer Prozess nun nicht vertagt, sondern mit dem Hinweis, die Gefangenen trügen an ihrem Gesundheitszustand aufgrund der vorausgegangenen Nahrungsverweigerungen selbst schuld, in Abwesenheit der Angeklagten weitergeführt.[332] Hintergrund sei die Weigerung des Gerichts, die Verantwortung für die jahrelangen „unmenschlichen Haftbedingungen" anzuerkennen und die „strenge Isolierung" der Inhaftierten aufzuheben, was wiederum mit den Sicherheitsbedürfnissen der Haftanstalt gerechtfertigt werde. „Aber seit wann gibt es überhaupt eine Rechtfertigung für Folter? Doch wohl nie!" Die „zynische Argumentation" der Staatsschutzbehörden, sowohl Katharina Hammerschmidt als auch Holger Meins hätten ihren Tod selbst verschuldet, obwohl der Zweck der von ihnen durchgeführten Hungerstreiks lediglich „die Beendigung von Foltermaßnahmen in deutschen Gefängnissen" gewesen sei, werfe ein Schlaglicht „auf das, was sich in der Bundesrepublik im Moment ereignet". In dieser Hinsicht aufschlussreich sei auch die Bezeichnung

---

[332] Dieser Punkt wurde auch zum Gegenstand eines neuerlichen Beschwerdeverfahrens vor der Europäischen Kommission für Menschenrechte gemacht, vgl. weiter unten S. 376ff.

der jüngst verabschiedeten Gesetzespakete als „Anti-Terroristen-Gesetze", wie es sie neben der Bundesrepublik beispielsweise in Südafrika und Rhodesien gebe – „ob es sie in den Niederlanden gibt", so Schily, sei ihm unbekannt. Für ihn sei es jedenfalls „außerordentlich lehrreich", dass „der frühere Propagandaminister Goebbels die Losung ausgegeben hat: Partisanen dürft ihr nicht Partisanen nennen, sondern ihr müsst sie Terroristen nennen, ihr müsst von Banden sprechen". Auch, wenn man an den von seinem Vorredner Wielek angesprochenen angeblichen „Informationsaustausch" zwischen Franco-Spanien und der Bundesrepublik in Sachen Terrorismusbekämpfung denke, müsse man „ins Nachdenken gelangen, in welchem Zustand der Rechtsstaat, und dieser Anspruch wird ja immer noch aufrecht erhalten, der Staat Bundesrepublik geraten ist." Der frühere Bundeskanzler Willy Brandt habe gegenüber dem Parteivorsitzenden der holländischen Sozialdemokratie in der Frage der Haftbedingungen darauf verwiesen, der Rechtsstaat bewähre sich „in der ruhigen und entschlossenen Behauptung des Normalzustandes". Er, Schily, hoffe, dem Publikum andeutungsweise vermittelt zu haben, dass in Deutschland „alles andere als der Normalzustand" herrsche, sondern dass vielmehr dem Volk der Ausnahmezustand als Normalzustand verkauft werden solle. Die etwa halbstündige Rede endete mit folgendem Passus:

Wer jetzt noch an das Fortbestehen des Rechtsstaates glauben kann, ja, der muss also sehr gutgläubig sein, wenn man sieht, wie jetzt hier die Kulissen des Rechtsstaates bei Seite [sic] geschoben werden und die nackte Herrschaftsgewalt, die nackte Klassenherrschaft hinter diesen Kulissen hervortritt, und ich hoffe, dass mein Beitrag zu dieser Veranstaltung sein wird, über diese Entwicklung in der Bundesrepublik alarmiert zu sein. (...) Gebot der Stunde ist, alarmiert zu sein und dass die europäischen Völker erkennen, dass es an der Zeit ist, härteren Widerstand gegen den Faschismus zu leisten als es bisher der Fall war.

Das waren starke Worte. „otto hat gut gesprochen", resümierte denn auch ein weiterer Beobachter im Dienste des ‚info', „er hat eine ovation vom publikum bekommen. (...) wir sind jetzt nicht mehr so isoliert."[333]

In der Tat: Auch wenn Schily in Amsterdam ‚nur' seine Mandanten und nicht direkt ihre (terroristische) Politik verteidigte, leistete er zur „verschärfung des nebenwiderspruchs" im Sinne Gudrun Ensslins unzweifelhaft einen höchst wirkungsvollen Beitrag. Der begeisterte Zuspruch, auf den sein Referat bei den im Saal versammelten Zuhörern traf, ergab sich dabei vor allem aus der Verbindung von gelungener Selbstinszenierung und geschickter Integration der Publikumserwartungen. Mit der eingangs formulierten Behauptung, sich mit seinem Auftritt ganz persönlich der Gefahr politischer Verfolgung auszusetzen, sicherte sich Schily von Anfang an Aufmerksamkeit, Sympathie und Bewunderung der Anwesenden, die sich durch den ‚Mut' des Sprechers, ‚trotz allem' vor Ort aufzutreten, auch ganz persönlich aufgewertet fühlen mussten.

---

[333] HIS-Archiv, RA 02 / 052,002.

Gleichzeitig stand der gravierende Vorwurf im Raum, in Schilys Herkunftsland seien Rede- und Meinungsfreiheit nur noch leere Floskeln; ja, das schlichte Eintreten für die Menschenrechte werde dort mit Gefängnis sanktioniert. Durch den Verweis auf die „Festung" Stammheim, stacheldraht- und panzerbewehrt, gewann das Bild vom militärisch hochgerüsteten Unrechtsstaat vor den Augen der Zuschauer weitere Plastizität. Medien, Justiz und Politik, so schien es, hatten sich unisono gegen die Angeklagten und ihre Verteidiger verschworen, mäßigende Stimmen kamen im schrillen Chor der Terroristenhetze nicht mehr vor, Pluralismus und Gewaltenteilung waren abgeschafft, Differenzen zwischen Regierung und Opposition inexistent.

Die Haftbedingungen wurden mehrfach mit dem Begriff „Folter" belegt; die Bundesregierung mit Unrechtsregimen diverser Couleur assoziativ auf eine Stufe gestellt. Mit Willy Brandt reihte Schily einen Politiker, der bei der Mehrzahl der Zuhörer bis dato zweifellos eher positiv konnotiert gewesen war, ebenfalls in die Front der Repräsentanten der „Klassenherrschaft" ein – auch von den einstigen Hoffnungsträgern war mithin heute keine Hoffnung mehr zu erwarten. Die erbitterten Auseinandersetzungen, die gerade in Fragen der Inneren Sicherheit zwischen Sozialdemokratie und Union geführt wurden, kamen ebenso wenig in Schilys Philippika vor wie die Tatsache, dass „die Reporter der meinungsbildenden Blätter überaus wohlwollend über den Kampf der RAF-Verteidiger für rechtstaatliche Prinzipien" berichteten: „So gute Noten wie in Stammheim hat Schily noch nie bekommen", resümiert sein Biograph.[334]

Am gravierendsten musste den meisten Zuhörern zweifellos das eklatante Ungleichgewicht zwischen der Ahndung von NS-Verbrechen und der Verfolgung der RAF-Straftaten erscheinen, das Schily mehrfach hervorhob. Während er die nationalsozialistischen Gräuel in durchaus drastischen Worten beschrieb, kamen die konkreten Taten, um die es in Stammheim ging, in seiner Rede dagegen nicht vor. Es handelte sich zweifellos um einen geschickten rhetorischen Schachzug, die Verbrechen seiner Mandanten einerseits gar nicht zu thematisieren, sie andererseits aber durch den direkten Vergleich mit dem Mord an jüdischen Frauen und Kindern zu relativieren. Die berechtigte Empörung über die skandalös milde Bestrafung von NS-Tätern im Nachkriegsdeutschland wurde damit umstandslos zugunsten seiner Klienten instrumentalisiert. Noch weiter ging Schily durch die Parallelisierung der Goebbelschen Propagandasprache mit dem politischen Sprachgebrauch in der Bundesrepublik der Gegenwart. Mit dieser Ineinssetzung wurde nicht nur auf Kontinuitäten zwischen dem ‚Dritten Reich' und seinem Nachfolgestaat hingewiesen – ganz nebenbei suggerierte Schily auch, dass es sich bei seinen Mandanten eben nicht um „Terroristen", son-

---

[334] Reinecke, Schily, S. 174.

dern um „Partisanen" handle.³³⁵ Damit aber verbreitete er eins zu eins das von den Inhaftierten eifrig gepflegte Selbstbild.

Zum „Sprachrohr seiner Mandanten"³³⁶ aber machte sich Schily vor allem dadurch, dass er die im Einzelnen keineswegs zu Unrecht diagnostizierten Missstände – das Aufbauschen der terroristischen Gefahr, die Dämonisierung der Angeklagten, die überzogenen Sicherheitsvorkehrungen, die überhastet verabschiedeten Gesetze – nicht etwa im Sinne kritikwürdiger Entwicklungen innerhalb eines rechtstaatlichen Systems beschrieb, sondern sie vielmehr als untrügliches Zeichen dafür wertete, dass sich hinter der rechtsstaatlichen Fassade der Bundesrepublik die „nackte Klassenherrschaft", ja, „der Faschismus" verberge. Damit argumentierte er ganz im Sinne der Entlarvungsstrategie, die seine Mandanten zum Prinzip ihrer Gewaltpolitik erkoren hatten. Ebenso übernahm Schily die – wie gesehen im höchsten Maße fragwürdige – „Folter"-Terminologie zur Charakterisierung der Stammheimer Haftbedingungen, wenn er auch nicht den von den Gefangenen selbst oft angestellten und von Croissant wie selbstverständlich übernommenen Vergleich mit nationalsozialistischen Vernichtungspraktiken bemühte. Nicht unproblematisch war es auch, die beiden Todesfälle Hammerschmidt und Meins – ganz wie in den Publikationen der Anti-Folter-Komitees – in einem Atemzug zu nennen, war die geständige Hammerschmidt anders als Meins doch keineswegs einen selbst gewählten Tod im Namen der RAF-Ideologie gestorben.

Der Höhepunkt der Rede aber war der pathetische Schlussappell, den Schily nicht nur an die Anwesenden, sondern gleich an „die europäischen Völker" insgesamt richtete. Mit dem Aufruf zum „Widerstand gegen den Faschismus" knüpfte der Anwalt nicht nur direkt an den historischen Antifaschismus der westeuropäischen Staaten und das von den ‚Stammheimern' vorausgesetzte, weit verbreitete „ressentiment gegen die bundesrepublik" an, sondern inszenierte sich auch selbst sehr wirkungsvoll als ‚besserer Deutscher', ja, letztlich als Widerstandskämpfer.

Ein zentrales Element der RAF-Ideologie kam allerdings bei Schily – anders als etwa bei dem geschilderten Auftritt Croissants in Paris – nicht vor: der Antiamerikanismus. Dabei ist davon auszugehen, dass er die entsprechenden Imperialismustheorien der ‚Stammheimer' ebenso wenig teilte wie sein Publikum, das er in dieser Hinsicht wohl durchaus richtig einschätzte. Tatsächlich wies der bereits zitierte RAF-Sympathisant in seiner Kommentierung der Amsterdamer Veranstaltung bedauernd darauf hin, dass der antideutsche Antifaschismus im linken Lager Westeuropas gerade nicht begriffen werde „als das

---

[335] Gegen die Ächtung des ‚Partisanen'-Begriffs zur Charakterisierung seiner Mandanten argumentierte Schily auch in Stammheim, ebd., S. 184.
[336] „In an important sense", so Jeremy Varon, „the RAF existed as a political group by virtue of the lawyers´mediation", Varon, Bringing the War Home, S. 267.

für die imperialistische ideologie manipulierte misstrauen aus den (sinnlichen) erfahrungen des nazifaschismus". Letzterer habe leider „den widerstand nicht nur in den eigenen gebieten nachhaltig gebrochen, sondern mit seiner wirkung weit über 45 hinaus bis heute eine bedingung geschaffen für die instrumentierung (...) des antideutschen – bürgerlichen – ‚antifaschismus' durch/für den weiteren faschisierungsprozess des us-imperialismus, vor allem die festigung des zionismus/israels".[337] In dieser Interpretation stand die Erinnerung an die deutschen Verbrechen der Besatzungszeit mithin der Erkenntnis sogar im Wege, dass die Wurzel allen Übels eben nicht im „Nazifaschismus", sondern in der imperialistischen Durchdringung der Welt durch das US-amerikanische Kapital liege. Die Bundesrepublik und Israel stellten aus dieser Perspektive lediglich willfährige Handlanger der Amerikaner bei der Unterdrückung der anti-imperialistischen Befreiungsbewegungen dar, zu denen sich die RAF genauso zählte wie die diversen palästinensischen Kampforganisationen, mit denen sie in Verbindung stand.

Es kann kein Zweifel daran bestehen, dass Schily dieses Denken denkbar fern lag. Ob er dagegen selbst an das innenpolitische Schreckensszenario glaubte, das er in den Niederlanden mit so viel Überzeugungskraft an die Wand gemalt hatte, muss wohl eine offene Frage bleiben. In einem wahrscheinlich von Croissant verfassten, genau einen Monat nach der Amsterdamer Veranstaltung vom Oktober entstandenen Schreiben an Baaders Verteidiger Heldmann hieß es über den Redner:

mit otto schily ist es ziemlich traurig. er scheint den begriff von widerstand/kampf verloren zu haben. müde, abgeschlafft. sieht auch nicht die dimension der entwicklung, die tendenz der geschichte: brd-faschismus und die implikationen will er nicht sehen. als ich ihm die meldung von der trauerbeflaggung für franco weitergab (gerade im autoradio gehört), wollte er sie nicht glauben, wettete ne flasche sekt, daß nicht, ich also falsch gehört hätte. – es ist wohl zeit, öffentlichkeit, vor allem im ausland, herzustellen.[338]

Tatsächlich ist es für den deutschen Kontext nicht nachweisbar, dass Schily – trotz eines ungebrochen kämpferischen Auftretens und durchaus radikaler Rhetorik – zum „Widerstand gegen den Faschismus" aufgerufen hätte. Zwar war Schily auch vor dem Stammheimer Gericht mit NS-Vergleichen „nicht zimperlich" und erwies sich darin, so Reinecke,, als „ein Kind des Zeitgeistes".[339] Gleichwohl sei der spätere Innenminister zu geschickt gewesen, „um die Bundesregierung und Goebbels in einem Satz ohne Konjunktiv zu nennen".[340] Dass er im Ausland auf den Konjunktiv verzichtete, legt die Vermutung nahe, dass dem Eintritt in eine andere Kommunikationskultur mit anderen Regeln

---

[337] HIS-Archiv, RA 02 / 052,002.
[338] HIS-Archiv, RA 01 / 009,007.
[339] Reinecke, Schily, S. 180.
[340] Ebd., S. 184.

und Gesetzmäßigkeiten eine radikalisierende Eigendynamik eingeschrieben war, die sich aus dem Wechselspiel zwischen Redner und Publikum ergab. Schlug den Verteidigern zu Hause immer wieder Widerspruch und Kritik, ja teilweise Hass und Verachtung entgegen, so ernteten sie im Ausland mit ihrer Botschaft zumindest auf der politischen Linken Bewunderung und Respekt. Dabei spricht vieles dafür, dass der Beifall des Publikums proportional mit der Düsternis der jeweils verkündeten Botschaft wuchs. Aufgrund tief sitzender Vorbehalte gegen alles Deutsche, aber auch realer Ängste vor einer europaweiten Entliberalisierung waren viele Zuhörer gerade für die Schreckensnachrichten empfänglich, die die Anwälte zu verkünden hatten. In einem dialektischen Prozess übertrug sich diese Erwartungshaltung möglicherweise auf die Sprecher selbst, die im Ausland – auch weil sie von ihren weniger gut informierten Zuhörern kaum kritische Nachfragen zu erwarten hatten – folglich offensiver auftraten als zu Hause. Oder ging es Schily auch im Ausland schlicht darum, „das Optimale für seine Mandanten herauszuholen", wie er es selbst formuliert hatte?[341]

Gerd Koenen hat von einem „geheimen Bonus" derjenigen Deutschen gesprochen, die sich im Ausland demonstrativ von der ‚braunen' Vergangenheit ihres Landes distanzierten: „Gerade die Verbrechen und Feindseligkeiten von gestern (...) blieben unser unsichtbares moralisches Negativkapital, das unseren Status deutlich erhöhte, das ‚Pfund', mit dem wir wucherten." Als Deutscher immer wieder im Zentrum der allgemeinen Aufmerksamkeit zu stehen, „erzeugte Angst und Beklommenheit, aber auch ein Gefühl von Bedeutung."[342] „reputation für die anwälte, *macht* gibt es nur vermittels internationaler öffentlichkeit" – war die Formulierung Andreas Baaders für dieses Phänomen gewesen.

Tatsächlich wuchs den Anwälten durch ihren Status als RAF-Verteidiger ein völlig neues Prestige zu, das zwar mit ungeahnten Belastungen einherging, sie aber auch aufwertete. Die Anwälte wurden jetzt „berühmt" – und zwar nicht nur im nationalen Kontext, sondern auch darüber hinaus.[343] Anders als im Inland, wo beispielsweise Hans-Christian Ströbele bei einer gemeinsamen Aktion der Anti-Folterkomitees vor dem Bundesgerichtshof in Karlsruhe einen „großen Reinfall" mit „allenfalls ein paar hundert Versprengten" hatte konstatieren müssen,[344] konnten die Anwälte jenseits der Landesgrenzen im allgemeinen mit vollen Sälen rechnen. So berichtete auch Kurt Groenewold 1975 von einem Auftritt in Rom mit 1000 Zuhörern – „über das, was ich gebracht habe,

---

[341] Zitiert in: Reinecke, Linke Anwälte, S. 952.
[342] Koenen, Jahrzehnt, S. 97.
[343] Vgl. die von Reinecke referierte Episode im Zusammenhang mit der Kassiber-Affäre, ders., Schily, S. 136ff.
[344] Vgl. HIS-Archiv, Klaus-Bericht, S. 110.

4.5 „das ganze problem sind die paar reisen, die gemacht werden müssen" 337

gab es Solidarisierung" – und auch in Neapel wollten immerhin 400 Menschen den Auftritt des deutschen RAF-Anwalts und eines italienischen Kollegen erleben.[345] Im Februar 1977 durfte Arndt Müller gar auf einem veritablen ‚wissenschaftlichen' Kongress an der Universität Neapel auftreten, dessen Akten unter dem Titel „Germania e ‚Germanizzazione'" noch im selben Jahr veröffentlicht wurden.[346]

Den Versuchungen, die sich aus dieser Konstellation ergaben, erlag wohl vor allem der mit einem ungewöhnlich großen Geltungsdrang ausgestattete Klaus Croissant – aber auch seine Kollegen, so kann man begründet vermuten, erwiesen sich für das gesteigerte Interesse an der eigenen Person durchaus als empfänglich. Auf diese Komponente hinzuweisen, ist nicht gleichbedeutend mit einer Entpolitisierung des Themas. Ganz im Gegenteil ist davon auszugehen, dass alle Protagonisten, die Gefangenen genauso wie ihre Verteidiger, von der genuin politischen Aufgabe, die sie in diesem Moment erfüllten, durchaus überzeugt waren. Auch wenn die Konfrontation mit dem politischen Gegner für die Verteidiger nicht die gleiche existentielle Dimension besaß wie für die Inhaftierten, so warfen doch auch sie mit ihrem juristischen und publizistischen Eintreten für die RAF ihre politische und berufliche Identität in die Waagschale, wie die ‚Stammheimer' dies vollkommen realistisch gesehen hatten. Die Botschaften ihrer öffentlichen Auftritte schwankten wie gesehen zwischen der Betonung der eigenen Opferrolle als Verfolgte eines übermächtigen Leviathan und der Bekräftigung, diesem Leviathan Paroli bieten zu wollen. Aus dieser Konstellation resultierte wohl auch die stark ausgeprägte Solidarität der betroffenen Kollegen untereinander. Auch von Schily war eine öffentliche Distanzierung von den Praktiken eines Croissant nicht zu erwarten, ganz im Gegenteil sprach er – wie gesehen – öffentliche Solidaritätserklärungen zugunsten des von den Behörden ‚drangsalierten' Kollegen aus. Auch bei Buchpublikationen, wie dem auch ins Dänische übersetzten Sammelband „Politische Prozesse ohne Verteidigung?", der 1976 im Wagenbach-Verlag erschien, trat man ganz selbstverständlich gemeinsam als Autor auf.[347]

Wie gesehen, fungierten die Verteidiger also durchaus als mehr oder weniger bereitwillige Multiplikatoren der Anliegen ihrer Mandanten. Andererseits aber verfolgten sie, wie im nächsten Abschnitt ausführlich dargestellt werden soll,

---

[345] Kurt Groenewold, „Veranstaltungen in Rom und Neapel (Italien) am 7. und 8. April 1975", Bericht vom 23. April 1975, HIS-Archiv, RA 01 / 009,001. „Die Italiener meinten vor allem Dingen, daß sich die bei uns verbreitete Entwicklung auch bei ihnen anbahnen werde", so Groenewolds Resümée.

[346] Germania e ‚Germanizzazione'. Atti del Convegno di Napoli, hg. v. Comitato Internazionale per la Difesa dei Detenuti Politici in Europa, Neapel 1977.

[347] Vgl. Klaus Croissant/Kurt Groenewold/Ulrich K. Preuß/Otto Schily/Hans-Christian Stroebele, Politische Prozesse ohne Verteidigung?, hg. v. Wolfgang Dreßen, Berlin 1976. Die dänische Ausgabe erschien im selben Jahr in Kopenhagen.

eine eigene, davon unterscheidbare transnationale Agenda, die ihr hohes Engagement auf diesem Terrain (mit) zu erklären vermag. In jedem Fall trug die Auslandsarbeit im Dienste der ‚politischen Gefangenen' eindeutig ihre Handschrift und hatte eine den ‚Stammheimern' objektiv nützliche Funktion, da sie deren vage und politisch krude Botschaft mit dem Mantel der Seriosität versahen und für ein internationales Publikum verdaulich machten. Zweifellos verstanden sich die Beteiligten als dringend gebotenes Gegengewicht gegen die in der Öffentlichkeit dominanten Dämonisierungen, gegen die es die Beschuldigten zu ‚verteidigen' galt – dabei schossen sie allerdings bei der Negativzeichnung der Gegenseite ebenfalls über das Maß des Gebotenen hinaus. Angesichts der besorgniserregenden Verhältnisse in der Bundesrepublik, die die Anwälte an die Wand malten, mochten viele Zuhörer sogar zu dem Schluss kommen, dass man für die jungen Leute, die im Nachbarland gegen den Staat die Waffe erhoben hatten, durchaus wohlwollendes Verständnis aufbringen müsse. Vom Terrorismus redeten die ‚Linksanwälte' jedenfalls nicht gern.

5. „Solidarität mit der RAF" oder „Verteidigung der Verteidiger"? Das Internationale Komitee zur Verteidigung politischer Gefangener in Westeuropa (IVK)

Wie gesehen, hatte sich mit Jean Paul Sartre Anfang Dezember 1974 erstmals ein international renommierter Prominenter öffentlich dafür ausgesprochen, die Initiativen zugunsten der in deutschen Gefängnissen inhaftierten RAF-Mitglieder systematisch zu internationalisieren – ein Appell, der sich als wichtiger Impuls für die Bildung des etwas später als IVK an die Öffentlichkeit getretenen Netzwerkes erwies. Dass Sartres Coup auf entsprechende Instruktionen der deutschen Anwälte bzw. die Überlegungen der RAF-Spitze selbst zurückging, ist zu vermuten, aber nicht eindeutig nachzuweisen. In jedem Falle war Kurt Groenewold in den entsprechenden Wochen mit intensivem Networking jenseits der Grenzen beschäftigt, wobei er sich vor allem unter ausländischen Anwaltskollegen umtat. Offenbar ging es vor allem darum, über eine gezielte Internationalisierung des Stuttgarter Hauptverfahrens eine Gegenstrategie gegen die neuen gesetzlichen Bestimmungen zum Verteidigerausschluss zu schaffen, die am 1. Januar 1975 in Kraft treten sollten. Während Sartre am 4. Dezember 1974 seine vielbeachtete Stuttgarter Pressekonferenz gab, befand sich Groenewold in New York, um dort während eines dreitägigen Aufenthalts in mehreren Zeitungsredaktionen, vor allem aber am Center for Constitutional Rights und innerhalb der National Lawyers Guild um Unterstützung für die eigene Sache zu werben.[1] „Leider reichte die Zeit nicht, um mehr Kontakte in der linken Bewegung zu machen", bedauerte Groenewold später. Die RAF sei in den USA ziemlich unbekannt – gleichwohl seien alle Kollegen dafür gewesen, dass die Gruppe „ihre politischen Ansichten im Prozeß sagen" und „ordentlich verteidigt werden" müsse. „Viele reagierten heftig auf die Beseitigung von Verteidigungsrechten. Die Absolutheit der Verteidigung steht für sie an der Spitze." Vor diesem Hintergrund hätten sich bereits einige seiner Gesprächspartner bereiterklärt, eine von den Deutschen vorbereitete und durch das Center for Constitutional Rights verbreitete „Erklärung amerikanischer Rechtsanwälte zu den Gefangenen aus der Roten-Armee-Fraktion und deren Anwälte [sic]" zu unterzeichnen – Groenewold rechnete damit, dass im Dezember 10 bis 20 Unterschriften zusammenkämen. In dem Papier, das in den folgenden

---

[1] Bericht Groenewolds vom 18.12.1974, in: HIS-Archiv, RA 01 / 009,001.

Wochen von 188 amerikanischen Anwälten firmiert werden sollte,[2] wurde zunächst betont, dass die Unterzeichner „Maßnahmen und Aktivitäten der westdeutschen Regierung im Zusammenhang mit den bevorstehenden Prozessen gegen die Mitglieder der Roten Armee Fraktion genauestens verfolgt" hätten – eine Behauptung, die vor dem Hintergrund von Groenewolds internen Bemerkungen über die Informationsdefizite der Amerikaner wohl schlicht als unwahr gelten kann. „Mit Unverständnis" habe man, so der Text weiter, „die unmenschliche Behandlung der Gefangenen [und] die illegale Kampagne der Regierung zur Verfolgung und Hetze der Gefangenen und ihrer Verteidiger" beobachtet. Nachdem die Kritik in 8 Punkten näher präzisiert worden war, folgte abschließend die Erklärung, dass „viele" der unterzeichnenden Anwälte auf eine entsprechende Bitte hin bereit seien, „gemeinsam mit den von den Gefangenen gewählten Verteidigern die Gefangenen zu verteidigen und, wenn die Regierung die Verfolgung der Anwälte fortsetzt, auch die Anwälte selbst zu verteidigen."[3] Noch im Dezember, so Groenewolds Bericht weiter, stehe aus Anlass einer Konferenz europäischer Strafverteidiger ein Deutschlandbesuch des prominenten Bürgerrechtsanwalts William Kunstler an, der von dem Schriftsteller Peter Weiss über die Situation der RAF-Häftlinge in Kenntnis gesetzt worden sei. Gemeinsam mit dem früheren US-Justizminister Ramsey Clark wolle Kunstler, der in den Vereinigten Staaten unter anderem als Verteidiger von Martin Luther King, Mitgliedern der Black Panther und der Weathermen bekannt geworden war, während seines Aufenthaltes nicht nur an einer gemeinsamen Pressekonferenz mit den RAF-Anwälten teilnehmen, sondern auch Gudrun Ensslin in ihrer Zelle besuchen.

Nur eine Woche nach seiner Rückkehr aus den Vereinigten Staaten unternahm Groenewold eine Reise nach Mailand, wo er auf Einladung der linken Juristenorganisation Magistratura Democratica auf einer abendlichen Podiumsdiskussion auftrat. „Von den anwesenden Richtern und Rechtsanwälten wurden viele Fragen gestellt. (...) Es war großes Interesse da." Auch hier hätten viele die ihnen vorgelegte Erklärung zugunsten der Übernahme eines Mandats in der Bundesrepublik unterschrieben: „Bei mehr Zeit wären es sicherlich noch viel mehr geworden." Am Folgetag hatte Groenewold einen Auftritt auf einer Pressekonferenz, die allerdings, wie er berichtete, durch einen zweiwöchigen Journalistenstreik stark beeinträchtigt worden sei. Als besonders vielversprechend empfand der Hamburger die Kontakte zu denjenigen Rechtsanwälten, die „sich jetzt als Verteidigungskomitee für die BR konstituieren", darunter Eduardo di Giovanni in Rom und Sergio Spazzali in Mailand. Sie möchten

---

[2] So die Angabe in HIS-Archiv, RA 01 / 009,001, Bericht über Paris. Die Erklärung der amerikanischen Rechtsanwälte wurde u. a. auf der Pariser Pressekonferenz am 20.1.1975 öffentlich verlesen.
[3] HIS-Archiv, RA 02 / 039,011.

5. „Solidarität mit der RAF" oder „Verteidigung der Verteidiger"?   341

„sehr gerne und sehr intensiv mit uns reden". Immer wieder hätten die Italiener „die Situation in der Bundesrepublik mit der Situation in Italien verglichen" und dabei vor allem „die faschistischen Tendenzen gesehen und Vergleiche mit dem Faschismus und faschistischen Gesetzen gezogen."[4] Möglicherweise knüpfte Groenewold bei diesem Anlass auch Kontakte zur Redaktion der „Critica del diritto" (Kritik des Rechts), einer Fachzeitschrift linker Juristen, für deren nächste Ausgabe der Hamburger Anwalt über „Faschistische Tendenzen im Rechtswesen der BRD. Die Eliminierung der Verteidigung für Gefangene der Roten Armee Fraktion" berichtete.[5]

Weniger erfolgreich als in der lombardischen Metropole verlief Anfang Januar 1975 ein Besuch in London. Die englischen Rechtsanwälte seien „viel zurückhaltender, nicht so in pol[itische] Prozesse verwickelt", so Groenewold, der auch die Redaktionen des „Guardian", der „Times" und der „Sunday Times" besuchte.[6] Der „Guardian" hatte kurz zuvor einen Artikel des anglikanischen Pfarrers und Vorsitzenden der britischen Sektion von Amnesty International, Reverend Paul Oestreicher veröffentlicht, in dem sich dieser gegen ein Festhalten der RAF-Gefangenen an der Hungerstreik-Strategie aussprach.[7] Oestreicher äußerte sich in seiner abgewogenen Darstellung des Geschehens durchaus kritisch über die frühen Haftbedingungen, bezeichnete die Isolationsvorwürfe inzwischen jedoch als so gut wie in allen Fällen gegenstandslos. „I cherish the faint hope that, with conditions further improved, Herr Baader and Frau Meinhof will call off an increasingly meaningless form of struggle", so der Pfarrer. Der deutschstämmige Oestreicher hatte seit dem 25. November 1976 im Rahmen einer privaten, auf Bitten von Familienangehörigen der Inhaftierten aufgenommenen Vermittlungsmission „als Person und als Christ" die Bedingungen für eine Entspannung zwischen den inhaftierten RAF-Mitgliedern und dem Staat sondiert und dabei einerseits mit Andreas Baader, andererseits mit Justizminister Vogel, Generalbundesanwalt Buback und dem Stuttgarter OLG-Richter Prinzing gesprochen.[8] Dabei hatte er auf einer Pressekonferenz für eine weitere Lockerung der Einzelhaft plädiert, von

---

[4] Groenewold, Reise nach Mailand am 13.12.1974, in: HIS-Archiv, RA 01 / 009,001. Zudem wies Groenewold auf Kontakte zur Zeitschrift „Kontro-Informatione" [sic] hin, wo „jetzt eine Genossin aus Hamburg" für ein Jahr mitarbeite. Bei der deutschen Mitarbeiterin des BR-nahen Blattes handelte es sich um Susanne Mordhorst, die später die Mailänder Verbindung des Büros Croissant bilden sollte.
[5] Kurt Groenewold, Tendenze fasciste nella giustizia della Rft. L'eliminazione della difesa dei prigionieri della Frazione Armata Rossa, in: Critica del diritto. Stato e conflitto di classe, a. 1, n. 3, sett–dic. 1974. Der Aufsatz erschien im Frühjahr 1975.
[6] HIS-Archiv, RA 01 / 009,001; Bericht Groenewolds vom 7.1.1975.
[7] „Laying the ghost of Hitler's courts", in: The Guardian, 30.12.1974.
[8] „Über die Grenze", in: Der Spiegel 51/16.12.1974, S. 24f.; „Für Beendigung des Hungerstreiks: Appell des Vorsitzenden von Amnesty International in Großbritannien", in: FR, 17.12.1974.

den Gefangenen und ihren Anwälten jedoch im Gegenzug das Aufgeben von „Maximalforderungen" verlangt, „die fast auf Sonderprivilegien hinauslaufen und die keinem anderen Gefangenen ähnlicher Kategorie zustehen würden".[9] In einer vom Internationalen Exekutivkomitee der Organisation bestätigten Erklärung befand Oestreicher am 16. Dezember 1974: „amnesty international ist der Meinung, dass (…) zum jetzigen Zeitpunkt die Behauptungen über sog.[enannte] Isolationsfolter nicht gerechtfertigt sind." Entsprechend könne die Organisation auch nicht einschreiten, sei aber prinzipiell „bereit und gewillt", zu einer Lösung der derzeitigen Krise beizutragen, wie seine Anwesenheit in Deutschland beweise.[10] Bei seinem Londonbesuch versuchte Groenewold nicht nur den „Guardian" zur Publikation einer Gegendarstellung zu Oestreichers Artikel zu bewegen. Er traf auch mit dem ai-Generalsekretär Martin Ennals zusammen, um die Intervention des Pfarrers zu problematisieren. Sein Vorgehen stand wahrscheinlich mit einer Aktion des Hamburger Anti-Folter-Komitees in Zusammenhang, das am 30. Oktober 1974 mit einer 32 Personen starken Gruppe die Geschäftsräume der Hamburger ai-Dependance besetzt hatte, um eine Protestadresse gegen die Haftbedingungen zu erzwingen.[11]

Generalsekretär Ennals teilte offenbar die kritische Einschätzung der von der Bundesregierung geplanten gesetzlichen Einschränkungen der Verteidigerrechte, verwies Groenewold hinsichtlich weiterer Schritte jedoch an die Juristen-Kommission seiner Organisation.[12] Derweil suchten Groenewolds Begleiter, wahrscheinlich Mitglieder des Hamburger Anti-Folterkomitees, den britischen ai-Repräsentanten Paul Oestreicher persönlich auf, um den Pfarrer von dem Plan abzubringen, die Hungerstreikenden brieflich zum Einlenken zu bewegen.[13] „Wir haben klargemacht: dieser Brief richtete sich gegen die Gefangenen. O [Oestreicher, P.T.] steht damit allein auf Seiten der BA [Bundesanwaltschaft, P.T.]. Wir haben ihm gesagt, wenn er nicht deutlich von Buback abrückt und wenn er nicht selber akzeptiert, daß er gescheitert ist, sind alle weiteren Versuche vergebens." Schon Ende November hatte es in einem über das ‚info' verbreiteten Papier über Oestreicher geheißen: „Seine Linie: eben AI, aber gegen Gewalt; gegen klare Gefangenen-Hilfs-Politik deshalb. Rogge [gemeint ist Groenewolds angehende Anwaltskollegin Petra Rogge, P.T.] kennt

---

[9] Zitiert in: Ebd.
[10] Amnesty International, Jahresbericht 1975, Bundesrepublik Deutschland, online unter http://www.amnesty.de/umleitung/1975/deu03/001?lang (11.10.2011).
[11] „Auf der Kippe", in: Der Spiegel, 45/4.11.1974, S. 76f., hier S. 76.
[12] HIS-Archiv, RA 01 / 009,001; Bericht Groenewolds vom 7.1.1975.
[13] Oestreicher musste aufgrund seiner jüdischen Herkunft 1938 mit seiner Familie aus NS-Deutschland fliehen.

5. „Solidarität mit der RAF" oder „Verteidigung der Verteidiger"? 343

ihn, weil sie in London vor 4 Wochen mit ihm gesprochen hat, sagt Schwein, unterstützt also die Politik nicht."[14]

In der Tat kam Amnesty International aufgrund der Selbstverpflichtung auf ein Engagement zugunsten gewaltloser politischer Gefangener für eine erfolgreiche Einbindung in die Öffentlichkeitsarbeit der RAF-Verteidiger nur sehr begrenzt in Frage, zumal die ‚Stammheimer' die Organisation vehement verachteten, da sie aufgrund ihres Antikommunismus in der Bundesrepublik „primär affirmativ" wirke.[15] Auf vielfaches Drängen zahlreicher Einzelpersonen inner- und außerhalb der Organisation hatte Generalsekretär Ennals gleichwohl am 15. November 1974 an die einzelnen Justizminister derjenigen Bundesländer geschrieben, in denen RAF-Mitglieder inhaftiert waren und um eine Überprüfung der Anschuldigungen bezüglich der Haftbedingungen gebeten. Zwar blieb Amnesty auch in den Folgejahren strikt bei dem 1975 gefassten Entschluss, die Mitglieder der RAF, der Bewegung 2. Juni und der Revolutionären Zellen nicht im Sinne der ai-Arbeit zu ‚adoptieren', beschäftigte sich in den Jahresberichten 1977 und 1978 aber vergleichsweise ausführlich mit der Situation in der Bundesrepublik.[16] Dabei verlieh die Organisation vor allem ihrer Besorgnis hinsichtlich der neuen Anti-Terrorismus-Gesetzgebung Ausdruck, an der man kritisierte, dass „die Respektierung der Menschenrechte von Verdächtigen und Angeklagten in hohem Maße vom guten Willen der Regierung und vom Ermessen des Gerichtes und der Anklagebehörde" abhänge. Der Fall des Göttinger ‚Mescalero' wurde 1978 als Anlass zu der Mahnung genommen, dass „die Angst einer Nation vor politischer Gewalt Hand in Hand gehen kann mit der Verletzung der Menschenrechte, wenn die Gesetze es zulassen".[17]

---

[14] Beide Passagen sind zitiert in: Klaus, Aktivitäten, S. 91f. Klaus bezeichnet in beiden Fällen Groenewold als den Urheber der Schreiben. Dies ist nicht nur aufgrund des Stils, sondern auch aufgrund des unverhohlenen Eintretens für Gewalt als unwahrscheinlich anzusehen. Zudem ist in Groenewolds eigenem Bericht über den London-Aufenthalt nirgendwo die Rede von einem Zusammentreffen mit Oestreicher.

[15] Vgl. Interview mit „le Monde diplomatique" vom Juli 1976, hier zitiert nach: Klassenkrieg, S. 19.

[16] Jahresberichte 1977 und 1978 Bundesrepublik Deutschland, online unter http://www.amnesty.de/umleitung/1977/deu03/001?lang=de%26mimetype%3Dtext%2Fhtml (11.10.2011); http://www.amnesty.de/umleitung/1978/deu03/002?lang=de%26mimetype%3Dtext%2Fhtml (11.10.2011).

[17] Hinsichtlich der nach eigenem Bekunden „sehr komplexen Frage", „inwieweit die Haftbedingungen politisch motivierter Gefangener in den Aufgabenbereich von amnesty international fallen, zum Beispiel hinsichtlich der Bestimmungen der Satzung über ‚grausame, unmenschliche oder erniedrigende Behandlung oder Bestrafung'", gab das Internationale Exekutivkomitee Ende 1977 eine Studie in Auftrag. Diese kam – unter anderem auf der Grundlage von vier Einzelfallstudien (Irmgard Möller, Werner Hoppe, Astrid Proll und Ingrid Schubert) – zu dem Schluss, dass Einzelhaft und Kleingruppenisolation bei vielen Gefangenen pathologische Störungen verursachen und ihre Rehabilita-

Während Groenewold sich um Kontakte im angelsächsischen Raum kümmerte, hatte sich wie erwähnt sein Kollege Croissant in Paris gemeinsam mit Sartre für die Umsetzung der Pläne stark gemacht, für die der französische Philosoph bei seinem Besuch in Stuttgart geworben hatte. Zum Abschluss seiner bereits zitierten Pariser Rede vom 11. Dezember 1974 kam Croissant auf Sartres Aufruf zur Gründung eines internationalen Verteidigungskomitees zu sprechen. Ein solches Komitee werde inzwischen „nicht nur in Frankreich, sondern auch in Holland, Italien und in den Vereinigten Staaten (…) von maßgeblichen Personen vorbereitet." Die Gründung solle sobald wie möglich, „vielleicht noch vor Weihnachten, in eine entscheidende Phase treten."[18]

Tatsächlich traf Croissant im Anschluss an seinen Auftritt auf dem Podium mit sechs französischen Anwälten zusammen, die im zukünftigen IVK eine wichtige Rolle spielen sollten. Es handelte sich um Mitglieder des Mouvement d'Action Judiciaire, die bereits im Sommer 1973 „großes Interesse an einer konkreten Zusammenarbeit" mit den deutschen Kollegen an den Tag gelegt hatten, wie Rupert von Plottnitz und Groenewolds Sozius Wolf Dieter Reinhard nach einem ersten deutsch-französischen Treffen in Melun festhielten. Umgetrieben habe die französischen Gesprächspartner vor allem der „Widerspruch zwischen der legalistischen Ebene anwaltlicher Tätigkeit und dem Anspruch, durch die anwaltliche Tätigkeit der revolutionären Linken Frankreichs zu dienen". Man habe in Melun vereinbart, hinsichtlich der „Fragen der Verteidigung in politischen Prozessen gegen Linke" grenzübergreifend in Kontakt zu bleiben.[19]

Wie „der Alte" den deutschen Kollegen später über die Zusammenkunft in Paris berichtete, unterbreiteten ihm die Franzosen zunächst ihren Plan, die Angeklagten aus der RAF – eine entsprechende Vollmacht der Gefangenen vorausgesetzt – vor dem Europäischen Gerichtshof für Menschenrechte in Straßburg juristisch vertreten zu wollen. Bei Verstößen gegen Artikel 3 der Menschenrechtskonvention, der Folter und unmenschliche Behandlung verbiete, stehe jedem Rechtsanwalt der der Konvention beigetretenen Staaten ein solches Vorgehen zu. Damit sei auch das Recht verbunden, die Gefangenen besuchen zu dürfen; man bitte um Vorschläge bei der Auswahl der Gefangenen und Hilfe bei zu erwartenden Sprachproblemen. Außerdem kündigten die Franzosen für die folgende Woche eine Fahrt ins niederländische Utrecht an, um dort „das internationale Verteidigungskomitee und die internationale Un-

---

behindern können. Entsprechend wurde die Bundesregierung aufgefordert, Alternativen zu diesen Haftformen zu entwickeln, vgl. Jahresberichte 1978 und 1979 Bundesrepublik Deutschland sowie Amnesty International's Work On Prison Conditions of Persons Suspected or Convicted of Politically Motivated Crimes in the Federal Republic of Germany: Isolation and Solitary Confinement, London 1980.

[18] HIS-Archiv, En G 010,006.

[19] HIS-Archiv, RA 02 / 061,003, Bericht über das Treffen mit französischen linken Anwälten in Melun am 30.6./1.7.1973, gez. Plottnitz und Reinhard.

tersuchungskommission vorzubereiten. Es sollten", so Croissant abschließend, „möglichst viele Anwälte von uns nach Utrecht fahren."

Neben Croissant selbst traten die Fahrt in die Niederlande schließlich Groenewold, Sigrist und zwei Mitglieder des Hamburger Anti-Folterkomitees an. Neben einer „starken französischen Gruppe" – angeführt von Jean-Jacques De Félice – waren in der holländischen Kleinstadt außerdem zwei Jurastudenten aus Belgien anwesend, die mit einer belgischen Anwaltsorganisation in Verbindung standen. Gastgeber war der Niederländer Sjef Teuns, dem offenbar – so jedenfalls der Bericht der angehenden Anwältin Petra Rogge – die Gründung eines aus Ärzten und Rechtsanwälten bestehenden „Komitees gegen Folter in Westeuropa" vorschwebte, das in der Bundesrepublik und in Irland zugunsten politischer Gefangener, aber auch für die medizinische und juristische Betreuung politischer Flüchtlinge im europäischen Exil tätig werden solle.[20] Nach massiver Kritik Groenewolds, Croissants und De Félice' waren diese Vorstellungen jedoch rasch zugunsten einer politisch eindeutiger definierten Organisation vom Tisch. Das letztlich erzielte Ergebnis konnte, so jedenfalls die Einschätzung Rogges, als Kompromiss zwischen den französischen und den deutschen Plänen gelten. De Félice sah als wichtigste Aufgabe des zukünftigen Komitees den „rechtlichen Schutz der [inhaftierten] militanten antifaschistischen und antiimperialistischen Kämpfer, deren Kampf in allen Ländern in gleicher Weise als terroristisch diffamiert werde". In Frankreich gebe es Bestrebungen, den privilegierten Status der politischen Gefangenen, denen verschiedene Hafterleichterungen zustünden, auf solche Häftlinge zu beschränken, die sich keine bewaffneten Aktionen hatten zuschulden kommen lassen – eine Einschränkung, die De Félice für unzulässig hielt. Croissant und Groenewold betonten vor dem Hintergrund der „bevorstehenden Beseitigung der Verteidigungsrechte der Gefangenen aus der RAF" die Notwendigkeit einer sofortigen Intervention des Auslandes innerhalb der Bundesrepublik. Ein allein auf die Bedürfnisse der RAF und ihrer Verteidiger zugeschnittenes Komitee, wie es den Deutschen vorschwebte, ließ sich in Utrecht jedoch nicht durchsetzen,

weil die französische Delegation zwar die Notwendigkeit einer konkreten Intervention gegen die Justizorgane in der BRD begriff und dazu auch bereit war, aber die propagandistische Wirkung der Gründung eines Verteidigungskomitees für die RAF nicht einsah. Einige der Franzosen hatten Ängste, daß das Verteidigungskomitee sich dadurch mit der Politik der RAF identifiziere. Das Hauptargument kam von de Félice, dem sich dann alle anderen, auch die Belgier anschlossen, daß sich ein solches Komitee in Frankreich nicht vermitteln lassen, daß es ‚unsolide' sei. Dahinter steckte die Angst, daß zunächst ein Komitee für die RAF, dann eines für die IRA, dann eins für die ETA gegründet werden müsse. Diese Vorstellung ließ sich auch

---

[20] Bericht über die Besprechung zur Gründung eines internationalen Verteidigungskomitees für militante antifaschistische und antiimperialistische Kämpfer in Utrecht am 14. Dezember 1974, signiert Ro., HIS-Archiv RA 02 / 039,010.

nicht ausräumen. Solide war für die Franzosen ein Verteidigungskomitee für alle militanten Kämpfer, dessen erste konkrete Aufgabe sei, in der BRD zu intervenieren, weil der Faschismus in der BRD alle anderen europäischen Länder bedrohe. Das müsse den Franzosen vermittelt werden.

Ergebnis der Beratungen war die Veröffentlichung eines hochtrabend als „Utrechter Erklärung" bezeichneten Papiers, das von vier französischen Anwälten, dem Niederländer Pieter Bakker Schut sowie von Croissant und Groenewold unterzeichnet wurde.[21] Kern der Erklärung war die Ankündigung eines „Internationalen Komitees für die Verteidigung politischer Gefangener in Europa". Hintergrund sei die „Entwicklung neuer Unterdrückungsmethoden in Westeuropa und ganz besonders in der Bundesrepublik Deutschland, wo die Gefangenen aus der Roten Armee Fraktion (RAF) den mörderischen Haftbedingungen der sensorischen Deprivation ausgesetzt sind". Konkret wurde angekündigt, dass Rechtsanwälte aus Frankreich, Belgien, Holland, Italien und Nordamerika die Verteidigung der deutschen politischen Gefangenen mit übernehmen würden; Ärzte aus diesen Ländern seien zur Prüfung des Gesundheitszustandes der Inhaftierten vorgesehen. Des Weiteren plane man, gemäß Artikel 3 der Konvention gegen Folter Beschwerde bei der Europäischen Menschenrechtskommission einzulegen. Croissant verband die Veröffentlichung der „Utrechter Erklärung" in der Bundesrepublik mit der Ankündigung einer gemeinsamen Arbeitssitzung ausländischer Rechtsanwälte mit den RAF-Verteidigern, die am 21. Dezember mit einer gemeinsamen Pressekonferenz im Stuttgart ausklingen werde. Als besonderer Coup wurde wie bereits angedeutet die Teilnahme William Kunstlers angekündigt. Tatsächlich traten Croissant, Groenewold, Schily, von Plottnitz, De Félice und Kunstler unmittelbar vor Weihnachten gemeinsam vor die deutsche Öffentlichkeit. Themen waren die Haftbedingungen, die geplante Fortsetzung der Hungerstreiks und die aktive Solidarität der ausländischen Anwälte mit ihren deutschen Kollegen. Wie bekanntgegeben wurde, beabsichtigten Verteidiger aus nahezu allen Ländern Westeuropas und der USA, in Stammheim als Prozessbeobachter zu fungieren.[22] In diesem Zusammenhang beklagte William Kunstler, dass weder ihm noch seinem Kollegen und Freund Ramsey Clark, der im Januar nach Deutschland zu kommen beabsichtige, bislang eine Besuchserlaubnis für die Stammheimer Haftanstalt erteilt worden sei. Kunstler betonte, bei der Einhaltung der Menschenrechte im Rahmen der RAF-Verfahren handle es sich um ein „Anliegen von weltweitem Interesse".[23] Gegen den überall zu

---

[21] Der von Jakko Pekelder angenommene, auf Selbstaussagen Bakker Schuts beruhende hohe Einfluss des niederländischen Anwalts auf die Gründung des IVK lässt sich aus den hier konsultierten Dokumenten nicht ableiten, vgl. Pekelder, Herbst, S. 26.
[22] HIS-Archiv, RA 02 / 031,001.
[23] „Prominente US-Anwälte helfen BM-Verteidiger" [sic], in: FR, 23.12.1974; „Ausländische Anwälte wollen am Anarchisten-Prozeß teilnehmen", in: Die Welt, 23.12.1974.

5. „Solidarität mit der RAF" oder „Verteidigung der Verteidiger"? 347

beobachtenden Versuch der Regierungen, militante Gefangene zu „zerstören" und „ihnen die politische Wirksamkeit zu nehmen", müsse „eine internationale Solidarität der Anwälte" ins Werk gesetzt werden. Kunstler verwies in diesem Zusammenhang auch auf eine gemeinsam mit Clark unternommene Reise zur Unterstützung der politischen Gefangenen und ihrer Anwälte in Chile.[24] Für De Félices Engagement spielte offenbar die Besorgnis um den Status der ‚politischen Gefangenen' im eigenen Land eine wichtige Rolle. Die Vorgänge in der Bundesrepublik, so der Franzose, erinnerten ihn an die öffentliche Diffamierung des Hungerstreik-Protests von ehemals in Frankreich inhaftierten Algeriern gegen ihre zerstörerischen Haftbedingungen – Personen, die heute in ihrer Heimat hohe Beamte oder gar Minister seien.

Bei dem Stuttgarter Treffen, das in der deutschen Presse einiges Aufsehen erregte, konkretisierten sich auch die Planungen hinsichtlich des Internationalen Verteidigungskomitees.[25] Anders als ursprünglich vorgesehen, wurde nicht Frankfurt, sondern Paris als Gründungsort bestimmt; die konstituierende Sitzung, die Jean-Jacques De Félice organisatorisch vorzubereiten versprach, wurde auf den 20. Januar 1975 festgesetzt.

Dank eines ausführlichen internen Berichts lassen sich Vorgeschichte und Ablauf der Gründungsveranstaltung recht genau nachvollziehen.[26] Demnach hatten Mitglieder des Hamburger Anti-Folterkomitees, die bereits eine Woche vor dem anvisierten Datum nach Paris gereist waren, vor Ort feststellen müssen, dass entgegen der Zusagen von De Félice „nicht viel gemacht worden" war. Sämtliche Einladungen an die ausländischen Beteiligten und Presseorgane seien daraufhin über das Hamburger Büro verschickt worden. In Paris selbst hätten Mitglieder der Hamburger und Pariser Anti-Folterkomitees gemeinsam für die Mobilisierung der geeigneten Personen gesorgt und dabei vor allem „zahlreiche persönliche Telefonate geführt". Insgesamt bewertete man die Verbindung „französischer Anwalt/deutsches Komitee" als „ganz gut, aber nicht gut genug", was auf der Pressekonferenz zur mageren Präsenz von nur zehn Medienvertretern geführt habe, darunter allerdings Mitarbeiter der Agenturen

---

[24] HIS-Archiv, RA 02 / 031,001, Bericht über die Pressekonferenz der internationalen Anwälte am 21.12.1974 in Stuttgart vom 2.1.1975. KG/Je [Groenewold, Jenschke]. Bei anderer Gelegenheit hielt Kunstler es für angemessen, das bekannte Mahngedicht Martin Niemöllers auf die zeitgenössischen bundesrepublikanischen Verhältnisse zu beziehen: „When they came for the RAF, I did not protest because I was not a member... and then they came for me", HIS-Archiv, RA 02 / 039,010.

[25] Vgl. zusätzlich zu den bereits genannten Artikeln in „FR" und „Welt" auch „Aktionen der BM-Anwälte auf internationaler Ebene", in: Stuttgarter Nachrichten; „Früherer US-Justizminister will Häftlinge besuchen", in: Stuttgarter Zeitung; alle Artikel vom 23.12.1974, alle in HIS-Archiv, RA 02 / 035,012.

[26] HIS-Archiv, RA 01 / 009,001.

ap und afp sowie der britischen „Sunday Times". Die im nicht-öffentlichen ersten Teil der Sitzung vorausgegangenen inhaltlichen Beratungen seien zunächst von einem neuen Konflikt mit Teuns bestimmt gewesen, der die Forderung formuliert habe, das Komitee müsse sich stärker in die politischen Kämpfe der Arbeiterschaft integrieren. Ein italienischer Teilnehmer habe zusätzlich die Differenzierung zwischen politischen und kriminellen Gefangenen problematisiert. Groenewold habe jedoch klargestellt, dass das Thema des Komitees nicht die allgemeine Unterdrückung sei und es nicht darum gehen könne, Forderungen nach der Abschaffung des kapitalistischen Staates vorzutragen. Neuen Streit gab es aber auch mit den Franzosen. Die deutsche Delegation hatte den bisher informell verwendeten Namen des Komitees eigenmächtig verändert – mit Blick auf die in der Gründungserklärung formulierte Zielsetzung, wie Groenewold betonte. Die meisten Franzosen, allen voran Jean-Jacques De Félice, lehnten den neuen Vorschlag „Internationales Verteidigungskomitee für militante antifaschistische und antiimperialistische Gefangene in Westeuropa" jedoch rundweg ab – ebenso wie eine weitere Forderung des Rechtsanwaltes Zéwié, der zusätzlich den Hinweis auf die Folterung der Inhaftierten bei der Namensgebung berücksichtigt sehen wollte.

Grundsätzliche Billigung habe dagegen der deutsche Vorstoß zugunsten der Durchführung einer internationalen Konferenz über politische Gefangene in Deutschland, Irland und Israel gefunden. „Auf Widerspruch stieß nur die Ausdehnung auf palästinensische Gefangene. Das Komitee beschränkt sich auf politische Gefangene in Europa. Daran, daß es politische Gefangene in Europa gibt, liegt die Provokation. Dem konnten wir in diesem frühen Stadium nicht widersprechen." Als Tagungsort für die für April 1975 geplante Veranstaltung wurden Amsterdam, Paris oder das italienische Triest in Erwägung gezogen – letzteres aufgrund der eventuell bestehenden Möglichkeit, die Konferenz im Institut des bekannten Vertreters der ‚Anti-Psychiatrie' Franco Basaglia abzuhalten.

Als Gründungsmitglieder des nun offiziell in Paris ins Leben gerufenen IVK fungierten italienische, französische, deutsche, niederländische und amerikanische Anwälte, letztere allerdings ausdrücklich als Privatpersonen, nicht als Repräsentanten der National Lawyers Guild Als „sehr vorsichtig" erwiesen sich jedoch vor allem die Vertreter aus Großbritannien, die sich „noch nicht als Mitglieder bezeichnen" wollten. Als vorläufige zentrale Adresse des IVK, wo die Aktionen der einzelnen nationalen Sektionen zusammengeführt und koordiniert werden sollten, wurde zunächst das Protestantische Zentrum in der Pariser Rue de Vaugirard bestimmt. Für die Zukunft brachte Groenewold auch Hamburg ins Spiel. Croissant ergänzte seinen Bericht handschriftlich um die Forderung, in jedem Falle müsse „ein Anwalt für Stg.[=Stuttgart]" in der Zentrale vertreten sein – ein Beleg dafür, dass er das Geschehen im Komitee in jedem Falle im Sinne der eigenen Linie zu beeinflussen gedachte.

5. „Solidarität mit der RAF" oder „Verteidigung der Verteidiger"? 349

Wichtigster Programmpunkt der anschließenden, von Jean-Jacques De Félice geleiteten Pressekonferenz war die Vorstellung der offiziellen Präambel des IVK, die vorab von Croissant formuliert worden war und nun von De Félice vorgestellt wurde. Sie umfasste ein Sieben-Punkte-Programm sowie eine Gründungserklärung, die wie folgt lauteten:

1. Die antiimperialistischen und antifaschistischen Kämpfe entwickeln sich in den Ländern der 3. Welt und in den Metropolen.
2. Gegenüber diesen Kämpfen ist in allen kapitalistischen Staaten die Anwendung verschiedener Methoden zur Einschränkung der zivilen und politischen Rechte festzustellen, besonders auf dem Gebiet der Justiz.
3. In vielen Ländern werden politische Gefangene, denen Gewaltanwendung bei der Teilnahme an diesen Kämpfen vorgeworfen wird, von Seiten der Exekutiv- und Justizorgane speziellen Haftbedingungen unterworfen, die darauf abzielen, ihre Identität zu zerstören.
4. Diese Staaten, die durch ihre Gesetze und die internationalen Vereinbarungen daran gebunden sind, die Menschenrechte zu beachten, haben wissenschaftliche Foltermethoden entwickelt.
5. Eine neue Foltermethode ist die sensorische Deprivation, die zusammen mit der Langzeitisolierung die Zerstörung des Menschen bewirkt.
6. Langzeitisolierung und sensorische Deprivation werden seit mehreren Jahren gegen politische Gefangene angewendet, besonders gegen jene aus der Roten Armee Fraktion in der BRD.
7. Die Rechte der Verteidigung sind in der BRD sehr stark eingeschränkt worden durch ein Spezialgesetz, das seit 1. Januar 1975 in Kraft ist.
Angesichts dieser Tatsachen haben sich Anwälte, Wissenschaftler, Ärzte und Schriftsteller aus Frankreich, Belgien, Holland, Italien, USA, England und der BRD entschlossen, ein Internationales Komitee zur Verteidigung politischer Gefangener in Europa zu gründen.

Bemerkenswert an dem Text war zunächst, dass die in den Industrienationen aktiven militanten Gruppierungen bereits im ersten Satz mit den Befreiungsbewegungen der ‚Dritten Welt' auf eine Stufe gestellt wurden, wobei beide mit dem vertrauten Label „antiimperialistisch und antifaschistisch" geadelt wurden. Die Bekämpfung dieser Bewegungen durch die betroffenen Staaten wurde überall umstandslos mit einer Unterdrückung der Freiheitsrechte gleichgesetzt. Spezifisches Augenmerk galt den Haftbedingungen derjenigen Mitglieder, denen – so die mit Bedacht gewählte vorsichtige Formulierung – Gewaltanwendung zur Last gelegt wurde. Wo sich aufgrund gesetzlicher Bestimmungen offene Menschenrechtsverletzungen verböten, um die „Identität" solcher Gefangener zu „zerstören", setze man stattdessen auf verdeckte, wissenschaftlich erprobte Foltermethoden – allen voran auf die berüchtigte „sensorische Deprivation". In den letzten beiden Punkten ging die Präambel schließlich speziell auf die Situation in der Bundesrepublik ein, wobei sowohl die „Langzeitisolation" der RAF-Häftlinge als auch die gesetzliche Einschränkung der Verteidigerrechte kritisiert wurden. Alle in der Präambel genannten Behauptungen wurden nicht nur durch die indikativische Formulierung in den Rang erwiesener Fakten erhoben, sondern im Schlusssatz nochmals als „Tatsachen" ausgewiesen. Vor dem

Hintergrund des Umstands, dass sich bislang vor allem Strafverteidiger in der Komitee-Arbeit engagierten, besaß der Rekurs auf „Wissenschaftler, Ärzte und Schriftsteller" offenbar vor allem Appellcharakter – wenn man vom Engagement Christian Sigrists und Sjef Teuns' einmal absieht. Die weitere Entwicklung sollte zeigen, dass das IVK auch zukünftig im Wesentlichen ein transnationales Netzwerk linksgerichteter Anwälte blieb. Konkrete Aktivitäten und Zielsetzungen, auch in Abgrenzung zu anderen Gruppen, wurden in der Präambel im Übrigen ebenso wenig benannt wie organisatorische Details – alle diesbezüglichen Entscheidungen wurden auf zukünftige Treffen verschoben. Zur Finanzierung der Aktivitäten des IVK wurde ein sogenannter Rechtshilfefonds für die Verteidigung politischer Gefangener eingerichtet. Spendenwillige konnten ihren Obolus auf zwei Stuttgarter Konten einzahlen, die treuhänderisch durch Klaus Croissant verwaltet wurden. Bei Ausscheiden des Treuhänders wurde sein Nachfolger – so die Statuten des Fonds – vom Beirat und einer Mehrheit der Gefangenen im Stuttgarter Verfahren gewählt. Mitglied des Beirates waren der Schriftsteller Peter O. Chotjewitz, der Buchhändler Wendelin Niedlich und der Regisseur Volker Schlöndorff.[27] Gleichwohl litt das IVK, so jedenfalls der ehemalige Croissant-Mitarbeiter Volker Speitel, unter chronischen Finanzproblemen, da der Verteidigungsfonds „kaum was" eingebracht habe. Zumindest die deutsche Sektion in der Stuttgarter Kanzlei Croissants scheint zur Deckung der „immensen Kosten", die unter anderem durch die zahlreichen Reisen entstanden, immer wieder auch auf die finanzielle Unterstützung der „Illegalen" zurückgegriffen zu haben.[28]

Im Laufe der folgenden Monate kristallisierte sich eine Struktur mit fünf nationalen Sektionen heraus. Vertreten waren Frankreich, die Niederlande, Italien, Schweiz und die Bundesrepublik, nicht dagegen Großbritannien und die USA, obwohl sich wie gesehen sowohl englische als auch amerikanische Anwälte zumindest anfangs gemeinsam mit den im IVK organisierten Strafverteidigern engagiert hatten. Später sollte eine griechische, eine belgische und

---

[27] Statut des Rechtshilfefonds für die Verteidigung politischer Gefangener, HIS-Archiv, RA 02 / 036,003. Über finanzielle Fragen im Zusammenhang des IVK geht aus den Akten der Anwaltskanzleien so gut wie nichts hervor. Überliefert ist lediglich ein für das Denken des Verfassers recht aussagekräftiger Bittbrief Croissants an Pieter Bakker Schut, indem er den holländischen Kollegen um die Einwerbung von Spenden in den Niederlanden bittet: „Die finanzielle Hilfe des Auslandes für das IVK – deutsche Sektion – oder den Rechtshilfefonds soll als Akt des antifaschistischen Widerstandes verstanden werden. (...) Die Situation in der BRD ist so, daß die deutsche Sektion die größten Aufwendungen hat. Wenn wir uns nicht aus deutschen Spenden finanzieren können, so liegt das auch daran, daß jeder Spender Angst hat, sich dadurch in berufliche oder strafrechtliche Schwierigkeiten zu bringen: Unterstützung eines Unterstützers einer kriminellen Vereinigung, so wird wohl eines Tages der Vorwurf gegen die deutschen Spender lauten", Schreiben vom 13.9.1976, HIS-Archiv, RA 02 / 036,003.

[28] Speitel, Wir wollten alles II, S. 31.

5. „Solidarität mit der RAF" oder „Verteidigung der Verteidiger"? 351

eine dänische Sektion hinzukommen, wobei Croissant in Frage kommende Kollegen in den betreffenden Ländern gezielt angesprochen hatte.[29] Als Sitz der nationalen Sektionen firmierte in jedem Land eine bestimmte Anwaltskanzlei; für Presseerklärungen und sonstige Korrespondenzen stand Briefpapier zur Verfügung, das im Briefkopf die Repräsentanten aller europäischen Sektionen aufführte. Auf die ursprüngliche Idee der zentralen Kontaktadresse wurde erst wieder ab 1976/77 mit der Inhaftierung Klaus Croissants zurückgegriffen, dessen Stuttgarter Kanzlei bis zu diesem Zeitpunkt faktisch die damit verbundene Koordinierungsfunktion übernommen hatte.[30] Als Sitz des so genannten „Generalsekretariats" wurde im Frühjahr 1977 die Praxis der Brüsseler Anwältin Cecile Draps bestimmt, die Croissant im Frühjahr 1975 auf einem internationalen Anwaltstreffen bei Lyon kennengelernt hatte.[31]

Was die konkreten Aktivitäten des IVK anging, so wurde eine gemeinsame Linie der prinzipiell voneinander unabhängig arbeitenden Sektionen im Wesentlichen durch die relativ häufigen Treffen der involvierten Personen erreicht. Auf diesen unregelmäßigen Zusammenkünften an wechselnden Treffpunkten in den verschiedenen beteiligten Ländern wurden sowohl die unterschiedlichen nationalen Problemlagen diskutiert als auch die gemeinsam durchgeführten Kampagnen erarbeitet. Zentraler Motor aller Initiativen des IVK war Klaus Croissant. Und auch wenn über die Tätigkeit der übrigen Sektionen keine erschöpfenden Informationen vorliegen, spricht alles dafür, dass die deutsche Sektion mit ihrem Sitz in dessen Stuttgarter Kanzlei die mit Abstand aktivste war.

---

[29] So wandte sich Croissant im Februar 1977 an den ihm bekannten Rechtsanwalt Kannelakis, um diesem klarzumachen, „daß es sehr günstig wäre, wenn sich eine griechische Anwaltsvereinigung, die sozialistisch (nicht sozialdemokratisch) orientiert ist, bereitfinden würde, die Sektion Griechenland des Internationalen Komitees für die Verteidigung politischer Gefangener in Westeuropa zu gründen und zu betreiben", Schreiben vom 7.2.1977, in: HIS-Archiv, RA 02 / 056,003. Offenbar hatte es im Zusammenhang mit der Diskussion um die Auslieferung des ehemaligen RAF- und Bewegung 2. Juni-Mitglieds Rolf Pohle im Herbst 1976 bereits konkrete Bestrebungen zur Gründung einer griechischen IVK-Sektion gegeben, vgl. weiter unten S. 390f. Die belgische Sektion des IVK gründete sich am 2. Oktober 1976. Bereits zuvor waren in Belgien zwei RAF-Unterstützerkomitees aktiv, Protokoll Christian Müller, IVK-Treffen am 13.11.76 in Frankfurt, HIS-Archiv, RA 02 / 054,004.

[30] Schon im September 1976 hatte es nach der erneuten Inhaftierung des Anwalts geheißen: „Bilanz der Sommermonate: IVK handlungsunfähig (Verhaftung von Klaus), deshalb Vorschlag: Einrichtung eines zentralen Sekretariats (Sitz Paris), das bei Dringlichkeitsfällen die nötigen Infos an die richtigen Leute weiterleiten + Aktionen koordinieren kann", IVK-Sitzung Paris 11./12. September 76, Protokoll, HIS-Archiv, RA 02 / 054,004. Aufgrund von internen Querelen fiel die französische Sektion für diese Aufgabe allerdings aus, vgl. weiter unten S. 354ff.

[31] Bericht über das Treffen von französischen, italienischen, belgischen und holländischen Richtern, Rechtsanwälten, Studenten, Professoren und Sozialarbeitern in Goutelas bei Lyon am 5. und 6.4.1975, gez. Croissant, HIS-Archiv, RA 01 / 009,003.

Interessanterweise liegen auch aus der Feder der ‚Stammheimer' Entwürfe zu Gründungsaufrufen und Präambel des IVK vor, die – wenn auch leider nicht datiert – interessante Rückschlüsse auf den Grad erlauben, in dem die Tätigkeit des Komitees aus den Zellen heraus gesteuert wurde. Als wenig überraschend kann die Tatsache gelten, dass die teilweise mehrere eng beschriebene Seiten umfassenden Papiere, die in den Zellen entstanden waren, ausschließlich um die Situation der Verfasser selbst kreisten. Dies wurde bereits darin deutlich, dass die ‚Stammheimer' für das IVK ganz selbstverständlich den Namenszusatz „für die gefangenen aus der raf" vorgesehen hatten. Zentrale Aufgabe des Komitees war es in ihren Augen, „den druck der intern. öffentlichkeit maximal zur geltung zu bringen", um die Gefangenen „gegen ihre vernichtung" zu schützen und eine unbehinderte Prozessführung durch sie selbst und ihre Anwälte zu ermöglichen. Bemerkenswerterweise sollte es aber auch darum gehen, „den sich entwickelnden/möglichen revolutionären (antifaschistischen) widerstand gegen die faschistische entwicklung der imperialistischen führungsmacht brd zu unterstützen".[32] Zu diesem Zweck seien von Seiten des Komitees Kontakte zu bereits im Ausland tätigen Antifolterkomitees, zu Intellektuellen, Ärzten, Journalisten, Juristen, Gruppen der Neuen Linken „in jedem imperialistischen land aufzunehmen [und] die information und kommunikation zu organisieren". Konkret sollten unter dem Dach des IVK etwa Kommissionen gebildet werden, um die „illegalen faschistischen praktiken" des deutschen Staatsschutzes zu untersuchen und anzuklagen, so etwa „die gezielte ermordung von holger meins". Perspektivisch schwebte den Gefangenen der Ausbau des IVK zu einer internationalen Roten Hilfe vor. „ai wird die basis weglaufen, wenn das ding steht", so die Prognose Ulrike Meinhofs.[33] Wer sich in dieser Organisation engagiere, so hieß es, dem sei durch das Vorbild der Gefangenen aus der RAF die eigene Lage im System klar geworden: „leben heißt kämpfen". „die stärke des int.vert.kom. kann nur sein: sich die *moralische* position ganz bewusst zu machen, anzueignen und daraus alle aktivitäten zu entwickeln/vermitteln – ‚man muss sich entscheiden': entweder man bleibt passiv und wird schuldig auf der seite des imperialismus/faschismus – oder man stellt sich aktiv auf die seite der revolution, der untersten massen, der völker der 3. welt, der befreiungskämpfer, der politischen gefangenen in den metropolen."[34]

Den Fahndern war die versuchte Einflussnahme der Inhaftierten auf das neue Gremium dank der bei Zellendurchsuchungen gefundenen ‚info'-Aufzeichnungen von Anfang an bewusst.[35] In den Augen des BKA-Ermittlers Alfred Klaus ging es den Gefangenen letztlich darum, dass das IVK, „ähnlich

---

[32] HIS-Archiv, RA 02 / 046,007.
[33] Zitiert in: Klaus, Aktivitäten, S. 87.
[34] Ebd.
[35] Vgl. Klaus, Aktivitäten, S. 87ff.

5. „Solidarität mit der RAF" oder „Verteidigung der Verteidiger"?   353

wie die Folterkomitees im nationalen Rahmen (...) die Funktion einer legalen Dachorganisation bzw. Basis der diversen Guerilla-Gruppen in aller Welt" übernähme. Tatsächlich forderte ein Andreas Baader zugeschriebenes Papier, das Komitee müsse im Sinne der „vereinheitlichung der antiimperialistischen propaganda in westeuropa (...) kontakte zu allen gruppen und organisationen herstellen, die den antiimp. kampf führen, die politische gefangene haben: IRA ETA BR". Einbezogen werden müssten aber auch diejenigen Befreiungsbewegungen, die den Kampf in den ‚Metropolen' als Bestandteil der eigenen Strategie betrachteten – „in erster linie die palästinensischen widerstandsorganisationen".[36] Für Klaus ergab sich aus diesen und anderen Beweismitteln, dass die anvisierten Auslandskontakte vor allem deshalb von Bedeutung seien, „weil deren Operationsräume als Ersatz für das fehlende Hinterland bzw. als Zuflucht für flüchtige Terroristen bzw. befreite Gefangene dienen sollen".[37]

Auch wenn das Knüpfen klandestiner Strukturen unter der Regie von Klaus Croissant zunehmend an Bedeutung gewinnen sollte – erstes Ziel des IVK war auch für die ‚Stammheimer' zweifellos die Organisation von Gegenöffentlichkeit. So tauchte die von den deutschen Verteidigern innerhalb des IVK früh vorgebrachte Forderung nach einem internationalen Kongress auch in Baaders zitiertem Strategiepapier auf, wobei dieser in gewohnt großsprecherischer Manier gleich das Russell-Tribunal zum Vietnam-Krieg von 1967 zum Vorbild erhob.[38] Mit der Konferenz-Idee wurde ein Plan Gudrun Ensslins wiederaufgenommen, den diese bereits 1973 entworfen hatte.[39] Tatsächlich fand Anfang Mai 1975 in Mailand eine IVK-Konferenz zugunsten inhaftierter IRA- und RAF-Mitglieder statt – wenngleich diese verglichen mit den hochfliegenden Plänen der ‚Stammheimer' sehr bescheiden anmutete und in den Medien kaum ein Echo fand.[40] Als Redner traten jeweils ein Mitglied des Hamburger Anti-Folter-Komitees und der nordirischen, marxistisch ausgerichteten Organisation People's Democracy auf, außerdem gab es Wortbeiträge von Christian Sigrist und dem Dubliner Anwalt Michael Conneely. Den Hauptvortrag über die „Schauprozesse" in der Bundesrepublik gegen „antiimperialistische Kämp-

---

[36] HIS-Archiv, RA 02 / 046,002. Möglicherweise ist der Verfasser des Papiers tatsächlich Raspe; auf einer Kopie befindet sich der handschriftliche Vermerk „Jan".
[37] HIS-Archiv, Klaus-Bericht, S. 31.
[38] HIS-Archiv, RA 02 / 046,002. Für die Geschichte des International Tribunal on the American War Crimes in Vietnam vgl. Arthur J. Klinghoffer/Judith A. Klinghoffer, International Citizens' Tribunals: Mobilizing Public Opinion to Advance Human Rights, New York 2002, S. 103–162.
[39] Vgl. weiter oben S. 265.
[40] HIS-Archiv RA 2 / 052,002. Als Tagungsort wurden die Räumlichkeiten der Società Umanitaria in der Via Daverio angegeben. Croissant hatte die Veranstaltung unter anderem auf einem internationalen Anwaltstreffen bei Lyon im April 1975 beworben, an der auch 8 italienische Vertreter teilgenommen hatten, HIS-Archiv, RA 01 / 009,003.

fer" hielt Croissant. Als Ziel der Tagung wurde in der Einladung angegeben, „dem Herannahen des Neuen Faschismus in Westeuropa entgegenzutreten" und zu besprechen, „welche konkreten Schritte zum Schutz militanter politischer Gefangener in der BRD und Irland unternommen werden können, insbesondere auch im bevorstehenden Prozeß gegen die RAF in Stuttgart." Die Vermutung liegt nahe, dass die Resonanz der Mailänder Veranstaltung auch vor dem Hintergrund der dramatischen Ereignisse im Zusammenhang mit der Stockholmer Botschaftsbesetzung vom 24. April 1975 begrenzt blieb – die Täterschaft der ‚zweiten Generation' drohte zu der Strategie, die Vordenker der ‚ersten' als Opfer staatlicher ‚Vernichtung' zu präsentieren, in einen nur schwer überbrückbaren Gegensatz zu geraten.

In der Folgezeit gingen die zahlreichen Auftritte deutscher RAF-Anwälte dies- und jenseits der Grenzen – zum Teil mit, zum Teil ohne die Schirmherrschaft des IVK – nicht mehr über die Teilnahme an Pressekonferenzen oder Podiumsdiskussionen hinaus. Zwar gab es kaum eine größere Veranstaltung der Neuen Linken im Europa jener Jahre, an der nicht ein deutscher Strafverteidiger teilnahm und das Thema Haftbedingungen und ‚Anwaltsverfolgung in der BRD' auf die Tagesordnung brachte.[41] Die alleinige Deutungshoheit sollte die Linie der ‚Stammheimer' bzw. der Kanzlei Croissant auf solchen Veranstaltungen aber nicht erlangen – weder auf dem sogenannten Anti-Repressions-Kongress von Bologna im September 1977 noch auf dem Russell-Tribunal 1978/79. Zwar schrieb sich Croissant die Instrumentalisierung des „3. Internationalen Russell-Tribunals zur Situation der Menschenrechte in der Bundesrepublik Deutschland" zugunsten seiner Schützlinge im gleichen Moment auf die Fahnen, als ihn die ersten Informationen über entsprechende Planungen erreichten.[42] Gelingen sollte der Versuch einer Vereinnahmung der Veranstaltung durch das IVK jedoch nicht mehr, nachdem sowohl Croissant selbst, als auch seine ehemaligen Partner Müller und Newerla das Tribunal nur noch aus der Untersuchungshaft heraus verfolgen konnten. Thematisiert wurde während der 2. Sitzungsperiode des Tribunals in Köln lediglich die Einschränkung der Verteidigungsrechte; von den ehemaligen Anwälten der ‚Stammheimer' traten Schily, Ströbele, Groenewold, von Plottnitz und Hannover auf.[43]

---

[41] Dies forderten vor allem die ‚Stammheimer' selbst, die auch die politische Linie der Redner möglichst genau festzulegen versuchten, vgl. etwa weiter oben S. 209.
[42] Zu Genese und Verlauf der „Russell-Kampagne" vgl. Steffen, Geschichten vom Trüffelschwein, S. 211–216 sowie ausführlich Michael März, Linker Protest nach dem Deutschen Herbst. Eine Geschichte des linken Spektrums im Schatten des ‚starken Staates' 1977–1979, Bielefeld 2012, S. 245–309. Hinter dem Engagement Croissants steckte einmal mehr das Drängen der ‚Stammheimer' selbst, vgl. HIS-Archiv, RA 02 / 059,010.
[43] Vgl. 3. Internationales Russell-Tribunal. Zur Situation der Menschenrechte in der Bundesrepublik Deutschland, Bd. 1–4, hg. v. Deutschen Beirat und Sekretariat des 3.

5. „Solidarität mit der RAF" oder „Verteidigung der Verteidiger"? 355

Insgesamt ergibt sich der Eindruck, dass Croissant und zunächst auch Groenewold intensiv darum bemüht waren, möglichst viele von den Zielsetzungen ihrer Mandanten in die Politik des IVK einzubringen – wenn auch teilweise in einer den Erfordernissen erfolgreicher Öffentlichkeitsarbeit angepassten Rhetorik und unter Rücksichtnahme auf die ausländischen Befindlichkeiten. So hatte man beispielsweise die Idee der von den Gefangenen erwünschten Ausdehnung der Komitee-Arbeit auf palästinensische Häftlinge vor dem Hintergrund der Skepsis der Partner aufgeben müssen. Überdies musste von vornherein klar sein, dass eine allzu positive Bezugnahme auf den „revolutionären widerstand", wie sie die Gefangenen verlangt hatten, das IVK der Gefahr aussetzte, ins Visier der Verfolgungsbehörden zu geraten, wie dies für die Kanzleien Croissants, Groenewolds und Ströbeles bereits seit Ende 1973 der Fall war. Schon in einer frühen Phase zeichnete sich aber auch ab, dass viele der engagierten Ausländer – vor allem die Mehrheit der französischen Anwälte – eine allzu große Nähe zur RAF vermeiden wollten. „Volle Unterstützung, aber keine Identifizierungserklärung", so die Formulierung Groenewolds, der im selben Atemzug betonte, dass eine solche jedoch „natürlich auch nicht erforderlich" sei und der „Politik der Verteidiger der politischen Gefangenen aus der RAF" nicht entspreche. In jedem Falle hätten die ausländischen Teilnehmer der Gründungsversammlung „die Priorität der Situation in der Bundesrepublik Deutschland klar erkannt, (...) die Situation der politischen Gefangenen in der BRD als Folter akzeptiert und die faschistischen Tendenzen in der Bundesrepublik selbst gesehen. Die Bereitschaft ist sehr groß, das Thema international zu machen (...). Die Abgrenzungstendenzen sind demgemäß nicht feindlich".[44]

Auch wenn sich diese Einschätzung des Hamburger Anwalts grundsätzlich bestätigen sollte, verschärften sich die von Beginn an angelegten Spannungen zwischen deutschen und französischen Vertretern schließlich in einem solchen Maße, dass es Anfang 1977 zum Rückzug des größten Teils der französischen Sektion aus der Komitee-Arbeit kommen sollte. Die Adresse Jean-Jacques De Félices verschwand aus dem Briefkopf des IVK und wurde durch diejenige des Pariser RAF-Unterstützer-Komitees in der Rue Condé ersetzt, das den linken, dem deutschen SPK nahestehenden Flügel der bisherigen französischen Sektion ausgemacht hatte.[45] Diese Entwicklung war vor allem eine Folge der Tatsa-

---

Internationalen Russell-Tribunals, Berlin 1978/79, hier Bd. 4, Teil 2: Einschränkung von Verteidigungsrechten, Verfassungsschutz.

[44] HIS-Archiv, RA 01 / 009,001.

[45] Neben inhaltlichen Differenzen spielte für die Spaltung der französischen Sektion offenbar auch eine Rolle, dass sich die Mitglieder des Comité de soutien von den Rechtsanwälten „dazu degradiert" fühlten, „kohle ranzuschaffen für deren reisen und übersetzungen zu machen, also einfach die technische seite des ivk's übernehmen sollen – was sie auch machen", „bericht paris ivk-sitzung" 11.9.76, HIS-Archiv, RA 02 / 054,004.

che, dass das IVK immer stärker von Croissant dominiert wurde, während sich Groenewold – im Urteil der Franzosen ein Mann von „gemäßigten Ansichten"[46] – wie gesehen unter dem Druck der deutschen Verfolgungsbehörden ab dem Sommer 1975 sukzessive aus seinen IVK-Aktivitäten zurückzog.

Die Differenzen zwischen der französischen und der deutschen Sektion traten erstmals im Sommer 1976 in Zusammenhang mit der Veröffentlichung der letzten Texte Ulrike Meinhofs im Namen des IVK offen zu Tage – ein Alleingang der Deutschen, gegen den De Félice Protest einlegte, da er sich mit dem Inhalt der Texte „nicht identifizieren" könne.[47] Eine Mitarbeiterin seiner Kanzlei kritisierte im September 1976, „daß sie sich seit einem jahr instrumentalisiert fühlten, alle initiativen gingen von der brd aus, durch den briefbogen, auf dem alle sektionen aufgeführt seien, werde man in dinge reingezogen, die man vorher nicht wisse, und so was gehe nicht. wenn das ivk etwas mache – auch die sektionen – müsse das mit allen anderen vorher abgesprochen sein."[48] Gegen den Widerstand des Comité de soutien wollte De Félice, so ein deutscher Beobachter, um jeden Preis vermeiden, „dass das ivk zum raf-komitee wird", aus Angst, „dass es damit nicht mehr bündnisfähig ist".[49] Wie er Croissant Ende September 1976 wissen ließ, erschien es De Félice „*indispensable* (...) de défendre *tous* les prisonniers ou militants politiques menacés par les formes nouvelles de repression".[50] Zwar wolle er sich nicht „um das Engagement für politische Gefangene, die sich zur revolutionären Gewalt bekennen, drücken", wie der Franzose in einem Gespräch mit Christian Sigrist betonte. Er sei allerdings „gegen die exklusive Definition des politischen Gefangenen durch dieses Merkmal der revolutionären Gewalt". Für eine breitere Wirkungsmöglichkeit des IVK sei ein „elargissement" auf gewaltlose politische Gefangene unerlässlich – eine Gruppe, zu der in Frankreich etwa Kriegsdienstverweigerer gehörten.[51]

Für eine Verbreiterung der gemeinsamen Aktionsbasis weg von der Fokussierung auf die RAF trat auch De Félices Kollege Michel Tubiana ein, der als neuer Sekretär der französischen Sektion auf einem IVK-Treffen im November 1976 in Frankfurt den Entwurf einer entsprechend revidierten Präambel vor-

---

[46] So das Urteil des IVK-Mitglieds Gérard Soulier, in: Réunion de la section francaise du 1.2.77, HIS-Archiv, RA 02 / 054,005.
[47] „bericht paris ivk-sitzung" 11.9.76, HIS-Archiv RA 02 / 054,004.
[48] Brigitte Masson, Bericht über das Treffen der französischen IVK-Sektion vom 27.9.1976. Masson, Mitglied des Pariser Unterstützerkomitees, also der „Minderheitsfraktion" der französischen Sektion, berichtete auch von der Intervention Inge Lückens, einer deutschen Mitarbeiterin des Protestantischen Zentrums, die der RAF vorwarf, „daß sie durch militante aktionen die repression verschärfe oder auslöse" – eine Position, die von der Mehrheit der deutschen Linken geteilt wurde.
[49] „bericht paris ivk-sitzung" 11.9.76, HIS-Archiv, RA 02 / 054, 004.
[50] 30.9.1976, Schreiben Jean-Jacques De Félice an Croissant, HIS-Archiv, RA 02 / 054,004.
[51] Bericht von Christian Sigrist über das Gespräch mit De Félice am 6.4.77, HIS-Archiv, RA 02 / 054,005.

5. „Solidarität mit der RAF" oder „Verteidigung der Verteidiger"?   357

legte. Laut deutschem Sitzungsprotokoll ging Tubianas Kritik vor allem von der zentralen Aussage der Ursprungsfassung aus, in der ‚Dritten Welt' wie in den Metropolen entwickelten sich antiimperialistische und antifaschistische Kämpfe. Diese Kämpfe, so Tubiana, gebe es in Wirklichkeit gar nicht, „der Faschismus sei in Europa nicht existent". Sehr wohl aber sei „eine zunehmende Repression festzustellen, eine fortwährende Negation der Menschenrechte bzw. Bruch gesetzlich verankerter Rechte des Individuums".[52] In diesem Sinne schlügen die Franzosen für die Neufassung der Präambel eine bewusst weit gefasste Formulierung vor, die davon ausgehe, dass „zahlreiche staatsbürger wegen ihrer meinungen und politischen aktionen verfolgt würden, welcher art diese auch seien".[53] „Die Auffassung, die BRD sei Zentrum der Reaktion in Westeuropa, sei falsch. Der Faschismus sei in ähnlichem Maß auch in anderen europ. Ländern festzustellen (wofür Beispiele genannt wurden), die BRD nehme darin zwar eine wichtige Funktion ein, sei jedoch nicht ‚Schrittmacher'". Der französische Vorschlag, „die Präambel zu ‚neutralisieren', hätte den Vorteil, daß mehr Personen/Gruppen (Beispiele: Persönlichkeiten, linke Gewerkschaften, also Richtergewerkschaft, Anwälte usw.) sich im IVK engagierten könnten, also Verbreiterung der Basis." Vor allem aber übte Tubiana Kritik am Vorgehen der deutschen Sektion: „Die frz. Sektion müsse sich als Appendix der BRD-Sektion betrachten, da alle Initiativen, Aktivitäten von der Sektion BRD ausgingen."[54] Man habe „den eindruck, von der deutschen sektion auf eine bestimmte linie festgelegt [zu werden]: einseitig auf verteidigung der raf. es würden informationen vorenthalten (so über die tatsache anderer gefangener aus anderen gruppen: 2. juni / kh roth". All dies habe zu einer „vertrauenskrise" geführt.[55] Im Laufe der anschließenden, erbittert geführten Diskussion – getagt wurde von 10 bis 23 Uhr – fand die Position der französischen „Mehrheitsfraktion" um Tubiana Befürworter, aber auch Gegner. So kritisierte der holländische Vertreter Dolf Hartkamp, „die präambel in der von frankreich vorgeschlagenen fassung sei jetzt so, daß amnesty international sie auch unterschreiben könne. man könne doch nicht außer acht lassen, daß die brd und die situation der pol. gefangenen dort im mittelpunkt stehe, daß der neue faschismus von dort ausgehe, daß in der brd eine liberale öffentlichkeit nicht mehr existiere." Die Italienerin Sandra Castelli gab zwar zu bedenken, auch in ihrer Heimat „hätten die anwälte bei der veranstaltung anfang mai 1975 in mailand den eindruck bekommen, man wol-

---

[52] Von der entsprechenden Sitzung liegen zwei Protokolle vor, von denen nur eins namentlich gekennzeichnet ist. Hier Christian Möller, IVK-Treffen am 13.11. in Frankfurt, HIS-Archiv, RA 02 / 054,004.
[53] Protokoll der IVK-Sitzung in Frankfurt vom 13.11.76, S. 10–23, HIS-Archiv, RA 02 / 054,004.
[54] Christian Möller, IVK-Treffen am 13.11. in Frankfurt, HIS-Archiv, RA 02 / 054,004.
[55] Protokoll der IVK-Sitzung in Frankfurt vom 13.11.76, HIS-Archiv, RA 02 / 054,004.

le sie für die politische konzeption der raf instrumentalisieren. sie hätten davor angst". Gleichwohl dürfe

die politische identität des ivk (...) aus der präambel nicht rausgelassen werden. es sei nicht notwendig, daß das ivk eine große mitgliederzahl habe, es komme darauf an, daß die leute, die darin arbeiten, klare politische vorstellungen haben, und die präambel müsse so gefaßt werden, daß das ivk von der linken – auch wenn sie andere auffassung hätten – wegen der gemeinsamen berührungspunkte unterstützt werde. wichtig sei, die bündnisfähigkeit und die operationsbasis zu schaffen/zu erhalten."[56]

Eine Woche später wurde der Antrag der französischen Anwälte auf eine Revision der Präambel bei einem erneuten Treffen in Brüssel noch einmal „diskutiert und diskutiert", fand jedoch letztlich keine Zustimmung.[57] Das Ausscheiden der französischen „Mehrheitsfraktion" war damit unabwendbar, zumal sich Tubiana in Paris über die bereits in Frankfurt geäußerte Kritik hinaus vernichtend über die deutschen Kollegen äußerte: Angesichts der Form der politischen Verteidigung, wie diese sie betreiben, brauche man sich über die aktuelle Lage der politischen Häftlinge und ihrer Anwälte in der Bundesrepublik nicht zu wundern. Auch für die Handlungsfähigkeit des IVK sei es gefährlich, wenn die Leute glauben müßten, die Verteidiger hätten Sympathien für die politischen Thesen ihrer Mandanten: „l'avocat est indépendent par rapport à son client. En aucun cas, un avocat ne peut défendre son client sur les bases que celui-ci desire mais au contraire il doit le défendre sur les base que lui-meme avocat se donne."[58] Ganz ähnlich argumentierte De Félice, der sich entschieden gegen die ideologischen Verdikte der ‚Stammheimer' gegen bestimmte Anwälte – konkret den in Ungnade gefallenen Groenewold – aussprach. „Avec leurs exigences, ils ont usé avocat sur avocat" – „Les prisonniers veulent des avocats qui soient à leurs bottes" – „L'avocat ne peut etre le porteur de mitraillettes de ses clients" lauteten einige der Äußerungen, gefallen auf der letzten Sitzung der französischen IVK-Sektion vor der Spaltung, mit denen Mitglieder des Comité de soutien den Pariser Verteidiger zitierten. Aus dem langen französischsprachigen Bericht der ‚Unterstützer', der in das ‚info' eingespeist wurde, wurden bezeichnenderweise gerade die Äußerungen De Félices herausgegriffen und für alle Gefangenen ins Deutsche übersetzt. Gudrun Ensslin sah sich daraufhin dazu veranlaßt, von dem Franzosen, der sie kurz zuvor in Stammheim besucht hatte, in einem aufgebrachten Schreiben Rechenschaft für eine Linie zu verlangen, in denen der „reflex der [raf-]prozesse im ausland" nicht mehr „psychologische kriegführung, mord, folter" des Staatsschutzes sei, sondern sich in der „verteidigung der verteidiger" erschöpfe.[59] Im Dezember

---

[56] HIS-Archiv, RA 02 / 054,004, Protokoll der IVK-Sitzung in Frankfurt vom 13.11.76.
[57] HIS-Archiv, RA 02 / 052,002, apl 20.11.76, treffen des ivk.
[58] HIS-Archiv, RA 02 / 054,004. Bericht aus Paris von Brigitte et Generosa.
[59] HIS-Archiv, RA 02 / 054,005, Schreiben vom 15.2.[1977],

5. „Solidarität mit der RAF" oder „Verteidigung der Verteidiger"? 359

hatte sie sich über den Franzosen zwar nicht euphorisch, aber doch durchaus anerkennend geäußert: Mit seinen Kriterien „militanz + internationalismus" liege De Félice jedenfalls „praktisch auf der linie, um die es geht".[60] Für den Juraprofessor Gérard Soulier wiederum gab der Vertrauensbruch, den für sein Empfinden „die berichtenden briefe" darstellten, „die das unterstützungskomitee für die gefangenen aus der raf verfaßt und an die anderen sektionen des internationalen verteidigungskomitees übersandt hat", den Ausschlag für sein Ausscheiden aus der französischen IVK-Sektion.[61] Überdies hätten „das klima der verdächtigungen" und „die aggressive atmosphäre" die Treffen des Komitees in der Vergangenheit „ebenso unfruchtbar wie unerträglich" gemacht. Auch De Félice sprach gegenüber Croissant und Sigrist vom „sectarisme" des Unterstützerkomitees und den „accusations fantaisistes, violentes, injurieuses, contre le ou tel de nos amis, affirmations péremptoires et stupides", denen er und seine Kollegen von den Befürwortern der radikalen Position ausgesetzt seien.[62]

Trotz der Spannungen sollten sich die Bemühungen, „wenigstens den Diskussionszusammenhang zwischen der deutschen Sektion und De Félice nicht abreißen zu lassen", unterm Strich als erfolgreich erweisen.[63] Nachdem Croissant im Sommer 1977 über die grüne Grenze nach Frankreich geflohen war, um sich einem erneuten Haftbefehl der deutschen Fahndungsbehörden zu entziehen, war es De Félice, der spontan die juristische Unterstützung des Deutschen in seinem Widerstand gegen die drohende Auslieferung in die Bundesrepublik übernahm.

Als dauerhaft sollte sich dagegen der Bruch De Félices mit den ‚Stammheimern' herausstellen.[64] Im Konflikt der RAF-Führungsriege mit Groenewold schlug sich der Franzose eindeutig auf die Seite des Hamburgers, war er doch seit längerem davon überzeugt, dass in Frankreich vor allem dann eine breitere Öffentlichkeit zu gewinnen sei, „wenn das IVK die Repression gegen die Anwälte der politischen Gefangenen in der BRD propagandistisch bekämpfe".[65]

Tatsächlich hatten De Félice, Tubiana und einige andere (Noch-)Mitglieder

---

[60] HIS-Archiv, RA 02 / 054,004, besuch de felice am 6.12. [1976] in stmhm.
[61] HIS-Archiv, RA 02 / 054,005, Brief vom 11. Februar 1977.
[62] HIS-Archiv, RA 02 / 054,005, Schreiben vom 17.2.1977. Tatsächlich betrieb das Comité de soutien seit dem Herbst 1976 den Ausschluss Tubianas und eines weiteren Anwalts als „elements zionistes": Beim Zionismus, dessen Positionen diese beiden verteidigten, handle es sich um eine faschistische und imperialistische Ideologie, die mit dem Befreiungskampf der unterdrückten Völker und damit auch der IVK-Arbeit nicht vereinbar sei, vgl. Position pour la réunion du 26.11.76, HIS-Archiv, RA 02 / 054,004.
[63] HIS-Archiv, RA 02 / 054,005, Bericht von Christian Sigrist über das Gespräch mit De Félice am 6.4.1977.
[64] Allerdings zog De Félice sich nicht aus dem Prüfverfahren vor dem Europäischen Gerichtshof für Menschenrechte in Straßburg zurück, vgl. weiter unten S. 374ff.
[65] Bericht von Christian Sigrist über das Gespräch mit De Félice am 6.4.1977, HIS-Archiv, RA 02 / 054,005.

des IVK Groenewold am 5. Januar 1977 zu einem informellen Treffen nach Paris eingeladen, auf dem dieser über die Kriminalisierung der Linksanwälte in der Bundesrepublik referierte und eine französischsprachige Broschüre über sein eigenes Schicksal vorstellte.[66] Wie schon angedeutet, bemühte sich Groenewold dezidiert darum, die Erfahrungen, die er als RAF-Verteidiger bis 1975 in der Auslandsarbeit gesammelt hatte, nun in eigener Sache nutzbar zu machen. Mit diesem Anliegen stieß er bei den französischen Kollegen auf offene Ohren, die spontan die gemeinsame Erarbeitung einer umfangreicheren Publikation zum Thema vorschlugen.[67] In diesem Zusammenhang berichtete Groenewold auch über seine Erfahrungen mit dem Versuch, die „fortschrittlichen" Kollegen in der Bundesrepublik in einer neuen Anwaltsplattform zusammenzubinden.[68] Dagegen verfolgten „die stuttgarter" – gemeint waren vor allem Croissant, Müller und Newerla – die Linie, die neue Anwaltsorganisation, die prinzipiell auch sie begrüßten, sei ausschließlich am Stammheimer Prozess zu orientieren. Über diesen Konflikt hätten die Verfechter der ersten Position das Vertrauen der Gefangenen verloren, was ihnen allen „sehr leid" tue. Offenbar lag Groenewold viel daran, den Bruch mit den Gefangenen als Folge der Unversöhnlichkeit Croissants und der fehlenden eigenen Besuchsmöglichkeiten in der Justizvollzugsanstalt darzustellen. „Sie haben mich bis zuletzt geliebt und ich sie auch", wird er im Bericht des deutschen Informanten zitiert. In jedem Falle wolle er sich für alle bedrängten Anwälte einschließlich Croissants einsetzen: „das wollten die franzosen auch". Auf Nachfrage ergänzte Groenewold, die Kollegen Schily und Heldmann seien „solche einzelgänger, dass man nicht mit ihnen rechnen" könne. Im Laufe des Abends versicherte De Félice den Deutschen mehrfach der ungebrochenen französischen Unterstützung bei seinem bevorstehenden Prozess. Tatsächlich wurde Groenewolds Anwalt Ulrich K. Preuss 1978 bei der Eröffnung des Ehrengerichtsverfahrens gegen ‚KG' durch den Straßburger Verteidiger Roland Houver unterstützt; den Antrag auf

---

[66] Bericht von „Crist", o.D. Vgl. auch Réunion chez De Félice le 5.1.77, beide in: HIS-Archiv, RA 02 / 054,005.

[67] Groenewold setzte bei seinem Verfahren in einem völlig ungewöhnlichen Maße auf die Hinzuziehung von Öffentlichkeit – zweifellos ein Ergebnis seiner Erfahrungen aus den Strafverfahren gegen RAF-Mitglieder. Sein Prozess wurde von einer Fülle von Veröffentlichungen begleitet. Auch in Italien erschien 1977 der schmale Band Informazioni sul procedimento di accusa della Procura generale federale contro l'avvocato Kurt Groenewold, defensore dei detenuti della RAF, o.O., 1977.

[68] Vgl. dazu Groenewolds späteren Bericht über die neue Anwaltsgruppe sowie das „Anwaltsinfo", über das „Gerichtsentscheidungen, Referate, Presseberichte über Reden der Bundesminister und Polizeipräsidenten und Presseberichte aus dem In- und Ausland verteilt wurden. (…) Über die zentralen Treffen wurden außerdem Kontakte zu ausländischen Anwaltsorganisationen vermittelt, zu denen wir eingeladen wurden", zitiert in: Brunn/Kirn, Rechtsanwälte, S. 343. Offenbar verfuhr Groenewold in dieser Hinsicht tatsächlich analog zu seinen früheren Aktivitäten als wichtigster Träger des RAF-‚infos'.

5. „Solidarität mit der RAF" oder „Verteidigung der Verteidiger"? 361

Zulassung des früheren US-Chefanklägers in den Nürnberger Kriegsverbrecherprozessen, Telford Taylor, lehnte die Bundesanwaltschaft dagegen ab.[69]

Der schon im Vorjahr im Zusammenhang mit dem Frankfurter Anwaltstreffen erstmals aufgebrochene Konflikt zwischen Anwalts- und Gefangeneninteresse sollte kurze Zeit später bei einer turbulenten Pressekonferenz in Paris öffentlich eskalieren. Zu der von Jean-Jacques De Félice eröffneten und geleiteten Veranstaltung hatte nicht das IVK, sondern das Mouvement d'Action Judiciaire, die linke Richtergewerkschaft Syndicat de la Magistrature sowie die ‚nationale Koordination der Initiativen gegen die Repression in der Bundesrepublik' eingeladen, mithin eine breite Plattform heterogenen, insgesamt aber eher moderaten Charakters. Anwesend waren die Anwälte Rupert von Plottnitz, Rainer Zimmermann, Hans-Christian Ströbele, Wolfgang Bendler, Michael Oberwinder und Kurt Groenewold, die sich – so die „FAZ" – „für ihre Mandanten und mehr noch in eigener Sache" äußerten.[70] Ihre Brisanz gewann die Veranstaltung im Quartier Latin durch die Tatsache, dass die nur zwei Tage zuvor aus der Haft entlassene Brigitte Mohnhaupt in Begleitung des damaligen Croissant-Mitarbeiters Volker Speitel dort auftauchte – ein weiterer Beleg dafür, für wie wichtig die RAF-Spitze die ausländische Ebene der Öffentlichkeitsarbeit inzwischen betrachtete.[71] Die ebenfalls anwesenden Armin Newerla und Arndt Müller haben ausführliche, für das ‚info' bestimmte Zusammenfassungen ihrer Eindrücke des denkwürdigen Pariser Vormittages hinterlassen, die für die hier interessierenden Fragen höchst aufschlussreich sind.[72] Mohnhaupt hatte im Februar 1977 eine Haftzeit von vier Jahren und acht Monaten hinter sich, von denen sie das letzte halbe Jahr im siebten Stock der Justizvollzugsanstalt Stuttgart-Stammheim verbracht hatte, davon wiederum vier Stunden täglich im ‚Umschluss' mit Ensslin, Baader und Raspe. Für die Zeit nach ihrer Entlassung war sie von Baader mit einer Art „Befehlsgewalt" ausgestattet worden und hinsichtlich der Reorganisation der legalen und illegalen Aktivitäten der Gruppen genauestens instruiert worden.[73] „Die Umstellung vom Knast zur Freiheit wirkte auf die sowieso nicht gerade

---

[69] Kurt Groenewold, Angeklagt als Verteidiger, Hamburg 1978, S. 190–193. Groenewold war es, wie das Plädoyer Houvers bekräftigte, darum gegangen, Vertreter aus zwei Ländern, die als „Heimat der Menschenrechte" galten, in seinen Prozess zu holen. Dies gelang ihm über die Auswahl der Zeugen, zu denen mit Ramsey Clark, Peter Weiss und Jacques Mercier zwei prominente US-amerikanische sowie ein weiterer französischer Anwalt gehörten. Vgl. Plädoyers in der Strafsache gegen Rechtsanwalt Kurt Groenewold, Hamburg 1978, hier S. 167, 184.
[70] Thankmar von Münchhausen, „Linke Rechtsanwälte auf Reisen", in: FAZ, 12.2.77.
[71] Selbstverständlich kann nicht ausgeschlossen werden, dass Mohnhaupt in Paris auch Untergrund-Kontakte pflegen wollte.
[72] Beide in: HIS-Archiv, RA 02 / 054,004, PK am 10.2.1977, bericht new[erla] 11.2.; bericht a.m. [Arndt Müller]10.2.
[73] Peters, Irrtum, S. 374ff.

phlegmatische Mohnhaupt wie ein Aufputschmittel", erinnert sich Speitel, der Mohnhaupt als die zukünftige Führungsfigur der RAF in der Freiheit willkommen geheißen hatte. „Sie konnte zwei Tage überhaupt nicht pennen, quasselte ununterbrochen und entwickelte so eine Aktion, daß sie schon am ersten Tag, als sie im Büro war, Croissant rausschmeißen wollte."[74] In dieser Stimmung traf Mohnhaupt auf der Pariser Pressekonferenz ein, wo sie zunächst Redebeiträge von Rupert von Plottnitz – „unheimlich lang, auf französisch" –, und vier weiteren Sprechern über sich ergehen lassen musste, bevor De Félice das Wort an Armin Müller erteilte.[75] „herr de Félice", so Müllers Entgegnung, „bislang hatten die gefangenen nur durch die presse oder die anwälte als sprachrohr die möglichkeit, auf ihre haftbedingungen aufmerksam zu machen. jetzt ist historisch das erste mal der moment, wo ein gefangener nach entlassung vor einer wohl wollenden öffentlichkeit die möglichkeit hat, selbst davon zu reden. ich erteile mein wort frau mohnhaupt." De Félice widersprach – „es sei Mittagszeit, die journalisten wollten doch noch fragen stellen, sie [Mohnhaupt] sei kein ausgeschlossener RA [Rechtsanwalt]" –, wurde von den Anwesenden des nunmehr links dominierten französischen IVK aber überstimmt. Mohnhaupt, die als erstes darauf bestand, „mindestens solange wie plotte" sprechen zu dürfen, verwies auf den „kriegszustand" zwischen dem neuen „deutschen faschismus in europa", dessen „formen, nicht aber die inhalte" sich geändert hätten, und den Gefangenen – ein Krieg, dem bereits vier Genossen zum Opfer gefallen seien. Die Verfolgung und Ausschaltung der Rechtsanwälte, von der bislang so viel die Rede gewesen sei, sei lediglich eine Konsequenz dieses Krieges, den die Gefangenen nur überleben könnten, „wenn sie befreit werden aus dem sozialdemokratisch regierten deutschland". Etwa 10 Minuten später kam es zum großen „tumult, ausgelöst von de felice und plotte. plotte erschlafft vom übersetzen, konzentrationsschwäche. felice: pk [Pressekonferenz, P.T.] für und von anwälten! hi [Mohnhaupt, P.T.] versucht weiterzureden, typen vom ivk versuchen, die weitere rede hi.'s durch intervention sicherzustellen. (...) alle anwaltsratten, die ein mandat bei ihr hatten, schweigen." In seiner Gesamteinschätzung der Veranstaltung kam Newerla zu dem Schluss, dass diese „ganze anwaltsscheiße mit felice ein abgesprochenes spiel" betrieben habe und nur durch die Anwesenheit Mohnhaupts und der Stuttgarter Anwälte daran gehindert worden sei, „ihre plattheiten ohne widerspruch loszulassen". „Für mich war das verhalten von felice wie das von prinzing: unterbricht den gedankengang, läßt nicht ausreden. exakt zu dem zeitpunkt, als hi in wenigen sätzen aus den tatsachen heraus den kg [Kurt Groenewold, P.T.] und die anderen anwälte fertig gemacht hätte".[76]

---

[74] Speitel, Wir wollten alles II, S. 33.
[75] Bericht Newerla, HIS-Archiv, RA 02 / 054,004.
[76] Ebd.

Es gibt wohl wenige Dokumente, die die Spaltung der RAF-Anwälte drastischer und gleichzeitig klarer zum Ausdruck bringen als dieses. Es belegt den Bruch zwischen denjenigen Verteidigern, die sich selbst als Gesinnungsgenossen ihrer Mandanten verstanden – und dabei nicht zuletzt deren Terminologie zur Abqualifizierung des Gegners adaptierten – und den übrigen, die nicht nur dem eigenen Handeln rechtstaatliche Grenzen auferlegten, sondern (sich) trotz aller Vorbehalte dem Rechtstaat letztlich doch auch selbst (an)vertrauten.

Zu dieser letztgenannten Gruppe gehörten Schily und Heldmann, die zum fraglichen Zeitpunkt noch in Stammheim verteidigten, aber auch von der Ausschlussgesetzgebung betroffene Anwälte wie Groenewold und Ströbele; zur erstgenannten allen voran die Stuttgarter Verteidiger Croissant, Müller und Newerla. Die Spaltung betraf auch die seit 1975 im IVK engagierten ausländischen Anwälte: Wer noch zwei Jahre später innerhalb des Internationalen Verteidigungskomitees verblieb, tat dies aus „Sympathie für die RAF" (Pekelder), ihre Ziele und Methoden.

Neben und weitgehend unabhängig von der auf rechtliche Fragen fokussierten IVK-Struktur begannen sich Anfang 1977 aber auch diejenigen Unterstützergruppen grenzübergreifend zu vernetzen, die aus dieser Sympathie noch weniger einen Hehl machten. In ihrer Arbeit setzten sie im Grunde eins zu eins die Vorstellungen um, die den ‚Stammheimern' selbst bei der Gründung des IVK vorgeschwebt hatten, die sie aufgrund der Resistenz der meisten beteiligten Anwälte aber nie zur Gänze hatten verwirklichen können. Zu diesen Sympathisanten im eigentlichen Wortsinn gehörte auf französischer Seite das erwähnte Comité de soutien à la Fraction Armée Rouge um den Elsässer Jean Asselmeyer, der lange zur Münchner Szene gehört hatte und sich später der Action Directe anschloss.[77] Gemeinsam mit dem italienischen IVK-Anwalt Sergio Spazzali und dessen Lebensgefährtin Petra Krause sollte Asselmeyer in den 80er Jahren die Kontakte der AD zur ‚dritten Generation' der RAF, aber auch zu den Roten Brigaden und Prima Linea herstellen.[78] Die deutsche Sektion des IVK in Stuttgart blieb aufgrund der Radikalität ihrer Ausrichtung immer auch mit diesen Gruppen in Kontakt, zumal Croissants Mitarbeiter immer versucht hatten, nicht nur zu den Anwälten, sondern auch zu „autonomen Unterstützungsgruppen" Verbindung zu halten – eine Szene, innerhalb derer die Grenze zur Illegalität nicht selten zu verschwimmen drohte.[79] Außer zu den deutschen Genossen suchte das Comité de soutien zunehmend auch zu Belgiern und Niederländern Kontakt und schrieb sich auch den Einsatz für die

---

[77] Michael Y. Dartnell, Action Directe. Ultra-left Terrorism in France, 1979–1987, London 1995, S. 178.
[78] Jean-Guillaume Lanuque, Action Directe. Anatomie d'un météore politique, online unter http://www.dissidences.net/documents/ActionDirecte.pdf, S. 1–6, hier S. 4 (24.10.2011).
[79] Speitel, Wir wollten alles II, S. 31.

gefangenen IRA- und BR-Kämpfer auf die Fahnen. Gleichwohl blieb das Engagement zugunsten der RAF der wichtigste Kitt, der die involvierten Personen zusammenhielt. Für die Öffentlichkeitsarbeit wurde auch ein Film eingesetzt, der unter dem Titel „An wem liegt es?" über den Stammheimer Prozess ‚informierte'.[80] Das neue Label, unter dem das Netzwerk öffentlich auftrat, lautete CIDPPEO – Comité International de Défense des Prisonniers Politiques en Europe de l'Ouest. Ein Versuch der besonders aktiven belgischen Dépendance, ein internationales Sekretariat des CIDPPEO auf die Beine zu stellen, das die Arbeit der Gruppen koordinieren und den transnationalen Informationsfluss sichern sollte, scheint jedoch anders als im Falle des langlebigeren IVK im Sande verlaufen zu sein.[81] Während die radikalen Botschaften des CIDPPEO nur innerhalb eines winzigen Segments der europäischen Öffentlichkeit verstanden wurden, fiel es dem IVK aufgrund seines Personals und der von diesem öffentlich kommunizierten Inhalte ungleich leichter, die Aufmerksamkeit des internationalen Publikums zu wecken. Um dieses Interesse zu halten, waren allerdings immer wieder neue Medienkampagnen vonnöten, die allesamt um das wirkliche oder vermeintliche Geschehen in Stuttgart-Stammheim kreisten.

5.1 Transnationale Justizkampagnen

5.1.1 Prozessbeobachtung und Gefangenenbesuche

„Sympathie für die RAF" war ursprünglich nicht unbedingt für alle Beteiligten das ausschlaggebende Motiv für ein Engagement im Rahmen der durch das IVK unter deutscher Regie initiierten und adaptierten Kampagnen gewesen. Gerade den französischen und US-amerikanischen Anwälten ging es wohl mehr um einen Schulterschluss mit ihren deutschen Kollegen, die – so der ihnen von diesen vermittelte Eindruck – allein aufgrund der Tatsache, dass sie RAF-Mandate übernommen hatten, massiver staatlicher Repression ausgesetzt waren. Vor allem bei den Amerikanern kann davon ausgegangen werden, dass ihnen Details über Ideologie und Praxis der RAF kaum bekannt waren, diese aber andererseits auch nicht im Zentrum ihres Interesses standen. Wichtiger war ein grundsätzliches Misstrauen in den Willen der verantwortlichen Behörden, den bevorstehenden Prozess im Sinne rechtstaatlicher Prinzipien zu führen. Dieses Misstrauen hatten ihnen die deutschen Kollegen gezielt eingeflößt, verband sich

---

[80] Vgl. die Ankündigung der Filmvorführung in der „Libération" vom 16.4.1976, hier in: HIS-Archiv, RA 02 / 052,002.
[81] Réunion internationale à l'initiative du groupe d'initiative pour un secrétariat international du CIDPPEO, Bruxelles 12 mars 1977, in: HIS-Archiv RA 02 / 056,005.

aber mit kapitalismuskritischen Einstellungen, die die Angesprochenen ganz unabhängig davon auch selbst hegten – Vorbehalte gegen die ‚Klassenjustiz' im eigenen Land oder ‚imperialistisch' motivierte Entscheidungen der eigenen Regierung eingeschlossen. Bei den europäischen Partnern mischte sich generelle Systemkritik mit einem spezifischen, aus der Vergangenheit geborenen Vorbehalt gegen alles Deutsche, ein Ressentiment, das von den Anwälten unter Rekurs auf entsprechende Reizworte mit Bedacht bedient wurde. Auch die Europäer verbanden ihre Kritik am deutschen Umgang mit der RAF und ihren Strafverteidigern stets mit dem Hinweis auf analoge Phänomene in der Heimat – wie etwa in einem Mailänder Flugblatt, das auf die Verhaftung von Croissant und Ströbele am 23. Juni 1975 mit der Parole „Nazifaschismus in der BRD – Polizeistaat in Italien" reagierte.[82] Wie in diesem kam den Deutschen auch in den anderen Fällen fast immer ein Primat des Bösen zu. Die Anwälte verstärkten diese Vorurteile ganz gezielt, indem sie ähnlich wie schon im Fall Sartres den Eindruck erzeugten, die Angeklagten könnten jetzt, da die Wahlverteidiger mehrheitlich ausgeschaltet worden seien, nur durch eine Intervention des Auslands vor dem Vernichtungswillen der deutschen Behörden gerettet werden. Sowohl vor Gericht als auch in der Haftanstalt sei es unabdingbar, dass unabhängige ausländische Beobachter so oft wie möglich zum Schutz der Beschuldigten nach dem Rechten sähen.[83]

Vieles spricht dafür, dass die Anwälte mit der Rekrutierung nicht-deutscher Besucher den Wünschen ihrer Mandanten nachkamen, die wiederholt auf die Möglichkeit zum Austausch mit ausländischen Gesprächspartnern drängten. Wichtiger als die Gewährleistung der physischen und psychischen Unversehrtheit der Gefangenen scheinen jedenfalls insgesamt die Schlagzeilen gewesen zu sein, die die Anwesenheit solcher Besucher in Zeiten monotonen Prozessalltags versprach. Dies wird beispielsweise in einer Idee Croissants deutlich, der die Kollegen des IVK im März 1976 für den Plan zu begeistern suchte, eine etwaige Delegation von vier noch ausfindig zu machenden Vietnamesen zum Häftlingsbesuch nach Stammheim zu begleiten, „um den Presseboykott der deutschen Massenmedien über den Stuttgarter Prozess zu brechen". Der

---

[82] Zitiert in: Bericht über Aktivitäten im Zusammenhang mit den Prozessen gegen die RAF und der Ausschaltung ihrer Verteidiger sowie der neuen Gesetze, zum Teil im Zusammenhang mit dem Internationalen Komitee zur Verteidigung politischer Gefangener vom 4. August 1975, HIS-Archiv, RA 01/009,003.

[83] Auch in der umstrittenen Frage der Haft- und Verhandlungsfähigkeit der Angeklagten setzten die Verteidiger auf ausländische Sachverständige, um die ‚Stammheimer' zu Opfern ‚sensorischer Deprivation' zu erklären. Marieluise Becker begleitete am 11. Juni 1975 ihren Antrag auf Aussetzung des Verfahrens aufgrund erwiesener Verhandlungsunfähigkeit der Beschuldigten mit der Forderung, Sjef Teuns, Tim Shallice und den französischen Arzt Jacques Hassoun als Sachverständige hinzuzuziehen, vgl. den Nachdruck des Antrags in Stuberger, Strafsache, S. 73–101, hier S. 73.

"erste Jahrestag des Sieges der vietnamesischen Revolution" am 30. April 1976 erschien Croissant als „*die* Gelegenheit" für einen solchen Besuch, wobei die betreffenden Vietnamesen natürlich eine Vorstellung davon haben müssten, „was die Angriffe der RAF für den Krieg in Vietnam bedeutet haben".[84] Die aufgrund fehlender Kontakte zu leibhaftigen Vietnamesen im Sande verlaufene Initiative war offenbar als publizistische Vorbereitung der Vietnam-Beweisanträge gedacht, mit denen die Anwälte ab Anfang Mai anlässlich der Verhandlung der Sprengstoffanschläge auf die US-Militärbasen in Frankfurt und Heidelberg die politischen Motive der Angeklagten auf die Stammheimer Tagesordnung zu bringen gedachten.

Erfolgreicher als der Versuch der Politisierung des Verfahrens über die Ladung ausländischer Zeugen waren zweifellos die Kampagnen im Vorfeld des Prozesses, in denen die Verteidiger die Beschneidung der eigenen Rechte in den Vordergrund stellten und mithin auch eine Internationalisierung in eigener Sache betrieben.

Im Laufe des Januar 1975 stellten die von den ‚Stammheimern' als Wahlverteidiger bestellten Anwälte Marieluise Becker, Klaus Croissant, Kurt Groenewold und Siegfried Haag beim Oberlandesgericht Stuttgart den Antrag, für jeden der vier Angeklagten im bevorstehenden Prozess zwei ausländische Co-Verteidiger zuzulassen. Mit Ausnahme des Franzosen Jean-Jacques De Félice handelte es sich bei den dem Gericht angegebenen Namen ausschließlich um US-Amerikaner. Die Rechtsgrundlage, auf die sich die Wahlverteidiger beriefen, war § 138 der Strafprozessordnung, der die Zulassungsmodalitäten weiterer Personen zwecks gemeinsamer Verteidigung mit dem Wahlverteidiger regelte. Die ausländischen Anwälte, so die Begründung des Antrags, seien in der Lage und bereit, „die Minimalstandards des internationalen Rechts zugunsten politischer Gefangener zu erläutern, die verletzt sind". Nur durch ihre Anwesenheit, so wurde argumentiert, könne „sichergestellt werden, daß die Gefangenen in diesem Verfahren im Rahmen der Menschenrechtskonvention und ihrer verfahrensmäßigen Rechte geschützt werden".[85] Dass sich die deutschen Behörden gegen die Provokation, die in dieser Begründung lag, verwahren und das entsprechende Gesuch ablehnen würden, hatten die Antragsteller dabei durchaus einkalkuliert.[86] Ebenso ablehnend reagierte

---

[84] Vgl. die Schreiben Croissants an Pieter Bakker Schut vom 6.3.1976 und an Jean-Jacques De Félice vom 13.3.1976, in: HIS-Archiv, RA 02 / 036,011.

[85] Schreiben Groenewolds an das OLG Stuttgart vom 4. Februar 1975, in: HIS-Archiv, RA 02 / 042,006. Es handelte es sich um die Begründung des Antrags vom 24.1.1975, der eine Einverständniserklärung der vier Angeklagten Baader, Ensslin, Meinhof und Raspe einschloss, in: Ebd.

[86] Dies belegt ein Schreiben Croissants an De Félice vom 27. Januar 1975. „Nous avons proposé au tribunal de Stuttgart l'admission des défenseurs étrangers, défendant avec les avocats allemands. Cette demande va être refusée, cela me parait certain. Les autorités

das Gericht auf einen einige Wochen später formulierten Antrag Marieluise Beckers, im Stammheimer Gerichtsgebäude über die gesamte Dauer des Verfahrens eine Bank mit zehn Plätzen für ausländische Anwälte zu reservieren, die den Prozess im Auftrag des IVK beobachten würden.[87] Trotz dieser Absage waren verschiedene Vertreter des Komitees – namentlich der Niederländer Bakker Schut und der Franzose Ziwié – bei der Prozesseröffnung anwesend und verfassten über ihre Eindrücke umfangreiche Berichte.[88] Auch später ließen sich die Mitglieder des IVK häufiger im Gerichtssaal sehen, meist auf Aufforderung von Croissant, der auf besonders ‚interessante' Prozesstage eigens hinwies. So wurde etwa der Pariser Anwalt Antoine Comte nach Stuttgart eingeladen, um dem Verhör des ‚Kronzeugen' Gerhard Müller beizuwohnen, der mit seiner Aussage sowohl seine ehemaligen Gesinnungsgenossen als auch deren Anwälte schwer zu belasten drohte. Bei Müller handle es sich, so Croissant, um ein interessantes Beispiel für einen Gefangenen, „dont le lavage de cerveau par la torture de l'isolement à long terme a fonctionné".[89]

Einen ersten aufsehenerregenden Internationalisierungsvorstoß hatte das IVK auf seiner Sitzung vom 23. Februar 1975 in Paris in Angriff genommen, wo man die Entsendung einer Kommission aus Rechtsanwälten verschiedener Länder zur Beobachtung des Prozesses gegen den holländischen Staatsangehörigen Ronald Augustin im niedersächsischen Bückeburg beschloss. Dieser Prozess, so hieß es in der am Folgetag herausgegebenen Pressemitteilung, finde nicht in einem ordentlichen Gericht, sondern einem Gefängnis statt, das „mit NATO-Stacheldraht umgeben" und „von schwerbewaffneten Einheiten der Polizei und des Bundesgrenzschutzes umstellt" sei. „Die Ausweise von Besuchern

---

judiciaires veulent – en tout cas – éviter le contexte international du procès", in: HIS-Archiv, RA 02 / 035,010. Gleichwohl ergingen auch für das Düsseldorfer Verfahren gegen die Mitglieder des ‚Kommando Holger Meins', die für die Besetzung der Stockholmer Botschaft verantwortlich waren, parallele Anträge, die ebenfalls negativ beschieden wurden. In seinem Ablehnungsbeschluss des OLG Düsseldorf vom 7.9.1976 formulierte das Gericht angeblich „einen gezielten Angriff gegen das IVK und gegen jeden Rechtsanwalt, der für das IVK tätig ist", vgl. Brief Croissants an Bakker Schut vom 13.9.1976, HIS-Archiv, RA 02 / 036,003.

[87] HIS-Archiv, RA 02 / 052,001, Antrag vom 17.5.1975. Konkret kündigte Becker ein belgisches Mitglied der Liga für Menschenrechte, niederländische Vertreter des IVK, Angehörige des Rechtsanwaltsverbandes Brüssel und der Vereinigung Pro Justitia, französische und italienische Rechtsanwälte verschiedener Juristenvereinigungen sowie den amerikanischen Rechtsanwalt Christopher Coats vom Heidelberger Lawyers military defence committee an. Die begleitende Pressemitteilung war von Marieluise Becker, Rupert von Plottnitz, Helmut Riedel und Otto Schily unterzeichnet.

[88] Rapport d'observation judiciare de la première journée du procès Baader-Meinhof mercredi 21 mai 1975 / Cour d'appel de Stuttgart (Allemagne) par Mo. William Francis Ziwié, Avocat de la Cour d'Appel de Paris, HIS-Archiv, RA 02 / 046,010. Ob die Berichte zur Veröffentlichung kamen, ist leider nicht bekannt.

[89] Schreiben vom 21.6.1976, HIS-Archiv, RA 02 / 054,001.

werden fotokopiert, die Daten von einem Computer des Bundeskriminalamtes erfaßt. Richter und Staatsanwälte werden täglich von Hubschraubern des Bundesgrenzschutzes von Osnabrück nach Bückeburg eingeflogen und von Bückeburg wieder ausgeflogen." Analoge Beschreibungen sollten für den Prozessort Stammheim kurze Zeit später Legion werden. Das für das IVK von De Félice unterzeichnete, höchstwahrscheinlich jedoch von Croissant formulierte Papier ist mit einer handschriftlichen Notiz des Stuttgarters versehen, in den Medien sei „*nichts* gekommen", obwohl er die Erklärung „an alle Agenturen (dpa, ddp, Reuter, ap, up) durchgegeben" habe.[90] Tatsächlich war der angebliche oder tatsächliche Boykott seiner Anliegen durch die deutschen Medien für Croissant ein immer wieder gegenüber den Ausländern hervorgehobenes Ärgernis. In Bückeburg wollte er dementsprechend nichts schiefgehen lassen, zumal sich in der Zwischenzeit der Druck auf ihn persönlich erheblich erhöht hatte: Das Stuttgarter Oberlandesgericht hatte auf ein von Croissant lanciertes, im Januar 1975 erschienenes schriftliches „Spiegel"-Interview der ‚Stammheimer' reagiert, indem es jegliche Kontaktaufnahme des Anwalts zu seinen Mandanten unterband.[91] Entsprechend viel Aufhebens versuchte Croissant um den Besuch der sechsköpfigen Delegation aus englischen, französischen und irischen Anwälten in Bückeburg am 13. März 1975 zu machen, die – wie sich zeigen sollte – weniger den Augustin-Prozess als das Ausschlussverfahren gegen ihn selbst in den Mittelpunkt ihrer Kritik stellen sollten.[92] Dank Croissants Werbetätigkeit erschien auf der Pressekonferenz ein beachtliches Aufgebot an Medienvertretern, wie die ebenfalls anwesende Petra Rogge für die Akten festhielt: „lokale Presse (HAZ, Göttinger Tageblatt), dpa, zwei holländische Zeitungen, ein Vertreter der lokalen SPD und der Pressesprecher des Landgerichts Osnabrück. Die Pressekonferenz wurde vom Fernsehen (Report) gefilmt,

---

[90] HIS-Archiv, RA 01 / 009,002.
[91] Vgl. „Rückspiegel – Der Spiegel veröffentlichte...", in: Der Spiegel 12/17.3.1975, S. 178: „Am Dienstag letzter Woche verfügte der 2. Strafsenat des Stuttgarter Oberlandesgerichts, daß die Anwaltsrechte des BM-Verteidigers Klaus Croissant für Andreas Baader ruhen, bis der 1. Strafsenat über den Antrag von Generalbundesanwalt Siegfried Buback, Croissant gänzlich auszuschließen, entschieden hat. Dem Anwalt sind seitdem Besuch, Schriftverkehr und Akteneinsicht verwehrt. Der Senat stützte ‚seine Entscheidung auf die Rolle, die Dr. Croissant beim Zustandekommen des bekannten SPIEGEL-Interviews gespielt' (offizielle Verlautbarung) haben soll. Die Richter werteten ‚das Verhalten als Beispielsfall für die mit Hilfe von Rechtsanwälten möglich gewordenen Nachrichtenverbindungen der Häftlinge mit der Außenwelt, wie sie Voraussetzung der Weiterführung der kriminellen Vereinigung aus den Zellen heraus' geworden seien. Damit ist Croissant, der nach den neuen Verteidigergesetzen nur noch einen Angeklagten in einem Verfahren vertreten darf, der Zugang zur Stammheimer Vollzugsanstalt und damit zum harten Kern der Gruppe verwehrt."
[92] Bericht über die Pressekonferenz in Bückeburg am Donnerstag 13. März 1975, Petra Rogge, in: HIS-Archiv, RA 01 / 009,003.

die schon am Morgen Aufnahmen von Croissant und ein Interview zum Ausschluß gemacht hatten." Die Delegationen verlasen längere Erklärungen, die sie ganz offensichtlich bereits im Vorfeld entworfen und nicht erst vor Ort erstellt hatten. Es folgten Fragen der Anwesenden. „Dabei war offensichtlich, daß der Pressesprecher des Landgerichts Osnabrück versuchte, durch provokative Fragen von den Iren eine Äußerung zu bekommen, daß die Prozesse in der BRD unter weniger faschistischen Bedingungen geführt würden als in Irland." Obwohl die Angesprochenen gewisse Gemeinsamkeiten bestätigten, sei die Generallinie, so Rogge, „insgesamt aber klar" geblieben. Jean F. Blet, Dozent für politische Wissenschaften und Mitglied der französischen Delegation, hielt fest, daß er schon viele internationale Prozesse beobachtet, nie jedoch „vergleichbar faschistische Bedingungen gefunden habe wie im Prozeß gegen Augustin."

In ihrer Presseerklärung hatten die Franzosen unterstrichen, sich in Bückeburg „an die düstersten Stunden zwischen den beiden Weltkriegen" erinnert zu fühlen, ja, sie bezeichneten es als ihre Pflicht, „die europäische und internationale Öffentlichkeit auf den Plan zu rufen, sie wachsam zu machen gegenüber diesem Räderwerk, das sich hier einrichtet, bevor es zu spät ist, etwas anzuhalten".[93] Moniert wurden zum einen der Festungscharakter des Bückeburger Gerichtssaales und die peinlichen Kontrollmaßnahmen für die Besucher vor Ort, vor allem aber die Rahmenbedingungen, die sich für das bevorstehende Stammheimer Verfahren abzeichneten und dieses in eine „Justizkarikatur" zu verwandeln drohten. Die Franzosen, die ganz offensichtlich vor dem Pressetermin von Croissant hinsichtlich der erwähnenswerten Monita instruiert worden waren, verwahrten sich nicht nur gegen die Weigerung des deutschen Gerichts, in Stammheim ausländische Mitverteidiger zuzulassen, was den Richtern *nicht einmal in Chile* bisher in den Sinn gekommen sei. Sie kritisierten vor allem das Ausschlussverfahren gegen den Stuttgarter Anwalt und die dafür offiziell vorgebrachte Begründung. Die Reaktion der Behörden auf die Vermittlung des „Spiegel"-Interviews schien den Delegierten „schockierend", bedeute sie doch, „Menschen, die seit Monaten, ja seit Jahren in Gefangenschaft sind, jede Ausdrucksmöglichkeit, ja, jede Verteidigungsmöglichkeit zu verweigern". Nach der Rückkehr in ihre Heimat, so kündigten sie an, würden sie bei allen Kollegen und sämtlichen juristischen Verbänden Frankreichs für eine aktive Unterstützung Croissants eintreten, der „zum Symbol der in den Dreck getretenen Verteidigungsrechte und der bedrohten Freiheit" geworden sei.

Es wird deutlich, dass Croissants Versuch, aus Bückeburg eine Generalprobe für den bevorstehenden Prozess in Stammheim zu machen, voll aufgangenen war.

---

[93] HIS-Archiv, RA 02 / 035,012.

Dass das Geschehen in der niedersächsischen Kleinstadt von der Bundesregierung geradezu als Kampfansage verstanden wurde, bewies die Reaktion des Kanzlers vor dem Deutschen Bundestag. Im Rahmen der zeitgleich stattfindenden Debatte zur Inneren Sicherheit machte Helmut Schmidt aus seinem Ärger über die Bückeburger Prozessbeobachter keinen Hehl und forderte Staatsanwaltschaften und Gerichte zum konsequenten Durchgreifen gegen die Anwälte und die von ihnen „angezettelte Kampagne gegen eine angebliche, sogenannte Isolationsfolter" auf.[94] Tatsächlich zeigte sich in diesen Wochen, dass man die neuen gesetzlichen Instrumentarien, die seit Jahresbeginn gegen ‚verdächtige' Verteidiger zur Verfügung standen, keineswegs in der Schublade zu belassen, sondern entschlossen anzuwenden gedachte. Die Auslandskampagnen der Anwälte trugen zu dieser Entschlossenheit zweifellos ihren Teil bei. Bald lagen denn auch nicht nur gegen Croissant, sondern auch gegen Groenewold Ausschlussanträge vor, gegen die die Betroffenen wiederum gezielt die ausländische Solidarität ins Feld zu führen bemüht waren. Letzteres wurde ganz besonders auf einer Pressekonferenz in Stuttgart vom 25. März 1975 deutlich, auf der Groenewold Justizminister Hans-Jochen Vogel mit der kurz zuvor im Parlament geäußerten Bemerkung zitierte, keiner der westlichen Nachbarstaaten kenne „eine derart weitgehende Ausschließungsregelung, wie sie vom Bundestag in Kraft gesetzt worden ist".[95] Hatte das Argument des Rechtsvergleichs Vogel in der Debatte dazu gedient, der Opposition den Wind aus den Segeln zu nehmen, ihre noch weitergehenden Forderungen zu entkräften und die Handlungsfähigkeit der Bundesregierung zu unterstreichen, wendete Groenewold es nun gegen die politische Führung selbst. Dabei drohte er der Regierung dezidiert mit der zu erwartenden ausländischen Aufmerksamkeit für den bevorstehenden Prozess.

Viele ausländische Presseberichterstatter und Juristen sind in der Lage, die Veränderung in der BRD und die Ausschaltung von Rechten und Rechtsgrundsätzen auch dann festzustellen, wenn sie mit den davon zuerst betroffenen Personen politisch nicht übereinstimmen. Im Ausschlußverfahren gegen Croissant und mich werden uns ausländische Anwälte zur Seite

---

[94] „Die bei uns bevorstehenden Baader/Meinhof-Prozesse werden mit Sicherheit große internationale Kampagnen der Sympathisanten auslösen. Sogenannte Anwälte des Rechts werden aus aller Welt in die Bundesrepublik Deutschland angereist kommen und uns ihre Philosophie verkünden. Sie werden angereist kommen, um unseren Rechtsstaat vor unserer eigenen öffentlichen Meinung herabzusetzen, wie es schon geschehen ist, wie es sich gerade auch gegenwärtig anläßlich des Prozesses in Bückeburg schon abzeichnet", hier zitiert nach: „Bundeskanzler Helmut Schmidt (SPD): Kampf gegen Terror auch geistig führen", in: SZ, 14.3.1975. Der Artikel befindet sich in den Akten der Kanzlei Croissant; der zitierte Ausschnitt ist mit Filzstift eingerahmt, das Wort ‚Bückeburg' im Text zusätzlich durch Unterstreichung und Pfeil markiert, HIS-Archiv, RA 01 / 009,002.

[95] Vogel setzte seine Rede mit dem Hinweis fort: „Auch eine Überwachungsregelung, wie sie [von der CDU/CSU-Opposition] vorgeschlagen worden ist, ist in allen vergleichbaren Ländern ohne Vorbild", in: HIS-Archiv, RA 02 / 035,012.

stehen. Einige werden als Beobachter kommen, obwohl Bundeskanzler Schmidt die Gerichte aufgefordert hat, ausländische Juristen zurückzuweisen. In vielen Städten im Ausland finden im Zusammenhang mit den Ausschlussverfahren Informationsveranstaltungen zum Gesetz zur Einschränkung der Verteidigungsrechte statt (...). Es wird weder der Bundesregierung noch Ihnen von der Presse leichtfallen, den Ausschluß zweier Verteidiger der Gefangenen aus der RAF wenige Wochen vor Beginn der Hauptverhandlung als rechtsstaatlich zu erklären und nicht als das, was es ist: Die Zerstörung der Verteidigungsrechte politischer Gefangener in der BRD.

Tatsächlich sollte es den Anwälten gelingen, auf der Grundlage dieser Argumentation ausländische Juristen zu Interventionen bei deutschen Behörden zu bewegen. So protestierten vier Angehörige des von William Kunstler mitbegründeten New Yorker Center for Constitutional Rights im März 1975 beim Stuttgarter Oberlandesgericht gegen den Ausschluss Croissants und Groenewolds, wobei sie vor allem über die Tradition des „engagierten Verteidigers" im angloamerikanischen Recht argumentierten. „The signers of this brief", so die Anwälte,

would certainly have been ‚excluded' from many of the cases in which they have been involved if the fashioning of a common defense strategy, or the use of public language similar to that of their clients, or strong accusations leveled against the prosecution in legal briefs, were considered grounds for exclusion under our system of justice. (...) If attorneys Croissant and Groenewold are guilty of crimes, let them be charged with crimes. If they are not, let them represent the defendants who have chosen to be represented by them.[96]

Mit diesen Bemerkungen trafen sie bei den Ermittlern zweifellos einen Nerv, hatte doch auch Siegfried Buback wiederholt einräumen müssen, in „Beweisschwierigkeiten" zu sein, was die Benennung belastbarer Ausschlussgründe für die betroffenen Anwälte betraf.[97] Ähnliche Formulierungen wie die Amerikaner fand die französische Sektion des IVK in einer Solidaritätserklärung anlässlich des endgültigen Ausschlusses von Klaus Croissant von der Verteidigung Andreas Baaders, der sich zahlreiche französische Juristenvereinigungen anschlossen. Der Ausschluss eines Anwalts „wegen des Verdachtes, die Ideologie des politischen Angeklagten, den er verteidigt, nicht zurückzuweisen", erinnere „an die Gepflogenheiten, die von der Nazi-Justiz und den französischen Militärgerichten während des Algerienkrieges praktiziert wurden".[98] Für die

---

[96] HIS-Archiv, RA 01 / 009,003, Schriftsatz gegen den Ausschluß der Rechtsanwälte Dr. Klaus Croissant und Kurt Groenewold als Verteidiger vom 26.3.1975, unterzeichnet von Ramsey Clark, William M. Kunstler, William H. Schaap, Peter Weiss.
[97] Noch im Februar 1976 konnte Buback die Frage eines „Spiegel"-Reporters, warum immer noch keine Anklage gegen die inkriminierten Anwälte vorliege, nur ausweichend beantworten, vgl. „‚Der Rechtsstaat auf dem Hackklotz'. Generalbundesanwalt Siegfried Buback über die strafrechtliche Bewältigung des Terrorismus", in: Der Spiegel 8/16.2.1976, S. 30–38.
[98] Resolution verabschiedet in Goutelas (Loire) am 6.4.1975 (dt. Übers.), HIS-Archiv, RA 2 / 052,002.

Franzosen sei es „völlig unverständlich", so berichtete Croissant im Anschluss an eine Veranstaltung im Pariser Justizpalast am 9. April 1975, „daß wir in der BRD keine Unterstützung durch die sogenannte kritische Öffentlichkeit haben." Selbst der Vorstand der französischen Anwaltskammer habe gegenüber Jean-Jacques De Félice telefonisch erklärt, dass er sich dem Protest anschließe.[99]

In Wirklichkeit wurden in der Bundesrepublik durchaus Vorbehalte gegen die Verteidigerausschlüsse geäußert, wobei sich die Kritik der Medien vor allem am Zeitpunkt der Maßnahmen so kurz vor Beginn des Prozesses entzündete.[100] Liberal denkende Juristen verurteilten die Gesetze dagegen aus ebenso grundsätzlichen Erwägungen wie ihre Kollegen außerhalb der Landesgrenzen. So bezeichnete etwa der Wiesbadener Ministerialrat Karl-Heinz Groß die Ausschlussregelung schlicht als „Fehlentscheidung des Gesetzgebers", durch die „ein Stück freier Advokatur rechtsstaatlicher Provenienz demontiert" werde. Über das Ziel, den Missbrauch von Verteidigerrechten „zum Angriff auf die bestehende Rechtsordnung" zu verhindern, sei man „in unvertretbarer Weise hinausgeschossen", da die Neuregelung auf „nichts anderes als auf die Gesinnung des Verteidigers" ziele.[101] Allerdings war die innerdeutsche Kritik – jedenfalls außerhalb der linken Szene – nicht mit derart vernichtenden Urteilen über den Gesamtzustand der Republik verbunden, wie dies bei den RAF-Verteidigern und vielen derjenigen Ausländer der Fall war, die sich auf diese als einzige Informationsquelle zu beschränken pflegten. Neben der überzogenen Polemik eines Klaus Croissant, über die die allermeisten Deutschen nur den Kopf schütteln konnten, wirkten auch die Nachrichten über abgetauchte Anwälte immer wieder als scheinbar schlagende Bestätigungen des vielfach gegenüber den RAF-Verteidigern geäußerten Generalverdachts. So wurde noch am 9. Mai 1975, wenige Tage vor Beginn der Stuttgarter Verhandlung, Baaders Vertrauensanwalt Siegfried Haag unter dem dringenden Verdacht festgenommen, an der Schweizer Grenze eine Tasche mit Waffen von Anarchisten übernommen zu haben.[102] Der vor allem

---

[99] Bericht über die Veranstaltung im palais de justice in Paris am 9.4.1975 um 16 Uhr, HIS-Archiv, RA 2 / 052,002.
[100] Vgl. „Der Rechtsstaat auf dem Hackklotz", in: Der Spiegel 8/16.2.1976, S. 30–38, hier S. 35.
[101] Zitiert in: Stuberger, Strafsache S. 31.
[102] Kurz darauf wurde Haag definitiv aus dem Verfahren ausgeschlossen, vgl. „BM: Die Materialschlacht", in: Der Spiegel 21/19.5.1975, S. 32–46, hier S. 42. Jörg Lang war schon im Juli 1972 erstmals verhaftet worden; seiner Hauptverhandlung im September 1974 entzog er sich durch die Flucht in den Libanon, nicht ohne zuvor eine Presseerklärung abgegeben zu haben, in denen die „Justiz, nicht die RAF" als „kriminelle Vereinigung" bezeichnet wurde. Republikanischer Anwaltsverein (Hg.), Anwaltsverfolgung in der Bundesrepublik: Der Fall Jörg Lang, Hannover 1986, S. 18f. Eberhard Becker, dessen Frau in Stammheim verteidigte, befand sich seit April 1974 in Haft. – De Félice, dem gegenüber französische RAF-Unterstützer den Fall Haag als Beleg dafür bezeichneten, dass in der Bundesrepublik

durch den Generalbundesanwalt immer wieder vorgebrachte Vorwurf, die Verteidiger würden die Errungenschaften des Rechtsstaates – darunter etwa die erst wenige Jahre zuvor erkämpfte gesetzliche Garantie des unüberwachten Verteidigergesprächs – missbrauchen, um den Kampf ihrer Mandanten gegen eben diesen Rechtsstaat zu unterstützen, erhielt auf diese Weise immer wieder Nahrung und untergrub die Glaubwürdigkeit derjenigen, die als Kritiker der staatlichen Maßnahmen auftraten.

Hatte Buback sich mit seiner Haltung noch im Dezember 1974 nicht durchsetzen und den Besuch Sartres bei Baader nicht verhindern können, so schwenkte das Stuttgarter Gericht nicht zuletzt aufgrund der dabei erlittenen publizistischen Blamage auf die Linie des Generalbundesanwalts ein und beschied – wie gesehen – entsprechende Vorstöße der RAF-Verteidiger nun durchgehend abschlägig. Wenn das Vorhaben, ausländischen Anwälten Zugang zu den Stammheimer Gefangenen zu verschaffen, schließlich dennoch realisiert werden konnte, so hatte das mit der Einbindung der Bundesrepublik in Vertragsvereinbarungen der Europäischen Gemeinschaft zu tun. Die an einem Gefangenenbesuch interessierten bzw. von Croissant dazu gedrängten ausländischen Anwälte[103] griffen in leicht modifizierter Form auf einen Vorschlag zurück, den die französischen Gründungsmitglieder des IVK bereits im Dezember 1974 vorgebracht hatten. Sie begründeten ihre (von Croissant vorformulierten) Besuchsanträge nun mit der Absicht, gemeinsam mit den ‚Stammheimern' die Frage klären zu wollen, ob man gegen bestimmte Aspekte des Strafvollzugs und der Gestaltung des Stammheimer Verfahrens bei der Europäischen Kommission für Menschenrechte (EKMR) Beschwerde einreichen solle. Auf dieser Basis konnten Jean-Jacques De Félice, Pieter Bakker Schut, Giovanni Cappelli und der Belgier Foulek Ringelheim den Gefangenen jeweils einstündige Besuche abstatten, wobei den Gesprächen allerdings grundsätzlich ein Beamter des Landeskriminalamtes beiwohnte.[104] Bei dem Italiener Cappelli, der als Vertreter des inzwischen unter dem Verdacht der BR-Mitgliedschaft festgenommenen Spazzali am 7. Mai 1976 bei Ulrike Meinhof vorsprach, sollte es sich um den letzten Besucher handeln, den die einstige Starjournalistin vor ihrem Tod empfing. Die Geringschätzung, die das Gericht dem IVK inzwischen entgegenbrachte, bewies ein Schreiben Eberhard Foths an die Adresse des Schweizer Repräsentanten Bernard Rambert, in

---

legale Verteidigung inzwischen unmöglich sei und nur noch der Gang in den Untergrund bleibe, mochte diese Schlussfolgerung nicht ziehen, „disant que Haag n'est plus un avocat et qu'il a fait là un choix strictement personnel", Réunion de la section francaise du 1.1.77, HIS-Archiv, RA 02 / 054,005.

[103] „Lieber (...), die Gefangenen in Stammheim wollen so bald wie möglich mit Dir sprechen" – begannen die Briefe, die Croissant an seine Kollegen im Ausland diesbezüglich richtete, vgl. HIS-Archiv, RA 01 / 009,005.

[104] Vgl. die Schreiben in HIS-Archiv, RA 02 / 052,001.

dem der Stuttgarter Richter seiner Verwunderung über die wortwörtliche Übereinstimmung von Ramberts Besuchsantrag mit demjenigen Cappellis mit unübersehbarer Ironie Ausdruck verlieh. Der italienische Besucher, so Foth weiter, habe im Übrigen nicht über die in Straßburg vorzubringende Beschwerde, sondern „nach eigener öffentlicher Darstellung mit Frau Meinhof über ganz andere Themen, insbesondere über einen zu verfassenden Artikel gesprochen". Da der Senat Journalisten mit entsprechenden Absichten bisher stets abschlägig beschieden habe, halte er es für nützlich, wenn sich Rambert „zu diesem Punkt noch äußern" könne.[105] Den verantwortlichen Richtern war selbstverständlich längst klar geworden, dass sich juristische Anliegen und PR-Tätigkeit rund um das Stammheimer Verfahren inzwischen bis zur Unkenntlichkeit miteinander vermischt hatten. Dies galt auch für die von den Anwälten forcierte Einschaltung der Europäischen Menschenrechtskommission in die Auseinandersetzung.

5.1.2 Das Beschwerdeverfahren Baader/Ensslin/Raspe bei der Europäischen Kommission für Menschenrechte

Die politische Annäherung und das allmähliche institutionelle Zusammenwachsen der westeuropäischen Staaten beinhaltete für die inhaftierten Mitglieder terroristischer Vereinigungen und ihre rechtlichen Vertreter Chance und Bedrohung zugleich. Versprach der Europäische Gerichtshof in Straßburg einerseits all denjenigen mehr Gerechtigkeit, die sich von der Justiz ihres jeweiligen Herkunftslandes verraten fühlten, stärkte andererseits die wachsende Bereitschaft der europäischen Innenminister zur grenzübergreifenden Zusammenarbeit die Zugriffsmöglichkeiten auf Gewalttäter, die sich unter Berufung auf die politischen Motive ihrer Taten im benachbarten Ausland Schutz vor Strafverfolgung erhofften. Diese Ambivalenz kam auch in den Aktivitäten des IVK zum Tragen, dessen Mitglieder einerseits eine gerichtliche Überprüfung der Rahmenbedingungen des Stammheimer Verfahrens durch die Europäische Menschenrechtskommission initiierten und andererseits im Rahmen ihrer Möglichkeiten gegen die Europäische Anti-Terrorismus-Konvention mobil machten.

Der Gang nach Straßburg war dabei für die Gefangenen aus der RAF kein Novum – im Gegenteil. Schon Horst Mahler und seine mit ihm festgenommene ehemalige Mitarbeiterin Monika Berberich hatten bei der EKMR eine Individualbeschwerde angestrengt; einen erneuten Vorstoß hatten etwas später Andreas Baader, Ulrike Meinhof, Holger Meins und Wolfgang Grundmann

---

[105] Als De Félice Gudrun Ensslin besuchte, war die Vorbereitung des Straßburger Beschwerdeverfahrens tatsächlich Thema, vgl. HIS-Archiv, RA 02 / 054,004.

unternommen.[106] Noch als freier Mann und in seiner Funktion als Strafverteidiger war es Mahler bereits 1966 als erstem deutschen Anwalt gelungen, eine Beschwerde bei der Straßburger Menschenrechtskommission durchzubringen – pikanterweise handelte es sich um den Fall eines ehemaligen KZ-Aufsehers, der fünf Jahre ohne Verhandlung in Untersuchungshaft verbracht hatte.[107] Juristische Grundlage aller Beschwerden war die Europäische Menschenrechtskonvention, die seit 1953 in der Bundesrepublik Rechtsgültigkeit besaß. 1955 hatte die Bundesrepublik grundsätzlich die Zuständigkeit der EKMR und des Europäischen Gerichtshofes für Menschenrechte für die Überwachung der Konvention anerkannt, was die Verpflichtung zur Mitarbeit bei einer etwaigen Überprüfung der Individual- und Staatenbeschwerdeverfahren durch diese Gremien implizierte.[108] Die Beschwerdeführer beriefen sich konkret auf Artikel 3 der Konvention, in dem die Unterzeichnerstaaten Folter und unmenschliche oder erniedrigende Behandlung für unzulässig erklärten.[109] Dieses Folterverbot sahen Mahler und seine Mitkläger durch die besonderen Haftbedingungen – besonders die Bestimmungen zur Isolation und die außergewöhnliche Länge der Untersuchungshaft – verletzt. Baader, Meinhof, Meins und Grundmann machten darüber hinaus Verstöße gegen Artikel 6, 8 und 10 geltend, die das Recht auf ein faires Verfahren, die Wahrung von Privatsphäre und das Briefgeheimnis sowie das Recht auf freie Meinungsäußerung garantierten. Die Bundesregierung hatte in ihren Stellungnahmen in allen Fällen auf die besondere, durch die Haft nicht vollständig ausgeschaltete Gefährlichkeit der Beschwerdeführer verwiesen, die ihre revolutionären Ziele mit Hilfe ihrer in Freiheit lebenden Sympathisanten und Gruppenmitglieder nachweislich auch weiterhin zu verwirklichen suchten. Dabei würden die Betroffenen nicht schlechter behandelt als andere Untersuchungsgefangene, denen man vergleichbar gravierende Straftaten zur Last lege. Die Dauer der Untersuchungshaft erkläre sich aus der Komplexität der Fälle und der mangelnden Kooperationsbereitschaft von Angeklagten und Verteidigung. In keinem Falle verstoße die Unterbringung der Beschwerdeführer gegen die Menschenwürde; die strengen Haftbeschränkungen der Frühzeit seien anfangs berechtigt gewesen und inzwischen längst gelockert oder ganz aufgehoben. Auch die beteiligten Anwälte würden keineswegs wegen Staatsverleumdung verfolgt; in Wirklichkeit ermittle die Staatsanwaltschaft ausschließlich gegen diejenigen

---

[106] Vgl. dazu Stuberger, Strafsache, S. 134–144. Für Berberich vgl. „Zur Diskussion um ‚Isolationshaft‘", in: Tagesspiegel, 22.12.1974. Begründungen der EMKR für Zurückweisung beider Beschwerden in: Europäische Grundrechte Zeitschrift, Heft 6, 18. Dezember 1974.
[107] Peters, Irrtum, S. 138.
[108] Vgl. Kurt Zwingenberger, Die europäische Konvention zum Schutz der Menschenrechte in ihrer Auswirkung auf die Bundesrepublik Deutschland, Münster 1997.
[109] Vgl. für das Folgende Stuberger, Strafsache, S. 134–144.

Verteidiger, die sich konkreter strafbarer Begünstigungen verdächtig gemacht hätten.[110]

Nach Prüfung der Sachlage hatte die Kommission die Beschwerden Mahlers und Berberichs am 11. Juli 1973, die der übrigen am 31. Mai 1975 zurückgewiesen und in allen Punkten für unzulässig erklärt.[111] Wenn die Anwälte der ‚Stammheimer' trotz der vorausgegangenen juristischen Niederlagen einen dritten Vorstoß unternahmen – diesmal mit internationaler Unterstützung – dann hatte dies nur bedingt mit einer konkreten Veränderung der Ausgangslage zu tun. Wichtiger, so die These, war auch in diesem Fall die öffentliche Aufmerksamkeit, die das erneute Anrufen der Kommission im In- und Ausland versprach, jenseits und völlig unabhängig von den konkreten Erfolgsaussichten der Beschwerde. Außerdem konnten die Anwälte den stets unzufriedenen ‚Stammheimern' auf diese Weise glaubwürdig demonstrieren, nach wie vor mit ungebrochenem Engagement und an allen denkbaren juristischen Fronten für ihre Verteidigung im Einsatz zu sein. Konkreter Anlass für den neuerlichen Gang nach Straßburg war in erster Linie der am 30. September 1975 verkündete Beschluss des Stammheimer Gerichts, das Verfahren von nun an auch in Abwesenheit der Angeklagten weiterführen zu wollen, falls diese sich nicht in der Lage sähen, dem Prozessgeschehen weiter zu folgen.[112] Vorausgegangen war die Vorlage neuer Gutachten durch die gerichtlich bestellten medizinischen Sachverständigen, die den Häftlingen eine Verhandlungsfähigkeit von höchstens drei Stunden täglich bescheinigten. Das Gericht interpretierte die von den Ärzten diagnostizierte Beeinträchtigung des Gesundheitszustandes der Angeklagten als von diesen durch die wiederholten Hungerstreiks selbst herbeigeführt. Für Prinzing handelte es sich damit um eine Entscheidung, die durch den am 1. Januar 1975 in Kraft getretenen § 231a StPO gedeckt war. Dieser vor dem Hintergrund der vorausgegangenen Hungerstreiks für das Stammheimer Verfahren maßgeschneiderte Paragraph ermöglichte die Fortführung des Prozesses in solchen Fällen, in denen der Angeklagte seine Verhandlungsunfähigkeit selbst verschuldet hatte.

Die im Juli 1976 von Baader, Ensslin und Raspe angestrengten und durch die Anwälte Bakker Schut, De Félice und den Belgier Michel Graindorge in Straßburg vorgelegten Individualbeschwerden nahmen gleichwohl nicht nur diesen, sondern auch die meisten der bereits bekannten, in den vorausgegangenen Verfahren als gegenstandslos erklärten Kritikpunkte wieder auf.[113] Die Gesuche der ‚Stammheimer' kombinierten diesmal den Vorwurf vorgeblicher Verlet-

---

[110] Stuberger, Strafsache, S. 137–140.
[111] Ebd., S. 134; 141–144.
[112] Vgl. den Beschluss des 2. Strafsenats des OLG Stuttgart in: Ebd., S. 104–114.
[113] Ulrike Meinhof, die sich über den italienischen Anwalt Giovanni Cappelli ebenfalls hatte anschließen wollen, hatte sich inzwischen das Leben genommen, vgl. weiter unten S. 399ff.

zungen der Menschenwürde gemäß Artikel 3 und Artikel 6 der Konvention. Als Verstoß gegen Artikel 3 – das Folterverbot – wurden im Rahmen der Beschwerden wiederum die Haftbedingungen in Stammheim interpretiert, während man Artikel 6 – das Recht auf fairen Prozess und rechtliches Gehör – durch verschiedene Unregelmäßigkeiten vor und während des Stuttgarter Verfahrens verletzt sah, insbesondere durch die Fortführung des Prozesses in Abwesenheit der Angeklagten seit dem 30. September 1975. Voraussetzung dafür, dass die Kommission sich überhaupt für zuständig erklären konnte, war gemäß Artikel 26 der Konvention die Ausschöpfung des innerstaatlichen Rechtsweges. Tatsächlich hatten die deutschen Anwälte im Namen ihrer Mandanten zuvor gegen nahezu alle relevanten Beschlüsse erfolglos beim BGH und dem Verfassungsgericht geklagt. Gleichwohl stellte die Bundesregierung die formale Zulässigkeit der Beschwerde bis zuletzt in Frage.[114] Dabei argumentierte sie auch mit dem Hinweis auf das frühere Gesuch, das Baader – damals gemeinsam mit Meins, Meinhof und Grundmann – hinsichtlich der Haftbedingungen eingereicht hatte und das von der Kommission bereits für unzulässig erklärt worden war.[115]

Erst am 30. August 1977, also über ein Jahr nach der förmlichen Einreichung der Beschwerden, ging der Kommission ein Schriftsatz der verantwortlichen Anwälte zu, mit dem der Antrag „rechtlich und tatsächlich" begründet wurde. Welche deutschen Verteidiger ihren ausländischen Kollegen bei der Abfassung des Textes die Feder geführt hatten, konnte nicht im Detail ermittelt werden. Besonderes Engagement scheint der Frankfurter Anwalt Karl-Heinz Weidenhammer an den Tag gelegt zu haben; Zuarbeit leisteten unter anderem Croissant, Schily und Azzola.[116] Am 12. Oktober 1977 beschloss die Kommission, die weitere Prüfung „wegen der augenblicklichen Umstände" bis auf weiteres zu vertagen – gemeint war natürlich der aufsehenerregende, zeitgleich durchgeführte Versuch, die Beschwerdeführer im Austausch gegen den entführten Arbeitgeberpräsidenten Schleyer aus der Haft freizupressen.[117] Als die Kommission ihre Arbeit wieder aufnahm, hatten sich die Protagonisten bereits in ihren Zellen das Leben genommen. Helmut Ensslin, Nina Baader und Char-

---

[114] In beiden Verfahrensteilen – Foltervorwurf und Rechtstaatlichkeit des Verfahrens – seien die innerstaatlichen Instanzenwege nicht voll ausgeschöpft worden, vgl. Europarat/ Europäische Kommission für Menschenrechte (Hg.), Entscheidung der Kommission über die Zulässigkeit der Beschwerden Nr. 7572/76, 7586/76 und 7587/76 der Beschwerdeführer Gudrun Ensslin, Andreas Baader und Jan Raspe gegen die Bundesrepublik Deutschland, Straßburg 1977, S. 23. Die Kommission entschloss sich dennoch dazu, die Beschwerden anzunehmen.
[115] Ebd.
[116] Baader, Ensslin, Raspe gegen die Bundesrepublik Deutschland wegen Feststellung der Verletzung der Europäischen Menschenrechtskonvention [im Folgenden zitiert als: Baader u. a. gegen Bundesrepublik], in: HIS-Archiv, Ba, A / 020,003.
[117] Europarat/EMKR, Entscheidung, S. 21.

lotte Raspe – Vater, Mutter und Schwester der drei Verstorbenen – erklärten gegenüber der Kommission jedoch, das Beschwerdeverfahren im Interesse ihrer verstorbenen Angehörigen wie auch im eigenen Namen aufrechterhalten zu wollen.[118] Unmittelbar nach Bekanntwerden der Todesnachricht hatte der Präsident der Kommission, der Brite J.E.S. Fawcett, der Bundesregierung mitgeteilt, „daß es im Interesse der sachgemäßen Durchführung des Verfahrens wünschenswert erscheine, daß Delegierte der Kommission die Vollzugsanstalt in Stuttgart-Stammheim aufsuchen, um dort alle Feststellungen zu treffen die sich als erforderlich zur Klärung des Sachverhaltes erweisen sollten".[119] Tatsächlich begaben sich zwei Kommissionsmitglieder mit Zustimmung der Bundesregierung am 19. und 20. Oktober 1977 nach Stuttgart. Der Abschlussbericht vom 8. Juli 1978 enthielt entsprechend auch einen Passus über die Todesumstände der im Frühjahr 1977 zu lebenslänglicher Haft verurteilten RAF-Kader.[120]

In den einführenden Bemerkungen der auf den 11. August 1977 datierten Begründung der Beschwerde durch die verantwortlichen Anwälte wurde ausdrücklich darauf hingewiesen, dass eine Bewertung der Sachverhalte, die den Beschwerdeführern im inkriminierten Strafverfahren angelastet würden, nicht Gegenstand der Darstellung sei. Ganz im Gegenteil gelte die grundsätzliche Erkenntnis, dass jeder Staat das Recht habe, „Angriffen gegen seinen äußeren Bestand und gegen seine innere Ordnung mit den zu ihrer Abwehr erforderlichen Mitteln zu begegnen."[121] Gleichwohl dürfe diese Abwehr auf innerstaatlicher Ebene „nicht zu einer nahezu System gewordenen Verletzung der Menschenrechte führen", wie es im vorliegenden Fall gegeben sei. Im Übrigen gelte es zu beachten, dass die Motive der Beschwerdeführer – „mögen ihre auf diesen Motiven beruhenden Handlungen auch noch so abwehrwürdig sein" – keinen kriminellen Charakter trügen, sondern aus der Negierung einer gesellschaftlichen Ordnung erwüchsen, „der keineswegs nur eine begrenzte Minderheit der Bevölkerung der BRD, wie der Menschheit überhaupt, ablehnend gegenübersteht".[122]

Abgesehen von dieser – vorsichtig formuliert – angreifbaren Behauptung enthielt die 57 Seiten lange, an den Generalsekretär der Kommission gerichtete Schrift wenige objektiv als unwahr zu charakterisierende Aussagen. Ihren in der Summe dennoch überaus tendenziösen Charakter erhielt sie weit mehr durch die Bewertung des Dargestellten sowie in geringerem Maße durch die sprachliche Form der Darstellung selbst. Noch wichtiger war zweifellos das, was

---

[118] Ebd., S. 2.
[119] Ebd., S. 21f.
[120] Ebd., S. 18–20.
[121] Baader u. a. gegen Bundesrepublik, in: HIS-Archiv, Ba, A / 020,003.
[122] Europarat/EMKR, Entscheidung, S. 3.

weggelassen wurde. Durch die Kunst der gezielten Auslassung geriet der interaktive Charakter des Geschehens – sprich die fortgesetzte Herausforderung des staatlichen Gewaltmonopols durch die Beschwerdeführer und ihre Gefolgsleute außerhalb der Gefängnisse – vollkommen aus dem Blick. Stattdessen wurden Ursache-Wirkungs-Relationen suggeriert, die einer vollkommen anderen Logik folgten: der Annahme eines systematischen, auf physische und psychische Zerstörung der RAF-Mitglieder gerichteten Vernichtungsvorsatzes der Gegenseite, ins Werk gesetzt über Haft und Prozess. Im Grunde ging es darum, dem Staat das Recht auf eine wirksame Gefahrenabwehr abzusprechen, das in der Einleitung zwar zunächst bekräftigt, im selben Atemzug aber wieder relativiert worden war, indem man auf die angeblich defizitäre Legitimation der Bundesrepublik durch einen imaginären Volkswillen verwies.

Da die 15-köpfige, aus Angehörigen mindestens 7 verschiedener Mitgliedsstaaten zusammengesetzte Kommission die grundsätzliche Systemkritik der Antragsteller nicht teilte, war von vornherein nicht damit zu rechnen, dass sie die Faktenlage ähnlich beurteilen würde wie die Gefangenen und ihr Rechtsbeistand. Stattdessen folgte sie im Wesentlichen der Argumentation der Bundesregierung, die die zweifellos vorhandenen Anomalien des Strafvollzugs wie der Prozessführung zwar nicht rundweg leugnete, jedoch erneut mit dem Hinweis auf die besondere Gefährlichkeit der Beschuldigten und ihrer auch während der Haft aufrechterhaltene Verbindung zu den RAF-Kadern außerhalb der Vollzugsanstalt rechtfertigte. Weder die Haftbedingungen noch die Stammheimer Prozessführung widersprächen im Übrigen dem durch die Menschenrechtskonvention vorgegebenen Folterverbot bzw. dem Recht jedes Angeklagten auf ein *fair trial*.

Es würde an dieser Stelle zu weit führen, die jeweils vorgebrachten Argumente beider Seiten im Einzelnen nachzuzeichnen und sie der jeweils vorgenommenen Bewertung durch die Kommission gegenüberzustellen. Gleichwohl sei auf den hohen Quellenwert verwiesen, der den explizit zum Zwecke der Bewertung durch ein internationales Schiedsgericht erstellten Darstellungen des Geschehens in Stammheim durch die Kontrahenten für die Gesamtbeurteilung der Auseinandersetzung zwischen ‚erster RAF-Generation' und westdeutschem Staat zukommt. Jede Seite musste darum bemüht sein, eine möglichst widerspruchsfreie und vor allem überprüfbare Version der Ereignisse abzuliefern, die zwar die jeweils verfolgte Intention stützte, aber weitgehend frei von den ansonsten stets übermächtigen propagandistischen Erwägungen bleiben konnte, ja musste. Erst die Veröffentlichung des Untersuchungsergebnisses durch die Kommission lieferte dann wieder publizistisch verwertbares Material, das in diesem Falle der Bundesregierung zugutekam. So zeigte sich das Justizministerium nach den beiden EKMR-Erklärungen vom Mai 1975 und Juni 1978 jeweils „außerordentlich erleichtert, dass die unsinnigen Vorwürfe nunmehr zweifelsfrei ausgeräumt" seien und beeilte sich, den Text der Erklärungen vor allem im Ausland breit bekannt zu machen.¹²³ Für die Gegenseite war zweifellos bereits die Annahme der Beschwerde durch die Kommission und die dadurch erfolgte, der Bundesregierung temporär aufgezwungene Umkehrung des Verhältnisses von Kläger und Beklagtem ein beachtlicher PR-Erfolg. Dass man tatsächlich davon ausging, ein Urteil analog zur Irland-Entscheidung der Kommission erwirken zu können, die den Umgang der britischen Regierung mit inhaftierten IRA-Angehörigen als Verstoß gegen Artikel 3 der Konvention explizit gerügt hatte, erscheint angesichts des Scheiterns der vorausgegangenen eigenen Beschwerden als unwahrscheinlich.¹²⁴ Immerhin stand man mit den Iren und ihren Anwälten in zumindest lockerem Kontakt: Mitglied der internationalen Anwaltsdelegation in Bückeburg war seinerzeit auch Carmel Murphy, Sekretär der Association for Legal Justice in Dublin gewesen, die bei der Einreichung der Klage gegen die Briten beim Europäischen Gerichtshof eine maßgebliche Rolle gespielt hatte.¹²⁵ Auch Jean-Jacques De Félice nahm bei seinem Besuch bei Gudrun Ensslin auf den Präzedenzfall Nordirland Bezug.¹²⁶ Anders als im Falle des Nordirland-Verfahrens, in dessen Verlauf unter enorm aufwendigen Sicherheitsvorkehrungen umfängliche Beweiserhebungen vor allem in Form von Zeugenbefragungen durchgeführt wurden, beschränkte sich die Kommission im Fall Baader/Ensslin/Raspe auf eine Auswertung der ihr jeweils vorgelegten Beweisstücke und schriftlichen Stellungnahmen; dazu kam die bereits erwähnte Ortsbegehung in Stammheim vom 18. Oktober 1977.¹²⁷

Dass sich RAF-Sympathisanten durch den Spruch der Kommission kaum beeindrucken ließen, kann wohl dennoch nicht dem Verfahren angelastet werden: Es ist vielmehr davon auszugehen, dass die Kommissionsmitglieder für

---

123 BA Koblenz, B 145 / 09302.
124 Vgl. Urteil des Europäischen Gerichtshofes vom 18. Januar 1978: Irland gegen das Vereinigte Königreich von Großbritannien und Nordirland. Die Beschwerde war am 16. Dezember 1971 eingelegt und am 10.3.1976 von der irischen Regierung vor den Europäischen Gerichtshof für Menschenrechte gebracht worden, in: Europäischer Gerichtshof für Menschenrechte, Deutschsprachige Sammlung, Bd. 1, Kehl a.Rh. 2008, S. 232–267. Der Kommissionsbericht hatte am 25.3.1976 vorgelegen, vgl. Hans Christian Krüger, Probleme der Beweiserhebung durch die Europäische Kommission für Menschenrechte, in: Vorträge, Reden und Berichte aus dem Europa-Institut der Universität des Saarlandes Nr. 331/1996, S. 8, Anm. 5; online unter http://europainstitut.de/fileadmin/schriften/331.pdf (12.10.2011).
125 HIS-Archiv, RA 01 / 009003, Bericht über die Pressekonferenz in Bückeburg am Donnerstag, 13. März 1975.
126 HIS-Archiv, RA 02 / 054,004, 6.12. [1975].
127 Anders als in Staatenverfahren – um ein solches handelte es sich bei der Beschwerde Irland gegen Vereinigtes Königreich – stellen Beweiserhebungen im Individualverfahren eher eine Seltenheit dar, vgl. Krüger, Probleme, S. 7. Hintergrund ist die zwingend vorausgegangene Erschöpfung des innerstaatlichen Rechtsweges, bei dem hinreichende Ermittlungen zur Feststellung des Sachverhalts vorausgesetzt werden können. Zur Beweisaufnahme im Nordirland-Fall vgl. ebd., S. 11ff.

die Mitglieder der ‚Szene' natürlich ebenfalls als Vertreter des Establishments galten, die mit der Bundesregierung unter einer Decke steckten – in linken Zeitschriften fand die Entscheidung des Europäischen Gremiums jedenfalls erst gar keine Erwähnung. Auf die Seiten des „Informationsdienstes zur Verbreitung unterdrückter Nachrichten" schaffte es aber ein Bericht der Begleiter von Rechtsanwalt Cappelli bei seinem Stammheimer Besuch bei Ulrike Meinhof im Vorfeld der Straßburger Beschwerde[128] sowie eine Darstellung zweier Mitarbeiterinnen der Kanzlei Müller/Newerla, die am 29. August 1977 im Auftrag der beteiligten Anwälte die deutsch-französische Grenze überquerten, um die schriftliche Begründung der Beschwerde bei der EKMR einzureichen.[129] In beiden Fällen wussten die Beteiligten von erheblichen Behinderungen und Repressalien durch die vor Ort angetroffenen Polizei- bzw. Grenzschutzbeamten zu berichten. Den Staatsschutzbehörden, so kommentierten Cappellis Begleiter, sei „jegliche öffentlichkeit über das stammheimer verfahren (...) ein dicker dorn im auge. wird diese öffentlichkeit im ausland hergestellt, (...) schmerzt es die drahtzieher unserer regierenden kriminellen vereinigung besonders."[130] Die Herstellung von „Öffentlichkeit im Ausland" erscheint hier als Selbstzweck, um maximalen Druck auf die Bundesregierung auszuüben. Das Urteil über die Regierungspolitik erwartete man gerade nicht von außen, sondern hatte es längst selbst gesprochen.

Wie angedeutet, hatten die Beschwerdeführer vor allem die außergewöhnlichen Haftbedingungen ins Zentrum ihres Gesuchs gestellt, die so erhebliche körperliche und seelische Leiden hervorgerufen hätten, dass sie „objektiv den Tatbestand der Folter oder zumindest der unmenschlichen Behandlung nach Artikel 3" erfüllten. Als Belege wurden neben der einschlägigen Literatur zur ‚sensorischen Deprivation' unter anderem die verschiedenen Beschlüsse des Bundesgerichtshofs, des OLG Stuttgart sowie des Generalbundesanwalts zur Sicherheitsverwahrung vorgelegt. Vor allem aber stützten sich die Vorwürfe auf die medizinischen Gutachten zum Gesundheitszustand der Inhaftierten aus den Jahren 1975 und 1977. Erst wiederholte ärztliche Mahnungen hätten die Justizorgane nach mehr als dreieinhalb Jahren zu „einigen mehr oder weniger kosmetischen Korrekturen" an den isolierenden Haftbedingungen veranlasst, die die Ärzte gleichwohl nicht zufrieden gestellt hätten.[131] Die zynische Reaktion der Verantwortlichen, die die Gutachten mit der Bemer-

---

[128] „zur bullenattacke auf uns", in: HIS-Archiv, RA 02 / 053,007.
[129] Bericht zum 29.8.1977 von Barbara Seiferling, Rechtsreferendarin, und Sheila Kruck, 30.8.1977, in: HIS-Archiv, RA 01 / 011,006.
[130] „zur bullenattacke auf uns", in: HIS-Archiv RA 02 / 053,007.
[131] So wurde aus dem ärztlichen Gutachten von Prof. Dr. Rasch vom 5.4.1977 zitiert, der bei Ensslin „eine ausgeprägte Antriebsverarmung und ein[en] deutlicher Verlust an emotionaler Mitschwingungsfähigkeit" feststellte. Die Untersuchte befinde sich „in einem sehr schlechten Allgemeinzustand" und wirke „vorgealtert". Bei Baader und Raspe sei „eine

kung kommentierten, von den Haftbedingungen gehe offensichtlich „keine Lebensgefahr" aus, lasse allein den Schluss zu, dass „für diese Richter jedes Maß an Quälerei und Gesundheitsschädigung solcher Häftlinge wie der Beschwerdeführer zulässig" sei, „solange diese Maßnahmen nicht unmittelbar zur Tötung der Gefangenen" führten. Bewusst wolle man auf die „nähere Charakterisierung der politisch-ideologischen Landschaft" verzichten, „in der solche Haltungen angesiedelt zu sein pflegen."[132] Was den zweiten Teil der Beschwerde, das Stammheimer Verfahren anging, so wurden die erwiesene Parteilichkeit und Voreingenommenheit des Gerichts sowie die Existenz einer massiven, von den Behörden befeuerten medialen Verleumdungskampagne geltend gemacht, die sich stark zu Ungunsten der Beklagten ausgewirkt hätten. Auch der Bundeskanzler und mit ihm viele weitere Politiker hätten in der Öffentlichkeit wiederholt „eine faktische Vorverurteilung der Beschwerdeführer" vorgenommen.[133] Diese durch die höchsten Repräsentanten des Staates vorangetriebene Kriminalisierung habe der bewussten „Selektion der Beschwerdeführer aus der übrigen Bevölkerung der Bundesrepublik" gedient.[134] Die „systematisch betriebene und stetig fortgesetzte Verhetzung", die bald auch die Rechtsanwälte eingeschlossen habe, habe ein faires Verfahren von vornherein unmöglich gemacht. Des Weiteren wurde die systematische Ausschaltung und Verfolgung der Verteidigung mit Hilfe von Gesetzesänderungen während des laufenden Verfahrens moniert, die vor allem im Ausschluss der Angeklagten und ihrer Wahlverteidigung aus der Hauptverhandlung greifbar geworden sei, aber auch die Zurückweisung von Entlastungszeugen – konkret genannt wurden Osborn, Agee, Thomas und Peck –, die mangelnde Vernehmungsmöglichkeit von Belastungszeugen sowie die rechtswidrige Einbeziehung „bestochener Kronzeugen" in die Urteilsfindung zur Folge gehabt habe. Durch die neuen Gesetze sei „aus dem von staatlicher Bevormundung freien Verteidiger" ein „durch die stets drohende Verfahrensausschließung gefährdeter staatlicher Beistandssachwalter eines der Garantie der Unschuldsvermutung verlustig gegangenen Angeklagten" geworden.[135] Mit den vom Gericht gestellten Pflichtverteidigern hätten die Beschwerdeführer dagegen „berechtigterweise nichts zu tun haben wollen".[136]

Demgegenüber führte die Bundesregierung ins Feld, die besonderen Haftbedingungen seien durch das Verhalten der Beklagten selbst provoziert und

---

Abnahme an Aktivität und Spontaneität zu verzeichnen. Beide wirkten emotional zurückgenommen, subdepressiv", vgl. Baader u. a. gegen Bundesrepublik, S. 15f.

[132] Ebd., S. 18. Als Beleg des Foltervorwurfs wurde die gesamte internationale Literatur zu den gravierenden Folgen ‚sensorischer Deprivation' aufgeführt.
[133] Ebd., S. 26.
[134] Ebd., S. 27.
[135] Ebd., S. 45.
[136] Ebd., S. 51.

durch zahlreiche Privilegien ausgeglichen worden; nicht einmal annäherungsweise erfüllten sie den Tatbestand der Folter.[137] Auch von Isolation könne angesichts der unbeschränkten Besuchsmöglichkeiten von Anwälten und Familienangehörigen nicht die Rede sein. Alle getroffenen Maßnahmen begründeten sich durch die außerordentliche Gefährlichkeit der Inhaftierten. Unter Berücksichtigung der von den Beschwerdeführern begangenen Anschläge auf das Leben anderer sowie der mehrfach erfolgten bewaffneten Befreiungsversuche seien die Sicherheitsvorkehrungen absolut angemessen. Die herangezogenen medizinischen Gutachten seien unter der Prämisse zu beurteilen, dass die dort aufgeführten gesundheitlichen Probleme allesamt den Beschwerdeführern selbst anzulasten seien. Sie seien einerseits Folge der lebensgefährdenden Hungerstreiks als auch Konsequenz der durch sie selbst provozierten Haftbedingungen, einschließlich der außergewöhnlichen Länge der Untersuchungshaft durch die bewusste Verschleppung des Verfahrens. In diesem Zusammenhang vertrat die Bundesregierung die Auffassung, selbst der Selbstmord der Angeklagten im Oktober 1977 sei durch dessen Inszenierung als Mord ein Mittel zur Fortsetzung des Kampfes gegen den Staat gewesen. Was die Rügen hinsichtlich des Artikels 6 betraf, wies die Regierung den Vorwurf der Parteilichkeit des Richters entschieden zurück und verwies hinsichtlich der Medienkampagne und der Rolle offizieller Verlautbarungen in ihr „auf die Pflicht des Staates, zu den Terrorakten Stellung zu nehmen und die Öffentlichkeit über die hiergegen ergriffenen Maßnahmen zu informieren."[138] Der Ausschluss der Angeklagten aus der Verhandlung sei zu Recht ergangen, nachdem diese ihre Verhandlungsunfähigkeit gezielt selbst herbeigeführt hätten. Das verbriefte Recht auf Verteidigung vor Gericht bedeute kein absolutes Recht auf einen bestimmten Verteidiger – auch nach dem Ausschluss bestimmter Anwälte seien die Beschwerdeführer noch durch durchschnittlich zehn Anwälte vertreten gewesen. Auch der Ausschluss der Zeugen Osborn, Agee, Thomas und Peck sei rechtens gewesen, da die Zeugen „nichts Sachdienliches zur Aufklärung der Wahrheit" hätten beitragen können.[139]

In ihrer Urteilsbegründung konstatierte die Kommission zunächst, die Beschwerdeführer seien „zweifellos außergewöhnlichen Haftbedingungen unterworfen" worden – ebenso wenig Zweifel habe man jedoch daran, „dass im vorliegenden Fall zwingende Gründe dafür vorhanden waren, die Beschwerdeführer einem Vollzug zu unterwerfen, der sich in erster Linie an Sicherheitserfordernissen ausrichtete."[140] Der Ausschluss eines Häftlings aus dem Gemeinschaftsleben der Anstalt stelle für sich genommen noch keine

---

[137] Vgl. für das Folgende Europarat/EMKR, Entscheidung, S. 23f.
[138] Ebd., S. 25.
[139] Ebd., S. 26.
[140] Ebd., S. 29.

Form unmenschlicher Behandlung dar – in vielen Mitgliedstaaten bestünden vergleichbare Vollzugsarten mit verstärkten Sicherheitsmaßnahmen für gefährliche Gefangene. Zwar sei verlängerte Einzelhaft, wie die Kommission bereits in mehreren Präzedenzfällen erklärt habe, „kaum wünschenswert".[141] Nichts lasse jedoch darauf schließen, dass die Beschwerdeführer in Stammheim einer Sinnesisolation, unangemessener Bewachung oder auch nur einer „tatsächlichen Zellenisolierung" unterworfen gewesen seien. „Abgesehen von kurzen Zeitabschnitten konnten sie zahlreiche Besuche ihrer Verteidiger und Familienangehörigen empfangen." Auf ärztliches Anraten sowie infolge des Hungerstreiks „wurden die Möglichkeiten des Kontakts untereinander ständig vergrößert, ja sogar auf andere Mitglieder der Roten-Armee-Fraktion erweitert. Es wurde ihnen sogar gestattet, beim Hofgang mit anderen Häftlingen zusammenzukommen, oder es wurden ihnen andere Betätigungen erlaubt. Sie entschieden sich dafür, hiervon keinen Gebrauch zu machen."[142] Was die von den medizinischen Gutachtern diagnostizierten gesundheitlichen Beeinträchtigungen angehe, so hätten Studien ergeben, „dass nach einer Zeit von vier bis sechs Jahren ‚gewöhnlicher' Haft ein Syndrom mit folgenden wesentlichen Merkmalen entsteht, wie sie ähnlich bei den Beschwerdeführern festgestellt wurden: Gefühlsstörungen, Störungen des Einsichts- und Urteilsvermögens, Verhaltensveränderungen, die sich in Rückkehr zu Infantilismus und in Störungen zur Gemeinschaft äußern".[143] Üblicherweise aber – so könnte man diesen Befund ergänzend kommentieren – fanden Häftlinge mit ihren Problemen eben nicht eine so sensible Öffentlichkeit wie die Insassen des Stammheimer Hochsicherheitstrakts. Unterm Strich jedenfalls kam die Kommission einmal mehr zu dem eindeutigen Urteil, dass die auf Artikel 3 der Konvention gestützten Beschwerden als „offensichtlich unbegründet" zurückzuweisen seien.

Das gleiche Ergebnis ergab für die Kommission die Überprüfung der übrigen Monita. Was die Kritik an der systematischen Pressehetze vor und während des Verfahrens betraf, vertrat sie die Meinung, „dass man von der Presse, geschweige denn von den für Kriminalpolitik verantwortlichen Behörden" nicht erwarten könne, „dass sie sich jeder Erklärung, zwar nicht über die Schuld der Angeklagten, sondern über deren Gefährlichkeit enthalten, wenn sie eindeutiges Informationsmaterial in Händen haben". Die Warnungen der Behörden und die von ihnen zu verantwortenden besonderen Sicherheitsmaßnahmen rund um das Verfahren entsprachen „den Handlungen und Erklärungen der Beschwerdeführer und anderer Mitglieder der Roten-Armee-Fraktion und waren nicht darauf gerichtet, künstlich ein ungünstiges Klima

---

[141] Ebd., S. 30.
[142] Ebd., S. 31.
[143] Ebd., S. 32.

für die Angeklagten zu schaffen".[144] Das Verhalten der von den Beschwerdeführern eigens hervorgehobenen Regierungspolitiker mochte man nicht gesondert kommentieren. „Bedenklicher" erschien der Kommission insgesamt die neue Ausschlussregelung für Verteidiger, „sowohl grundsätzlich als auch in den Auswirkungen. Es handelt sich nämlich um eine Maßnahme, die andere potentielle Verteidiger einschüchtern oder die Verteidigung im allgemeinen in Misskredit bringen kann."[145] Gleichwohl habe der Staat auch in diesem Fall prinzipiell das Recht, „das Erscheinen der Rechtsanwälte vor den Gerichten gesetzlich zu regeln". Verteidiger seien im Übrigen dazu verpflichtet, „gegen gewisse Berufspflichten nicht zu verstoßen". Da im konkreten Falle gegen die ausgeschlossenen Anwälte reguläre Ermittlungsverfahren in Gang seien, es sich bei den Ausschlüssen also nicht um reine Ordnungsmaßnahmen gehandelt habe, sei auch hier ein Verstoß gegen die Konvention nicht erkennbar. Schließlich hätten den Beschwerdeführern erwiesenermaßen nach wie vor ausreichend Verteidiger zur Verfügung gestanden, darunter auch von ihnen selbst gewählte. Zum gleichen Schluss kam die Kommission hinsichtlich der inkriminierten Verfahrensführung in Abwesenheit der Angeklagten: Letztere hätten im Rahmen des Verfahrens genügend Gelegenheit gehabt, „ihre Gründe und Auffassungen vor[zu]tragen". Das Erfordernis, „dass Recht gesprochen wird, und zwar innerhalb einer angemessenen Frist", vermöge die – prinzipiell durchaus schwerwiegende – Entscheidung des vorsitzenden Richters aufzuwiegen.[146] Auch dieser Teil der Individualbeschwerden wurde mithin als unbegründet erklärt.

5.1.3 Das Vorgehen gegen das Europäische Übereinkommen zur Bekämpfung des Terrorismus

Zum Zeitpunkt dieser Verlautbarungen bereitete eine andere Straßburger Behörde den Fürsprechern inhaftierter Mitglieder terroristischer Vereinigungen schon seit längerem Kopfzerbrechen. Unter dem Eindruck einer zunehmenden Internationalisierung der terroristischen Bedrohung hatte ein Expertenausschuss im Auftrag des Ministerkomitees des Europarates seit dem Sommer 1975 an einem Entwurf zu einem europäischen Übereinkommen zur Terrorismusbekämpfung gearbeitet. Mit dieser Übereinkunft sollten die allgemeinen Empfehlungen, die der Europarat im Januar 1974 in einer ersten gemeinsamen Resolution zum Internationalen Terrorismus ausgesprochen

---

[144] Ebd., S. 34f.
[145] Ebd., S. 37f.
[146] Ebd., S. 38f.

hatte, in verlässliche, praktisch wirksame Vereinbarungen gegossen werden.[147] Konkret ging es darum, innerhalb der Mitgliedsstaaten die Auslieferung von Personen zu erleichtern, die terroristischer Aktionen beschuldigt wurden. Interessanterweise beriefen sich die beteiligten Staaten bei ihrer Initiative ebenfalls, wie Baader, Ensslin und Raspe in ihrer Individualbeschwerde, auf die Europäische Menschenrechtskonvention. Die darin garantierte Respektierung der Menschenrechte begründete einerseits, wie der das neue Auslieferungs-Übereinkommen begleitende „Explanatory Report" mehrfach hervorhob, ein spezielles Vertrauensverhältnis unter den Unterzeichnerstaaten („a special climate of mutual confidence").[148] Andererseits wurde aus der Menschenrechtskonvention ein Recht aller europäischen Bürger auf Schutz vor terroristischen Gewaltakten abgeleitet: „The human rights to which regard has to be are not only the rights of those accused or convicted of acts of terrorism but also of the victims or potential victims of those acts", so der „Report".

Im Sinne des hier hervorgehobenen Opferschutzes bzw. des Rechts auf Innere Sicherheit[149] hatte das internationale Expertengremium einen Katalog besonders schwerer Delikte erarbeitet, die ab jetzt nicht mehr als „politische" Straftaten deklariert werden sollten. Hintergrund war die Tatsache, dass die Auslieferung von Straftätern mit politischen Beweggründen in den Europäischen Auslieferungsübereinkommen von 1957 und 1959 besonderen Restriktionen unterworfen bzw. ganz ausgeschlossen worden war. Zudem beinhalteten die Rechtsordnungen nahezu aller Europaratsstaaten ein Verbot der Auslieferung im Falle „politischer" Straftaten.[150] Nunmehr sollten Kapitalverbrechen wie Flugzeugentführungen, Entführung und Geiselnahme sowie der gegen Personen gerichtete Einsatz von automatischen Schusswaffen, Bomben, Handgranaten, Raketen, Brief- oder Paketbomben prinzipiell nicht mehr als politisch gelten. Daraus ergab sich für jeden Staat die Verpflichtung, Terrorismus-Verdächtige auf ein entsprechendes Gesuch hin in ihr Herkunftsland zu überstellen – oder, sollte sich ein Staat dazu aufgrund bestimmter,

---

[147] Vgl. Mark A. Zöller, Terrorismusstrafrecht. Ein Handbuch, Heidelberg u. a. 2009, S. 163f.
[148] Explanatory Report on the European Convention on the Supression Terrorism, online unter http://conventions.coe.int/treaty/en/Reports/Html/090.htm. Text der Resolution (74) 3 vom 24.1.1974 ebenfalls online als PDF-Dokument (24.10.2011).
[149] Auch in der Bundesrepublik wurden die Gesetzesänderungen zur Terrorismusbekämpfung im Justizministerium mit dem Hinweis begründet, Innere Sicherheit sei „ein elementares Bürgerrecht", vgl. Erklärung Hans-Jochen Vogels zur Inneren Sicherheit in: Bulletin vom 3.8.1976, hg v. Presse- und Informationsamt der Bundesregierung, Nr. 89, S. 903.
[150] Torsten Stein, Die Europäische Konvention zur Bekämpfung des Terrorismus, in: Zeitschrift für ausländisches öffentliches Recht und Völkerrecht 37 (1977), S. 668–690, hier S. 674. In Italien war dieser Grundsatz sogar in der Verfassung festgeschrieben; um der neuen Konvention Rechtsgültigkeit zu verschaffen, bedurfte es also einer Verfassungsänderung, ebd. S. 675.

in der Konvention näher definierter Gründe nicht in der Lage sehen, sie zumindest der eigenen Gerichtsbarkeit zu überantworten. Ein entsprechender Textentwurf war im Rahmen eines Treffens der Europäischen Justizminister am 3. und 4. Juni 1976 in Brüssel im Grundsatz abgesegnet und durch den Ministerrat des Europarates im November desselben Jahres formal gebilligt worden. Am 27. Januar 1977 wurde der endgültige Text von 17 der 19 Europaratsstaaten in Straßburg unterzeichnet.[151] Bis zur Ratifizierung der 16 Artikel umfassenden Konvention sollten allerdings in den allermeisten Unterzeichnerstaaten noch Jahre vergehen. Bis Ende 1978 hatten das Übereinkommen lediglich die Parlamente der Bundesrepublik, Österreichs, Schwedens und Großbritanniens ratifiziert; Italien sollte sich bis 1986, Frankreich bis 1987 Zeit lassen.[152] Die Unterzeichnung verweigert hatte von vornherein Irland – was Torsten Stein, Mitarbeiter am Max-Planck-Institut für ausländisches öffentliches Recht und Völkerrecht, in seinem 1977 veröffentlichten Kommentar unmittelbar auf den Nord-Irlandkonflikt zurückführte.[153] Trotz der offenbar in den Einzelstaaten weit verbreiteten Skepsis markierte das Übereinkommen, so jedenfalls der Tenor der ebenso umfassenden wie scharfsinnigen Analyse Steins, in Wirklichkeit nicht mehr als einen bescheidenen Anfang auf dem Weg, „jeder politisch verbrämten Gewaltkriminalität in konsequenten Schritten die juristische Anerkennung" zu entziehen.[154] Selbst im Falle der in Artikel 1 der Konvention genannten Straftaten wurde es den Vertragspartnern durch vielerlei, von Stein im Einzelnen aufgezeigte juristische Schlupflöcher ermöglicht, sich von der Auslieferungsverpflichtung zu dispensieren. Überdies konnte das Übereinkommen jederzeit durch eine an den Generalsekretär des Europarats gerichtete Notifikation ohne Angabe von Gründen aufgekündigt werden. Im Urteil Steins wäre allein die völlige Streichung des im europäischen Kontext für sein Dafürhalten anachronistischen Begriffs „politisches Delikt" als wirklicher Fortschritt zu betrachten gewesen. Dafür jedoch sei trotz der in der Konvention mehrfach betonten Harmonie zwischen den Europaratsstaaten „das gegenseitige Vertrauen (…) offenbar noch nicht groß genug." Als Beleg führte er einen „Le Monde"-Artikel des IVK-Mitglieds Gérard Soulier an, in dem dieser die rhetorische Frage formuliert hatte, „wer denn wohl auf diese

---

[151] Vgl. den Volltext des Übereinkommens auf der Website des Europarates unter http://conventions.coe.int/treaty/ger/Treaties/Html/090.htm (24.10.2011).

[152] Vgl. die Übersicht über die Daten der Ratifizierung durch die einzelnen Mitgliedsstaaten unter http://conventions.coe.int/treaty/Commun/ChercheSig.asp?NT=090&CM=&DF=&CL=GER (24.10.2011). Das Bundeskabinett stimmte dem Abkommen unter dem Eindruck des ‚Deutschen Herbstes' am 28.9.1977 zu, vgl. Bundesregierung, Dokumentation, S. 69.

[153] Stein, Europäische Konvention, S. 671.

[154] Ebd., S. 683f.

Weise der Bundesrepublik Deutschland helfen wolle, ihre Gefängnisse zu füllen".[155]

Tatsächlich hatte die Bundesregierung in diesen Monaten eindringlich erleben müssen, wie rasch sich gegen ihre Auslieferungsbegehren in den jeweils angesprochenen Ländern bemerkenswert starke Gegenkräfte entwickeln konnten. Seit Juli 1976 hatte sie sich bei den griechischen Behörden um die Auslieferung des ehemaligen RAF-Mitglieds Rolf Pohle bemüht, der nach kurzem Aufenthalt in Italien in Athen Unterschlupf gesucht hatte und dort festgenommen worden war.[156] Die Überstellung des einstigen „obersten Waffenbeschaffer[s] der Gruppe",[157] der Anfang 1975 durch die Lorenz-Entführung erfolgreich aus der Haft hatte freigepresst werden können, war in erster Instanz von einem griechischen Gericht abgelehnt worden, bevor er vom Aeropag am 1. Oktober 1976 schließlich befürwortet wurde.[158] Unter dem Motto „Übergebt Pohle nicht den Nazis!" hatte sich in Griechenland eine große Unterstützerbewegung formiert, die seine Auslieferung in die Bundesrepublik zwar nicht verhindern konnte, während des ‚Deutschen Herbstes' aber erneut durch anti-deutsche Polemik und teilweise gewalttätige Ausschreitungen auf

---

[155] Ebd., S. 683. Es handelte sich um den Artikel „La fin du délit politique?" vom 12.11.1976, in dem die Bundesrepublik als Führungsmacht einer veritablen „Internationale der Repression" dargestellt wurde. In den deutschen Gefängnissen seien Holger Meins und Ulrike Meinhof zu Tode gekommen; Klaus Croissant habe man aufgrund von kritischen Fragen im Fall Meinhof ebenfalls inhaftiert. Der Artikel endete folgendermaßen: „L'Allemagne fédérale réclame une procédure d'extradition quasi générale et automatique. Qui veut l'aider á remplir ses prisons? Qui veut faire l'Europe de cette façon-la?"

[156] Vgl. Stephan Hocks, Freigepresst und ausgeliefert. „Deutschlands gefährlichster Terrorist" zurück im Strafvollzug – der Fall Rolf Pohle, in: Rainer Maria Kiesow/Dieter Simon (Hg.), Vorzimmer des Rechts, Frankfurt a.M. 2006, S. 129–144. Für Pohles persönliche Sicht auf die Ereignisse vgl. Ders., Mein Name ist Mensch. Das Interview, Berlin 2002 (griech. Orig. Athen 1999), bes. S. 132–149. Die griechische Mobilisierung zu seinen Gunsten kommentierte er folgendermaßen: „Aus den geschichtlichen Erfahrungen der Griechen mit den deutschen Nazis hatten die Griechen eben noch ein anderes Bild von ‚Terroristen', als es zum Beispiel die Deutschen in ihrer kollektiven Vorstellung haben", vgl. ebd., S. 138. In dem Band ist auch eine vor dem Areopag gehaltene Rede Pohles abgedruckt, in der dieser gegen den „Reformfaschismus" der Sozialdemokratie, das ‚Modell Deutschland' sowie immer wieder den „Zionismus" polemisierte, der unter anderem das „blutige Ende" der Flugzeugentführung nach Entebbe organisiert habe. Die Rede endet mit dem Aufruf Che Guevaras „Schafft ein, zwei, drei, viele Vietnam!", vgl. ebd., S. 182–193.

[157] Peters, Irrtum, S. 244.

[158] Torsten Stein, Das „politische Delikt" im Auslieferungsrecht. Anmerkungen zu den Pohle-Entscheidungen des Athener Oberlandesgerichts und des Areopag, in: Europäische Grundrechte-Zeitschrift 4 (1977), S. 59–62. Vgl. auch Entscheidung des Areopag, Athen, Oberster Gerichtshof, Entscheidung der vierten Kammer Nr. 890 vom 1.10.1976 (Auslieferung von Rolf Pohle), in: Ebd., S. 18–21; Oberlandesgericht Athen, Entscheidung vom 20.8.1976 (Ablehnung der Auslieferung von Rolf Pohle), in: Ebd., S. 21–23.

sich aufmerksam machen sollte.[159] Der „Spiegel" sprach von dem Verfahren vor dem Areopag, wo unter anderem Hans-Christian Ströbele als Zeuge der Verteidigung auftrat,[160] als einer „Farce": So seien etwa die Umstände von Pohles Freikommen aus der Haft – „alles andere als ein rechtsverbindlicher Gnadenakt oder ein wirksamer Verzicht auf Strafvollstreckung" – so gut wie nicht thematisiert worden. „Die Naivität der Griechen in- und außerhalb des Gerichtssaals, der totale Mangel an Information, die grotesken Begriffsverwischungen" – all das mache „den Fall Pohle phänomenal".[161] Dass nicht nur die Öffentlichkeit der beiden beteiligten Länder, sondern auch die Führungsspitze der RAF die „Staatsaffäre" („Spiegel") intensiv verfolgte, zeigte ein noch am 29. März 1977, also kurz vor dem Urteilsspruch des Stammheimer Gerichts, von Andreas Baader eingebrachter Antrag, Bundeskanzler Schmidt als Zeugen vorzuladen: Neben einer langen Reihe weiterer ‚Vergehen' warf er der Bundesregierung „Counterinsurgency im europäischen Rat" und Einmischung in die inneren Angelegenheiten Griechenlands vor, „indem sie den EG-Beitritt Griechenlands und die Gewährung eines Millionenkredits mit einem Auslieferungsbegehren gegen Pohle verbunden" habe.[162]

Auch außerhalb Griechenlands formierte sich im Laufe der zweiten Hälfte des Jahres 1976 auf der äußersten Linken Westeuropas Widerstand gegen die geplanten neuen Auslieferungsbestimmungen.[163] Dieser Widerstand, der eine stark anti-deutsche Schlagseite besaß, entstand jedoch im Allgemeinen nicht spontan, sondern wurde maßgeblich aus der Bundesrepublik über die Grenzen getragen. Die am ‚info' beteiligten deutschen Strafverteidiger hatten im Zuge ihrer regelmäßigen Presseschau schon im März 1976 einen Artikel aus der FAZ vervielfältigt und mit Markierungen und Ausrufezeichen versehen, in dem es um die Vorbereitung des neuen Übereinkommens ging. In dem Artikel wur-

---

[159] „‚Terrorist' hat hier einen anderen Klang. Der Streit um die Auslieferung des Anarchisten Rolf Pohle", in: Der Spiegel 37/6.9.1976, S. 108–113, hier S. 108. Vgl. in derselben Ausgabe auch das Interview mit dem griechischen Linkssozialisten Andreas Papandreou, der davon sprach, dass Schmidt mit seinen Interventionen zugunsten einer Auslieferung Pohles „die Unabhängigkeit Griechenlands gegenüber der Bundesrepublik Deutschland (...) in flagranter Weise verletzt" habe, in: Ebd., „‚Schmidt hat alle Illusionen ausgeräumt'", S. 130–138, hier S. 130.
[160] Klaus Croissant, den Pohles griechischer Anwalt Kannelakis ebenfalls hinzuziehen wollte, erhielt trotz eines entsprechenden Antrages keine Erlaubnis, nach Athen zu reisen: Die Stuttgarter Staatsanwaltschaft hatte seine Ausweispapiere bis auf weiteres wegen bestehender Fluchtgefahr einbehalten, vgl. den Antrag Croissants auf Aushändigung des Reisepasses für die Reise nach Griechenland vom 20.9.1976, HIS-Archiv, RA 01 / 015,003.
[161] „‚Terrorist' hat hier einen anderen Klang", S. 110.
[162] Antrag abgedruckt in Stuberger, Strafsache, S. 263–269, hier S. 263f.
[163] Kritiker anderer politischer Lager – besonders in Frankreich – befürchteten meist die Einschränkung der nationalen Souveränität oder mögliche Auswirkungen der Konvention auf das Asylrecht.

de das Vorhaben als wichtiges Element innerhalb der breit gefächerten, maßgeblich von der deutschen Regierung vorangetriebenen Bemühungen gesehen, über eine Verstärkung der internationalen und bilateralen Zusammenarbeit die Bekämpfung des Terrorismus effizienter zu gestalten.[164] Offensichtlich wurden diese Bestrebungen von den im IVK organisierten Anwälten unmittelbar als eine Bedrohung der eigenen Aktivitäten empfunden. Vor allem die deutsche Sektion um Croissant sah die Konvention aber auch als eine neue Chance zur Diffamierung der Bundesrepublik als Hort der Repression, die ihr Modell der „politischen Verfolgung" auf den Rest Europas auszudehnen entschlossen war.

Angesichts des Todes Ulrike Meinhofs im Mai 1976 und der in diesem Zusammenhang ergriffenen Initiativen trat die Anti-Terrorismus-Konvention als Thema jedoch zunächst wieder in den Hintergrund, bevor das Übereinkommen im Herbst schließlich zum vorrangigen Gegenstand der IVK-Treffen wurde.

Den Startschuss zu dieser Entwicklung gab ein am 29. September versandtes Rundschreiben Croissants an die verschiedenen nationalen Sektionen, in dem der Stuttgarter Anwalt es als vordringliche Aufgabe des IVK bezeichnete, den „von der brd" initiierten Konventionsentwurf zu „analysieren" und „auseinanderzunehmen". Der Text rede einer „gesetzlichen fiktion" das Wort, wenn „bestimmte handlungen nicht mehr als politische delikte" betrachtet werden dürften, auch wenn „der politische charakter" offensichtlich sei. In der Öffentlichkeitsarbeit rund um die Konvention gelte es, mithilfe griechischer und deutscher Anwälte die paradigmatische Bedeutung des Falls Pohle herauszustellen, auf die schwebenden Verfahren Baader/Ensslin/Raspe bei der EMRK zu verweisen und immer wieder die Behandlung der Inhaftierten gemäß der Genfer Konvention einzufordern – „zum schutz ihres lebens und ihrer gesundheit vor menschenvernichtenden haftbedingungen". Konkret müsse nun die Auslieferung des in Frankreich inhaftierten Detlev Schulz verhindert werden, dem in der Bundesrepublik „mit sicherheit" Isolationshaft drohe.[165]

Tatsächlich folgten die Argumente, mit denen das IVK in den Folgemonaten gegen das Übereinkommen Front machte, im Wesentlichen dem von Croissant vorgegebenen Muster. Jenseits der „skandalösen" Auslieferungsproblematik als solcher sahen die IVK-Juristen in der in „der allergrößten diskretion ausgearbeitet[en]" Konvention den ersten Schritt zu einer Abschaffung des politischen Delikts überhaupt und prophezeiten das Ende jeglicher politischer Prozessführung. In der Konsequenz, so die Befürchtung, werde das Übereinkommen

---

[164] Konkret in dem Artikel genannt wurden die von Maihofer, Vogel und Genscher ergriffenen Initiativen der Kooperation mit den jeweiligen europäischen Ressortkollegen sowie die deutsch-französischen und deutsch-britischen Absprachen zur besseren Koordination der Polizeiarbeit, Hermann Rudolph, „Dem Terrorismus die Schlupflöcher verlegen", in: FAZ, 23.3.1976, hier in HIS-Archiv, RA 02 / 037,007.

[165] HIS-Archiv, RA 01 / 004,008; Schreiben vom 29.9.1976.

auch die gegenseitige justitielle Hilfe neu bestimmen, indem es die Weitergabe von Fahndungsausschreibungen im Zuge der Suche nach linken Militanten erleichtere.[166] Allerdings werde die Konvention, wie die Abschiebung Pohles gezeigt habe, im Grunde lediglich eine bereits gängige Praxis sanktionieren: „während sich die justiz gegen seine auslieferung ausgesprochen hatte, fand diese dennoch statt als folge von pressionen der brd-regierung auf die griechische regierung, die sich noch nicht von allen bindungen zur diktatur des militärs gesäubert hat".[167] Auch in Frankreich, so warnte der besonders engagierte Gérard Soulier, gelte es „gefährliche präzedenzfälle" zu verhindern, die darauf hinausliefen, „dass die anti-terrorismus-konvention noch vor ihrer ratifizierung angewendet" werde. Soulier und die übrigen Franzosen nahmen – wie Croissant angeregt hatte – insbesondere den Fall des ehemaligen SPK-Mitgliedes und mutmaßlichen RAF-Angehörigen Detlev Schulz in den Blick, der, zur fraglichen Zeit in Colmar inhaftiert, inzwischen Gegenstand eines deutschen Auslieferungsersuchens geworden war.[168] Ganz auf ihrer generellen Linie einer Ausweitung der Zielgruppe der IVK-Arbeit und in der richtigen Erkenntnis, dass es sich in der Auslieferungsfrage nicht um ein „juristisches, sondern ein politisches problem" handle, plädierten Soulier und Tubiana dafür, Bundesgenossen im Kampf für Schulz auch auf den Seiten des offiziellen Frankreich zu suchen, „nach einem nationalen plan, in dem alle großen polit.[ischen] parteien und die gewerkschaften kontaktiert werden, denen eine petition unterbreitet werden soll, ein neutraler und kurzer text, der sich auf den boden der freiheiten stellt und im elyseepalast feierlich übergeben wird." Auch auf Seiten der Gaullisten und dem rechten Flügel von Mitterrands Sozialisten solle um Unterstützung im Kampf gegen die Konvention geworben werden, „als ein anschlag auf die souveränität frankreichs" bzw. „im namen der demokratischen freiheiten".[169]

Da über solch weitreichende politische Initiativen keine Einigung erzielt werden konnte, wurden einmal mehr Pressekonferenzen organisiert – diesmal im Rahmen einer konzertierten Aktion, bei der sich eine zentrale Kundgebung des IVK mit Parallelveranstaltungen auf nationaler Ebene ergänzen sollte, um eine maximale Öffentlichkeitswirkung zu erreichen. Überall sollte ein einheitliches, von Franzosen und Belgiern gestaltetes Plakat eingesetzt werden. Für den 3. Dezember 1976 wurde eine internationale Pressekonferenz in Mailand angesetzt, für die Delegierte aus Frankreich, Belgien, der Bundesrepublik, Dänemark, der Niederlande und Griechenland – wo sich im Zuge der Pohle-

---

[166] Pressekonferenz IVK Brüssel 3.12.76, HIS-Archiv, RA 01 / 009,003.
[167] Ebd.
[168] Schreiben Gérard Souliers an unbekannten deutschen Empfänger (wahrscheinlich Croissant oder Groenewold), 11.2.1977, HIS-Archiv, RA 02 / 054,005.
[169] Treffen der französischen Sektion am 18.1. [1976], HIS-Archiv, RA 02 / 054,005.

Affäre ebenfalls eine IVK-Sektion formiert hatte – ihre Teilnahme zugesagt hatten. Zeitgleich führten die nationalen Sektionen der Niederlande, Belgiens, Frankreichs und der Bundesrepublik in ihren jeweiligen Heimatländern Pressekonferenzen durch, um vor der Gefahr zu warnen, die der internationalen Linken durch die Pläne des Europarats angeblich drohe.[170]

Für die zentrale Veranstaltung in Mailand waren einleitende Worte des Repräsentanten der gastgebenden italienischen Sektion Sergio Spazzali geplant, dem die Behörden aufgrund angeblicher Verwicklung in die Aktivitäten seiner BR-Mandanten inzwischen untersagt hatten, das Mailänder Stadtgebiet zu verlassen. Für das schriftliche Informationsmaterial, das an die anwesenden Pressevertreter verteilt werden sollte, hatte die belgische Sektion zu sorgen versprochen.[171] Diese legte eine ausführlich kommentierte Ausgabe des Konventionsentwurfes vor, die – ins Deutsche übersetzt und durch mehrere Artikel Gérard Souliers aus „Le Monde" und „Le Monde diplomatique" ergänzt – auch in der Bundesrepublik in einer Auflage von 1000 Stück verbreitet wurde. Auf der Vorderseite war eine Europakarte abgebildet, auf der das angebliche Ausgreifen der Bundesrepublik in die Nachbarstaaten auf dem Wege der Anti-Terrorismus-Konvention durch dicke schwarze Pfeile markiert wurde – ganz so, als stehe Westeuropa eine neue kriegerische Invasion der Deutschen bevor. Auf der Rückseite wurden die Logos der wichtigsten in Europa operierenden bewaffneten Organisationen – RZ, ETA, Brigate Rosse, 2. Juni, PFLP, RAF und IRA – durch einen dicken Pfeil aneinandergefesselt und einem martialischen Bundesadler mit US-amerikanischer Flagge überstellt.[172]

Auf der in Mailand geplanten Pressekonferenz sollte, so die vorgegebene Marschroute, die politische Bedeutung der Konvention herausgearbeitet, die „initiatoren- und durchführungsrolle der brd" unterstrichen sowie die konkreten zu erwartenden Folgen in den einzelnen Ländern diskutiert werden. Hintergrund für die Wahl der norditalienischen Stadt war das dortige, nach Einschätzung der Anwältin Sandra Castelli für die Anliegen des IVK „güns-

---

[170] Pressekonferenz des IVK Brüssel, 3.12.76, HIS-Archiv, RA 01 / 009,003.
[171] Treffen des IVK 20.11.76, HIS-Archiv, RA 02 / 026,003.
[172] HIS-Sammlung graue Literatur, 1977. Noch massiver war die Bildsprache auf einer Broschüre eines Bochumer ‚Komitees Innere Sicherheit': Ein überdimensionaler Höllenhund mit gefletschten Zähnen und dem Antlitz Helmut Schmidts schickte sich an, seine Krallen in ein miniaturhaft klein gezeichnetes Europa zu schlagen. Überschrift: „Anti-Terrorismus-Konvention – Das Los Europas?". Die Kernbotschaft der Broschüre, die ebenfalls auf die Artikel Souliers zurückgriff, lautete: „Es ist wichtig zu sehen, daß die Konvention sich nicht gegen einzelne Gewaltakte richtet (...): Adressat ist vielmehr eine politische Opposition die die bürgerliche Norm sprengt. Die ‚Gewalt der Schwachen', die von den Unterdrückten in allen Ländern der Gewalt des bürgerlich-kapitalistischen Systems entgegengesetzt wird, soll international bekämpft werden. Und die Bundesrepublik ist durch die innenpolitische Praxis der letzten Jahre geradezu prädestiniert, auf diesem Gebiet der internationale Vorreiter zu sein"; ebd.

tige" Klima: „die verhaftung von susanne mordhorst habe einiges vermittelt über die funktion der brd".[173] Bei Susanne Mordhorst handelte es sich um die wichtigste Verbindungsperson der deutschen IVK-Sektion zu den Mailänder Partnern, die sich im Laufe der Jahre vor allem bei der Bewältigung der Sprachschwierigkeiten zwischen Deutschen und Italienern unentbehrlich gemacht hatte. An Mordhorsts konkretem Fall, so Castelli, „könne die Einwirkung von Staatsschutzbehörden in der BRD auf die ital.[ienischen] Verfolgungsbehörden" und entsprechend „der Status der BRD in Europa als Zentrum der konterrevolut.[ionären] Bewegungen" besonders anschaulich aufgezeigt werden.[174] Tatsächlich hatte die deutsche Presse mit der Verhaftung Mordhorsts als mutmaßlicher RAF-Angehörigen schon das Heraufziehen einer neuen „konfliktträchtige[n] Neuauflage eines Auslieferungs-Spektakels à la Rolf Pohle" kommen sehen.[175] Einer solchen hatte sich die 28jährige Mordhorst jedoch fünf Tage vor ihrer Verhaftung durch die Heirat mit dem Italiener Michele Stasi, laut „Spiegel" „Sohn eines linken Mailänder Rechtsanwalts", erfolgreich entzogen. Als der italienische Justizminister erfuhr, dass Mordhorst inzwischen italienische Staatsbürgerin geworden war, ordnete er umgehend ihre Freilassung an.[176] Schon im Januar 1977 verfasste Mordhorst wieder ein ausführliches Schreiben an die IVK BRD, in dem es um strategische Differenzen innerhalb der italienischen Sektion ging: Die Schwierigkeiten hätten sich „zum x. mal" an der Frage der Öffentlichkeitsarbeit um die Straßburger Konvention entzündet. Einige Kritiker, darunter Sandra Castelli und der Historiker Giovanni Zamboni, hätten darauf hingewiesen, dass das Komitee nichts erreiche, wenn es die Konvention als ein Mittel zur Unterdrückung des bewaffneten Kampfes darstelle, „weil die Leute sagen: richtig, den bewaffneten Kampf muss man unterdrücken. Man muss dagegen sagen dass die Strassburger Convention ein Mittel zur Unterdrueckung des Klassenkampfes ist, das alle trifft, Hausbesetzer, Streikposten, Fabrikbesetzer und so weiter". Sie selbst, Mordhorst, habe in der Diskussion deutlich zu machen versucht, „dass es diese Contraposition von bewaffnetem Kampf und Klassenkampf nicht gibt. Natuerlich betrifft es alle, insofern es [ein] weiterer Schritt zur Kriminalisierung des politischen Kampfes ist. Wenn heute die europaeischen Staaten Konventionen gegen den ‚Terro-

---

[173] IVK-Treffen am 13.11.76 in Frankfurt (Protokoll Christian Möller), HIS-Archiv, RA 02 / 026,003.
[174] Ebd.
[175] „Ehe auf italienisch", in: Der Spiegel 46/8.11.1976, S. 22. Grundlage der Verhaftung durch die italienischen Behörden war ein Haftbefehl des BGH vom 21.4.1976. Für die PR-Arbeit zugunsten Mordhorsts in der Bundesrepublik wurde die Hinzuziehung des italienischen Ehemanns und Schwiegervaters erwogen, aber verworfen, IVK-Treffen am 13.11.76 in Frankfurt (Protokoll Christian Möller), HIS-Archiv, RA 02 / 026,003.
[176] „Ehe auf italienisch", S. 23.

rismus' machen, dann weil sie Angst haben, dass die die heute Streikposten machen, morgen bewaffnete Aktionen machen koennten."[177]

Einmal mehr beteiligten sich auch die ‚Stammheimer' an der Diskussion über effektive Gegenstrategien gegen die über die Konvention ins Werk gesetzte Internationalisierung der ‚counterinsurgency'. „ein wichtiger job wäre ein buch (mit übersetzung in alle europäischen sprachen) über das europäische auslieferungsgesetz [sic]", hieß es im Dezember 1976 aus den Zellen an die Adresse des IVK.[178] Neben Inhalt und Genese des „Gesetzes" sollte das Buch den Beitrag eines „‚menschenrechtler[s]' (sartre?)" enthalten, in dem das „atlantische bündnis" als die „mörderischste gewaltmaschine aller zeiten" entlarvt würde. Zudem sollte anhand einer Gegenüberstellung griechischer und deutscher Presseberichte der Fall Pohle dokumentiert werden sowie „alle fälle von auslieferung + grenzüberschreitender massnahmen von brd-bullen: niederlande (blenk, achterrath), schweden (kommando holger meins), frankreich (detlev schulz), italien (susanne mordhorst), schweiz (e.van dyck), österreich, jugoslawien (…), alle fälle anderer bewaffneter gruppen: ira, eta, nap, brigate rosse (schweiz)".[179] Im Anschluss gelte es, die „integration der apparate der inneren und äußeren sicherheit und ihre transformation nach den counterinsurgencykonzepten der cia, des bka unter dem kommando des pentagon" herauszuarbeiten: „europäisches reichssicherheitshauptamt in wiesbaden". Auch wenn das erwünschte Buch nicht zustande kam – das angebliche „europäische auslieferungsgesetz" wurde in zahllosen Szene-Publikationen dieser Monate zum gnadenlosen Repressionsinstrument einer deutsch-amerikanischen Abwehrfront gegen alles Linke aufgebauscht. In Frankreich bildete es überdies einen von mehreren Anlässen für die Gründung des sogenannten Comité d'action contre une Europe Germano-Américaine et l'election d'un parlament a son service, zu dem Croissant sofort Kontakt suchte.[180] Das Komitee, an dem sich neben Sartre eine Reihe prominenter ehemaliger Résistance-Kämpfer beteiligten, war eine Reaktion auf die intensive Debatte, die sich Ende 1976 in Frankreich um die Frage der geplanten Europawahlen entspann. „Les partisans de un ‚avenir européenne' autonome de L'Occident feraient bien de réfléchir sur la nature et la dynamique de l'évolution actuelle de l'Allemagne", hieß es in dem am 4./5. Dezember 1976 in „Le Monde" publizierten Gründungsaufruf.[181] „La chasse

---

[177] Schreiben Susanne Mordhorsts vom 11.1.1977, HIS-Archiv, RA 02 / 066,006.
[178] „zu ivk", 21.12. [1976], in: HIS-Archiv, RA 02 / 036,003.
[179] Ekkehard Blenck und Axel Achterrath waren im Februar 1974 in Amsterdam festgenommen und zwei Tage später in die Bundesrepublik ausgeliefert worden, Diewald-Kerkmann, Frauen, Terrorismus und Justiz, S. 116, 156.
[180] Vgl. Schreiben Croissants an Jean-Pierre Vigier vom 30.12.1976, in: HIS-Archiv, RA 02 / 065,004.
[181] „Appel a la constitution d'un comité d'action contre une Europe Germano-américaine et l'élection d'un parlement a son service", in: Le Monde, 4./5.12.1976.

aux sorcières qui s'y développe préfigure en effet ce que serait leur sort dans une Europe ,intégrée' et ,protégée' par les Américains et dirigée en leur nom par la République Fédérale Allemande." Kontaktadresse des Komitees, das sich dezidiert auch gegen die europafreundliche Politik der italienischen Eurokommunisten richtete, war die Pariser Anschrift des Physikers Jean-Pierre Vigier, zu dem Croissant und das IVK seit jeher beste Verbindungen unterhielten. Sartre wiederholte zur Begründung für sein Engagement zugunsten des Komitees im Übrigen einige der Thesen, die er schon 1974 im Kontext seines Deutschlandbesuchs vertreten hatte: In der Bundesrepublik seien die Menschenrechte akut gefährdet, denn „le fonctionnement de la justice qui n'est pas très éloigné de ce qui passait sous Hitler." Die Verteidigerrechte seien verletzt, Formen der legalen Folter eingeführt „et on assiste à l'assassinat d'inculpés dans des conditions obscures." Zu alledem gesellten sich verstärkte Rüstungsanstrengungen: „Il y a donc renaissance d'un État militaire et policier".[182] Auf einer Veranstaltung des Komitees am 16. Mai 1977 in Paris wurden vor etwa 250 Anwesenden nicht nur Grußbotschaften Papandreous, Chomskys und des erkrankten Sartre verlesen – es traten auch einmal mehr Kurt Groenewold und eine Mitarbeiterin des Büros Croissant auf.[183] Erster Redner war der italienische Dramatiker Dario Fo, der die Dringlichkeit eines wirksamen Widerstands gegen die deutsche Hegemonie über Europa hauptsächlich an den jüngsten Verhaftungen der italienischen Rechtsanwälte Spazzali, Senese und Cappelli festmachte: Es handele sich um eine „repression nach den direktiven der brd (...), die sich bald auf alle europ.[äische] länder ausweiten könne."

Auch die Mobilisierung gegen die Anti-Terrorismus-Konvention im engeren Sinne ging nach der Unterzeichnung des Übereinkommens im Januar 1977 zunächst weiter, bevor die Ereignisse im Zusammenhang mit der ,Offensive 1977' der RAF ein Engagement *gegen* eine wirksamere Strafverfolgung der Täter zumindest schwerer vermittelbar machten. Das Mouvement d'Action Judiciaire beschwor auf einem internationalen Juristenkolloquium in Toulouse Mitte April 1977 noch einmal die Gefahren einer „auf europäischer Ebene inzwischen unter maßgeblicher Anleitung der Bundesrepublik diskutierten ,Sicherheitsdoktrin'", die dazu führe, dass soziale Konflikte nicht mehr politisch, sondern durch „polizeiliche Repression, d. h. durch Gewalt gelöst" würden. „Die entstehende ,Internationale der Repression'", die auch in Frankreich durch neue Gesetzesprojekte zur inneren Sicherheit schon Gestalt gewinne, habe sich „auch schon ihr Gesetz gegeben: die ,Europäische Konvention zur Bekämpfung des Terrorismus'". Der in der Bundesrepublik zu beobachtende Prozess der Auflösung rechtsstaatlicher Grenzen staatlicher Gewaltausübung

---

[182] Interview der Pariser Zeitschrift „Economia" 35. Juni 1977, in: HIS-Archiv, RA 02 / 013,009.
[183] „gegen ein germano-amerikanisches europa", 21.5.1977, in: HIS-Archiv, RA 2 / 013,009.

lasse „die ausländischen Juristen erschauern." Sie wüssten, „was das Fehlen demokratischer Traditionen und das Fortbestehen faschistischer Traditionen (…) in der Bundesrepublik für eine gesamteuropäische Gefahr" darstellten.[184]

Fast gemäßigt klangen selbst solche Parolen jedoch im Vergleich mit einer zeitgleich entstandenen Analyse aus der Feder der belgischen CIDPPEO-Sektion, die ganz auf RAF-Linie lag. Tatsächlich hatten die Verfasser die Gedanken, die die ‚Stammheimer' im Juni 1976 im Rahmen eines durch das IVK vermittelten Interviews mit „Le Monde diplomatique" dargelegt hatten, teilweise bis in sprachliche Details hinein übernommen und um die neuesten tagespolitischen Entwicklungen ergänzt.[185] Die Konvention, so das mehrere Seiten lange Papier, sei eines von mehreren Instrumenten zur Internationalisierung der gegen die Stadtguerilla gerichteten Vernichtungspraxis, der in der BRD mit Hammerschmidt, Meins, Hausner und Meinhof schon vier Gefangene zum Opfer gefallen seien.[186] Diejenigen Länder, die auf diesem Weg noch weniger fortgeschritten seien, sollten mit Hilfe des Abkommens nun auf deutschen Kurs gebracht werden. Das Beispiel Pohles, den die Griechen in Folge mannigfacher ökonomischer Pressionen hätten ausliefern müssen, sei in dieser Hinsicht ebenso erhellend wie die Anti-Terror-Gesetze in Großbritannien und Italien, die von der Bundesregierung über die Inaussichtstellung von Krediten über mehrere Milliarden D-Mark erkauft worden seien. Die Konvention vergrößere den Graben zwischen legaler und illegaler Linker, da sie gemäßigte Organisationen einschüchtere und zur Distanzierung von radikalen Strömungen zwinge. Kurz, sie sei die Antwort der BRD auf die Internationalisierung des anti-imperialistischen Kampfes, wie er in den Aktionen von Stockholm und Wien – gemeint sind Botschaftsbesetzung und Angriff auf die OPEC-Konferenz im Jahre 1975 – sichtbar geworden sei. Die Antwort der Revolutionäre auf diese Bedrohung dürfe sich nicht im Jammern über das Ende des Rechtsstaates erschöpfen. Ihre Aufgabe sei es vielmehr, unmissverständlich deutlich zu machen, dass es sich bei der BRD um einen Staat ohne Souveränität handle, der mit Hilfe der Anti-Terrorismus-Konvention dem europäischen Kontinent eine „Pax Americana" aufzwingen wolle. Als einziges Land habe die Bundesrepublik keine Kritik am Vietnamkrieg geübt. Bei den ersten kritischen Bemerkungen Willy Brandts über die Rolle deutscher Häfen im Jom-Kippur-Krieg habe man den unbequemen Kanzler aus dem Verkehr gezogen. Reformistische Organisationen, die sich derzeit etwa über die ‚Berufsverbote' in der Bundesrepublik

---

[184] Kurzbericht zum Kolloquium des M.A.J., 16.4.1977, in: HIS-Archiv, RA 02 / 052,002.
[185] Interview mit „Le Monde diplomatique" zum Tode Ulrike Meinhofs, 10. Juni 1976, hier zitiert nach Me, U / 018,008. Inhaltlich übernommen wurden vor allem verschwörungstheoretische Überlegungen zur angeblich totalen Abhängigkeit der deutschen Politik von US-amerikanischer Einflussnahme.
[186] „A propos de la Convention anti-terroriste. Analyse", o.D., in: HIS-Archiv, RA 2 / 056,005.

aufregten, trügen eher zu einer Verschleierung der Tatsache bei, dass die Rolle des westdeutschen Staates seit seiner Gründung darin bestanden habe, als stabiler Staat „dans une Europe des luttes" zu fungieren. Die Vernichtung der revolutionären Kämpfer in den deutschen Gefängnissen gelte es mithin zu verhindern, nicht die Selbstzerstörung demokratischer Strukturen, die in Wirklichkeit niemals wirklich existiert hätten. Gegen das Gift der psychologischen Kriegsführung der Gegenseite gelte es die Wahrheit der bewaffneten Organisationen zu setzen. Zu diesem Zweck müsse man sich sofort mit den Gefangenen, ihren Unterstützern und denjenigen Anwälten verbünden, „qui les défendent réellement". Was andere Initiativen angehe, wie das geplante Russell-Tribunal gegen die Bundesrepublik oder auch das Comité contre une Europe Germano-Américaine, müsse das CIDPPEO als der Kitt wirken, der die Aktivisten im Kampf für das Leben der inhaftierten antiimperialistischen Kämpfer zusammenführe. Die Anti-Terrorismus-Konvention, so endete das Papier, sei

la réponse de l'impérialisme à une lutte menée contre lui dans ses métropoles. En ce sens, elle est l'expression de sa peur. Ne nous y trompons pas en tombant dans le piège et en se faisant les protagonistes de sa terreur, celle qui consiste à dire: on ne peut rien faire, il faut sauver la démocratie. La démocratie de Stammheim, nous voulons la détruire, car Stammheim est la réponse à l'apport de camarades allemands (la RAF) à la lutte de libération des peuples. Ce qui s'est passé a Heidelberg ou Francfort, la destruction par un groupe de révolutionnaires au moment des bombardements du Nord Vietnam doit être rendu impossible par cette convention. La RFA n'a pu toute seule exterminer les prisonniers de la RAF entre ses mains. Elle a besoin d'étendre ses griffes sur toute l'Europe. Nous l'en empêcherons en démasquant comme agent de l'impérialisme sans souveraineté nationale. En dénonçant l'extermination des prisonniers de la RAF, en faisant connaître la lutte des camarades qui partout en Europe et dans le monde résistent, face aux mensonges et à l'intox des médias, et cela le ferons internationalement.[187]

Auf internationaler Ebene den Lügen und dem Gift der Massenmedien entgegenzutreten – das hatten sich auch diejenigen europäischen Intellektuellen vorgenommen, die nach dem Tod Ulrike Meinhofs glaubten, der offiziell verbreiteten Version vom Selbstmord der einstigen Vorzeigefigur der deutschen APO durch die Mitarbeit in einer Internationalen Untersuchungskommission (IUK) widersprechen zu müssen. Mit dieser maßgeblich aus Stammheim bzw. von der deutschen IVK-Sektion gesteuerten Kampagne kam das Internationale Verteidigungskomitee in gewisser Hinsicht ganz zu sich selbst: Schon im Winter 1974/75 hatten die Insassen des 7. Stocks als vorrangige Aufgabe des Gremiums die Bildung von Kommissionen gefordert, die die „illegalen faschistischen praktiken" des deutschen Staatsschutzes untersuchen und anklagen sollten, so etwa „die gezielte ermordung von holger meins". Ebenso und vielleicht mehr noch als Meins sollte Ulrike Meinhof nach ihrem einsamen Tod in ihrer Stammheimer Zelle zur Märtyrerin einer europäischen Solidargemeinschaft der radikalen

[187] Ebd.

Linken stilisiert werden, die sich vor allem als Opfergemeinschaft konstituierte. Eine radikale Minderheit innerhalb dieser Gemeinschaft leitete aus dem Opferkult die Berechtigung ab, der Gewalthaftigkeit des ‚Systems' auch selbst gewaltsame Methoden entgegensetzen zu dürfen – um damit, so glaubten sie, die „Demokratie von Stammheim" endgültig zerstören zu können.

5.2 Die Internationale Untersuchungskommission zum Tod Ulrike Meinhofs

Als die diensthabenden Vollzugsbeamten am Morgen des 9. Mai 1976 Ulrike Meinhofs Zelle in Stuttgart-Stammheim aufschlossen, hing der Körper der Inhaftierten leblos am Gitter eines der beiden Fenster, stranguliert von einem in Streifen gerissenen, verknoteten und zu einem Strick gedrehten Handtuch. Der sofort alarmierte Anstaltsarzt konnte nur noch den Tod der 41-Jährigen feststellen, wovon er auch die übrigen Insassen des 7. Stocks kurz darauf in Kenntnis setzte.[188] Deren Wunsch, ihre tote Genossin noch einmal zu sehen, wurde abgelehnt – ebenso wie derjenige der bald darauf eintreffenden Anwälte Oberwinder, Azzola und Müller, die vergeblich darauf drängten, bei der Spurensicherung in Meinhofs Zelle anwesend sein zu dürfen. Dafür wurde Michael Oberwinder ein zwanzigminütiges Gespräch mit Baader genehmigt, in dem ihn dieser, wie der Anwalt am Abend auf einer von Croissant eilig einberufenen Pressekonferenz berichtete, in seinem eigenen Eindruck bestätigte, dass es keinerlei Anzeichen für irgendwelche Selbstmordabsichten der Verstorbenen gegeben habe. „Die Gefangenen hatten am Tag vorher noch zusammen Umschluß, sie haben politisch diskutiert, Herr Baader erzählte mir, es sei dabei auch gelacht worden, es war absolut nicht zu erkennen, wieso Frau Meinhof Selbstmord verübt haben sollte."[189] Zum Zeitpunkt der morgendlichen Unterredung hatte der baden-württembergische Justizminister Bender bereits über die Medien verbreiten lassen, Ulrike Meinhof habe „Selbstmord durch Erhängen" begangen.[190] Gegen 11 Uhr vormittags wurde Meinhofs Leichnam schließlich zur Obduktion freigegeben und ins Stuttgarter Bürgerhospital gebracht. Am frühen Nachmittag gab die Bundesanwaltschaft bekannt, dass die Sicherheitsbehörden schon länger über Erkenntnisse verfügten, nach denen es schwere Spannungen in der Stammheimer Gruppe gegeben habe; Ulrike Meinhof habe sich offenbar zunehmend von ihren Mitgefangenen ausgegrenzt gefühlt. In den 17-Uhr-Nachrichten wurde gemeldet, die mit der Untersuchung befassten Gerichtsme-

---

[188] Aust, Baader-Meinhof-Komplex (1998), S. 388ff.
[189] Pressekonferenz 9.5.1976, HIS-Archiv, Me, U / 018,008.
[190] Die Nachricht wurde um 9.20 Uhr im Hörfunk gemeldet, vgl. Krebs, Meinhof, S. 262.

diziner hätten keinerlei Hinweise auf die Einwirkung von Dritten festgestellt; mit endgültiger Sicherheit sei die Todesursache jedoch erst nach Abschluss aller toxikologischen Tests zu bestimmen.[191]

Auf ihrer abendlichen Pressekonferenz versuchten die Anwälte, die Initiative zurückzugewinnen.[192] Teilnehmer waren außer Croissant und Oberwinder Ströbele, Schily, Heldmann, Azzola, Sigrist sowie die ausländischen Kollegen Cappelli, De Félice und Rambert. Alle Verteidiger monierten die verfrühte Pressemitteilung des Ministers, die „verdächtige Eile" bei der – nicht mit Angehörigen und Verteidigern abgestimmten – Autopsie, die widersprüchlichen Informationen über die genaue Position der Leiche bei ihrer Entdeckung sowie zahlreiche weitere Ungereimtheiten. Aber auch der bereits zitierte Oberwinder äußerte sich vor den Medienvertretern alles andere als klar: „Ich kann und will das hier, das was abgelaufen ist, als Mord bezeichnen. (...) Alles spricht gegen die Selbsttötung, sondern für Dritteinwirkung, ich kann allerdings auch nicht völlig ausschließen, dass eine Selbsttötung stattgefunden hat. Ich weiß es nicht." Schon die sensorische Deprivation im ‚Toten Trakt' von Köln-Ossendorf sei, so Oberwinder, die erste Stufe eines Mordes gewesen, „der seit 4 Jahren eingeleitet und geplant" sei. Anders als von den Initiatoren der Isolation bezweckt, habe es Depressionen, Zerwürfnisse mit der Gruppe oder eine Abwendung von der Politik im Falle Meinhofs niemals gegeben. „Falls Frau Meinhof Selbsttötung vorgenommen hat, dann auf Grund einer klaren, nüchternen Entscheidung, nicht länger unter den Bedingungen dieser mörderischen Isolationsfolter in Stuttgart-Stammheim zu leben und um ein Fanal gegen diese Haftbedingungen zu setzen." Meinhofs letzter Besucher, der italienische Anwalt Giovanni Cappelli, diktierte den Anwesenden in die Feder, die Verstorbene habe während der gesamten Unterhaltung einen „lebhaften" Eindruck auf ihn gemacht und sei „für alle Themen aufgeschlossen" gewesen. „Wir verabredeten, dass wir uns bald wieder sehen. Sie hat sich verhalten wie jemand, der leben will."[193] Nach seiner Rückkehr nach Italien behauptete Cappelli im Rahmen verschiedener Pressekonferenzen sogar, dass „der Tod der Meinhof Teil eines Eliminierungsplanes für alle Bandenmitglieder sei". Damit habe er, so die Einschätzung des deutschen Botschafters, die Berichterstattung vieler Zeitungen über das Ende des unter italienischen Intellektuellen zweifellos bekanntesten RAF-Mitglieds geprägt.[194]

Otto Schily mochte in seinem Redebeitrag zwar keinen expliziten Mordvorwurf erheben, plädierte aber dafür, den offiziellen Verlautbarungen in jedem Falle „die äußerste Wachsamkeit und das äußerste Misstrauen" entge-

---

[191] Meldung Radio Südd.[eutscher] Rundfunk, 17.00 Uhr, HIS-Archiv, Me, U / 018,008.
[192] Vgl. für das Folgende Pressekonferenz 9.5.1976, HIS-Archiv, Me, U / 018,008.
[193] Zitiert in der Zeitschrift „Stern", 20.6.1976, hier nach Ditfurth, Meinhof, S. 432.
[194] Ba Koblenz B 145 / 9297, Fernschreiben Meyer-Lindenberg vom 11.5.1975.

genzubringen. Ein ihm soeben bekannt gewordenes, von Meinhof verfasstes Schriftstück über den Besuch des italienischen Kollegen vom Vortag beweise, dass die Verfasserin Zukunftspläne entwickelt und nach wie vor an der Verteidigungsstrategie im Stammheimer Prozess mitgearbeitet habe.[195] Vor allem aber stehe ihr Tod „in einem bedeutungsvollen Kontrast, vielleicht auch in einem bedeutungsvollen Zusammenhang" mit den Anträgen der Verteidigung, vor Gericht nun die wahren Hintergründe der RAF-Anschläge auf die amerikanischen Hauptquartiere in Heidelberg und Frankfurt aufzudecken – sprich den Vietnamkrieg und die CIA-Tätigkeit in der Bundesrepublik zu thematisieren. Damit aber hätten die Gefangenen nunmehr endlich „die Initiative" innerhalb des Verfahrens ergriffen. Aus dieser Lage der Dinge ergebe sich nun zwangsläufig die Forderung „auf Einsetzung eines unabhängigen internationalen Untersuchungsausschusses. Wir halten es für wesentlich, daß der Untersuchungsausschuß unter Beteiligung von internationalen Kapazitäten gebildet wird, da ja die Interessenlage hier – da haben wir unsere Erfahrungen gemacht – doch so ist, daß das für die Unabhängigkeit eines solchen Gremiums notwendig ist."[196]

Die Antwort der offiziellen Stellen auf die Angriffe der Anwälte kam postwendend: Justizminister Bender wies nicht nur Oberwinders Mordvorwürfe als „bewusste und in nichts begründete Diffamierung" zurück, sondern verwahrte sich auch nachdrücklich gegen die von Schily verlangte Einsetzung eines „‚unabhängigen internationalen Untersuchungsausschusses' zur Sicherstellung einer unabhängigen Untersuchung". Die Untersuchung des Todesfalles Meinhof, so Bender, liege „in der Hand der zuständigen Staatsanwaltschaft und des zuständigen Gerichts. Für irgendwelche internationalen Gremien ist weder Anlass noch Raum."[197]

Zunächst jedoch erhielt die Position der Anwälte Verstärkung durch die Schwester der Verstorbenen, Wienke Zitzlaff. Sie verkündete vor laufenden Fernsehkameras, ihre Schwester habe stets betont, „dass ein Selbstmord für sie überhaupt nicht in Frage" komme – käme sie im Gefängnis um, sei es Mord.[198] Entsprechend mochte sich Zitzlaff denn auch nicht mit den Auskünften der von den offiziellen Stellen betrauten Gerichtsmediziner zufriedengeben und veranlasste – analog zum Fall Holger Meins – mit Hilfe der Anwälte eine Nachobduktion durch einen Arzt ihres Vertrauens. Auch der nach Stuttgart

---

[195] Der zitierte Bericht wurde später als letztes bekanntes Schriftstück Meinhofs abgedruckt in: Der Tod Ulrike Meinhofs. Bericht der Internationalen Untersuchungskommission, Reprint Münster 2001, S. 79f.
[196] Pressekonferenz 9.5.1976, HIS-Archiv, Me, U / 018,008.
[197] Bender Pressekonferenz, Vorwürfe der Baader-Meinhof-Anwälte, ohne Datum, HIS-Archiv, Me, U / 020,005.
[198] „Meinhof: ‚Wer sich nicht wehrt, stirbt'", in: Der Spiegel 20/17.5.1976, S. 13–16, hier S. 14.

beorderte Hamburger Pathologe Werner Janssen hielt indessen in seinem Obduktionsprotokoll fest: „Nach den verwertbaren Befunden der Nachsektion handelt es sich bei Frau Meinhof um einen Tod durch Erhängen. Nach den bisher vorliegenden Untersuchungsbefunden besteht kein Anhalt für Fremdeinwirkung".[199]

In der raschen Abfolge von öffentlicher Rede und Gegenrede nach dem Selbstmord Ulrike Meinhofs treten die Funktionsmechanismen des erbitterten Kampfes um die mediale Durchsetzung der jeweils eigenen Wahrheit, der sich zwischen den Vertretern der bundesdeutschen Institutionen einerseits und ihren Herausforderern andererseits mittlerweile entwickelt hatte, mit seltener Klarheit hervor. Deutlich wird nicht nur einmal mehr die kaum zu überschätzende Bedeutung der Anwälte als Sprachrohr der ‚Stammheimer', sondern auch Stellenwert und Funktion der Internationalisierung des Diskurses zur gezielten Delegitimierung der staatlichen Akteure, die man unverblümt der Vertuschung eines Staatsmords bezichtigte. Wiesen die Verantwortlichen diese Verunglimpfung zurück, bestanden ihre Gegner auf der Notwendigkeit einer vorgeblich ‚unabhängigen' Prüfung, wobei die Prüfer zweckmäßigerweise – anders als im Fall der Europäischen Menschenrechtskommission – von den Kritikern der sogenannten Selbstmordthese selbst ausgesucht werden konnten.

Denn anders als für Bender und seine Umgebung bestand für die RAF in der Tat „Anlass" und „Raum" für eine Internationalisierung der Auseinandersetzung, machte man ihr doch zu Hause gleich von mehrerer Seite die Deutungshoheit über das Sterben der Ulrike Meinhof streitig. So waren der „Welt" Zellenzirkulare und Briefe zugespielt worden, die – breit zitiert auch in den übrigen Medien – dem Leser den wenig liebevollen Umgangston unter den inhaftierten RAF-Kadern und vor allem die tief greifenden Differenzen zwischen Meinhof und Ensslin eindringlich vor Augen führten.[200] Meinhof, so der Tenor in der Presse, habe sich aus Verzweiflung über die Entfremdung von ihren Genossen das Leben genommen, ja, sei letztlich von Ensslin und Baader in den Tod getrieben worden. Für das IVK BRD denunzierten die Veröffentlichungen dagegen „nicht die Gefangenen, sondern die Regierung und die Parteiführung der SPD", die in der Korrespondenz der Gefangenen herumschnüffle, „um sie verfälschen und sie schliesslich als Kolportage in den Massenmedien auswalzen [zu] lassen, um die Dramaturgie der Hinrichtung zu verdecken".[201]

---

[199] Zitiert in: Aust, Baader-Meinhof-Komplex (1998), S. 388.

[200] „du machst den bullen die tür auf – das messer im rücken der RAF bist du" hatte Ensslin unter anderem an Meinhof kassibert. „ich knalle an die decke über ihre gemeinheit und hinterhältigkeit", machte sich die Angegriffene angesichts solcher und ähnlicher Beleidigungen gegenüber Baader Luft, der in dem Konflikt zwischen den Frauen allerdings üblicherweise die Partei seiner Freundin ergriff, zitiert in: Aust, Baader-Meinhof-Komplex (1998), S. 384f.

[201] Presseerklärung IVK-BRD vom 18.5.1977, online unter http://labourhistory.net/raf/

Mindestens ebenso bedrohlich wie dieser Anschlag auf das Image der RAF-Führung als harmonisches und diszipliniertes Kollektiv willensstarker Revolutionäre stellte sich aus Stammheimer Perspektive das Geschehen auf dem Friedhof der Dreifaltigkeitskirche in Berlin-Kreuzberg dar, wo Meinhof am 15. Mai 1976 bestattet wurde. Mit Helmut Gollwitzer und Klaus Wagenbach traten in Berlin zwei Grabredner auf, die ihre Sympathie für die Verstorbene zwar mit einer äußerst kritischen Sicht auf die „deutschen Verhältnisse" verbanden, an denen Meinhof ihrer Meinung nach zerbrochen sei.[202] Gleichwohl hielten sie den Staat nicht für ihren Mörder – jedenfalls nicht im wörtlichen Sinne.[203] Beide Redner machten im Übrigen keinen Hehl aus ihrer Überzeugung, dass der von der einstigen Ausnahmejournalistin eingeschlagene Weg eine Sackgasse darstellte.

Welche Panik die Insassen des Stammheimer Hochsicherheitstrakts angesichts solcher Töne innerhalb eines Milieus ergriff, das sie immer noch als wesentliche Zielgruppe der eigenen Botschaft verstanden, macht ein Schreiben deutlich, dass Jan-Carl Raspe zwei Tage nach Meinhofs Beerdigung auf seiner Schreibmaschine tippte. Das Papier, das über seinen eigentlichen Adressaten Croissant hinaus an alle Empfänger des ‚info' verschickt werden sollte, ging, ohne sich mit einer Anrede aufzuhalten, unter dem Titel „fragen" direkt *in medias res*:

> wie kommt die selbstmordversion in die trauerreden? wieso hat gollwitzer geredet? wusstest du, was er reden wird? was ist presserechtlich bzw. mit euren mitteln usw. gegen die welt und heissler [den zuständigen Staatsanwalt, P.T.] unternommen worden? bzw. warum ist nichts unternommen worden? (dir ist klar, dass *keiner* dieser briefe, die da abgedruckt sind [gemeint sind die zitierten Gehässigkeiten gegen Meinhof], später als nov. 74 geschrieben ist, wie klar ist, dass diese dinger nur vom staatsschutz der springerpresse zugespielt worden sein können und dass das ne offensive der psychologischen kriegführung ist. (...)) gibt es inzwischen ein chronologisches protokoll, bzw. ne *komplexe* darstellung, die alle widersprüche enthält (...)? wie konnte röhl am grab sein, das schwein, zwischen zumindest ein paar hundert militan-

---

documents/0019770518.pdf (17.10.2011). Bei den auf der Website „labourhistory.net" veröffentlichten Dokumenten zur Geschichte der RAF handelt es sich um digitalisierte Originaldokumente aus den Beständen des Internationalen Instituts für Sozialgeschichte in Amsterdam.

[202] Wagenbach sagte am Grab unter anderem: „Was Ulrike Meinhof umgebracht hat, waren die deutschen Verhältnisse: Der Extremismus derjenigen, die alles für ‚extremistisch' erklärten, was eine Veränderung der Verhältnisse auch nur zur Debatte stellte. Das wollen wir nicht vergessen. Es sind *unsere* Verhältnisse, die wir nicht vergessen wollen", zitiert in: Peter Brückner, Ulrike Marie Meinhof und die deutschen Verhältnisse, Berlin 1976, S. 4.

[203] Wagenbach, der schon auf dem Friedhof von militanten Anhängern der Mordthese beschimpft und ausgepfiffen wurde, gab noch 2010 in einem „Spiegel"-Interview zu Protokoll, Angst vor der Rache der RAF gehabt zu haben: „Mit Gudrun Ensslin war ja nicht zu spaßen". „Weil ich eine Stinkwut hatte", in: Der Spiegel 26/28.6.2010, S. 109–113, hier S. 111. Weitere Grabredner waren Heldmann, Schily und Croissant, vgl. „Ulrike Meinhof beigesetzt", in: FAZ, 17.5.1976.

5.2 Die Untersuchungskommission zum Tod Ulrike Meinhofs

ten? hast du die veröffentlichungen der texte organisiert – wie, wo, wann, welche? was habt ihr international vor: veranstaltungen, pressekonferenzen? und zentral: wieso ist durch deine initiative – die veröffentlichung der ergebnisse deines obduzenten (des vertrauens) – die selbstmordversion hochgezogen worden? (…) wenn du das nicht erklären kannst, mach dich jetzt langsam auf ne öffentliche distanzierung gefasst: weil, was da gelaufen ist, nicht mehr nur noch dummheit sein kann. (…) ich frage mich inzwischen, welche rolle du spielst: es kommt einfach zu viel zusammen. fest steht schon mal, dass [es] deine und deines büros rolle war, die staatliche version zu bestätigen, durchzudrücken. d. h. bis jetzt ist offensichtlich: croissant ist der mann, der von anfang an die selbstmordversion initiativ durchgedrückt hat, als sei er ein sprecher des staatsschutz [sic]. antworte lieber sofort, ausführlich und erklär das in *jedem* detail.

Baader hatte dem Text handschriftlich folgende Bemerkung hinzugefügt: „also: dein politisches defizit + die euphorie die dir tote gefangene verschaffen – wie es ist – erklärt die präzision mit der du für Buback funktioniert hast nicht mehr."[204]

Die Antwort Croissants auf diese und eine ganze Litanei weiterer unbequemer Fragen bestand zunächst in der Lancierung eines mehrere Seiten langen Interviews, das knapp einen Monat später in der französischen Monatszeitung „Le Monde diplomatique" erschien und auch von der deutschen Sektion des IVK – sprich vom Büro Croissant – aktiv beworben und vertrieben wurde.[205] Auch wenn als Urheber „die Anwälte des IVK" genannt wurden, gaben die Antworten auf die – aller Wahrscheinlichkeit nach rein fiktiven, weil von den Verfassern selbst formulierten und suggestiv gestellten – Fragen der Franzosen wohl ziemlich exakt die Interpretation wieder, die die ‚Stammheimer' selbst dem Tod Meinhofs im Gesamtzusammenhang des Stuttgarter Prozesses unterlegt hatten. Die Kernsätze der ermüdend langen Ausführungen lauteten: „alle tatsachen, die wir jetzt nach und nach erfahren, sagen, ulrike ist in der nacht vom 8.5. zum 9.5.76 vom staatsschutz ermordet worden, weil die jahrelange tortur ihre politische identität, ihr revolutionäres bewusstsein, ihren willen zu kämpfen, nicht zerstören konnten." Entgegen aller „hetz- und counterinsurgency-kampagnen zur politischen vernichtung der raf" bewiesen „die letzten briefe ulrikes und die erfahrungen aller, die die gruppe kennen – auch die erfahrungen aller anwälte, die sie in den letzten 12 monaten gesehen haben (…), dass die beziehungen in der gruppe intensiv, liebevoll, diszipliniert, frei zueinander, waren. Jeder konnte das sehen."[206]

---

[204] „fragen", 17.5.[1976], in: HIS-Archiv, Me, U / 018,008.
[205] Auch bei der deutschen Sektion des IVK – sprich Croissants Kanzlei in Stuttgart – konnten Interessierte das Interview gegen eine Schutzgebühr von 5 DM anfordern, HIS-Archiv, RA 01 / 015,005.
[206] Interview ivk mit „Le Monde diplomatique", 10. Juni 1976, hier zitiert nach HIS-Archiv, RA 01 / 015,005. Schon am 11. Mai, dem ersten Prozesstag nach Meinhofs Tod, hatte Jan-Carl Raspe vor Gericht die Überzeugung der Mitgefangenen verkündet, „dass Ulrike hingerichtet worden ist. Wir wissen nicht wie, aber wir wissen von wem, und wir können

Aber Croissant tat noch mehr, um den drohenden Verlust der Gunst der RAF-Spitze abzuwenden. Er widmete in diesen Wochen seine gesamte Energie der Ausarbeitung einer systematischen Strategie, über die der Selbstmord Ulrike Meinhofs möglichst öffentlichkeitswirksam zugunsten der Stammheimer „Überlebenden", als die man sie intern gern bezeichnete, instrumentalisiert werden konnte. Innerhalb dieser Strategie spielte der von Schily noch am Todestag angeregte Internationale Untersuchungsausschuss eine Schlüsselrolle. In einem in Croissants Stuttgarter Kanzlei erstellten IVK-Papier wurde zunächst Selbstkritik an der Pressekonferenz vom 9. Mai geübt, die Ausdruck der „eigenen desorientierung" gewesen sei und in der Öffentlichkeit „unklarheit verbreitet" habe, womit wohl vor allem Oberwinders widersprüchliches Statement gemeint war.[207] Dann wurde – wohl vor allem als Signal zur Besänftigung der ‚Stammheimer' – bekräftigt, man sei sich „inzwischen sicher, dass ulrike planmässig und gezielt hingerichtet worden" sei. Nun bedürfe es der „internationalen öffentlichkeit", „um die reale gefahr weiterer morde zu verhindern". Es gebe Hinweise, dass „die ermordung von andreas und gudrun" bereits „propagandistisch vorbereitet" werde, wobei die Bundesregierung das, was sie daheim entwickle und anwende, „auch in ganz europa als gemeinsame strategie durchsetzen" wolle. Dies zeigten beispielhaft „die behandlung der gefangenen in italien, die anti-terrorgesetze in spanien". Vor diesem Hintergrund sei es Aufgabe eines Internationalen Untersuchungsausschusses, „die tatsache des mordes an ulrike, die strategie der brd aufzudecken und öffentlich zu machen." Langfristig, so hieß es weiter, könne „die arbeit dieses untersuchungsausschusses zu einem teil eines angriffs gegen die brd werden. Er kann, wenn es gut läuft, zur denunziation der brd beitragen, teil eines neuen antifaschistischen widerstands gegen die brd sein, so verhindern, dass die brd ihre faschistischen konsolidierungsversuche in westeuropa ungestört durchziehen kann." In einem weiteren Papier folgten konkrete Vorschläge, wie diese Pläne praktisch umzusetzen seien. Wenn über die verschiedenen nationalen IVK-Sektionen die richtigen Leute zur Besetzung des Ausschusses gefunden seien, müsse „ein gemeinsamer offizieller schrieb" aufgesetzt werden, der „die fakten aus dem interview" bringe. Dieser könne als Grundlage dienen, um im In- und Ausland weitere Unterstützergruppen zu mobilisieren. „wenn das eine zeit erfolgreich gelaufen ist, dann wendet sich der untersuchungsausschuss offiziell an die bundesregierung, an

---

das Kalkül der Methode bestimmen [...]. Es war eine kalt konzipierte Hinrichtung – wie Holger hingerichtet worden ist. Hätte sich Ulrike entschlossen zu sterben, weil sie das als letzte Möglichkeit sah, sich revolutionäre Identität gegen die langsame Zerstörung des Willens in der Agonie der Isolation zu behaupten, hätte sie es uns gesagt, auf jeden Fall Andreas. So war diese Beziehung", zitiert nach: Aust, Baader-Meinhof-Komplex (2008), S. 531.
[207] Untersuchungsausschuss, ohne Datum, HIS-Archiv, Me, U / 019,004.

die zuständigen gerichte und fordert akteneinsicht, herausgabe des obduktionsbefundes, zeugenvernehmung etc. in diesem zusammenhang können dann auch besuchsanträge gestellt werden. wird das verweigert, muss sich die kommission an offizielle stellen in genf oder strassburg wenden."[208]

Diese hochfliegenden Pläne wurden allerdings zunächst durch die Stuttgarter Staatsanwaltschaft durchkreuzt, die den von Baader zum verlängerten Arm Bubacks erklärten Croissant am 16. Juli 1976 zum zweiten Mal verhaften ließ.[209] Hintergrund waren die umfassenden Aussagen des RAF-Aussteigers Gerhard Müller, der in diesen Tagen als Zeuge der Anklage vor dem Stammheimer Gericht auftrat. Schon am 12. Juli hatte ein Artikel in den „Stuttgarter Nachrichten" verbreitet, Stuttgart sei in den vergangenen Wochen „zur heimlichen Hauptstadt der Terroristenszene geworden", deren inneres Zentrum wiederum in Croissants Anwaltskanzlei zu suchen sei.[210] Die „überraschende Beschleunigung des Baader-Meinhof-Prozesses" habe den Zeitplan der Terroristen über den Haufen geworfen, wofür „der überstürzte und schlecht getarnte Umzug des logistischen Kerns von Hamburg nach Stuttgart" als Indiz gelten könne. Die immer weitergehende Internationalisierung der terroristischen Szene erschwere dabei zunehmend die Arbeit der Ermittler: Gefährdete Genossen würden kurzerhand nach Oberitalien, Südfrankreich oder den Nahen Osten weitergeschickt.

Croissant selbst und seine Verteidiger Müller und Heldmann wurden dagegen nicht müde zu versichern, dass der wahre Grund für die Verhaftung darin liege, dass sich der Stuttgarter Anwalt „seit wochen intensiv dafür einsetze, in seiner eigenschaft als testamentsvollstrecker von ulrike meinhof, die wirklichen ursachen und die wirklichen umstände des todes von ulrike meinhof herauszubekommen und an die öffentlichkeit zu bringen".[211] Ebenso

---

[208] Ebd.
[209] Croissants erster Haftbefehl war am 23.6.1975 erlassen und am 8.8.1975 gegen eine Kaution von 80.000 DM (aufgebracht durch Groenewold) und die Auflage, sich zweimal wöchentlich bei den Behörden zu melden, außer Vollzug gesetzt worden. Diese Auflage wurde im März 1976 durch das OLG Stuttgart aufgehoben, vgl. Die Verhaftung von Klaus Croissant und ihr politischer Zusammenhang. Dokumentation, hg. v. Solidaritätskomitee für politische Gefangene Hamburg, September 1976, S. 8.
[210] „Im Fadenkreuz der Terroristen: Stuttgart", in: Stuttgarter Nachrichten, 12.7.76. Croissant selbst hatte als Reaktion auf den Artikel noch am gleichen Tag im Namen der IVK-Sektion BRD eine Pressemitteilung herausgegeben, in der die Veröffentlichung als gezielte BKA-Aktion bezeichnet wurde um „eine neue Durchsuchungsaktion gegen meine Kanzlei sowie meine erneute Verhaftung in der Öffentlichkeit psychologisch vorzubereiten", HIS-Archiv, RA 01 / 015,005.
[211] Pressekonferenz vom 19. Juli 1976, HIS-Archiv, RA 02 / 052,002. Auch Arndt Müller gab eine entsprechende Pressemitteilung heraus, zitiert in: ‚Die Verhaftung von Klaus Croissant und ihr politischer Zusammenhang', Papier der Roten Hilfe Wiesbaden vom 23. Juli 76, HIS-Archiv, RA 01 / 014,009.

argumentierten dänische und französische Sympathisanten in Protestresolutionen mit Dutzenden von Unterzeichnern, aber auch die Kollegen vom IVK.[212] Dem Staatsanwalt, so Croissants Verteidiger Heldmann auf einer Pressekonferenz vom 19. Juli, sei vollständig bewusst gewesen, „dass strafanzeige gegen unbekannt wegen vorsätzlicher tötung der ulrike meinhof und die installierung einer internationalen untersuchungskommission unmittelbar bevorstehen, dass croissant selber dieser aufgaben ganz besonders angenommen hat und deren ergebnisse soeben zu erwarten waren." Auf die Rückfrage eines Journalisten, ob man gegen den Staatsanwalt folglich nicht ebenfalls Strafanzeige wegen Vertuschung einer Straftat stellen müsse, da doch angeblich „herr heissler durch die verhaftung von herrn croissant die aufklärung des todes von ulrike meinhof verhindern wollte", antwortete Heldmann ausweichend. Auch, was den Tod Ulrike Meinhofs anging, betonte er, „den ausdruck mord vermeiden" zu wollen – lieber sei ihm der Ausdruck „fremdtötung oder fremdverschulden, fremdtötung als gegensatz zu selbsttötung". Auf erneute irritierte Rückfragen der Journalisten gab Heldmann zurück, mit dieser begrifflichen Differenzierung nur für sich selbst sprechen zu wollen: „ihnen ist unbenommen, fremdtötung mord zu nennen".

Auch Schily mochte sich der Sprachregelung, die die ‚Stammheimer' sowohl für die interne Kommunikation als auch für die Vermittlung des Geschehens nach außen durchzusetzen versuchten, nicht umstandslos anschließen.[213] „o.[tto] meinte, wir sollen nicht von mord sprechen, das wäre ja nicht sicher, es wäre 50 zu 50, das könnte man nicht behaupten", so ein Mitglied des Stuttgarter Büros in einem Bericht für das ‚info'.[214] Angesichts der beunruhigenden Nachrichten über ein mögliches Ausscheren wichtiger Anwälte aus der vorgegebenen Einheitsfront wandten sich die ‚Stammheimer' erneut an die Stuttgarter Kanzlei, diesmal an Croissants Vertreter Müller: „die linie schilys – jetzt offenbar auch heldmanns, der in seiner labilität oder auch weil er was anderes will, da einflippt: den mord von seiner vorgeschichte zu trennen, um ihn *und seine untersuchung* zu entpolitisieren, musst du verhindern." Was Schilys und Heldmanns Konzeption zeige, sei „nur die justizborniertheit dieser typen". Die „politische auseinandersetzung staat – raf könne aber nicht vermit-

---

[212] Vgl. Offener Brief an die deutsche Regierung aus Kopenhagen und Aarhus; Aufruf zur Freilassung von Klaus Croissant des Comité International de Défense des Prisonniers Politiques en RFA; Solidaritätstelegramm der italienischen Sektion des IVK, alle abgedruckt in: Verhaftung Croissant (Hamburg), S. 93–96.

[213] Peter Jürgen Boocks Anmerkungen, dem engeren Kreis der RAF-Helfer sei bekannt gewesen, dass Ulrike Meinhof sich selbst das Leben genommen habe, sind deshalb nicht unbedingt unzutreffend, vgl. Aust, Baader-Meinhof-Komplex (1998), S. 390; 438. Schriftlich durfte man diese Zweifel jedoch offenbar nicht benennen, jedenfalls haben sie keine Spuren in den überlieferten Quellen hinterlassen.

[214] gespräch mit schily zum iuk, 3.8. [1976], HIS-Archiv, Me, U / 019,004.

telt werden, wenn es in der ganzen sache *nur* darum geht, einen unpolitischen indizienprozess zu führen." Stattdessen müsse die Untersuchung „zu einer *politischen* verurteilung kommen": „die raf *wirkt*, indem sie den staat zu offen überdeterminiertem auftreten zwingt. (...) d. h. es muss mal klar werden, *dass die raf den begriff widerstand ganz ausfüllt. so* – nichts anderes ist richtig".[215] Ging das Engagement Schilys den ‚Stammheimern' mithin einmal mehr nicht weit genug, war der Tod Ulrike Meinhofs für Stefan Reinecke aus gegenteiligen Gründen „Schilys intellektueller Tiefpunkt in der RAF-Zeit".[216] Die Tatsache, dass der Anwalt trotz der Evidenz der Fakten öffentlich nahegelegt hatte, dass Meinhof umgebracht worden sein könnte, um eine Politisierung des Prozesses im Sinne der Angeklagten zu verhindern, bezeichnet sein Biograph schlicht als „Absturz in die Paranoia".[217]

Die Kälte, mit der die ‚Stammheimer' den Tod ihrer langjährigen Kampfgefährtin ausschließlich auf sein Verwertungspotential im politischen Kampf reduzierten – Peter-Jürgen Boock sprach später von Zellenzirkularen, in denen es sinngemäß geheißen hatte, Selbstmord sei „das Beste, was sie mit ihrem verkorksten Leben noch machen konnte"[218] –, erinnert in gewisser Hinsicht an die Reaktion der Kommune I auf die Nachrichten vom Attentat auf das Leben Rudi Dutschkes. Es handelte sich um eine Kälte, die die RAF-Spitze nicht nur von den trauernden Sympathisanten außerhalb der Gefängnismauern unterschied.[219] Sie trennte sie auch von Meinhofs Schwester Wienke Zitzlaff, auch wenn es ihnen beiden um die Durchsetzung der Mordthese in der Öffentlichkeit ging und sie entsprechend in den Behörden einen gemeinsamen Gegner hatten. Die Mitarbeiter des Stuttgarter Büros notierten in einem Gesprächsprotokoll, Zitzlaff gehe es allein darum, „dass mord rauskommt".[220] „so wie wir's reingekriegt haben, ist sie auf derselben linie wie heldmann, will die politische dimension des mordes rausfixen. (...) sie sagt, wir kämen immer mit den grossen theorien, sie will nichts weiter als die tatsachen." Konkreter Streitpunkt war ein zwei Tage vor dem Gespräch in der britischen Zeitung „Observer" erschienener Artikel, in dem in reißerischer Manier die Frage aufgeworfen wurde, ob Ulrike

---

[215] Möglicherweise ist das undatierte Schreiben auch an Arndt Müller gerichtet, der Croissant nicht nur gemeinsam mit Heldmann juristisch verteidigte, sondern ihn während der zwei Monate seiner Inhaftierung auch in seiner Kanzlei vertrat, HIS-Archiv, Me, U / 019,001.
[216] Reinecke, Schily, S. 185.
[217] Ebd.
[218] Zitiert in: Aust, Baader-Meinhof-Komplex (2008), S. 529.
[219] Umso wichtiger war es, gegenüber den Sympathisanten den Eindruck von Trauer und Betroffenheit um die verstorbene Freundin aufrechtzuerhalten. Die Pietätlosigkeit des Stammheimer Gerichts, welches das Verfahren ohne Unterbrechung weiterlaufen lassen wollte, als sei nichts geschehen, half den verbliebenen Angeklagten bei der Wahrung dieser Fassade. Nicht nur bei den Anwälten löste das Verhalten der Richter Empörung aus, Aust, Baader-Meinhof-Komplex (2008), S. 530–535.
[220] Diskussion mit wienke, freia, christian am 17. [8.1976], HIS-Archiv, Me, U / 020,005.

Meinhof in ihrer Todesnacht möglicherweise vergewaltigt und im Anschluss umgebracht worden sei.[221] Während sich die Stuttgarter im Umgang mit dem Artikel auf die Linie festgelegt hatten, die Version „sexualmord" in jedem Falle bekämpfen zu wollen, „weil zwar die selbstmordtheorie ins wanken gerät", aber über „die ebene vollzugsskandal (...) der polit.[ische] zusammenhang weggedrückt wird", mochte sich Zitzlaff in dieser Angelegenheit offenbar nicht vorab festlegen. Für weiteren Konfliktstoff sorgte die Frage, ob Meinhofs Anwälte und Angehörige wie nach dem Tod von Holger Meins Strafanzeige wegen Mordes stellen sollten – in diesem Falle gegen Unbekannt. Zitzlaff hatte diesen sofort nach dem Tod ihrer Schwester aufgekommenen Gedanken zunächst mit großer Energie verfolgt, rückte im Laufe des Sommers jedoch wieder davon ab, da sich die Suche nach ausländischen Mitunterzeichnern, die man als unerlässlich erachtete, schwieriger gestaltete als angenommen.[222] Am 19. August schrieben die Mitarbeiter des Stuttgarter Büros: „eine begründung von wienke, warum die anzeige jetzt falsch sei, war, dass alle leute, zu denen sie kontakt aufgenommen hatte, das waren leute aus dänemark, frankreich und england, gegen diese anzeige seien, sondern erstmal nur iuk und die anzeige später. (...) wienke und heldmann wollen die anzeige nicht unterschreiben, wienke mit 2 ausnahmen: wenn sie pohle vor der auslieferung bewahren würde oder wenn die anwälte sie im stammheimer prozess einbringen wollen".[223] Da sich neben Heldmann aber auch Schily weigerte, die Anzeige mitzutragen, sollte die Initiative letztlich nicht zustande kommen. „klar ist, otto hat natürlich schiß vor einem ehrengerichtsverfahren oder weiß der teufel", so die Erklärung, die ein anonymer Helfer im ‚info' für diese Zurückhaltung gab.[224]

Der Verzicht auf die Strafanzeige verärgerte vor allem die ‚Stammheimer'.

---

[221] Melanie Phillips, „Was Ulrike Meinhof raped and strangled?", in: The Observer, 15.8.1976; Kopie in HIS-Archiv, Me, U / 020,005. Die abenteuerliche These war das Ergebnis einer Fehlinterpretation des sogenannten Phosphatase-Tests, der dem Nachweis bestimmter Fermente diente, die u. a. auch in Sperma vorkommen. Die positiv ausgefallene Probe machte weitere Tests erforderlich, von denen im Falle Meinhofs jedoch alle negativ ausfielen, vgl. „Stets nahe liegend", in: Der Spiegel 35/23.8.1976, S. 67f.

[222] Schreiben Wienke Zitzlaffs an „Elisabeth" vom 26.6.1976. „Nach unserer Vorstellung muß die Anzeige übernächste Woche stehen (...). Wichtig ist jetzt, und da brauche ich Deine konkrete Hilfe, wer die Anzeige mit unterschreibt. Die Unterschriften können jetzt schon organisiert werden. (...) Frankreich, Holland, Italien u.s.w. müsst Ihr übernehmen: 1. Mitglieder des internationalen Verteidigungskomitees – alles – und alles was ihnen einfällt", in: HIS-Archiv, Me, U / 019,004. Zitzlaff selbst hatte Erich Fried in England und den IVK-Anwalt Rambert in Zürich um Unterstützung angeschrieben, vgl. die nicht datierten Briefe ebd.

[223] zu den briefen von wienke und heldmann, 19.8. [1976], HIS-Archiv, Me, U / 020,005.

[224] Konkret an der inhaltlichen Ausgestaltung der Anzeige gearbeitet hatten die Anwälte Temming, Oberwinder und (zunächst) Heldmann, unterstützt von Michael Empell, der später Buch über Geschichte des Kampfes gegen Einzelhaft schreiben sollte, vgl. Schreiben vom 9.7.76 an Wienke, ohne Verf., in: HIS-Archiv, Me, U / 019,004.

Diese hatten in einem ausführlichen Strategiepapier vom 17. Juni 1976 für ein paralleles Vorgehen auf drei Ebenen plädiert, dessen erster Schritt die Schaltung einer Anzeige „in den grossen westeuropäischen zeitungen" sein müsse.[225] „die annonce ruft – sich nur auf die anzeige der schwester und der anwälte beziehend – zur initiierung der internationalen untersuchungskomission auf, weil eine strafanzeige, die sich an den täter richtet, notwendig hilflos ist." Aufgabe der IUK sei es dann, die politischen Implikationen des Geschehens deutlich zu machen und der Strafanzeige entsprechendes Gewicht zu verleihen – „was ganz im gegensatz steht zum versuch einzelner anwälte, die sache als einen exzess des gefängnissystems zu begreifen". Damit die IUK diese Aufgabe erfüllen könne, müsse „ihre zusammensetzung die garantie für die öffentlichkeit ihrer ergebnisse und ihrer bedeutung sein. (...) die kulturellen multiplikatoren, die so eine untersuchungskommission zu einer moralischen instanz machen, haben an einer verurteilung der bundesrepublik vielleicht ein interesse – d. h. das kriterium für die besetzung der kommission ist nicht expertentum, sondern intellektuelle prominenz, die öffentlichkeit bedeutet bzw. sich öffentlichkeit verschaffen kann."[226]

Aus diesen strategischen Überlegungen wird mehr als deutlich, dass die RAF-Spitze mit der IUK das exakte Gegenteil einer „unabhängigen Expertenkommission" im Sinn hatte. Die „Unabhängigkeit", die, wie es Schily öffentlichkeitswirksam formuliert hatte, angesichts des politischen Klimas in der Bundesrepublik angeblich nur noch von ausländischen Beobachtern zu erwarten sei, musste zur Farce geraten, wenn lediglich solche Personen in der IUK mitarbeiten sollten, die von vornherein ein Interesse an der Verurteilung der Bundesrepublik mitbrachten.

Auch hinsichtlich der Frage, welche Personen die gewünschten Voraussetzungen am besten erfüllten, hatten die ‚Stammheimer' bereits konkrete Vorstellungen entwickelt. „wir denken da an je mindestens einen publizisten und einen arzt, und einen juristen aus den ländern, um die es geht. Dabei wäre sache, sich die referenten des vietnamtribunals anzusehen." Konkret vorgeschlagen wurden für Frankreich „casalis / beauvoir / foucault", für Italien „franzoni / fallaci / moravia", für Belgien „amery (?)", für die Niederlande „nauta (?)", für die Schweiz „blumer (?)", für Schweden ein Abgeordneter aus der Reichstagsfraktion der KP, für die USA „davis / chomsky / sweezy / marcuse (?)". Für Dänemark enthielt das Paper lediglich ein Fragezeichen. Als Vertreter Englands wurde Erich Fried genannt, nicht ohne die Mitstreiter aber gleichzeitig zu warnen: „nicht viel mit ihm machen; er kann den aufruf unterschreiben, aber nicht als besondere stütze der sache fungieren, dazu ist er viel zu diffus, fettgefressen auf den vielen hochzeiten". Den Namen Moravia erläuterten die Verfasser mit dem

---

[225] HIS-Archiv, Me, U / 019,004.
[226] Ebd.

Zusatz: „an moravia sind wir drauf gekommen, dass ihr auf seriosität achten müsst, weil wenn sich die kp's oder einzelne mitglieder der initiative anschliessen (bzw. sie übernehmen sollen) ist seriosität ne bedingung". Insgesamt lautete die Parole, „soviel wie möglich prominenz, wie ihr ranschaffen könnt."[227]

Schon früh hatten sich auch die Helfer von Croissant und Zitzlaff Gedanken über die mögliche Zusammensetzung der zukünftigen Untersuchungskommission gemacht, an der man trotz oder gerade wegen der ablehnenden Haltung der offiziellen Stellen in jedem Falle festhalten wollte. Entsprechende Sondierungen ergaben, dass der justizkritische Ausschuss im Verband deutscher Schriftsteller, die Liga für Menschenrechte, die DKP, die Humanistische Union und der Verband linker Buchläden die Forderung nach der Einsetzung eines internationalen Gremiums zur Klärung des angeblich mysteriösen Todesfalls ebenso zu unterstützen bereit waren, wie zehn renommierte britische Anwälte und Universitätsdozenten.[228] Schon eine Woche nach dem Tod Meinhofs hatte sich in Eigeninitiative die italienische Ärztegruppe Medicina Democratica hervorgetan, indem sie auf ihrem Gründungskongress in Bologna ihrer „höchste[n] Besorgnis" über den „außerordentlich verdächtige[n] Tod der politischen Kämpferin Ulrike Meinhof" Ausdruck verlieh. Die Ärzte warben für ein internationales Treffen unter Einschluss von Experten aus der Bundesrepublik, auf dem man gemeinsam über die Beziehungen „zwischen politischer Macht und medizinischem, psychiatrischem und psychologischen Personal bei der Entwicklung und eventuell bei der Anwendung von Segregationssystemen ähnlich jenen im Gefängnis Stuttgart" diskutieren wolle. Vor allem aber plädierte man für die Einsetzung einer international besetzten Delegation unabhängiger Mediziner, „um die in der BRD und in anderen Ländern" einsitzenden „politischen Gefangenen" auf ihren Gesundheitszustand zu untersuchen.[229] Die betreffenden Ärzte wurden von den Stuttgarter Helfern wiederholt als potentielle Mitglieder des geplanten IUK genannt – was natürlich nicht heiße, „dass der kongress in italien gegen isolationsfolter nicht stattfinden" solle.[230] Da die Unterzeichner der Resolution allerdings im Sinne der Kriterien der ‚Stammheimer' mehr für „Expertentum" statt für „Prominenz" standen – außerhalb Italiens waren die betreffenden Ärzte vollkommen

---

[227] Ebd.
[228] HIS-Archiv, Me, U / 020,005; vgl. auch Schreiben Zitzlaffs an Croissant, Heldmann, Schily und Oberwinder vom 8.7.1976, HIS-Archiv, Me, U / 019,004.
[229] Erklärung angenommen und verabschiedet auf dem Gründungskongress von Medicina Democratica (Demokratische Medizin), 15./16. Mai in Bologna, dt. Übers., in: HIS-Archiv, Me U / 019,004. Auch die ‚Stammheimer' zeigten sich von der Idee der Besuche zum Zweck der „information, herstellung internationaler öffentlichkeit (...) und so ihre funktion: schutz" sehr angetan, ebd.
[230] Schreiben vom 31.5.1976, in: HIS-Archiv, Me, U / 019,004.

unbekannt – sollten sie nicht ihren Weg in die Kommission finden.²³¹ Der ebenfalls ventilierte Name Franco Basaglia – prominentester Vertreter der sogenannten Anti-Psychiatrie – tauchte nur kurzfristig in den Überlegungen der Organisatoren auf, die sich bei ihrer Suche nach potentiellen Kandidaten in Italien vor allem an der Protestresolution gegen die „Ermordung" von Holger Meins orientierten, die seinerzeit mit weit über 100 Unterschriften in Mailand im deutschen Konsulat überreicht worden war.²³²

Schließlich gelang es, südlich der Alpen den Linkssozialisten Lelio Basso für die Kommission zu gewinnen – in vielerlei Hinsicht eine Idealbesetzung, verbanden sich in seiner Person doch persönliches Charisma und Integrität mit einem unorthodoxen Marxismus, der für das in der IUK nötige Maß an staatskritischem Engagement zu bürgen schien. Über sein intensives Engagement im Internationalen Russell-Tribunal von 1967 bildete er überdies eine inhaltliche Brücke zu den amerikanischen Kriegsverbrechen in Vietnam, dem Lieblingsthema der ‚Stammheimer'. In der italienischen Presse hatte Basso einen Nachruf auf die ihm persönlich bekannte Meinhof verfasst, in dem er nicht nur auf die Existenz zahlreicher Indizien hinwies, die einen Selbstmord höchst fraglich erscheinen ließen. Er hatte die Tote auch als „Pazifistin bis zum äußersten" bezeichnet, die sich erst in der Konfrontation mit einem „heuchlerischen System legaler Repression" in eine Theoretikerin der Stadtguerilla verwandelt habe. Die gezielte Vernichtung von Systemgegnern sei in Deutschland im Übrigen keine vorübergehende „Episode", sondern ein „Kontinuum", das von Bismarcks Sondergesetzen bis zu den aktuellen „Berufsverboten" reiche.²³³ Im Auswärtigen Amt und im Bundespresseamt erregten die Artikel Bassos – immerhin Mitglied des italienischen Senats – so viel Empörung, dass man sich entschied, mit einem Leserbrief auf seine Kommentierung der Ereignisse zu antworten.²³⁴

Was die übrigen Länder anging, so drehte sich das Karussell von erwogenen, wieder verworfenen oder vergeblich kontaktierten Namen in diesen Wochen

---

231 Stattdessen begab sich im März 1977 eine Gruppe von vier Personen – Vertreter von Medicina Democratica, Psichiatria Democratica und Magistratura Democratica – auf die angekündigte Besuchsreise. Geplant waren Haftbesuche bei der in der Schweiz inhaftierten Deutschen Petra Krause sowie bei Werner Hoppe, Hanna Krabbe, Manfred Grashof und Jan-Carl Raspe. Bezeichnend für die hierarchischen Verhältnisse in Stammheim bat Croissant darum, statt Raspe Gudrun Ensslin auf die Liste zu setzen. Dass den Besuchsanträgen, die auf jeweils 3 Stunden angesetzt waren, stattgegeben wurde, ist allerdings unwahrscheinlich. Als Übersetzer hatte Croissant übrigens Peter Chotjewitz vorgesehen, den er häufiger um entsprechende Freundschaftsdienste bat. Alle Dokumente in HIS-Archiv, RA 02 / 066,006.

232 „zur strafanzeige", 9.8.1976, in: HIS-Archiv, Me, U / 020,005.

233 Lelio Basso, „La morte di Ulrike Meinhof. L'ombra di Banco' pesa sulla Germania", in: Il Giorno, 14.5.1976; vgl. auch ders., „Sopravvivenze naziste", in: Il Messaggero, 23.8.1977.

234 PAAA Zwischenarchiv B 5 106.479, Fernschreiben Dr. Pfeffer an Botschaft Rom vom 20.5.1976.

schnell. Der von den ‚Stammheimern' vorgeschlagene Améry beispielsweise „ging nicht", wie eine Überprüfung seiner politischen Zuverlässigkeit durch die Stuttgarter Helfer ergab: „nachdem er im frühschoppen gesagt hatte: ‚nicht aufhören' (hs) [Hungerstreik, P.T.] hat er von buback oder vogel gefälschtes infomaterial gekriegt und öffentlich erklärt, er hätte das nie gesagt, wenn er gewusst hätte, ‚was das Ziel' vom hs wär". Danach sei Améry „vom medienapp.[arat] aktiv eingespannt worden für psychologische kriegführung". So habe er sich etwa im Norddeutschen Rundfunk „oft für israel" ausgesprochen.[235] Hans Werner Henze, Komponist und Mandant Heldmanns, wolle nicht. – Die „alten myrdals" fand man offenbar zu alt. In Dänemark trat man an den Psychologieprofessor Jensen heran, der zwar ebenfalls „nicht mehr der jüngste" sei, dafür aber „son [sic] stück alten antifaschismus" mitbringe, „also erfahrung, dass es das in der brd schon mal gegeben hat."[236] Lohnende Ansprechpartner innerhalb der Bundesrepublik, so meinte Wienke Zitzlaff, enthalte „die Neuauflage des Baumann-Schmökers", mithin die auf Initiative zahlreicher Linksintellektueller gegen das offizielle Verbot durchgesetzte Publikation des 2. Juni-Aussteigers Bommi Baumanns, „wie alles anfing".[237] Sie selbst schlug, wenn auch mit einem Fragezeichen versehen, den „Spiegel"-Redakteur Gerhard Mauz vor, der wiederholt als scharfer Kritiker der Stammheimer Prozessführung hervorgetreten war, während die ‚Stammheimer' wiederholt auf Wolfgang Abendroth insistierten.[238] Auch Schily beteiligte sich an den Diskussionen über die richtige Besetzung der erstmals von ihm ins Gespräch gebrachten IUK. In einer Unterredung mit den Stuttgartern sprach er sich gegen den zunächst kontaktierten Psychiater Sjef Teuns als Vertreter der Niederlande aus, der „nicht der mann wäre der vor der öffentlichkeit bzw. presse auftreten kann. Das müsste bakker-schut machen." Was die eigentliche Arbeit angehe, „also infos zusammenstellen", zeigte sich Schily dagegen „überhaupt nicht interessiert. ihn interessiert die prominenz: holland – bakker-schut, frankreich – simone de beauvoir, italien – fallaci, lelio basso, schweden – peter weiss. (…) o.[tto] brachte noch die finanzielle kiste ein: man sollte feltrinelli um geld anhauen".[239]

Zwischenzeitlich in Erwägung gezogen wurde auch eine Beteiligung der DDR. Hintergrund war möglicherweise die Berichterstattung des „Neuen Deutschlands", das genüsslich aus der italienischen Presse zitiert hatte, dass „Ulrike Meinhof unter ähnlichen Bedingungen wie in nazistischen Gefäng-

---

[235] „zur strafanzeige", 9.8.76, HIS-Archiv, Me, U / 020,005.
[236] „Mal was zur iuk in dk gelaufen ist", 30.7.76, HIS-Archiv, Me, U / 020,005.
[237] Schreiben Zitzlaffs an Croissant, Heldmann, Schily und Oberwinder vom 8.7.1976, HIS-Archiv, Me, U / 019,004.
[238] Für den Einsatz zugunsten Abendroths vgl. HIS-Archiv, Me, U / 019,001.
[239] Gesprächsnotiz vom 3.8. [1976], HIS-Archiv, Me, U / 019,004.

nissen gefangen gehalten" und die Baader-Meinhof-Bekämpfung Anlass zum Aufbau eines „seit dem Krieg nicht dagewesenen Unterdrückungsapparat[es]" geworden sei.[240] Die Bemühungen Schilys um den Ostberliner Gerichtsmediziner Professor Prokop scheiterten jedoch.[241] Gleichwohl war die DDR inoffiziell innerhalb der IUK vertreten und über ihre Aktivitäten entsprechend informiert – dank des DKP-Mitglieds Karl Pfannenschwarz.[242] Pfannenschwarz, ein ehemaliger Spitzenfunktionär der KPD, hatte sich in den 50er Jahren aus Düsseldorf nach Ost-Berlin abgesetzt, wo er zeitweise als Jura-Dozent an der Humboldt-Universität lehrte. 1968 war er im Auftrag der SED in den Westen zurückgekehrt, wo man ihn als Vertrauensanwalt und Ansprechpartner der Ständigen Vertretung der DDR in Bonn installierte. Als die Initiatoren der IUK im Sommer 1976 auf der Suche nach Unterstützern auch die DKP kontaktierten, die eine ‚unabhängige' Untersuchung des Falles Meinhof öffentlich begrüßt hatte, entschied die SED-Führung, den DKP-Anwalt Pfannenschwarz in die Kommission abzustellen.[243] „Ich hatte aber die strenge Weisung vom DKP-Präsidium, mich soweit wie möglich zurückzuhalten", erinnerte sich Pfannenschwarz 1997 in einem Interview mit der „Berliner Zeitung". So habe er nie selbst an den Anhörungen der Kommission teilgenommen und Gesprächspartner ausschließlich in seiner Kanzlei empfangen. „Das wichtigste war für meine Auftraggeber, daß ich alle Materialien der Kommission erhielt. Die habe ich an meinen Ansprechpartner im DKP-Vorstand, Max Schäfer, weitergegeben." Von dort, so Pfannenschwarz, seien die Dokumente zur Auswertung durch die Stasi nach Ost-Berlin gewandert.

Anlässlich einer Pressekonferenz Ende August 1976, auf der die Organisatoren mit ihrer Initiative an die Öffentlichkeit zu gehen planten, wurde der Stand der Rekrutierungsbemühungen intern festgehalten.[244] Zugesagt hatten demnach neben dem Italiener Basso der schwedische Soziologe Joachim Israel

---

[240] „Umfassende Untersuchung des Falles Meinhof gefordert" in: Neues Deutschland, 14.5.1976. Wiedergegeben wurden angeblich Passagen aus dem „Messaggero" und der „Repubblica". Für den Vorschlag der DDR-Beteiligung an der IUK vgl. HIS-Archiv, Me, U / 019,004.

[241] Reinecke, Schily, S. 185.

[242] Vgl. für das Folgende „Die Terroristin und Herr Pfannenschwarz", in: Berliner Zeitung, 6.9.1997, online unter http://www.berliner-zeitung.de/newsticker/die-terroristin-und-herr-pfannenschwarz,10917074,9330522.html (13.10.2011).

[243] In den IVK-Akten des HIS hat sich lediglich ein Antwortbrief Pfannenschwarz' an Karl-Heinz Weidenhammer erhalten, in dem er dessen schriftliche Einladung in die IUK vom 25.8.1976 annimmt. „Meine Bereitschaft zur Mitarbeit", so Pfannenschwarz, „ist auch ein Ergebnis einer Empfehlung des Parteivorstandes der Deutschen Kommunistischen Partei", Schreiben vom 2.9.1976, in: HIS-Archiv, RA 02 / 057,003.

[244] Stand 26.8.1976, HIS-Archiv, Me, U / 020,005. Tatsächlich wurde die Arbeit der IUK ausschließlich aus Spenden finanziert, Bericht der Internationalen Untersuchungskommission, S. 6.

sowie der Schweizer Anwalt Denis Payot, Präsident der Schweizerischen Liga für Menschenrechte, der während des ‚Deutschen Herbstes' als Vermittler zwischen Bundesregierung und den Entführern von Hanns-Martin Schleyer fungieren sollte. Aus den Niederlanden wollten sich der Journalist Johann van Minnen, als Ombudsmann des holländischen Fernsehens auch in der Bundesrepublik bekannt geworden, sowie der Philosophieprofessor Lolle W. Nauta beteiligen, der bereits auf der Amsterdamer Veranstaltung „Rechtsstaat oder Staatsterror" gegen die ‚Berufsverbote' aufgetreten war.[245] Dänemark wurde nicht nur durch den erwähnten Jensen, sondern auch durch den Journalisten Henrik Kaufholz vertreten. Aus Belgien kamen die IVK-Anwälte Graindorge und Ringelheim, aus Frankreich Simone de Beauvoir. Noch ohne Ergebnis waren Bemühungen um das PCI-Mitglied Terracini, den Österreicher Langbehn sowie Peter Weiss, der seine Wahlheimat Schweden vertreten sollte. Jean Améry, dem Peter Chotjewitz – trotz der Bedenken der „Sympis" – eine Mitgliedschaft in der IUK angetragen und ihn mit entsprechenden Dokumenten beliefert hatte, hatte seine Teilnahme mit einem in vielerlei Hinsicht bemerkenswerten Schreiben abgesagt.[246] Gerade das genaue Studium der von Chotjewitz zur Verfügung gestellten Dokumente, so Améry, habe ihn davon überzeugt, dass die geplante Kommission „nichts zutage fördern könnte, juristisch wirkungslos und politisch womöglich noch schädlich sein würde." Das Material enthalte „nichts, das auf eine Ermordung der armen Ulrike Meinhof schliessen liesse. Dass die paar aufgewiesenen Widersprüche bei Zeugenaussagen nicht über das hinausgehen, was normalerweise bei Aussagen über ein aufregendes Ereignis sich hervortut, werden Sie als Anwalt besser wissen als ich. Entscheidend aber scheint mir zu sein: Es fehlt für ein von den Behörden verübtes Verbrechen, das hier ja ein vertikales Komplott zur Voraussetzung hätte, jegliches Tatmotiv. Ich vermag nicht einzusehen, warum irgendjemand ein Interesse daran gehabt haben könnte, Ulrike Meinhof zu töten." Hingegen, so fuhr Améry fort, existiere für ihn „ein ganzes Kausalnetz, das dafür spricht, dass Ulrike Meinhof den Freitod gesucht hat. Ich selbst habe mich gerade sehr nachdrücklich mit dem Problem des selbstgewählten Todes beschäftigt und kann mir nichts deutlicher vorstellen, als die Lage dieser unglücklichen Frau, die einerseits gescheit genug war, um schliesslich einzusehen, wie abwegig ihre Vorstellungen von einer grossen Revolution in der BRD waren und die andererseits nichts vor sich sah, als eine viele Jahre währende, psychisch zerstörerische Haft." Améry, der kurze Zeit später seine Abhandlung „Hand an sich legen. Diskurs über den Freitod" veröffentlichte, in dem er den Suizid

---

[245] Pekelder, Sympathie, S. 149.
[246] Améry, Ausgewählte Briefe, S. 550f.

als „Privileg des Humanen" rehabilitierte, sollte sich 1978 mit einer Überdosis Schlaftabletten das Leben nehmen.[247]

Im Fall Meinhof hatten Amérys Argumente bei den umtriebigen Sachwaltern ihres Todes nicht verfangen, wie dieser im Übrigen bereits selbst vorhergesehen hatte.[248] Trotz der wie gesehen noch nicht endgültig geklärten Frage der personellen Zusammensetzung der Untersuchungskommission hatten die Organisatoren die geplante Pressekonferenz, die – wie seinerzeit nach dem Sartre-Besuch – im Stuttgarter Hotel ‚Zeppelin' stattfand, nicht länger aufschieben wollen. Der durch den „Observer"-Artikel erzeugte Wirbel um den vermeintlichen Sexualmord an Ulrike Meinhof schien eine Stellungnahme des IVK unumgänglich zu machen. Zudem sicherten die entsprechenden Schlagzeilen in der Tagespresse den Verantwortlichen die erwünschte Aufmerksamkeit. Im Vergleich zum Dezember 1974 war die Gruppe, die auf dem Podium das Wort ergriff, noch deutlich internationaler geworden: Neben Oberwinder, Heldmann und Sigrist waren Anwälte aus Frankreich, Belgien und der Niederlande anwesend, dazu kamen der französische Anstaltsarzt Dr. Lazarus sowie der dänische Journalist Kaufholz. Auch Giovanni Cappelli war wieder angereist – als letzter Besucher Ulrike Meinhofs war ihm offenbar eine ganz besondere Autorität zugewachsen.[249] Wie beim Besuch Sartres war es jedoch Croissant, der zu seiner großen Befriedigung die Konferenz wieder persönlich eröffnen und moderieren konnte. Die zeitliche Koinzidenz seiner wenige Tage zuvor (unter Auflagen) erfolgten Haftentlassung mit der Aufregung um die Thesen des „Observers" entzog dabei, wie der „Spiegel" zu recht anmerkte, der von ihm selbst entwickelten Verschwörungstheorie, seine Festnahme sei in Wahrheit durch sein Engagement zur ‚Aufklärung' des Todesfalls Meinhof bedingt gewesen, vollends den Boden.[250] Gleichwohl sollte er sie wiederholen, als ihm das Landgericht Stuttgart die Aushändigung des von den Behörden einbehaltenen Reisepasses verweigerte und ihn so unter anderem daran hinderte, am 30. und 31. Oktober 1976 an der Konstituierenden Sitzung der IUK in Amsterdam teilzunehmen.[251]

---

[247] Jean Améry, Hand an sich legen. Diskurs über den Freitod, Stuttgart 1976, S. 52.
[248] Améry, Ausgewählte Briefe, S. 551.
[249] Vgl. für das Folgende Pressekonferenz vom 26.8.1976 [im Folgenden PK Ulrike Meinhof], HIS-Archiv, RA 02 / 042,001.
[250] „Stets naheliegend", in: Der Spiegel 35/23.8.1976, S. 67f., hier S. 67.
[251] Croissant hatte darauf hingewiesen, dass seine „Anwesenheit in Amsterdam im Interesse der Aufklärung des Todes von Ulrike Meinhofs unbedingt notwendig" sei. Außerdem hatte er eine Kur im italienischen Abano Terme antreten wollen, um seine Bandscheibenprobleme zu behandeln. Das Landgericht Stuttgart lehnte den Antrag ab, da die geplanten Auslandsreisen „einen derartigen Fluchtanreiz" böten, dass die Durchführung des gegen Croissant anhängigen Verfahrens nicht mehr gewährleistet sei. „Zur Heilung des Bandscheibenschadens" empfahl man den Anwalt „eine geeignete Kurmöglichkeit in der

Was den inhaltlichen Ablauf der Pressekonferenz anging, so bedeutete sie den endgültigen Durchbruch zu einer öffentlichen Zurschaustellung der Obduktionsberichte im Fall Meinhof, die der ZDF-Moderator Gerhard Löwenthal nicht ganz zu Unrecht als „pornographisch anmutende Spekulationen" bezeichnete.[252] Hatte es die Stuttgarter Staatsanwaltschaft in ihrer eine Woche zuvor ergangenen Stellungnahme ausdrücklich bedauert, durch die „Observer"-Veröffentlichung nunmehr gezwungen zu sein, „auch Einzelheiten aus der Intimsphäre der Toten bekanntzugeben", um die gezielt in der ausländischen Presse gestreuten „Halbwahrheiten und Unwahrheiten" zu entkräften, lagen solche Skrupel den – ihrem eigenen Selbstverständnis nach – eigentlichen Interessenwahrern Meinhofs offenbar vollständig fern.[253] Die Anwälte übergaben den in Stuttgart anwesenden Pressevertretern eine 45 Seiten starke Dokumentation, in der die Obduktionsprotokolle der Erst- und Zweitobduzenten einer kritischen Revision unterzogen wurden. Mit dieser Aufgabe habe man, so Oberwinder, „unabhängige Sachverständige" beauftragt, „und zwar in Hinblick auf die Unabhängigkeit nur Sachverständige im Ausland, die aufgrund ihres internationalen Rufs über jeden Zweifel erhaben sind". So habe sich der international renommierte Leiter des gerichtsmedizinischen Instituts der Universität Linz, Professor Dr. Klaus Jarosch, freundlicherweise bereiterklärt, vor den Vertretern des geplanten Internationalen Untersuchungsgremiums sein Gegengutachten vorzustellen. Jarosch bestehe darauf, so Oberwinder, dass alle neun im Erstgutachten als „typisch für den Erhängungsvorgang" bezeichneten Punkte „entweder unspezifisch oder atypisch für einen Erhängungsvorgang" seien. Damit sei die Behauptung, „Frau Meinhof habe sich durch Erhängen selbst aus dem Leben gebracht (...) in keiner Weise nach dem bisherigen Untersuchungsstand belegt". Oberwinder und Heldmann begnügten sich allerdings keineswegs mit der Wiedergabe dieser Schlussfolgerung oder einer summarischen Präsentation der Ergebnisse, die den Anwesenden ja bereits schriftlich vorlagen. Stattdessen ergingen sie sich in detaillierten, teilweise auch konfusen Schilderungen der Obduktionsergebnisse, die ebenso eklatant die Würde der Toten verletzten, wie sie nichts zur eigentlichen Sachaufklärung der anwesenden medizinischen Laien beizutragen vermochten. In gewisser Hinsicht kann man die bedenkenlose Zurschaustellung aller intimen Details dessen, was von Meinhofs Körper nach Todeskampf und Autopsie noch menschlich war, als sprachliche Parallele zur Publikation des Leichenfotos von Holger Meins bewerten. Hatte letztere allein der effektvollen Visualisierung eines weiteren Opfers der (neuen) Nazis gedient, war erstere ein Mittel zur pseudo-

---

Bundesrepublik", Antrag vom 26.10./Beschluss des OLG Stuttgart vom 28.10.1976, beide in: HIS-Archiv, RA 01 / 015,003.
[252] Zitiert in: „Stets naheliegend", in: Der Spiegel 35/23.8.1976, S. 67f., hier S. 67.
[253] Ulf Stuberger, „Gutachter beweisen Ulrike Meinhofs Selbstmord", in: FR, 20.8.1976.

wissenschaftlichen Objektivierung eines ganz und gar politisch motivierten Generalverdachts. Die Grenzüberschreitung durch den zudringlichen Blick einerseits, das sezierende Wort andererseits bediente niedrigste voyeuristische Instinkte und verstärkte gleichzeitig den erwünschten Abscheu gegenüber dem vermeintlich barbarischen ‚System'. So wurden in Stuttgart neben dem österreichischen auch britische Ärzte zitiert, die in einem auch der Bundesanwaltschaft vorgelegten Bericht unter anderem auf „schweren Blutandrang in den äußeren Geschlechtsteilen und Quetschungen an beiden Waden" nebst einer „Abschürfung, bedeckt mit geronnenem Blut, an der linken Hinterbacke" zu sprechen kamen. Gegenstand längerer Ausführungen war auch eine angeblich verdächtige „3-4 mm breite Speichelspur, die von der Mittellinie der Brust von der Oberbrustbeingrube abwärts bis zum Nabel" verlaufe. Die Oberbekleidung aber habe derart eng angelegen, „dass es ausgeschlossen ist, dass die Speichelspur ohne Anhaftung an diesem Hemd geblieben sein kann. Es sei denn, die Speichelspur war bereits getrocknet, als sie mit dem Hemd bekleidet worden ist." Die damit verbundene, im „Observer" aufgeworfene Frage, „ob Ulrike Meinhof in den letzten Stunden vor ihrem Tode regulären Geschlechtsverkehr mit Samenerguß erlebt hätte", lasse sich aufgrund der vorliegenden Befunde jedenfalls nicht eindeutig negativ beantworten.[254]

Für den „Spiegel" dagegen, der in seiner nächsten Ausgabe über die Pressekonferenz berichtete, ließen sich alle „Verdachtsmomente, die im Meinhof-Fall für die Anwälte auf Fremdtötung deuten, (...) mit gerichtsmedizinischem Standardwissen eindeutig widerlegen." Bemängelt wurde in dem Artikel gleichwohl, dass eine neue Methode der Differentialdiagnostik, „mit der sich fast mühelos feststellen lässt, ob der Körper lebendig oder schon tot in die Schlinge geriet", im vorliegenden Fall nicht angewendet worden sei: „für Experten rätselhaft, speziell in heikler Angelegenheit".[255]

Tatsächlich, so lässt sich festhalten, hatten die Verantwortlichen bei ihrem teilweise überhastet und etwas hemdsärmelig anmutenden Vorgehen die Entschlossenheit der Anwälte, etwaigen Unstimmigkeiten auf den Grund zu gehen, offenbar ebenso unterschätzt wie das ihnen inzwischen entgegengebrachte Misstrauen der nationalen und vor allem internationalen Öffentlichkeit. Statt auf vertrauensbildende Maßnahmen zur Stärkung der eigenen Position hatte man in der PR-Arbeit nach dem Tod Meinhofs einseitig auf die Diskreditierung

---

[254] An dieser Stelle wurden von Oberwinder einige nicht erkennbar sachdienliche Ausführungen Jaroschs über „Scheiden- und Afterabstrich" angeführt, die „eine gelblich rahmige Flüssigkeit im Scheideneingang, eine etwas zähtrübe Flüssigkeit auf der Scheidenschleimhaut" zu Tage geführt hätten, HIS-Archiv, PK Ulrike Meinhof, S. 15. Um solche und ähnliche Passagen bereinigt wurden gekürzte Versionen der medizinischen Gegengutachten auch erneut abgedruckt in: Bericht der Internationalen Untersuchungskommission, S. 17-35.
[255] „Stets naheliegend", in: Der Spiegel 35/23.8.1976, S. 67f., hier S. 68.

der RAF-Kader gesetzt. Als eineinhalb Jahre später auch Ensslin, Raspe und Baader ihrem Leben in ihren Stammheimer Zellen ein Ende setzten, versuchten die Behörden tunlichst, entsprechende Fehler zu vermeiden. So wurden die Verteidiger von Anfang an in die Todesermittlungsverfahren mit eingebunden und erhielten die Erlaubnis, bei Zellendurchsuchung und Leichenobduktion, die diesmal durch ein internationales Ärzteteam durchgeführt wurde, anwesend zu sein. Am Charakter der Anschuldigungen, die die Anwälte später in die internationale Öffentlichkeit trugen, sollte dies gleichwohl nicht viel ändern.[256]

Im Fall Meinhof hatten sich die deutschen Behörden für viele Beobachter auch dadurch verdächtig gemacht, dass sie drei Tage nach ihrem Tod ihre Zelle gründlich reinigen, das Fenstergitter streichen und die Wände neu weißen ließen. Vielleicht handelte es sich um das normale Vorgehen nach dem Ableben eines Häftlings, vielleicht war es aber auch die Entschlossenheit der Verantwortlichen, sämtlichen Spekulationen im Fall Meinhof ein für allemal den Boden zu entziehen und im Bewusstsein ihres ‚reinen Gewissens' demonstrativ zur Tagesordnung überzugehen. Für Erich Fried jedenfalls war das Geschehen Anlass zu einem Gedicht mit dem Titel „Klage über das Fehlen des Stückeschreibers Bertolt Brecht – oder: als drei Tage nach Ulrike Meinhofs Tod ihre Zelle neu hergerichtet wurde".[257] Auf der Stuttgarter Pressekonferenz wurde das Gedicht durch den Vorsitzenden des Frankfurter ASTA, Wolfgang Bock, feierlich verlesen. Einige Tage später äußerte sich Fried auch im NDR, wo er an die Verantwortlichen in Politik und Justiz appellierte, in der Arbeit der Internationalen Untersuchungskommission auch eine Chance zu sehen:

Man könnte natürlich die auf der Stuttgarter Pressekonferenz bekannt gewordenen medizinischen Indizien ebenso wie alles andere, was einer vorgefassten Selbstmordhypothese widerspreche, einfach verdrängen oder totschweigen. Eine solche Widerlegungsmethode aber würde auf die Dauer höchstens dazu führen, dass Ulrike Meinhof innerhalb der Bundesrepublik als Selbstmörderin gelte, außerhalb aber als Opfer eines Mordes oder Totschlags. Ein solches Ergebnis wäre das denkbar unbefriedigendste. Da müssten eigentlich auch die deut-

---

[256] Vgl. dazu Kap. 6.
[257] Das Gedicht lautete: „Wie hätte Brecht das zu zeigen versucht, / wenn da Eine gestorben wäre? / Wie die Justiz dann den Fall untersucht / und alles sicherstellt, alles verbucht, / dass nichts die Ermittlung erschwere, / denn Genauigkeit ist ihre Ehre. // Bei Brecht wäre die Zelle am dritten Tag, / wo sie starb, dann ganz sicher verriegelt? / Damit keine Spur verwischt werden kann, / Denn so fangen Untersuchungen an: / Beweismaterial wird sorgsam bewacht, – / Doch die Zelle, die wurde dann aufgemacht, / da war sie nicht mehr verriegelt. // Wie hätte das Brecht auf die Bühne gebracht / Und gezeigt, diese Zelle wird schön gemacht / Und alles gewaschen und alles geweißt. – / Da ist keine Spur mehr geblieben. / Nicht einmal Spuren für einen Geist... / Wie hätte Brecht das beschrieben? / Wie hätt er gezeigt, was da Gründlichkeit heißt / Und ob dieses Weißwaschen etwas beweist / Jetzt und in kommenden Jahren – / Und für welches Beweisverfahren?" Zitiert in: HIS-Archiv, PK Ulrike Meinhof, S. 19f.

schen Behörden eine internationale Untersuchungskommission vorziehen und ihre Arbeit unterstützen.

Angesichts der in Stuttgart geäußerten Invektiven war es allerdings nicht weiter verwunderlich, dass die Bundesregierung das geplante Gremium nicht offiziell als Schiedsgericht akzeptieren mochte. Denn anders als von Fried in Aussicht gestellt, ermittelte die IUK keineswegs ergebnisoffen, sondern trug zu dem von ihm selbst prognostizierten Auseinanderfallen der Entwicklung im In- und Ausland selbst aktiv bei.

So gab beispielsweise Rechtsanwalt Rambert in einer Grußbotschaft bekannt, dass „Unabhängigkeit, Wahrheitsliebe und Gerechtigkeitssinn der bundesdeutschen Justizbehörden aus schweizerischer Sicht nicht mehr unzweifelhaft" erschienen und warnte davor, dass „sich das demokratische und fortschrittliche Europa" in diese Entwicklung „nicht noch einmal zu spät einschalten" dürfe. Der aus den Niederlanden angereiste Pieter Bakker Schut verkündete, sich persönlich nicht vorstellen zu können, „dass es kein Mord war" – auch angesichts der „CIA-Aktion gegen Lumumba und Che Guevara" und seiner „Kenntnisse über den internationalen Zusammenhang in der Bekämpfung des bewaffneten antiimperialistischen Kampfes." Anders als in der Bundesrepublik, wo, so Bakker Schut, eine liberale Öffentlichkeit kaum mehr existiere, seien die Holländer erfreulich kritisch. Die größte Wochenzeitung des Landes habe nach dem 9. Mai getitelt: „Selbstmord an Ulrike Meinhof". Giovanni Cappelli berichtete von der weit verbreiteten Besorgnis der Italiener, dass sich „aufgrund des ökonomischen und damit auch politischen Gewichts der BRD in Europa und besonders in Italien" die Methoden der deutschen Staatsorgane „unter dem Schweigen der öffentlichen Meinung durchsetzen und in andere Staaten Europas exportiert werden" könnten. Die übrigen Anwesenden äußerten sich ähnlich.

Auf die Anregung eines Zuhörers im Saal, doch auch prominente Leute aus der Bundesrepublik in die Untersuchungskommission mit einzubeziehen – etwa „namhafte Korrespondenten des Spiegels, der Zeit, der FR" – antwortete Croissant: „Also, ich fasse die Frage als Scherz auf, weil wohl allgemein bekannt ist, unter dem Druck, unter dem Journalisten in der Bundesrepublik arbeiten müssen, der Journalist, der hier mitarbeiten würde, der würde fliegen, Ganz einfach. Ich verlange natürlich von keinem der anwesenden Journalisten dazu 'ne Antwort, aber ich glaube schon, dass Sie mir recht geben müssen."[258]

Ein ähnliches Bild von den Verhältnissen in der Bundesrepublik besaß offenbar auch Wienke Zitzlaff, die vorschlug, das IUK statt im Ausland in Deutschland tagen zu lassen und den publizistischen Effekt zu nutzen, der sich dies- und jenseits der Grenze ergebe, wenn „die mitglieder schon nicht

---

[258] Alle angeführten Zitate in: HIS-Archiv, PK Ulrike Meinhof.

einreisen dürften".²⁵⁹ Als ‚unerschrockene' Mitstreiter aus der Bundesrepublik sollten sich schließlich der bereits erwähnte DKP-Mann Karl Pfannenschwarz, der Neuropsychiater Hans-Joachim Mayer und die Schauspielerin und Regisseurin Margarete von Trotta erweisen, die später einen Teil ihrer Erfahrungen im IUK – ergänzt und erweitert durch Gespräche mit Christiane Ensslin nach dem 18. Oktober 1977 – in ihren Erfolgsfilm „Die Bleierne Zeit" einbringen sollte, der in Italien den „Jahren des Bleis" ihren Namen geben sollte.²⁶⁰ Im Mai 1977, mithin ein halbes Jahr nach ihrer Gründung, hatte die Kommission einundzwanzig offizielle Mitglieder aus neun europäischen Ländern.²⁶¹ Von den ursprünglich von den ‚Stammheimern' genannten Namen war nur noch Simone de Beauvoir übrig geblieben. Zu einem Arbeitstreffen im Juni 1977 waren allerdings nur sechs dieser Mitglieder anwesend; dazu kamen fünf Gäste, darunter Pieter Bakker Schut, Hildegard („Bille") Haag – die Frau des untergetauchten Anwalts –, Michael Oberwinder und Wienke Zitzlaff. Den offiziellen Abschlussbericht, den das IUK schließlich am 15. Dezember 1978, also zweieinhalb Jahre nach dem Tod Ulrike Meinhofs vorlegte, wollten noch zehn Personen namentlich zeichnen, darunter fünf Franzosen.²⁶²

Eng verbunden blieb der IUK und ihrem im dänischen Aarhus ansässigen Sekretariat natürlich auch Klaus Croissant, der niemals müde wurde, die Kommissionsarbeit mit Rat und Tat zu unterstützen. Die von Anfang an gegebene Nähe von IVK und IUK blieb mithin bestehen – auch wenn auf der Pariser IVK-Sitzung vom 11. September 1976 ausdrücklich darauf hingewiesen worden war, dass die IUK, einmal konstituiert, ihr Vorgehen selbst und ohne Einflussnahme des IVK bestimmen müsse – „weil auf keinen fall der eindruck entstehen darf, als sei die iuk nicht unabhängig".²⁶³

---

²⁵⁹ Notiz vom 4.10.[76], in: HIS-Archiv, Me, U / 018,008.
²⁶⁰ „Die Bleikappe des Schweigens. Margarethe von Trotta über ihren Ensslin-Film, das Sympathisantentum und deutsche Kontinuitäten", in: Der Tagesspiegel, 28.4.2007, online unter http://www.tagesspiegel.de/kultur/die-bleikappe-des-schweigens/840180.html?_FRAME=33 (13.10.2011).
²⁶¹ Es handelte sich um Lelio Basso, Italien; Michele Beauvillard, Simone de Beauvoir, Jean-Pierre Vigier, Robert Davezies, Frankreich; George Casalis, Jacqueline de Cumont, Belgien; Bernadette Devlin, John MacGuffin, Nord-Irland; Evangelos Iannopolous, Panayotis Kanelakis, Griechenland; Joachim Israel, Schweden; Jörgen Pauli Jensen, Henrik Kaufholz, Dänemark; Johan van Minnen, Lolle W. Nauta, Niederlande; Denis Payot, Schweiz; Hans Joachim Meyer, Karl Pfannenschwarz, Margarete von Trotta, BRD. Wienke Zitzlaff verwaltete das Unterstützungskonto der IUK in Essen; Henrik Kaufholz fungierte als Sekretär, HIS-Archiv, Me, U / 019,009.
²⁶² Dies waren Michelle Beauvillard, Rechtsanwältin, Claude Bourdet, Journalist, Georges Casalis, Theologe, Robert Davezies, Journalist, Jean-Pierre Vigier, Physiker, alle Paris; Joachim Israel, Soziologe, Kopenhagen, Panayotis Kanelakis, Rechtsanwalt, Athen, Henrik Kaufholz, Journalist, Aarhus, John McGuffin, Schriftsteller, Belfast, Hans Joachim Mayer, Neuropsychiater, Mayen, in: Bericht der Internationalen Untersuchungskommission, S. 6.
²⁶³ „bericht paris ivk-sitzung" 11.9.76, HIS-Archiv, RA 02 / 054,004.

5.2 Die Untersuchungskommission zum Tod Ulrike Meinhofs 421

So drängte Croissant etwa im April 1977 seinen Freund Chotjewitz, seine guten Beziehungen nach Italien für die IUK nutzbar zu machen. Für die weitere Arbeit „wäre es ausserordentlich wichtig, auch weiterhin zu versuchen, dass die Kommunistische Partei Italiens zumindest eine ihr nahe stehende bekannte Persönlichkeit in die Kommission entsendet. (...) Könntest Du nicht – evtl. zusammen mit Inge Feltrinelli – einen entsprechenden Vorstoß bei der KPI unternehmen?"[264] Die Ausgangssituation für einen solchen Vorstoß schien Croissant „unvergleichlich günstiger" als in der Vergangenheit: Schließlich hatten im April 1977 der baden-württembergische Justiz- und Innenminister zugeben müssen, dass in Stuttgart-Stammheim „in zwei Fällen über einen kürzeren Zeitraum hinweg" Gespräche zwischen Angeklagten und Verteidigern abgehört worden waren.[265] Das bedeutete auch, dass es zum Hochsicherheitstrakt eine weitere, bislang unbekannte Zugangsmöglichkeit geben musste, die Angehörige des BND für die Verwanzungsaktion benutzt hatten. „Daß der Bundesnachrichtendienst mit sämtlichen alten Nazis der Organisation Gehlen nach 1945 von der CIA übernommen und durchstrukturiert wurde, dürfte auch den italienischen Genossen bekannt sein", argumentierte Croissant. Damit legte er einmal mehr nahe, dass das Ende Ulrike Meinhofs halb als Verbrechen in der Tradition des ‚Dritten Reiches' und halb als das Werk des amerikanischen Geheimdienstes zu sehen sei – und deshalb den italienischen Kommunisten doppelt Anlass bot, zu intervenieren.

In der Tat war der Abhörskandal auch für die IUK selbst Anlass für ein Arbeitstreffen mit anschließender Presseerklärung, auf der die neuen Erkenntnisse postwendend in die bekannten Verschwörungstheorien eingeflochten wurden. „Wurden auch andere nachrichtendienstliche Mittel als das technische Lauschen angewandt? Wurde versucht, etwa mittels Anwendung von Narkotika bei Ulrike Meinhof während der Nacht vom 8. auf den 9. Mai Informationen zu beschaffen? Mußte Ulrike Meinhof sterben, um einer ihr etwa bevorstehenden

---

[264] Schreiben vom 25.4.1977, HIS-Archiv, RA 02 / 057,003. Dahinter stand wieder einmal ein entsprechender ‚Auftrag' der ‚Stammheimer', die schon länger darauf drängten, Mitglieder der kommunistischen Parteien in Italien und Frankreich „gegen die verletzung der menschenrechte gegenüber gefangenen aus bewaffneten antiimperialistischen + antifaschistischen widerstandsgruppen in der brd zu mobilisieren". – „das hiesse: unterstützung durch prominenz/unterschriften; ihre medien/öffentlichkeit für information über ulrike (und was der mord über die reaktion in der brd sagt) und über stammheim, der prozess (richtlinienfunktion), die urteile (psychologische kriegführung), die vernichtungsstrategie (haftbedingungen)". Der ‚Auftrag' – datiert vom 18.8.1976 – war zunächst an Susanne Mordhorst ergangen. Nach ihrer Inhaftierung nahm sich offenbar Croissant der Sache an, HIS-Archiv, RA 02 / 066,006. Inge Feltrinelli war bereits im September 1976 brieflich darum gebeten worden, „eine geeignete Persönlichkeit der KPI für die Mitarbeit in der internationalen Untersuchungskommission zu gewinnen", Schreiben Croissants an Inge Feltrinelli vom 26.9.1976, in: HIS-Archiv, RA 2 / 057,003.
[265] Aust, Baader-Meinhof-Komplex (1998), S. 444.

Befreiung vorzubeugen?" Auch wenn nur die Regierung der Bundesrepublik und des Landes Baden-Württemberg in der Lage seien, hier Klarheit zu schaffen – in Kürze dürfe die Öffentlichkeit auch von der IUK einen erhellenden Zwischenbericht über die Ergebnisse der Kommissionsarbeit erwarten, der die Zweifel am Selbstmord Meinhofs weiter erhärten werde.[266]

Trotz dieser vollmundigen Ankündigung war der Neuigkeitswert einer kurz darauf veröffentlichten Presseerklärung der IUK anlässlich des ersten Todestages Meinhofs außerordentlich gering. Eine erneute kritische Revision der Obduktionsberichte habe ergeben, dass den Obduzenten bereits ein „verfälschtes", weil verkürztes Strangwerkzeug vorgelegt worden sei: In seiner ursprünglichen Länge hätte der Kopf bei Eintritt der Bewusstlosigkeit „durch das Körpergewicht aus der Schlaufe herausfallen" müssen. Über die Dürftigkeit dieser ‚Enthüllung' versuchte die Erklärung durch den Hinweis hinwegzutäuschen, dass die Arbeit der IUK „durch die Behörden der BRD ungeheuer erschwert", ja, „mit allen Mitteln boykottiert" werde: Bei Hausdurchsuchungen ohne Durchsuchungsbefehl würden gezielt die für die IUK gesammelten Materialien beschlagnahmt und die daran beteiligten Personen „mit fadenscheinigen Begründungen verhaftet", wie es ja bereits Meinhofs Testamentsvollstrecker Croissant im Sommer 1976 ergangen sei.[267]

Fleißiger als das IUK, dessen drei Arbeitsgruppen zu den „psychologischen", „medizinischen" und „kriminologischen Problemen" im Zusammenhang mit Meinhofs Tod offenbar nur mühsam vorwärts kamen,[268] war derweil die deutsche Sektion des IVK. Diese brachte im Mai 1977 eine 24 Seiten starke Erklärung in Umlauf, die von einem umfangreichen dokumentarischen Anhang begleitet wurde.[269] Die Erklärung, die in denkbar aggressivem Duktus abgefasst war, suchte die Mordthese unter anderem durch eine sprachliche Analyse offizieller Verlautbarungen Schmidts, Herolds, Bubacks und anderer zu ‚beweisen'. So wurden etwa Äußerungen des Bundeskanzlers und des Innenministers während der Stockholmer Botschaftsbesetzung, die zur Befreiung der Geiseln „das Äußerste" zu unternehmen und eine Befreiung der ‚Stammheimer' mit „allen" oder „äußersten nachrichtendienstlichen Mitteln" zu verhindern versprachen,

---

[266] Presseerklärung der Internationalen Untersuchungskommission zur Klärung der Todesumstände von Ulrike Meinhof, 19.3.1977 Aarhus, Dänemark, HIS-Archiv, RA 02 / 019,006.
[267] Presseerklärung der IUK zur Klärung der Todesumstände von Ulrike Meinhof, Arbeitstreffen vom 7.5.1977, Amsterdam, HIS-Archiv, Me, U / 018,008.
[268] Bericht der Internationalen Untersuchungskommission, S. 8.
[269] IVK-Sektion BRD, Erklärung 18. Mai 1977, HIS-Archiv, Me, U / 018,008. Der dokumentarische Anhang enthielt vor allem Briefe Meinhofs an die Anwälte und Mitgefangenen, aber auch Presseartikel, Gerichtsbeschlüsse und offizielle Stellungnahmen von Behörden. Das Material war offensichtlich dazu bestimmt, die in der Erklärung vertretenen Thesen zu ‚beweisen'.

als verkappte Morddrohungen interpretiert. So zitierte man ein hochrangiges CIA-Mitglied mit den Worten: „Wenn man sagt, dass kein Mittel ausgeschlossen ist, ist die Bedeutung ganz klar. D. h. dass ein Mord erlaubt ist, wenn er sich als notwendig erweist." Warum man nun ausgerechnet „Ulrike ausgewählt" habe, könne man einer Äußerung Herolds entnehmen, nach der „Aktionen gegen die RAF (...) immer so abgewickelt werden" müssten, „dass Sympathisantenpositionen abgedrückt werden." Das aber habe „im Fall von Gefangenen nur der fingierte Selbstmord" leisten können.[270] In der Behauptung schließlich, dem Tod Meinhofs seien „Spannungen in der Gruppe" vorausgegangen, seien internationale Counterinsurgency-Strategien mit dem „abgefeimten Pietismus der schwäbischen Landesregierung" eine Verbindung eingegangen.[271] Aber auch in der entsprechenden Politik der Bundesregierung zeige sich „die totale Funktionalisierung der SPD-Führung für die US-Aussenpolitik durch OSS und CIA seit 1943."[272]

Einen neuen Aspekt erschloss das IVK-Papier durch den Hinweis auf die Militanz der Frauen, auf die sich „die psychologische Aktion in den Medien" von jeher konzentriert habe. Auch in den Gefängnissen seien Frauen „nach den Verhaftungen physisch gefoltert und bei Gegenüberstellungen, Transporten und in den Gefängnissen von Beamten der Politischen Polizei misshandelt und verletzt" worden. „Nach dem Tod Ulrikes war uns klar, dass sich das Vernichtungsinteresse des Staatsschutz [sic] auf Gudrun konzentrieren würde. (...) Nach der Analyse von 5 Jahren psychologischer Kriegführung gegen die RAF und der publizistischen Verwertung und Vorbereitung des Mordes an Holger Meins und Ulrike Meinhof, haben wir davon auszugehen, dass Staatsschutz und Nachrichtendienst mit dieser Kampagne die vierte verdeckte Hinrichtung eines Kaders der RAF vorbereiten."[273]

Ganz offensichtlich war es der deutschen IVK-Sektion, die das Papier nach eigenem Bekunden an 210 Zeitungsredaktionen versandte, weniger um die Aufklärung des vermeintlichen Mordes zu tun als um eine groß angelegte publizistische Initiative zugunsten der in der Zwischenzeit zu lebenslänglicher Haft verurteilten Stammheimer Gefangenen, die gerade einen weiteren Hungerstreik gegen die Haftbedingungen hinter sich hatten. Dass dem IVK-BRD das Vorgehen der IUK als zu zögerlich erschien, war schon im März 1977 deutlich geworden, als sie dem Gremium eine „Anklageschrift gegen die BRD" hatte zukommen lassen – ganz offensichtlich, um dieses zu ‚mutigeren' Aktionen zu drängen. Im Juni wies die IUK das Anliegen jedoch höflich

---

[270] Ebd., S. 14.
[271] Ebd., S. 15.
[272] Ebd., S. 17.
[273] Ebd., S. 21.

aber bestimmt zurück.²⁷⁴ Statt formaljuristischer Schritte beschloss man die Durchführung eines internationalen Tribunals gegen die Bundesrepublik, das am 1./2. Oktober 1977 in Paris stattfinden und rein politische Wirkung entfalten sollte. Als mögliche Zeugen der Anklage wurden für den medizinischen Komplex Jarosch und Lazarus, für das Thema Haftbedingungen Teuns und Shallice, zur Beleuchtung der politischen Hintergründe Sigrist und Abendroth genannt.²⁷⁵ Zu diesem politischen Tribunal sollte es aufgrund der sich überschlagenden Ereignisse im ‚Deutschen Herbst' jedoch nicht mehr kommen. Nicht nur in Stuttgart-Stammheim, aber auch dort gab es im Oktober 1977 neue Todesfälle – Todesfälle, die wiederum, so jedenfalls die lautstark vertretene Auffassung nicht weniger Beobachter des In- und Auslands, nach „unabhängiger" Untersuchung durch internationale Experten verlangten.²⁷⁶

Nach insgesamt fünf Arbeitstreffen legte die IUK im Dezember 1978 schließlich einen Bericht vor, der ursprünglich in französischer Sprache im Pariser Verlag Maspéro erschien und ein Jahr später auch auf Italienisch zu haben war.²⁷⁷ Mit am bemerkenswertesten an der Veröffentlichung war wohl der Umstand, dass nun auch die Todesumstände Ensslins, Baaders und Raspes herangezogen wurden, um den ‚Mord' an Ulrike Meinhof zu belegen – und umgekehrt. Sowohl hinsichtlich der Rahmenbedingungen in den jeweiligen Todesnächten – darunter etwa die Tatsache, dass dieselbe Vollzugsbeamtin am 8./9. Mai 1976 und am 17./18. Oktober 1977 für die Bewachung des 7. Stocks eingesetzt war – als auch bei der in beiden Fällen beobachteten „Verhinderung der Aufklärung"²⁷⁸ wurde, stets fettgedruckt, auf zahlreiche sogenannte „Parallelen" aufmerksam gemacht. So wurde eine „Logik der Vernichtung"²⁷⁹ konstruiert,

---

274 „Leider müssen wir ihnen antworten, dass wir uns nicht als eine Instanz betrachten, die eine offizielle Anklageschrift gegen die BRD entgegennehmen und behandeln kann. Deswegen können wir die Schrift, und dies unabhängig von der inhaltlichen Beurteilung, als Anklage nicht akzeptieren. Wir werden aber die in Ihrer Schrift enthaltenen Informationen für unsere Arbeit gerne benutzen und die in Ihrer Schrift vertretenen Thesen sorgfältig prüfen", Schreiben wiedergegeben im Protokoll der Arbeitsbesprechung der IUK vom 18.6.1977, HIS-Archiv, Me, U / 019,009.
275 Protokoll der Arbeitsbesprechung der IUK vom 18.6.1977, HIS-Archiv, Me, U / 019,009.
276 Auch die IUK selbst bezeichnete es im Vorwort ihres 1978 vorgelegten Abschlussberichtes als „dringend notwendig, dass eine internationale Untersuchungskommission gebildet wird, die die Todesfälle von Stammheim und Stadelheim untersucht", Bericht der Internationalen Untersuchungskommission, S. 6. In der JVA Stadelheim hatte sich am 12. November 1977 Ingrid Schubert durch Erhängen das Leben genommen. Nicht umsonst hatten die Herausgeber des Berichts auch eine Mitteilung Schuberts aufgenommen, die in einer Reihe von Experimenten die Untauglichkeit von Stoffhandtüchern des von Meinhof verwendeten Typs für einen Selbstmord durch Erhängen ‚nachgewiesen' habe, vgl. S. 36f.
277 La morte di Ulrike Meinhof: rapporto della commissione internazionale di inchiesta, Napoli 1979, ital. Übers. v. Petra Krause u. Elsa D'Ambrosio.
278 Bericht der Internationalen Untersuchungskommission, S. 51.
279 Ebd., S. 64.

5.2 Die Untersuchungskommission zum Tod Ulrike Meinhofs

die als in sich geschlossenes, selbstreferentielles System gar keiner Beweise im eigentlichen Sinne mehr bedurfte.

In der dem Kommissionsbericht vorangestellten Erklärung, die offenbar den Minimalkonsens der verbliebenen Mitglieder darstellte, wurde betont, dass „die Behauptung der staatlichen Behörden, Ulrike Meinhof habe sich durch Erhängen selbst getötet (…) nicht bewiesen" sei.[280] Diese These aber konnte nur vertreten, wer aufgrund von politischen, persönlichen oder sonstigen Motiven die über das Ende Ulrike Meinhofs gesichert vorliegenden Informationen bewusst auszublenden oder rein selektiv wahrzunehmen beschlossen hatte.[281] Spekulationen sind allenfalls über die Motive zulässig, die Ulrike Meinhof dazu bewogen haben, sich das Leben zu nehmen, da die 41-Jährige keinen Abschiedsbrief hinterließ. Der fehlende Brief allein stellt jedoch, anders als es Wienke Zitzlaff und andere Anhänger der Mordthese glauben machen wollen, noch keinen „entscheidenden Faktor" dar, aus dem man Argumente gegen das Vorliegen eines Selbstmordes ableiten könnte.[282] Sehr wohl aber spricht dieser Umstand für die abgrundtiefe Einsamkeit Ulrike Meinhofs an ihrem Lebensende. Das Gefühl existentiellen Alleinseins musste sich noch einmal verstärkt haben, als sich ihre Kampfgefährten am 4. Mai 1976 vor Gericht von dem missglückten Sprengstoff-Attentat auf das Springer-Haus distanzierten, für das Meinhof seinerzeit das Bekennerschreiben formuliert hatte.[283] Zu der persönlichen trat mit großer Wahrscheinlichkeit auch die politische Enttäuschung: Die Einsicht in die Sinnlosigkeit des Weges, den sie 1970 durch den selbst gewählten, radikalen Bruch mit ihrem bisherigen Dasein – ihrem Beruf, ihren Kindern – vollzogen hatte. Zusätzlich war sie, wie es zeitgenössisch der „Spiegel" festhielt, zermürbt durch eine „Untersuchungshaft, wie sie kaum ein westdeutscher Häftling jemals länger (43 Monate) und schärfer (zeitweise totale Isolierung) absolvieren mußte".[284] Dazu kam die angesichts des Prozessverlaufs längst offensichtliche Unausweichlichkeit einer lebenslangen Freiheitsstrafe. Dass sich Meinhof in dieser Situation für den Tod von eigener Hand entschied, kann man mit guten Gründen tragisch, aber – mit Jean Améry – kaum verwunderlich finden. Das Gegenteil menschlicher Anteilnahme an ihrem Schicksal praktizierten dagegen diejenigen, die sie zum Opfer eines Mordes stilisierten, weil sie das Bild von der ungebrochenen,

---

[280] Ebd., S. 5.
[281] In dieser Hinsicht beispielhaft etwa die Darstellung des Todes der Protagonistin bei Ditfurth, Meinhof, S. 433ff.
[282] So aber der Beitrag des IUK-Mitglieds Mayer in: Bericht der Internationalen Untersuchungskommission, S. 34.
[283] Vgl. dazu Aust, Baader-Meinhof-Komplex (1998), S. 386–387. Ditfurth, die behauptet, die Gefangenen hätten sich vor Meinhofs Freitod blendend verstanden, referiert die Episode nicht.
[284] „Meinhof: ‚Wer sich nicht wehrt, stirbt'", in: Der Spiegel 20/17.5.1976, S. 13–16, hier S. 16.

hinterrücks gemeuchelten Revolutionärin zur Rechtfertigung des eigenen politischen Kampfes weiterhin brauchten.

Das Ergebnis ihrer Bemühungen ließ sich im Mai 1976 auf den Straßen der Bundesrepublik, weit mehr noch aber im restlichen Europa beobachten, wo Croissant die Botschaft, die Behörden hätten „Ulrike Meinhof umgebracht, weil sie Angst vor ihr hatten", unermüdlich in Interviews mit Vertretern der linken Presse verbreitete.[285] In Frankreich, Spanien, vor allem aber in Italien kam es nach dem Eintreffen der Nachrichten vom ‚Mord' an Ulrike Meinhof zu mehreren Sprengstoffanschlägen gegen deutsche Einrichtungen.[286] Gegenstand der Angriffe waren vor allem deutsche Firmenniederlassungen in Mailand. Aber auch Neapel und Rom waren betroffen, wo die Deutsche Akademie und die dortige Filiale des Deutschen Reisebüros mit Brandbomben beworfen wurden. Die Wände wurden mit Parolen wie „Deutsche Regierung – Mörder", „Ulrike wird gerächt" oder „Solidarität mit Meinhof" beschmiert.[287] Personen kamen gleichwohl nur in Frankfurt zu Schaden, wo während einer gewaltsam eskalierenden Demonstration zwei Polizisten durch Molotowcocktails schwer verletzt wurden. Einer der beiden, der 23-jährige Jürgen Weber, erlitt Brandverletzungen von über 60%.[288] Ein knappes Jahr später, am 7. April 1977, erschoss das „Kommando Ulrike Meinhof" den Generalbundesanwalt Siegfried Buback und seine beiden Begleiter Georg Wurster und Wolfgang Göbel. In der kurz darauf verbreiteten Erklärung wurden die Morde als Antwort auf die „Ermordung von Holger Meins, Siegfried Hausner und Ulrike Meinhof" bezeichnet: Meinhofs Tod, so das Kommuniqué, sei gezielt als Selbstmord inszeniert worden, „um die Politik, für die Ulrike gekämpft hat, als sinnlos darzustellen". Als Grund für den angeblichen „Mord" an der Gefangenen wurde in dem Papier bemerkenswerterweise auf die Auslandsresonanz des Stammheimer Verfahrens verwiesen: „die kritische internationale Öffentlichkeit, die sich an dem Schauprozeß in Stammheim und seiner zynischen Darstellung imperialistischer Gewalt ent-

---

[285] Vgl. etwa den Bericht „A colloquio con gli avvocati della Frazione Armata Rossa: Hanno assassinato Ulrike perché ne avevano paura", in: Quotidiano dei lavoratori, 24.6.1976; in: HIS-Archiv, Me, U / 020,005.
[286] „Anschläge nach dem Tod von Ulrike Meinhof", in: FAZ, 14.5.1976; „Wieder Anschläge auf deutsche Firmen", „Bombenanschläge in München und Italien", in: FAZ 15.5.1976.
[287] Die ausführlichste Würdigung für Ulrike Meinhof enthielt ein umfangreiches Heft mit dem Titel „Onore alla compagna Ulrike Meinhof – Onore ai compagni caduti a Entebbe". Die Titelseite war mit einer großformatigen Fotografie Meinhofs beim Freigang im Gefängnis bedruckt. Herausgeber war das Comitato Internazionale dei detenuti politici in Europa, der italienische Arm des CIDPPEO. Neben ausführlichen Berichten über den ‚Mord' an Ulrike Meinhof und die Situation der ‚politischen Gefangenen' und ihrer Anwälte in der Bundesrepublik enthielt das Heft Artikel über den „antiterrorismo nelle carceri italiane", sprich die Anwendung „deutscher" Isolationspraktiken gegen Angehörige der Brigate Rosse. HIS-Archiv, RA 02 / 065,006.
[288] „Harte Angriffe auf Frankfurts Polizeiführung", in: FAZ, 14.5.1976.

wickelt" habe, sei im Begriff gewesen, der Bundesregierung „auf die Füße zu fallen". Das Kommuniqué endete einmal mehr mit einem unmissverständlichen Bekenntnis zum militanten Internationalismus: „Den bewaffneten Widerstand und die antiimperialistische Front in West-Europa organisieren! Den Krieg in den Metropolen im Rahmen des internationalen Befreiungskampfes führen!"[289]

Der italienische Schriftsteller Alberto Moravia, den die ‚Stammheimer' als potentielles Mitglied der IUK zum Tode Ulrike Meinhofs anvisiert hatten, publizierte auf den Seiten des „Corriere della Sera" anlässlich der Moro-Entführung eine scharfe, auf die religionspsychologische Dimension des Linksterrorismus fokussierte Auseinandersetzung mit den Roten Brigaden, die auch für ihre deutschen Genossen Geltung beanspruchen kann. Die *brigatisti* agierten mit einer, wie der Romanautor es nannte, „fideistischen Haltung", die die Unterschiede politischer Positionen aufhebe, indem sie anstelle der Vernunft den „Tod zum höchsten Wahrheitsbeweis" erhebe, wie „der Kreuzestod über Jahrhunderte hinweg den höchsten Wahrheitsbeweis des Christentums dargestellt hat." Die Zukunft werde zeigen, so Moravia weiter, „ob der politische Kampf in Italien und allgemein in Europa auf den Tod als Wahrheitsbeweis verzichten und der Vernunft zum Sieg verhelfen wird." Er selbst ziehe jedenfalls eine „gerechte Gesellschaft, die sich nach der Vernunft" richte, entschieden einer Gesellschaft vor, „die ihre Rechtfertigung im Tod findet."[290] Vier Tage nach Erscheinen des Artikels wurde Aldo Moro nach knapp achtwöchiger Geiselhaft von seinen Entführern umgebracht.[291]

Wie eine Illustration zu Moravias Überlegungen klingt das pathetische Bekenntnis zu künftiger Heilsgewinnung durch die Bereitschaft zum Töten und Sterben, das dem RAF-Mitglied Georg von Rauch zugeschrieben wird: „Wir sind Märtyrer, unser Leben zählt nichts, die Gerechtigkeit alles. [...] Wir müssen doch endlich zugeben, daß diese Welt nur von Gewalt und Macht beherrscht wird. Zerstört die Gewaltigen und Mächtigen, und ihr werdet frei sein."[292] Rauch, laut Karin König „ganz ohne Zweifel ein geradezu obsessiver Befürworter von Gewaltaktionen" sowie Verfechter einer „radikal antiisraelische[n] und propalästinensische[n] Linie", wurde am 4. Dezember 1971 durch die Kugel eines Polizeibeamten getötet und war damit – nach der 21-jährigen Petra Schelm – das zweite Opfer der Auseinandersetzung zwischen RAF und

---

[289] Erklärung vom 7. April 1977 zur Erschießung des Generalbundesanwalts Buback, in: Rote Armee Fraktion, Texte, S. 267f.
[290] Corriere della Sera, 5.5.1978, deutsch zitiert nach Gino Doni (Hg.), Mein Blut komme über euch. Moro oder die Staatsräson. Eine Dokumentation, München 1978, S. 142f.
[291] Vgl. weiter unten S. 644.
[292] Zitiert in: Horst Bieber, „‚Unser Leben zählt nichts'. Georg von Rauch glaubte, daß Gewalt nur durch Gewalt zu brechen sei", in: Die ZEIT, 14.1.1972, online unter http://www.zeit.de/1972/02/unser-leben-zaehlt-nichts (13.10.2011).

deutschem Staat auf Seiten der Herausforderer selbst.[293] Auf den Seiten seiner Distanzierungsschrift vom Terrorismus kommentierte von Rauchs enger Freund Michael Baumann, der das Geschehen miterlebt hatte, die Schießerei folgendermaßen: „Wer die Knarre zuerst gezogen hat", könne er nicht mehr sagen. „Ich glaube, es war Georg, aber nach dem ganzen Durcheinander kann ich mich nicht mehr richtig daran erinnern. Aber eins fand ich auf jeden Fall Scheiße, nämlich, daß die Linke einfach davon ausgeht, Georg hätte überhaupt nicht gezogen. Die Linke hat aus ihm einen christlichen Märtyrer gemacht, ein richtiger christlicher Humanitätstrip rollt da ab. Der Typ war er nicht, er war genau der Typ, der gesagt hat, klar, wir schießen. Wir haben die Knarre dabeigehabt, damit wir nicht mehr verhaftet werden."[294]

Auch im Falle Ulrike Meinhofs war das Bedürfnis nach reinen Opfererzählungen und klaren, unumstößlichen Feindbildern – so dem Axiom, dass sich „Herrschaft in Deutschland durch alle Staatsformen hindurch als präventive Konterrevolution" noch immer gleich geblieben sei[295] – bei manchen Beobachtern größer als die Fähigkeit, die Vernunft gegenüber dem „Tod als Wahrheitsbeweis" in Anschlag zu bringen. Der Bericht der „Internationalen Untersuchungskommission zum Tod von Ulrike Meinhof" wurde im Jahr 2007 in dritter Auflage nachgedruckt – laut Klappentext sei der Inhalt „so aktuell und wichtig wie vor 25 Jahren".

5.3 Die IVK-Sektion BRD als Pressebüro und heimliche Schaltzentrale der RAF

„Liebe Freunde und Genossen", wandte sich Klaus Croissant im Herbst 1976 an eine Gruppe dänischer Sympathisanten,

Revolutionäre verteidigen heißt: den antiimperialistischen Kampf auf legaler Ebene zu führen. Antiimperialistische Widerstandskämpfer verteidigen heißt: zum Schutze ihrer Gesundheit und ihres Lebens antifaschistische Öffentlichkeit im In- und Ausland gegen ihre Hinrichtung auf Raten, gegen den gezielt vollzogenen staatlichen Mord herzustellen. Wer in der BRD so verteidigt, wird diffamiert, erhält Berufsverbot, wird kriminalisiert. Deshalb bin ich innerhalb eines Jahres zweimal verhaftet worden, und deshalb darf ich die BRD nicht verlassen, um vor Euch zu sprechen.[296]

Tatsächlich hatte das Landgericht Stuttgart kurz zuvor einen Antrag Croissants,

---

[293] Karin König, Zwei Ikonen des bewaffneten Kampfes. Leben und Tod Georg von Rauchs und Thomas Weisbeckers, in: Kraushaar, RAF und linker Terrorismus I, S. 430–471, hier S. 446; 469.
[294] Baumann, Wie alles anfing, S. 109.
[295] Brückner, Ulrike Meinhof, S. 7.
[296] HIS-Archiv, RA 02 / 043,004, Schreiben Croissants vom 16.9.1976.

5.3 Die IVK-Sektion BRD als heimliche Schaltzentrale der RAF   429

ihm für geplante Auslandsreisen nach Frankreich und Dänemark seine von den Behörden einbehaltenen Ausweispapiere auszuhändigen, abgelehnt – „nicht zuletzt im Hinblick auf die vielfältigen Auslandsbeziehungen des Angeschuldigten und die damit verbundenen günstigen Möglichkeiten für eine Flucht".[297] Croissant fühlte sich aufgrund seines „erzwungenen Schweigens" als Opfer eines „neuen Faschismus", „der durch die Vergesetzlichung, Verrechtlichung und Computerisierung (…) weitaus effektiver" sei als „der alte bornierte Faschismus Nazideutschlands".[298] In Wirklichkeit war Croissant jedoch alles andere als „mundtot gemacht" worden, wie er selbst behauptete: Trotz der eingeschränkten Reisefreiheit gelang es ihm weiterhin, auch im Ausland meinungsbildend zu wirken – von seinen Inlandsaktivitäten ganz zu schweigen. So konnten etwa Fernsehzuschauer in Italien und Frankreich nach dem Urteilsspruch der Stammheimer Richter im April 1977 einen ausführlichen Kommentar des Stuttgarter Anwalts zur Kenntnis nehmen.[299] Wenig später sollten sich dagegen die Befürchtungen der Staatsanwaltschaft bestätigen: Am 11. Juli 1977 setzte sich Croissant über die grüne Grenze nach Frankreich ab, wodurch er sich dem Zugriff der deutschen Behörden zumindest vorerst erfolgreich zu entziehen vermochte.

Auch wenn die Fluchtgefahr mithin real gewesen und es niemals ganz gelungen war, Croissant von der europäischen Medienöffentlichkeit fernzuhalten: Es spricht einiges dafür, dass den Verantwortlichen die beschränkte Mobilität des Stuttgarters auch aus PR-Gründen alles andere als ungelegen kam. Croissant war bereits in seinem am 23. Juni 1975 ergangenen Haftbefehl als schulderschwerend angerechnet worden, dass er auf Pressekonferenzen im Ausland versucht habe, „das internationale Interesse an den Mitgliedern der kriminellen Vereinigung und ihren angeblichen politischen Zielen zu wecken." Zwar sei „das Eintreten für einen mit strafbaren Handlungen beschuldigten Mandanten in öffentlichen Veranstaltungen oder über Publikationsorgane" für sich allein genommen keine strafbare Handlung. Sie sei im Falle Croissants jedoch „einbezogen in den Gesamtplan der Vereinigung, durch strafbare Gewalthandlungen die freiheitliche demokratische Grundordnung der Bundesrepublik zu zerstören."[300] Insgesamt stützte sich der Stuttgarter Haftbefehl wegen Unterstützung einer kriminellen Vereinigung auf vier Tatkomplexe: Vor der Festnahme der RAF-Spitze vom Sommer 1972 habe Croissant Informationen über bevorste-

---

[297] Landgericht Stuttgart, XII. Strafkammer, Beschluss vom 6.9.1976, in: HIS-Archiv, RA 01 / 015,003.
[298] So Croissant in einer Pressemitteilung für die internationale Pressekonferenz in Mailand am 3.12.1976, in: HIS-Archiv, RA 02 / 042,008.
[299] Vgl. Manuskript des im französischen Fernsehen gesendeten Beitrags nebst Bestätigungsschreiben vom 23.5.1977; Interview Croissant vom 15.4.77 mit RAI 2, gesendet am 20.4.1977 (3 min. 45 sec.), beide in: HIS-Archiv, RA 02 / 054,005.
[300] Zitiert in: Rühmann, Anwaltsverfolgung, S. 62f.

hende polizeiliche Maßnahmen an diese weitergegeben, danach habe er für den Bestand und die Aktivitäten der RAF geworben sowie den Inhaftierten bei der Koordination von Hungerstreiks und dem Aufbau des ‚info'-Systems geholfen. Nach Croissants Flucht ins Ausland schob der Generalbundesanwalt einen neuen Haftbefehl wegen Unterstützung einer terroristischen Vereinigung nach, da seine Kanzlei als „legale Residentur der Bande Haag-Meyer" fungiert und dieser „eine Einsatzreserve verschafft" habe.[301]

Dem französischen Appellationsgericht unter dem Vorsitz Henri Blasers, das im November 1977 über den Auslieferungsantrag der Bundesregierung zu entscheiden hatte, erschien der Tatverdacht hinsichtlich der letztgenannten Delikte jedoch nicht hinreichend belegt, um eine Anklage aufrechterhalten zu können. Blaser kritisierte eine „Beweisführung im Konjunktiv", die „sehr viele ‚sollen' und ‚scheinen'" enthalte.[302] Die „Werbetätigkeit" zugunsten der RAF schien dem Gericht als nach französischem Recht überhaupt nicht strafbar zu sein. Entsprechend wurde Croissant mit der Auflage ausgeliefert, ihm lediglich aufgrund seiner Mitwirkung an Aufbau und Betrieb des ‚info', nicht jedoch wegen der übrigen Anklagepunkte den Prozess zu machen. Einer seiner Verteidiger wurde daraufhin mit der Bemerkung zitiert, der Umweg über Paris habe sich für seinen Mandanten „zweifellos schon heute gelohnt".[303] Im Februar 1979 wurde Croissant schließlich vom Stuttgarter Landesgericht zu einer Freiheitsstrafe von zweieinhalb Jahren verurteilt – ein Strafmaß, das zwar deutlich höher war als im Falle der Kollegen Groenewold und Ströbele, gemessen an den ursprünglich erhobenen Schuldvorwürfen jedoch gering ausfiel. Entsprechend echauffierte sich ein Stuttgarter Richter, der dem Prozess als Beobachter beigewohnt hatte, gegenüber dem „Spiegel": „Dieser Croissant war entweder in allem, was er getan hat, über die Maßen clever oder die Anklage hat geschlampt."[304]

Jenseits juristischer Bewertungskriterien fällt das historische Urteil über Klaus Croissant und seine Rolle in der Geschichte des bundesdeutschen Linksterrorismus eindeutig aus. Sowohl die spezifische Form der öffentlichen Verteidigung, wie sie der Anwalt gegenüber den Dänen beschrieb, als auch die klandestinen Aktivitäten, die er hinter den Türen seines Büros teilweise anstieß, teilweise duldete, besaßen eine in der Summe verhängnisvolle Wirkung. Dabei griffen, wie im Folgenden deutlich gemacht werden soll, legale und illegale, öffentliche und geheime, nationale und internationale Formen des Engagements eng ineinander – die IVK-Sektion BRD, die in Croissants Stuttgarter Kanzlei untergebracht war, fungierte über mehrere Jahre hinweg ebenso als Pressebüro wie als heimliche Schaltzentrale der RAF. Ob Croissant,

---

[301] Zitiert in: „Dank an die Heimat", in: Der Spiegel 48/21.11.1977, S. 26.
[302] Zitiert in: Ebd.
[303] Zitiert in: Ebd.
[304] „Lasset Se's", in: Der Spiegel 7/12.2.1979, S. 36f., hier S. 37.

"Symbolfigur für jämmerlich eingeengte Weltsicht mit starkem, unkorrigierbarem Feindbild"[305] dabei von allen Vorgängen Kenntnis hatte, die sich in seinen Büroräumen abspielten oder von dort aus geplant wurden, spielt für eine Gesamtbewertung allenfalls eine untergeordnete Rolle. Zeitweise arbeiteten dort bis zu einem Dutzend Personen, die später zur RAF oder einer ihrer Schwesterorganisationen stießen: Hans-Joachim Klein, Susanne Albrecht, Elisabeth von Dyck, Siegfried Hausner, Christof Wackernagel, Angelika und Volker Speitel, Brigitte Mohnhaupt, Silke Maier-Witt, Willy Peter Stoll und Baptist Ralf Friedrich. Auf die Liste der sich kontinuierlich radikalisierenden Weggefährten des Stuttgarters gehören zusätzlich seine Kollegen Lang, Haag und Becker, aber auch Arndt Müller und Armin Newerla. Zwar griffen letztere ebenso wenig wie Croissant persönlich zur Waffe, trugen aber wie dieser erheblich dazu bei, dass der Gang in den Untergrund anders disponierten Charakteren als scheinbar unausweichliche Notwendigkeit erschien – sei es, um die Inhaftierten zu ‚retten', sei es, um sie zu rächen. Entscheidend für diese Entwicklung war vor allem die Perpetuierung und Weitervermittlung eines „starken, unkorrigierbaren Feindbildes" vom bundesdeutschen ‚Mörder-Staat'. „Es kann nicht genügen, den alle Gesellschaftsbereiche durchdringenden, im Vernichtungsprogramm gegen gefangene Revolutionäre kulminierenden Prozeß der Faschisierung in diesem vom Anti-Kommunismus geprägten Staat lediglich abstrakt zu erkennen", so Croissant in einer für das Selbstverständnis des Anwalts höchst aufschlussreichen „Erklärung zur Sache", die er aus Anlass seiner erneuten Verhaftung im Sommer 1976 gegenüber dem Stuttgarter Oberlandesgericht abgab. „Es ist vielmehr notwendig, den neuen Faschismus in der BRD als institutionelle Strategie der ökonomischen, politischen und militärischen Führungsmacht der USA in Europa öffentlich zu entlarven und zu bekämpfen." Dies, so schloss Croissant, sei eine Gewissensfrage, die er sich von keinem Gericht abnehmen lassen werde.[306] Dass er es in diesem Zusammenhang fast zu genießen schien, in ähnliche ‚Gefahren'-Situationen zu geraten wie seine Mandanten, lässt sich an theatralischen Gesten wie der zu Beginn dieser Studie beschriebenen ablesen. Wie zuvor die inhaftierten RAF-Mitglieder selbst ließ auch Croissant wissen, dass er einen gegen die eigene Person gerichteten Staatsmord nicht nur für möglich, sondern sogar für wahrscheinlich hielt – eine Botschaft, die er bezeichnenderweise bei ausländischen Genossen für besonders gut aufgehoben hielt: „Ne croyez pas aux mensonges

---

[305] Gisela Friedrichsen, „Sicherungsverwahrung für die BRD", in: Der Spiegel 10/8.3.1993, S. 101–104, hier S. 102.
[306] HIS-Archiv, RA 01 / 015, 003, Erklärung zur Sache vom 16.8.1976; auch abgedruckt in: Verhaftung Croissant (Hamburg), S. 24–30.

des assassins", schärfte er dem französischen Publikum vor seiner Auslieferung in dies Bundesrepublik ein.[307]

Hatten die Todesfälle Meins und Meinhof im Mittelpunkt von Croissants ‚Entlarvungs'-Anstrengungen gestanden, avancierten Newerla und Müller, die nach Croissants Abgang die Leitung der IVK-Sektion BRD übernahmen, zu Schlüsselfiguren für die Aufrechterhaltung der Legende vom Staatsmord an Baader, Ensslin und Raspe. Als Reaktion auf Volker Speitels Geständnis, dass die Waffen, mit denen sich die ‚Stammheimer' erschossen hatten, in von ihm selbst und seinen Gehilfen entsprechend präparierten Aktenordnern von Müller und Newerla ins Gefängnis geschmuggelt worden waren, antworteten sie im Rahmen ihres Verfahrens vor dem Stuttgarter Oberlandesgericht mit hochgradig konstruierten Beweisanträgen, die nur als abenteuerlich charakterisiert werden können.[308] Einmal mehr sollten nach dem Willen der jetzt selbst angeklagten Verteidiger prominente Zeugen vor dem Stuttgarter Gericht erscheinen: Zum Nachweis der Tatsache, dass die „Elimination der Gefangenen mit Wissen und Wollen der Bundesregierung im Einklang mit Plänen und Direktiven der Regierung der USA mit dem politischen Einverständnis der Regierungen des Vereinigten Königreichs und der Französischen Republik sowie der technischen Hilfe ihrer Regierungsapparate durch Angehörige der imperialistischen Geheimdienste BND, CIA und MOSSAD ausgeführt worden" sei, beantragten die mit den in Stammheim praktizierten Techniken der politischen Verteidigung nur zu gut vertrauten Beschuldigten die Vorladung Jimmy Carters, Valéry Giscard d'Estaings, James Callaghans und Helmut Schmidts.[309] Ihre in einer erstaunlichen Vielzahl von Einzelargumenten vor

---

[307] Mouvement d'action judiciare, Affaire Croissant, S. 7.
[308] Die Anträge sind gesammelt und in Auszügen abgedruckt in: Nina Baader u. a. (Hg.), Der Prozess gegen die Rechtsanwälte Arndt Müller und Armin Newerla. Dokumentation, Stuttgart 1980.
[309] Ebd., S. 167. Im Detail führte der Antrag aus, es bestehe auf höchster Regierungsebene der BRD „die Bereitschaft und der Konsens für die Entscheidung, im Rahmen der antisubversiven Aktion Mitglieder illegaler Gruppen im In- und Ausland und Gefangene aus diesen Gruppen gezielt und verdeckt zu töten", ebd., S. 170. Dabei habe sich Schmidt, so Müller/Newerla, „gegen die *offen* angekündigte und *offen* vollzogene Geisel-Liquidation" gewandt, da ihm klar gewesen sei, „daß bei einer offen vollzogenen Elimination die BRD nicht fähig bliebe, ihre außenpolitischen Verpflichtungen zu erfüllen, es vor allem zum Bruch zwischen West-Europa und der BRD gekommen wäre. Zugleich sicherte er sich und der SPD durch die äußerliche Distanzierung den Schein von Rechtsstaatlichkeit, hinter dem die Sozialdemokratie ihre Politik des neuen Faschismus betreibt", vgl. ebd., S. 175. Nicht aufgelöst wird im Text der Widerspruch zwischen dieser These und der Behauptung, Schmidt habe sich „für das Projekt der Elimination der Gefangenen die Zustimmung der wichtigsten westeuropäischen Staatschefs und Politiker eingeholt", für die eine Übersicht über die zahlreichen Telefonkontakte zwischen dem Kanzler und seinen Amtskollegen im Oktober 1977 als ‚Beweis' herhalten musste, S. 183. Insgesamt beantragten die beiden Verteidiger die Ladung von 51 mehr oder weniger hochkarätigen

5.3 Die IVK-Sektion BRD als heimliche Schaltzentrale der RAF   433

Gericht entfaltete Verschwörungstheorie zur ‚Aufklärung' der Stammheimer Todesfälle erschien noch im gleichen Jahr auf 262 Buchseiten im Stuttgarter fantasia-Verlag – Herausgeber des Bandes waren mit Nina Baader sowie Ilse und Helmut Ensslin die Mutter bzw. die Eltern der Verstorbenen. Statt eines Titels dominierte ein suggestives Zitat aus der Prozesserklärung der beiden Anwälte den Umschlag: „Wer jetzt noch von Selbstmorden in Stammheim spricht, redet einer Lüge des SPD-Staates das Wort". Auf der Rückseite des Buches wurde Volker Speitel als wichtigster Zeuge der Anklage als willfähriges „Sprachrohr" Generalbundesanwalt Rebmanns diffamiert. „Sein eigentliches propagandistisches Ziel: die Absicherung der staatlichen ‚Selbstmord'-Doktrin" habe der Prozess „nicht erreicht".

Trotz ihrer juristischen und propagandistischen Gegenwehr hatte das OLG Stuttgart am 31. Januar 1980 die Angeklagten Müller und Newerla für schuldig befunden, eine terroristische Vereinigung unterstützt und für sie geworben zu haben. Die Anwälte wurden zu jeweils fünfjährigem Berufsausübungsverbot wegen Missbrauchs der Verteidigerrechte sowie zu Freiheitsentzug von vier Jahren und acht Monaten bzw. drei Jahren und sechs Monaten verurteilt, ein Strafmaß, mit dem die Richter leicht unter den Forderungen der Bundesanwaltschaft geblieben waren.[310]

Angesichts der herausragenden Bedeutung, die die umfassenden Aussagen des Anfang Oktober 1977 an der deutsch-dänischen Grenze festgenommenen Volker Speitel für die Aufklärung des Geschehens in der sogenannten ‚Todesnacht von Stammheim' besaßen, sind die Ausführungen des ehemaligen Croissant-Mitarbeiters über die sonstigen Aktivitäten der deutschen IVK-Sektion in der Forschung weitgehend untergegangen. Dabei ist der autobiographische Bericht, den Speitel im Sommer 1980 in drei Teilen im „Spiegel" veröffentlicht hat, eine herausragende Quelle zum Verständnis der Schlüsselstellung, die die Stuttgarter Sozietät Croissant/Müller/Newerla ganz ohne jeden Zweifel innerhalb der Geschichte der ‚ersten' und ‚zweiten RAF-Generation'

Zeugen, darunter neben den Genannten Giovanni Agnelli, Willy Brandt, Francesco Cossiga, Hans-Dietrich Genscher, Henry Kissinger, François Mitterrand, Michel Poniatowski, David Rockefeller, Edmond de Rothschild und Franz-Josef Strauß, um nur die bekanntesten zu nennen, vgl. ebd., S. 191f.

[310] „Haftstrafen und Berufsverbote für Anwälte Müller und Newerla", in: Süddeutsche Zeitung, 1.2.1980. Wenn den alle Vorwürfe stets abstreitenden Anwälten das ‚wann' und ‚wie' des Waffenschmuggels auch nicht im Detail ‚bewiesen' werden konnte, enthielt das Urteil doch ausführliche Schilderungen der Sicherheitslücken in Stammheim, die den von Volker Speitel und anderen beschriebenen Weg von Waffen und Sprengstoff in die Zellen problemlos nachvollziehbar machen, vgl. Peters, Irrtum, S. 453ff., S. 787. Nur ein einziges Mal war ein Anwalt beim Schmuggeln unerlaubter Gegenstände tatsächlich erwischt worden: Am 16. Februar 1977 entdeckten die Kontrolleure in Newerlas Handakte drei jeweils 11 × 13 cm große Glimmerplatten, ebd., S. 455.

besessen hat.³¹¹ Bei aller Problematik, die den Aussagen ehemaliger Mitglieder terroristischer Vereinigungen in Bezug auf die Rolle früherer Kampf- und Gesinnungsgenossen inhärent sein mag – zur Rekonstruktion der Bewegungen klandestin operierender Vereinigungen im Untergrund, die keinen schriftlichen Niederschlag hinterlassen haben, sind sie unverzichtbar. Speitels Schilderungen verlieren im Übrigen auch und gerade im Abgleich mit dem aus den involvierten Anwaltsbüros überlieferten Quellenmaterial nichts von ihrer Plausibilität.³¹²

In unserem Zusammenhang interessieren vor allem seine Bemerkungen zu der ab 1975 systematisch betriebenen Internationalisierung der Kanzleitätigkeit mittels des IVK, wobei, wie Speitel betont, nationale und internationale, vor allem aber legale und illegale Aktivitäten unmittelbar auf einander bezogen waren – ohne dass den ‚legalen' Kanzleimitarbeitern dieser Umstand stets bewusst gewesen wäre.³¹³ So sei das Büro in Stuttgart weit über die Landesgrenzen hinaus als „Koordinationsstelle und Verbindungslinie zu den Stammheimer Gefangenen bekannt" gewesen:

> Wer von oder über die RAF etwas wissen wollte, ob er nun von der Presse kam oder nur ein einfacher Sponti war, der kam zu uns ins Büro. Und da kam er, sofern uns die Person auch perspektivisch relevant erschien, gleich in den Karteikasten. Wer im Karteikasten war, wurde automatisch einbezogen in den Versand von Pressemitteilungen, Broschüren oder Spendenaufrufen. So bildete sich ein lockeres Informationsnetz, das Einzelpersonen oder kleine Grüppchen über fast ganz Europa mit Nachrichten aus der Terroristenszene versorgen konnte. (...) In der Pflege dieser Kontakte konnte man diejenigen herausschälen, die in Frage kämen, entweder mal selber bewaffnet zu kämpfen oder nur Unterstützerdienste zu leisten.³¹⁴

Das Büropersonal, so Speitel, sei in „legale Öffentlichkeitstypen", reine Bürotätige sowie „Postanwälte" und ihre Betreuungsmannschaft eingeteilt gewesen. Vor dem Hintergrund der weiter oben geschilderten, hohe Wellen schlagenden Aktivitäten des IVK ist Speitel wohl zuzustimmen, wenn er in der legalen Propagandatätigkeit „perspektivisch mehr Dynamit" vermutet, „als die Illegalen jemals hatten":

---

311 Speitel, Wir wollten alles, I–III.
312 Bestätigt wurden Speitels Aussagen auch durch den ebenfalls in Croissants Kanzlei tätigen Hans-Joachim Dellwo, vgl. Peter Henkel, „Milde Urteile für Volker Speitel und Hans-Joachim Dellwo", in: Frankfurter Rundschau, 15.12.1978, online unter http://www.fr-online.de/zeitgeschichte/milde-urteile-fuer-volker-speitel-und-hans-joachim-dellwo,1477344,2750180.html (16.10.2011).
313 Vgl. vor allem das in drei Teilen erschienene Interview Speitels mit dem „Spiegel", „Wir wollten alles und gleichzeitig nichts", in: Der Spiegel 31–33/1980, sowie die Aussagen des RAF-Aussteigers gegenüber dem Bundesanwalt Joachim Lampe, einsehbar unter http:///www.stern.de/media/pdf/lampe.pdf (16.10.2011). Vgl. auch das Protokoll der richterlichen Vernehmung Volker Speitels vom 4. Januar 1978 unter http://labourhistory.net/raf/documents/0019780104.pdf (16.10.2011).
314 Speitel, Wir wollten alles II, S. 32.

Die RAF hatte zum ersten Mal einen Fuß in der Wirklichkeit. Das Büro [Croissant] produzierte kiloweise Pressemitteilungen, Croissant machte Fernsehinterviews selbst mit Japanern und Kanadiern, Kontakte zu den USA entwickelten sich, in Deutschland und im benachbarten Ausland traten Unterstützergruppen auf. (…) Wer glaubt, daß das meiste von dieser Propagandaarbeit im Papierkorb landete, den sollte man an die Ausschreitungen in halb Europa nach dem Tod der Stammheimer Gefangenen erinnern und an die logistischen Stützpunkte der Illegalen im Ausland.[315]

Speitels Bekanntschaft mit Klaus Croissant war 1973 auf den Veranstaltungen des Stuttgarter Anti-Folterkomitees entstanden, wo sich Speitel als jugendlicher Aussteiger und Rebell zunächst vor allem von Croissants Sozius Jörg Lang angezogen gefühlt hatte. Lang kümmerte sich um den praktischen Teil der Komitee-Arbeit und die Kontakte des Büros zur linken Szene. 1974 nahm Speitels Frau Angelika eine Tätigkeit als Sekretärin in der Kanzlei der beiden ‚Linksanwälte' auf, während Speitel selbst „ganztags mit Rote-Hilfe- und Komitee-Aufgaben beschäftigt" war, die ebenfalls größtenteils im Büro abgewickelt wurden. „Das hieß zum einen, die Anwaltspost, die Anwaltskoordination für die einzelnen Prozesse mit zu organisieren, Spenden für die Gefangenen zu sammeln, die Medien und Presseberichte auszuwerten und zum anderen das ‚Info' zu bearbeiten. (…) In dem Maß, in dem sich die Chaotik der früheren Wohngemeinschaft mit einem Informations- und Wissenspotential vertauschte, wir also selber nachvollziehen konnten, daß sich bei uns und im Umgang unter uns etwas änderte, entwickelten wir eine Bindung an die RAF und glaubten, daß das Ziel die Illegalität, der bewaffnete Kampf sein müsste."[316] Mit dem Abtauchen Jörg Langs und dem Beginn des dritten Hungerstreiks der inhaftierten RAF-Mitglieder habe man immer häufiger darüber diskutiert, „mit der Waffe anstatt mit dem Flugblatt kämpfen zu wollen."[317] In dieser Situation starb Holger Meins. „Für uns", so Speitel, „ist dieser Tod ein Schlüsselereignis geworden. Zum einen vielleicht, weil wir noch nie so nah und drastisch Elend und Tod vor Augen hatten, zum anderen aber wohl hauptsächlich, weil wir uns moralisch mitschuldig fühlten. Mitschuldig, weil wir den Tod von ihm durch unsere Aktivitäten und durch unsere Anstrengungen nicht verhindern konnten. Der Tod von Holger Meins und der Entschluß, die Knarre in die Hand zu nehmen, war eins."[318]

Derjenige, der für Speitel die Verbindung zu den wenigen RAF-Aktiven herstellte, die zu diesem Zeitpunkt noch auf freiem Fuß waren, war Meins' Anwalt Siegfried Haag aus Heidelberg, der sich ebenfalls häufig in Croissants Kanz-

---

[315] Ebd.
[316] Speitel, Wir wollten alles I, S. 38f.
[317] Ebd., S. 39.
[318] Ebd., S. 41. Bemerkenswert ist auch bei Speitel der Verweis auf das visuelle Element der Wahrnehmung – sprich die Bedeutung der fotografischen Fixierung des Sterbens von Meins.

lei aufhielt.[319] Nachdem Speitel unter anderem die deutsche Botschaft in Bern als potentielles Ziel eines entscheidenden Anschlags ausgespäht hatte, mit dem man die ‚Stammheimer' freipressen wollte, zog sich der damals 25-Jährige aber zunächst wieder aus der Untergrund-Arbeit zurück.[320] Das damit einhergehende Gefühl, sowohl gemessen an den eigenen Ansprüchen als auch gegenüber den Gefangenen ‚versagt' zu haben, kompensierte Speitel durch einen umso intensiveren Einsatz innerhalb des „Kurierzentrums", das seit Beginn des Stammheimer Verfahrens in der Kanzlei Croissant Gestalt gewann. „Der Kontakt mit den Gefangenen in Stammheim", so Speitel, „war damals eine fast persönliche Präsenz, so eng wurde der briefliche Kontakt." Die RAF-Spitze sei in dieser Zeit immer mehr auf sein eigenes Credo eingeschwenkt, welches besagte, dass die Aktivitäten im Untergrund durch eine effektive Öffentlichkeitsarbeit zu flankieren seien, auch wenn man natürlich den „Primat des bewaffneten Kampfes" nicht verwässern durfte".[321]

Die ‚Stammheimer', so Speitel, hätten zu diesem Zeitpunkt – 1976 – vom „perspektivischen Zusammenschluß aller illegalen bewaffneten Gruppen in Europa" geträumt, von international aufeinander abgestimmten Anschlägen – etwa auf US-amerikanische Einrichtungen –, und von gemeinsam unterzeichneten Kommuniqués.[322] Auch wenn es zu einer solchen Kooperation erst in den 80er Jahren im Zuge des sogenannten Euroterrorismus ansatzweise kommen sollte[323] – wie Speitel glaubwürdig versichert, war schon während seiner eigenen aktiven Zeit „eine Zusammenarbeit auf logistischer Basis im internationalen Rahmen längst gelaufen". „Als ich damals mit diesen Vorschlägen [zur Zusammenarbeit, P.T.] bei einem als Kontaktmann der Roten Brigaden geltenden italienischen Rechtsanwalt war, zeigten sich die Roten Brigaden grundsätzlich bereit, über die Vorschläge der RAF zu diskutieren."[324] Diese prinzipielle Aufgeschlossenheit gegenüber den deutschen Annäherungsversuchen sollte sich – wie von Speitel angedeutet – durch die Reaktionen der Italiener auf die Ereignisse des ‚Deutschen Herbstes' und vor allem den Tod der ‚Stammheimer' bestätigen.[325]

Im Rahmen der Aussagen, die Speitel im Jahre 1980 in der italienischen Botschaft in Mexiko tätigte, wohin er sich nach seiner Haftentlassung mit Hilfe der deutschen Behörden abgesetzt hatte, präzisierte er, dass es sich bei dem kon-

---

[319] Vgl. zu Haags Besuchen in der Stuttgarter Sozietät „Nur Rechtsanwalt oder auch Komplize? Ein Gespräch mit einem Baader-Meinhof-Verteidiger", in: Deutsche Zeitung, 22.11.1974.
[320] Speitel, Wir wollten alles II, S. 30.
[321] Ebd., S. 32.
[322] Speitel, Wir wollten alles III, S. 33.
[323] Straßner, Dritte Generation, S. 298–320.
[324] Wir wollten alles III, S. 34.
[325] Vgl. dazu Kap. 6.

taktierten Anwalt um Sergio Spazzali handelte, den italienischen Vertreter des IVK. Aufgrund der „Beliebtheit" Spazzalis, der zahlreichen RAF-Mitgliedern persönlich bekannt gewesen sei, habe man stets ein Treffen des Italieners mit Gudrun Ensslin arrangieren wollen – ein Plan, der wegen Spazzalis eigener Probleme mit den Carabinieri allerdings niemals habe verwirklicht werden können. Spazzali sei, so Speitel, innerhalb der RAF wiederholt als potentielle Quelle für Waffenlieferungen genannt worden – ein Zusammenhang, in dem auch der Name „Krause" gefallen sei. Sämtliches Material, das später in der Stuttgarter Kanzlei über den italienischen Linksterrorismus beschlagnahmt worden sei, „kam von seinem [=Spazzalis] Büro". „Die Verbindung mit Italien war ständig und erfolgte durch Susanne Mordhorst". Letztere habe auch während seiner eigenen – Speitels – Begegnung mit Spazzali als Dolmetscherin fungiert. Die Zusammenkunft mit den Rotbrigadisten, die der Anwalt zu organisieren versprochen habe, sei an dessen Festnahme zunächst gescheitert; dennoch hätten sich sowohl Gabriele Kröcher-Tiedemann als auch Willy Peter Stoll etwas später in Italien mit Vertretern der BR getroffen.[326] Neben Spazzalis Anwaltskanzlei sei eine von Sandra Castelli geführte Buchhandlung in der Nähe der Mailänder Porta Ticinese ein wichtiger Umschlagplatz für Informationen und logistische Hilfe für illegale Genossen gleich welcher Nationalität gewesen.[327] Über eine dort verkehrende Intellektuelle, so Speitel, habe er auch Anstrengungen unternommen, mit Toni Negri in Verbindung zu treten: „Wir erkannten, dass Negri eine Autorität in Italien war und wir wollten sie ausnützen. Ich habe ihn niemals getroffen, aber ich weiss, dass unser Rechtsanwalt Arndt Müller und ein anderer unseres Büros zu ihm gingen".[328]

Tatsächlich stand die RAF über das IVK vor allem mit dem BR-Umfeld in Mailand in Verbindung. Bei Sergio Spazzali handelte es sich um einen ehemaligen Parteigänger von Lelio Bassos sozialistischer Splitterpartei PSIUP, der seine Tätigkeit als Anwalt seit den frühen 70er Jahren auf die Verteidigung ‚politischer' Mandanten beschränkt hatte.[329] Unter anderem engagierte sich Spazzali im Rahmen der maßgeblich von Franca Rame, der Lebensgefährtin Dario Fos, geförderten Roten Hilfe, wo er vor allem inhaftierte BR-Mitglieder juristisch beriet. In diesem Umfeld lernte der Anwalt die Deutsch-Italienerin Petra Krause kennen, mit der ihn bis zu seinem Tod im Jahre 1994 eine enge Beziehung verband.[330] Im November 1974 fiel Spazzali bei dem fehlgeschlagenen Ver-

---

[326] Nach den Erkenntnissen der Fahnder waren auch Brigitte Mohnhaupt und Sieglinde Hofmann mit Spazzali in Kontakt, vgl. Mantica/Fragalà, Dimensione, S. 149.
[327] Vgl. zur Rolle der Buchhandlung Castellis auch ebd., S. 151.
[328] HIS-Archiv, He, B / 009,012, Protokoll der Aussage Volker Speitels in der italienischen Botschaft in Mexiko vom 9.5.1980.
[329] Vgl. Rosella Simone, Sergio Spazzali: Un comunista forte e gentile (Mailand 1984), in: Progetto Memoria, Sguardi ritrovati, S. 415f.; Mantica/Fragalà, Dimensioni, S. 146ff.
[330] Ebd.

such, eine größere Anzahl von Tret-, Panzer- und Streuminen über die schweizerisch-italienische Grenze zu transportieren, der italienischen Polizei in die Hände.[331] Während der Anwalt bald wieder freikam, saß Petra Krause, die im März 1975 in Zürich ebenfalls unter dem Verdacht des Waffenschmuggels sowie der Tatbeteiligung an mehreren Brandanschlägen in Italien und der Schweiz verhaftet wurde, für mehr als zwei Jahre in Schweizer Untersuchungshaft. In dieser Zeit wurde sie durch den Schweizer IVK-Vertreter Bernard Rambert anwaltlich betreut. Rambert sollte wenige Jahre später seinerseits strafrechtlich belangt werden, da man ihm nachweisen konnte, mehrere tausend Blanko-Personalausweise entgegengenommen zu haben.[332] Gemeinsam mit Petra Krause hatte die Schweizer Polizei unter anderem Elisabeth von Dyck aufgegriffen, Mitglied des Hamburger Anti-Folter-Komitees, die ebenfalls „durch die Aussage eines Mitbeschuldigten belastet [wurde], zusammen mit dem Rechtsanwalt Siegfried Haag Waffen und Sprengstoffe in die Bundesrepublik transportiert zu haben."[333] Von Dyck, die im Mai 1975 abgeschoben wurde, wurde schon an der Grenze von deutschen Fahndern in Empfang genommen. Als ihr Haftbefehl etwas später gegen Auflagen ausgesetzt wurde, nahm die ehemalige Psychologie-Studentin eine Tätigkeit im Anwaltsbüro Croissant auf. Im Laufe des Jahres 1977 tauchte sie dann offenbar in den Untergrund ab. Zwei Jahre später wurde die 28jährige beim Betreten ihrer Wohnung im Zuge eines missglückten Festnahmeversuchs der Nürnberger Polizei erschossen; im Hosenbund hatte sie eine großkalibrige Waffe getragen.[334]

Eine andere Wendung nahm das Schicksal Petra Krauses, um deren Auslieferung aus der Schweizer Haft sich sowohl die westdeutschen als auch die italienischen Behörden intensiv bemühten. In der westdeutschen Szenepresse wurde von der Reise einer BKA-Delegation nach Mailand berichtet, die mit einer Anti-Terror-Abteilung der Carabinieri verhandelt habe, um den Verzicht der italienischen Behörden zugunsten des deutschen Auslieferungsantrages durchzusetzen.[335] Während der Fall Krause in der Bundesrepublik nahezu unbekannt blieb, lösten die – tatsächlichen oder vermeintlichen – Bedingungen, unter denen die Anarchistin zunächst im Polizeigefängnis Zürich, dann im Bezirksgefängnis Winterthur und schließlich in Affoltern inhaftiert war, in italienischen Medien bis weit ins bürgerliche Lager hinein einen Sturm der Empörung aus, der in der Folge nur von der Entrüstung über die Kappler-Flucht und schließlich die Todesfälle von Stammheim übertroffen

---

[331] Vgl. dt. Übersetzung des Urteils vom 8.3.1979, in: HIS-Archiv, He, B / 009,016.
[332] Sterling, Terror Network, S. 77.
[333] Diewald-Kerkmann, Frauen, Justiz und Terrorismus, S. 201.
[334] Ebd. Zu dem umstrittenen Polizeieinsatz vgl. auch „Fränkisch abgeräumt", in: Der Spiegel 20/14.5.1979, S. 124–126.
[335] Vgl. ID-Informationsdienst 107, 10.1.1976.

werden sollte.³³⁶ Die öffentliche Kampagne zu Krauses Gunsten, die um die Vorwürfe der ‚Isolationsfolter' und der ‚Vernichtungshaft' kreiste, sah dem in der Bundesrepublik zugunsten der ‚Stammheimer' erprobten Muster zum Verwechseln ähnlich: Spazzali und Rambert, deren Engagement hinter der Kampagne stand, hatten ganz offensichtlich durch die IVK-Mitgliedschaft und den engen Kontakt zu den deutschen Anwälten um Croissant einiges gelernt. Einmal mehr wurde im Fall Krause – hier unter Berufung auf die Missachtung des Rechts auf Unschuldsvermutung – auch die Europäische Kommission für Menschenrechte angerufen.³³⁷ Die Tatsache, dass Krause, 1939 als Kind jüdischer Eltern in Berlin geboren, zwei Jahre ihrer Kindheit in Auschwitz verbracht und ihre Eltern dort verloren hatte,³³⁸ erhöhte die Suggestionskraft der Kampagne ebenso wie das zerbrechlich wirkende Äußere der zierlichen, blassen Gefangenen, die den Beginn ihres Schweizer Prozesses durch wiederholte Hungerstreiks immer wieder hinausgezögert hatte: Bei ihrer Haftentlassung wog Krause angeblich nur noch 35 Kilogramm.³³⁹ Der Tod Ulrike Meinhofs, der in Krauses Haftzeit fiel, wurde propagandistisch genutzt, um die Sympathisantenszene in Italien zu erhöhten Anstrengungen zugunsten „Petras" zu animieren, wie die Deutsche in der linken Presse stets vertraulich tituliert wurde.³⁴⁰ Tatsächlich war die Ausreise der Deutschen, die 1959 in Wiesbaden einen italienischen Arzt geheiratet hatte und 1964 nach Mailand gezogen war, wo sie sich zunächst für den Partito Radicale und in der Folge für die außerparlamentarische Linke engagiert hatte,³⁴¹ von der öffentlichen Meinung in Italien geradezu erzwungen worden. Die schließlich gewährte „provisorische" Auslieferung ins südliche Nachbarland, nach deren Ablauf Krause wieder an die Schweiz überstellt werden sollte, stellt einen einmaligen Fall in der Geschichte der Schweizer Auslieferungspraxis dar.³⁴² „Im öffentlichen Wirbel, den jene seltsame und auch scharf kritisierte Auslieferung zur Folge hatte, schoben sich verschiedene Gerichts- und Verwaltungsinstanzen

---

³³⁶ „Fakten zum Fall Petra Krause", in: NZZ, 23.7.1977. Vgl. zum Fall Kappler und allgemein zur öffentlichen Meinung im Italien des Jahres 1977 weiter unten S. 494ff.
³³⁷ Vgl. Florian Prill, Präventivhaft zur Terrorismusbekämpfung, München 2010, S. 348.
³³⁸ Mantica/Fragalà, Dimensione, S. 176.
³³⁹ Vgl. die Fotografie in: Sterling, Terror Network, S. 185; Gewichtsangabe in: Wisler, Drei Gruppen, S. 114.
³⁴⁰ „Sabato 19 giugno, la compagna Petra Krause, detenuta politica in Svizzera, ha cominciato insieme ad'un'altra detenuta il suo secondo sciopero della fame contro la detenzione di isolamento. I compagni detenuti hanno tutto il diritto di esigere da coloro che, in occasione della morte di Holger Meins e di Ulrike Meinhof, hanno versato lacrime e lanciato severe accuse, un impegno serio per evitare che ci siano assassinii", in: „A colloquio con gli avvocati della Frazione Armata Rossa: Hanno assassinato Ulrike perché ne avevano paura", in: „Quotidiano dei lavoratori", 24.6.1976; in: HIS-Archiv, Me, U / 020,005.
³⁴¹ Mantica/Fragalà, Dimensione, S. 177.
³⁴² Wisler, Drei Gruppen, S. 115.

des Bundes und des Kantons Zürich hernach so lange und so erfolgreich gegenseitig den Schwarzen Peter zu, bis man kaum mehr wusste, wer eigentlich die Verantwortung für den Auslieferungsentscheid effektiv zu tragen hatte", kommentierte die „Neue Zürcher Zeitung".[343]

Krause, die am 28. August 1977 bei ihrer Ankunft am römischen Flughafen von einer jubelnden Menschenmenge begrüßt wurde, kam aufgrund ihres angeschlagenen Gesundheitszustandes schon wenige Tage nach ihrer Unterbringung in einer Haftanstalt in Neapel in den Genuss von Haftverschonung.[344] Nach Zürich, wo sie in Abwesenheit aufgrund der schwierigen Beweislage zu einer Haftstrafe von nur drei Jahren verurteilt wurde, musste die Deutsch-Italienerin nicht mehr zurück.[345] Stattdessen verurteilte sie das Appellationsgericht in Mailand im Jahre 1982 aufgrund ihrer Aktivitäten als führendes Mitglied der Züricher Anarchistischen Kampforganisation (AKO), von den Fahndern meist als Petra-Krause-Gruppe bezeichnet, zu einer Gefängnisstrafe von sechseinhalb Jahren. Immerhin drei Jahre Freiheitsentzug erhielt auch der mitangeklagte Anarchist Roberto Mander, der wie Petra Krause selbst einen langjährigen intensiven Kontakt zu Brigitte Heinrich unterhalten hatte.[346] Bei Heinrich handelte es sich um die spätere Stasi-Mitarbeiterin und Lebensgefährtin Klaus Croissants, die 1980 – ebenfalls wegen ihrer Verwicklungen in das deutsch-italienisch-schweizerische Netzwerk – zu einer Freiheitsstrafe von knapp zwei Monaten verurteilt wurde, die sie ab Ende 1983 im offenen Vollzug verbüßte.[347] Schon nach dem Mord an von Drenkmann hatte Heinrich einige Monate in Untersuchungshaft verbracht – eine Erfahrung, über die sie ein Pamphlet verfasste, das unter dem Titel „Tagebuch aus dem Kerker: Operation ‚Winterreise' und die Intellektuellenverfolgung in Deutschland" ausschließlich in Italien zur Veröffentlichung kam.[348]

Was Heinrichs Freundin Petra Krause anging, so hatte auch der Richterspruch von Mailand für die Verurteilte nur geringe Konsequenzen. Zum Zeitpunkt der Urteilsverkündung befand sich die Deutsch-Italienerin ebenso wie ihr Lebensgefährte Spazzali bereits im französischen ‚Exil', wo das Paar in den achtziger Jahren gemeinsam mit dem Kopf des Pariser RAF-Unterstützerko-

---

[343] NZZ vom 29.8.1980, zitiert ebd.
[344] Mantica/Fragalà, Dimensione, S. 180.
[345] Ihre Komplizen erhielten dagegen eine Strafe von sieben bzw. sechs Jahren Freiheitsentzug, Wisler, Drei Gruppen, S. 115.
[346] Mantica/Fragalà, Dimensione, S. 181.
[347] Zur intensiven Informantentätigkeit der späteren Europa-Abgeordneten der Grünen für die Stasi vgl. Knabe, Unterwanderte Republik, S. 79–88.
[348] Brigitte Heinrich, Diario dal carcere, 1975: operazione Winterreise e persecuzione degli intellettuali in Germania, Mailand 1978. Unter dem Tarnnamen ‚Operation Winterreise' liefen die großangelegten Fahndungsmaßnahmen innerhalb der linken Szene nach dem Drenkmann-Mord.

mitees Jean Asselmeyer an der Intensivierung der Kontakte zwischen Action Directe, Roten Brigaden und RAF arbeitete.[349] Spazzali, dem in Italien mittlerweile mehr als 13 Jahre Haft drohten, nachdem er von verschiedenen BR-*pentiti* der aktiven Teilnahme an den Verbrechen seiner Mandanten beschuldigt worden war, meldete sich in den neunziger Jahren aus Frankreich mit einem Offenen Brief an die Redaktion von „il manifesto" zu Wort, den diese allerdings niemals abdruckte. Auch Spazzali selbst, so der Wortlaut des Briefes, fühle sich seit geraumer Zeit als *pentito*. Heute bereue er zutiefst, nicht tatsächlich Waffen aus der Schweiz nach Italien geschmuggelt und nicht tatsächlich mit mehr Engagement am Kampf der Roten Brigaden teilgenommen zu haben – mithin, die Taten, aufgrund derer man ihn verurteilt hatte, nicht ‚wirklich' begangen zu haben.[350]

Auch Petra Krause bestritt die ihr zu Last gelegten Straftatbestände ebenso hartnäckig wie sie auf der anderen Seite vehement deren prinzipielle Berechtigung bekräftigte. Im Rahmen der Mitleidskampagne in den italienischen Medien wurden die gegen sie vorgebrachten Anklagepunkte entweder gar nicht erst erwähnt, in ihrer Bedeutung heruntergespielt oder auf die angeblich defizitäre Beweislage verwiesen.[351] Ihre drei Zürcher Komplizen aus der AKO, Peter Egloff, Urs Staedeli und Daniel von Arb legten demgegenüber umfassende Geständnisse ab, sodass die Aktivitäten Krauses einigermaßen klare Konturen gewonnen haben.[352] Einer historiographischen Aufarbeitung harrt die irritierende Geschichte der deutschen Jüdin, die in dem bereits mehrfach zitierten Bericht der vom italienischen Senat eingesetzten Parlamentarischen Untersuchungskommission des Jahres 2000 als „wichtigste und gleichzeitig am schwersten dingfest zu machende Verbindungsoffizierin des internationalen Terrorismus" im betreffenden Zeitraum bezeichnet wird, gleichwohl nach wie vor.[353] In den Jahren 1973/74 hatte die AKO zunächst verschiedene Bomben-

---

[349] Vgl. Alain Hamon/Jean-Charles Marchand, Action Directe. Du terrorisme français a l'euroterrorisme, Paris 1983, S. 161.

[350] „Devo ammettere che, a modo mio, anch'io mi sono pentito. Io non ho tentato di portare dell'esplosivo dalla Svizzera in Italia. Ma ogni volta che leggo – specialmente in questi tempi – un giornale italiano, mi pento di non averlo fatto in tempo utile. Io non sono stato un brigatista, né ho collaborato con le BR altrimenti che difendendone alcuni militanti davanti ai tribunali della prima repubblica. In definitiva mi pento quanto meno di non aver praticato una milizia politica più attiva ed offensiva di quella che ho effettivamente praticato. Sono stato incoerente rispetto all'essenziale delle mie più profonde convinzioni", in: Sergio Spazzali, Lettera (non pubblicata) a Il Manifesto e a Liberazione, dall'esilio, Oktober 1992, zitiert in: Progetto Memoria, Sguardi ritrovati, S. 406–410, hier S. 409.

[351] Vgl. „Italienische Kritik an den Haftbedingungen Petra Krauses", in: NZZ, 21.7.1977.

[352] Vgl. Mantica/Fragalà, Dimensione, S. 125ff.

[353] Ebd., S. 184. Die bislang ausführlichste, wenn auch leider in denkbar reißerischem Ton formulierte Auseinandersetzung mit der Rolle Krauses stellt ein Kapitel der umstrittenen Monographie von Claire Sterling dar, vgl. Dies., Terror Network, S. 70–81. Wisler, Drei

anschläge auf ausländische Einrichtungen in Zürich geplant und ausgeführt, die zu teilweise erheblichen Sachbeschädigungen führten. Unter der Leitung Krauses, die wahrscheinlich zu Beginn des Jahres 1974 zu der Gruppe stieß, sah die AKO ihre Hauptaufgabe schließlich darin, andere terroristische Gruppierungen mit in der Schweiz entwendeten Waffen zu unterstützen – vor allem Deutsche und Italiener, aber auch die ETA, die IRA, die Japanische Rote Armee sowie die berüchtigte Carlos-Truppe. Angeblich belief sich die Menge des von der Gruppe geraubten und weitergegebenen Kriegsmaterials allein für das Jahr 1974 auf 192 Panzer- und Tretminen nebst Zündvorrichtung, 358 Pistolen, 123 Gewehre und mehr als 600 Kilogramm Sprengstoff.[354] Für die zuvor aktionshungrigen, angeblich aber politisch desorientierten Mitglieder des AKO sei Krause, so ein Zeitzeuge, „der Deutschlandkontakt" gewesen: „[Sie] verfolgte Strategien, die die Jungs nicht mehr so richtig durchschauten."[355] Nach einem Raubüberfall auf ein Armeelager vor den Toren Zürichs verbreitete die AKO im September 1974 ein Kommuniqué als „Rote Armee Fraktion, Schweiz".[356] Wenige Wochen später, am 25. November 1974, gaben die RAF-Anwälte Haag und Groenewold in der Stadt eine Pressekonferenz zum Thema Haftbedin-

---

Gruppen, spart die Aktivitäten der Krause-Gruppe leider aus und beschränkt sich auf kurze Hinweise, vgl. ebd., S. 114f. Das 2009 als kleine selbständige Publikation erschienene „Interview mit Petra Krause" taugt nur als Beleg für die ungebrochene Faszination, die innerhalb einer bestimmten Szene offenbar immer noch von der Protagonistin ausgeht, vgl. Mara Fortuna, Intervista a Petra Krause, Neapel 2009. Der Klappentext des Buches – offenbar eine Impression aus Krauses Schweizer Haftzeit – erinnert in mancherlei Hinsicht an Ulrike Meinhofs ‚Brief aus dem Toten Trakt', aber auch an Berichte von KZ-Überlebenden. Er kulminiert in den Sätzen: „L'unico evento, l'unica presenza era quella dell'inquisitore, dell'aguzzino. L'unica cosa che assomigliasse alla vita era l'incontro con una persona apparentemente onnipotente che ti schiacciava come un moscerino sotto il tacco della scarpa e l'unico modo per dimostrare che esistevi era resistere".

[354] Sterling, Terror Network, S. 79.
[355] Zitiert ebd., S. 868, Anm. 169. Für das Selbstverständnis der Gruppe aufschlussreich war eine nach Abschluss des Prozesses veröffentlichte Erklärung, in der es unter anderem hieß: „die gruppe ging vom ‚modell schweiz' aus: die bourgeoisie hier verstand es, mittels eines nationalen konsens ihre interessen optimal durchzusetzen. instrumente dazu waren neutralität, arbeitsfrieden, korporatismus, föderalismus. modellhaft an diesem konzept war, wie die herrschende klasse es verstand, ihre interessen als volksinteressen darzustellen, indem die oben genannten instrumente zu symbolen, und von breitesten schichten der bevölkerung verinnerlicht wurden. man/frau spricht von der macht der symbole. (…) die frage heißt hier nicht nationaler befreiungskampf, sondern antiimperialistischer/antifaschistischer kampf, beides stufen im nationalen klassenkampf. es gibt politische situationen, in denen der nationale klassenkampf am effektivsten über den umweg anderer klassenkämpfe (spanien, italien, griechenland, brd) aktiviert werden kann", zitiert in: die zürcher gruppe, in: „die bessere kenntnis der situation schafft die bessere möglichkeit, sich dagegen zur wehr zu setzen". 2. überarb. Auflage, o.O., 1989, S. 55–59, hier S. 59.
[356] Skelton-Robinson, Im Netz verheddert, S. 867, Anm. 166.

gungen ihrer RAF-Mandanten, an deren Vorbereitung Krause aktiv beteiligt war.[357]

Tatsächlich bekräftigte Krause 1978 in einem Interview mit der amerikanischen „Newsweek" ihre Sympathie mit den frühen Attentaten der Baader-Meinhof-Gruppe auf US-amerikanische Militärbasen. Die Anschläge seien nicht als kriminell, sondern vielmehr als berechtigter Protest gegen den Vietnam-Krieg zu beurteilen. Ihre eigene Politisierung habe im Rahmen der Mailänder Aufklärungsarbeit über die Tendenzen zu einer Neofaschisierung in der Bundesrepublik begonnen, wie sie an den Maßnahmen gegen die inhaftierten Mitglieder der RAF sichtbar geworden sei.[358]

Krause selbst, die Gewaltlosigkeit in demselben Interview als „bourgeois luxury" bezeichnete, mag ihre Aktivitäten wohl als Teil eines Versuchs empfunden haben, im Kampf gegen Kapitalismus und ‚Imperialismus' eine Antwort auf ihr Lebenstrauma Auschwitz zu finden. Ihr auszugsweise veröffentlichtes Tagebuch aus der Züricher Haft ist das bedrückend zu lesende Psychogramm einer Frau, die sich in Meinhofs ‚Toten Trakt' versetzt glaubt und damit zum zweiten Mal das KZ zu erleben meint.[359] Kurz nach ihrer Entlassung sollte sie den Bericht der Internationalen Untersuchungskommission zum Tod von Ulrike Meinhof ins Italienische übersetzen.[360] Ihre persönlichen Verhaltenstipps für „politische Gefangene im imperialistischen Knast" formulierte Krause acht Jahre nach ihrer eigenen Schweizer Hafterfahrung folgendermaßen: Um „seine Identität so lange wie möglich zu verteidigen" sei „totales Verstummen gegenüber den Justizbeamten" anzuraten, „um Energien für einen langen und lauten Kampf gegen Isolation und differenzierte Behandlung zu haben".[361]

An der Geschichte des deutschen Linksterrorismus hatte Krause unter anderem dadurch Anteil, dass sie an Siegfried Haag, den selbsternannten Rächer Holger Meins', am 5. März 1975 eine Reisetasche mit Waffen und Sprengstoff übergab, die in der Folge bei der Stockholmer Botschaftsbesetzung zum Einsatz kommen sollten.[362] Laut Claire Sterling arbeitete sie jahrelang mit Haag zusammen, wobei sie unter anderem Astrid Proll über die Schweiz und Italien einen Fluchtweg nach England vermittelt haben soll.[363]

---

[357] Wisler, Drei Gruppen, S. 108.
[358] Vgl. das Interview des amerikanischen Journalisten Christopher Matthews vom 18.9.1974, ausführlich wiedergegeben in: Mantica/Fragalà, Dimensione, S. 181f.
[359] Vgl. Petra Krause, Tagebuch, Polizeikaserne Zürich, in: bessere kenntnis der situation, S. 62–81.
[360] La morte di Ulrike Meinhof: rapporto della commissione internazionale di inchiesta, Napoli 1979, ital. Übers. v. Petra Krause u. Elsa D'Ambrosio.
[361] Petra Krause, November 1983: Kurzkommentar zur Aussageverweigerung, 8 Jahre danach, zitiert in: bessere kenntnis der situation, S. 89.
[362] Skelton-Robinson, Im Netz verheddert, S. 873.
[363] Sterling, Terror Network, S. 77.

Im Gesamtkontext der vorliegenden Studie ist bemerkenswert, dass sowohl Krause als auch Spazzali in Mailand zum „engsten Kreis um Giangiacomo Feltrinelli" gehört hatten, der sich offenbar schon ihrer Hilfe bediente, um seine frühen Kontakte in die Schweiz aufzubauen.[364] Die so genannte Eco-Buchhandlung, die Krause in ihren Zürcher Jahren intensiv frequentierte, galt für die Ermittler als Nachfolgeorganisation von Feltrinellis Schweizer „Zentrale" und dem späteren „Internationalen Büro" von Potere Operaio.[365]

Von allen im Rahmen dieser Untersuchung beschriebenen IVK-Kampagnen war dasjenige Projekt, in dem der enge Zusammenhang von legaler und illegaler, öffentlicher und klandestiner Aktivität im Dienste der ‚Stammheimer' wohl am besten greifbar wird, die geplante Herausgabe einer dickleibigen Sammlung der RAF-Texte in den wichtigsten europäischen Verkehrssprachen, die das Büro im Herbst 1976 in Angriff nahm – auch wenn Baader, Ensslin und Raspe schließlich keine Gelegenheit mehr dazu haben sollten, das fertige Buch in den Händen zu halten. Wie wiederum Volker Speitel berichtet, sei das internationale Buchprojekt, von dem die Fahnder natürlich gewusst hätten, „der beste Schutz für die Kuriere" gewesen,

> weil somit ein objektiver Grund bestand, permanent in halb Europa herumzufahren. Auch für die anderen Büromitglieder, die von der illegalen Kuriertätigkeit keine Ahnung hatten, war es eine Erklärung, daß Ralf [Baptist Friedrich, P.T.], Joe [Hans-Joachim Dellwo, P.T.] oder ich teilweise wochenlang nicht da waren. Offiziell gingen wir zum französischen Herausgeber des Buches. Man fuhr nach Paris oder Amsterdam, schaute auch wirklich kurz beim Verleger herein, aber verschwand dann und traf sich mit den Illegalen.[366]

Trotz des hier von Speitel betonten logistischen Aspekts bestand der Nutzen des Buchprojektes für die Verantwortlichen wohl nicht in dessen Tarnfunktion allein. Wie dargestellt, war die möglichst weite Verbreitung des eigenen Gedankenguts für die RAF-Spitze stets ein Anliegen von höchster Wichtigkeit, zumal die eigenen Texte in der Bundesrepublik bekanntlich nicht legal vertrieben werden durften: die letzte authentische Äußerung der Gefangenen, die den deutschen Buch- und Pressemarkt erreicht hatte, war das von Croissant vermittelte „Spiegel"-Interview vom Januar 1975 gewesen. Das Bedürfnis, die eigene Stimme zu Gehör zu bringen, musste sich durch die Zäsur, die der Selbstmord Ulrike Meinhofs für die Gruppe bedeutete, weiter verstärken. Es galt, den für

---

[364] Mantica/Fragalà, Dimensione, S. 177. Unter den vielen Nachrufen, die politische und persönliche Weggefährten nach 1994 auf den offenbar einigermaßen charismatischen Spazzali veröffentlichten, war auch ein vielstrophiges Gedicht, in dem unter anderem an die gemeinsamen Aktionen erinnert wurde, die den Anwalt an der Seite des Mailänder Verlegers im Einsatz gegen den „Corriere della Sera" gesehen hätten, vgl. Gian Luigi Nespoli, Una lettera dall'esilio a Sergio Spazzali, zitiert in: Progetto memoria, Sguardi ritrovati, S. 418f.

[365] Sterling, Terror Network, S. 79.

[366] Speitel, Wir wollten alles II, S. 36f.

5.3 Die IVK-Sektion BRD als heimliche Schaltzentrale der RAF 445

das RAF-Image potentiell außerordentlich bedrohlichen Freitod des bis dato wohl profiliertesten Mitglieds zum Staatsverbrechen umzudeuten, das sich als solches wiederum propagandistisch nutzen ließ.

Tatsächlich besaß das von Speitel mitbetreute, europäische Buchprojekt seine Wurzeln in einer vom IVK herausgegebenen schmalen Textsammlung, mit der durch die Publikation der letzten schriftlichen Äußerungen Meinhofs die sich in der Öffentlichkeit ausbreitende ‚Selbstmordthese' widerlegt werden sollte.[367] Während die ohne Abstimmung mit den übrigen IVK-Sektionen erfolgte Veröffentlichung bei den gemäßigten Mitgliedern des IVK Frankreich wie gesehen auf einigen Widerstand stieß, schritten die radikaleren französischen IVKler, die sich im Comité de soutien sammelten, sofort zur Übersetzung des Bändchens. Mit ihrem Eifer verärgerten sie schließlich sogar die Genossen vom IVK-BRD, die in der Zwischenzeit – vermutlich auf Weisung der ‚Stammheimer' – beschlossen hatten, die „letzten texte ulrikes" nicht mehr als selbständige Publikation zu verbreiten, sondern in das besagte, umfangreichere Gesamtwerk zu integrieren.[368] Dabei hatten die Stuttgarter allerdings auf nationaler wie auf europäischer Ebene mit der verlegerischen Konkurrenz Klaus Wagenbachs zu kämpfen, dessen Aktivitäten Meinhofs Testamentsvollstrecker Croissant erheblich zu schaffen machten. Die ‚Stammheimer' hatten über eine vertrauliche Information des Wagenbach-Lektors Wolfgang Dreeßen früh erfahren, dass der Verleger der berühmten ‚Rotbücher' eine von Peter Brückner kommentierte Anthologie mit früheren „konkret"-Kolumnen der Meinhof drucken und auch eine Neuauflage von Meinhofs Arbeit „Bambule"

---

[367] letzte texte von ulrike, hg. vom internationalen komitee zur verteidigung politischer gefangener in westeuropa. eigendruck im selbstverlag, Stuttgart 1976. Das Büchlein, das einen Monat nach Meinhofs Tod erschien, enthielt auch einmal mehr die „Utrechter Erklärung" vom 14.12.1974, die Präambel des IVK vom Januar 1975 sowie das Statut des „Rechtshilfefonds für die Verteidigung politischer Gefangener". Auf dem Cover war eine Fotografie des Stammheimer Gefängnisses abgebildet, vor dem sich nach dem Tod Meinhofs vermummte Demonstranten mit erhobenen Fäusten versammelt hatten; darunter zeigte ein kleineres Foto Meinhof beim Hofgang.

[368] „genossen, (...), das kleine buch ‚letzte texte' herauszubringen, wäre politisch falsch. der zeitpunkt für das projekt ist vorbei. die texte hatten unmittelbar nach der ermordung ulrikes die funktion, der hemmungslosen staatsschutzpropaganda entgegenzuwirken, die schon den nächsten mord vorbereitete. die letzten texte von ulrike sollen *teil* eines buches der gruppe werden, und diese veröffentlichung ist so, daß in der tat die herausgabe der letzten texte, sozusagen als vorläufer, sich gegen die interessen der gruppe/gefangenen/ulrike richten würde. (...) dieses projekt soll international laufen, italien, frankreich, holland und brd. die verlage hier sind, allerdings vereint, zur veröffentlichung entschlossen", Schreiben aus dem Büro Croissant vom 28.9.1976, HIS-Archiv, Ba, A / 019,004. Trotz dieser Einwände sollte das Büchlein bei Maspéro erscheinen. Der Pariser Verlag übernahm allerdings auch die Publikation der 1977 folgenden, umfangreicheren RAF-Anthologie, vgl. textes des prisonniers de la „fraction armée rouge" et dernières lettres d'ulrike meinhof. préface de jan genet, introduction de klaus croissant, Paris 1977.

herausgeben wollte – ergänzt um den Text von Wagenbachs eigener Berliner Grabrede.[369] „alter, das wagenbach-buch musst du auf jeden fall verhindern", schärfte Brigitte Mohnhaupt Croissant daraufhin ein. Ulrikes Kolumnen, so Mohnhaupt, drohten missbraucht zu werden „um für den staatsschutz und die baw, die sie aufgehängt haben, die selbstmordversion zu propagieren. (...) wienke [Zitzlaff, P.T.] schreiben wir das auch". Gudrun Ensslin stieß in das gleiche Horn: „das buch verhindern! – du kannst ihm [Wagenbach, P.T.] das auch nochmal erklären, was er da macht: *gegen* u.[lrike]. ihm muss klar sein (und wenn du da richtig rangehst, wird es das auch sein), dass wir ihn – wenn er das ding trotzdem durchziehen will) bekämpfen werden, ihn wirklich fertigmachen + d. h. dass er in der scene, die er braucht, erledigt ist."[370]

Tatsächlich bemühte sich „der alte" im Sommer 1976 nach Kräften, Wagenbach brieflich und sogar mittels einer einstweiligen Verfügung von dem Gemeinschaftsprojekt mit Brückner abzuhalten – ohne Erfolg: Der Berliner Verleger blieb ihm gegenüber ebenso freundlich im Ton wie hart in der Sache.[371] Nach der Auslieferung des umstrittenen Meinhof-Buches verfasste Croissant eine an alle linken Zeitungen und Buchläden – ausdrücklich nicht an die „bürgerliche Presse" – gerichtete Erklärung, in der er nicht nur Wagenbach als Instrument der ‚Counterinsurgency' verunglimpfte, sondern sich selbst vielleicht so deutlich wie bei keiner anderen Gelegenheit öffentlich zur ‚Politik' der RAF bekannte. Der Text spiegelte auch die Frustration Croissants über die inzwischen evident gewordene, demonstrative Zurückhaltung deutscher Verlage in der Frage der Veröffentlichung von Texten seiner Stammheimer Schützlinge:

---

[369] Wolfgang Dreeßen war mit dem Stuttgarter Büro telefonisch in Kontakt getreten, und hatte angekündigt, dass Wagenbach „mit dem buch über ulrike ne schweinerei" mache: „redet von freitod – todessehnsucht – (...) degoutant", vgl. Gesprächsnotiz vom 25.10.1976, in: HIS-Archiv, Ba, A / 019,004. Aufgrund dieses Vertrauensbruchs wurde Dreeßen von Wagenbach zum 1. Januar 1977 gekündigt, ebd. Der Verleger erinnert sich an explizite Drohungen eines „Abgesandten der RAF" – falls das Buch mit der ‚Selbstmordthese' erscheine, werde „etwas passieren". In der Rückschau vermutet er, das Manuskript zu der geplanten Publikation sei aus dem Verlag entwendet und den ‚Stammheimern' zugänglich gemacht worden, vgl. Klaus Wagenbach, der Verlag Klaus Wagenbach, in: Rita Galli (Hg.), Ausgerechnet Bücher: einunddreissig verlegerische Selbstporträts, Berlin 1998, S. 96–105, hier S. 103. Dreßen war seinerzeit Beauftragter des von Dutschke und Feltrinelli gegründeten INFI im Wagenbachverlag gewesen und hatte sich um die ‚Rotbücher' gekümmert, die anfangs lediglich als Kommunikationsorgan des INFI gedacht gewesen waren, vgl. Fiammetta Balestracci, Klaus Wagenbach und die italienische Literatur in der Bundesrepublik Deutschland, 1964–1989, in: Jahrbuch für Internationale Germanistik 38 (2006), S. 59–82, hier S. 66.

[370] HIS-Archiv, Ba, A / 018,004, undatierte Schreiben Mohnhaupts und Baaders. Tatsächlich suchte auch Wienke Zitzlaff das Gespräch mit Wagenbach und Brückner „wegen ihrer komischen Veröffentlichungsvorstellungen", vgl. Schreiben Wienke Zitzlaff an Elisabeth [van Dyck] vom 26.6.1976, HIS-Archiv, Me, U / 019,004.

[371] Vgl. die Schreiben Croissants und Wagenbachs in HIS-Archiv, Ba, A / 018,004.

5.3 Die IVK-Sektion BRD als heimliche Schaltzentrale der RAF 447

Um den Jahreswechsel 1976/77 hatte das IVK-Deutschland begonnen, sich inner- und außerhalb der Landesgrenzen nach geeigneten Publikationsorten für die „raf-texte" umzusehen. Angesichts des mäßigen Erfolgs dieser Bemühungen war es folgerichtig, dass Croissant gegenüber der Veröffentlichung des Wagenbachverlags zunächst den Vorwurf der „Zensur" erhob, da

> die Umstände ihres [Meinhofs] Todes und die Einsetzung einer internationalen Untersuchungskommission darin verschwiegen werden, und daß es keinen der Texte enthält, in denen Ulrike die Politik ihrer Gruppe seit 1970 erklärt hat – stattdessen eine mit Fälschungen gespickte Apologie der Kapitulation und des Verrats, in der wir erfahren, daß es einen ‚subjektiven Verantwortungszusammenhang' Holgers und Ulrikes für ihren Tod gibt. (…) Das Buch Brückners ist ein Counterprojekt, das darauf zielt, Solidarität mit den Gefangenen aus der RAF zu verhindern. (…) Die einstweilige Verfügung haben wir inzwischen zurückgezogen. (…) Wir sehen jetzt: beides – unser justizborniertet Reflex und Eure Begriffslosigkeit gegenüber den längst direkt vom Staatsschutz induzierten Entsolidarisierungsmanövern zeigt ein Moment von Desorientierung, in dem die Notwendigkeit einer radikalen Strategie – wie die der RAF – in der Bundesrepublik evident ist. IVK – Sektion BRD – Klaus Croissant".[372]

Tatsächlich zog auch der Münchner Trikont-Verlag, der ursprünglich bereit gewesen war, das Risiko der Veröffentlichung der „raf-texte" einzugehen, sein Einverständnis zurück, nachdem auf einem nationalen Treffen des Verbandes des linken Buchhandels im Mai 1977 die isolierte Position der Münchner in dieser Frage deutlich geworden war.[373] Schließlich sollte der schwedische Verlag Bo Cavefors die Publikation des Werks in deutscher Sprache übernehmen.[374] Ab Oktober 1977 wurde das Buch – teilweise mit einem Tarnumschlag, auf dem der Titel „Kärlek med förhinder" (Liebe mit Hindernissen) zu lesen war – in die Bundesrepublik ausgeliefert, wo die Empfänger prompt ins Visier der Fahndungsbehörden gerieten.[375]

Aber nicht nur in der Bundesrepublik, auch in Italien drohte Klaus Wagenbach dem Buchprojekt der IVK-BRD das Wasser abzugraben. Croissant hatte Peter Chotjewitz dafür gewinnen können, die Texte zu redigieren und mit Fußnoten zu versehen, „das alles natürlich in enger Zusammenarbeit mit Euch und den Gefangenen", wie Chotjewitz selbst im Februar 1977 gegenüber Volker

---

[372] Undatierte Presseerklärung des IVK-Sektion BRD, in: HIS-Archiv, RA 02 / 052,002.
[373] Vgl. Initiative für Pressefreiheit, Dokumentation zur Beschlagnahme der ‚texte: der RAF', Oktober 1978, in: http://labourhistory.net/raf/documents/0019781000.pdf (16.10.2011).
[374] texte: der RAF, Malmö 1977.
[375] Vgl. die Hinweise auf Beschlagnahmungen und polizeiliche Maßnahmen gegen „linke Buchhandlungen" in der Presseerklärung des Cavefors-Verlags vom 20.5.1978, online unter http://labourhistory.net/raf/documents/0019780520.pdf (17.10.2011). Die politische Entwicklung in der BRD habe ein Stadium erreicht, „wo man es für nötig empfindet, Dokumentationen mit politischem Inhalt, welcher von grosser Bedeutung ist für jeden Bundesbürger, zu verbieten und zu beschlagnahmen", kritisierte der Verleger. „Unsere Absicht mit dieser Pressemeldung ist es, Aufmerksamkeit auf solche Massnahmen zu richten".

Speitel bestätigte.[376] Chotjewitz schien Croissant auch der richtige Mann zu sein, um mit Inge Schönthal in Verhandlungen zu treten, die man in Stuttgart als geeignete Verlegerin für die Lancierung der „raf-texte" in Italien betrachtete. Tatsächlich formulierte Chotjewitz im Januar 1977 einen Brief an „Feltri", wie Schönthal von den Mitgliedern des IVK genannt wurde – auf Italienisch, damit, wie der Verfasser betonte, auch die Verlagsmitarbeiter das Schreiben lesen könnten. Chotjewitz mahnte die Verlegerin zunächst zur Eile, gelte es doch, mit Hilfe der geplanten Publikation weitere Todesfälle in deutschen Gefängnissen zu verhindern. Des Weiteren bot er den Italienern jedwede persönliche Hilfe an – er selbst sei sowohl ein intimer Kenner der Geschichte der Guerilla als auch der psychologischen Kriegsführung der Gegenseite. Selbstverständlich, so Chotjewitz, verlange er von den Verlagsmitarbeitern nicht, sich mit den politischen Ideen der „Genossen von der RAF" zu identifizieren. Er bitte sie lediglich darum, sich nicht „zu Instrumenten des US-amerikanischen und deutschen Imperialismus zu machen, die die deutschen Revolutionäre nicht nur physisch zu vernichten, sondern auch ihre Gedanken zum Verschwinden bringen wollen." Die fraglichen Texte nicht zu drucken, komme einer unverzeihlichen Verfälschung der Geschichte gleich.[377]

Gegenüber Croissant ließ Inge Schönthal jedoch bald verlauten, dass sich die Mehrheit ihrer Lektoren aus politischen Gründen gegen eine Veröffentlichung des Manuskripts ausgesprochen habe. „Paragraphenangst" oder „wirtschaftliche Bedenken" bestünden nicht. Allerdings seien die Texte schon aus „sprachlich-stilistischen Gründen nur schwer zu vermitteln. Einiges sei einfach unverständlich, anderes nur mit Schwierigkeiten entschlüsselbar. Das mache schon eine Veröffentlichung in der Originalsprache schwierig. Eine adäquate Übersetzung werde deshalb ebenfalls problematisch sein."[378] Demgegenüber fänden ihre Lektoren die Brückner-Publikation, die Wagenbach ihnen zugeschickt habe, „ganz gut". Der alarmierte Croissant bezeichnete das Buch in einem aufgeregten Telefongespräch mit der Verlegerin als „unmöglich", und dass „sie sich wohl nicht mit dem gedanken trage, das in ihr verlagsprogramm aufzunehmen." Nicht nur er, Croissant, selbst, sondern auch „chotjewitz (den sie persönlich kennt und offenbar gut leiden kann)" beurteile das Buch „vernichtend": „sie sagte, das würde sie interessieren, und

---

[376] Schreiben Chotjewitz an Volker Speitel vom 9.2.1977, in: HIS-Archiv, RA 02 / 057,003.
[377] Schreiben Chotjewitz an Inge Feltrinelli vom 21.2.1977, HIS-Archiv, RA 02 / 057,003.
[378] memo: betr. Feltrinelli, Telefongespräch Chotjewitz/Inge Schönthal 14.1.1977, in: HIS-Archiv, RA 02 / 057,003. Feltrinelli war der Stil der RAF-Texte bekannt, da Croissant ihr bereits im Oktober 1976 eine Kopie der Vietnam-Beweisanträge zugesandt hatte, die in der Textsammlung abgedruckt werden sollten, vgl. Schreiben Croissant an Inge Feltrinelli vom 5.10.1976, in: HIS-Archiv, RA 02 / 057,003.

ob chotjewitz nicht kommen könne (...) um sich mit ihr über das buchprojekt zu unterhalten."³⁷⁹

Tatsächlich trat Chotjewitz aus den Mitteln des IVK-Rechtshilfefonds im April 1977 eine Reise nach Mailand an, deren Bilanz für die Stuttgarter in der Summe ambivalent ausfiel: Zwar bekräftigte Inge Schönthal ihre ablehnende Haltung in Sachen „raf-texte", nahm aber auch Brückners Textsammlung nicht in das Programm ihres Verlages auf.

Die Stimme der RAF sollte die italienischen Leser trotz der Absage von ‚Feltrinelli editore' noch erreichen, wenn auch mit einiger Verzögerung gegenüber der ursprünglichen Planung. Anders als in Frankreich, Schweden und den Niederlanden,³⁸⁰ wo die IVK-Produktion bereits im Dezember 1977 bzw. Anfang 1978 herauskam, dauerte es in Italien bis 1979/80, bis das Werk (in 2 Bänden) vollständig erschien – dafür aber in der Komplettversion des schwedischen Verlags Cavefors mit ihren fast 600 Seiten, die auch die frühen Texte „Das Konzept Stadtguerilla", „Stadtguerilla und Klassenkampf" sowie Meinhofs Pamphlet „Die Aktion des Schwarzen September in München" enthielt.³⁸¹ Franzosen und Niederländer hatten es vorgezogen, sich auf die Texte zu beschränken, die die ‚Stammheimer' seit 1974 in der Haft vorgelegt hatten – im Wesentlichen die Hungerstreik- und Prozesserklärungen, ergänzt um die „letzten Briefe" Ulrike Meinhofs, die Kommuniqués der Kommandos ‚Petra Schelm' und ‚Ulrike Meinhof', einen Text zur ‚sensorischen Depravation' und eine von Klaus Croissant erstellte Chronik der RAF-Geschichte, in denen sämtliche RAF-Mitglieder, die zwischen 1971 und 1977 ums Leben gekommen waren, als Mordopfer ausgewiesen waren. Südlich der Alpen hatten sich zunächst zwei Verleger – der Mailänder Gabriele Mazzotta und der Veronese Giorgio Bertani – die Aufgabe teilen wollen; schließlich jedoch erschienen beide vorgesehenen Bände bei Bertani, nachdem Mazzotta, der noch die Übersetzung der Texte komplett finanziert hatte, mit politischen Bedenken ausgestiegen war.³⁸² Giorgio Bertani, der mit dem verstorbenen Giangiacomo Feltrinelli eng befreundet gewesen war, zeigte sich jedoch entschlossen, den „Bücherverbrennungen à la Goebbels" zu trotzen und das Projekt zu Ende führen, wie er in einem kurzen Einleitungstext anmerkte – als Grundlage für eine kritische Reflexion über den Weg des Deutschlands und Italiens in die

---

[379] anruf bei feltrinelli am 10.1.77, 13 h 30, in: HIS-Archiv, RA 02 / 057, 003.
[380] RAF: teksten (vorwort door Ingrid Schubert), Utrecht 1978. In Holland wurde das 279 Seiten umfassende Werk durch das Utrechter Anti-Folter-Komitee („medizinisch-juridisch Comité Politieke Gevangenen") herausgegeben.
[381] RAF, la guerilla nella metropoli. testi della "frazione armata rossa" e ultime lettere di ulrike meinhof. prefazione di jean genet, griglia storica di klaus croissant, Bd. I, Verona 1979; RAF, la guerilla nella metropoli. ideologia e organizzazione della lotta armata, Vol. II, Verona 1980.
[382] Giorgio Bertani, Nota dell'editore, in: RAF, guerilla, VII–XI, hier S. VIII.

Zukunft und gegen die Verdrängung des so genannten „Selbstmordes" der RAF-Militanten.[383]

Für die niederländische Ausgabe des Bandes hatte das RAF-Mitglied Ingrid Schubert vor ihrem Selbstmord in der Zelle von Stadelheim ein Vorwort verfasst. In der französischen Variante wurde stattdessen ein „Le Monde"-Kommentar Jean Genets wiederabgedruckt, der – auszugsweise im „Spiegel" veröffentlicht – bereits während der Schleyer-Entführung in der deutschen Öffentlichkeit für Aufregung gesorgt hatte. Der Text, der „die heroische Gewalt" der RAF der „Brutalität des Systems" in der Bundesrepublik, „diesem antisowjetischen Universum" gegenüberstellte,[384] wurde, wie es hieß, „aufgrund seines politischen und ethischen Gewichts" auch in der Bertani-Produktion übernommen.[385] In der italienischen Ausgabe fehlten dagegen die Fotografien, die im restlichen Europa den Texten vorangestellt waren. Es handelte sich um die sehr persönlichen Schwarz-Weiß-Porträts, die Raspe, Ensslin und Baader mit Hilfe einer in die Zellen geschmuggelten Minox-Kamera voneinander aufgenommen hatten.[386] Die Einbringung des Fotoapparats hatte dabei, wie Volker Speitel berichtete, als Probelauf für die späteren Waffen- und Sprengstofftransporte in den Aktenmappen und Unterhosen der „Postanwälte" gedient. Die Behörden hatten entsprechende Papierabzüge und Negative von Aufnahmen schon 1976 bei der kurzfristigen Festnahme von Elisabeth von Dyck beschlagnahmt. In der Summe, so Speitel, habe es bereits vor dem Oktober 1977 „genügend Hinweise" dafür gegeben, dass Stammheim „löchrig" sei, „die allerdings in den Zeitungen immer nur als kleine Mitteilung veröffentlicht wurden. (...) Das ,Wunder von Stammheim' ist – ums mal mit der Linken zu sagen – daß die Linke mit dem angeblichen Mord an den Gefangenen endlich ein Thema in die Hände bekommen hat, an das sie schon selbst nicht mehr glaubte: der offen faschistisch auftretende Staat."[387]

---

[383] Ebd., S. XI.
[384] Vgl. „Schrecken erregendes Deutschland", in: Der Spiegel, 98/12.9.1977, S. 136. Im Original war der Kommentar am 2. September in „Le Monde" unter dem Titel „Violence et brutalité" in der Rubrik „Point de vue" erschienen, deren Inhalt ausdrücklich nicht mit der Sichtweise der Redaktion übereinstimmen musste. Laut Alf Enseling bildete der Artikel einen „Drehpunkt", der „nachhaltig jene Atmosphäre wechselseitigen Mißbehagens [schuf], in der sich die Auseinandersetzungen in den Wochen danach hochstilisieren konnten", Ders., Ausland, S. 29. Zweifellos hatte die Wirkung des Artikels in der Bundesrepublik viel mit dem Zeitpunkt der Veröffentlichung im „Spiegel" zu tun, der unmittelbar nach den Morden von Köln erschien, jedoch vorher verfasst worden war.
[385] Bertani, Nota dell'editore, S. VII.
[386] Vgl. Astrid Proll (Hg.), Hans und Grete. Bilder der RAF 1967–1977, Berlin 2004.
[387] Speitel, Wir wollten alles III, S. 38.

6. ‚Deutscher Herbst' in Italien

6.1 Politische Bühne und nationale Handlungsspielräume

6.1.1 Ein Kampf an vielen Fronten: Helmut Schmidt und der Linksterrorismus als transnationale Herausforderung

Als Helmut Schmidt am 15. September 1977 im Deutschen Bundestag die erste offizielle Erklärung der Bundesregierung zum Terrorismus nach der Schleyer-Entführung abgab, ging er nicht von ungefähr auch auf das Echo ein, das die bisher brutalste und spektakulärste Aktion der ‚Roten Armee Fraktion' außerhalb der deutschen Landesgrenzen gefunden hatte.

> Es mag hier und da, wie gestern eine unserer Zeitungen schrieb, die Neigung geben, die als ungeheuerlich empfundenen terroristischen Taten nicht nur einem extremistischen Wahnsinn zur Last zu legen, sondern – wie es dort hieß – einem deutschen Wahnsinn überhaupt, der periodisch ausbreche. In solche Feuer werden wir kein Öl schütten. Wir haben das auch im Falle der Flucht Kapplers nicht getan. Wir verurteilen Verbrechen, die 1944 in Italien oder 1977 in Deutschland begangen worden sind, mit der gleichen Abscheu. Wir verurteilen den Bruch der Rechtsordnung unserer Partner ebenso wie einen Bruch unserer eigenen Rechtsordnung.[1]

Bereits zuvor hatte der Kanzler darauf verwiesen, die Mordanschläge und die Entführung von Köln richteten sich „gegen jede menschliche Ordnung überhaupt"; entsprechend könnten sich die Deutschen auch nicht zufällig „auf innere Zustimmung und tatsächliche Kooperation, auf öffentlich bekundete Zustimmung und Hilfsbereitschaft anderer Staaten stützen". Wenn Schmidt in einer Rede, die unter der klaren Prämisse stand, „Konsens zu demonstrieren",[2] dennoch explizit auf die Existenz von Rissen in einer bewusst als international deklarierten Einheitsfront Bezug nahm, so ist dies einerseits als Versuch zu deuten, die dafür Verantwortlichen zu isolieren. Andererseits formulierte Schmidt einen Appell an seine eigenen Landsleute, sich durch die Wiederkehr des Bildes vom ‚hässlichen Deutschen' in den europäischen Nachbarländern, das über die Medien in die bundesdeutsche Öffentlichkeit zurückgespiegelt

---

[1] Erklärung der Bundesregierung zum Terrorismus, zitiert nach: Bulletin des Presse- und Informationsamtes der Bundesregierung, Nr. 86, 16.9.1977, S. 805–808, hier S. 807. Der Artikel, auf den Schmidt Bezug nahm, war der Beitrag von Karlheinz Bohrer, „Kühl und besorgt", in: FAZ, 14.09.1977.

[2] Scheiper, Innere Sicherheit, S. 113.

wurde,³ nicht über Gebühr provozieren zu lassen. Immer wieder betonte der Kanzler in diesen Tagen, den im Ausland grassierenden Ängsten dürfe vor dem Hintergrund der NS-Vergangenheit nicht mit Überheblichkeit begegnet werden: „Wir verhehlen nicht, dass wir sie zu den *un*begründeten Ängsten rechnen. Aber ebenso wenig kann ich empfehlen, darüber zur Tagesordnung überzugehen. Denn es tut not, dass wir Deutschen unsere Sensibilität für die Gefühle anderer Völker nicht verlieren, gerade in der gegenwärtigen Situation nicht."⁴ Eingebettet waren solche Warnungen üblicherweise in umfassende Entlastungsangebote an die deutsche Gesellschaft, wie in einer Formulierung des Bundespräsidenten: „Wir haben gelernt. Aber ich habe den Eindruck, dass manche unserer Nachbarn noch nicht gelernt haben, dass wir gelernt haben. Sie sollten es allmählich lernen".⁵ Bezeichnenderweise war auch Schmidts im Bundestag vorgetragene Distanzierung von den Verbrechen des NS-Staates nicht im Sinne einer Demutsgeste, sondern ganz im Gegenteil im Zeichen eines selbstbewussten Beharrens auf der Differenz zwischen dem ‚Dritten Reich' und „der zweiten deutschen Demokratie" erfolgt, die – so der pathetische Schluss der Erklärung – jungen Menschen „so viele Rechte, so viel Freiheit, so viel soziale Sicherung, so viele Bildungs- und Lebenschancen" eröffne wie nie zuvor in der deutschen Geschichte. Zuvor hatte sich der Kanzler explizit gegen die nicht wenigen Ratgeber verwahrt, die die Exekutive in diesen Tagen zum Bruch des Grundgesetzes drängen wollten, „bis hin zu dem Vorschlag von Repressionen und Repressalien, die sich gegen das Leben einsitzender Terroristen richten."⁶

Tatsächlich stellte „die weit verbreitete Verbalisierung einer hysterischen Gefahreneinschätzung" für eine im ‚Deutschen Herbst' ganz auf Effizienz und demonstrative Handlungsfähigkeit setzende Bundesregierung „das eigentliche Gefahrenmoment für eine rationale Gewaltbekämpfung" dar, wie Thomas Wittke bereits 1983 feststellte.⁷ Dies galt umso mehr, als sich die sozialliberale Koalition keineswegs auf die Respektierung des politischen ‚Burgfriedens' durch die CDU/CSU-Opposition verlassen konnte, den Schmidt über die Integration führender Unionspolitiker in den ‚Großen' und ‚Kleinen Krisenstab' zu etablieren versucht hatte.⁸ Die Tatsache, dass die Union bereits während

---

³ Wittke, Terrorismusbekämpfung, S. 133–136; Balz, Terroristen, S. 308–314; zeitgenössisch Enseling, Ausland.
⁴ Ansprache des Bundeskanzlers vor der IG Metall am 18. September 1977, in: Bulletin Nr. 90, S. 829–834, hier S. 833.
⁵ Walter Scheel, „Kein Zweifel an der demokratischen Substanz der Bundesrepublik Deutschland", 19.9.1977, in: Bulletin Nr. 89, S. 821–823, hier S. 823.
⁶ Erklärung der Bundesregierung, S. 107.
⁷ Wittke, Terrorismusbekämpfung, S. 247.
⁸ Die Politik der Krisenstäbe ist häufig als undemokratisch kritisiert worden, vgl. besonders Wolfgang Kraushaar, Der nicht erklärte Ausnahmezustand. Staatliches Handeln während

der Krise an deren politische Ausschlachtung in der Zeit danach dachte, wie führende Parteimitglieder intern ganz offen aussprachen,[9] ist wohl nirgendwo so deutlich abzulesen wie an einer unter der Federführung Heiner Geißlers herausgegebenen Zitatensammlung, die Mitte Oktober die Öffentlichkeit erreichte. In der selbst in konservativen Medien fast einhellig kritisierten Publikation wurden aus dem Zusammenhang gerissene Aussagen prominenter Exponenten des linksliberalen Lagers seit 1970, darunter zahlreiche Aufrufe zur Besonnenheit aus dem Munde von Mitgliedern der Regierungsparteien, als fahrlässige Verharmlosungen der terroristischen Gefahr diffamiert.[10] Ob Günter Grass 1972 in der Bundesrepublik gefährlichere Entwicklungen für die Demokratie diagnostiziert hatte als die „linke kriminell gewordene Gruppe Baader-Meinhof",[11] ob Werner Maihofer 1973 den Rechtsstaat durch terroristische Aktivitäten „nicht in Gefahr" sah,[12] oder ob für Willy Brandt 1974

---

des sogenannten Deutschen Herbstes, in: Ders., RAF und linker Terrorismus II, S. 1011–1025. Eine Argumentation, die allein auf die unzweifelhaft vorhandenen Gefahren dieses Vorgehens verweist, geht allerdings der Frage nach möglichen Handlungsalternativen aus dem Weg. Einsame Entscheidungen der Regierungsspitze sind im Zweifelsfall keinesfalls ‚demokratischer'; und dass nicht bei jeder, oft unter Zeitdruck zu fällenden ad-hoc-Entscheidung das Parlament befragt werden kann, dürfte klar sein. Entsprechend ist der Krisenstab auch alles andere als ein deutsches Spezifikum, sondern in analogen Situationen auch anderswo üblich, vgl. Dahlke, Demokratischer Staat, S. 430f.

[9] „Es ist gar keine Frage, daß wir uns zur Zeit im Krisenstab kooperativ verhalten müssen. Aber es ist auch keine Frage, daß wir danach die Bundesregierung wegen ihrer Untätigkeit als mitschuldig an der Bedrohung der Bundesrepublik anklagen müssen", so Bernhard Vogel auf einer Sitzung des CDU-Bundesvorstands am 12. September 1977, zitiert in: Thyll Warmbold, Zwischen ‚Solidarität der Demokraten' und parteipolitischem Kalkül – Die CDU/CSU-Opposition und der Linksterrorismus der 1970er Jahre. Unveröffentl. Staatsarbeit, Göttingen 2011, S. 110. Noch deutlicher war in einer Sondersitzung der CDU/CSU-Fraktion zur Schleyer-Entführung am 7.9. der Parteivorsitzende Helmut Kohl geworden: „Es darf nicht passieren, daß wir – ich sag das jetzt ganz ungeschützt – aus Gründen der allgemeinen Verhältnisse und dieses Vorgangs der Entführung uns auch psychologisch richtig verhalten und die andere Seite diesen Vorgang nutzt, um womöglich sich dann als die starke und kräftige Regierung zu etablieren, die jetzt handelt. (…) Wir müssen jetzt sehr konzentriert die Vorbereitungen so treffen, dass wir zum gegebenen Zeitpunkt in einer sehr nahen Zukunft die öffentliche Diskussion bestreiten können. Dies ist umso wichtiger, weil die ja jetzt vorliegenden demoskopischen Daten (…) deutlich machen, daß das Ausmaß der Bedrohung unseren Mitbürgern, wie man so zu sagen pflegt, in der Tat unter die Haut gegangen ist". Entsprechend müsse die Union „diese Offensive (…) – ich sag das jetzt ganz bewußt – auf die Straße tragen, damit die Bürger sehen, daß die Entscheidung jetzt fallen muß", zitiert in: Ebd., S. 109.

[10] CDU-Bundesgeschäftsstelle, Terrorismus in der Bundesrepublik Deutschland. Eine Auswahl von Zitaten, Bonn 1977. Als typisches Beispiel für die breite Kritik an der Veröffentlichung vgl. W. Hertz-Eichenrode, „Sympathisanten: Thema verfehlt. Eine missglückte Dokumentation der CDU", in: Die Welt, 13.10.1977 (bpa).

[11] CDU-Bundesgeschäftsstelle, Terrorismus, S. 17.

[12] Ebd., S. 1.

„das verbrecherische Handeln einer Gruppe verirrter Anarchisten" keinen Grund bedeutete, „in Hysterie und Panikmache einzustimmen"[13] – gemeinsam mit zahlreichen weiteren Intellektuellen und Politikern wurden sie zwar nicht ausdrücklich zum Kreis der vielgeschmähten „Sympathisanten" gezählt, aber doch offen beschuldigt, dem Terrorismus „wenngleich ungewollt [...] Vorschub geleistet" zu haben.[14] Auch das Feld der Außenpolitik mochte die Union in Zeiten des Terrorismus nicht nur der Regierung überlassen. Rief Geißler die Oppositionsparteien unter dem Motto „Die Welt schaut auf uns" zu mehr internationalem Engagement auf, „um der sozialistischen und kommunistischen Internationale entgegenzutreten",[15] fuhr Franz-Josef Strauß auf einer Veranstaltung der Jungen Union noch stärkeres, selbst für seine Verhältnisse ungewöhnlich massives Geschütz auf: Wenn der Terrorismus nicht unter Kontrolle gebracht werde, müsse die Bundesrepublik damit rechnen, vom Ausland beschuldigt zu werden, von ihr gehe die Gefahr eines „Weltbürgerkriegs" aus, eine Gefahr, die „mit der deutschen Schuld an den beiden Weltkriegen" vergleichbar sei. Was die Verantwortung für die jetzige Situation angehe, so seien „mit Tinte (...) genauso viele Verbrechen und vom Katheder genauso viele Anschläge begangen worden wie später auf der Straße." Jetzt sei es an der Zeit, schloss Strauß, „dass der Bürger dem Politiker sagt, was er von ihm erwartet."[16]

Tatsächlich war die politische Führung parallel zu diesen teilweise hyperbolischen Versuchen der Opposition, die Terrorangst in der Bevölkerung parteipolitisch zu instrumentalisieren, in diesen Wochen mit der Tatsache konfrontiert, dass viele Bundesbürger sie in einer in der Geschichte der Bundesrepublik wohl einzigartigen Form der gesellschaftlichen Selbstmobilisierung zu entschlossenem Durchgreifen aufforderten, worunter manch ein selbsternannter Verteidiger der Demokratie die „Kastration aller einsitzenden Terroristen" oder eine „mindestens zehnfache Vergeltung" aller Opfer terroristischer Anschläge verstand.[17] Schmidts und Scheels zitierten Beschwörungen des ‚guten Deutschen' zum Trotz – wohl zu keinem anderen Zeitpunkt in der bundesrepublikanischen Geschichte wurde das trübe Erbe des Nationalsozialismus in den Köpfen vieler Deutscher so deutlich an die Oberfläche gespült wie im Herbst 1977. Für großes Befremden gerade der ausländischen Beobachter sorgte etwa die nach dem Tod der ‚Stammheimer' lautwerdende populistische Forderung, den RAF-Gründern ein Begräbnis in ‚geweihter Erde' zu verweigern – der Stuttgarter Oberbürgermeister Manfred Rommel, der trotz dieser

---

[13] Ebd., S. 2.
[14] Ebd., S. 4.
[15] „Geißler: Die Welt schaut auf uns", in: Süddeutsche Zeitung, 17.10.1977.
[16] „Strauß: Verbrechen mit Tinte", in: FR, 19.9.1977.
[17] Vgl. die Zitate bei Wittke, Terrorismusbekämpfung, S. 246f.

Stimmung die Bestattung der Toten auf dem Stuttgarter Dornhaldenfriedhof durchsetzte, galt vielen Korrespondenten als der „letzte liberale Deutsche".[18]

An der Tatsache, dass auch im Bewusstsein einiger Demokraten, die in den männerbündisch organisierten Krisenstäben versammelt waren, „Grundüberzeugungen ins Wanken" gerieten, wie der „Spiegel" zehn Jahre nach den Ereignissen kommentierte, war der Kanzler selbst allerdings keineswegs ganz unschuldig. In dem Bewusstsein, dass von der erfolgreichen Bewältigung der Krise auch sein eigenes politisches Schicksal abhängen konnte, hatte er seinen heterogen zusammengesetzten Beraterkreis ausdrücklich dazu aufgefordert, „das Undenkbare zu denken" und im geschützten Raum auch „exotische Vorschläge" frei zu äußern.[19] Aus dem wenigen, was man von den einem „Geheimhaltungspostulat" unterworfenen Diskussionen weiß, ergibt sich allerdings der Eindruck, dass sich die letztendlich Verantwortlichen – allen voran der Kanzler selbst und sein Justizminister – der Inakzeptabilität der meisten in der Herrenrunde ventilierten Modelle stets bewusst waren.[20] „Repressalien gehen nicht. Ich verantworte das nicht", wird Schmidt zitiert. „Wir können nichts tun, was die Welt nicht versteht", so Vogel. „Wir stürzen unser Volk in innere Zerrissenheit. Die Welt würde sagen, die Deutschen sind irrsinnig geworden."[21]

Bereits diese wenigen Zitate und Impressionen lassen erahnen, vor welchen Herausforderungen die Bundesregierung im Herbst 1977 angesichts der Vielzahl der ihr durch den Terrorismus aufgezwungenen Frontlinien stand. Versteht man mit Beatrice De Graaf nicht nur die terroristische Propaganda der Tat, sondern auch „counterterrorist actions" als „means of communication and identification",[22] so ergaben sich die Schwierigkeiten für die Verantwortlichen vor allem aus der Pluralität interessierter *audiences* im In- und Ausland und ihrer gänzlich unterschiedlichen, teilweise schlicht inkompatiblen Erwartungen an das Regierungshandeln – ganz zu schweigen von den rivalisierenden Versuchen der Einflussnahme durch die Opposition und den objektiven Zwängen, die sich aus dem terroristischen Erpressungsversuch selbst ergaben. In

---

[18] „Der ‚letzte liberale Deutsche' – Rommel in der internationalen Presse – Journalisten aus vielen Ländern beim Stuttgarter Oberbürgermeister", in: Stuttgarter Zeitung, 28.10.1977 (bpa).

[19] „Die Deutschen sind irrsinnig geworden", in: Der Spiegel 36/31.8.1987, S. 106–111.

[20] So argumentiert auch Dorothea Hauser, die 1977 auf Veranlassung Helmut Schmidts – wohl bisher als einzige Historikerin – eine Sondergenehmigung zur Einsicht in die Protokolle des Großen Krisenstabs erhielt, vgl. Dies., Baader und Herold. Beschreibung eines Kampfes, 2. Aufl. Hamburg 2007, S. 233f. Ihre optimistische Prognose, mit Ablauf der 30-jährigen Sperrfrist würden die Akten allgemein zugänglich, haben sich allerdings nicht bewahrheitet.

[21] Zitiert in: „Die Deutschen sind irrsinnig geworden", in: Der Spiegel 36/31.8.1987, S. 106–111, hier S. 110.

[22] De Graaf, Evaluating Counterterrorism Performance, S. 8.

unserem Zusammenhang ist festzuhalten, dass das Bewusstsein, nicht nur vor nationalem Publikum zu agieren, sondern auch auf internationaler Bühne bestehen zu müssen, die Verantwortlichen im ‚Deutschen Herbst' auf eine ganz neue Weise konditionierte und niemals verließ. Gleichzeitig war völlig klar, dass man trotz der Auslands-PR, wie man sie seit 1975 etwa durch die „Arbeitsgruppe Presse- und Öffentlichkeitsarbeit der Bundesregierung" betrieb,[23] die Wahrnehmungen und Reaktionen der *audiences* jenseits der deutschen Grenzen deutlich schwerer zu beeinflussen vermochte als die des heimischen Publikums – und, dass es Prioritäten zu setzen galt. Für Schmidt mochte es kein geringer Trost sein, dass die Kooperation der Regierungen untereinander gerade mit den Briten und Franzosen erstaunlich reibungslos verlief und dass diese Kooperation wiederum für eine effektive „counterterrorism performance" zu Hause eindeutig wichtiger war als ‚weiche' Faktoren wie das ‚Deutschlandbild' in den jeweiligen Ländern.[24] Allerdings waren die befreundeten Regierungen ihrerseits auf die politische Vermittelbarkeit ihrer sicherheitspolitischen Entscheidungen – darunter die Frage der Kooperation mit der Bundesregierung und der angeblichen Adaption eines wie auch immer gearteten ‚deutschen Modells' – zwingend angewiesen. Wie sich zeigen sollte, war dies vor allem im italienischen Fall alles andere als unproblematisch. Was das deutsche Publikum anging, so musste Schmidt wiederum befürchten, dass es sich durch ‚ungerechte' Beurteilungen und Schuldzuweisungen der Nachbarn in eine beleidigte Europafeindlichkeit treiben ließ, die nicht nur den außen- und sicherheitspolitischen Zielvorgaben der Bundesregierung zuwiderlief, sondern auch die Unzufriedenen in die Arme der Opposition zu treiben drohte.

Die ersten konkreten, infolge der Schleyer-Entführung getroffenen Entscheidungen waren indes weniger ‚politisch' motiviert als vielmehr das Resultat einer an rationalen Kriterien orientierten Kosten-Nutzen-Abwägung. Die unter der juristisch zweifelhaften Deckung von § 34 des Strafgesetzbuches ergriffenen Maßnahmen, allen voran die Kontaktsperre für inhaftierte RAF-Mitglieder, die die Abschottung von ihren Strafverteidigern einschloss, hatten nichts mit dem Weiterwirken eines autoritären oder gar braunen Erbes zu tun, wie manche Kritiker monierten, sondern spiegelten vor allem das in der Zwischenzeit ins Extrem gewachsene Misstrauen offizieller Stellen gegenüber den RAF-Anwäl-

---

[23] Vgl. Die Arbeitsgruppe, die ursprünglich nur prozessbegleitend hatte tätig werden sollen, wurde auch nach Abschluss des Stammheimer Verfahrens nicht aufgelöst, vgl. BA Koblenz B 145 / 9302. Zu Einrichtung und Vorgehen der Arbeitsgruppe weiter oben S. 304ff.

[24] Was die deutsch-französischen Beziehungen anging, so hob etwa ein Bericht des Bundespresseamts zum Jahresende „als besonders erfreulich" hervor, dass auch im zweiten Halbjahr 1977 „die negative Berichterstattung eines Teils der Presse keinerlei Rückwirkungen auf die administrative Zusammenarbeit im Gefolge gehabt" habe, AFES, Helmut-Schmidt-Archiv 6865.

ten. In der konkreten Situation sollte sich die aus rechtstaatlicher Perspektive hochproblematische Maßnahme, die in Rekordzeit in ein Gesetz umgegossen und nur dank der Stimmen der Opposition durch den Bundestag gepeitscht werden konnte, als vollkommen nutzlos erweisen, da die ‚Stammheimer' ihre eigene Form der Krisenprävention zu diesem Zeitpunkt bereits ins Werk gesetzt hatten. Ganz im Gegenteil sollte die Tatsache, dass ihre Zellen seit Wochen hermetisch abgeriegelt gewesen waren, nach dem Kollektivselbstmord vom 18. Oktober einen weiteren Verdachtsmoment *gegen* die Behörden darstellen.

Auch bei der später vielgescholtenen so genannten ‚Nachrichtensperre' handelte es sich nicht um eine Wiedereinführung staatlicher Zensurmaßnahmen traditioneller Prägung,[25] sondern um einen auf freiwilliger Mitarbeit der Medien basierenden Versuch der Informationsregulierung, der vor allem auf den Schutz der in der Hand der Entführer befindlichen Menschenleben zielte – diese durch ein Eingehen auf die Forderungen der Erpresser zu retten, hatte man, anders als in der Vergangenheit, von Anfang an kategorisch ausgeschlossen. Die von Schmidt eingeforderte Kooperationswilligkeit der Medien war jedoch von vornherein zeitlich und inhaltlich eng begrenzt und entsprechend auch nicht mit einer prinzipiellen Kapitulation der liberalen Öffentlichkeit vor der Staatsgewalt gleichzusetzen: „Freedom of speech prevailed throughout, and there was plenty of opportunity to criticize the new safety measures".[26]

Auch wenn sich Schmidt nicht nur während des ‚Deutschen Herbstes', sondern auch vor und nach diesem Höhepunkt der terroristischen Bedrohung in der Bundesrepublik durchgängig von den öffentlich kursierenden und von Teilen der Union erhobenen Maximalforderungen im Sinne einer entgrenzten Terrorismusabwehr distanzierte, konnte er spätestens nach der Entführung des Arbeitgeberpräsidenten und dem Mord an seinen vier Begleitern den politischen Zwängen des „Staat-Zeigens" (Weinhauer) innerhalb einer durch die neuerliche Erhöhung des Gewaltniveaus der RAF zutiefst verunsicherten Gesellschaft nicht entkommen. Aus dem erpresserischen Menschenraub von Köln hatte sich per se ein unabweisbarer Handlungs- und Entscheidungszwang der Exekutive ergeben, der durch die Flugzeugentführung der palästinensischen RAF-Unterstützer in ein schier unerträgliches Maß gesteigert wurde. Die Lehren aus der unter Sicherheitsaspekten desaströs verlaufenen Lorenz-Entführung führten im Zusammenspiel mit der spezifischen Strukturierung

---

[25] Sehr kritisch äußern sich etwa Kraushaar, Ausnahmezustand, S. 1017–1019; Balz, Terroristen, S. 261–269.
[26] De Graaf, Evaluating Counterterrorism Performance, S. 57. Diese Position vertrat zeitgenössisch beispielsweise auch der Chefredakteur der Frankfurter Rundschau, Werner Holzer, auf einer Tagung zum Thema „Terrorismus und Information", die am 17./18.6.1978 nach den Erfahrungen der Schleyer- und der Moro-Entführung am International Press Institute in Florenz durchgeführt wurde, vgl. Werner Holzer, Il caso della Germania federale, in: Affari esteri 10 (1978), S. 486–491. Die Ausgabe enthält die vollständigen Tagungsakten.

der deutschen Öffentlichkeit, innerhalb derer Scharfmacher von rechts einen erheblich größeren Einfluss ausübten als in Italien, wo die Christdemokraten vor allem linke Kritik abwehren mussten, zu jener „strategischen Unnachgiebigkeit unter dem Primat der Inneren Sicherheit", mit der die Regierung Schmidt, so Matthias Dahlke, den ‚Deutschen Herbst' überstand – „wenn auch mit menschlichen und politischen Opfern".[27] Dass Schmidt sich auch auf internationaler Ebene in die Pflicht genommen fühlte und die deutsche „Unnachgiebigkeit" explizit als ein Signal verstand, das auch jenseits der Grenzen wahrgenommen werden sollte, liegt auf der Hand. So gab sich der Bundeskanzler etwa im Gespräch mit dem italienischen Ministerpräsidenten Giulio Andreotti am 1. Dezember 1977 optimistisch, dass es in Europa so bald nicht wieder zu einer Flugzeugentführung kommen werde, „weil die Terroristen wahrscheinlich damit rechneten, daß andere europäische Regierungen in derartigen Fällen eine gleich harte Haltung wie die deutsche Bundesregierung einnehmen, d. h. nicht nachgeben würden". Für allem der Rat Giscard d'Estaings sei ihm diesbezüglich „eine große Hilfe gewesen: Er [Schmidt, P.T.] dürfe in keinem Fall nachgeben, sonst müßten in Zukunft alle nachgeben."[28]

Dass sich gleichwohl viele deutsche, vor allem aber die ausländischen Kritiker hauptsächlich den von Dahlke angesprochenen „Opfern" im Namen der Staatsraison widmeten und dabei „Schmidt's constitutional scruples and democratic diligence" nicht als solche würdigten, weil ihnen die getroffenen Gegenmaßnahmen nicht als notwendige Härten zur Verteidigung der Demokratie und zur Vermeidung weiterer terroristischer Bedrohungssituationen erschienen, sondern als der erste Schritt in den Polizeistaat, hat De Graaf als die eigentliche „tragedy of the German Autumn" bezeichnet.[29] Diese Entwicklung ist ohne das spezifische Gewicht der deutschen Vergangenheit nicht zu denken, die dafür sorgte, dass gerade im Ausland vielfach jeglichem Bild von den deutschen Verhältnissen eine – im Einzelfall durchaus unterschiedliche – Menge brauner Farbe beigemischt wurde, wie es eine zeitgenössische Karikatur Hans Traxlers auf unnachahmliche Weise visualisierte.[30] Wer allerdings lediglich die ‚tragische' Seite dieser Entwicklung betont, läuft Gefahr, die unzweifelhaft vorhandenen positiven Aspekte zu übersehen, die ihr ebenfalls inhärent waren, darunter etwa das engagierte Eintreten der renommiertesten Intellektuellen des Landes zugunsten der „Verteidigung der Republik" gegen

---

[27] Dahlke, Demokratischer Staat, S. 163; Zur Lorenz-Entführung vgl. Ders., Eingeschränkte Krisenbereitschaft, passim sowie weiter oben S. 236ff.
[28] Vgl. Akten zur Auswärtigen Politik der Bundesrepublik Deutschland [im Folgenden AAPD] 1977, Bd. II, München 2008, S. 1650–1662, hier S. 1653.
[29] De Graaf, Evaluating Counterterrorism Performance, S. 57.
[30] In: „Pardon", 11/1977, S. 18f. Für die Genehmigung der Reproduktion im Innenumschlag dieses Buches danke ich dem Zeichner.

autoritäre Staatsmodelle *und* antisystemische Gewaltbereitschaft von links.[31] Als zumindest indirekt durch den ‚Deutschen Herbst' mitbedingt können auch eine generell erhöhte Sensibilität für die Gefährdung von Bürgerrechten und Privatsphäre, die gesellschaftliche Öffnung für die Neuen Sozialen Bewegungen sowie mittelfristig die erfolgreiche Erweiterung des Parteienspektrums durch die ‚Grünen' betrachtet werden.[32] Auch wenn im Laufe der 70er Jahre „die Kräfte der Gegenreform (…) auf breiter Front angetreten" waren[33] – nach 1982 fand die neue, von Helmut Kohl geführte Bundesregierung eine sozialdemokratisch imprägnierte, nun tatsächlich fundamental liberalisierte und gegenüber dem ‚starken Staat' misstrauischere Gesellschaft vor. Dieses Mehr an demokratischer Reife, das Beobachter wie Nicolas Büchse und Marica Tolomelli konstatiert haben, wäre allerdings ohne die objektive Niederlage des transnationalen Terrorismus in Mogadischu schwerlich denkbar gewesen.

Helmut Schmidt hat mehrfach zum Ausdruck gebracht, dass er die Verantwortung für das Überleben Hanns Martin Schleyers und für die Unversehrtheit der Menschen in der entführten ‚Landshut' als die schwerste Belastungsprobe seiner Kanzlerschaft überhaupt empfunden hat, zumal die Verschleppung des Arbeitgeberpräsidenten von den Entführern bewusst als „*personal drama*" einschließlich des gezielten Einsatzes von Foto- und Filmmaterial inszeniert wurde.[34] Die Anerkennung des Dilemmas zwischen Verantwortung für die Opfer und den Imperativen der Inneren Sicherheit, vor allem aber der Respekt für die Ernsthaftigkeit, mit der Schmidt nach möglichen Auswegen aus der ihm aufgezwungenen Lage suchte, sprechen auch aus den überlieferten Kommentaren der prominenten Linksintellektuellen, die der Kanzler – zweifellos auch als bewusstes Zeichen der Wertschätzung in Zeiten rechtskonservativ-populistischer Sympathisantenhetze – am 16. Oktober in seinen privaten Bungalow einlud, um den Rat derjenigen Männer einzuholen, die vor allem im europäischen Ausland als *die* moralischen und geistigen Autoritäten des deutschsprachigen Raumes galten.[35] „Unfanatische, große Präsenz", heißt es in Max

---

[31] Freimut Duve/Heinrich Böll/Klaus Staeck (Hg.), Briefe zur Verteidigung der Republik, Reinbek b. Hamburg 1977.
[32] In diese Richtung argumentieren vor allem Tolomelli, Terrorismo e società; Nicolas Büchse, Von Staatsbürgern und Protestbürgern. Der Deutsche Herbst und die Veränderung der politischen Kultur in der Bundesrepublik, in: Habbo Knoch (Hg.), Bürgersinn mit Weltgefühl. Politische Moral und solidarischer Protest in den sechziger und siebziger Jahren, Göttingen 2007, S. 311–332.
[33] Axel Schildt, „Die Kräfte der Gegenreform sind auf breiter Front angetreten." Zur konservativen Tendenzwende in den Siebzigerjahren, in: Archiv für Sozialgeschichte 44 (2994), S. 449–479.
[34] Vgl. Terhoeven, Opferbilder, Täterbilder.
[35] Es handelte sich um Max Frisch, Heinrich Böll, Siegfried Lenz und Siegfried Unseld; der ebenfalls eingeladene Günter Grass sagte aufgrund der Feierlichkeiten anlässlich seines 50. Geburtstages ab. Ausführlich über das Treffen geäußert haben sich vor allem Frisch und

Frischs stichwortartigen Notizen, „ohne Pose. Es geht nicht um Kanzlerschaft etc. Verantwortung durch das Mandat. (…) Er kann allen zuhören. Fragen aus Verständnis, er kommt auf Angedeutetes zurück. Dazwischen in den Krisenstab und zurück". Siegfried Unseld kam noch zwei Monate später in einem Brief zu Bölls 60. Geburtstag auf das Treffen zurück: „Mir ist neulich in Bonn deutlich geworden, was Sie auszuhalten haben. Aber: Halten Sie es aus. Wir haben diesen Staat immer mehr kritisiert als gelobt. Vielleicht sollten wir jetzt die wieder ausgedrückte öffentliche Sympathie verstärken. Wenn wir es nicht sagen, daß unser Staat – trotz allem was gerade Ihnen widerfährt – der freiheitlichste unserer Geschichte ist, dann nehmen unsere Gegner dies für sich in Anspruch".[36]

Schmidts Eingeständnis der enorm hohen menschlichen Belastung durch das doppelte Geiseldrama stand nicht zufällig auch am Beginn des bereits erwähnten Meinungsaustauschs mit Giulio Andreotti.[37] Das Gesprächsprotokoll des Treffens von Valeggio sul Mincio bei Verona zum Ausklang des ‚Deutschen Herbstes' stellt eine außerordentlich wertvolle Quelle für die Geschichte sowohl des deutschen als auch des italienischen Linksterrorismus dar – nicht zuletzt, weil in der gemeinsamen deutsch-italienischen Nachlese der vorausgegangenen, ereignisreichen Monate die überaus zahlreichen Punkte aufscheinen, an denen diese Geschichten einander berührten und miteinander verflochten waren.

Das Vier-Augen-Gespräch mit dem Italiener bildete für Schmidt auch den Anlass zu ungewöhnlich ausführlichen Einlassungen über diejenigen Ereignisse, die in vielerlei Hinsicht die Anti-Klimax des ‚Deutschen Herbstes' darstellen – die Selbsttötung der RAF-Gründer während der ‚Todesnacht von Stammheim'. Andreotti habe seiner Meinung nach „das Recht, aus dem Munde des deutschen Regierungschefs etwas darüber zu erfahren", so Schmidts bemerkenswert entschiedene Formulierung.[38] Tatsächlich hatte die ‚Todesnacht' seine „counterterrorism performance" vor allem auf internationaler Bühne vor erhebliche Probleme gestellt, da das ausländische Publikum der „pseudoterroristischen" Inszenierung der ‚Stammheimer' in weit höherem Maße aufzusitzen drohte als das deutsche. Pseudo-Terrorismus, so der von den Medienwissenschaftlern Alex Schmid und Janny De Graaf eigens für das Geschehen von Stammheim geprägte Begriff, „selects its victims from its own

---

Unseld, vgl. für letzteren: Schmidt, Bonn, Suhrkamp. Aus Siegfried Unselds „Chronik", in: Zeitschrift für Ideengeschichte 4 (2010), S. 99–107.

[36] Beide zitiert in: Jan Bürger, „Als Kanzler Schmidt die Dichter um Rat fragte", Welt-online 11.11.2010, online verfügbar unter www.welt.de/kultur/literarischewelt/article10853575/Als-Kanzler-Schmidt-die-Dichter-um-Rat-fragte.html (30.6.2013).

[37] „Noch nie", so Schmidt, „habe er an verantwortlicher Stelle so schwierige Tage erlebt wie die Tage während der Flugzeugentführung", AAPD 1977, Bd. II, S. 1650–1662, hier S. 1653.

[38] Ebd., S. 1651f.

camp with the intention of getting the guilt attributed to the enemy".[39] Mit der Instrumentalisierung des Suizids als Kampfmittel wurde die aus der Ohnmacht geborene Strategie Gudrun Ensslins, den „eigenen Körper zur Waffe zu machen", endgültig auf die Spitze getrieben: Die ‚andere', in vielerlei Hinsicht spezifisch deutsche Seite des Linksterrorismus – nämlich die Selbstinszenierung der Täter als Opfer eines ruchlosen Staates – gab sich nach außen als eine Perfidie des Counterterrorismus aus.

Erheblich verkompliziert wurde die Lage für den Kanzler vor allem durch den Umstand, dass er für die Bedingungen, unter denen die Selbstmorde möglich gewesen waren, nicht persönlich verantwortlich war, als Regierungschef aber für die Folgen ganz selbstverständlich in die Pflicht genommen wurde. Entsprechend sah er sich gezwungen, Andreotti zunächst das kleine Einmaleins des deutschen Föderalismus zu erklären: Anders als in Italien, so Schmidt, gehörten in der Bundesrepublik die Gerichte sowie sämtliche Gefängnisse in die Zuständigkeit der Länder. Die für Stammheim zuständige CDU-Landesregierung unter Ministerpräsident Filbinger sei von der Bundesregierung in der Vergangenheit wiederholt gedrängt worden, die Zellen der Gefangenen strengsten Kontrollen zu unterziehen, da man seit längerem begründete Vermutungen – keine Beweise – über den besonderen Charakter der Verbindungen der Inhaftierten zur Außenwelt besitze. Diesen Hinweisen habe man in Baden-Württemberg offenbar nicht genügend Beachtung geschenkt, weswegen der dortige Justizminister bereits seinen Hut habe nehmen müssen. In den Zellen seien inzwischen neben den zur Selbsttötung verwendeten Pistolen auch Sprengstoff, ein Fotoapparat, ein Radio und diverse Gerätschaften zum Telegraphieren gefunden worden. Was den eigentlichen Hergang der ‚Todesnacht' betraf, so habe er, der Bundeskanzler, „keinen Zweifel, dass es sich tatsächlich um Selbstmorde gehandelt habe."[40]

Dass Helmut Schmidt die Nachricht vom Tod der ‚Stammheimer', die er später mit einem „Tritt in den Unterleib" verglich,[41] am Morgen des 18. Oktober ebenso fassungslos hatte zur Kenntnis nehmen müssen wie etwas später jeder beliebige Radiohörer und Zeitungsleser im In- und Ausland, spiegeln sämtliche Quellen, die der Forschung bisher zu diesem Thema zugänglich sind – ebenso wie seine mehr oder weniger offen demonstrierte, massive Empörung über das

---

[39] Schmid/De Graaf, Violence as Communication, S. 50.
[40] AAPD 1977, Bd. II, S. 1650–1662, hier S. 1652.
[41] Zitiert in: Peters, Irrtum, S. 462. Sein Freund Jim Callaghan drückte sich ähnlich aus. „I know very well what a dark cloud this tragedy will have cast over the joy with which you and the German people rightly greeted the victory which you won at Mogadishu over the forces of terrorism", in: AFES, Helmut-Schmidt-Archiv, 10017, Schreiben Callaghans vom 20. Oktober.

Geschehen. Vor der SPD-Bundestagsfraktion verwies Schmidt am 25. Oktober darauf, dass er den baden-württembergischen Ministerpräsidenten Filbinger

> sehr gedrängt habe, endlich einen amtlichen Bericht über die unglaublichen Vorgänge in Stammheim zu veröffentlichen. Ich habe ihm schriftlich und mündlich dargetan, dass sich die Botschafter der Bundesrepublik Deutschland in 150 Staaten der Welt Fragen ausgesetzt sähen, die sie gegenwärtig nicht beantworten könnten, weil wir bisher amtlich durch die Landesregierung noch nicht in die Lage versetzt worden sind, Auskunft zu geben über das, was sich dort an Tatbestand herausgestellt hat.[42]

Tatsächlich hatte Schmidt am Vortag einen Brief an Filbinger verfasst, in dem er von diesem die „unverzügliche" Aufklärung der ‚Todesnacht' verlangte. „Die im Ausland zu verzeichnenden Reaktionen auf die Vorgänge in Stammheim machen es, unabhängig von den Informationsnotwendigkeiten gegenüber unserer eigenen Öffentlichkeit, erforderlich, dass die Landesregierung Baden-Württemberg umgehend über die bisherigen Ermittlungsergebnisse *öffentlich* berichtet", schrieb Schmidt.[43]

> Insbesondere der sich andernfalls abzeichnende außenpolitische Schaden macht dies aus der Sicht der Bundesregierung zwingend erforderlich. Über die außenpolitische Bedeutung jener Vorgänge gab es übrigens in der Sitzung des Großen Kreises nach deren Bekanntwerden Übereinstimmung. Die weitere Entwicklung hat diese Einschätzung voll bestätigt.[44]

Die Tatsache, dass der außenpolitische Faktor das kurze Schreiben auf derart auffällige Weise dominierte, spiegelt zum einen den unterschiedlichen Verbreitungsgrad der Mord-These im In- und Ausland, den der Krisenstab zutreffend vorhergesehen hatte: Vor allem in Italien, aber auch in Frankreich, Griechenland und den Niederlanden hatten RAF-Sympathisanten auf die Nachricht vom Tod Baaders, Ensslins und Raspes unmittelbar nach Bekanntwerden der Nachricht mit gewaltsamen Ausschreitungen reagiert.[45] Zum anderen war es auch völlig klar, dass die Bundesregierung und allen voran der Kanzler selbst es waren, die das Geschehen außerhalb der deutschen Grenzen zu vertreten hatten und denen es in Unkenntnis der föderalen Strukturen des Landes in erster Linie angelastet wurde. Beobachtern im Inland standen die Zuständigkeiten und damit auch die Verantwortung für das Desaster ‚Stammheim' deutlich klarer vor Augen, was nicht bedeutete, dass Mitglieder der Bundesregierung nicht auch vor dem deutschen Parlament auf den Widerspruch zwischen

---

[42] Diskussionsbeitrag Bundeskanzler Helmut Schmidt in der Sitzung der SPD-Bundestagsfraktion am 25. Oktober 1977, in: AFES, Helmut-Schmidt-Archiv, 10019.
[43] Hervorhebung d. Verf.
[44] AFES, Helmut-Schmidt-Archiv, 10017, Schreiben des Bundeskanzlers an Filbinger vom 24.10.1977.
[45] „Gewalttaten und antideutsche Demonstrationen in mehreren Ländern", in: FAZ, 20.10.1977; „Brandanschläge in mehreren Ländern Europas", in: Frankfurter Rundschau, 21.10.1977. Für den italienischen Fall vgl. weiter unten S. 519–523.

dem Geist der Zitatensammlung Heiner Geißlers und eigener Versäumnisse verwiesen hätte.[46] Insgesamt gesehen jedoch blieb Helmut Schmidt, darin ganz Staatsmann, auch zum Ausklang des ‚Deutschen Herbstes' bei der Politik des ‚Burgfriedens', erst recht gegenüber dem Christdemokraten Giulio Andreotti. Im Zusammenhang mit den nach Stammheim eingeschmuggelten Pistolen betonte der Kanzler in Valeggio sul Mincio ausdrücklich, „er wolle niemandem einen Vorwurf machen".[47] Insgesamt habe sich die CDU/CSU-Fraktion im Bundestag „während der sieben Wochen der Entführung Schleyers und der Flugzeugentführung ‚hervorragend benommen'." In den Sitzungen des Krisenstabs seien „alle Entscheidungen gemeinsam mit den Vertretern der Opposition getroffen worden". Andreotti nahm das Lob „erfreut" zur Kenntnis und entgegnete, es wäre auch „unmoralisch" gewesen, wenn die Christdemokraten diesen Anlass benutzt hätten, „um zu opponieren."[48]

Letztlich blieb Schmidt wohl tatsächlich wenig anderes übrig, als gegenüber der Öffentlichkeit den nach der Schleyer-Entführung einmal eingeschlagenen Kurs der Geschlossenheit zu verteidigen und die Kritik an den verantwortlichen Landespolitikern in vertretbaren Grenzen zu halten, wobei es selbstverständlich vor allem um die Abwehr der Viktimisierungsstrategie der RAF gehen musste, die man auch öffentlich von Vornherein als solche benannte. Der Sprecher der Bundesregierung, Staatssekretär Klaus Bölling, gab bereits am Abend des 18. Oktober eine gemeinsame Erklärung der Bundesregierung, der Vorsitzenden der SPD, der CDU, der CSU und der FDP, der Vorsitzenden der jeweiligen Bundestagsfraktionen sowie der Ministerpräsidenten der Länderregierungen von Baden-Württemberg, Bayern, Hamburg und Nordrhein-Westfalen ab, nach der man die Ereignisse in Stammheim „mit Betroffenheit zur Kenntnis genommen" habe: Die Nachrichten machten deutlich, dass die Terroristen „zur weiteren Verschärfung ihres fanatischen und mörderischen Kampfes gegen unseren Staat (…) auch das Mittel der Selbstzerstörung eingesetzt" habe. Zur Aufklärung der Vorgänge habe man „auch um Benennung international anerkannter gerichtsmedizinischer Kapazitäten ersucht".[49] Dass er diese Politik zumindest subjektiv für alternativlos hielt, lässt sich dem bereits zitierten parteiinternen Statement vom 25. Oktober ebenso entnehmen wie die

---

[46] So bemerkte Hans-Jochen Vogel im Rahmen der ersten Lesung des zweiten großen Gesetzespaketes auf dem Gebiet der Terrorismusbekämpfung am 28.10.1977: „Wer sich aus dem Fenster beugt und andere beständig mit Ermahnungen und Vorwürfen über den Zustand ihrer Wohnungen und Häuser belehrt, der muß zunächst einmal dafür sorgen, daß seine eigene Wohnung in Ordnung ist und jeder kritischen Prüfung standhält", zitiert in: Die Anti-Terror-Debatten im Parlament. Protokolle 1974–1978, Reinbek b. Hamburg 1978, S. 321f.
[47] AAPD 1977, Bd. II, S. 1650–1662, S. 1652.
[48] Ebd., S. 1654.
[49] Gemeinsame Erklärung über die Ereignisse in der Justizvollzugsanstalt Stuttgart-Stammheim, zitiert in: Bulletin Nr. 194, 20.20.1977, S. 956.

Tatsache, dass es für seinen Kurs der unbedingten ‚Solidarität der Demokraten' im eigenen Lager keineswegs nur Verständnis gab. Letztlich, so gab sich Schmidt überzeugt, gebe es angesichts des Ernstes der terroristischen Bedrohung keine andere Option als die prinzipielle Bereitschaft zu „gemeinsamen Gesetzgebungen und gemeinsamen Regelungen".

Stellt Euch bitte einmal ein durchaus denkbares Ergebnis vor: In Mogadischu 87 Tote und vier lebendige Terroristen, ein toter Schleyer, vier tote Begleiter Schleyers, drei Tote in Stammheim, aber keinen einzigen Terroristen gegriffen! (…) Solche entsetzlichen, für uns innenpolitisch kaum zu ertragenden Ergebnisse bitte ich sich (…) vor Augen zu stellen, ehe man sich hinreißen läßt, wegen einiger Gemeinheiten aus Stuttgart, aus München oder aus anderer Ecke, mit denen von der schwarzen Couleur in einen oberflächlichen Streit einzutreten.

Vor allem aber gelte es, so Schmidt weiter, das deutsche Volk vor den Versuchungen dieser Tage zu bewahren,

z. B. die Versuchung für viele zu sagen: Drei Selbstmorde sind eigentlich wenig, können sich denn nicht noch ein paar mehr umbringen? Ich höre so etwas, wenn es in der ersten Nacht gesagt wurde oder am ersten Morgen, mit einem gewissen Verständnis, jedoch wenn es einen Tag später immer noch gesagt wird, mit tiefem inneren Erschrecken. Oder die zweite Versuchung, auf die Ausschreitungen einiger in Italien, in Frankreich oder anderswo (…) in nationalistischer Überheblichkeit zu antworten. Die Versuchung ist wohl zu spüren bei manchen Menschen in den letzten Tagen! Wir haben derartiges bisher vermeiden können.

Im Folgenden distanzierte sich Schmidt aber auch von der „Versuchung, (…) auf all dies mit einem gesetzgeberischen Ordnungsexzess" zu antworten oder „im Falle solcher Not Gesetzwidriges und Verfassungswidriges zu tun". Im Übrigen sei es keineswegs so einfach gewesen, „mit Strauß und Kohl und Zimmermann gemeinsam zu Lösungen zu kommen; so angenehm war das auch nicht immer."

Selbst wenn vor dem Hintergrund der Notwendigkeit, die Partei auf den eigenen Kurs ‚mitzunehmen', von der Krisenrhetorik des Kanzlers einige Abstriche zu machen sind, so ginge man doch fehl, würde man seinen Worten einen rein instrumentellen Charakter unterstellen. Eine ganz andere Frage ist allerdings, warum im Umgang offizieller Stellen mit dem Geschehen in der ‚Todesnacht' von einem bestimmten Zeitpunkt an die Zeichen von der Transparenz, die Schmidt in seinem Brief an Filbinger noch eingefordert hatte, auf eine zumindest partielle Informationsverweigerung umgestellt wurden.[50]

---

[50] Mit Händen zu greifen war diese Wende etwa in dem bereits zitierten Aufsatz des Pressereferenten im Bundeskanzleramt Alf Enseling aus dem Jahre 1978. In dem Einleitungsparagraphen, der dem Text vorangestellt war, wurden Ausführungen zum Fall Stammheim und den Auslandsreaktionen auf die Todesnacht noch angekündigt, die der Beitrag selbst dann nicht enthielt, vgl. Enseling, Ausland, passim. Auch die Bonner „Arbeitsgruppe Presse- und Öffentlichkeitsarbeit der Bundesregierung" sollte, so ein Beschluss des sogenannten Kleinen Krisenstabs, zur „Abwehr kampagnenartiger Legendenbildung im Zusammenhang mit den Selbstmorden von Gefangenen in der Jus-

Die Gründe dafür könnten vielfältig sein – etwa die Existenz eines ebenso unbelehrbaren wie politisch voreingenommenen Segments der Bevölkerung im In- und Ausland, das zu ‚überzeugen' man zunehmend für sinnlos hielt, weil es lediglich an politisch instrumentalisierbaren ‚Informationen' wie dem oben ausführlich untersuchten „Bericht der Internationalen Untersuchungskommission zum Tode von Ulrike Meinhof" Interesse zeigte. Sicherlich spielte vor dem Hintergrund dieses Generalverdachts mancher Beobachter auch die Tatsache eine Rolle, dass es weder der parlamentarischen Untersuchungskommission in Baden-Württemberg noch den damit befassten Gerichten gelang, den beschuldigten Anwälten – über die Aussagen der ehemaligen Mitarbeiter der Kanzlei Croissant hinaus – zweifelsfrei die genauen Umstände und den präzisen Zeitpunkt ihres Waffenschmuggels nachzuweisen.[51] Eine mögliche Erklärung könnte aber auch, wie es Stefan Aust vorgeschlagen hat, in der bewussten Verschleierung der Tatsache liegen, dass die Gefangenen in ihren Zellen abgehört worden sind. Sein mehrfach geäußerter Verdacht, es könne sich um einen „Selbstmord unter Aufsicht" gehandelt haben, könnte nur durch vorbehaltlose Öffnung der Archive bestätigt oder aber ausgeräumt werden, genau wie die Frage, wer in diesem Zusammenhang über welchen Sachverhalt informiert war. Bislang jedenfalls ist die Frage nicht eindeutig zu beantworten, wie viel die Verantwortlichen – vor allem innerhalb des BND, der Bundesanwaltschaft und des Landeskriminalamtes Baden-Württemberg – von den Selbstmordplänen der inhaftierten RAF-Spitze wussten, wann sie möglicherweise von ihren Absichten erfuhren und warum das Vorhaben gegebenenfalls nicht vereitelt worden ist.[52] Auch der im Frühjahr 1978 vorgelegte Bericht des von der Opposition im Stuttgarter Parlament durchgesetzten Untersuchungsausschusses enthält zu diesen Fragen keine Angaben, dafür jedoch eine Fülle von Hinweisen auf Sicherheitslücken in der Stammheimer Anstalt.[53]

---

tizvollzugsanstalt Stuttgart-Stammheim" eine „kleine ad-hoc-AG unter Federführung des Bundespresseamts" ins Leben rufen, die nach dem Muster der ‚Inter Nationes'-Mappe eine Dokumentation zu den Vorfällen am 18. Oktober erstellen sollte. In Ermangelung verwertbaren Informationsmaterials scheint es dazu jedoch nicht mehr gekommen zu sein, BA Koblenz, B 145 / 9292.

[51] Vgl. Peters, Irrtum, S. 453–460; S. 787.
[52] Vgl. Aust, Baader-Meinhof-Komplex (2008), S. 859–869. Trotz der von Aust dargelegten Verdachtsmomente hat es die Stuttgarter Staatsanwaltschaft nach einer erneuten Aktenprüfung nicht für notwendig erachtet, ein neues Ermittlungsverfahren einzuleiten, vgl. Stuttgarter Nachrichten online, 26.9.2008, http://www.stuttgarter-nachrichten.de/stn/page/detail/php/1829457/r_article_print. Für eine zusammenfassende Bewertung der bisherigen Erkenntnisse vgl. Rüdiger Soldt, „Sieg oder Tod – so viel wußte man auch ohne Mikrofone", in: FAZ.net, 24.9.2008, http://premium-6o9n=mjlj6k71n.eu.clickandbuy.com/RubFC06D389EE76479E9E764 (13.07.2013)
[53] Vgl. Landtag von Baden-Württemberg, 7. Wahlperiode 1976–1980, Verzeichnis der Drucksachen Bd. 14, Stuttgart 1979, Drucksache 7 / 3200: Bericht und Antrag des Unter-

In einer von Schmidt früh in Auftrag gegebenen ausführlichen Stellungnahme des Justizministeriums zum allerersten aus Baden-Württemberg nach Bonn gelieferten schriftlichen Bericht zu den Vorgängen wurde die dort vertretene Auffassung, „der Selbstmord eines zum Äußersten entschlossenen Häftlings" könne generell „nicht mit Sicherheit verhindert werden" als „zu allgemein" verworfen und für die konkrete Gefährdungslage explizit verneint. „Besondere Maßnahmen zur Verhinderung, die unter normalen Umständen vielleicht (…) nicht vertretbar gewesen wären, hätten für die während der Schleyer-Entführung in Betracht kommende kürzere Zeitspanne unter dem Gesichtspunkt der Lebenserhaltung durchaus verantwortet werden können", so das Fazit der insgesamt überaus kritischen Stellungnahme.[54]

Falls in Stammheim abgehört worden sein sollte, ist angesichts solcher Dokumente festzuhalten, war dies nur einem winzigen Kreis Eingeweihter bekannt. Dass der Bundeskanzler nicht zu diesen gehört haben soll, ist wohl auszuschließen, genauso aber eine stillschweigende Zustimmung des deutschen Regierungschefs zu einer wie auch immer gearteten ‚Entscheidung' der abhörenden Beamten, angesichts offenkundiger Suizidvorbereitungen der Stammheimer nicht ins Geschehen einzugreifen. Nicht umsonst hatte er sich, wie eingangs zitiert, im September 1977 mit Nachdruck und in aller Öffentlichkeit zur unbedingten Wahrung der körperlichen Unversehrtheit der Häftlinge bekannt. Dass zu den „Versuchungen" des ‚Deutschen Herbstes', die der Kanzler wiederum vor seinen Parteigenossen so plastisch ausgebreitet hatte, für die unmittelbar zuständigen Beamten auch diejenige gehören mochte, passiv zu bleiben, wenn die verhassten Staatsfeinde sich selber zu ‚richten' im Begriff waren, erscheint jedenfalls keineswegs unplausibel.

Wenn Historiker auch mehr als vier Jahrzehnte nach den Ereignissen immer noch daran gehindert werden, entsprechende Verdachtsmomente zu überprüfen, kann dies, wie wir heute wissen, jedenfalls nicht mit dem Hinweis darauf geschehen, die damaligen Akteure seien über jeden Zweifel erhaben gewesen. Nur wenige Monate nach dem ‚Deutschen Herbst' sollte sich herausstellen, dass der baden-württembergische Landesvater Filbinger, Schmidts erster Ansprechpartner in allen Fragen zur ‚Todesnacht', jedenfalls nicht zu denjenigen gehörte, die aus der Vergangenheit „gelernt" hatten, wie es Walter Scheel im ‚Deutschen Herbst' so optimistisch verallgemeinert hatte. „Was damals Recht war, kann

---

suchungsausschusses Vorfälle in der Vollzugsanstalt Stuttgart-Stammheim, S. 1–143. Zum Antrag der Fraktionen von SPD und FDP/DVP zur Einsetzung eines Untersuchungsausschusses vgl. Landtag von Baden-Württemberg, 7. Wahlperiode 1976–1980, Verzeichnis der Drucksachen Bd. 11, Stuttgart 1979, Drucksache 7 / 2433, o.S.

54 AFES, Helmut-Schmidt-Archiv, 10019, Stellungnahme des Bundesjustizministeriums zu dem vorläufigen Bericht der Landesregierung Baden-Württemberg über die Ereignisse vom 18. Oktober 1977 in der Vollzugsanstalt Stuttgart-Stammheim. Für den 38 Seiten umfassenden Bericht selbst vgl. PAAA Zwischenarchiv B 5 106.481.

heute nicht Unrecht sein", lautete der so oder ähnlich gefallene Satz, in dem sich die Haltung verdichtete, die dem ehemaligen Marinerichter des ‚Dritten Reichs' das politische Genick brach. Filbinger musste im August 1978 zurücktreten, nachdem in den Vormonaten die von Rolf Hochhuth erstmals formulierten Vorwürfe gegen den Unionspolitiker innerhalb einer zunehmend kritischen deutschen Öffentlichkeit erfolgreich skandalisiert worden waren.[55]

Vor diesem bis heute unbefriedigend ausgeleuchteten Hintergrund ist leider nur eine vorläufige Antwort auf das zumindest partielle Scheitern der deutschen „counterterrorism performance" möglich: Die Regierung wurde von der politischen Opposition dazu getrieben, eine demonstrativ starke Hand in der Terrorismusbekämpfung zu zeigen, obwohl sie selbst in der entscheidenden Frage der Obhut über die Häftlinge keinen Beweis ihrer Effizienz erbringen konnte. Für kritische Beobachter im Ausland, insbesondere in Italien, war dagegen gerade die vermeintlich tödliche Effizienz der ‚Repression' Beleg für die historisch bedingten, aber auch aktuell sich zuspitzenden Verdachtsmomente gegenüber einem in der Tradition des Faschismus stehenden starken Staates. Die allermeisten der relevanten Einflussfaktoren waren hier, wie sich zeigen sollte, dem Aktionsradius der Bundesregierung entzogen, was den Erfolgsaussichten ihrer kommunikativen Strategien von vornherein enge Grenzen setzte. Vielmehr entwickelte sich eine Dynamik der Gegenübertragung, die der Internationalisierungsstrategie der RAF unter den besonderen Bedingungen der sich auch in Italien radikalisierenden Linken eine gewisse Chance einräumte.

6.1.2 Ein Land im Aufruhr: Die 77er-Bewegung und die Flucht Herbert Kapplers

„Wer hat Angst vor 1977?" titelte die linke Intellektuellenplattform „il manifesto" in der ersten Ausgabe des gerade begonnenen Jahres.[56] In der Tat zweifelte zum Jahreswechsel 1976/77 kaum ein Beobachter der italienischen Verhältnisse daran, dass Staat und Gesellschaft in den kommenden Monaten gewaltige Herausforderungen bevorstanden – Herausforderungen, bei denen es einem durchaus angst und bange werden konnte, wenn man sich die in den Vorjahren offenkundig gewordenen Defizite der politischen Klasse des Landes vor Augen hielt.[57]

Angesichts der tiefen Risse, die sich während des ‚roten Jahrzehnts' durch

---

[55] Wolfram Wette (Hg.), Filbinger – eine deutsche Karriere, Springe 2006; für die hier geschilderten Vorgänge vgl. besonders die Einleitung des Herausgebers sowie Ders., „Der Fall Filbinger", in: Ebd., S. 15–34.
[56] Rossana Rossanda, „Chi ha paura del 1977?", in: il manifesto, 2.1.1977.
[57] Für eine ebenso harsche wie fundierte Kritik der „classe dirigente" vgl. Silvio Lanaro, Storia dell'Italia repubblicana, Venedig 1992, S. 440.

die politische Landschaft des nach wie vor christdemokratisch regierten Italiens zogen, liegt es auf der Hand, dass sich diese Herausforderungen je nach politischem Standort denkbar unterschiedlich darstellten. Entsprechend waren auch die Akteure, die für eine erweiterte deutsch-italienische Beziehungsgeschichte des ‚Deutschen Herbstes' entscheidend waren, auf ganz unterschiedliche Weise von ihnen betroffen und agierten auf der politischen Bühne Italiens ganz verschiedene Wahrnehmungsvarianten des deutsch-italienischen „annus terribilis" aus.[58] Ihre Reaktionen auf die Nachrichten aus der Bundesrepublik sind nicht ohne Berücksichtigung dieser vorgelagerten Perzeptionsfilter zu verstehen, die wiederum durch spezifische politische Interessen konditioniert waren.

Besonderes Gewicht kommt in diesem Zusammenhang den tektonischen Verschiebungen zu, die sich in Politik und Gesellschaft durch den ‚Historischen Kompromiss' ergaben. Die historische Annäherung ‚der beiden Italien' katholischer und kommunistischer Prägung konnte nicht ohne Auswirkungen für die deutsch-italienischen Beziehungen bleiben, hatte aber auch erhebliche Folgen für das Potential linker Politik in Italien selbst. Für die krisenhafte Zuspitzung des deutsch-italienischen Verhältnisses in der zweiten Jahreshälfte 1977 ist aber neben diesen strukturellen Faktoren auch die Dynamik zu berücksichtigen, die aus bestimmten ‚kritischen Ereignissen' erwuchs – Ereignissen, von denen längst nicht alle direkt mit dem Problemkreis ‚Linksterrorismus' zu tun hatten. Mit der blutigen Entführung und Ermordung Hanns-Martin Schleyers, der Kaperung der Lufthansa-Maschine ‚Landshut' durch palästinensische RAF-Unterstützer und schließlich den Selbstmorden von Stammheim eröffneten sich wiederum immer wieder neue Handlungsmöglichkeiten, die in der veröffentlichten Meinung, im linkssozialistischen Milieu und schließlich auch bei den terroristischen Aktivisten der Roten Brigaden zu signifikanten Veränderungen führten.

Was die Vorgeschichte und den Verlauf des ‚Deutschen Herbstes' in Italien angeht, so gilt es sowohl auf struktureller als auch auf ereignisgeschichtlicher Ebene eine rein italienische von einer transnationalen Logik zu unterscheiden. Während sich erstere hauptsächlich aus der Beziehung der italienischen Akteure untereinander ergab, war letztere ein Resultat deutsch-italienischer Kommunikations- bzw. Aushandlungsprozesse. Auch wenn das Handeln sämtlicher Akteure im Untersuchungszeitraum in erster Linie den Gesetzen und Erfordernissen des nationalen Kommunikationsraums folgte, so ist es dennoch, so die These, ohne die Eigendynamik deutsch-italienischer Abstoßungs- und Anziehungsreaktionen nicht hinreichend zu erklären.

Diejenige Herausforderung für die italienische Politik, die die meisten Beobachter zu Beginn des Jahres 1977 wohl am gravierendsten einschätzten,

---

[58] Antonio Missiroli, Italia-Germania: le affinità selettive, in: il Mulino, 44 (1995), S. 26–40, hier S. 34.

war die angespannte Wirtschaftslage. Im Herbst des Vorjahres hatten sich die Schwierigkeiten, mit denen die störungsanfällige italienische Volkswirtschaft seit dem Ölpreisschock zu kämpfen hatte, noch einmal dramatisch zugespitzt. Als die italienische Lira in den ersten Oktobertagen 1976 vor dem Zusammenbruch stand, verlieh Ugo La Malfa, Vorsitzender der Republikanischen Partei, der Überzeugung Ausdruck, dass sich „die italienische Krise an der Grenze zur Irreversibilität" befinde und Rettung nur über „äußerst unpopuläre Maßnahmen" zu erwarten sei.[59] Tatsächlich verabschiedete die von Giulio Andreotti geführte DC-Minderheitsregierung in der Folge ein vergleichsweise drastisches Sparprogramm, das von Steuererhöhungen und erheblichen Steigerungen der Energiepreise bis zu Eingriffen in den Devisenmarkt und einer starken Reduzierung der Zahl der Feiertage reichte.[60] Bei der Durchsetzung dieser Maßnahmen profitierte die Regierung ganz erheblich von der Tatsache, dass die kommunistische Partei, die bei den Wahlen im Juli 1976 sensationelle 34,4 % der Wählerstimmen erhalten und damit fast mit der DC gleichgezogen hatte, auf ihre angestammte Oppositionsrolle im Parlament verzichtete und die Regierung durch Stimmenthaltung tolerierte.[61] Statt gegen den Sparkurs Front zu machen, nutzte der PCI seinen Einfluss auf die Gewerkschaften, um den Widerstand der Arbeiterschaft gegen eine Lockerung des Kündigungsschutzes und weitere Maßnahmen zur Senkung der Produktionskosten in Grenzen zu halten. Die Arbeitskämpfe in der metallverarbeitenden und der chemischen Industrie endeten mit der ersten Niederlage der Gewerkschaften seit dem ‚Heißen Herbst' 1969. „Unter dem Druck der Wirtschaftskrise", so Paul Ginsborg, „verlagerte sich die Macht langsam wieder auf die Seite der Arbeitgeber."[62]

Ausschlaggebend für die Verabschiedung des Sparpakets zur Sanierung des italienischen Haushalts war nicht zuletzt der massive Druck des Auslandes. Die Regierungen der USA, Frankreichs, Großbritanniens und der Bundesrepublik hatten sich bereits seit 1974 regelmäßig über den aus ihrer Sicht besorgniserregenden Zustand des „kranken Mannes Italien" ausgetauscht.[63] Im Vorfeld des G7-Treffens von Puerto Rico im September 1976 einigten sich die Vertreter dieser Länder bereits *vor* Eintreffen der von Aldo Moro angeführten italienischen Delegation darauf, weitere Finanzhilfen des Internationalen Währungsfonds und der Europäischen Gemeinschaft an die Adresse der Italiener

---

[59] Zitiert in: Francesco Barbagallo, L'Italia repubblicana. Dallo sviluppo alle riforme mancate (1945–2008), Rom 2009, S. 135.
[60] Ebd.
[61] Für die genauen Ergebnisse vgl. Jansen, Italien seit 1945, S. 34, Tab. 1: Ergebnisse der Wahlen zur Nationalversammlung bzw. Abgeordnetenkammer 1946–1992.
[62] Ginsborg, Storia d'Italia S. 483.
[63] Vgl. Giovanni Bernardini, The Federal Republic of Germany and the Resistible Rise of the „Historic Compromise" in Italy (1974–1978), in: Antonio Varsori/Guia Migani (Hg.), Europe in the International Arena during the 1970s, Brüssel 2011, S. 317–337.

davon abhängig zu machen, dass diese ihre wirtschaftspolitischen Hausaufgaben machten – also Inflation und Staatsverschuldung drosselten und soziale Schieflagen bekämpften. Deutlich wurde aber auch „the readiness of the parties to do everything possible to keep the PCI at arm's length from power".[64] Es war Bundeskanzler Schmidt, der im Anschluss an den Gipfel vor der internationalen Presse nicht nur die ökonomischen, sondern auch die politischen Bedingungen bekanntgab, an die die vier Mächte zukünftige Wirtschaftshilfen an Italien zu knüpfen gewillt seien: In keinem Falle nämlich dürfe es in Rom zu einer formalen Regierungsbeteiligung der Kommunisten kommen. Während Briten und Franzosen rasch klarstellten, in einer solchen Entwicklung lediglich einen „komplizierenden Faktor" zu sehen, nahm Schmidt – wohl auch aus Gründen der innenpolitischen Profilierung im Vorfeld der Bundestagswahlen im September 1976 – die Rolle des ‚Buhmanns' in der italienischen Öffentlichkeit auf sich, die auf diese Einmischung in die inneren Angelegenheiten des Landes erwartungsgemäß scharf reagierte.[65]

Wie man inzwischen weiß, gründeten Schmidts wiederholte öffentliche Invektiven gegen eine Regierungsbeteiligung des PCI auf einer intimen Kenntnis der italienischen Szene.[66] Die Bundesregierung war sich nicht nur der Tatsache bewusst, dass auch innerhalb der DC eine direkte Regierungsbeteiligung der Kommunisten mehrheitlich abgelehnt wurde. Sie war sich auch darüber im Klaren, dass der PCI auf seinem Weg in die Regierungsverantwortung auf eine Strategie des langen Atems setzte, bei der es darauf ankam, den Glauben an die demokratische Zuverlässigkeit der Partei über eine Reihe vertrauensbildender Maßnahmen allmählich zu festigen. Genau diese Strategie galt es aus deutscher Sicht zu torpedieren. Ebenso bemühte sich die SPD-Führung um eine Diskreditierung des so genannten Eurokommunismus, der die außenpolitische Seite des neuen PCI-Kurses darstellte.[67] Hatte sie noch unter Brandt zur Anbahnung der Neuen Ostpolitik durchaus erfolgreich mit den italienischen Kommunisten kooperiert, erfolgte unter Schmidt ein deutlicher Kurswechsel.[68]

---

[64] Ebd., S. 335.
[65] Antonio Varsori, Puerto Rico (1976): le potenze occidentali e il problema comunista in Italia, in: Ventunesimo Secolo 16 (2008), S. 89–121.
[66] Vgl. für das folgende Bernardini, Federal Republic of Germany. Zu einem verbesserten Verständnis der politischen Lage in Italien trug neben direkten Kontakten zu den italienischen Parteien auch das 1973 in Rom eröffnete erste permanente Auslandsbüro der Friedrich-Ebert-Stiftung bei, vgl. Patrick von zur Mühlen, Die internationale Arbeit der Friedrich-Ebert-Stiftung. Von den Anfängen bis zum Ende des Ost-West-Konflikts, Bd. 1: Geschichte der internationalen Arbeit der Friedrich-Ebert-Stiftung, Bonn 2007, S. 187.
[67] Zum Eurokommunismus vgl. allgemein Silvio Pons, Berlinguer e la fine del comunismo, Turin 2006.
[68] Vgl. Nikolas R. Dörr, Die Auseinandersetzungen um den Eurokommunismus in der bundesdeutschen Politik 1967–1979, in: Jahrbuch für historische Kommunismusforschung 2012, S. 217–232, hier S. 221–223.

6.1 Politische Bühne und nationale Handlungsspielräume   471

Der in der römischen Zentrale des PCI geborenen Idee einer Kooperation der kommunistischen Parteien Frankreichs, Spaniens und Italiens im Zeichen eines demokratischen Weges zum Sozialismus, „weder antisowjetisch, noch antiamerikanisch",[69] setzte die SPD ein konsequentes Werben um die sozialistischen Schwesterparteien Westeuropas entgegen, denen die Zusammenarbeit mit den Kommunisten in ihren jeweiligen Ländern möglichst ausgeredet werden sollte. In Italien fand sie mit Bettino Craxi, dessen PSI 1976 auf einem historischen Tief von weniger als 10 % der Wählerstimmen angelangt war, einen zunehmend aufgeschlosseneren Partner – ein Jahr später wurde der Italiener Vizepräsident der von Willy Brandt geführten sozialistischen Internationale.[70]

Aber auch gegenüber der regierenden DC kannte zumindest der Bundeskanzler keinerlei Berührungsängste, vor allem nicht gegenüber derjenigen Strömung, die den Kommunisten ebenso grundsätzlich misstraute wie er selbst. Entsprechend war es aus deutscher Perspektive von Vorteil, dass nicht der DC-Vorsitzende Aldo Moro, der für eine behutsame Öffnung seiner Partei gegenüber den Kommunisten stand, sondern einmal mehr der als antikommunistischer Hardliner bekannte Giulio Andreotti die Regierung führte.[71]

Vor dem Hintergrund ihrer ökonomischen Schwierigkeiten war die neue Regierung in Rom allerdings auch dringend auf gutes Einvernehmen mit den Deutschen angewiesen. Zwar gehörte für beide Länder das jeweils andere zu den wichtigsten ausländischen Absatzmärkten, und die deutsch-italienische Handelsbilanz lag für die Südländer sogar leicht im Plus.[72] Was die Wirtschafts-

---

[69] So Berlinguer zitiert nach Pons, Berlinguer, S. 48.

[70] Giovanni Bernardini, Stability and Socialist autonomy: The SPD, the PSI and the Italian Political Crisis, in: Journal of European Integration History 1 (2009), S. 95–114.

[71] Aldo Moro, der 1963 bereits der Architekt des Mitte-Links-Bündnisses mit den Sozialisten gewesen war, war auch die treibende Kraft hinter der „strategia dell'attenzione" (Strategie der Aufmerksamkeit), die seit den frühen 70er Jahren die Haltung seiner Partei gegenüber den Kommunisten bestimmte. Vor dem Hintergrund der gesellschaftlichen Veränderungen nach 1968 strebte der DC-Politiker eine größere Flexibilität im Umgang mit dem PCI an – zunächst zweifellos, um diese Veränderungen zu begrenzen und besser kontrollierbar zu machen. Angesichts der neuen Linie des PCI unter dem Vorsitz Enrico Berlinguers und vor dem Hintergrund der kommunistischen Stimmengewinne wurde Moro zum wichtigsten Fürsprecher dieser erhöhten Flexibilität bei der US-Regierung, die sich allerdings diesbezüglich vollkommen unzugänglich zeigte. Ob Moros Absichten tatsächlich auf eine formale Regierungsbeteiligung der Kommunisten oder vielmehr auf deren dauerhafte Beschränkung auf die Rolle des Juniorpartners zielten, ist ungewiss; vieles spricht für die zweite Interpretation. In jedem Falle verlor der PCI durch Moros Ermordung durch die BR im Frühjahr 1978 den wichtigsten Gesprächspartner auf christdemokratischer Seite, letztere die Führungspersönlichkeit, „che più di ogni altro era stato capace di interpretare le novità del decennio", vgl. Roberto Gualtieri, L'Italia dal 1943 al 1992. DC e PCI nella storia della Repubblica, Rom 2006, S. 165–203; für das Zitat S. 202.

[72] Vgl. die Tabellen zu Ein- und Ausfuhren der Bundesrepublik zwischen 1971 und 1989 in: Bundesministerium für Wirtschaft, Leistungen in Zahlen '89, Bonn 1990, S. 66. 1977

kraft insgesamt und vor allem die Liquidität der öffentlichen Hand anging, bestand zwischen den beiden Partnern jedoch ein Gefälle, das eindeutig zu Ungunsten der italienischen Seite ausfiel. Anfang 1974 hatte Helmut Schmidt, damals noch in seinem Amt als Finanzminister, als überzogen empfundene italienische Forderungen nach Zahlungen aus den Töpfen der Europäischen Gemeinschaft mit dem Hinweis abgelehnt, die Bundesrepublik sei nicht „der Zahlmeister Europas".[73] Als frischgebackener Kanzler griff er der Regierung Rumor zwar mit einem Zwei-Milliarden-Kredit unter die Arme, bestand aber darauf, dass die Italiener mit einem Fünftel ihrer Goldvorräte für die Liquiditätsspritze haften mussten.[74] In der Folge ließ Schmidt wenige Gelegenheiten aus, um die deutsche Überlegenheit auf eine Weise hervorzukehren, die in Italien begreifliche Verstimmung auslöste, etwa, wenn der Kanzler den „fleißigen Ameisen" des Nordens die „leichtlebigen Grillen" des Südens gegenüberstellte.[75] „Vielleicht sollte sich euer Herr Schmidt besser beherrschen", empfahl der stellvertretende DC-Parteichef Dario Antoniozzi im Interview mit dem „Spiegel" dem deutschen Kanzler.[76] Schmidt selbst sah jedoch keinen Grund, sich von seiner Kritik zu distanzieren – in einem Fernsehinterview des Südwestfunks berief er sich darauf, Anregungen, die Regierungen der Europäischen Gemeinschaft sich gegenseitig zu geben hätten, könnten heute „nicht mehr im Stil der Kabinettspolitik des 19. Jahrhunderts nur hinter verschlossenen Türen" erfolgen, sondern müssten „zur öffentlicher Wirksamkeit" gebracht werden: „Die Regierungen wissen, dass derartige öffentliche Kritik weit hinter dem zurückbleibt, was man hinter verschlossenen Türen sagt."[77]

1977 schienen die bilateralen Beziehungen jedoch zunächst unter einem guten Stern zu stehen. So bedankte sich Andreotti bei einem Treffen mit Schmidt

---

war Italien nach Frankreich und den Beneluxländern das drittwichtigste Abnehmerland für deutsche Produkte in der EU. Ebenfalls an dritter Stelle lag Italien bei den europäischen Lieferländern in die Bundesrepublik, vgl. ebd., S. 64. Weitere enge Verflechtungen ergaben sich – in jeweils entgegengesetzter Richtung – aus italienischer Arbeitsmigration und deutschem Massentourismus. Zur Arbeitsmigration vgl. Yvonne Rieker, „Ein Stück Heimat findet man ja immer": Die italienische Emigration in die Bundesrepublik, Essen 2003. Zu den Anfängen des deutschen Massentourismus nach Italien vgl. Till Manning, Die Italiengeneration. Stilbildung durch Massentourismus in den 1950er und 1960er Jahren, Göttingen 2011.
[73] „Italien besorgt über die Haltung Bonns", in: FAZ, 5.1.1974.
[74] Vgl. den gut informierten Artikel von Tobias Piller, Italiens Gold gegen deutschen Kredit, 3.9.2011, online unter: http://www.faz.net/aktuell/vorbild-helmut-schmidt-italiens-gold-gegen-deutschen-kredit-11130951.html (3.10.2012).
[75] Vgl. Susanne Wilking, Das Italienbild in der bundesdeutschen Presse der 70er und 80er Jahre, in: Dies. (Hg.), Deutsche und italienische Europapolitik – historische Grundlagen und aktuelle Fragen. Ergebnisse des Deutsch-Italienischen Gesprächsforums 1991, Bonn 1992, S. 39–74, hier S. 45.
[76] Vgl. „Schmidt offenbar sehr nervös", in: Der Spiegel 18/26.4.1976, S. 26.
[77] „Keine Distanzierung Schmidts von seiner Italienkritik", in: NZZ, 28.4.1976 (bpa).

in Bonn am 18. Januar ausdrücklich für die Schützenhilfe der Bundesregierung bei der Durchsetzung des Sanierungsprogramms, das von seiner Partei explizit erwünscht gewesen sei. Der Umstand, dass mit dem IWF ein angesehenes internationales Gremium die Auflagen formuliert habe, habe den öffentlichen Aufschrei in Italien über der Einmischung Dritter in Grenzen gehalten und auch den PCI von der Dringlichkeit und Unverhandelbarkeit der geforderten Maßnahmen überzeugt.[78] Bei den Januar-Konsultationen wurde überdies vereinbart, dass sich die Regierungschefs in Zukunft mindestens zweimal jährlich treffen sollten, woraus sich laut Schmidt „ein freundschaftliches Verhältnis von großer Offenheit" entwickelte.[79] Auch Andreotti beschrieb die Beziehungen zum deutschen Kanzler rückblickend als „unkompliziert und konstruktiv".[80] Die Tatsache, dass mit Pietro Ingrao ein Kommunist den Präsidenten der italienischen Abgeordnetenkammer stellte und sieben andere die Leitung parlamentarischer Unterausschüsse übernommen hatten, dass der PCI folglich „ins Umfeld der Regierung" (*area di governo*) vorgestoßen war, erschien Schmidt als ein notwendiges, aber eben auch als ein hinnehmbares Übel, solange aus dieser Form der Kooperation keine veritable Koalition wurde.

Dass es sich um eine solche *nicht* handelte, war aber auch den italienischen Partnern wichtig. Nach einem hochpolarisierten Wahlkampf, der von der DC – unterstützt durch den Vatikan – ganz im Zeichen eines scharfen Antikommunismus geführt worden war, hatten sich die Kontrahenten im Sommer 1976 in einer Pattsituation wiedergefunden, in der „niemand wusste, was zu tun war, nachdem jeder auf jeden eingeschlagen hatte".[81] Die Politik der Stimmenthaltung bzw. der „konstruktiven Opposition", zu der sich die Kommunisten durchrangen, war laut Parteisekretär Berlinguer keineswegs mit einem Vertrauensvotum für die Regierung Andreotti zu verwechseln, „die weit davon entfernt ist, uns zufriedenzustellen". Wenn der PCI die Maßnahmen der Konservativen von Fall zu Fall und nach strenger Prüfung mittrage, dann nur aus Weitsicht und Verantwortungsbewusstsein zum Zwecke der „Rettung Italiens".[82] Tatsächlich sollten die vom PCI tolerierten Minderheitsregierungen der Jahre 1976 bis 1979 unter der pathetischen Formel „Regierungen der nationalen Solidarität" (*governi della solidarietà nazionale*) in die Geschichte eingehen.

Dass sich mit dieser Formel keineswegs alle Linken im Land zu identifizieren vermochten, kann wenig verwundern, konnte man in der Folge doch den Eindruck gewinnen, dass sich der PCI in eine staatstragende Partei verwandel-

---

[78] Bernardini, Federal Republic, S. 335.
[79] Schmidt, Die Deutschen und ihre Nachbarn, S. 307.
[80] Giulio Andreotti, Diari 1976–1979. Gli anni della solidarietà, Mailand 1981, S. 155.
[81] Barbagallo, L'Italia repubblicana, S. 131.
[82] Zitiert in: Ebd., S. 134.

te, die „über jedes Stöckchen sprang, das ihr die Christdemokraten hinhielten", wie es Hans Woller formuliert hat.[83] „Die kommunistische Partei kürt eine DC-Regierung – gratis!" höhnte die PCI-Dissidentin Rossana Rossanda im Sommer 1976 auf den Seiten von „il manifesto".[84] Auch Eugenio Scalfari, Chefredakteur der Anfang 1976 ins Leben gerufenen römischen Tageszeitung „la Repubblica", die unter dem Motto „È ora di cambiare" (Es ist Zeit für den Wechsel) im Wahlkampf für eine linke Alternative zu den seit 30 Jahren christdemokratisch geführten Kabinetten geworben hatte, machte sein Blatt nach den Wahlen zum Sprachrohr einer enttäuschten Wählerschaft, der jedes Verständnis dafür fehlte, dass Berlinguer nun den Schulterschluss mit dem jahrzehntelangen Erzfeind DC suchte – einer Partei, die nicht nur personell, sondern auch programmatisch unfähig zum Wandel schien.[85] Überhaupt war der italienische Journalismus seit 1968 erheblich unabhängiger und kritischer geworden, hatte sich gleichzeitig aber auch deutlich politisiert.[86] Für „la Repubblica" hätte der PCI im Verein mit den übrigen Linksparteien, mit denen er auf insgesamt 47 % der Stimmen kam, eine konsequente Oppositionspolitik betreiben sollen, um das diesmal nur knapp gescheiterte ‚sorpasso' (Überholmanöver) bei den nächsten Wahlen erfolgreich vollenden zu können. Gestützt auf die wahrhaft demokratischen, zivilgesellschaftlichen Kräfte des Landes hätte das DC-‚Regime' sodann nach dreißig Jahren endlich entmachtet und ein wirklicher Politikwechsel ins Werk gesetzt werden können. Unabweisbare Erfolge der neuen Regierungskonstellation, etwa die Verabschiedung einer vergleichsweise liberalen Abtreibungsgesetzgebung im Januar 1977 – ein Sieg der höchst lebendigen Frauenbewegung über den Konservatismus christdemokratischer wie kommunistischer Prägung – änderten an dieser gerade in linksintellektuellen Kreisen verbreiteten, prinzipiell skeptischen Haltung gegenüber der informellen Großen Koalition nur wenig.[87]

Durch die Entwicklung der nächsten Monate mussten sich die Vertreter dieser Position weiter bestärkt fühlen, wurde die alte und neue Regierungspartei DC doch nur allzu bald von alten und neuen Skandalen eingeholt, die in der Presse weidlich ausgeschlachtet wurden. Kaum war die Aufregung um den Zusammenbruch des Finanzimperiums von Michele Sindona abgeebbt,

---

[83] Woller, Geschichte Italiens, S. 315.
[84] Zitiert in: Barbagallo, L'Italia repubblicana, S. 135.
[85] Ebd., S. 128.
[86] Paolo Murialdi, Storia del giornalismo italiano, Bologna 2006, S. 242f.
[87] Zur Neufassung des Abtreibungsparagraphen 194 vgl. Giulia Galeotti, Storia dell'aborto: i molti protagonisti e interessi di una lunga vicenda, Bologna 2003, S. 112–125. Das höchst umstrittene Gesetz wurde im Juni 1977 im Senat noch einmal vorübergehend blockiert, bevor es in einer knappen Abstimmung am 18.5.1978 schließlich auch dort eine Mehrheit fand, vgl. ebd. S. 118. Für eine Gesamtbilanz der „Regierungen der nationalen Solidarität" vgl. Jansen, Italien seit 1945, S. 170–174.

an dessen illegalen Geschäften auch ranghohe Mitglieder der DC beteiligt gewesen waren, kam es im März 1977 zu einer erregten Parlamentsdebatte um die Verantwortlichkeit führender Christdemokraten im Zusammenhang des Lockheed-Bestechungsskandals, dessen Auswirkungen ein Jahr später unter anderem den Staatspräsidenten Giovanni Leone sein Amt kosten sollten.[88] Die Bedingungslosigkeit, mit der Aldo Moro die in den Skandal verstrickten Parteigenossen verteidigte und das „Primat der Gerechtigkeit und der Moralität" der DC behauptete, der man „nicht ungestraft auf der Piazza den Prozess machen" dürfe, musste angesichts des Wahlversprechens des PCI, nicht nur eine Sanierung („risanamento") sondern eine grundsätzliche Erneuerung („rinnovamento") der Politik auf die Agenda zu setzen, wie Hohn klingen.[89] Für die Unfähigkeit zur Selbstkorrektur der politischen Klasse sprach für viele auch die fortgesetzte Verschleierung der geheimdienstlichen Verstrickung in die neofaschistischen Attentate der ersten Hälfte des Jahrzehnts.[90] Mit Billigung und teilweise auf Betreiben der Regierung wurde die juristische Verfolgung der Verantwortlichen auch weiterhin systematisch behindert und bewusst verschleppt.[91] Die ausgebliebene Sühne für die rechte Gewalt, die zumindest bis 1974 von Teilen des Staates gezielt gegen die Linke instrumentalisiert worden war, trug zweifellos erheblich dazu bei, dass sich das Bild vom „stato delle stragi", vom „Staat der Massaker", auch in der zweiten Hälfte der 70er Jahre links vom PCI weitgehend ungebrochen halten konnte.[92] Dazu kam, dass die gewaltsamen Zusammenstöße zwischen linken und rechten Militanten weiter anhielten, wobei die Linke der Polizei stets eine verdeckte Komplizenschaft mit der neofaschistischen Seite vorwarf.[93]

Die Stärke der italienischen Rechten und das mangelnde Vertrauen in

---

[88] Maurizio Caprara, Il caso Lockheed in Parlamento, in: Storia d'Italia, Annali 17, Il Parlamento, hg. v. Luciano Violante, Turin 2001, S. 1127–1154.

[89] „Moro lancia una sfida: ‚Nessuno può processare la DC'", in: la Repubblica, 10.3.1977.

[90] Zum Sprachrohr einer eher ethisch denn politisch begründeten Kritik an der ‚classe dirigente' mit ihrer Verachtung für die Regeln des demokratischen Zusammenlebens nach Recht und Gesetz sowie der einseitigen Privilegierung eines klientelistischen Egoismus gegenüber kollektiven Werten entwickelten sich in diesen Jahren vor allem Pier Paolo Pasolini und Leonardo Sciascia, vgl. Crainz, Paese mancato, passim.

[91] Auch wenn die so genannte ‚strategia della tensione' (Strategie der Spannung) 1974 weitgehend zum Erliegen kam, setzte die Regierung – zunächst unter der Führung Aldo Moros – sehr bewusst auf Verdrängung und Verdunklung der bis zu diesem Zeitpunkt verübten Verbrechen, möglicherweise, weil man durch die Aufdeckung der Verantwortlichkeiten eine weitere Destabilisierung der Institutionen befürchtete, vgl. Barbagallo, L'Italia repubblicana, S. 122. Vgl. zur Strategie der Spannung allgemein Franzinelli, Sottile linea nera.

[92] Vgl. Della Porta, Terrorismo di sinistra, S. 72; S. 287.

[93] Vgl. die Vielzahl der für 1977 aufgeführten Vorfälle in: Sergio Bianchi/Lanfranco Caminiti (Hg.), Gli autonomi. Le storie, le lotte, le teorie, Bd. II, Rom 2007, S. 237–245: „1977 Cronologia".

ihre Standhaftigkeit gegenüber autoritären Versuchungen hatten nicht von ungefähr auch an der Wurzel von Enrico Berlinguers großem politischen Projekt des „Historischen Kompromisses" gestanden, dem er ab 1976 mit den „Regierungen der nationalen Solidarität" erstmals konkretere Formen geben wollte.[94] Unter dem Eindruck des Militärputsches gegen die demokratisch gewählte Regierung des Sozialisten Allende in Chile hatte der neugewählte PCI-Sekretär auf den Seiten der parteieigenen Wochenzeitung „Rinascita" im Herbst 1973 ein politisches Konzept vorgestellt, das nicht mehr auf eine direkte Konfrontation mit der DC setzte, sondern vielmehr eine Zusammenarbeit mit den „demokratischen und fortschrittlichen Tendenzen" innerhalb des politischen Katholizismus anstrebte. Keineswegs sei die DC „als eine unhistorische, fast metaphysische Kategorie einzuschätzen, die auf Grund ihres Charakters dazu bestimmt sei, immer und überall eine mit der Reaktion liierte Partei zu sein oder zu werden", so Berlinguer. „Die das Land belastenden Probleme, die ständig drohende Gefahr reaktionärer Abenteuer und die Notwendigkeit, der Nation endlich einen sicheren Weg der ökonomischen Entwicklung, der sozialen Erneuerung und des demokratischen Fortschritts zu öffnen, machen es immer dringlicher, zu dem zu gelangen, was als der neue, große ‚historische Kompromiß' zwischen den Kräften, die die Mehrheit des italienischen Volkes vereinen und vertreten, bezeichnet werden kann."[95]

Inwiefern aber dieser Kompromiss einen Schritt auf dem „dritten Weg zum Sozialismus" darstellte, der weder dem sowjetischen noch dem als „reformistisch" verworfenen sozialdemokratischen Vorbild folgen sollte, und ob die anvisierte gesellschaftliche Erneuerung grundsätzliche Strukturreformen umfasste oder nur als Korrektiv des Status Quo zu verstehen war, blieb letztlich offen.[96] Grundsätzlich ungelöst blieb auch die Frage, wie man eine demokratischere Gesellschaft mit Hilfe einer strikt hierarchisch organisierten, von Moskau nach wie vor nur sehr bedingt unabhängigen Partei herbeiführen wollte, die keine demokratischen Entscheidungsprozesse kannte und mit internen Kritikern äußerst unsanft umzugehen pflegte.[97] Gab es gute Gründe

---

[94] Vgl. Albertina Vittoria, Storia del PCI 1921–1991, Rom 2006, S. 121–128.
[95] Enrico Berlinguer, Soziale Bündnisse und politische Gruppierungen [Oktober 1973], in: Pietro Valenza (Hg.), Der historische Kompromiß, Berlin 1976, S. 21–32, hier S. 28f., S. 32.
[96] Vgl. zu den „vizi di fondo", den „Urlastern" des Historischen Kompromisses Ginsborg, Storia d'Italia, S. 480–482.
[97] Vgl. die Fundamentalkritik an der vorgeblichen „diversità del PCI" in: Victor Zaslavsky, Lo stalinismo e la sinistra italiana: dal mito dell'Urss alla fine del comunismo, Mailand 2004 passim; für den hier interessierenden Zeitraum bes. S. 221–228; 246f. Zaslavsky betont vor allem die Problematik der Finanzierung des PCI durch die UdSSR, die erst mit dem Fall der Berliner Mauer endete, die Anomalie, die die Existenz eines militarisierten Armes der Partei darstellte, aber auch die Hypothek, die die negative Stigmatisierung einer reformorientierten Politik und ein überzogener Antiamerikanismus für die politische Kultur des Landes bedeuteten. Zur Frage des Umgangs mit internen Kritikern vgl. die in

dafür, an den Fähigkeiten der DC zu zweifeln, mit den unabweisbaren Veränderungen innerhalb der italienischen Gesellschaft Schritt zu halten – so waren die Christdemokraten 1974 in einem Referendum für ihren gänzlich anachronistisch anmutenden Widerstand gegen die Ehescheidung auch von ihren eigenen Wählern abgestraft worden –, galt Analoges durchaus auch für die Kommunisten. Im Zentrum des Programms, über das Berlinguer Zustimmung zu seiner Politik der „konstruktiven Opposition" zu ernten hoffte, stand der Begriff *austerity* – nicht im Sinne einer konservativen Parole, wie er selbst betonte, sondern als „Mittel zur Überwindung eines Systems in der Krise, das sich durch Verschwendung, Überfluss, Partikularismus, Individualismus und sinnlosen Konsumismus" auszeichne. Eine asketischere Gesellschaft, so Berlinguer, werde auch eine gerechtere, gleichere, freiere, demokratischere und menschlichere Gesellschaft sein.[98] Die materiellen Opfer, zu denen der PCI-Sekretär seine Klientel 1977 in fast schon gebetsmühlenartiger Wiederholung aufrief, sollten als Ausdruck einer neuen systemüberwindenden Moral langfristig die Arbeiterschaft zur bestimmenden Kraft der Gesellschaft machen.[99] Diese Botschaft aber, so stellte sich schnell heraus, fiel in einem längst zur modernen Konsumgesellschaft mutierten Land weitgehend ins Leere: „Im neuen Italien bemaßen die Familien ihren Erfolg hauptsächlich in materiellem Fortschritt und in einem Mehr an Kaufkraft. (...) Beim Durchschnittsitaliener konnte Berlinguers puristische Vision möglicherweise Respekt hervorrufen, keinesfalls aber zur neuen Wunschvorstellung werden."[100]

Erst recht stieß der Appell an Opferbereitschaft und Verzicht bei denjenigen auf taube Ohren, an denen der Wohlstand bislang schlicht vorübergegangen war oder die ihre eigenen Chancen, in Zeiten der knapper werdenden Prosperität ein Stück vom Kuchen abzweigen zu können, subjektiv gering einschätzten. Dazu gehörten im Italien des Jahres 1977 vor allem junge Italienerinnen und Italiener und damit ausgerechnet der Teil der Bevölkerung, der seine Stimme im Vorjahr überproportional oft dem PCI gegeben hatte.[101] So hatte sich die desolate Situation im Bildungswesen seit den Studenten- und Schülerprotesten der späten sechziger Jahre kaum verbessert; die römische Sapienza beispielsweise war mit 150 000 Studenten hoffnungslos überbelegt. Die Hälfte der rund

---

Teilen autobiographische Erzählung von Salvatore Sechi, Compagno cittadino. Il PCI tra via parlamentare e lotta armata, Soveria Mannelli 2006.
[98] Enrico Berlinguer, Austerità. Occasione per trasformare l'Italia, Rom 1977, S. 13; S. 17f.; S. 51.
[99] Vgl. Alessandro De Angelis, I comunisti e il partito. Dal „partito nuovo" alla svolta dell'89, Rom 2002, S. 181–191: „Il vangelo comunista: crisi, austerità, salvezza".
[100] Ginsborg, Storia d'Italia, S. 481f.
[101] 1976 hatten 42 % aller Wahlberechtigten zwischen 18 und 25 Jahren für den PCI gestimmt, für den sich mithin die Absenkung des Wahlalters auf 18 Jahre direkt ausgezahlt hatte, vgl. „Lust statt Macht", in: Der Spiegel 13/21.3.1977, S. 164–166, hier S. 166.

1,8 Millionen Arbeitslosen waren Jugendliche zwischen 18 und 25 Jahren; ein Wert, der sich zwischen 1974 und 1977 verdreifacht hatte. Mit einer Quote von 36 % waren auch Hochschulabsolventen von der schwierigen Lage auf dem Arbeitsmarkt stark betroffen.[102]

In diesem Milieu der (oft nur pro forma eingeschriebenen) Studenten sowie der arbeitslosen und prekär beschäftigten Jugendlichen mit unsicheren Zukunftsperspektiven reifte in den Großstädten und vor allem in der tristen Peripherie der Metropolen ein Protestpotential heran, mit dessen Ausmaß und Kompromisslosigkeit kaum ein politischer Beobachter gerechnet hatte, obwohl es direkt mit den politischen und sozialen Verwerfungen des Landes verknüpft war. Das nicht von ungefähr innerhalb Westeuropas singuläre so genannte *movimento '77* (77er-Bewegung) ist nur als ein multikausales, aber zweifellos genuin italienisches Phänomen adäquat zu verstehen.[103]

Da sich die Proteste an einer ungeliebten Studienreform entzündeten und in der ‚klassischen' Form der Universitätsbesetzung manifestierten – ab dem Frühjahr wurden nacheinander mehr oder weniger alle großen Fakultäten des Landes von den revoltierenden Studenten ‚übernommen' –, wurde die Bewegung zunächst als „ein neues '68", kurz darauf jedoch bereits als „strano movimento di strani studenti" (seltsame Bewegung seltsamer Studenten) bezeichnet.[104] Die Hilflosigkeit, die aus dieser Titulierung sprach, sollte auch für den politischen Umgang mit dem Phänomen bestimmend bleiben. Keiner etablierten politischen Kraft des Landes sollte es gelingen, mit den jugendlichen Militanten in einen konstruktiven Dialog zu treten. Dabei erschwerte nicht nur der demonstrative Rückzug der Bewegung in eine auf Leistungsverweigerung und Hedonismus gegründete Gegenwelt die Kommunikation, sondern auch und besonders ihre prinzipielle Gewaltbereitschaft. Bereits bei der ersten ihr zugerechneten Aktion, dem Sturm mehrerer tausend Jugendlicher auf die Mailänder Scala anlässlich der Eröffnung der Opernsaison im Dezember 1976, der in die Plünderung diverser Luxusläden in der Innenstadt mündete, war deutlich geworden, welch hohes Maß an aufgestauter Aggressivität die Beteiligten auszeichnete, die fest entschlossen schienen, sich die ihnen vorenthaltenen Luxusgüter der Überflussgesellschaft mit Gewalt zu nehmen.[105]

---

[102] Alessandro Cavalli/Carmen Leccardi, Le culture giovanili, in: Storia dell'Italia repubblicana, Bd. III, Turin 1997, S. 709–800, hier S. 779.

[103] Zur Geschichte der 77er-Bewegung vgl. Marco Grispigni, 1977. Rom 2006; Lucia Annunziata, 1977. L'ultima foto di famiglia, Turin 2007; Concetto Vecchio, Ali di piombo, Mailand 2007. Zur Einbettung der italienischen Bewegung in den westeuropäischen Kontext vgl. George Katsiaficas, The Subversion of Politics. European Autonomous Social Movements and the Decolonization of Everyday Life, New Jersey 1998.

[104] Gad Lerner/Marino Sinibaldi/ Luigi Manconi (Hg.), Uno strano movimento di strani studenti. Composizione, politica e cultura dei non garantiti, Mailand 1978.

[105] Vgl. Chronik – 7. Dezember 76, Mailand, in: Indianer und P38, S. 24. Die weit verbreitete

Zwar erschöpfte sich die 77er-Bewegung nicht in der Gewalt – sie setzte auch ein bemerkenswertes Maß an kreativen Energien frei, die sich in Happenings, Musikfestivals, improvisierten Theateraufführungen, phantasievollen Wandmalereien, unzähligen Szenepublikationen und vor allem dem subversiv-anarchischen Hörfunkprogramm von über 50 unabhängigen Radiostationen äußerte, deren Avantgarde-Charakter einen Umberto Eco von einem „neuen Kapitel in der Geschichte der Kommunikation" sprechen ließ.[106] Offensichtlich ging es einem Teil der Beteiligten durchaus darum, alternative Strukturen aufzubauen, statt nur die bestehenden zu zerstören.[107] Dies galt vor allem für die selbsternannten „indiani metropolitani" (Großstadtindianer), deren phantastisch anmutender Lebensstil – einschließlich stolz zur Schau getragener ‚Kriegsbemalung' – auch die westdeutschen ‚Spontis' stark faszinierte.[108]

Die in der Literatur weit verbreitete Zweiteilung der Bewegung in einen „guten, gleich kreativen" und einen „bösen, gleich autonomen" Flügel führt dagegen laut Marco Grispigni in die Irre. Für Grispigni, ehemaliges Mitglied und Historiker der Bewegung zugleich, waren Gewaltbereitschaft und Kreativität, Ironie und düstere Verzweiflung im *movimento '77* stets untrennbar miteinander verbunden. Die Gewaltbereitschaft sei dabei nur zum Teil im genuin Politischen zu suchen – in der traditionell positiven Konnotation von Gewalt als unverzichtbarer Geburtshelferin der Geschichte auf der revolutionären Linken einerseits, der Überzeugung von der schier unbegrenzten Gewaltbereitschaft des Staates andererseits. Sie verweise auch auf die soziale Herkunft der Militanten – auf die Jugendbanden der Vorstädte und ihre Gewöhnung an Gewalt als einer Geste mit unmittelbarer, schockartiger Signalwirkung.[109]

In jedem Falle wurden die ‚77er' durch ihre unübersehbare Gewaltbereitschaft ebenso schnell in die Schlagzeilen der Medien katapultiert wie gesellschaftlich und politisch isoliert. Infolge einer Großdemonstration mit 50 000 Teilnehmern, die am 12. März zu den schwersten Straßenschlachten in der Geschichte der italienischen Hauptstadt, zu Plünderungen von Geschäften und Restaurants sowie gezielten Angriffen auf DC-Dependancen geführt

---

Praxis des Ladendiebstahls bzw. der Plünderung von Waren wurden als „spesa proletaria" (proletarischer Einkauf) oder „espropri proletari" (proletarische Enteignungen) bezeichnet, ebd.

[106] Zitiert in: Klemens Gruber, Die zerstreute Avantgarde. Strategische Kommunikation im Italien der 70er Jahre, (2. Aufl.) Wien u. a. 2010, S. 54. Mit seiner Intervention ging es Eco um die Verteidigung des in der Zwischenzeit von der Polizei geschlossenen Radio Alice, der neben dem römischen Radio Città Futura berühmtesten Radiostation der Bewegung, ebd.

[107] Einen Eindruck von der Kreativität der Bewegung vermitteln – mit einem Schwerpunkt auf der römischen und bologneser Szene – die Texte und Fotos in der Anthologie Indianer und P38, passim.

[108] Geronimo, Feuer und Flamme, S. 45.

[109] Grispigni, 1977, S. 69.

hatte, hatte die Bewegung das Verständnis der Massenmedien endgültig verspielt;[110] lediglich die Publikationen der linken Gegenöffentlichkeit verliehen ihr weiterhin Gesicht und Stimme.

Bereits einen Monat zuvor war es ebenfalls in Rom zum ebenso aufsehenerregenden wie definitiven Bruch mit dem PCI gekommen. Die politische Kraft, die sich bislang stets als natürlicher Verbündeter aller Revolutionswilliger des Landes empfunden hatte, schien auf dem Sprung zur Regierungspartei ein Höchstmaß an Interesse daran zu haben, in der Gesellschaft aufkommende Wogen möglichst rasch und vollständig zu glätten. Als der Sekretär der kommunistischen Gewerkschaft CGIL Luciano Lama am 17. Februar an der besetzten Sapienza eine Rede zur Situation der italienischen Universität zu halten versuchte, wurde er mit höhnischen Sprechchören, die Berlinguers Opfer-Rhetorik ironisierten, am Sprechen gehindert.[111] „I Lama nel Tibet" (Lamas gehören nach Tibet) und „Lama non l'ama nessuno" (Den Lama liebt keiner) waren weitere Slogans, mit denen dem kommunistischen Funktionär unmissverständlich klargemacht wurde, dass er bei diesen Linken alles andere als willkommen war.[112] Nachdem der Gewerkschaftsfunktionär den Campus fluchtartig verlassen hatte, lieferte sich sein Begleitschutz aus Mitgliedern des PCI-Ordnungsdienstes mit den jugendlichen Besatzern eine Massenschlägerei, bei der rund 50 Personen zum Teil schwer verletzt wurden; anschließend wurde die Universität von einem Großaufgebot der Polizei geräumt.[113] Als der Tag, an dem man Lama „davongejagt" und damit seine Partei für ihren Verrat an der Revolution abgestraft hatte, wurde der 17. Februar zum ersten Gedächtnisort

---

[110] Ebd., S. 68.
[111] Die Demonstranten skandierten die Parole „Lama sei superstar, i sacrifici vogliamo far" (Lama, du bist Superstar, wir wollen Opfer bringen). Der Slogan ist neben zahlreichen anderen Sprechchören und Graffiti der Bewegung zitiert in: Una sparatoria tranquilla. Per una storia orale del '77, Rom 2005, S. 245–284, hier S. 261.
[112] Ein Blick auf Lamas Redemanuskript, das ganz der Tradition der Arbeiterbewegung verhaftet war und auf Disziplin, Arbeitsethos und langwierige, durch die Gewerkschaften getragene Verhandlungen setzte, verdeutlicht, welche Welten am 12. Februar aufeinandertrafen. „Wer Fensterscheiben einwirft, wer die Fakultäten kurz und klein schlägt, trifft nicht Malfatti [den Bildungsminister, P.T.], sondern schadet der Sache der Studenten. Die Arbeiterbewegung – und das ist alles andere als Rhetorik – hat den Faschismus unter anderem auch dadurch bekämpft, daß sie leidenschaftlich die Fabriken verteidigte und so vor der Zerstörung bewahrte [...] Bereits seit mehr als zweieinhalb Jahren laufen Verhandlungen über die Lage der Dozenten, der Angestellten und wissenschaftlichen Hilfskräfte der Universität. Diese Verhandlungen müssen rasch und in befriedigender Weise zum Abschluß gebracht werden, damit eine konstruktive und gewinnbringende Diskussion über die tiefgreifende Reform der Universität eingeleitet werden kann", zitiert in: Indianer und P38, S. 81f. Marco Grispigni spricht von einer „insanabile alterità antropologica" zwischen PCI und movimento, vgl. Ders., 1977, S. 29.
[113] Vgl. zum Verlauf der immer wieder in verschiedenen Varianten geschilderten „cacciata di Lama" Katsiaficas, Subversion of Politics, S. 43–46.

der jungen Bewegung, den man als „Piccola Praga" (kleines Prag) oder als „La Piazza Statuto dell'operaio sociale" zu erinnern pflegte.[114] Ob man nun auf die Niederschlagung des Prager Frühlings oder auf die 1962 erfolgte Verwüstung eines Gewerkschaftsbüros durch verärgerte FIAT-Arbeiter auf der Turiner Piazza dello Statuto Bezug nahm – immer ging es um die Entlarvung des orthodoxen Kommunismus der ‚alten' Linken als faktisch konterrevolutionärer Kraft, der man Toni Negris „operaio sociale" als neues revolutionäres Subjekt gegenüberstellte.[115] Die kommunistische Führung selbst zog sich von nun an auf die Position zurück, in der Jugendbewegung sei ein neuer Faschismus am Werk, dem es im Stile des Squadrismus von 1919 an Strafexpeditionen gegen das kommunistische Projekt gelegen sei.[116] Aufgrund der Tatsache, dass der PCI 1977 in acht von zehn italienischen Großstädten – darunter auch in den Hochburgen der Bewegung Rom, Mailand, Turin und Bologna – den Oberbürgermeister stellte und damit auch für die Gewährleistung der öffentlichen Ordnung im städtischen Raum zuständig war, erwuchs aus der frontalen Opposition der beiden Lager erheblicher Sprengstoff. „Via via, la nuova polizia" (Weg, weg mit der neuen Polizei) war der auf den PCI bezogene Slogan, mit dem die Militanten darauf reagierten, dass kommunistische Lokalpolitiker sich nicht nur immer wieder für Demonstrationsverbote stark machten, sondern zur Durchsetzung solcher Verbote bzw. zur Disziplinierung der Marschierer bei Innenminister Cossiga – dessen Namen man in der Bewegung mit ‚K' und SS-Runen schrieb – Panzer und Polizeibeamte anforderten.[117] Besondere Erbitterung lösten naturgemäß die beiden im Laufe des Frühjahrs durch Polizeikugeln verursachten Todesfälle unter den jungen Militanten aus.[118]

Tatsächlich stand das Jahr 1977 im Zeichen der Aufrüstung von Staat *und*

---

[114] Vgl. Geronimo, Feuer und Flamme, S. 46; Katsiaficas, Subversion of Politics, S. 44.
[115] Vgl. zu Negris Konzept des „operaio sociale" weiter oben S. 189f.
[116] „Dies war die erste Manifestation des neuen Faschismus. Diese Gruppen versuchen, die Krise, die Frustration, die Arbeitslosigkeit zum Hebel einer Mobilisierung der Jugendlichen gegen die Demokratie und die im Volk verwurzelten politischen Kräfte zu machen", so die Erklärung Lamas nach dem 12. Februar, zitiert in: Indianer und P38, S. 82. Von einer „‚spedizione punitiva' contro la capitale dell'Emilia rossa e democratica" sprach auf den Seiten der „Unità" das ZK-Mitglied Lucio Lombardo Radice im Vorfeld des so genannten Anti-Repressions-Kongresses, den die Bewegung im September 1977 im kommunistisch regierten Bologna abhielt, zitiert in: Annunziata, 1977, S. 155.
[117] Zitiert in: Sparatoria tranquilla, S. 262. In eine ähnliche Richtung gingen die Sprechchöre „Provocatori sono PCI e sindacato, che pieni di paura invocano lo Stato" (Provokateure sind PCI und Gewerkschaften, die voller Angst nach dem Staat rufen) oder „Compagno del PCI, t'hanno fregato, niente comunismo, ma polizia di stato" (Genosse vom PCI, sie haben dich reingelegt: statt Kommunismus Staatspolizei), ebd.
[118] Es handelte sich um den 25jährigen Francesco Lorusso, der am 11.3. in Bologna sowie die 19jährige Giorgiana Masi, die am 12.5. in Rom erschossen wurde, vgl. Bianchi/Caminiti, Gli autonomi II, S. 237–245: „1977 Cronologia".

linken Herausforderern. Waren an der Sapienza die zusätzlich zu den eigenen Fäusten eingesetzten Waffen noch Pflastersteine und die Reste der für Lamas Auftritt errichteten, von den Randalierern verwüsteten Rednerbühne gewesen,[119] tauchten bei den folgenden Großdemonstrationen als absolutes Novum in der Geschichte der *movimenti* auch Schusswaffen auf. Tatsächlich registrierten die Behörden im Frühjahr 1977 „einen alarmierenden Anstieg an konfiszierten Pistolen und Revolvern sowie an Munition und Sprengstoff".[120] Neben den erwähnten ‚Märtyrern' der Bewegung waren im Laufe des Jahres auch zwei bei Straßenkämpfen erschossene Polizisten zu beklagen.[121] Zum Symbol der Bewegung wurde bald ein deutscher Revolver – die Walther P38, kurz ‚*Pi trentotto*', Standard-Dienstwaffe der Wehrmacht im Zweiten Weltkrieg und bereits in der historischen Widerstandsbewegung ein beliebtes, den Sieg der Resistenza symbolisch vorwegnehmendes Beutestück der Partisanen. Viele Mitglieder der 77er-Bewegung begnügten sich auf Kundgebungen damit, den Besitz einer Waffe durch eine entsprechend ausgebeulte Jackentasche einfach vorzutäuschen. Andere Demonstrationszüge bewegten sich mit erhobener, eine gezogene P38 simulierenden Hand durch die italienischen Innenstädte, während Graffiti an den Mauern verkündeten: „il nuovo 68 sarà calibro 38" (Das neue 68 hat Kaliber 38) oder „la parola alla compagna 38" (Und nun hat das Wort die Genossin 38).[122]

Brachten solche Gesten und Parolen einerseits eine denkbar umfassende Drohung an die Adresse des Establishments zum Ausdruck, implizierte diese rein metaphorische Form der Bewaffnung andererseits aber auch, dass die demonstrierte Gewalt*bereitschaft* des *movimento '77* glücklicherweise höher lag als die tatsächlich praktizierte Gewalt. Das erklärte Ziel der Autonomia operaia organizzata war es, dieses Verhältnis umzukehren. Bei der Autonomia handelte es sich um locker koordinierte Zirkel und Kollektive, die hauptsächlich aus den versprengten Resten von Potere Operaio erwachsen waren und nach wie vor deren ehemalige Führer Toni Negri und Oreste Scalzone in ihren Reihen hatten. Negri und die Seinen setzten gezielt auf eine Militarisierung der

---

[119] Umberto Eco hat auf die unterschiedlichen Vorstellungen des Politischen hingewiesen, die sich in den unterschiedlichen Modi der Aneignung des Raumes symbolisch verdichteten und bei Lamas Auftritt aufeinanderprallten: Stand die Rednerbühne für ein traditionelles Frontalmodell politischer, aber auch klerikaler Kommunikation, repräsentierte die ‚unorganisierte', dezentrale Masse der Universitätsbesetzer ein rigoros egalitäres Muster der Selbstregierung, vgl. Umberto Eco, Una foto, in: L'Espresso 29.5.1977; wiederabgedr. in: Sergio Bianchi/Lanfranco Caminiti (Hg.). Gli autonomi. Le storie, le lotte, le teorie Bd. III, Rom 2008, S. 212–214, hier S. 212f.

[120] Hof, Staat und Terrorismus, S. 167.

[121] Settimio Passamonti kam am 21.4. in Rom, Francesco Custra am 14.5. in Mailand durch Kugeln der Autonomia ums Leben, vgl. Bianchi/Caminiti, Gli autonomi II, S. 237–245: „1977 Cronologia".

[122] Indianer und P38, S. 35.

Abbildung 3: Giuseppe Memeo in der Via De Amicis in Mailand am 14. Mai 1977

Bewegung, um die spontane Revolte in Richtung eines massenhaften Aufstandes zu lenken. Ihren Höhepunkt fand diese Entwicklung bei einer wiederum zur Straßenschlacht eskalierten Großdemonstration in Mailand im Mai 1977, bei der die Pressefotografie eines Autonomen mit gezogener Waffe entstand, die in Italien zur „Ikone des Jahres, ja vielleicht des Jahrzehnts" werden sollte (Abb. 3).[123]

Umberto Eco, der die Wirkung des Bildes für die Wochenzeitschrift „L'Espresso" kommentierte, sagte dem Foto nicht nur eine steile Karriere in zukünftigen Geschichtsbüchern voraus – er interpretierte es auch als einen Meilenstein auf dem Weg zur definitiven Isolation der „pitrentottisti" innerhalb der italienischen Linken. „Das Foto", so Eco, „glich keinem der Bilder, die man sich seit wenigstens vier Generationen von der Revolution gemacht hatte. Es fehlte das kollektive Element. Stattdessen kehrte auf traumatische Weise die Figur des individuellen Helden zurück. (…) Das Bild war ein Ausdruck dessen, dass die Revolution woanders war und dass sie, auch wenn man sie weiterhin für möglich hielt, jedenfalls nicht ihren Weg über diese ‚individuelle' Aktion nehmen würde."[124]

---

[123] Marco Belpoliti, Settantasette, in: Ders. u. a. (Hg.), annisettanta. il decennio lungo del secolo breve, Mailand 2007, S. 453f., hier S. 453.
[124] Eco, Foto, S. 214.

Später hat man Eco beschuldigt, zu einer verengten Lesart der Autonomia als terroristischem Phänomen beigetragen zu haben, die keineswegs von Anfang an gegeben, sondern durch die massenmediale Ikonisierung des suggestiven Bildes erst hergestellt worden sei. Diese Verengung habe wiederum die Entsolidarisierung der Linken von ihren bewaffneten Mitgliedern befördert, die letztere erst wirklich zu Terroristen gemacht habe.[125] Dieser Interpretation ist entgegenzuhalten, dass sich die Autonomen als Verfechter einer spontanen Massengewalt zwar im Prinzip vom terroristischen Untergrund distanzierten, die Grenze zu den illegalen Gruppen wie den Brigate Rosse de facto aber niemals scharf gezogen war – weder strategisch noch personell. Laut Giorgio Bocca war die Autonomenszene „das stürmische Gewässer, in dem die Terroristen schwimmen und rekrutieren, Zuflucht und Unterstützung finden konnten."[126] Seit der Gründung der semi-klandestinen Gruppe Prima Linea (PL) im Herbst 1976 hatte sich der Übergang zwischen legaler Militanz und Untergrund weiter verwischt. PL, die direkt aus den ehemaligen Ordnungsdiensten von LC und PO erwachsene, bedeutendste BR-Konkurrenz, verübte ihre Attentate üblicherweise ohne Bekennerschreiben, um der systematisch ausgeübten Gewalt der Organisation den Anstrich des spontanen Volkszorns zu verleihen.[127] Prima Linea kam es ähnlich wie der Bewegung 2. Juni in der Bundesrepublik weniger auf die ideologische Unterfütterung ihrer Praxis an denn auf die Wirkung der Tat selbst. Ähnliches gilt für die meisten der in diesen Jahren entstehenden Gruppen und Grüppchen der „nebulosa terroristica", die zumeist auf die ‚befreiende' Wirkung der Gewalt als subjektiv erlebter Katharsis setzten und weitgehend ohne den ideologischen Ballast der nach wie vor streng marxistisch-leninistisch argumentierenden BR auskamen.

Das rivalisierende Nebeneinander der Gruppen und Revolutionsphantasien einerseits sowie das unverhoffte Aufkommen einer breiten und präzedenzlos militanten Protestbewegung andererseits führten dazu, dass auch die Brigate Rosse Frequenz und Gewaltniveau ihrer Aktionen ab 1977 stark erhöhten, um die Führungsrolle der Organisation auf einem enger werdenden ‚Markt' zu behaupten.[128] Unter anderem eröffnete die Gruppe eine Kampagne zur ‚Bestrafung' missliebiger Journalisten über Schüsse in die Beine, zu deren prominentestem Opfer der konservative Publizist Indro Montanelli wurde,

---

[125] Maurizio Lazzarato, Storia di una foto, in: Bianchi/Caminiti, Gli autonomi III, S. 215–232.
[126] Bocca, Terrorismo italiano, S. 87.
[127] Vittorio Dini/Luigi Manconi, Il discorso delle armi: l'ideologia terroristica nel linguaggio delle Brigate Rosse e di Prima Linea, Rom 1981; vgl. zur hohen Brutalität der PL auch Lanaro, Storia dell'Italia repubblicana, S. 452f.
[128] Neben BR und PL waren 1977 fünf weitere bewaffnete Gruppen im Untergrund aktiv: Azione rivoluzionaria (Ar), Formazioni armate combattenti (Fac), Formazioni comuniste combattenti (Fcc), Unità comuniste combattenti (Ucc) und Nuclei armati proletari (Nap), vgl. Della Porta, Terrorismo di sinistra, S. 59.

langjähriger Leitartikler des „Corriere della Sera", der seit 1973 für sein eigenes Blatt „Il Giornale nuovo" schrieb.[129] Zur Intensivierung der BR-Aktivitäten hatte auch die geplante Fortsetzung des im Vorjahr am Appellationsgericht in Turin eröffneten und in der Folge suspendierten Verfahrens gegen den ‚historischen Kern' um Renato Curcio beigetragen.[130] Der bevorstehende Prozess bildete den Anlass für eine ganze Serie von Anschlägen, die vor allem die piemontesische Stadt selbst in Angst und Schrecken versetzte. Angesichts der Unmöglichkeit, nach dem Mord an Fulvio Croce, dem Präsidenten der Turiner Anwaltskammer, noch die erforderliche Anzahl Unerschrockener zu finden, die bereit waren, der terroristischen Gefahr zu trotzen und sich als Laienrichter zur Verfügung zu stellen, musste der Prozess im Mai 1977 erneut auf unbestimmte Zeit vertagt werden. In diesem Zusammenhang erregten Äußerungen der Schriftsteller Leonardo Sciascia und Eugenio Montale Aufsehen, die verächtlich davon sprachen, wie wenig „dieser Staat" es verdient habe, dass man für seine Verteidigung sein Leben aufs Spiel setze – ein eindrucksvolles Indiz für das Ausmaß, in dem sich die Republik in den vorausgegangenen Jahren nicht nur in den Augen ihrer gewaltbereiten Gegner delegitimiert hatte.[131]

Der sich mit einem Blick auf die Chronik der Ereignisse aufdrängende Eindruck, mit dem Jahr 1977 habe die Geschichte des italienischen Linksterrorismus eine entscheidende Wendung genommen, bestätigt sich mit einem Blick auf die entsprechenden Zahlen. War vom ‚partito armato' bislang eine eher sporadisch aufflammende Gewalt ausgegangen, deren zerstörerische Wirkung stets unterhalb derjenigen der neofaschistischen Feinde der Republik geblieben war, wurde das ‚rote Blei' von nun an bis in die frühen 80er Jahre zu einer fast alltäglichen Bedrohung des öffentlichen Lebens – eine Bedrohung, die auch die Aufmerksamkeit der Politik nahezu vollständig zu absorbieren begann.[132] „Innerhalb eines Jahres", so Tobias Hof, „hatte damit der Terrorismus das einstige Hauptproblem, den sozioökonomischen Notstand, als Krisenphänomen Nr. 1 in der politischen Agenda verdrängt."[133]

In dieser angespannten Lage rangen sich die sechs im Parlament vertretenen

---

[129] Vgl. Clementi, Storia delle Brigate Rosse, S. 175–180. Im Laufe des Jahres kam das Wort „gambizzare" (ital. la gamba = das Bein) für die BR-typische Art der Verletzung durch Beinschüsse in Umlauf.

[130] Tobias Hof, Der Prozess gegen den „historischen Kern" der Brigate Rosse in Turin, in: Hürter/Rusconi, Bleierne Jahre, S. 63–72.

[131] Barbagallo, L'Italia repubblicana, S. 141.

[132] Vgl. die entsprechende Übersicht in: Della Porta, Social Movements, S. 128. Betrug die Zahl der Ermordeten 1977 6 Menschen, stieg sie im Folgejahr auf 29, um sich auf diesem hohen Niveau einzupendeln und erst ab 1983 wieder stark zurückzugehen (1979 23 Tote, 1980 29, 1981 14, 1982 17, 1983 1), ebd. Für eine detaillierte Übersicht über die Entwicklung der Gewaltformen und das Jahr 1977 als Wende vgl. Dies., Terrorismo di sinistra, S. 240f.

[133] Hof, Staat und Terrorismus, S. 85.

Parteien des so genannten *arco costituzionale* (Verfassungsbogen) – einschließlich des PCI, aber ohne Partito Radicale, MSI und die kleine linksradikale DP – nach monatelangen Sondierungsgesprächen zur Formulierung einer gemeinsamen programmatischen Erklärung durch, dem so genannten „Juliabkommen" oder auch „Programm der sechs".[134] Das parteiübergreifende Strategiepapier, das Empfehlungen zu den wichtigsten innenpolitischen Problemfeldern enthielt, wurde in Form eines Entschließungsantrags am 12. Juli ins Parlament eingebracht und nach dreitägiger Debatte mit großer Mehrheit angenommen – zweifellos vor allem ein Erfolg für die DC, der es gelang, andere Parteien in die politische Verantwortung zu nehmen ohne sie tatsächlich an der Macht zu beteiligen. Der erste und umfangreichste Abschnitt des Papiers war dem Thema „Öffentliche Ordnung und Sicherheit" gewidmet und enthielt unter anderem Vorschläge für eine Erweiterung der präventiven Befugnisse der Polizei und der Einrichtung von Hochsicherheitsgefängnissen für „besonders gefährliche" Strafgefangene – Hintergrund war die nach wie vor außerordentlich hohe Zahl von Ausbrüchen aus den Strafvollzugsanstalten des Landes.[135]

Von den verschiedenen Versuchen, die in Westeuropa singuläre Eskalation linker Gewalt verständlich zu machen, ist vor allem die subtile, mehrere Ebenen der Betrachtung einbeziehende Analyse Donatella Della Portas hervorzuheben, die die italienische Anomalie durch das direkte Ineinandergreifen zweier distinkter, aber auf vielfältige Weise miteinander verbundener Protestzyklen – dem von 1968 und dem von 1977 – erklärt hat. Die Erklärung für die neue Qualität der Gewalt am Ende der 70er Jahre sei, so Della Porta, „hauptsächlich im fehlenden Bruch mit den Repertoires, aber auch den Organisationen des vorangegangenen Zyklus zu suchen." Die in der Zwischenzeit eingetretenen Veränderungen innerhalb der politischen Kultur – so die Betonung individueller Bedürfnisbefriedigung gegenüber Gemeinschaftswerten – seien in diesem Zusammenhang weniger wichtig als die Elemente der Kontinuität, die durch den Fortbestand der wichtigsten, Ende der 60er Jahre geknüpften personellen und organisatorischen Netzwerke gewährleistet wurde.[136] Entscheidend sei die Interaktion der ‚Veteranen' mit den jungen Militanten, die in den konfliktreichen Jahren um die Mitte der 70er Jahre politisch sozialisiert worden seien. Ähnlich hat Barbara Armani argumentiert, die darauf hingewiesen hat, dass die ‚77er' gerade von Nostalgikern der zeitlich vorgelagerten Revolte vorschnell als irrationale Desperados beurteilt worden seien, ohne nach den Wurzeln der

---

[134] Vgl. dazu ebd., S. 160–166.
[135] Ebd., S. 163. Die Polizei sollte die Möglichkeit bekommen, Verdächtige vorbeugend festnehmen (*fermo di polizia*); außerdem sollten die Vorschriften für Hausdurchsuchungen und das Abhören von Telefonen gelockert werden. Zur desolaten Situation in den Gefängnissen und den zahlreichen Ausbrüchen der Jahre 1976/77 vgl. ebd., S. 195f.
[136] Della Porta, Terrorismo di sinistra, S. 81.

freigesetzten Destruktivität zu fragen: Weder, so Armani, habe die Gewalt der späten sechziger Jahre ausschließlich defensiven noch diejenige der späten siebziger einen prinzipiell unpolitischen Charakter besessen.[137]

Tatsächlich spricht vieles dafür, weniger ein ‚Anderssein' der Akteure und ihrer Ideen als vielmehr die im Vergleich zu 1968 fundamental veränderten gesellschaftlichen Rahmenbedingungen für die sprunghafte Steigerung des Gewaltniveaus verantwortlich zu machen. Sei es im politischen, ökonomischen oder im sozialen Bereich – überall schienen sich die Handlungsoptionen der jugendlichen Systemkritiker massiv verengt zu haben. Statt im Zeichen des Aufbruchs und der Hoffnung auf die Möglichkeit einer revolutionären Veränderung der Welt, die nicht zuletzt vom internationalen Charakter der Proteste gelebt hatte, revoltierten die Erben der 68er vor dem Hintergrund eines allgemeinen Niedergangs der revolutionären Utopien und nicht zuletzt auch in Zeiten der wirtschaftlichen Rezession.[138] Entsprechend lässt sich ihre Geschichte auch weniger auf der Grundlage ihrer mageren Theorieproduktion als ihrer eingängigen Slogans und Parolen schreiben, die sich durch Zynismus und brutale Direktheit auszeichneten.[139] Perspektivlosigkeit und Isolation machten die Mitglieder der Bewegung nicht nur anfällig für harte Drogen, die seit Mitte der 70er Jahre den italienischen Markt überschwemmten,[140] sondern auch für die Versuchung des Terrorismus. „Es sind die Brigate Rosse, die das Angebot ‚Terrorismus' geschaffen haben und verfügbar halten", so Gianfranco Pasquino. „Mit ihrer Präsenz und ihren Aktionen suggerieren sie die Plausibilität und die Möglichkeit des bewaffneten Kampfes als tatsächlich erfahrbare Alternative".[141] „Massen von Eintrittswilligen (*folle di aspiranti brigatisti*) standen bei uns Schlange", bestätigt das ehemalige BR-Mitglied Anna Laura Braghetti, „allerdings sahen wir genau, wie anders sie waren als früher. Es waren zornige Kinder (*ragazzini arrabbiati*), deren Nerven blank lagen, geblendet von dem Bild der Potenz (*potenza*), das die BR boten."[142]

Tatsächlich waren den „zornigen Kindern", die sich selbst wiederholt als politische „Waisen" bezeichneten, nicht nur der Optimismus, sondern mit diesem

---

[137] Armani, Italia anni settanta, S. 49.

[138] Auch der Regierung war die sozioökonomische Dimension der jugendlichen Gewaltbereitschaft wohl bewusst. Sie versuchte dem Problem durch ein Gesetz zur Bekämpfung der Jugendarbeitslosigkeit Herr zu werden, das am 1. Juni 1977 im Parlament verabschiedet wurde, vgl. Hof, Staat und Terrorismus, S. 163.

[139] Vgl. die entsprechende Auswahl von Sprechchören und Graffiti in Sparatoria tranquilla, S. 245–284 sowie in Indianer und P38, S. 35–72.

[140] Italien wurde in diesen Jahren zum europäischen Hauptumschlagplatz für harte Drogen; allein 1977 wurden 40 Herointote gezählt, vgl. Crainz, Paese mancato, S. 557.

[141] Gianfranco Pasquino, Sistema politico bloccato e insorgenza del terrorismo: ipotesi e prime verifiche, in: Ders. (Hg.), La prova delle armi, Bologna 1984, S. 175–220, hier S. 217.

[142] Braghetti, Prigioniero, S. 147.

auch weitgehend die Vorbilder der älteren Generation verlorengegangen, ob diese nun in Vietnam, Lateinamerika oder unter den kommunistischen Partisanen der Resistenza zu finden gewesen waren. Geblieben waren offenbar nur die todesbereiten, vermeintlich heldenhaft gescheiterten Anführer des ‚partito armato' selbst, die es zu rächen und denen es nachzueifern galt – und zwar ganz gleich, ob diese in Turin oder in Stuttgart-Stammheim ihren Richtern vorgeführt wurden. „Die RAF (...) hatte damals unzählige Bewunderer in Italien", erinnert sich Lucia Annunziata, zum fraglichen Zeitpunkt Redakteurin bei „il manifesto" und später eine der bekanntesten Publizistinnen ihres Landes.[143] Tatsächlich skandierten die Demonstranten „Ulrike Meinhof ce l'ha insegnato – donne armate contro lo stato" (Ulrike Meinhof hat's uns gelehrt, bewaffnete Frauen gegen den Staat),[144] und ein Bologneser Graffiti-Sprayer warb mit der Parole „Un muro bianco è repressione, chiedetelo a Ulrike" (Eine weiße Wand ist Repression, fragt Ulrike) um Nachahmer.[145]

Weniger als von Vorbildern war die „Gegen-Gesellschaft" des movimento '77 von Feindbildern bevölkert – Feindbilder, die mit denen des vorausgegangenen Protestzyklus weitestgehend identisch und damit umso tiefer im Bewusstsein der Militanten verankert waren. Erweitert hatte sich das Arsenal allein um den neuen Erzfeind PCI, der so offensichtlich die Seiten gewechselt zu haben schien. Der Hass auf den Staat als dem absoluten Gegner war so groß geworden, dass es zumindest fraglich erscheint, ob die Forderungen der Bewegung tatsächlich, wie Donatella Della Porta annimmt, sozial und politisch integrierbar gewesen wären, ein entsprechendes Entgegenkommen der Institutionen die Spirale der Gewalt also hätte zum Stillstand bringen können.[146] Ebenso fraglich ist es, wie dieses Entgegenkommen überhaupt hätte aussehen können, denn „weit wichtiger als die Realisierung irgendwelcher Ziele oder Anliegen war immer das ‚Sein', die Existenz der Bewegung selbst", so Marco Grispigni.[147] Richtig ist zweifellos, dass es den ‚77ern' an einer wie auch immer gearteten ‚Lobby' fehlte – 1968 war der PCI zwar nicht auf derselben Seite wie die revoltierenden Studenten gewesen, aber eben auch nicht auf der entgegengesetzten. Nicht zuletzt hatten sich auch die Medien in der Vergangenheit zumindest teilweise den Anliegen der Protestbewegung geöffnet.

1977 waren es „il manifesto" und „Lotta Continua", die sich als die wichtigsten ‚historischen' Formationen der Neuen Linken darum bemühten, die jugendlichen „Waisen" zu adoptieren. Allerdings waren die Gruppen selbst in keinem sehr guten Zustand. Beide Organisationen hatten 1976 auf der Einheits-

---

[143] Vgl. Annunziata, 1977, S. 156.
[144] Vecchio, Ali di piombo, S. 214.
[145] Indianer und P 38, S. 54.
[146] Della Porta, Terrorismo di sinistra, S. 81.
[147] Grispigi, 1977, S. 45.

liste Democrazia Proletaria an den Wahlen teilgenommen, wobei il manifesto, traditionell weniger mitgliederstark als wortgewaltig, kurz zuvor mit dem Partito di Unità Proletaria fusioniert hatte. Anders als für die PCI-Abspaltung hatte die Teilnahme an der Parlamentswahl für Lotta Continua, die Gruppe, die immer „Revolution statt Politik" hatte machen wollen, einen Tabubruch bedeutet. Wie sich herausstellte, hatte sich das Wagnis einer Neuerfindung der eigenen Identität, die erst nach schweren inneren Kämpfen zustande gekommen war, für die Gruppe nicht gelohnt. Statt der geschätzten 6 oder 7 % – ganz optimistische Stimmen hatten in grandioser Selbstüberschätzung gar von 15 % geträumt – hatte das Bündnis der linken Mini-Parteien lediglich 1,5 % der abgegebenen Stimmen auf sich vereinigen können[148]: Die Polarisierung zwischen DC und PCI und die Fokussierung auf die Frage des ‚sorpasso' hatte die großen Parteien ebenso begünstigt wie die politische Gewalt während des Wahlkampfs. Einmal mehr schien sich für viele Kapitalismuskritiker der Eindruck zu bestätigen, dass auf parlamentarischem Wege die Verhältnisse jedenfalls nicht zu ändern waren.

Unter dem Eindruck des enttäuschenden Wahlergebnisses und interner Querelen um die Rolle der gegen Machismo und patriarchale Strukturen aufbegehrenden Frauen löste sich Lotta Continua im Herbst 1976 als Gruppe formal auf; manche Mitglieder wanderten zu anderen Linksparteien, andere in die terroristischen Formationen ab.[149] Viele lokale LC-Zirkel überlebten den formalen Einschnitt allerdings weitgehend unbeschadet, ebenso wie die gleichnamige Tageszeitung, die jetzt sogar „ihre beste Phase erlebte".[150] Obwohl die linksradikalen Blätter „Lotta Continua" und „il manifesto" zusammen eine Auflage von durchschnittlich nur 60 000 Exemplaren erreichten und damit zu den kleineren Zeitungen des Landes gehörten,[151] wurden die dort geäußerten, staats- und regierungskritischen Beiträge in der Öffentlichkeit in einer Breite diskutiert, die gerade aus deutscher Perspektive verwundern mag. Während die Massenmedien in der Bundesrepublik die linksalternative Presse schlicht ignorierten, zeigten die überregionalen Zeitungen Italiens – von „Corriere della Sera" über „la Repubblica" bis zu „Il Popolo" und „l'Unità" – ein nahezu tägliches Interesse an den Positionen der Ultralinken, und sei es nur, um sie zu problematisieren.[152] Das politische Gewicht der Systemkritiker aus der Neuen Linken bemaß sich entsprechend weniger an ihrem Rückhalt durch die Wähler denn an dem breiten Echo, das ihre Interventionen in der Öffentlichkeit fanden. Auch die Vertreter der offiziellen Politik bezogen dieses Milieu erstaunlich selbstverständlich in die politische Kommunikation mit ein. „Noch gestalteten

---

[148] Dies entsprach 556.000 Stimmen, vgl. Cazzullo, Ragazzi, S. 269.
[149] Ebd., S. 259ff.
[150] Cazzullo, Ragazzi, S. 290.
[151] Murialdi, Storia del giornalismo, S. 241.
[152] Diesen Unterschied unterstreicht Tolomelli, Terrorismo e società, S. 195.

die Parteien die Trennlinien zwischen ‚alter' und ‚neuer' Linken durchlässig. Die radikalisierten Gruppen sollten ihre Fehler eingestehen und ermutigt werden, wieder den Anschluss zur traditionellen Linken zu suchen."[153]

Wer dem Projekt Lotta Continua auch nach der Zäsur von 1976 treu blieb, versuchte im Allgemeinen, der Militarisierung der Konfrontation zwischen der revoltierenden Jugend und dem Staat entgegenzuwirken und die Auseinandersetzung im Bereich des Politischen zu halten. Allerdings stand gerade die römische Redaktion des gruppeneigenen Blattes unter erheblichem Druck der örtlichen Autonomenszene, die die Redakteure – manchmal mit gezogener P38 – zur Aufgabe ihrer Skepsis gegenüber gewaltsamen Handlungsoptionen zwingen wollten.[154] Wenn überhaupt, wurde die Gewaltbereitschaft der Systemgegner in der Zeitung denn auch einer rein strategischen Kritik unterzogen und kaum aufgrund ihrer Folgen für die Opfer problematisiert.

Stattdessen wurde in der Zeitung die staatliche ‚Repression' zum alles beherrschenden Thema, gegen die man schon seit Anfang 1977 und verstärkt seit der Verabschiedung des Juliprogramms unter dem Motto „Evitiamo la germanizzazione" (Verhindern wir die Germanisierung) zu Felde zog.[155] Das ‚Modell Deutschland', verstanden als Zwangsstaat, der alles Linke kriminalisierte und – wenn er auf Gegenwehr traf – rücksichtslos vernichtete, wurde dabei unmittelbar zur Mobilisierung der Genossen auf dem hart umkämpften Feld der italienischen Innenpolitik eingesetzt. Denn auch der PCI, so war man überzeugt, sprach inzwischen „deutsch":[156] „Hier Bonn – es spricht Luciano Lama", war beispielsweise ein Artikel über einen Kongress der CGIL überschrieben, auf dem der Kommunist angesichts der schlechten Wirtschaftslage für eine Mäßigung der gewerkschaftlichen Forderungen in den Tarifauseinandersetzungen warb.[157] Den Ausbruch zweier weiblicher Mitglieder der süditalienischen NAP aus der Haftanstalt von Pozzuoli wiederum begrüßte die Zeitung mit dem Hinweis, durch die Flucht habe ein weiterer staatlicher Mordversuch nach dem Vorbild der Beseitigung Ulrike Meinhofs abgewendet werden können.[158] Als die entwichenen Frauen Monate später wieder gefasst wurden und Fotos der erfolgreichen Polizeiaktion durch die Presse gingen, kommentierte „Lotta Continua": „Ein Vergleich mit der brutalen Festnahme der RAF-Mitglieder in der BRD drängt sich auf. Aber während in Deutschland die Verherrlichung von Gewalt und Brutalität der Mächtigen eine alte Geschichte ist und schon lange die öffentliche Meinung prägt und organisiert, handelt es sich in Italien um

---

[153] Vgl. Hof, Staat und Terrorismus, S. 89.
[154] Cazzullo, Ragazzi, S. 290.
[155] Grispigni, 1977, S. 49.
[156] „Eversione e criminalità: il PCI parla tedesco", in: LC, 12.1.1977.
[157] „Qui Bonn – vi parla Luciano Lama", in: LC, 26.3.1977.
[158] „Due sonne evadono – dove sta lo scandalo?", in: LC, 25.1.1977.

etwas besorgniserregend Neues."¹⁵⁹ Dafür, dass die „alten Geschichten" im Falle der Bundesrepublik nicht in Vergessenheit gerieten, sorgte die Zeitung im Übrigen selbst – etwa, indem man einen Bericht über das deutsch-italienische Gipfeltreffen vom Januar mit einem Foto des jugendlichen Helmut Schmidt in Wehrmachtsuniform illustrierte.¹⁶⁰ Ein Kapitel für sich war die Darstellung der deutschen Haftanstalten als ‚neuer Lager', die die italienische Diskussion über die Einrichtung von Hochsicherheitsgefängnissen begleitete. „Sie sind dabei, sie umzubringen" lautete die Überschrift eines Berichts über den jüngsten Hungerstreik der ‚Stammheimer' im Sommer 1977, illustriert von einem düsteren Foto der schwer bewachten Stuttgarter Anstalt.¹⁶¹

Neben der unermüdlichen PR-Tätigkeit der RAF-Anwälte, die im Laufe des Jahres immer wieder auf den Seiten des Blattes zu Wort kamen, trug zur Fokussierung auf die Bundesrepublik als dem Negativszenario schlechthin wohl auch der Einfluss des Südtirolers Alexander Langer bei, der – seit 1975 Chefredakteur des Blattes – wie erwähnt über enge Kontakte in die westdeutsche Szene verfügte; auch Checco Zotti, verantwortlicher Redakteur für die berühmte Leserbriefseite von „Lotta Continua", war zuvor „jahrelang in Deutschland abgetaucht".¹⁶² Tatsächlich ließen sich aus der Bundesrepublik nicht nur griffige Feindbilder, sondern auch politische Aktionsstrategien importieren. So suchte die LC-Redaktion im Sommer 1977 nach dem Vorbild deutscher Oppositioneller links der Sozialdemokratie nach prominenter Schützenhilfe aus dem Ausland, um ihrem Feldzug gegen den ‚Historischen Kompromiss' und die angeblich daraus folgende staatliche Unterdrückung den nötigen Nachdruck zu verleihen. Am 5. Juli erschien in der Zeitung ein unter anderem von Sartre, Foucault und den *nouveaux philosophes* Deleuze und Guattari unterzeichnetes „Manifest französischer Intellektueller gegen die Repression in Italien", in dem „die sofortige Freilassung aller verhafteten Genossen, die Beendigung der politischen Verfolgungen und der Diffamierungskampagne gegenüber der linken Bewegung" gefordert wurde. Eigens hervorgehoben wurde die „systematische Verfolgung" der linken Strafverteidiger der Brigate Rosse – darunter Cappelli, Senese und Spazzali, die im Frühjahr zeitweilig festgenommen worden waren – als „eine Form der Repression, die den Geist der in Deutschland angewandten Methoden atmet".¹⁶³ Das „Manifest" löste bis in den italienischen Senat hinein Aufregung aus, wo Innenminister Cossiga beklagte, dass sich die italienischen Terroristen

---

¹⁵⁹ „Lo stato dà spettacolo", in: LC, 4.7.1977.
¹⁶⁰ „Scartabellando nell'archivio del cancelliere…", LC, 20.1.1977.
¹⁶¹ „Li stanno uccidendo", in: LC, 25.8.1977.
¹⁶² Cazzullo, Ragazzi, S. 291.
¹⁶³ In deutscher Übersetzung abgedruckt in: Indianer und P38, S. 134f. Zeitgenössisch war das „Manifest" auch im wichtigsten deutschsprachigen Organ des Operaismus, der „autonomie" vom Juli 1977 publiziert worden.

„in unseren Nachbarländern einer pseudopolitischen und pseudokulturellen Komplizenschaft" erfreuten, die sich „auf trostlose und unwürdige Weise in bizarren kulturellen Manifestationen ausdrücke". Im PCI wiederum gab man sich gelassen und verwies auf Sartres schlechten Gesundheitszustand, der offensichtlich „von interessierten Kreisen" gegen Italien ausgenutzt werde.[164] Das Kalkül der Initiatoren, nach dem fremde Kritik die Betroffenen empfindlicher traf und entsprechend mehr Aufsehen erregte, war jedenfalls auch in diesem Falle voll aufgegangen. Zur Vertiefung des Themas bat Lotta Continua nicht nur Sartre zum Interview in die römische Redaktion,[165] sondern lud alle interessierten Genossen des In- und Auslandes für Ende September zu einem internationalen „Kongress gegen die Repression" nach Bologna ein, auf dem auch die „Repression in der BRD" und die Frage der „Germanisierung Italiens und Europas" thematisiert werden sollten.[166] Auch diese Initiative lässt sich als Ergebnis eines deutsch-italienischen Transfers deuten: Als Vorbild der Veranstaltung kann der „Pfingstkongress gegen die politische Unterdrückung und ökonomische Ausbeutung" – kurz „Antirepressionskongress" – gelten, den der Sozialistische Bund 1976 in Frankfurt organisiert hatte, der Stadt also, die die ‚Hochburg' von LC in Deutschland war.[167]

Fundamentale Kritik an der Bundesrepublik aber blieb in jenen Monaten kein Privileg einer transnational vernetzten radikalen Linken. Breite und ungewöhnlich scharfe Reaktionen löste in der italienischen Öffentlichkeit bereits eine Titelgeschichte des „Spiegel" vom 25. Juli 1977 aus, die der Gefährdung der Inneren Sicherheit durch Bandenkriminalität und Terrorismus in den italienischen Städten gewidmet war.[168] Unter der Schlagzeile „Urlaubsland Italien" prangte auf dem berühmt gewordenen Titelbild des Heftes ein Teller Spaghetti, die statt mit Soße mit einem Revolver garniert waren.[169] Die Aneinanderreihung von Schreckensnachrichten aus einem „verrottenden" Land, gewürzt mit liebgewordenen Negativstereotypen des Südländers und direkt verknüpft mit der Frage, warum Jahr für Jahr Millionen Deutsche in „die gefährlichen Landstriche zwischen Brenner und Palermo" Milliarden hart erarbeiteter D-Mark „pulverten", bedeutete eine gezielte Provokation an die Adresse der Italiener,

---

[164] Beide Kommentare zitiert in: Annunziata, 1977, S. 154.
[165] Cazzullo, Ragazzi, S. 290.
[166] Ebd., S. 287.
[167] Vgl. März, Linker Protest, S. 245f. Auf der Veranstaltung war auch die Idee eines Russell-Tribunals gegen die Bundesrepublik geboren worden, vgl. Steffen, Geschichten vom Trüffelschwein, S. 111–116.
[168] „Reiseland Italien – scheußliches Land?", in: Der Spiegel 31/25.7.1977, S. 98–109.
[169] Vgl. die Abbildung unter http://www.spiegel.de/spiegel/print/index-1977-31.html (30.6.2013).

die zweifellos auch außerhalb des medialen Sommerlochs ihre Wirkung nicht verfehlt hätte.[170]

1977 war die Aufregung über die Pistole in der Pasta dagegen nur der Auftakt zu einer Affäre, die „wie ein Felsblock aufs deutsch-italienische Verhältnis" stürzte und einen „verbalen Bewegungskrieg" auslöste, der vor allem auf Seiten der italienischen Medien mit allergrößter Verve geführt wurde.[171] Die Flucht des deutschen Kriegsverbrechers Herbert Kappler aus dem Militärhospital auf dem römischen Celio am 15. August 1977 kann mit einiger Berechtigung als der eigentliche Beginn des ‚Deutschen Herbstes' in Italien gewertet werden.[172] Es handelte sich um den Startschuss zu einer monatelangen, stark negativ gefärbten Dauerpräsenz der Bundesrepublik im politischen Diskurs Italiens, in der sich nicht nur Gegenwart und Vergangenheit, sondern auch die Verwerfungen deutscher und italienischer Innenpolitik bis zur Unkenntlichkeit miteinander vermischten. Worum ging es bei dieser Affäre, und aus welchen Gründen konnte sie so viel politischen Staub aufwirbeln?

Herbert Kappler, zum Zeitpunkt seiner Flucht 69 Jahre alt, war zu Beginn des Zweiten Weltkrieges als Beamter der Politischen Polizei in die italienische Hauptstadt gekommen. Im Zuge der Besetzung Italiens durch deutsche Truppen stieg er im September 1943 zum Obersturmbannführer der SS und Leiter des römischen Außenkommandos der Sicherheitspolizei und des SD auf.[173] In dieser Funktion organisierte er nicht nur die Razzia im ehemaligen jüdischen Ghetto Roms, infolge derer 1007 Mitglieder der jüdischen Gemeinde in die Vernichtungslager deportiert wurden, sondern war auch für eines der schlimmsten deutschen Kriegsverbrechen auf italienischem Boden maßgeblich mitverantwortlich. Als Repressalie für ein Attentat römischer Partisanen auf ein deutsches Polizeiregiment beaufsichtigte Kappler die Erschießung von 335 Personen zwischen 15 und 74 Jahren in den Ardeatinischen Höhlen vor den Toren der Hauptstadt.[174] Für seine Beteiligung an dem Massaker war Kappler 1948 von einem römischen Militärgericht zu lebenslanger Haft verurteilt worden. Seit 1951 war der gebürtige Stuttgarter der einzige Kriegsverbrecher deutscher Staatsangehörigkeit überhaupt, der in Italien seine Strafe verbüßte: Die übrigen

---

[170] „Reiseland Italien – scheußliches Land?", in: Der Spiegel 31/25.7.1977, S. 98–109, hier S. 106.
[171] Johann Georg Reißmüller, Ein Nachwort zum Fall Kappler: Erregung in Rom – Nüchternheit in Bonn, in: FAZ, 14.9.1977 (bpa); Alfred Schüler, „Verbaler Bewegungskrieg. Die italienische Momentaufnahme der Bundesrepublik Deutschland", in: Die Weltwoche, 31.8.1977 (bpa).
[172] Felix N. Bohr, Flucht aus Rom. Der ‚Fall Kappler' im August 1977, in: VfZ 1 (2012), S. 111–141.
[173] Staron, Fosse Ardeatine, S. 40f.
[174] Vgl. Steffen Prauser, Mord in Rom. Der Anschlag in der Via Rasella und die deutsche Vergeltung in den Fosse Ardeatine im März 1944, in: VfZ 50 (2002), S. 269–301.

Verantwortlichen waren entweder früh entlassen oder aber überhaupt nie für ihre Taten belangt worden.[175] Für die unbefriedigende Ahndungsbilanz der allermeisten der von Wehrmacht und SS in Italien begangenen Verbrechen, die laut jüngsten Forschungsergebnissen etwa 10 000 Zivilisten das Leben gekostet haben, war auch das mangelnde Interesse der italienischen Nachkriegsregierungen verantwortlich:[176] Einerseits hatte man die guten Beziehungen zur Bundesrepublik Konrad Adenauers nicht belasten, andererseits die eigenen Militärs schonen wollen, die sich im Zuge der faschistischen Eroberungskriege in Äthiopien, Griechenland und auf dem Balkan ebenfalls teilweise gravierender Verbrechen an der Zivilbevölkerung schuldig gemacht hatten.[177]

Aber auch die deutsche Politik wollte sich ganz offensichtlich nicht vorwerfen lassen, es an Einsatz für das Wohlergehen derjenigen fehlen zu lassen, die für ihre im Rahmen des nationalsozialistischen Vernichtungskriegs begangenen Verbrechen im Ausland büßten. So bemühten sich alle Bundesregierungen von Adenauer bis Schmidt regelmäßig um die Freilassung des in der Festung Gaeta nördlich von Neapel einsitzenden Kappler, wobei sie nicht zuletzt auf den stetigen Druck einer deutschen „Kappler-Lobby" aus SS- und Wehrmachtssympathisanten reagierten.[178] Dass ihre Initiativen gleichwohl ebenso regelmäßig fruchtlos blieben, hatte viel mit der Bedeutung der Fosse Ardeatine als Gedächtnisort der italienischen Resistenza, aber auch als „Symbol für die Leiden der jüdischen Bevölkerung Roms" zu tun.[179] Weder setzten sich die Deutschen also nur aus humanitären Motiven für Kappler ein, noch hielten die Italiener ihn allein aus juristischen Gründen fest.[180]

Eine Krebserkrankung des Inhaftierten, aufgrund derer er Anfang 1976 in das römische Militärhospital auf dem Monte Celio verlegt wurde, schien

---

[175] Lutz Klinkhammer, Die Ahndung von deutschen Kriegsverbrechen in Italien nach 1945, in: Gian Enrico Rusconi/Hans Woller (Hg.), Parallele Geschichte? Italien und Deutschland 1945–2000. Vom Ende des Zweiten Weltkrieges bis zur europäischen Einigung, Berlin 2006, S. 89–106, hier S. 90f.

[176] Insgesamt kostete der Partisanenkrieg in Italien 70–80.000 Menschen das Leben, auf deutscher Seite starben ungefähr 3.000 Mann, vgl. Carlo Gentile, Wehrmacht und Waffen-SS im Partisanenkrieg: Italien 1943–1945, Paderborn u. a. 2011, S. 14f. Dazu kommen die Gewaltakte gegen Juden und die Deportationen in die Vernichtungslager mit mindestens 8000 Todesopfern, vgl. Liliana Picciotto Fargion, Il libro della memoria. Gli ebrei deportati dall'Italia 1943–1945 (2. ergänzte Aufl.), Mailand 2002, S. 26–33.

[177] Filippo Focardi, Das Kalkül des „Bumerangs". Politik und Rechtsfragen im Umgang mit deutschen Kriegsverbrechen in Italien, in: Norbert Frei (Hg.), Transnationale Vergangenheitspolitik. Der Umgang mit deutschen Kriegsverbrechern in Europa nach dem Zweiten Weltkrieg, Göttingen 2006, S. 536–566, hier S. 549–551.

[178] Vgl. ausführlich Felix N. Bohr, Lobby eines Kriegsverbrechers. Offizielle und „stille" Hilfe aus der Bundesrepublik Deutschland für den Häftling Herbert Kappler, in: QFIAB 90 (2010), S. 415–436.

[179] Staron, Fosse Ardeatine, S. 285.

[180] Bohr, Lobby, S. 434f.

eine baldige Begnadigung gleichwohl immer wahrscheinlicher zu machen. Tatsächlich verfügte das Militärtribunal von Rom im November 1976 die „bedingte Freistellung" Kapplers, was allerdings zu lebhaften Protesten diverser Opfer- und Partisanenverbände, vor allem aber der jüdischen Gemeinde der Hauptstadt führte. Daraufhin wurde das Urteil durch das Oberste Militärgericht wegen eines Formfehlers für ungültig erklärt und die Entscheidung über das Schicksal des Kriegsverbrechers in der Folge mehrmals aufgeschoben.

In dieser Situation griff Kapplers Ehefrau Anneliese zur Selbsthilfe.[181] Begünstigt durch die Feiertagsruhe des italienischen *Ferragosto* gelang es der Heilpraktikerin aus dem norddeutschen Soltau, die in den 60er Jahren den Kontakt zu dem Häftling gesucht und ihn 1972 im Gefängnis geheiratet hatte, ihren Mann in der Nacht vom 14. auf den 15. August aus dem offenbar nur nachlässig bewachten Militärhospital in die Freiheit zu schmuggeln. Mit Unterstützung einiger befreundeter Helfer beförderte sie den Kranken im PKW über die italienisch-österreichische und die österreichisch-deutsche Grenze und fuhr mit ihm nach Soltau. Für eine Mitwisserschaft oder gar eine direkte Beteiligung offizieller Stellen an dem Befreiungsplan, wie sie in den italienischen Medien sofort vermutet wurde, gibt es keinerlei Anhaltspunkte – weder auf deutscher noch auf italienischer Seite.[182] Wie man heute weiß, hatte sich die Bundesregierung den Kapplers gegenüber allerdings insofern als großzügig erwiesen, als sie den größten Teil der beträchtlichen Kosten übernahm, die für die von Anneliese Kappler 1976/77 wöchentlich (!) angetretenen Flugreisen zwischen Hamburg und Rom angefallen waren.[183]

Bei einer Gesamtbeurteilung der Affäre Kappler sollte nicht übersehen werden, dass es sich bei dem gelungenen Fluchtversuch des Mannes, der in den vorausgegangenen Jahrzehnten wie kein anderer zur Symbolfigur nationalsozialistischen Unrechts in Italien geworden war, zunächst um einen rein italienischen Skandal handelte. Die allermeisten italienischen Medien, die „in großer Aufmachung und Ausführlichkeit" berichteten, sahen in der Flucht in erster Linie „einen Beweis für den eklatant mangelhaften Zustand, in dem sich der italienische Staat generell befand".[184] „Die Bombe Kappler lässt Andreotti zittern", titelte nicht von ungefähr das römische „Spiegel"-Pendant „L'Espresso".[185]

Bei aller Kritik an den eigenen Institutionen gaben die Kommentatoren in Italien allerdings von Anfang an auch die Parole aus, dass die deutsche Seite

---

[181] Vgl. für das Folgende Bohr, Flucht.
[182] Vgl. zu den Pressereaktionen in Italien und der Bundesrepublik Kuntz, Konstanz und Wandel, S. 291–310; Staron, Fosse Ardeatine, S. 293–308.
[183] Bohr, Flucht, S. 125f.
[184] Ebd., S. 129.
[185] „Dopo l'evasione: Ora il governo è sotto processo – La bomba Kappler fa tremare Andreotti" in: L'Espresso, 28.8.1977.

durch ihre Reaktion auf die Ereignisse unter Beweis stellen müsse, die braune Vergangenheit ein für alle Mal hinter sich gelassen und aus den Verbrechen des ‚Dritten Reiches' gelernt zu haben. Der angesehene Historiker und ehemalige Widerstandskämpfer Alessandro Galante Garrone betonte, man sei „gespannt darauf, wie sich die deutsche Demokratie, einmal auf die Probe gestellt, verhält. (…) Wir erwarten zumindest ein entschiedenes Wort der moralischen und politischen Verurteilung Kapplers und all dessen, was dieser Mann – ob er nun im Sterben liegt oder nicht – (…) noch symbolisiert."[186] Dabei gingen die verschiedenen politischen Lager allerdings von durchaus unterschiedlichen Erwartungen aus. Konstatierte die kommunistische Parteizeitung „Paese Sera" am 17. August eine direkte „geistig-politische Verbindung" zwischen dem nationalsozialistischen Deutschland und der Bonner Republik, die im Gegensatz zur DDR den Bruch mit der Vergangenheit nicht vollzogen habe,[187] betonte zeitgleich Carlo Casalegno, Leitartikler der ‚Stampa', die Polemik „gegen ein Deutschland, das heute so weit von dem Hitlers entfernt ist", sei nur eine billige Ausflucht: Bei der Kappler-Flucht handle es sich leider um ein ausschließlich italienisches Ereignis.[188]

Von dieser Tatsache tunlichst abzulenken, hatte gerade die DC-Minderheitsregierung ein hohes Interesse. Entsprechend ging Ministerpräsident Andreotti sofort mit der Forderung an die Öffentlichkeit, die Verantwortlichen in Bonn müssten unverzüglich dafür sorgen, dass der flüchtige Kappler ergriffen und wieder an die italienischen Behörden rücküberstellt werde. Dass es sich dabei um einen hauptsächlich innenpolitisch motivierten Schachzug handelte, der das erschütterte Vertrauen in die staatlichen Institutionen des eigenen Landes wiederherstellen und die Nicht-Regierungsparteien besänftigen sollte, beweist die mündlich formulierte Einschränkung, mit der der zuständige italienische Botschaftsrat in Bonn das Auslieferungsersuchen im Auswärtigen Amt überreichte: Die italienische Regierung sei sich darüber im Klaren, „dass der Auslieferung Kapplers der Artikel 16 des Grundgesetzes entgegenstehe. Sie hoffe deshalb, dass, wenn schon die Antwort ablehnend sein müsse, diese Antwort nicht zu früh erteilt werde und die augenblicklichen Emotionen in Italien wieder entfache".[189] Tatsächlich tat Bonn den Italienern den Gefallen, den Antrag erst über einen Monat später mit dem Hinweis auf das in der deutschen Verfassung festgeschriebene Auslieferungsverbot offiziell abzulehnen – wie gesehen, hatte auch Schmidt keinerlei Interesse daran, die unter Beschuss geratene Regierung Andreotti weiter zu destabilisieren.[190] Überhaupt war die

---

[186] Zitiert in: Staron, Fosse Ardeatine, S. 297.
[187] Zitiert in: Bohr, Flucht, S. 136.
[188] Zitiert in: Staron, Fosse Ardeatine, S. 297.
[189] Zitiert in: Bohr, Flucht, S. 140.
[190] Ebd.

Handhabung der heiklen Angelegenheit Kappler zwischen Bonn und Rom weit weniger kontrovers, als es in der Öffentlichkeit schien: Die Regierungen „arbeiteten in den Wochen nach der Flucht eng zusammen, ihre öffentlichen Stellungnahmen sprachen sie weitgehend miteinander ab".[191] Anders als es italienische Zeitungen vermuteten, wurde der Bundeskanzler, der für den 18. August in Verona erwartet worden war, auch keineswegs einseitig ausgeladen: Man verschob den Besuch vielmehr einvernehmlich auf ruhigere Zeiten, die dann allerdings aufgrund der Schleyer-Entführung nicht wie geplant schon im September, sondern erst Anfang Dezember wieder einkehrten. In der zweiten Augusthälfte dagegen wurden Autos und Reisebusse deutscher Touristen beschädigt und mit „Viva Kappler"-Sprüchen und Hakenkreuzen verschmiert; das Informationszentrum der deutsch-italienischen Handelskammer in Mailand durch eine Bombe verwüstet. Die Presse brachte sogar den Mord an einem 26-jährigen deutschen Touristen, der in seinem VW durch Apulien unterwegs war, sowie die Schüsse auf ein älteres Berliner Ehepaar auf einem Rastplatz an der Autostrada del Sole mit der Kappler-Flucht in Verbindung.[192]

Die Anschläge aus dem *movimento '77*, dessen Anhängern auch die Kappler-Flucht einen willkommenen Anlass bot, ihrer Wut auf das System freien Lauf zu lassen, war nur das sichtbarste Zeichen der Tatsache, dass sich die öffentliche Empörung in Sachen Kappler in Italien von der eigenen Regierung rasch auf die Deutschen verlagert hatte. Bei dem ‚Lackmustest' auf ihre demokratische Reife, zu dem der Fall südlich der Alpen einseitig ausgerufen worden war, schienen diese auf der ganzen Linie versagt zu haben – ein Eindruck, zu dem das Verhalten der Bundesregierung erheblich beigetragen hatte: Entgegen der ausdrücklichen Empfehlung des deutschen Botschafters in Rom, Hans Arnold, konnte sich Bonn erst am 26. August, mithin elf Tage nach Kapplers Entführung in die Freiheit, zu einer Stellungnahme durchringen, die in der Sache überdies einigermaßen unverbindlich blieb. Erst Anfang September schob Schmidt eine Erklärung nach, in der er nicht nur die Flucht als „Bruch der italienischen Rechtsordnung" bezeichnete, sondern auch „die Scheußlichkeit der Geiselmorde von Rom" verurteilte und betonte, „dass die Humanität gegenüber den Opfern stets Vorrang vor der gegenüber den Tätern" haben müsse.[193] Im Dezember sollte der Kanzler sein langes Zögern in der Angelegenheit Kappler gegenüber Andreotti als „Fehler" bezeichnen[194] – vorausgegangen war zumindest in der öffentlichen Wahrnehmung eine Kluft zwischen Deutschen und Italienern, „so tief wie seit dem Ende des Zweiten

---

[191] Bohr, Lobby, S. 433.
[192] Alfred Schüler, „Verbaler Bewegungskrieg", in: Die Weltwoche, 31.8.1977. (bpa)
[193] Zitiert in: Staron, S. 306; vgl. auch Bohr, Lobby, S. 432.
[194] Gespräch des Bundeskanzlers Schmidt mit Ministerpräsident Andreotti in Valeggio sul Mincio, in: AAPD 1977, Bd. II, S. 1650–1662, hier S. 1650.

Weltkriegs nicht mehr."¹⁹⁵ Aber nicht nur in Italien, auch in Großbritannien, den USA und vor allem in Frankreich kehrte der „hässliche Deutsche" in diesem Sommer in die Medien zurück.¹⁹⁶ Der Leiter der Bonner „Arbeitsgruppe Presse- und Öffentlichkeitsarbeit" Pätzold beklagte in einer Arbeitssitzung am 23. August 1977, die Themen Terrorismusbekämpfung, Kappler, Joachim Fests „Hitler"-Film und der Fall Gingold – es ging um die schon 1975 erfolgte und später zurückgenommene Entlassung des DKP-Mitglieds Silvia Gingold aus dem Schuldienst¹⁹⁷ – seien „von den uns sowieso kritisch gegenüberstehenden Auslandsjournalisten begierig aufgegriffen und in einen Topf geworfen worden. (...) Terrorismus werde mit Widerstand gleichgesetzt und die angeblichen Mißstände in der Bundesrepublik als Gefahr für ganz Europa hingestellt, die es jetzt entschieden zu bekämpfen gelte". Pätzold schlug vor, kritische deutsche Pressestimmen zum „Hitler"-Film an die wichtigsten Auslandsvertretungen „als Argumentationsmaterial" zu verteilen.¹⁹⁸ Die Aufregung, die die negative Berichterstattung wiederum innerhalb der deutschen Medienlandschaft verursachte, war für die Bundesregierung Anlass, Ende August eine Studie über das Image der Deutschen in sieben europäischen Nachbarstaaten in Auftrag zu geben.¹⁹⁹ In politischer Hinsicht jedenfalls war das Verhalten der Bundesregierung vor und nach der Kappler-Entführung, wie Felix Bohr gezeigt hat, vollkommen konsequent gewesen.

Schmidt hatte allerdings nicht nur gemäß der in den Vorjahren häufig bekundeten Überzeugung der Bundesregierung gehandelt, nach der Kappler lange genug gebüßt habe. Anders als Botschafter Arnold, dem es vor allem um das Image der Deutschen in seinem Gastland Italien ging, hatte der Kanzler – wie auf der anderen Seite auch Andreotti – wohl in erster Linie die Stimmung

---

¹⁹⁵ Kuntz, Konstanz und Wandel, S. 310.
¹⁹⁶ Bohr, Flucht, S. 138.
¹⁹⁷ Gingolds Eltern waren 1933 als Kommunisten und deutsche Juden ins französische Exil geflohen. Just zur selben Zeit, als sie selbst ihre Stelle verlor, wurde ihr Vater von Giscard d'Estaing mit dem ranghöchsten Verdienstorden für seinen Kampf in der Résistance ausgezeichnet. Vor allem aufgrund seiner vergangenheitspolitischen Brisanz wurde Gingolds Fall zum eigentlichen Auslöser für die scharfen internationalen Proteste gegen den ‚Radikalenerlass'. Trotz eines langen Klagewegs durch sämtliche verwaltungsgerichtliche Instanzen wurde die Lehrerin zunächst nur als Angestellte weiterbeschäftigt und erst 1984 auf Lebenszeit verbeamtet, vgl. Gerard Braunthal, Politische Loyalität und öffentlicher Dienst. Der ‚Radikalenerlaß' von 1972 und die Folgen, Marburg 1992, S. 85f.; Rigoll, Staatsschutz, S. 378f.
¹⁹⁸ BA Koblenz, B 145 9302, Sitzungsprotokoll vom 23.8.1977.
¹⁹⁹ „Bonn analysiert das Bild der Deutschen im Ausland", in: Die Welt, 27.8.1977 (bpa). Die in den USA, Großbritannien, Frankreich, Italien, Schweden, Dänemark, den Niederlanden und Griechenland durchgeführte Umfrage sollte Aufschluss darüber geben, „was in diesem Ländern über die Bundesrepublik bekannt ist, welche Vorbehalte dort bestehen und wie die Bundesrepublik auch im Verhältnis zur ‚DDR' bewertet wird", ebd.

im eigenen Land vor Augen gehabt. In der Bundesrepublik aber reagierte nicht nur ein Teil der Bevölkerung durchaus befriedigt auf die gelungene Flucht des gealterten Kriegsverbrechers – immerhin hatte die „Kappler-Lobby" noch im Vorjahr 200 000 (!) Unterschriften zu seinen Gunsten gesammelt[200] –, auch die Berichterstattung in den Medien fiel mehrheitlich kapplerfreundlich aus. „War das Verständnis für die italienische Sicht der Dinge schon bei der seriösen Presse schwach entwickelt, stießen die italienischen Forderungen in der Boulevard-Presse auf völliges Unverständnis".[201] Gerade die Kommunisten, so ereiferte sich die „Bild"-Zeitung, „hätten allen Grund, den Mund zu halten. (...) Die Nazi-Verbrecher wurden – wo immer man ihrer habhaft wurde – verurteilt. Die kommunistischen Verbrecher nicht".[202] Mit gewohnter Arroganz bezeichnete Heinz-Joachim Fischer, Korrespondent der FAZ in Rom, Kappler als „Faustpfand der moralischen Ehrenrettung Italiens". Für Fischer benutzten die Italiener die Resistenza, um „die Mißerfolge des Zweiten Weltkriegs, die Besetzung durch die deutsche Wehrmacht, die Überlegenheit der deutschen Kriegsmaschinerie" zu kompensieren.[203] Sogar für linksgerichtete Zeitungen wie die „Frankfurter Rundschau" war der Fall Kappler kein Anlass zur Selbstkritik. Stattdessen warf man den Italienern vor, statt ihrer eigenen faschistischen Vergangenheit lieber die deutsche Geschichte bewältigt zu haben.[204]

Aus den Nachrichten über den begeisterten Empfang Kapplers im Milieu der ‚alten Kämpfer' konstruierten die italienischen Medien im Gegenzug eine „allgemeine Genugtuung" der deutschen Bevölkerung über die Kappler-Flucht, aus der man „teilweise absurde Vorwürfe gegen die Bundesrepublik und ihre Art der Vergangenheitsbewältigung" ableitete. Dabei wurden, so Joachim Staron, immer wieder „ungeniert antideutsche Ressentiments bedient".[205] In dieser Situation fiel auch die vielzitierte Bemerkung Eugenio Scalfaris in „la Repubblica", er sei zwar „nicht besonders froh darüber", Italiener zu sein, danke aber jeden Tag seinem Schicksal, „nicht als Deutscher auf die Welt gekommen zu sein."[206] Auch in Italien blieben im Übrigen kritische Stimmen, die an die eigenen Kriegsverbrechen und deren mangelnde Aufarbeitung erinnerten, die Ausnahme. Neben Nello Ajello, dem Direktor des „L'Espresso", zählte zu ihnen der Historiker Leo Valiani, der seine Landsleute mit dem Hinweis auf den italienischen Neofaschismus ausdrücklich vor vorschnellen moralischen Urteilen über das politische Klima in der Bundesrepublik warnte.[207] Besonders deutlich

---

[200] Bohr, Flucht, S. 118.
[201] Staron, Fosse Ardeatine, S. 300.
[202] Zitiert in: Ebd.
[203] Zitiert in: Ebd., S. 299.
[204] Ebd.
[205] Ebd., S. 302.
[206] Ebd., S. 301f.
[207] Unter der Überschrift „Ma davvero noi italiani siamo così buoni?" bemerkte der Jour-

wurde die Turiner „La Stampa". „Die Italiener", so hieß es dort, müssten in der Angelegenheit Kappler vorsichtig sein. „Ihre Tribunale haben die grausamsten Verbrecher der faschistischen Zeit freigesprochen. Gab es nicht während der deutschen Besetzung kaum eine Jagd nach Juden, bei der nicht italienische Denunzianten im Spiel waren? Nie sind sie angezeigt, gesucht oder verurteilt worden. Gibt es einen einzigen Italiener, der wegen eines Massakers an Partisanen oder Juden zu lebenslänglich verurteilt wurde?"[208]

Am Beispiel der Kappler-Flucht, so lässt sich resümieren, werden die grundsätzlichen Unterschiede, aber auch die Affinitäten zwischen dem deutschen und dem italienischen Modell der ‚Vergangenheitsbewältigung' so deutlich greifbar wie selten. In Italien war der Faschismus seit den sechziger Jahren über die kollektiv geteilte Anverwandlung des Resistenza-Mythos ‚entsorgt' worden, dessen integrierende Wirkung durch den unitarischen Charakter der „Regierungen der nationalen Solidarität" ab 1976 noch verstärkt wurde.[209] Der Preis für den antifaschistischen Konsens in der Öffentlichkeit, an dem allein das neofaschistische Milieu keinen Anteil hatte, war nicht nur die Übersteigerung von Größe und militärischer Bedeutung der Widerstandsbewegung. Ebenso deutlich war die Tendenz, die eigene Täterrolle über eine einseitige Fokussierung auf den – durchaus realen! – Opferstatus der italienischen Bevölkerung in den Jahren der deutschen Besatzungszeit zu verdrängen, während die Schuld an Eroberungskrieg und Judenverfolgung dagegen allein den Deutschen aufgebürdet wurde.[210] Dass man es besser wissen *konnte*, zeigen die zitierten Gegenstimmen, die jedoch in der Rolle des sprichwörtlichen Mahners in der Wüste verblieben.

Trotz einer weit verheerenderen Verbrechensbilanz hatte sich aber auch in Deutschland nach Kriegsende rasch ein Opfernarrativ etabliert, nach dem einem kleinen Kreis tatsächlicher Täter ein betrogenes Volk einschließlich Millionen ‚anständiger' und ‚pflichtbewusster' Soldaten gegenüberstand.[211] Bevor

---

nalist, die Italiener hätten sich hinsichtlich der Kriegsverbrecherfrage ebenso wie die Deutschen verhalten – wenn nicht schlechter. „Un individuo come Rodolfo Graziani, generale fellone, non scontò un giorno di carcere. Un guitto sanguinario come Junio Valerio Borghese venne lasciato in libertà per far sì che al nostro paese non mancasse, nei decenni successivi, qualche brivido ‚golpista'. Se la Germania deve chiedere scusa al nostro governo per aver fatto scappare Kappler, chi chiederà scusa agli italiani antifascisti (ufficialmente lo siamo tutti) per aver rimesso in libertà gente di quella risma?", in: L'Espresso, 35/4.9.1977, S. 5; Valiani wird zitiert in: Staron, Fosse Ardeatine, S. 306.

[208] Zitiert in: „Stimmen der anderen", FAZ, 26.8.1977.
[209] Focardi, Guerra della memoria, hier bes. S. 53.
[210] Vgl. Wolfgang Schieder, Die Verdrängung der faschistischen Tätervergangenheit im Nachkriegsitalien, in: Asfa-Wossen Asserate/Aram Mattioli (Hg.), Der erste faschistische Vernichtungskrieg. Die italienische Aggression gegen Äthiopien 1935/36, Köln 2006, S. 177–197; Focardi, „Bravo italiano" e „cattivo tedesco"; Ders., L'ombra del passato.
[211] Aus einer Fülle von Literatur seien lediglich angeführt Norbert Frei, Vergangenheitspoli-

der Mythos von der ‚sauberen Wehrmacht' seit den 90er Jahren erste Risse bekam, waren gerade die im Westen begangenen Verbrechen – so gegenwärtig sie im Gedächtnis der Überlebenden waren – besonders erfolgreich ausgeblendet worden. Zu dieser Amnesie trug auch die enge politische Kooperation mit den ehemals besetzten Staaten im Rahmen von Europäischer Gemeinschaft und NATO bei. Gerade die Italiener, so zeigt der Fall Kappler, wurden stets sehr viel mehr als von der Fahne gegangene Verbündete denn als Opfer deutscher Besatzungswillkür oder gar als idealistische Widerstandsheroen erinnert.[212]

Was eine marginale Episode innerhalb der Verarbeitungs- bzw. der Verdrängungsgeschichte der einstigen Achse Berlin-Rom hätte bleiben können, gewann im Italien des Jahres 1977 vor allem deshalb politische Brisanz, da das unvermittelte Wiederaufleben der Erinnerungen an die deutschen Gräuel der Besatzungszeit bruchlos mit den politischen Problemen der Gegenwart verknüpft wurde. Vor allem auf der Linken wurden die vermeintlichen Lehren des Falles Kappler sofort mit der Terrorismusbekämpfung vermengt, bei der sich die Skrupellosigkeit des Staates und die Komplizenschaft der Bürger scheinbar in verhängnisvoller Weise zu wiederholen schienen. So hieß es beispielsweise in der Intellektuellenplattform „Il Ponte", dass in derselben Bundesrepublik, in der Terroristen zu lebenslanger Haft und häufig auch zum Tode (!) verurteilt würden, ohne dass die Mehrheit der Deutschen etwas dagegen einzuwenden habe, einhellige Solidarität für Kappler und „die heldenhafte Schurkin Anneliese" herrschten.[213] Solche Verknüpfungen wurden wohl insgesamt weniger von realen Ängsten vor einem Fortleben des ‚Dritten Reichs' im neuen Gewand befördert als vielmehr von dem Versuch, sich mittels eines gezielt geschürten anti-deutschen Vorbehalts auf inneritalienischem Terrain besser zu positionieren. Unter ähnlichen Vorzeichen wie für die übrigen Akteure gilt dies auch für die Medien, denen die Schlagzeilen über die vermeintlich ausgebliebene Läuterung der stets „unheimlichen Deutschen" hohe Auflagen bzw. Einschaltquoten versprachen.

Löste die gemeinsame Indignation über das abrupte Ende von Kapplers Haft und die selbstgerechten deutschen Reaktionen in Italien „einen Solidarisierungsprozess quer durch alle Parteien" aus, wie der deutsche Botschafter nach Bonn meldete,[214] ging man auf Seiten der systemkritischen Linken grundsätzlich anders mit der vermeintlichen Popularität des ‚Dritten Reichs' im

---

tik. Die Anfänge der Bundesrepublik und die NS-Vergangenheit, München 1996 sowie die Beiträge in: Peter Reichel/Harald Schmid/Peter Steinbach (Hg.), Der Nationalsozialismus – Die zweite Geschichte. Überwindung – Deutung – Erinnerung, München 2009.

[212] Vgl. Jens Petersen, Das deutschsprachige Italienbild nach 1945, in: Ders., Italienbilder – Deutschlandbilder. Gesammelte Aufsätze, Köln 1999, S. 288–318.

[213] Zitiert in: Staron, Fosse Ardeatine, S. 303.

[214] Zitiert in: Bohr, Flucht, S. 136; 131

Nachfolgestaat ‚BRD' um. Der breite antideutsche Reflex sollte hier gerade zur Mobilisierung gegen das italienische politische Establishment genutzt werden, indem man diesem eine möglichst große Nähe zur Bundesrepublik Helmuts Schmidt unterstellte. So entstand ein umso mächtigeres transnationales Feindbild, dem die Solidarität der Systemgegner *beider* Länder gegenübergestellt wurde.

Dieser Mechanismus zeigte sich besonders deutlich an der Vermischung der Kappler-Thematik mit der sich seit Beginn des Sommers verstärkenden Mobilisierung zugunsten der Holocaust-Überlebenden Petra Krause, die, wie erwähnt, wegen des dringenden Verdachts auf schweren Waffenschmuggel in Schweizer Untersuchungshaft einsaß. Bei der letztlich erfolgreichen Kampagne zur „Rettung Petras", sprich zur Auslieferung der mit einem Italiener verheirateten Krause nach Italien, hatten unübersehbar die Aktionen der deutschen Anti-Folterkomitees Pate gestanden.[215] Für die Redakteure von „Lotta Continua" und „il manifesto" verdankte nicht nur Kappler seine Flucht einer konzertierten Aktion von deutschem und italienischem Geheimdienst – an einer Intervention des BND wäre nach dieser Lesart auch die Zustimmung der Schweizer Behörden zur Auslieferung Krauses beinahe gescheitert.[216]

Die Angriffe auf das Rechtsverständnis des bürgerlichen Staates, der einen Kappler frei und eine Petra Krause hinter Gittern ließ, wurden in diesen Wochen eine Konstante der Berichterstattung. Auf die Straßen und Plätze des Landes gelangte diese Argumentation in Form des Slogans „È questa la gustizia dello Stato: Petra in cella – Kappler liberato!" (Das ist die Gerechtigkeit des Staates: Petra in Haft, Kappler frei).[217] In der linksalternativen Presse wurden wieder einmal sämtliche Register gezogen, um die angeblichen Folterpraktiken der Vollzugsbehörden auf der einen und die Verletzlichkeit der (natürlich unschuldigen) Angeklagten auf der anderen Seite zu betonen, deren durch die Folgen wiederholter Hungerstreiks auf erschreckende Werte sinkendes Körpergewicht Anlass für immer neue Schlagzeilen bot. Die Auschwitz-Vergangenheit der immer wieder in suggestiven Bildern porträtierten, mädchenhaft und zerbrechlich wirkenden jungen Frau schien diese zu einem lebenden Menetekel der ungebrochenen Inhumanität des Staates zu machen, der sich durch die Komplizenschaft mit dem SS-Mann Kappler gerade wieder aufs Neue entlarvt zu haben schien (Abb. 4).

Wer sich an der Kampagne für die Freilassung Krauses beteiligte, die keineswegs nur auf die extreme Linke beschränkt blieb, sondern auch in Blättern wie „la Repubblica", „L'Espresso" und „Il Messaggero" beworben wurde, glaubte

---

[215] Vgl. zum Fall Krause weiter oben S. 438–444.
[216] „I servizi segreti tedeschi bloccano la scarcerazione di Petra Krause", in: LC, 4.8.1977; „Come si risale ai servizi segreti", in: LC, 24.8.1977.
[217] Vgl. Sparatoria tranquilla, S. 261.

6.1 Politische Bühne und nationale Handlungsspielräume   503

Abbildung 4: Petra Krause, in:
Lotta Continua, 19.8.1977.

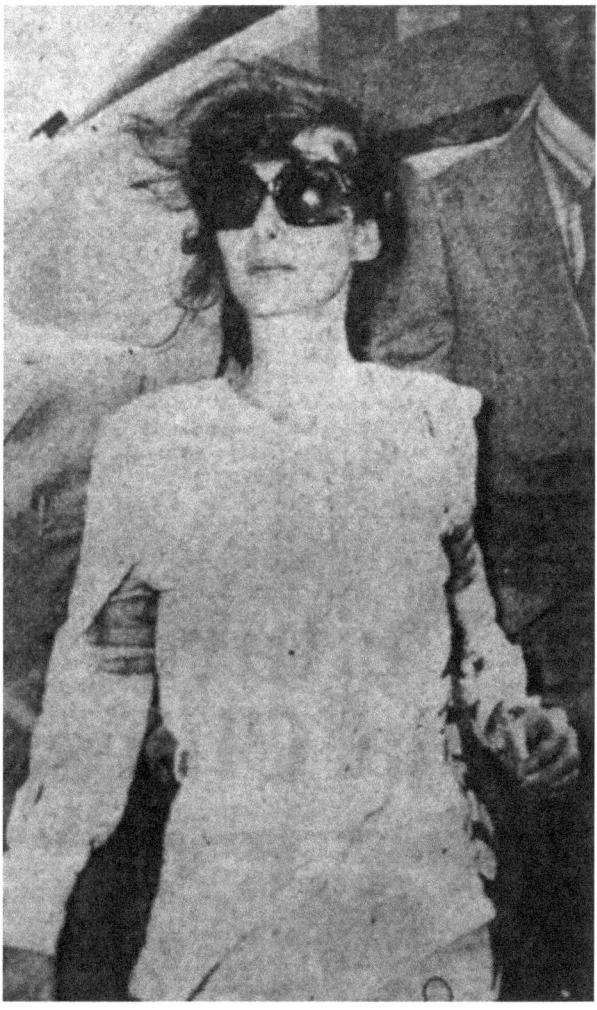

sich entsprechend bedenkenlos in dem guten Gefühl sonnen zu können, auf der
‚richtigen' Seite zu stehen. Vor der Breite und Hartnäckigkeit der Solidaritäts-
bewegung kapitulierte schließlich auch das Appellationsgericht in Neapel, das
Krause genau einen Tag vor der dort angesetzten Großdemonstration zugunsten der Deutsch-Italienerin aus der Haft entließ. „È una vittoria nostra", feierte
sich „il manifesto" selbst, um zu ergänzen: „Ma, prima di tutto, è la sua vittoria,
la vittoria del coraggio e della speranza" (Das ist unser Sieg, aber vor allem ihr
eigener, der Sieg des Mutes und der Hoffnung).[218] Die geplante Kundgebung
fand dennoch statt – ein Happening, um die ersehnte Entscheidung der Behörden in Anwesenheit der nunmehr befreiten Betroffenen gebührend zu begehen.
Mit dem IVK-Anwalt Arndt Müller reiste auch derjenige Strafverteidiger zu

[218] „Petra Krause liberata", in: il manifesto, 25.8.1977.

diesem Anlass nach Neapel, der Anfang 1980 aufgrund des dringenden Verdachts, den ‚Stammheimern' die zum Vollzug ihres Selbstmordes benötigten Waffen in die Zellen geschmuggelt zu haben, zu einer Freiheitsstrafe vier Jahren und acht Monaten verurteilt werden sollte.[219] Seine Mission im Italien des Sommers 1977 bestand weniger darin, Petra Krause, lange Zeit die wichtigste Verbindungsperson der RAF in der Schweiz, in der Freiheit willkommen zu heißen. Stattdessen wies er im Rahmen einer gemeinsamen Pressekonferenz mit Krause, ihrem Sohn und ihrem italienischen Anwalt Senese warnend darauf hin, dass die Gründer der RAF in Stammheim in Lebensgefahr schwebten. Seine Mandanten, so berichtete Müller, befänden sich seit 16 Tagen im Durststreik, „um das Ende der Isolation zu erreichen und überleben zu können". Immer wieder verlören sie für kurze Zeit das Bewusstsein, und man müsse fürchten, dass sie in diesem Zustand unter Drogen gesetzt würden. Der Gefängnisarzt habe bereits davon gesprochen, dass die Häftlinge, „einmal im Koma, ‚sehr interessante Objekte für wissenschaftliche Experimente' seien. Wie im Nationalsozialismus also".[220]

Unmittelbar vor Beginn des ‚Deutschen Herbstes' taten sich mithin für die radikale italienische Linke, deren Handlungsspielräume sich durch den ‚Historischen Kompromiss' und den allgemeinen Niedergang revolutionärer Utopien, aber auch die zunehmende Sensibilisierung der Regierung für das Problem linker Gewalt stark verengt hatten, im Zeichen des Antigermanismus neue Optionen der Legitimierung und Mobilisierung auf. Aufgrund des überheblichen Auftretens der deutschen Politik, mehr noch aber aufgrund der durch die Kappler-Flucht reaktivierten Möglichkeit zur Schuldverschiebung in antifaschistischer Absicht schienen die Chancen auf breiteren gesellschaftlichen Rückhalt und damit die Überwindung der eigenen Isolierung erheblich gestiegen zu sein. In den strukturellen Bedingungen des Jahres 1977 war damit die Radikalisierung der autonomen Linken mit anti-deutschem Impetus, die durch die demonstrative Gewaltsymbolik der 77er-Bewegung bereits erprobt worden war, im Keim angelegt. Gleichwohl war es erst die Eskalation der Gewalt im ‚Deutschen Herbst', die von allen Akteuren eine ganz neue Dimension der Konsequenz und Bekenntnisbereitschaft einforderte.

---

[219] Vgl. weiter oben, S. 433ff.
[220] Sandro Ruotolo, „Ho resistito perché ho una ragione di vita", dice Petra Krause. La conferenza stampa si trasforma in un dibattito sulla repressione in Europa, in: il manifesto, 26.8.1977.

6.2 Deutsch-italienische Gegenübertragungen

6.2.1 Ein Flugzeug und drei Tote zu viel. Die italienische ‚Regierung der nationalen Solidarität' und das deutsche Dilemma

Als das RAF-Kommando ‚Siegfried Hausner' die Bundesrepublik am 4. September 1977 mit der Entführung des Arbeitgeberpräsidenten Hanns-Martin Schleyer in die wohl schwerste politische Belastungsprobe seit Kriegsende stürzte, wurde das Geschehen in Rom zunächst lediglich aus sicherer Distanz beobachtet und nur zurückhaltend kommentiert. Die ‚Regierung der nationalen Solidarität' war von den gravierenden eigenen Problemen auf dem Feld der Inneren Sicherheit absorbiert, die in diesen Wochen unter anderem um den Bologneser ‚Anti-Repressions-Kongress' mit seinen 50 000, in Teilen potentiell gewaltbereiten Besuchern kreisten.[221]

In dieser Situation wurden die politischen Akteure völlig unvermittelt und auf denkbar dramatische Weise in die deutschen Sorgen hineingezogen. Wie die französische Flugsicherung in Aix-en-Provence am 13. Oktober um 14.38 Uhr meldete, war die Lufthansa-Boeing ‚Landshut' nach dem Start auf der spanischen Ferieninsel Mallorca von der vorgesehenen Flugroute nach Frankfurt in den italienischen Luftraum umgelenkt worden.[222] Es sollte sich herausstellen, dass die vollbesetzte Maschine von einem palästinensischen Terrorkommando in seine Gewalt gebracht worden war, um der Forderung der Schleyer-Entführer nach der Freilassung der RAF-Führungsriege weiteren Nachdruck zu verleihen.[223] Um für den bevorstehenden, möglicherweise längeren Nervenkrieg mit der Bundesregierung gerüstet zu sein, mussten sich die Entführer zunächst ausreichend Kerosin verschaffen. Dass sie für ihr Auftankmanöver ausgerechnet den römischen Flughafen ‚Leonardo da Vinci' bei Fiumicino ansteuerten, war mit an Sicherheit grenzender Wahrscheinlichkeit weniger geographisch bedingt als das Ergebnis einer kühlen Kosten-Nutzen-Kalkulation. Bereits 1968 hatten Mitglieder der PFLP in Rom erfolgreich ein israelisches Verkehrsflugzeug der El Al entführt, was die eklatanten Sicherheitsmängel des Hauptstadt-

---

[221] Zum Bologneser Kongress vgl. Vecchio, Ali di piombo, S. 193–224.
[222] Presse- und Informationsamt der Bundesregierung, Dokumentation zu den Ereignissen und Entscheidungen im Zusammenhang mit der Entführung von Hanns Martin Schleyer und der Lufthansa-Maschine „Landshut", Bonn 1977 [in der Folge: Dokumentation], S. 86.
[223] Tim Geiger, Die „Landshut" in Mogadischu. Das außenpolitische Krisenmanagement der Bundesregierung angesichts der terroristischen Herausforderung 1977, in: VfZ 3/2009, S. 413–456, hier S. 428f.

Flughafens erstmals aufgedeckt hatte.[224] Das Risiko, dass die dortigen Behörden die ‚Landshut' auf ihrem Weg aufhalten würden, schätzten die Luftpiraten aber wohl vor allem deshalb als gering ein, da die Italiener in der Zwischenzeit noch eine weitere, nur als traumatisch zu bezeichnende Erfahrung mit dem transnationalen Terrorismus der Palästinenser gemacht hatten – eine Episode, die als „das vergessene Massaker von Fiumicino" bis heute nur unter Experten bekannt ist.[225] Am 17. Dezember 1973 hatte ein fünfköpfiges palästinensisches Kommando, das mit einer Alitalia-Maschine aus Madrid nach Rom geflogen war, im Transitbereich des Flughafens das Feuer eröffnet, sechs italienische Sicherheitsbeamte als Geiseln genommen und zwei Phosphorbomben auf eine in der Nähe geparkte Maschine der Pan Am geworfen.[226] In dem sofort ausgebrochenen Feuer starben 30 Menschen, 15 weitere erlitten teilweise schwere Brandverletzungen. Im Anschluss brachten die Attentäter eine Boeing 737 der Lufthansa in ihre Gewalt, in der sich glücklicherweise noch keine Passagiere befanden. Dabei erschossen sie einen Beamten der Steuerfahndungspolizei Guardia di Finanza, den zwanzigjährigen Antonio Zara, der vergeblich versucht hatte, sich dem Vorhaben entgegenzustellen.

Als die gekaperte Maschine schließlich von der Startbahn abhob, war neben der deutschen Besatzung und den italienischen Sicherheitsbeamten der Mitarbeiter des Bodenpersonals Domenico Ippoliti an Bord. Bei einer Zwischenlandung in Athen wurde der Familienvater kaltblütig ermordet und sein Leichnam aus dem Flugzeug geworfen – ein Schicksal, das knapp vier Jahre später auch dem deutschen Lufthansa-Piloten Jürgen Schumann nicht erspart bleiben sollte.

Die Terroraktion auf dem Höhepunkt des so genannten Ölpreisschocks wurde auf bisher nicht im Detail geklärte Weise in Kuwait beendet – auf dem Flughafen also, den auch die ‚Landshut' später ansteuern sollte, ohne eine Landeerlaubnis zu erhalten. Die Geiselnehmer von Fiumicino wurden 1974 in

---

[224] Vgl. Edwardf. Mickolus, Transnational Terrorism: A Chronology of Events, 1968–1979, London 1980, S. 93f. Bruce Hoffman bezeichnet die Entführung der El-Al-Maschine als "das erste Auftauchen dessen, was als moderner internationaler Terrorismus betrachtet wird", in: Ders., Terrorismus. Der unerklärte Krieg. Neue Gefahren politischer Gewalt, 5. Aufl. Frankfurt a.M. 2003, S. 85. Zur breiteren Einordnung der Entführung in die Aktivitäten palästinensischer Terrorgruppen dieser Jahre vgl. Ariel Merari/Shlomi Elad, The International Dimension of Palestinian Terorism, Boulder 1986 sowie Annette Vowinckel, Flugzeugentführungen. Eine Kulturgeschichte, Göttingen 2011.
[225] Vgl. Gabriele Paradisi, Una strage dimenticata. Fiumicino 17, dicembre 1973, online unter http://www.informazionecorretta.com/main.php?sez=160 (9.3.2013). Vgl. zum Geschehen auch Mickolus, Transnational Terrorism, S. 422f.
[226] Die Mitglieder bezeichneten sich selbst als Angehörige der „Arab Nationalist Youth Organization for the Liberation of Palestine". Es handelte sich um eine Splitterfraktion der PFLP mit engen Verbindungen nach Libyen, vgl. John W. Amos, Palestinian Resistance. Organization of a Nationalist Movement, New York u. a. 1980, S. 231–233.

Abbildung 5: Rom–Fiumicino 17.12.1973: Der tödlich getroffene Guardia di Finanza-Beamte Antonio Zara vor einer Maschine der Lufthansa.

Kairo der PLO überstellt, die ihre blutige Aktion angeblich niemals autorisiert hatte. Insgesamt waren unter den Opfern sechs italienische Staatsbürger gewesen, darunter neben den bereits Genannten vier Insassen der ausgebrannten Pan Am-Maschine: Der Ingenieur Raffaele Narcisio, der Alitalia-Mitarbeiter Giuliano De Angelis, seine Frau Emma Zanghi und ihre gemeinsame Tochter Monica, neun Jahre alt.[227]

Es ist wohl mehr als bloße Spekulation, wenn man davon ausgeht, dass das damalige Versagen der Sicherheitskräfte, verdichtet festgehalten in der Pressefotografie des tödlich verwundeten, vor der Lufthansamaschine niedergestreckten Finanzpolizisten den verantwortlichen Beamten unmittelbar wieder vor Augen stand, als am Nachmittag des 13.10.1977 erneut eine gekaperte Boeing 737 aus der Bundesrepublik in Fiumicino landen wollte (Abb. 5). Noch während des Anfluges hatte der Anführer des Kommandos ‚Martyr Halimeh' dem römischen Tower über Funk seine Forderungen übermittelt: Die „Freilassung unserer Kameraden in deutschen Gefängnissen."[228] Wie der

---

[227] Für die Namen der ‚vergessenen' Opfer vgl. Paradisi, Strage dimenticata.
[228] Zitiert in: Pflieger, Aktion ‚Spindy', S. 83.

italienische Innenminister tags darauf dem deutschen Botschafter in Rom berichtete, hatte die Flughafenleitung zunächst noch vergeblich versucht, den Piloten zum Abdrehen zu bewegen.[229] Nach der Landung habe sie dann umgehend der Forderung nach dem Auftanken der Maschine entsprochen, und zwar, wie Cossiga mehrfach betonte, ohne zuvor sein Ministerium zu konsultieren, wie es zwar „zweckmäßig", nicht aber „rechtlich verpflichtend" gewesen wäre. Natürlich habe man sich auf italienischer Seite „sofort gefragt, wie die Bundesregierung den Fall behandelt wissen wolle. Nach dem Anruf von Bundesinnenminister Maihofer habe er, Cossiga, Weisung gegeben, die Piste zu blockieren, jedoch mit der Maßgabe, dass dies nicht überstürzt, sondern vorsichtig geschehen solle", um „übereilten und für die Geiseln evtl. lebensgefährlichen Reaktionen der Terroristen" vorzubeugen. Schließlich habe das Flugzeug ohne Starterlaubnis und trotz fehlender Beleuchtung überstürzt und „in krassem Gegensatz zu den Regeln der Flugtechnik" den Flughafen verlassen. Zu keiner Phase habe er, Cossiga, sich dazu entschließen können, den Weiterflug der Maschine etwa durch Schüsse in die Reifen verhindern zu lassen, hätte dies doch „mit Sicherheit eine Tankexplosion und damit mit höchster Wahrscheinlichkeit ein Blutbad unter den Geiseln verursacht." Sollte jedoch der aus italienischer Sicht nicht unwahrscheinliche Fall eintreten, dass das Flugzeug nach Rom zurückkehre, versprach der Minister gegenüber Arnold, den erneuten Abflug der Boeing „um jeden Preis" zu verhindern, auch durch „eine Vollsperrung der Piste."

Wie der Botschafter gegenüber dem Krisenstab resümierte, war ihm Cossigas Bericht „nicht in allen Teilen vollständig schlüssig" vorgekommen, zumal gerade der letzte Punkt in sich widersprüchlich gewesen und ihm der Minister Informationen über den genauen zeitlichen Ablauf des Geschehens schuldig geblieben sei. Insbesondere „bei vorsichtigen Rückfragen" seinerseits, so Arnold, sei die Darstellung „von Unbehagen und Verlegenheit geprägt" gewesen.

Noch interessanter an dem Bericht des Botschafters ist aus heutiger Sicht die Erwähnung einer Bemerkung Cossigas, nach der der Report, den das italienische Innenministerium Maihofer in Kürze vorzulegen gedenke, das Geschehen in einigen Teilen nicht vollständig widergeben könne: „Einige Punkte der mündlichen Darlegung (Rolle der Flughafenverwaltung beim Auftanken, Einschaltung besonderer Dienste) eigneten sich nicht für die Aufnahme in den amtlichen schriftlichen Bericht".[230] Es spricht vieles dafür, dass Cossiga hier zum einen auf den Unwillen der Flughafenleitung anspielte, sich erneut einer Zerreißprobe wie der von 1973 auszusetzen, der wohl die eigentlich entscheidende Ursache für die Eile beim Auftanken des gekidnappten Flugzeugs gewesen war. Zum anderen bezog sich Cossiga zweifellos auf eine von Maiho-

---

[229] PAAA, Zwischenarchiv 115 875, Fernschreiben Arnold an Krisenstab (VS), 14.10.1977.
[230] Ebd.

fer telefonisch in Aussicht gestellte Intervention der GSG 9 auf italienischem Boden. Die Nachricht von der entsprechenden Anfrage sickerte schließlich auch bei der italienischen Presse durch, die allerdings erst nach der geglückten Geiselbefreiung von Mogadischu darüber berichtete.[231]

Die deutsche Irritation über die in Fiumicino verpasste Chance, das Geiseldrama bereits am gleichen Tag zu beenden, an dem es angefangen hatte, lässt sich in internen Dokumenten des Außenministeriums mit Händen greifen. So hieß es in einem Aktenvermerk unter anderem, die nach der Landung der ‚Landshut' auf dem Flugplatz eingetroffenen deutschen Botschaftsangehörigen hätten den Eindruck gewonnen, „dass sie durch falsche Auskünfte, Zuständigkeitswirrwarr und Unauffindbarkeit der gewünschten Gesprächspartner hingehalten wurden, so dass sie sich nicht aktiv einschalten konnten, bis es zu spät war." Insgesamt sei „das Verhalten des EG-Partners und NATO-Verbündeten (…) als enttäuschend" zu beurteilen. „In wieweit das im einzelnen auf Angst vor Verantwortung, Angst vor linken Terrorgruppen im eigenen Land, Rücksicht auf das Verhältnis zur arabischen Welt (…) oder einfach Schlamperei zurückzuführen ist, sei dahingestellt, eine Kombination der genannten Faktoren ist denkbar."[232] Auch Helmut Schmidt machte unmittelbar nach der erfolgreichen Befreiung der Geiseln in Mogadischu gegenüber dem britischen Premier Callaghan, einem seiner wichtigsten Vertrauten in diesen dramatischen Wochen, seinem Ärger über die „negativen Erfahrungen" mit den Italienern Luft. Cossiga, so der Kanzler, habe Maihofer zwar telefonisch die Blockade der Startbahn zugesagt, den Abflug der ‚Landshut' jedoch letztlich nicht verhindert – „möglicherweise aus Angst vor dem PFLP-Führer George Habasch."[233] Gegenüber den im Kanzlerbungalow empfangenen deutschen Intellektuellen hatte Schmidt sogar offen von den „feigen" Italienern gesprochen, „die nicht in der Lage waren, die Maschine auf dem römischen Flughafen festzuhalten".[234]

Was die Hintergründe des italienischen Verhaltens angeht, so ist es zwar nicht vollkommen auszuschließen, dass die italienische Regierung im Oktober 1977 ihre traditionell guten Beziehungen zu den Palästinensern nicht leichtfertig aufs Spiel setzen wollte, zumal unbekannt ist, welche geheimen Zusagen Italiener (und Deutsche) nach 1973 in den arabischen Ländern gemacht hatten, um das eigene Land aus dem Fadenkreuz des transnationalen Terrorismus herauszubekommen.[235] Eine wichtigere Rolle spielte in der konkreten Situation

---

[231] „Bonn voleva inviare a Roma i suoi agenti speciali", in: Corriere della Sera, 19.10.1977.
[232] AFES, Helmut-Schmidt-Archiv 10018, Aktenvermerk vom 25.10.1977 (handschriftlicher Zusatz: Nur Arbeitsmaterial! Keine gebilligte Stellungnahme des Auswärtigen Amtes).
[233] AAPD 1977, Bd. II, S. 1412f.
[234] So zitiert von Siegfried Unseld in: Schmidt, Bonn, Suhrkamp, S. 101.
[235] Zu den internationalen Reaktionen auf den palästinensischen Terrorismus der frühen Jahre vgl. Merari/Elad, International Dimension, S. 69–88. Deutschland, Frankreich und vor allem Italien verfolgten lange eine „policy of leniency" und tendierten aus einem ganzen

aber wohl die Rücksichtnahme der DC auf die öffentliche Meinung im eigenen Land, der Wunsch nach der Wahrung der eigenen Autorität in Sicherheitsfragen und nicht zuletzt die Abhängigkeit der Christdemokraten von einem weiterhin guten Einvernehmen mit den Kommunisten im Rahmen der „Regierung der nationalen Solidarität".

Indem Maihofer seinen Amtskollegen Cossiga nicht nur bedrängte, das Flugzeug um jeden Preis am Boden zu halten, sondern ihn auch ganz konkret mit dem Vorschlag konfrontierte, die ‚Landshut' vor Ort durch die GSG 9 stürmen zu lassen, hatte er den Italiener nicht nur in eine ungemütliche Zwangslage gebracht, sondern ihn vor eine eminent politische Entscheidung von großer Tragweite gestellt. Sie war nicht nur außenpolitisch brisant, sondern barg das Potential für erhebliche innenpolitische Erschütterungen. Selbst wenn man – was zu diesem Zeitpunkt niemand wissen konnte – von einer erfolgreichen Befreiung der Geiseln durch die deutsche Elitetruppe ausging, wäre ein solcher Einsatz wohl in jedem Falle als Niederlage für die italienische Regierung gedeutet worden – und zwar in allen Wählerschichten. Was das linke Lager anging, so wäre die Intervention Wasser auf die Mühlen all derjenigen gewesen, für die die Polemik gegen eine Germanisierung Italiens und ganz besonders der italienischen Sicherheitspolitik wie gesehen bereits seit einiger Zeit zum politischen Standardrepertoire gehörte. Dass die Empfindlichkeiten in dieser Frage – wohl nicht zu Unrecht – als außerordentlich hoch eingeschätzt wurden, hatte erst wenige Tage zuvor die Verschiebung eines in Bonn just für den 13./14. Oktober geplanten Arbeitstreffens Cossigas mit Maihofer bewiesen. Der Italiener hatte den Termin mit der Begründung abgesagt, es müsse „im Zusammenhang mit dem Fall Kappler mit negativen Reaktionen in der Öffentlichkeit gerechnet werden, welche den beiderseitigen Interessen zuwiderlaufen würden." Erst nach dem auf unbestimmte Zeit verschobenen Zusammentreffen von Schmidt und Andreotti in Italien, wenn sich „auch nach außen hin die Lage wieder normalisiert" habe, werde der Innenminister die Reise nachholen, wie Arnold am 6. Oktober nach Bonn berichtete. „Cossiga betonte nachhaltig und mit sachlichen Erläuterungen, dass er die gute deutsch-italienische Zusammenarbeit in Fragen der Inneren Sicherheit und insbesondere das gute persönliche Verhältnis zwischen BM Maihofer und ihm besonders hoch schätze und er daher diese Verschiebung seines Besuches sehr bedaure."[236] Gleichzeitig gab sich Cossiga in der Wochenzeitschrift „L'Espresso" sicher, dass das Beispiel Bonn

---

Bündel politischer und wirtschaftlicher Gründe dazu, „to treat the Palestinian terrorist organizations with what can only be described as extreme indulgence", vgl. ebd., S. 86; 88. Für den deutschen Fall vgl. für die Jahre 1970–72 jetzt auch Kraushaar, München 1970, passim.

[236] Fernschreiben des deutschen Botschafters in Rom vom 6.10.1977 (VS), PAAA Zwischenarchiv 115 875.

lehre, dass die Errichtung eines Polizeistaats im Kampf gegen den Terrorismus nicht erfolgreich sein könne.[237] Offenbar empfanden es die Christdemokraten politisch als wenig opportun, ihr – an sich gerade in Sicherheitsfragen – de facto enges Einvernehmen mit den Deutschen über Gebühr an die große Glocke zu hängen, schon gar nicht in solchen Medien, die zur politischen Linken tendierten. Stattdessen schlugen sie exakt wie schon in der Kappler-Affäre im direkten Kontakt mit den Deutschen einen anderen Ton an als gegenüber der eigenen Öffentlichkeit. Auf Regierungsebene fielen innerhalb der deutsch-italienischen Beziehungen mithin „innere Zustimmung und tatsächliche Kooperation" im ‚Deutschen Herbst' nicht unbedingt mit „öffentlich bekundeter Zustimmung" zusammen, wie es Schmidt in der weiter oben zitierten Regierungserklärung vom 15. September wohl nicht ganz zufällig formuliert hatte.[238]

Dass die deutsche Seite das italienische Dilemma durchaus begriffen und keinerlei Interesse daran hatte, weiteres Öl ins Feuer zu gießen, zeigte sich bereits bei der ersten Pressekonferenz des erfolgreichen Krisenmanagers Wischnewski nach seiner Rückkehr aus Somalia. Auf die kritische Frage eines Journalisten, ob die Bundesregierung Gründe habe, „über das Verhalten der italienischen Regierung enttäuscht zu sein", wehrte Wischnewski mit den Worten ab, er könne nur „berichten, was er selbst erlebt habe. Ich bin nicht in Rom gewesen."[239] Stattdessen betonte er, man habe einem aus Rom entsandten italienischen Ärzteteam, das sich in Somalia nach der Erstürmung des Flugzeugs um die entkräfteten und traumatisierten Passagiere und Besatzungsmitglieder gekümmert hatte, „sehr herzlich zu danken. Der Einsatz von 5 italienischen Ärzten hat dazu geführt, dass die notwendigen Aufgaben verhältnismäßig schnell abgewickelt werden konnte."[240] Die von Wischnewski mit so anerkennenden Worten bedachte Mission war wohl weniger als humanitäre Geste denn als politische Demonstration gemeint gewesen und muss in gewisser Hinsicht als Bitte um Entschuldigung der italienischen Seite interpretiert werden. Dass die Bundesregierung diese Entschuldigung angenommen hatte, legt auch die zu Beginn der ‚Nachrichtensperre' angekündigte und Anfang November vorgelegte „Dokumentation" ihres Handelns während der vorausgegangenen,

---

[237] „Contro il terrorismo lo stato di polizia non serve, come insegna la Germania", zitiert in: „Perché sparano ai democristiani", L'Espresso, 13.11.1977 S. 8. Hof, Staat und Terrorismus, verlegt den Zeitpunkt dieser Distanzierung trotz korrekter Wiedergabe des Erscheinungsdatums des Artikels in den „Sommer 1977" und leitet daraus ab, erst die Ereignisse des ‚Deutschen Herbstes' hätten zu einer Übereinstimmung der beiden Regierungen in Fragen der Terrorismusbekämpfung geführt, ebd., S. 96. Tatsächlich ist vom taktischen Einsatz solcher Distanznahmen aus Rücksicht auf den PCI und den mit der kommunistischen Position sympathisierenden Teil der Öffentlichkeit zu rechnen.
[238] Bulletin Nr. 86, 16.9.1977, S. 807.
[239] Vgl. Dokumentation, S. 75.
[240] Ebd., S. 73.

immerhin sieben Krisenwochen nahe. In der Publikation wurde über das Geschehen von Fiumicino in einer Weise hinweggeschrieben, die die CDU/CSU-Opposition, die man im Sinne des ‚Burgfriedens' vor der Veröffentlichung um ihr Plazet gebeten hatte, schlicht als „lächerlich" qualifizierte.[241] Hier reichte die transnationale Solidarität der Regierungen ganz offensichtlich weiter als die der Christdemokraten verschiedener Nationen, die vor allem in den jeweiligen Heimatländern darauf achten mussten, dass ihr traditionelles Image als Wahrer der nationalen Interessen und Hüter von Recht und Sicherheit nicht in Gefahr geriet.

Exakt dieses Problem, nämlich die Erschütterung ihrer Glaubwürdigkeit bei konservativen Wählerschichten, hätte sich aber auch für die Regierung Andreotti gestellt, wenn sie den Einsatz der GSG 9 auf italienischem Boden genehmigt hätte. Die Intervention hätte keineswegs nur die Linke verprellt, sondern auch ein Schlaglicht auf die Tatsache geworfen, dass die Deutschen nach dem Anschlag auf die Olympischen Spiele im Jahre 1972 eine Anti-Terror-Einheit geschaffen hatten, über die die Italiener nicht verfügten – und das, obwohl sie wie gesehen ein Jahr später auf eine Weise angegriffen worden waren, die noch mehr Todesopfer gefordert hatte als das Desaster auf dem Flughafen von Fürstenfeldbrück.[242] Zwar hatte es, wie der „Corriere della Sera" in einer dreiteiligen Artikel-Serie über die gravierenden Sicherheitsmängel in Fiumicino aus Anlass der Zwischenlandung der ‚Landshut' berichtete, im Januar 1974 zunächst eine deutliche Verbesserung der Sicherheitsstrukturen einschließlich der dauerhaften Installation besonders ausgebildeter Scharfschützen auf dem Flughafen der Hauptstadt gegeben. Diese neuen Strukturen seien allerdings zwei Jahre später mit der Entlassung des zuständigen leitenden Beamten „in sich zusammengebrochen". Die Geheimdienste, so wurde ein Flughafenmitarbeiter zitiert, hätten wohl mit den Palästinensern ein geheimes Stillhalteabkommen geschlossen, das dazu geführt habe, „dass im ‚Leonardo da Vinci' eine seltsam zuversichtliche Atmosphäre völliger Entspannung eingekehrt" sei. „Vom Anti-Terrorismus her gesehen sind die Sicherungssysteme inzwischen im völligen *black-out*", so das Fazit der Zeitung am 18. Oktober 1977.[243]

Die Artikelserie war ein deutliches Indiz für die Tatsache, dass auch viele

---

[241] Für 15.45 Uhr des 13. Oktober verzeichnet die „Dokumentation" eine „Zwischenlandung in Rom". Die folgenden, auf das Geschehen auf dem Flughafen bezogenen Einträge lauten: „17.02 Uhr: Bundesinnenminister Maihofer setzt sich mit seinem italienischen Amtskollegen Cossiga in Verbindung. 17.42 Uhr: Die Maschine verlässt Rom, Flugziel: Larnaca auf Zypern", vgl. ebd, S. 86f. Für die Haltung der Opposition vgl. AFES, Helmut-Schmidt-Archiv 10019, Stellungnahme der CDU-CSU-Bundestagsfraktion zur „Dokumentation der Bundesregierung" vom 26.10.1977, gez. Friedrich Zimmermann.
[242] Zur Gründung der GSG9 vgl. Dahlke, Anschlag auf Olympia, S. 55–57.
[243] Ulderico Munzi/Andrea Purgatori, „Fiumicino (3): Si sgretola il sistema di sicurezza", in: Corriere della Sera, 18.10.1977.

Italiener sich angesichts der fortgesetzten Bedrohung durch den internationalen Terrorismus, aber auch aufgrund der grassierenden Gewalt auf den Straßen des eigenen Landes zunehmend um ihre Sicherheit zu sorgen begannen. Diese Gefühle hatte gerade die DC ernst zu nehmen, zumal sich zumindest ein Teil dieser Italiener jenseits der Aufregung um Kappler & co. nach ‚deutschen Verhältnissen' zu sehnen schien: Im Rahmen einer repräsentativen Umfrage eines italienischen Meinungsforschungsinstituts, welches Land man sich als Vorbild für das eigene erträumte, landete die Bundesrepublik im Oktober 1977 hinter den USA, aber vor Schweden, Großbritannien und der Sowjetunion auf einem beachtlichen zweiten Platz.[244]

In der gegebenen Situation war es vor allem der neofaschistische MSI, der solche Gefühle auszunutzen und die ‚Landshut'-Affäre einigermaßen plump zur politischen Profilierung zu instrumentalisieren suchte. Das parteinahe Blatt „Il secolo d'Italia" titelte nach dem 13. Oktober mit den Schlagzeilen „La loro Italia è vile" (Ihr Italien ist feige), „Poteva finire a Fiumicino" (Es hätte in Fiumicino vorbei sein können) sowie „L'Italia isolata – Schmidt ringrazia tutti, tranne il governo italiano" (Italien isoliert – Schmidt dankt allen, außer der italienischen Regierung).[245] Ob die Ultrarechten, die die italienische Regierung ganz traditionell als ‚Verräter' des deutschen Verbündeten vorzuführen bestrebt waren, sich allerdings ebenso für die ihrer Ansicht nach „fulminante Operation" der GSG 9 hätten begeistern können, wenn deren Einsatz auf nationalem Territorium stattgefunden hätte, darf bezweifelt werden. Neuer Hohn und Spott auf die etablierten Parteien und die Denunzierung der Regierung als zahnloser Tiger wären wohl in jedem Falle die Folge gewesen.

Immerhin löste der Druck von rechts prompt diplomatische Bemühungen der Regierung zur Überwindung der vermeintlichen außenpolitischen Isolierung aus. Verhinderte die gebotene Rücksichtnahme auf den PCI in diesen Wochen auch einen allzu offenen Schulterschluss mit den Deutschen, war man andererseits aber auch darum bemüht, jeden Eindruck von Dissens mit dem mächtigen Nachbarn im Norden Europas tunlichst zu zerstreuen. So wurde der italienische Botschafter am 19. Oktober in Bonn sogar mit der Bitte vorstellig, der Kanzler möge doch – sozusagen ‚trotz allem' – auch Giulio Andreotti in die Reihe der ausländischen Regierungschefs einbeziehen, bei denen sich Schmidt

---

[244] „Qual'è la società che gli italiani sognano? Il modello da scegliere per il nostro paese", in: Corriere della Sera, 30.10.1977, Die Ergebnisse stützten sich auf ein repräsentatives Sample von 1961 Personen über 15 Jahren. 18,5 % der Befragten sprachen sich für die USA, 16,7 % für die Bundesrepublik aus. Befragt nach den drängendsten Problemen des Landes lag die Gefährdung der Inneren Sicherheit auf Platz zwei, hinter den steigenden Preisen und vor der Arbeitslosigkeit. Vgl. auch „Italiener schätzen ‚Modell Deutschland'", in: FAZ, 31.10.1977 (bpa).
[245] So die Schlagzeilen vom 19.10.1977.

in diesen Tagen in Form von öffentlich gemachten Telegrammbotschaften für ihre Kooperation während der Odyssee der ‚Landshut' bedankte.²⁴⁶

Tatsächlich richtete Schmidt tags darauf ein freundliches Telegramm an Andreotti, in dem er den bereits von Wischnewski ausgesprochenen Dank „für die aufopfernde Tätigkeit" der italienischen Ärzte auf dem Flughafen von Mogadischu nochmals bekräftigte.²⁴⁷ In der deutschen Öffentlichkeit wurde dieser Dank bezeichnenderweise nicht bekannt gemacht: Ganz unabhängig von Schmidts zweifellos real empfundener Enttäuschung über das ‚Entwischen' der Boeing aus Europa hätte ein solches Lob zu diesem Zeitpunkt wohl kaum mit Verständnis rechnen können. Denn für viele deutsche Beobachter passte der nicht verhinderte Weiterflug der ‚Landshut' wiederum exakt in die Vorstellung, die sie sich im Laufe der vergangenen Monate von den ‚italienischen Verhältnissen' gebildet hatten – ein Bild von einem in Chaos und Kriminalität versinkenden, von ‚unsicheren Kantonisten' bevölkerten Land, das ebenfalls stark von Vorurteilen älteren Ursprungs lebte und in der ‚Pistole in der Pasta' seine suggestive Verdichtung gefunden hatte.²⁴⁸ Zudem drohte die „unterlassene Hilfeleistung" der römischen Behörden die Ressentiments zu verstärken, die in der Bundesrepublik durch die mehrheitlich als unfair und selbstgerecht empfundenen Reaktionen der Italiener auf die Kappler-Flucht freigesetzt worden waren.²⁴⁹

Auch in Italien nahm der politische Druck auf Cossiga wegen der Vorfälle in Fiumicino immerhin solche Ausmaße an, dass sich der Innenminister nicht nur im Staatsfernsehen RAI, sondern auch im Abgeordnetenhaus zur Rechtfertigung seines Krisenmanagements verpflichtet fühlte.²⁵⁰ Dabei gab er zu, von der deutschen Seite darum gebeten worden zu sein, das Flugzeug am Boden zu halten. Dies habe man zugesagt, technische Schwierigkeiten und das hohe Risiko für die Passagiere hätten dies jedoch verhindert. Ohne entsprechende Sachkenntnis, so verteidigte er sich, seien „gewagte Behauptungen über die Haltung der Regierung unseres Landes, (…) die die Gefahr des Unverständnisses zwischen befreundeten und verbündeten Ländern in sich bergen" gänzlich

---

²⁴⁶ Schreiben des Botschaftsrats Dr. Ruhfus vom 20.10.1977 an den Bundeskanzler, in: ADES, Helmut-Schmidt-Archiv, 10017. Für die Danktelegramme vgl. Bulletin, Nr.104 / 20.10.1977, S. 951–953.

²⁴⁷ AFES, Helmut-Schmidt-Archiv, 10017.

²⁴⁸ Susanne Wilking, Das Italienbild in der bundesdeutschen Presse in den 70er und 80er Jahren. Unveröffentl. Magisterarbeit, Institut für Europäische Politik Bonn 1992, S. 15–23.

²⁴⁹ Vgl. Horst Schlitter, „Ein Spiegel, der manches Bild verzerrt", in: Kölner Stadtanzeiger, 21.10.1977 (bpa). Von „wahrlich nicht eifriger Hilfe" der Italiener sprach „Die Zeit", vgl. Klaus Viedebantt, „Schleichendes Gift: Die Vorkommnisse in Stammheim wandelten das Italien-Bild", 11.11.1977.

²⁵⁰ Fernsehinterview vom 20.10.1977, RaiDue, in: Presse- und Informationsamt der Bundesregierung, 21.10.1977, Kommentarübersicht.

unangebracht.²⁵¹ Im Übrigen stellte der Innenminister für die nahe Zukunft die Gründung italienischer Spezialtruppen nach dem Vorbild der GSG 9 in Aussicht – ein Vorhaben, das im Januar des Folgejahres verwirklicht werden sollte.²⁵² Einmal mehr versicherte er die Bundesregierung seiner vollsten Solidarität und sprach ihr im Namen des gesamten italienischen Volkes „die tiefsten Glückwünsche aus für eine Aktion, die so viele unschuldige Menschenleben gerettet und einen unerhört grausamen Terrorakt vereitelt hat".²⁵³ Ähnlich äußerte sich Außenminister Forlani im Senat, der vor allem den Umstand würdigte, dass die Bundesregierung trotz des enormen auf ihr lastenden Drucks der „Erpressungsspirale" der Täter keine Chance gegeben habe.²⁵⁴

Zehn Tage später kam der italienische Botschafter in Bonn am Rande einer Bundestagssitzung im Gespräch mit Hans-Dietrich Genscher auf den Vorfall zurück. Laut Orlando Contucci seien „‚die fünfzig Minuten', die man vor dem Start der entführten Maschine in Fiumicino Zeit gehabt habe, die Entscheidung zu fällen, (…) zu kurz" gewesen. „Man sehe in Rom durchaus, wie gravierend das Problem sei. Die Regierung hätte aber einen ‚Pakt machen müssen mit den anderen Kräften' und dazu hätte die Zeit nicht gereicht."²⁵⁵ Tatsächlich ist es unschwer vorstellbar, dass aufgrund der nicht genau bestimmbaren, aber relativ kurzen Zeitspanne zwischen den immer drängender werdenden Telefonaten aus Bonn²⁵⁶ und dem Abheben der ‚Landshut' keine Möglichkeit der

---

251 Übersetzung der Erklärung des italienischen Innenministers Cossiga vor dem italienischen Parlament am 20.10.1977, in: AFES, Helmut-Schmidt-Archiv, 10018, Vgl. auch: „Anche in Italia avremo reparti speciali come le ‚teste di cuoio' della Germania", Corriere della Sera, 21.10.1977.

252 Am 31. Januar 1978 rief Cossiga die dem deutschen BKA vergleichbare Behörde Ufficio Centrale per le Investigazioni Generali e per le Operazioni Speciali (UCIGOS) ins Leben, die über eine spezielle Eingreiftruppe nach dem Vorbild der GSG 9 verfügte (Nucleo Operativo Centrale di Sicurezza, NOCS). Auch die Gründung des Gruppo Intervento Speciale (GIS) der Carabinieri ist laut Tobias Hof auf die „Faszination" der Italiener für die Geiselbefreiung von Mogadischu zurückzuführen, vgl. Ders., Staat und Terrorismus, S. 187, 348.

253 Übersetzung der Erklärung des italienischen Innenministers Cossiga vor dem italienischen Parlament am 20.10.1977, in: AFES, Helmut-Schmidt-Archiv, 10018.

254 Zitiert in: Il Popolo, 19.10.1977, „La relazione di Forlani al senato".

255 PAAA, B 83 1006, Aktenvermerk Ministerbüro: Gespräch des Bundesministers mit dem italienischen Botschafter auf dessen Wunsch am 27. Oktober 1977, 19.30 Uhr am Rande der Bundestagssitzung.

256 Nachdem um 16.40 Uhr zunächst das Krisenstabsmitglied Staatssekretär Ruhfus das italienische Innenministerium kontaktiert hatte, wurde „von Minister Maihofer die Bitte, den Start unter allen Umständen zu verhindern, um 17.00 Uhr mit allem Nachdruck wiederholt". Die Dringlichkeit sei daraus, so Ruhfus später, „für seinen italienischen Kollegen klar erkennbar gewesen", vgl. FES Helmut-Schmidt-Archiv, 10017, Schreiben Ruhfus an Bundeskanzler. Die ‚Landshut' hatte um 15.45 Uhr auf der Landebahn aufgesetzt. Insgesamt befand sie sich etwa zwei Stunden auf dem Flughafen, wobei die Angaben im Einzelnen divergieren.

umfassenden Konsultation innerhalb der verschiedenen Partner in der ‚Regierung der nationalen Solidarität' gegeben war. Aus einer solchen aber hätte eine so weitreichende Entscheidung wie die Öffnung des nationalen Territoriums für eine hochgradig riskante Anti-Terror-Operation deutscher Scharfschützen wohl allein hervorgehen können. Ob diese Entscheidung allerdings bei längerer Bedenkzeit im Sinne der Deutschen ausgefallen wäre, dürfte zu bezweifeln sein: Die „anderen Kräfte", sprich die italienischen Kommunisten, hätten einem Einsatz der GSG 9 wohl in keinem Fall ihre Zustimmung erteilt – selbst wenn die Affäre Kappler nicht acht Wochen zuvor die antifaschistische Seele ihrer Partei erneut zum Schwingen gebracht hätte.

Der Befund Tim Geigers, die Bundesregierung habe mit ihrer Annahme, auf europäischem Boden freier agieren zu können als anderswo, „das Ausmaß europäischer Solidarität und Risikobereitschaft" über-, „die fortdauernde Wirkmächtigkeit antideutscher Ressentiments aus Weltkriegstagen" dagegen unterschätzt, ist zweifellos zutreffend.[257] Gleichzeitig aber lagen die Verhältnisse zwischen Rom und Bonn komplizierter als damit andeutet, da echte politische Übereinstimmung, realpolitisches Kalkül, im Einzelfall divergierende Interessen, parteipolitische Zwänge und Reste gegenseitigen Misstrauens bei den Entscheidungsträgern in diesen Wochen und Monaten eine schwer zu durchschauende Gemengelage bildeten.

Diplomatische Rücksichten, aber auch andere Prioritäten in wirtschaftlich und politisch schwierigen Zeiten waren dafür verantwortlich, dass die beiden Regierungschefs Schmidt und Andreotti das Thema ‚Landshut' bei ihrem Zusammentreffen im Dezember nur noch kursorisch behandelten.[258] Andreotti bedauerte einmal mehr den Weiterflug der gekaperten Maschine, bestand aber in einer seltsam anmutenden Argumentation darauf, es habe sich bei dem Vorfall „weder um ein Missverständnis noch um einen Organisationsfehler", sondern lediglich um die logische Konsequenz des unbedingten Vorrangs der Entscheidungen eines Flugzeugkommandanten gegenüber den Weisungen des Innenministers gehandelt. Das Eingeständnis, dass man den Abflug der Maschine wohl mehrheitlich eher mit einer Mischung aus Scham und Erleichterung als mit Entsetzen beobachtet hatte, da man vor Ort schlicht über keine adäquate Lösungsstrategie für das Geiseldrama verfügte, wäre ebenso einem Offenbarungseid gleichgekommen wie der explizite Hinweis darauf, dass man innenpolitisch von den Kommunisten abhängig war. Nicht von ungefähr bat Andreotti den Kanzler im Verlauf des Gesprächs darum, die italienischen Sozialisten nach Möglichkeit von einer Annäherung an den PCI „abzuhalten": „Dies wäre sehr nützlich".[259] Selbstverständlich war sich der Italiener der

---

[257] Geiger, Krisenmanagement, S. 429.
[258] AAPD 1977, Bd. II, S. 1650–1666, hier S. 1653.
[259] Ebd., S. 1660.

Tatsache bewusst, dass die SPD zwar enge Kontakte zum PSI unterhielt – erst am 8. November hatte sich Bettino Craxi in Bonn zum persönlichen Austausch mit Schmidt und Brandt getroffen –, die Bundesregierung selbst aber keinerlei Interesse an einem Linksruck der italienischen Politik besaß.[260] Der Bundeskanzler, dem es vor allem darum gehen musste, die in den Vormonaten arg strapazierten Beziehungen zu den Italienern wieder zu konsolidieren, ging weder auf die Affäre von Fiumicino selbst noch auf Andreottis fragwürdige Erklärung ein. Stattdessen bat er um italienische Unterstützung der deutschen Anstrengungen, internationale Absprachen zu Geiselnahmen und Flugzeugentführungen auf europäischer Ebene und im Rahmen der Vereinten Nationen zu erwirken.[261] Andreotti empfahl dem Kanzler, vor allem auf „europäische Maßnahmen" zu setzen, die er für vielversprechender halte als Initiativen auf UN-Ebene.[262] Ganz konkret regte er für die Zukunft einen bilateralen Informationsaustausch der Nachrichtendienste an, „der auch zur gemeinsamen Bekämpfung des Terrorismus nützlich sei".[263]

Waren die italienischen Glückwünsche an die Adresse des nach dem GSG-9-Einsatz in Mogadischu allgemein „bewunderten Deutschen" Helmut Schmidt also trotz demonstrativer Herzlichkeit unterm Strich ambivalent ausgefallen,[264] da sie aufs engste mit den eigenen politischen Problemen zusammenhingen, so sollte der Anlass für die nächste italienische Entschuldigung gegenüber der Bundesregierung nicht lange auf sich warten lassen. Als seien die Beziehungen zwischen den beiden Ländern noch nicht belastet genug gewesen, explodierten in Italien nach Bekanntwerden der Todesfälle in Stuttgart-Stammheim nicht nur die Zweifel an der offiziellen Version des nächtlichen Geschehens in den Zellen der RAF-Gründer. Vielmehr detonierten südlich der Alpen selbstgebastelte Bomben und Molotowcocktails in einer Größenordnung, die innerhalb Europas ihresgleichen suchte.[265] Die Angriffe, die bisweilen auch ‚nur' mit Sprühdose und Lack geführt wurden, richteten sich gegen alles,

---

[260] „Craxi in Germania per rilanciare l'intesa con i socialdemocratici", in: Corriere della Sera, 8.11.1977.
[261] AAPD 1977, Bd. II, S. 1660.
[262] Ebd., S. 1654.
[263] Ebd., S. 1656.
[264] Vgl. die Titelgeschichte „Nach Mogadischu – Schmidt, der bewunderte Deutsche", in: Der Spiegel 44/24.10.1977. Vgl. auch „Eine Flut von Glückwünschen für Bonn – Im In- und Ausland wird die Befreiungsaktion als Sieg der Demokratie und des Rechtsstaats gefeiert", in: SZ, 19.10.1977.
[265] Vgl. die ausführliche Berichterstattung in allen italienischen Zeitungen dieses Zeitraums. Heftige, wenngleich deutlich schwächere Reaktionen waren auch in Frankreich und Griechenland zu verzeichnen, vgl. „Gewalttaten und antideutsche Demonstrationen in mehreren Ländern" in: FAZ, 20.10.1977; „Brandanschläge in mehreren Ländern Europas", in: FR, 21.10.1977. In der „Zeit" wurde zusätzlich zwischen einer quantitativen und einer qualitativen Dimension unterschieden: „Nächst Italien, aber weit nach Italien, waren die

was als Repräsentation des Deutschen im *Belpaese* betrachtet werden konnte. Betroffen waren Firmenniederlassungen, Konsulate, Kultureinrichtungen, Touristenbusse und Privatautos mit deutschen Kennzeichen und sogar Hotels und Restaurants mit deutsch klingendem Namen. Die Ordnungskräfte mussten resignierend eingestehen, dass sie aufgrund der Vielzahl potentieller Anschlagsziele nicht in der Lage waren, sämtliche deutsche Einrichtungen des Landes wirksam vor den Angreifern zu schützen.[266] Trotz eines Demonstrationsverbotes des Innenministers beteiligten sich Zehntausende überall in Italien an Protestmärschen unter dem Motto „10, 100, 1000 Schleyer", „Baader lebt", „Rache für Andreas" oder „Schmidt Mörder". Während der Demonstrationen wurden Flugblätter mit dem Slogan „Andreas lebt und kämpft mit uns" verteilt – in der Vergangenheit waren die gleichen Flugblätter mit den Vornamen Francesco (Lo Russo) und Walter (Rossi) kursiert, zwei im Lauf des Jahres getöteten Militanten von Lotta Continua.[267] Die Nachricht von der Ermordung Schleyers war auf einer Protestveranstaltung auf dem Campus der Sapienza von den etwa 5000 anwesenden Studenten mit jubelndem Beifall aufgenommen worden.[268]

In manchen Städten, darunter in Rom, lieferten sich die Demonstranten regelrechte Straßenschlachten mit der Polizei, die die neuralgischen Punkte des Stadtgebiets weiträumig abgeriegelt hatte und mit Tränengas gegen die Militanten vorging.[269] In Brescia verlor ein 25-jähriger Polizist bei dem Versuch, einen vor der örtlichen Mercedes-Vertretung deponierten Sprengkörper zu entschärfen, die linke Hand und erlitt am ganzen Körper schwere Verbrennungen.[270] Am 30. Oktober starb in Turin ein 22-jähriger Attentäter bei einem Anschlagsversuch auf eine Audi-Filiale, als die mitgeführte Bombe zu früh detonierte.[271] Hatte sich die ‚Gewalt gegen Sachen' in germanophobem Gewand nach dem Tod Ulrike Meinhofs und der Flucht Herbert Kapplers in mehr oder weniger isolierten Episoden niedergeschlagen, stellte die Welle der Zerstörung im ‚Deutschen Herbst' alles bisher Dagewesene weit in den Schatten, zumal sie die Gefährdung von Menschenleben nicht nur als ‚Kollateralschaden' billigend

---

Terror-Nachfolge-Unruhen am heftigsten in Griechenland, am häufigsten in Frankreich", in: Rudolf Walter Leonhardt, „Wundern über die Deutschen", in: Die Zeit, 28.10.1977.

[266] „La polizia preoccupata per l'ondata di violenza antigermanica", in: Corriere della Sera, 27.10.1977.

[267] Antonio Ferrari, „Quelli che sui muri inneggiano a Baader", in: Corriere della Sera, 23.10.1977.

[268] „Guerriglia a San Lorenzo: molotov, colpi di pistola, pullman in fiamme", in: Il Messaggero, 21.10.1977.

[269] „Tensione a Roma per la morte dei capi della Baader-Meinhoff – Vietato il corteo del movimento – scontri intorno all'Università", in: la Repubblica, 21.10.1977.

[270] „Poliziotto ferito da una bomba ‚antitedesca'", in: Corriere della Sera, 23.10.1977.

[271] „Ordigno esplode a Torino. Dilaniato il giovane terrorista", in: Paese Sera, 31.10.1977.

in Kauf nahm, sondern auch von massiven Drohungen und Einschüchterungsversuchen gegen konkrete Personen begleitet war.[272] Besonders im Fokus der Aufmerksamkeit standen naturgemäß die deutsche Botschaft und ihr Hausherr Arnold. Bei mehreren deutschen Dienststellen und italienischen Nachrichtenagenturen war ein telefonisches Ultimatum der Roten Brigaden eingegangen, mit dem der Botschafter aufgefordert wurde, gemeinsam mit den übrigen Angestellten der diplomatischen Vertretung binnen 48 Stunden das Land zu verlassen, wenn er dem „Tod durch Erschießen" entgehen wolle. Auch andere „deutsche Faschisten", ganz gleich, unter welchem Deckmantel sie in Italien lebten, müssten, so hieß es, mit der Todesstrafe rechnen. Bei der ANSA in Florenz wurde eine Drohung „an alle Deutschen" hinterlassen: „Wir können euch nicht krepieren lassen, wie ihr es mit uns in euren Lagern macht, aber wir geben uns alle Mühe."[273] Welche Verunsicherung innerhalb der deutschen Kolonie durch diese Welle der Aggression ausgelöst wurde, mag man daran ablesen, dass an den deutschen Schulen Roms und Mailands die bevorstehenden Herbstferien vorgezogen wurden und auch die Goethe-Institute in Genua und Mailand nach Morddrohungen gegen das Personal vorsichtshalber Zwangspause machten.[274] Gegenüber der deutschen Presse versicherte der Botschafter, er habe nicht die Absicht, den „Kraftmeier" zu spielen. Die Situation sei ihm „schon ein wenig unter die Haut gegangen", zumal ihn die Sicherheitsmaßnahmen dazu nötigten, Rom in diesen Tagen „fast nur durch Panzerglas zu sehen." Die Drohungen hielt er für durchaus ernst zu nehmen, da sie „ein Klima der Gewalt" erzeugten, in dem sich „der eine oder andere dann zur Tat getrieben sehen könnte."[275]

Nachdem zeitgenössisch alle Medien der Bundesrepublik in großer

---

[272] Für das Folgende vgl. „Una lunga notte di attentati in tutta Italia – Bombe contro uffici e ‚obiettivi' tedeschi, bottiglie molotov contro la polizia", in: la Repubblica, 21.10.1977; „Violenze antitedesche con incendi e svastiche", in: Corriere della Sera, 23.10.1977. „Ancora bombe in tutta Italia contro ‚marche' tedesche", in: la Repubblica, 26.10.1977.

[273] Zitiert in: „Attentati antitedeschi in Italia", in: Corriere della Sera, 22.10.1977.

[274] „Chiuse a Roma per cautela le due scuole germaniche", in: Corriere della Sera, 25.10.1977. Vgl. auch „Deutsche in Italien: Das Gefühl der Isolierung wächst", in: Frankfurter Neue Presse, 25.10.1977 (bpa).

[275] Josef Schmitz van Vorst, „Zwischen Deutschland und Italien. Emotionen, Missverständnisse und Irrtümer", in: FAZ, 29.10.1977 (bpa). In den Beständen des Archivs des Auswärtigen Amtes konnten genauere Lageeinschätzungen des Botschafters oder Stellungnahmen weiterer Betroffener trotz intensiver Recherchen und mehrmals formulierter Anträge auf die Freigabe etwaiger Verschlusssachen nicht ausgemacht werden. Dieser in der Sache kaum zu erklärende Befund nährt den Verdacht, dass solche Bereiche, die auch nur entfernt mit den Todesfällen von Stammheim zu tun haben, in deutschen Archiven staatlicher Trägerschaft offenbar nach wie vor einer Art posttraumatischer Funktionsstörung unterliegen. Es handelt sich um eine klare Behinderung der Zeitgeschichtsforschung, die durch die Nutzung von Parallelüberlieferungen aus den übrigen Archiven, allen voran der politischen Parteien, nur sehr partiell aufgewogen werden kann.

Ausführlichkeit über die „zerstörerische Begleitmusik zum westdeutschen Terrorismus"[276] auf italienischem Boden berichtet hatten, konnte die Presse Ende Oktober – endlich, wie vielfach kommentiert wurde – eine offizielle Entschuldigung des italienischen Außenministers bekanntgeben. Es handle sich bei den Anschlägen, so Forlani in einem Schreiben an Genscher, „um das Werk unverantwortlicher Elemente, die das bürgerliche und demokratische Gewissen des italienischen Volkes" beleidigten.[277] Andreotti wiederum betonte später gegenüber dem Kanzler in Valeggio sul Mincio, in den Attentaten seien nicht anti-deutsche Gefühle, sondern rein ideologische Konflikte zum Ausbruch gekommen – eine Differenzierung, auf die zurückzukommen sein wird. Zunächst gilt es jedoch, auf die höchst aufschlussreiche Analyse des terroristischen Bedrohungspotentials in Italien einzugehen, die der italienische Regierungschef seinem deutschen Gesprächspartner unterbreitete – eine Bestandsaufnahme, die mit Blick auf ihre Fehleinschätzungen mindestens ebenso interessant ist wie hinsichtlich ihrer zutreffenden Beobachtungen.[278] Die Ausführungen erlauben aber auch Einblicke in die grundsätzlich unterschiedliche Strukturierung der politischen Landschaften auf beiden Seiten der Alpen und die daraus folgenden Konsequenzen für die diskursive Verhandlung des Terrorismusproblems in der Öffentlichkeit. Der hohe Quellenwert ergibt sich nicht zuletzt aus dem Eindruck der großen Offenheit zwischen zwei Partnern, deren Kommunikation unzweifelhaft auf Augenhöhe verlief: Andreotti beschrieb das Treffen in seinen Tagebüchern als „cordialissimo" (sehr herzlich) und ergänzte den Eintrag um die Bemerkung, das Verhältnis zu Schmidt entwickle sich „immer einfacher und konstruktiver".[279] Zollte er dem Bundeskanzler zum Ausklang des ‚Deutschen Herbstes' einerseits „große Bewunderung für die Art und Weise, wie dieser ‚die Dinge' geführt habe", verfügte er andererseits aber auch über das nötige Selbstbewusstsein, um vor dem Hintergrund der eigenen Erfahrungen des Jahres 1977 Erkenntnisse zu formulieren, die er für „von allgemeinem Nutzen" hielt.[280] Zunächst hielt er fest, dass es in Italien neben der Mafia und der Straßenkriminalität einen politischen Terrorismus gebe, der zwar ebenfalls auf den Umsturz der Verhältnisse abziele, dabei aber andere Methoden anwende als der deutsche. Die Anschläge richteten sich „nicht gegen besonders hochgestellte Persönlichkeiten, sondern eher – zur

---

[276] „Antideutsche Ausschreitungen in Italien", in: NZZ, 23.10.1977 (bpa).
[277] Botschaft Forlanis an Genscher übermittelt durch den italienischen Botschafter am 27. Oktober 1977, PAAA B 83 1006. Vgl. auch: „Rammarico italiano per gli attentati a società tedesche", in: Corriere della Sera, 29.10.1977; „Italienisches Bedauern und deutsche Entrüstung", in: FAZ, 31.10.1977 (bpa).
[278] AAPD 1977, Bd. II, S. 1650–1662; vgl. dazu auch Hürter, Anti-Terrorismus-Politik, S. 329f.
[279] Andreotti, Diari, S. 155.
[280] AAPD 1977, Bd II, S. 1654.

Einschüchterung – gegen Richter, Unternehmer, Journalisten, in letzter Zeit auch speziell gegen ‚kleine DC-Führer', wie Gemeinderäte usw. Man wollte damit eine Reduzierung des politischen Engagements dieser verschiedenen Personenkreise erreichen. Oft komme es zu Tätlichkeiten wie Schüssen in die Beine. Vor einigen Tagen sei ein bekannter Turiner Journalist an den Folgen eines derartigen Attentats gestorben."[281] Diese Terroristenkreise, so Andreotti, hätten bekanntermaßen internationale Verbindungen, so etwa zu Libyern, Libanesen und Palästinensern. Glücklicherweise aber bestehe hinsichtlich der Bekämpfung dieses Terrorismus „ziemlich große Übereinstimmung" zwischen den Parteien; lediglich kleinere linksextreme Gruppen wie il manifesto hielten an der These von der „Unterdrückung durch die Regierung" fest. „Eine gewisse psychologische Unterstützung werde den Terroristen von den Kreisen zuteil, die der KPI als vermeintlicher ‚verbürgerlichter Regierungspartei' kritisch gegenüberstünden." Angesichts der großen Zahl von Sympathisanten müsse es der Regierung vorrangig darum gehen, auch die außerparlamentarische Linke nicht zu kriminalisieren, sondern möglichst viele potentielle Gewalttäter „zurückzuholen".[282] Diese Bemerkung kann durchaus als implizite Mahnung an die deutsche Seite gelesen werden, es mit der Kriminalisierung des linken Protests nicht zu weit zu treiben. In eine ähnliche Richtung ging die explizite Betonung des politischen Charakters der erwähnten Taten, war es doch in der Bundesrepublik zu einem Dogma geworden, den Mitgliedern linksterroristischer Organisationen den ‚Ehrentitel' des politisch motivierten Straftäters zu verweigern. Auch im italienischen Parlament, fuhr Andreotti fort, diskutiere man im Übrigen gerade über schärfere Strafen; eine bessere Ausstattung der Polizei sei schon beschlossen. „Die Bevölkerung verlange allerdings noch viel strengere Strafen, wie z. B. die Todesstrafe". Falls der Terrorismus weiter zunehmen sollte, so lautete das bemerkenswerte Eingeständnis, mit dem Andreotti seine Überlegungen schloss, „sehe sich die Regierung aber nicht in der Lage, ihn zu bewältigen."[283]

Weder der Sprecher noch der so Angesprochene konnte zu diesem Zeitpunkt wissen, dass die Roten Brigaden nur drei Monate später ihren deutschen Gesinnungsgenossen nacheifern und die italienische Republik im März 1978 durch die Entführung eines ihrer wichtigsten Politiker in eine Krise stürzen würde, die der in Deutschland soeben durchlebten in nichts nachstand. Aber auch Andreottis Bemerkung, es gebe in Italien „kaum mehr einen Rechtsterrorismus", sollte sich mittelfristig als verfrühter Optimismus erweisen.[284]

---

[281] Ebd. Gemeint ist das Attentat auf den „La Stampa"-Redakteur Carlo Casalegno, vgl. S. 635–638.
[282] Ebd., S. 1655.
[283] Ebd.
[284] AAPD 1977, Bd. II, S. 1657. Tobias Hof weist darauf hin, dass sich 1976/77 das Augenmerk

In jedem Falle zeugt die für den Ministerpräsidenten einer konservativen Regierung in bemerkenswert liberalem Geiste formulierte Kommentierung der linksterroristischen Gefahr von der Tatsache, dass die Exekutive in Italien eben nicht von rechten Scharfmachern zu entschlossenem Durchgreifen gedrängt, sondern vielmehr von einer großen kommunistischen Partei zur Mäßigung angehalten wurde, während die neofaschistische Opposition als nicht satisfaktionsfähig galt. Allerdings warf die von Andreotti angesprochene hohe Zahl der Todesstrafenbefürworter des Jahres 1977 auch bereits ein Schlaglicht auf das gestiegene Sicherheitsbedürfnis und den allmählich lauter werdenden Ruf nach autoritären Lösungen innerhalb der Bevölkerung. So hatten die erwähnten Anschläge auf DC-Politiker untergeordneter Funktion im Oktober und November – zu Ehren der „ermordeten Genossen von der RAF", wie die Täter verkündeten – nicht zuletzt auch innerhalb der christdemokratischen Basis zu erheblicher Unruhe geführt, da der Staat selbst seine eigenen Diener nicht mehr wirksam schützen zu können schien.[285] Der Umstand, dass man nun selbst zur Zielscheibe des roten Terrorismus geworden war, führte zu einer erheblich veränderten Gefahrenwahrnehmung der Regierungspartei, die sich etwa am 16. November in einer großen Rede Francesco Cossigas vor dem Senat niederschlug, in der die Innere Sicherheit zum ‚Problem Nummer eins' erklärt wurde.[286] In der Folge wurden beispielsweise einige der bekanntesten Treffpunkte (‚*covi*') der Autonomia von den Ordnungshütern aufgelöst, so etwa derjenige der berüchtigten ‚Volsci' in Rom, die auch bei den Protesten nach dem 18. Oktober in der Hauptstadt die führende Rolle gespielt hatten.[287] Von einer Umsetzung ihres Juli-Programms war die italienische Regierung jedoch ebenso weit entfernt wie von der Entwicklung einer wirksamen Strategie gegen die sich weiter brutalisierenden Roten Brigaden.

Vor dem Hintergrund der faktischen Hilflosigkeit der Regierung gegenüber dem zunehmend drängender werdenden Problem des Linksterrorismus, der in den kommenden fünf Jahren sage und schreibe 112 Tote fordern sollte,[288] erscheint Hofs Bewertung, der italienische Staat habe den linken Terrorismus „in eine Eskalation gezwungen, die dem eigenen Ansehen schadete und ihm die benötigte Unterstützung durch politische Gleichgesinnte raubte", nicht nur inhaltlich deplatziert, sondern auch gegenüber den zahlreichen direkt und in-

---

der Politik zunehmend vom rechten auf den linken Terrorismus verschob, vgl. Ders., Staat und Terrorismus, S. 86f.

[285] „I capi della DC hanno chiesto più rigore contro i terroristi", in: Corriere della Sera, 10.11.1077; „La DC allarmata non ha dubbi: il terrorismo viene da lontano", in: ebd., 5.11.1977.

[286] „Relazioni al senato sullo stato di pubblica sicurezza: Ci sono connessioni, dice Cossiga, fra Brigate rosse e la ‚Baader'", in: Corriere della Sera, 16.11.1977.

[287] „Chiusa a Roma la sede degli autonomi", in: la Repubblica, 8.11.1977

[288] Vgl. Della Porta, Social movements, S. 128.

direkt betroffenen Opfern, die der italienische Staat nicht zu schützen in der Lage war, einigermaßen zynisch.[289] Hof selbst macht darauf aufmerksam, dass man allein im Jahre 1978 1866 Anschläge gewaltbereiter Gruppen zählte – über fünf am Tag.[290]

Zumindest als ambivalent ist in diesem Zusammenhang auch die Rolle des PCI zu bewerten, der einerseits jegliche Mitverantwortung für den gewaltsamen Irrweg ihrer ungeliebten ‚Familienmitglieder' konsequent bestritt, andererseits aber auch eine angemessene Problemwahrnehmung und die Entwicklung effektiver Gegenstrategien nicht unbedingt beförderte. Während des ‚Deutschen Herbstes' gefiel sich die kommunistische Partei jedenfalls in der Rolle derjenigen Kraft, die das eigene Land am besten vor den autoritären Degenerierungen zu schützen vermochte, denen die Bundesrepublik anheimzufallen drohte bzw. längst erlegen war. Entsprechend wurde in der Parteipresse jener Wochen immer wieder betont, dass beide Länder vor den gleichen Herausforderungen und Problemen stünden und dass die in der Bundesrepublik etablierten Lösungsstrategien sich als im negativen Sinne bindende Vorentscheidung auch für Italien erweisen könnten.[291] Einerseits distanzierte sich das kommunistische Lager also konsequent von der Gewaltstrategie der ‚Terroristen' – eine Titulierung, mit der bemerkenswerterweise auch die Urheber der Sachbeschädigungen an deutschem Eigentum auf italienischem Boden belegt wurden, die man scharf kritisierte. Andererseits wurden die Kommentatoren aber auch nicht müde, vor einem Sicherheitsstaat nach deutschem Vorbild, vor Denkverboten, Hexenjagden, schwarzen Listen und einseitig repressiven Maßnahmen zu warnen.[292] Auf diese Weise empfahl sich die Partei den Wählern als Kraft der linken Mitte, denen man auch die Probleme des eigenen Landes getrost anvertrauen könne, wenn man vor ‚extremen Lösungen' zurückscheute. Das Rezept zur Bewältigung der deutschen Krise schien jedenfalls bereits gefunden: Nicht weniger, sondern mehr Demokratie müsse die angemessene Antwort auf die terroristische Bedrohung sein.[293] Zur zentralen Aufgabe der europäischen Linken wurde es denn auch erklärt, sich gegenüber der Bundesrepublik „ein waches demokratisches Gewissen" zu erhalten und sie vor einem weiteren Abgleiten in den Autoritarismus zu bewahren.[294] Der Hebel, über den der eigene Einfluss geltend zu machen sei, liege vor allem in

---

[289] Hof, Staat und Terrorismus, S. 344. Dieses Fazit kann auch vor dem Hintergrund von Hofs eigenen Ergebnissen kaum überzeugen, der immer wieder auf die gravierenden Versäumnisse der italienischen Terrorismusbekämpfung gerade der 70er Jahre hinweist.
[290] Ebd., S. 94.
[291] Vgl. Arturo Gismondi, „Chiarezza sulla Germania", in: Paese Sera, 23.10.1977.
[292] „La caccia alle streghe colpisce anche il Nobel Boell", in: Paese Sera, 28.10.1977.
[293] Vgl. Augusto Livi, „Morte e libertà in Germania", in: Paese Sera, 20.10.1977.
[294] Gismondi, Chiarezza; vgl. auch Tullio Grimaldi, „Il dovere di aiutare la Germania", in: Paese Sera, 31.10.1977.

der Abhängigkeit der bundesdeutschen Wirtschaft von einem positiven Image ihres Landes im Ausland – ein Faktor, den die Bundesregierung bei ihren Entscheidungen zur Inneren Sicherheit schlicht nicht ignorieren könne. Wirklich Gleichgesinnte auf dem vielbeschworenen Weg zu „mehr Demokratie" glaubte man in Westdeutschland lediglich beim Sozialistischen Büro und der DKP, unter progressiven Protestanten wie Helmut Gollwitzer und Heinrich Albertz, im Umfeld Wolfgang Abendroths sowie auf dem linken Flügel der SPD antreffen zu können.[295] Dahinter stand ein grundsätzliches, aber eben auch instrumentelles Misstrauen gegenüber den Problemlösungsstrategien der Partei des Bundeskanzlers. Gleichwohl gebiete die derzeitige Gefährdungssituation, wie man mit bedeutungsvollen historischen Anspielungen bemerkte, politisches Augenmaß: So warnte das Parteiblatt „Paese Sera" ausdrücklich davor, „wie schon einmal die härtesten Schläge von allen gegen die deutsche Sozialdemokratie zu führen. Am Ende war Hitler an der Macht und Thälmann im Gefängnis." Nur die politischen Heißsporne der APO könnten entsprechend einen Schmidt mit einem Strauß und das sozialdemokratische ,Modell Deutschland' mit seiner christdemokratischen Variante verwechseln.[296]

Auch die ,Todesnacht von Stammheim' wurde im Kontext möglicher Verschwörungen der politischen Rechten zur Destabilisierung des Landes verhandelt, wobei sich wiederum vor allem der „Paese Sera"-Korrespondent Arturo Gismondi hervortat. Anstatt die wahren Verantwortlichen für das Geschehen zur Rede zu stellen und sein Land „zu einer großen moralischen Schlacht aufzurufen", habe es Schmidt vorgezogen, den zuständigen Beamten im CDU-regierten Baden-Württemberg die Verwandlung eines „Musterknasts in ein fideles Gefängnis *all'italiana*" abzukaufen.[297] Auf diese Weise habe der Kanzler die Lorbeeren für Mogadischu ernten, den Misserfolg von Stammheim jedoch seinen mächtigsten Kontrahenten anlasten können, wie es überhaupt für die Politik der Sozialdemokraten typisch sei, den politischen Gegner auf dessen ureigenem Terrain übertreffen zu wollen.[298]

Trotz solcher Invektiven, die den Tod der ,Stammheimer' in den Kontext finsterer Verschwörungstheorien stellten, mochten sich die Exponenten der ,Alten Linken' den Mordvorwurf an die Adresse der Deutschen gleichwohl längst nicht so offen zu eigen machen, wie es in Italien die Neue Linke tat. Dem PCI musste es wohl vor allem darum gehen, den im Vorjahr aufgenommenen Prozess der Annäherung an die Regierungsverantwortung durch Fehltritte im Bereich der Außenpolitik nicht leichtfertig aufs Spiel zu setzen. Im Mittelpunkt der Deutschland-Berichterstattung stand unterm Strich das Bemühen,

---

[295] Angelo Bolaffi, „Terrorismo e repressione nella Rft", in: Rinascita, 23.9.1977.
[296] Arturo Gismondi, „Brandt non è uguale a Strauss", in: Paese Sera, 27.10.1977.
[297] Ebd.
[298] Arturo Gismoni, „L'inefficienza made in Germany", Paese Sera, 25.10.1977.

die fatalen Folgen des politischen Terrorismus aufzuzeigen, der lediglich den konservativen Kräften der Gesellschaft zugute komme – eine Argumentation, die auch innenpolitisch ganz der Linie Berlinguers entsprach.[299]

Distanz zu Linksaußen wahrten die Kommunisten aber nicht von ungefähr vor allem in der Frage, ob Italien möglicherweise bereits ‚germanisiert' oder zumindest auf dem besten Wege dazu sei. Diese Behauptung wies man mit Argumenten zurück, die allesamt mit der historischen Rolle des PCI als vermeintlich fortschrittlichster Kraft des eigenen Landes in engem Zusammenhang standen. So wurzelte für die kommunistische Intellektuellenplattform „Rinascita" der Teufelskreis aus Terrorismus und Repression in der historischen Weigerung der Westdeutschen, „den Antifaschismus ernsthaft zur Massenbasis" ihres Staates zu machen.[300] Auch Ugo Pecchioli, Vorsitzender der Kommission für Staatsfragen des PCI, verneinte die Germanisierungsthese für sein Land mit dem Hinweis auf die unterschiedlich erfolgreiche ‚Vergangenheitsbewältigung'. Aufgrund der ausgebliebenen Gewissensprüfung nach Ende des ‚Dritten Reichs' bestehe die Möglichkeit einer durch den Terrorismus provozierten Wende nach rechts allein für die Bundesrepublik, nicht aber für Italien: „Bei uns, die wir die schmutzige Wäsche des Faschismus zu waschen gewusst haben, gibt es diese Gefahr konkret nicht".[301] Auch die innere Anteilnahme der Italiener und der Bundesdeutschen am Schicksal ihrer Demokratie wurde zum Gegenstand des Vergleichs. So stellte man dem „Belagerungszustand" beim Staatsbegräbnis für Schleyer die Atmosphäre bei den Begräbnisfeiern nach den neofaschistischen Anschlägen in Mailand und Brescia gegenüber, die nicht von Polizeipräsenz, sondern durch „die Gegenwart, die Leidenschaft, die Empörung, die *demokratische* Spannung der Menschen" dominiert gewesen sei. Angesichts solch offensichtlicher Unterschiede seien Belehrungen aus der Bundesrepublik, der PCI solle sich endlich zu einem italienischen Bad Godesberg durchringen, souverän zurückzuweisen: Ganz im Gegenteil sei gerade das strategische Festhalten des PCI am Kampf der Massen, „an der engen Verbindung zwischen Transformation der Klassenbeziehungen und Verteidigung der Demokratie", der entscheidende Faktor, der in Italien die Demokratie lebendig halte.[302]

In die gleiche Richtung ging die Zurückweisung der Analogie zwischen den Todesfällen von Stammheim und dem mysteriösen Fenstersturz des Anarchisten Pinelli von 1969, den die italienische APO im Oktober 1977, mithin acht Jahre nach dem Mailänder Geschehen, reflexartig herstellte.[303] Anders als die

---

[299] Vgl. z. B. „Una mostruosa alleanza contro la democrazia", in: L'Unità, 19.10.1977.
[300] Romano Ledda, „Che cosa accade nella Rft", in: Rinascita, 28.10.1977.
[301] Zitiert in: Francesco Russo, „Terrore contro terrore", in: L'Espresso, 30.10.1977.
[302] Romano Ledda, „Che cosa accade nella Rft", in: Rinascita, 28.10.1977.
[303] Terhoeven, Deutscher Herbst in Italien, S. 196f.

deutschen Terroristen, so der Chefredakteur des „Paese Sera", Aniello Coppola, sei der italienische Eisenbahner völlig unschuldig gestorben. Wichtiger sei jedoch ein anderer Unterschied: wenn der italienische Staat auch ebenso wenig eine weiße Weste habe wie der deutsche, so erfreue sich die Repression doch in Italien zumindest nicht der Zustimmung der Massen, wie in der Bundesrepublik.[304] Das PCI-Mitglied, das solche Kommentare las, konnte sich entsprechend nicht nur in dem Gefühl sonnen, der richtigen Partei anzugehören, sondern auch im besseren, menschlicheren Gemeinwesen zu leben – der grassierenden Gewalt auf den italienischen Straßen, der gravierenden sozialen Probleme gerade unter Jugendlichen, der unaufgeklärten Terroranschläge und der starken neofaschistischen Präsenz im Parlament zum Trotz.

Vor diesem Hintergrund kam es entsprechend wenig überraschend, dass PCI-Generalsekretär Luciano Lama im März 1978 unmittelbar nach Eintreffen der Nachricht von der Moro-Entführung vor dem italienischen Abgeordnetenhaus betonte, das Wichtigste in der nun eingetretenen Krise sei es, zu demonstrieren, dass man sich „weder in der Weimarer Republik noch im Deutschland des Jahres 1977" befinde.[305] De facto sollte seine Partei in den kommenden Wochen allerdings auch weiterhin alle von der DC angeregten sicherheitspolitischen Maßnahmen mittragen. Angesichts der ad-hoc-Maßnahmen der Regierung – darunter der Rückgriff auf Militäreinheiten[306] – sowie der weitreichenden Bestimmungen der sogenannten *legge Moro* gehörte die Akzeptanz des Bonner Angebots, mehrere Fachleute des BKA nach Rom zu entsenden, zweifellos zu den politisch harmloseren Entscheidungen, wobei die Angaben über den Umfang der Amtshilfe – nach Tobias Hof – zwischen zwei und 32 Personen variieren.[307] Das BKA installierte beim italienischen Innenministerium ein Computerterminal, das mit dem entsprechenden Rechner in Wiesbaden direkt verbunden war.

Historisch von weitaus größerer Relevanz als solche Fälle von ganz praktischer ‚Germanisierung' ist zweifellos die Frage danach, inwieweit das Krisenmanagement der Bundesregierung im ‚Deutschen Herbst' die Grundsatzentscheidungen der italienischen Verantwortlichen im Umgang mit der Entführung des wahrscheinlich einflussreichsten Politikers der ‚Ersten Republik' konditioniert oder sogar determiniert haben mag. Hatte die Bundesregierung in diesen Monaten tatsächlich Vorentscheidungen für ganz Europa getroffen, wie es die kommunistische Partei im Oktober 1977 in düsterem Tonfall vorausgesagt hatte?

---

[304] Aniello Coppola, „Il ‚Corriere' lasci stare Pinelli", in: Paese Sera, 21.10.1977.
[305] „Dichiarazioni di Lama: Il dovere di ognuno", in: L'Unità, 18.3.1978.
[306] „Polizei und Militär auf der Suche nach Moro", in: FAZ, 21.3.1978 (bpa).
[307] Hof, Staat und Terrorismus, S. 271. Vgl. zum Gesetzesdekret vom März/April 1978 sowie der Legge Moro vom Mai ebd., S. 223–230.

Die Annahme, dass die Unnachgiebigkeit des deutschen Kanzlers im Rahmen einer sich anbahnenden europäischen ‚Innenpolitik' Standards für den Umgang mit terroristischen Erpressungsversuchen gesetzt hatte, die nicht leicht zu ignorieren waren, liegt zumindest nahe. Immerhin hatten sich auch in Italien verschiedene Politiker nicht nur des Regierungslagers im ‚Deutschen Herbst' mit großer Eindeutigkeit zu Schmidts Kurs bekannt, was sie für die Zukunft zusätzlich binden mochte. So hatte der Innenminister am 15. November im Senat die Tragik einer Lage unterstrichen, in der es nur die Alternative gebe, ein Blutbad zu riskieren oder aber nachzugeben und damit neue Erpressungen in Kauf zu nehmen. „Die sozialliberale Regierung Schmidt hat den richtigen Weg gewählt und verdient die uneingeschränkte Solidarität des italienischen Staats."[308] An gleicher Stelle hatten auch der Sozialist und frühere Staatspräsident Giuseppe Saragat sowie der prominente Liberale Giovanni Spadolini – Anfang der 80er Jahre der erste Ministerpräsident, der nicht der DC angehörte – das Vorgehen der Bundesregierung vorbehaltlos gelobt.[309] Die DC-Zeitung „Il Popolo" hatte während der Flugzeugentführung mit Überschriften wie „Terrorismus – unser gemeinsamer Feind", „Ein Drama für uns alle" oder „Gemeinsame Front" immer wieder deutlich gemacht, dass man – trotz der ‚Panne' von Fiumicino – innerhalb des deutschen Dilemmas ganz selbstverständlich die Perspektive der Bundesregierung einnahm.[310]

Auf die unhintergehbare Bedeutung des Präzedenzfalles Schleyer/‚Landshut' hinzuweisen, ist selbstverständlich nicht gleichbedeutend mit der Hypothese, dass die Regierung Andreotti sich ohne diese Vorgeschichte *nicht* für den nach dem 4. März effektiv eingeschlagenen Kurs der *fermezza* entschieden hätte.[311] Der einzige, der aus dieser Einheitsfront ausscherte und sich für Verhandlungen mit den Entführern einsetzte, war ausgerechnet Schmidts ‚Parteifreund' Bettino Craxi, dessen PSI allerdings auch auf die Entscheidungen der Regierung keinerlei Einfluss nehmen konnte.[312] Die *fermezza* war im Übrigen auch in Italien selbst nicht präzedenzlos: Wie gesehen, waren die Italiener bereits im Fall Sossi diesen Weg gegangen, anders als ein Jahr später die Deutschen bei der Lorenz-Entführung. Bei anderen Fällen von Menschenraub wiederum setzten

---

[308] Zitiert nach: „Relazioni al senato sullo stato di pubblica sicurezza: Ci sono connessioni, dice Cossiga, fra Brigate rosse e la ‚Baader", in: Corriere della Sera, 16.11.1977.

[309] Deutschland, so Spadolini, „sei der Beweis dafür, dass man einen aggressiven, provokativen und fanatischen Terrorismus bekämpfen könne, ohne den Rahmen der Verfassung zu sprengen und Ausnahmegesetze zu erlassen", zitiert in: Hof, Staat und Terrorismus, S. 96.

[310] Vgl. die Leitartikel „Un dramma di tutti", „Fronte comune" und „Terrorismo nemico comune" vom 18., 19. und 20.10.1977.

[311] Vgl. ausführlich zum Fall Moro S. 620ff.

[312] Im Allgemeinen wird von einer stark taktisch beinflussten Entscheidung des PSI ausgegangen, vgl. Agostino Giovagnoli, Il caso Moro. Una tragedia repubblicana, Bologna 2005, S. 177–185.

die in dieser Hinsicht leidgeprüften Italiener nach 1978 auf Verhandlungslösungen, etwa bei der 89 Tage währenden Entführung des DC-Politikers Ciro Cirillo im April 1981.[313] Statt nach einem landestypischen Modus der Konfliktlösung Ausschau zu halten, spricht vielmehr vieles für eine fallbezogene Betrachtung, welche die durch den jeweiligen Kontext entstehenden Handlungsspielräume angemessen berücksichtigt: So waren nach derart gewalttätigen Attentaten wie den Anschlägen in der Kölner Friedrich-Schmidt-Straße und der römischen Via Fani, bei denen jeweils vier bzw. fünf Personen im Kugelhagel der Entführer verblutet waren, einer flexiblen Haltung der Exekutive gegenüber den Forderungen der Täter in einer demokratischen Mediengesellschaft von vornherein sehr enge Grenzen gesetzt. Ebenso zu bedenken ist der Schock, den beide Attentate in der Öffentlichkeit, aber auch bei den verantwortlichen Politikern selbst auslösten, Ergebnis der „discrepancy between the secrecy of planning and the visibility of results".[314] Entsprechend „tief erregt" waren Schmidt und Andreotti über das Geschehen,[315] und entsprechend prompt folgte auch in Italien wie bereits in der Bundesrepublik der Ruf nach dem ‚starken Staat', die Einführung der Todesstrafe inklusive.[316] Obwohl die italienische Regierung auf eine Informationsregulierung im Stile der deutschen ‚Nachrichtensperre' verzichtete, war während der Moro-Entführung auch eine Uniformierung der Presselandschaft zu verzeichnen, die der deutschen Entwicklung in nichts nachstand.[317] In erstaunlicher Einmütigkeit, so der Befund Alessandro Siljs, schrieben italienische Journalisten über den von den BR gefangengehaltenen Aldo Moro vom ersten Tag der Entführung an im Stil pietätvoller Nachrufe auf einen gänzlich unfreiwilligen Märtyrer.[318] Die auf ‚Festigkeit' gepolten Medien hätten es der Regierung wiederum außerordentlich erleichtert, ihren harten Kurs durchzuziehen, argumentieren Schmid/De Graaf – mindestens ebenso sehr, ist zu

---

[313] Vgl. Clementi, Storia delle Brigate Rosse, S. 292–296.
[314] Crenshaw, Terrorism in Context, S. 4.
[315] So Schmidts eigene Formulierung in der oben bereits zitierten Regierungserklärung vom 15. September 1977 vor dem Bundestag, in: Bulletin Nr. 86, 16.9.1977, S. 806. Auch in Italien wirkten die Ereignisse in der Via Fani „für alle Beteiligten wie ein Schock", „von Tränen, Übelkeit und Kreislaufzusammenbrüchen war die Rede", Hof, Staat und Terrorismus, S. 222, S. 260.
[316] Dabei gingen die Forderungen einzelner Politiker mit entsprechenden Stimmungen in der Bevölkerung Hand in Hand und verstärkten sich wechselseitig. Für die Bundesrepublik vgl. Wittke, Terrorismusbekämpfung, S. 244–46; „Der Bürger ruft nach härteren Strafen", in: Der Spiegel 39/19.9.1977, S. 26–28; für Italien Tolomelli, Terrorismo e società, S. 163; Hof, Staat und Terrorismus, S. 260f; S. 264.
[317] Alessandro Silj, Brigate Rosse-Stato. Lo scontro-spettacolo della regia della stampa quotidiana, Florenz 1978, passim, vgl. bes. S. 210.
[318] Ebd., S. 9.

ergänzen, dürfte die Politik ihrerseits durch den Druck der Öffentlichkeit in ihren Entscheidungen gebunden worden sein.[319]

Was die Veränderung des Terrorismusdiskurses auf staatlicher Seite anging, so resümiert Hof lakonisch, dass infolge der Moro-Entführung in Italien „die Differenzierung zwischen Terroristen, Extremisten, Sympathisanten und linksintellektuellen Systemkritikern entfiel."[320] In einer Parlamentsrede noch unter dem Eindruck der Ereignisse in der Via Fani verlangte Andreotti „die totale Hingabe an die Republik, um bis zum letzten gegen diese Zentren der Zerstörung unserer Nation anzukämpfen". Wie um seinen eigenen Worten gegenüber Schmidt Hohn zu sprechen, betonte er nun den „pseudopolitischen", „kriminellen" und „verbrecherischen" Charakter der „sogenannten Brigate Rosse".[321] Selbst ein auf der PCI-Liste in den Senat gewählter Delegierter bekannte in einer überraschenden Kehrtwendung, „er verstehe zwar die Flexibilität der deutschen Regierung, aber die italienische Demokratie sei weniger gefestigt und müsse aus diesem Grund härter durchgreifen."[322]

Bei Schmidts und Andreottis nächstem Zusammentreffen im Juni 1978 – diesmal in Hamburg –, bemerkte der Kanzler, die neuen, soeben in einem Referendum von den Italienern abgesegneten Bestimmungen zur Terrorismusbekämpfung gingen „weit über die deutschen Regelungen hinaus".[323] In der deutschen Presse war schon zuvor davon gesprochen worden, dass das im März erarbeitete Gesetzesdekret „der Polizei bei der Terroristenfahndung die weitreichendsten Sondervollmachten im demokratischen Europa einräumt – Bestimmungen, für die in Bonn die CDU seit langem kämpft."[324] Der Kanzler sollte später darauf verweisen, „die Festigkeit der Regierung Andreotti" während der Moro-Krise habe ihn überrascht. „Im Jahre zuvor, während der Schleyer-Entführung, glaubte ich, in Rom eine gewisse Nachgiebigkeit gegenüber dem Terrorismus zu verspüren, aber das war wohl ein irreführender Eindruck gewesen."[325]

Für die Dynamik des ‚Deutschen Herbsts' ist zu bedenken, dass diese Art der schrittweisen Verständigung über die gegenseitige Rücksichtnahme und Erwartungshaltung angesichts der unmittelbaren terroristischen Bedrohung vor einem politischen Hintergrund stattfand, bei dem den Regierungsvertretern nicht nur wegen der unterschiedlichen parteipolitischen Konstellationen die Hände gebunden waren. Sie operierten gleichzeitig in einem öffentli-

---

[319] Schmid/De Graaf, Violence as Communication, S. 82.
[320] Hof, Staat und Terrorismus, S. 99.
[321] Zitiert in: Ebd., 90f.
[322] Ebd., S. 97.
[323] AAPD 1978, Bd. I, S. 955.
[324] „Italien: Terror nach deutscher Art", in: Der Spiegel, 12–13/27.3.1978, S. 115–120, hier S. 120.
[325] Schmidt, Deutsche, S. 307.

chen Raum, dessen Kontrolle faktisch über die performative Effektivität antiterroristischer Politik entschied. Als Kommunikationsstrategie hatte sich der Meinungskampf durch Pressekampagnen nicht nur für die einsitzenden RAF-Häftlinge als außerordentlich wichtige Ersatzressource erwiesen. Sie war auch für die anderen Akteure von zentraler Bedeutung, zumal sich in der italienischen Öffentlichkeit im Zuge der neulinken Bewegungen und der Kappler-Flucht längst eine Restaurierung des traditionellen, braun eingefärbten Deutschlandbilds angebahnt hatte. Deren Schärfe und Unerbittlichkeit nahm von der seriösen Presse bis zu den programmatischen Publikationen der radikalen Linken in dem Maße zu, in dem die terroristische Krise des ‚Deutschen Herbstes' mit der ‚Todesnacht von Stammheim' auf ihre Anti-Klimax zulief.

6.2.2 Zerrspiegel unter historischem Vorbehalt: Deutschlandbilder in der italienischen Presse

Vom 17. bis 19. Oktober 1977 waren die Räumlichkeiten der Deutschen Bibliothek Rom an der Via del Corso Schauplatz eines in vielerlei Hinsicht bemerkenswerten deutsch-italienischen Presseseminars. „Italien und Bundesrepublik Deutschland – wie sehen wir uns?" lautete das Motto, unter dem etwa vierzig Medienwissenschaftler, Journalisten und Auslandskorrespondenten beider Nationen auf Initiative des Goethe-Instituts zusammengekommen waren.[326] Grundgedanke der Veranstaltung war es, wie Institutsdirektor Günter Bär bei seiner Begrüßung der Teilnehmer erläuterte, „die Komponenten, Antriebe und Tendenzen zu klären, welche zusammenwirken, um das Bild des jeweiligen Partners entstehen zu lassen". Mehr noch, letztlich gelte es mitzuhelfen, „die Information durch die Massenmedien zu verbessern (...), Vorurteile und Ressentiments zu überwinden und schließlich Mittel und Wege für eine bessere Kenntnis der Mentalität des Partners und ein besseres Verständnis für seine historischen und kulturellen Bedingungen zu finden."[327]

Für eine Tagung dieses Zuschnitts hätten die Veranstalter wohl keinen passenderen und gleichzeitig unpassenderen Termin bestimmen können als jene Tage im Herbst 1977. Kurz nach der unglücklichen Zwischenlandung der ‚Landshut' in Rom-Fiumicino aufgenommen, wurde der wissenschaftli-

---

[326] Die bekanntesten Namen auf deutscher Seite waren Peter Glotz, Erich Kusch, Birgit Kraatz, Wolf Feller und Horst Schlitter; auf italienischer Bruno Tedeschi, Franca Magnani, Barbara Spinelli, Ezio Zefferi und Gustavo Selva, vgl. Das Bild der Bundesrepublik Deutschland in den italienischen Massenmedien – das Bild Italiens in den Massenmedien der Bundesrepublik Deutschland. Berichte über deutsch-italienische Seminare veranstaltet vom Goethe-Institut Rom, Rom 1977, S. 119.
[327] Günter Bär, Eröffnungsansprache, in: Ebd., S. 16f., hier S. 16.

che Austausch von den in rascher Folge hereinplatzenden Nachrichten von der Geiselbefreiung in Mogadischu, den Todesfällen von Stammheim und der Ermordung Hanns-Martin Schleyers weniger befeuert als regelrecht gesprengt. Die beteiligten italienischen und deutschen Referenten „turnten ohne Netz", da ihnen „der Weg in die Abstraktion verstellt" war, wie anwesende Journalisten später feststellten. „Das Zählen und Gewichten von Zeitungsartikeln von vor etlichen Monaten wurde mir nichts dir nichts irrelevant vor neuen Fakten", während sich die Diskussionen abseits der vorgegebenen Tagesordnung „kontrovers und zuweilen explosiv" gestalteten.[328] Von einem „Dialog unter Taubstummen", der „zur Klärung der vergifteten deutsch-italienischen Atmosphäre" entsprechend wenig beizutragen vermochte, war in einem anderen Bericht die Rede.[329] Da die hitzigen Gespräche am Rande des Tagungsgeschehens naturgemäß nicht überliefert sind, sind aus heutiger Sicht die vorgetragenen ‚Werkstattberichte' der anwesenden Auslandskorrespondenten die ergiebigsten Quellen für eine mediengeschichtliche Betrachtung der deutsch-italienischen Beziehungen dieser schwierigen Monate. So verwies etwa Bruno Tedeschi, Bonner Korrespondent des vielgelesenen römischen Blattes „Il Messaggero", auf das Gewicht tief verwurzelter Vorurteile der Zeitungsleser über den ‚Nationalcharakter' der Bewohner desjenigen Landes, über das ein Auslandskorrespondent ‚informieren' solle. Halte ein Großteil der deutschen Bevölkerung den Durchschnittsitaliener für den notorisch unzuverlässigen Verführer ‚blonder Fräuleins' am Badestrand, betrachte Letzterer wiederum den Deutschen als einen, „der sich für den Herrn der Welt hält, der das Gewehr der Überlegung vorzieht, so wie er in Rossellinis Filmen und in den Comics der ‚Sturmtruppen' dargestellt ist, der SS-Veranstaltungen besucht und viele andere zum Teil überholte Klischees dieser Art."[330] Ein Journalist, der bei allem seriösen Bemühen um ‚Objektivität' diese Vorstellungen nicht berücksichtige, laufe Gefahr, „dem Leser unglaubwürdig zu erscheinen und boykottiert zu werden, und am Ende gar – dies ist schon vorgekommen – von der eigenen Redaktion und Schreibern von Leserbriefen für schlecht informiert gehalten zu werden." Der einzige Weg zu einem Mehr an gegenseitigem Verständnis lag für Tedeschi in einer allmählichen Verbesserung der Medienkompetenz. Die Millionen

---

[328] Anke Martiny, Blitzableiter für nationale Konflikte, in: Vorwärts, 17.11.1977 (bpa); Otto B. Roegele, Die Deutschlandbilder Italiens, in: Rheinischer Merkur, 18.11.1977 (bpa). Vgl. für die italienische Perspektive „Convegno a Roma – All'esame i pregiudizi tra italiani e tedeschi", in: Corriere della Sera, 20.10.1977.

[329] Horst Schlitter, „Ein Spiegel, der manches Bild verzerrt. Böse Artikel und Bombenanschläge", in: Kölner Stadtanzeiger, 22./23.10.1977 (bpa).

[330] Bei den ‚Sturmtruppen' handelt es sich um eine bis heute in Italien überaus populäre Comic-Reihe des Zeichners Franco Bonvicini, die den deutschen Wehrmachtssoldaten als weniger bösen als vielmehr einigermaßen debilen Trottel vorführt, Maria Lieber, A propos Sturmtruppen, in: Italienisch 30 (1993), S. 88–92.

Leser in beiden Ländern müssten einfach darüber aufgeklärt werden, „dass beispielsweise ein italienischer Journalist nicht objektiv über den Fall Kappler berichten kann, denn ein derartiger Fall geht über die Vernunft hinaus und erweckt emotionale, menschliche, unbewusste, irrationale Reaktionen in der Bevölkerung, die er berücksichtigen muss, wenn er Respekt für seine Leser empfindet."[331]

Verglichen mit dieser geradezu entwaffnenden Offenheit auch beim Eingeständnis der eigenen Grenzen und Zwänge mussten die Ausführungen des „Spiegel"-Korrespondenten, Bernhard Müller-Hülsebusch, für italienische Ohren wiederum sehr ‚deutsch' klingen, als er darauf verwies, dass die Italienberichterstattung seines Magazins stets großen Wert darauf lege, durch Zitate einheimischer Gewährsleute deutlich zu machen, dass auch im Lande selbst Kritik an gewissen Fehlentwicklungen geübt werde. „Aber da erleben wir nun folgendes: Wenn italienische Zeitungen und Politiker mit oft beinahe zersetzender Schärfe die Missstände hierzulande schildern, findet man das in Rom und Mailand völlig selbstverständlich. Wehe aber, der deutsche ‚Spiegel' wagt es, genau dieselben Dinge darzustellen! Dann schalten selbst kritische Italiener plötzlich alle auf superpatriotisch um und verteidigen ‚bella Italia' gegen die bösen Verunglimpfungen aus Germanien." Dies habe sich, so Müller-Hülsebusch, in besonders deutlicher Form an den italienischen Reaktionen auf die Titelgeschichte „Spaghetti mit Revolver" gezeigt: „Dabei sind in der Coverstory lediglich *facts* zusammengetragen, die allesamt in Italien bekannt waren; an diese Schilderung schloss die Redaktion einige ironische Überlegungen an."[332]

Die beiden Journalisten hatten den Finger auf unterschiedliche, aber gleichermaßen entscheidende Aspekte des hier interessierenden Themenkomplexes gelegt. Der Italiener hatte – fast resignierend – die Bedeutung eines durch Erfahrung und Alltagsmythen geprägten ‚Vorwissens' für die Einordnung neuer, durch die Medien vermittelter Tatbestände betont und vor allem auf die Bindung der Medien durch die Erwartungshaltungen ihrer Rezipienten rekurriert. Der Deutsche stellte dagegen die – für ihn ihrerseits kritikwürdigen – Unterschiede bei der Rezeption von Kritik in den Vordergrund, je nachdem, ob diese innerhalb oder außerhalb des eigenen nationalen Kollektivs geäußert worden war. Dabei war seinen Bemerkungen eine deutliche anti-italienische Spitze zu eigen. Beide Sprecher argumentierten im Übrigen unmittelbar aus der persönlichen Erfahrung heraus, die sie bei der praktischen Arbeit mit den unterschiedlichen *audiences* in Italien und in der Bundesrepublik gemacht hatten.

Die – auch zwischen den Zeilen offenbar werdende – Kluft zwischen ihren

---

[331] Bruno Tedeschi, Die Vorurteile und Klischees überwinden, in: Bild der Bundesrepublik, S. 73–75.

[332] Bernhard Müller-Hülsebusch, „Zur ‚Spiegel'-Berichterstattung über Italien – ein Werkstattbericht", in: Ebd., S. 82–84, hier S. 83.

jeweiligen Äußerungen ist ein weiteres Indiz dafür, wie schwierig sich im Herbst 1977 das Brückenbauen zwischen den Nationen darstellte, das sich die Veranstalter des Presse-Workshops auf die Fahnen geschrieben hatten. Die Tatsache, dass das Goethe-Institut das unversehens so brisant gewordene Seminar überhaupt anberaumt hatte, spiegelte nicht nur die für das Jahr 1977 charakteristische Wahrnehmung der deutsch-italienischen Beziehungen als erklärungsbedürftig und prekär. Es zeugte auch von der inzwischen erreichten, neuen Qualität der Vernetzung nationaler Öffentlichkeiten innerhalb Europas und ganz generell von der gewachsenen Selbstreflexivität der Medien. All diese Entwicklungen erfuhren während des ‚Deutschen Herbstes' eine weitere Steigerung, waren sich doch alle Beteiligten nunmehr der Bedeutung bewusst, die der medialen Öffentlichkeit als demjenigen Ort zukam, an dem der Staat und seine gewaltsamen Herausforderer ihren symbolischen Kampf um Legitimation und Deutungshoheit in erster Linie ausfochten. Entsprechend gaben die Medien weder inner- noch außerhalb der Bundesrepublik allein die ‚kritischen Ereignisse' dieser Wochen selbst wider – auch die Berichterstattung als solche erhielt zunehmend einen eigenen Nachrichtenwert.

Dass gerade für die Deutschen selbst die Berichterstattung der ‚Unbeteiligten Dritten' im Ausland zur vieldiskutierten ‚Nachricht' wurde, hatte viele Gründe, wobei räumlich neben Italien vor allem Frankreich, der Fluchtort Klaus Croissants, im Fokus stand. Für die Westdeutschen war das Interesse an ihrem ‚Image' bei den Nachbarn traditionell mit der Suche nach Selbstvergewisserung infolge des Zivilisationsbruchs des ‚Dritten Reiches' verbunden.[333] Auf die Frage eines ausländischen Journalisten, warum die Deutschen eigentlich fortwährend wissen wollten, wie die Welt über sie denke, antwortete Heinrich Böll Anfang Dezember 1977: „Minderwertigkeitsgefühle und verletzter Stolz", und Siegfried Lenz ergänzte: „Da wir keine unbeschädigte Kontinuität unserer Geschichte haben, entstand hierzulande das Gefühl, so etwas wie das Stiefkind der Geschichte zu sein".[334]

Die deutsche Sehnsucht nach Anerkennung im Blick der anderen und damit nach Aussöhnung mit sich selbst und der eigenen Geschichte wurde in diesen Monaten immer wieder in die Metapher des Spiegels gekleidet, wobei das Präfix „Zerr-" oder die Verbindung mit den Adjektiven „trüb" oder „blind" deutlich machten, dass man sich in dem von außen reflektierten Bild eben gerade nicht wiederzuerkennen vermochte.[335] Die Gründe für die

---

[333] Vgl. Stephan Alexander Glienke, „Solche Sache schadet doch im Ausland". Der Umgang mit dem Nationalsozialismus – Differenzen zwischen der Bundesrepublik Deutschland und Großbritannien, in: Calließ, Geschichte des Erfolgsmodells BRD, S. 35–61.

[334] Beide zitiert in: Werner A. Perger, „Deutschstunde ohne Sprachprobleme – Die in Bonn akkreditierten Auslandskorrespondenten trafen sich mit Heinrich Böll und Siegfried Lenz", in: Deutsches Allgemeines Sonntagsblatt, 11.12.1977 (bpa).

[335] Vgl. z. B. Schlitter, „Böse Artikel und Bombenanschläge"; Carl J. Becher, „Vor blin-

Diskrepanz zwischen Selbst- und Fremdbild wurden mithin vor allem der Unzuverlässigkeit des ‚Spiegels' zugeschrieben, also auf der Gegenseite gesucht. Gleichwohl musste diese Suche nicht unbedingt polemisch ausfallen – ein grotesker Kommentar des „Bayernkuriers" zum Deutschlandbild in Italien, in dem unter dem Titel „Ferngelenkte Deutschenhetze" von einer „zweifellos in Moskau" geplanten, „mit Hilfe Ost-Berliner Propagandafachleute bis in alle Einzelheiten" vorbereiteten und durch die italienischen Kommunisten lediglich praktisch umgesetzten Medienkampagne die Rede war, blieb unter den zahlreichen Wortmeldungen ein Einzelfall.[336]

Angesichts der Tatsache, dass die Bundesrepublik nach dem 18. Oktober jenseits der Landesgrenzen eben nicht nur mit den Waffen der Kritik angegriffen wurde, sondern einige ‚Kritiker' auch Molotowcocktails und Brandbomben warfen, reagierte zumindest die veröffentlichte Meinung insgesamt weniger beleidigt als vielmehr tief erschreckt – gerade vor dem Hintergrund des unmittelbar zuvor erfahrenen internationalen Zuspruchs nach der Befreiung der ‚Landshut'.[337] „Wie unendlich lange muss das her sein, da doch die deutschen Zeitungsleser nun, nach den Selbstmorden von Stammheim, Greuelnachrichten über explodierenden Hass auf Deutsches in den Ländern ihrer romantischen Urlaubsziele finden, täglich aufs neue?", machte ein Leitartikler in der FAZ seiner Fassungslosigkeit Luft. „Das Wechselbad ist schockierend, es wäre unbegreiflich, wenn man seine Etappen jeweils für die volle Wirklichkeit nähme. Nur zusammengefasst mag sich ein Bild aus den vielen Widersprüchen dieser schnellen Tage ergeben." Herbert Kappler, Jürgen Schumann, Andreas Baader – selten in der Geschichte der europäischen Nationen hätten Namen „so sehr beigetragen zur Enthüllung des Bildes, was sie voneinander haben. (...)

---

dem Spiegel. Alberto Moravia und die deutsche Terrorszene", in: Rheinischer Merkur, 25.11.1977. Zuvor war bereits die Berichterstattung über den ‚Radikalenerlass' entsprechend interpretiert worden, vgl. Theo Sommer, „Die Deutschen im Zerrspiegel – Radikalenerlaß als Stein des Anstoßes", in: Die Zeit, 4.6.1976.

[336] Angelo Buonaiuti, „Ferngelenkte Deutschenhetze – Kommunisten organisieren die Kampagne", in: Bayern-Kurier, 12.11.1977 (bpa). Auch der Leitartikler Günter Zehm stellte die italienischen Reaktionen in den Zusammenhang der „Moskauer Hegemonialpolitik", der es seit jeher darum gehe, „die Bundesrepublik von Frankreich und Italien loszutrennen", vgl. „Bluts-Brüder im Süden", in: Die Welt, 22.10.1977 (bpa).

[337] Was die „unveröffentlichte Meinung" anging, behauptete ein Artikel in der „Zeit", dass „die wahrlich nicht eifrige Hilfe römischer Behörden bei der Flugzeugentführung und die rabiaten Ausschreitungen in den italienischen Städten nach den Stammheimer Selbstmorden" bei den Deutschen „erstmals ernsthafte ‚Nie-wieder-nach-Italien'-Aggressionen" geweckt hätten: „In der U-Bahn, im Supermarkt oder in der Kneipe an der Ecke kann man entsprechende Parolen aufschnappen". Dieser Tendenz gelte es entgegenzuwirken, wobei deutsche Italien-Urlauber vor Ort wiederum „mit ihren eigenen Worten und Erfahrungen den Wahnwitz mancher Verleumdungen Lügen strafen" sollten, vgl. Klaus Viedebantt, „Schleichendes Gift. Die Vorkommnisse in Stammheim wandelten das Italien-Bild", in: Die Zeit, 11.11.1977 (bpa).

Vielleicht sind diese Wochen, in denen solche Erfahrungen zum europäischen Bewusstsein dazugespeichert werden, für das Zusammenleben nicht weniger von Bedeutung als die vielen Verträge, mit denen es begründet wurde."³³⁸ Gelassener und weniger pathetisch gab sich Horst Schlitter, Rom-Korrespondent der „Frankfurter Rundschau", der aber ebenfalls darauf hinwies, dass die Reaktionen der Italiener keineswegs „aus einem Guss" seien: „In der Kaffee-Bar an der Ecke, am Zeitungsstand, im Freundeskreis, im Gespräch mit Ministerialbeamten, Parteifunktionären und Wirtschaftsführern" klopfe man dem deutschen Journalisten sogar ermunternd auf die Schulter und versichere ihm, Helmut Schmidt habe alles richtig gemacht. „Die Deutschen seien wieder einmal ein Vorbild für Europa, auch wenn Europa das noch nicht gemerkt habe. Doch die Gruppe der kritiklosen Freunde Bonns hat keine Presse."³³⁹ Auch andernorts hieß es, bei der verbreiteten Kritik handle es sich im Wesentlichen um ein Medienphänomen, von dem „das ‚wahre' Italien" sich distanziere.³⁴⁰ Ein am 2. November im Ersten Deutschen Fernsehen ausgestrahlter, unter der Federführung des Italien-Korrespondenten Wolf Feller produzierter „Brennpunkt" zum Thema „Die Deutschen – geachtet, gefürchtet und gehasst" berichtete aus Rom, „von neun Befragten billigten acht das deutsche Vorgehen gegen den Terrorismus"; lediglich ein junger Italiener habe gegen die „Ermordung" der in Stammheim inhaftierten Terroristen polemisiert.³⁴¹ Gerade in konservativen Zeitungen ließ man prominente italienische Fürsprecher des ‚deutschen Modells' wie den Doyen des italienischen Journalismus Indro Montanelli zu Wort kommen, der – nachdem er im Juni 1977 zur Zielscheibe einer der berüchtigten *gambizzazioni* der Roten Brigaden geworden war – auf den Seiten seines „Giornale Nuovo" nicht nur offen eine „Germanisierung Italiens" forderte, sondern seinen Kollegen die gezielte Diskreditierung der Bundesrepublik wider besseres Wissen und zahlreichen italienischen Intellektuellen die uneingestandene Komplizenschaft mit der gegen den Staat gerichteten ‚roten' Gewalt vorwarf. „Achtzig Prozent der Italiener haben die deutsche Reaktion

---

338 H.R., „Europäische Erfahrung", in: FAZ, 24.10.1977.
339 Horst Schlitter, „Germania muss heftige Angriffe abwehren", in: Frankfurter Rundschau, 24.10.1977 (bpa).
340 Friedrich Meichsner, „Schriftsteller und Journalisten schüren anti-deutsche Stimmungswelle – Das ‚wahre' Italien distanziert sich", in: Die Welt, 30.10.1977.
341 Weitere Stationen des Fernsehberichts war die Redaktion von „Lotta Continua"; weitere Gesprächspartner der Chefredakteur des Blattes, Paolo Brogi, der Chefredakteur des staatlichen italienischen Rundfunks RAI, Gustavo Selvo, der Schriftsteller Alberto Moravia sowie Günter Grass. Auch Selvo wurde mit der Bemerkung zitiert, „die anti-deutsche Welle ist nicht vom Volke getragen und gestützt", DVD „Im Brennpunkt", Sendung vom 2.11.1977 (Länge 29 min.), NDR Media GmbH. Vgl. auch die Mitschrift vom 7.11.1977, in bpa, Kommentarübersicht.

536   6. ‚Deutscher Herbst' in Italien

Abbildung 6: „Vorwärts", 12. November 1977.

auf den Terrorismus bewundert. (...) Aber diese achtzig Prozent schweigen", so Montanellis Einschätzung im Interview mit der „Welt".[342]

Die subtilsten Analysen der ausländischen Befindlichkeiten während des ‚Deutschen Herbstes' kamen zweifellos aus dem Umfeld der Bundesregierung selbst bzw. der Regierungsparteien. Auf einer Karikatur im SPD-Blatt „Vorwärts" wurden dem deutschen Wohlstandsbürger gleich zwei Spiegel vorgehalten, von denen der hintere eine in seinem Nacken befindliche Warze mit Hitler-Gesicht auf bedrohliche Weise vergrößerte, bis sie zu seinem Schrecken die Ausmaße seines eigentlichen Antlitzes angenommen hatte (Abb. 6).[343]

Die Wiederkehr des ‚hässlichen Deutschen' wurde damit zwar ebenfalls zu einer Frage nach der Beschaffenheit des Mediums, aber auch nach der Perspektive. Hier verzerrte der Spiegel nicht, sondern er vergrößerte, und das Erschrecken des Betrachters war auch ein Erschrecken vor einem Teil seiner selbst – einem abstoßenden, störenden Teil, den er aus dem gewohnten Blickwin-

[342] Vgl. das von Monika von Zitzewitz geführte Interview mit Montanelli „‚Die deutsche Demokratie ist Feind Nr. 1 des Terrors'", in: Die Welt, 2.11.1977 (bpa); vgl. auch „Unter Weichtieren das einzige Wirbeltier. Ein positives Urteil aus Italien über die Bundesrepublik", in: Münchner Merkur, 22.10.1977 (bpa).
[343] Die Karikatur illustrierte den Artikel „Der Splitter im Auge des anderen. Terrorismus und das Deutschlandbild in Frankreich und Italien" vom 12.11.1977 (bpa).

kel nicht wahrzunehmen fähig war. Nach differenzierten Antworten auf die deutschen ‚Imageprobleme' suchten natürlich auch die professionellen Medienberater der Bundesregierung. Laut der Analysen des Bundespresseamts hatten verschiedene Faktoren – darunter vor allem „der Wechsel vom Visionär Willy Brandt zum Pragmatiker Helmut Schmidt", die Ölkrise und die daraus folgende wirtschaftliche Rezession sowie „die Regression der Studentenbewegung auf einen quasi elitär-romantischen Anarchismus" – in der ersten Hälfte der 70er Jahre zu einer zunehmend „kritischen Grundeinstellung des Auslands" beigetragen.[344] Vor diesem Hintergrund bedürfe es nur noch „eines oder weniger Anlässe", damit gerade in den „progressistischen Presseorganen" der Nachbarländer die dünne Decke des Vertrauens einbreche, die sich seit Kriegsende in den ehemals nationalsozialistisch besetzten Staaten gegenüber den Deutschen gebildet habe.[345] Ursprünglich aber sei das Bild des ‚hässlichen Deutschen' eine Entdeckung der eigenen Überempfindlichkeit gewesen, und erst „durch kräftige Nachhilfe von eigener Seite" Realität geworden. „Die Bausteine lieferten die Deutschen selbst – sowohl das Anschauungsmaterial als auch die abstrakten Argumente". Zu fragen sei mithin lediglich nach den Gründen für die Bereitwilligkeit des Auslands, die aus der Bundesrepublik eigenhändig exportierten Klischees aufzunehmen und zu illustrieren.[346]

Dass der ‚hässliche Deutsche' im Herbst 1977 längst mehr war als eine bloße Ausgeburt deutschen Beliebtheitswahns, selbst wenn man die Ausschreitungen gegen deutsche Ziele im europäischen Ausland außen vor ließ, konstatierten auch unvoreingenommene Beobachter wie der Rom-Korrespondent der „Neuen Zürcher Zeitung". „Die Bundesrepublik hat in diesen Wochen und Monaten eine schlechte Presse in Italien", berichtete dieser am 27. Oktober in die Heimat. „Während im Fall Kappler die deutsche Szene mit alten und neuen Nazis bevölkert wurde, welche die geglückte Flucht des ehemaligen SS-Obersturmbannführers feierten, werden nun im Herbst die westdeutschen Behörden in Bund und Ländern zu potentiellen und effektiven Zentren der Repression und Unterdrückung." Auch jetzt, so der Artikel weiter, würden wieder regelmäßig Verbindungslinien zum ‚Dritten Reich' gezogen, etwa wenn sich ein Journalist durch die Jagd nach den Terroristen an die Verfolgung der Juden erinnert fühle. „Willy Brandt wird zum einsamen gefährdeten Parsifal, der mit einigen Linksintellektuellen durch die dräuenden Wälder und Großstädte eines reaktionär gewordenen Staates zieht." Selbst wenn man „die Welle eines heftigen Konformismus mit hysterischen Spitzen" in Westdeutschland in Rechnung stel-

---

[344] Enseling, Ausland, S. 25.
[345] Joseph J. Thomas, „Die hässlichen Deutschen. Wie Bonn dem Ausland die Bundesrepublik repräsentiert", in: Rheinischer Merkur, 17.12.1976 (bpa). Bei dem Verfasser des Artikels handelte es sich um den Leiter der Auslandsabteilung des Bundespresseamts.
[346] Enseling, Ausland, S. 25.

le, bleibe es, wie der Verfasser resümierte, „bei einem Zerrbild der Zustände im Hause des Bündnispartners."[347]

Tatsächlich drängt sich bei der Lektüre dieses Artikels der Eindruck auf, dass die RAF ihrem erklärten Ziel, „europa über die reaktionäre rolle der sozialdemokratie und die repression in der brd' ‚aufzuklären', zumindest südlich der Alpen recht nahe gekommen zu sein schien.[348]

Es ist also danach zu fragen, wie die auf der Verkehrung von Tätern und Opfern beruhende Medienstrategie im Sinne der Überlegungen des Bundespresseamtes in Italien ‚aufgenommen und illustriert' wurde, wie es Alf Enseling formuliert hatte, aber auch, ob die einseitige Deutung der Befunde als ‚Erfolg' der RAF die einzig mögliche Interpretation der italienischen Reaktionen ist. Dabei geht es an dieser Stelle weniger um bestimmte politische Interessen oder, um es mit der NZZ zu sagen, um die „politischen Scheuklappen" der betrachteten Akteure. Stattdessen erschließt sich das Bild aus der Eigenlogik der Medien selbst, einschließlich der Mechanismen von Inklusion und Exklusion und der tiefverwurzelten Vorstellungen vom Eigenen und vom Fremden, auf die sich diese Mechanismen wesentlich stützen. Wichtiger als die politische ‚Zuordnung' der untersuchten Presseorgane ist entsprechend die Aufdeckung von allgemeinen Klischees und Vorurteilen im deutsch-italienischen Verhältnis, aber auch der hohen Selbstreferentialität der Medien im transnationalen Kontext – ganz ähnlich wie sich dies bereits die Teilnehmer des deutsch-italienischen Medien-Workshops in Rom vorgenommen hatten, um unter dem unmittelbaren Druck der sich überschlagenden Ereignisse und der subjektiven Betroffenheit der Anwesenden daran weitgehend zu scheitern. Anders als die einschlägigen westdeutschen Pressekommentare hatte auch der zitierte Bericht der NZZ auf den Umstand hingewiesen, dass dem italienischen Bild von der Bundesrepublik als dem Hort von Autoritarismus und Intoleranz in der deutschen Öffentlichkeit ein Bild von Italien entspreche, in dem „Elemente der Instabilität und der Unordnung" dominierten. Tatsächlich spricht vieles dafür, dass es sich bei den deutsch-italienischen Irritationen nicht zuletzt um einen klassischen Fall von Übertragung und Gegenübertragung handelte: „Das Unverständnis schaukelte sich gegenseitig auf."[349]

Verfolgt man im einzelnen etwa die Berichterstattung der römischen Tageszeitung „la Repubblica", die – erst 1976 gegründet – mit ihrem hohen Anspruch auf einen kritischen Qualitätsjournalismus die Standards der italienischen Pres-

---

[347] T.W., „Die Bundesrepublik im italienischen Zerrspiegel – Alte Klischees und politische Scheuklappen", in: NZZ, 27.10.1977 (bpa).

[348] Interview vom Juli 1976, hier zitiert nach: Klassenkrieg in der BRD. Interview aus Stammheim, o.O. 1976, S. 26.

[349] „Terrorismus und das Deutschlandbild in Frankreich und Italien – Der Splitter im Auge des anderen", in: Vorwärts, 17.11.1977 (bpa).

selandschaft in den Folgejahren mehr und mehr prägen sollte,[350] wird zweierlei sichtbar: Die Zeitung bemühte sich als im Sinne des Bundespresseamts „progressistisches Organ" erkennbar um eine differenzierte Berichterstattung über das Geschehen in der Bundesrepublik, auch, um simplifizierenden oder ‚voreingenommenen' Darstellungen konkurrierender Zeitungen – allen voran den parteipolitisch gebundenen – etwas entgegenzusetzen. Auch wenn insgesamt der linksliberale, prinzipiell regierungskritische Standort des Blattes außer Frage stand, konnten deshalb auch die Bilder, die die Deutschland-Korrespondentin Barbara Spinelli, ihr Kollege Piero Benetazzo oder die Kommentatoren in der römischen Redaktion von den deutschen Verhältnissen zeichneten, im Einzelfall durchaus unterschiedlich ausfallen. Dazu kam die visuelle Zuspitzung der unterschiedlichen Perspektiven durch die Karikaturisten Giorgio Forattini und Franco Bevilacqua, die unterm Strich einer ganz eigenen Sichtweise gleichkam. Besonders ergiebig ist generell die Frage nach den Informationsquellen bzw. den deutschen Gewährsleuten und Gesprächspartnern, denen die Zeitung Glaubwürdigkeit zuzubilligen bzw. denen sie ein Forum einzuräumen bereit war. Denn der Hinweis des Bundespresseamtes auf die Zusammensetzung des ausländischen Deutschlandbildes aus „Bausteinen", die aus der Bundesrepublik exportiert worden waren, ist nicht von der Hand zu weisen und sollte nicht mit rechtskonservativer Polemik gegen vermeintliche ‚Nestbeschmutzer' verwechselt werden.

Zu untersuchen ist vielmehr, wie der Transfer im Sinne eines Fragmentierungs- und Neukontextualisierungsprozesses im Ergebnis ein ganz neues Bild der Wirklichkeit erzeugte.

Wie dargestellt, gehörte ja auch die Bundesregierung selbst längst zu den Akteuren, die mit eigener, gezielter Öffentlichkeitsarbeit zum Terrorismus-Problem die Medien des europäischen Auslands zu beeinflussen suchten. Flankiert wurden die PR-Maßnahmen der interministeriellen „Arbeitsgruppe Presse- und Öffentlichkeitsarbeit der Bundesregierung" durch Interviews, die Regierungsmitglieder und prominente Sozialdemokraten denjenigen Korrespondenten gewährten, die man als besonders geeignete Multiplikatoren eines ‚fairen' Deutschland-Bildes im Ausland einschätzte. Im September 1977 schließlich sah sich Schmidt durch die taktischen Manöver der Schleyer-Entführer gezwungen, deren mediengestützte Erpressungsstrategie nicht nur im eigenen Land zu torpedieren, sondern sich mit der entsprechenden Bitte auch an die Regierungschefs der EG-Staaten zu wenden, wobei es ihm vor allem darum ging, die Verbreitung visueller Dokumente vom Leiden der Geisel zu verhindern.[351] Anlass war die Veröffentlichung einer Fotografie des

---

[350] Murialdi, Storia del giornalismo italiano, S. 254–258; Carlo Sorrentino, I percorsi della notizia. La stampa italiana tra politica e mercato, Bologna 1995, S. 90–92.
[351] Der „Spiegel" berichtete am 12. September, der Krisenstab habe befürchtet, die von der

gekidnappten Schleyer durch die französische Nachrichtenagentur AFP, die die Publikation des Bildes in den Zeitungen der Springerpresse und drei Tage später auch im „Spiegel" nach sich zog. Mit dem Hinweis, die Bilder seien bereits im Umlauf, zeigte die „Tagesschau" am 15. Oktober auch Ausschnitte eines Videos, das die Entführer von Schleyer aufgenommen hatten; wie zuvor bereits die Fotografien hatten sie auch dieses Band bewusst ausländischen Sendeanstalten zugespielt.[352] Was Italien anging, hatte der Pressesprecher der italienischen Regierung in Abwesenheit Andreottis am 9. September sofort mit den Radio- und Fernsehanstalten Kontakt aufgenommen, die ausnahmslos zusicherten, „von einer Übernahme bzw. Ausstrahlung des Bandes gegebenenfalls abzusehen".[353]

Im Mittelpunkt der folgenden italienischen Presseschau steht jedoch nicht die Entführung Hanns-Martin Schleyers. Ziel ist vielmehr eine – wenn auch notwendigerweise ausschnitthafte und unvollständige – Momentaufnahme der transnationalen Kommunikationsflüsse rund um die ‚Todesnacht von Stammheim', *dem* zentralen Medienereignis des ‚Deutschen Herbstes' in Italien. Allerdings ist der mediale Aufschrei, den der Tod der drei RAF-Gründer südlich der Alpen verursachte, nur als Höhepunkt bzw. Anti-Klimax einer Spannungskurve zu verstehen, die mit der Entführung des mächtigen deutschen Arbeitgeberpräsidenten und der auf offener Straße vollzogenen Exekution seiner vier Begleiter ihren Anfang nahm. Diese Kurve wiederum war mit der Aufregung um die vermeintliche deutsche ‚Unbelehrbarkeit' und ‚Unmenschlichkeit' eng verwoben, wie sie im ersten Falle in der Affäre Kappler, im zweiten durch die Haftbedingungen in Stuttgart-Stammheim sichtbar zu werden schien. Konkret ergab sich daraus ein von der italienischen Gegenwart in größtmöglichen Abstand gerücktes Bild des terroristischen Angriffs der RAF als genuin ‚deutschem' Phänomen – ebenso wie der getroffenen Gegenmaßnahmen als typisch ‚deutscher' Reaktion. So berichtete „la Repubblica" am Tag der Schleyer-Entführung von einem Auftritt Helmut Ensslins im sozialistischen Circolo Turati in Mailand, wo er eine „Kampagne der Solidarität in Presse und öffentlicher Meinung" zugunsten der „60 politischen Gefangenen" zu lancieren suchte, die in diesem Moment gemeinsam mit seiner Tochter in den deutschen

---

RAF verlangte Demonstration des Videos im Fernsehen könne „im Volk eine Mitleidswelle für den Gequälten auslösen. Solch öffentlicher Druck aber würde den Terroristen helfen, ihre elf inhaftierten Komplizen freizupressen, weil nur dies Schleyers Leben retten könnte. Andererseits dürfe man keine Pogromstimmung aufkommen lassen", vgl. „Stark genug, den Krieg zu erklären?", in: Der Spiegel 38/12.9.1977, S. 17–21, hier S. 18. Vgl. auch Steinseifer, Terrorismus als Medienereignis, S. 371–377.

[352] Vgl. Elter, Propaganda, S. 173f.
[353] Vgl. Telegramm der Botschaft Rom vom 9.9.1977, in: AFES, Helmut-Schmidt-Archiv, 10015.

Gefängnissen „im Sterben" lägen.[354] Genau einen Tag, nachdem auf der ersten Seite des Blattes – gleich neben einem Bericht über Schmidts öffentliche Verurteilung der Kappler-Flucht – die Nachricht vom spektakulären Anschlag des ‚Kommando Siegfried Hausner' in Köln gemeldet worden war,[355] ließ man unter der Überschrift „Die Gewalt geht von beiden Seiten aus" in „la Repubblica" eine römische Pressekonferenz von Hans-Christian Ströbele und Otto Schily Revue passieren. „Quasi reflexartig", so wurden die beiden Anwälte zitiert, hätten sie nach dem Eintreffen der Nachrichten aus der Bundesrepublik daran gedacht, die Pressekonferenz in der italienischen Hauptstadt abzusagen, sich dann aber dafür entschlossen, „dem Recht gegenüber der taktisch bedingten Vorsicht Vorrang einzuräumen". Die Vorwürfe gegen die deutschen Behörden, die die beiden in der Folge auflisteten, enthielten sämtliche in den Vorjahren akkumulierten Monita: Seit der Gründung der RAF im Jahre 1970 führe der deutsche Staat einen unerklärten Krieg gegen die Mitglieder der Gruppe, der mit hysterischen Vorverurteilungen, Hexenjagden und der Kriminalisierung der Verteidiger einhergehe. Der Prozess gegen ihre Mandanten in Stuttgart sei in höchstem Maße unfair gewesen; die dortigen Haftbedingungen kämen einer „Rache des Staates" gleich. Der öffentlichen Meinung in Deutschland die Folgen der Isolationshaft zu vermitteln, der ihre Mandanten in unterschiedlicher Ausprägung seit acht Jahren unterworfen seien, sei sehr schwierig, da diese sich weigere, die Isolation als Folter anzuerkennen, obwohl sie „zur totalen physischen und psychischen Vernichtung" der Betroffenen führe. Zwar kämpften die Terroristen offen gegen die Gesetze des bürgerlichen Staates, aber auch der Staat selbst habe diese im Laufe seines Abwehrkampfes „vollständig beiseite geschoben", wie Schily bekräftigte. Vielleicht, ergänzte Ströbele, „gäbe es heute weniger Terroristen, wenn der Staat sich nicht auf diese Gewaltspirale eingelassen hätte." Viele, die heute unter Terrorismusverdacht stünden, seien ehemalige Mitglieder der Anti-Folterkomitees, „frustriert über ihren Misserfolg". Der Bericht war mit einer Fotografie der beiden mit ihren breiten Krawatten höchst bürgerlich wirkenden Anwälte illustriert, die ernst in die Kamera blickten.[356] Die deutsche Presse berichtete genau einen Tag später über eine Initiative des Gefangenenbeirats der Justizvollzugsanstalt Stammheim: Der Beirat hatte im Namen der 800 Straf- und Untersuchungshäftlinge im Mai 1977 einen Brief an das baden-württembergische Justizministerium verfasst,

---

[354] „Appello per i detenuti tedeschi – Conferenza stampa a Milano: ‚stanno per morire'", in: la Repubblica, 4./5.9.1977.

[355] Der schmale, aber mit einem Foto des Kanzlers illustrierte Artikel „Schmidt condanna la fuga di Kappler" nahm die Mitte der Seite ein, während der Bericht „Quattro morti nell'attentato – Ferito e rapito presidente della Confindustria tedesca" als dritte große Nachricht der Titelseite rechts platziert war. Vgl. la Repubblica, 6.9.1977, S. 1.

[356] Piero Benetazzo, „‚La violenza è da entrambe le parti': Gli avvocati della Baader accusano Bonn di calpestare i diritti umani dei detenuti", in: la Repubblica, 7.9.1977.

in dem man sich über die „krasse Ungleichbehandlung" der RAF-Gefangenen beschwerte: Haftbedingungen, Besuchszeiten, Ausstattung der Zellen und Verpflegung liefen auf eine „absolut einmalig[e]" Besserstellung der RAF-Gründer hinaus.[357]

Der Verfasser des Berichts über die römische Pressekonferenz der deutschen Anwälte, Piero Benetazzo, ging kurz darauf selbst nach Bonn, um angesichts der sich überschlagenden Ereignisse in der Bundesrepublik der bereits vor Ort befindlichen Korrespondentin Barbara Spinelli unter die Arme zu greifen. Gegenüber der Bundesregierung schlug Benetazzo von Anfang an einen kritischen Ton an: Sein Helmut Schmidt war ein knochenharter Machtpolitiker, der keinen Zweifel daran ließ, dass er für die Staatsräson notfalls auch über Leichen ging.[358] Für einen gut informierten Beobachter war diese Linie der Berichterstattung alles andere als eine Überraschung: Benetazzo hatte seit Jahren als Korrespondent der staatlichen italienischen Nachrichtenagentur ANSA aus Bonn berichtet und war als solcher bereits ins Visier der „Arbeitsgruppe Presse- und Öffentlichkeitsarbeit der Bundesregierung" geraten. Schon im März 1976 hatte man aus dem Auswärtigen Amt die zuständigen Stellen in Rom um Prüfung gebeten, ob man nicht bei der ANSA „auf die voreingenommene Haltung von Herrn Benetazzo" hinweisen und die Frage stellen könne, „ob ein Korrespondent, der sich offenbar in der Bundesrepublik so wenig wohl fühlt, an anderer Stelle nicht bessere Berufsaussichten hätte."[359] Nach dem Selbstmord Ulrike Meinhofs hatte auch der Pressereferent der römischen Botschaft die Berichterstattung Benetazzos als „besonders negativ" bezeichnet.[360]

Ganz anders Barbara Spinelli. Die studierte Philosophin, Jahrgang 1946, hatte ein Jahr zuvor zu den Mitbegründern von „la Repubblica" gehört und in der Bundesrepublik ihr erstes ‚natürliches' Betätigungsfeld gefunden. Die junge Journalistin war eine Tochter der 1913 in Berlin geborenen Ursula Hirschmann, die 1935, als SPD-Mitglied jüdischer Herkunft gleich zweifach verfolgt, ins italienische Exil nach Triest geflohen war, wo sie sich den dortigen antifaschistischen und pro-europäischen Kreisen anschloss. Unmittelbar nach Kriegsende heiratete sie das PCI-Mitglied Altiero Spinelli, der später mit seiner Partei brechen und zu einem der wichtigsten ‚geistigen Väter' der europäischen Integration avancieren sollte. Ab 1979 war er zehn Jahre lang Abgeordneter des Straßburger Europa-Parlaments.[361] In den Wochen des ‚Deutschen Herbstes'

---

[357] „Gefangenenbeirat: Privilegien für RAF", in: SZ, 6.6.1977.
[358] Vgl. z. B. Piero Benetazzo, "Schmidt sacrificherà la vita di Schleyer?", in: la Repubblica, 10.9.1977.
[359] BA Koblenz, B 145 / 9300, Schreiben Engels an die Botschaft Rom vom 12.3.1976.
[360] BA Koblenz, B 145 / 9297, Fernschreiben Meyer-Lindenbergs vom 14.5.1976.
[361] Zu Ursula Hirschmann vgl. ihre Autobiographie Noi senzapatria, Bologna 1993. Hirschmanns erster Mann Eugenio Colorni war 1944 als Mitglied der Resistenza in Rom von den Schergen der berüchtigten faschistischen Banda Koch ermordet worden. Altiero Spi-

entwickelte sich die gemeinsame Tochter Barbara zu einer glühenden Verteidigerin Helmut Schmidts, der ihr, bedrängt durch die terroristische Gefahr und eine perfide rechtskonservative Opposition, „ein ganz anderer geworden" zu sein schien – „nicht mehr der abschätzige Kanzler, daran gewöhnt, Befehle zu erteilen und sich der politischen Stabilität seines Landes zu rühmen". Mit der weiter oben zitierten Bundestagsrede vom 15. September 1977 schien sich Schmidt für Spinelli gar in eine Reihe mit „Heinrich Böll, Helmut Gollwitzer und Rudi Dutschke" begeben zu haben, die in diesen Tagen ebenfalls den Terrorismus als nur vordergründig ‚linkes' Projekt öffentlich verdammt hätten, die Demokratie aber auch vor ihren rechten Gegnern geschützt sehen wollten. Schließlich habe der Kanzler in der ersten „ideologischen Rede seiner Amtszeit" die Verbrechen eines Kappler ebenso verurteilt wie diejenigen der RAF. In der Art und Weise, wie Schmidt, im Anti-Terrorkampf ganz zupackender Regierungschef, den Strauß-Freunden, die den inhaftierten Terroristen ans Leben wollten, eine klare Absage erteile, zeige sich ein wahrhaft großer Sozialdemokrat – willens und in der Lage, „das deutsche Volk ‚umzuerziehen'", weg von seinen „immer wiederkehrenden Ängsten, irrationalen Fluchten und illiberalen Versuchungen".[362]

Der Bericht Spinellis kann in vielerlei Hinsicht als direkte Replik auf einen ebenfalls in „la Repubblica" erschienenen Artikel des Historikers und Deutschlandexperten Enzo Collotti gelten, der am 10. September unter der Überschrift „Der Kanzler, ein Praktiker mit wenigen Ideen" ein vernichtendes Porträt des deutschen Regierungschefs gezeichnet und mit der „Realpolitik" der deutschen Sozialdemokratie scharf abgerechnet hatte.[363] Der Artikel sollte für lange Zeit Collottis letzter Beitrag für „la Repubblica" bleiben, während Barbara Spinelli für ihre Eloge auf den Kanzler mit einer Einladung in dessen Privatbungalow belohnt wurde.[364] Diese Anerkennung, die angesichts der im Vergleich mit anderen italienischen Tageszeitungen relativ niedrigen Auflage von „la Repubb-

---

nelli, mit dem Hirschmann im gleichen Jahr in die Schweiz ging, war wie Colorni und Hirschmann selbst 1943 Mitgründer der Europäischen Föderalistischen Bewegung gewesen. Nachdem er sich in den 70er Jahren im Zuge des Historischen Kompromisses wieder an seine alte politische Heimat, den PCI, angenähert hatte, trat er in Straßburg als parteiloses Mitglied der kommunistischen Liste auf, vgl. Piero S. Groglia, Altiero Spinelli, Bologna 2008. Barbara Spinelli selbst war Deutschlandkennern bereits seit ihrem 1969 publizierten Buch über die DDR ein Begriff, vgl. Dies., Presente e imperfetto della Germania orientale, Bologna 1972.

[362] Barbara Spinelli, „Appassionato discorso del Cancelliere al Parlamento contro la strategia della tensione – Schmidt parla alla Germania: ‚difendiamo la nostra democrazia'", in: la Repubblica, 16.9.1977.

[363] Enzo Collotti, „Un cancelliere uomo pratico con poche idee", in: la Repubblica, 10.9.1977.

[364] Collotti sollte seine „Vertreibung" von den Seiten des Blattes später direkt auf die Aktivitäten Barbara Spinellis zurückführen, vgl. Ders., Impegno civile e passione critica, hg. von Mariuccia Salvati, Rom 2010, S. 64. Zu Collottis Rolle vgl. weiter unten S. 590ff.

lica" umso bemerkenswerter erscheint, war mit einem langen Exklusivinterview verbunden, das am 7. Oktober 1977 unter der großformatigen Überschrift „Wohin geht Deutschland? Der Terrorismus und die deutsche Demokratie" in der römischen Tageszeitung abgedruckt wurde.[365] Illustriert mit zwei Porträtaufnahmen eines zwar durchaus staatsmännisch, vor allem aber menschlich wirkenden, engagiert ins Gespräch verwickelten Bundeskanzlers, begann das Interview auf der Titelseite des Blattes und nahm im Mittelteil eine vollständige Zeitungsseite ein. Diejenigen Leser, die nicht die Geduld aufbrachten, den gesamten Artikel zur Kenntnis zu nehmen, wurden gleich unter der Schlagzeile auf Seite eins mit dem folgenden, vom übrigen Text abgehobenen Zitat des Kanzlers konfrontiert: „Wir dürfen die Vergangenheit, die auf uns lastet, nicht vergessen. Aber der Faschismus ist nicht auf deutschem Boden entstanden und nicht auf unser Land begrenzt geblieben. Deshalb ist es nicht akzeptabel, dass andere Völker, die den Faschismus ebenfalls toleriert haben, ihre Vergangenheit verdrängen und auf unseren Schultern die Schuld für die Übel der ganzen Welt abladen."[366] Die prominente Platzierung gerade dieses Ausschnitts der Unterredung macht deutlich, dass Schmidt in der jüdischen Tochter zweier in der Wolle gefärbter Antifaschisten und Europäer die richtige Vermittlerin seiner Botschaft an das italienische Publikum ausgewählt hatte. Auf ihre durchaus kritischen Fragen antwortete er mit einem für seine Verhältnisse ungewöhnlich deutlichen Bekenntnis zur „Erinnerung an Auschwitz" und unterstrich nachdrücklich den „hohen Blutzoll" seiner eigenen Partei während der Jahre des ‚Dritten Reichs'. Andererseits ließ er es sich nicht nehmen, auch die Italiener an die unangenehmen Wahrheiten ihrer eigenen Geschichte zu erinnern – ein Anliegen, für das er in Spinelli ganz offensichtlich eine Bundesgenossin gefunden hatte. Im Gespräch mit seiner Interviewpartnerin stellte Schmidt aber ebenso klar, dass er nach wie vor zu den „ökonomischen Ratschlägen an die italienischen und britischen Freunde" stehe, die er in den letzten Jahren formuliert habe – schließlich sei er auch selbst für die Kritik der europäischen Nachbarn offen. Allerdings könne er sich nicht immer ganz des Eindrucks erwehren, dass der Kritik an Deutschland leicht Neid und innenpolitisch motivierte Polemik untergemischt sei. Die Intellektuellenfeindlichkeit, mit der die Opposition in der Bundesrepublik auf den Terrorismus reagiere, halte er für eine gefährliche Entwicklung, der es entgegenzutreten gelte. Wenn sich Italiener oder Franzosen

---

[365] Die Auflagen der wichtigsten italienischen Presseorgane wurden in einer von Klaus Bölling an den Bundeskanzler weitergereichten Zusammenstellung des Bundespresseamts vom Herbst 1977 folgendermaßen angegeben: „Corriere della Sera" 550.000, „La Stampa" 420.000, „Il Messaggero" 400.000, „la Repubblica" 100.000, vgl. AFES, Helmut-Schmidt-Archiv 7695 („Terrorismus").

[366] Weitere, von der Redaktion eingefügte Zwischenüberschriften lauten „Der italienische Terrorismus ist anders", „Die Krise des ‚Modells Deutschland'" und „Die Flucht Kapplers und der Nazismus".

jedoch über das Fehlen einer großen kommunistischen Partei in der Bundesrepublik wunderten, müsse man ihnen begreiflich machen, dass es sich dabei nicht etwa um eine Folge deutscher Intoleranz handle: In einem geteilten Land besäßen kommunistische Ideen schlicht und einfach bei den Wählern keinen Zuspruch.

Versteht man die Medien mit Schmid/De Graaf weniger als „Informations-" denn als „Identifikationsmaschinen",[367] so kann festgehalten werden, dass Barbara Spinelli ihr bestes tat, um ihrem Publikum innerhalb des Konflikts zwischen dem deutschen Staat und seinen Herausforderern, den sie im Stile eines epischen Weltdramas beschrieb, die Perspektive der Bundesregierung näherzubringen. Immer wieder warnte sie vor einer Isolierung Westdeutschlands im europäischen Kontext: Die Demokratie in der Bundesrepublik sei fragil und vielen Anfechtungen ausgesetzt, der sozialdemokratische Staat sei nicht stark, sondern schwach und dürfe von der europäischen Linken entsprechend keinesfalls weiter dämonisiert und damit destabilisiert werden.[368] Ob Spinelli mit dieser Botschaft allerdings ihre Leser nicht überforderte, da sich ihre Berichterstattung einerseits – frei nach Bruno Tedeschi – allzu weit von italienischen Vorstellungen deutscher Staatlichkeit entfernte und sich andererseits der von ihr so geschätzte Bundeskanzler nicht der Kritik enthielt, die die Italiener – frei nach Müller-Hülsebusch – so schlecht vertrugen, sei dahingestellt.

Näher an den gefühlsmäßigen Dispositionen des Durchschnittslesers befand sich wohl eine Zeichnung des Karikaturisten Franco Bevilacqua vom 10. September, die zwar ebenfalls einen Kanzler in Bedrängnis zeigte, gleichzeitig aber nur als direkte Retourkutsche auf das kontroverse „Spiegel"-Titelbild vom Juli 1977 zu verstehen war (Abb. 7).

Zu sehen war ein Würstchen und Bier verzehrender Schmidt, dessen Lektüre des ominösen Magazins mit „Spaghetti und Revolver" dadurch unterbrochen wurde, dass ihm die RAF die Mündung einer Waffe an die Schläfe hielt. Angesichts eines solchen Bildes, das in der deutschen Presse prompt wieder abgedruckt wurde, glaubte der Rom-Korrespondent der „Süddeutschen Zeitung" unter der Überschrift „Schadenfreude auf Italienisch" davon ausgehen zu können, dass man der Bundesrepublik „in durchaus nicht eng begrenzten Linkskreisen (...) eine Erfahrung mit dem Terrorismus" gönne. „Der italienische Durchschnittsbürger, gewöhnt daran, dass im eigenen Haus allmählich nichts mehr funktioniert – und die Flucht Herbert Kapplers hat diesen Verdacht nur noch bestärkt – kann eine gewisse Genugtuung nicht völlig verhelen, wenn er sieht, dass auch in der Bundesrepublik, die ihm gelegentlich als Musterland erscheint, Schlimmes möglich ist und die Ordnungskräfte dem

---

[367] Schmid/De Graaf, Violence as Communication, S. 54.
[368] Vgl. z. B. Barbara Spinelli, „Sotto il tiro di Strauss – Brandt e il governo Schmidt", in: la Repubblica, 13.9.1977; Dies., „La destra tedesca cavalca la tigre", in: la Repubblica, 15.9.1977.

Abbildung 7: „la Repubblica", 10. September 1977.

Terrorismus fast machtlos gegenüberstehen." Die Fall Schleyer habe wie zuvor bereits die Morde an Buback und Ponto dazu beigetragen, „das Bild vom superpotenten Deutschland zu korrigieren, ja geradezu zu ‚vermenschlichen'".[369]

Mochten solche Beobachtungen auch möglicherweise mehr als das sprichwörtliche Körnchen Wahrheit enthalten, so war das Urteil des SZ-Journalisten doch zweifellos auch das Resultat seiner eigenen Perzeption des Gastlandes als Hort der Dysfunktionalität und des Chaos. Seine Einschätzung wurde möglicherweise auch durch die Nicht-Berücksichtigung der Tatsache beeinflusst, dass „the manner of media treatment in a domestic context (...) differs from the

---

[369] Albert Wucher, „Schadenfreude auf Italienisch", in: SZ, 13.9.1977 (bpa).

media treatment of foreign terrorism".³⁷⁰ Der naheliegende, aber sachlich unzulässige Vergleich zwischen der – ebenfalls hauptsächlich medial vermittelten – direkten ‚Betroffenheit' der Deutschen und der naturgemäß distanzierteren Betrachtungsweise der Italiener konnte entsprechend leicht in den Eindruck münden, es fehle der anderen Seite an Einfühlungsvermögen und Mitleidensbereitschaft.

Spätestens mit der Entführung des vollbesetzten Lufthansa-Ferienfliegers war es jedenfalls mit der tatsächlichen oder vermeintlichen ‚klammheimlichen Freude' der allermeisten Italiener eindeutig vorbei. Dass der Präzisionsarbeit *made in Germany*, die die Männer der GSG 9 auf dem Flughafen von Mogadischu ablieferten, allerdings dennoch etwas unterschwellig Bedrohliches anhaftete, schwang in der Berichterstattung über die Befreiung der ‚Landshut' zwischen den Zeilen immer mit, schon deshalb, weil nicht wenige Journalisten unverhohlen die ‚Blitzkriegs'-Terminologie der Vergangenheit wieder aufleben ließen. So mutierte etwa der im Jahre 1945 gerade einmal 14 Jahre alte GSG 9-Kommandant Ulrich Wegener im römischen „Messaggero" unversehens zum Veteran des Zweiten Weltkriegs.³⁷¹ Die Männer der Eliteeinheit selbst wurden stets martialisch als *teste di cuoio*' (Lederköpfe), tituliert. „Terror gegen Terror" titelte auch das italienische „Spiegel"-Pendant „L'Espresso" über einer Großaufnahme der von mehreren Kugeln der GSG 9 getroffenen Souhaila Andrawes, die den Einsatz als einziges Mitglied des palästinensischen Terrorkommandos schwer verletzt überleben sollte. „Seit dem Tod Baaders und seiner Genossen", hieß es etwas kleiner am oberen Rand der Seite, gehe „eine Welle der Angst durch Europa".³⁷²

Tatsächlich wurde die Erleichterung über den glücklichen Ausgang des Geiseldramas in Italien sofort, und zwar quer durch die gesamte Medienlandschaft, durch den Schatten des Zweifels im Zusammenhang mit den Stammheimer Todesfällen ganz erheblich verdunkelt.³⁷³ In dem Augenblick, in dem sich die Demokratie ihrer moralischen Vorzüge begebe, spiele sie ihren Feinden „die für ihr Innerstes gefährlichste Karte" in die Hände, auch wenn dies zur Bekämpfung des Terrorismus geschehe, so der vielsagende Kommentar in den Nachrichten des ersten italienischen Fernsehprogramms.³⁷⁴ Allerdings dürfe bis zur Klärung der Vorgänge in Stammheim „das Bemühen der Bundesrepublik um Dingfestmachung der Terroristen nicht als kriminelles und

---

³⁷⁰ Schmid/De Graaf, Violence as Communication, S. 83.
³⁷¹ Bruno Tedeschi, „I misteri del carcere di Stammheim", in: Il Messaggero, 22.10.1977.
³⁷² L'Espresso, Titelseite, 30.10.1977.
³⁷³ Vgl. „Sollievo venato di dubbi", in: la Repubblica, 19.10.1977.
³⁷⁴ Vgl. Kommentarübersicht des Bundespresseamts vom 21. Oktober 1977, RAI Uno: Moralische und politische Vorzüge der Demokratie müssen beim Kampf gegen den Terrorismus beachtet werden (bpa).

repressives Vorgehen verunglimpft werden", wie es etwas später angesichts des Gewaltausbruchs auf den italienischen Straßen hieß.[375] Eine Ausnahme von der allgemeinen Aufregung bildete allein das DC-Parteiblatt „Il Popolo", das dem Selbstmord nicht nur insgesamt wenig Aufmerksamkeit widmete, sondern seine Darstellung eng an den offiziellen Verlautbarungen deutscher Regierungsstellen orientierte: Demnach hätten Baader, Ensslin und Raspe Selbstmord begangen, eine weitere Terroristin habe schwerverletzt überlebt, Informationen über den genauen Tathergang gelte es abzuwarten.[376] Auch das Organ der kleinen republikanischen Partei, „La Voce Repubblicana", meldete den Tod der drei ‚Stammheimer' unter der Überschrift „Ihr Schicksal, die Selbstzerstörung": Der Suizid der drei deutschen Terroristen sei die kohärente Folge ihrer seit langem betriebenen Viktimisierungsstrategie. Auf einer begleitenden Karikatur feuerte die RAF drei sternförmige Geschosse auf ihr eigenes Logo ab, den Tupamaros-Stern mit Maschinenpistole, der daraufhin in unzählige Splitter zerfiel.[377]

Andere Blätter waren in ihrem Urteil vorsichtiger – oder aber unvorsichtiger, wie man ihren Umgang mit dem Geschehen teilweise in der Bundesrepublik beurteilte.[378] Warnte „Il Corriere della Sera", erst die Autopsie der Toten werde endgültige Klarheit über die Umstände ihres Ablebens erbringen,[379] setzte „Il Messaggero" das Wort ‚Selbstmord' in seiner Deutschland-Berichterstattung konsequent in Anführungszeichen, „aus Furcht, sonst als unkritisch angesehen zu werden", wie Horst Schlitter in der „Frankfurter Rundschau" kommentierte.[380] Diese Interpretation war dem FR-Korrespondenten, der auch einige andere deutsche Zeitungen mit seinen Analysen belieferte, erst wenige Tage zuvor auf dem Presse-Seminar des Goethe-Instituts durch seinen „Messaggero"-Kollegen Tedeschi selbst nahegelegt worden. Tatsächlich können die reißerischen Schlagzeilen, mit denen die auflagenstärkste Tages-

---

[375] Kommentarübersicht des Bundespresseamts vom 24. Oktober 1977, RAI Due: Kampf der Bundesrepublik gegen den Terrorismus darf in Italien nicht verunglimpft werden (bpa).
[376] Die Nachricht „Baader suicida" erschien am 19.10.1977 erst auf Seite 12 des Blattes. Kurz darauf hieß es, die Bundesregierung werde zwar um die Beantwortung der verbliebenen Fragen hinsichtlich der Vorgänge in Stammheim nicht umhinkommen, dies dürfe jedoch keinesfalls in einen Generalverdacht gegenüber den Deutschen münden, da es für die Mordthese keinerlei Beleg gebe, „Risposte inevitabili", in: Il Popolo, 23.10.1977.
[377] „Il loro destino, l'autodistruzione. Suicidi in carcere i capi della Baader-Meinhof", in: La Voce Repubblicana, 19.10.1977; für die nicht namentlich signierte Zeichnung vgl. ebd., 22.10.1977.
[378] Vgl. A(lbert) W(ucher), „Antideutsche Terror-Ressentiments", in: SZ, 26.10.1977 (bpa).
[379] „Le misteriose circostanze del dramma di Stoccarda – solamente l'autopsia potrà stabilire la verità sulla fine degli anarchici", in: Corriere della Sera, 19.10.1977.
[380] Horst Schlitter, „Germania muss heftige Angriffe abwehren – In Italien schreibt man den ‚Selbstmord' von Stammheim in Anführungszeichen", in: FR, 24.10.1977 (bpa).

zeitung der italienischen Hauptstadt nach dem 18. Oktober aufmachte,[381] förmlich zur Illustration der von Tedeschi öffentlich formulierten Regeln und Gesetzmäßigkeiten des Pressehandwerks gelten, zu denen neben den bereits zitierten auch die simple Wahrheit „Good news no news" gehörte.[382] Nach der Moro-Entführung im März 1978 sollte die sprunghafte Auflagensteigerung der italienischen Zeitungen Walter Laqueurs bekanntes Diktum von den Terroristen als „superentertainers of our time" eindrucksvoll bestätigen.[383] Auch wenn entsprechende Zahlen für das Vorjahr fehlen, dürften die italienischen Zeitungsmacher wohl auch schon im ‚Deutschen Herbst' nicht grundlos darauf gehofft haben, mit den Schlagzeilen von den Untaten der RAF *und* ihrer Verfolger das Interesse der Passanten am Kiosk erfolgreich auf das eigene Blatt lenken zu können. Nach außen wurden die objektiven kommerziellen Interessen der Meinungsmacher üblicherweise mit einem anderen Überbau versehen: „Wir sind die Zeitung der großen Schlachten gegen die Skandale und falschen Wahrheiten des Regimes", verteidigte Luigi Fossati, Chefredakteur des „Il Messaggero", wenig später seine Auffassung von den Aufgaben eines kritischen Enthüllungsjournalismus. Hintergrund war die Kritik des DC-Manns Massimo De Carolis, der den Vorwurf aufgebracht hatte, die Presse spiele mit ihrer Berichterstattung über den ‚Deutschen Herbst' und den Fall Petra Krause den Terroristen in die Hände.[384]

Jenseits des für alle modernen Mediengesellschaften gültigen parallelen Event-Bedürfnisses der Terroristen und der Journalisten, welches letztere dazu verleiten konnte, die Aktionen der ersteren zum publikumswirksamen Melodram aufzubauschen, kam in den öffentlichen Reaktionen auf das Geschehen der ‚Todesnacht' in Italien viel Landestypisches zum Vorschein, wie die „Neue Zürcher Zeitung" mit dem Verweis auf die italienische „Neigung zu Verschwörungstheorien" unterstrich. „Es gibt für die Italiener keinen einfachen

---

[381] „Mysteriöser Gefängnistod der drei deutschen Terroristen", lautete am 19. Oktober die Schlagzeile, „Schleyer aus Rache umgebracht – Es bleibt das Mysterium vom ‚kollektiven Selbstmord' der Terroristen" einen Tag darauf. „Schwere Angriffe auf die ‚Selbstmord'-Version – Justizminister muss zurücktreten", hieß es einen weiteren Tag später. Die letzten beiden Baader & Co. gewidmeten Generalüberschriften dieser Woche lauteten am 25.10. „Immer beunruhigendere Fragen bezüglich des Gefängnisses von Stammheim" sowie am 26.: „Für die Untersuchungskommission ist es Selbstmord – aber die Pistolen?".

[382] Tedeschi, Vorurteile, S. 73.

[383] Für Laqueurs Bemerkung von 1976 vgl. Schmid/De Graaf, Violence as Communication, S. 72. – Am Tag nach der Moro-Entführung verkaufte der „Corriere della Sera" 38,8 %, einen weiteren Tag später sogar 40 % mehr Exemplare als zuvor. Nach der Ermordung des Politikers schnellte die Auflage sogar um 56,5 % nach oben, vgl. Gaspare Barbiellini Amidei, Responsabilità dei news media II, in: Affari Esteri 39 (1978), S. 423–434, hier S. 428f.

[384] Beide zitiert in: „I simpatizzanti – sono un problema anche in Italia?", in: L'Espresso, 20.11.1977, S. 12–16, hier S. 16.

Fall, und vor allem wird jede offizielle Darstellung sogleich mit Fragezeichen versehen und nach geheimen Motiven gesucht. (...) Dem Spielraum politischer Spekulation sind keine Grenzen gesetzt. Geisterbeschwörungen dienen als Argument für die verwegensten Kombinationen."[385]

Was die Berichterstattung in „la Repubblica" anging, so war Barbara Spinellis suggestive Form der Geisterbeschwörung schon seit der Schleyer-Entführung in vollem Gange, konnte jedoch erst nach dem 18. Oktober ihre volle Wirkung entfalten. Der Geist, mit dessen Hilfe sie die verwirrenden Nachrichten aus der Bundesrepublik plausibel deuten zu können glaubte, trug den genuin italienischen Namen „Strategie der Spannung". Das Erklärungsmuster lief auf die Annahme hinaus, fehlgeleitete Kräfte innerhalb der deutschen Rechten setzten gezielt auf eine Destabilisierung der sozialliberal regierten Republik, um unter Ausnutzung des von ihnen selbst provozierten Ausnahmezustands autoritäre politische ‚Lösungen' durchzusetzen. Die zeitgenössisch kursierenden und sich später teilweise bewahrheitenden Gerüchte um die verbrecherischen Aktivitäten italienischer Neofaschisten und die Staatsstreichpläne degenerierter Teile der Geheimdienste wurden mithin direkt in den bundesrepublikanischen Kontext übertragen.[386] In einer Begrifflichkeit, die den Italienern gleichfalls bekannt vorkommen musste, meldete Spinelli Mitte September 1977 einen vom rechten Flügel der Union geführten „massiven Angriff auf das Herz des sozialdemokratischen Staates".[387]

Die ersten Opfer der vermeintlichen, für Spinelli durch die Krisenstabsrhetorik nur notdürftig kaschierten „Strategie der Spannung" machte die Journalistin in den deutschen Linksintellektuellen aus, deren Lage sie in den spannungsreichen, aber nachrichtenarmen Wochen der Schleyer-Entführung zahlreiche Beiträge widmete. Am 5. Oktober veröffentlichte sie unter der Überschrift „Erniedrigt und beleidigt wie zur Zeit Heinrich Heines" den Auftakt zu einer mehrteiligen Artikelserie, in der es um die von Rechtsaußen initiierte „Hexenjagd" auf Schriftsteller und Theaterleute ging.[388] Zum wichtigsten Gewährsmann Spinellis wurde der Kölner Schriftsteller Heinrich Böll, der seit 1972 Prototyp des

---

[385] T.W., „Die Bundesrepublik im italienischen Zerrspiegel", in: NZZ 26.10.1977 (bpa).

[386] Auch Mario Sciajola verwies in „L'Espresso" darauf, die italienische Skepsis gegenüber staatlichen Wahrheiten sei größtenteils Ergebnis der jüngeren italienischen Geschichte, „risultato dei 13 anni di strategia della tensione e di trame di Stato, di quell'automatismo mentale ormai acquisito che porta a sospettare che dietro alla ragione di Stato si nasconde troppo facilmente la violazione del diritto e la violenza istituzionale, Ders., „E in Italia chi piangerà?", in: L'Espresso, 30.10.1977, S. 8–10, hier S. 8.

[387] Barbara Spinelli, „Sotto il tiro di Strauss – è in corso un attacco pesantissimo dell'ala destra democristiana contro il cuore dello Stato socialdemocratico", in: la Repubblica, 13.9.1977. Für den 1974 von den Brigate Rosse formulierten „Angriff auf das Herz des Staates" vgl. weiter oben S. 186.

[388] Barbara Spinelli, "Umiliati ed offesi come al tempo di Heine", in: la Repubblica, 5.10.1977.

,Sympathisanten' und Lieblingsfeind der Springerpresse war.[389] Dass sich der streitbare Autor durch die Kampagnen seiner Gegner in Politik und Öffentlichkeit durchaus nicht einschüchtern ließ, hatte er in der Zwischenzeit mit seiner von Volker Schlöndorff und Margarete von Trotta überaus erfolgreich verfilmten und in zahlreiche Sprachen übersetzten Novelle „Die verlorene Ehre der Katharina Blum" nachdrücklich bewiesen.[390] Dennoch oder gerade deswegen hatte auch der Druck der ,Sympathisanten'-Jäger auf Böll kaum nachgelassen, wie in diesen Wochen ein denunziatorischer Anruf bei den Kölner Polizeibehörden bewies, der am 27. September 1977 zu einer Razzia in der Wohnung seines Sohnes René führte. Der Schriftsteller reagierte mit einem von begreiflicher Empörung getragenen Interview mit dem Bayrischen Rundfunk, in dem er von der „Hexenjagd auf Intellektuelle als tödlicher Gefahr" für die deutsche Demokratie sprach. Den soeben beendeten Parteitag der CSU wertete er als einen klaren Versuch, die letzten, in der Union durchaus noch vorhandenen Stimmen der Vernunft auf die Seite der Irrationalität zu ziehen. Gegen dieses Manöver müssten die Massenmedien des Landes nun geschlossen rebellieren.

Dass solche Töne im bayrischen ,Königreich' des Franz-Josef Strauß Ende September 1977 alles andere als willkommen waren, kann kaum verwundern: Kurz vor dem geplanten Sendetermin wurde das Interview kurzerhand aus dem Programm genommen.[391]

Böll wiederum zögerte nicht lange, diesen Affront gegen seine Person der jungen italienischen Reporterin zu unterbreiten, die ihn kurz zuvor in seiner Kölner Wohnung für „la Repubblica" interviewt hatte. Thema der am 23. September in der römischen Zeitung abgedruckten, ausführlichen Unterredung Spinellis mit Böll war die Lage der Bundesrepublik ,im Herbst' gewesen – der Hass der Rechten auf die Intellektuellen, die es wagten, nach den Motiven der Terroristen zu fragen, die Autoritätsgläubigkeit der Bevölkerung, das leidige ,Berufsverbot', aber auch die Bravour, mit der sich Schmidt in der jetzigen Krise schlage. Die Reaktionen der Franzosen und Italiener auf den Fall Kappler habe Böll, wie er ausdrücklich betonte, bei aller berechtigten Kritik am Taktieren der Bundesregierung als ambivalent empfunden: Statt sich mit der eigenen Schuld zu beschäftigen, entsorge man diese auf dem Rücken der Deutschen, „und zwar nicht der von früher, sondern der von heute". Dabei habe die Bundesrepublik der Gegenwart mit dem Nationalsozialismus nichts zu schaffen: Statt sich vor

---

[389] Vgl. Angelika Ibrügger, Die unfreiwillige Selbstbespiegelung einer *lernenden Demokratie*. Heinrich Böll als Intellektueller zu Beginn der Terrorismusdiskussion, in: Colin u. a., ,Deutscher Herbst', S. 156–169.

[390] Heinrich Böll, Die verlorene Ehre der Katharina Blum oder Wie Gewalt entsteht und wohin sie führen kann, Köln 1974.

[391] „Comincia da me la caccia alle streghe' – L'intervista con Heinrich Böll contro la repressione in Germania che la Tv tedesca non ha trasmesso", in: la Repubblica, 6.10.1977.

den Deutschen zu fürchten, sollten sich die Nachbarn lieber darum bemühen, „die deutschen Ängste zu verstehen."³⁹²

Es verstand sich von selbst, dass Barbara Spinelli dem Kölner Autor die Seiten von „la Repubblica" auch für die Publikation des in Bayern unterdrückten Interviews öffnete, was der Zeitung bei ihren Lesern das Image einer ‚Stimme der Freiheit' für die verfolgten Demokraten in der Bundesrepublik verleihen mochte. Nach eigenem Bekunden hatte sich Spinelli im September auf dem Weg in Bölls Wohnung in der Hülchrather Straße gefühlt, als besuche sie „Heine in Frankreich oder Brecht in Dänemark".³⁹³ Auch „Il Corriere della Sera" hatte bereits unter der Überschrift „Wohnung von Heinrich Bölls Sohn von 40 Polizisten durchkämmt" über die Hausdurchsuchung und den Fall von Zensur gegenüber dem Nobelpreisträger und ehemaligen Präsidenten des Internationalen PEN-Clubs berichtet.³⁹⁴ Entsprechend war der Versuch der bayrischen CSU, ihren vielleicht schärfsten Kritiker dieser Wochen mundtot zu machen, von diesem selbst durch den Umweg ins Ausland elegant ausgehebelt worden. Völlig zu Recht wies Böll in dem inkriminierten Interview darauf hin, durch die Sympathisantenhysterie werde „das Bild der Bundesrepublik im Ausland natürlich schöner, immer schöner... (...) Wenn wir so weiter machen, fällt die Bundesrepublik innerhalb Westeuropas in die totale kulturelle und geistige Isolierung."³⁹⁵

Tatsächlich gab es zumindest in Italien kaum einen Faktor, der die traditionellen Vorurteile gegenüber den ‚notorisch intoleranten' und ‚beunruhigend konformistischen' Deutschen im ‚Deutschen Herbst' so beförderten wie die Angriffe der Union auf namhafte SPD-Politiker und Intellektuelle. Entsprechend breit wurde in den italienischen Medien auch die von Geißler herausgegebene Zitatensammlung kommentiert, die nahtlos in das Land der ‚Berufsverbote' zu passen schien.³⁹⁶ Tatsächlich sollte das Bundespresseamt wenig später in einem Bericht für die Bundesregierung zum Auslandsecho des ‚Deutschen Herbstes' die „Herausgabe der Geissler-Dokumentation" als den „Höhepunkt von Besorgnis und Kritik" in den europäischen Nachbarländern ausmachen: „Es findet sich kaum eine Stimme, die dieses Vorgehen billigt, fast alle äußern Entsetzen, zumal es sich bei den ‚Inkriminierten' gerade um diejenigen

---

³⁹² Barbara Spinelli, „Tedeschi ‚buoni' e ‚cattivi'", in: la Repubblica, 23.9.1977.
³⁹³ Ebd.
³⁹⁴ „La casa del figlio di Boell perquisita da 40 poliziotti", in: Corriere della Sera, 2.10.1977. Bereits 1972 war Böll – damals persönlich – von einer Hausdurchsuchung betroffen gewesen.
³⁹⁵ „‚Comincia da me la caccia alle streghe' – L'intervista con Heinrich Böll contro la repressione in Germania che la Tv tedesca non ha trasmesso", in: la Repubblica, 6.10.1977.
³⁹⁶ Vgl. z. B. Vittorio Brunelli, „Da Brandt a Gunter Grass nella lista pubblicata dalla DC di Bonn: Divisi in 5 sezioni, i quarantadue nomi illustri accusati di simpatie per il terrorismo tedesco", in: Corriere della Sera, 13.10.1977.

Deutschen handelt, die im Ausland als Repräsentanten dieses Landes höchste Achtung genießen und denen das Verdienst zugeschrieben wird, die Rehabilitierung Deutschlands weitgehend geleistet zu haben".[397] Zweifellos hatte Schmidt vor allem diese Manöver der Opposition im Sinn, als er gegenüber Andreotti im Dezember 1977 von der Notwendigkeit sprach, zu verhindern, „daß die deutsche Publizistik und Innenpolitik von einer McCarthystischen Welle erfaßt werde".[398]

Es zeigte sich nun mit aller Deutlichkeit, dass es die CDU/CSU-Opposition bei ihrer Suche nach den ‚geistigen Vätern des Terrorismus' eben nicht nötig hatte, auf das Image der Bundesrepublik jenseits der Grenzen zu achten – dies oblag vielmehr dem Bundeskanzler, der in diesen Wochen, unterstützt durch den beliebten Brandt, immer wieder schützend vor die deutschen Intellektuellen trat.[399] Auch wenn die italienische Presse über solche Initiativen durchaus berichtete, blieb doch das Bild einer illiberalen Gesellschaft haften, in dem solche Interventionen eines Brandt oder Schmidt eben notwendig waren, um die renommiertesten Geistesgrößen des Landes vor der Reaktion in Schutz zu nehmen. Nicht zuletzt auch gab die ‚Repression' in der Bundesrepublik den italienischen Medien immer wieder Gelegenheit, die Vorzüge italienischer Liberalität herauszustellen, etwa, wenn Julian Becks ‚Living Theatre' mit dem Hinweis, „die Arbeit in Deutschland sei unmöglich geworden", nach Rom umzog oder wenn Volker Schlöndorff bei den Dreharbeiten zu „Deutschland im Herbst" davon sprach, dass man eben nach Italien ausweichen werde, sollte der Film in der Bundesrepublik nicht gezeigt werden können.[400]

Noch weiter ging der Zeichner Giorgio Forattini, der in der suggestiv gestalteten Karikatur, mit der er in „la Repubblica" den Abdruck des zensierten Böll-Interviews illustrierte, die Werke von Böll, Grass, Rinser und Lenz in den Flammen eines Scheiterhaufens aufgehen ließ, über dem ein zum Hakenkreuz mutierter Bundesadler bedrohlich seinen Schnabel aufriss (Abb. 8).

---

[397] „Auslandsecho auf die Entführung von H.M. Schleyer und die Folgen" (6. September bis 28. Oktober), übersandt von Bölling an den Bundeskanzler, o.D., in: AFES, Helmut-Schmidt-Archiv 7695 („Terrorismus").
[398] AAPD 1977, Bd. II, S. 1652.
[399] Barbara Spinelli, „Brandt respinge gli attacchi contro gli intellettuali nella Rft", in: la Repubblica, 19.9.1977; Vittorio Brunelli, „Nel dibattito sul terrorismo Brandt difende gli intellettuali", in: Corriere della Sera, 29.10.1977; „Sdegno in Germania per le liste nere degli intellettuali", in: la Repubblica, 14.10.1977.
[400] „Per il Living meglio Roma della Germania", in: la Repubblica, 12.11.1977; Piero Benetazzo, „In mille ai funerali di Baader – tutti perquisiti", in: la Repubblica, 28.10.1977.

Abbildung 8: „la Repubblica", 6. Oktober 1977.

Dass Böll selbst im Gespräch die ihm von seinem Interviewer nahegelegte Möglichkeit „neuer Bücherverbrennungen" explizit verneinte („wenn nichts anderes, wird das der freie Markt verhindern"), vermochte der künstlerischen Freiheit des Karikaturisten nichts anzuhaben.[401]

Als vor dem Hintergrund der Oktober- und Novemberoffensive der BR gegen christdemokratische Lokalpolitiker an der Basis der Partei verstärkt Kritik an einer „übertrieben negativen" Darstellung der Regierungsarbeit in den Medien und der „omertà" der Intellektuellen angesichts der linksterroristischen Gewalt laut wurde, konterten die angegriffenen Journalisten und Schriftsteller prompt mit dem Vorwurf, das Land und seine Regierung befänden sich nunmehr wohl endgültig auf Germanisierungskurs. Dieser Vorwurf erwies sich

---

[401] Barbara Spinelli, „Tedeschi ‚buoni' e ‚cattivi'", in: la Repubblica, 23.9.1977.

angesichts der aufgeheizten Stimmung dieser Wochen faktisch als Totschlagargument und erschwere eine ehrliche Debatte über das Verhältnis von Intellektuellen und antistaatlicher Gewalt zusätzlich.[402] Eine publizistische Initiative wie die „Briefe zur Verteidigung der Republik", wie sie Mitherausgeber Böll gegenüber Barbara Spinelli Ende September 1977 angekündigt hatte und wie sie kurz darauf erschien, wäre zeitgleich in Italien jedenfalls schwerlich denkbar gewesen und sollte auch in der Krise des Folgejahres bezeichnenderweise unterbleiben.[403]

Das tiefe Misstrauen jedenfalls, das Spinelli in den vorausgegangenen Wochen auf den Seiten von „la Repubblica" gegenüber den deutschen Konservativen gesät hatte und dem letztere immer wieder durch rein innenpolitisch motivierte Manöver Nahrung gegeben hatten, mündete nach dem 18. Oktober ohne weitere Umschweife in die These, die drei ‚Stammheimer' seien von Handlangern aus dem Umfeld des CSU-Vorsitzenden Strauß kaltblütig beseitigt worden. „Nicht Schmidt ist der ‚Henker' von Andreas Baader" lautete die Überschrift des großen Leitartikels, in dem Spinelli am 20. Oktober den Lesern ihre Version von den Vorgängen im Hochsicherheitstrakt vom Stammheim unterbreitete.[404] Damit wandte sie sich gegen die von Benetazzo in ihrer eigenen Zeitung artikulierten Zweifel an der demokratischen Zuverlässigkeit des Kanzlers, vor allem aber gegen die Wut der *movimenti*, die sich nun auf die Straßen der italienischen Städte, aber auch von den Seiten der neulinken Sprachrohre „il manifesto" und „Lotta Continua" über den „Mörder Schmidt" ergoss.[405] Gerade im Ausland musste der Kanzler, wie sich an dieser Stelle zeigte, den Preis für die seit der Lorenz-Entführung unaufhaltsame „Zentralisierungsbewegung der Terrorismusbekämpfungskompetenzen" in der Bundesrepublik zahlen, im Zuge derer er jenseits aller föderalen und parteipolitischen Strukturen zum zentralen ‚symbolischen' Terrorismusbekämpfer avanciert war – „eine Rolle, die Helmut Schmidt zögerlich, dann aber umso überzeugender annahm."[406]

---

[402] Vgl. „È inchiostro di stampa quello che esce dalle P38?", in: Corriere della Sera, 7.11.1977; Alberto Moravia, „Scandalismo? No, giornalismo", in: Ebd.; Italo Calvino, „La responsabilità è di chi tace", in: Corriere della Sera, 10.11.1977

[403] Duve/Böll/Staeck, Briefe; zur Haltung der italienischen Intellektuellen während der Moro-Entführung vgl. Tolomelli, Terrorismo, S. 176–181.

[404] Barbara Spinelli, „Non è Schmidt il ‚giustiziere' di Andreas Baader", in: la Repubblica, 20.10.1977.

[405] Vgl. dazu weiter unten S. 604ff.

[406] Dahlke, Demokratischer Staat, S. 428.

Abbildung 9: „la Repubblica", 21. Oktober 1977.

Die Gegenthese vom Schwächling Schmidt bzw. dem diabolischen Kraftprotz Strauß wurde in „la Repubblica" auch grafisch wirkungsvoll in Szene gesetzt. Während bei Franco Bevilacqua ein puppenkleiner Kanzler im Schraubstock des Bajuwaren schlotterte (Abb. 9), hatte Giorgio Forattini den CSU-Vorsitzenden in die Uniform eines Gefängniswärters gesteckt und mit einem beeindruckendem Schlüsselbund ausgestattet (Abb. 10). Ganz ‚hässlicher Deutscher', steckte sich der Wärter vor der Zellentür der ‚Stammheimer' teuflisch grinsend die Finger in die Ohren – wohl, um von den dunklen Vorgängen drinnen nichts hören und entsprechend ‚draußen' die Hände in Unschuld waschen zu können.

Mit solch starken Bildern und Texten hatte sich „la Repubblica" unmittelbar nach Bekanntwerden der Todesfälle auf eine Interpretation der Ereignisse

Abbildung 10: „la Repubblica", 19. Oktober 1977.

festgelegt, die die Möglichkeit eines Abrückens angesichts neuer Erkenntnisse von Vornherein aufs schwerste behindern musste. So wurde auch das Ergebnis der Obduktion der Stammheimer Toten, an der nicht nur Gerichtsmediziner aus drei Ländern teilgenommen hatten, sondern bei der – anders als im Falle Meins' und Meinhofs – auch die Anwälte der Toten anwesend waren, nur am Rande zur Kenntnis genommen. Viel wichtiger als der offizielle Befund ‚Selbstmord' schien hier der schon zuvor in großen Lettern verkündete Umstand zu sein, dass Baader durch einen Schuss in den Hinterkopf „geselbstmordet" worden war.[407] Diese Nachricht wurde von Forattini wiederum in einer Zeichnung visualisiert, die nahelegte, das sich der Verstorbene seine tödliche Verletzung gar nicht selbst beigebracht haben konnte, sondern ihm eine dunkle Macht die Hand geführt haben musste (Abb. 11).

Tatsächlich eröffnete die römische Zeitung in den nächsten Tagen und Wo-

[407] „Schleyer ucciso dai terroristi – Baader ‚suicidato' alla nuca", in: la Repubblica, 20.10.1977.

558   6. ‚Deutscher Herbst' in Italien

Abbildung 11: „la Repubblica", 20. Oktober 1977.

chen all denjenigen Stimmen breiten Raum, die die offizielle Version der ‚Todesnacht' anzweifelten, allen voran natürlich wiederum den Anwälten. Diesen wird man zweifellos bescheinigen können, dass es zur Erfüllung der beruflichen Pflichten gegenüber ihren verstorbenen Mandanten gehörte, die Selbstmordthese der Behörden nicht vorschnell zu übernehmen – eine Pflicht, die ihnen die schockierten Angehörigen, spätestens seit Verhängung der Kontaktsperre in verständlicher Sorge um das Schicksal ihrer nun tatsächlich isolierten Kinder und Geschwister, aufs Neue angetragen hatten.[408] Zudem wird man davon ausgehen können, dass die kühle Professionalität der obduzierenden Ärzte bei der

---

[408] „Anwälte äußern Zweifel am Selbstmord / Schily: Tötung der Terroristen ‚nicht unvorstellbar'/Vernehmung Irmgard Möllers gefordert", in: FAZ, 20.10.1977.

Leichenöffnung das Misstrauen der Verteidiger gegenüber den Behörden eher noch geschürt als zerstreut haben mag, wie entsprechende Bemerkungen Heldmanns verdeutlichen.[409] In jedem Fall wird die Anwesenheit bei der düsteren Prozedur die beteiligten Strafverteidiger nicht nur deshalb emotional belastet haben, weil sie dergleichen alles andere als gewohnt waren, sondern vor allem, weil sie die Menschen, die sie nun als durch Kopfschüsse versehrte bzw. strangulierte Körper in Totenstarre zu betrachten gezwungen waren, seit Jahren kannten und sich für sie – bei aller Problematik dieses sehr speziellen Mandats – zweifellos auch persönlich verantwortlich gefühlt hatten. Auch für die Anwälte war mit der Nacht auf den 18. auf den 19. Oktober eine Ära zu Ende gegangen – eine Zäsur, die nicht alle Beteiligten auch als das Ende ihrer politischen Mission empfanden.

Was die Kommunikation mit der Öffentlichkeit anging, so verblieben die Strafverteidiger weitestgehend in den in den vergangenen Jahren etablierten Rollen: Während der niederländische Anwalt Pieter Bakker Schut den Pressevertretern in die Mikrophone diktierte, er „gehe davon aus, dass das Mord war", wollte Otto Schily nach eigenem Bekunden „keine These aufstellen", sondern nur „zum Nachdenken aufrufen".[410] Gerade Schilys Äußerungen aber, der nicht nur betonte, seine Mandantin Ensslin habe nie Suizidabsichten geäußert, sondern der auch versicherte, in Stammheim könne der Besucher keine Büroklammer in der Hosentasche mitführen, ohne dass ein Metalldetektor anschlage, hatten in Italien die wohl größte Wirkung: Anders als die meisten anderen Versionen des Geschehens in der ‚Todesnacht' ließen sie sich bruchlos mit bereits vorhandenen Deutschland-Bildern verbinden. Wo kein Lebensmüder, da auch kein Selbstmord – dafür aber möglicherweise die „Kappler-Logik", nach der der deutsche Staat seine Toten durch Geiselerschießungen an wehrlosen Gefangenen vergalt.[411] Vor allem aber „instinktive Skepsis", wenn die deutschen Behörden darauf verwiesen, „die deutsche Gründlichkeit sei ein Mythos und gründlich sei in der Deutschland nur der Terrorismus", wie Francesco Russo nicht ohne Süffisanz bemerkte, als er in „L'Espresso" die verschiedenen Deutungsvarianten der ‚Todesnacht' durchspielte.[412] Die scheinbare Unfehlbarkeit deutscher Effizienz und Gründlichkeit hatten die ‚Lederköpfe' der GSG 9 ja unmittelbar zuvor in geradezu unheimlicher Präzision wieder unter Beweis gestellt. Helmut Schmidt, der im Vorfeld vor Vertrauten für den Fall des

---

[409] Piero Benetazzo, „Abbiamo parlato con gli avvocati dell'unica superstite del gruppo Baader – La Moeller continua a negare il suicidio", in: la Repubblica, 10.11.1977.

[410] „Schily: Es gab keinen Kontakt untereinander", in: SZ, 20.10.1977.; „Kontroverse um tote Stammheimer Häftlinge – Obduktionsbefund: Selbsttötung", ebd.; „Anwälte äußern neue Zweifel", in: Kölnische Rundschau, 20.10.1977 (bpa).

[411] Francesco Russo, „Terrore contro terrore", in: L'Espresso, 30.10.1977, S. 4–8, hier S. 6.

[412] Ebd.

Misslingens der Befreiung der ‚Landshut' seinen Rücktritt angekündigt hatte, wusste, wovon er sprach, als er seine Landsleute zum Ausklang des ‚Deutschen Herbstes' davor warnte, in den Augen der ausländischen Partner und Freunde ein Volk zu verkörpern, „das schwerwiegende innenpolitische Probleme glaubt im Hauruck-Verfahren lösen zu können".[413]

Genau dieses Bild der Deutschen, so drängt sich bei der Lektüre der Presseerzeugnisse des Herbstes 1977 auf, teilten jedoch die allermeisten Italiener. Nur vor dem Hintergrund dieser Prädisposition ist es wohl zu erklären, dass die Aussage der einzigen Überlebenden der ‚Todesnacht', Irmgard Möller, in der italienischen Öffentlichkeit eine so große Erschütterung auslöste, wie es de facto der Fall war. Allerdings hatten auch hier wieder die Anwälte – vor allem Heldmann und Möllers Verteidigerin Jutta Bahr-Jendges – wichtige Vorarbeit geleistet, indem sie die Aussage der vierten ‚Stammheimerin' von Anfang an zum entscheidenden Baustein für die Klärung des Geschehens im 7. Stock hochstilisiert hatten, möglicherweise auch aus dem eigenen dringenden Bedürfnis nach Gewissheit heraus. Zusätzlich hatten sie die Spannung, mit der der Bericht der ‚einzigen Zeugin' der ‚Todesnacht' jedenfalls außerhalb der Bundesrepublik erwartet wurde, dadurch angeheizt, dass sie das für Möller angeordnete Besuchsverbot nach der Notoperation vom 19. Oktober nicht als medizinisch gebotene Vorsorgemaßnahme der Ärzte, sondern als gezielte Behinderung ihrer anwaltlichen Tätigkeit durch die zuständigen Behörden interpretierten.[414] Dass an den Händen dieser Behörden Blut klebte – dies war jedenfalls die Kernaussage ihrer Mandantin, deren blasses, von pechschwarzem schulterlangem Haar geradezu sphinxhaft eingerahmtes Gesicht in diesen Tagen sämtliche Zeitungsleser in Italien kennenlernten.[415] Durch ihre Anwältin ließ die 30jährige mitteilen, sie habe in den frühen Morgenstunden der Nacht vom 18. auf den 19. Oktober in ihrer Zelle Geräusche gehört, die möglicherweise auf zwei Schüsse hindeuteten. Sie habe zu schreien begonnen und schließlich das Gefühl gehabt, zu Boden zu fallen. Dann sei sie ohnmächtig geworden und erst auf einer Bahre wieder zu sich gekommen, blutüberströmt und mit Schmerzen in der Brust. Während die Leser von „la Repubblica" diesen Bericht am 25. Oktober unter der fettgedruckten Schlagzeile „Alptraum über Bonn – die Mysterien von Stammheim" auf der ersten Seite lesen konnten, war derselbe Sachverhalt der seriösen Presse in der Bundesrepublik lediglich eine Meldung auf den hinteren Zeitungsseiten wert oder wurde in längeren

---

[413] „Internationale Zusammenarbeit bei der Abwehr des Terrorismus", in: SZ, 25.10.1977, hier zitiert nach: Bulletin Nr. 108, 27.10.1977, S. 981.
[414] Vgl. z. B. „Zweifel von Baader-Meinhof-Anwälten", in: NZZ, 21.10.1977 (bpa).
[415] Vgl. z. B. die Fotografie in „La Moeller continua a negare il suicidio", in: la Repubblica, 10.11.1977.

Artikeln zum Thema ‚verpackt'.[416] Schon zuvor hatte „la Repubblica" orakelt, „die Wahrheit liegt in den Briefen der Ensslin".[417] Mit dem Verweis auf in Wirklichkeit nicht existente Briefe aus ihrer Feder hatte die RAF-Spitze im Vorfeld gegenüber verschiedenen Exponenten staatlicher Stellen, aber auch gegenüber dem Gefängnispfarrer Spuren ausgelegt, die der Inszenierung ihres Selbstmordes als Staatsverbrechen zusätzlich Plausibilität verleihen sollten. Die Saat der ‚*suicide action*', so zeigte sich, ging vor allem im Ausland auf – ganz besonders in Italien. Dort interpretierte man die Tatsache, dass die Medien in der Bundesrepublik den Enthüllungen Möllers vergleichsweise wenig Aufmerksamkeit zollten, als neues beunruhigendes Indiz für die Bedrohung der Pressefreiheit im Nachbarland, aber mehr noch als schlagenden Beleg für einen chronischen Mangel an kritischem Denken gegenüber der Obrigkeit. Nicht zuletzt auch, so der Tenor, fehle es den Deutschen gegenüber einem vermeintlichen Opfer der Staatsgewalt schlicht an Menschlichkeit.[418]

Genau an der Frage unterschiedlicher Sensibilitäten gegenüber menschlichem Leid gesellschaftlicher Außenseiter, mehr noch aber an den unterschiedlichen Haltungen dem eigenen Staat gegenüber setzte eine ausführliche Kommentierung der Reaktionen in der deutschen und italienischen Öffentlichkeit auf die ‚Todesnacht von Stammheim' an, die Anfang 1978 auf den Seiten des „Kursbuchs" veröffentlicht wurde.[419] Nicht zufällig hieß der Verfasser des hochinteressanten Textes Peter Schneider, der – wie gesehen – in den späten 60er und frühen 70er Jahren nicht nur mit den späteren Gründern der RAF, sondern auch mit denen der Brigate Rosse gut bekannt gewesen war. Der Text mit dem vielsagenden Titel „Der Sand an Baaders Schuhen" war während eines Italienaufenthalts geschrieben worden, den Schneider Ende 1977 als Stipendiat der Villa Massimo in Rom angetreten hatte.[420] Als Vertreter einer kritischen Linken, direkt aus dem ‚Deutschen Herbst' nach Italien gekommen, sah sich der Autor, wie er im „Kursbuch" anschaulich schildert, von italienischen Freunden und Bekannten mit Fragen bestürmt und mit „Fakten und Vermutungen konfrontiert (...), zu denen ich schon deswegen nichts zu sagen wusste, weil ich sie aus der deutschen Presse nicht kannte. Nicht nur, dass so gut wie alle Interviews mit den Angehörigen und Anwälten

---

[416] Piero Benetazzo, „Un incubo su Bonn – i misteri di Stammheim", in: la Repubblica, 25.10.1977; für die deutsche Berichterstattung beispielhaft Rudolf Walter Leonhardt, „Wundern über die Deutschen. Die Schlamperei von Stammheim bleibt allen unbegreiflich", in: Die Zeit, 28.10.1977.

[417] Piero Benetazzo, „La verità è nelle lettere della Ensslin", in: la Repubblica ,23./24.10.1977.

[418] Piero Benetazzo, „‚Chi nega il suicidio aiuta i terroristi'. Bonn ignora le parole della Moeller", in: la Repubblica, 26.10.1977.

[419] Peter Schneider, Der Sand an Baaders Schuhen, Kursbuch März 1978, S. 1–15.

[420] Ich danke Peter Schneider für diese mir in einem Gespräch am 14.2.2013 überlassene Information.

der Stammheimer Toten ausschließlich in der ausländischen Presse erschienen sind. Keine einzige Zeitung hat es für nötig erachtet, jenen Gerüchten nachzugehen – und sei es nur zum Zweck ihrer Widerlegung –, die sich um den Sand an Baaders Schuhen rankten."[421] Die Theorie, „die sich in einem Teil der ausländischen Presse hartnäckig hält", Baader sei in Mogadischu umgebracht und anschließend in seine Stuttgarter Zelle zurückgebracht worden, wovon nur noch der verräterische Sand an seinen Schuhsohlen Zeugnis ablege, „wäre vermutlich leicht zu widerlegen gewesen. Aber natürlich: wer sie widerlegen wollte, hätte sie immerhin zitieren müssen. Schon damit hätte er sich aber der Ungeheuerlichkeit schuldig gemacht, so etwas auch nur im entferntesten Winkel seiner treuen deutschen Seele für möglich zu halten. (...) Natürlich verbot die Staatsraison angesichts der Explosion antideutscher Gefühle im Ausland alle Zweifel, die naheliegenden wie die entlegensten. Aber seit wann ist es die Aufgabe von Journalisten und Intellektuellen, sich ihre Fragen von der Staatsraison einsagen zu lassen?" Auch die kritische Nachfrage, ob es ein Vorbild für einen Selbstmord gebe, bei der sich ein Mensch selber mehrmals mit einem Messer in die Brust steche, setze, so Schneider, die Bereitschaft voraus, „sich einen Augenblick lang wenigstens in die Körper von ‚Terroristen' hineinzuversetzen, ihnen so gewöhnliche Empfindungen zuzutrauen wie Angst oder Schmerz, es für möglich zu halten, dass sie Menschen sind."[422]

Schneiders vielschichtige Intervention blieb nicht bei der scharfen Kritik an der Entmenschlichung der RAF-Angehörigen in der deutschen Öffentlichkeit und deren vermeintlich „ungesunden Vertrauen in die BRD" stehen. Im weiteren Verlauf des Beitrags trat der Schriftsteller ebenso entschieden der „spiegelverkehrten Blindheit" entgegen, mit dem „ein Teil der westdeutschen Linken und ein erheblich größerer Teil der Linken im Ausland" sich „vom ersten Tag an auf die Mordthese festgelegt" habe.[423] Auf diese „Blindheit", die für Schneider der unentschuldbaren Neigung mancher Linker entsprang, „aufgrund von ein paar Funktionsbezeichnungen und vagen Schimpfwörtern wie Bonze, Bulle, Wirtschaftsmagnat über Tod und Leben" zu spekulieren, wird zurückzukommen sein.[424]

An dieser Stelle soll dagegen zunächst seiner These von der Autoritätshörigkeit deutscher Journalisten und Intellektuellen die Gegenthese von einer durchaus lern- und kritikfähigen deutschen Öffentlichkeit gegenübergestellt werden. Dass Stimmen der Anwälte und Angehörigen der ‚Stammheimer' im Herbst 1977 innerhalb der Bundesrepublik deutlich weniger Gehör fanden als außerhalb, war eben nicht nur das Resultat einer wie auch immer gearteten ‚Schere im

---

[421] Schneider, Sand, S. 5.
[422] Ebd., S. 6.
[423] Ebd., S. 10.
[424] Ebd., S. 14.

Kopf', sondern auch einer gewachsenen Sensibilität gegenüber der von der RAF ins Werk gesetzten Viktimisierungsstrategie. Nicht zuletzt auch entsprang sie den Erfahrungen, die man im Lauf der Jahre nicht nur mit dem Seitenwechsel der untergetauchten Anwälte, sondern auch mit der Öffentlichkeitsarbeit der an der Seite ihrer Mandanten verbliebenen gemacht hatte. Die Fragen und Thesen der Strafverteidiger wurden auch jetzt keineswegs totgeschwiegen, allerdings nicht selten gezielt diskreditiert oder sogar lächerlich gemacht. So wurde etwa im „Spiegel" über einen Auftritt Otto Schilys berichtet: „Es liege ,nicht außerhalb des Denkbaren', faselt der Anwalt, daß auch diesmal ein Geheimdienst die Hand im Spiel gehabt haben könnte."[425] Nachdem man sich im Winter 1974/75 in der Frage der Haftbedingungen in Stammheim von Schily hintergangen gefühlt hatte, hatte das Hamburger Magazin den Verteidiger, der lange auf einen guten Draht in die Redaktion hatte zählen können, offensichtlich umso gründlicher fallengelassen.

Wenn Schneider kritisierte, die deutschen Medien hätten anders als die italienischen die Fragen und Bedenken der Angehörigen und Anwälte mit dem Argument nicht ernst genommen, diese seien „sowieso befangen",[426] verkannte er, dass diese tatsächlich befangen waren, eine Tatsache, die in der italienischen Öffentlichkeit wiederum weitgehend unberücksichtigt blieb. Denn diese war selbst in ihren negativen Deutschland-Bildern sowie einem fundamentalen Misstrauen gegenüber allem Staatlichen befangen, das Schneider damals wohl – in Analogie zu seiner Kritik an den Deutschen – als ,gesund' bezeichnet hätte.

Wenn die Strafverteidiger der verstorbenen RAF-Mitglieder einmal mehr die Forderung nach einer Internationalen Untersuchungskommission zur Klärung der Todesumstände ihrer ehemaligen Mandanten erhoben und die Angehörigen in Italien um Solidarität mit ihren ,ermordeten' oder aber ,vom Tod bedrohten' Kindern warben, so war dies zweifellos ein Ergebnis der Tatsache, dass ihnen die Bühne der Öffentlichkeit innerhalb der Bundesrepublik für solche Botschaften inzwischen weitgehend verschlossen war. So berichtete etwa die FAZ lediglich über den Umweg eines Interviews, das Helmut Ensslin mit dem LC-Organ „Lotta Continua" geführt hatte, von dessen Überzeugung, seine Tochter sei einem Mordkomplott zum Opfer gefallen.[427] Die Tatsache, dass man den Mordtheorien im Ausland so bereitwillig ein Forum einräumte, lieferte wiederum für Teile der außerparlamentarischen Linken in der Bun-

---

[425] „Dunkle Geschichte hinter dem Finstern. Der Tod der Terroristen Gudrun Ensslin, Andreas Baader und Jan-Carl Raspe in Stammheim", in: Der Spiegel 44/24.10.1977, S. 16–19, hier S. 16. Zur Kritik an den Anwälten vgl. auch Robert Leicht, „Der Skandal von Stammheim", in: SZ, 20.10.1977.
[426] Schneider, Sand, S. 4.
[427] „Der Vater Gudrun Ensslins glaubt nicht an Selbstmord", in: FAZ, 28.10.1977 (bpa). Vgl. auch „Germania Barbaria!", in: Stuttgarter Zeitung, 25.10.1977 (bpa).

desrepublik reichlich Argumente, um das deutsche Establishment mit seiner angeblich gleichgeschalteten Presse aus der ‚objektiven' Perspektive des Außenstehenden angreifen und ‚unterdrückten Nachrichten' Gehör verschaffen zu können.[428]

Dass Peter Schneider zeitgenössisch das Vorstellungsvermögen für den Inszenierungscharakter eines Geschehens gefehlt hatte, bei dem die Selbstmordkandidaten sogar ihre engsten Familienangehörigen im Vorfeld als zukünftige Zeugen der Mordversion ‚gebrieft' und entsprechend für den Kampf gegen den Staat instrumentalisiert hatten – so geschehen bei Gudrun Ensslin, die ihrem Vater wiederholt eingeschärft hatte, dass sie unter keinen Umständen hinter Gittern Hand an sich legen werde – kann man ihm allerdings kaum vorwerfen. Und selbst mit dem Wissen von heute ist es schwierig, die psychische Ausnahmesituation einer Frau nachzuvollziehen, die von ihren Zellengenossen so unter Druck gesetzt wurde, dass sie sich erst selbst mit einem Küchenmesser schwer verletzte und später trotz zahlreicher gegenteiliger Aussagen ihrer ehemaligen Kampfgefährten unbeirrt die Legende vom Staatsmord aufrechterhielt.[429] Genauso viel Phantasie musste man allerdings schon zeitgenössisch aufwenden, um, wie es Indro Montanelli formulierte, an einen Staatsmord zu glauben, „der einen Zeugen (Möller) am Leben läßt." Vieles an den Vorgängen in Stammheim scheine ihm, Montanelli, in der Tat absurd, nichts so absurd aber wie die Vorstellung eines missglückten Geheimdienstangriffs mit einem Brotmesser.[430]

Bei der Suche nach den tieferen Gründen für den relativen Erfolg der Stammheimer Mord-Inszenierung in der italienischen Öffentlichkeit greift es wohl zu kurz, lediglich auf Blindstellen zu verweisen, die sich aus den politischen Frontstellungen des Moments ergaben, wie dies der österreichische Publizist Georg Scheuer anlässlich der französischen Konflikte um die Auslieferung Klaus Croissants tat. Letztlich, so Scheuer, handle es sich um einen Streit um juristische Modelle und gesellschaftliche Konzepte, der über die nationalen Grenzen hinweggehe und jenseits herkömmlicher deutsch-

---

[428] Das gilt vor allem für den Kommunistischen Bund, dessen Organ „Arbeiterkampf" der Auslandsberichterstattung breiten Raum einräumte, vgl. „Die ausländische Presse bezweifelt Selbstmord", in: Arbeiterkampf 116/31.10.1977, S. 8; „Die ‚Selbstmorde' von Stammheim – nur die Spitze eines Eisbergs", in: Arbeiterkampf 117/14.11.1977. Vgl. aber auch die Berichterstattung im ID-Informationsdienst zur Verbreitung unterdrückter Nachrichten Nr. 202, S. 2–6 – hier wurde etwa Forattinis Karikatur aus der „Repubblica" vom 19.10. (Abb. 11) wiederabgedruckt – sowie Nr. 209/210, in dem breit über die italienische Solidarisierung mit Irmgard Möller berichtet wurde.
[429] Vgl. zuletzt Möllers Darstellung in: Tolmein, „RAF – Das war für uns Befreiung", S. 109–139.
[430] Zitiert in: Monika von Zitzewitz, „Die deutsche Demokratie ist Feind Nr. 1 des Terrors", in: Die Welt, 2.11.1977 (bpa).

französischer Rivalitäten oder Vorurteile liege. Die „rituelle Frage nach dem ‚Deutschlandbild' und ähnlichen Klischees" hielt Scheuer für überholt. Innenpolitische und weltanschauliche Differenzen gingen jetzt quer durch beide Länder – dafür hätten die Medien reichlich gesorgt. „Es gibt echtes Verständnis zwischen den Konservativen zu beiden Seiten des Rheins, aber auch zwischen Liberalen und nicht zuletzt auch zwischen Radikalen hüben und drüben."[431] Diese hellsichtige Analyse kann für Italien gleichwohl nur partielle Gültigkeit beanspruchen, denn der ‚Deutsche Herbst' rührte an Tiefenschichten des deutsch-italienischen Verhältnisses, die sich Erklärungsmustern der kurzen Dauer zumindest teilweise entzogen. „Wenn sich die Ereignisse in einem anderen Land zugetragen hätten, sagen wir, in Großbritannien", kommentierte „Il Corriere della Sera" die ‚Todesnacht von Stammheim', „so hätten wir mit ausreichender Distanz darüber sprechen können. Aber schon immer und seit der Kappler-Flucht mehr denn je spielt Deutschland in unseren Augen eine negative und dämonische Rolle. Und es konfrontiert uns mit unseren eigenen Problemen: Dem Terrorismus und der Notwendigkeit, zwischen dem Recht auf Freiheit und ihrer Verteidigung eine schwierige Wahl zu treffen".[432] Vor dem Hintergrund der Forschungsergebnisse Filippo Focardis und anderer ist zu ergänzen, dass auch der Umgang mit einer schwierigen nationalen Geschichte und der verdrängten Schuld zu den Problemen gehörte, die Deutsche und Italiener, wenn auch unter jeweils anderen Vorzeichen, miteinander teilten.[433] Stand der Name Kappler für das italienische Leiden während der deutschen Besatzungszeit, das auch die französische Bevölkerung nach 1940 hatte kennenlernen müssen, gab es für die Erinnerung an die ‚Achse Berlin-Rom' eben kein Pendant im deutsch-französischen Verhältnis.

Die Viktimisierungsstrategien der ‚Stammheimer' wurden mithin in Italien nicht nur durch die Abhängigkeit der Medien von spektakulären Nachrichten und der Beliebtheit von Verschwörungstheorien begünstigt, von denen sich die Adepten eines kritischen Investigativjournalismus weiter befeuert fühlten. Ihnen spielten auch tiefsitzende Ressentiments und Abwehrreaktionen gegen alles Deutsche in die Hände, die mit leidvollen Besatzungserfahrungen, ursprünglich aber eben auch mit verdrängter eigener Schuld zu tun hatten. Dazu kam der unerschütterliche Glaube an deutsche Effizienz, eine Eigenschaft, die nur auf der politischen Rechten dem italienischen ‚Schlendrian' als Vorbild hingestellt wurde, ansonsten aber eher eigenes *Laissez-faire* und südländisches Improvisationstalent aufzuwerten schien. Es ist dabei nicht ganz leicht zu verstehen, wie die kritischen Berichte, die auf den hinteren Seiten von „la Repubblica" über die Verhältnisse in den italienischen Gefängnissen

---

[431] Georg Scheuer, „Angst vor terroristischem Import", in: Vorwärts, 17.11.1977 (bpa).
[432] „L'Europa di fronte ai tedeschi", in: Corriere della Sera, 20.10.1977.
[433] Vgl. Focardi, „Bravo italiano" e „cattivo tedesco".

erschienen, mit dem News-Management bei der Deutschland-Berichterstattung zusammenzudenken sind: Berichte von der Allgegenwart der Gewalt in mittelalterlich anmutenden Verliesen, in denen selbst das Fixieren ‚rebellischer' Häftlinge in ihren Betten zum Alltag gehörte und Selbstmorde der Insassen an der Tagesordnung waren. Gleichwohl wurden die Verantwortlichen nicht selten mit der Bemerkung zitiert, von einer ‚Germanisierung' der Haftanstalten sei man glücklicherweise noch weit entfernt.[434]

Bemisst man den ‚Erfolg' der ‚Stammheimer' zunächst einmal überhaupt an ihrer im Ausland erreichten Medienpräsenz, so konnten sie mithin in Italien während des ‚Deutschen Herbstes' andere Nachrichten wochenlang sehr effektiv von den vorderen Seiten der Zeitungen verdrängen. Mit einer Akzeptanz des Terrorismus als politischer Handlungsstrategie ging diese Präsenz allerdings nirgendwo einher – die Verurteilung des von ihren Gesinnungsgenossen auf den deutschen Straßen ausgeführten terroristischen Angriffs auf willkürlich ausgewählte Zivilisten war einhellig. Wie gesehen, verfehlte auch der Schlag gegen den SPD-Staat zumindest teilweise sein Ziel: Die Berichterstattung Barbara Spinellis ist ein sehr anschauliches Beispiel für die prinzipiell unkontrollierbare Wirkung der von antisystemischen Gruppen an die Medien ausgesandten Botschaft. Gleichwohl war das Resümee von „L'Espresso" unterm Strich wohl zutreffend, wenn er zusammenfasste: „Ein Blutfleck auf dem Bild der Bundesrepublik wird bleiben. Darauf reduziert sich der Erfolg der Roten Armee Fraktion. Das ist nicht wenig. Das Ziel, das sie sich gesetzt hatte, war, den Rechtsstaat zu schwächen, indem sie ihn in die Illegalität zwingt. Den Verdacht der Illegalität gibt es nun, wenn auch nicht den konkreten Beweis: Er wird, wenn auch nur in marginalen Schichten der westdeutschen Bevölkerung, die Überzeugung von der Illegitimität ihres Staates weiter nähren."[435]

Genau umgekehrt zu den Verhältnissen in der Bundesrepublik hatten es in Italien solche Stimmen, die diesem Verdacht der Illegalität offen entgegentraten, in diesen Wochen weit schwerer, Gehör zu erlangen, als die, die ihn artikulierten – vor allem, wenn es Deutsche selbst waren, die für den Staat Partei ergriffen. Zu ihnen gehörte Günter Grass, der im Anschluss an einen Auftritt in Brüssel auf Einladung des ehemaligen Mailänder Bürgermeisters Aniasi und der mit Grass befreundeten Inge Feltrinelli auch in die lombardische Metropole fuhr, um auf einer Podiumsdiskussion im Zusammenhang mit der Stammheimer ‚Todesnacht' um mehr Gerechtigkeit für sein Land zu werben.[436] Von seinen meist jugendlichen Zuhörern im Circolo Turati,

---

[434] „Suicidio nel ‚carcere bunker'", in: la Repubblica, 3.9.1977; „Il bunker bianco chiamato carcere speciale", in: la Repubblica, 9.9.1977; „C'è il pericolo di slittare verso modelli stranieri", in: la Repubblica, 9.9.1977.
[435] Francesco Russo, „Terrore contro terrore", in: L'Espresso, 30.10.1977, S. 4–8, hier: S. 8.
[436] „Günter Grass: sono false e ingiuste le accuse degli italiani alla Germania", in: Corriere

wo einige Wochen zuvor auch Helmut Ensslin aufgetreten war, erntete er für seine Verteidigung der Bundesrepublik und seine Absage an die „neuen Pharisäer der Neuen Linken", die ohne jeden Beweis vom Staatsmord in Stammheim redeten und alle Gegenargumente ignorierten, Pfiffe und Buhrufe. Die ihm entgegenschlagende Feindseligkeit verführte ihn prompt dazu, den Spieß umzudrehen und den Anwesenden ans Herz zu legen, sich lieber um den Neofaschismus im eigenen Land zu kümmern als um vermeintliche Menschenrechtsverletzungen bei den Nachbarn. Die Attentate gegen deutsche Einrichtungen in Italien, so Grass, erinnerten ihn an die frühen Übergriffe gegen jüdische Geschäfte im ‚Dritten Reich' seiner Kindheit. In einem indignierten Leitartikel unter der Überschrift „Eine bittere Begegnung mit Günter Grass" bewertete der Historiker und Publizist Giorgio Bocca in „la Repubblica" den Mailänder Auftritt des Schriftstellers als letzten Beweis für die unerträgliche Atmosphäre in der Bundesrepublik mit ihrem „Sowjeteffekt", in der selbst freie Geister wie Grass sich den offiziell verordneten Denkverboten unterwürfen und zu nationalistischen Thesen verstiegen. Auch wenn der Deutsche zweifellos Richtiges und Wichtiges zu sagen habe, indem er etwa an das gebotene Mitleid mit den Opfern des Terrorismus erinnere – über „die Wahrheit Irmgard Möllers", die dem Staat nicht ins Bild passe, gehe er „rücksichtslos hinweg wie ein Panzer".[437] An dieser Stelle werden zweifellos auch die weniger politisch bedingten als im Habitus wurzelnden Bauchschmerzen sichtbar, die das kompromisslose Auftreten eines Günter Grass bei manchen Italienern verursachte. In diesem Punkt unterschied sich Grass zweifellos von seinem sehr viel defensiver wirkenden Kollegen Heinrich Böll, der denn auch den in Bonn akkreditierten Auslandskorrespondenten im Dezember gemeinsam mit Siegfried Lenz eine „Deutschstunde ohne Sprachprobleme" erteilte.[438] In der Sache ebenso standfest und den europäischen Nachbarn gegenüber kritisch wie Grass, brachte Böll gleichwohl „auch die anwesenden Italiener" zum Lachen, als er zum Thema Kappler bekannte: „Ich gestehe jedem Inhaftierten das Recht zu, wenn er Glück hat, stiftenzugehen. Auch einem alten Nazi, wenn er dreißig Jahre sitzt." Und selbst die Bemerkungen, die der Kölner Autor über seinen politischen Erzfeind im Süden der Bonner Republik zum besten gab, werden den Italienern im Raum wohl nicht unsympathisch gewesen sein: „Was mich an Herrn Strauß interessiert, ist nicht, was er jetzt so an Torheiten von sich

---

della Sera, 29.10.1977. Vgl. auch das von Barbara Spinelli geführte Interview „Il dramma della Germania sconvolta dal terrorismo. ‚Aiutateci a salvare la democrazia'", in: la Repubblica, 29.10.1977.
[437] Giorgio Bocca, „L'amaro incontro con Günter Grass", in: la Repubblica, 30./31.10.1977.
[438] Werner A. Perger, „Deutschstunde ohne Sprachprobleme – Die in Bonn akkreditierten Auslandskorrespondenten trafen sich mit Heinrich Böll und Siegfried Lenz", in: Deutsches Allgemeines Sonntagsblatt, 11.12.1977 (bpa).

gibt: Wir sind fast gleich alt, wir kommen aus vergleichbaren Milieus – unsere Väter waren Handwerker –, wir sind beide katholisch erzogen. Das interessiert mich viel mehr als das, was mich von ihm trennt." Das bitterste an der gegenwärtigen politischen Entwicklung sei für ihn, dass ein Gespräch, „nicht nur mit Herrn Strauß, möglicherweise nicht stattfindet, weil hierzulande eine künstliche Konfrontation herrscht, eine gegenseitige Berührungsangst." Die Performance der beiden Schriftsteller kam im Publikum offenbar so gut an, dass ein spanischer Journalist am Ende die Meinung vertrat, „die Regierung sollte sich bei den beiden bedanken."[439]

Dieser Auffassung war in der Tat auch der seinerzeit vielgeschmähte Grass, der sich unter den deutschen Schriftstellern wohl am eindeutigsten zugunsten der Regierungspartei in die Bresche geworfen hatte.[440] Nach seiner Rückkehr hatte er in einem Brief an den Kanzler in eindringlichen Worten die „schizoide Situation" geschildert, in der sich die deutschen Schriftsteller in diesen Wochen befanden: „Alle Hände voll haben wir zu tun und alle Beredsamkeit ist vonnöten, wenn es darum geht, im benachbarten Ausland die schiefen, ungerechten und oft pharisäerhaften Urteile über die Bundesrepublik zurechtzurücken (wobei wir uns oft als die besseren Diplomaten erweisen); doch kommen wir in die Bundesrepublik zurück, bieten sich uns vonseiten der CDU/CSU und der diesen Parteien verbündeten Presse ein Übermaß an Hass und dessen Ausdruck: Verleumdung." Zwar sei er, fuhr Grass fort, „im Ertragen solcher Dinge hartgesottener als mein Kollege Heinrich Böll", doch hoffe er auf ein „klares Wort" des Bundeskanzlers. Vor allem aber appellierte er an Schmidt, „letzte Klarheit" über die Vorgänge von Stammheim zu erwirken und „die politisch Verantwortlichen" zur Rechenschaft zu ziehen. „Bliebe auch nur ein Rest von kalkuliertem Märtyrertum, wäre der Schaden kaum wieder auszugleichen." Besonders unter jungen Menschen gebe es „wieder einmal" ein latentes Bedürfnis nach heldischen Vorbildern. Es sei eine Schande, so Grass, „ohnmächtig mitansehen zu müssen, wie ausgerechnet ein Herr Filbinger diesen Bedürfnissen zugearbeitet hat."[441] Ganz ähnlich äußerte sich der Schriftsteller wenig später auch in dem bereits erwähnten „Brennpunkt" der ARD.[442] Die Bundesregierung könne im Ausland nur dann Vertrauen zurückgewinnen, „wenn sie mit ruhigen und sachlichen Argumenten" Fehlurteile korrigiere, Kritik aber nicht generell zurückweise. „Im Gegenteil, wir müssen unsere Kritikfähigkeit (...) im Aus-

---

[439] Ebd.
[440] Schon vor dem umstrittenen Auftritt in Mailand hatte er am 16. September mit dem Journalisten Philippe Ganier-Raymond ein langes Interview geführt hatte, das auf den Seiten des „Nouvel Observateur" und der „Repubblica" erschien, vgl. Philippe Ganier-Raymond, „Günter Grass difende la Germania", in: la Repubblica, 16.9.1977.
[441] AFES, Helmut-Schmidt-Archiv, 10018, Schreiben vom 24.10.1977.
[442] „Im Brennpunkt", Sendung vom 2.11.1977 (Länge 29 min.), NDR Media GmbH.

land besser darstellen, damit man begreift, dass 30 Jahre nach dem Krieg hier in der Tat eine Demokratie entstanden ist, die lebensfähig ist und lebensfähig bleiben wird, trotz Strauß und Filbinger." Wenn Dieter Kronzucker in seiner Abmoderation die Frage aufwarf, „ob Selbstkritiker wie Günter Grass nicht das Vorurteil gegen uns doch draußen eher bestärken", so erteilte der Kanzler solchen Abwehrreaktionen höchstpersönlich eine Absage. In fast wörtlicher Übereinstimmung mit Grass plädierte er im Interview mit der „Süddeutschen Zeitung" dafür, „die Sensibilität für Urteil und Kritik des Auslandes" nicht nur zu erhalten, sondern bewusst zu stärken. „Ich meine damit nicht, dass wir auf alles unreife Geschwätz junger Demonstranten im Ausland einzugehen hätten, keineswegs. Was ich meine: Wir haben hinzuhören auf die ernstgemeinten Urteile und Kritiker unserer ausländischen Partner und Freunde".[443]

Für den italienischen Kulturraum traf der von Grass formulierte Verweis auf die Irritation über den Mangel an deutscher Kritikfähigkeit und die Sehnsucht nach Konformismus in der Bundesrepublik in jedem Falle zu. So viel Nähe zur Macht, wie sie deutsche Linksintellektuelle im Herbst 1977 suchten und fanden, wäre ihren italienischen Kollegen jedenfalls immer suspekt gewesen. Dies sollte sich gerade an den Reaktionen namhafter italienischer Intellektueller auf die Ereignisse des ‚Deutschen Herbstes' nachdrücklich zeigen.

6.3 „Deutschland ist das kranke Herz Europas": Der Protest der Neuen Linken

6.3.1 Die Angst vor dem Leviathan: Das „Initiativ- und Unterstützungskomitee zur Verteidigung der Bürgerrechte und der demokratischen Freiheiten in der Bundesrepublik Deutschland"

„Deutschlandfeindliches Komitee in Rom – Witwe des Revolutionsverlegers Feltrinelli unter den Mitgliedern". Unter dieser wieder einmal reißerischen Überschrift berichtete der „Bayernkurier" Anfang November 1977 über das unmittelbar zuvor ins Leben gerufene „Initiativ- und Unterstützungskomitee zur Verteidigung der Bürgerrechte und der demokratischen Freiheiten in der Bundesrepublik Deutschland".[444]

Hinter der umständlichen Bezeichnung – „lang, aber den vielen Erforder-

---

[443] „Internationale Zusammenarbeit bei der Abwehr des Terrorismus", SZ, 25.10.1977, hier zitiert nach: Bulletin Nr. 108, 27.10.1977, S. 981.
[444] Bayernkurier, 4.11.1977 (bpa). Vgl. zur Geschichte des Komitees jetzt den kurzen Beitrag von Peter Kammerer, Komitee.

nissen am besten gerecht werdend", wie die Gründer befanden[445] – verbarg sich ein Zusammenschluss von etwas mehr als einem Dutzend prominenter Linksintellektueller, von dem in der Folge lebhafte, um die westdeutsche Terrorismus- und Extremismusbekämpfung kreisende Aktivitäten ausgingen. Inhaltlich federführend war dabei nicht die vom „Bayernkurier" polemisch in den Mittelpunkt gerückte Inge Schönthal-Feltrinelli, die die Initiative vor allem finanziell unterstützte, sondern der bereits mehrfach erwähnte Lelio Basso. Dem näheren und weiteren Umfeld dieses umtriebigen marxistischen Querdenkers waren auch die meisten der übrigen Namen zuzurechnen: Exponenten des linkskatholischen, gewerkschaftlichen und kommunistischen bzw. radikalsozialistischen Lagers, oft mit antifaschistischer Vergangenheit. Die einzigen Unterzeichner*innen* der Gründungserklärung vom 26. Oktober waren neben Inge Feltrinelli die Ehefrau und Mitarbeiterin des ‚Anti-Psychiaters' Franco Basaglia, Franca Ongaro-Basaglia, sowie die Germanistin Emilia Giancotti, wobei allein letztere regelmäßig an den Arbeitssitzungen des Komitees teilnahm.[446]

Für den Italienkorrespondenten des „Bayernkurier" bildete das Komitee „nur einen ersten Schritt zu einem Propagandafeldzug, um die Bundesrepublik als den relativ stärksten Staat Westeuropas zu verleumden und moralisch sowie politisch nach Möglichkeit zu isolieren."[447] Die Mitglieder des Komitees selbst hatten den Vorwurf, „eine Verleumdungskampagne gegen den westdeutschen Staat" zu betreiben, nach eigenem Bekunden vorausgesehen. In Wirklichkeit sei ihre Initiative jedoch alles andere als „antideutsch", sondern ganz im Gegenteil von „Freundschaft für das deutsche Volk" und „Vertrauen in die demokratischen Kräfte in der BRD" getragen. Allerdings sei man der Auffassung, dass die bundesdeutsche Demokratie dringend auf die Unterstützung der anderen westeuropäischen Demokratien angewiesen sei. Schließlich habe die Etablierung diktatorischer oder auch nur autoritärer Regime in Deutschland immer Krieg und Unglück für den gesamten Kontinent und manchmal die ganze Welt mit sich gebracht. Wenn sich also Bürger anderer europäischer Staaten für die demokratische Entwicklung Deutschlands einsetzten, so sei dies keinesfalls als unbotmäßige Einmischung zu interpretieren, schon gar nicht vor dem Hintergrund eines sich stetig intensivierenden europäischen Einigungsprozesses.[448]

---

[445] Archiv Peter Kammerer, Appunto sulla riunione tenuta il 26 ottobre in Roma presso l'ISSOCO.
[446] Archiv Peter Kammerer, Comitato di iniziativa e di appoggio alla difesa dei diritti civili e delle libertà democratiche nella RFT, Verbale del 26.10.1977.
[447] „Deutschlandfeindliches Komitee in Rom", in: Bayernkurier, 4.11.1977 (bpa).
[448] „Perché questo Bollettino di informazioni sulla Repubblica Federale Tedesca?", in: „Informazioni, documenti e commenti sulla situazione della RFT" n. 1 [ab n. 2 Bollettino], 12.2.1978, S. 1.

6.3 „Deutschland ist das kranke Herz Europas"   571

In unserem Zusammenhang ist die Geschichte des erst 1980 aufgelösten Komitees nicht primär aufgrund seiner Genese während der ereignisreichen Wochen des ‚Deutschen Herbstes' aufschlussreich. Entstehung und erste Aktivitäten können vielmehr als ein facettenreicher Spiegel des politischen Selbstverständnisses der involvierten Intellektuellen gelesen werden, die sich als Exponenten einer transnational orientierten linken Elite für die Rettung der vermeintlich von der Bundesrepublik aus bedrohten Demokratie in Europa in der Mitverantwortung wähnten, was auch immer mit dem Begriff „demokratisch" in diesem Kontext genau gemeint war. Mit dieser Orientierung waren sie nicht im eigentlichen Sinne repräsentativ für das intellektuelle und politische Milieu, dem sie sich zugehörig fühlten, vermochten dieses aber maßgeblich mitzuprägen. Die Suche nach den Mustern und den Wurzeln ihres Denkens soll entsprechend dazu beitragen, die Resonanz der Viktimisierungsstrategien der RAF in diesem Milieu besser zu verstehen. Wie angedeutet, war diese Resonanz nicht erst seit dem ‚Deutschen Herbst' zu verzeichnen, wurde in den Wochen und Monaten nach dem 18. Oktober 1977 aber doch in besonderer Klarheit greifbar.

Galten die führenden Köpfe des Komitees nördlich der Alpen – mit Ausnahme eines noch näher zu beschreibenden, eng umrissenen Umfelds – nicht nur im rechten Lager als kaum ernstzunehmende „marxistische Ideologen" („Bayernkurier"), schrieb man ihnen in der überwiegend links geprägten Kultur- und Intellektuellenszene Italiens weithin hohe persönliche Integrität und Kompetenz zu. Das Bild, das sie von den westdeutschen Verhältnissen und insbesondere vom westdeutschen Umgang mit der Herausforderung durch den Terrorismus entwarfen, besaß damit per se eine hohe Glaubwürdigkeit – weiter begünstigt durch die bereits angesprochenen, ebenso breit geteilten wie tief verwurzelten Vorurteile gegenüber allem Deutschen, aber auch durch das politische Instrumentalisierungspotential, das diesem Entwurf prinzipiell inhärent war. Interessanterweise spielten bei der Ausgestaltung der ‚Mission', die die Protagonisten aus ihrem Bild von der Bundesrepublik ableiteten und die sie mit Hilfe des Komitees umzusetzen suchten, hinter den Kulissen aber auch westdeutsche Intellektuelle eine Rolle, die ihr Heimatland gen Süden verlassen und sich dort niedergelassen hatten – im konkreten Fall der seit 1970 an der Universität Urbino lehrende deutsche Soziologe Peter Kammerer.[449] Über den Anteil, den diese ‚Deutsch-Italiener' an der spezifischen Formung bundesdeutscher Politikwahrnehmung jener Jahre besaßen, ist bislang nur sehr wenig bekannt – eine Lücke, die an dieser Stelle nur benannt, nicht gefüllt werden kann. Einmal mehr jedenfalls verstärkt sich der Eindruck, dass

---

[449] Ich bedanke mich bei Peter Kammerer sehr herzlich für ausführliche Gespräche sowie die großzügige Überlassung des von ihm aufbewahrten Materials zur Geschichte des Komitees.

das düstere Deutschlandbild des linken Italiens in nicht geringem Maße in dem Unbehagen wurzelte, das kritische Deutsche selbst gegenüber dem Staat empfanden, in dem sie lebten oder dem sie – manchmal ganz bewusst – den Rücken gekehrt hatten. Auch in diesem Fall handelte es sich bei diesem Bild dennoch nicht einfach um das Produkt eines deutschen Exports, sondern um das Ergebnis komplexer transnationaler Aushandlungsprozesse, innerhalb derer nicht zuletzt die politische Identität aller beteiligten Akteure Teil der Verhandlungsmasse war.

Auf den folgenden Seiten sollen für die aktivsten und einflussreichsten Köpfe des Komitees Formen und Motive ihres Engagements, aber auch dessen innere Widersprüche herausgearbeitet werden. Neben dem Anwalt Basso sollen der Mathematiker und PCI-Politiker Lucio Lombardo Radice sowie der Historiker Enzo Collotti vorgestellt werden. Gerade Collotti, „zweifellos der wichtigste italienische Deutschland-Interpret des 20. Jahrhunderts", vermochte mit seinen historisch argumentierenden Analysen des bundesrepublikanischen Terrorismusproblems nicht nur die Linie des Komitees, sondern die Wahrnehmung einer ganzen akademischen Generation zu prägen.[450] In seiner Interpretation der zeitgenössischen deutschen Gegenwart, so die hier vertretene These, vermischten sich die Langzeitwirkung beklemmender Besatzungserfahrungen, die innerhalb eines bereits in den Kriegsjahren geknüpften und im Rahmen des Komitees neu belebten persönlichen Netzwerks weitergetragen worden waren, mit direkt aus diesen Erfahrungen abgeleiteten politischen Schlussfolgerungen. Dazu kam die wissenschaftliche Beschäftigung mit dem Aufstieg und der Herrschaftspraxis des Nationalsozialismus sowie die ganz persönlichen Erlebnisse von Ablehnung und – weitaus seltener – Zustimmung, die Collotti mit seinen bewusst provokanten wissenschaftlichen und politischen Thesen seit Anfang der 60er Jahre von Seiten westdeutscher Kollegen erfuhr. Inwieweit darüber hinaus auch der politische Kontext innerhalb Italiens seine Beurteilung der Bundesrepublik konditioniert hat, ist weitaus schwieriger zu ermessen, da Collotti sich zwar immer wieder zur deutschen, kaum jemals aber zur italienischen Politik geäußert hat – jedenfalls nicht öffentlich. In seinen 2010 vorgelegten „Erinnerungen zwischen Chronik und Autobiographie" bezeichnet er sich als „cane sciolto", als „herrenlosen Hund"; „*naturaliter* socialista", aber viel zu sehr Freidenker und Individualist, um sich jemals einer Partei zugehörig zu fühlen.[451] Dem deutschen Zeithistoriker Jens Petersen, der ihn wiederholt eines marxistisch verzerrten Blicks auf die deutschen Verhältnisse bezichtigte,

---

[450] Lutz Klinkhammer, Enzo Collotti e il problema tedesco nel XX secolo, in: Simonetta Soldani (Hg.), Enzo Collotti e l'Europa del Novecento, Florenz 2011, S. 35–60, hier S. 38.

[451] Collotti, Impegno civile. Für die hier zitierten Passagen vgl. S. 44f. – Die Verfasserin ist Enzo Collotti für ein ausführliches Gespräch im April 2008 in Florenz zu Dank verpflichtet.

der erst nach der geopolitischen Wende von 1989/90 einer unbefangenen Betrachtung Platz gemacht habe, machte Collotti den Vorwurf, trotz eines halben Lebens in Rom wenig von Italien verstanden zu haben.[452] Petersen verkenne, dass „demokratische Laizisten" eben manchmal mit dem PCI hätten zusammenarbeiten müssen, wenn es um „das demokratische Überleben Italiens" ging – „auch ohne dabei selbst Kommunisten zu sein".[453] Selbstverständlich habe er, Collotti, seit den 70er Jahren einige seiner Ansichten zurechtrücken müssen. Aber nicht er sei ein anderer geworden – „es ist Deutschland, das sich verändert hat."[454] Collottis Deutung des RAF-Terrorismus und die Vielzahl seiner politischen Interventionen in dieser Frage zeigen jedoch wie kaum ein anderes Thema, dass seine Sicht auf die Bundesrepublik im fraglichen Zeitraum nicht nur durch Misstrauen und überbordenden Pessimismus, sondern auch durch ein Denken in Klassenkampfkategorien bestimmt war, das zwar nicht mit PCI-Positionen identisch war, in dessen Zentrum jedoch ein geradezu obsessives Hadern mit der post-sozialistischen deutschen Sozialdemokratie stand.[455] An dieser Stelle soll es um eine ideengeschichtliche Einordnung von Collottis Terrorismus-Interpretation gehen, die auch den konkreten Erfahrungen und sozialen Bezügen ihres Trägers gerecht zu werden versucht.

Vor dem Hintergrund der weiter oben skizzierten Vorgeschichte ist es wenig verwunderlich, dass das eine gute Woche nach ‚Stammheim' an die Öffentlichkeit getretene Initiativkomitee sofort in den Aktionsradius der verschiedenen im Umfeld der RAF tätigen Gruppen und Personen geriet, die am Fortleben der Staatsmord-These ein genuines Interesse besaßen. Wie gesehen, war Lelio Basso bereits im Sommer 1976 erfolgreich von Croissant für die Teilnahme an der Internationalen Untersuchungskommission zum Tode Ulrike Meinhofs angeworben worden. Nun war es Heinz Heldmann, der in seiner Funktion als Interessenwalter Croissants und ehemaliger Anwalt des verstorbenen Baader persönlich den Kontakt zu den Beteiligten suchte. Im Rahmen eines Rom-Besuchs Mitte November versuchte er die Italiener nicht nur von der Notwendigkeit einer Internationalen Untersuchungskommission zur Aufklärung des

---

[452] Jens Petersen, Italia – Germania: percezioni, stereotipi, pregiudizi, immagini d'inimicizia, in: Ders. (Hg.), L'emigrazione fra Italia e Germania, Manduria u. a. 1993, S. 199–219. Petersen bekleidete bis 1999 das Amt des Vizedirektors des Deutschen Historischen Instituts in Rom.
[453] Collotti, Impegno civile, S. 85.
[454] Ebd., S. 145.
[455] „So ausgewogen und weiterführend Collottis Analysen zum Nationalsozialismus sind, so sehr lassen seine Publikationen zur Entwicklung Deutschlands nach 1945 zu wünschen übrig", so das Urteil Gustavo Cornis über die entsprechenden Schriften, in: Ders., Die italienische Geschichtswissenschaft und die deutsche Frage, in: Gian Enrico Rusconi u. a. (Hg.), Schleichende Entfremdung? Deutschland und Italien nach dem Fall der Mauer, München 2008, S. 123–132, hier S. 123; vgl. auch Ders., Modello tedesco, S. 48f.

Geschehens in der ‚Todesnacht', sondern auch von sofortigen Maßnahmen zugunsten Möllers und Croissants zu überzeugen, von denen die eine nach wie vor, der andere neuerdings in Stuttgart-Stammheim inhaftiert war.[456] Seine Anregungen führten zur Formulierung zweier gleichlautender Telegramme, in denen das Komitee die jeweils zuständigen Untersuchungsrichter über „die Besorgnis der öffentlichen Meinung in Italien" angesichts der Haftbedingungen der ihnen Anbefohlenen in Kenntnis setzte.[457] Darüber hinaus wurden Fragen zur Lage der Verteidigung vorgebracht sowie Auskünfte über die Gründe verlangt, mit denen einer italienischen Parlamentsdelegation kurz zuvor eine Besuchserlaubnis bei Irmgard Möller verweigert worden war.[458] Lediglich Möllers Richter erachtete es für nötig, zu antworten, wenn auch nur, um auf die eigene Nicht-Zuständigkeit für die vorgebrachten Anliegen hinzuweisen.[459]

Die Unterstützung der verschiedenen deutschen wie italienischen Initiativen zugunsten Irmgard Möllers, aber auch Klaus Croissants und Petra Krauses, die ihre drohende Auslieferung in die Schweiz einmal mehr durch die Aufrechterhaltung öffentlichen Drucks auf die italienischen Behörden zu verhindern suchte, blieb auch in den folgenden Monaten eine Konstante in der Arbeit des Komitees.[460] Nicht zufällig erreichte im Dezember 1977 auch ein ausführliches, in fehlerfreiem Italienisch abgefasstes Schreiben Kurt Groenewolds das Komitee, in dem der Anwalt eine denkbar einseitige Darstellung des eigenen Falles mit einer umso eindringlicher formulierten Bitte um Unterstützung in dem ihm bevorstehenden Gerichtsverfahren verband.[461] Tatsächlich stand der Prozess

---

[456] Archiv Peter Kammerer, Protokoll des Treffens mit Heldmann am 15.11.1977, gez. Lelio Basso. Für eine internationale Untersuchungskommission mit parlamentarischem Charakter setzte sich Basso in der Folge in Absprache mit den Abgeordneten Terracini und Codrignani sowie dem Senator Labor ein, vgl. Fondazione Basso, Serie 19, fasc. 28, Appunto sulla riunione tenuta il giorno 12.12.1977.

[457] Fondazione Basso, Serie 19, fasc. 28, Testo italiano telegrammi (mandati in tedesco 13.12.1977).

[458] Vgl. dazu weiter unten S. 609.

[459] Fondazione Basso, Serie 19, fasc. 28, Bilancio di un anno di attività del Comitato, 16.10.1978.

[460] Vgl. die Dokumentation in den Bollettini n. 1–5, 1978. Die erste Ausgabe vom Februar dokumentierte vollständig Möllers Aussage zum Geschehen in der ‚Todesnacht' vor dem Parlamentarischen Untersuchungsausschuss des Baden-württembergischen Landtages, vgl. Informazioni, documenti e commenti sulla situazione della RFT n.1 [ab der 2. Ausgabe Bollettino], 12.2.1978, S. 11–15. Vgl. weiter unten S. 609ff.

[461] Fondazione Basso, Serie 19, fasc. 28, Schreiben Kurt Groenewolds vom 12.12.1977. In den Unterlagen des Komitees findet sich auch die 53 Seiten umfassende Darstellung „Informazioni sul procedimento di accusa della Procura Generale federale contro l'avvocato Kurt Groenewold – difensore dei detenuti della RAF", einschließlich einer Sammlung italienischer Zeitungsartikel zum Fall Groenewold, meist aus der Feder Claudio Pozzolis.

gegen den Strafverteidiger im Folgejahr mehrfach auf der Tagesordnung der Aktiven.⁴⁶²

Entgegen des gerade durch die Aktivitäten zugunsten Möllers erzeugten Eindrucks hatten die „tragischen Geschehnisse des 18. Oktober 1977" der römischen Initiative zwar einen wichtigen Schub versetzt, waren jedoch nicht ihr Anlass gewesen, wie in einer ersten, im Herbst 1978 verfassten „Jahresbilanz" eigens hervorgehoben wurde.⁴⁶³ Tatsächlich hatte sich Basso schon im Juni 1977 auf die Suche nach Mitstreitern begeben, die „angesichts der jüngsten politischen Entwicklung in der Bundesrepublik" willens waren, „die begrenzte Optik der Opposition gegen das Berufsverbot" zu überwinden, „diese Praxis in die allgemeine restaurative und autoritäre Entwicklung in der BRD" einzubetten und sich dieser aktiv entgegenzustellen.⁴⁶⁴

Unter diesem Banner vereint, trafen Anfang Oktober acht Personen in Rom zu einem ersten *Brainstorming* zusammen – neben Basso, Kammerer, Schönthal-Feltrinelli und Collotti der PCI-Dissident Aldo Natoli, der Gewerkschafter Alberto Tridente, der Maler Tomás Maldonado sowie der Präsident der einflussreichen linksgerichteten Juristenvereinigung Magistratura Democratica, Salvatore Senese. Die Anwesenden beauftragten Collotti mit dem Entwurf einer gemeinsamen programmatischen Erklärung, die – nach den Stammheimer Todesfällen im Ton und in der Sache noch einmal zugespitzt – am 26. Oktober auf einer Pressekonferenz vorgestellt wurde.⁴⁶⁵ Mit dieser Erklärung verschrieb sich das Komitee drei Zielen: „Erstens: der Analyse und Dokumentation des Prozesses autoritärer Involution in der BRD; zweitens: der Kooperation mit den Komitees und demokratischen Initiativen, die diesen Prozess in der BRD wie international bekämpfen; drittens: der Realisierung von Solidaritätsaktionen mit den Opfern der Repression."⁴⁶⁶

Auf den nächsten Arbeitstreffen der nunmehr unter anderem um den renommierten Germanisten Cesare Cases erweiterten Gruppe konkretisierten sich diese Pläne zunächst in der Entscheidung, ein eigenes Publikationsorgan herauszugeben, das im Mittelpunkt aller Projekte zur „Gegeninformation" der italienischen Öffentlichkeit stehen sollte, die, wie man sich einig war, insgesamt schlecht über die Bundesrepublik Bescheid wusste.⁴⁶⁷ Dieses Bulletin solle

---

⁴⁶² Vgl. Informazioni, documenti e commenti sulla situazione della RFT n.1 [ab der 2. Ausgabe Bollettino], 12.2.1978, S. 17f.; Bollettino n. 5, Dezember 1978, S. 4.
⁴⁶³ Fondazione Basso, Serie 19, fasc. 28, Bilancio di un anno di attività del Comitato, 16.10.1978.
⁴⁶⁴ Ebd.
⁴⁶⁵ Archiv Peter Kammerer, Comitato di iniziativa e di appoggio alla difesa dei diritti civili e delle libertà democratiche nella RFT, Verbale del 26.10.1977.
⁴⁶⁶ Abgedruckt in: Informazioni, documenti e commenti sulla situazione della RFT n.1 [ab der 2. Ausgabe Bollettino], 12.2.1978, S. 1–3.
⁴⁶⁷ Fondazione Basso, Serie 19, fasc. 28, Appunto sulla riunione tenuta il giorno 12.12.1977.

von einem „Exekutivsekretariat" erarbeitet werden, dessen Mitarbeiter zwar eng mit dem Komitee kooperieren, nicht aber mit diesem identisch sein sollten. Um die Besetzung dieser Arbeitsgruppe jenseits der prominenten Namen sollte sich Peter Kammerer kümmern. Nicht zufällig waren es weitere in Italien ansässige Deutsche, die als potentielle Mitarbeiter des ‚Sekretariats' genannt wurden, und ebenso wenig zufällig handelte es sich fast ausschließlich um Frauen – Frauen, die man politisch auf der richtigen Seite wusste und bei denen man davon ausging, dass sie nicht nur die erforderlichen Sprachkenntnisse, sondern vor allem die nötige Zeit für das verlangte Engagement mitbrachten. Sogar der Gedanke einer bezahlten Halbtagskraft wurde erwogen, aus Kostengründen jedoch wieder verworfen.[468] Im Sinne der aufklärerischen Zielsetzung der neuen Plattform, so das Editorial der ersten Ausgabe, werde man nicht auf die Berichterstattung der „rigide konformistischen" großen Zeitungen der BRD zurückgreifen, die alles verschwiegen, was auch nur einen „Schatten des Zweifels auf ein vorgeblich wieder liberales, demokratisches und rechtstaatliches Deutschland werfen" könne. Stattdessen wolle man sich auf „zuverlässige" persönliche Kontakte beziehen sowie die Medien der oppositionellen Linken in der Bundesrepublik auswerten.[469]

Das Bulletin, das ab der zweiten Ausgabe mit dem Untertitel „Informazioni, commenti e documenti sul ‚modello Germania'" (Informationen, Kommentare und Dokumente zum ‚Modell Deutschland') erschien, wurde in einer Auflage von 250 Exemplaren gedruckt und an Interessenten in Italien und der Bundesrepublik versandt.[470] Nachdem 1978 fünf umfangreiche Hefte entstanden waren, kamen nach Bassos Tod im Dezember dieses Jahres nur noch drei Nummern heraus, zwei im Jahre 1979 sowie eine letzte anlässlich der Kanzlerkandidatur Franz-Josef Strauß' bei den Bundestagswahlen von 1980. Als Summe und Abschluss der Bulletin-Erfahrung zugleich fungierte der deutsch-italienische Sammelband „Germania 1980. Una scadenza per l'Europa" (Deutschland 1980. Eine Frist für Europa), den das Komitee bei Feltrinelli veröffentlichte; Lom-

---

[468] Genannt wurden Gisela Baratta, die Ehefrau von Kammerers Kollegen Giorgio Baratta, die Wahlrömerin und Gelegenheitsjournalistin Ruth Reimertshofer, Sofie Alf, Autorin des „Leitfadens Italien", der 1977 im Rotbuch-Verlag erschienen war sowie der langjährige „Lotta Continua"-Chefredakteur Alexander Langer, vgl. Fondazione Basso, Serie 19, fasc. 28, Appunto sull'esecutivo, o.D.

[469] „Perché questo bollettino di informazioni sulla Repubblica federale tedesca?, in: Informazioni, documenti e commenti sulla situazione della RFT" n.1 [ab der 2. Ausgabe Bollettino], 12.2.1978, S. 1.

[470] Fondazione Basso, Serie 19, fasc. 28, Appunto sull'esecutivo, o.D.

bardo Radices Titelvorschlag „Germania d'autunno" (Deutschland im Herbst) hatte sich intern nicht durchsetzen können.[471]

Vor allem für Basso, Collotti, Natoli und Kammerer muss die Gründung des Komitees und die Herausgabe eines regelmäßigen Publikationsorgans de facto als Versuch einer Bündelung und Systematisierung ihrer um die Mitte des Jahrzehnts aufgenommenen publizistischen Aktivitäten gegen das so genannte ‚Berufsverbot' betrachtet werden, womit ihre Initiative französischen Vorbildern folgte.[472] Einmal mehr zeigt sich an dieser Stelle die Bedeutung des „Radikalenerlasses" als ‚Ursünde' sozialdemokratischer Innenpolitik, durch die sich die Bundesregierung für die westeuropäische Linke prinzipiell verdächtig gemacht und, wie sich zeigen sollte, für nicht wenige auf Dauer diskreditiert hatte. Daran konnte auch die stark liberalisierte Anwendungspraxis des Erlasses in den sozialdemokratisch regierten Ländern ab Mitte des Jahrzehnts wenig ändern.[473] Auf den Seiten des „Bollettino" mit seiner bis 1980 an Volumen stetig weiter an- statt abschwellenden Rubrik ‚Berufsverbot', aber auch der internen Korrespondenz der einzelnen Mitglieder des Komitees untereinander lässt sich diesem Phänomen anhand einer Fülle von Einzelbeiträgen nachspüren. So warnte vor allem Enzo Collotti immer wieder davor, in den Plädoyers führender Sozialdemokraten zu einer „liberaleren" Handhabung der ‚Berufsverbots'-Praxis etwas anderes zu sehen als ein „großartiges Alibi", das an den verheerenden Folgen des Erlasses selbst nicht das Geringste änderte.[474] Ganz offensichtlich war es auch, dass Collotti dem derzeitigen Vorsitzenden der Sozialistischen Internationalen Willy Brandt nicht die Verehrung entgegenzubringen vermochte, die in großen Teilen der italienischen Linken seit dem Kniefall von Warschau nach wie vor lebendig war. Zur Belebung von Brandts Image als aufrechtem An-

---

[471] Comitato di iniziativa e di appoggio alla difesa dei diritti civili e delle libertà democratiche nella RFT (Hg.), Germania 1980. Una scadenza per l'Europa, Mailand 1980. Beiträger waren Wolfgang Abendroth, Alexander Langer, Aldo Natoli, Peter Kammerer, Enzo Collotti, Lucio Lombardo Radice, Lidia Pala, Salvatore Senese sowie der langjährige Italienkorrespondent der „Süddeutschen Zeitung", Henning Klüver. Für Lombardo Radices Titelvorschlag vgl. Fondazione Basso, Serie 19, fasc. 28, Proposta di Lucio, 26.1.1980.

[472] Dominik Rigoll, „Herr Mitterrand versteht das nicht!" – „Rechtsstaat" und „deutscher Sonderweg" in den deutsch-französischen Auseinandersetzungen um den Radikalenbeschluss 1975/76, in: Detlef Georgia Schulze/Sabine Berghahn/Frieder Otto Wolf (Hg.), Rechtsstaat statt Revolution, Verrechtlichung statt Demokratie?, Bd. 2: Die juristischen Konsequenzen, Münster 2010, S. 812–822. Zu den Auslandsreaktionen auf den Radikalenerlass und die von der Bundesregierung ergriffenen Gegenmaßnahmen aber auch bereits ausführlich Braunthal, Politische Loyalität, S. 85–116.

[473] Vgl. ebd., S. 117–148. Angesichts der wachsenden ausländischen Kritik hatten sich prominente Sozialdemokraten – darunter Schmidt und Brandt – bereits 1976 explizit vom ‚Radikalenerlass' distanziert, ebd., S. 91–93.

[474] Vgl. etwa Collottis Schreiben an Lelio Basso vom 15.2.1978, in Fondazione Basso, Serie 19, fasc. 28.

tifaschisten hatte zuletzt die in der italienischen Presse breit rezipierte Tatsache beigetragen, dass der SPD-Vorsitzende während der Nachwehen der Kappler-Flucht seiner Besorgnis über wachsende rechtsradikale Tendenzen in der Bundesrepublik offen Ausdruck verliehen hatte.[475]

Auf der Suche nach ersten konkreten Wirkungsmöglichkeiten suchte das Komitee denn auch nicht von ungefähr gerade zu Brandt Kontakt, dem man den Wunsch unterbreitete, sich an einem Ort seiner Wahl persönlich über die „tatsächliche Lage" in Deutschland austauschen zu können – insbesondere über „die Anwendung des Radikalenerlasses und die Wahrung der Rechte der Häftlinge in den Gefängnissen der BRD."[476] Anlass dieser Bitte seien Brandts Äußerungen auf dem jüngst zu Ende gegangenen Hamburger SPD-Parteitag „hinsichtlich übertriebener Vorstellungen, die außerhalb der Bundesrepublik über die Verletzung von Freiheitsrechten verbreitet würden". Der von Basso im Namen des Komitees unterzeichnete Brief, der dem „Spiegel" unter der Überschrift „Italo-Linke an Brandt" eine 20-Zeilen-Notiz in der Rubrik ‚Panorama' wert war, blieb ohne Antwort – „unverschämt", wie Inge Feltrinelli intern kommentierte.[477]

Dass die Spielräume für den Dialog des offiziellen Deutschland mit seinen ausländischen Kritikern zum Ausklang des ‚Deutschen Herbstes' trotz Schmidts und Brandts wiederholtem Bekenntnis zum offenen Austausch exakt definierte Grenzen besaßen, erfuhren Basso und seine Mitstreiter auch im Anschluss an ein Gespräch des deutschen Botschafters mit italienischen Parlamentariern, die sich um das Leben Irmgard Möllers sorgten. Hätte er vorher gewusst, dass sich Mitglieder des Komitees in der Delegation befänden, hätte er das ganze Treffen platzen lassen, so die wenig diplomatische Reaktion des Diplomaten auf die Anwesenheit Lombardo Radices und Natolis unter seinen italienischen Gästen.[478]

Ein Grund für Brandts und Arnolds Kommunikationsverweigerung war

---

[475] Wiederholt würden in der Bundesrepublik, so hatte Brandt in einem offenen Brief an Helmut Schmidt moniert, „mit Wissen und Billigung der zuständigen Verwaltungsbehörden öffentlich nazistische Symbole gezeigt und entsprechende Gedanken vertreten", zitiert in: „Erbe lebt", in: Der Spiegel 36/29.8.1977, S. 49–52, hier S. 49. In der SPD-Spitze sorgte der Brief offenbar für erhebliche Verstimmung. Auf einer Sitzung des Parteivorstands bedauerte Brandt ausdrücklich, „daß das Schreiben an Helmut Schmidt veröffentlicht worden sei. Er wies noch einmal darauf hin, daß in dem Schreiben nicht behauptet wird, vom Rechtsradikalismus gehe eine große Gefahr aus", AFES, Helmut-Schmidt-Archiv 6288, Protokoll der Sitzung des Parteivorstands vom 30.8.1977.

[476] Archiv Peter Kammerer, Wortlaut eines offenen Briefes an den Vorsitzenden der SPD Willy Brandt, ohne Datum [13.12.1977]; vgl. auch „Informazioni, documenti e commenti sulla situazione della RFT" n.1 [ab der 2. Ausgabe Bollettino], 12.2.1978, S. 3.

[477] Archiv Peter Kammerer, Schreiben Inge Feltrinelli an Kammerer vom 27.1.1978.

[478] Fondazione Basso, Serie 19, fasc. 28, Bilancio di un anno di attività del Comitato, 16.10.1978.

möglicherweise darin zu suchen, dass Bassos und Lombardo Radices Namen in diesen Wochen im Zusammenhang mit dem geplanten ‚III. Russell-Tribunal zur Situation der Menschenrechte in der BRD' ventiliert wurden, für das sich SPD-Führung und Bundesregierung früh auf eine Linie der ‚Null-Toleranz' festgelegt hatten – auch und gerade gegenüber Sympathisanten der Veranstaltung in den eigenen Reihen, die vor allem unter den Jusos zu finden waren.[479]

Was die von dieser Unduldsamkeit in Italien Betroffenen anging, empfand zweifellos nicht nur Inge Feltrinelli die erlittene Zurückweisung als Affront – als Affront jedoch, der sie in ihrem Engagement eher bestärken als entmutigen musste. In die Öffentlichkeit getragen, ließen sich ihre Erfahrungen in erneute Belege für die Richtigkeit ihrer Arbeit ummünzen, die auf diese Weise zusätzlich an Legitimation gewann. Parallel durften sich die Mitglieder denn auch zumindest anfangs durch den regen Zuspruch ihrer unmittelbaren Umgebung bestätigt fühlen, zu dem die Ermutigung durch ausgewählte Deutsche trat. So hatte das Komitee für den 28. Februar 1978 unter dem plakativen Titel „Was passiert in der BRD?" im römischen Cinema Centrale eine deutsch-italienische Podiumsdiskussion organisiert, die auch in der Rückschau immer wieder als „voller Erfolg" und Höhepunkt der gemeinsamen Aktivitäten bezeichnet wurde.[480] Von den kontaktierten Wunschgästen Wolfgang Abendroth, Peter Schneider, Rudi Dutschke und Günter Wallraff nahmen nur die ersten beiden auf dem Podium Platz; weitere Wortbeiträge wurden von Lombardo Radice und Basso selbst geliefert, wobei letzterer die Aufgabe übernommen hatte, den Anwesenden in dem voll besetzten Kino das Komitee und seine Anliegen vorzustellen.[481]

Um seine Rede wie seine tragende Rolle in der Geschichte des Komitees insgesamt angemessen einordnen zu können, erfordert es einen kurzen biographischen Exkurs. Die dickleibige Festschrift zu Bassos – von ihm selbst um eine Woche nicht mehr erlebten – 75. Geburtstag im Dezember 1978 ist mit ihren weit über sechzig Mitwirkenden aus aller Welt und Beiträgen in fünf eu-

---

[479] Der erbitterte innerdeutsche Streit um das Russell-Tribunal ist dokumentiert in Freimut Duve/Wolf-Dieter Narr (Hg.), Russell-Tribunal – pro und contra. Dokumente zu einer gefährlichen Kontroverse, Reinbek b. Hamburg 1978. Für die Haltung Willy Brandts vgl. S. 28f. Lombardo Radice nahm an der umstrittenen Veranstaltung schließlich teil, während Basso bereits für die erste Sitzungsperiode aus gesundheitlichen Gründen hatte absagen müssen.

[480] Archiv Peter Kammerer, La manifestazione del 28 febbraio, o.D.; vgl. auch Fondazione Lelio Basso, Serie 19, fasc. 28, Bilancio di un anno di attività, 16.10.1978; Archiv Peter Kammerer, Breve storia del comitato, o.D. [1980].

[481] Für die Liste der Geladenen vgl. Fondazione Lelio Basso, Serie 19, fasc. 28, Verbale n. 5 della riunione del 24.1.1978. Neben den Genannten waren Böll, Gollwitzer und Silvia Gingold – berühmt gewordene Betroffene des Radikalenerlasses – im Gespräch gewesen, vgl. Archiv Peter Kammerer, Appunto sulla riunione tenuta il 12.12.1977.

ropäischen Sprachen ein eindrucksvoller Beleg für die Einbindung des Juristen in ein dicht gespanntes intellektuelles Netzwerk, dessen hochgradige Internationalität im zeitgenössischen Italien wahrscheinlich einmalig war.[482] Auch in seiner Heimat genoss der 1903 bei Savona in eine Familie des liberalen italienischen Bürgertums hineingeborene Basso hohes Ansehen: Als bekennender Sozialist wiederholt Opfer faschistischer Verfolgung, war er ab 1943 als aktives Mitglied der Resistenza ein enger Vertrauter des späteren Staatspräsidenten Sandro Pertini. Nach Kriegsende war er Mitglied der verfassungsgebenden Versammlung und neben seiner Tätigkeit als Anwalt und ungemein produktiver Buchautor von 1946 bis 1968 ununterbrochen Parlamentsabgeordneter. Anlass für sein Ausscheiden aus der Deputiertenkammer war das Zerwürfnis mit seiner moskautreuen Partei, dem von ihm selbst mitgegründeten PSIUP, in der Frage der Bewertung des sowjetischen Einmarschs in Prag.[483] 1972 und 1978 als Vertreter der Unabhängigen Linken in den italienischen Senat gewählt, engagierte sich Basso weiterhin hauptsächlich außerhalb gängiger parteipolitischer Bahnen. Das ebenfalls 1972 in der römischen Via della Dogana Vecchia eröffnete Institut für zeitgeschichtliche Studien (ISSOCO/Fondazione Basso), wo im Herbst 1977 auch das ‚Bürgerrechts'-Komitee angesiedelt wurde, nahm in mancherlei Hinsicht die Ideen wieder auf, die Giangiacomo Feltrinelli seinerzeit mit seiner Mailänder Bibliotheksgründung verfolgt hatte.[484] Mit dem 1972 verstorbenen Verleger teilte Basso auch das Interesse am Schicksal der sozialistischen Revolution in Lateinamerika: Er war Initiator und schließlich Vorsitzender des II. Internationalen Russell-Tribunals zur Untersuchung der Verbrechen der Militärdiktaturen in Bolivien, Chile und Uruguay, das in zwei Sitzungsperioden 1973 und 1976 in Rom und in Brüssel tagte.[485] Parallel verfolgte der Italiener mit hohem Einsatz das Projekt eines auf Dauer gestellten internationalen Menschenrechtstribunals, das, als Alternative zur ‚zahnlosen' UN-Völkerrechtsdiplomatie gedacht, allerdings erst nach seinem Tod realisiert

---

[482] Giuliano Amato u. a. (Hg.), Marxismus, Demokratie und Völkerrecht. Festschrift für Lelio Basso, Rom 1978. Als deutscher Mitherausgeber des Bandes zeichnete Oskar Negt verantwortlich; weitere deutsche Mitautoren waren u. a. Elmar Altvater, Dieter Groh, Jürgen Seifert, Iring Fetscher und Wolfgang Abendroth. In unserem Zusammenhang ist darüber hinaus ein Beitrag von Gérard Soulier zur europäischen Konvention zur Bekämpfung des Terrorismus mit dem bereits beschriebenen kritischen Tenor zu erwähnen, ebd., S. 1026–1040.

[483] Vgl. für die biographischen Informationen Lelio Basso – un protagonista del Novecento, online unter www.leliobasso.it/vita.htm (12.7.2013).

[484] Vgl. zur Geschichte und den Beständen der Stiftung die Seite http://www.fondazionebasso.it/site/it-IT/Menu_Principale/La_Fondazione/ (12.7.2013).

[485] Vgl. Deutsches Komitee zur Unterstützung des Bertrand-Russell-Tribunal II (Hg.), Russell-Tribunal II: Über die Unterdrückung in Brasilien, Chile, Uruguay, Bolivien und Lateinamerika, Bonn 1977.

werden konnte.[486] Was seine Beziehungen nach Deutschland anging, so pflegte Basso, der ein Zweitstudium in Theologie mit einer Arbeit über den Göttinger Lutheraner und Religionswissenschaftler Rudolf Otto abgeschlossen und sich später als Herausgeber der Schriften Rosa Luxemburgs in Italien einen Namen gemacht hatte, seit der ersten Hälfte der 60er Jahre Kontakte zum SDS; wie gesehen, hatten Mitglieder seines PSIUP im Februar 1968 auch zu den Besuchern von Dutschkes Internationalem Vietnam-Kongress gehört. Die von Basso in englischer, französischer und italienischer Sprache herausgegebene Zeitschrift „Problemi del socialismo" war für die deutschen Genossen der sich herausbildenden Neuen Linken, wie die Redaktion der Westberliner PROKLA in einem Nachruf auf den Italiener im Januar 1979 erinnerte, ein „wichtiger Mittler zur internationalen Theorie- und Strategiediskussion".[487]

Fast selbstverständlich musste sich vor diesem Hintergrund auch die Nähe Bassos zum Sozialistischen Bund um Wolfgang Abendroth ergeben, jener politischen Plattform, die – nach dem Ausschluss aus der SPD – auf dessen Betreiben als Forum eines kapitalismuskritischen Denkens jenseits des realexistierenden Sozialismus aus der Sozialistischen Fördergesellschaft des SDS hervorgegangen war.[488] Tatsächlich teilte Basso mit dem Staatsrechtler und Politikwissenschaftler Abendroth nicht nur zahlreiche einschneidende biographische Erfahrungen, von der politischen Verfolgung im Faschismus bis zu den Aktivitäten in der – im Falle Abendroths griechischen – Widerstandsbewegung. Die beiden fast gleichaltrigen Männer wussten einander auch durch einen undogmatischen Marxismus verbunden, der sie wiederholt und sehr bewusst den Konflikt mit den Parteien der Alten Linken dies- und jenseits des Eisernen Vorhangs hatte suchen lassen und der sie völlig quer zu den Frontlinien des Kalten Krieges positionierte. In seiner berühmten Charakterisierung Abendroths als „Partisanenprofessor im Lande der Mitläufer" verwies Jürgen Habermas bereits 1966 auf die Fremdheit dieses Musters im Kontext der westdeutschen Nachkriegsgeschichte, das sich, so Habermas, gleichwohl „als einziges" anbiete, den Marburger Politologen zu charakterisie-

---

[486] Es handelte sich um das Tribunale permanente dei popoli im italienischen Bologna, vgl. http://www.internazionaleleliobasso.it/ (12.7.2013).
[487] Redaktion Prokla, Erinnerung an Lelio Basso, in: PROKLA 94 (1979), S. 1f. Zur Geschichte der – seit 1992 mit dem Untertitel „Zeitschrift für kritische Sozialwissenschaft" erscheinenden – Zeitschrift, deren Name ursprünglich das Akronym von „Probleme des Klassenkampfs" war, vgl. Michael Heinrich, PROKLA – oder wie ist heute eine linke, wissenschaftliche Zeitschrift möglich?, in: Hans Günther Thien (Hg.), Bücher nichts als Bücher, München 1994, S. 104–106.
[488] Richard Heigl, Oppositionspolitik. Wolfgang Abendroth und die Entstehung der Neuen Linken, Hamburg 2008, S. 159–175.

ren.[489] Südlich der Alpen dagegen musste der Außenseiter Abendroth – auch und gerade aufgrund der entsprechenden Transferleistungen Bassos, Collottis und Cases', die Übersetzungen seiner Schriften förderten und immer wieder Einladungen in Richtung Marburg aussprachen oder selbst dort Station machten – fast unvermeidlich zu einem der wichtigsten intellektuellen Brücken der antifaschistischen Linken in die deutsche Nachkriegspolitik werden.[490]

Basso selbst jedenfalls ordnete sich zur Eröffnung des römischen Abends mit Abendroth und Schneider unter Verweis auf seine Marx- und Engels-Lektüren sowie seinen Ausflug in die protestantische Theologie ausdrücklich unter die Freunde und Bewunderer deutscher Kultur ein. Gegenwärtig sehe man sich allerdings mit einer Situation konfrontiert, in denen Deutschland und die Demokratie getrennte Wege gingen – „diese beiden Freunde wieder zu vereinen", sei Ziel der Arbeit des Komitees. Dabei erliege man keineswegs der irrigen Vorstellung, Deutschland befände sich an der Schwelle zum Nazismus: „Sagen wir, es befindet sich in einer Krise".[491] Dabei vollzögen sich die Verschärfung der Repression in der Bundesrepublik und die Germanisierung Europas als parallele Prozesse, wie es in der Formel vom ‚Modell Deutschland' offen ausgesprochen werde: „Europa wird das sein, was Deutschland aus ihm macht." In mehreren Etappen, vom KPD-Verbot über Notstandsgesetze und ‚Berufsverbot' bis hin zu den jüngsten Terroristengesetzen habe man das Grundgesetz in ein Instrument zur Fixierung der bestehenden Rechts- und Sozialordnung verwandelt. Jeder Dissident laufe nunmehr die Gefahr der Sanktionierung – auch aufgrund einer extensiven Auslegung des Gewaltbegriffs durch die bundesdeutsche Justiz, mithilfe derer bereits ein Streik als Ausdruck ungesetzlicher und ergo gewaltsamer Willensbeugung kriminalisiert werden könne. Sämtliche Gesetze zur Einschränkung der Freiheit – allen voran das ‚Berufsverbot', das teilweise einfache Mitglieder der kommunistischen Partei betreffe, deren Familien seit vier Generationen unter politischer Verfolgung litten – seien dabei mit dem Schlagwort „Verteidigung der Demokratie" begründet worden, das schlimme Vorläufer in der Begrifflichkeit der südamerikanischen Militärdiktaturen besitze. Die Europäische Terrorismuskonvention – nur vordergründig gegen den Terrorismus gerichtet, „gegen den auch wir uns aussprechen" – besitze mit ihren Zügen einer Gesinnungsgesetzgebung Charakteristika der faschistischen Schutzhaft und liefere potentiell alle im Raum Anwesenden schutzlos staatlichen Repressalien aus. „Wenn ich auch nicht mehr Mitglied einer sozialistischen Partei bin, so bin ich doch noch Mitglied der sozialistischen Bewegung. (...) Ich verstehe einfach nicht, wie eine Partei, die sich im Kampf gegen Bismarck konstituiert

---

[489] Jürgen Habermas, „Partisanenprofessor im Lande der Mitläufer. Der Marburger Ordinarius Wolfgang Abendroth wird 60 Jahre alt", in: Die Zeit, 18/29.4.1966.
[490] Missiroli, Rapporto ambivalente, S. 101.
[491] Fondazione Lelio Basso, Serie 19, fasc. 28, Intervento di L. Basso, o.D. [28.2.1978].

hat, einem Kampf, aus dem sie nach 12 Jahren siegreich hervorgegangen ist, heute eine solch reaktionäre Politik exekutieren kann." Selbst Brandt, der „bestimmte Exzesse" dieser Politik missbillige, habe auf die freundschaftliche Bitte des Komitees um ein Gespräch bisher nicht reagiert. „Hoffen wir", so Bassos Schlusswort, „dass unsere und eure Stimme zu Brandt, Schmidt und vor allem zu den deutschen Demokraten vordringt – und zu allen, die durch die repressiven Gesetze verfolgt werden."

Gefahren für die westdeutsche Demokratie, so Bassos Botschaft, gingen also nicht von Akten des politischen Terrorismus aus, der in seiner Analyse nur als Gegenstand einer ausgesprochen beiläufig daherkommenden Distanzierung erwähnt wurde. Stattdessen ergab sich ein alarmierendes Bild von einer Demokratie nicht ohne, aber doch mit nur wenigen Demokraten, zu denen ganz offensichtlich die Vertreter des offiziellen Deutschland und der regierenden SPD nicht mehr zu zählen waren. Für seine Zuhörer in Rom mussten vor allem diejenigen Passagen seiner Rede als Schlüsselreize wirken, in denen er auf die vermeintliche historische Kontinuität staatlicher Verfolgungspraxis abhob – besonders natürlich mit Blick auf den Nationalsozialismus. Aber auch der direkte Analogien suggerierende Seitenblick auf die Diktaturen Lateinamerikas und das Schreckgespenst einer von der Bundesrepublik auf ganz Europa ausgedehnten Kommunistenjagd, die potentiell jeden treffen könne, dürften ihre Wirkung auf das Publikum nicht verfehlt haben. Die im westeuropäischen Kontext singuläre bundesdeutsche Anomalie, die Ausgrenzung des Marxismus aus dem Repertoire des offiziell politisch Vertretbaren, wurde in dieser Interpretation ihrer defensiven Züge vollständig entkleidet und ausschließlich als aggressive, gegen innere Feinde gerichtete Integrationsideologie gesehen, die im Begriff sei, sich im Gewande des ‚Modell Deutschland' auf die Nachbarländer auszudehnen. Durch die Engführung des Blicks auf die gesetzlich festgeschriebene Marginalisierung des Kommunismus aber, die das politische Denken in der Bundesrepublik bekanntlich keineswegs zu lähmen vermochte, konnten gegenläufige Entwicklungen gar nicht erst in den Blick kommen – Liberalisierungsprozesse, die sich etwa auf dem Gebiet der Gesellschafts- und Sozialpolitik, aber auch an Schulen, Universitäten, in den Medien und nicht zuletzt im Lebensstil und in den alltäglichen Umgangsformen vollzogen. Antonio Missiroli hat das entsprechende Paradigma als „militante kritische Wachsamkeit mit stark ethischer Grundierung" beschrieben, die, ausschließlich auf den Westen, nicht auf den Osten Deutschlands gerichtet, „ungleich stärker auf die Entdeckung der Symptome der alten deutschen Krankheit fokussiert war denn auf die Signale einer evidenten Besserung".[492] Die Ausblendung dieser Aspekte mochte unbewusst auch damit zusammenhängen, dass durch einen

---

[492] Missiroli, Rapporto ambivalente, S. 101.

entsprechenden Perspektivwechsel gerade im deutsch-deutschen Vergleich die Überzeugung von einer grundsätzlichen Überlegenheit des Sozialismus gegenüber der Sozialen Marktwirtschaft hätte ins Wanken geraten können.

Das Gebot der Solidarität mit den ‚Verfolgten' eines vermeintlich in den Autoritarismus steuernden Systems, das Basso zweifellos ebenso in seine DNA eingeschrieben war wie seine Aversion gegen politische Denkverbote, führten ihn zwar zur Kritik des ‚Radikalenerlasses' und ließen ihn auf der Einhaltung rechtstaatlicher Grundsätze für alle – einschließlich der ‚Terroristen' und ihrer Sympathisanten – bestehen. Sie hinderten ihn jedoch an einer ebenso kritischen und aufmerksamen Wahrnehmung der menschlichen und politischen Folgen einer sich links gerierenden Gewalt, die gegen den Staat gerichtet war, aber reale Menschen in Mitleidenschaft zog. In Anbetracht des Gewaltniveaus, das die Angriffe militanter Systemgegner 1977 nicht nur in der Bundesrepublik, sondern auch in Italien erreicht hatten, ist dies kein trivialer Befund – gerade für einen Mann, an dessen ungewöhnlich hohes Maß an Liebenswürdigkeit und Herzlichkeit sich sämtliche Weggefährten erinnern. Möglicherweise waren es gerade der Idealismus Bassos und seine Sympathien für die ohnmächtigen Kämpfer einer scheinbar guten Sache, die seiner Sensibilität in diesem Punkt Grenzen setzten – gepaart mit einem Unwillen, sich in eine Logik des politisch Gebotenen hineinzudenken, die er, hier in Auseinandersetzung mit der Realpolitik der deutschen Sozialdemokratie, als Verrat an der eigenen Sache empfand: Nicht von ungefähr hatte er selbst den Eintritt seiner sozialistischen Partei in eine Regierungskoalition mit den Christdemokraten unter der Führung Aldo Moros 1963 nicht mittragen wollen, was Anlass für die Abspaltung des PSIUP gewesen war. Nach dem Treffen in Rom jedenfalls konnte er sich mit Abendroth ganz einig fühlen, der sich bei seinem italienischen „Genossen" handschriftlich für die Einladung zu einer Veranstaltung bedankte, auf der man hoffentlich „der gemeinsamen Sache des Kampfes für eine Verteidigung der demokratischen Rechte in der BRD nützlich" gewesen sei. Er, Abendroth, hoffe nicht nur auf ein baldiges Wiedersehen, sondern „auf einen noch langen gemeinsamen Kampf für den Sozialismus".[493] Schon zehn Jahre zuvor hatte Jürgen Habermas den Marburger Professor, der ihn nach seinem Zerwürfnis mit Horkheimer habilitiert hatte, nicht ohne Respekt als „naiv" tituliert und auf seine „entwaffnende Unerschrockenheit gegenüber institutioneller Autorität" rekurriert.[494] Dieselben Eigenschaften waren es wohl, die auch Abendroths Freund Basso auszeichneten und ihn zu seinem unermüdlichen Engagement befähigten – einem Engagement, das sich mit nüchterner politischer Analyse und Kosten-Nutzen-Abwägungen, wie sie in den etablierten Parteien verlangt waren, zweifellos nur schlecht vertrug.

---

[493] Fondazione Basso, Serie 19, fasc. 28, Schreiben Abendroths an Basso vom 3.3.1978.
[494] Habermas, „Partisanenprofessor".

Sehr viel mehr im Zeichen der Suche nach einer Verbindung zwischen klassischer Parteipolitik und Idealismus stand dagegen die Biographie Lucio Lombardo Radices, des zweiten Italieners, der sich am Abend des 28. Februar in Rom über die Situation in der Bundesrepublik äußerte. Schon 1938 dem in den Untergrund gezwungenen PCI beigetreten, war der gebürtige Sizilianer – Inhaber eines Lehrstuhls am Institut für Mathematik an der römischen Sapienza – seit 1969 Mitglied des Zentralkomitees der kommunistischen Partei. Obgleich selbst bekennender Atheist, hatte sich der Professor seit dem Pontifikat Johannes XXIII. für eine Öffnung des PCI für den Katholizismus eingesetzt und gehörte zu den „führenden marxistischen Persönlichkeiten in den 60er Jahren, die den damals aufkommenden ‚christlich-marxistischen Dialog' nicht nur ideologisch rechtfertigten, sondern auch aktiv bestritten".[495] Während des Untersuchungszeitraums zählte Lombardo Radice, der sich selbst gern als „compagno scomodo", als unbequemen Genossen, bezeichnete,[496] zu den führenden Theoretikern des sogenannten Eurokommunismus. Am 12. Dezember 1977, dem Tag, auf den der zitierte Brief des Komitees an Brandt datiert war, erschien im „Spiegel" ein Interview, in dem der Italiener gemeinsam mit dem spanischen Eurokommunisten Azcárate über die neue politische Linie ihrer jeweiligen Parteien befragt wurde; im Mittelpunkt des Gesprächs stand die veränderte Haltung der südeuropäischen Reformkommunisten gegenüber den USA. Wenn es nach ihm ginge, so Lombardo Radice, solle man in den Statuten des PCI den Namen Lenin streichen und ihn durch Rosa Luxemburg, Antonio Gramsci, „vielleicht auch Mao Tse-Tung" ersetzen: „Wir schätzen und studieren auch sozialdemokratische Traditionen, aber wir haben uns nicht zum klassischen Reformismus bekehrt". Was die transatlantischen Beziehungen betreffe, so sei seine Partei „nie gegen die Amerikaner" gewesen. „Antiimperialistisch bleiben wir in jedem Falle. Aber es gibt für uns Italiener auch noch ein zweites Amerika, das gegen McCarthy und den Vietnam-Krieg gekämpft hat. Jeder kennt dieses andere Gesicht der USA, während man leider das andere Gesicht der Bundesrepublik kaum kennt."[497] Um dieses „andere Gesicht der Bundesrepublik" suchte sich der Mathematiker im Gefolge des ‚Deutschen Herbstes' auf verschiedenem Wege verdient zu machen – nicht nur im Rahmen des Basso'schen Komitees, für das er sich stark engagierte, sondern auch durch seine Teilnahme an beiden Sitzungsperioden des Russell-Tribunals in Frankfurt und Köln, eine Erfahrung, über die er auf den Seiten des „Bulletin"

---

[495] Volker Strebel, Lucio Lombardo Radice, in: Biographisch-Bibliographisches Kirchenlexikon, Bd. XXVII, 2007, S. 869–875, hier S. 870.
[496] Carlo Benardini, A vent'anni della scomparsa: Il tipo Lombardo Radice, in: fisicamente 35/2003, online unter http://www.fisicamente.net/index-408.htm.
[497] „Wir akzeptieren die US-Stützpunkte", in: Der Spiegel 51/12.12.1977, S. 130–132, hier S. 130.

ausführlich berichtete. Ausdruck seines Einsatzes für ‚das andere Deutschland' war jedoch vor allem das Bändchen „La Germania che amiamo" (Das Deutschland, das wir lieben), das mit dem Untertitel „Reiseberichte und Porträts von Genossen – ein politisches und kulturelles Panorama des Deutschland von 1977" im Frühjahr 1978 im Parteiverlag des PCI erschien. Gewidmet hatte der Autor das Buch den „Genossinnen und Genossen des Deutschland, das ich liebe", nur beim Vornamen genannten Männern und Frauen, hinter denen sich aller Wahrscheinlichkeit nach auch mehrere deutsche Mitarbeiterinnen und Mitarbeiter des römischen Komitees verbergen.[498] Mit den Erstgenannten, ‚Robert' und ‚Rudi', waren allerdings nicht ‚anonyme' Genossen, sondern „der in aller Welt bekannte" Dutschke sowie der DDR-Dissident und Philosoph Havemann gemeint, denen jeweils ein begeistertes Porträt innerhalb des Buches gewidmet war.[499] Wie dem humanistisch gebildeten italienischen Leser bewusst sein musste, knüpfte der Professor mit dem Titel seines Werks an einen berühmten Essay Benedetto Croces an, der mit seinem Vater, dem Philosophen Giuseppe Lombardo Radice, eng befreundet gewesen war. Unter der Überschrift „La Germania che abbiamo amato" (Das Deutschland, das wir geliebt haben) hatte Croce 1936 vor dem Hintergrund des ‚Dritten Reiches' dem „Deutschland der Dichter und Denker, das wir geliebt haben und immer lieben werden", ein trauriges literarisches Denkmal gesetzt.[500] Dieses „andere", „gute" Deutschland der Kultur und der Menschlichkeit, so die tröstliche und zunächst ins Auge springende Botschaft von Lombardo Radices Buch, war entgegen der Annahme Croces nicht mit dem Nationalsozialismus untergegangen, sondern existierte immer noch – allerdings, so die Einschränkung, müsse man gezielt danach suchen und es in seiner Schwäche nach Kräften unterstützen, und zwar auf beiden Seiten der Berliner Mauer. „Es gibt auch ein Deutschland der Menschen wie Böll", war ein Kapitel über die Bundesrepublik, „Die ‚anderen Deutschen' sind vor allem jung" ein weiteres überschrieben. Zu finden waren „andere Deutsche" laut Lombardo Radice etwa bei den Jusos und

---

[498] Jedenfalls finden sich viele der Vornamen in den Unterlagen des Komitees wieder. Hinweise im Text lassen vermuten, dass außerdem auf Peter Schneider sowie auf den Bremer Juristen Christoph Schminck-Gustavus rekurriert wird, vgl. Lucio Lombardo Radice, La Germania che amiamo. Corrispondenze di viaggio, ritratti di compagni, panorama politico e culturale della Germania 1977 di un militante della sinistra europea, Rom 1978.

[499] Den DDR-Dissidenten und Vorkriegskommunisten Robert Havemann, dem er sich schon seit den 60er Jahren besonders verbunden fühlte, hatte Lombardo Radice im Februar 1977 persönlich in Ost-Berlin aufgesucht. In der Folge verfasste der Italiener auch das Nachwort zu einem Interviewband mit Havemann, der 1978 im Rowohlt-Verlag erschien, vgl. Robert Havemann, Ein deutscher Kommunist: Rückblicke und Perspektiven aus der Isolation, Reinbek b. Hamburg 1978. Lombardo Radice protestierte im August 1977 auch gegen die Verhaftung von Rudolf Bahro in der DDR, vgl. Strebel, Lombardo Radice, S. 871.

[500] Benedetto Croce, La Germania che abbiamo amato [1936], Pagine sparse Bd. II, Bari 1960, S. 510–520.

den Genossen des Sozialistischen Büros, in den studentischen Organisationen der christlichen Kirchen und in sozialistischen Wohngemeinschaften, in denen er selbst vorübergehend habe zu Gast sein dürfen. Ja, er selbst, so der Autor, nenne sich inzwischen „mit Bescheidenheit und Stolz zugleich" einen „Militanten der deutschen Linken".[501] Dass sich der Italiener dabei vor allem auf die Seite der Jugend schlug und, wie er es selbst formulierte, mit den „Söhnen des Berliner 1968" sympathisierte, „die sich von ihren autoritären Vätern losgesagt haben", kann bei seiner Suche nach einem nicht vom Zivilisationsbruch des ‚Dritten Reiches' kontaminierten Deutschland nicht verwundern.[502] Umgekehrt musste der kommunistische Widerstandskämpfer, der sich so gründlich von ihren eigenen Vätern unterschied, bei jungen, politisch links orientierten Deutschen eine hohe Faszination auslösen, die dadurch noch verstärkt wurde, dass sie sich in seiner Gegenwart ganz als neue, „bessere Deutsche" fühlen durften – von der Schuld der Väter erlöst.

Ganz unabhängig davon, wie man solche Fraternisierungen zwischen ungleichen Partnern im Einzelnen beurteilen mag – dass ein Mitglied des Zentralkomitees einer kommunistischen Partei nicht nur den kapitalistischen Westen, sondern auch die Menschenrechtssituation jenseits des Eisernen Vorhangs kritisch unter die Lupe nahm, war neu. In den 80er Jahren sollte sich Lombardo Radice nicht nur weiter für Dissidenten in der DDR und der Sowjetunion einsetzen – der „unbequeme Genosse" machte sich auch für einen „Sozialismus ohne Vorbilder" stark, ohne dass seine Partei jemals offiziell mit Moskau gebrochen hätte.[503]

Auch für die 70er Jahre ist zu vermuten, dass es nicht nur parteipolitische Scheuklappen waren, die dazu führten, dass der Italiener offenbar keinen qualitativen Unterschied zwischen dem Grad staatlicher Unterdrückung in Ost und West zu erkennen vermochte. Wenn Lombardo Radice beide Formen der ‚Repression' in seinem Buch faktisch auf die gleiche Stufe stellte, obwohl er gleichzeitig von einem auflagenstarken Blatt wie dem „Spiegel" eingeladen wurde, seine Thesen in der Öffentlichkeit zur Diskussion zu stellen, ergab sich dies auch aus der Auswahl und der spezifischen Perspektive seiner politischen Freunde in der Bundesrepublik. Daneben hatte die manichäische Scheidung zwischen den vielen „Deutschen" und den wenigen „anderen", sprich „guten" Deutschen ganz unabhängig von Fragen des politischen Systems wohl tiefere biographische Ursachen. So ließ der Mathematiker in seinem Buch Kindheits- und Jugenderfahrungen Revue passieren, die durch den Abgrund zwischen der familiären Hochschätzung deutscher Sprache und Kultur einerseits – „dem Leitmotiv meiner Bildung und meiner Menschwerdung" –, und

---

[501] Lombardo Radice, Germania, S. 162.
[502] Ebd., S. 148.
[503] Strebel, Lombardo Radice, S. 874.

den Berichten jüdischer Deutschlandflüchtlinge andererseits geprägt gewesen waren, die in Italien nach 1933 eine „Zuflucht auf Widerruf" gefunden hatten.[504] In der Konfrontation mit diesem unüberbrückbaren Widerspruch, der sich aus naheliegenden Gründen während der deutschen Besatzung noch einmal verschärft hatte, war der Respekt für ‚das Deutsche' in ein prinzipielles Misstrauen umgeschlagen. In dieser dramatisch erlebten Enttäuschung, die auch bei Basso zwischen den Zeilen angeklungen war, blieb gleichwohl der Wunsch lebendig, das ‚bessere' Deutschland der Jugend wiederzufinden – und, so könnte man ergänzen, damit auch den Glauben an die Menschheit. Die einzige Möglichkeit, grundsätzlich unvereinbare Bilder ‚des' Deutschen miteinander in Einklang zu bringen, schien dabei darin zu bestehen, ihnen streng voneinander geschiedene Traditionsstränge und diesen wiederum auch unterschiedliche Personen zuzuweisen – ein Phänomen, das über den individuellen Fall hinaus Beachtung verdient. Filippo Focardi hat in seiner Analyse des „Schattens der Vergangenheit" über der italienischen Deutschlandwahrnehmung der Nachkriegszeit auf die Bedeutung der individuellen Erinnerungen der Bevölkerung und insbesondere der Mitglieder des antifaschistischen Widerstands an die Jahre 1943–45 hingewiesen, die mit der offiziellen Erinnerung der italienischen Republik zahlreiche Übereinstimmungen besäßen, ohne jedoch mit dieser identisch zu sein.[505] Die Erinnerung an die „auf der eigenen Haut erlittene Grausamkeit" habe gerade innerhalb der politisch bewussteren Kräfte der Resistenza mit dem Vertrauen auf die Existenz eines „anderen Deutschlands" konkurriert, das „nicht Komplize, sondern Opfer des Nazismus" gewesen war, wie es 1945 der Sozialist Pietro Nenni formuliert hatte.[506] Eine späte Variante des Narrativs vom „anderen Deutschland", in Opposition zu den dominanten Tendenzen der deutschen Geschichte und entsprechend immer staatlicher Verfolgung ausgesetzt, stellt auch Lombardo Radices „Liebeserklärung" aus dem Jahr 1977 dar. In seiner für einen Marxisten erstaunlich stark personalisierten Geschichtserzählung fochten das Deutschland Goethes, Heines, Marx' und Rosa Luxemburgs mit demjenigen Bismarcks, Hitlers und Adenauers einen permanenten Kampf aus, der sich in der Gegenwart zwischen dem Deutschland Bölls, Dutschkes, Havemanns und – mit Einschränkungen – Willy Brandts auf der einen, Franz-Josef Strauß auf der anderen Seite fortsetzte.[507]

In den Kontext einer prinzipiellen Skepsis gegenüber deutscher Staatlichkeit und ihren Vertretern gehört auch das letzte, in unserem Zusammenhang beson-

---

[504] Lombardo Radice, Germania, S. 150; Klaus Voigt, Zuflucht auf Widerruf: Exil in Italien 1933–1945, 2 Bde., Stuttgart 1989–1993.
[505] Focardi, L'ombra del passato, S. 67–69.
[506] Zitiert ebd., S. 68.
[507] Lombardo Radice, Germania, passim, bes. S. 146.

ders interessante Kapitel des Buches, welches Lombardo Radice unmittelbar im Anschluss an seine Reise zur Hamburger „Spiegel"-Redaktion verfasst hatte.[508] Auf diesen Seiten führte er nicht nur seine moralische Autorität als ehemaliger Widerstandskämpfer, sondern auch seine ganz konkreten Erfahrungen in faschistischer Haft ins Feld, um die offizielle Version vom Tod der ‚Stammheimer' ins Reich der Legende zu befördern.

> Wer, wie der Verfasser dieser Zeilen, im Faschismus im Gefängnis war, kann an diese Märchen nicht glauben. Ich habe nicht in einem Hochsicherheitskerker gesessen, und viele Wärter waren gutmütig. Aber es war damals schon schwierig, einem Genossen heimlich ein Stück Käse in die Zelle zu schmuggeln. (…) Und Raspe, Baader, die Ensslin und die Möller sollen Löcher in ihre Zellwände gegraben, von ihren Anwälten heimlich Waffen und Sprengstoff entgegengenommen und sie in ihren Zellen versteckt haben? Wo man gleichzeitig in jedem noch so verschlafenen Flughafen Deutschlands genauestens abgetastet und mit so raffinierten Geräten durchleuchtet wird, dass jeder Füllfederhalter aus Metall gefunden wird?[509]

Teilte Lombardo Radice also mit der Mehrheit seiner Landsleute die Unfähigkeit, sich Vertreter der deutschen Staatsmacht als unkorrekt und unaufmerksam, deutsche Technik als fehlbar vorzustellen, warnte er die „Genossen" gleichwohl vor einem „rassistischen Gebrauch des Wortes ‚deutsch'" und vor einem Rückfall in Traditionen, in denen der Deutsche „nicht nur als Feind, sondern als Feind ohne menschliche Eigenschaften" gesehen werde. Wie gesehen, waren solche Ermahnungen in der gegebenen Situation alles andere als wohlfeil, zumal der Professor auch – als einziger Vertreter des Komitees – klare öffentliche Worte zu der in diesen Wochen auf den italienischen Straßen grassierenden Gewalt fand: „Die Molotow-Bomben gegen alles Deutsche müssen aufhören; diese Aktionen stärken nur die Position von Strauß."[510] Erst recht enthielt sein Buch an mehreren Stellen unmissverständliche Distanzierungen von der Praxis der RAF. Wie man ihm in der Bundesrepublik bestätigt habe, so Lombardo Radice, sei die Gruppe nicht nur maßgeblich für die reaktionäre Wende im Lande verantwortlich, sondern verfolge möglicherweise sogar eine Strategie des „je schlimmer desto besser".[511] Solch hellsichtigen Beobachtungen wurden ergänzt durch eine scharfe Kritik an der CDU/CSU-Opposition, die die Schleyer-Entführung als „großartige Gelegenheit" zur Einschränkung des Rechtsstaates betrachtet und zu einem Feldzug gegen alles Linke instrumentalisiert habe – einschließlich der regierenden Sozialdemokratie, die manchen ihrer Forderungen „nur widerwillig" gefolgt sei.[512] Möglicherweise war das hier erkennbare Bemühen um Differenzierung mitursächlich für ein Schreiben

---

[508] Ebd., S. 161–176: „Dopo Stammheim dopo Amburgo".
[509] Ebd., S. 173. Lombardo Radice war 1941 durch das faschistische *Tribunale Speciale* zu zwei Jahren Gefängnis verurteilt worden, Strebel, Lombardo Radice, S. 869.
[510] Lombardo Radice, Germania, S. 144.
[511] Ebd., S. 158f.
[512] Ebd., S. 167.

des deutschen Botschafters, mit dem sich dieser bei Lombardo Radice in gewundenen Sätzen für sein Verhalten im Dezember 1977 entschuldigte und sich lobend über die jüngste Veröffentlichung des Mathematikprofessors aussprach.[513] Wahrscheinlicher ist allerdings, dass Arnold von dem Buch nur den Titel gelesen hatte, hatte der Autor selbst doch keinen Zweifel daran gelassen, dass er die Gefahr einer autoritären Wende in der Bundesrepublik am Ende des ‚Deutschen Herbstes' für alles andere als gebannt hielt. Dabei argumentierte er nicht nur mit der Kontinuität des ‚Berufsverbots', sondern auch mit den jüngsten Versuchen einer Kriminalisierung des Russell-Tribunals, welches er einmal mehr vehement als dringend notwendige Nachbarschaftshilfe unter Demokraten verteidigte.[514]

Mit seiner kategorischen Absage an physische Gewalt als Mittel der politischen Auseinandersetzung in den westeuropäischen Demokratien einerseits sowie einer ebenso deutlichen Absage an das ‚Modell Deutschland' andererseits befand sich Lombardo Radice ganz in Einklang mit der offiziellen Linie seiner Partei im Umgang mit der terroristischen Bedrohung im eigenen Land. Anders als die Intellektuellen der manifesto-Gruppe und erst recht als die jugendlichen Heißsporne von Lotta Continua vollzog Lombardo Radice nicht nur politisch, sondern auch emotional eine klare Trennung von den Gewalt*tätern*, die aus der Perspektive des PCI auf der anderen Seite standen und eben *keine* Genossen waren – auch nicht solche, die irrten. Gegen die Geschichtsvergessenheit der Behauptung, dass die Mitglieder der Brigate Rosse und der übrigen terroristischen Formationen auch niemals Genossen gewesen waren, man sie also aus dem „Familienalbum" des italienischen Kommunismus schlicht extrapolieren könne, sollte Rossana Rossanda während der Moro-Entführung in „il manifesto" ihren bereits zitierten, berühmten Artikel verfassen.[515]

Auch innerhalb des Komitees war die offizielle kommunistische Position keineswegs unumstritten, standen seine Mitglieder doch insgesamt gesehen weit mehr der Neuen als der Alten Linken nahe.

So war es kein Zufall, dass Enzo Collotti, nachdem ihm „la Repubblica" wie geschildert als Forum seiner deutschlandpolitischen Betrachtungen nicht mehr zur Verfügung stand, für seine ersten öffentlichen Interventionen im Anschluss an die ‚Todesnacht' die Seiten von „il manifesto" und „Lotta Continua" wählte. Letztere druckte am 21. Oktober einen Artikel, in dem der Historiker unter dem geschichtsträchtigen Motto „Das andere Deutschland braucht unsere Hilfe" die Forderung aufstellte, eben nicht nur den Terrorismus der RAF, sondern auch den „Staatsterror" in der Bundesrepublik zu verurteilen, wo die linksterro-

---

[513] Istituto Gramsci, Rom, Scatola Lucio Lombardo Radice, Brief von Hans Arnold an Lombardo Radice vom 20.1.1978.
[514] Lombardo Radice, Germania, S. 70f.
[515] Rossana Rossanda, „L'album di famiglia", in: il manifesto, 2.4.1978.

ristischen Attentate lediglich einen Vorwand für den Umbau der Institutionen zum Polizeistaat bildeten.[516] Das brauchte man den Lesern aus der italienischen Sponti-Szene, die das Blatt als ihre publizistische Heimat betrachteten, ganz sicher nicht zweimal zu sagen. Die Frage, ob für Collotti die jenseits der Alpen regierende sozialliberale Koalition zum ‚anderen Deutschland' zählte, war jedenfalls nicht erst mit seiner Unterschrift unter einem als Reaktion auf die Stammheimer ‚Todesnacht' in „il manifesto" veröffentlichten Appell unter der Schlagzeile „Deutschland ist heute das kranke Herz Europas" negativ beantwortet.[517] Es spricht einiges dafür, dass dieser Aufruf, der in direkte Konkurrenz zu einer entsprechenden Initiative der Intellektuellen aus dem Umfeld des PCI trat, von Collotti nicht nur als erster unterzeichnet, sondern auch selbst verfasst worden ist. Hatte die PCI-Resolution mit dem Erstunterzeichner Lombardo Radice „gegen Repression und Gewalt" in der Bundesrepublik protestiert und sich eindeutig auch von antisystemischer Gewalt als Kampfmittel im westeuropäischen Kontext distanziert,[518] rief „il manifesto" schlicht zur Rettung „der überlebenden Gefangenen" in der Bundesrepublik auf, „die dort in der Haft auf ihren Selbstmord warten".[519] Der von NS-Vokabular nur so wimmelnde Appell hatte eine Woche nach Eingang der Nachrichten aus Stammheim bereits weit über hundert Unterzeichner gefunden, darunter zahlreiche kollektive Zustimmungsbekundungen, zu denen wiederum das „Lotta Continua"-Redaktionskomitee zählte. Die Unterschriftenliste las sich wie ein zeitgenössisches *who is who* der italienischen kulturellen Elite, darunter Luigi Pintor, Alberto Moravia, Franco Fortini, Lucio Dalla oder Dacia Maraini, um nur einige zu nennen; zahlreich waren auch Collottis Kollegen aus der Geschichtswissenschaft vertreten.[520] Was die Mitglieder des Komitees selbst anging, so hatten auch Lelio Basso und der Germanist Cesare Cases ihre Unterschrift unter den manifesto-Aufruf, nicht die moderatere PCI-Variante gesetzt. Neben den zahlreichen bekannten und unbekannten italienischen Namen enthielt die Liste auch zwei Franzosen, die gleich hinter Collotti aufgeführt waren: Jean Paul Sartre und Simone de Beauvoir. In derselben Ausgabe der Zeitung formulierte Rossana Rossanda ihre ernsthaften Zweifel daran, „ob Deutschland noch ein demokratischer Staat" sei – eine Auffassung, die die prominente PCI-Dissidentin am

---

[516] Enzo Collotti, „L'altra Germania ha bisogno del nostro aiuto", in: LC, 21.10.1977.
[517] „La Germania è oggi il cuore infetto dell'Europa – L'appello del manifesto", in: il manifesto, 26.10.1977.
[518] „Per salvare la democrazia. Intellettuali contro la repressione e la violenza in Germania", in: Paese Sera, 21.10.1977; „Dal mondo della cultura italiana un appello all'impegno per i diritti civili nella RFT", in: L'Unità, 21.10.1977.
[519] Ebd.
[520] So waren etwa die Historiker Guido Quazza, Mariuccia Salvati, Mario Isnenghi und Giorgio Rochat unter den Unterzeichnern.

21. Oktober immerhin auch bei einer Diskussionsrunde im Zweiten Italienischen Fernsehprogramm vertreten durfte.[521]

Auf die kommunistische Parteipresse griff Collotti dagegen im ‚Deutschen Herbst' lediglich zurück, um Rezensionen zu lancieren – Rezensionen, die gleichwohl genug Raum zur Illustration seiner Sicht auf die Problematik der deutschen Terrorismus-Bekämpfung boten. So besprach der Historiker im „Paese Sera" nicht nur die italienische Ausgabe von ‚Bommi' Baumanns der Zensur anheimgefallenen Frühgeschichte des Terrorismus in Westberlin, sondern leitete auch mit seiner enthusiastischen Kritik der düsteren Studie „La rinascita del Leviatano" (Die Wiedergeburt des Leviathan) von Christoph Schminck-Gustavus die außerordentlich breite Rezeption der Thesen des jungen Bremer Juristen in Italien ein.[522] Mit seiner Schilderung des Triumphs der Inneren Sicherheit, der problematischen rechtlichen und sozialen Lage der ‚Gastarbeiter' und einer buchstäblich zu Tode geschützten Demokratie im Zeichen des ‚Berufsverbots' lieferte Schminck-Gustavus die Blaupause für das Bild von der Wiederkehr des allmächtigen, repressiven Staats in der Bundesrepublik, das durch die Ereignisse des ‚Deutschen Herbstes' eine unheimliche Bestätigung zu erhalten schien.[523]

Dass auch Collotti selbst diesen Eindruck teilte und sich nicht mehr mit der relativen Versöhnlichkeit des PCI gegenüber dem deutschen ‚Establishment' identifizieren mochte, zeigt nicht nur seine Unterschrift unter dem „manifesto"-Appell, sondern auch seine Kritik an einem von Lombardo Radice erstellten Entwurf für ein Flugblatt zur Ankündigung der römischen Podiumsdiskussion vom Februar. Der Verfasser verurteilte darin unter anderem die „verhängnisvolle Aktivität der Terroristen", die mit der „Entführung Schleyers und der Ermordung seiner Leibwache (...) die schreckliche Krise des vergangenen Herbstes mit den Blutbädern von Mogadischu und Stammheim" heraufbeschworen hätten. In einem Schreiben an Basso verwarf Collotti das Flugblatt als „viel zu lang" und schon deshalb „wenig zweckdienlich". Vor allem aber laufe der Text Gefahr, die politischen Intentionen des Komitees in ihr Gegenteil zu verkehren, da er eine Ursache-Wirkungs-Relation zwischen Terrorismus

---

[521] Rossana Rossanda, „La Germania è ancora uno stato democratico?", in: il manifesto, 26.10.1977. Für den Fernsehauftritt vgl. „TV: Questa sera Rossanda in un Dossier dedicato alla Germania", in: il manifesto. 21.10.1977. Neben Rossanda traten Romano Ledda („Rinascita"), Barbara Spinelli („la Repubblica"), Tito Cortese (Deutschlandkorrespondent von Rai Due) sowie Gustavo Selva (Direktor des 2. Hörfunkprogamms der RAI) auf.

[522] Enzo Collotti, „Recensione a: M. Bommi Baumann, Come è cominciata", in: Paese Sera, 13.11.1977; Ders., Recensione a: C.U. Schmink [sic], La rinascita del Leviatano", in: Paese Sera, 19.10.1977.

[523] Christoph Ulrich Schminck-Gustavus, La rinascita del Leviatano. Crisi delle libertà politiche nella Repubblica federale tedesca, Mailand 1977. Zur Rezeption des Buches in Italien vgl auch Corni, Modello tedesco, S. 48f.

und Repression suggeriere, die keinerlei Entsprechung in der Wirklichkeit besitze. „Ich persönlich weigere mich, einen Text zu unterschreiben, in dem man ohne jede Not eine Verdammung des Terrorismus von mir verlangt. (...) Auch Lucio möchte ich daran erinnern, dass der Terrorismus nicht nur von der Rechten instrumentalisiert wurde und wird, sondern auch von der sozialliberalen Koalition." Unabhängig davon, so schloss der Bologneser Ordinarius, kompromittiere die schriftlich angekündigte Absicht Lombardo Radices, sich um die Einwerbung weiterer Mitglieder des PCI und des PSI zu bemühen, die parteipolitische Unabhängigkeit des Komitees als unabdingbare Grundlage der gemeinsamen Arbeit.[524]

Die deutliche Distanzierung Collottis von den Positionen des PCI im allgemeinen, Lombardo Radices im besonderen gewinnt an inhaltlichem Gewicht, wenn man die lebenslange persönliche Beziehung des Historikers zu dem dreizehn Jahre älteren Mathematiker in Rechnung stellt: Bereits die Elternhäuser der beiden Männer waren „engstens miteinander verflochten".[525] Collotti selbst bezeichnet Lombardo Radice und Aldo Natoli, einen Onkel mütterlicherseits, der in den 30er Jahren in seinem Elternhaus lebte, in seinen Erinnerungen als „fratelli maggiori", als seine älteren Brüder.[526] 1939 musste der damals zehnjährige die Verhaftung der beiden PCI-Mitglieder miterleben; in der Folgezeit kümmerte sich seine Familie um die Organisation praktischer Hilfe für die politischen Gefangenen. Von einem Besuch Lombardo Radices unmittelbar nach seiner Freilassung an Weihnachten 1941 erinnert der Historiker „Erzählungen vom Gefängnis und Wäsche, die schmutzig war von Blut."[527] Zu diesem Zeitpunkt befand sich die Familie bereits in Triest, wo Collotti die brutale deutsche Besatzung des Adriatischen Küstenlandes erlebte; als Schlüsselerfahrung sollte er später den Anblick von Opfern deutscher Besatzungswillkür bezeichnen, die als Partisanenhelfer erhängt und zur Abschreckung am Ort der Hinrichtung belassen worden waren, „darunter einige Jugendliche, die kaum älter waren als wir und die wir vom Sehen kannten."[528] Im Juli 1945 erlebte er im befreiten Triest einen öffentlichen Auftritt Lelio Bassos – des Mannes, mit dem ihn bis zu dessen Tod Ende 1978 eine enge Freundschaft verbinden sollte.[529]

Es kann kein Zweifel daran bestehen, dass für Collotti die frühen Begegnungen mit den Antifaschisten Natoli, Lombardo Radice und Basso stark prägenden Charakter besaßen. Obwohl – oder gerade weil – er zu jung war,

---

[524] Fondazione Lelio Basso, Serie 19, fasc. 28, Brief Enzo Collottis an Lelio Basso vom 15.2.1978.
[525] Collotti, Impegno civile, S. 29.
[526] Ebd., S. 125.
[527] Ebd., S. 30.
[528] Ebd., S. 32.
[529] In Collottis Erinnerungsbuch finden sich unter Bassos Namen 31 Belegstellen und damit die mit Abstand meisten Einträge im Personenregister, ebd., S. 271.

um die Resistenza-Erfahrung mit ihnen zu teilen, hatte er die Ideale, für die die Älteren Freiheit und persönliche Unversehrtheit riskiert hatten, stark verinnerlicht. Ebenso wie sie hatte er schon als Heranwachsender die deutsche Sprache und Literatur kennengelernt, und nur finanzielle Gründe hinderten ihn nach Kriegsende daran, in Venedig ein Studium der Germanistik aufzunehmen.[530] Auf Wunsch seines Vaters schrieb er sich stattdessen im heimischen Triest für Jura ein, kam aber schon in seiner Abschlussarbeit auf Deutschland zurück, indem er die Bezüge der italienischen *Costituzione* von 1946 zur Weimarer Verfassung thematisierte.[531] Schon Anfang der 50er Jahre begann Collotti, dessen Interessen sich immer mehr auf historische Themen zu fokussieren begannen, erste kleinere Arbeiten zur jüngeren deutschen Geschichte zu publizieren; 1959 erschien eine Studie zur SPD im renommierten Einaudi-Verlag.[532] Nach einem beruflichen Intermezzo bei Giangiacomo Feltrinelli, der an seinem Mailänder Institut zeitweise Forschungen zur internationalen Arbeiterbewegung förderte – bis er, so Collotti, „sich politisch anders orientierte und uns entließ"[533] –, nahm der 36-Jährige 1965 eine Lehrtätigkeit als Zeithistoriker in Triest auf.[534] Für die universitäre Laufbahn hatte er sich vor allem mit seiner 1962 wiederum bei Einaudi erschienenen und in der Folge mehrfach wiederaufgelegten Geschichte des nationalsozialistischen Deutschland sowie einer Studie über die deutsche Besatzung in Italien qualifiziert.[535] 1969 legte er das Hauptwerk jener Jahre vor, die über 1100 Seiten starke „Storia delle due Germanie 1945-1968".[536] Längst zeichnete sich ab, dass Collotti in noch weit stärkerem Maße als seine „großen Brüder" die ‚deutsche Frage' ins Zentrum seines wissenschaftlichen und politischen Interesses gerückt hatte. Lange bevor er in den 80er und 90er Jahren seine Arbeiten zum faschistischen Italien vorlegte, die zu Meilensteinen in der Erforschung von Rassismus und kriegerischer Expansion des Mussolini-Regimes werden sollten, publizierte er in unablässiger Folge kleinere und größere Beiträge, Rezensionen, Zeitungsartikel und Essays zur deutschen Geschichte, aber auch zu aktuellen Fragen westdeutscher Tagespolitik.[537] Wichtigstes Thema blieb neben dem deutschen Widerstand

---

[530] „La mia aspirazione più profonda sarebbe stata quella di andare a studiare letteratura tedesca", ebd., S. 131.

[531] Ebd., S. 36, 133.

[532] Enzo Collotti, La socialdemocrazia tedesca, Turin 1959.

[533] Ders., Impegno civile, S. 47.

[534] Ebd., S. 56. 1974 wechselte Collotti an die Universität Bologna, 1987 schließlich nach Florenz, ebd., S. 59, 78.

[535] Ders., La Germania nazista. Dalla Repubblica di Weimar al crollo del Reich hitleriano, Turin 1962; Ders., L'Amministrazione tedesca dell'Italia occupata 1943–1945. Studio e documenti, Mailand 1963.

[536] Ders., Storia delle due Germanie 1945–1968, Turin 1969.

[537] Vgl. die umfangreiche Bibliographie in Ders., Impegno civile, S. 221–270, für die 70er Jahre S. 230–242.

im ‚Dritten Reich' die Geschichte der Sozialdemokratie – der ‚Verrat' von 1914, das tragische Scheitern von 1933, aber immer mehr auch der ‚Sündenfall' von Bad Godesberg von 1959.[538] Tatsächlich machte Collotti nie einen Hehl daraus, dass er die Aufgabe eines sozialistischen Transformationsanspruchs der Gesellschaft für falsch hielt und dem bundesrepublikanischen Modell der Sozialen Marktwirtschaft als künstlicher Befriedung des Klassenkampfs mit äußerstem Misstrauen gegenüberstand, was den Spielraum für die Rezeption seiner Werke in der Bundesrepublik erheblich einschränken musste. Seine „Geschichte der beiden Deutschlands" fiel mit ihren auch aus heutiger Sicht nicht zu Unrecht als skandalös zu empfindenden Passagen über den Mauerbau und den Aufstand des 17. Juni im Westen als „eine Art historiographische Anerkennung der DDR" glatt durch;[539] die Kontakte mit den Kollegen gestalteten sich mit wenigen Ausnahmen als schwierig.[540] Lediglich Wolfgang Abendroth versuchte Collotti davon zu überzeugen, eine der beiden Dozenturen zu übernehmen, auf die er nach seiner Emeritierung den Marburger Lehrstuhl aufzuteilen beabsichtigte.[541] Bei seiner beständigen Suche nach Rissen in der „formierten Gesellschaft", die er als Fortsetzung der nationalsozialistischen Volksgemeinschaft und als „potentiell autoritär" empfand,[542] wurde Collotti in den Jahren der Großen Koalition, die er als definitive Kapitulation der SPD betrachtete, lediglich bei den revoltierenden Studenten fündig, denen er im Herbst 1967 einen ausführlichen und wie üblich hervorragend recherchierten Beitrag in der linken Kulturzeitschrift „Belfagor" widmete.[543] Kritisch gegenüber Dutschke – dessen „revolutionären Romantizismus" und „ständigen Bezug auf die Revolutionen in den ehemaligen Kolonien" er als voluntaristisch und evasiv empfand[544] – äußerte er sich zustimmend zur Position der wenigen ‚Traditionalisten' innerhalb des SDS, die auf die Überwindung ihrer Isolation über eine Einbindung der Arbeiterschaft und insgesamt einen langsamen politischen Reifungsprozess der Gesellschaft setzten; gemeint waren wahrscheinlich die Anhänger der Positionen Abendroths.[545] In einer Fußnote hob Collotti ausdrücklich die Leitartikel Ulrike Meinhofs auf den Seiten der „kon-

---

[538] Aldo Agosti, Da Spartaco alla Vienna Rossa. Un percorso di studi sulla sinistra europea, in: Soldani, Collotti, S. 3–18, hier bes. S. 4–8.
[539] Klinkhammer, Collotti, S. 43.
[540] Collotti, Impegno civile, S. 197.
[541] Ebd., S. 59.
[542] Ders., Storia delle due Germanie, S. 668.
[543] Ders., „Nuova Sinistra" e movimento studentesco nella RFT, in: Belfagor 22 (1967), S. 714–727.
[544] Ebd., S. 722f.
[545] Ebd., S. 720f.

kret" hervor, die „zu den intelligentesten politischen Kommentaren gehören, die man heutzutage in der westdeutschen Presse lesen kann."[546]

Knapp zehn Jahre nach diesem Essay, der trotz seiner unverhohlenen Parteilichkeit und diverser polemischen Spitzen – etwa gegen den Westberliner Bürgermeister Heinrich Albertz, für Collotti „ein völlig übergeschnappter, kleiner Noske"[547] – ein zwar düsteres, aber durchaus diskussionswürdiges Bild der Bundesrepublik zeichnete, erschien wiederum in der „Belfagor" ein langer Nachruf auf Ulrike Meinhof, der in großen Teilen nur mehr als grobes Zerrbild der Realität zu betrachten ist.[548]

Niemals, hielt Collotti eingangs fest, werde wohl mit Sicherheit zu klären sein, ob die ehemalige Journalistin in ihrer Stammheimer Zelle ermordet oder im Rahmen des „soundsovielten Staatsselbstmords geselbstmordet" worden sei – wenn man die vorausgegangene Folter in der Haft bedenke, die auf die vollständige psychische und physische Vernichtung der Gefangenen ausgerichtet gewesen sei, handle es sich bei ihrem Tod aber „ohne jeden Zweifel" um einen politischen Mord. In der Bundesrepublik sei eine „kolossale Menschenjagd" im Gange, einschließlich „regelrechter Hinrichtungen auf offener Straße".[549] So wie die „,unabhängige' Presse" nicht müde werde, die Opfer der Attentäter aufzuzählen, hätten auch diese inzwischen eine lange Liste eigener Opfer vorzuweisen, von denen Meinhof nur das bisher letzte sei. Die Journalistin, die gegen die Gewaltsamkeit der Klassengesellschaft angeschrieben habe, sei schließlich zur Überzeugung gelangt, dem System nur mehr durch Gegengewalt begegnen zu können – „ein qualitativer Sprung, der", wie Collotti zugestand, „über eine realistische Analyse des innerhalb des politisch-gesellschaftlichen Kontextes der Bundesrepublik Möglichen sicherlich hinausging."[550] Überhaupt orientiere sich die RAF an anachronistischen Vorstellungen einer neuen Faschisierung, aus denen sich – vor dem Hintergrund der historischen Ohnmacht der Linken gegenüber dem Nationalsozialismus – ihr überhasteter Drang erkläre, durch unmittelbare Aktion die „Fehler der Vergangenheit zu vermeiden". Diese Idee bleibe jedoch so lange abstrakt, solange sich die RAF nicht „an eine Analyse der Zusammensetzung der Arbeiterschaft und ihrer Kampfbereitschaft" mache.[551]

Collotti, so wird in diesen Passagen deutlich, deutete die RAF ganz als Gruppe fehlgeleiteter Idealisten, deren Griff zur Waffe zwar zu beklagen sei, an deren Entscheidung er aber vor allem taktische Kritik übte – eine Kritik, wie sie ganz ähnlich schon 1970 von Rossana Rossanda geäußert worden war.

---

[546] Ebd., S. 723.
[547] Ebd., S. 717.
[548] Ders., Ulrike Meinhof, in: Belfagor 31 (1976), S. 461–476.
[549] Ebd., S. 461.
[550] Ebd., S. 464.
[551] Ebd., S. 467.

Die Verantwortung für die gewaltsame Radikalisierung der RAF jedenfalls kam für Collotti ganz allein der Gegenseite zu: „der Logik der Unterdrückung von Minderheiten, der ständigen Einschüchterung mit dem Ziel, die soziale Normalisierung zu garantieren und die alte Ordnung mitsamt ihrer Werte wiederherzustellen, die von der Protestbewegung herausgefordert worden waren."[552] Der Terrorismus, so der Kern seiner Argumentation, stelle nicht nur das Produkt der scharfen Repression alles Linken dar – er bilde auch einen Vorwand für die Unterdrückung gesellschaftlichen Dissenses und die Zementierung des Status Quo, und zwar nicht nur für die Opposition, sondern auch und ganz besonders für die SPD. So sei etwa die lange Verschleppung des Prozesses in Stammheim bewusst als Maßnahme zur stetigen Erinnerung der Öffentlichkeit an die Existenz linker „Monster" zu erklären.[553] Das „Massaker an den Anwälten" der RAF stelle einen weiteren Beleg für den reinen Fassadencharakter dar, der dem Rechtsstaat inzwischen zu Eigen sei. In den Zellen ihrer Mandanten geschähen Dinge, die „mit so viel wissenschaftlicher Grausamkeit" nicht einmal im Spanien Francos denkbar seien.[554] Besserung, so Collotti, sei nur aufgrund der Wachsamkeit der Nachbarn zu erwarten: „Ungezählte internationale Proteste" habe es bereits gegeben, angesichts derer die Bundesrepublik die Isolationshaft schließlich gemildert habe, „nicht ohne Gefallen an der Sensation, als sie Sartre erlaubte, Baader in der Haft zu besuchen. (…) Mit dem Ergebnis, dass dieser trocken und unmissverständlich feststellte, es handle sich um Folter und um nichts anderes."[555]

Die positive Einschätzung der Rolle ausländischer Interventionen auf die deutsche Anti-Terror-Politik blieb auch später eine Konstante in Collottis Denken. In Bezug auf das Basso'sche Initiativkomitee zeigte er sich in seinen „Erinnerungen" davon überzeugt, dass es „zur Rettung des Rechtsstaats und zur Bekräftigung der Menschenrechte" beigetragen habe.[556] Dass er und seine Mitstreiter in ihrem Engagement teilweise der Propaganda des direkten RAF-Umfeldes aufgesessen waren, vermochte er sich nicht einzugestehen, ebenso wenig, wie er in der Neuauflage der „Geschichte der beiden Deutschlands" von 1992 die Rolle der Sympathisanten in der Geschichte des Terrorismus kritisch reflektieren wollte.[557] Immerhin jedoch ging er soweit, die Charakterisierung der Bundesrepublik als „autoritäres System", die er in einer Vielzahl von Publikationen während der 70er Jahre in Italien verbreitet und für lange

---

[552] Ebd., S. 468.
[553] Ebd., S. 470.
[554] Ebd., S. 474.
[555] Ebd., S. 471. Der Text kam einmal mehr nicht ohne ein Zitat des Meinhof'schen „Isolationsfolter-Textes" aus, den Croissant seinerzeit an die Öffentlichkeit gegeben hatte, ebd., S. 473.
[556] Ders., Impegno civile, S. 146.
[557] Ders., Dalle due Germanie alla Germania unita, Turin 1992.

Zeit zementiert hatte, stark zu relativieren, indem er sie von der Ebene der Faktizität auf die der Wahrnehmung verschob.[558] Mehr Fragen als Antworten hinterlässt jedenfalls seine Bemerkung, die spät, aber gründlicher als in Italien erfolgte kritische Auseinandersetzung der Deutschen mit ihrer faschistischen Vergangenheit gehe zu einem guten Teil auf eine Wiederaneignung des Rechtsstaates zurück, die untrennbar mit der Ablehnung „dieser Form der Terrorismusbekämpfung" verbunden sei.[559]

Es bleibt festzuhalten, dass Collottis Rolle keinesfalls mit der eines Sprachrohrs der RAF-Anwälte oder gar der RAF selbst verwechselt werden sollte. Dass er Gefahr lief, ihre interessengeleitete Dämonisierung der deutschen Regierungspolitik für bare Münze zu nehmen, lag vielmehr an seiner persönlichen, umfassenden Enttäuschung über den politischen Kurs der Sozialdemokraten, die wiederum viel ältere Wurzeln besaß. In seinen Augen hatte sich der frühe Reformwille der SPD trotz der historischen Leistung der Neuen Ostpolitik spätestens unter Helmut Schmidt in einer technokratischen Modernisierung erschöpft und „die Monopolkonzentration und die multinationale Durchdringung der BRD" sogar noch befördert. Anstatt eine Alternative zur kapitalistischen Leistungsgesellschaft zu suchen, habe die SPD ihre engen Beziehungen zu Gewerkschaften und Arbeiterschaft dazu genutzt, die Subalternität der Arbeiterklasse durch eine raffinierte Mischung aus sozialem Druck und psychologischen Anreizen auf Dauer zu stellen, darin unterstützt durch ein „relativ hohes Wohlstandsniveau". Der deutsche Imperialismus, so die Schlussfolgerung, habe „die Lektion aus dem Nationalsozialismus gelernt".[560]

Werden solche Urteile möglicherweise verständlich, indem man, wie es Lutz Klinkhammer tut, den stets angriffslustigen Provokateur Collotti ähnlich wie Basso und Lombardo Radice als Utopisten und Idealisten deutet, der nicht nur von einem „anderen Deutschland" träumte, wie er es auf den Seiten von „Lotta Continua" anrief,[561] sondern letztlich von „einer demokratischen und gerechten Welt, nicht militaristisch und nicht den großen Industriemonopolen untertan"?[562]

Nichts spricht jedenfalls dafür, dass die kritische Auseinandersetzung mit den deutschen Verhältnissen für Collotti etwa im Zeichen einer exkulpatorischen Aussöhnung mit der nationalen Gegenwart und Vergangenheit des eigenen Landes gestanden hätte, auch nicht in den 70er Jahren. „In keinem anderen

---

[558] Collotti sprach nun vom „immagine di uno stato superprotetto", S. 63f. Vgl. dazu auch Klinkhammer, Collotti, S. 57.
[559] Collotti, Impegno civile, S. 146.
[560] Enzo Collotti, Alcune note sulla germanizzazione, in: Inchiesta VIII/32 (1978), S. 68–75, hier S. 70.
[561] Ders., L'altra Germania ha bisogno del nostro aiuto, in: LC, 21.10.1977.
[562] Klinkhammer, Collotti, S. 51.

Land der europäischen Gemeinschaft ist der Staatsapparat so bis auf die Knochen deformiert und korrumpiert wie im Italien der DC", hielt Collotti Ende 1977 in einem Beitrag zur Frage einer möglichen „germanizzazione" Italiens fest.[563] Im Jahre 1974 war er sogar vor der bedrückenden Atmosphäre nach den neofaschistischen Attentaten auf der Piazza della Loggia in Brescia und den Schnellzug ‚Italicus' für einige Wochen von Italien nach Frankfurt und München ‚geflohen', „paradoxerweise", wie er selbst kommentierte: „Hier fühle ich mich sicherer, denn hier funktioniert der Rechtsstaat".[564] Der Unterschied zwischen Italien und der Bundesrepublik schien ihm gleichwohl in der Existenz einer „Fülle von Gegenkräften" gegenüber der italienischen Staatsgewalt zu liegen, einer „demokratischen Vitalität", die die Möglichkeit radikalen Wandels und damit einer besseren Gesellschaft offen hielt und mit der er sich selbst zu identifizieren pflegte.[565]

Dass diese Position auch für italienische Intellektuelle keineswegs so unangefochten zu behaupten war, wie er selbst lange angenommen hatte, erfuhr der Historiker im Januar 1979, als seine Bologneser Wohnung Ziel einer unangekündigten Hausdurchsuchung durch die italienische Polizei war, die ihm Verbindungen zur terroristischen Szene vorwarf. Das Erlebnis besaß für Collotti schockartigen Charakter und hatte unter anderem zur Folge, dass er seine täglichen Aktivitäten minutiös aufzuzeichnen begann, „damit ich in Zukunft immer darüber Rechenschaft ablegen konnte, was ich getan und wen ich getroffen hatte".[566] Die Hintergründe der Razzia seien ihm immer rätselhaft geblieben; möglicherweise habe man seinen Namen „in irgendeinem Notizbuch gefunden."[567]

Ganz sicher war die Spurensuche im Hause Collottis keine „direkte Folge der Aktivitäten gegen das ‚Berufsverbot'", wie seine Schülerin Mariuccia Salvati zu wissen glaubt.[568] Möglicherweise ist die Polizeiaktion im Kontext der weiter oben angesprochenen Intellektuellen-Verhaftungen vom April 1979 im Umfeld Toni Negris zu sehen, dem wie erwähnt auch Collottis ehemaliger Triestiner Assistent Giovanni Zamboni zuzurechnen war; ein Name übrigens, der in den Erinnerungen des Historikers nirgends Erwähnung findet. Ob Collotti über die Verbindungen Zambonis zur RAF im Bilde gewesen ist und ob dieser Umstand möglicherweise sein Urteil über die Gruppe beeinflusst hat, muss Spekulation bleiben.

Der Durchsuchungsbefehl jedenfalls hatte vielleicht auch mit dem Umstand

---

[563] Collotti, Alcune note, S. 73.
[564] Ders., Impegno civile, S. 61.
[565] Ders., Alcune note, S. 74.
[566] Ders., Impegno civile, S. 119.
[567] Ebd., S. 183.
[568] Ebd., S. 175.

zu tun, dass Collotti – zweifellos ohne sein Zutun – zeitweise in den Blick des Mailänder IVK geraten war. Im Auftrag der Stuttgarter Zentrale hatten sich die Mailänder um die junge Deutsche Susanne Mordhorst im Herbst 1976 auf die Suche nach einem geeigneten Kandidaten für die Erstellung eines Vorworts für die geplante italienische Ausgabe der gesammelten RAF-Texte begeben, die man zu diesem Zeitpunkt noch bei Feltrinelli-Editore zu platzieren hoffte. Auf Geheiß der ‚Stammheimer' erstellte Mordhorst eine Übersetzung des Meinhof-Nachrufs, um den RAF-Kadern einen Eindruck von Collottis politischem Standort und natürlich vor allem seiner Sicht auf die RAF zu vermitteln. Den vierzehn eng beschriebenen Schreibmaschinenseiten – auf eine Übersetzung der Fußnoten hatte Mordhorst verzichtet – war ein resigniertes Anschreiben beigefügt.[569] „Hier kommt Collotti. Nachdem ich das jetzt alles übersetzt hab, bin ich ein bisschen ermüdet. Er lässt einfach die RAF ganz raus. Da ist die ganze Geschichte von konkret, mit Zitaten, Röhl und Rühmkorff und über die RAF nicht ein Wort. Kann sein, daß er da wirklich nichts gelesen hat, glaub ich aber nicht, informiert wie er sonst ist. Und so bleibt auch die Repression in der BRD völlig unerklärt und unbegriffen. Wir haben erst mal gesagt, daß man für eine Einleitung jemand anders suchen sollte, am liebsten würden wirs selbst machen, aber das wird F.[eltrinelli] nicht akzeptieren oder man muß mit Collotti sprechen."[570]

Zu einer Kontaktaufnahme des IVK mit dem Geschichtsprofessor sollte es nicht mehr kommen, da die ‚Stammheimer' schon einen Tag später in einem ausführlichen Schreiben klarstellten: „wir lehnen collotti ab". Sein Artikel sei „ein bastard – seine niveaulosigkeit kein zufall, sondern folge seines politikbegriffs, in den er ulrike erbarmungslos einsperrt. natürlich weil ihm der sarg wichtig ist." Die Rolle Meinhofs „als ideologische pilotfigur" und natürliche Gegnerin des US-Imperialismus werde unterschlagen, „um desto platter, seicht + flach, von der reaktion in der bundesrepublik zu *sülzen* – letztlich vollkommen begriffslos und – natürlich – um sich und den leser um den mord rumzumanövrieren."[571] Anders als die RAF-Spitze, die in der Bundesregierung nur einen Handlanger des US-Kapitals zu sehen vermochte und den Selbstmord

---

[569] HIS-Archiv, RA 02 / 066,006, Schreiben an Susanne Mordhorst vom 7.10.1976, mit Kopie an Croissant; zur Weiterleitung an I. Feltrinelli und E. Masi.
[570] HIS-Archiv RA 02 / 066,006; Schreiben vom 1.10.1976.
[571] Als Alternative zu Collotti wurden die Mailänder angewiesen „die masi" aufzutreiben und sie dazu zu bringen, das Vorwort zu schreiben, „das wär's". Gemeint war die italienische Maoistin und Sinologin Edoarda Masi, deren Schriften auf den üblichen Plattformen Merve und Wagenbach schon in den frühen 70er Jahren die westdeutsche Linke in deutscher Übersetzung erreicht hatten, Edoarda Masi, Die chinesische Herausforderung. Beiträge zu einer sozialistischen Strategie, Berlin 1970 (Wagenbach); Dies., Der Marxismus von Mao und die europäische Linke, Berlin 1970 (Merve); Dies., Kritik und Selbstkritik der Neuen Linken, Berlin 1973 (Merve).

ihrer Genossin als Mordkomplott der CIA deutete, hatte Collotti allein in den autoritären Traditionen der deutschen Geschichte nach den Ursachen der „Repression" gesucht.

Es kann kaum ein Zweifel daran bestehen, dass der Historiker in dieser Suche stark von der antifaschistischen „Kultur des Verdachts" (Petersen) gegenüber den Deutschen geprägt war, einer Kultur, der er selbst immer wieder neue Nahrung gegeben hatte. Gleichzeitig war er – ganz ähnlich wie Böll, den er nicht von ungefähr immer wieder als seinen Gewährsmann anrief – keineswegs immer zu Unrecht von der wiederholt zu konstatierenden Unbarmherzigkeit der deutschen Terrorismusbekämpfung menschlich und politisch abgestoßen. Besonders empfindlich hatte der ‚Augenmensch' Collotti, der seit jeher leidenschaftlich gern fotografierte, etwa auf die Stigmatisierung der Verdächtigen im Bild über die Praxis der Fahndungsplakate reagiert, die ihm „kalte Schauer über den Rücken jagte".[572] Als ebenso skandalös empfand er die Diffamierung der sechzehn SPD-Bundestagsabgeordneten, die in der „Bild"-Zeitung in großformatigen Fotografien auf der Titelseite als ‚Sympathisanten' gebrandmarkt wurden, nachdem sie im Oktober 1977 gegen das Kontaktsperregesetz votiert hatten.[573] Zweifellos auch erfasste der Italiener etwas Richtiges, wenn er von einer „Terrorismus-Industrie" und einem „Terrorismus-Konsum" innerhalb der deutschen Medienöffentlichkeit und Teilen der deutschen Gesellschaft sprach.[574] Gleichzeitig war der unermüdliche Warner vor dem Leviathan unfähig, (auch) die antisystemische, für ihre Opfer tödliche Gewalt als Gewalt zur Kenntnis zu nehmen – oder auch, staatliche Gewalt jenseits der Berliner Mauer mit ähnlicher Schärfe wahrzunehmen und zu benennen wie diesseits. Vor allem aber täuschte er sich in der Deutung des deutschen Linksterrorismus als politische Verzweiflungstat im Sinne eines nachholenden Widerstands. Entgegen seiner Interpretation war die Handlungslogik der deutschen Stadtguerilleros keineswegs eine „völlig andere" als die der italienischen.[575]

Als ein Kommando der Roten Brigaden im März 1978 nach dem Vorbild der Schleyer-Entführung Aldo Moro verschleppte und fünf seiner Begleiter erschoss, reagierte der italienische Staat mit einer Härte, die das „Initiativ- und Unterstützungskomitee zur Verteidigung der Bürgerrechte und der demokratischen Freiheiten in der Bundesrepublik Deutschland" nach eigenem Bekunden in eine „Identitätskrise" stürzte.[576] Im Laufe der internen Diskussionen, ob es

---

[572] Collotti, Impegno civile, S. 146.
[573] Ders., Alcune note, S. 72.
[574] Ebd.
[575] Ders., Impegno civile, S. 146.
[576] Fondazione Basso, Serie 19, fasc. 28, Bilancio di un anno di attività del Comitato, 16.10.1978.

sich nun auch – oder vielleicht sogar ausschließlich – für Italien zuständig fühlen müsse, um glaubwürdig zu bleiben, verlor das Komitee im Laufe des Jahres 1978 eine ganze Reihe von Mitgliedern.[577] Auf den Seiten des Bulletin wurde die Frage der Vergleichbarkeit deutscher und italienischer Verhältnisse auf Anregung Lelio Bassos offen diskutiert.[578] Die Redaktion hatte diesbezüglich mehrere Stimmen eingeholt, darunter die Collottis, Lombardo Radices, Salvatore Seneses und einmal mehr Wolfgang Abendroths.[579] Während letzterer die Gelegenheit nutzte, um den Terrorismus als Geschenk an die politische Rechte kategorisch zu verwerfen und den linken Genossen in Italien, „für ganz Europa und ganz besonders für uns Deutsche in diesen Jahren eine große Hoffnung", eine gute Hand zu wünschen, um die drohende Niederlage abzuwenden,[580] reagierten die angesprochenen Italiener selbst gespalten. Lombardo Radice hielt die vermeintlichen Parallelen schlicht für „unsinnig": „Kein ‚Mescalero', keine Nacht von Stammheim, keine Prozesse gegen Anwälte: Bei uns konnten die Verteidiger immer alles vorbringen, was sie wollten. (...) Was hat das Staatsverständnis des deutschen Bürgertums, das unter Demokratie vor allem die Unterdrückung von Dissens und die Aufrechterhaltung der Ordnung versteht, mit Theorie und Praxis der italienischen Republik zu tun, geboren aus der Resistenza?"[581] Ganz anders sah dies demgegenüber der Jurist Salvatore Senese, der zunächst darauf hinwies, dass Italien – anders als die Bundesrepublik – eine hohe institutionelle und rechtliche Kontinuität zum Faschismus aufweise. Erst seit den 60er Jahren sei man unter dem Druck einer stärker werdenden Demokratiebewegung nach und nach dazu übergegangen, die faschistischen Residuen in der Gesetzgebung zu tilgen, ein Prozess, der gleichwohl noch längst nicht abgeschlossen sei. In diesem Kontext wies Senese ausdrücklich auf die bislang ausstehende Aufklärung des Massakers auf der Piazza Fontana und die mysteriösen Todesumstände Pinellis hin. Durch die Hysterie infolge der Moro-Entführung, wie sie etwa in der Forderung nach Wiedereinführung der Todesstrafe manifest geworden sei, drohe nun die offen reaktionäre Gesinnung, die in Teilen des Staatsapparats überlebt habe, wieder Überhand zu gewinnen. Für

---

[577] Ebd.
[578] „Nel momento in cui licenziamo alla stampa questo numero del bollettino, la vicenda Moro si è appena tragicamente conclusa ma lascia aperti i suoi drammatici interrogativi. Non ci sfugge la similarità con recenti episodi nella RFT e non ci sfugge neanche la necessità di confrontare la situazione italiana con quella tedesca proprio dal punto di vista che costituisce la nostra ragion d'essere e cioè la lotta contro tutte le misure restrittive delle libertà da qualsiasi parte esse provengano", so Lelio Basso im Editorial des Bollettino n. 3, 20.5.1978, o.S.
[579] Terrorismo e antiterrorismo nella RFT e in Italia. Materiali per una discussione, in: Bollettino n. 4, luglio/agosto 1978, S. 15–20.
[580] Ebd., S. 20.
[581] Ebd., S. 17.

sich genommen seien die aus diesem Geist geborenen Maßnahmen „teilweise gravierender und einschneidender als die, die man in der BRD nach der Schleyer-Entführung ergriffen" habe. Die Gefahren nicht zur Kenntnis zu nehmen, die aus dieser Entwicklung auf lange Sicht für das Verhältnis der Bevölkerung zu den Parteien und den demokratischen Institutionen insgesamt resultierten, schloss Senese, wäre „fahrlässig".[582]

Gerade im Vergleich mit solch hellsichtigen Beobachtungen, die die negativen Aspekte auch der eigenen jüngeren Geschichte klar zu benennen und dabei tatsächliche von vermeintlichen Gefahren für die Demokratie zu trennen vermochten, wird der Grad der Voreingenommenheit zahlreicher italienischer Intellektueller deutlich, die diese, wie es Mario Sciajola in „L'Espresso" formulierte, wie in einem „mentalen Automatismus hinter der Staatsräson gleich Rechtsbruch und staatliche Gewalt vermuten ließ".[583] In den Reaktionen auf den ‚Deutschen Herbst' vermischte sich die Erfahrung von „13 Jahren Strategie der Spannung und Staatsintrigen" im eigenen Land mit dem älteren, antifaschistisch motivierten anti-deutschen Vorbehalt. Im Ergebnis ergab sich eine geistige Nähe zwischen der politischen Analyse zahlreicher Intellektueller und der radikal systemkritischen Linken, die in der Bundesrepublik nur von einer kleinen Minderheit geteilt wurde – zu nennen wären etwa Peter Brückner oder Johannes Agnoli, Namen, die nicht von ungefähr von Collotti als Gewährsleute seiner Deutschlandkritik genannt wurden.[584] Südlich der Alpen verstärkte sich im ‚Deutschen Herbst' ein Gefühl der fundamentalen Entfremdung vom Staat, das wenig später anlässlich der Moro-Entführung in dem Diktum „né con lo stato né con le brigate rosse" („weder auf Seiten des Staates noch auf den Seiten der Roten Brigaden") seinen prägnanten Ausdruck finden sollte.[585]

Auch wenn die im Oktober 1977 aktiv gewordenen Intellektuellen keineswegs die terroristische Gewalt gegen den Staat billigten oder gar dazu aufriefen, sondern ganz im Gegenteil gegen unterstellte Menschenrechtsverletzungen der Gegenseite polemisierten, war ihre Position nicht nur von einer bemerkenswerten Ignoranz gegenüber den *erwiesenen* Opfern des Terrorismus gekenn-

---

[582] Ebd., S. 17–19.
[583] Mario Sciajola, „E in Italia chi piangerà", in: L'Espresso, 30.10.1977. Auch Sciajola selbst, der in „L'Espresso" regelmäßig über die Roten Brigaden berichtete, gehörte zu den Unterzeichnern des „manifesto"-Appells.
[584] Collotti, Alcune note, S. 74. Collotti bezieht sich konkret auf Agnolis Essay in Johannes Agnoli/Peter Brückner, Die Transformation der Demokratie, Berlin 1967. Vgl. dazu Axel Schildt, „Bibel der Außerparlamentarischen Opposition". Johannes Agnoli/Peter Brückner, Die Transformation der Demokratie (1967), in: Jensen u. a., Gewalt und Gesellschaft, S. 294–304.
[585] Vgl. Tolomelli, Terrorismus, S. 176–181.

zeichnet.[586] Sie konnte auch allzu leicht als intellektueller Flankenschutz zur Rechtfertigung von Gegengewalt verstanden und instrumentalisiert werden.

6.3.2 „Die Endlösung des RAF-Problems": Lotta Continua und die ‚Todesnacht von Stammheim' als negativer Mythos

„Mit einer nazistischen Operation sucht die Regierung Schmidt die Endlösung des RAF-Problems: Baader, Ensslin und Raspe im Gefängnis ermordet", lautete am 19. Oktober 1977 die fettgedruckte Schlagzeile auf der Titelseite der Szene-Publikation „Lotta Continua".[587] In kleineren Lettern darunter hieß es, „auch" die palästinensischen Entführer der ‚Landshut' habe man „kaltblütig erschossen". Einer Bildzeile unter dem Foto von Ulrich Wegener, dem Kommandanten der GSG 9, ließ sich entnehmen, dieser sei nun „der am meisten umjubelte Soldat" der Bundesrepublik, „gleich nach Oberst Kappler."[588]

Diese Schlagzeilen des bedeutendsten Kommunikationsorgans der ultralinken Subkultur im Italien der 70er Jahre spiegeln vielleicht am eindrucksvollsten, in welchem Maße die Saat der im Kollektivsuizid gipfelnden Selbstviktimisierungsstrategie der RAF-Gründer in bestimmten gegenkulturellen Milieus des europäischen Auslandes tatsächlich aufgegangen war.

Zusammen mit dem ebenfalls in Rom herausgegebenen „il manifesto" kann „Lotta Continua" als zeitgenössisch wichtigstes Sprachrohr der politischen Splittergruppen links vom PCI gelten, welche die Ereignisse des ‚Deutschen Herbstes' nicht zuletzt dazu nutzten, ihr Profil als einzige oppositionelle Kraft gegen den Historischen Kompromiss und die ‚Germanisierung' Italiens weiter zu schärfen. Gleichwohl ging es gerade den Machern von „Lotta Continua" nur am Rande um die Artikulation eines genuin politischen Projektes, besonders seit sich die gleichnamige Gruppierung nach der Wahlschlappe des Jahres 1976 formal aufgelöst hatte. Die wichtigste Funktion der publizistischen Plattform war vielmehr ihr Beitrag zur Identitätsversicherung der Angehörigen des linken Milieus, wobei sich die neue gegenkulturelle Subjektivität vor allem aus der Ablehnung einer prinzipiell als feindlich empfunden, staatlichen Gegenmacht speiste.[589] Eine singuläre Quelle für die auch in Italien in hohem Maße generationsspezifische Suche nach Möglichkeiten ‚alternativer' Selbst-

---

[586] Auf diesen Tatbestand wiesen verschiedene Kommentatoren anderer politischer Lager hin, vgl. etwa „Giudizi ambigui", in: Il Popolo, 21.10.1977. Vgl. auch die scharfsinnige Kritik „Dove porta il riflesso anti-tedesco", in: „La Voce Repubblicana", 27.10.1977.

[587] „Con una operazione nazista il governo Schmidt cerca la ‚soluzione finale' del problema della RAF: Baader, Ensslin e Raspe assassinati in carcere", in: LC, 19.10.1977.

[588] Vgl. auch den Bericht „Sappiamo fare Entebbe meglio degli ebrei", in: LC, 19.10.1977.

[589] Vgl. dazu allgemein Sven Reichardt/Detlef Siegfried, Das Alternative Milieu. Konturen einer Lebensform, in: Dies. (Hg.), Das Alternative Milieu, Göttingen 2010, S. 9–26. Für

verwirklichung im ‚roten Jahrzehnt' ist das Blatt nicht nur aufgrund seiner provokativen Ästhetik, die sich sowohl graphisch als auch sprachlich vorzugsweise unkonventioneller und sogar drastischer Ausdrucksformen bediente, sondern vor allem wegen der betont dialogisch gehaltenen Interaktionsprozesse zwischen den Redakteuren und ihren Lesern. Gerade die Leserbriefseite als das eigentliche Herzstück des Blattes transportierte das Lebensgefühl einer ebenso desillusionierten wie von tiefer Sehnsucht nach kollektiv geteilter Solidarität geprägten Generation, deren Protagonisten teilweise noch der 68er-Bewegung zuzurechnen waren, teilweise aber auch bereits dem nachrückenden *movimento '77* angehörten.[590] Nicht zuletzt lässt sich auf den Seiten von „Lotta Continua" auch die allmähliche Herausbildung einer feministischen Teilkultur verfolgen, innerhalb derer junge Frauen vor der Aneignung traditionell männlich kodierter Räume und Artikulationsformen sehr viel weniger zurückscheuten als noch ein Jahrzehnt zuvor. Aus deutscher Perspektive erstaunt vor allem die Offenheit dieses Milieus für renommierte Intellektuelle und linke Publizisten auch der älteren Generation, deren manchmal ganz bürgerlich, manchmal auch schrill klingende Stimmen sich ganz reibungslos in den Chor der jugendlichen Rebellen integrierten.

Aufgrund seiner prinzipiell staatsfeindlichen und antifaschistischen Prägung war das LC-Milieu jedenfalls ein geradezu maßgeschneiderter Resonanzboden für die transnationalen Kommunikationsbemühungen der ‚Stammheimer', den sie auch und gerade im Herbst 1977 unter Mithilfe ihrer Sympathisanten und Unterstützer systematisch für ihre Zwecke nutzten. Nach ihrem Tod sollten sie über verschiedene, auch intermediale Formen der Mythisierung zu veritablen Märtyrern einer grenzüberschreitenden Gegenkultur aufgebaut werden, wobei sich deutsche und italienische Interessens- und Problemlagen nahtlos miteinander verschränkten.

Wie weiter oben bereits angedeutet, hatte „Lotta Continua", die als täglich erscheinendes Forum stets koordinierend im Zentrum der verschiedenen Aktivitäten zugunsten der deutschen Genossen stand, im Spätsommer 1977 schon den letzten Hungerstreik der inhaftierten RAF-Spitze um Andreas Baader und Gudrun Ensslin publizistisch begleitet und damit unwissentlich der ‚erfolgreichen' Durchführung der *suicide action* Vorschub geleistet. Noch am Tag vor der Schleyer-Entführung hatte das römische Blatt eine der Fotografien, die Baader kurz zuvor mit einer in den Hochsicherheitstrakt hinein- und wieder hinausge-

---

Italien Cazzullo, Ragazzi; Simone Neri Serneri (Hg.), Verso la lotta armata. La politica della violenza nella sinistra radicale degli anni Settanta, Mailand 2012.

[590] Vgl. Giorgio Bocca, „Nelle lettere a ‚Lotta Continua' tutta la crisi dei giovani di oggi – Una rubrica mette a nudo le angosce della nuova generazione", in: la Repubblica, 6.12.1977. Vgl. auch die von der Redaktion herausgegebene Anthologie der Briefe des Jahres 1977 Care compagne, cari compagni. Lettere a Lotta Continua, Rom 1978.

schmuggelten Kamera von einer lächelnden Ensslin aufgenommen hatte, unter der Überschrift „Der deutsche Staat will diese Genossin tot sehen" auf der Titelseite abgedruckt.[591] Ganz offensichtlich war der Zeitung die brisante Aufnahme – die für sich genommen schon bewies, dass die ‚Festung' Stammheim keineswegs lückenlos abgeriegelt war – aus dem direkten Umfeld der RAF gezielt zugespielt worden. Am 5. September wurde wiederum auf Seite eins gemeldet: „Die Genossen von der RAF setzen ihren Hungerstreik aus, um ‚den Behörden den Vollzug des Mordes an ihnen zu erschweren'".[592]

Nach dem Tod der drei prominentesten ‚Stammheimer' avancierte „Lotta Continua", darin tatkräftig unterstützt durch die manifesto-Gruppe, Lelio Bassos Initiativkomitee und Teile des PCI, zum wichtigsten Multiplikator der vielfältigen, von Anwälten, Angehörigen und weiteren sympathisierenden Helfern getragenen Bemühungen um die überlebende Irmgard Möller. Wie sich herausstellte, erwiesen sich diese Bemühungen de facto als gleichbedeutend mit der Verbreitung der Mordlegende, da Möller jedwede Suizidabsicht für sich selbst ebenso kategorisch bestritt wie für ihre Zellengenossen; auch habe es in der fraglichen Nacht keinerlei Möglichkeit zur Kontaktaufnahme der ‚Stammheimer' untereinander gegeben.[593]

Möllers Aussage über das Geschehen in der ‚Todesnacht' erlangte innerhalb der antisystemischen Linken im *Belpaese* den Status einer unangreifbaren Wahrheit mit geradezu kanonischer Gültigkeit. Obwohl die gerichtsmedizinische Untersuchung der Verletzten ergeben hatte, dass alles darauf hindeute, dass sich die junge Frau ihre Stichwunden selbst beigebracht hatte, wurde diese Möglichkeit in diesen Kreisen nicht einmal erwogen.[594]

---

[591] Vgl. LC, 3.9.1977. Für die Geschichte der Fotos vgl. Proll, Hans und Grete; für eine Abbildung des LC-Fotos vgl. S. 25. Wahrscheinlich hatten Anwälte der Kanzlei Croissant nicht nur für den Schmuggel von Film und Kamera gesorgt, sondern das Bildmaterial auch an LC weitergeleitet. Während der Schleyer-Entführung gehörte auch die Redaktion von „Lotta Continua" zu den Empfängern der Aufnahmen des zum ‚Gefangenen der RAF' degradierten deutschen Arbeitgeberpräsidenten. Dass der Eingang der Bilder in der Zeitung nur schriftlich vermerkt, die Fotos selbst aber nicht abgedruckt wurden, hing möglicherweise mit der Angst vor der Beschlagnahmung der Zeitung zusammen. Wie gesehen, hatte die italienische Regierung Andreotti Schmidt ihrer Kooperation versichert. Politische Bedenken sind unwahrscheinlich; so druckte das Blatt etwa die RAF-Kommuniqués regelmäßig ab.

[592] „I compagni della RAF sospendono lo sciopero della fame per ‚rendere difficile alle autorità il proprio assassinio", in: LC, 5.9.1977. Weitere Überschriften der Kampagne lauteten „Mobilitarsi per salvare la vita ai compagni detenuti in Germania", in: LC, 2.9.1977, „Compagne e compagni di fronte alla morte" und „Resistono ancora", beide in: LC, 3.9.1977.

[593] Vgl. zuletzt Möllers Darstellung in: Tolmein, „RAF – Das war für uns Befreiung", S. 109–139.

[594] Vgl. die ausführliche Stellungnahme des untersuchenden Arztes Dr. Rauschke in: Landtag von Baden-Württemberg, 7. Wahlperiode 1976–1980, Verzeichnis der Drucksachen Bd. 14, Stuttgart 1978, Drucksache 7/3200, S. 1–143, hier S. 46. Rauschke hat „im Ergeb-

Um die offizielle Darstellung der Vorgänge möglichst überzeugend zu überschreiben, fand sich etwa der spätere Nobelpreisträger Dario Fo dazu bereit, auf den Seiten von „Lotta Continua" eine Analogie seines Giuseppe Pinelli gewidmeten Theaterstückes „Zufälliger Tod eines Anarchisten" zu veröffentlichen, die ganz auf den Schilderungen Möllers beruhte. Die Erzählung „Es geschah morgen" beschrieb die ‚Todesnacht' aus der Perspektive der einzigen Überlebenden als denkbar drastische, in allen Details ausgemalte Horrorgeschichte über einen dreifachen Mord und einen Mordversuch in staatlichem Auftrag, wobei Orts- und Personennamen anders als im Falle des berühmten Bühnenstückes nicht verändert worden waren. Der Text, so die „Lotta"-Redaktion, sei „so schrecklich, wie der Tod Baaders, Ensslins und Raspes grauenvoll, entsetzlich und schrecklich gewesen sein muss". Er verstehe sich als ein Akt der Gerechtigkeit für die drei Toten, „um die Lüge aller Lügen als solche zu entlarven. (...) Und um den anderen 8 Insassen der RAF das Leben zu retten." Nicht zufällig übersetzte der bereits mehrfach erwähnte Peter Chotjewitz Fos „Zufälligen Tod" aus dem Jahre 1970 zeitgleich erstmals ins Deutsche: Wahrscheinlich sollte die Geschichte der ‚Todesnacht' von Mailand mit ihrem mysteriösen Fenstersturz im Polizeigewahrsam als deutsch-italienische Gegenübertragung auch der These vom Mord an den ‚Stammheimern' weitere Glaubwürdigkeit verschaffen.[595] Fo selbst illustrierte seine Darstellung der Vorgänge von der Nacht des 18. auf den 19. Oktober mit der Tuschezeichnung einer weiblichen Person im blutbefleckten Gewand und mit verzerrten Gliedmaßen, den Mund in stummem Schrei aufgerissen und ein Messer tief zwischen den Rippen versenkt.[596] In leicht abgewandelter Form erschien die Zeichnung wenig später auf der Rückseite einer im Milieu der Hauptstadt verbreiteten Postkarte, die der jeweilige Absender nach Belieben mit einer persönlichen Mitteilung versehen, unterschreiben und an den Bundeskanzler schicken sollte. Die Botschaft: „Irmgard Möller SOLL WEITER LEBEN".[597] Parallel wurden die Leser von „Lotta Continua" dazu aufgerufen, auch an Möller selbst zu schreiben, um dieser „eine rasche und vollständige Genesung unter menschenwürdigen Haftbedingungen" zu wünschen. Der Text konnte – die deutsche und die italienische Version gleich nebeneinander – aus der Zeitung ausgeschnitten, auf eine Postkarte geklebt und an „Irmgard Möller, politischer Häftling, Strafanstalt Stammheim" gesendet werden: „Wir verfolgen mit großer Aufmerksamkeit und Interesse die Geschehnisse in der BRD und insbesondere Deine persönliche Lage", so die tröstliche Botschaft. „Wir versi-

---

nis die ihm gestellte Frage, ob es Anhaltspunkte gibt, die gegen einen Selbstmordversuch sprechen, verneint".
[595] Fo, Zufälliger Tod. Vgl. weiter oben S. 180.
[596] Vgl. LC, 26.10.1977.
[597] Archiv Peter Kammerer.

chern Dir, dass wir alle Anstrengungen unternehmen, uns für Gerechtigkeit und den Rechtstaat überall einzusetzen, also auch in Deinem Falle, dass Dir jenes Maß an persönlicher Würde und Integrität zugesichert wird, auf das jeder Häftling ein Recht hat."[598] Für beide Postkartenaktionen, die offensichtlich an den brieflichen Patenschaften für gefährdete politische Häftlinge von Amnesty International anknüpfen sollten, zeichnete ein „Solidaritätskomitee für Irmgard Möller" verantwortlich, das ebenfalls in den Räumlichkeiten der Fondazione Basso in der Via dei Banchi Vecchi Quartier bezogen hatte.

Tatsächlich gab man sich auf den Seiten von „Lotta Continua" überzeugt, dass Möller nur durch einen glücklichen Zufall das Mordkomplott des deutschen Staatsschutzes in Stammheim überlebt habe, nun aber als einzige Zeugin des grausamen Geschehens in höchster Lebensgefahr schwebe – „ein Stachel im Fleisch der Vernichtungsoperation".[599] Um zu verhindern, dass Möller – die, kaum von ihrer Notoperation genesen, in einen erneuten Hunger- und schließlich sogar einen Durststreik trat, um ihre Zusammenlegung mit Verena Becker zu erzwingen[600] – endgültig „mundtot gemacht" wurde, rief die Redaktion zu Initiativen auf, die die Gefangene „der Isolation entreißen und dem Leben zurückgeben" sowie der Wahrheit vom „Massaker von Stammheim" Publizität verschaffen sollten. „Wir müssen sofort etwas tun – darauf bestehen, sie besuchen zu dürfen, der deutschen Botschaft in Rom und dem deutschen Richter in Heidelberg die Tür einrennen! Handeln wir, bevor es zu spät ist und wir ein neues Menschenleben beklagen müssen, das in deutschen Gefängnissen geselbstmordet worden ist!"[601]

Als Anfang November in Frankfurt eine „Notkonferenz Russell-Tribunal" für den 10. Dezember zu einem „Internationalen Tag der Freiheit für Irmgard Möller" aufrief, waren es wiederum Dario Fo und seine Frau Franca Rame, Vorsitzende der italienischen Roten Hilfe, die den Ball aufnahmen und in Mailand zu einem Treffen von Publizisten und Kulturschaffenden einluden, auf dem weitere Aktivitäten geplant wurden.[602] „Sofort müssen wir uns bewegen, hier und jetzt, in Italien, einem Land voller überzeugter Antifaschisten!", hieß es in dem dort verabschiedeten Aufruf. „Denn in Deutschland ist das Schweigen der Presse gewalttätig und zynisch wie die ‚Lederköpfe' der GSG 9". Eine möglichst

---

[598] „Scriviamo a Irmgard Moeller!", in: LC, 30.11.1977.
[599] „Dopo l'uccisione di Ingrid Schubert: Non si hanno più notizie di IM", in: LC, 16.11.1977. Vgl. auch „Irmgard Moeller, unica sopravvissuta: non voglionio farla parlare", in: LC, 20.10.1977; „In Germania nessuno sa che Irmgard Moeller ha parlato", in: LC, 26.10.1977; „Rumori…e poi ho perso conoscenza", in: LC, 25.10.1977, „Irmgard Moeller, ferita e malata, in carcere la vogliono suicidare", in: LC, 28.10.1977.
[600] „Vogliono morta anche Irmgard Möller", in: LC, 8.12.1977.
[601] „Per Irmgard Möller", in: LC, 14.–16.11.1977.
[602] „Per la libertà di Irmgard Moeller", in: LC, 8.11.1977; "Cosa si sta facendo", in: LC, 14.–16.12.1977.

hochkarätige Delegation sei in den Norden zu entsenden, um im Namen von Millionen Italienern für „die Rettung eines Frauenlebens" einzutreten.[603] Kurz zuvor war ein Antrag auf Besuchserlaubnis bei Möller, den fünf Parlamentarierinnen der linken Liste Democrazia Proletaria bei den zuständigen Behörden in Baden-Württemberg gestellt hatten, von den Verantwortlichen abgelehnt worden, wie empört berichtet wurde.[604] Die ersten Freiwilligen, die sich für die Teilnahme an einer neuen, noch größeren Besuchsdelegation meldeten, „die die öffentliche Meinung in Deutschland aufwecken und verstärkten Druck auf die zuständigen Behörden ausüben" solle, waren unter anderem die Journalisten Giorgio Bocca und Natalia Aspesi, die Verleger Giulio Einaudi, Giulio Bollati und Inge Feltrinelli, der Psychiater Franco Basaglia sowie Franca Rame und Dario Fo selbst.[605] In der Delegation, die im Januar 1978 tatsächlich die Reise über die Alpen antrat, waren von den Genannten jedoch nur Fo und Basaglia übriggeblieben. Dafür waren die Schriftstellerin Dacia Maraini, der Jurist Gaetano Dragotto, der Regisseur Carlo Lizzani, der Journalist Michele Bocca, der renommierte Filmkritiker Guido Aristarco sowie der Chefredakteur von „Lotta Continua", Alexander Langer, hinzugekommen, der für sein Blatt ausführlich von der gemeinsamen Reise in das „Schloss des Signor S." berichtete.[606] Mit dem „Schloss" war die Justizvollzugsanstalt Stuttgart-Stammheim, mit „Signor S." Helmut Schmidt gemeint. Tatsächlich hatten die zuständigen Behörden dem politischen Druck nachgegeben und das von den oppositionellen baden-württembergischen SPD- und FDP-Fraktionen durchgesetzte parlamentarische Untersuchungsverfahren der Vorgänge in der ‚Todesnacht', das zwischen dem 20. Oktober und dem 20. Februar im Stammheimer Gerichtssaal stattfand, für ausländische Beobachter geöffnet.[607] Damit hatte die italienische Delegation in der moralischen Unterstützung der Zeugin Möller bei ihrer Aussage vor der Kommission eine konkrete Aufgabe gefunden, die sie außerordentlich ernstnahm. Durch die vielen italienischen Genossen im Saal habe sich „Irmgard sichtbar ermutigt und unterstützt" gefühlt, berichtete Langer, auch wenn man sie „mit Gewalt" daran gehindert habe, sich zu ihnen

---

[603] „Per Irmgard Möller", in: LC 14.–16.12.1977.
[604] „Le deputate italiane non possono visitare Irmgard Möller!", in: LC, 3.12.1977. Eine Gruppe anderer Parlamentarierinnen verschiedener Parteien, darunter Susanna Agnelli, formulierte ein auch von Natalia Ginzburg und Inge Feltrinelli unterzeichnetes Telegramm an den deutschen Justizminister sowie seinen baden-württembergischen Kollegen, in der man seiner Sorge „um das Leben und die Grundrechte der Irmgard Möller" Ausdruck verlieh, vgl. „Per Irmgard Möller", in: LC, 18./19.1977.
[605] „Una delegazione in Germania per Irmgard Möller", in: LC, 17.12.1977.
[606] Alexander Langer, „Il castello del Signor S. La delegazione italiana per Irmgard Moeller a Stammheim e tra i compagni tedeschi", in: LC, 22./23.1.1978.
[607] Vgl. für das Protokoll der insgesamt 19 Sitzungen: Landtag, S. 1–143.

umzudrehen oder gar mit ihnen zu sprechen.⁶⁰⁸ Dank der Rückendeckung aus Italien habe sie jedenfalls nicht nur über das Geschehen in der ‚Todesnacht' Zeugnis abzulegen gewagt, sondern auch über die nach wie vor unerträglichen Haftbedingungen in Stammheim. Die „feinen Herren von der Untersuchungskommission" hätten allerdings alles getan, um die Glaubwürdigkeit der Zeugin zu untergraben und sie wie eine Angeklagte zu behandeln – „aber welchen Verbrechens schuldig? Vielleicht des Verbrechens, überlebt zu haben?" Dass Möller beschuldigt wurde, an zwei Bombenanschlägen der ‚Mai-Offensive' der RAF des Jahres 1972 teilgenommen sowie bei ihrer Festnahme das Feuer auf die Polizei eröffnet und einen Beamten getötet zu haben, wofür sie 1979 zu lebenslänglicher Haft verurteilt werden sollte, glaubte man hier geflissentlich übersehen zu dürfen.⁶⁰⁹ Auch der Umstand, dass es in der Bundesrepublik – anders als im Falle der zahlreichen politischen Skandale, die in der jüngeren Vergangenheit das *Belpaese* erschüttert hatten – überhaupt zur Einsetzung einer Untersuchungskommission kam, deren Arbeit trotz einiger nicht-öffentlicher Sitzungstermine unterm Strich minutiös protokolliert wurde, erfuhr keinerlei positive Würdigung.

Eine eigenwillige feministische Lesart des Stuttgarter Verfahrens steuerte Erfolgsautorin Dacia Maraini für die Seiten von „il manifesto" bei. Irmgard Möller werde bei der Anhörung behandelt, „als spiele ihr Geschlecht überhaupt keine Rolle. Es fällt kein Wort, das ihren Fall unterscheiden würde von dem ihrer Genossen." Nur im Blick der Kommissionsmitglieder, „die eher paternalistisch als wie Henker wirken", glaubte Maraini „den absolut spontanen und unbewussten Sadismus" ausmachen zu können, „den die bürgerlichen Herren generell gegenüber Frauen an den Tag legen." Sie selbst fühlte sich angesichts der Szenerie an ihre schlimmsten Alpträume erinnert: „Auf der einen Seite eine Reihe grauer Herren (...), auf der anderen eine Frau, allein und exponiert, bereit, verurteilt, entkleidet, gefressen zu werden, gemäß des kannibalischen Rituals, das jede Frau aus alter Erfahrung kennt. (...) Man fragt sich: Sind eigentlich diese verzweifelten *ragazzi*, die alles riskieren, die Terroristen, oder ist es der Staat, der gar nichts riskiert, und sich dennoch wie ein Henker, ein autoritärer *Padrone*, ein Entführer, ein Mörder benimmt?"⁶¹⁰

Ursprünglich hatte bei der Anhörung auch eine Abordnung von acht italienischen Parlamentariern vor Ort sein sollen, die jedoch angesichts einer sich in Rom anbahnenden Krise der Regierung Andreotti ihre Teilnahme hatte

---

⁶⁰⁸ Alexander Langer, „Stammheim: abbiamo sentito Irmgard Moeller", in: LC, 18.1.1978.
⁶⁰⁹ Zum fraglichen Zeitpunkt war Möller allerdings ‚nur' zu einer Freiheitsstrafe von vier Jahren und sechs Monaten verurteilt, u. a. wegen Widerstandes gegen Vollstreckungsbeamte, vgl. Diewald-Kerkmann, Frauen, Terrorismus und Justiz, S. 114.
⁶¹⁰ Dacia Maraini, „Una donna in galera. Incontro con la Möller", in: il manifesto, 26.1.1978.

absagen müssen.[611] Das Fehlen der Politiker hatte, wie Langer konstatierte, die sowieso schon sehr geringe Sichtbarkeit der Delegation in der Bundesrepublik weiter beeinträchtigt. Keine Zeile sei den großen deutschen Zeitungen oder gar dem deutschen Fernsehen die Anwesenheit der verbliebenen Italiener wert gewesen. Man habe sich ganz auf das „andere Deutschland" verlassen müssen, das Deutschland der Genossen, das sie umso herzlicher empfangen und „mit Fo übers Theater, mit Basaglia über die Psychiatrie und mit Aristarco übers Kino geredet" habe.[612] Tatsächlich war die Mission der Deutschlandfahrer mit dem Besuch in Stammheim alles andere als zu Ende. Im Anschluss an eine Pressekonferenz, die man noch in Stuttgart gemeinsam mit den Anwälten Heldmann und Bahr-Jendges sowie Gudrun Ensslins Schwester Christiane abhielt, absolvierte die Delegation „eine regelrechte Tournee" durch die deutschen Großstädte mit Stationen in München, Nürnberg, Frankfurt, Hamburg, Kiel, Bremen und Berlin. Angesichts der gleichgeschalteten Medienlandschaft in der Bundesrepublik, so Langer, ergab sich auf diese Weise „das Paradox", dass es Italiener waren, „die Tausenden von deutschen Genossen, die uns mit größter Aufmerksamkeit zuhörten, die Stimme Irmgard Möllers zu Gehör brachten."[613] Gleichwohl, resümierte der LC-Mann, sei der politische Dialog schwierig gewesen. „Stammheim sei nicht das Problem", hätten viele deutsche Genossen gemeint, „was dort passiert ist, werden wir sowieso nie erfahren." Angesichts dieser resignierten Stimmung seien bloße Solidaritätsbekundungen an die Adresse der Deutschen nicht ausreichend, war Langers Schlussfolgerung: Man müsse von den Genossen auch etwas verlangen dürfen, vor allem Anstrengungen zur „militanten Gegeninformation". Schließlich könne man nicht erwarten, dass der Staat die Argumente selbst liefere, mit denen man ihn verurteilen könne, man müsse sie ganz im Gegenteil aktiv suchen, und sich dabei ganz einbringen. „Deutschland muss auch vor der internationalen öffentlichen Meinung, nicht nur vor seiner eigenen, Rechenschaft ablegen über seinen Staatsterrorismus." Den größten Erfolg, so Langers Bericht weiter, hätten beim deutschen Publikum noch die satirischen Bühneneinlagen Dario Fos gehabt. „Wahnsinn, was für Anwälte ihr in Deutschland habt", habe die am meisten beklatschte Nummer begonnen, die sich auf den angeblich von den Behörden erfundenen Waffenschmuggel der RAF-Verteidiger bezog. Das schaffe nicht jeder, so Fo, „mit einer 18-Zentimeter-Knarre im Arsch

---

[611] „Luciana Castellina e l'intera delegazione parlamentare italiana rinviano il viaggio al carcere di Stammheim previsto per lunedì, giorno delle dimissioni di Andreotti", in: il manifesto, 14.1.1978. Bei den Abgeordneten handelte es sich unter anderem um Susanna Agnelli (PRI), Luciana Castellina (Partito di Unità Proletaria per il Comunismo), Adele Faccio (Partito Radicale), Maria Magnani Noya (PSI), Carlo Fracanzani (DC) sowie die Senatoren Raniero La Valle (PCI) und Mario Melis (Partito Sardo d'Azione).
[612] Langer, Castello.
[613] Ebd., vgl. auch Ders., „Assemblee con migliaia di compagni", in: LC, 19.1.1978.

herumzulaufen ..."". Pantomimisch habe Fo den Gang eines solchen Anwalts vorgeführt, einschließlich seines „Tanzes vor dem Metalldetektor". Und erst Fos Selbstmordkandidat, der mit derselben langen Waffe vergebliche Verrenkungen machte, um seinen Hinterkopf zu treffen! „Plötzlich wird auch denjenigen, für die eben noch die in der Massenpresse so breit ausgewalzten Detailfragen unlösbar waren (...), dank eines befreienden Lachens klar, dass, um das Bestialische und Infame der staatlichen Version zu widerlegen, man sich manchmal eben nicht auf kriminologisches Klein-Klein verlassen darf, sondern seinen kritischen, gesunden Menschenverstand zu Rate ziehen muss." Gegeninformation, schloss Langer, funktioniere also nicht nur „mit Flugblättern und Zeitungen, mit Fotos und Umfragen, sondern auch mit der Satire, der grotesken Überzeichnung dessen, was uns die Obrigkeit glauben machen will. „In Italien, so erzählen wir den deutschen Genossen, haben wir von ‚Lotta Continua' damit schon lange Erfahrung: schon seit unseren Karikaturen über den ‚Kommissar Fenster' in den Zeiten des ‚Selbstmordes' von Pinelli." Wie weiter oben erwähnt, hatten Unbekannte aus dem LC-Milieu den *Commissario Finestra* alias Luigi Calabresi 1972 auf dem Höhepunkt der publizistischen Hetzkampagne auf offener Straße erschossen.

Die von Langer beschriebenen Verständigungsschwierigkeiten zwischen deutschen und italienischen Genossen waren schon vor der Eskalation des ‚Deutschen Herbstes' auf dem von LC Ende September 1977 in Bologna organisierten Anti-Repressions-Kongress offen zu Tage getreten. Neben dem unvermeidlichen Karl Heinz Roth war einer der Redner im Rahmen einer Veranstaltung zum Problem der ‚*germanizzazione*' Gudrun Ensslins Anwalt Arndt Möller gewesen, der später wegen des dringenden Verdachts auf Waffenschmuggel in Stammheim zu einer Haftstrafe von 4 Jahren und 8 Monaten verurteilt werden sollte.[614] Die etwa 200 deutschen Linken, die gemeinsam mit 2000 italienischen *compagni* einen der letzten öffentlichen Auftritte Möllers erleben konnten,[615] waren mehrheitlich „unangenehm berührt" über den „starken Beifall", den der Beitrag des Anwalts bei den Italienern hervorrief, „verständlich nur durch ihre Begeisterung für militante Aktionen". „Seine Aufzählungen und Entwicklungsgeschichte staatlicher Repression in der BRD mit der einzig wirksamen Konsequenz Stadtguerilla, schlug auf den Magen. (...) Es sollte ein Bild entstehen, die Linke in der BRD sei eine geschlossene Einheit mit einem RAF-Kopf."[616] Ziel des Redners, so ein anderer deutscher Besucher, sei es vor allem gewesen, „die Ahnungslosigkeit der Italiener über die Realität der Bundesrepublik" aufrechtzuerhalten. „Je stärker bei der Linken in Italien, insbesondere bei den Militanten, das einfache – und falsche – Bild

---

[614] Pflieger, Rote Armee Fraktion, S. 75.
[615] Zahlen nach: „Das Info", 10.10.1977. Italien, Kongress in Bologna, 23.–25.09.1977.
[616] ID-Informationsdienst Nr. 197, S. 20–27, hier S. 23.

vom braunen Deutschland gestützt und bestätigt wird, so plausibler erscheint ihnen die Notwendigkeit des bewaffneten Kampfs jetzt." – „Mir kam es vor, als seien wir für viele Italiener die Chilenen Europas, was soweit geht, dass Fröhlichkeit nach kurzer Zeit auffällt. Wie kann man als Deutscher noch so lustig sein?"[617]

Auch dank der Propaganda-Tätigkeit der deutschen IVK-Anwälte hatte sich im LC-Milieu mit dem ‚Deutschen Herbst' offenbar endgültig die Überzeugung durchgesetzt, die deutschen Genossen über den Zustand ihres eigenen Landes aufklären und ihre Ahnungslosigkeit über dessen Regime-Charakter aufbrechen zu müssen.[618] Die eigentlich historisch relevante Frage ist allerdings weniger die nach dem Effekt dieses militanten italienischen Sendungsbewusstseins innerhalb der Bundesrepublik als die nach der Wirkung, die die von Langer angemahnte ‚aktive Suche' nach Belegen für den Staatsterrorismus und die ‚groteske Überzeichnung' der ‚Bestialität' der Behörden auf den Seiten von „Lotta Continua" auf die linke Szene in seinem eigenen Land besaßen. Neben der einseitigen Viktimisierung der inhaftierten RAF-Mitglieder, deren ‚Überlebende' es zu ‚retten' und deren Tote es zu beklagen gelte, waren die Redakteure vor allem mit der Schaffung griffiger Feindbilder beschäftigt. Besonders dankbare Objekte der Dämonisierung waren neben dem Bundeskanzler vor allem die ‚teste di cuoio' von der GSG 9, in deren „Lagern", wie es hieß, auch der italienische Innenminister „in die Lehre ging".[619] Tatsächlich hatte sich Cossiga am gleichen Tag auf Deutschlandreise begeben wie die von Fo angeführte Delegation, wie Langer selbst düster bemerkte: Zweck der Reise war der Austausch mit seinem deutschen Kollegen Maihofer, der im Herbst angesichts des innenpolitischen Klimas in Italien auf einen späteren Zeitpunkt verschoben worden war.[620]

Im Anschluss an die Dämonisierung der Speerspitze deutscher Staatsgewalt wurden die Hass-Objekte der italienischen Linken immer wieder der Lächerlichkeit preisgegeben, etwa wenn die diabolischen deutschen ‚Lederköpfe' sich in der Karikatur unter der Überschrift „Zufälliger Tod eines ‚testa di cuoio'" beim Spielen mit der Waffe versehentlich gegenseitig ‚umpusteten'.[621] Wenn der ‚Unterlegene' sich dann noch mit den Worten „Dabeisein ist alles" über den Krater in seinem Brustkorb hinwegtröstete, wurde mit solch makabrem Humor an das Prinzip der beliebten ‚Sturmtruppen'-Comics des Cartoonisten Franco

---

[617] Ebd., S. 22.
[618] Vgl. dazu auch „Per i compagni tedeschi, con i compagni tedeschi", in: LC, 30./31.10.1977.
[619] „Cossiga frequenta a Bonn un corso di addestramento per ‚teste di cuoio", in: il manifesto, 17.01.1978.
[620] Vgl. Langer, Castello.
[621] „Dall'ANSA: Morte accidentale di una ‚testa di cuoio'", in: LC, 7.11.1977. Vgl. auch die beiden Karikaturen „Teste di cuoio presto anche in Italia" sowie „Teste di cuoio – Hans, me la stringi bene, per favore", beide in: LC, 26.10.1977.

Bonvicini angeknüpft, mit denen in Italien die Soldaten der deutschen Wehrmacht ironisiert wurden.[622] Dass solche und ähnliche Karikaturen der „Lotta Continua"-Zeichner allerdings nicht immer ausreichten, um im ultralinken Milieu als Ventil der zuvor geschürten Wut auf die deutsche Präpotenz zu fungieren, zeigten die zeitgleichen Ausschreitungen auf den italienischen Straßen. Anders als die linke Konkurrenz „il manifesto", die sich zwar sicher war, dass der ‚Deutsche Herbst' die „schwarze Seele" der deutschen Sozialdemokratie zum Vorschein bringe, die anti-deutschen Attentate aber dennoch als „beste Technik zur Germanisierung Italiens" scharf verurteilte,[623] kommentierte „Lotta Continua" das Geschehen nur dann, wenn Genossen bei den Demonstrationen gegen das „mörderische Schmidt-Regime", zu denen das Blatt selbst regelmäßig aufrief, durch „Polizeigewalt" zu Schaden kamen.[624]

Wie auch immer man die Rolle der linken Presse in diesem Zusammenhang beurteilen mag – in jedem Fall hatten die Ereignisse in der Bundesrepublik auf ihre Klientel tiefen Eindruck gemacht. Auf der berühmten Leserbriefseite avancierte der ‚Deutsche Herbst' und besonders das Schicksal der ‚geselbstmordeten' RAF-Mitglieder im Oktober 1977 zu einem der meistdiskutierten Themen, wobei die jeweils vertretenen Positionen so buntgemischt waren wie die Farben auf den Gesichtern der Großstadtindianer selbst. Da gab es den Kommunisten „Renato", der den Tod der deutschen Genossen wie folgt kommentierte:

Sie haben uns eine Lektion von seltener idealistischer Kohärenz und außerordentlichem Mut gegeben – versuchen wir nur einmal, uns ihre letzten Sekunden im Angesicht ihrer Mörder vorzustellen! (...) Wir müssen uns den Tod wieder zueigen machen, denn ich fürchte, er ist heute ganz einfach ein nötiger Zwischenschritt auf dem Weg zur Revolution. (...) Mit dem Tod der Genossen von der RAF werden alle Differenzen mit ihnen hinfällig, ihr Kampf ist unser eigener geworden.[625]

Da gab es den Südtiroler „Karl", der die Attentate auf deutsche Einrichtungen in Italien kritisierte:

Ich glaube, in all dem steckt 'n Haufen Rassismus! Wieso? Wir (Italiener) haben unsere antifaschistische Tradition, die Deutschen empfangen Kappler mit offenen Armen. Wir haben eine starke Bewegung, in Deutschland macht die Linke einen „bemitleidenswerten Eindruck" (Lotta Continua, 23./24. Oktober). Also zeigen wir's den deutschen Nazis! Aber was zeigen

---

[622] Vgl. Lieber, A propos Sturmtruppen sowie den zeitgenössischen Artikel von Henning Klüver, „Ein teutonisches Panoptikum in Kino und Comic: Die italienische Reise des Nazi-Deutschen", in: Deutsches Allgemeines Sonntagsblatt, 26.6.1977 (bpa).

[623] „Il rapimento di Hanns Schleyer mette a nudo l'anima nera della Germania socialdemocratica", in: il manifesto, 11.9.1977; „La lugubre catena di attentati strumentalizza la collera anti-Schmidt", in: il manifesto, 26.10.1977; „Un attentato al giorno: Questa è la tecnica di chi vuole germanizzare l'Italia", in: il manifesto, 18.11.1977.

[624] „In piazza contro il regime di Schmidt", in: LC, 20.10.1977; „Il divieto, gli scontri, la paura", in: LC, 22.10.1977.

[625] „Renato", „Le divergenze non hanno più senso", in: LC, 21.10.1977

wir ihnen denn eigentlich? Dass sie uns echt auf den Sack gehen! Und was sollen unsere deutschen Genossen dazu sagen, zu unseren Molotows auf die Reisebusse? ‚Wir danken den italienischen Genossen für ihren großen Beitrag zum Internationalismus'? (...) Mit Internationalismus hat das aber ja gar nichts zu tun, denn in Deutschland ist ja eh nichts mehr zu machen. Also gehen wir ihnen eben einfach gehörig auf die Eier. Oder? Diskutieren wir drüber![626]

„Carla" wiederum kritisierte die scheinheilige politische Distanzierung der LC-Redaktion von der RAF:

Das scheint mir eine riesengroße Scheiße zu sein, typisch für die neue Masche nach Bologna [gemeint ist der Anti-Repressions-Kongress, P.T.], uns auf einmal ‚vernünftig' zu geben. Ist ja irgendwie verständlich bei der Repression, die hier durchs Land zieht, aber trotzdem ist es absolut inakzeptabel. Ein gutes Image bei der Bourgeoisie oder sonstwem hilft uns nämlich nicht gegen die Repression. Dagegen hilft nur unsere Fähigkeit, uns zu organisieren und zu kämpfen.[627]

Nicht weniger emotional betroffen, aber weniger martialisch gab sich „Paola":

Sie haben unsere deutschen Genossen umgebracht. Ich empfinde ein intensives Gefühl der Wut und des Schmerzes, genau wie es war, als sie unsere Genossen Francesco, Walter und all die anderen ermordet haben. Manchmal fühle ich mich sehr stark, aber oft fühle ich mich so ohnmächtig, weil ich spüre, dass die Macht so unendlich stark ist. Ich will nicht aufgeben, aber manchmal will ich weinen, weinen, weinen, weil sie nicht aufhören, Genossen zu ermorden und weil sie bei den Leuten mit ihren Lügen immer durchkommen, und die Leute sich wegen dieser Gehirnwäsche niemals fragen, wofür die Genossen eigentlich gekämpft haben und ob nicht Schmidt und die anderen Imperialisten die wahren Mörder sind. Ich bin so traurig, weil ich weiß, die Genossen müssen im Untergrund kämpfen und dürfen niemals frei über eine Wiese laufen und den Duft der Kastanien und des Herbstes riechen. Manchmal bin ich frei, aber oft im Käfig.[628]

Ähnlich empfand „M.S.":

Gerade habe ich im Radio gehört, dass ein monströser, effizienter Staatsapparat mit nazistischer Grausamkeit unsere Genossen ermordet hat. Kommt, lasst uns auf die Piazza strömen, nicht, um zu siegen, aber um uns und ihnen zu zeigen, dass wir leben, dass sie es nicht schaffen werden, uns auch umzubringen, dass wir viel mehr sind, als sie denken![629]

Ganz anders „Francesco", der sich über die Beliebtheit des Wortes ‚*germanizzazione*' unter den italienischen Genossen beklagte:

Für mich ist das ein absurder Begriff (...), und ich ärgere mich, wenn die deutschen Genossen erzählen, wir hätten sie in Bologna wie Chilenen empfangen. Deutschland ist nicht Chile! (...) Klar, die sind in einer schwierigen Lage, denn sie kämpfen gegen einen Staat, der von 90 % der Bevölkerung unterstützt wird. Aber die Spontis um Joschka Fischer und Daniel Cohn-Bendit haben viele Dinge begriffen. Den Gewaltdiskurs haben sie viel weiter entwickelt als wir Italiener das bisher geschafft haben. (...) Habt ihr LC-Genossen eine klare Position über To-

---

[626] „Karl", „I tedeschi non sono tutti dei... o no?", in: LC, 28.10.1977.
[627] „Carla", „Perché non li chiamiamo compagni?", in: LC, 28.10.1977.
[628] „Paola", „Troppa gente non si chiede", in: LC, 29.10.1977.
[629] M.S., „In questa città c'è il movimento", in: LC, 22.10.1977.

desstrafe, Folter und Konzentrationslager? Mir scheint, nein. Habt ihr die Grenzen bestimmt, jenseits derer jemand aufhört, ein Genosse zu sein (Opfer des Systems bleibt er natürlich dennoch)? Joschka Fischer hat an dem Tag, als Baader, Ensslin und Raspe umgebracht worden waren, auf der Versammlung an der Uni gesagt, außer einer ganzen Reihe anderer Dinge trenne ihn von der RAF auch die Tatsache, dass er gegen die Todesstrafe ist und sie nicht. Das nenn ich Klartext reden![630]

„Francesco" hatte mit seiner Kritik zweifellos den Finger in die Wunde gelegt. „Lotta Continua" hatte sich mit ihrer höchst ambivalenten Politik der Distanzierung von terroristischen Aktionsstrategien, die jedoch nicht mit einer Distanzierung von denjenigen einherging, die diese praktizierten, seit jeher auf unsicherem Terrain bewegt, auch wenn die militaristische Phase der Organisation seit Mitte der 70er Jahre ihren Höhepunkt überschritten hatte. Die Solidarität mit den „Genossen, die irren" war auch deshalb niemals versiegt, weil man die Berechtigung ihres Kampfes gegen das verhasste System eben nicht prinzipiell in Abrede stellte – auch wenn Artikel mit Überschriften wie „Der Abgrund, der uns von den Genossen der ‚Roten Brigaden' trennt" immer wieder die strategischen Differenzen zu unterstreichen bemüht waren.[631] Vor allem aber war der Schmerz um die ermordeten oder inhaftierten Genossen, dem sowohl die Redaktion als auch ihre Leser immer wieder wortreich Ausdruck verliehen, nie von einer ernsthaften Auseinandersetzung mit dem von denselben Genossen *verursachten* Leid begleitet. Wenn sich „Lotta Continua" und „il manifesto" etwa in singulärer Weise um die in der Bundesrepublik zweifellos stigmatisierten und gesellschaftlich isolierten Angehörigen der RAF-Mitglieder kümmerten und ihnen politischen wie menschlichen Beistand zusicherten,[632] so blendeten beide Organisationen gleichzeitig vollkommen aus, dass die Familien inhaftierter Strafgefangener ihre Lieben immer noch im Gefängnis besuchen konnten, die Verwandten und Freunde ihrer Opfer dagegen zu diesem Zweck auf den Friedhof gehen mussten.

Einen bemerkenswerten Sensibilisierungsprozess in der Gewaltfrage löste im „Lotta Continua"-Ambiente im November 1977 allerdings die tödliche Verwundung des „La Stampa"-Journalisten Carlo Casalegno durch die Roten Bri-

---

[630] „Francesco", „La Germania non è il Cile", in: LC, 9.11.1977.
[631] „Il baratro che ci separa dai compagni delle ‚brigate rosse'", in: LC, 3.12.1977. Vgl. auch „L'assassinio non deve essere un'arma politica", in: LC, 17.9.1977; „Il problema morale del terrorismo", in: LC, 17.12.1977. Als ‚Kronzeugen' der eigenen Position galten selbstverständlich ‚Aussteiger' wie das ehemalige RZ-Mitglied Hans Joachim Klein, vgl. „Il prezzo è stato maledettamente alto", in: LC, 18.10.1977.
[632] „Helmut Ensslin: ‚sono convinto che Gudrun è stata assassinata'", in: LC, 27.10.1977; „Il padre di Gudrun Ensslin sotto accusa", in: LC, 31.10.1977: „Noi temiamo per la vita dei nostri parenti in carcere", in: LC, 25.11.1977; „Chiediamo il vostro impegno", in: LC, 11.01.1978. Analoge Berichte finden sich in „il manifesto". Vgl. hier lediglich „Drammatico messaggio dei familiari dei detenuti politici tedeschi all'opinione pubblica italiana", in: il manifesto, 10.01.1978.

gaden aus, dessen Sohn Andrea ein langjähriger Lotta Continua-Aktivist der ersten Reihe war. Der Grund für den Umstand, dass man Casalegno nicht, wie ursprünglich geplant, in die Beine, sondern ins Gesicht geschossen hatte, war, wie die BR später behaupteten, seine „schmidt-freundliche" Berichterstattung über die Toten von Stammheim gewesen.[633] Nicht nur einige hochkarätige Turiner Intellektuelle, darunter Norberto Bobbio, Italo Calvino und Primo Levi, „kamen aus ihrer Apathie" und veröffentlichten eine scharf formulierte Distanzierung von der „sinnentleerten Gewalt des terroristischen Plans", der riskiere, Italien in einen „Polizeistaat zu verwandeln."[634]

Auch „Lotta Continua" druckte einige Tage nach dem Attentat ein Interview mit Andrea Casalegno, in dem dieser – sein Vater lag noch im Todeskampf – ganz offen die „Humanisierung" der Organisation forderte, die er seit langem als seine politische Heimat empfand. „Ich finde es verrückt, wie die Roten Brigaden über meinen Vater gesprochen und geurteilt haben, nur auf der Grundlage einiger, nein, ganz winziger Teile dessen, was er geschrieben hat. Ich wiederhole: Ich bin mit meinem Vater wirklich in Bezug auf gar nichts einer Meinung, auch nicht über die kleinen Dinge des Alltagslebens. (...) Aber wer wirklich glaubt, mein Vater hätte das geschrieben, was er schrieb, weil ihn fünf Minuten vorher jemand aus Rom angerufen und es ihm befohlen hätte, hat wirklich eine völlig stereotype Meinung über Carlo Casalegno und Leute wie ihn. An seiner intellektuellen Unabhängigkeit und seiner Aufrichtigkeit kann ich nicht zweifeln, dazu kenne ich ihn einfach zu gut. Warum sollen wir Menschen auf billige bequeme Symbole reduzieren und dadurch die Realität verzerren?"[635]

Die lebhaften Reaktionen der Leser, die Andrea teilweise beipflichteten und eine generelle Stigmatisierung gewaltsamer politischer Praktiken forderten, teilweise aber auch scharfe Kritik an der unzulässigen „Personalisierung einer rein politischen Frage" übten, der die Redaktion mit dem Abdruck des Interviews mit einem „Befangenen" Vorschub geleistet habe, belegen, dass das Ausmaß des Umdenkens innerhalb des Milieus nach wie vor begrenzt

---

[633] Giorgio Bocca, Noi terroristi. Dodici anni di lotta armata ricostruiti e discussi con i protagonisti, Mailand 1985, S. 153. Vgl. auch Kommuniqué der BR vom 16.11.1977, abgedruckt in: Dossier Brigate Rosse II, S. 168–172, hier bes. S. 169. Vgl. weiter unten S. 631–634.

[634] Im Wortlaut lautete der Text der Intervention wie folgt: „La città di Torino, centro della più importante produzione industriale italiana, punto nevralgico dei conflitti sociali, caposaldo del movimento operaio, è oggetto di un piano terroristico che nella sua dissennata violenza cerca di minare le basi della democrazia e ha il proposito dichiarato di mettere in crisi le garanzie costituzionali e rendere possibile l'avvento di uno Stato di polizia e di arbitri sanguinosi", zitiert in: Vecchio, Ali di piombo, S. 250; vom Ende der Apathie der Intellektuellen spricht Vecchio selbst. Unterzeichner waren neben den Genannten unter anderem Giulio Bollati, Valerio Castronovo, Alessandro Galante Garrone, Paolo Sprino und andere, vgl. ebd.

[635] „Intervista ad Andrea Casalegno", in: LC, 19.11.1977.

war.⁶³⁶ Gleichwohl ist es bezeichnend, dass sich „Lotta Continua" während der Moro-Entführung im Frühjahr 1978 für eine unblutige Lösung des Entführungsdramas stark machte.⁶³⁷ Den Appell, den LC in enger Abstimmung mit der Familie des Entführten an die beiden Konfliktparteien richtete, hatte interessanterweise auch Heinrich Böll unterzeichnet.⁶³⁸ Die Autonomen der Hauptstadt reagierten auf die Initiative mit einer Besetzung der Redaktion.⁶³⁹

Die dramatischen Ereignisse in Rom hatten bei den Lotta-Aktivisten ihr traditionell hohes Interesse an der Befindlichkeit der Arbeiterklasse wieder geweckt. Brunello Mantelli und Marco Revelli, die sich zum fraglichen Zeitpunkt eine Wohnung in der FIAT-Stadt Turin teilten, nahmen die Wochen der Moro-Entführung zum Anlass, „bewaffnet mit Kassettenrecorder und 20 Kassetten",⁶⁴⁰ die FIAT-Belegschaft systematisch nach ihrer Haltung zu den politischen Entwicklungen der Gegenwart zu befragen, um „den jüngsten Veränderungen innerhalb der Klassenstruktur" und vor allem innerhalb der „Subjektivität der Klasse" auf die Spur zu kommen.⁶⁴¹ Die beiden späteren Berufshistoriker hatten ihr ein Jahr darauf in Buchform vorgestelltes Projekt einer „inchiesta operaia" (Arbeiterumfrage) im Rahmen von Überlegungen entwickelt, die die Turiner Lokalredaktion der Zeitschrift „Primo Maggio" (Erster Mai) seit 1975 in Konkurrenz zur römischen „Lotta Continua"-Redaktion anstellte, „um die Anachronismen und Ungereimtheiten der politischen Analyse des vergangenen Jahrzehnts" zu überwinden.⁶⁴² Die Idee, die Arbeiter an den Fabriktoren zum Fall Moro und seinen politischen Implikationen zu befragen, kam den jungen Aktivisten, die selbst gerade eine Tätigkeit als Lehrer an einer Turiner Mittelschule aufgenommen hatten, nach den Morden in der Via Fani allerdings „ganz spontan".⁶⁴³ Das veröffentlichte Protokoll ihrer Diskussionen mit den FIAT-Arbeitern ist auch deshalb bemerkenswert, weil die Frustration der Interviewer über große Teile des Gehörten miterfasst ist. So mussten sie beispielsweise zur Kenntnis nehmen, dass den meisten Mitgliedern der von LC umworbenen Arbeiterklasse die internationalen Zusammenhänge in Politik

---

⁶³⁶ Vgl. etwa die Leserbriefseiten in LC des 22.11.1977 und 26.11.1977. Andrea Casalegno selbst erinnert sich sogar daran, dass einige Genossen die entsprechende Ausgabe der Zeitung demonstrativ auf der Straße verbrannten, vgl. Andrea Casalegno, L'attentato, Mailand 2008, S. 119.
⁶³⁷ Cazzullo, Ragazzi, S. 295.
⁶³⁸ Außerdem unterschrieben Dario Fo, Marco Pannella, Leonardo Sciascia, Norberto Bobbio, Gianni Baget Bozzo, der Präsident der Azione Cattolica Mario Agnes sowie zehn italienische Bischöfe, Cazzullo, Ragazzi, S. 295.
⁶³⁹ Ebd.
⁶⁴⁰ Ich bedanke mich bei Brunello Mantelli für die bei einem Gespräch im Herbst 2006 gewährten Informationen.
⁶⁴¹ Brunello Mantelli/Marco Revelli (Hg.), Operai senza politica, Rom 1979, S. 8.
⁶⁴² Ebd.
⁶⁴³ Mündliche Auskunft von Brunello Mantelli.

und Wirtschaft offenbar einigermaßen gleichgültig waren. So protokollierten sie ein Gespräch zweier Arbeiter untereinander:

– Hat es dich nicht interessiert, als sie den Deutschen umgebracht haben? [gemeint ist Hanns-Martin Schleyer, P.T.]
– Nein. Ich denk an Italien.
– Aber der Kapitalismus ist doch was Internationales, nicht nur was Italienisches.
– Denk du auch mal lieber an Italien, (...) bloß nicht international! Das ist mir doch scheißegal. Unsere Chefs reden doch auch immer nur von Italien, und das ist das, was uns interessiert.[644]

Noch schlimmer kam es für die Interviewer, als sie nach der Meinung der Arbeiter hinsichtlich eines möglichen Austauschs inhaftierter Rotbrigadisten gegen den entführten Aldo Moro fragten. Die Umstehenden verneinten diese Lösung konsequent, bis sich ein „Jüngerer, ungefähr dreißig bis fünfunddreißig", einschaltete:

– Also, ich finde, wenn sie Moro umbringen, sollen die hier mal ein paar von den anderen umbringen.
– Wen meinen Sie mit ‚den anderen'?
– Na, die von den Brigate Rosse, die hier in Turin gefangen sind.
– Ah! Sie wollen das so machen, wie man's in Deutschland gemacht hat?!
– *Ecco! Ecco*, genau! Ganz genau so! Wunderbare Sache!
– Aber wenn der Staat die Todesstrafe einführt, und dann auch noch illegal, dann ist das doch Mord!
– Die Todesstrafe für Mörder finde ich vollkommen richtig. Muss man so machen. Das ist notwendig. Und man komme mir nicht damit, da treffe es Unschuldige (...). Waren die fünf von der Eskorte vielleicht keine Unschuldigen? Und haben sie die etwa nicht umgebracht? Wie die Hunde! (...) Was sie in Deutschland gemacht haben, die umzubringen, die sich umbringen zu lassen, das haben sie richtig gemacht! So lernen die vielleicht, dass sie keine Leute mehr entführen und Unschuldige umbringen sollen! Die sind doch ekelhaft! Einer geht aus dem Haus und man weiß nicht, kommt er wieder oder nicht. Und die haben ihn ja auch nicht umgebracht, weil er schuldig ist, weil er irgendwas gemacht hat... Ich denk' so darüber. (...)[645]

„Völlig schockiert" wandten sich die Interviewer einem anderen Arbeiter zu.

– Sind Sie einverstanden?
– Ich bin mit niemandem einverstanden, nur mit mir selbst! Unser Leben ist doch, dass wir immer zur Arbeit gehen. Das ist das, was wir machen, und das reicht! Was haben wir damit zu tun, ob Moro am Leben bleibt oder nicht. Das geht doch nur die selber was an, nicht uns!
– Aber jemanden umzubringen ist doch nicht richtig. Ihn leben lassen wäre richtig.
– Ich bin für die Todesstrafe! Den umbringen, der andere umbringt! O.K., wenn die von den Brigate Rosse nicht nachgeben, sollen sie doch ein paar ‚*compagni*' schnappen – die reden ja immer davon, *compagni* hier, *compagni* da... – und ein paar von denen umbringen! So wie sie es in Deutschland gemacht haben!
– Aber das ist doch barbarisch ...
– Wieso, barbarisch? In Deutschland haben sie's doch auch gemacht, barbarisch! Wir müssen uns an denen ein Beispiel nehmen! Sollen wir etwa, um ein Menschenleben zu retten, den

---

[644] Mantelli/Revelli, Operai, S. 100.
[645] Ebd., S. 131f.

ganzen Staat den Bach runtergehenlassen? Den demokratischen Staat, da gehören wir doch auch dazu, die Arbeiterklasse, zu dem demokratischen Staat! Und wie stünden wir dann in Europa da? Es ist eben Moro passiert, *pazienza*, konnte jedem passieren. Es ist eben ihm passiert und nun muss er bezahlen.[646]

Aus solchen Gesprächsfragmenten wird nicht nur deutlich, dass der ‚Deutsche Herbst' auch außerhalb der studentischen und bildungsbürgerlichen Schichten in Italien die Gemüter bewegt hatte. Es zeigt sich auch, dass das politische Niveau deutscher Stammtisch-Diskussionen durchaus auch südlich der Alpen erreicht werden konnte, und zwar ausgerechnet innerhalb derjenigen Klientel, als deren Arm und Speerspitze sich die Brigate Rosse nach wie vor mit größter Selbstverständlichkeit ausgaben. Hatte Lotta Continua angesichts der Tatsache, dass der klassische Fabrikarbeiter des Jahres 1978 mehr und mehr ein „Arbeiter ohne Politik" war, wie der resignierte Titel des Buches lautete, in dem Mantelli und Revelli ihre Interviews veröffentlichten, ihr revolutionäres Projekt aufgegeben und sich schließlich auch von der Gewalt als politischem Kampfmittel endgültig distanziert, so stürzten gleichzeitig zahlreiche Angehörige des Milieus – weiter radikalisiert durch den ‚Deutschen Herbst' in italienischer Gestalt – in den Abgrund, der sich links von den Überresten der etablierten Neuen Linken auftat. Auch die Roten Brigaden selbst, die dort auf sie warteten, wähnten sich durch Schleyer-Entführung und ‚Todesnacht' unmittelbar betroffen. Sie fühlten sich durch den vermeintlichen Mord an den ‚Stammheimern' nicht nur ganz existentiell berührt, sondern empfanden die gesamteuropäische mediale Aufregung um die Taten der noch in Freiheit befindlichen RAF-Genossen als Ansporn zu noch spektakuläreren eigenen Aktionen. Ihre eigene Antwort auf die gewachsene Konkurrenz gewalttätiger Rivalen im In- und Ausland gaben sie am 16. März 1978 in der Via Fani.

6.4 Solidarität und Rivalität mit der RAF: Die Roten Brigaden und die Ermordung Aldo Moros

Die Roten Brigaden, Italiens Stadtguerilla nach dem Muster der RAF-Terroristen, haben mit der Entführung des Christdemokraten Aldo Moro einen Höhepunkt der politischen Gewalt im Nachkriegs-Europa gesetzt. Vieles deutet darauf hin, daß bei dem brutalen Anschlag nach Art der Schleyer-Entführung Deutsche beteiligt waren; das Bundeskriminalamt ermittelt mit. Italiens Linke warnt vor einer ‚Germanisierung' des öffentlichen Lebens: Abbau des Rechtsstaats und der Grundrechte. Inzwischen erließ Rom Sondervollmachten für die Polizei.[647]

---

[646] Ebd., S. 133.
[647] „Italien: Terror nach deutscher Art", in: Der Spiegel 12–13/27.3.1978, S. 115–120, hier S. 115.

Mit diesen Sätzen leitete der „Spiegel" Ende März 1978 seine Berichterstattung über die Hintergründe und Folgen der spektakulären Aktion ein, mit der die Roten Brigaden eine Woche zuvor einen der mächtigsten Politiker ihres Landes in ihre Gewalt gebracht hatten. Bei der Verschleppung des DC-Vorsitzenden und mehrfachen Ministerpräsidenten Moro im Rahmen der so genannten ‚campagna di primavera' (Frühlingskampagne), die die fünf Polizeibeamten des Begleitschutzes mit dem Leben bezahlen mussten, handelte es sich auch aus heutiger Sicht um den aufsehenerregendsten Coup einer europäischen Stadtguerilla überhaupt: Für den „Spiegel" war das Verbrechen der „vorläufige Höhepunkt einer beispiellosen Eskalation der Gewalt im Nachkriegseuropa". Gleich im ersten Absatz erinnerte der Artikel die Leser an die Präzedenzfälle Lorenz und Schleyer: „Entführungen von Politikern und Spitzenvertretern der Wirtschaft mit dem Ziel, einsitzende Kumpane freizupressen, schien bislang die speziell deutsche Spielart des internationalen Terrors zu sein"; „die italienischen Untergrundkämpfer" hätten „bis zum Moro-Anschlag meist mit anderen Mitteln" operiert. Insofern handle es sich bei dem jüngsten Attentat der BR um „ein Kidnapping auf deutsche Art."[648]

Wie die vorliegende Studie gezeigt hat, zeugt die hier vertretene Lesart deutsch-italienischer Transfers sehr viel mehr von der Begrenztheit und der verzerrenden Dominanz des nationalen Blicks, als dass sie den Eigenarten der angesprochenen Gruppen einschließlich ihrer jeweiligen Praktiken wirklich gerecht geworden wäre, geschweige denn ihren komplexen transnationalen Beziehungen und Austauschprozessen. Gleichwohl handelt es sich bei dem zitierten Artikel um einen weiteren eindrucksvollen Beleg für die alles andere als banale Tatsache, dass terroristische Anschläge in unterschiedlichen Ländern innerhalb der massenmedialen Öffentlichkeit Europas nunmehr ganz selbstverständlich zusammengedacht und zueinander in Beziehung gesetzt wurden. An dieser Entwicklung, die keinen der involvierten Akteure unbeeinflusst ließ, hatte das auch in diesem Fall deutlich erkennbare Skandalisierungsinteresse der Massenmedien einen erheblichen Anteil.

Aus der geschilderten breiten Resonanz, die das Geschehen in der Bundesrepublik vom September und mehr noch vom Oktober 1977 auch in Italien gefunden hatte, ergibt sich denn auch weniger die Frage ob überhaupt als vielmehr in welcher Form die ‚kritischen Ereignisse' dieses Zeitraums auch in die Geschichte des italienischen Linksterrorismus eingeschrieben werden müssen – nicht, um diese neu zu schreiben, sondern um sie als eine Geschichte multipler Verflechtungen umfassender zu verstehen. In dieser Absicht ist der ‚Deutsche Herbst' als Folie und unmittelbare Vorgeschichte der italienischen ‚Frühlingskampagne' der BR ernst zu nehmen – ein Ansatz, den weder die deutsche noch

[648] Ebd.

die italienische Terrorismusforschung bislang verfolgt hat.⁶⁴⁹ Dass bei einem solchen Wechsel der Betrachtungsperspektive die Anzahl der offenen Fragen größer bleibt als die der gesicherten Antworten, ergibt sich nicht nur notwendig aus der Lückenhaftigkeit der verfügbaren Primärquellen und dem daraus resultierenden großen Gewicht später entstandener Ego-Dokumente, sondern auch aus der Sache selbst. Vor allem aber muss einmal mehr berücksichtigt werden, dass das Agieren terroristischer Gruppen de facto weniger den ‚offiziell' deklarierten, üblicherweise stark ideologisch verbrämten Zielen folgt als vielmehr den unmittelbaren Zwängen und Bedürfnissen der Organisation und ihrer Mitglieder selbst. Entsprechend werden die Reaktionen der BR auf die drei wichtigsten ‚Stationen' des ‚Deutschen Herbstes' in Köln, Mogadischu und Stuttgart-Stammheim auch hauptsächlich aus der Logik der Integrierbarkeit dieser Ereignisse in die eigene terroristische Praxis erklärt werden müssen. Daneben sind sie natürlich nicht zu trennen von den Beziehungen, die sich seit 1970 zwischen den beiden schlagkräftigsten linksterroristischen Gruppierungen Westeuropas etabliert hatten und die – wie gesehen – politische, aber auch ganz praktische und nicht zuletzt persönliche Dimensionen besaßen.⁶⁵⁰

Tatsächlich bewiesen schon die allerersten Verlautbarungen vom 16. März 1978 im Anschluss an den Anschlag in der Via Fani, dass der ‚Deutsche Herbst' in Italien auch über den Wechsel der Jahreszeiten hinaus seine Spuren hinterlassen hatte. Als die Brigate Rosse bei der Nachrichtenagentur ANSA telefonisch die Verantwortung für das blutige Geschehen übernahmen, bekannten sie sich dazu, den „DC-Präsidenten entführt" und „seine Leibwache, Cossigas Lederköpfe, eliminiert" zu haben. Bruno Vespa, der Journalist, der das an diesem Morgen unerwartet dramatische *telegiornale* auf Rai Uno moderierte, verlas nicht nur den Wortlaut dieser makabren Botschaft, sondern ergänzte sie für die Zuschauer um den Satz: „Wie Sie wissen, handelt es sich bei den ‚Lederköpfen' um eine Spezialabteilung des deutschen Heeres, das mit Erfolg in Antiterror-Aktionen eingesetzt worden ist."⁶⁵¹ Zwar handelte es sich bei den in Italien so bezeichneten ‚Lederköpfen' der GSG 9 keineswegs um eine Heeresformation, sondern um eine Einheit des Bundesgrenzschutzes, die dem deutschen Innenminister unterstand. Bemerkenswerter als diese redaktionelle Fehlinformation, die von den allermeisten Italienern wohl gar nicht als solche

---

⁶⁴⁹ Erschienen sind bislang lediglich direkte Vergleiche bestimmter Aspekte der beiden Entführungen, die meist deren Unterschiede hervorheben, vgl. etwa Tolomelli, Terrorismo; Johannes Hürter, Von deutscher „Härte" und italienischer „fermezza". Die staatlichen Reaktionen auf die Entführungsfälle Schleyer und Moro 1977/78, in: Michael Gehler/Magdalena Guiotto (Hg.), Italien, Österreich und die Bundesrepublik Deutschland in Europa. Ein Dreiecksverhältnis in seinen wechselseitigen Beziehungen und Wahrnehmungen von 1945/49 bis zur Gegenwart, Wien/Köln/Weimar 2012, S. 383–404.
⁶⁵⁰ Vgl. weiter oben Kap. 3.
⁶⁵¹ Beides zitiert in: Sergio Zavoli, La notte della Repubblica, Rom/Mailand 1992, S. 274.

zur Kenntnis genommen wurde, ist in unserem Zusammenhang jedoch die Begrifflichkeit selbst, über welche die Roten Brigaden in einem so zentralen Moment der eigenen Geschichte den Tabubruch eines fünffachen Mordes an Personen zu rechtfertigen bemüht waren, die auch im Sinne ihrer eigenen Ideologie nur sehr bedingt als ‚Klassenfeinde' durchgehen konnten. Die tödlich getroffenen Polizisten wurden über die Gleichsetzung mit den Mitgliedern der GSG 9, die aufgrund ihres Einsatzes gegen die ‚Landshut'-Entführer in Italien zu Lieblingsfeinden der extremen Linken geworden waren, förmlich aus dem nationalen Kollektiv extrapoliert und als Handlanger eines ‚germanisierten' Staates verächtlich gemacht. Indem sich die Verantwortlichen indirekt die Rolle von Widerstandskämpfern gegen eine vermeintliche Neuauflage der deutschen Besatzung anmaßten, die im Export des deutschen ‚Repressions'-Modells nach Italien bestand, sollten wohl ebenso die eigenen Skrupel angesichts der neuerlichen Steigerung des Gewaltniveaus beschwichtigt wie der zu erwartenden Kritik an dem brutalen Vorgehen der Wind aus den Segeln genommen werden.

Die große Mehrheit der italienischen Beobachter assoziierte dagegen keineswegs die in ihren Autos oder auf dem Straßenpflaster verbluteten Uniformierten, sondern vielmehr die beängstigende Präzision der Killer mit der den Deutschen zugeschriebenen militärischen Effizienz. Dass auch die Roten Brigaden selbst schon 1976 mit dem Mord an dem Genueser Generalstaatsanwalt Francesco Coco und den beiden ihn begleitenden Polizisten ein deutliches Zeichen ihrer mit Menschenverachtung gepaarten Schießfertigkeiten gesetzt und seit 1970 zahlreiche Menschen entführt hatten – darunter den millionenschweren Reeder Pietro Costa für immerhin 81 Tage –,[652] änderte an solchen Zuschreibungen wenig. „Eine außerordentliche technische Vollkommenheit" stellte etwa Arturo Gismondi im kommunistischen Parteiblatt „Paese Sera" bei den Attentätern von Rom fest, was „eine Verbindung mit ausländischen Kräften so gut wie sicher" mache.[653] In Wirklichkeit sollten sich die ersten Hinweise auf eine Tatbeteiligung deutscher Komplizen, die wie gesehen auch der „Spiegel" aufgegriffen hatte, durch die weiteren Ermittlungen nicht bestätigen. Die in Teilen der italienischen Publizistik fortlebenden Spekulationen über einen sowohl in der Kölner Vincenz-Statz-Straße wie der römischen Via Fani anwesenden deutschen Superschützen sind mithin aller Wahrscheinlichkeit nach ins Reich der Legende zu verweisen.[654] Zwar hat mit Lauro Azzolini ein

---

[652] Vgl. zu dieser Personenentführung, die den BR dank des erpressten Lösegeldes für die bevorstehenden ‚politischen' Unternehmungen finanzielle Unabhängigkeit verschaffte, Tessandori, BR, S. 319f.
[653] Zitiert in: „Italien, Terror auf deutsche Art", in: Der Spiegel 12–13/27.03.1978, S. 115–120, hier S. 116.
[654] Vgl. Robert Katz, I giorni dell´ira, Rom 1982, S. 16; Sergio Flamigni, La tela del ragno. Il delitto Moro, Mailand 2003 [Ed. orig. 1988], S. 122. Zurückgewiesen werden alle Spekulationen über Nicht-BR-Mitglieder in der Via Fani bei Satta, Odissea, S. 6–12.

Mitglied des BR-Exekutivkomitees von regelmäßigen Kontakten mit RAF-Angehörigen *während* der 55 Tage der Moro-Entführung berichtet.[655] Dass die Italiener jedoch eine externe Person direkt an der riskanten Aktion zur Ergreifung des Politikers beteiligt hätten, ist angesichts der politischen Tragweite der Unternehmung, der bekanntermaßen sehr strikten Handhabung der Konspirationsregeln durch die BR, vor allem aber aufgrund der unterschwelligen Rivalitäten zwischen den beiden Organisationen sehr unwahrscheinlich. Nicht auszuschließen ist dagegen, dass zumindest einige deutsche Genossen von den Planungen gewusst und sich möglicherweise sogar daran beteiligt haben.[656]

Lenkt man den Blick vom spektakulären Beginn der ‚campagna di primavera' noch einmal auf die nicht weniger dramatischen ersten Tage des ‚Deutschen Herbstes' zurück, so ist zunächst zu konstatieren, dass für die Italiener der Menschenraub von Köln offensichtlich eine – nicht eben erfreuliche – Überraschung war. Der einzige Zeuge, der sich über diesen weitgehend tabuisierten Aspekt der transnationalen Beziehungen öffentlich geäußert hat, ist Valerio Morucci, vor seinem Eintritt in die Roten Brigaden Chef des bewaffneten Potere Operaio-Ordnungsdienstes Lavoro Illegale, danach der starke Mann der römischen BR-Kolonne. Morucci, einer der Schützen aus der Via Fani, sollte sich Anfang 1979 von der Kerngruppe um Mario Moretti distanzieren, auch weil er sich während der Moro-Entführung mit seinem Eintreten für eine Freilassung der Geisel nicht hatte durchsetzen können. „Als wir am Abend aus den Fernsehnachrichten von der Entführung Schleyers erfuhren", so Morucci 1986 im „Spiegel"-Interview,

> wurde Moretti richtig wütend. Ihn störte es, daß die Konkurrenz uns etwas weggenommen hatte. (…) Die Operation Schleyer überraschte ihn überdies, weil sie ja auch etwas ganz anderes als die üblichen Attentate der RAF war. (…) Schleyer war die erste Operation, die im Rahmen des Klassenkampfes stattfand, den es in Wirklichkeit in der Bundesrepublik ja nicht gab. Weil die Aktion unserer geplanten Moro-Entführung so sehr glich, regte sie Moretti besonders auf. (…) Die Tatsache, daß es sich um den Führer des deutschen Arbeitgeberverbandes handelte, traf uns sehr empfindlich.[657]

Das Scheitern der Schleyer-Aktion habe der ‚Kopf' der BR denn auch mit „großer Zufriedenheit" zur Kenntnis genommen: „Als wir den Überfall der GSG 9 im Fernsehen in Velletri [‚Schaltzentrale' der BR in den Albaner Bergen unweit von Rom, P. T.] miterlebten, sagte Moretti: ‚Wir werden diesen Fehler nicht

---

[655] Vgl. Flamigni, Tela, S. 121.
[656] So haben manche Interpreten bereits einen Eintrag im Notizbuch des RAF-Mitglieds Gabriele Kröcher-Tiedemann vom Dezember 1977 als verdeckten Hinweis auf die bevorstehende Entführung des DC-Vorsitzenden lesen wollen, vgl. Mantica/Fragalà, Dimensione, S. 233.
[657] „‚Die RAF und wir – feindliche Konkurrenten'. Der gefangene Moro-Entführer Valerio Morucci über das Verhältnis zwischen Roten Brigaden und RAF", in: Der Spiegel 31/28.7.1986, S. 106–114, hier S. 112.

machen, wir werden keine fremden Organisationen mit unseren Themen befassen.'" Auch Moruccis eigenes Urteil fiel diesbezüglich eindeutig aus: „Aus der Entführung des Präsidenten des deutschen Arbeitgeberverbandes wurde eine internationale terroristische Aktion mit palästinensischen Mitteln. Das konnte nur schiefgehen."[658]

Bezieht man die historische Konstellation des Herbstes 1977 in die Analyse dieser Kritik an der RAF mit ein – fehlender Klassenkampf in der Bundesrepublik, riskante und inhaltlich nicht kohärente Zusammenarbeit mit den Palästinensern –, so ergibt sich der Eindruck, dass sich die BR mit ihrer Distanzierung von den Deutschen in erster Linie die eigentliche Lehre der Schleyer-Entführung vom Leibe halten wollten: Die Einsicht nämlich, dass sich Personenentführungen, gerade wenn sie mit großer Brutalität verbunden waren, weder zum Zwecke der Freipressung inhaftierter Genossen auszahlten noch im weiteren Sinne politisch lohnten. Entsprechend bedeckt hielt sich die Gruppe auch mit öffentlichen Kommentaren zur Entführung des deutschen Wirtschaftsmagnaten, während sie umso emphatischer – wie noch zu zeigen sein wird – auf den vermeintlichen Staatsmord an den RAF-Gründern einging. Denn die von den *brigatisti* wie der gesamten italienischen Linken ganz zweifellos *nicht* als Inszenierung durchschaute ‚Todesnacht von Stammheim' bestärkte ihre eigenen Feindbilder ebenso wie sie politisch ganz auf der Linie lag, die die BR noch unter der Führung Renato Curcios eingeschlagen hatten: die ‚Entlarvung' des repressiven, alle Grenzen überschreitenden *Stato Imperialista delle Multinazionali*, kurz SIM.[659]

Was die praktische Umsetzung des Kampfes gegen die DC als der vermeintlichen italienischen Zentrale des SIM im Rahmen der ‚Frühlingskampagne' angeht, so sind die Planungen nur in groben Zügen bekannt. Laut der Aussage ehemaliger führender *brigatisti* waren bereits seit dem Frühjahr 1977 Dossiers über die DC-Granden Andreotti, Fanfani und Moro angelegt worden, in denen die Gewohnheiten der drei Politiker ausgespäht und die Chancen eruiert wurden, ihrer habhaft zu werden.[660] Wie im Falle der Morde an Staatsanwalt Francesco Coco und später dem Präsidenten der Turiner Anwaltskammer Fulvio Croce standen diese Aktivitäten in engem Zusammenhang mit dem Maxi-Verfahren gegen die Mitglieder der ‚ersten Generation'. Einerseits sollte das Geschehen im Turiner Gerichtssaal sabotiert und im Sinne des BR-Mottos „Der Revolution macht man keinen Prozess" zu einem *processo guerriglia* auf den Straßen des Landes transformiert (und pervertiert) werden[661] – eine Strategie, die den ‚Stammheimern' aufgrund der militärischen Schwäche ihrer wenigen

---

[658] Ebd., S. 113.
[659] Vgl. dazu weiter oben S. 224f.
[660] Vgl. Clementi, Storia delle Brigate Rosse, S. 199.
[661] Ebd., S. 145.

Gesinnungsgenossen ‚draußen' von Vornherein versperrt gewesen war. Andererseits sollten die Funktionsträger der Democrazia Cristiana wie zuvor bereits Mario Sossi im ‚Volksgefängnis' der BR einer vermeintlich höheren Form der Gerechtigkeit zugeführt werden. Eine Art Gegenprozess zu Stammheim hatten im Übrigen – im Anschluss an ihre tödliche ‚Rache' an Generalstaatsanwalt Buback – auch die Schleyer-Entführer im Sinn gehabt, wobei die ‚Verhöre' des Arbeitgeberpräsidenten im Ergebnis ebenso kläglich im Sande verliefen wie später die Befragung Moros durch Mario Moretti.[662] Die *brigatisti* mussten im September 1977 jedenfalls mit ansehen, wie nach der Bewegung 2. Juni nun auch die RAF auf die in Italien bereits mehrfach erprobte Strategie der politischen Personenentführung verfiel, was das unbehagliche Gefühl Morettis, der eigenen Gruppierung werde „etwas weggenommen", durchaus begreiflich macht.[663] Der von Morucci glaubwürdig geschilderte Wutausbruch des damals 31-jährigen BR-Chefs angesichts der Fernsehbilder aus Köln könnte nicht unerheblich dazu beigetragen haben, dass die Entführungspläne der von ihm gelenkten Gruppe nun endgültig in ein konkretes Stadium übergingen. Rechnet man vom 16. März 1978 die von den Italienern stets als die Zeitspanne der eigentlichen Vorbereitung der tödlichen Falle von Rom genannten fünf bis sechs Monate zurück, landet man jedenfalls exakt in den Wochen der Schleyer-Entführung. Für einen sehr viel engeren Zusammenhang zwischen den beiden Aktionen als bisher vermutet spricht darüber hinaus der Umstand, dass die BR parallel zur Verschleppung des DC-Mannes ursprünglich auch den Chef der *Confindustria* Leopoldo Pirelli zu entführen beabsichtigten, den Mann also, dessen Amt exakt dem des deutschen Arbeitgeberpräsidenten entsprach. Ziel dieser Doppelung war es, das ‚System' durch den gleichzeitigen Druck auf

---

[662] Silke Maier-Witt, die die Tonbandaufnahmen der ‚Verhöre' mit Schleyer abtippen sollte, um sie zur Agitation für die Gruppe zu verwenden, sagte später aus, sie sei von den Bändern „schockiert" gewesen, „weil sich die Fragen recht konzeptionslos anhörten und deshalb die ganze Befragung eher unbeholfen klang". „Weil wir als Gruppe da ziemlich dumm dastanden" brach sie den Versuch als „nutzlos, ja peinlich ab", zitiert in: Peters, Irrtum, S. 418. Zur Enttäuschung der *brigatisti* über das Ergebnis ihrer eigenen ‚Ermittlungen' vor dem ‚Volksgericht' vgl. Giovagnoli, Caso Moro, S. 116.

[663] Nicht überzeugen kann demgegenüber die Interpretation Tobias Hofs, die Moro-Entführung habe aufgrund vermeintlich unterschiedlicher Zielvorstellungen der Tatverantwortlichen nichts mit der Entführung Schleyers, sondern lediglich etwas mit der Entführung Sossis gemeinsam, was die italienische Politik „wegen mangelnder Kenntnis und emotionaler Verdrängung nicht gesehen" und entsprechend falsche Parallelen gezogen habe. Weder handelte es sich bei Schleyer um ein Opfer ohne politische Valenz, noch macht allein die Tatsache, dass die BR ihre Forderung nach Gefangenenbefreiung erst zu einem späteren Zeitpunkt der Entführung äußerten, diesen Aspekt im Gesamtzusammenhang der Entführung bedeutungslos, vgl. Tobias Hof, Vom italienischen „Robin Hood" zum „Staatsfeind Nr. 1". Die Entwicklung der linksterroristischen Gruppe Brigate Rosse (1969–1987), in: Gehler/Guiotto, Italien, S. 405–430, hier S. 421.

seine politischen wie ökonomischen Machtzentren so stark wie möglich zu destabilisieren.[664] Indem nicht ein palästinensisches ‚Himmelfahrtskommando' in Marsch gesetzt, sondern ein generalstabsmäßig geplanter, vorgeblich gut ‚durchdachter' Angriff auf ‚die zwei Herzen' des kapitalistischen Staates ausgeführt wurde, wollten die BR möglicherweise eine Lehre aus der deutschen Niederlage ziehen und vor aller Augen die Überlegenheit der eigenen Organisation demonstrieren, die ja, wie man stets betonte, anders als die RAF innerhalb „realer Klassenkämpfe" zu verorten sei.

Immerhin ist es wahrscheinlich, dass die Pirelli-Entführung, wie von Morucci behauptet, schon vor Köln auf der Agenda der Italiener gewesen ist.[665] Unklar ist aber, ob die RAF davon Kenntnis gehabt hat. Die BR jedenfalls ließen das Vorhaben schließlich wieder fallen, als sie einsehen mussten, dass auch die logistischen Kapazitäten der eigenen, zum fraglichen Zeitpunkt etwa 200 Illegale in vier Großstädten umfassenden Gruppe durch zwei so aufwändige Unternehmungen zur gleichen Zeit überspannt wurden.[666] Vielleicht handelte es sich bei dieser Begründung aber auch nur um eine von Moretti etablierte Sprachregelung der *brigatisti*, weil ihnen die Deutschen in ihre Augen die Show gestohlen hatten. Auch für die RAF war der von diesem so scharf kritisierte Rückgriff auf palästinensische Schützenhilfe bekanntlich weniger eine freie Entscheidung als eine aus der Verzweiflung geborene *ultima ratio* gewesen. Dass die Beziehungen der Brigate Rosse zur PFLP und anderen palästinensischen Gruppen weniger intensiv waren als diejenigen der RAF, lag im Übrigen wohl nicht allein daran, dass die Italiener stärker auf ihre politische Unabhängigkeit bedacht waren als die Deutschen: Auch der palästinensischen Seite konnte wenig daran gelegen sein, die vergleichsweise guten Beziehungen zu italienischen Regierungskreisen aufs Spiel zu setzen, indem man allzu eng mit deren erbittertsten Feinden kooperierte.[667]

Dass das letztendliche Scheitern der deutschen Genossen an der Unnachgiebigkeit der Bundesregierung die Roten Brigaden nicht von dem Entschluss abzubringen vermochte, sich im eigenen Land durch eine möglichst aufsehenerregende militärische Aktion an die Spitze der im Land 1977 aufgeflammten Gewalt zu setzen, ist bekannt, wenn auch bislang nicht vor diesem Hintergrund problematisiert worden. Angesichts der schon in den Vorjahren deutlich ge-

---

[664] Vgl. Gallinari, Contadino, S. 181; Braghetti, Prigioniero, S. 69.
[665] Laut Morucci hatte von den Anwesenden in Velletri allein Mario Moretti als Mitglied des Exekutivkomitees, nicht aber die Vertreter der einzelnen Kolonnen Kenntnis von den entsprechenden Plänen gehabt, vgl. Ders., Die RAF und wir, S. 112. Zur Organisationsstruktur der BR und der Frage des ‚Wissenstransfers' zwischen den einzelnen Zweigen der Gruppe vgl. Andrea Saccoman, Sentieri rossi nella metropoli. Per una storia delle Brigate Rosse a Milano, Mailand 2007, S. 71–74.
[666] Clementi, Storia delle Brigate Rosse, S. 200.
[667] So die These von Satta, Collegamenti internazionali, S. 45f.

wordenen Unfähig- bzw. Unwilligkeit zur mentalen wie zur ganz praktischen ‚Abrüstung' ist das Beharren der BR auf den eigenen Plänen allerdings alles andere als erstaunlich. Ganz im Gegenteil entspricht das Forcieren des eigenen Aktionismus einerseits der ungebrochenen Dominanz nationaler Prioritäten, andererseits der auf nationaler Ebene bereits eingeübten Muster der Aufmerksamkeitsgenerierung. Auch wenn Moretti und die Seinen möglicherweise glaubten, dass der italienische Staat angesichts der erstrangigen Bedeutung der von ihnen anvisierten Geisel für die regierende DC die Reihen weniger fest schließen würde als zuvor der deutsche, bezeichneten reuige *brigatisti* die Zuversicht, mit der geplanten Entführung konkrete Ziele erreichen zu können, später ganz offen als reinen Zweckoptimismus. „Wir hatten in dieser Hinsicht nicht viel Hoffnung. Eigentlich wussten wir sogar, dass es fast unmöglich war. Der Staat hatte schon vorher nicht nachgegeben – warum hätte er es jetzt tun sollen?", so Moruccis Lebens- und ehemalige Kampfgefährtin Adriana Faranda.[668]

Ganz offensichtlich ging es stattdessen vor allem darum, sich durch einen aufsehenerregenden Schlag dorthin zu katapultieren, wo die RAF bereits angekommen war, nämlich in die internationale Arena, als „der begehrtesten Bühne der BR", wie zeitgenössisch der DC-Abgeordnete Claudio Pontello kommentierte. Allein ihr unaufhaltsamer Drang nach einem immer größeren Publikum, so Pontello, vermöge „die Monstrosität gewisser Aktionen" zu erklären.[669] Nicht nur Vertreter des politischen Gegners, sondern auch ehemalige Insider wie Morucci haben darauf hingewiesen, dass RAF und BR in ihrem Ringen um internationale Aufmerksamkeit „eine Art feindlicher Konkurrenzneid" antreibe: Beide Gruppierungen „kämpften um das Image, wer die stärkere war, jede wollte ihre Organisation auf ganz Europa ausdehnen."[670] Für den nationalen Kontext war diese Funktionslogik terroristischer Organisationen schon früh von Michael Baumann in unnachahmlichem Szenejargon beschrieben worden. Laut Baumann war schon die Frankfurter Kaufhausbrandstiftung der späteren RAF-Gründer „natürlich auch eine Konkurrenzgeschichte" gewesen: „Da wird schon versucht, über die Praxis die Avantgardeposition abzustecken. Die Avantgarde schafft sich selbst (Che Guevara). Wer die knallhärtesten Taten bringt, der gibt die Richtung an."[671] Im Mai 1978 schien diese Rolle jedenfalls zweifelsfrei der Truppe um Moretti zuzufallen: „Herrschen die Roten Brigaden?" lautete

---

[668] Zitiert in: Emmanuel Amara, Abbiamo ucciso Aldo Moro. Dopo 30 anni un protagonista esce dall´ombra, Rom 2008 [frz. Orig. 2006], S. 111.
[669] Claudio Pontello, Terrorismo e informazione, in: Affari Esteri 10 (1978), S. 411–414, hier S. 411.
[670] Morucci, Die RAF und wir, S. 112.
[671] Baumann, Wie alles anfing, S. 37.

nach dem Mord an Moro die bange, in roten, bluttriefenden Lettern gedruckte Frage auf dem Cover des „Spiegel".[672]

Ganz unabhängig vom Streit um das Image des ‚Härtesten' konnte man den militärischen Triumph der RAF vom 4. September 1977, wenn man vom weiteren Verlauf der Entführung absah, auch als praktisch erbrachten Nachweis für die Möglichkeit einer geglückten Stadtguerilla-Operation in einer westeuropäischen Großstadt deuten und entsprechende Lehren daraus ziehen. Die Anschläge von Köln und Rom ähnelten sich jedenfalls in technischer Hinsicht in hohem Maße: Die Ausschaltung der durch gezielt herbeigeführte Auffahrunfälle gestoppten Eskorte durch wenige, aber gut geschulte Schützen, die Verschleppung der schreckensstarren Geisel und die Flucht der Mitglieder der Kommandos folgten demselben Muster.[673] Das Kidnapping von Mario Sossi in Genua, an dem seinerzeit 20 Personen in insgesamt sieben Autos beteiligt gewesen waren, wäre dagegen aufgrund diverser Pannen und Missverständnisse um ein Haar für die Entführer selbst im Desaster geendet – und das, obwohl das Opfer allein und zu Fuß unterwegs gewesen war.[674]

Insgesamt ergibt sich der Eindruck, dass der ‚Deutsche Herbst' bei den italienischen Militanten vor allem eine düstere ‚Jetzt erst recht'-Stimmung befördert hat, die Valerio Morucci *ex post* am eindringlichsten beschrieben hat. „Der Tod war in den deutschen Straßen ebenso an der Tagesordnung wie in den italienischen", so der ehemalige Rotbrigadist in seiner Autobiographie. „Und so schob ich die Zweifel beiseite und stürzte mich ins Geschehen. (...) Eigentlich hätte es anders laufen sollen, wir wollten Moro kidnappen, ohne dass ein Schuss fällt, um den anderen nicht nur zu schaden, sondern sie auch noch zu demütigen. Aber so ist es dann nicht gekommen. Vielleicht wegen Schleyer, vielleicht wegen all dem andern, was vorher passiert war…".[675] Auch wenn die Suche nach eindeutigen Kausalbeziehungen naturgemäß zum Scheitern verurteilt ist, legen solche Andeutungen doch nahe, dass das Geschehen von Köln als ein Faktor in Rechnung gestellt werden muss, der dazu beitrug, die bei den Italienern noch vorhandenen Hemmungen vor einer tödlichen Konfrontation mit einem mehrköpfigen Personenschutz zum Zwecke des Menschenraubes zu zerstreu-

---

[672] Als Titelbild hatte die Redaktion die berühmteste italienische Fotografie des Vorjahres ausgewählt (Abb. 3), auch wenn diese – wie gesehen – keinen Rotbrigadisten, sondern ein Mitglied der Mailänder Autonomia zeigte, vgl. http://www.spiegel.de/spiegel/print/index-1978-20.html. In der Titelgeschichte wurde die Moro-Unternehmung als „die größte politische Entführungs-Tragödie des Jahrhunderts" bezeichnet, „Italien: Bachab in Richtung Bangladesch?", in: Der Spiegel 20/15.5.1978, S. 140–150, hier S. 140.
[673] Für Sergio Flamigni war am Anschlag in der Via Fani „niente di originale, rispetto al ‚manuale' della Raf", Ders., Tela, S. 124f.
[674] Clementi, Storia delle Brigate Rosse, S. 69; vgl. auch die Erinnerungen Alberto Franceschinis, Herz, S. 75–77.
[675] Valerio Morucci, La peggio gioventù. Una vita nella lotta armata, Mailand 2004, S. 135.

en. Diese Annahme stützt einmal mehr die in dieser Arbeit vorgetragene These, dass dem transnationalen Element innerhalb der hier betrachteten *cultures of violence* eine radikalisierende Eigendynamik innewohnt.

Wer diese Dynamik im konkreten Fall verstehen möchte, darf jedoch nicht bei der Schleyer-Entführung stehen bleiben. Denn einen mindestens ebenso starken Eindruck wie die Propaganda der von der zweiten RAF-‚Generation' verübten terroristischen Tat machte – wie oben schon für das linke Milieu insgesamt gezeigt – das angebliche Massaker an den noch in Stammheim inhaftierten Angehörigen der ersten. „Einige von uns wollten Rache für die deutschen Genossen. Ich war dabei", so Morucci. „Nach dem Tod der Baader-Meinhofs und den vielen Attentaten in den europäischen Ländern gegen deutsche Firmen habe ich die Meinung vertreten, daß wir dem Kampf nicht untätig zusehen könnten."[676] Statt jedoch Anschläge auf deutsche Einrichtungen in Italien zu verüben, wie Morucci selbst sie vorschlug – angeblich ohne dabei Menschen verletzen zu wollen –, bauten die BR unter der Führung Morettis, dem „das alles zu spontan, zu unüberlegt" war,[677] die deutsche Thematik kurzerhand in ihre bereits angelaufenen Gewaltkampagnen gegen DC-Funktionäre und missliebige Journalisten mit ein. Wie erwähnt, wurden zwei Attentate in Turin und Mailand, bei denen christdemokratischen Gemeinderäten in die Beine geschossen wurde, eine Woche nach der ‚Todesnacht' „der Ehre und dem Ruhm der ermordeten Genossen der RAF" gewidmet.[678] Dass für Mario Moretti, wie Morucci nicht ohne Ironie betont hat, einfaches Improvisieren aus Sorge um den „Revolutionsmythos" der Roten Brigaden nicht in Frage kam, zeigte sich auch an der gezielten Erhöhung des ‚Strafmaßes' für den Vizedirektor der „Stampa", Carlo Casalegno. Nachdem Casalegno im Laufe des Jahres 1977 in seiner vielgelesenen Rubrik „Unser Staat" immer wieder für eine Linie der ‚null Toleranz' gegenüber gewaltbereiten Gruppen eingetreten und auf diese Weise auf die ‚schwarze Liste' der BR geraten war, war es seine Berichterstattung zur ‚Todesnacht' vom 18. Oktober, die den Ausschlag für die Entscheidung gab, dem Journalisten nicht wie geplant in die Beine, sondern ins Gesicht zu schießen.[679] „Casalegno kommentierte die Episode besonders unverschämt", erinnert sich Patrizio Peci, ehemaliger Chef der Turiner Kolonne, „er stürzte sich richtig wütend auf den Tod der Genossen. Deshalb haben wir einstimmig entschieden, ihn hinzurichten. Das Exekutivkommando gab

---

[676] Morucci, Die RAF und wir, S. 113.
[677] Ebd.
[678] Vgl. „A due giorni dall'attentato al milanese Arienti sei colpi di rivoltella a Torino contro un altro consigliere dc", in: Corriere della Sera, 26.10.1977.
[679] Vgl. zu den Hintergründen des Attentats ausführlich Vecchio, Ali di piombo, S. 165–192; S. 233–257.

grünes Licht und wir begannen, uns zu organisieren."⁶⁸⁰ Nicht von ungefähr hat Mario Moretti in der Rückschau die wichtige Bedeutung unterstrichen, die für die BR einer symbolischen Abstufung der den ‚Volksfeinden' zugedachten Strafen gemäß ihrer jeweiligen ‚Vergehen' zukam: „Es wirkt zynisch, aber wir glaubten, die Botschaft durch die Abstufung der Verletzung kontrollieren zu können."⁶⁸¹ Innerhalb dieser Logik aber musste auch die *ex post* immer wieder problematisierte Entscheidung, auch Aldo Moro am Ende seiner Geiselhaft ‚hinzurichten', für denjenigen, der in ihm wie Moretti „den einflussreichsten Führer, unumstrittenen ‚Theoretiker' und ‚Strategen' des christdemokratischen Regimes" sah, „das seit 30 Jahren das italienische Volk unterdrückt", von vornherein eine unerbittliche Folgerichtigkeit besitzen.⁶⁸²

Aber auch ein Zeitungsartikel konnte seinen Verfasser im Italien dieser Monate das Leben kosten, wie das Beispiel Casalegnos zeigt. Der fragliche Text vom 20. Oktober 1977 trug den Titel „Eine Niederlage des Terrorismus" und war ein ebenso couragierter wie treffsicher geführter Schlag ins Zentrum des öffentlichen Bildes, das die radikale italienische Linke unter Schützenhilfe der deutschen Anwaltsagitation in den vergangenen Monaten von der Bundesrepublik aufgebaut hatte. Gleichzeitig hatte Casalegno, der mit der Autorität eines Mannes schrieb, der während der Resistenza ein führendes Mitglied des linksliberalen, antimonarchistischen Partito d'Azione gewesen war, die Frage nach Berechtigung, Charakter und Sinnhaftigkeit des bewaffneten Kampfes insgesamt aufgeworfen – eine Herausforderung, der die BR einmal mehr nicht argumentativ, sondern allein mit Gewalt zu begegnen vermochten. Die besondere Qualität des Artikels liegt aus heutiger Sicht vor allem in der Art und Weise, mit der der Verfasser die zeitgenössisch wie gesehen manchmal bis zur Unkenntlichkeit verwischten Täter- und Opferzuschreibungen zurechtrückte, ohne deshalb in kritiklose Staatsgläubigkeit zu verfallen oder es gegenüber den Tätern an Empathie und menschlicher Anteilnahme fehlen zu lassen. Nicht umsonst ging Casalegno zunächst ausführlich auf die Entführung der ‚Landshut' und die Umstände der Erstürmung der Maschine durch die GSG 9 ein. Die Titulierung der Einsatzkräfte als ‚Lederköpfe' überließ er dabei anderen.

Um Mitternacht hat ein deutsches Kommando mit einer militärischen Überraschungsaktion die 86 Geiseln, erschöpft aber unverletzt, gerettet und befreit. Dabei sind drei der vier Terroristen, bewaffnet und mit einem Mord auf dem Gewissen, gefallen – getötet gemäß der Regeln des Krieges, den sie selbst erklärt hatten. Dass einer der Luftpiraten leicht verletzt überlebt hat, zeigt, dass die deutschen Beamten nicht das Massaker gesucht, sondern stattdessen mit einer

---

⁶⁸⁰ Patrizio Peci, Io, l'infame, hg. von Giordano Bruno Guerri, Mailand 1983, S. 136f. Vincenzo Tessandori, „Qui Brigate Rosse". Il racconto, le voci, Mailand 2009, S. 50.
⁶⁸¹ Mario Moretti, Brigate Rosse. Eine italienische Geschichte. Interview von Carla Mosca und Rossana Rossanda, Hamburg/Berlin 1996 [ital. Orig. Mailand 1994], S. 124.
⁶⁸² So die Titulierung Moros im ersten, unmittelbar nach seiner Entführung durch die BR veröffentlichten Kommuniqué, in: Dossier Brigate Rosse 1976–1978, S. 293–297, hier S. 293.

blitzartigen Gewalt agiert haben, die unvermeidlich war, um einer Reaktion zuvorzukommen, die Verluste unter Unschuldigen provoziert hätte. Wenige Stunden nach der Operation von Mogadischu haben in ihrem Stuttgarter Gefängnis die vier Genossen der Terroristen, in ihrer Hoffnung auf Wiedererlangung der Freiheit enttäuscht, einen Selbstmordversuch begangen: Drei von ihnen sind tot. (...)
Es ist eine finstere Tragödie mit beunruhigenden Aspekten. Die Toten waren bekennende Terroristen, verurteilt für Morde und Raubüberfälle, nicht für Meinungsdelikte. Aber ihr verzweifeltes Ende löst Gefühle des Mitleids aus, traurige Fragen über ihr verfehltes Leben. Die Anomalitäten ihres Endes verlangen, dass zur Ermittlung der Wahrheit mit extremer Umsicht vorgegangen wird. Jeder Tod im Gefängnis löst Verdacht aus; ein vierfacher Selbstmord von Häftlingen, die seit Wochen isoliert und schwer bewacht waren, sowie in mindestens zwei Fällen die mysteriöse Einbringung von Waffen in undurchdringliche Zellen wecken schwere Zweifel. Mit großer Klugheit hat die deutsche Justiz neutrale Experten und einen Beobachter von Amnesty international angefordert, die bei der Autopsie und der Untersuchung mitwirken sollen. Die Ergebnisse werden wir später erfahren. Hoffen wir, dass sie jeden Zweifel ausräumen und die Spekulationen entkräften können, die die Sympathisanten des Terrorismus bereits erfolgreich entfesselt haben.

Der Artikel schloss mit der Bemerkung: „Der Erfolg von gestern zeigt mit extremer Deutlichkeit, dass es keiner Spezialgesetze oder autoritärer Maßnahmen bedarf, um den Terrorismus zu besiegen. Der Überraschungsangriff auf dem Rollfeld von Mogadischu ist kein Sieg des deutschen Neomilitarismus oder von Strauß, sondern ein Erfolg der Regierung Schmidt und der deutschen Demokratie: Und er nützt Deutschland, Europa und der internationalen Gemeinschaft."[683]

Solche Sätze zeigten sehr deutlich, dass sich der 61jährige Journalist auch durch die vorausgegangenen Beinschüsse auf drei Medienvertreter nicht von seiner Linie der direkten Konfrontation mit dem *partito armato* hatte abbringen lassen, obwohl ihn viele in seiner Umgebung vor den damit verbundenen Risiken warnten. Mit dem Personenschutz, den er seiner Frau zuliebe ab dem Sommer 1977 akzeptiert hatte, ging er sehr nachlässig um, ohne zu ahnen, dass ein vierköpfiges BR-Kommando seit Ende Oktober nur auf die Gelegenheit wartete, ihn allein anzutreffen. Am 16. November 1977 gab der Chef des Kommandos, Raffaele Fiore, auf offener Straße unmittelbar vor Casalegnos Privatwohnung vier Kopfschüsse auf den Journalisten ab, denen dieser knapp zwei Wochen später erlag.[684] Auch der Todesschütze bestätigte später, dass es die Einschätzung des Todes der ‚Stammheimer' als Kollektivselbstmord gewesen war, der den Ausschlag für die Umwandlung des ursprünglich für den Journalisten vorgesehenen ‚Denkzettels' in die ‚Todesstrafe' gegeben hatte. „Ich hatte nichts gegen ihn persönlich", so Fiore, „er war eben ein Symbol der Regime-Presse".[685] Mit einem regelrechten Wutausbruch scheint dagegen der Brigadist

---

[683] Carlo Casalegno, „Una sconfitta del terrorismo", in: La Stampa, 20.10.1977.
[684] Vecchio, Ali di piombo, S. 238f.
[685] Zitiert in: Tessandori, Qui Brigate Rosse, S. 55.

Andrea Coi auf den zitierten Artikel reagiert zu haben, dessen Lebensgefährtin Ingeborg Kitzler, eine gebürtige Nürnbergerin, bei den Turiner Treffen mit der RAF als Übersetzerin fungierte.[686] Patrizio Peci, der wie auch Coi Mitglied des Mordkommandos gewesen war, sollte nach seiner Verhaftung im Jahre 1980 zum ersten *pentito* in der Geschichte des Linksterrorismus werden und damit das Ende des bewaffneten Kampfes in Italien einläuten.[687] Zum Zeitpunkt des Attentats schien es den BR offenbar noch zu gelingen, sich unter Ausblendung der realen politischen und gesellschaftlichen Wirklichkeit des Landes mit dem Attentat auf einen unbewaffneten Zivilisten als Speerspitze einer potentiell revolutionswilligen Volksbewegung zu empfinden: Die weitgehend ausbleibende Unterstützung der Arbeiterschaft für einen von den Gewerkschaften zugunsten Casalegnos ausgerufenen Streik in den Turiner Fabriken interpretierten sie umstandslos als Zustimmung des Proletariats für die eigene ‚Politik'. „Hey, Journalist, streikst du vielleicht, wenn sie einen von uns abknallen?", hatte man den Organisatoren der Initiative vor den Toren von FIAT entgegengehalten.[688] Wie weiter oben bereits angedeutet, war das öffentliche Echo des Mordes jenseits der in Teilen der Arbeiterschaft dominierenden Gleichgültigkeit jedoch besonders stark ausgefallen, da ein Medienvertreter betroffen war. „Kein anderes BR-Delikt außer Moro hat uns wohl so viel Publizität eingebracht", erinnert sich Peci. „Nie haben wir uns so siegessicher gefühlt wie in diesem Moment".[689] Auch auf den Beifall der Autonomen spekulierten die Attentäter zweifellos nicht vollkommen vergeblich, hatte Casalegno doch schon seit einiger Zeit für eine polizeiliche Schließung ihrer Treffpunkte plädiert und die entsprechende Entscheidung des Innenministers vom November lebhaft begrüßt – ein ‚Verbrechen', das im Bekennerschreiben seiner Mörder in einem Atemzug mit der „Kampagne gegen die Genossen von der RAF zur Verteidigung Schmidts" genannt wurde.[690]

Der von Morucci hinsichtlich der ‚richtigen' Reaktion auf die Ereignisse des ‚Deutschen Herbstes' angedeutete Dissens zwischen einem weitgehend ‚spontanen' *terrorismo diffuso*, mit dem er sich selbst identifizierte, und den Vorstellungen der ‚orthodoxeren' BR-Führung, sollte jedoch nicht überbewertet werden. Der Konflikt zwischen einer ‚*ala militarista*' und einer ‚*ala movimentista*', also zwischen einem ‚militaristischen' und einem ‚bewegungsorientierten' Flügel der Roten Brigaden, der schließlich zur Distanzierung Moruccis und sechs wei-

---

[686] Ebd., S. 50; zur Rolle Kitzlers auch Vecchio, Ali di piombo, S. 165.
[687] Von einem „Tsunami Peci" spricht Pino Casamassima, Il libro nero delle Brigate Rosse, Rom 2007, S. 223.
[688] Dieses und vergleichbare Zitate in: Vecchio, Ali di piombo, S. 241f.
[689] Peci, Io, l'infame, S. 137f.
[690] „Comunicato diffuso dalle Br il 16 novembre 1977", zitiert in: Dossier Brigate Rosse II, S. 168–172, hier S. 169.

terer *brigatisti* von der Kerngruppe unter Moretti führte, ist nicht vorschnell auf die Eskalation des ‚Deutschen Herbstes' rückzuprojizieren. Dagegen spricht nicht nur die bereits von Mario Clementi angeführte selbstverständliche Partizipation Moruccis und Farandas am Attentat des 16. März, sondern umgekehrt auch die bemühte Selbstverortung der BR im Zentrum der ‚Bewegung', die aus sämtlichen Bekennerschreiben des fraglichen Zeitraums, vor allem aber aus der umfangreichen „Resolution der Strategischen Leitung" vom November 1977 abzulesen ist.[691] Das Papier, das dem „Massaker" an Baader, Ensslin und Raspe viele Seiten widmet – und ganz nebenbei von einer erstaunlich intensiven Beschäftigung mit der deutschen Politik und ihren Protagonisten zeugt –, endet mit der Auflistung der in ganz Europa zu verzeichnenden gewaltsamen Protestaktionen gegen die vermeintlichen Stuttgarter ‚Staatsmorde', darunter 53 Vorfälle unterschiedlicher Tragweite allein in Italien.[692] „Es gibt Tage, die für die revolutionäre Bewusstwerdung der Massen Jahre wert sind. Der 18. Oktober ist einer davon", so das Strategiepapier.[693] Die gegen das deutsche Establishment gerichtete Wut, die sich auf den italienischen Straßen und Plätzen entlud,[694] wurde von den BR jedoch nicht nur geteilt und gefeiert, sondern – etwa durch öffentliche Todesdrohungen gegen den deutschen Botschafter – auch aktiv angeheizt, um sie wiederum selbst zur Legitimation ihres ‚Angriffs auf das Herz des Staates' instrumentalisieren zu können. Diese Offensivstrategie war umso wichtiger, als Teile der linken Bewegung den bewaffneten Kampf nach BR-Methoden mit dem Argument ablehnten, er münde direkt in eine ‚Germanisierung' Italiens.[695]

‚Stammheim' kam den *brigatisti* zur Abwehr solcher Vorwürfe und zur Erneuerung ihrer Kriegserklärung gegen den „von den Schleyers und den Agnelli" gewollten SIM gerade recht.[696] Der Andreotti-Staat folge der von Deutschland, dem Vorkämpfer der imperialistischen Neuordnung Europas geschlagenen Schneise, so gab man sich überzeugt, auch wenn Cossiga bei der Landung der ‚Landshut' in Fiumicino zum Unwillen der Deutschen „noch den Schwanz eingezogen" habe.[697] Paolo Franchi, der Leitartikler, der die

---

[691] Clementi, Storia delle Brigate Rosse, S. 210f. Risoluzione della direzione strategica delle BR, novembre 1977, in: Dossier Brigate Rosse II, S. 130–161.

[692] Ebd., hier S. 147–161. In der als „unvollständig" bezeichneten Liste werden darüber hinaus elf französische, zwei deutsche und fünf Fälle im restlichen Europa genannt, ebd., S. 157–159. Als Märtyrer der eigenen Sache wurde als letztes „il compagno Rocco Sardone" aufgeführt, der beim Versuch, eine Bombe gegen ein deutsches Ziel in Stellung zu bringen, ums Leben kam, vgl. auch „Dilaniato dalla sua bomba", in: Il Messaggero, 31.10.1977.

[693] Risoluzione della direzione strategica, S. 157.

[694] Vgl. weiter oben S. 519–523.

[695] Clementi, Storia delle Brigate Rosse, S. 173.

[696] Risoluzione della direzione strategica, S. 155.

[697] Ebd., S. 132, 152.

Gewaltausbrüche nach der ‚Todesnacht' für die PCI-Intellektuellenplattform „Rinascita" analysierte, resümierte hellsichtig: „Der springende Punkt ist, daß Stammheim für die Anhänger des *partito armato* wie die Bestätigung einer Theorie und einer politischen Praxis geklungen hat. Die ‚Fiktion' des Rechtsstaates räumt in den Augen immer breiterer Massen das Feld zugunsten der unverhüllten Wirklichkeit des Terrorstaats, der nur noch Gewalt und Willkür ist, und gegen den nur der Aufstand geprobt werden kann. (...) In der Stunde ihrer Niederlage wird die RAF zum Modell erkoren."[698] Nicht die objektive Aussichtslosigkeit des Terrorismus, sondern gerade die Alternativlosigkeit des bewaffneten Kampfes aufgrund der völligen Diskreditierung des Staates sei in diesem Ambiente mithin die fatale Lehre aus den Ereignissen. Aus heutiger Sicht wird die nicht hinterfragte Stilisierung der Toten von Stammheim zu Märtyrern im Kampf gegen einen angeblich mörderischen Staat als eine weitere wichtige Etappe vieler Militanter des implodierenden *movimento '77* auf dem Weg in die terroristische Gewalt erkennbar. Die BR konnten – anders als die RAF – auf ein Rekrutierungsreservoir zurückgreifen, das aus einer verzweifelten Neuauflage von 1968 erwachsen war, radikalisiert und brutalisiert durch die Ideen und Praktiken der *Autonomia* und das Modell der Roten Brigaden selbst. Auf beiden Seiten der Alpen identisch war jedoch der Mechanismus der Dämonisierung der verhassten Institutionen zur Verschleierung der tatsächlichen, menschlich wie politisch gesehen fatalen Konsequenzen der eigenen mörderischen Praxis. Ganz ähnlich wie die ‚Todesnacht' in der Bundesrepublik die zuvor erlittene kommunikative Niederlage der RAF hatte kompensieren und überschreiben sollen, setzten auch ihre italienischen Genossen das Fanal des vermeintlichen Staatsmords an die Stelle einer rationalen Begründung für die Eskalierung ihrer Gewaltstrategie in der Folge des ‚Deutschen Herbstes'. Erst in der Rückschau konnte und musste Mario Moretti zugeben, dass seine Organisation den zahlreichen Beitrittswilligen jener Monate weder eine politische noch eine praktische Perspektive aufzuzeigen vermochte.[699]

Obwohl die Roten Brigaden mithin die aus dem Norden importierten

---

[698] Paolo Franchi, „Il ‚movimento' dopo Stammheim", in: Rinascita, 4.11.1977.
[699] „Es war ein echter Run auf uns, und zahlenmäßig wuchs unsere Kraft. Aber das war nicht nur positiv. (...) Nach 1977 war auch die *Autonomia* gescheitert, und nicht wenige suchten einen Ausweg, allerdings ohne Überzeugung. Es war also so, daß wir nicht wußten, wie wir die draußen halten sollten, die eintreten wollten. Wir wußten nicht, welchen anderen Rat wir ihnen geben sollten. Um es ganz brutal zu sagen, wir konnten ihnen nicht sagen, was sie tun sollten. Und es konnte ja niemandem entgangen sein, in was für einer Lage wir uns befanden – ohne einen politischen Gesprächspartner, alle waren gegen uns, niemand war neutral. Die anderen bewaffneten Bewegungen Europas hatten in der Regel eine Stütze, die IRA hatte *Sinn Fein*, die ETA *Herri Batasuna*, wir in Italien hatten nur Feinde. Und doch waren wir weiterhin ein Bezugspunkt, wurden gesucht, hatten Gewicht...", Moretti, Brigate Rosse, S. 214.

‚Argumente' dankbar aufnahmen und im Sinne ihrer eigenen Kommunikationsstrategie intensiv nutzten, wäre es doch verfehlt, von einer rein instrumentellen Betroffenheit durch die Vorgänge auszugehen. Ganz besonders unter den inhaftierten Gruppenmitgliedern lösten die Nachrichten aus Stuttgart-Stammheim vielmehr veritable Ängste und Bedrohungsgefühle aus, die sie wohl gerade angesichts der teilweise miserablen, nicht selten durch Gewalt und Willkür geprägten Haftbedingungen in vielen italienischen Vollzugsanstalten umso schwerer von sich fernzuhalten vermochten. Ohne die existentielle Erschütterung der inhaftierten Mitglieder des ‚historischen Kerns', die ja, wie im Übrigen auch Moretti selbst, die toten deutschen Genossen noch persönlich kennengelernt hatten, hätte das Thema trotz seiner objektiv gegebenen politischen Funktionalisierbarkeit aller Wahrscheinlichkeit nach nicht einen so prominenten Stellenwert innerhalb der Theorieproduktion der Gruppe erlangt, wie es de facto der Fall war. „Ihr Tod im Knast hing wie ein Felsbrocken über unseren Köpfen", ist das eindringliche Bild, das Renato Curcio in der Rückschau für diese Gefühle gefunden hat.[700] Generell ist solchen Forschern, die auf den angeblich unüberbrückbaren ideologischen Gegensätzen zwischen RAF und BR beharren, entgegenzuhalten, wie stark die Italiener unter dem nach wie vor nicht zu unterschätzenden Einfluss der ‚ersten BR-Generation' im Laufe des Jahres 1977 auf Themen eingeschwenkt waren, wie sie in der Bundesrepublik aufgrund der frühen Fahndungserfolge der deutschen Polizei und in Ermangelung von Anknüpfungspunkten für eine klassenkämpferische Argumentation den Diskurs schon lange einseitig beherrschten: Die juristische Ahndung ihrer eigenen Verbrechen und die Situation in den ab dem Sommer 1977 auch in Italien eingerichteten Hochsicherheitsgefängnissen, wobei beide Formen der ‚Repression' als Symptome der ‚Germanisierung' gelesen wurden.[701] Mit dieser Interpretation konnte man sich mit nahezu der gesamten, auch der legalen Linken einschließlich des PCI und der Mehrheit der linken Intellektuellen einig wissen, auch wenn diese bekanntlich andere Schlussfolgerungen aus dieser Diagnose ableiteten als sie selbst. Ein überaus eindrucksvoller Beleg für die theoretische Annäherung der Roten Brigaden an die Thesen und Themen der RAF ist neben der bereits angesprochenen Resolution vom November 1977 die theoretische Absicherung der Frühjahrskampagne in Form eines neuen, fast 70 Seiten umfassenden Strategiepapiers, welches als das „vielleicht wichtigste Dokument in der Geschichte der Roten

---

[700] Curcio, Blick, S. 132. Vgl. auch Franceschini, Herz, S. 161.
[701] Vgl. Christian G. De Vito, La lotta armata e la „questione delle carceri", in: Neri Serneri, Lotta armata, S. 285–304, hier bes. S. 289: „Centrale nella costruzione di un immaginario attorno alla repressione (e alle carceri speciali) fu soprattutto il riferimento al caso tedesco occidentale".

Brigaden überhaupt" bezeichnet worden ist.⁷⁰² Die Resolution war im Februar 1978 maßgeblich von den inhaftierten Mitgliedern des *nucleo storico* ausgearbeitet worden, auch wenn sie erst drei Wochen nach dem Anschlag in der Via Fani gemeinsam mit dem ‚Kommuniqué Nr. 4 zur Moro-Entführung' in Mailand, Rom, Turin und Genua verbreitet wurde.⁷⁰³ Es handelte sich um eine nach dem ‚Deutschen Herbst' aktualisierte Synthese der internen Debatten der letzten Jahre, in der einmal mehr die „nationalen Kapitalismen" nur noch als Ausdrucksformen eines „multinationalen Imperialismus" gesehen wurden, dem der politische Reformismus in Gestalt eines sozialdemokratisierten PCI nicht entgegen-, sondern zuarbeite. Die eigene Rolle sah man – ganz im Sinne der aus dem deutschen Kontext entlehnten ‚Provokationsthese' – in der Enttarnung der eigenen Regierung als Repressionsinstrument der USA und der Bundesrepublik und der „Propaganda für den bewaffneten Kampf und seine Notwendigkeit", der schließlich in den revolutionären Bürgerkrieg unter der Führung eines „Partito comunista combattente" münden werde.⁷⁰⁴ Nicht umsonst zitierte das Dokument aus den „letzten texten von ulrike"⁷⁰⁵ und sogar – gleich nach einem Zitat von Marx! – aus einem Pamphlet Klaus Croissants, nach dem nunmehr „der Nationalstaat zum Transmissionsriemen des gegen das Volk organisierten internationalen Kapitals" geworden sei.⁷⁰⁶ Aber auch wenn man „die imperialistische Konterrevolution aus den Falten der ‚demokratischen' Gesellschaft" hervorlocken wolle, so werde sie doch nicht, wie man zu wissen glaubte, durch die eigene Aktion „geschaffen": „Die Konterrevolution ist die eigentliche Form, die der Imperialismus in seinem Werden annimmt: sie ist nicht ein Aspekt, sondern seine Substanz selbst."⁷⁰⁷ Bester Beleg für die internationale Organisation der Konterrevolution seien die Ereignisse des ‚Deutschen Herbstes' gewesen – „die Operation Schleyer, die Flugzeugentführung des ‚Kommando des Märtyrers Halimeh' und das Massaker des 18. Oktober", während dessen sich „das politisch-militärische Personal der imperialistischen Staaten Europas eng um ihre deutschen ,Vor-

---

⁷⁰² Clementi, Storia delle Brigate Rosse, S. 191.
⁷⁰³ Risoluzione della Direzione strategica, febbraio 1978, in: Dossier Brigate Rosse II, S. 220–288, hier S. 220.
⁷⁰⁴ Ebd., S. 230.
⁷⁰⁵ Ebd., S. 228. Es handelte sich um die italienische Übersetzung eines der letzten Kassiber Ulrike Meinhofs, der die Einsamkeit und politische Perspektivlosigkeit der Gefangenen wie wenige andere Dokumente zum Ausdruck bringt: „in der vollständigen durchdringung aller beziehungen im imperialismus durch den markt und im prozeß der verstaatlichung durch die repressiven und ideologischen staatsapparate gibt es aber keinen ort und keine zeit, wo du sagen könntest: von da geh' ich aus", in: letzte texte, S. 11.
⁷⁰⁶ Risoluzione della Direzione strategica., S. 225. Leider konnte der deutsche Ursprungstext, aus dem hier zitiert wird, nicht ermittelt werden.
⁷⁰⁷ Ebd., S. 240.

gesetzten' geschart" habe.⁷⁰⁸ Europäische Anti-Terrorismus-Konvention und die jüngsten Treffen Cossigas mit Maihofer seien dabei „nicht einfach bürokratische Akte (…), sondern neue, nicht zu unterschätzende Fakten, die die Rahmenbedingungen des Krieges selbst verändern".⁷⁰⁹ Dazu gehörten auch die Bildung neuer Spezialeinheiten zum Kampf gegen die Guerilla, aber auch die Einrichtung von Hochsicherheitsgefängnissen, „das heißt neuen KZ":

> Asinara, Favignana, Fossombrone… [die wichtigsten italienischen Hochsicherheitsgefängnisse, P.T.], alle sind sie militärisch wie politisch direkt mit den KZ-Strukturen verbunden, denen die Genossen von der RAF unterworfen sind. (…) Stammheim und Asinara sind die sichtbarsten Beispiele für das, was wir unter imperialistischer Neustrukturierung des Gefängniswesens im Zeichen der Guerilla-Bekämpfung verstehen. Hier wie dort ist es die Exekutive, die direkt die Aufgabe übernimmt, das, was dort geschieht oder was man möchte, dass es dort geschieht, zu lenken und zu koordinieren.⁷¹⁰

Zwar fehlten auch in diesem zentralen Text keineswegs die klassisch-operaistischen Bezüge auf das Industrieproletariat – sie traten jedoch hinter der Beschwörung einer letztlich gegen die eigenen Existenzgrundlagen gerichteten internationalen Repressionsmaschinerie bis zur Unkenntlichkeit zurück. Auch am Ende des Textes wurde nochmals eindringlich darauf hingewiesen, dass „das doppelte Massaker von Stammheim und Mogadischu" die „kontinentale Dimension" des konterrevolutionären Projekts belegt und „die deutsche Sektion der imperialistischen Bourgeoisie als Hauptfeind des gesamten metropolitanen Protelariats" entlarvt habe. Entsprechend dürften sich die Reaktionen darauf auch *nicht*, wie man in klarer Bezugnahme auf die von il manifesto und Lotta Continua initiierten Protest-Initiativen klarstellte, in „Manifestationen des ‚Horrors und demokratischer Empörung' angesichts der durch die deutsche Regierung ergriffenen ‚Endlösung'" erschöpfen. Jenseits der „ätzenden und trügerischeren Rhetorik der reformistischen und revisionistischen Linken" habe sich nach dem 18. Oktober 1977 aber glücklicherweise auch „ein neuer, offensiver proletarischer Internationalismus" gezeigt.⁷¹¹ Schon zuvor war die RAF als „unverzichtbarer Bezugspunkt" des eigenen Kampfes bezeichnet worden, mit dem man ein „historisch mögliches Maximum an ‚operativer Zusammenarbeit', gegenseitiger Unterstützung und Solidarität" erreichen müsse.

> Zu lange haben wir dieses Problem unterschätzt, zu lange haben wir uns von der Notwendigkeit, ‚nationale' Ausgangspunkte für die Initiative und die Organisation der Guerilla zu suchen, einschränken lassen. Diese Einschränkung ist jetzt unerträglich geworden. (…) Wir sind davon überzeugt, dass ‚das Durchbrechen der Isolation' und das Schaffen von Bedingungen, auf denen die europäischen kommunistischen Organisationen auf breiter Front zusam-

---

⁷⁰⁸ Ebd., S. 246f.
⁷⁰⁹ Ebd., S. 247.
⁷¹⁰ Ebd., S. 259.
⁷¹¹ Ebd., S. 288.

menarbeiten können, der Prüfstein ist, an denen in nächster Zukunft ihre Reife zu messen sein wird.⁷¹²

Die in den Resolutionen dieser Monate zahlreichen Bezüge auf die RAF taugen nicht, wie es eine verengte Lesart vorgeschlagen hat, als Nachweis enger logistisch-operativer Kooperation zwischen BR und RAF während der Moro-Entführung,⁷¹³ wohl aber als Beleg für entsprechende Zukunftshoffnungen. Dazu kommt die Bedeutung transnationaler Feindbilder, gekoppelt mit wachsender Selbstbezogenheit. Jenseits der ideologischen Elaborate der BR-Spitze zeigte der Verlauf der Moro-Entführung jedenfalls auch ganz praktisch, dass es der Gruppe letztlich weniger um den oft zu einseitig in den Mittelpunkt gestellten Schlag gegen den ‚Historischen Kompromiss' als vermeintlichem Klassenverrat des PCI ging als vielmehr – wie im Fall der RAF – um solche Themen, die ganz im Bereich der Existenzsicherung der Gruppe selbst verblieben und um den eigenen Konflikt mit den Institutionen kreisen: Die Demonstration eigener Schlagkraft durch die „Eliminierung" der „Lederköpfe", die Befreiung der inhaftierten BR-Führer oder zumindest die ‚politische' Anerkennung der Gruppe durch die Aufnahme von ‚Verhandlungen' mit wie auch immer definierten Zielvorgaben.⁷¹⁴ Wie gesehen, wurde den Roten Brigaden wie zuvor bereits der RAF beides bis zum Schluss verweigert.

Aus heutiger Sicht kann man mit guten Gründen argumentieren, dass eine Entlassung Moros in die Freiheit nach den zermürbenden Wochen im ‚Volksgefängnis', die vor allem durch seine immer schärfer werdende, in einer Serie von Briefen an die DC-Führung ausgedrückte Kritik bestimmt gewesen waren, die italienische Regierung womöglich stärker destabilisiert hätte als es die Ermordung der Geisel vermocht hat. Der Filmemacher Marco Belocchio hat diese Möglichkeit in seinem der Moro-Entführung gewidmeten Spielfilm „Buongiorno, notte" aus dem Jahre 2003 kontrafaktisch in poetische Bilder umgesetzt: Sein Moro darf schließlich das ‚Volksgefängnis' verlassen und ins Licht eines römischen Morgens hinaustreten. Aus der Perspektive der BR hätte eine solche Geste jedoch der zuvor etablierten Logik der „proletarischen Gerechtigkeit" widersprochen, nach der jeder Klassenfeind die Strafe erhalte, die er ‚verdiene'. Wie für den Staat war mithin auch für seine Gegner der Mord an Moros Eskorte in jeder Hinsicht unhintergehbar. Vor allem jedoch wäre für die BR ein Gnadenerweis ohne ein Zeichen des Entgegenkommens von der anderen Seite zweifellos gleichbedeutend gewesen mit dem Eingeständnis der Sinnlosigkeit des bewaffneten Kampfes. Insofern entsprach die „Härte der BR spiegelbildlich

---

⁷¹² Ebd., S. 287.
⁷¹³ Igel, Linksterrorismus fremdgesteuert?, S. 1223.
⁷¹⁴ Als „fortemente autoreferenziale" fasst auch Giovagnoli das Verhalten der BR während der Entführung zusammen, Ders., Caso Moro, S. 259.

der *fermezza* des Staates",[715] und der DC-Vorsitzende durfte ebenso wenig wie vor ihm Hanns-Martin Schleyer lebend zu seinen Angehörigen und Freunden zurückkehren. Obwohl die Familien beider Entführten alle erdenklichen Hebel in Bewegung setzten, um die unerbittliche Logik der Staatsräson zu durchbrechen, wurde der Kofferraum eines Autos in beiden Fällen zum demonstrativ würdelosen Fundort der ermordeten Geisel. Inwieweit das deutsche Vorbild bei der Entscheidung für die Vollstreckung des ‚Todesurteils' oder die Form der ‚Entsorgung' der Leiche eine Rolle gespielt hat, ist ungewiss. Wenn Lauro Azzolinis Berichte von 14-tägigen Konsultationen des in jenen Wochen in Florenz versammelten BR-Exekutivkomitees mit RAF-Angehörigen der Wahrheit entsprechen, ist zumindest die Möglichkeit eines deutschen Einflusses nicht von der Hand zu weisen. Das gilt umso mehr, als die Namen, die im Zusammenhang der auch von Patrizio Peci bestätigten Treffen deutscher Terroristen mit der BR-Spitze genannt werden, diejenigen von Willy Peter Stoll und Rolf Heißler sind:[716] Ersterer hatte als Mitglied des ‚Kommandos Siegfried Hausner' in der Vincenz-Statz-Straße mitgeschossen, während letzterer im Jahre 2007 von Peter-Jürgen Boock als einer der beiden Mörder Schleyers identifiziert worden ist.[717] Anders als im italienischen Fall blieb aber die Identität derjenigen, die, wie es in der eiskalten RAF-Sprache hieß, „Schleyers klägliche und korrupte Existenz beendet" hatten,[718] ein ebenso gut gehütetes Geheimnis wie das Geschehen im Stammheimer Hochsicherheitstrakt. Ob allein eine katholische Kultur wie die italienische die Voraussetzungen dafür bot, dass sich so zahlreiche ehemalige Gewalttäter an der historischen Spurenlese selbst beteiligt und dabei eine für Außenstehende teilweise verstörende Bekenntnishaltung an den Tag gelegt haben, sei dahingestellt.[719]

---

[715] Clementi, Storia delle Brigate Rosse, S. 204.
[716] Vgl. Mantica/Fragalà, Dimensione, S. 229; 232f.
[717] Während Stoll bereits im September 1978 in Düsseldorf bei seiner Festnahme getötet wurde, erschoss Heißler im selben Jahr gemeinsam mit Adelheid Schulz zwei niederländische Zollbeamte und verletzte zwei weitere schwer. Von 1968 bis 1970 mit Brigitte Mohnhaupt verheiratet, hatte er zu den elf Häftlingen gehört, die 1975 im Zuge der Lorenz-Entführung durch die Bewegung 2. Juni aus der Haft freigepresst worden waren. Vgl. Kraushaar, München 1970, S. 781.
[718] Zitiert in: Peters, Tödlicher Irrtum, S. 468.
[719] Besonders eindringlich nachvollziehbar wird dieses Phänomen in den beiden Fernsehdokumentationen „La Notte della Repubblica" (1989) von Sergio Zavoli und „Sie waren die Terroristen der Roten Brigaden" (2011) von Mosco Levi Boucault. Vgl. aber auch die Lebensgeschichten in Diego Novelli/Nicola Tranfaglia, Vite sospese. Le generazioni del terrorismo, Mailand 1988; Giovanni Bianconi, Mi dichiaro prigioniero politico. Storie delle Brigate rosse, Turin 2003.– Ist die Fülle öffentlicher Beichten prominenter Täter auch ein italienisches Alleinstellungsmerkmal, so ist auf beiden Seiten der Alpen fast zeitgleich das Phänomen zu beobachten, dass die lange Zeit kaum in Erscheinung tretende Gruppe der Angehörigen von Terrorismus-Opfern bzw. überlebende Opfer selbst nunmehr gezielt die Öffentlichkeit suchen. Als Buchautoren oder Interviewpartner beteiligen sie sich in-

6.4 Solidarität und Rivalität mit der RAF

Insgesamt gilt: Das Leben und Sterben Aldo Moros ist ebenso als eine „italienische Geschichte" zu betrachten wie die gleichnamige Biographie seines Mörders Moretti. Gleichzeitig liegt es aber auf der Hand, dass sich die Lebensgeschichten von Tätern und Opfern, die sich während des ‚roten Jahrzehnts' oft nur für einen kurzen, aber umso fataleren Moment kreuzten, in einem Kontext vollzog, der politisch, personell und medial nicht an den Grenzen eines Staates haltmachte. Der Titel, den Moretti seinen 1993 in Form eines autobiographischen Interviews publizierten Erinnerungen gegeben hat, ist als programmatische Absage an all diejenigen zu sehen, die ihn als Marionette an den Fäden eines oder gar mehrerer ausländischer Geheimdienste darzustellen versucht haben – darunter auch ehemalige Genossen, die ihn der Spitzeltätigkeit und des Verrats an der eigenen Sache bezichtigt haben. Die so genannte „Sphinx" der Roten Brigaden hat gegenüber diesen Vorwürfen stets mit Verve die eigene Unabhängigkeit betont, ohne trotz vielfältiger entsprechender Bemühungen bis heute der Lüge überführt worden zu sein.[720] Als Verteidigung des Selbstbildes vom linientreuen, nur dem eigenen revolutionären Projekt verpflichteten Kämpfer für den Marxismus-Leninismus – dem Leitmotiv seiner Erinnerungen – ist aber nicht nur als (wahrscheinlich zutreffende) Verneinung bewusster Geheimdienstkontakte zu deuten.[721] Diese Selbststilisierung ist auch der gleichzeitig vorgebrachte Leugnung jeglichen Einflusses ausländi-

---

zwischen aktiv an der Deutung des ‚roten Jahrzehnts', wodurch sie nicht nur eine bislang unbeachtete Perspektive einbringen, sondern bisweilen auch eingefahrene Denkmuster nachdrücklich zu erschüttern vermögen. Für Deutschland vgl. Anne Siemens, Für die RAF war er das System, für mich der Vater. Die andere Geschichte des deutschen Terrorismus, München 2007; Michael Buback, Der zweite Tod meines Vaters, München 2008; für Italien Mario Calabresi, Spingendo la notte più in là. Storia della mia famiglia e di altre vittime del terrorismo, Mailand 2007; Raffaelo Canteri/Francesco Specchia (Hg.), Terrorismo. L´altra storia, Reggio Emilia 2007; kritisch gegenüber dem Ansatz von Anne Siemens der Beitrag von Nicole Colin, Täter- versus Opferdiskurs: Eine *andere* Geschichte des deutschen Terrorismus?, in: Dies. u. a. ‚Deutscher Herbst', S. 187–194.

[720] Sergio Flamigni, La sfinge delle Brigate Rosse. Delitti, segreti e bugie del capo terrorista Mario Moretti, Mailand 2004. Demgegenüber hat Vladimiro Satta zu Recht betont: „Der italienische Linksterrorismus war ein Produkt der Gärungsprozesse in unserer Gesellschaft und blieb auch in seiner weiteren Entwicklung substantiell autonom. (…) Auch wenn die internationale Dimension präsent war, hat sie den ‚roten' Terrorismus in Italien doch nie determiniert oder gar beherrscht", Satta, Collegamenti internazionali, S. 51f.

[721] Dass die BR wie die anderen Untergrund-Organisationen in diesen Jahren ganz selbstverständlich im Fokus diverser Geheimdienstaktivitäten stand, dürfte klar sein. Für die deutschen Dienste spähte (mit Wissen der italienischen Kollegen) der Agent Volker Weingräber alias Karl-Heinz Goldmann 1977/78 die deutsch-italienischen Kontakte in der Mailänder Terroristenszene aus, wobei er sich offenbar vor allem der Bekanntschaft Brigitte Heinrichs bediente – mit welchem Erfolg, ist unbekannt, vgl. Mantica/Fragalà, Dimensione, S. 134–138. Da sich das BR-Exekutivkomitee während der 55 Tage in Florenz versteckt hielt, hat Weingräber die entsprechenden Kontakte mit Stoll und Heißler wahrscheinlich nicht wahrgenommen.

scher Parallelorganisationen auf die eigenen Entscheidungen zuzuschreiben. Dies gilt auch und erst recht für die RAF, für Moretti schlicht eine Gruppe aus einem Land „ohne Klassenkampf". Der Kontakt mit den Deutschen, so der BR-Chef auf entsprechende Nachfragen seiner Interviewerinnen, sei zwar von langer Dauer gewesen; nach der Moro-Entführung habe man sich wiederholt in Paris getroffen:

Es waren endlose Diskussionen, die die Unterschiedlichkeit der Situationen noch vor denen der Linien deutlich machten. (...) Wir versuchten Gemeinsamkeiten mit der RAF zu finden, um uns eine gewisse Homogenität bei Aktionen zu ermöglichen, aber wir näherten uns einer derartigen Möglichkeit nicht einmal. Es ging nicht über eine gewisse Solidarität hinaus... Einige Tauschaktionen falscher Papiere, einige ökonomische Schwierigkeiten, bei denen jeweils der einsprang, der gerade besser dran war, nichts weiter.[722]

Solche Aussagen mögen gerade vor dem Hintergrund der im Rahmen des zitierten BR-Strategiepapiers vom Februar 1978 deutlich gewordenen Zukunftshoffnungen Morettis zutreffend gewesen sein, insbesondere nach den Erfahrungen mit den frustrierenden und weitgehend gescheiterten Versuchen, das Projekt des ‚bewaffneten Kampfes' nach der gravierenden Zäsur der Morde an Schleyer und Moro gemeinsam wieder flottzumachen. Die ganze Wahrheit der komplexen deutsch-italienischen Verhältnisse erfassen sie jedoch nicht, schon gar nicht für den Zeitraum *vor* 1978. Gerade was die Jahre 1977/78 angeht, ist Morettis hartnäckiges Schweigen womöglich gerade als Indiz für den von seinem Kontrahenten Morucci beschriebenen, aber vielleicht nicht vollständig überblickten Zusammenhänge zwischen der Schleyer- und der Moro-Entführung zu deuten: Morucci, Mitglied der römischen Kolonne, aber nicht des Exekutiv-Komitees, ist bei den potentiellen Treffen der BR-Spitze mit Stoll und Heißler nicht zugegen gewesen. Weder aber mochte Moretti später seinen Ärger über die als Illoyalität der Deutschen empfundene Schleyer-Entführung offenlegen, noch zugeben, dass bestimmte Aspekte des unter seiner Regie geplanten und durchgeführten *sequestro Moro* einschließlich des militärischen Triumphs vom 16. März Ergebnis einer uneingestandenen ‚Germanisierung' waren. Beides widersprach nicht nur dem Image, das Moretti von der eigenen Person zu entwerfen bestrebt war, sondern auch dem noch eifriger gepflegten Bild ‚seiner' Roten Brigaden als einer zwar dem proletarischen Internationalismus verpflichteten, von fremdem Einfluss aber stets unabhängig gebliebenen Kaderorganisation.

Für die weitere Entwicklung nach der Ermordung Moros ist Morettis Hinweis auf Paris gleichwohl bezeichnend: Nachdem sich auch in Italien gegen Ende des Jahrzehnts die Fahnder besser organisiert hatten, wurde das Frankreich François Mitterrands zum wichtigsten Fluchtort der verbliebenen Anhän-

---

[722] Moretti, Brigate Rosse, S. 211.

ger des alten „Traumes von der Revolution". Einige Franzosen, Italiener und Belgier sollten im Laufe der 80er Jahre schließlich gemeinsam mit den Angehörigen der nunmehr dritten RAF-‚Generation' zu transnationalen Aktivitäten vorstoßen. Dieser hochtrabend so genannte „Euroterrorismus" litt jedoch, wie Alexander Straßner zu Recht bemerkt hat, stets unter dem auch von Moretti beklagten „Elitismus" der Deutschen. Letztlich ist er als Zerfallserscheinung von Organisationen zu deuten, die – politisch längst widerlegt – unter den Schlägen der Fahnder weiter dezimiert wurden, ohne dass neue Kampfeswillige nachrückten.[723] Als Ironie der Geschichte kann es im Übrigen gelten, dass gerade die Eskalation der linksterroristischen Bedrohung in Form der Schleyer- bzw. der Moro-Entführung 1977/78 dazu geführt hatte, dass sich die Polizeiapparate der beiden betroffenen Länder enger vernetzt und damit die Spielräume der Terroristen erheblich verengt hatten: BKA und Carabinieri bezeichneten ihre Zusammenarbeit in der zweiten Hälfte 1978 in internen Dokumenten jedenfalls als „mehr als zufriedenstellend", und auch der berühmt-berüchtigte Carabinieri-General Carlo Alberto Dalla Chiesa, der dem italienischen Terrorismus mit nicht immer rechtsstaatlich unbedenklichen Methoden schließlich das Rückgrat brach, lobte in der Rückschau die Informationen und den Enthusiasmus der deutschen Kollegen, die für seine Arbeit besonders wertvoll gewesen seien.[724] Diese Kooperation jedoch als das strategische Projekt eines globalisierten SIM oder auch ‚nur' einer von der Bundesregierung gezielt betriebenen Germanisierung Europas zu betrachten, wie die Ideologen der BR es getan hatten, war das Ergebnis einer gedanklichen Konstruktionsleistung zur Rationalisierung einer verbrecherischen, auch für die Täter selbst oft tödlichen Praxis, die davon zu keinem Zeitpunkt entscheidend beeinflusst wurde.

Der „Fall Moro", so ist abschließend zu betonen, ist nicht allein eine „republikanische Tragödie", wie es Agostino Giovagnoli im Titel seiner umsichtigen Darstellung formuliert hat. Er ist gleichzeitig das wohl gewichtigste Beispiel für eine bis heute unversöhnlich ‚gespaltene Erinnerung' in der jüngeren italienischen Zeitgeschichte. Noch vor kurzem hat David Moss von „a failure to achieve a consensual memory of the events of 16 March to 9 May 1978" gesprochen.[725] Weit mehr noch als der ‚Deutsche Herbst' hat die Entführung eines der über Jahrzehnte hinweg einflussreichsten Politiker des Landes in Italien eine Fülle einander widersprechender Interpretationen und Bewertungen gefunden.

---

[723] Straßner, Dritte Generation, S. 313.
[724] Archivio Centrale dello Stato, Ministero dell´Interno, Gab. 76–80, b. 71. Für das Lob Dalla Chiesas an die Adresse der Deutschen vgl. Hof, „Robin Hood", S. 424f., zu Dalla Chiesa selbst Woller, Geschichte Italiens, S. 319.
[725] David Moss, Memorialization without Memory: The Case of Aldo Moro, in: Pierpaolo Antonello/Alan O´Leary (Hg.), Imagining Terrorism. The Rhetoric and Representation of Political Violence in Italy 1969–2009, London 2009, S. 168–199, hier S. 169.

Dieser Befund ist keineswegs allein mit einem italienischen Hang zu Verschwörungstheorien zu erklären, sondern resultiert unmittelbar aus der genuin politischen Brisanz der Entführung und damit aus der Tatsache, dass die Zahl der potentiell involvierten Akteure und Interessen ungleich höher war als im Falle der Schleyer-Entführung. Die Fortexistenz ungeklärter oder nicht eindeutig zu beantwortender Fragen ist für ein politisches Verbrechen dieser Tragweite keineswegs ungewöhnlich und wird auch von kaum einem Interpreten bestritten. Denkbar große Uneinigkeit herrscht jedoch in der Einschätzung der Relevanz dieser Blindstellen für eine Gesamtbewertung der Tragödie. Konkret wird vor allem um die Rolle italienischer und internationaler Geheimagenten sowie die Frage der etwaigen Mitverantwortung von Moros innerparteilichen Gegnern für seine Ermordung gestritten, die der Historiker Francesco Biscione in die griffige Formel des „doppio delitto", des doppelten Verbrechens, gebracht hat.[726]

Ein Dokument, um das sich in diesem Zusammenhang seit jeher besonders viele Fragezeichen ranken, ist das berühmt-berüchtigte „falsche Kommuniqué Nr. 7" oder auch „Kommuniqué ‚Lago della Duchessa'", eine am 18. April 1978 in Rom verbreitete Botschaft von bis heute ungeklärter Herkunft. Im Namen der Moro-Entführer behauptete der Text, man habe den Politiker nunmehr hingerichtet und sich seiner Leiche in einem hoch gelegenen Bergsee in der Provinz Rieti nördlich von Rom entledigt.[727] Nachdem die Brigate Rosse in ihrem Kommuniqué Nr. 6 vom 15. April die Verhängung des ‚Todesurteils' gegen ihren Gefangenen bekanntgegeben hatten, schien dessen angekündigter Tod damit überraschend schnell Wirklichkeit geworden zu sein. Auf der Suche nach dem Leichnam pumpten die Einsatzkräfte im Auftrage Cossigas gleich das Wasser des in der mysteriösen Botschaft genannten, halb vereisten Sees ab. Einen Tag nach der „groß aufgezogene[n] und daher umso peinlichere[n] Suche", dem „Höhepunkt der Pannen" während der ergebnislosen Fahndung nach den Tätern und ihrem Opfer[728] erreichte die verunsicherte Öffentlichkeit ein weiteres, diesmal echtes ‚Kommuniqué Nr. 7'. Das beiliegende Foto sollte zu einer der am häufigsten reproduzierten Ikonen des italienischen 20. Jahrhunderts werden. Die Entführer hatten ihre (noch) lebende Geisel dazu gezwungen, mit der jüngsten Ausgabe der „Repubblica" vor der Kamera zu posieren. Die fettgedruckte Schlagzeile auf dem Titelblatt der Zeitung lautete „Moro ermordet?".[729] Was der bizarren Affäre „Lago della Duchessa" in unserem Zusammenhang Relevanz verleiht, ist allein der Wortlaut des falschen Kommuniqués selbst. Die angebliche Ermordung der Geisel wurde dort mit folgenden Formulierungen umschrieben:

---

[726] Francesco M. Biscione, Il delitto Moro: strategie di un assassinio politico, Rom 1998.
[727] Text des Kommuniqués in: Dossier Brigate Rosse II, S. 318f.
[728] Hürter, „Härte", hier S. 394f.
[729] Vgl. Terhoeven, Opferbilder, Täterbilder.

Wir geben die Vollstreckung der Exekution des DC-Vorsitzenden Moro mittels ‚Selbstmord' bekannt. (...) Es handelt sich dabei nur um den Beginn einer langen Serie von ‚Selbstmorden'. Der ‚Selbstmord' darf nicht nur ein ‚Vorrecht' der Gruppe Baader-Meinhof bleiben. Die Cossigas, Andreottis, Tavianis und alle, die das Regime unterstützen, mögen schon einmal anfangen, zu zittern.[730]

Diejenigen, die aufgrund dieser verklausulierten Botschaft tatsächlich zu zittern begannen, waren jedoch nicht die angesprochenen DC-Politiker, sondern die Brigate Rosse selbst. Natürlich wussten die Drahtzieher der ‚Frühlingskampagne', dass nicht sie das Kommuniqué lanciert hatten. Entsprechend interpretierten sie es als verdeckte Drohung gegen das Leben der inhaftierten Mitglieder und nahmen es zum Anlass, sich bei den ‚historischen' Führern, zu denen man auf unbekannten Wegen Kontakt hielt, rückzuversichern, ob man in der Handhabung der Entführung nach eigenem Ermessen weiter verfahren oder aber die Aktion abbrechen solle. „In unseren Köpfen", so Moretti, „hatten wir Stammheim, ein Jahr zuvor, das damals alle als Racheaktion der Polizei verstanden. Sie antworteten schriftlich, wir sollten gemäß unserer Einschätzungen fortfahren, ohne jene Möglichkeit in Betracht zu ziehen. ‚Wir stehen alles durch', sagten sie uns".[731]

Über die Urheberschaft des falschen Kommuniqués wurde in Italien viel spekuliert. Als Fälscher im materiellen Sinne wurde nach seinem gewaltsamen Tod im Jahre 1984 ein Mann namens Toni Chichiarelli identifiziert, ein stadtbekanntes Mitglied der römischen Unterwelt.[732] Dass eine solche Person aus eigenem Antrieb eine Aktion derartiger Tragweite ins Werk setzen könne, erschien wenig wahrscheinlich, zumal auch die überstürzte Trockenlegung des Sees als Reaktion der Verantwortlichen auf eine offenbar einigermaßen dilettantisch gemachte Fälschung vielen verdächtig vorkam. Tatsächlich versandten die BR ihre Kommuniqués während der 55 Tage stets an die Redaktionen vier großer Zeitungen in den wichtigsten italienischen Großstädten gleichzeitig und verbreiteten es niemals – wie das angebliche Kommuniqué Nr. 7 – allein in Rom. Auch in Ton und Sprachduktus unterschied sich die Nachricht sehr deutlich von den bislang gewohnten Verlautbarungen der Entführer.[733] Im Jahre 2006 meldet sich der US-amerikanische Psychologe und Terrorismusexperte Steve Pieczenik zu Wort, der 1978 – angeblich mit einem Mandat der US-Regierung – während der Moro-Entführung als Berater des Innenministers fungiert hatte. Gegenüber einem französischen Journalisten behauptete Pieczenik, die Idee zu dem Kommuniqué entstamme dem engsten Umfeld Cossigas, an dessen Mitwisserschaft es entsprechend auch keinen Zweifel geben könne.[734] Die

---

[730] In: Dossier Brigate Rosse II, S. 318f.
[731] Moretti, Brigate Rosse, S. 223.
[732] Satta, Odissea nel caso Moro, S. 285f.
[733] Vgl. zur Offensichtlichkeit der Fälschung Moretti, Brigate Rosse, S. 163.
[734] Amara, Aldo Moro, S. 166–175.

makabre Angelegenheit sei Teil einer von ihm selbst, Pieczenik, ausgearbeiteten Strategie gewesen, die in Richtung einer ‚Entwertung' der Geisel und einer Verunsicherung der Entführer gegangen sei. Letztere hätten dazu gebracht werden sollen, die letzten Skrupel hinsichtlich einer Ermordung des prominenten Opfers über Bord zu werfen. Der Tod Moros sei aus der Sicht der Regierung zwar bedauerlich, aber im Sinne einer Stabilisierung der italienischen Verhältnisse das kleinere Übel gewesen. Neben einem Mittel der psychologischen Kriegführung sei das Unternehmen auch eine Art Generalprobe, ein Test gewesen, wie die italienische Öffentlichkeit auf eine potentielle Todesnachricht reagiere. Zwei Jahre später, parallel zur Veröffentlichung der italienischen Ausgabe des Interviews, gab der Untersuchungsrichter und frühere kommunistische Senator Ferdinando Imposimato ein Buch heraus, das eine Faksimile-Version der seinerzeit von Pieczenik für den Krisenstab unter strenger Geheimhaltung erarbeiteten „Hypothesen zur Strategie und Taktik der BR und zur möglichen Handhabung der Krise" enthielt.[735] Diese Hypothesen enthielten auch den Vorschlag, „im Gefängnis Gerüchte von einer möglichen Tötung der Häftlinge Typ ‚Steinheim' [sic] zu verbreiten, um den BR eine Falle zu stellen und sie dazu zu veranlassen, das Gefängnis anzugreifen". Ob das ‚falsche Kommuniqué Nr. 7' als Umsetzung dieses Vorschlags zu verstehen ist, der an dieser Stelle wohlgemerkt in keinem erkennbaren Zusammenhang mit einer etwaigen Strategie steht, die BR zu einer Tötung ihrer Geisel zu bewegen, ist ungewiss. Zweifellos sind auch Buchtitel wie „Wir haben Aldo Moro ermordet" (Pieczenik) oder „Er musste sterben" (Imposimato) alles andere als dazu angetan, jenseits eines politisch oder kommerziell motivierten Skandalisierungsinteresses der jeweiligen Autoren ihren Behauptungen wissenschaftliche Seriosität zu verleihen. Die Komplizenschaft falscher Parteifreunde mit den Mördern Moros ist jedenfalls aus den bisher bekannten Dokumenten einschließlich des ‚falschen Kommuniqués Nr. 7' nicht nachweisbar. Letzteres verweist dagegen wiederum auf den Nachhall der deutschen Ereignisse im italienischen Kontext, der den Charakter der Entführung als nationaler Tragödie zwar niemals dominierte oder gar überdeckte, aber dennoch wahrnehmbar blieb.

Bei einer Gesamtbewertung des Falles ist zweifellos der Mahnung Vladimiro Sattas zuzustimmen, dass die Geschichte von der Entführung und Ermordung Aldo Moros als solche von einer so tragischen Größe sei, dass sie keiner künstlichen Dramatisierung bedürfe.[736] In diesem Zusammenhang ist jedoch auch Vorsicht geboten, wenn Satta selbst den Vergleichsfall Schleyer lediglich zur Verstärkung der eigenen, auf den nationalen Kontext bezogenen Thesen heranzieht. So verweist Satta zur Kritik an der verbreiteten *dietrologia* in Italien –

---

[735] Imposimato, Doveva morire, o. S.
[736] Satta, Odissea, Klappentext.

als der Tendenz, hinter allem verborgene Beweggründe zu sehen – auf den Umstand, dass die Fahndungspanne, die das Auffinden des Schleyer-Verstecks in Erftstadt-Liblar verhindert hatte, keinen Deutschen auf den Gedanken gebracht habe, die Fahnder hätte etwa die Geisel gar nicht finden *wollen* – anders als im Falle analoger Versäumnisse der italienischen Polizei. Gleichzeitig aber geht der unermüdliche Streiter für historische Genauigkeit und das Vetorecht der Quellen mit bemerkenswerter Selbstverständlichkeit und sogar unter Verdrehung der Chronologie davon aus, dass die ‚Stammheimer' „aller Wahrscheinlichkeit nach" einer staatlichen Repressalie zum Opfer gefallen seien – aus Rache für den Mord der RAF an Schleyer. Das Argument dient ihm zur positiven Hervorhebung der italienischen *fermezza* gegenüber der deutschen Härte, da mit ersterer eben nicht „solch drastische Sondermaßnahmen" verbunden gewesen seien.[737]

In Wirklichkeit wird genau umgekehrt der aus ihrer Perspektive desaströs verlaufene Einsatz der GSG 9 in Mogadischu bei den Schleyer-Entführern Rachegefühle erzeugt haben, die es leichter machten, die Skrupel angesichts des Mordes an der seit mehreren Wochen in ihrer Gewalt befindlichen, wehrlosen Geisel zu überwinden. Jedenfalls war das eine Emotion, aus der wie gesehen selbst die BR Monate später noch Kampfesmut abzuleiten suchten. Mit der ‚Hinrichtung' Moros scheinen sie sich demgegenüber so schwer getan zu haben wie mit keinem anderen Verbrechen davor oder danach, wovon nicht nur das Ausscheren Moruccis und Farandas aus der Front der Befürworter einer ‚Vollstreckung' des ergangenen ‚Urteils' zeugt, sondern auch der kurz zuvor erfolgte und nur als hochgradig zynisch zu bezeichnende Anruf Mario Morettis bei Moros Ehefrau, mit dem er der Familie den Versuch einer letzten verzweifelten Intervention bei der DC zur Verhinderung ‚des Schlimmsten' nahelegte.[738] Zu diesem Zeitpunkt hatten die Moros jedoch die Hoffnung bereits aufgegeben, die Partei ihres Mannes und Vaters zum Einlenken bewegen zu können, zumal auch der Papst durch den Appell an die BR, ihre Geisel „senza condizoni" (bedingungslos) freizulassen, die Fronten womöglich noch stärker verhärtet hatte, statt sie aufzubrechen.[739]

Anders als die Familie Hanns-Martin Schleyers, die beim Staatsakt für den Arbeitgeberpräsidenten auf der Kirchenbank direkt neben dem Bundeskanzler Platz nahm, hatten sich die Angehörigen Moros denn auch gegen die Anwesenheit von Partei- und Regierungsvertretern beim Begräbnis verwahrt. Die offizielle, vom Papst zelebrierte Trauerfeier in der römischen Lateransbasilika fand entsprechend ohne den Leichnam des Verstorbenen statt. Die von der Zeremonie überlieferten Fotografien der DC-Politiker um Andreotti

---

[737] Ders., Caso Moro, S. 216f.
[738] Giovagnoli, Caso Moro, S. 232.
[739] Ebd., S. 196–200.

und Zaccagnini, auf Knien und mit in den Händen verborgenen Gesichtern, sind entsprechend auch nicht als Ikonen gemeinsamer Trauer wie die Bilder von Schmidt und der Witwe Schleyers, sondern vielmehr als Zeichen der Schande interpretiert worden.[740] Im Verlauf der Entführung hatte Moro seine Parteifreunde per Brief mehrmals erfolglos dazu aufgefordert, sich am Deutschland der Lorenz-, nicht dem der Schleyer-Entführung zu orientieren; ganz offensichtlich scheint er sogar den direkten Druck der Bundesregierung auf die Entscheidungsträger in der eigenen Partei gefürchtet zu haben.[741] Bei der Bewertung dieser denkbar schwierigen und entsprechend kontrovers diskutierten Quellen muss allerdings bedacht werden, dass Moretti die Briefe des prominenten Gefangenen zensierte und nur selektiv an die jeweiligen Empfänger bzw. die Öffentlichkeit weitergab, um mit ihnen eine ganz eigene Politik zu betreiben.[742] Allerdings muss Moro natürlich die Tatsache bewusst gewesen sein, dass der Verlauf des ‚Deutschen Herbstes' die Bedingungen für Verhandlungslösungen erschwert hatte – so wie dem deutschen Krisenstab wiederum klar war, dass die bei der Lorenz-Entführung freigepressten Gefangenen keineswegs dem bewaffneten Kampf abgeschworen hatten: ‚Staatsräson' bedeutete eben nicht einfach ‚Parteiräson', sondern auch das Bemühen um die Vermeidung möglicher weiterer Opfer. Für Schmidt und seine Berater war das Ziel, „die Handlungsfähigkeit des Staates und das Vertrauen in ihn im In- und Ausland nicht zu gefährden" eben nur zu erreichen, wenn man „die Gefangenen, deren Freilassung erpreßt werden sollte", um keinen Preis freigab.[743]

Dennoch war die in der Bundesrepublik punktuell anzutreffende Abwertung Moros gegenüber der „soldatischen Seele" Schleyers nicht nur moralisch un-

---

[740] Vgl. das Urteil Sergio Luzzattos: „I notabili della DC offrirono lo spettacolo di una leadership tanto moralmente atterrata quanto politicamente inconsistente", Ders., Il corpo politico, in: Storia d'Italia, Annali 20, L'immagine fotografica 1945–2000, hg. v. Uliano Lucas, Turin 2004, S. 523–547, hier S. 540; für die am 13. Mai 1978 aufgenommene Fotografie vgl. S. 536.

[741] „Il sacrificio degli innocenti in nome di un astratto principio di legalità, mentre un indiscutibile stato di necessità dovrebbe indurre a salvarli, è inammissibile. Tutti gli Stato del mondo si sono regolati in modo positivo, salvo Israele e la Germania, ma non per il caso Lorenz", Brief an Francesco Cossiga, ausgehändigt am 29.3.1978, in: Aldo Moro, Lettere dalla prigionia, hg. v. Miguel Gotor, Turin 2008, S. 7f., hier S. 8. Hinweise auf die Lorenz-Entführung im Sinne eines positiven Präzedenzfalles enthalten auch die Briefe an den Senator und ehemaligen Innenminister Paolo Emilio Taviani (nicht ausgehändigt), in: Ebd., S. 45–49, hier S. 47 und den Präsidenten des Justizausschusses des Abgeordnetenhauses Riccardo Misasi (o.D.), ebd., S. 156–160, hier S. 159. Ebenfalls gegenüber Taviani äußerte Moro die Frage „Vi è forse, nel tener duro contro di me, un'indicazione americana e tedesca?", ebd., S. 40–43, hier S. 43 (ausgehändigt am 10.4.1978).

[742] Zur Quellenkritik der Briefe vgl. jetzt Stefano Twardzik, Sulle lettere originali di Aldo Moro pervenute nei giorni del suo sequestro, in: Studi Storici 54 (2013), S. 105–147.

[743] Zitiert in: Peters, Tödlicher Irrtum, S. 413.

angemessen.⁷⁴⁴ „Vielen innerhalb der politischen Klasse kam", wie es Christian Jansen formuliert hat, „die Entführung eines der wichtigsten Befürworter des Historischen Kompromisses gelegen, und sie fürchteten die Rückkehr eines zum Moralisten geläuterten Aldo Moro".⁷⁴⁵ Moros Sohn, der Soziologe Giovanni Moro, hat denn auch kurz vor dem dreißigsten Jahrestag der Entführung ein vielbeachtetes Büchlein vorgelegt, in dem er seinen Vater in der Geiselhaft nicht als wehrloses Opfer der Todesangst oder Vertreter eines unmoralischen Partikularinteresses, sondern vielmehr als politischen Denker beschrieben hat, der – seiner historischen Rolle für die italienische Politik bewusst – im ‚Volksgefängnis' ein bedeutendes Plädoyer für ein menschlicheres, weniger rigides Staatsverständnis formuliert habe, das nur aufgrund der Engstirnigkeit der Adressaten kein Gehör gefunden habe.⁷⁴⁶ Ähnlich wie Giovanni Moro argumentiert Francesco Biscione, der sogar davon ausgeht, dass das moralische und politische Versagen der Regierung während der Moro-Entführung eine Hypothek darstelle, an der die italienische Republik bis heute trage.⁷⁴⁷ Vorschnelle und meist ohne stichhaltige Belege vorgebrachte Urteile über ein angeblich gestärktes Vertrauen in die staatliche Autorität, eine Entspannung des Verhältnisses zwischen Bevölkerung und politischer Elite oder sogar einem verbreiteten neuen Stolz auf die hart gebliebene Regierung sind nicht nur vor dem Hintergrund des offensichtlichen Dilettantismus der Fahnder während der Entführung, die nicht von ungefähr den Rücktritt des Innenministers nach sich zog, noch kritisch zu prüfen.⁷⁴⁸ Unabweisbar ist jedoch die gewachsene Isolierung der Gewalttäter innerhalb einer Gesellschaft, die sich gerade durch das Gefühl einer fundamentalen Destabilisierung des Gemeinwesens verstärkt auf ihre zivilgesellschaftlichen Tugenden besann.⁷⁴⁹

Wenn Schmidt lieber auf die GSG 9 setzte als den erpresserischen Forderungen der Entführer nachzugeben, ging er damit, wie ihm selbst bewusst war, ein außerordentlich hohes Risiko auch für das Leben der in der ‚Landshut' eingeschlossenen Touristen ein; ebenso war ihm nach eigenem Bekunden seine schuldhafte Verstrickung in den Tod Hanns-Martin Schleyers stets gegenwärtig. Angst konnte die Effizienz der ‚Lederköpfe' aber letztlich nur den Anhängern der ‚bewaffneten Partei' und ihren Komplizen machen, die sich selbst – anders als die Staaten, die sie bekämpften – von der Verhängung der Todesstrafe gegen selbsternannte Feinde niemals explizit distanziert hatten. „Ich

---

⁷⁴⁴ Zitiert in: „Italien: Bachab in Richtung Bangladesch?", in: Der Spiegel 20/15.5.1978, S. 140–150, hier S. 140.
⁷⁴⁵ Jansen, Italien nach 1945, S. 178.
⁷⁴⁶ Moro, Anni settanta, bes. Kap. IV: „Fantasmi".
⁷⁴⁷ Francesco M. Biscione, Il delitto Moro e la deriva della democrazia, Rom 2012.
⁷⁴⁸ Entsprechend geäußert haben sich Hürter, „Härte", S. 394; Hof, Anti-Terrorismus-Politik, S. 26 sowie Woller, Geschichte Italiens, S. 318.
⁷⁴⁹ Tolomelli, Terrorismo, S. 263.

konnte die deutsche Polizei nie ertragen" – dieser Satz aus dem Munde Valerio Moruccis könnte die Klammer sein, die die drei Orte Köln, Mogadischu und Stuttgart-Stammheim aus der Perspektive der Roten Brigaden zusammenbindet.[750] Nur alle drei gemeinsam machen die Wirkung des ‚Deutschen Herbstes' für diejenige ausländische Gruppe aus, die sich der RAF seit ihren Anfängen am engsten verbunden wusste. Die mit Missgunst vermischte Bewunderung über die Überwältigung der Bewacher Schleyers durch die deutschen Genossen, das Entsetzen über das Bravourstück der GSG 9 und das Rachebedürfnis aufgrund des vermeintlichen Massakers an den ‚Stammheimern' sind für das entscheidende Jahr 1977/78 in die Erfahrungsgeschichte der Protagonisten des italienischen Linksterrorismus notwendig einzuschreiben. Sie waren nicht nur wegen der breiten anti-deutschen Stimmung in der italienischen Linken auf die deutschen Ereignisse fixiert, diese wurden auch Teil ihrer eigenen gewaltsamen Strategie und Logik.

---

[750] Morucci, Die RAF und wir, S. 113.

7. Schlussbetrachtung

Wer die sozialrevolutionären Terrorismen im Westeuropa der siebziger Jahre verstehen will, darf sie nicht allein aus nationaler Perspektive betrachten – so lautet die These, die mit der vorliegenden Untersuchung zur Diskussion gestellt wird. Der transnationale Blick erlaubt dabei nicht nur ‚mehr' und ‚anderes' zu sehen, er verändert die Sicht auf das Ganze. Das bedeutet auch, dass ein komparativer Zugriff, der nicht auch Verflechtungs- und Beziehungsgeschichte ist, Differenzen und Parallelen der untersuchten Vergleichsfälle oft nur schwer gewichten und unter Umständen nicht adäquat erklären kann. Dafür ist die gängige Überbetonung der Unterschiede zwischen deutschem und italienischem Linksterrorismus ein gutes Beispiel. Viel spricht jedoch dafür, dass die Transzendierung des Nationalen die Terrorismusforschung auch jenseits der jüngeren Zeitgeschichte erheblich bereichert, wenn sie dafür nicht auf die Konturierung der nationalen Erfahrungshorizonte verzichtet.[1]

‚Kumulative Radikalisierung' im transnationalen Kontext. Der ‚rote Terrorismus' in der Bundesrepublik und in Italien war jenseits aller nationalen Besonderheiten auch ein transnationales Phänomen und bezog daraus einen nicht unwesentlichen Teil seiner Dynamik. Haben Studien mit transnationaler Perspektive bisher hauptsächlich außereuropäische oder jenseits des Eisernen Vorhangs angesiedelte Akteure – wie die palästinensischen und südamerikanischen Befreiungsbewegungen oder im Falle der RAF auch die ostdeutsche Staatssicherheit – in den Mittelpunkt gerückt, geht die vorliegende Untersuchung von der Beobachtung aus, dass sich die Auseinandersetzung zwischen den betroffenen Nationalstaaten und ihren internen Herausforderern auf genuin europäischer Bühne abspielte – eine Auseinandersetzung, die als klassisch asymmetrischer Konflikt auch und vor allem auf symbolischem Terrain ausgefochten wurde.[2] Beides hatte bereits für die Protestbewegungen gegolten, als deren Zerfallsprodukte sich die sozialrevolutionären Terrorismen entwickelt hatten: „We should not forget that for all the protests and rhetoric in support of the Third World or immigrant poor, 1968 remained predomi-

---

[1] Vgl. Carola Dietze, Terrorismus im 19. Jahrhundert: Politische Attentate, rechtliche Reaktionen, Polizeistrategien und öffentlicher Diskurs in Europa und den Vereinigten Staaten 1878–1901, in: Beatrice De Graaf/Karl Härter (Hg.), Vom Majestätsverbrechen zum Terrorismus. Politische Kriminalität, Recht, Justiz und Polizei zwischen Früher Neuzeit und 20. Jahrhundert, Frankfurt a.M. 2012, S. 179–196; Sven Reichardt, „Die verdorbenen Burschen wollen von sich reden machen und finden auch noch ein Echo", in: FAZ, 7.9.2011, online unter http://nbn-resolving.de/urn:nbn:de:bsz:352-193808 (10.7.2013).

[2] Herfried Münkler, Die neuen Kriege, Reinbek b. Hamburg 2003.

nantly Eurocentric."³ Die sich in den 70er Jahren fortsetzende politische und gesellschaftliche Verflechtung der westeuropäischen Staaten machte national definierte Kommunikationsräume jedoch keinesfalls obsolet: „Trotz aller Dekonstruktion von Kultur (von Nationalkultur zumal!) als wesenhafte Einheit bleibt (…) ein Merkmal im Zusammenhang von interkulturellem Transfer kennzeichnend: die Differenzwahrnehmung."⁴ Selbst- und Fremdperzeptionen blieben mithin ganz selbstverständlich durch nationale Distinktionslinien bestimmt, die ihren trennenden Charakter niemals ganz verloren und dadurch wiederum eigene agonale Logiken der Abgrenzung in Gang setzten. Diese innereuropäische Anziehungs- und Abstoßungsreaktion erscheint für die Geschichte des deutschen Linksterrorismus jedenfalls bedeutsamer gewesen zu sein als seine angeblich unter der Oberfläche verborgenen antisemitischen Motive, die unlängst zu einseitig hervorgehoben worden sind.⁵

Auf der Suche nach Ursachen für das Aufkommen und das Beharrungsvermögen linksterroristischer Gewalt in modernen Mediengesellschaften haben Donatella Della Porta und Sidney Tarrow für den italienischen Kontext – der aufgrund der Dauer und der Gewalthaftigkeit der 1968 aufgebrochenen gesellschaftlichen Konflikte ein besonders aussagekräftiges Forschungsfeld darstellt – überzeugend argumentiert, dass die gewaltsame Degenerierung einzelner Strömungen innerhalb der Protestbewegung wesentlich auf die Konkurrenz der verschiedenen Formationen auf einem enger werdenden Markt zurückzuführen war.⁶ Das Gut, um das man vor dem Hintergrund einer insgesamt sinkenden Mobilisierungsbereitschaft rang, hieß Aufmerksamkeit, aber auch Unterstützungsbereitschaft – im materiellen wie im immateriellen Sinne. Die Abhängigkeit von medialer Berichterstattung, aber auch der Wunsch nach der Ausbildung einer revolutionären Gruppenidentität, die den einzelnen Mitgliedern ein Höchstmaß an authentischer Ich-Erfahrung versprach, habe, so Della Porta, in einem insgesamt hochpolitisierten, gewaltbejahenden Kontext die Hemmschwellen der Beteiligten gegenüber terroristischen Praktiken zusehends sinken lassen. Schließlich wurde die Gewalt immer mehr zum Selbstzweck – zum symbolischen Surrogat, das die fehlenden praktischen Resultate des bewaffneten Kampfes kompensieren sollte.⁷

Diese Form ‚kumulativer Radikalisierung', die einerseits in gegenseitigem

---

³ Jobs, Youth Movements, S. 395.
⁴ Johannes Paulmann, Grenzüberschreitungen und Grenzräume. Überlegungen zur Geschichte transnationaler Beziehungen von der Mitte des 19. Jahrhunderts bis in die Zeitgeschichte, in: Eckart Conze u. a. (Hg.), Geschichte der internationalen Beziehungen. Erneuerung und Erweiterung einer historischen Disziplin, Köln u. a. 2004, S. 169–196, hier S. 181.
⁵ Kraushaar, München 1970.
⁶ Della Porta, Terrorismo; Tarrow, Democracy.
⁷ Della Porta, Terrorismo, S. 290–293.

peer reinforcement (Della Porta), andererseits in dem Wunsch wurzelte, die Militanz der anderen zu überbieten, spielte sich aber nicht nur auf nationaler Ebene ab. Vor dem Hintergrund des großen Interesses, das ihnen innerhalb der europäischen *public sphere* sicher war, agierten italienische und deutsche Linksterroristen in einem transnationalen Spannungsfeld von Solidarität und Rivalität, das sich – so ein Ergebnis dieser Arbeit – in beiden Ländern beschleunigend auf ihre Aktivitäten auswirkte. Auch wenn der genaue Anteil der transnationalen Radikalisierungsdynamik am Gesamtgeschehen schwer zu bestimmen ist und als *ein* Faktor unter anderen nicht verabsolutiert werden sollte, ist die bisher für die Terrorismusforschung charakteristische Ausblendung dieses grundlegenden Zusammenhangs dringend korrekturbedürftig.

So beruhte die einzige wirklich ‚erfolgreiche' Unternehmung deutscher Stadtguerilleros, die Entführung des CDU-Politikers Peter Lorenz durch die Bewegung 2. Juni, die zur Freilassung von elf inhaftierten Genossen führte, auf dem Transfer einer ausgefeilten italienischen Kommunikationsstrategie in den bundesdeutschen Kontext: Direktes Vorbild des Lorenz-Coups war die Verschleppung des Untersuchungsrichters Mario Sossi durch die Roten Brigaden, auch wenn die Berliner Entführer diesen Umstand in ihrem Stolz auf diesen „Meilenstein in der Geschichte der linksradikalen Militanten in der BRD" in der Rückschau nicht mehr offenlegen mochten.[8] In der Geschichte des italienischen wie des deutschen Linksterrorismus bedeuteten die Fälle Sossi und Lorenz jeweils eine entscheidende Zäsur, auch und vor allem für den staatlichen Umgang mit dem Phänomen gewaltsamer Systemkritik von links. In der Bundesrepublik kam der Zugzwang hinzu, dem sich die diesmal unbeteiligte RAF durch den Erfolg der terroristischen Konkurrenz ausgesetzt fühlte, zumal die inhaftierten Vordenker Baader, Ensslin und Meinhof ihre auf freiem Fuß befindlichen Genossen unablässig zur Aktion drängten, um der ‚Vernichtungshaft' in Stuttgart-Stammheim zu entkommen. Ergebnis des erhöhten Drucks auf die ‚zweite Generation' waren die desaströse Botschaftsbesetzung von Stockholm und schließlich die Verbrechen des ‚Deutschen Herbstes'.

Zwei Jahre später fühlten sich wiederum die Rotbrigadisten durch die Entführung Hanns Martin Schleyers auf ihrem ureigensten Terrain überflügelt, ließen den Plan zur Verschleppung des italienischen Arbeitgeberpräsidenten Pirelli fallen und verfolgten denjenigen, sich Aldo Moros zu bemächtigen, umso verbissener weiter. Dass man sich in der Bundesrepublik durch die Fotografien vom Tod in Rom, die ganz im Sinne der von den Tätern beabsichtigten ‚Terrorisierung' der Öffentlichkeit im März 1978 die europäischen Medien beherrschten, an die analogen Bilder der Schleyer-Entführung erinnert fühlte,

---

[8] Reinders/Fritzsch, Bewegung 2. Juni, S. 61.

führte fast zwangsläufig zur Interpretation der Moro-Entführung als einem „Kidnapping auf deutsche Art".[9] Auch wenn diese verengte Sicht den vorausgegangenen Austausch- und Lernprozessen nur ungenügend gerecht wurde, erahnten die Zeitgenossen dennoch hinter den schockierenden, den Herbst 1977 mit dem Frühjahr 1978 verbindenden Bildern, die auf dem Cover dieses Buches reproduziert sind, die Umrisse einer ganz realen Verflechtungsgeschichte deutscher und italienischer Militanz, die fast genau zehn Jahre zuvor begonnen hatte.

Eine Geschichte der Verflechtungen. Seit 1967/68 existierte in Westeuropa eine transnationale Gegenkultur, innerhalb derer antikapitalistische und antiimperialistische Konzepte und Ideen ebenso frei zirkulierten wie die Nachrichten über die zunehmend militanter werdenden Praktiken der Gruppen in den verschiedenen, in die Protestbewegung eingebundenen Ländern. Als inoffizielles Zentrum dieser Gegenkultur galt zunächst Westberlin und speziell der dortige SDS – eine Folge vor allem der Aktivitäten Rudi Dutschkes, der Che Guevaras Losung „Schafft zwei, drei, viele Vietnam" zu seinem politischen Lebensprojekt gemacht hatte. Ab September 1967 konnte Dutschke auf die tatkräftige Unterstützung des Verlegers Giangiacomo Feltrinelli zählen, der nicht nur seine politischen Leitbilder teilte, sondern auch über ökonomische Ressourcen und internationale Kontakte verfügte, von denen der deutsche Studentenführer nur träumen konnte. Der als deutsch-italienisches Gemeinschaftsunternehmen zustande gekommene Westberliner Vietnamkongress im Februar 1968 war als transnationales Fanal im Sinne Guevaras gedacht, dessen revolutionäre Botschaft mit der Etablierung entsprechender Kommunikationsstrukturen perpetuiert und, so die Hoffnung seiner Initiatoren, schließlich auch praktisch in die Tat umgesetzt werden sollte. Nachdem Dutschke selbst seine politischen Ambitionen aufgrund des auf ihn verübten Attentats hatte aufgeben müssen, glaubten einige seiner Mitstreiter – darunter der APO-Anwalt Horst Mahler, vor allem aber Dutschkes „enger Kampfgefährte" Feltrinelli[10] – den Funken der Revolution weitertragen zu müssen. Die Geschichte Feltrinellis öffnet mithin „manche Tür in die italienischen, europäischen und ‚tricontinentalen' Nebenräume der deutschen Entwicklungen."[11]

Nach dem Abebben der Protestbewegung in der Bundesrepublik, die kurz nach ihrem charismatischen Führer Dutschke mit der Verabschiedung der Notstandsgesetze auch ihr wichtigstes Thema verlor, verlagerte sich der Schwerpunkt der Auseinandersetzungen in den europäischen Süden. Vor dem

---

[9] „Italien: Terror nach deutscher Art", in: Der Spiegel 12–13/27.3.1978, S. 115–120, hier S. 115.
[10] Kraushaar, Dutschke, S. 224.
[11] Koenen, Vesper, Ensslin, Baader, S. 251.

Hintergrund sich zuspitzender gesellschaftlicher Konflikte, wie sie im ‚Heißen Herbst' und seinem blutigen Ausklang auf der Mailänder Piazza Fontana Gestalt gewannen, wurde nun Italien zum neuen „Traumland der Revolution".[12] Die Radikalität der zahlreichen italienischen Gruppen und Grüppchen, die sich um 1969/70 aus Versatzstücken heimischen wie importierten Gedankenguts ihre jeweiligen Revolutionstheorien zusammenzimmerten und teilweise bereits in die Praxis umzusetzen begannen, wirkte auf die jungen Militanten in der Bundesrepublik, die das Versöhnungsangebot der von Willy Brandt geführten sozialliberalen Koalition an die Adresse der ‚68er' nicht annehmen wollten oder konnten, als eine Herausforderung nicht nur politischer, sondern teilweise ganz existenzieller Art. Die größere Arbeiternähe, die scheinbar mühelose Überbrückung des Generationenkonflikts, die Sympathie der Intellektuellen und weiter Teile der Öffentlichkeit, eine weniger ‚protestantische' Lebenseinstellung – die italienischen Studentenführer schienen über viele Ressourcen zu verfügen, die ihren deutschen Genossen abgingen. Während Bernward Vesper den Neid auf die italienischen Verhältnisse in seinem Romanessay „Die Reise" literarisch zu bewältigen versuchte, bemühte sich Ulrike Meinhof im „Konzept Stadtguerilla" um eine politische Antwort, die aber bereits vollständig der (Schein-)Logik des Militärischen folgte. Als der Text 1971 erschien, lebte Meinhof bereits in der Welt der militärischen Ausbildungslager, der Waffenschieber und Bombenbauer, die ihr Freund Feltrinelli, „der große Animateur",[13] den Deutschen maßgeblich mit erschlossen hatte.

Tatsächlich begaben sich Deutsche und Italiener zur gleichen Zeit und im transnationalen Dialog auf den Weg des sozialrevolutionären Terrorismus. Wie Feltrinelli gehörte Meinhof zu denjenigen intellektuellen Wegbegleitern der Revolte, bei denen Enttäuschung über den Niedergang der Bewegung, verstärkt durch Trauer und Empörung über das Schicksal Dutschkes, mit einer persönlichen Lebens- und Sinnkrise zusammenfiel. Wie der italienische Verleger glaubte sie ihr intellektuelles Prestige nun gegen die bürgerlichen Intellektuellen und für die proletarische Revolution einsetzen zu müssen. Mit dem „Konzept Stadtguerilla" wehrte sich die Verfasserin gegen die auch unter deutschen Genossen verbreitete Befürchtung, nur in den romanischen Ländern mit ihrer Tradition des ‚roten' Widerstands, ihrer für linkes Gedankengut offenen Presselandschaft und ihrer kämpferischen Arbeiterschaft ließen die Verhältnisse Spielraum für die revolutionäre Intervention. Gerade die desolate Lage der revolutionären Kräfte in der Bundesrepublik sei es, die den Einsatz einer zum Äußersten entschlossenen Avantgarde erforderlich mache. Dem Problem, „an die Arbeiter heranzukommen", das so viele deutsche Revolutionswillige währenddessen in

---

[12] Reimann, Kunzelmann, S. 300.
[13] Koenen, Vesper, Ensslin, Baader, S. 254.

direktem Kontakt mit italienischen Genossen diskutierten, wich Meinhof dabei mit dem Verweis auf den „Primat der Praxis" aus.

Dennoch war die RAF auch weiterhin gezwungen, die eigenen strategischen Festlegungen in Auseinandersetzung mit den konkurrierenden Angeboten vorzunehmen, die aus Italien und in geringerem Maße auch aus Frankreich in die Bundesrepublik kamen. Das galt umso mehr, als der Schulterschluss mit den anderen militanten Gruppen der frühen 70er Jahre, die ab 1972 unter dem Namen Bewegung 2. Juni operierten, an persönlichen und strategischen Differenzen gescheitert war. Damit besaß die Baader-Truppe von Anfang an eine bewegungsinterne Konkurrenz, die insofern transnationale Züge trug, als die theoretisch nicht sonderlich interessierte Bewegung 2. Juni stets für mehr Volksnähe nach dem Vorbild italienischer Genossen eintrat – beispielsweise, wenn sie einen Anschlag auf einen Westberliner Betrieb durchführte, der die Entlassung einer größeren Zahl von Mitarbeitern plante. Beide Gruppen, die Bewegung 2. Juni als auch die RAF, profitierten jedoch von den Radikalisierungstendenzen, die in der Folge von der militanten Hausbesetzerszene ausgingen, wo in mehreren deutschen Großstädten Mitglieder der militanten italienischen Gruppen Potere Operaio und Lotta Continua die deutschen Genossen zu harten Konfrontationen mit der Polizei gedrängt hatten.

Letztlich aber entzog sich die RAF der Suche nach dem revolutionären Subjekt sowohl inner- als auch außerhalb der Fabrikhallen, indem sie primär auf Mitleidskampagnen setzte, um Sympathisanten zu mobilisieren – Kampagnen, die vor dem Hintergrund der deutschen Vergangenheit auch, und wie gesehen *vor allem* im Ausland einen „ungeheuren suggestiven Sog" entfalteten.[14] Praktisch wurde diese Strategie in den Hungerstreiks der inhaftierten Gruppenmitglieder greifbar, theoretisch in dem Versuch der Kader, mit Hilfe ihrer Anwälte „die richtlinienfunktion stammheims rauszuarbeiten".[15]

Diese Tendenz zur Selbstviktimisierung blieb den italienischen Terroristen lange fremd, auch wenn mit steigendem Verfolgungsdruck auch im Süden das Thema ‚Repression' in seinen unterschiedlichen Facetten wichtiger wurde. Ende 1974 schrieb der kurz zuvor festgenommene Renato Curcio in einem privaten Brief aus der Haft: „Was mir passiert ist, ist keine Tragödie, sondern eine einigermaßen unvermeidliche Etappe im Leben eines jeden, der in dieser Gesellschaft für die Freiheit kämpft. (...) Das Gefängnis war für Kommunisten nie eine Tragödie. Eine Tragödie ist das Regime der Ausbeutung und der Unterdrückung, dem die Mehrheit des Volkes immer gewaltsamer unterworfen wird (...) und die Wiederkehr des faschistischen Terrorismus, der Tote ohne Ende

---

[14] Koenen, Jahrzehnt, S. 400.
[15] HIS-Archiv, RA 02 / 048,003, „ein paar grundsätzliche bestimmungen zur prozeßstrategie und den anwälten", o.D.

sät."¹⁶ Tatsächlich suchten und fanden die *brigatisti* ihre Themen lange Zeit in der Tradition des ‚roten Widerstands'. Angesichts der fortdauernden Präsenz rechter Gewalt im Land – im Sommer 1974 hatte es erneut 12 Tote und viermal so viele Verletzte infolge der Explosion einer von Neofaschisten in einem Schnellzug gelegten Bombe gegeben – drückte sich ihre Militanz eher in antifaschistischen Racheakten und Triumphgesten wie den ‚Blitzentführungen' verhasster *missini* sowie einer betonten Nähe zu den Leiden des ‚Volkes' aus, statt zu viel Aufhebens um die eigene Befindlichkeit zu machen. Bezeichnenderweise verzichtete die Führungsriege der Roten Brigaden mit der Begründung, der Revolution könne man nicht den Prozess machen, in den großen Turiner Terroristenverfahren der zweiten Hälfte der 70er Jahre prinzipiell auf den Beistand eines Anwalts und verteidigte sich selbst.

Trotz dieser evidenten Unterschiede zu den deutschen Genossen waren im Laufe der 70er Jahre „Angleichungstendenzen" zwischen BR und RAF zu beobachten, die in der Forschung auch aufgrund der Ausblendung der Interaktion der beiden Gruppen bislang unterschätzt worden sind.¹⁷ Aufgrund der Tatsache, dass es den ursprünglich genuin operaistisch argumentierenden und entsprechend ausschließlich im Kosmos ‚Fabrik' agierenden Italienern ebenfalls nicht gelingen wollte, das Proletariat in den bewaffneten Aufstand zu treiben, näherten sie sich nach der Proklamation des „Angriffs auf das Herz des Staates" sowohl den in der Bundesrepublik bereits erprobten terroristischen Praktiken als auch den mitgelieferten Begründungen an: In der Repression der Stadtguerilla selbst lag jetzt der Beweis für den mörderischen Charakter des Staats und damit – so der Zirkelschluss – die Rechtfertigung für den Kampf zugleich. Diese Entwicklungstendenz war insofern kein Zufall, als die BR unter dem Einfluss von Feltrinelli schon früh die Nähe zur RAF gesucht hatten, um sich „ein wenig europäisch, international" zu fühlen.¹⁸ Noch wichtiger war vielleicht, dass sie sich ebenso wie die Deutschen von Anfang an am Voluntarismus eines Che Guevara und am Terrorismus eines Carlos Marighella orientiert hatten. Die Tradition des militanten Antifaschismus der Jahre 1944/45, die die eine ‚Seele' der Gruppe bildete, erfuhr damit eine folgenschwere Neubearbeitung mit großem Eskalationspotential. Mit der Sossi-Entführung wurde letztlich das Szenario der proletarischen Abrechnung mit dem faschistischen Volksfeind in der modernen Mediengesellschaft noch einmal nachgespielt, wobei die öffentliche Verkündung des ‚Todesurteils' für den Gefangenen Teil der Inszenierung war. Hinter das Gewaltniveau solcher Aktionen, die stets mit starken Bildern arbeiteten, konnten die BR letztlich nicht mehr zurück. Dass der demonstrative Antifaschismus allerdings weit mehr den Erfordernissen der Selbstlegitimie-

---

¹⁶ Zitiert in: Tessandori, BR, S. 237.
¹⁷ Jansen, Brigate Rosse und Rote Armee Fraktion, S. 498.
¹⁸ Franceschini, Herz, S. 63.

rung als einer wirklichen ‚Haltung' entsprang, bewies spätestens der Umstand, dass mit Fulvio Croce und Carlo Casalegno beide BR-Opfer des Jahres 1977 während der deutschen Besatzungszeit Männer der Resistenza gewesen waren.

Tatsächlich interpretierten nicht die selbsternannten neuen Partisanen, sondern Enrico Berlinguer und seine Parteigänger die Bedürfnisse des ganz überwiegenden Teils der ‚Massen' richtig, indem sie den PCI im Zeichen des ‚Historischen Kompromisses' weiter in die politische Mitte führten. Durch aufsehenerregende Coups wie die Geiselnahme von Mario Sossi konnten die BR aber weiterhin Sympathien wecken, die innerhalb der italienischen ‚Szene' nicht, wie in der Bundesrepublik, nur „klammheimlich", sondern durchaus vielstimmig und offen geäußert wurden. Vielen wirklichen und ‚gefühlten' Verlierern der durchaus schmerzhaften, immer wieder zum Stillstand gebrachten und keineswegs alle Bereiche der italienischen Gesellschaft gleichermaßen erfassenden Modernisierung des Landes erschien der Kurs des PCI als Verrat an den alten Idealen sowie den nach wie vor im kommunistischen Milieu beliebten Revolutionsgesängen und roten Fahnen. Tatsächlich empfanden führende Kommunisten trotz der de facto längst vollzogenen Eingliederung ihrer Partei ins parlamentarische System den Vorwurf der radikalen Linken, sie seien auf dem Weg der Sozialdemokratisierung, als Beleidigung, die sie glaubten, weit von sich weisen zu müssen. Noch schärfer aber wehrten sie sich dagegen, die Männer und Frauen mit gezogener P38 als ungeliebte Verwandte im eigenen Familienalbum zu betrachten, wie es Rossana Rossanda tat. In jedem Falle geriet der PCI im Sog der ‚Regierungen der nationalen Solidarität' seit 1976 in den Ruch der ‚*law-and-order*-Partei' und damit in einen zunehmenden Gegensatz zu der „seltsamen" Protestbewegung, als die der *movimento '77* in die italienischen Geschichtsbücher eingehen sollte. Denn für die radikalsten Strömungen dieser heterogenen Bewegung war die ersehnte Revolution nach wie vor notwendig mit Gewalt verbunden. Dass diese zur Zerstörung eines hassenswerten Systems gerechtfertigt war, hatte allen voran Toni Negri immer wieder gepredigt, dass sie möglich war, hatten die Brigate Rosse längst vorgemacht. Nicht wenige ‚77er' ergaben sich der Gewalt in einer ‚autonomen' Form, die der Organisation oder jedenfalls den Zwängen einer rigiden Ideologie enthoben war: Die sogenannte „nebulosa terroristica", die neben und in Konkurrenz mit den Brigate Rosse weitgehend ohne den Umweg über Marx und Lenin Gewalt als subjektive Katharsis propagierte und auslebte, machte die Revolution zu einer Frage der individuellen Befreiung möglichst vieler Subjekte. Andere Desperados suchten die Nähe zu den Roten Brigaden, die ganz anders als zeitgleich die RAF in dieser Phase denn auch mehr Probleme damit hatten, angesichts des Zustroms der Beitrittswilligen die theoretischen wie praktischen Standards der Organisation aufrechtzuerhalten, als dass sie sich um deren Bestand sorgen mussten. Mario Moretti, derjenige Rotbrigadist, der nach der Inhaftierung Renato Curcios und Alberto Franceschinis zum starken Mann der Gruppe avanciert war, interpretierte die Situation jedenfalls vorrangig als Herausforderung, gegenüber der bewegungsinternen Konkurrenz den Mythos der ‚harten‘, linientreuen Kadertruppe zu wahren. In diesem Sinne war die Moro-Entführung als Bravourstück zur Sicherung des nationalen, aber eben auch internationalen Avantgarde-Anspruchs der Organisation gedacht. Das internationale Prestige, das der Gruppe im Übrigen auch durch den demonstrativen Schulterschluss mit der RAF erwuchs, bedeutete eben auch auf nationaler Ebene ein Alleinstellungsmerkmal.

Die große Mehrheit der italienischen Gesellschaft – einschließlich der bisher schwankenden Intellektuellen – wandte sich dagegen angesichts der weiter ausufernden Zahl von Toten und Verletzten endgültig von den Gewalttätern ab,[19] so dass das ‚Rote Jahrzehnt‘ auch in Italien nach 1978 unaufhaltsam zu Ende ging. Vielleicht noch wichtiger als die Erschießung der fünf Leibwächter Moros mag für die gesellschaftliche Isolierung der BR die des kommunistischen Gewerkschafters Guido Rossa ein Jahr später gewesen sein – in beiden Fällen Morde, deren Opfer nicht in das Schema des Klassenfeindes passen wollten und somit auch gegen die von den Tätern selbstgesetzten Grundsätze proletarischer Moral verstießen. Es ist bezeichnend, dass sich der militärische Triumph der Moro-Entführung nicht in politisches Kapital ummünzen ließ, sondern die Unsicherheit über die zukünftige Strategie zur Spaltung der Gruppe führte. Gleichzeitig spielte bei der neuen Perspektivlosigkeit eine Rolle, dass „die Entführungs-Tragödie des Jahrhunderts"[20] auch als Medienereignis kaum mehr zu überbieten war. Parallel drehte sich innerhalb der Arbeiterschaft zu Beginn der achtziger Jahre endgültig der Wind: Die Großdemonstration vom Oktober 1980 in Turin, bei der 40 000 Beschäftigte von FIAT *gegen* den von den Gewerkschaften ausgerufenen und von Berlinguer unterstützten Proteststreik gegen die drastischen Entlassungs- und Umstrukturierungspläne von Firmenchef Giovanni Agnelli auf die Straße gingen, war als Kontrapunkt zum ‚Heißen Herbst‘ von 1969 an Symbolkraft kaum zu übertreffen.[21]

Der Verlust jeglicher Kontakte zur alten Basis, der Fabrik, war gleichzeitig Ursache und Folge der Entpolitisierung und moralischen Degenerierung der BR, die in den Rachemorden an sogenannten Verrätern der späten 70er und frühen 80er Jahre gipfelten, bei denen sich die Tatbegründungen endgültig mafiösen Mustern annäherten. „Ein Bruder ist ebenso gut wie der andere", kommentierte die Organisation die ‚Hinrichtung‘ Roberto Pecis, dessen Bruder

---

[19] Wie erwähnt, forderte der Linksterrorismus nach Moro noch weit über hundert Todesopfer.
[20] „Italien: Bachab in Richtung Bangladesch?", in: Der Spiegel 20/15.5.1978, S. 140–150, hier S. 140.
[21] Vgl. Ginsborg, Storia d'Italia, S. 540–545: „La fine di un'epoca".

Patrizio der erste und aus BR-Perspektive gefährlichste *pentito* war.[22] Das Phänomen des *pentitismo* und die damit zusammenhängende gewachsene Effizienz der Fahnder versetzten den Roten Brigaden Schläge, von denen sie sich nicht mehr erholen sollten. Der in den 80er Jahren mit Gleichgesinnten in Frankreich und der Bundesrepublik angebahnte ‚Euroterrorismus' ist denn auch als Symptom der fortschreitenden Isolation der terroristischen Gruppierungen innerhalb Italiens zu sehen. Er wurzelte allerdings in der zuvor etablierten, grenzübergreifenden Kultur des Hasses auf das vermeintlich mörderische System, dessen Opfer ganz im Sinne des proletarischen Internationalismus ‚allen' gehörten.

Tatsächlich hatte der Kitt, der die „transnational subcultures of violence" zusammenhielt,[23] von Anfang an zu einem gewichtigen Teil in einem gemeinsamen Märtyrerkult bestanden. Vor 1977 wurden vor allem Holger Meins und Ulrike Meinhof, aber auch schon Rudi Dutschke, Giuseppe Pinelli und Giangiacomo Feltrinelli – so unterschiedlich gelagert die einzelnen Fälle auch jeweils waren – grenzübergreifend zu immer wieder beschworenen Chiffren des vermeintlichen kapitalistischen Unrechtsstaates, über die sich antisystemische Gewalt rechtfertigen ließ. In der Schweiz und in Frankreich legten sie für entsprechend disponierte Gruppen die Unterstützung der deutschen und italienischen Genossen nahe.

Das Feindbild BRD und die Beschwörung der Germanisierungsgefahr. Trotz der agonalen Elemente im Verhältnis von RAF und Roten Brigaden erschöpfte sich die Beziehung der beiden bekanntesten linksterroristischen Gruppierungen entsprechend auch nicht im Gegeneinander „feindlicher Konkurrenten". Die unzweifelhaft vorhandenen Unterschiede zwischen den Organisationen – die im Übrigen nicht übertrieben werden sollten und zudem einer zeitlichen Differenzierung bedürfen – hinderten weder die Gruppenmitglieder selbst noch ihre transnational vernetzten Unterstützer daran, ihren Genossen in praktischer, logistischer und moralischer Hinsicht Hilfe zu leisten. Schließlich befand man sich im Kampf gegen einen gemeinsamen, zum absoluten Bösen stilisierten Gegner.

In vielerlei Hinsicht im Zentrum des Hasses blieb dabei gerade in transnationaler Perspektive die Bundesrepublik als Nachfolgestaat des ‚Dritten Reiches' und vermeintlicher Statthalter des US-Imperialismus in Europa, wobei sich eine dynamische Wechselwirkung von Vergangenheitspolitik und terroristischer Mobilisierung ergab. Legale und illegale Aktivitäten waren eng aufeinander bezogen, wenn Anwälte und Mitglieder der ‚Anti-Folter-Komitees' die Stuttgarter Gefangenen der RAF in deren Auftrag zu Opfern einer teuflischen „sensori-

---

[22] Giorgio Guidelli, Operazione Peci. Storia di un sequestro mediatico, Urbino 2005, S. 67.
[23] Gerwarth/Haupt, Introduction, S. 276.

schen Deprivation" und zu Insassen wieder aufgelegter deutscher Konzentrationslager stilisierten – ein Bild, das aufgrund der spezifischen Prägung der italienischen Erinnerungskultur auch über die linken Subkulturen hinaus breite mediale Resonanz fand. Vor dem Hintergrund des aus der Vergangenheit resultierenden anti-deutschen Vorbehalts erscheinen denn auch die mit Beginn des Stammheimer Verfahrens im Jahre 1975 aufgenommenen Anstrengungen der Bundesregierung, durch eigene PR-Maßnahmen die Propaganda-Botschaften der Gegenseite in der internationalen Öffentlichkeit zu überschreiben, als einigermaßen aussichtsloses Unterfangen.

Es ist bemerkenswert und wahrscheinlich nur aus der antifaschistischen Kultur Italiens heraus zu erklären, dass die ‚Repression' in italienischer Gestalt für viele radikale Linke erst als Ergebnis einer ‚Germanisierung' wirklichen Schrecken zu entfalten schien – einschließlich der Etikettierung italienischer Hochsicherheitsgefängnisse als Konzentrationslager. Immer wieder tauchten in den zusehends abstrakter und umfangreicher werdenden BR-Strategiepapieren der zweiten Hälfte der 70er Jahre Invektiven auf, die direkt gegen die Bundesrepublik und insbesondere die deutsche Sozialdemokratie gerichtet waren, die im Begriff seien, ihr autoritäres Politikmodell auch dem übrigen Europa aufzuzwingen. Ihren Höhepunkt erreichte diese Entwicklung im Winter 1977/78, als in den Strategiepapieren, welche die Moro-Entführung vorbereiteten, der deutschen Politik und dem Widerstand der RAF Dutzende von Seiten gewidmet waren. Als veritable Eskalationsstufe müssen in diesem Zusammenhang vor allem die Reaktionen auf den Tod der ersten RAF-‚Generation' in Stuttgart-Stammheim ernstgenommen und als solche in die Geschichte des italienischen Linksterrorismus ebenso mit eingeschrieben werden wie in die Geschichte der deutsch-italienischen Beziehungen insgesamt.

Tatsächlich korrespondierte die Beschwörung des deutschen Ungeists durch die BR mit einem Revival des Feindbildes BRD auf der Linken insgesamt. Auch im Umfeld des PCI drohte es den traditionellen Antiamerikanismus zusehends zu überdecken.[24] Die vertraute Figur des bösen Deutschen, der Italien angeblich ökonomisch, politisch und in Fragen der Inneren Sicherheit kolonisieren wollte, trug diesmal die unverwechselbaren Züge Helmut Schmidts.[25] Jenseits der politisch induzierten Dämonisierung des Kanzlers durch interessierte Kreise auf beiden Seiten der Alpen steckte in diesem Feindbild insofern ein wahrer

---

[24] Zum Antiamerikanismus im Italien der Nachkriegszeit vgl. David W. Ellwood, Italien oder die Zähmung der amerikanischen Moderne, in: Jan C. Behrends/Arpad von Klimó/Patrice G. Poutrus (Hg.), Antiamerikanismus im 20. Jahrhundert. Studien zu Ost- und Westeuropa, Bonn 2005, S. 290–318.
[25] Vgl. zur Tradition der italienischen Germanophobie Enzo Collotti, I Tedeschi, in: Mario Isnenghi, I luoghi della memoria, Bd. III: Personaggi e dati dell´Italia unita, Rom/Bari 1997, S. 65–86.

Kern, als dass Schmidt parallel zur Vergabe hoher Staatskredite an Italien dezidiert gegen eine Regierungsbeteiligung der Kommunisten polemisierte und – in unserem Zusammenhang noch wichtiger – sich auch ganz persönlich für eine Internationalisierung der Terrorismusbekämpfung stark machte, etwa hinsichtlich der Auslieferung flüchtiger Täter in ihre jeweiligen Heimatländer. Die deutsche Politik wurde damit potentiell auch italienischen Straftätern gefährlich, von denen nicht wenige im Ausland – vor allem in Frankreich und der Schweiz – dauerhaft oder vorübergehend Unterschlupf gefunden hatten.

Dass es eine *germanizzazione* in der Terrorismusbekämpfung wie in der politischen Kultur insgesamt zu vermeiden gelte, darin waren sich jedenfalls auch auf der gemäßigten Linken viele einig, auch wenn selten genau definiert wurde, was darunter eigentlich zu verstehen war. Immerhin wurde die *classe dirigente* des eigenen Landes in den betreffenden Jahren nicht nur mehrfach von beispiellosen Korruptionsskandalen erschüttert: Teile der Geheimdienste mit Verbindungen in die Staatsspitze hatten sich bis in die frühen 70er Jahre hinein selbst in terroristische, auf die demokratische Substanz der Republik zielende und größtenteils nie gesühnte Aktivitäten verwickeln lassen[26] – von der ständigen Präsenz des italienischen Neofaschismus im Parlament und auf der Straße ganz zu schweigen.

Manche linke Intellektuelle jedenfalls entwickelten aus einer „Kultur des Verdachts" (Petersen) gegenüber allem Deutschen das Argument, dass die linksterroristische Herausforderung der Bundesregierung lediglich einen Vorwand für einen aus ganz anderen Motiven verfolgten Umbau von Staat und Gesellschaft nach autoritärem Muster liefere. Gewalt, so schien man hier überzeugt zu sein, konnte nur vom (deutschen) Staat selbst ausgehen – so als sei der Angriff ‚auf das Herz des Staates' nur zu verurteilen, weil er eine Gefahr für das linke Projekt darstelle, nicht aber, weil er Menschen aus Fleisch und Blut das Leben kostete.

Tatsächlich waren im europäischen Vergleich auf der appenninischen Halbinsel die Vorbehalte gegen den deutschen Kurs in Fragen der Inneren Sicherheit besonders groß: In Verbindung mit den Folgen des im August 1977 durch die Flucht des Kriegsverbrechers Herbert Kappler aus einem römischen Militärkrankenhaus ausgelösten Skandals kann man von einem veritablen ‚Deutschen Herbst in Italien' sprechen, der eine Welle antideutscher Gefühle freisetzte. Dabei entsprach dem südlich der Alpen verbreiteten, braun eingefärbten Bild der Bundesrepublik in vielen deutschen Zeitungskommentaren wiederum der Eindruck einer italienischen Gesellschaft, die vollständig in Anarchie und Gewalt zu versinken drohte.

---

[26] Franzinelli, Linea nera. Franzinelli negiert die Existenz einer zentral koordinierten, kohärenten „Strategie" hinter den verschiedenen Massakern, verweist jedoch auf die Konvergenz der Ziele der jeweiligen Drahtzieher.

Terrorismusbekämpfung und deutsche Vergangenheit. Verglichen mit dem deutsch-britischen oder auch dem deutsch-französischen Verhältnis verlief das Jahr 1977, „annus terribilis" der deutsch-italienischen Beziehungen, auch auf Regierungsebene nicht störungsfrei. Die Tatsache, dass die entführte ‚Landshut' den römischen Flughafen Fiumicino unbehelligt hatte verlassen dürfen, irritierte den deutschen Bundeskanzler ebenso wie eine „gewisse Nachgiebigkeit" der Terrorismusbekämpfung, die er in der Amtsführung des Duos Andreotti/Cossiga zu verspüren glaubte.[27] Erst erheblich später sollte Schmidt der italienischen Regierung angesichts der Überwindung einer linksterroristischen Bedrohung, die weit zerstörische Ausmaße angenommen hatte als in der Bundesrepublik, offen seinen Respekt zollen. Gleichwohl gilt, dass man den Grad deutsch-italienischer Uneinigkeit auf Regierungsebene auch schon zuvor nicht überschätzen sollte: Letztlich teilten Schmidt und Andreotti sowohl das Ziel, eine Regierungsbeteiligung des PCI zu verhindern als auch, eine verstärkte Zusammenarbeit im Bereich der Inneren Sicherheit zu realisieren – eine Tatsache, welche die italienische Seite allerdings in der Öffentlichkeit wohlweislich nicht an die große Glocke hängte.

Die sozialliberale Koalition kämpfte im Zusammenhang mit ihrer Anti-Terror-Politik jedenfalls an vielen Fronten. In der Bundesrepublik wurde sie durch die Union, die in der Opposition naturgemäß ohne außenpolitische Rücksichten agieren konnte, mit ihren Rufen nach immer härteren gesetzgeberischen Maßnahmen und undifferenzierter Polemik gegen vermeintliche ‚Sympathisanten' und ‚Verharmloser' des Terrorismus unter Druck gesetzt, während auf der Linken die Kritik am sozialdemokratischen „Polizei- und Überwachungsstaat" und dem autoritären Habitus des Kanzlers wuchs – ein Dilemma mit langfristigen Folgen für die Neuen Sozialen Bewegungen: „Indem die Sozialdemokraten versuchten, Teile der vermeintlich gesellschaftlich vorherrschenden konservativen Konzeptionen auf dem Gebiet der Inneren Sicherheit zu adaptieren, grenzten sie viele mündige Bürger aus, die nun ihr Feld politischer Betätigung außerhalb der Parteien in Bürgerinitiativen suchten".[28] Die Kritik der international gut vernetzten und interessierten „mündigen Bürger" stand dabei, so ist zu vermuten, mit dem Misstrauen des Auslands gegenüber der deutschen Politik in einem dialektischen Verhältnis. Gezielt geschürt hatten es vor allem die Verteidiger der inhaftierten RAF-Mitglieder durch ihre gezielten Kampagnen. Erheblich zu dieser Situation beigetragen hatte aber auch die Bundesregierung selbst durch das ebenso verhängnisvolle wie überflüssige Signal

---

[27] Schmidt, Deutsche, S. 307–309.
[28] Nicolas Büchse, Von Staatsbürgern und Protestbürgern. Der Deutsche Herbst und die Veränderung der politischen Kultur in der Bundesrepublik, in: Knoch, Bürgersinn und Weltgefühl, S. 311–332, hier S. 332.

des sogenannten ‚Radikalenerlasses' von 1972, der unlängst gar als Symptom eines deutschen Sonderwegs der „Entliberalisierung" interpretiert worden ist.[29]

Generell ist zu betonen, dass mit der kritischen Untersuchung der Auslandswahrnehmung des bundesdeutschen Terrorismus und seiner Bekämpfung keineswegs eine pauschale historische Rehabilitierung der deutschen Anti-Terrorismus-Maßnahmen oder gar der sozialliberalen Politik jener Jahre insgesamt intendiert ist. Wohl aber ist sie ein Plädoyer für die Berücksichtigung konkreter Handlungsspielräume bei der historischen Urteilsbildung sowie eine Fallstudie über die bis heute keineswegs gebannten Gefährdungen einer durch den Terrorismus herausgeforderten Demokratie. So steht der Name ‚Peter Urbach' stellvertretend für politisch vertuschte Fehlleistungen auch der westdeutschen Geheimdienste, die klar als solche benannt werden sollten. Bedenklich stimmen muss auch die fortgesetzte Weigerung der Verantwortlichen, der Forschung uneingeschränkt Zugang zu den Akten des ‚Deutschen Herbstes' zu ermöglichen, so dass beispielsweise die bestehenden Verdachtsmomente hinsichtlich ungesetzlicher Abhörpraktiken während der ‚Todesnacht von Stammheim' weder bestätigt noch zerstreut werden können. Gleichzeitig ist allerdings nicht von der Hand zu weisen, dass das Echo des deutschen Terrorismusproblems im Ausland nicht zuletzt auch eine Geschichte politischer Instrumentalisierungen und irrationaler Ängste war, die zeitweise mehr mit den innenpolitischen Verwerfungen innerhalb der jeweiligen Länder zu tun hatte als mit dem Geschehen in der Bundesrepublik selbst. Die Einschätzung des ‚Deutschen Herbstes' als Herbst der deutschen Demokratie entsprang einer glatten Fehlperzeption, die von den erklärten Feinden derselben intendiert war und entsprechend begrüßt wurde. Was die Bundesregierung selbst anging, so erwies sie sich für die Gefahren einer Wiederkehr des Bildes vom ‚hässlichen Deutschen' zwar durchaus als sensibel, war gleichzeitig aber fest entschlossen, sich durch das Gespenst des nationalsozialistischen ‚Maßnahmenstaates' nicht in der eigenen Handlungsfähigkeit beschneiden zu lassen. Angesichts der erfolgreichen Kooperation des Kanzlers und seines Stabes mit den Regierungen der Nachbarländer ist die Geschichte des ‚Deutschen Herbstes in Europa' in gewisser Hinsicht auch eine Geschichte vom Ende der vergangenheitspolitischen Erpressbarkeit der Bundesrepublik.

Dennoch: Gerade angesichts der in den siebziger Jahren noch lange nicht mehrheitlich ‚angenommenen', geschweige denn ‚abgetragenen' Hypothek der Vergangenheit darf die zeitgenössische Sorge vieler Bundesbürger um die Offenheit des gesellschaftlichen Klimas und die Wahrung liberaler Prinzipien in Strafverfahren und Strafvollzug – eine Sorge, die im Übrigen auch Ergebnis der parteipolitischen Instrumentalisierung des Themas durch die Union war

---

[29] Rigoll, Staatsschutz.

– keinesfalls leichtfertig ironisiert oder gar mit ‚Sympathisantentum' gleichgesetzt werden. Ganz im Gegenteil waren solche Stimmen ein wichtiges Korrektiv einer mehrheitlich auf ‚hartes Durchgreifen' bestehenden Mehrheitsmeinung, die durchaus noch Relikte ‚braunen' Gedankenguts an die Oberfläche spülte. Auch wer sein Unbehagen angesichts der ‚gefühlten' Entliberalisierung der Bundesrepublik ins Ausland trug, ist selbstverständlich nicht pauschal als ‚Nestbeschmutzer' zu kategorisieren, wie dies zeitgenössisch nicht selten der Fall war. Allerdings ließen die gezielte Instrumentalisierung solcher Gefühle und Bedenken durch die Unterstützerszene sowie die hohe Polarisierung der Debatte im Sinne holzschnittartiger Freund-Feind-Kategorien wenig Raum für eine differenzierte Staats- und Gesellschaftskritik. Der prekäre Status, aber auch die politische Naivität, die viele linke Kritiker in ihrer Suche nach einem ‚dritten Weg' rechts von der RAF und links vom kapitalistischen Staat auszeichneten, wird vielleicht am ehesten im 3. Internationalen Russell-Tribunal deutlich, das linke Intellektuelle des In- und Auslandes 1978/79 gegen die Bundesrepublik anstrengten.[30] Das Tribunal kann als die letzte große Manifestation linker europäischer Besorgnis angesichts ‚repressiver' oder gar ‚faschistoider' Tendenzen der deutschen Politik in den siebziger Jahren gelten. Obwohl die Organisatoren sich unterm Strich erfolgreich gegen die hartnäckigen, unter anderem von Klaus Croissant betriebenen Versuche der Vereinnahmung der Veranstaltung durch die Unterstützerszene wehrten und immer wieder darauf hinwiesen, dass mit dem Tribunal nicht eine Gleichsetzung der Bundesrepublik mit autoritären Regimen, sondern lediglich eine Warnung vor den potentiellen Gefährdungen der Demokratie in schwierigen Zeiten intendiert sei, kann das Unternehmen angesichts des insgesamt geringen Echos besonders im europäischen Ausland als weitgehend gescheitert gelten. Bezeichnend ist auch die hohe Zahl der „aus Krankheitsgründen" oder „aufgrund anderer dringender Verpflichtungen" nicht anwesender Auslandsvertreter gerade in der zweiten Verhandlungsperiode.[31] Die Gründe für den geringen Erfolg lagen wohl ebenso sehr in den inneren Widersprüchen des Projekts wie an den inzwischen fehlenden transnationalen Resonanzräumen. Die Vertreter des

---

[30] Vgl. 3. Internationales Russell-Tribunal. Zur Situation der Menschenrechte in der Bundesrepublik Deutschland, Bd. 1–4, hg. v. Deutschen Beirat und Sekretariat des 3. Internationalen Russell-Tribunals, Berlin 1978/79. Für die Terrorismus-Problematik ist vor allem der vierte Band relevant, in dem es um die Einschränkung von Verteidigerrechten und die Arbeitsweise des Verfassungsschutzes ging. Trotz des massiven Drucks interessierter Kreise waren die Haftbedingungen der inhaftierten Terroristen ebenso wenig Gegenstand der Verhandlungen wie die Mordvorwürfe nach dem Tod Baaders, Ensslins und Raspes. Vgl. auch Steffen, Trüffelschwein, S. 211–216 sowie vor allem März, Protest, S. 245–318.
[31] Vgl. 3. Internationales Russell-Tribunal, Bd. 4, S. 7f.

offiziellen Bonn als den offiziellen Adressaten des Tribunals übten sich schlicht in Kommunikationsverweigerung.

„Moralisches Negativkapital" und Schuldabwehr. Schob sich die Erinnerung an die Vergangenheit des ‚Dritten Reiches' immer wieder wie ein dunkler Filter vor die Wahrnehmung staatlichen Handelns und gesellschaftlicher Verhältnisse in der Bundesrepublik, so galt das durchaus auch für die RAF selbst. So fühlte sich sogar ein französischer Sympathisant der Gruppe angesichts des vor laufenden Fernsehkameras verübten Mordes am Stockholmer Botschaftsrat Heinz Hillegaart vom 24. April 1975 an den historischen Faschismus erinnert: „Wie kann man, mit einer linken Begründung, eine Hinrichtung inszenieren? Ausgerechnet eine öffentliche Hinrichtung, weltweit das Synonym für faschistische Brutalität".[32] Auch Valerio Morucci assoziierte zehn Jahre später die Ermordung des MTU-Managers Ernst Zimmermann durch Mitglieder der dritten RAF-‚Generation' mit der deutschen Geschichte. Seine Roten Brigaden, so Morucci, hätten eine solche Aktion „nie fertiggebracht. Jemanden vor der eigenen Frau zu fesseln und dann zu erschießen, das ist für mich Nazismus."[33] So wie Beobachter im In- und Ausland die Fotos des ausgezehrten Leichnams von Holger Meins mit den gemarterten Körpern von Insassen nationalsozialistischer Lager in Verbindung gebracht hatten, so schlugen die deutschen Jahrhundertverbrechen potentiell auch auf das Bild der Terroristen selbst zurück – jedenfalls dann, wenn ihre Taten in den Fokus rückten.

In diesem Zusammenhang ist an die vieldiskutierte Darstellung des Baader-Meinhof-Terrorismus zu erinnern, die die britische Journalistin Jillian Becker unmittelbar vor der Entführung Hanns Martin Schleyers veröffentlichte. Das Werk mit dem Titel „Hitler´s Children" wurde nicht nur sofort ins Deutsche, sondern in der Folge in sieben weitere Sprachen übersetzt.[34] Die zentrale These des Buches lief auf die Existenz einer, wie es Stephan Scheiper zusammenfasst, „unheiligen Allianz zwischen links- und rechtsextremen Denkkategorien" hinaus, die den geheimen Motor des RAF-Fundamentalismus ausmache.[35]

Ähnliches war 1986 aus dem Munde Valerio Moruccis zu hören: Schon immer habe sich die RAF „als Vertreter der deutsch-nationalistischen Seele gefühlt", die gegen alle antrete, „die dem deutschen Volk nicht die Freiheit

---

[32] Zitiert in: Meyer, Staatsfeind, S. 54.
[33] Morucci, Die RAF und wir, S. 114.
[34] Jillian Becker, Hitler´s Children. The Story of the Baader-Meinhof Terrorist Gang, Philadelphia/London 1977; dt. Übers.: Hitlers Kinder? Der Baader-Meinhof-Terrorismus, Frankfurt a.M. 1978.
[35] Stephan Scheiper, Traditionen des Terrors. Eine frühe britische Studie zur Roten Armee Fraktion (RAF), in: Zeithistorische Forschungen/Studies in Contemporary History, Online-Ausgabe 4/2007, H.1+2, URL: online unter http://www.zeithistorische-forschungen.de/16126041-Scheiper-2-2007 (6.10.2011).

gelassen hatten, sich selbst einen eigenen politischen Status zu geben".[36] Seine Komplizin Laura Braghetti wiederum nahm bei den deutschen *compagni* ein „dunkles Schuldgefühl aufgrund ihrer bürgerlichen Herkunft und der Geschichte ihres Landes" wahr.[37] Andererseits hatte sich die Selbststilisierung zu ‚besseren' und deshalb politisch verfolgten Deutschen wenn überhaupt gerade im Ausland verfangen: Erst die RAF, bestätigten die BR persönlich im November 1977 den deutschen Genossen, habe „dem deutschen Volk eine Identität und ein Herz zurückgegeben", nachdem zunächst der Nazismus und dann die Selbsterniedrigung der deutschen Bourgeoisie gegenüber den USA beide bis zur Unkenntlichkeit verzerrt hätten.[38]

Gerd Koenen hat die Mischung aus „authentischer Scham und Schuld" mit „Selbststilisierungen und schwüler Selbstfaszination" als typisches Lebensgefühl vieler Westdeutscher seiner Generation bezeichnet – ein sich aus dem negativen Mythos Auschwitz speisendes Gefühl von Bedeutung und Wichtigkeit, das als „felix culpa" gerade im Ausland zum Tragen gekommen sei. Als jüngerer, linker, antifaschistischer „neuer Deutscher", so Koenen, habe man gelernt, dass sich „gerade die Verbrechen und Feindschaften von gestern", denen man „so demonstrativ" abschwor, als „unsichtbares moralisches Negativkapital" erwiesen, „das unseren Status deutlich erhöhte".[39] Die Angehörigen der ersten ‚Generation' der RAF trieben dieses Lebensgefühl auf die Spitze und setzten es in eine mörderische Praxis um. Der Wunsch nach einer größtmöglichen Distanzierung vom ‚Deutsch-Sein', das auch der narzisstischen Kränkung entsprang, einer Verlierernation des Zweiten Weltkriegs anzugehören,[40] führte zu Angriffen auf Repräsentanten des ‚faschistoiden' Nachfolgestaats des ‚Dritten Reiches' ebenso wie zu einem Feldzug gegen die USA, bei denen man sich offenbar für die Brutalitäten des Vietnamkriegs wie für die Besetzung des besiegten Deutschland gleichermaßen rächen wollte. In Teilen der europäischen Öffentlichkeit erwuchs der RAF für solche Akte des „Widerstands" ein besonderes Prestige, weil man das negative Bild der Bundesrepublik letztlich teilte. Die entscheidende Schlüsselerfahrung hatten die ‚Kaufhausbrandstifter' in dieser Hinsicht bereits 1969/70 auf ihrer Flucht nach Italien gemacht, wo sie dank ihrer Tat und des dafür ergangenen Urteils zu Stars in der deutsch-italienischen Szene avancierten, denen auch prominente Intellektuelle ganz selbstverständlich ihre Türen öffneten.

Der innere Kern der RAF-Aktionen bestand jedoch nicht in einem nachholenden Antifaschismus, sondern in einem bereits von Jillian Becker konstatier-

---

[36] Morucci, Die RAF und wir, S. 110.
[37] Braghetti, Prigioniero, S. 107.
[38] Risoluzione della direzione strategica, S. 151.
[39] Koenen, Jahrzehnt, S. 97; 99.
[40] Vgl. für diese Deutung Hauser, Deutschland, Italien, Japan.

ten „Leidensneid". „Dieser Leidensneid", so die Britin, „war nicht die Annahme der Schuld, sondern deren Zurückweisung".[41] Entsprechend war auch der Internationalismus der RAF stets instrumenteller und rein deklaratorischer Art. Letztlich kreiste die Gruppe spätestens seit der Inhaftierung ihrer Vordenker in fast als autistisch zu bezeichnender Manier um sich selbst. Die gänzlich unzulässige Selbstidentifikation mit den Opfern der Nationalsozialisten, mit der die RAF-Kader um internationale Aufmerksamkeit und Bewunderung heischten, kulminierte mit dem von eigener Hand herbeigeführten, aber als Mord inszenierten Tod, mit dem die ‚Stammheimer' zynischer- aber nicht zufälligerweise ihren größten *publicity*-Erfolg auf europäischer ‚Bühne' errangen. Näher denn als Opfer eines ‚Staatsmords' in einem deutschen Gefängnis konnte man den Juden und Antifaschisten aus aller Herren Länder nicht kommen, die zwischen 1933 und 1945 von deutscher Hand umgebracht worden waren – tatsächlich aber waren die selbsternannten Rächer der deutschen Verbrechen mit ihrem „kollektiven Selbstmord im Bunker" einem „blinden Wiederholungszwang" erlegen.[42]

„Für uns war es ein Dogma: die deutschen Genossen waren von ihren Wächtern ermordet worden", erinnert sich Alberto Franceschini.[43] Erst während der Sinn- und Lebenskrise, in die der inhaftierte Rotbrigadist im Laufe des Jahres 1983 fiel, kam er im Zuge seiner Distanzierung vom bewaffneten Kampf zu der subjektiv schmerzlichen Einsicht: „Die Genossen von der RAF hatten sich umgebracht, weil ihnen klar geworden war, daß sie alles falsch gemacht hatten."[44]

---

[41] Becker, Hitlers Kinder?, S. 49f.
[42] Koenen, Jahrzehnt, S. 390.
[43] Franceschini, Herz, S. 161.
[44] Ebd., S. 170.

Abkürzungsverzeichnis

APO	Außerparlamentarische Opposition
BAW	Bundesanwaltschaft
BR	Brigate Rosse
CIDPPEO	Comité International de Défense des Prisonniers Politiques en Europe de l'Ouest
DC	Democrazia Cristiana
DP	Democrazia Proletaria
GAP	Gruppi di Azione Partigiana
GARI	Groupe d'action révolutionnaire internationaliste
GP	Gauche Prolétarienne
INFI	Internationales Nachrichten- und Forschungsinstitut
IUK	Internationale Untersuchungskommission
IVK	Internationales Komitee zur Verteidigung politischer Gefangener in Westeuropa
IZRU	Informationszentrum Rote Volksuniversität
LC	Lotta Continua
LI	Lavoro Illegale
MAJ	Mouvement d'Action Judiciaire
NAP	Nuclei Armati Proletari
PCI	Partito Comunista Italiano
PF	Proletarische Front
PFLP	Popular Front for the Liberation of Palestine
PL	Prima Linea
PO	Potere Operaio
PSI	Partito Socialista Italiano
PSIUP	Partito Socialista Italiano di Unità Proletaria
RAF	Rote Armee Fraktion
RK	Revolutionärer Kampf
SDS	Sozialistischer Deutscher Studentenbund
SPK	Sozialistisches Patientenkollektiv
TM	Tupamaros München
TW	Tupamaros Westberlin

Quellen und Literatur

Ungedruckte Quellen

Hamburger Institut für Sozialforschung
    Nachlass Rudi Dutschke; RAF-Sammlung ‚erste Generation' (Graue Literatur; RA 01; RA 02; Baader, Andreas; Ensslin, Gudrun; Grashof, Manfred; Heinrich, Brigitte; Jünschke, Klaus; Meinhof, Ulrike; Sonderkommission 01, 09).

Bundesarchiv Koblenz
    Bestand B 145 (Bundespresseamt), 8757, 9294, 9295, 9296, 9300, 9302.

Politisches Archiv des Auswärtigen Amtes, Berlin
    Zwischenarchiv B 5 106.479, 106.480, 106.481, 115.875, B 83 1006, B 26 203 110.228–110.235.

Archiv der Sozialen Demokratie der Friedrich-Ebert-Stiftung, Bonn
    Helmut-Schmidt-Archiv 6865, 7695, 10015, 10017, 10018, 10019

Archivio Centrale dello Stato, Rom
    Ministero dell'Interno, Gab. b. 71.

Istituto Gramsci, Rom
    Scatole Enzo Collotti, Lucio Lombardo-Radice, Christoph Schminck-Gustavus, Peter Schneider, Tribunale Russell

Fondazione Basso, Rom
    Fondo Lelio Basso, Serie 19, fasc. 28.

Archiv Peter Kammerer, Urbino
    Bestand „Initiativ- und Unterstützungskomitee zur Verteidigung der Bürgerrechte und der demokratischen Freiheiten in der Bundesrepublik Deutschland"

Hessisches Hauptstaatsarchiv, Wiesbaden
    Abt. 461, Nr. 34702.

Publizistische Quellen

Bundespresseamt Berlin
    Presseausschnittssammlung aus deutschen (und teilweise französischen und britischen) Tages- und Wochenzeitschriften; darin enthalten auch detaillierte Inhaltsangaben zeitgenössischer TV-Sendungen politischen Inhalts (Themen: Terrorismus; Beziehungen zu Italien; Beziehungen zu Frankreich).
    Die Datumsangabe der publizistischen Quellen, die mit dem Kürzel (bpa) versehen sind, entspricht dem Eingangsdatum des Materials im Bundespresseamt.

NDR Media GmbH
    „Im Brennpunkt" – Sendung vom 2.11.1977 (29 min.).

Zeitungen und Zeitschriften – Bundesrepublik Deutschland

Arbeiterkampf, berliner extradienst, BUG Info, Bayernkurier, Deutsche Zeitung, ID-Informationsdienst zur Verbreitung unterbliebener Nachrichten, Frankfurter Allgemeine Zeitung, Frankfurter Rundschau, konkret, Kursbuch, Pardon, Pflasterstrand, Rebell, Rheinischer Merkur, Rheinische Post, Der Spiegel, Stuttgarter Nachrichten, Stuttgarter Zeitung, Süddeutsche Zeitung, Der Tagesspiegel, Die Welt, Die Zeit

Zeitungen und Zeitschriften – Italien

ABC, Controinformazione, Corriere della Sera, L'Espresso, Lotta Continua, il manifesto, Il Messaggero, Nuova Resistenza, Il Popolo, Potere Operaio, la Repubblica, Rosso, La Sinistra, Il Secolo, La Stampa, Il Tempo, L´Unità, La Voce Repubblicana

Zeitungen und Zeitschriften – andere Länder

The Guardian, Neue Zürcher Zeitung, The Observer, The Times, Die Weltwoche, Le Monde, Le Nouvel Observateur, Libération

Gedruckte Quellen, Zeitgenössische Darstellungen und Erinnerungsliteratur

Action Directe, Kontinuität eines kommunistischen Projekts: Texte, o.O. 1984.

Akten zur Auswärtigen Politik der Bundesrepublik Deutschland 1977, 2 Bde., hg. im Auftrag des Auswärtigen Amts vom Institut für Zeitgeschichte, München 2008.

Amara, Emmanuel, Abbiamo ucciso Aldo Moro. Dopo 30 anni un protagonista esce dall'ombra, Rom 2008 [frz. Paris 2006].

Améry, Jean, Hand an sich legen. Diskurs über den Freitod, Stuttgart 1976.

Améry, Jean, Werke, Bd. 7: Aufsätze zur Politik und Zeitgeschichte, hg. v. Stephan Steiner, Stuttgart 2005.

Améry, Jean, Ausgewählte Briefe 1945–1978, hg. v. Gerhard Scheit, Stuttgart 2007.

Amnesty International's Work On Prison Conditions of Persons Suspected or Convicted of Politically Motivated Crimes in the Federal Republic of Germany: Isolation and Solitary Confinement, London 1980.

Andresen, Knud (Hg.), agit 883. Bewegung, Revolte, Underground in Westberlin 1969–1972, Hamburg 2006.

Antifascismo e partito armato. Intervista con G. B. Lazagna, in: Lazagna, Giovanbattista/Natoli, Aldo/Saraceni, Luigi, Antifascismo e partito armato, Genua 1979, S. 11–39.

Arnold, Jürgen/Schult, Peter, Ein Buch wird verboten. Bommi Baumann Dokumentation, München 1979.

Baader, Nina u. a. (Hg.), Der Prozess gegen die Rechtsanwälte Arndt Müller und Armin Newerla. Dokumentation, Stuttgart 1980.

Bakker Schut, Pieter (Hg.), das info. briefe von gefangenen aus der raf aus der diskussion 1973–1977, Hamburg 1987.

Balestrini, Nanni, Wir wollen alles! Roman der FIAT-Kämpfe, München 1971.

Balestrini, Nanni, Der Verleger, Hamburg 1992.

Balestrini, Nanni/Primo Moroni, Die Goldene Horde. Arbeiterautonomie, Jugendrevolte und bewaffneter Kampf in Italien, Berlin 2002.

Barbiellini Amidei, Gaspare, Responsabilità dei news media II, in: Affari Esteri 39 (1978), S. 423–434.

Baumann, Michael, Wie alles anfing, Frankfurt a.M. 1977.

Becker, Jillian, Hitler's Children. The Story of the Baader-Meinhof Terrorist Gang, Philadelphia/London 1977.

Bergmann, Uwe u. a., La ribellione degli studenti ovvero La nuova opposizione, Mailand 1968.

Berlinguer, Enrico, Soziale Bündnisse und politische Gruppierungen [Oktober 1973], in: Valenza, Pietro (Hg.), Der historische Kompromiß, Berlin 1976, S. 21–32.

Berlinguer, Enrico, Austerità. Occasione per trasformare l'Italia, Rom 1977.

Bertani, Giorgio, Nota dell'editore, in: RAF, guerilla nella metropoli, S. VII–XI.

Bianconi, Giovanni, Mi dichiaro prigioniero politico. Storie delle Brigate rosse, Turin 2003.

Blessmann, Margret, Er kam glühend vor Begeisterung von einer Reise aus Italien wieder, in: Conradt, Starbuck Holger Meins, S. 118f.

Bobbio, Luigi, Lotta continua: Storia di una organizzazione rivoluzionaria, Mailand 1979.

Bocca, Giorgio, Il terrorismo italiano 1970–1978, Mailand 1978.

Bocca, Giorgio, Il caso 7 aprile: Toni Negri e la grande inquisizione, Mailand 1980.

Bocca, Giorgio, Noi terroristi. Dodici anni di lotta armata ricostruiti e discussi con i protagonisti, Mailand 1985.

Böll, Heinrich, Die verlorene Ehre der Katharina Blum oder Wie Gewalt entsteht und wohin sie führen kann, Köln 1974.

Bondy, Francois, Warum wollen die Deutschen geliebt werden?, in: Scheel, Walter (Hg.), Die andere deutsche Frage: Kultur und Gesellschaft nach 30 Jahren, Stuttgart 1981, S. 46–52.

Braghetti, Anna Laura, Il prigioniero, Mailand 1998.

Brigate Rosse, Un destino perfido, November 1971, in: Dossier Brigate Rosse I, S. 131–135.

Brigate Rosse, Alcune questioni per la discussione sull'Organizzazione, in: Dossier Brigate Rosse I, S. 300–306.

Brigate Rosse, Risoluzione della direzione strategica, in: Dossier Brigate Rosse I, S. 349–366.

Brigate Rosse, Comunicato per la morte di Mara Cagol, in: Dossier Brigate Rosse I, S. 374f.

Brigate Rosse, Risoluzione della Direzione strategica, in: Dossier Brigate Rosse II, S. 220–288.

Brigate Rosse, Sequestro Moro, Comunicato BR n. 1, in: Dossier Brigate Rosse II, S. 293–297.

Brosch, Peter, Fürsorgeerziehung, Heimterror und Gegenwehr, Frankfurt a.M. 1971.

Brückner, Peter, Ulrike Marie Meinhof und die deutschen Verhältnisse, Berlin 1976.

Buback, Michael, Der zweite Tod meines Vaters, München 2008.

Bundesministerium für Wirtschaft, Leistungen in Zahlen '89, Bonn 1990.

Cabitza, Giuliano, Sardegna: Rivolta contro la colonizzazione, Mailand 1968.

Calabresi, Mario, Spingendo la notte più in là. Storia della mia famiglia e di altre vittime del terrorismo, Mailand 2007.

Canteri, Raffaelo/Specchia, Francesco (Hg.), Terrorismo. L'altra storia, Reggio Emilia 2007.

Cantore, Romano u. a., Dall'interno della guerriglia, Milano 1978, in: Progetto Memoria, Sguardi ritrovati, Rom 1995, S. 29f.

Care compagne, cari compagni. Lettere a Lotta Continua, Rom 1978.

Casalegno, Andrea, L'attentato, Mailand 2008.

CDU-Bundesgeschäftsstelle, Terrorismus in der Bundesrepublik Deutschland. Eine Auswahl von Zitaten, Bonn 1977.

Cederna, Camilla, Pinelli. Una finestra sulla strage, Mailand 2004.

Chotjewitz, Peter O., Reden ist tödlich, Schweigen auch, in: kürbiskern 3 (1972), S. 372–379.

Chotjewitz, Peter O., Mein Freund Claus, Berlin 2007.

Collotti, Enzo, La socialdemocrazia tedesca, Turin 1959.

Collotti, Enzo, La Germania nazista. Dalla Repubblica di Weimar al crollo del Reich hitleriano, Turin 1962.

Collotti, Enzo, L'Amministrazione tedesca dell'Italia occupata 1943–1945. Studio e documenti, Mailand 1963.

Collotti, Enzo, „Nuova Sinistra" e movimento studentesco nella RFT, in: Belfagor 22 (1967), S. 714–727.

Collotti, Enzo, Ulrike Meinhof, in: Belfagor 31 (1976), S. 461–476.

Collotti, Enzo, Alcune note sulla germanizzazione, in: Inchiesta VIII/32 (1978), S. 68–75.

Collotti, Enzo, Dalle due Germanie alla Germania unita, Turin 1992.

Collotti, Enzo, Impegno civile e passione critica, hg. von Mariuccia Salvati, Rom 2010.

Comitato di iniziativa e di appoggio alla difesa dei diritti civili e delle libertà democratiche nella RFT (Hg.), Germania 1980. Una scadenza per l'Europa, Mailand 1980.

Conradt, Gerd (Hg.), Starbuck Holger Meins. Ein Porträt als Zeitbild, Berlin 2001.

Cosa significa l'attentato a Rudi Dutschke?, Mailand 1968.

Croce, Benedetto, La Germania che abbiamo amato [1936], in: Pagine sparse Bd. II, Bari 1960, S. 510–520.

Croissant, Klaus/Groenewold, Kurt/Preuß, Ulrich K./Schily, Otto/Stroebele, Hans-Christian, Politische Prozesse ohne Verteidigung?, hg. v. Wolfgang Dreßen, Berlin 1976.

Curcio, Renato, Lettera dal carcere di Casale Monferrato, in: ABC n. 9, März 1975, S. 8–12.

Curcio, Renato, Mit offenem Blick. Ein Gespräch zur Geschichte der Roten Brigaden in Italien von Mario Sciajola, Berlin 1997.

Das Bild der Bundesrepublik Deutschland in den italienischen Massenmedien – das Bild Italiens in den Massenmedien der Bundesrepublik Deutschland. Berichte über deutsch-italienische Seminare veranstaltet vom Goethe-Institut Rom, Rom 1977.

Debray, Régis, Revolution in der Revolution? Bewaffneter Kampf und politischer Kampf in Lateinamerika, München 1967.

Debray, Régis/Castro, Fidel/Karol, K.S./Mandel, Gisela, Der lange Marsch. Wege der Revolution in Lateinamerika, München 1968.

De Lorenzis, Tommaso u. a., Avete pagato caro non avete pagato tutto. La rivista „Rosso" (1973–1979), Rom 2008.

Der Baader-Meinhof-Report. Dokumente – Analysen – Zusammenhänge. Aus den Akten des Bundeskriminalamtes, der „Sonderkommission Bonn" und dem Bundesamt für Verfassungsschutz, Mainz 1972.

Der Blues. Gesammelte Texte der Bewegung 2. Juni, Berlin 1982.

Der Tod Ulrike Meinhofs. Bericht der Internationalen Untersuchungskommission, Reprint Münster 2001.

De Siati, Giuseppe, Il Nonno in Ebrach, in: Kunzelmann, Leisten Sie keinen Widerstand, S. 115–118.

Dethloff, Klaus (Hg.), Ein ganz gewöhnlicher Mordprozess. Das politische Umfeld des Prozesses gegen Roland Otto, Karl Heinz Roth und Werner Sauber, Berlin 1978.

Deutsches Komitee zur Unterstützung des Bertrand-Russell-Tribunal II (Hg.), Russell-Tribunal II: Über die Unterdrückung in Brasilien, Chile, Uruguay, Bolivien und Lateinamerika, Bonn 1977.

Deutschmann, Christian, Herstellung eines Molotowcocktails [1968], in: Conradt, Starbuck Holger Meins, S. 74–77.

„die bessere kenntnis der situation schafft die bessere möglichkeit, sich dagegen zur wehr zu setzen". 2. überarb. Aufl., o.O. [Zürich] 1989.

Die Anti-Terror-Debatten im Parlament. Protokolle 1974–1978, Reinbek b. Hamburg 1978.

Die Verhaftung von Klaus Croissant und ihr politischer Zusammenhang. Dokumentation, hg. v. Solidaritätskomitee für politische Gefangene Hamburg, September 1976.

Doni, Gino (Hg.), Mein Blut komme über euch. Moro oder die Staatsräson. Eine Dokumentation, München 1978, S. 142f.

Dossier Brigate Rosse I 1969–1975. La lotta armata nei documenti e nei comunicati delle prime BR, hg. v. Lorenzo Ruggiero, Mailand 2007.

Dossier Brigate Rosse II 1976–1978. Le BR sanguinarie di Moretti: documenti, comunicati e censure, hg. v. Lorenzo Ruggiero, Mailand 2007.

Drei Fragen an Rossana Rossanda, in: Il Manifesto, Notwendigkeit, S. 104–109.

3. Internationales Russell-Tribunal. Zur Situation der Menschenrechte in der Bundesrepublik Deutschland, 4 Bde., hg. v. Deutschen Beirat und Sekretariat des 3. Internationalen Russell-Tribunals, Berlin 1978/79.

Dutschke, Gretchen, Wir hatten ein barbarisches, schönes Leben, 2. Aufl., Köln 2007.

Dutschke, Rudi, Die internationalen Bedingungen für den internationalen Emanzipationskampf, in: SDS/INFI, Kampf, S. 107–124.

Dutschke, Rudi, Ein Pamphlet, Vorwort zu: Briefe an Rudi D., hg. von Stefan Reisner, Frankfurt a.M./Berlin 1968, S. I–XII.

Dutschke, Rudi, Vom Antisemitismus zum Antikommunismus, in: Uwe Bergmann u.a., Rebellion der Studenten oder Die neue Opposition, Hamburg 1986, S. 58–85.

Dutschke, Rudi, Jeder hat sein Leben ganz zu leben. Die Tagebücher 1963–1979, Köln 2003.

Duve, Freimut/Narr, Wolf Dieter (Hg.): Russell-Tribunal – pro und contra. Dokumente zu einer gefährlichen Kontroverse, Reinbek b. Hamburg 1978.

Ebbinghaus, Angelika (Hg.), Die 68er. Schlüsseltexte der globalen Revolte. Unter Mitarbeit von Max Henninger, Wien 2008.

Edschmid, Ulrike, Frau mit Waffe, Berlin 1996.

Edschmid, Ulrike, Das Verschwinden des Philip S., Berlin 2013.

Enseling, Alf, Das Ausland zur Extremismus- und Terrorismus-Diskussion in der Bundesrepublik Deutschland, in: Aus Politik und Zeitgeschichte, B 20/1978, S. 23–38.

Entscheidung des Areopag, Athen, Oberster Gerichtshof, Entscheidung der vierten Kammer Nr. 890 vom 1.10.1976 (Auslieferung von Rolf Pohle), in: Europäische Grundrechte-Zeitschrift 4 (1977), S. 18–21.

Enzensberger, Ulrich, Die Jahre der Kommune I, München 2006.

Erklärung der Bundesregierung zum Terrorismus, in: Bulletin des Presse- und Informationsamtes der Bundesregierung, Nr. 86, 16.9.1977, S. 805–808.

Europarat/Europäische Kommission für Menschenrechte (Hg.), Entscheidung der Kommission über die Zulässigkeit der Beschwerden Nr. 7572/76, 7586/76 und 7587/76 der Beschwerdeführer Gudrun Ensslin, Andreas Baader und Jan Raspe gegen die Bundesrepublik Deutschland, Straßburg 1977.

Fanon, Frantz, Les damnés de la terre, Paros 1961.

Farocki, Harun, Das Vorbild jeder stilisierten Jugendunsicherheit muss James Dean sein, in: Conradt, Starbuck Holger Meins, S. 178–181.

Fasanella, Giovanni/Franceschini, Alberto, Che cosa sono le BR. Le radici, la nascita, la storia, il presente, Mailand 2004.

Feltrinelli, Carlo, Senior Service. Das Leben meines Vaters, München/Wien 2001.

Feltrinelli, Giangiacomo (Hg.), Lateinamerika – ein zweites Vietnam? Texte von Douglas Bravo, Fidel Castro, Régis Debray, Ernesto Che Guevara u. a., Reinbek b. Hamburg 1968.

Feltrinelli, Giangiacomo, Contro l'imperialismo e la coalizione delle destre: proposte per una piattaforma politica della sinistra italiana, Mailand o.J.

Feltrinelli, Giangiacomo, Persiste la minaccia di un colpo di stato in Italia, Mailand 1968.

FIAT-Arbeiter produzieren die Krise / Gegenmacht als Kampfform, München 1974.

Fo, Dario, Zufälliger Tod eines Anarchisten. Aus dem Italienischen von Peter O. Chotjewitz, Frankfurt a.M. 1977.

Fortuna, Mara, Intervista a Petra Krause, Neapel 2009.

Franceschini, Alberto, „Das Herz des Staates treffen", Wien/Zürich 1990.

Franza, Angelo (Hg.), La rivoluzione algerina. Problemi, aspetti e testimonianze della lotta per l'indipendenza, Mailand 1959.

Friedrichsen, Gisela, „Sicherungsverwahrung für die BRD", in: Der Spiegel 10/8.3.1993.

Frombeloff, Carl-Maria (Hg.), ... und es begann die Zeit der Autonomie. Politische Texte von Karl Heinz Roth, Hamburg 1993.

Galli, Rita (Hg.), Ausgerechnet Bücher: einunddreißig verlegerische Selbstporträts, Berlin 1998.

Gallinari, Prospero, Un contadino nella metropoli. Ricordi di un militante delle Brigate Rosse, Mailand 2008.

Germania e ‚Germanizzazione'. Atti del Convegno di Napoli, hg. v. Comitato Internazionale per la Difesa dei Detenuti Politici in Europa, Neapel 1977.

Groenewold, Kurt, Tendenze fasciste nella giustizia della Rft. L'eliminazione della difesa dei prigionieri della Frazione Armata Rossa, in: Critica del diritto. Stato e conflitto di classe, a. 1, n. 3, sett-dic. 1974, S. 145–165.

Groenewold, Kurt, Angeklagt als Verteidiger. Prozesserklärung und andere Texte, Hamburg 1978.

Groenewold, Kurt, Über das Organisieren anwaltlicher Interessenvertretung (1970–1980), in: Fabricius-Brand, Margarete u. a. (Hg.), Rechtspolitik mit „aufrechtem Gang". Werner Holtfort zum 70. Geburtstag, Baden-Baden 1990, S. 60–67.

Groenewold, Kurt, Der RAF-Prozess. Öffentlichkeit und Justiz aus der Sicht der Strafverteidiger, in: Volker Friedrich Drecktrah (Hg.), Die RAF und die Justiz. Nachwirkungen des „Deutschen Herbstes", München 2010, S. 105–138.

Grüttner, Michael, Wem die Stadt gehört: Stadtplanung und Stadtentwicklung in Hamburg, Hamburg 1976.

Guevara, Ernesto Che, Guerilla – Theorie und Methode. Sämtliche Schriften zur Guerillamethode, zur revolutionären Strategie und zur Figur des Guerilleros, hg. v. Horst Kurnitzky, West-Berlin 1968.

Guevara, Ernesto Che, Schaffen wir zwei, drei, viele Vietnam! Brief an das Exekutivsekretariat von OSPAAL, Berlin 1967.

Habermas, Jürgen, Die Scheinrevolution und ihre Kinder, in: Habermas, Jürgen, Protestbewegung und Hochschulreform, Frankfurt a.M. 1969, S. 188–201.

Habermas, Jürgen, Redebeitrag auf dem Kongress „Bedingungen und Organisation des Widerstandes" vom 9.6.1967 in Hannover, in: Kraushaar, Frankfurter Schule Bd. II, S. 254f.

Havemann, Robert, Ein deutscher Kommunist: Rückblicke und Perspektiven aus der Isolation, Reinbek b. Hamburg 1978.

Heinrich, Brigitte, Diario dal carcere, 1975: operazione Winterreise e persecuzione degli intellettuali in Germania, Mailand 1978.

Hildebrandt, Eckart /Olle, Werner, Ihr Kampf ist unser Kampf. Ursachen, Verlauf und Perspektiven der Ausländerstreiks 1973 in der BRD, Offenbach 1975.

Hirschmann, Ursula, Noi senzapatria, Bologna 1993.

Hogefeld, Birgit, Zur Geschichte der RAF, in: Versuche, die Geschichte der RAF zu verstehen. Das Beispiel Birgit Hogefeld, Gießen 3. Aufl. 1996.

„Holger, der Kampf geht weiter!" Dokumente und Beiträge zum Konzept Stadtguerilla, Gaiganz/Oberfranken 1975.

Holthusen, Hans Egon, Freiwillig zur SS, Merkur 20 (1966), S. 921–939 (Teil I); 1036–1049 (Teil II).

Holthusen, Hans Egon, Sartre in Stammheim. Zwei Themen aus den Jahren der großen Turbulenz, Stuttgart 1982.

Il Manifesto, Notwendigkeit des Kommunismus. Die Plattform von Il Manifesto, Berlin 1971.

Il Manifesto, Terrorismus der Starken und der Schwachen, Berlin 1972.

Indianer und P38. Italien: ein neues 68 mit anderen Waffen, München 1978.

Informazioni sul procedimento di accusa della Procura generale federale contro l'avvocato Kurt Groenewold, defensore dei detenuti della RAF, o.O. 1977.

Jànossy, Franz, Das Ende der Wirtschaftswunder, Frankfurt a.M. 1968.

Jarach, Andrea, Terrorismo internazionale: gruppi, collegamenti, lotta antiterroristica, Florenz 1979.

Klassenkrieg in der BRD. Interview aus Stammheim, o.O. 1976.

Klaus, Alfred, Aktivitäten und Verhalten inhaftierter Terroristen, hg. v. Bundesministerium des Innern, Bonn 1983.

Klein, Hans-Joachim, Rückkehr in die Menschlichkeit. Appell eines ausgestiegenen Terroristen, Reinbek b. Hamburg 1979.

Klöpper, Gerald, Widerstand gegen die Staatsgewalt. Erfahrungen aus der Bewegung „2. Juni", in: Sontheimer, Michael/Kallscheuer, Otto, Einschüsse. Besichtigung eines Frontverlaufs 10 Jahre nach dem Deutschen Herbst, Berlin 1987, S. 58–77.

Komitee gegen Folter an Politischen Gefangenen in der BRD (Hg.), Der Kampf gegen die Vernichtungshaft, o. O., 1974.

Komitee gegen Folter an Politischen Gefangenen in der BRD, Dokumentation zum Hungerstreik I, Hamburg 1975.

Kraushaar, Wolfgang, Kinder einer abenteuerlichen Dialektik, in: Böckelmann, Frank/Nagel, Herbert (Hg.), Subversive Aktion. Der Sinn der Organisation ist ihr Scheitern, Frankfurt a.M. 1976, S. 9–32.

Krivine, Alain, Questions sur la révolution, Paris 1973.

Kukuck, Margareth, Student und Klassenkampf. Studentenbewegung in der BRD seit 1967, Hamburg 1974.

Kunzelmann, Dieter, Leisten Sie keinen Widerstand! Bilder aus meinem Leben, Berlin 1998.

Kursbuch 32, Folter in der BRD. Zur Situation der Politischen Gefangenen, Aug. 1973.

La morte di Ulrike Meinhof: rapporto della commissione internazionale di inchiesta, Napoli 1979.

Landtag von Baden-Württemberg, 7. Wahlperiode 1976–1980, Verzeichnis der Drucksachen Bd. 14, Stuttgart 1978, Drucksache 7/3200, S. 1–143.

Landtag von Baden-Württemberg, 7. Wahlperiode 1976–1980, Verzeichnis der Drucksachen Bd. 11, Stuttgart 1979, Drucksache 7 / 2433.

Langer, Günter, Der Berliner „Blues" – Tupamaros und umherschweifende Haschrebellen zwischen Wahnsinn und Verstand, in: Eckhard Siepmann u. a. (Red.), Che, Schah, Shit. Die sechziger Jahre zwischen Cocktail und Molotow, Berlin 1984, S. 195–203.

Langguth, Gerd, Die Protestbewegung in der Bundesrepublik Deutschland 1968–1976, Köln 1976.

Lerner, Gad u. a. (Hg.), Uno strano movimento di strani studenti. Composizione, politica e cultura dei non garantiti, Mailand 1978.

Linne, Karsten/Wohlleben, Thomas (Hg.), Patient Geschichte. Für Karl Heinz Roth, Frankfurt a.M. 1992.

Lombardo Radice, Lucio, La Germania che amiamo. Corrispondenze di viaggio, ritratti di compagni, panorama politico e culturale della Germania 1977 di un militante della sinistra europea, Rom 1978.

Mantelli, Brunello /Marco Revelli (Hg.), Operai senza politica, Rom 1979.

Marcuse, Herbert, Repressive Toleranz, in: Ders. u. a., Kritik der reinen Toleranz, Frankfurt a.M. 1966, S. 93–128.

Marcuse, Herbert, Der eindimensionale Mensch. Studien zur Ideologie der fortgeschrittenen Industriegesellschaft, 2. Aufl., Neuwied 1967.

Masi, Edoarda, Die chinesische Herausforderung. Beiträge zu einer sozialistischen Strategie, Berlin 1970.

Masi, Edoarda, Der Marxismus von Mao und die europäische Linke, Berlin 1970.

Masi, Edoarda, Kritik und Selbstkritik der Neuen Linken, Berlin 1973.

Masi, Pino, Le canzoni di Lotta Continua, o.O., o.J.

Meriggi, Maria Grazia, Roth e il metodo di ricerca per una storia di classe, in: Meriggi, Maria Grazia (Hg.), Il caso Karl Heinz Roth. Discussione sull´ „altro" movimento operaio, Mailand 1978, S. 7–21.

Merve-Kollektiv, Zur deutschen Ausgabe, in: Il Manifesto, Notwendigkeit, S. 6–8.

Meyer, Till, Staatsfeind. Erinnerungen, Hamburg 1996.

Moretti, Mario, Brigate Rosse. Eine italienische Geschichte. Interview von Carla Mosca und Rossana Rossanda, Hamburg/Berlin 1996 [ital. Mailand 1994].

Moro, Aldo, Lettere dalla prigionia, hg. v. Miguel Gotor, Turin 2008.

Morucci, Valerio, „Die RAF und wir – feindliche Konkurrenten", in: Der Spiegel 31/28.7.1986, S. 06–114.

Morucci, Valerio, La peggio gioventù. Una vita nella lotta armata, Mailand 2004.

Mouvement d'action judiciaire, L'affaire Croissant, Paris 1977.

Müller-Hülsebusch, Bernhard, „Zur ‚Spiegel'-Berichterstattung über Italien – ein Werkstattbericht", in: Bild der Bundesrepublik, S. 82–84.

v. Münchhausen, Thankmar, „Linke Rechtsanwälte auf Reisen", in: FAZ, 12.2.77.

Negri, Antonio, Saggi sullo storicismo tedesco: Dilthey e Meinecke, Mailand 1959.

Negri, Toni, Crisi dello stato – piano comunismo e organizzazione rivoluzionaria, Florenz 1972.

Negri, Toni, La fabbrica della strategia: 33 lezioni su Lenin, Padua 1976.

Negri, Toni, Proletari e stato: per una discussione su autonomia operaia e compromesso storico, Mailand 1976.

Negri, Toni, Il dominio e il sabotaggio: sul metodo marxista della trasformazione sociale, Mailand 1978.

Negri, Toni, „Ich bin kein faschistisches Monstrum", in: Der Spiegel 34/22.8.1983, S. 102–107.

Negri, Antonio/Hardt, Michael, Empire, Cambridge/Mass. 2000.

Negri, Antonio/Hardt, Michael, Multitude. War and Democracy in the Age of Empire, New York 2004.

Neumaier, Eduard, „Bombe aus dem Hinterhalt. Politische Pornographie aus der Feder eines SPD-Abgeordneten?", in: Die Zeit 32/11.8.1972.

Neuss, Wolfgang/Salvatore, Gaston, Ein faltenreiches Kind, Frankfurt a.M. 1974.

Nirumand, Bahman, La Persia, modello di un paese in via di sviluppo ovvero La dittatura del mondo libero, Mailand 1968.

Nirumand, Bahman, Leben mit den Deutschen, Reinbek b. Hamburg 1989.

Oberlandesgericht Athen, Entscheidung vom 20.8.1976 (Ablehnung der Auslieferung von Rolf Pohle), in: Europäische Grundrechte-Zeitschrift 4 (1977), S. 21–23.

Otto, Roland, Philipp Werner Sauber – seine Hoffnung lebt, in: Dethloff, Klaus (Hg.), Ein ganz gewöhnlicher Mordprozess. Das politische Umfeld des Prozesses gegen Roland Otto, Karl Heinz Roth und Werner Sauber, Berlin 1978, S. 157–159.

Padovani, Marcelle/Giesbert, Franz-Olivier, „A qui profite l'affaire Nogrette?", in: Nouvelle Observateur, 13.3.1972.

Papcke, Sven G., Che Guevara und die Neue Linke in der Bundesrepublik. Chronik einer psychopolitischen Jüngerschaft, in: Sonntag, Heinz Rudolf (Hg.), Che Guevara und die Revolution, Frankfurt a.M. 1968, S. 99–124.

Peci, Patrizio, Io, l'infame, hg. von Giordano Bruno Guerri, Mailand 1983.

Pesce, Giovanni, Senza tregua. La guerra dei GAP, Mailand 1967.

Piperno, Franco, L´onore del compagno Osvaldo, in: Bianchi/Caminiti, Gli autonomi, Bd. III, S. 121–124.

Plädoyers in der Strafsache gegen Rechtsanwalt Kurt Groenewold, Hamburg 1978.

Pohle, Rolf, Mein Name ist Mensch. Das Interview, Berlin 2002 [griech. Athen 1999].

Pontello, Claudio, Terrorismo e informazione, in: Affari Esteri 10 (1978), S. 411–414.

Presse- und Informationsamt der Bundesregierung, Dokumentation zu den Ereignissen und Entscheidungen im Zusammenhang mit der Entführung von Hanns Martin Schleyer und der Lufthansa-Maschine „Landshut", Bonn 1977.

Progetto Memoria, Sguardi ritrovati, Rom 1995.

Proll, Astrid (Hg.), Hans und Grete. Bilder der RAF 1967–1977, Berlin 2004.

Proll, Thorwald/Daniel Dubbe, Wir kamen vom anderen Stern. Über 1968, Andreas Baader und ein Kaufhaus, Hamburg 2003.

Raddatz, Fritz J., „Wäre er Gunter Sachs geblieben", in: Der Spiegel 14/27.3.1972.

RAF/Gruppe Baader-Meinhof/Horst Mahler, „formare l'armata rossa – i tupamaros d'europa?", hg. v. Luciano Della Mea, Verona 1972.

Rote Armee Fraktion. Texte und Materialien zur Geschichte der RAF, Berlin 1997.

RAF, „Die Rote Armee aufbauen. Erklärung zur Befreiung Andreas Baaders vom 5. Juni 1970", in: Rote Armee Fraktion, Texte, S. 24–26.

RAF, Das Konzept Stadtguerilla, in: Rote Armee Fraktion, Texte, S. 27–48.

RAF, Über den bewaffneten Kampf in Westeuropa, in: Rote Armee Fraktion, Texte, S. 49–111.

RAF, Erklärung zum Anschlag auf das Hauptquartier der US-Army in Frankfurt/Main vom 14. Mai 1972, in: Rote Armee Fraktion, Texte, S. 145.

RAF, Erklärung zu den Anschlägen in Augsburg und München vom 16. Mai 1972, in: Rote Armee Fraktion, Texte, S. 145f.

RAF, Erklärung zum Anschlag auf den BGH-Richter Buddenberg in Karlsruhe vom 20. Mai 1972, in: Rote Armee Fraktion, Texte, S. 146.

RAF, Erklärung zum Sprengstoffanschlag auf das Springer-Hochhaus in Hamburg vom 20. Mai 1972, in: Rote Armee Fraktion, Texte, S. 147.

RAF, Erklärung zum Bombenanschlag auf das Hauptquartier der US-Army in Europa in Heidelberg vom 25. Mai 1972, in: Rote Armee Fraktion, Texte, S. 147f.

RAF, Tonbandprotokoll von dem Teach-In der Roten Hilfe, Frankfurt, Erklärung vom 31. Mai 1972, in: Rote Armee Fraktion, Texte, S. 148–150.

RAF, Die Aktion des „Schwarzen September" in München. Die Strategie des antiimperialistischen Kampfes, in: Rote Armee Fraktion, Texte, S. 151–177.

RAF, Hungerstreikerklärung vom 8. Mai 1973, in: Rote Armee Fraktion, Texte, S. 187–190.

RAF, Erklärung vom 13. Januar 1976, in: Rote Armee Fraktion, Texte, S. 198–265.

RAF, Erklärung vom 7. April 1977 zur Erschießung des Generalbundesanwalts Buback, in: Rote Armee Fraktion, Texte, S. 267f.

RAF: teksten (vorwort door Ingrid Schubert), hg. v. Medizinisch-juridisch Comité Politieke Gevangenen, Utrecht 1978.

RAF, la guerilla nella metropoli. testi della „frazione armata rossa" e ultime lettere di ulrike meinhof. prefazione di jean genet, griglia storica di klaus croissant, Bd. I, Verona 1979.

RAF, la guerilla nella metropoli. ideologia e organizzazione della lotta armata, Bd. II, Verona 1980.

Ramundo, Paolo, Von Rom zum Stuttgarter Platz, in: Kunzelmann, Leisten Sie keinen Widerstand, S. 93f.

Rauch, Malte J./Schirmbeck, Samuel H., Französische Reaktionen auf die Osterunruhen, in: Grossmann, Heinz/Negt, Oskar (Hg.), Die Auferstehung der Gewalt. Springerblockade und politische Reaktion in der Bundesrepublik, Frankfurt a.M. 1968, S. 130–137.

PSIUP – Italienische sozialistische Partei der proletarischen Einheit, Redebeitrag, in: SDS/INFI, Kampf, S. 101–106.

Reinders, Ralf/Fritsch, Ronald, Die Bewegung 2. Juni. Gespräche über Haschrebellen, Lorenz-Entführung, Knast, Berlin 1995.

Republikanischer Anwaltsverein (Hg.), Anwaltsverfolgung in der Bundesrepublik: Der Fall Jörg Lang, Hannover 1986.

Rieland, Wolfgang (Hg.), FIAT-Streiks. Massenkampf und Organisationsfrage, München 1970.

Röhl, Klaus Rainer, Fünf Finger sind keine Faust, Köln 1974.

Rossanda, Rossana, „L'album di famiglia", in: Il Manifesto, 2.4.1978.

Roth, Karl Heinz/Zamboni, Giovanni (Hg.), Theorie und Praxis der Revolution, Hamburg 1968.

Roth, Karl Heinz u. a., Invasionsziel DDR. Psychologische Kampfführung. Vom Kalten Krieg zur Neuen Ostpolitik, Hamburg 1971.

Roth, Karl Heinz/Kanzow, Eckard, Unwissen als Ohnmacht. Zum Wechselspiel von Kapital und Wissenschaft, Berlin 1970, 2. Aufl. 1971.

Roth, Karl Heinz, Die „andere" Arbeiterbewegung, München 4. Aufl. 1977.

Roth, Karl Heinz, „Offener Brief an Toni Negri", in: taz, 14./15.7.1983.

Roth, Karl Heinz, Die historische Bedeutung der RAF, in: Frombeloff, Zeit der Autonomie, S. 141–158.

Rühmann, Frank, Anwaltsverfolgung in der Bundesrepublik 1971–1976, Hamburg 1977.

Scheel, Walter (Hg.), Die andere deutsche Frage: Kultur und Gesellschaft nach 30 Jahren, Stuttgart 1981.

Schmidt, Helmut, Die Deutschen und ihre Nachbarn. Mächte und Menschen, Bd. 2, Berlin 1990.

Schmidt, Bonn, Suhrkamp. Aus Siegfried Unselds „Chronik", in: Zeitschrift für Ideengeschichte 4 (2010), S. 99–107.

Schminck-Gustavus, Christoph Ulrich, La rinascita del Leviatano. Crisi delle libertà politiche nella Repubblica federale tedesca, Mailand 1977.

Schneider, Peter, Können wir aus den italienischen Klassenkämpfen lernen? in: Ders. (Hg.), Kursbuch 26, Dezember 1971, Die Klassenkämpfe in Italien, S. 1-3.

Schneider, Peter, Lenz. Eine Erzählung, Berlin 1973.

Schneider, Peter, Wer springt durch den Feuerring?, in: Conradt, Starbuck Holger Meins, S. 74-78.

Schneider, Peter, Der Sand an Baaders Schuhen, Kursbuch März 1978, S. 1-15.

Schneider, Peter, Rebellion und Wahn. Mein '68, Köln 2008.

Schönhuber, Franz/Horst Mahler, Schluß mit deutschem Selbsthaß. Plädoyers für ein anderes Deutschland, Berg 2001.

SDS Westberlin/INFI (Hg.), Der Kampf des vietnamesischen Volkes und die Globalstrategien des Imperialismus. Internationaler Vietnam-Kongreß-Westberlin, Berlin 1968.

Secchia, Pietro, La guerriglia in Italia. Documenti della resistenza militare italiana, Mailand 1969.

Sechi, Salvatore, Compagno cittadino. Il PCI tra via parlamentare e lotta armata, Soveria Mannelli 2006.

Serafini, Alessandro (Hg.), L'operaio multinazionale in Europa, Mailand 1974, S. 109-148.

Siemens, Anne, Für die RAF war er das System, für mich der Vater. Die andere Geschichte des deutschen Terrorismus, München 2007.

Sigrist, Christian, Imperialismus: Provokation und Repression. Beitrag zur öffentlichen Diskussionsveranstaltung des Komitees zur Aufklärung über Gefängnisse/Initiative gegen Folter am 11. Mai 1973 in Frankfurt/Main, in: Kursbuch 32/Folter in der BRD, S. 137-141.

Soccorso Rosso, Brigate Rosse. Che cosa hanno fatto, che cosa hanno detto, che cosa se ne è detto, Mailand 1976.

Sofri, Adriano/Della Mea, Luciano, Zur Strategie und Organisation von ‚Lotta Continua', Berlin 1971.

Sofri, Adriano, La notte che Pinelli, Turin 2009.

Sontheimer, Kurt, Die verunsicherte Republik. Die Bundesrepublik nach 30 Jahren, München 1979.

Sozialistisches Büro Offenbach (Hg.), Klassenkämpfe und Repression in Italien am Beispiel Valpreda, Offenbach 1973.

Una sparatoria tranquilla. Per una storia orale del '77, Rom 2005.

Speitel, Volker, „Wir wollten alles und gleichzeitig nichts", in: Der Spiegel 31/28.7.1980, S. 36-49; 32/4.8.1980, S. 30-39 sowie 33/11.8.1980, S. 30-36.

Spinelli, Barbara, Presente e imperfetto della Germania orientale, Bologna 1972.

Stein, Torsten, Das „politische Delikt" im Auslieferungsrecht. Anmerkungen zu den Pohle-Entscheidungen des Athener Oberlandesgerichts und des Areopag, in: Europäische Grundrechte-Zeitschrift 4 (1977), S. 59-62.

Stein, Torsten, Die Europäische Konvention zur Bekämpfung des Terrorismus, in: Zeitschrift für ausländisches öffentliches Recht und Völkerrecht 37 (1977), S. 668-690.

La strage di stato. Controinchiesta, Rom 1970.

Stuberger, Ulf (Hg.), In der Strafsache gegen Andreas Baader, Ulrike Meinhof, Jan-Carl Raspe, Gudrun Ensslin u. a.: Dokumente aus dem Prozeß, Frankfurt a.M. 1977.

Sveva, Anne, Zwischen Engagement und Distanz, in: Bindseil, Ilse (Hg.), Frauen I – Von Theorie bis Anarchie, Freiburg 1990, o.S.

Tedeschi, Bruno, Die Vorurteile und Klischees überwinden, in: Bild der Bundesrepublik, S. 73–75.

Texte: der RAF, Malmö [Lund] 1977.

Textes des prisonniers de la „fraction armée rouge" et dernières lettres d'ulrike meinhof. préface de jan genet, introduction de klaus croissant, Paris 1977.

Tolmein, Oliver, „RAF – das war für uns Befreiung": ein Gespräch mit Irmgard Möller über bewaffneten Kampf, Knast und die Linke, 4. Auflage, Hamburg 2005.

Tortura in RFT 1975. L'imperialismo contro i detenuti politici, Mailand 1975.

Tronti, Mario, Arbeiter und Kapital, Frankfurt a.M. 1974.

Urteil des Europäischen Gerichtshofes vom 18. Januar 1978: Irland gegen das Vereinigte Königreich von Großbritannien und Nordirland, in: Europäischer Gerichtshof für Menschenrechte, Deutschsprachige Sammlung, Bd. 1, Kehl a.Rh. 2008, S. 232–267.

Vesper, Bernward, Die Reise. Romanessay, Frankfurt a.M. 1977.

Viett, Inge, Nie war ich furchtloser, Hamburg 1996.

Vogel, Hans-Jochen, Erklärung zur Inneren Sicherheit in: Bulletin vom 3.8.1976, hg v. Presse- und Informationsamt der Bundesregierung, Nr. 89, S. 903.

Von Pinelli zu Feltrinelli. Politischer Mord in Italien, Hamburg 1972.

Wagenbach, Klaus, Der Verlag Klaus Wagenbach, in: Galli, Ausgerechnet Bücher, S. 96–105.

Wagenbach, Klaus, „Weil ich eine Stinkwut hatte", in: Der Spiegel 26/28.6.2010, S. 109–113.

Wenzel, Gisela/Krippendorff, Ekkehart, Vorbemerkungen, in: Sozialistisches Büro, Klassenkämpfe, S. 5–7.

Williams, Robert F./Rigg, Robert B., Großstadtguerilla, Berlin 1969 (=Voltaire Flugschrift 24).

Wir, die Tupamaros, Berlin 1974 (Antiimperialistischer Kampf – Materialien & Diskussion 8).

„Wir waren so unheimlich konsequent…". Ein Gespräch zur Geschichte der RAF mit Stefan Wisniewski, Berlin 2003.

Wolff, Karl Dietrich (Hg.), Tricontinental. Eine Auswahl 1967–1970, Frankfurt a.M. 1970.

Zamboni, Giovanni, Mussolinis Expansionspolitik auf dem Balkan. Italiens Albanienpolitik vom I. bis zum II. Tiranapakt im Rahmen des italienisch-jugoslawischen Interessenkonflikts und der italienischen imperialen Bestrebungen in Südosteuropa, Hamburg 1970.

Forschungsliteratur

Adams, Geoffrey, The Call of Conscience. French Protestant Responses to the Algerian War 1954–1962, Toronto 1998.

Afflerbach, Holger/Cornelißen, Christoph (Hg.), Sieger und Besiegte. Materielle und ideelle Neuorientierungen nach 1945, Tübingen 1997.

Agosti, Aldo, Le radici e gli sviluppi dell'europeismo. Sinistra italiana e tedesca a confronto, in: Rusconi/Woller, Italia e Germania, S. 295–321.

Agosti, Aldo, Da Spartaco alla Vienna Rossa. Un percorso di studi sulla sinistra europea, in: Soldani, Collotti, S. 3–18.

Amato, Giuliano u. a. (Hg.), Marxismus, Demokratie und Völkerrecht. Festschrift für Lelio Basso, Rom 1978.

Amos, John W., Palestinian Resistance. Organization of a Nationalist Movement, New York u. a. 1980.

Anders, Freia/Gilcher-Holtey, Ingrid (Hg.), Herausforderungen des staatlichen Gewaltmonopols. Recht und politisch motivierte Gewalt am Ende des 20. Jahrhunderts, Frankfurt a.M. 2006.

Antonello, Pierpaolo/O´Leary, Alan (Hg.), Imagining Terrorism. The Rhetoric and Representation of Political Violence in Italy 1969–2009, London 2009

Armani, Barbara, Italia anni settanta. Movimenti, violenza politica e lotta armata tra memoria e rappresentazione storiografica, in: Storica 32 (2005), S. 41–82.

Aust, Stefan, Der Baader-Meinhof-Komplex, 2. überarb. Aufl. Hamburg 1998; 3. überarb. Aufl. Hamburg 2008.

v. Baeyer-Katte, Wanda u. a., Gruppenprozesse, Opladen 1982 (Analysen zum Terrorismus hg. v. Bundesinnenministerium Bd. 3).

Balestracci, Fiammetta, Klaus Wagenbach und die italienische Literatur in der Bundesrepublik Deutschland, 1964–1989, in: Jahrbuch für Internationale Germanistik 38 (2006), S. 59–82.

Balz, Hanno, Von Terroristen, Sympathisanten und dem starken Staat. Die öffentliche Debatte über die RAF in den 70er Jahren, Frankfurt a.M./New York 2008.

Barbagallo, Francesco, L'Italia repubblicana. Dallo sviluppo alle riforme mancate (1945–2008), Rom 2009.

v. Bassewitz, Susanne, Stereotypen und Massenmedien. Zum Deutschlandbild in französischen Tageszeitungen, Wiesbaden 1990.

Belpoliti, Marco, Settantasette, in: Ders. u. a. (Hg.), annisettanta. il decennio lungo del secolo breve, Mailand 2007.

Benazza, Antonella, L'emergenza nel conflitto fra libertà e sicurezza, Turin 2004.

Berardi, Franco, La nefasta utopia di Potere Operaio. Lavoro, tecnica, movimento nel laboratorio politico del sessantotto italiano, Rom 1998.

Bernardini, Giovanni, Stability and Socialist autonomy: The SPD, the PSI and the Italian Political Crisis, in: Journal of European Integration History 1 (2009), S. 95–114.

Bernardini, Giovanni, The Federal Republic of Germany and the Resistible Rise of the „Historic Compromise" in Italy (1974–1978), in: Varsori, Antonio/Migani, Guia (Hg.), Europe in the International Arena during the 1970s, Brüssel 2011, S. 317–337.

Bianchi, Sergio/Caminiti, Lanfranco (Hg.), Gli autonomi. Le storie, le lotte, le teorie, 3 Bde., Rom 2007/2008.

Bianconi, Giovanni, Eseguendo la sentenza. Roma, 1978. Dietro le quinte del sequestro Moro, Turin 2008.

Bierbrauer, Ingrid, Operaismus. Politisches Denken im Wandel [unveröffentlichte Diplomarbeit], Hamburg 1987.

Biolcati, Fabio, Ikonografie des Aufbruchs, in: du 724. März 2002, S. 36f.

Birke, Peter, Der Eigen-Sinn der Arbeitskämpfe. Wilde Streiks und Gewerkschaften in der Bundesrepublik vor und nach 1969, in: Gehrke/Horn, 1968 und die Arbeiter, S. 53–75.

Birkner, Martin/Foltin, Robert, (Post-)Operaismus. Von der Arbeiterautonomie zur Multitude. Geschichte und Gegenwart, Theorie und Praxis, Stuttgart 2006.

Biscione, Francesco M., Il delitto Moro: strategie di un assassinio politico, Rom 1998.

Boatti, Giorgio, Piazza Fontana. 12 dicembre 1969: il giorno dell'innocenza perduta, 2. aktualis. Aufl. Turin 2009.

Bohr, Felix N., Lobby eines Kriegsverbrechers. Offizielle und „stille" Hilfe aus der Bundesrepublik Deutschland für den Häftling Herbert Kappler, in: QFIAB 90 (2010), S. 415–436.

Bohr, Felix N., Flucht aus Rom. Der ‚Fall Kappler' im August 1977, in: VfZ 60 (2012), S. 111–141.

Borio, Guido u. a. (Hg.), Gli operaisti. Autobiografie di cattivi maestri, Rom 2008.

Bösch, Frank (Hg.), Medialisierte Ereignisse: Performanz, Inszenierung und Medien seit dem 18. Jahrhundert, Frankfurt a.M. 2010.

Brandt, Ina, Memoria, Politica, Polemica. Der 25. April in der italienischen Erinnerungskultur, in: Terhoeven, Italien, S. 235–256.

Braunthal, Gerhard, Politische Loyalität und Öffentlicher Dienst. Der "Radikalenerlaß" von 1972 und die Folgen, Marburg u. a. 1992.

Bressan, Susanne/Jander, Martin, Gudrun Ensslin, in: Kraushaar, RAF und linker Terrorismus I, S. 398–429.

Brink, Cornelia, Psychiatrie und Politik: Zum Sozialistischen Patientenkollektiv in Heidelberg, in: Weinhauer u. a., Terrorismus, S. 134–153.

Brunn, Hellmut/Kirn, Thomas, Rechtsanwälte – Linksanwälte. 1971 bis 1981 – das Rote Jahrzehnt vor Gericht, Frankfurt a.M. 2004.

Büchse, Nicolas, Von Staatsbürgern und Protestbürgern. Der Deutsche Herbst und die Veränderung der politischen Kultur in der Bundesrepublik, in: Knoch, Bürgersinn, S. 311–332.

Bundesministerium des Innern (Hg.), Analysen zum TerrorismuS. Bd. 1: Ideologien und Strategien, Bd. 2: Lebenslaufanalysen, Bd. 3: Gruppenprozesse, Bd. 4/1: Gewalt und Legitimität, Bd. 4/2 Protest und Reaktion, Opladen 1981–1984.

Calließ, Jörg (Hg.), Die Geschichte des Erfolgsmodells BRD im internationalen Vergleich, Loccumer Protokolle 24/05, Rehburg-Loccum 2006.

Calogero, Pietro u. a., Terrore rosso. Dall'autonomia al partito armato, Rom/Bari 2010.

Caprara, Maurizio, Il caso Lockheed in Parlamento, in: Storia d'Italia, Annali 17, Il Parlamento, hg. v. Luciano Violante, Turin 2001, S. 1127–1154.

Casamassima Pino, Il libro nero delle Brigate Rosse, Rom 2007.

Castaneda, Jorge G., Che Guevara. Biographie, Frankfurt a.M./Leipzig 1997.

Castronovo, Valerio/Tranfaglia, Nicola (Hg.), La stampa italiana del neocapitalismo, Rom/Bari 1976.

Catanzaro, Raimondo (Hg.), The Red Brigades and Left-Wing Terrorism in Italy, London 1991.

Cavalli, Alessandro/Leccardi, Carmen, Le culture giovanili, in: Storia dell'Italia repubblicana, Bd. III, Turin 1997, S. 709–800.

Cazzullo, Aldo, I ragazzi che volevano fare la rivoluzione. 1968–1978. Storia critica di Lotta continua, Mailand 1998.

Chaussy, Ulrich, Die drei Leben des Rudi Dutschke: Eine Biographie, Berlin 1993.

Claessens, Dieter/de Ahna, Karin, Das Milieu der Westberliner ‚scene' und die ‚Bewegung 2. Juni', in: v. Baeyer-Katte u. a., Gruppenprozesse, S. 20–181.

Clementi, Marco, Storia delle Brigate Rosse, Rom 2007.

Colin, Nicole u. a. (Hg.), Der „Deutsche Herbst" und die RAF in Politik, Medien und Kunst. Nationale und internationale Perspektiven, Bielefeld 2008.

Colin, Nicole, Täter- versus Opferdiskurs: Eine *andere* Geschichte des deutschen Terrorismus?, in: Dies. u. a. ‚Deutscher Herbst', S. 187–194.

Collotti, Enzo, I Tedeschi, in: Isnenghi, Luoghi della memoria III, S. 65–86.

Conrad, Christoph/Conrad, Sebastian, Wie vergleicht man Historiographien?, in: Dies. (Hg.), Die Nation schreiben. Geschichtswissenschaft im internationalen Vergleich, Göttingen 2002, S. 1–45.

Conze, Eckart u. a. (Hg.), Geschichte der internationalen Beziehungen. Erneuerung und Erweiterung einer historischen Disziplin, Köln u. a. 2004.

Conze, Eckart, Die Suche nach Sicherheit. Eine Geschichte der Bundesrepublik Deutschland von 1949 bis in die Gegenwart, München 2009.

Cornelißen, Christoph/Mantelli, Brunello/Terhoeven, Petra (Hg.), Il decennio rosso. Contestazione e conflitto politico in Germania e in Italia negli anni Sessanta e Settanta, Bologna 2012.

Corni, Gustavo, Die italienische Geschichtswissenschaft und die deutsche Frage, in: Gian Enrico Rusconi u. a. (Hg.), Schleichende Entfremdung? Deutschland und Italien nach dem Fall der Mauer, München 2008, S. 123–132 .

Corni, Gustavo, Il modello tedesco visto dall'Italia, in: Giovagnoli/Del Zanna, Mondo, S. 34–54.

Crainz, Guido, Il paese mancato. Dal miracolo economico agli anni ottanta, 2. Aufl. Rom 2003.

Craveri, Piero/Quagliariello, Gaetano (Hg.), L'antiamericanismo in Italia e in Europa nel secondo dopoguerra, Catanzaro 2004.

Crenshaw, Martha, Thoughts on Relating Terrorism to Historical Contexts, in: Dies. (Hg.), Terrorism in Context, Pennsylvania 1995, S. 3–26.

Daase, Christopher, Die RAF und der internationale Terrorismus. Zur transnationalen Kooperation klandestiner Organisationen, in: Kraushaar, RAF und linker Terrorismus II, S. 905–931.

Dahlke, Matthias, Der Anschlag auf Olympia '72. Die politischen Reaktionen auf den internationalen Terrorismus in Deutschland, München 2006.

Dahlke, Matthias, „Nur eingeschränkte Krisenbereitschaft". Die staatliche Reaktion auf die Entführung des CDU-Politikers Peter Lorenz 1975, in: VfZ 4 (2007), S. 641–678.

Dahlke, Matthias, Demokratischer Staat und transnationaler Terrorismus. Drei Wege zur Unnachgiebigkeit in Westeuropa 1972–1975, München 2011.

Daniel, Ute/Siemann, Wolfram (Hg.), Historische Dimensionen der Propaganda,, in: Dies. (Hg.), Propaganda. Meinungskampf, Verführung und politische Sinnstiftung 1789–1989, Frankfurt a.M. 1994, S. 7–20.

Dartnell, Michael Y., Action Directe. Ultra-left Terrorism in France, 1979–1987, London 1995.

Davis, Belinda, Jenseits von Terror und Rückzug: Die Suche nach politischem Spielraum und Strategien im Westdeutschland der siebziger Jahre, in: Weinhauer u. a., Terrorismus, S. 154–186.

De Angelis, Alessandro, I comunisti e il partito. Dal „partito nuovo" alla svolta dell'89, Rom 2002.

De Graaf, Beatrice, Evaluating Counterterrorism Performance: A Comparative Study, London 2011.

De Graaf, Beatrice/Härter, Karl (Hg.), Vom Majestätsverbrechen zum Terrorismus. Politische Kriminalität, Recht, Justiz und Polizei zwischen Früher Neuzeit und 20. Jahrhundert, Frankfurt a.M. 2012.

De Vito, Christian G., La lotta armata e la „questione delle carceri", in: Neri Serneri, Lotta armata, S. 285–304.

Della Porta, Donatella, Il terrorismo di sinistra, Bologna 1990.

Della Porta, Donatella, Social Movements, Political Violence and the State, Cambridge/New York 1995.

Della Porta, Donatella, „1968" – Zwischennationale Diffusion und Transnationale Strukturen. Eine Forschungsagenda, in: Ingrid Gilcher-Holtey (Hg.), 1968. Vom Ereignis zum Gegenstand der Geschichtswissenschaft, Göttingen 1998, S. 131–150.

Della Porta, Donatella, Politische Gewalt und Terrorismus: Eine vergleichende und soziologische Perspektive, in: Weinhauer u. a., Terrorismus, S. 24–58.

Dietze, Carola, Terrorismus im 19. Jahrhundert: Politische Attentate, rechtliche Reaktionen, Polizeistrategien und öffentlicher Diskurs in Europa und den Vereinigten Staaten 1878–1901, in: De Graaf/Härter, Majestätsverbrechen, S. 179–196.

Diewald-Kerkmann, Gisela, Frauen, Terrorismus und Justiz. Prozesse gegen weibliche Mitglieder der RAF und der Bewegung 2. Juni, Düsseldorf 2009.

Dini, Vittorio/Manconi, Luigi, Il discorso delle armi: l'ideologia terroristica nel linguaggio delle Brigate Rosse e di Prima Linea, Rom 1981.

Ditfurth, Jutta, Rudi und Ulrike. Geschichte einer Freundschaft, München 2008.

Ditfurth, Jutta, Ulrike Meinhof. Die Biographie, Berlin 2009.

Doering-Manteuffel, Anselm/Raphael, Lutz, Nach dem Boom. Perspektiven auf die Zeitgeschichte seit 1970, 2. erg. Aufl. Göttingen 2010.

Dörr, Nikolas R., Die Auseinandersetzungen um den Eurokommunismus in der bundesdeutschen Politik 1967–1979, in: Jahrbuch für historische Kommunismusforschung 2012, S. 217–232.

Drake, Richard, Il seme della violenza. Toni Negri apostolo della rivoluzione nella stagione del terrorismo, in: Nuova Storia Contemporanea 6 (2004), S. 57–82.

Drecktrah, Volker Friedrich (Hg.), Die RAF und die Justiz. Nachwirkungen des „Deutschen Herbstes", München 2010.

Dreyfus-Armand, Geneviève/Franck, Robert/Lévy, Marie-Francoise/Zancarini-Fournel, Michelle, Les années 68. Le temps de la contestation, Brüssel 2000.

Dubla, Ferdinando, Secchia, Il PCI e il '68, Rom 1998.

Eco, Umberto/Violi, Patrizia, La controinformazione, in: Castronovo/Tranfaglia, La stampa italiana, S. 132–135.

Ellwood, David W., Italien oder die Zähmung der amerikanischen Moderne, in: Jan C. Behrends u. a. (Hg.), Antiamerikanismus im 20. Jahrhundert. Studien zu Ost- und Westeuropa, Bonn 2005, S. 290–318.

Elter, Andreas, Propaganda der Tat. Die RAF und die Medien, Frankfurt a.M. 2008.

Empell, Hans-Michael, Die Menschenrechte der politischen Gefangenen in der Bundesrepublik Deutschland: Völkerrechtliche Beiträge zum Kampf gegen die Isolationshaft, Köln 1995.

Eschen, Klaus, Das Sozialistische Anwaltskollektiv, in: Kraushaar, RAF und linker Terrorismus II, S. 957–972.

Fetscher, Iring/Rohrmoser, Günter, Ideologien und Strategien (Analysen zum Terrorismus hg. v. Bundesinnenministerium Bd. 1), Opladen 1981.

Fetscher, Iring/Münkler, Herfried/Ludwig, Hannelore, Ideologien der Terroristen in der Bundesrepublik Deutschland, in: Fetscher/Rohrmoser, Ideologien und Strategien, S. 16–273.

Fichter, Tilman P./Lönnendonker, Siegward, Kleine Geschichte des SDS. Der Sozialistische Deutsche Studentenbund von Helmut Schmidt bis Rudi Dutschke, Bonn 2008.

Fiume, Fabrizio, I dibattiti ideologici della nuova sinistra in Italia: Lotta Continua e Potere Operaio all'inizio degli anni '70, in: Terhoeven u. a., Il decennio rosso.

Flamigni, Sergio, La tela del ragno. Il delitto Moro, Mailand 2003 [Ed. orig. 1988].

Flamigni, Sergio, La sfinge delle Brigate Rosse. Delitti, segreti e bugie del capo terrorista Mario Moretti, Mailand 2004.

Focardi, Filippo, „Bravo italiano" e „cattivo tedesco": riflessioni sulla genesi di due immagini incrociate, in: Storia e Memoria 1 (1996), S. 55–83.

Focardi, Filippo, L'ombra del passato. I tedeschi e il nazismo nel giudizio italiano dal 1945 a oggi. Un profilo critico, in: '900 3 (2000), S. 67–81.

Focardi, Filippo, Das Kalkül des „Bumerangs". Politik und Rechtsfragen im Umgang mit deutschen Kriegsverbrechen in Italien, in: Norbert Frei (Hg.), Transnationale Vergangenheitspolitik. Der Umgang mit deutschen Kriegsverbrechern in Europa nach dem Zweiten Weltkrieg, Göttingen 2006, S. 536–566.

Fouché, Pascal, L'édition française depuis 1945, Paris 1998.

Franzinelli, Mimmo, La sottile linea nera. Neofascismo e servizi segreti da Piazza Fontana a Piazza della Loggia, Mailand 2008.

Frei, Norbert, Vergangenheitspolitik. Die Anfänge der Bundesrepublik und die NS-Vergangenheit, München 1996.

Frei, Norbert, 1968. Jugendrevolte und globaler Protest, München 2008.

Freie Universität Berlin 1948–1973. Hochschule im Umbruch, Teil V: 1967–1969. Gewalt und Gegengewalt, Berlin 1983.

Füssel, Stephan (Hg.), 50 Jahre Frankfurter Buchmesse 1949–1999, Frankfurt a.M. 1999.

Füssel, Stephan (Hg.), Die Politisierung des Buchmarkts. 1968 als Branchenereignis, Wiesbaden 2007.

Galeotti, Giulia, Storia dell'aborto: i molti protagonisti e interessi di una lunga vicenda, Bologna 2003.

Galli, Giorgio, Piombo rosso. La storia completa della lotta armata in Italia dal 1970 a oggi, Mailand 2004.

Gargiulo, Gius/Seul, Otmar (Hg.), Terrorismes: L'Italie et l'Allemagne à l'épreuve des „années de plomb" (1970–1980): réalités et représentations du terrorisme, Paris 2008.

Gätje, Olaf, Das „info"-System der RAF von 1973 bis 1977 in sprachwissenschaftlicher Perspektive, in: Kraushaar, RAF und linker Terrorismus I, S. 714–733.

Gehler, Michael/Guiotto, Magdalena (Hg.), Italien, Österreich und die Bundesrepublik Deutschland in Europa. Ein Dreiecksverhältnis in seinen wechselseitigen Beziehungen und Wahrnehmungen von 1945/49 bis zur Gegenwart, Wien/Köln/Weimar 2012.

Gehrke, Berndt/Horn, Gerd-Rainer (Hg.), 1968 und die Arbeiter. Studien zum „proletarischen Mai" in Europa, Hamburg 2007.

Geiger, Tim, Die „Landshut" in Mogadischu. Das außenpolitische Krisenmanagement der Bundesregierung angesichts der terroristischen Herausforderung 1977, in: VfZ 3/2009, S. 413–456.

Gentile, Carlo, Wehrmacht und Waffen-SS im Partisanenkrieg: Italien 1943–1945, Paderborn u. a. 2011.

Geronimo, Feuer und Flamme. Zur Geschichte der Autonomen, Berlin/Amsterdam 1990.

Gerwarth, Robert/Haupt, Heinz-Gerhardt, Introduction, in: Internationalizing Historical Research on Terrorist Movements in Twentieth-century Europe, European Review of History – Revue européenne d'Histoire 14 (2007), S. 275–281.

Giannuli, Aldo/Schiavulli, Nicola, Storie di intrighi e di processi. Dalla strage di Piazza Fontana al caso Sofri, Rom 1991.

Giannuli, Aldo, Bombe a inchiostro, Mailand 2008.

Gilcher-Holtey, Ingrid (Hg.), 1968. Vom Ereignis zum Gegenstand der Geschichtswissenschaft, Göttingen 1998.

Gilcher-Holtey, Ingrid, Der Transfer zwischen den Studentenbewegungen von 1968 und die Entstehung einer transnationalen Gegenöffentlichkeit, in: Kaelble u. a., Transnationale Öffentlichkeiten, S. 303–325.

Gilcher-Holtey, Ingrid, Transformation durch Subversion: Die Neue Linke und die Gewaltfrage, in: Anders/Gilcher-Holtey, Herausforderungen, S. 198–220.

Ginsborg, Paul, Storia d'Italia dal dopoguerra a oggi. Società e politica 1943–1988, Turin 1989.

Ginzburg, Carlo, Il giudice e lo storico: Considerazioni in margine al processo Sofri, Turin 1991.

Giovagnoli, Agostino/Del Zanna, Giorgio (Hg.), Il mondo visto dall'Italia, Mailand 2004.

Giovagnoli, Agostino, Il caso Moro. Una tragedia repubblicana, Bologna 2005.

Glienke, Stephan Alexander, „Solche Sache schadet doch im Ausland". Der Umgang mit dem Nationalsozialismus – Differenzen zwischen der Bundesrepublik Deutschland und Großbritannien, in: Calließ, Geschichte des Erfolgsmodells BRD, S. 35–61.

Grandi, Aldo, Feltrinelli. La dinastia, il rivoluzionario, Mailand 2000.

Grandi, Aldo, La generazione degli anni perduti: storie di Potere operaio, Turin 2003.

Grandi, Aldo, Insurrezione armata, Mailand 2005.

Groglia, Piero S., Altiero Spinelli, Bologna 2008.

Gruber, Klemens, Die zerstreute Avantgarde. Strategische Kommunikation im Italien der 70er Jahre, (2. Aufl.) Wien u. a. 2010.

Gualtieri, Roberto, L'Italia dal 1943 al 1992. DC e PCI nella storia della Repubblica, Rom 2006.

Guidelli, Giorgio, Operazione Peci. Storia di un sequestro mediatico, Urbino 2005.

Hamon, Alain/Marchand, Jean-Charles, Action Directe. Du terrorisme français a l'euroterrorisme, Paris 1983.

Hanshew, Karrin, Daring More Democracy? Internal Security and the Social Democratic Fight against West German Terrorism, in: Central European History 43 (2010), S. 117–147.

Hanshew, Karrin, Terror and Democracy in West Germany, Cambridge u. a. 2012.

Hauser, Dorothea, Baader und Herold. Beschreibung eines Kampfes, 2. Aufl. Hamburg 2007.

Hauser, Dorothea, Deutschland, Italien, Japan. Die ehemaligen Achsenmächte und der Terrorismus der 1970er Jahre, in: Kraushaar, RAF und linker Terrorismus II, S. 1272–1298.

Hausmann, Friederike, Kleine Geschichte Italiens von 1943 bis zur Ära nach Berlusconi. Aktualis. Neuauflage, Berlin 2006.

Heigl, Richard, Oppositionspolitik. Wolfgang Abendroth und die Entstehung der Neuen Linken, Hamburg 2008.

Heinrich, Michael, PROKLA – oder wie ist heute eine linke, wissenschaftliche Zeitschrift möglich?, in: Hans Günther Thien (Hg.), Bücher nichts als Bücher, München 1994, S. 104–106.

Hess, Henner, Angriff auf das Herz des Staates, 2 Bde., Frankfurt a.M. 1988.

Hobsbawm, Eric, Das Zeitalter der Extreme, Weltgeschichte des 20. Jahrhunderts, München 1998 [engl. 1994].

Hocks, Stephan, Freigepresst und ausgeliefert. „Deutschlands gefährlichster Terrorist" zurück im Strafvollzug – der Fall Rolf Pohle, in: Kiesow, Rainer Maria/Simon, Dieter (Hg.), Vorzimmer des Rechts, Frankfurt a.M. 2006, S. 129–144.

Hof, Tobias, Der Prozess gegen den „historischen Kern" der Brigate Rosse in Turin, in: Hürter/Rusconi, Bleierne Jahre, S. 63–72.

Hof, Tobias, Staat und Terrorismus in Italien 1969–1982, München 2011.

Hof, Tobias, Vom italienischen „Robin Hood" zum „Staatsfeind Nr. 1". Die Entwicklung der linksterroristischen Gruppe Brigate Rosse (1969–1987), in: Gehler/Guiotto, Italien, S. 405–430.

Hoffman, Bruce, Terrorismus. Der unerklärte Krieg. Neue Gefahren politischer Gewalt, 5. Aufl. Frankfurt a.M. 2003.

Holzmeier, Carolin/Mayer, Natalie, Erdung durch Arbeiternähe? Die *Roten Brigaden* Italiens, in: Straßner, Sozialrevolutionärer Terrorismus, S. 275–303.

Horn, Gerd-Rainer, The Spirit of '68, Oxford 2007.

Hürter, Johannes, Anti-Terrorismus-Politik. Ein deutsch-italienischer Vergleich 1969–1982, in: VfZ 3 (2009), S. 329–348.

Hürter, Johannes/Rusconi, Gian Enrico (Hg.), Die bleiernen Jahre. Staat und Terrorismus in der Bundesrepublik Deutschland und Italien 1969–1982, München 2010.

Hürter, Johannes, Von deutscher „Härte" und italienischer „fermezza". Die staatlichen Reaktionen auf die Entführungsfälle Schleyer und Moro 1977/78, in: Gehler/ Guiotto, Italien, S. 383–404.

Ibrügger, Angelika, Die unfreiwillige Selbstbespiegelung einer *lernenden Demokratie*. Heinrich Böll als Intellektueller zu Beginn der Terrorismusdiskussion, in: Colin u. a., ‚Deutscher Herbst', S. 156–169.

Igel, Regine, Linksterrorismus fremdgesteuert? Die Kooperation von RAF, Roten Brigaden, CIA und KGB, in: Blätter für deutsche und internationale Politik 10 (2007), S. 1221–1235.

Imposimato, Ferdinando, Doveva morire. Chi ha ucciso Aldo Moro. Il giudice dell'inchiesta racconta, Mailand 2008.

Imposimato, Ferdinando, Terrorismo internazionale. Verità nascosta, Mailand 2002.

Isnenghi, Mario (Hg.), I luoghi della memoria, Bd. III: Personaggi e dati dell'Italia unita, Rom/Bari 1997.

Jander, Martin, Isolation. Zu den Haftbedingungen der RAF-Gefangenen, in: Kraushaar, Die RAF und linker Terrorismus II, S. 973–993.

Jansen, Christian, Brigate Rosse und Rote Armee Fraktion. ProtagonistInnen, Propaganda und Praxis des Terrorismus der frühen siebziger Jahre, in: v. Mengersen, Oliver (Hg.), Personen, Soziale Bewegungen, Parteien: Beiträge zur Neuesten Geschichte. Festschrift für Hartmut Soell, Heidelberg 2004, S. 483–500.

Jansen, Christian, Italien seit 1945, Göttingen 2007.

Jarausch, Konrad H. (Hg.), Das Ende der Zuversicht? Die siebziger Jahre als Geschichte, Göttingen 2008.

Jensen, Uffa u. a. (Hg.), Gewalt und Gesellschaft. Klassiker des modernen Denkens neu gelesen, Göttingen 2011.

Jobs, Richard Ivan, Travel, Protest and Europe in 1968, in: American Historical Review, April 2009, S. 376–404.

Jordan, Lothar/Kortländer, Bernd (Hg.), Nationale Grenzen und internationaler Austausch. Studien zum Kultur- und Wissenschaftstransfer in Europa, Tübingen 1995.

Juchler, Ingo, Die Studentenbewegungen in den Vereinigten Staaten und der Bundesrepublik Deutschland in den sechziger Jahren. Eine Untersuchung hinsichtlich ihrer Beeinflussung durch Befreiungsbewegungen und -theorien aus der Dritten Welt, Berlin 1996.

Juchler, Ingo, Trikontinentale und Studentenbewegung. Antiimperialismus als Schibboleth, in: Kraushaar, RAF und linker Terrorismus I, S. 205–217.

Kaelble, Hartmut u. a. (Hg.), Transnationale Öffentlichkeiten und Identitäten im 20. Jahrhundert, Frankfurt a.M./New York 2002.

Kaelble, Hartmut/Kirsch, Martin/Schmidt-Gernig, Alexander, Zur Entwicklung transnationaler Öffentlichkeiten und Identitäten im 20. Jahrhundert. Eine Einleitung, in: Kaelble u. a., Transnationale Öffentlichkeiten, S. 7–33.

Kammerer, Peter, Ein italienisch-deutsches Komitee zur Verteidigung der Bürgerrechte und demokratischen Freiheiten, in: Wolfgang Storch/Ruschkowski, Claudia (Hg.), Deutschland – Italien. Aufbruch aus Diktatur und Krieg, Dresden 2013, S. 310f.

Karl, Michaela, Rudi Dutschke. Revolutionär ohne Revolution, Frankfurt a.M. 2003.

Katsiaficas, George, The Subversion of Politics. European Autonomous Social Movements and the Decolonization of Everyday Life, New Jersey 1998.

Katz, Robert, I giorni dell'ira, Rom 1982.

Klimke, Martin/Scharloth, Joachim (Hg.), 1968. Handbuch zur Kultur- und Mediengeschichte der Studentenbewegung, Bonn 2008.

Klimke, Martin, The Other Alliance. Student Protest in West Germany and the United States in the Global Sixties, Princeton 2010.

Klinkhammer, Lutz, Der Resistenza-Mythos und Italiens faschistische Vergangenheit, in: Afflerbach/Cornelißen, Sieger und Besiegte, S. 119–139.

Klinkhammer, Lutz, Die Ahndung von deutschen Kriegsverbrechen in Italien nach 1945, in: Rusconi, Gian Enrico/Woller, Hans (Hg.), Parallele Geschichte? Italien und Deutschland 1945–2000. Vom Ende des Zweiten Weltkrieges bis zur europäischen Einigung, Berlin 2006, S. 89–106.

Klinkhammer, Lutz, Enzo Collotti e il problema tedesco nel XX secolo, in: Soldani, Collotti, S. 35–60.

Knabe, Hubertus, Die unterwanderte Republik. Stasi im Westen, Berlin 1999.

Knoch, Habbo (Hg.), Bürgersinn und Weltgefühl. Politische Moral und solidarischer Protest in den sechziger und siebziger Jahren, Göttingen 2007.

Koenen, Gerd, „Und in den Herzen Asche", in: Der Spiegel 35/27.8.2001.

Koenen, Gerd, Das rote Jahrzehnt. Unsere kleine deutsche Kulturrevolution 1967–1977, Frankfurt a.M. 2002.

Koenen, Gerd, Vesper, Ensslin, Baader. Urszenen des Terrorismus, Köln 2003.

Koenen, Gerd, Rudi Dutschke, die „Neue Linke" und die Gewalt, in: Jahrbuch für historische Kommunismusforschung 20 (2005), S. 324–338.

Koenen, Gerd, Camera silens. Das Phantasma der „Vernichtungshaft", in: Kraushaar, RAF und linker Terrorismus II, S. 994–1010.

Koenen, Gerd, Traumpfade der Weltrevolution. Das Guevara-Projekt, Köln 2008.

König, Karin, Zwei Ikonen des bewaffneten Kampfes. Leben und Tod Georg von Rauchs und Thomas Weisbeckers, in: Kraushaar, RAF und linker Terrorismus I, S. 430–471.

König, Malte, Franco Basaglia und das Gesetz 180. Die Auflösung der psychiatrischen Anstalten in Italien 1978, in: Terhoeven, Italien, Blicke, S. 209–234.

Korndörfer, Lutz, Terroristische Alternative in der BRD: Die Bewegung 2. Juni, in: Straßner, Sozialrevolutionärer Terrorismus, S. 237–256.

Körner, Klaus, Der Trikont Verlag und das ‚Archiv 451', in: Aus dem Antiquariat 2 (2004), S. 101–107.

Korte, Karl-Rudolf, Der Standort der Deutschen. Akzentverlagerungen der deutschen Frage in der Bundesrepublik Deutschland seit den siebziger Jahren, Köln 1990.

Kraushaar, Wolfgang, Antiautoritärer Staat und Antiautoritäre Bewegung. Zum Organisationsreferat von Rudi Dutschke und Hans-Jürgen Krahl auf der 22. Delegiertenkonferenz des SDS in Frankfurt (September 1967), in: 1999. Zeitschrift für Sozialgeschichte des 20. und 21. Jahrhunderts 2 (1987), S. 76–104.

Kraushaar, Wolfgang (Hg.), Frankfurter Schule und Studentenbewegung. Von der Flaschenpost zum Molotowcocktail, 1946–1995, 2 Bde., Hamburg 1998.

Kraushaar, Wolfgang, Die transatlantische Protestkultur. Der zivile Ungehorsam als amerikanisches Exempel und als bundesdeutsche Adaption, in: Bude, Heinz/Greiner, Bernd (Hg.), Westbindungen. Amerika in der Bundesrepublik, Hamburg 1999, S. 257–284.

Kraushaar, Wolfgang, Fischer in Frankfurt: Karriere eines Außenseiters, Hamburg 2001.

Kraushaar, Wolfgang, Aus der Protestchronik, in: Mittelweg 36 5 (2002), S. 92–95.

Kraushaar, Wolfgang, Die Frankfurter Sponti-Szene. Eine Subkultur als politische Versuchsanordnung, in: Archiv für Sozialgeschichte 44 (2004), S. 105–121.

Kraushaar, Wolfgang, Die Bombe im Jüdischen Gemeindehaus, Hamburg 2005.

Kraushaar, Wolfgang (Hg.), Die RAF und der linke Terrorismus, 2. Bde., Hamburg 2006.

Kraushaar, Wolfgang, Zur Topologie des RAF-Terrorismus, in: Ders., RAF und linker Terrorismus I, S. 13–61.

Kraushaar, Wolfgang, Rudi Dutschke und der bewaffnete Kampf, in: Ders., RAF und linker Terrorismus I, S. 218–247.

Kraushaar, Wolfgang, Die Tupamaros Westberlin, in: Ders., RAF und linker Terrorismus I, S. 512–530.

Kraushaar, Wolfgang, Im Schatten der RAF. Zur Entstehungsgeschichte der Revolutionären Zellen, in: Ders., RAF und linker Terrorismus I, S. 583–601.

Kraushaar, Wolfgang, Der nicht erklärte Ausnahmezustand. Staatliches Handeln während des sogenannten Deutschen Herbstes, in: Ders., RAF und linker Terrorismus II, S. 1011–1025.

Kraushaar, Wolfgang/Reemtsma, Jan Philipp, „Sie hatten nie eine politische Forderung…". Ein Gespräch mit dem Schriftsteller Hans Magnus Enzensberger über die Hintergründe der RAF, in: Kraushaar, RAF und linker Terrorismus II, S. 1392–1411.

Kraushaar, Wolfgang, „Sartre in Stammheim. Zur Genese eines deutsch-französischen Missverständnisses", in: Lettre International 80 (2008), S. 50–56.

Kraushaar, Wolfgang, Die RAF und ihre Opfer. Zwischen Selbstheroisierung und Fremdtabuisierung, in: Ders. (Hg.), Die RAF. Entmythologisierung einer terroristischen Organisation, Bonn 2008, S. 356–367.

Kraushaar, Wolfgang, Verena Becker und der Verfassungsschutz, Hamburg 2010.

Kraushaar, Wolfgang, „Wann endlich beginnt bei Euch der Kampf gegen die heilige Kuh Israel?" München 1970: über die antisemitischen Wurzeln des deutschen Terrorismus, Reinbek b. Hamburg 2013.

Krebs, Mario, Ulrike Meinhof. Ein Leben im Widerspruch, Reinbek b. Hamburg 1988, S. 184–194.

Kroll, Thomas, Demokratie und Stalinismus im politischen Glauben der kommunistischen Intellektuellen Italiens während des Kalten Krieges (1945–1956), in: Terhoeven, Italien, Blicke, S. 159–184.

Kühn, Andreas, Stalins Enkel, Maos Söhne. Die Lebenswelt der K-Gruppen in der Bundesrepublik der 70er Jahre, Frankfurt a.M./New York 2005.

Kuntz, Eva Sabine, Konstanz und Wandel von Stereotypen. Deutschlandbilder in der italienischen Presse nach dem Zweiten Weltkrieg, Frankfurt a.M. 1997.

Kurz, Jan, Die Universität auf der Piazza. Entstehung und Zerfall der Studentenbewegung in Italien 1966–1968, Köln 2001.

Lahrem, Stephan, Che. Eine globale Protestikone des 20. Jahrhunderts, in: Paul, Jahrhundert der Bilder, S. 234–241.

Lanaro, Silvio, Storia dell'Italia repubblicana, Venedig 1992.

Lau, Jörg, Hans-Magnus Enzensberger. Ein öffentliches Leben, Berlin 1999.

Le Goff, Jean-Pierre, Mai 68, l'héritage impossibile, Paris 2002.

Lenger, Friedrich/Nünning, Ansgar (Hg.), Medienereignisse der Moderne, Darmstadt 2008.

Levi, Fabio, In viaggio con Alex. La vita e gli incontri di Alexander Langer (1946–1995), Mailand 2007.

Lieber, Maria, A propos Sturmtruppen, in: Italienisch 30 (1993), S. 88–92.

Lönnendonker, Siegward/Rabehl, Bernd/Staadt, Jochen, Die antiautoritäre Revolte. Der Sozialistische Deutsche Studentenbund nach der Trennung von der SPD, Opladen 2002.

Lönnendonker, Siegward, Der 2. Juni 1967, in: Lönnendonker/Rabehl/Staadt, Antiautoritäre Revolte, S. 331–371.

Lönnendonker, Siegward, Die 22. Delegiertenkonferenz und die Zukunft der Revolte, in: Lönnendonker/Rabehl/Staadt, Revolte, S. 372–399.

Lüsebrink, Hans-Jürgen, Interkulturelle Kommunikation. Interaktion, Fremdwahrnehmung, Kulturtransfer, Stuttgart 2005.

Luzzatto, Sergio, Il corpo politico, in: Storia d'Italia, Annali 20, L'immagine fotografica 1945–2000, hg. v. Uliano Lucas, Turin 2004, S. 523–547.

Malthaner, Stefan, Terroristische Bewegungen und ihre Bezugsgruppe. Anvisierte Sympathisanten und tatsächliche Unterstützer, in: Waldmann, Determinanten, S. 85–137.

Manconi, Luigi, The political ideology of the Red Brigades, in: Catanzaro, Red Brigades, S. 115–143.

Manconi, Luigi, Terroristi italiani, Mailand 2008.

Manning, Till, Die Italiengeneration. Stilbildung durch Massentourismus in den 1950er und 1960er Jahren, Göttingen 2011.

Mantica, Alfredo/Vincenzo Fragalà, La dimensione sovranazionale del fenomeno eversivo in Italia, in: Senato della Repubblica (Hg.), Commissione parlamentare d´inchiesta sul terrorismo in Italia e sulle cause della mancata individuazione dei responsabili delle stragi, XIII. legislatura, Doc. XXIII n. 64, Bd. I, Unterbd. V, Teil II, Rom 2000, S. 1–246.

Marchese, Stelio, I collegamenti internazionali del terrorismo italiano, L´Aquila 1989.

Marmulla, Henning, Nationale Zeitschrift, internationale Kommunikation, transnationale Öffentlichkeit, in: Klimke/Scharloth, 1968, S. 37–47.

Martens, Janneke, „Polizei und Justiz drehen völlig durch." Die Rote Armee Fraktion in den niederländischen Medien, in: Colin, ‚Deutscher Herbst', S. 91–108.

Martini, Magda, La cultura all´ombra del muro. Relazioni culturali tra Italia e DDR (1949–1989), Bologna 2007.

März, Michael, Linker Protest nach dem Deutschen Herbst. Eine Geschichte des linken Spektrums im Schatten des ‚starken Staates' 1977–1979, Bielefeld 2012.

Mazenauer, Beat, Das Gedächtnis der Arbeiterbewegung, in: du 724. März 2002, S. 68–74.

Merari, Ariel/Shlomi Elad, The International Dimension of Palestinian Terrorism, Boulder 1986.

Mergel, Thomas, Überlegungen zu einer Kulturgeschichte der Politik, in: Geschichte und Gesellschaft 28 (2002), S. 574–606.

Mezzadra, Sandro, Operaismo, in: Esposito, Roberto/Galli, Carlo (Hg.), Enciclopedia del pensiero politico. Autori, concetti, dottrine, Roma/Bari 2000, S. 53–72.

Mickolus, Edward F., Transnational Terrorism: A Chronology of Events, 1968–1979, London 1980.

Missiroli, Antonio, Italia–Germania: le affinità selettive, in: il Mulino, 44 (1995), S. 26–40.

Missiroli, Antonio, Un rapporto ambivalente. Le due Germanie viste dall´Italia: 1945–1989, in: Storia e Memoria 1 (1996), S. 99–112.

Moro, Giovanni, Anni Settanta, Turin 2007.

Moss, David, Memorialization without Memory: The Case of Aldo Moro, in: Antonello/O'Leary, Imagining Terrorism, S. 168–199.

von zur Mühlen, Patrick, Die internationale Arbeit der Friedrich-Ebert-Stiftung. Von den Anfängen bis zum Ende des Ost-West-Konflikts, Bd. 1: Geschichte der internationalen Arbeit der Friedrich-Ebert-Stiftung, Bonn 2007.

Müller, Michael Ludwig, Berlin 1968. Die andere Perspektive, Berlin 2008.

Münkler, Herfried, Guerillakrieg und Terrorismus, in: npl 25 (1980), S. 299–326.

Münkler, Herfried, Die neuen Kriege, Reinbek b. Hamburg 2003.

Murialdi, Paolo, Storia del giornalismo italiano, Bologna 2006.

Musolff, Andreas, Anmerkungen zur Geschichte des Ausdrucks ‚Sympathisant' im Kontext der Terrorismus-Diskussion, in: Sprache und Literatur in Wissenschaft und Unterricht 64 (1989), S. 95–109.

Musolff, Andreas, Krieg gegen die Öffentlichkeit. Terrorismus und politischer Sprachgebrauch, Opladen 1996.

Naccarato, Alessandro, Violenze, eversione e terrorismo del partito armato a Padova. Le sentenze contro Potere Operaio, Autonomia Operaia Organizzata e Collettivi Politici Veneti, Padua 2008.

Negt, Oskar, Achtundsechzig. Politische Intellektuelle und die Macht, Göttingen 1995.

Neri Serneri, Simone (Hg.), Verso la lotta armata. La politica della violenza nella sinistra radicale degli anni Settanta, Mailand 2012.

Novelli, Diego/Tranfaglia, Nicola, Vite sospese. Le generazioni del terrorismo, Mailand 1988.

Oesterle, Kurt, Stammheim. Der Vollzugsbeamte Horst Bubeck und die RAF-Häftlinge, 2. Aufl. München 2005.

Osterhammel, Jürgen, Transnationale Gesellschaftsgeschichte: Erweiterung oder Alternative, in: Geschichte und Gesellschaft 27 (2001), S. 464–479.

Panvini, Guido, Ordine nero, guerriglia rossa. La violenza politica nell'Italia degli anni Sessanta e Settanta (1966–1975), Turin 2009.

Pasquini, Massimo, Caro Lucrezio, Rom 1992.

Pasquino, Gianfranco, Sistema politico bloccato e insorgenza del terrorismo: ipotesi e prime verifiche, in: Ders. (Hg.), La prova delle armi, Bologna 1984, S. 175–220.

Passmore, Leith, The Art of Hunger: Self-Starvation in the Red Army Faction, in: German History 27 (2009), S. 32–59.

Paul, Gerhard (Hg.), Das Jahrhundert der Bilder. 1949 bis heute, Göttingen 2008.

Paulmann, Johannes, Auswärtige Repräsentationen nach 1945: Zur Geschichte der deutschen Selbstdarstellung im Ausland, in: Ders. (Hg.), Auswärtige Repräsentationen. Deutsche Kulturdiplomatie nach 1945, Köln u. a. 2005, S. 1–32.

Paulmann, Johannes, Grenzüberschreitungen und Grenzräume. Überlegungen zur Geschichte transnationaler Beziehungen von der Mitte des 19. Jahrhunderts bis in die Zeitgeschichte, in: Conze u. a., Geschichte der internationalen Beziehungen, S. 169–196.

Pekelder, Jacco, Herbst in Holland. Die RAF in den Niederlanden 1970–1980, in: Colin u. a., ‚Deutscher Herbst', S. 17–35.

Pekelder, Jacco, „Ich liebe Ulrike". Die RAF und die Niederlande 1970–1980, Münster 2012 [niederl. Amsterdam 2007].

Peters, Butz, Tödlicher Irrtum. Die Geschichte der RAF, 3. Aufl. Frankfurt a.M. 2007.

Petersen, Jens: Italia – Germania: percezioni, stereotipi, pregiudizi, immagini d'inimicizia, in: Ders. (Hg.), L'emigrazione fra Italia e Germania, Manduria u. a. 1993, S. 199–219.

Petersen, Jens, Italienbilder – Deutschlandbilder. Gesammelte Aufsätze, Köln 1999.

Pflieger, Klaus, Die Rote Armee Fraktion – RAF – 14.5.1970 bis 20.4.1998, 2. erw. Aufl. Baden-Baden 2007.

Picciotto Fargion, Liliana, Il libro della memoria. Gli ebrei deportati dall'Italia 1943–1945 (2. ergänzte Aufl.), Mailand 2002.

Pivato, Stefano, Bella Ciao. Canto e politica nella storia d'Italia, Rom/Bari 2005.

Pons, Silvio, Berlinguer e la fine del comunismo, Turin 2006.

Portelli, Alessandro, Oral Testimony, the Law and the Making of History: The 'April 7' Murder Trial, in: History Workshop 20 (1985), S. 5–35.

Prauser, Steffen, Mord in Rom. Der Anschlag in der Via Rasella und die deutsche Vergeltung in den Fosse Ardeatine im März 1944, in: VfZ 50 (2002), S. 269–301.

Prill, Florian, Präventivhaft zur Terrorismusbekämpfung, München 2010.

Prinz, Alois, Lieber wütend als traurig. Die Lebensgeschichte der Ulrike Marie Meinhof, Frankfurt a.M. 2005.

Rabehl, Bernd, Feindblick. Der SDS im Fadenkreuz des ‚Kalten Krieges', Berlin 2000.

Rabehl, Bernd, Die Provokationselite: Aufbruch und Scheitern der subversiven Rebellion in den sechziger Jahren, in: Rabehl/Lönnendonker/Staadt, Antiautoritäre Revolte, S. 400–512.

Reichardt, Sven/Siegfried, Detlef, Das Alternative Milieu. Konturen einer Lebensform, in: Dies. (Hg.), Das Alternative Milieu. Antibürgerlicher Lebensstil und linke Politik in der Bundesrepublik Deutschland und Europa 1968–1983, Göttingen 2010, S. 9–26.

Reichel, Peter u. a. (Hg.), Der Nationalsozialismus – Die zweite Geschichte. Überwindung – Deutung – Erinnerung, München 2009.

Reimann, Aribert, Dieter Kunzelmann. Avantgardist, Protestler, Radikaler, Göttingen 2009.

Reinecke, Stefan, Die linken Anwälte. Eine Typologie, in: Kraushaar, RAF und linker Terrorismus II, S. 948–956.

Reinecke, Stefan, Otto Schily. Vom RAF-Anwalt zum Innenminister, Hamburg 2003.

Requate, Jörg, Medien und Öffentlichkeit als Gegenstände historischer Analyse, in: Geschichte und Gesellschaft 25 (1999), S. 5–32.

Requate, Jörg/Schulze Wessel, Martin (Hg.), Europäische Öffentlichkeit. Transnationale Kommunikation seit dem 18. Jahrhundert, Frankfurt a.M. 2002

Requate, Jörg/Schulze Wessel, Martin, Europäische Öffentlichkeit. Realität und Imagination einer appellativen Instanz, in: Dies., Europäische Öffentlichkeit, S. 11–42.

Requate, Jörg, „Terroristenanwälte" und Rechtsstaat: Zur Auseinandersetzung um die Rolle der Verteidiger in den Terroristenverfahren der 1970er Jahre, in: Weinhauer u. a., Terrorismus, S. 271–299.

Rieker, Yvonne, „Ein Stück Heimat findet man ja immer": Die italienische Emigration in die Bundesrepublik, Essen 2003.

Rigoll, Dominik, Die Demokratie der anderen. Der Radikalenerlass von 1972 und die Debatte um die ‚Berufsverbote' – International vergleichende und transfergeschichtliche Aspekte, in: Calließ, Geschichte des Erfolgsmodells BRD, S. 173–177.

Rigoll, Dominik, „Herr Mitterrand versteht das nicht!" – „Rechtsstaat" und „deutscher Sonderweg" in den deutsch-französischen Auseinandersetzungen um den Radikalenbeschluss 1975/76, in: Schulze, Detlef Georgia u. a. (Hg.), Rechtsstaat statt Revolution, Verrechtlichung statt Demokratie?, Bd. 2: Die juristischen Konsequenzen, Münster 2010, S. 812–822.

Rigoll, Dominik, Staatsschutz in Westdeutschland. Von der Entnazifizierung zur Extremistenabwehr, Göttingen 2013.

Riva, Valerio, L'Oro da Mosca. I finanziamenti sovietici al PCI dalla rivoluzione d'ottobre al crollo del URSS, Mailand 1999.

Röhl, Bettina, So macht Kommunismus Spaß! Ulrike Meinhof, Klaus Rainer Röhl und die Akte Konkret, Hamburg 2006.

Rossi, Federica, Lectures du passé et mobilisations au présent: Le cas de l'„Affaire Battisti", in: Gargiulo/Seul, Terrorismes, S. 223–254.

Rosteck, Jens, Hans Werner Henze, Rosen und Revolutionen. Die Biographie, Berlin 2009.

Roth, Andreas, Der Voltaire-Verlag und die Edition Voltaire, in: Füssel, Politisierung des Buchmarkts, S. 11–90.

Rusconi, Gian Enrico, Germania Italia Europa. Dallo stato di potenza alla "potenza civile", Turin 2003.

Rusconi, Gian Enrico/Woller, Hans (Hg.), Italia e Germania 1945–2000. La costruzione dell'Europa, Bologna 2005

Saccoman, Andrea, Sentieri rossi nella metropoli. Per una storia delle Brigate Rosse a Milano, Mailand 2007.

Salvini, Guido, La legge sui terroristi pentiti. Un primo bilancio, Mailand 1983.

Satta, Vladimiro, Odissea nel caso Moro. Viaggio controcorrente attraverso la documentazione della Commissione Stragi, Rom 2003.

Satta, Vladimiro, Il caso Moro e i suoi falsi misteri, Soveria Mannelli 2006.

Satta, Vladimiro, I collegamenti internazionali del terrorismo rosso italiano, in: Nuova Storia Contemporanea 6 (2007), S. 23–52.

Schaerf, Carlo u. a. (Hg.), Venti anni di violenza politica in Italia 1969–1988: Cronologia ed analisi statistica, Rom 1992.

Scheerer, Sebastian, Deutschland: Die ausgebürgerte Linke, in: Hess, Angriff auf das Herz des Staates, S. 193–429.

Scheiper, Stephan, Innere Sicherheit. Politische Anti-Terror-Konzepte in der Bundesrepublik Deutschland während der 1970er Jahre, Paderborn u. a. 2010.

Schieder, Wolfgang, Die Verdrängung der faschistischen Tätervergangenheit im Nachkriegsitalien, in: Asfa-Wossen Asserate/Aram Mattioli (Hg.), Der erste faschistische Vernichtungskrieg. Die italienische Aggression gegen Äthiopien 1935/36, Köln 2006, S. 177–197.

Schmid, Alex P./De Graaf, Janny, Violence as Communication: Insurgent Terrorism and the Western News Media, London 1982.

Schmidt, Christian, „Wir sind die Wahnsinnigen…", Joschka Fischer und seine Frankfurter Gang, München 1999.

Schmidtke, Michael, 1968 und die Massenmedien – Momente europäischer Öffentlichkeit, in: Requate/Schulze Wessel, Europäische Öffentlichkeit, S. 273–294.

Schmitz, Christian M., Zwischen Mythos und Aufklärung: Deutschland in der außenpolitischen Berichterstattung der Zeitung ‚Le Monde' 1963 bis 1983, Frankfurt a.M. u. a. 1990.

Schneckener, Ulrich, Transnationaler Terrorismus. Charakter und Hintergründe des „neuen" Terrorismus, Frankfurt a.M. 2006.

Schneider, Ute, Literarische und politische Gegenöffentlichkeit. Die Frankfurter Buchmesse in den Jahren 1967 bis 1969, in: Füssel, 50 Jahre Frankfurt Buchmesse, S. 89–114.

Schreiber, Jürgen, Sie starb wie Che Guevara, Die Geschichte der Monika Ertl, Düsseldorf 2009.

Schröm, Oliver, Im Schatten des Schakals. Carlos und die Wegbereiter des internationalen Terrorismus, Berlin 2002.

Schwaabe, Christian, Anti-Amerikanismus. Wandlungen eines Feindbildes, München 2003.

Selvatici, Antonio, Chi spiava i terroristi. KGB, Stasi – BR, RAF, Bologna 2009.

Sisto, Michele, „I tedeschi di Feltrinelli": Die deutsche Literatur der 60er Jahre in Italien, in: Jahrbuch für internationale Germanistik 38 (2006), S. 35–59.

Skeleton-Robinson, Thomas, Im Netz verheddert. Die Beziehungen des bundesdeutschen Linksterrorismus zur Volksfront für die Befreiung Palästinas (1969–1980), in: Kraushaar, RAF und linker Terrorismus II, S. 828–904.

Slobodian, Quinn, Foreign Front. Third World Politics in Sixties West Germany, Durham/London 2012.

Soldani, Simonetta (Hg.), Enzo Collotti e l´Europa del Novecento, Florenz 2011.

Sommier, Isabelle, La violence politique e son deuil. L´après 68 en France et en Italie, Rennes 1998.

Sommier, Isabelle, La violenza rivoluzionaria. Le esperienze di lotta armata in Francia, Germania, Giappone, Italia e Stati Uniti, Rom 2009.

Sorrentino, Carlo, I percorsi della notizia. La stampa italiana tra politica e mercato, Bologna 1995.

Staadt, Jochen/Voigt, Tobias/Wolle, Stefan, Feind-Bild Springer. Ein Verlag und seine Gegner, Göttingen 2009.

Staron, Joachim, Fosse Ardeatine und Marzabotto. Deutsche Kriegsverbrechen und Resistenza: Geschichte und nationale Mythenbildung in Deutschland und Italien (1944–1999), Paderborn u. a. 2000.

Steffen, Michael, Geschichten vom Trüffelschwein – Politik und Organisation des Kommunistischen Bundes 1971 bis 1991, Marburg 2002.

Steinert, Heinz/Sack, Fritz, Protest und Reaktion, Opladen 1982 (Analysen zum Terrorismus Bd. 4/2).

Steinert, Heinz, Sozialstrukturelle Bedingungen des „linken Terrorismus" der 70er Jahre aufgrund eines Vergleichs der Entwicklungen in der Bundesrepublik Deutschland in Italien, Frankreich und den Niederlanden, in: Steinert/Sack, Protest und Reaktion, S. 387–621.

Sterling, Claire, The Terror Network, The Secret War of International Terrorism, 2. überarb. Auflage, New York 1989.

Stern, Klaus, Die „Bewegung 2. Juni" und die Lorenz-Entführung [unveröffentl. Diplomarbeit], Kassel 1998.

Straßner, Alexander, Die dritte Generation der „Roten Armee Fraktion". Entstehung, Struktur, Funktionslogik und Zerfall einer terroristischen Organisation, 2. Aufl. Wiesbaden 2005.

Straßner, Alexander (Hg.), Der sozialrevolutionäre Terrorismus. Theorie, Ideologie, Fallbeispiele, Zukunftsszenarien, Wiesbaden 2008.

Sturm, Michael, Tupamaros München: „Bewaffneter Kampf", Subkultur und Polizei 1969–1971, in: Weinhauer u. a., Terrorismus, S. 99–133.

v. Tangen Page, Michael, Prisons, Peace and Terrorism. Penal Policy in the Reduction of Political Violence in Northern Ireland, Italy and the Basque Country, 1968–1997, London 1998.

Tarrow, Sidney G., Democracy and Disorder: Protest and Politics in Italy 1965–1975, Oxford 1989.

Tenfelde, Christopher Rainer, Die Rote-Armee-Fraktion und die Strafjustiz: Anti-Terror-Gesetze und ihre Umsetzung am Beispiel des Stammheim-Prozesses, Osnabrück 2009.

Terhoeven, Petra, Opferbilder – Täterbilder. Die Fotografie als Medium linksterroristischer Selbstermächtigung in Deutschland und Italien während der 70er Jahre, in: GWU 7/8 (2007), S. 380–399.

Terhoeven, Petra (Hg.), Italien, Blicke. Neue Perspektiven der italienischen Geschichte des 19. und 20. Jahrhunderts, Göttingen 2010.

Terhoeven, Petra, Deutscher Herbst in Italien. Die italienische Linke und die ‚Todesnacht von Stammheim', in: Dies., Italien, Blicke, S. 185–208.

Terhoeven, Petra, Guerilla-Mentalität im SDS. Rudi Dutschke/Hans-Jürgen Krahl, Organisationsreferat (1967), in: Jensen u. a., Gewalt und Gesellschaft, S. 305–316.

Tessandori, Vincenzo, BR. Imputazione: Banda armata, Mailand 2004.

Tessandori, Vincenzo, „Qui Brigate Rosse". Il racconto, le voci, Mailand 2009.

Tolomelli, Marica, „Repressiv getrennt" oder „organisch verbündet". Studenten und Arbeiter 1968 in der Bundesrepublik und in Italien, Opladen 2001.

Tolomelli, Marica, Terrorismo e società. Il pubblico dibattito in Italia e in Germania negli anni Settanta, Bologna 2006.

Tolomelli, Marica, Jenseits von „Spaghetti und Revolvern". Italienische Verhältnisse in den 1970er Jahren, in: Geschichte und Gesellschaft 35 (2009), S. 429–457.

Trotta, Giuseppe u. a. (Hg.), L'operaismo degli anni Sessanta. Da „Quaderni Rossi" a „Classe Operaia", Rom 2008.

Twardzik, Stefano, Sulle lettere originali di Aldo Moro pervenute nei giorni del suo sequestro, in: Studi Storici 54 (2013), S. 105–147.

Varon, Jeremy, Bringing the War Home. The Weather Underground, The Red Army Faction, and Revolutionary Violence in the Sixties and Seventies, Berkeley 2004.

Vecchio, Concetto, Ali di piombo, Mailand 2007.

Ventrone, Angelo, (Hg.), I dannati della rivoluzione, Violenza politica e storia d´Italia negli anni Sessanta e Settanta, Macerata 2010.

Ventrone, Angelo, Dal Palazzo d´inverno ai quartieri liberati. La trasformazione dell´idea di rivoluzione, in: Ders., I dannati della rivoluzione, S. 79–99.

Ventrone, Angelo, „Vogliamo tutto". Perché due generazioni hanno creduto nella rivoluzione (1960–1988), Roma/Bari 2012.

Vittoria, Albertina, Storia del PCI 1921–1991, Rom 2006.

Vogel, Sabine, Generöser Pauker und egalitärer Patriarch, in: du 724. März 2002, S. 54f.

Voigt, Klaus: Zuflucht auf Widerruf: Exil in Italien 1933–1945, 2 Bde., Stuttgart 1989–1993.

Vowinckel, Annette Flugzeugentführungen. Eine Kulturgeschichte, Göttingen 2011.

Waldmann, Peter, Terrorismus. Provokation der Macht, 2. überarb. Aufl. Hamburg 2005.

Waldmann, Peter (Hg.), Determinanten des Terrorismus, Weilerswist 2008.

Waldmann, Peter, Determinanten der Entstehung und Entwicklung terroristischer Organisationen, in: Ders., Determinanten, S. 11–28.

Waldmann, Peter, The Radical Milieu: The Under-Investigated Relationship between Terrorists and Sympathetic Communities, in: Perspectives on Terrorism 9 (2008), S. 25–27.

Warmbold, Thyll, Zwischen ‚Solidarität der Demokraten' und parteipolitischem Kalkül – Die CDU/CSU-Opposition und der Linksterrorismus der 1970er Jahre [unveröffentl. Staatsarbeit], Göttingen 2011.

Weimann, Gabriel/Winn, Conrad, The Theatre of Terror. Mass Media and International Terrorism, New York 1994.

Weinhauer, Klaus, Terrorismus in der Bundesrepublik der Siebzigerjahre. Aspekte einer Sozial- und Kulturgeschichte der Inneren Sicherheit, in: Archiv für Sozialgeschichte 44 (2004), S. 219–242.

Weinhauer, Klaus u. a. (Hg.), Terrorismus in der Bundesrepublik. Medien, Staat und Subkulturen in den 1970er Jahren, Frankfurt a.M./New York 2006.

Weinhauer, Klaus/Requate, Jörg, Die Herausforderung des Linksterrorismus, in: Weinhauer u. a., Terrorismus, S. 9–32.

Werner, Michael, Maßstab und Untersuchungsebene. Zu einem Grundproblem der vergleichenden Kulturtransferforschung, in: Jordan/Kortländer, Nationale Grenzen, S. 20–33.

Werner, Michael/Zimmermann, Bénédicte, Vergleich, Transfer, Verflechtung. Der Ansatz der Historie croisée und die Herausforderung des Transnationalen, in: Geschichte und Gesellschaft 28 (2002), S. 605–636.

Wette, Wolfram (Hg.), Filbinger – eine deutsche Karriere, Springe 2006.

Wieland, Karin, Andreas Baader, in: Kraushaar, RAF und linker Terrorismus I, S. 332–349.

Wilking, Susanne, Das Italienbild in der bundesdeutschen Presse in den 70er und 80er Jahren [unveröffentl. Magisterarbeit], Institut für Europäische Politik Bonn 1992.

Wilking, Susanne, Das Italienbild in der bundesdeutschen Presse der 70er und 80er Jahre, in: Dies. (Hg.), Deutsche und italienische Europapolitik – historische Grundlagen und aktuelle Fragen. Ergebnisse des Deutsch-Italienischen Gesprächsforums 1991, Bonn 1992, S. 39–74.

Wisler, Dominique, Drei Gruppen der Neuen Linken auf der Suche nach der Revolution, Zürich 1996.

Wittke, Thomas, Terrorismusbekämpfung als rationale politische Entscheidung. Die Fallstudie Bundesrepublik, Frankfurt a.M./Bern 1983.

Wolter, Udo, Das obskure Objekt der Begierde. Frantz Fanon und die Fallstricke des Subjekts der Befreiung, Münster 2001.

Wörle, Johannes, Erdung durch Netzwerkstruktur? *Revolutionäre Zellen* in Deutschland, in: Straßner, Sozialrevolutionärer Terrorismus, S. 257–273.

Wunderle, Michaela, Die Roten Brigaden, in: Kraushaar, RAF und linker Terrorismus II, S. 782–808.

Wunschik, Tobias, Baader-Meinhofs Kinder: die zweite Generation der RAF, Opladen 1997

Wunschik, Tobias, Die Bewegung 2. Juni, in: Kraushaar, RAF und linker Terrorismus I, S. 531–561.

Zani, Roberto (Hg.), Alla Prova del '68. L'anarchismo internazionale al Congresso di Carrara, Mailand 2008.

Zaslavsky, Victor, Lo stalinismo e la sinistra italiana: dal mito dell´Urss alla fine del comunismo, Mailand 2004.

Zavoli, Sergio, La notte della Repubblica, Rom/Mailand 1992.

Ziff, Trisha (Hg.), Che Guevara: Revolutionary & Icon, London 2006.

Zöller, Mark A., Terrorismusstrafrecht. Ein Handbuch, Heidelberg u. a. 2009.

Zwingenberger, Kurt, Die europäische Konvention zum Schutz der Menschenrechte in ihrer Auswirkung auf die Bundesrepublik Deutschland, Münster 1997.

Internetressourcen

Amnesty International, Jahresbericht 1975, Bundesrepublik Deutschland; http://www.amnesty.de/umleitung/1975/deu03/001?lang (11.10.2011).

Amnesty International, Jahresbericht 1977, Bundesrepublik Deutschland; http://www.amnesty.de/umleitung/1977/deu03/001?lang=de%26mimetype%3dtext%2fhtml (11.10.2011).

Amnesty International, Jahresbericht 1978, Bundesrepublik Deutschland, online unter http://www.amnesty.de/umleitung/1978/deu03/002?lang=de%26mimetype%3Dtext%2fhtml (11.10.2011).

Basso, Lelio, Biographische Informationen, online unter www.leliobasso.it/vita.htm (12.7.2013).

Carlo Benardini, A vent´anni della scomparsa: Il tipo Lombardo Radice, in: fisicamente 35/2003, online unter http://www.fisicamente.net/SCI_SOC/index-408.htm (03.07.2013)

Bieber, Horst, „,Unser Leben zählt nichts'. Georg von Rauch glaubte, daß Gewalt nur durch Gewalt zu brechen sei", in: Die ZEIT, 14.1.1972; http://www.zeit.de/1972/02/unser-leben-zaehlt-nichts (13.10.2011).

Dahlke, Matthias, Der blinde Fleck. Transnationaler und nationaler Terrorismus auf dem Weg zum „Deutschen Herbst", in: Zeitgeschichte online, Thema: Die RAF als Geschichte und Gegenwart, hg. von Jan-Holger Kirsch und Annette Vowinckel, Mai 2007; http://www.zeitgeschichteonline.de/zol/portals/_rainbow/documents/pdf/raf/dahlke_dbf.pdf (24.10.2011).

Der Spiegel 20/15.5.1878, Titelbild, http://www.spiegel.de/spiegel/print/index-1978-20.html (01.09.1013).

„Die Bleikappe des Schweigens. Margarethe von Trotta über ihren Ensslin-Film, das Sympathisantentum und deutsche Kontinuitäten", in: Der Tagesspiegel, 28.4.2007; http://www.tagesspiegel.de/kultur/die-bleikappe-des-schweigens/840180.html?_FRAME=33 (13.10.2011).

„Die Terroristin und Herr Pfannenschwarz", in: Berliner Zeitung, 6.9.1997; http://www.berliner-zeitung.de/newsticker/die-terroristin-und-herr-pfannenschwarz,10917074,9330522.html (13.10.2011).

Fondazione Lelio e Lisli Basso Issoco. Geschichte und Bestände, online unter http://www.fondazionebasso.it/site/it-IT/Menu_Principale/La_Fondazione/ (12.7.2013).

Eckert, Andreas, Predigt der Gewalt? Betrachtungen zu Frantz Fanons Klassiker der

Dekolonisation, in: Zeithistorische Forschungen/Studies in Contemporary History, Online-Ausgabe, 3 (2006), H. 1; http://www.zeithistorische-forschungen.de/16126041-Eckert-1-2006 (24.10.2011).

European Convention on the Supression of Terrorism, http://conventions.coe.int/treaty/ger/Treaties/Html/090.htm (24.10.2011).

Explanatory Report on the European Convention on the Supression of Terrorism, http://conventions.coe.int/treaty/en/Reports/Html/090.html (24.10.2011).

Flugblatt zum 30. Jahrestag des 18.10.1977;

http://media.de.indymedia.org/images/2007/10/197029.jpg (16.5.2011).

Fotografie Giangiacomo Feltrinellis für „Vogue Uomo"; http://www.myfdb.com/people/5427-giangiacomo-feltrinelli (8.6.2011).

Fotografien der Tötung eines Geldbotens am 26.3.1971 in Genua; http://www.vittimeterrorismo.it/memorie/schede/floris.htm.

Gassert, Philipp, Transnationale Geschichte, in: Docupedia-Zeitgeschichte, 16.2.2010; http://docupedia.de/zg/Transnationale_Geschichte (24.10.2011).

Greiner, Ulrich, „Klammheimliche Freude", in: zeit-online, 30.3.2007, http://www.zeit.de/2007/13/RAF-Terror (16.5.2011).

Henkel, Peter, „Milde Urteile für Volker Speitel und Hans-Joachim Dellwo", in: Frankfurter Rundschau, 15.12.1978; http://www.fr-online.de/zeitgeschichte/milde-urteile-fuer-volker-speitel-und-hans-joachim-dellwo,1477344,2750180.html (16.10.2011).

Initiative für Pressefreiheit, Dokumentation zur Beschlagnahme der ‚texte: der RAF', Oktober 1978, in: http://labourhistory.net/raf/documents/0019781000.pdf (16.10.2011).

Internationaler Vietnamkongress, Filmaufnahmen; http://www.youtube.com/watch?v=RXvrafJrMiQ (05.06.2013).

Serhat Karakayali, Lotta Continua in Frankfurt, Türken-Terror in Köln. Migrantische Kämpfe in der Geschichte der Bundesrepublik, in: grundrisse 14/2005; http://www.grundrisse.net/grundrisse14/14serhat_karakayali.htm (24.9.2011).

Klimke, Martin, 1968 als transnationales Ereignis, in: Aus Politik und Zeitgeschichte 14–15/2008; http://www.bpb.de/publikationen,4HXZHN.html (24.10.2011).

Knigge, Jobst C., Feltrinelli – Sein Weg in den Terrorismus, Humboldt Universität (open access) Berlin 2010; http://edoc.hu-berlin.de/oa/reports/reJQkepO3Mzk/PDF/26URNefH6gdUY.pdf (24.10.2011).

Koenen, Gerd, Stammheim revisited. Horst Bubecks Bericht – Einblicke und offene Fragen, in: Kommune. Forum für Politik, Ökonomie, Kultur, 6/2003; http://www.gerd-koenen.de/pdf/Stammheim_revisited_Kommune_1103.pdf (9.10.2011).

Krüger, Hans Christian, Probleme der Beweiserhebung durch die Europäische Kommission für Menschenrechte, in: Vorträge, Reden und Berichte aus dem Europa-Institut der Universität des Saarlandes Nr. 331/1996; http://europainstitut.de/fileadmin/schriften/331.pdf (12.10.2011).

Lanuque, Jean-Guillaume, Action Directe. Anatomie d´un météore politique; http://www.dissidences.net/documents/ActionDirecte.pdf (24.10.2011).

Paradisi, Gabriele, Una strage dimenticata. Fiumicino 17, dicembre 1973, online unter http://www.informazionecorretta.com/main.php?sez=160 (9.3.2013).

Piller, Tobias, Italiens Gold gegen deutschen Kredit, 3.9.2011, online unter: http://

www.faz.net/aktuell/vorbild-helmut-schmidt-italiens-gold-gegen-deutschen-kredit-11130951.html (3.10.2012).

Presseerklärung des Cavefors-Verlags vom 20.5.1978; http://labourhistory.net/raf/documents/0019780520.pdf (17.10.2011).

Presseerklärung IVK-BRD vom 18.5.1977; http://labourhistory.net/raf/documents/0019770518.pdf (17.10.2011).

Protokoll der richterlichen Vernehmung Volker Speitels vom 4. Januar 1978; http://labourhistory.net/raf/documents/0019780104.pdf (16.10.2011).

Rabehl, Bernd, Erinnerung an Vietnamdemonstration 1967; http://ultimateheroswelt.blog.de/2007/10/10/9_oktober_1967_che_guevara_erschossen~3115572/ (16.9.2011).

Reichardt, Sven, „Die verdorbenen Burschen wollen von sich reden machen und finden auch noch ein Echo", in: FAZ, 7.9.2011, online unter http://nbn-resolving.de/urn:nbn:de:bsz:352–193808 (10.7.2013)

Robert-Diard, Pascal, „Jean-Jacques De Félice, avocat et militant des droits de l'homme, est mort", in: Le Monde, 28.7.2008; http://www.lemonde.fr/imprimer/article/2008/07/28/1078062.html (11.10.2011)

Scheiper, Stephan, Traditionen des Terrors. Eine frühe britische Studie zur Roten Armee Fraktion (RAF), in: Zeithistorische Forschungen/Studies in Contemporary History, Online-Ausgabe 4 (2007), H.1+2, online unter http://www.zeithistorische-forschungen.de/16126041-Scheiper-2-2007 (6.10.2011).

Sofri: „Dissi ‚Calabresi sarai suicidato'. Sono innocente. Ma corresponsabile", in: Corriere della Sera, 8.1.2009; http://www.corriere.it/cronache/09_gennaio_08/sofri_libro_77a23c7c-dd8e-11dd-9758–00144f02aabc.shtml (21.9.2011).

Speitel, Volker, Aussagen gegenüber dem Bundesanwalt Joachim Lampe; http://www.stern.de/media/pdf/lampe.pdf (16.10.2011).

Tolmein, Oliver, Beharren. Klaus Croissants Engagement für die DDR bleibt bei seinen politischen Freunden umstritten, in: der Freitag, 19.4.2002; http://www.freitag.de/kultur/0217-freundfeind (26.4.2011).

Tribunale permanente dei popoli in Bologna: http://www.internazionaleleliobasso.it/ (12.7.2013).

Übersicht über die Daten der Ratifizierung des Europäischen Abkommens zur Bekämpfung des Terrorismus durch die einzelnen Mitgliedsstaaten unter

http://conventions.coe.int/treaty/Commun/ChercheSig.asp?NT=090&CM=&DF=&CL=GER. (10.10.2011).

Verlagsprogramm des Merve-Verlages: www.merve.de (24.10.2011).

Vinci, Luigi, „In Ricordo di Massimo Gorla", in: Liberazione, 26.1.2004, http://bellaciao.org/it/article.php3?id_article=1747 (16.9.2011).

„Als Kanzler Schmidt die Dichter um Rat fragte", Welt-online 11.11.2010, http://www.welt.de/kultur/literarischewelt/article10853575/Als-Kanzler-Schmidt-die-Dichter-um-Rat-fragte.html (30.6.2013).

Personenregister

Abendroth, Wolfgang   412, 424, 579, 581, 584, 595, 602
Achterrath, Axel   394
Adenauer, Konrad   494
Agee, Philip   301, 382f.
Agnelli, Giovanni   634, 659
Agnoli, Johannes   603
Ajello, Nello   499
Albertz, Heinrich   524, 596
Albrecht, Susanne   431
Allende, Salvador   476
Amerio, Ettore   185, 228, 233
Améry, Jean   292, 409, 412, 414
Andrawes, Souhaila   547
Andreotti, Giulio   55, 458, 460, 463, 469, 471f., 495f., 510, 512f., 516, 520f., 528f., 540, 553, 610, 625, 634, 645, 647, 663
Aniasi, Aldo   566
Annunziata, Lucia   488
Antonioni, Michelangelo   112
Antoniozzi, Dario   472
Arafat, Yassir   85
Arb, Daniel von   441
Aristarco, Guido   609, 611
Armani, Barbara   486
Arnold, Hans   497f., 508, 519, 578, 590
Aspesi, Natalia   609
Asselmeyer, Jean   363, 441
Augustin, Ronald   367, 376
Aust, Stefan   465
Azcárate, Manuel   585
Azzola, Axel   326, 377, 398f.
Azzolini, Lauro   623, 640

Baader, Andreas   16f., 35, 48, 56, 114, 130, 137–146, 155, 161, 166, 177, 179, 201, 219, 221, 224f., 232, 241, 244, 253–255, 257–261, 265, 272, 275–278, 280–286, 288f., 297–301, 312, 317–319, 325, 327, 330, 336, 341, 353, 361, 371, 373f., 386, 389, 398, 401, 403f., 418, 424, 432, 450, 462, 518, 534, 547f., 555, 557, 562, 573, 589, 597, 604f., 607, 616, 634, 653, 656
Baader, Nina   377, 433
Bachmann, Josef   122
Backhaus, Giorgio   95

Bär, Günter   530
Bahr-Jendges, Jutta   560, 611
Bakker Schut, Pieter   346, 367, 373, 376, 412, 419f., 559
Balestrini, Nanni   183, 274
Barre, Raymond   15
Bartsch, Renate   330
Basaglia, Franco   348, 411, 609, 611
Basso, Lelio   55, 59, 103, 112, 116, 411–413, 437, 570, 572f., 575f., 579–584, 591–593, 597f., 602, 606
Baumann, Michael   118, 122, 126, 136, 207, 412, 428, 592
Beauvoir, Simone de   409, 412, 414, 591
Beck, Julian   553
Becker, Eberhard   203, 261, 263f., 288, 312
Becker, Jillian   666
Becker, Marieluise   263, 366f., 431
Becker, Verena   608
Belocchio, Marco   639
Bender, Traugott   398, 400
Bendler, Wolfgang   361
Benetazzo, Piero   539, 542, 555
Berberich, Monika   142, 374
Bergmann, Uwe   121
Berlinguer, Enrico   213, 473f., 476f., 658
Bertani, Giorgio   449
Bertolazzi, Pietro   238
Bevilacqua, Franco   539, 545, 556
Bierbrauer, Ingrid   194, 219
Biscione, Francesco   644, 649
Blaser, Henri   430
Blenk, Ekkehard   394
Blet, Jean F.   369
Bloch, Ernst   112, 267
Bobbio, Norberto   617
Bocca, Giorgio   274, 567, 609
Bocca, Michele   609
Bock, Wolfgang   418
Böll, Heinrich   267, 285, 533, 543, 550–553, 555, 567f., 586, 588, 601, 618
Böll, René   551
Bölling, Klaus   15, 304, 463
Bohr, Felix   498
Bollati, Giulio   609
Bologna, Sergio   196

Bonvicini, Franco 614
Boock, Peter-Jürgen 312, 407, 640
Borghese, Junio 90
Bougeaureau, Jean-Marcel 281, 290
Braghetti, Anna Laura 232, 487, 667
Brandt, Willy 158, 300, 332f., 396, 453, 470, 517, 537, 553, 577f., 583, 585, 588, 655
Brosch, Peter 138
Brückner, Peter 445, 603
Buback, Siegfried 33, 279, 297, 322, 341f., 371, 373, 403, 412, 422, 426, 546
Bubeck, Horst 288
Buddenberg, Gerta 242
Buddenberg, Wolfgang 228, 241f., 249
Büchse, Nicolas 459, 663
Burchard, Johann M. 262
Busche, Jürgen 286

Cagol, Margherita (Mara) 147, 177, 183, 185, 229, 238, 270
Calabresi, Luigi 180f., 183, 215, 220, 612
Callaghan, James 432, 509
Calogero, Pietro 211
Calvino, Italo 617
Cappelli, Giovanni 373, 381, 395, 399, 415, 419, 491
Carter, Jimmy 432
Casalegno, Andrea 617
Casalegno, Carlo 496, 616f., 630–633
Casalis, George 409
Cases, Cesare 575, 582, 591
Castellani, Enrico 132
Castelli, Sandra 357, 392, 437
Castro, Fidel 83, 85, 118
Cavefor, Bo 447
Cederna, Camilla 274
Chaussy, Ulrich 104, 124
Chichiarelli, Toni 645
Chomsky, Noam 395, 409
Chotjewitz, Peter O. 141, 180f., 183, 292, 350, 414, 421, 447
Cirillo, Ciro 528
Clark, Mark W. 81
Clark, Ramsey 340, 346
Clementi, Mario 634
Coates, Christopher 301
Coco, Francesco 235, 623, 625
Cohn-Bendit, Daniel 25, 197, 203, 277, 279, 281, 284, 615

Coi, Andrea 633
Collotti, Enzo 201, 543, 572f., 575, 577, 582, 590, 592–603
Conneely, Michael 353
Conradt, Gerd 130, 137
Conradt, Lena 133, 137
Contucci, Orlando 515
Coppola, Aniello 526
Cossiga, Francesco 481, 491, 508, 510, 514, 522, 527, 613, 622, 634, 638, 644f., 663
Costa, Pietro 239, 623
Craxi, Bettino 471, 517, 527
Crenshaw, Martha 32
Croce, Benedetto 586
Croce, Fulvio 485, 625, 658
Croissant, Klaus 15f., 18–20, 22–25, 45, 54, 59, 189, 262–264, 270–272, 277, 279–281, 283, 288, 290, 293–297, 310, 312, 314f., 317–326, 328–330, 335, 337, 344–346, 348, 350f., 353–356, 359f., 362f., 365–367, 369–372, 377, 390, 395, 398f., 402, 404f., 410, 415, 419f., 422, 426, 428–431, 435, 440, 444, 447, 449, 465, 533, 564, 573, 637
Curcio, Renato 49, 116, 126, 136, 147, 150, 153, 175, 179, 183, 185, 190, 220, 225–229, 232f., 236, 240, 244, 266, 485, 625, 636, 656, 658

Daase, Christopher 29–31, 36
Dahlke, Matthias 43, 58, 458
Dalla Chiesa, Carlo Alberto 643
Dalla, Lucio 591
De Angelis, Giuliano 507
De Carolis, Massimo 233, 549
De Félice, Jean-Jacques 321, 345–349, 355f., 358–360, 362, 366, 368, 372f., 376, 380, 399
de Gaulle, Charles 139
De Graaf, Beatrice 455, 458
De Graaf, Janny 460, 528, 545
De Lorenzo, Giovanni 90
de Pellico, Silvio 86
De Siati, Giuseppe 131
Debray, Régis 85, 102, 118f., 139, 165
Del Bo, Giuseppe 87
Deleuze, Gilles 491
Della Porta, Donatella 26, 49, 170, 486, 488, 652

Delle Chiaie, Stefano 90
Dellwo, Hans-Joachim 444
Dellwo, Karl-Heinz 204
di Giovanni, Eduardo 340
di Lampedusa, Giuseppe Tomasi 82
Diewald-Kerkmann, Gisela 313
Ditfurth, Jutta 126
Dragotto, Gaetano 609
Drake, Richard 50, 194
Draps, Cecile 351
Dreeßen, Wolfgang 445
Drenkmann, Günter von 232–234, 240, 266, 268, 281, 285, 440
Dutschke, Hosea Ché 115
Dutschke, Rudi 47f., 58, 61–72, 74–82, 88, 92–97, 99, 102, 104–109, 111–115, 117, 120–129, 131, 137, 142, 156, 164, 173, 217, 266, 407, 543, 579, 581, 586, 588, 595, 660
Dyck, Elisabeth von 329, 431, 438, 450

Ebbinghaus, Angelika 204
Eco, Umberto 479, 483
Edschmid, Ulrike 129
Egloff, Peter 441
Einaudi, Giulio 609
Elter, Andreas 18, 29, 230, 325
Ennals, Martin 342
Ensslin, Christiane 420, 611
Ensslin, Gudrun 17, 35, 48, 56, 97, 114, 120, 131, 137–146, 155, 161, 166, 222, 241, 244, 247, 253, 255–263, 268, 272, 277, 288f., 314, 318, 321, 332, 340, 353, 358, 361, 376, 380, 386, 401, 404, 418, 424, 432, 446, 450, 461f., 540, 548, 559, 561, 564, 589, 604f., 607, 616, 634, 653
Ensslin, Helmut 377, 433, 540, 563, 567
Ensslin, Ilse 433
Enzensberger, Hans Magnus 73, 108, 263
Enzensberger, Ulrich 130, 141
Erler, Gisela 184
Ertl, Monika 125
Eschen, Klaus 138, 142, 262, 316

Fallaci, Oriana 409, 412
Fanfani, Amintore 238, 625
Fanon, Frantz 72–74, 122
Faranda, Adriana 628, 634, 647
Fawcett, J.E.S. 378
Feller, Wolf 535

Feltrinelli, Carlo 89
Feltrinelli, Giangiacomo 47–49, 52, 58, 63–66, 80–101, 103, 105, 107–113, 117, 119–125, 127–129, 132f., 136, 140f., 144, 149f., 153, 156, 160, 164, 166, 169f., 172f., 175–177, 179, 188, 190–192, 196, 198, 202, 215f., 223, 225, 412, 444, 569, 580, 594, 654f., 657, 660
Ferreri, Marco 132
Fest, Joachim 498
Fichter, Albert 132f.
Filbinger, Hans 278, 461f., 466, 568
Filippini, Enrico 84, 91, 109
Fiore, Raffaelo 632
Fioroni, Carlo 198, 200
Fischer, Fritz 201
Fischer, Heinz-Joachim 499
Fischer, Joschka 197, 203, 615
Fo, Dario 181, 395, 437, 607–609, 611, 613
Focardi, Filippo 45, 565, 588
Folkerts, Knut 25
Forattini, Giorgio 539, 553, 556
Forlani, Arnaldo 520
Fortini, Franco 591
Fossati, Luigi 549
Foth, Eberhard 373
Foucault, Michel 409, 491
Franceschini, Alberto 177, 179, 222, 225, 229, 236, 250, 272, 658, 668
Franzoni, Giovanni Battista 409
Fried, Erich 126, 409, 418
Friedrich, Baptist Ralf 431, 444
Frisch, Max 460
Fritzsch, Ronald 152, 229, 239
Fromm, Erich 289f.

Gätje, Olaf 311
Galante Garrone, Alessandro 496
Gaus, Günter 99
Geiger, Tim 516
Geismar, Alain 296
Geißler, Heiner 453f., 552
Genet, Jean 450
Genscher, Hans-Dietrich 243, 515, 520
Giancotti, Emilia 570
Gilcher-Holtey, Ingrid 76, 105
Gingold, Silvia 498
Giovagnoli, Agostino 643
Giscard d'Estaing, Valéry 432, 458
Gismondi, Arturo 187, 524, 623

Goebbels, Joseph   335
Göbel, Wolfgang   426
Gollwitzer, Helmut   267, 402, 524, 543
Golzem, Armin   263f., 319, 323
Gorla, Massimo   102
Graindorge, Michel   376, 414
Grandi, Aldo   89
Grashof, Wolfgang   142
Grass, Günter   453, 553, 566, 568
Grispigni, Marco   479, 488
Groenewold, Klaus   59
Groenewold, Kurt   252, 255, 257, 260, 262f., 268, 270–272, 279, 288, 293, 295–297, 311, 314, 317–324, 336, 339–343, 345f., 348, 354f., 358, 360–362, 366, 370f., 395, 430, 442, 574
Gross, Jan   262
Groß, Karl-Heinz   372
Grosser, Alfred   291
Grundmann, Wolfgang   375, 377
Guattari, Félix   491
Guevara, Ernesto Che   47, 74–76, 84–86, 95f., 98f., 119, 122, 125, 164, 175, 419, 628, 654, 657
Guttuso, Renato   132

Haag, Hildegard   420
Haag, Siegfried   312, 366, 372, 431, 435, 442f.
Habasch, George   509
Habermas, Jürgen   79, 581, 584
Halbwachs, Pierre   296
Hammerschmidt, Katharina   329, 331, 334, 396
Hannover, Heinrich   262, 354
Hardt, Michael   212
Hartkamp, Dolf   357
Hausner, Siegfried   229, 396, 426, 431
Havemann, Robert   586, 588
Heinemann, Gustav   259
Heinitz, Ernst   138
Heinrich, Brigitte   18, 325, 440
Heißler, Rolf   131, 640, 642
Heißler, Udo   402, 406
Heldmann, Hans Heinz   314, 326, 335, 360, 363, 399, 405, 408, 415f., 559f., 573, 611
Henze, Hans Werner   102, 124, 132, 141, 161, 412
Herold, Horst   17, 422

Hirschmann, Ursula   542
Hochhuth, Rolf   467
Höcherl, Hermann   280
Höfer, Werner   292
Hof, Tobias   485, 523, 526, 529
Holthusen, Hans Egon   291
Horlemann, Jürgen   115
Houver, Roland   360

Igel, Regine   40f.
Imposimato, Ferdinando   41, 646
Ingrao, Pietro   473
Ippoliti, Domenico   506
Israel, Joachim   414

Jacobi, Hartmut   263
Jansen, Christian   649
Janssen, Werner   401
Jarosch, Klaus   416, 424
Jensen, Arthur   412, 414
Jànossy, Franz   72
Johannes XXIII   585

Kammerer, Peter   571, 575–577
Kappler, Anneliese   495, 501
Kappler, Herbert   54, 451, 493–495, 497f., 502, 516, 518, 530, 532, 534, 537, 541, 543, 545, 551, 559, 565, 567, 604, 614, 662
Karl, Michaela   95, 115, 122
Kaufholz, Henrik   414f.
Kehl, Klaus   303
Kiesinger, Kurt Georg   300
King, Martin Luther   340
Kitzler, Ingeborg   633
Klaus, Alfred   352
Klein, Hans-Joachim   270, 281, 431
Klimke, Martin   116
Klinkhammer, Lutz   598
Klotz, Gretchen   74, 92–94, 102, 105f., 110, 113, 118, 122
Klug, Ulrich   200
Koenen, Gerd   48, 58, 61, 64, 79, 86, 126, 128, 134, 137, 140, 145f., 217, 219f., 250, 311, 336, 667
König, Traugott   73
Kohl, Helmut   331, 459, 464
Kordas, Alberto   96, 98
Krahl, Hans-Jürgen   77–79

Krause, Petra   202, 363, 437, 439, 441, 443, 502–504, 549, 574
Kraushaar, Wolfgang   26, 31, 58, 107, 109, 221, 246, 276, 278, 283, 290
Krippendorf, Ekkehart   151
Krivine, Alain   114
Kröcher-Tiedemann, Gabriele   437
Kunstler, William   340, 346, 371
Kunzelmann, Dieter   48, 122, 130, 132f., 135, 137, 144f., 173, 232

La Malfa, Ugo   469
Labate, Bruno   184, 200
Laird, Melvin   300
Lama, Luciano   480, 490, 526
Lang, Jörg   262, 312, 435
Langenfass, Hansjörg   217
Langer, Alexander   218, 491, 609, 611
Langer, Günter   116, 135
Lau, Jörg   73
Lazagna, Giovanbattista   103
Lazagna, Giovanni   172
Lefèvre, Wolfgang   121
Lenin, Wladimir Iljitsch   658
Lenz, Siegfried   533, 553, 567
Leone, Giovanni   475
Levi, Carlo   132
Levi, Primo   617
Lévy, Benny   281
Liguori, Paolo   130
Lizzani, Carlo   609
Lo Russo, Francesco   518
Löwenthal, Gerhard   416
Lombardo Radice, Lucio   572, 577f., 585–593, 598, 602
Lorenz, Peter   234, 236–238, 240, 388, 457, 527, 555, 621, 648, 653
Lüsebrink, Hans-Jürgen   36, 45
Lukács, Georg   71f.
Lumumba, Patrice   70, 419

Macchiarini, Idalgo   178, 215
Mahler, Horst   114, 126, 136, 138, 142, 144, 152, 177, 224, 241, 244–246, 257, 261, 267, 312, 374–376, 654
Maier-Witt, Silke   431
Maihofer, Werner   226, 280, 453, 508–510, 613
Maldonado, Tomás   575
Manconi, Luigi   182
Mandel, Ernest   112
Mander, Roberto   440
Mantelli, Brunello   618, 620
Mao Tsetung   38, 87, 119, 149, 152, 156, 176, 582, 585, 588, 637, 658
Maraini, Dacia   591, 609f.
Marcuse, Herbert   68, 76, 78, 88, 409
Marighella, Carlos   164, 175, 185, 657
Marx, Karl   149
Masi, Pino   215
Maspéro, François   86, 139
Mauz, Gerhard   412
Mayer, Hans-Joachim   420
Mayer, Roland   312
Mazzotta, Gabriele   449
Meinhof, Ulrike   16f., 25, 28, 35, 49, 57, 65f., 80, 93, 96, 126–129, 134, 137f., 140, 142–146, 150, 152, 155f., 160–166, 177, 179, 195, 200, 220, 222, 224f., 227f., 241, 244, 246, 248f., 251, 253, 258f., 261, 268, 270, 272, 276–278, 285, 288f., 292, 300f., 305, 308f., 322, 324–326, 341, 352, 356, 373f., 377, 381, 390, 396–399, 401, 403, 405, 408, 410, 412, 414, 416, 418, 421, 423, 425f., 428, 432, 439, 443, 445, 447, 465, 488, 490, 518, 542, 557, 573, 595, 600, 653, 655f., 660
Meins, Holger   16f., 24f., 35, 101, 130, 146, 205, 219, 226, 229, 233, 244, 265–273, 279, 294, 306, 312, 314–316, 329, 331, 334, 374, 377, 396f., 400, 408, 411, 416, 426, 432, 435, 447, 557, 660, 666
Mengele, Josef   274
Meschkat, Klaus   76
Mesina, Graziano   104
Meyer, Till   229, 231, 238
Miller, Arthur   82
Mitterrand, François   179, 212, 391, 432, 642
Möller, Arndt   612
Möller, Irmgard   17, 130, 134f., 256, 548, 560, 564, 567, 574f., 578, 589, 606–609
Mohnhaupt, Brigitte   17, 131, 135, 222, 256, 361f., 431
Montale, Eugenio   485
Montanelli, Indro   484, 535, 564
Moravia, Alberto   274, 409, 427, 591
Mordhorst, Susanne   189, 393f., 437, 600
Moretti, Mario   235, 624, 626–628, 630f., 634–636, 641–643, 645, 647f., 658

Moro, Aldo 41, 167, 186, 190, 225, 232, 238, 427, 469, 471, 475, 526, 528, 549, 584, 590, 601–603, 618–621, 624–626, 629, 631, 633, 637, 639, 641–649, 653f., 659, 661
Moro, Giovanni 649
Morucci, Valerio 37, 190, 202, 624–630, 633f., 642, 647, 650
Moss, David 643
Müller, Arndt 314, 337, 360f., 363, 398, 405f., 431–433, 503
Müller, Gerhard 255, 367, 405
Müller-Hülsebusch, Bernhard 532, 545
Mulas, Ugo 88
Murphy, Carmel 380
Myrdal, Gunnar und Alma 412

Narcisio, Raffaele 507
Natoli, Aldo 575, 577f., 593
Nauta, Lolle W. 409, 414
Negarville, Massimo 110
Negri, Antonio 50, 100, 170, 186, 188–190, 192–198, 200, 209–213, 481f., 599, 658
Neitzke, Peter 115
Newerla, Armin 314, 360–363, 431, 433
Niedlich, Wendelin 350
Nirumand, Bahman 107, 114, 116, 121, 128
Nixon, Richard 300
Nogrette, Robert 178f.
Nono, Luigi 102

Oberwinder, Michael 361, 398–400, 404, 415f., 420
Oestreicher, Paul 341–343
Ohnesorg, Benno 77
Ongaro-Basaglia, Franca 570
Ortuno, René Barrientos 86
Osborn, K. Barton 382f.
Osborne, K. Barton 301
Overney, Pierre 179

Pätzold, Harald 303f.
Palmers, Walter 231, 240
Panvini, Guido 141, 147
Panzieri, Raniero 187
Papadopoulos, Georgios 90
Papandreou, Andreas 395
Papcke, Sven G. 96

Pasolini, Pier Paolo 129
Pasquino, Gianfranco 487
Passmore, Leith 260
Pasternak, Boris 82
Paulmann, Johannes 43
Payot, Denis 414
Pecchioli, Ugo 525
Peci, Patrizio 630, 633, 640, 660
Peci, Roberto 659
Peck, Winslow 301, 382f.
Pekelder, Jacco 25, 44, 275, 363
Pereira, Roberto Quintanilla 125f., 153
Pertini, Sandro 580
Pesce, Giovanni 172
Peters, Butz 219, 253
Petersen, Jens 662
Pfannenschwarz, Karl 413, 420
Pieczenik, Steve 645
Pinelli, Giuseppe 140, 180f., 525, 602, 607, 612, 660
Pintor, Luigi 591
Piperno, Franco 186, 189, 191
Pirelli, Leopoldo 626f., 653
Plottnitz, Rupert von 263f., 279, 295, 322f., 344, 346, 354, 361f.
Pohle, Rolf 131, 388, 391, 394, 408
Pompidou, Georges 139
Pontello, Claudio 628
Ponto, Jürgen 546
Posser, Diether 288
Pozzoli, Claudio 105
Preuss, Ulrich K. 360
Prinzing, Theodor 278, 297, 315, 341, 362, 376
Prokop, Otto 413
Proll, Astrid 140–146, 251, 261, 443
Proll, Thorwald 31, 137–140

Rabehl, Bernd 68f., 72, 97, 105, 108, 110–112, 115, 121
Rambert, Bernard 373, 399, 419, 438
Rame, Franca 437, 608f.
Raspe, Charlotte 378
Raspe, Jan-Carl 17, 56, 142, 219, 253, 256f., 259, 272, 299, 309, 361, 376, 386, 402, 418, 424, 432, 450, 462, 548, 589, 604, 607, 616, 634
Rauch, Georg von 130, 133, 136, 207, 427
Rauch, Malte J. 106
Régis Debray. 85f.

Reimann, Aribert 48, 116, 122
Reinders, Ralf 152, 229
Reinecke, Stefan 34, 327f., 335, 407
Reinhard, Wolf Dieter 263, 344
Requate, Jörg 26, 33, 267, 298
Revelli, Marco 618, 620
Rieber, Hellmuth 297
Riedel, Helmut 263
Ringelheim, Foulek 373, 414
Rinser, Luise 141, 161, 553
Ristock, Harry 112
Riva, Valerio 83, 91, 105
Röhl, Klaus Rainer 94, 127, 402, 600
Rößner, Bernhard 204
Rogge, Petra 342, 345, 368
Roll, Carmen 228, 256, 259
Rommel, Manfred 454
Rossa, Guido 659
Rossanda, Rossana 157, 160f., 166, 247, 474, 590f., 596
Rossi, Mario 174, 185
Rossi, Walter 518
Rostagno, Mauro 116
Roth, Karl Heinz 151, 184, 195–197, 201f., 204, 206, 208–211, 219, 221, 245, 247, 357, 612
Rowohlt, Harry 83
Rühmkorf, Peter 600
Rumor, Mariano 472
Russell, Bertrand 86
Russo, Francesco 559

Saba, Giuseppe 172
Salvatore, Gaston 72, 74, 105, 110, 115
Sansa, Tito 304
Saragat, Giuseppe 527
Sartre, Jean Paul 25f., 53, 72f., 86, 112, 178, 264, 275–286, 290f., 293, 296, 326, 339, 365, 373, 394f., 491f., 591, 597
Satta, Vladimiro 41f., 646
Sauber, Philipp Werner 102, 129, 146, 205
Scalfari, Eugenio 474, 499
Scalzone, Oreste 186, 189, 482
Schäfer, Max 413
Scharf, Kurt 267
Scheel, Walter 452, 466
Scheiper, Stephan 37, 43, 666
Schelm, Petra 142, 427
Scheuer, Georg 564
Schiller, Margrit 203, 255

Schily, Otto 138, 259, 262, 266f., 279, 286, 305, 310, 314f., 326–337, 346, 354, 360, 363, 377, 399, 404, 406, 408, 412, 541, 559, 563
Schirmbeck, Samuel H. 106
Schleyer, Hanns Martin 20, 377, 414, 451, 457, 459, 468, 505, 518, 525, 531, 540, 546, 619–621, 624–626, 629f., 634, 637, 640, 642–644, 646–650, 653, 666
Schleyer, Waltrude 648
Schlitter, Horst 535
Schlöndorff, Volker 350, 551, 553
Schmid, Alex 460, 528, 545
Schmidt, Helmut 33, 54, 226, 288, 300, 331, 371, 389, 422, 432, 451f., 455–466, 470–473, 491, 496–498, 509f., 513, 516–518, 524, 527–529, 535, 537, 539, 541–543, 545, 553, 555, 559, 568f., 578, 583, 598, 604, 609, 613, 617, 632f., 648f., 661–663
Schminck-Gustavus, Christoph 592
Schneider, Gert 25
Schneider, Peter 116, 135, 140, 150, 561, 564, 579
Schönthal, Inge 83, 94, 128, 421, 448, 566, 569, 575, 578f., 600, 609
Schreiber, Jürgen 153
Schubert, Ingrid 450
Schulz, Detlev 390f., 394
Schulze Wessel, Martin 26f., 267, 298
Schumann, Jürgen 506, 534
Schwarzer, Alice 280, 282
Sciajola, Mario 603
Sciascia, Leonardo 485
Secchia, Pietro 103
Selby, Hubert 82
Sell, Maren 263
Semler, Christian 105, 108, 115, 121, 136
Senese, Salvatore 575, 602
Senese, Saverio 395, 491, 504
Shallice, Tim 330, 424
Siepmann, Ina 130, 133
Sigrist, Christian 295, 345, 350, 353, 356, 359, 399, 415, 424
Sindona, Michele 474
Slobodian, Quinn 70
Söhnlein, Horst 137, 139
Sofri, Adriano 180, 182, 214, 216
Sossi, Mario 174, 185f., 210, 223, 228, 234, 236f., 240, 527, 626, 629, 653, 657f.

Soulier, Gérard   359, 387, 391f.
Spadolini, Giovanni   527
Spangenberg, Henning   322
Spazzali, Sergio   321, 340, 363, 373, 392, 395, 437, 440, 444, 491
Speitel, Angelika   431, 435
Speitel, Volker   287, 350, 361, 431–434, 436, 445, 450
Spiga, Eliseo   104
Spinelli, Altiero   542
Spinelli, Barbara   539, 542f., 545, 550, 555, 566
Springer, Axel   227, 242
Staedeli, Urs   441
Stasi, Michele   393
Stein, Torsten   387
Sterling, Claire   443
Stoll, Willy Peter   431, 437
Straßner, Alexander   30f., 643
Strauß, Franz-Josef   238, 454, 464, 524, 551, 555, 567, 569, 576, 588f., 632
Ströbele, Hans-Christian   142, 254f., 262, 281, 285, 288, 314, 317–321, 327, 336, 354, 361, 363, 365, 389, 399, 430, 541
Sweezy, Paul   409

Taviani, Paolo Emilio   645
Taylor, Telford   361
Tedeschi, Bruno   531, 545, 549
Terracini, Umberto   414
Teufel, Fritz   126, 130, 134f., 205–207, 211, 230
Teuns, Sjef   250, 262f., 294, 345, 350, 412, 424
Thomas, Gary   382f.
Thomas, Gary P.   301
Tolomelli, Marica   224, 459
Traxler, Hans   458
Tridente, Alberto   575
Tronti, Mario   187f., 219
Trotta, Margarete von   420, 551
Tschombé, Moise   70
Tubiana, Michel   356, 358f., 391

Ungaretti, Giuseppe   131
Unseld, Siegfried   460
Urbach, Peter   107, 136, 664

Valiani, Leo   499
Valpreda, Pietro   132, 140
van Dyck, Elisabeth   394
van Minnen, Johann   414
Vernet, Daniel   290
Vespa, Bruno   622
Vesper, Bernward   97, 120, 137, 139, 145–151, 217
Viett, Inge   229, 231, 270
Vigier, Jean-Pierre   395
Vogel, Hans-Jochen   226, 341, 370, 412, 455
von Rauch, Georg   119

Wackernagel, Christof   25, 431
Wagenbach, Klaus   128, 402, 446, 448
Walden, Matthias   286
Waldmann, Peter   31, 38, 52
Wallraff, Günter   275, 579
Weber, Jürgen   426
Wegener, Ulrich   547, 604
Weidenhammer, Karl-Heinz   377
Weinhauer, Klaus   457
Weisbecker, Thomas   130, 242
Weiss, Peter   112, 114, 340, 412, 414
Werner, Michael   40
Wielek, Han   330, 332
Williams, Robert F.   118
Wilp, Charles   88
Wischnewski, Hans-Jürgen   511, 514
Wisniewski, Stefan   165
Wittke, Thomas   43, 452
Woller, Hans   474
Wunschik, Tobias   205
Wurster, Georg   426

Zaccagnini, Benigno   648
Zamboni, Giovanni   200, 202, 393, 599
Zanghi, Emma   507
Zara, Antonio   506
Zimmermann, Bénédicte   40
Zimmermann, Ernst   666
Zimmermann, Friedrich   464
Zimmermann, Rainer   361
Zitzlaff, Wienke   134, 400, 407f., 410, 412, 419f., 425, 446
Ziwié, William Francis   367
Zotti, Checco   217, 491

... und wie sie von Kommentatoren in „Le Monde", „L'Humanité", „Corriere della Sera", „Messagero" (und einigen anderen Zeitungen im Ausland) gesehen werden.

www.ingramcontent.com/pod-product-compliance
Lightning Source LLC
Chambersburg PA
CBHW040740300426
44111CB00027B/2990